Hermann Sudendorf

Urkundenbuch zur Geschichte der Herzöge von Braunschweig und Lüneburg

Hermann Sudendorf

Urkundenbuch zur Geschichte der Herzöge von Braunschweig und Lüneburg

ISBN/EAN: 9783741184581

Hergestellt in Europa, USA, Kanada, Australien, Japan

Cover: Foto ©ninafisch / pixelio.de

Manufactured and distributed by brebook publishing software
(www.brebook.com)

Hermann Sudendorf

Urkundenbuch zur Geschichte der Herzöge von Braunschweig und Lüneburg

URKUNDENBUCH

ZUR

GESCHICHTE

DER

HERZÖGE VON BRAUNSCHWEIG UND LÜNEBURG

UND IHRER LANDE,

GESAMMELT UND HERAUSGEGEBEN

VON

H. SUDENDORF,

DR. PHIL., SECRETAIR AM KÖNIGLICHEN ARCHIVE ZU HANNOVER.

DRITTER THEIL.

VOM JAHRE 1357 BIS ZUM JAHRE 1369.

HANNOVER.

CARL RÜMPLER.

1862.

Hofbuchdruckerei der Gebr. Jänecke in Hannover.

Verzeichniss

der

Copiare, Register und Manuscripte, die zu dem vorliegenden dritten Theile benutzt sind.

Ausser den im ersten Theile auf Seite VII bis X und im zweiten Theile auf Seite III verzeichneten Copiaren, Registern und Manuscripten gehören folgende im königlichen Archive zu Hannover befindliche hierher.

IV. Ein unter dem Herzoge Magnus (Torquatus) angelegtes, unter seinen Söhnen Friedrich und Bernhard 1374 fortgeführtes und bis zum Jahre 1399 reichendes Registrum. Zwischen den beiden genannten Jahren zeigen sich in der Reihe der eingetragenen Urkunden sehr grosse Lücken. Obgleich auf dem pergamentenen Umschlage dieses Registrum von gleichzeitiger Hand geschrieben steht Hoc est Registrum Magni Ducis in Brunswich e........, enthält es doch nur sein Lehnbuch und zwei von ihm ausgestellte Urkunden. Es umfasst 21 Blätter in Klein-Folio von äusserst mürbem Papiere. Die Blätter 4, 7 und 8 sind unbeschrieben geblieben. Das Lehnbuch des Herzogs Magnus füllt die vier ersten Seiten; jede derselben ist in zwei Spalten getheilt. Die 5. und 6. Seite, jede ebenso getheilt, enthalten das Verzeichniss der von dem Herzoge Otto von Braunschweig und von seinem Vetter, dem Herzoge Friedrich von Braunschweig und Lüneburg, verliehenen Güter, Blatt 5 und 6 das Lehnbuch des Herzogs Friedrich aus dem Jahre 1374. Mit dem 9. Blatte beginnen die Urkunden, 27 an der Zahl, unter ihnen zwei Lehnsaufzeichnungen. Alles ist von verschiedenen gleichzeitigen Händen geschrieben.

VIII. Ein unter dem Herzoge Otto (Malus) zu Göttingen um das Jahr 1368 angelegtes, bis zum Jahre 1433 fortgeführtes Copiar in Klein-Quarto auf Papier. Es enthält auf 128 Blättern, von denen 12 eine Lage bilden, Abschriften von 81 Urkunden aus dem Zeitraume zwischen jenen beiden Jahren und die Abschrift einer Urkunde aus dem Jahre 1460. Verschiedene mit den betreffenden Urkunden gleichzeitige Hände haben dieses auf der zwölften Seite beginnende Copiar geschrieben. Die in das Jahr 1402 gehörende zweite Hand hat mit Nummerirung der Blätter begonnen und vorn vor den Urkunden ein Verzeichniss der 17 ersten derselben aufgestellt.

XXIV. Ein im erzbischöflichen Archive zu Bremen angefertigtes Copiarium Capituli Bremensis in Gross-Folio von 70 schon in früherer Zeit nummerirten Pergament-Blättern enthält Abschriften von 192 Urkunden, von denen 182 bis zum Jahre 1408 reichen. Die ältesten darin befindlichen Urkunden sind aus den Jahren 1219 und 1233, von mir in dem ersten Theile meines Registrum Theil II pag. 156—158 und 167—170 veröffentlicht, die jüngste aus dem Jahre 1472. Jede Seite enthält zwei Spalten, jede Urkunde eine mit rother Tinte geschriebene Ueberschrift. Das Copiar ist in der Zeit zwischen den Jahren 1387 und 1390 angelegt, von verschiedenen Händen fortgeführt und fast jede Urkunde mit Ausnahme der vor dem Jahre 1387 ausgestellten von einer mit ihr gleichzeitigen Hand eingetragen.

XXVI. Ein im erzbischöflichen Archive zu Bremen angefertigtes Copiar in Klein-Folio von 168 meistentheils schon in früherer Zeit nummerirten Blättern auf Papier enthält 164 Stücke oder Nummern, von denen etwa 55 bis zum Jahre 1408 reichen. Die früheste darin enthaltene Urkunde (die falsche Stiftungsurkunde abgerechnet) ist vom Jahre 1106, die späteste vom Jahre 1517. Dieses Copiar ist von verschiedenen Händen des 16. Jahrhunderts geschrieben.

Verzeichniss

der

im vorliegenden dritten Theile citirten Werke.

Ausser den im ersten Theile auf Seite X bis XII und im zweiten Theile auf Seite IV und V verzeichneten Werken gehören hierher folgende.

Vindiciae Jvris Brvnsvicensis et Lvnebvrgensis in dvcatvm Saxo-Lavenbvrgicvm, qvas praeside G. H. Ayrero pvblico examini svbmittit F. Ph. Strvbe. Gottingae 1754. 4to.

C. D. Berens Genealogische und zum Theil historische Vorstellung des Vhrsprungs und Fortstammung einiger vhr-alter, wohlgebohrner hochadelicher Häuser sonderlich derer von Steinberg. Hannover und Wolffenbüttel 1703. fol.

Urkundenbuch der Stadt Braunschweig. Erster Band, Statute und Rechtsbriefe herausgegeben durch den Archiv-Verein zu Braunschweig. Braunschweig 1861. 4to.

J. P. Cassel Sammlung ungedruckter Urkunden, welche die Geschichte der freien Reichsstadt Bremen in vorigen Zeiten aufklären. Bremen 1768. 8°.

Chronik des Franciscaner Lesemeisters Detmar, nach der Urschrift und mit Ergänzungen aus andern Chroniken herausgegeben von F. H. Grautoff. Theil 1 und 2. Hamburg 1829 und 1830. 8°.

J. J. Gebhardi Der mit dem Matthäus-Stifft verbundene grosse Caland zum H. Geist oder historische Nachricht von dem Stiffte S. Matthäi in Braunschweig. Braunschweig 1739. 4to.

P. W. Gercken Fragmenta Marchica oder Sammlung ungedruckter Urkunden und Nachrichten zum Nutzen der Brandenburgischen Historie gesammlet und mit Anmerkungen herausgegeben. Theil 1—6. Wolfenbüttel 1755—1763. 8°.

A. F. Glafey Anecdotorum S. R. J. historiam ac jus publicum illustrantium collectio. Tom. I. Dresdae et Lipsiae 1734. 8°.

(Ludolf Hugo) Bericht von dem Rechte des Hauses Braunschweig und Lüneburg an denen Lauenburgischen Landen. fol. (Ohne Titelblatt, ohne Angabe des Jahres und Ortes).

G. G. Leibnitii Scriptores rervm Brvnsvicensivm illvstrationi inservientes. Hanoverae 1707. Scriptorum Brunsvicensia illustrantium Tom. II. III. Hanoverae 1710. 1711. fol.

P. Leyser Historia comitvm Wvnstorpiensivm ex diplomatibvs aliisqve monvmentis fide dignis maximam partem ineditis, contexta. Editio secvnda. Helmstadii 1726. 4to.

J. M. Pötker Neue Sammlung glaubwürdiger aber guten Theils ungedruckter Mecklenburgischer Schriften und Urkunden, welche zur Kentniss dortiger Landes-Geschichte und Rechte einigermassen dienen können, mit nöthigen Anmerkungen herausgegeben. Stück 1 und 2 Dantzig 1744. Stück 3—6 Wismar und Leipzig 1746. 4to.

N. Schaten Annalium Paderbornensium Pars I. II. Nevhvsii 1693, 1698. fol.

Ch. Schoettgenii et G. Ch. Kreysigii Diplomataria et scriptores historiae Germanicae medii aevi cum sigillis aeri incisis. Tom. I. II. III. Altenbvrgi 1753, 1755, 1760. fol.

A. Ch. Wedekind Noten zu einigen Geschichtschreibern des deutschen Mittelalters. Band I. II. III. Hamburg 1823, 1835, 1836. 8°.

Geschichtliche Einleitung.

Die Söhne des Herzogs Albrecht (pinguis).

Die meisten der Mannen des Herzogs Magnus von Braunschweig hatten schon im Jahre 1344 ihre Lehne in Empfang genommen. Saumseligkeit Anderer, Todesfälle, Verträge unter den Lehnsleuten und die Gunst des Herzogs veranlassten fortwährend neue Belehnungen. Unter diesen sind folgende Fälle hervorzuheben. Seitdem der edele Herr Bernhard von Meinersen dem Stifte Hildesheim alle Besitzungen seiner Vorfahren geschenkt hatte, oder vielmehr um das Jahr der Schenkung selbst, verlehnte der Herzog Güter, bei deren Aufzeichnung besonders bemerkt wurde, dass die edelen Herren von Meinersen sie früher verlehnt hätten. Die Grafen Albrecht und Bernhard von Regenstein hatten 1344 ausser dem Regenstein, dem Schlosse Blankenburg und mehreren anderen Besitzungen auch das Schloss Heimburg zu Lehn erhalten. In einer Theilung mag Graf Albrecht allein dieses Schloss bekommen haben. Schon von ihm kann es den von Heimburg zu Lehn verliehen oder, nachdem er 1349 erschlagen worden war, von seinen beiden Söhnen ihnen verkauft sein. Wie sich auch die Sache verhalten haben mag, Herzog Magnus verlieh ums Jahr 1354 das Schloss Heimburg, ein Burglehn zu Süpplingenburg, selbst Güter zu Mesmerode bei Wunstorf, zu Döhren bei Hannover und viele andere Güter an Heinrich und Anno von Heimburg. Zwischen den Jahren 1356 und 1358 belehnte er den edelen Herrn Johann von Hadmersleben mit Gütern zu Gröningen, zu „Nordendorf" bei Gröningen, zu Croppenstedt und mit den Gütern, die seine Voreltern von den Herzögen erhalten hatten. Die von Boldensen, welche von des Herzogs Bruder 1318 mit Holdenstedt im Herzogthume Lüneburg belehnt waren, woselbst sie vor dem Jahre 1342 ein Schloss erbauet hatten, erhielten zwischen den Jahren 1359 und 1365 das Schloss Boldensen, jetzt Bollensen bei Nettelkamp im Herzogthume Lüneburg, von dem Herzoge Magnus zu Lehn. Sollte ihnen die Wahl des Lehnsherrn gelassen sein, so ist es erklärlich, dass sie, von edeler Abkunft, wo möglich Freiheit sich zu erhalten suchend, einen entfernten Lehnsherrn dem Herzoge zu Lüneburg vorzogen. Von diesem besassen sie jedoch auch Lehngüter, namentlich im Dorfe Bollensen.

Schon früher einmal, am 21. März 1350, hatte Herzog Magnus dem Kloster Marienthal Schutz gegen die Anmassungen des Ritters Hermann Tubeke gewährt, indem er selbst mit seinen Mannen über den Streit beider zu Gericht sass. Später hatte das Kloster sich über die eigenen Vögte des Herzogs zu beklagen, welche die Höfe, Dörfer und Bauern des Klosters mit Herberge, Beede und Dienst belasteten. Ausserdem benutzten einige Mannen im Herzogthume ihre Feindschaft gegen den Erzbischof Otto von Magdeburg und gegen den Bischof Albrecht von Halberstadt zum Vorwande, dem Kloster an Gütern, Höfen und Leuten Schaden zuzufügen. Auf die Klagen des Klosters versprach der Herzog am 6. Januar 1357, dieses nebst den Besitzungen und Leuten desselben sechs Jahre lang gegen jene ungerechte Gewalt der Vögte zu schützen. Weil sowohl sein Bruder der Bischof, als auch der Erzbischof sich für das Kloster bei ihm verwandt hatte, verpflichtete er sich ihnen, diejenigen als seine eigenen Feinde zu befehden, welche aus Feindschaft gegen sie dem Kloster aus seinem Lande Schaden zufügen würden. Das Schloss Vorsfelde, welches er gegen den Erzbischof hatte vertheidigen müssen, besassen von ihm, wie schon 1345 vor dem Kriege, die von Bertensleben zu Pfande. Der Vertrag vom 23. Juni 1355 bestimmte, dass Herzog Wilhelm zu Lüneburg, falls er das ihm am 13. December 1347 von dem Herzoge Magnus käuflich überlassene Schloss Süpplingenburg veräusserte, das Schloss Vorsfelde einlösen sollte, damit er dieses statt des ersteren, wenn ihm ein Sohn geboren würde, seiner Tochter, Gemahlinn des Herzogs Ludwig, mit zwei anderen Schlössern zur Mitgift gäbe. Im Jahre 1357 trat nun der Johanniter-Orden in Verhandlung mit dem Herzoge Wilhelm, um von ihm das Schloss Süpplingenburg zu erwerben. Bevor die Abtretung desselben statt fand, bezahlte Herzog Wilhelm den von Bartensleben 425 Mark löthigen Silbers und 390 Mark stendalschen Silbers als Pfandsumme für das Schloss Vorsfelde und Herzog Magnus überliess ihm dafür am 12. März 1357 unter dem Vorbehalte, dass ihm Schloss und Stadt geöffnet würden, beide pfandweise mit den Gerichten und mit allem Zubehör, das Kirchlehn ausgenommen. Falls er von dem Schlosse und aus der Stadt Krieg führte, sollte der Amtmann, den er über beide setzen würde, Thorleute, Wächter und Thurmleute beköstigen. Er gestattete seinem Vetter Wilhelm, sich aus Schloss und Stadt zu wehren und sich zum Rechte zu verhelfen, falls er ihm nicht innerhalb vier Wochen Recht verschaffen könnte. Wer von beiden Herzögen den andern überleben würde, sollte obigen Pfandvertrag dem Herzoge Ludwig halten, Herzog Magnus freilich diesem nur in dem Falle, dass Herzog Wilhelm keinen Sohn hinterliesse. Das Schloss Hessen hatte Herzog Magnus am 22. März 1355 dem Rathe der Stadt Braunschweig verpfändet und ihn beauftragt, eine Mühle anzulegen, die Gräben, die Planken und den Burgfrieden ausbessern zu lassen, auch ihm gestattet, in der Vorburg für hundert Mark an Steinwerk zu verbauen. Ausserdem hatte er versprochen, dem Rathe die Auslagen dafür nach Abschätzung und, wenn man sich darüber nicht einigen könnte, die durch Rathsherren der Stadt eidlich bekräftigte Forderung derselben bei der Einlösung zu berichtigen. Für einen Theil dieser Auslagen, scheint es, stellte er am 15. März 1357 der Stadt Braunschweig eine Anweisung auf das ihm von den Bürgern der Stadt Helmstedt jährlich unter dem Namen der Bede zu zahlende Schutzgeld von vierzig Mark aus und liess die Bürger Helmstedt's geloben, diese Summe sieben Jahre lang an die Stadt Braunschweig zu entrichten. Vielleicht aus derselben Veranlassung verpfändete er ihr am 4. Juni 1357 auf die Dauer von drei Jahren seinen Theil der Münze zu Braunschweig, welcher der Stadt bis zum 1. Juni 1353 pfandweise überlassen worden war. In dem Gerichte zur Pisser, das wohl zugleich mit dem Zolle zu Linden 1349 wieder eingelöset war, hatte er dem Achatius Grube sieben Pfund Pfennige jährlicher Hebung verschrieben. Diese lösete er jetzt ein und verpfändete dagegen am 16. April 1357 dem Eilhard von der Heide und dem Conrad Backermann, Bürgern zu Braunschweig, sechs Pfund Pfennige jährlicher Hebung aus demselben Gerichte für vierzig Mark löthigen Silbers. Seinem Sohne Ludwig ertheilte er am 8. September eine Anweisung auf zehn Mark jährlicher Einkünfte aus obenjenem Zolle zu Linden.

Wie ein Bruder des Herzogs Magnus, der Bischof Heinrich von Hildesheim, 23 Jahre lang gegen den Willen von vier Päpsten sich auf seinem bischöflichen Sitze erhalten hatte, ebenso gelang dies während 34 Jahre einem anderen Bruder desselben, dem Bischofe Albrecht von Halberstadt. Ohne eine kräftige Unterstützung von Seiten seiner Brüder, auf die er rechnen durfte, wäre dies, so tapfer und kriegerisch er war, wohl nicht möglich gewesen. Unter ihnen war besonders Herzog Magnus, dessen Herzogthum an das Stift Halberstadt grenzte, als Lehnsmann desselben berufen, seines Bruders und des Stiftes sich anzunehmen. Auch in dem Jahre 1357 standen er und seine anderen Brüder bei einer sehr wichtigen Angelegenheit dem Bischofe treu zur Seite. Zum besseren Verständnisse dessen, warum es sich handelte, wird es erforderlich sein, einen Blick auf die frühere Geschichte Albrecht's zu werfen. Der vorige Bischof Albert von Halberstadt, ein geborener Graf von Anhalt, erhob wegen seines Stiftes, nachdem Graf Otto von Anhalt 1315 und Graf Albrecht von Anhalt 1316 gestorben waren, Ansprüche auf die Stadt und das Schloss Aschersleben, obgleich von Stadt und Schloss wie von den Lehnsleuten der Grafschaft Anhalt sich Graf Bernhard, ein Bruder des Bischofs, hatte huldigen lassen, ohne jedoch die Gräfinn Elisabeth, Wittwe des Grafen Otto, welcher Stadt und Schloss zum Wittwensitze verschrieben waren, im Besitze zu stören. Der Bischof bemächtigte sich der Stadt und des Schlosses und brachte auf einer Zusammenkunft zu Quedlinburg 1316 in Vorschlag, dass sein Bruder, der Graf, Stadt und Schloss vom Domcapitel zu Lehn nähme. Der Graf weigerte sich, weil beide unmittelbare Reichslehn wären, und liess sich und seinen Vetter Otto, Sohn des verstorbenen Grafen Otto, 1318 vom Könige Ludwig damit belehnen, starb aber noch in demselben Jahre. Sein Bruder, der Bischof, verpfändete 1318 das Schloss auf die Dauer von zwei Jahren den von Vietzenhagen, von Hoim und von Kreiendorf für 170 Mark Silbers. Nachdem die verwittwete Gräfinn Elisabeth sich mit dem Grafen Friedrich von Orlamünde vermählt hatte, entliess sie die

Bürger der Stadt am 7. Juni 1322 des ihr geleisteten Eides und überwies sie an das Domcapitel. Darauf, am 14. September 1324, wurde durch den Tod des Bischofs Albert, Grafen von Anhalt, der bischöfliche Sitz zu Halberstadt erledigt. Die Stimmen der meisten Domherren fielen bei der nun veranstalteten Wahl eines Bischofes auf Ludwig von Neindorf oder Neuendorf. Herzog Albrecht von Braunschweig wurde nur mit fünf Stimmen gewählt. Papst Johann XXII. erklärte die Wahl beider für ungültig, weil er sich die Besetzung aller vacanten Bisthümer vorbehalten hatte, und verlieh das Bisthum Halberstadt an Gieselbert von Holstein. Ohne Rücksicht auf die Reservation des Papstes zu nehmen, entschied unterdessen den Streit der beiden Gewählten der Erzbischof Matthias von Mainz, als Metropolitan, zu Gunsten Albrechts und bestätigte die Wahl desselben. Innerhalb eines Jahres nach erfolgter Bestätigung und Investitur wurde Herzog Albrecht zum Priester ordinirt und zum Bischofe geweihet. Während dieser Zwischenzeit befehdete Graf Bernhard von Anhalt, Sohn des verstorbenen Grafen Bernhard, das Stift. Zwischen ihm und dem Domcapitel kam es am 19. März 1325 zu einem Waffenstillstande und zu dem Uebereinkommen, dass ein Schiedsgericht und Graf Heinrich von Blankenburg, als Obmann desselben, sobald ein neuer Bischof seine Regierung angetreten haben würde, über den Streit richten sollte. Noch vor Ablauf des ersten Jahres, nämlich am 30. Juni 1325, wurde durch den Grafen Heinrich von Blankenburg, als Obmann, ein dem Bischofe meistens günstiges Urtheil verkündet. Zu den früheren Irrungen waren manche andere hinzugekommen, denn der Streit betraf die Dingstühle und Gerichte zu Aschersleben, Weddersleben, „Ilwersdorf" (oder „Eilwerdestorp" zwischen Gröningen und Deesdorf) und zu „Vrevele", Schloss und Stadt Aschersleben, Schloss und Stadt Wegeleben, die Schlösser Westorf, Schneidlingen und Börnecke, Schulzenthum, Münze, Zoll, Marktrecht, Zins und Juden zu Aschersleben und viele andere Punkte. Nicht beide Theile fügten sich der Entscheidung, vielmehr werden die folgenden Fehden des Bischofes zum Theil in obigen Streitpunkten ihre Veranlassung gehabt haben. Sein kriegerischer Sinn zeigte sich sogleich bei Antritt seiner Regierung. Das von seinem Vorgänger verpfändete Schloss Emersleben (an der Holzemme), auf welchem Raubritter hausten, und das von der Kirche veräusserte Schloss Gatersleben eroberte er, das Schloss „Güntekenburg" vor Quedlinburg zerstörte er und zwang die Stadt, als deren Schutzherren sich die Grafen von Regenstein betrachteten, am 14. April 1326, sich nicht nur in seinen Dienst und Schutz zu begeben, sondern auch ihm Abgaben zu entrichten. Mit dem jungen Markgrafen Friedrich von Meissen gerieth er in Feindschaft und fiel verwüstend in dessen Land ein. Hier aber wurde er geschlagen und sein Bruder Ernst nebst seinem Vetter, dem Herzoge Wilhelm (Sohn des Herzogs Heinrich zu Grubenhagen) gefangen genommen. Darauf belagerte er das nicht weit von Aschersleben in der Nähe der Wipper gelegene Schloss Warmsdorf und zerstörte es theilweise, bis der Markgraf mit grosser Uebermacht hinzukam und ihn vertrieb. Kaum hatte dieser sich entfernt, so belagerte der Bischof mit Hülfe seines Vetters, des Herzogs zu Lüneburg, das Schloss Gröningen, musste aber die Belagerung aufheben, weil er sich mit seinem Vetter entzweite und dieser mit seinem Heere abzog. Die Schlösser Falkenstein und Ermsleben (an der Selke) mit dem Weichbilde wurden dem Stifte Halberstadt am 18. Januar 1332 von dem Grafen Burchard von Falkenstein, dem letzten seines Stammes, geschenkt. Der junge Graf Albrecht von Regenstein glaubte wegen Erbansprüche die Schenkung anfechten zu müssen. Ausserdem konnten die Grafen von Regenstein den Verlust der Schutzherrschaft über die Stadt Quedlinburg nicht verschmerzen. Unzufriedener noch als sie war Graf Bernhard von Anhalt. Kaiser Ludwig ermahnte zwischen dem 3. und 9. Februar 1333 den Bischof, von der Stadt Aschersleben abzulassen, weil sie ein Reichslehn und Graf Bernhard von Anhalt wegen seines Fürstenthums damit belehnt sei, ersuchte ihn nochmals am 26. November desselben Jahres, den Grafen in dem Besitze der Stadt, die dieser vom Reiche zu Lehn habe, ferner nicht zu stören, noch ihn zu berauben, sondern das Geraubte zurückzugeben und den Grafen in Ruhe zu lassen, forderte an demselben Tage das Domcapitel auf, den Bischof zu veranlassen, dass er den Grafen ferner nicht der vom Reiche zu Lehn gehenden Stadt beraube, und gebot den Rathsherren und Bürgern der Stadt Aschersleben, sich dem Grafen zu unterwerfen. Weil alle Ermahnungen und Befehle des Kaisers vergeblich blieben, verbanden sich nicht Graf Bernhard, denn er war machtlos und ohne Land, weshalb er der Beraubte hiess, sondern seine Vettern die Grafen Albrecht und Waldemar von Anhalt 1334 mit den unzufriedenen Grafen von Regenstein, von Mansfeld, von Wernigerode, von Hohnstein, mit den Herren von Heldrungen und mit fast allen Grafen und Edelen des Harzes gegen den Bischof. Drei Kirchen vor Quedlinburg verwandelten sie in Burgen und verwüsteten das Bisthum. Der Bischof zog dagegen aus, nahm die drei Burgen, fing oder jagte die Feinde in die Flucht und befreiete die Stadt. Abermals ermahnte am 3. März 1335 der Kaiser den Bischof ernstlich, die Stadt Aschersleben ferner nicht besetzt zu halten, sondern dem damit belehnten Grafen Bernhard auszuliefern, die Stadt aber, sich dem Grafen zu unterwerfen. Der Bischof gehorchte nicht. Dass sein Bruder, Herzog Otto, in dem Streite mit den Grafen von Regenstein sich als Schiedsrichter ins Mittel legte und ihnen die Schutzherrschaft über die Stadt Quedlinburg am 22. Juli 1335 zuerkannte, führte nicht zu einem dauernden Frieden, da beide Theile mit dem Spruche des Herzogs im Ganzen nicht zufrieden waren. Erst am 20. März 1338 verzichteten die Grafen Albrecht und Bernhard von Regenstein auf die Schutzherrschaft, zugleich auch auf die ihnen aus dem schiedsrichterlichen Spruche des Herzogs Otto erwachsenen Rechte zu Gunsten des Bischofes. Durch diese Verzicht befreiete sich Graf Albrecht aus der Gefangenschaft, in welche er bei den Bürgern der Stadt Quedlinburg gerathen war. Während obiger Vorgänge brachte der Official und Domdechant Jacob Snelhart, ein Mann, der seine ganze Stellung dem Bischofe verdankte, ein Bündniss zwischen dem Domcapitel und den drei übrigen Collegiat-Kirchen der Stadt Halberstadt zum Schutze ihrer Privilegien und ihrer Gerichtsbarkeit gegen Uebergriffe des Bischofes zu Stande, zog auch den Rath und die Bürger der Stadt, die sich gleichfalls über Kränkung ihrer Rechte beklagten, auf seine Seite. Die Versuche, welche Herzog Otto von Braunschweig, Bruder des Bischofs, in den Jahren 1336 und 1337 machte, um den Streit zu schlichten, blieben vergeblich. Der Bischof verhängte am 15. August 1337 Bann und Interdict über die Verbündeten oder Verschwörer, wie er sie bezeichnete, und der Erzbischof Heinrich von Mainz entsetzte den Snelhart und dessen Anhänger ihrer Aemter und Würden. Die Gährung unter den Bürgern wuchs bis zum Aufstande, welcher den Bischof nöthigte, über die Mauern der Stadt zu entfliehen. Ludwig von Neuendorf war unterdessen 1327 Bischof von Brandenburg geworden und Albrechts Gegner Gieselbert, als dessen Vicar oder Stellvertreter jener im Jahre 1329 genannt wird, besass im Stifte Halberstadt keinen Anhang. Dennoch hätte um seinetwillen die Flucht dem Bischofe höchst nachtheilig werden können. Aber die Gefahr ging glücklich vorüber. Zwei Jahre nach Entstehung der Unruhen, nämlich am 9. August 1338 lieferten auf dem Wardehofe vor Halberstadt die Unzufriedenen die Urkunde, durch welche sie sich gegen den Bischof verbunden hatten, diesem selbst unter allgemeinem Jubel der Geistlichkeit und des Volkes aus und der Bischof hob Bann und Interdict auf. Am 11. April des folgenden Jahres kam eine Aussöhnung des Bischofes mit dem Domcapitel und den drei anderen Capiteln in der Stadt und mit dem Rathe und den Bürgern der Stadt Halberstadt zu Stande. Begleitet von seinen Brüdern, den Herzögen Magnus und Ernst, und von seinen Vettern, den Herzögen Johann und Wilhelm von Braunschweig (Söhnen des Herzogs Heinrich zu Grubenhagen), denen sich ein grosses Gefolge von Prälaten, anderen Geistlichen, Edelen, Dienstleuten, Rittern und Knappen und eine unzählbare Menge Volkes anschloss, zog der Bischof in die Stadt ein. In feierlichem Zuge mit Fahnen und unter Glockengeläute kamen ihm die Geistlichkeit und die Bürger der Stadt, diese mit Geschenken beladen, entgegen. Der Rath und die Bürger huldigten ihm von neuem. Entweder war die Schatzkammer durch die inneren Wirren nicht angegriffen worden oder es flossen dem Bischofe bald wieder hinlänglich Mittel zu. Schon zwei Monate nach seinem Einzuge in die Stadt, nämlich am 24. Juli 1339, lösete er für 3600 Mark stendalschen Silbers die Stadt Oschersleben ein. Nochmals erhob sich die Fehde mit den Grafen von Anhalt. Endlich einigten sich beide Theile, Schiedsrichter zu ernennen. Der Bischof wählte den zu Gnaden wieder aufgenommenen Domdechanten Jacob Snelhart und den Volrad von Hessen; Graf Bernhard wählte den Herzog Rudolf von Sachsen-Wittenberg und den Grafen Albrecht von Anhalt. Der Erzbischof Otto von Magdeburg, als Obmann dieser vier, erklärte, dass der Bischof den Grafen mit Unrecht beraube und ihm alle Güter zurückgeben solle. Kaiser Ludwig bestätigte am 28. August 1340 diesen Ausspruch und sandte den Ulrich von Bebenburg mit Vollmacht, um den Grafen in dem Besitz der zu seinem Fürstenthume gehörigen Güter einzusetzen. Der kaiserliche Bevollmächtigte hielt am 29. September 1340 zu Bernburg öffentliches Gericht, zu welchem nicht nur einige Fürsten und Herren erschienen, sondern auch die weltlichen Richter und Vorsteher im Fürstenthume Anhalt und in der Grafschaft Aschersleben durch kaiserlichen Befehl geladen waren, und setzte den Grafen in den Besitz alles dessen, was zum Fahnenlehne gehörte. Er überwies ihm Schloss und Stadt Aschersleben, das Recht über die Juden, das Marktrecht, die Münze, den Zoll, die Gerichtsbarkeit in und ausserhalb der Stadt, die Mühle beim Schlosse, das Schloss Westorf und Cochstedt, die Gerichte Aschersleben, Weddersleben, „Ilwersdorf" und „Frevelo". Obgleich hiemit der langjährige Streit beendet war, sollte der Bischof doch zu Frieden und Ruhe nicht gelangen. Nachdem der Gegenbischof Giselbert 1344 gestorben war, verwandte sich König Karl IV. auf Bitten des Grafen Burchard von Mansfeld für dessen Sohn Albrecht beim Papste Clemens VI. wegen des Bisthums Halberstadt und dieser verlieh es jenem im Jahre 1346. Graf Burchard von Mansfeld mit seinen Söhnen und die Grafen Albrecht und Bernhard von Regenstein fielen in das Stift ein, griffen Städte und Burgen an und verheerten Alles, wohin sie zogen. Während des Gottesdienstes in der Christnacht 1347 drangen sie über die Mauern selbst in die Stadt Halberstadt ein und zogen mit Gefangenen und Beute heim. Graf Albrecht von Regenstein wurde 1349 von Rudolf von Dorstadt aus persönlichem Hasse auf dem Felde zu Dannstedt erschlagen. Der Bischof, von den Söhnen des Grafen der Mitschuld angeklagt, erbot sich vergebens vor Fürsten, Grafen, Edelen, Rittern, Knappen und Bürgern, sich von der Beschuldigung eidlich zu reinigen. Der Bundesgenosse der Grafen von Regenstein, Graf Burchard von Mansfeld, hatte dem Bischofe Frieden geschworen und dafür das an den Severken- oder Schwechen-Bergen zwischen Quedlinburg und Badeborn gelegene Schloss Gerstorf zu Pfande gesetzt. Er brach den Eid, bemächtigte sich des Schlosses wieder und behauptete, beim Schwören seinem Sohne Albrecht, Bischofe von Halberstadt, nicht dem Herzoge Albrecht, der sich des Bisthums anmasse, Frieden gelobt zu haben. Ihn zu strafen zog der Bischof aus; er eroberte das Schloss Lauenburg bei Stecklenberg und bauete nicht lange darnach das neue Schloss auf dem Severken- oder Schwechen-Berge zwischen Quedlinburg und Badeborn. Im Jahre 1349 eroberte er das Schloss Crotdorf. Bis zu diesem Jahre hatte er zwanzig Feldzüge unternommen. Er war nämlich ausgezogen vor die Schlösser „Güntekenburg" bei Quedlinburg, Emersleben, Gatersleben, Weferlingen, Heimburg, Derenburg, Falkenstein, Thale, Lauenburg, Gerstorf, „Nunnenberg" bei Quedlinburg, zur Erbauung der Schlösser „Severckenburg" und Hessen, vor Warmsdorf, Gröningen, „Gensevorde" an der Bode zwischen Stassfurth und Egeln, vor Querfurt, in die Grafschaft Mansfeld, wieder vor Derenburg und vor Crotdorf. Elf Schlösser hatte er theils erobert, theils neu gebauet. Zu seinen Erwerbungen gehörte nämlich ausser den Schlössern Falkenstein und Ermsleben mit dem Weichbilde, das Schloss Schlanstedt, welches er 1344 von den Grafen von Regenstein gekauft hatte, die Stadt Quedlinburg, die Schlösser Thale, Emersleben, „Severckenburg", Weferlingen, Gatersleben, Gerstorf, Crotdorf und Wülperode. Das vielfach bewegte, von Gefahren und Anstrengungen ausgefüllte Leben des Bischofs in den ersten 25 Jahren seiner Regierung trug nicht dazu bei, sein Alter zu kräftigen, wohl aber ihn nachgiebiger zu stimmen. Mit den Grafen von Regenstein schloss er nicht zu ihrem Nachtheile am 25. Juli 1351 einen Vertrag über das Lehn der Schlösser Lauenburg, Gerstorf, Hettstedt und Crotdorf und am 8. November 1355 über Jagd und Forst auf dem Harze. Er hatte es nicht hindern können, dass sein Gegenbischof Albrecht von Mansfeld in einigen Gegenden des Bisthums, wie es scheint im Banne Kaltenborn, von der Geistlichkeit als Bischof anerkannt und dass ihm hier gehorcht wurde. Hiezu kam, dass Papst Innocenz VI. 1357 nach dem in demselben Jahre erfolgten Tode des Grafen Albrecht von Mansfeld an dessen Stelle den jungen Markgrafen Ludwig von Meissen zum Bischofe von Halberstadt ernannte. Die drei Brüder Ludwig's, die Markgrafen Friedrich, Balthasar und Wilhelm von Meissen, Landgrafen von Thüringen, waren fest entschlossen, ihrem Bruder zum Besitze des Stiftes zu verhelfen. Ihnen fühlte der vom Alter gebeugte Bischof sich nicht gewachsen, wenn nicht seine Brüder und Vettern sich seiner annähmen. Diese, nämlich Herzog Magnus mit seinem Sohne Magnus zu Sangerhausen, Herzog Ernst zu Göttingen, der Bischof Heinrich von Hildesheim und Herzog Wilhelm zu Lüneburg täuschten sein Vertrauen nicht, sondern vereinigten sich zu seinem Schutze. Bischof Heinrich hatte einst sogar einem Verbote des Kaisers Karl IV. mit den Worten Trotz geboten, wessen Feind sein Bruder Albrecht sei, dessen Feind wolle auch er sein, so lange die Noth es erfordere. Dem starken Bunde der Herzöge gegenüber wagten die Markgrafen keine feindseligen Schritte und betraten den Weg gütlicher Unterhandlungen, welcher, um einen Krieg zu vermeiden, von den Herzögen nicht verweigert wurde. So kam denn am 3. Juni 1357 zu Sangerhausen folgender Vergleich des Bischofs mit den drei Markgrafen, während ihr Bruder Ludwig abwesend war, zu Stande. Bischof Albrecht sollte Bischof und Herr des Stiftes bleiben, ihren Bruder Ludwig, wie einen Bruder, zu sich nehmen und ihn beköstigen, mit ihnen und ihrem Bruder das Stift vertheidigen, auf den Fall seines Todes sofort ihrem Bruder die Huldigung in allen unverpfändeten Schlössern leisten lassen, ihm gegen diejenigen Städte und Domherren, welche sich dem widersetzten, behülflich sein, die Inhaber der Pfandschlösser an ihn weisen, ihm die Einlösung dieser gestatten, von ihnen, falls ihr Bruder vor ihm stürbe, die mit ihrem Gelde eingelöseten Schlösser wieder lösen. Ihr Bruder sollte alle vom Bischofe vorgenommenen Belehnungen und die Anstellungen der Geistlichen anerkennen, von der gesammten Geistlichkeit des Stiftes aber nur die Geistlichkeit im Osterbanne (oder Kaltenborner-Banne) und die, welcher Albrecht von Mansfeld vorgestanden habe, behalten, damit den Canonicis der Kirche St. Johann zu Kaltenborn bei Sangerhausen hinsichtlich ihrer in ihren Bann gehörenden Geistlichen kein Unrecht geschähe. Der Bischof, welcher mit ihres Bruders Rathe Vögte absetzen dürfte, sollte, die er einsetzte, ihm huldigen lassen und ihm das Oeffnungsrecht an allen Schlössern zugestehen, ihr Bruder dagegen die Geistlichkeit und Unterthanen bei ihren Rechten lassen und, sobald er heimkehrte, obigen Vergleich beschwören. Die Brüder des Bischofs und Herzog Wilhelm zu Lüneburg nahmen den Markgrafen das feierliche Gelöbniss ab, diesen Vergleich treu zu halten. Im folgenden Jahre 1358 liess dann der Papst sich bewegen, die über den Bischof Albrecht verhängte Suspension nebst Bann und Interdict aufzuheben. So lange Albrecht lebte, war, weil er Bischof und Herr bleiben sollte, die Weihe Ludwig's nicht erforderlich und wohl gar dem Vergleiche entgegen. Weil im September 1358 zur Weihe geschritten wurde, wird noch in diesem Jahre Bischof Albrecht gestorben sein. Damit sie ohne Verzug geschähe, gelobten die Markgrafen Friedrich und Balthasar für sich und ihren Bruder Wilhelm am 14. September 1358 zu Weimar, im Falle dass ihr Bruder Ludwig durch Krieg oder Bedrängnisse in wirkliche Noth geriethe, ihm mit Rath und That zu Hülfe zu kommen.

In dem Bischofe Albrecht von Halberstadt verlor Herzog Magnus nicht nur einen Bruder, sondern auch einen guten Nachbaren. Nie hatte er sich mit ihm entzweit, wie dieses doch schon mit seinem Bruder, dem Herzoge Ernst, und mit dem Bischofe zu Hildesheim der Fall gewesen war. Kaum hatten alle drei sich in der Vertheidigung des vierten Bruders geeinigt, so zerfielen sie wieder mit einander. Das am 15. August des vorigen Jahres zwischen dem Herzoge Ernst zu Göttingen und seinem Bruder, dem Bischofe Heinrich von Hildesheim, getroffene Abkommen vermochte nicht, neuen Zwistigkeiten zwischen ihnen vorzubeugen. Herzog Ernst dachte ernstlich an einen Krieg gegen den Bischof und wusste seinen Bruder Magnus für sich zu gewinnen. Er verband sich mit ihm am 24. Juni 1357 auf die Dauer von zwei Jahren gegen den Bischof, machte sich verbindlich, seinen Bruder Magnus und dessen Unterthanen bei Rechte zu lassen, setzte mit ihm für Irrungen und Fehden, die zwischen ihnen selbst oder zwischen ihren Mannen und Dienern entstünden, ein Schiedsgericht ein, gelobte, sich nicht gegen ihn mit dem Bischofe nach Ablauf der beiden Jahre zu verbinden oder gegen ihn diesem beizustehen. Es wurde bedungen, dass, falls es zum Kriege gegen das Stift käme, Herzog Ernst in seine Schlösser eine Besatzung von hundert Mann, jeder von ihnen aber eine Besatzung von funfzig Mann in das Schloss Wolfenbüttel legte und dort unterhielte. Der Amtmann, welchen Herzog Ernst auf das Schloss Wolfenbüttel senden würde, sollte mit vier seiner Freunde dem dortigen Amtmanne des Herzogs Magnus geloben, ihn und das Schloss vor Schaden und vor Unfug seiner Leute zu schützen. Verübten diese dennoch Schaden und Unfug, so sollte nach Ermessen jener vier Männer, falls die Amtleute selbst sich darüber nicht einigen könnten, Vergütung geleistet werden. Herzog Ernst gelobte, während der beiden Jahre ohne Bewilligung des Herzogs Magnus mit dem Bischofe weder Sühne noch Frieden zu schliessen. Er überwies vorab hundert löthige Mark aus seinem Antheile an der Brandschatzung dem Herzoge Magnus. Im übrigen sollte die Brandschatzung in vier Theile getheilt werden, von denen er sich drei Theile vorbehielt und das Uebrige seinem Bruder Magnus überliess. Wer sonst noch in diesem Kriege sich ihnen anschlösse, durfte fordern, dass ihm nach Anzahl seiner Gewaffneten und nach Maassgabe der Verpflegungskosten sein Antheil an der Brandschatzung von jenen vier Männern zugewiesen würde. Beute im Treffen sollte nach Anzahl Gewaffneter getheilt werden. Wer von beiden Herzögen am Treffen Theil nahm, konnte den Gefangenen vorab verlangen, welcher, gefangene Fürsten und Herren abgerechnet, zunächst auf den besten folgte. Jeder sollte dem Anderen im Nothfalle auf eigene Kosten mit ganzer Macht folgen und ihm die seinen Landen am nächsten gelegenen, eroberten Schlösser gegen Vergütung seines nach der Anzahl seiner gewaffneten Leute zu bestimmenden Antheils daran überlassen. Die Worte dieses Bündnisses selbst stellen es als noch ungewiss hin, ob der Krieg beginnen würde. Da alle geschichtlichen Nachrichten darüber schweigen, wird er wohl nicht ausgebrochen sein, sondern eine Aussöhnung statt gefunden haben. Wenigstens kann es zu keinen grossen Kriegsunternehmungen gekommen sein. Auch störte dies Bündniss nicht die Beziehungen des Herzogs Magnus zu den Unterthanen des Stiftes. Selbst dem Schenken desselben, dem Ritter Aschwin von Meyenberg, welcher eben wegen der kriegerischen Aussichten sich vorsehen zu müssen glaubte, sicherte er am 10. August 1357 einen Antheil von 130 Mark an einem Zins aus der Mühle vor dem Wenden-Thore zu Braunschweig, welche Graf Ludolf von Woldenberg von ihm zu Lehn besass.

Die Schlösser Linder und Calvörde hatte Herzog Magnus in der Sühne vom 18. December 1347 dem Erzbischofe Otto von Magdeburg unter der Bedingung, sie einzulösen, abgetreten. Es ist schon erwähnt, dass der Erzbischof diese Bedingung hinsichtlich des Schlosses Calvörde nicht erfüllte. Das Schloss Linder hatte er, wie aus Folgendem erhellet, eingelöset. Da es mit dem Dorfe Uthmöden am 2. Februar 1343 für nur 125 Mark stendalschen Silbers und für die auf achtzig Mark veranschlagten Kosten des vorzunehmenden Baues verpfändet war, kann ihm die Einlösung nicht schwer gefallen sein. Weil die Finanzen des Erzbischofes durch die häufigen, langen und kostspieligen Kriege, in die er sich besonders später verwickelte, gänzlich zerrüttet waren, konnte Herzog Magnus schon daran denken, das Schloss oder, da der Erzbischof dieses wegen Mangels an Mitteln wohl hatte verfallen lassen müssen oder, wie eine gleichzeitige Nachricht bestimmt behauptet, wegen der davon betriebenen Räubereien selbst zerstört hatte, wenigstens das zum Schlosse gehörende Gut aus zweiter Hand wieder zu erwerben. Jordan von dem Knesebeck besass Aussicht, von dem Erzbischofe dieses Gut zu erhalten. Herzog Magnus kam mit ihm am 8. September 1357 überein, von ihm für siebzig Mark brandenburger Silbers, eine Summe, die hoch genug erscheint, wenn man von jenen 125 Mark den Werth des früheren Schlossgebäudes abzieht, jenes Gut einzulösen im Falle dass Jordan es von dem Erzbischofe erwürbe und von demselben ohne Widerspruch ledig und frei machte. Ob er dies erlangte, bleibt ungewiss. An demselben Tage erneuerte der Herzog den Gebrüdern von Wederden die Pfandurkunde über Schloss und Stadt Calvörde, nachdem sie zehn Jahre vergeblich darauf gewartet hatten, dass der Erzbischof von Magdeburg beide einlösen würde. Mit unbedeutenden Aenderungen wurden die Bedingungen der am 15. Mai 1345 über Schloss und Stadt ausgefertigten Pfandurkunde beibehalten und unter ihnen fehlte auch die Bestimmung nicht, dass die von Wederden das Schloss und die Stadt dem Erzbischofe nicht verpfänden durften. Die bei der Einlösung sich vorfindende Saat sollte der Herzog ihnen nach Abschätzung vergüten oder sie ihnen lassen und ihnen einen Platz leihen, auf welchen sie das Korn zusammenfahren könnten. Die ursprüngliche Pfandsumme von 1108 Mark stendalschen Silbers war durch Darlehne am 14. Mai und 30. November 1346 auf 1338 Mark angewachsen. In den letzten zehn Jahren, während welcher die von Wederden in Ungewissheit schwebten, wen sie für den Herrn des Schlosses halten sollten, waren ihnen die Verwaltungskosten, die wohl nicht durch die Einkünfte gänzlich gedeckt wurden, nicht ersetzt worden. Verfall des Schlossgebäudes und Veräusserungen des zum Schlosse gehörenden Gutes hatte daher nicht ausbleiben können. Um die von Wederden zu entschädigen, wurde diesmal die Pfandsumme auf 1421 Mark stendalschen Silbers erhöhet. Die veräusserten Güter kauften sie nun wieder zurück. Herzog Magnus einigte sich am 11. März des folgenden Jahres mit ihnen, dass er diese Güter nach Abschätzung von ihnen einlösen könnte, und versprach, Bauten, die sie mit seinem Wissen und Willen am Schlosse vornähmen, ihnen zu vergüten. Auch belehnte er sie im nächsten Jahre mit einem Hause und Hofe zu Calvörde. Zum ersten Male bei der Verpfändung dieses Schlosses (am 8. September 1357), seitdem jedoch bei fast jeder der folgenden Schlossverpfändungen mussten die Pfandbesitzer geloben, wenn Herzog Magnus stürbe, seinen Sohn Ludwig das betreffende Schloss einlösen zu lassen, es ihm zu öffnen, überhaupt ihm den Pfandvertrag zu halten, ihn nach des Vaters Tode an dessen Stelle für ihren rechten Herrn anzuerkennen und bei ihm zu bleiben zu allem Rechte, welches Herzog Magnus an der Herrschaft Braunschweig besässe. Sie mussten sich ferner verpflichten, wenn Herzog Ludwig, ohne einen oder mehrere echte Söhne zu hinterlassen, stürbe, den Pfandvertrag demjenigen Bruder desselben zu halten, der von den Mannen des Herzogs Magnus und von den Mannen des Herzogs Wilhelm von Lüneburg zu einem rechten Herrn gewählt würde. Herzog Ludwig dagegen gelobte gewöhnlich, den Vertrag zu halten, wenn der Fall einträte, er selbst nämlich seinen Vater überlebte.

So ernstlich Herzog Magnus auch auf Regelung des Staatshaushaltes Bedacht nehmen mochte, um die Wunden, welche der Krieg geschlagen hatte, zu heilen, konnte er doch einige neue Verpfändungen nicht vermeiden. Am 28. October 1357 verkaufte er unter Vorbehalt des Wiederkaufes den Bürgern von dem Damme und Elers zu Braunschweig für 18 löthige Mark das Dorf „Glinde" mit Gericht, Vogtei, Dienst, Bede und mit jährlicher Hebung aus Hufen und Höfen daselbst, belehnte sie auch einstweilen damit. Am 19. November desselben Jahres verpfändete er das Dorf Bornum bei Königslutter, auf welchem im vorigen Jahre noch eine Schuld von zwanzig löthigen Mark verblieben war, mit Beede, Dienst und Zins, aber ohne Kirchlehn und Halsgericht, für hundert löthige Mark dem Günzel von der Asseburg und erkannte am 6. December diese auf dem Dorfe lastende Forderung als ein Leibgeding der Frau des Günzel an, im Falle dass derselbe das Dorf nicht weiter verpfändete, noch vor seinem Tode die Einlösung statt gefunden hätte.

Während dessen war das Schloss Süpplingenburg, ein früheres Gut der Tempelherren, welches Herzog Magnus nach dem Tode des Herzogs Otto von Braunschweig, letzten Commenthurs zu Süpplingenburg, in Besitz genommen und am 13. December 1347 dem Herzoge Wilhelm zu Lüneburg verkauft hatte, von diesem für 500 Mark feinen Silbers dem Johanniter-Orden überlassen, auch von letzterem schon ein Commenthur zu Süpplingenburg, Namens Rudolf Sassenberg, ernannt worden. Herzog Wilhelm hatte sich wohl deshalb zu dieser Veräusserung verstanden, weil bei Aufhebung des Ordens der Tempelherren im Jahre 1312 die Güter desselben vom Papste Clemens V. dem Johanniter-Orden zuerkannt waren. Da er aber seinem Vetter, dem Herzoge Magnus, das Recht, nach dem Jahre 1353 das Schloss wiederzukaufen, am 1. Januar 1348 eingeräumt hatte, sah sich dieser noch als Eigenthümer und die Ordensritter nur als Pfandbesitzer desselben an. Deshalb waren diese, auch mit ihm sich des Schlosses wegen abzufinden, genöthigt. Hermann von Werberge, Herrenmeister des Ordens in Sachsen, der Mark, Wendland und Pommern, Ruprecht von Mansfeld, Commenthur zu Goslar, Rudolf Sassenberg, Commenthur zu Süpplingenburg, und Albrecht von Dannenberg, Commenthur zu Werben, zahlten ihm 400 Mark feinen Silbers aus. Dafür überwies er ihnen und ihrem Orden am 28. December 1357 das Schloss Süpplingenburg mit allem Zubehör und alle anderen Güter der Tempelherren in seinem Lande zu ewigem Besitze. Jedoch sollten sie diejenigen dieser Güter, die er verkauft oder verpfändet hätte, von den Besitzern erwerben und einlösen. Er versprach, den Hof der Tempelherren in der Stadt Braunschweig, welchen bei der Erbtheilung vom 17. April 1345 der Herzog Otto von Braunschweig, Commenthur zu Süpplingenburg, noch besass, Herzog Magnus aber nach dessen Tode, da er ihn am 15. Juni 1355 dem Ritter Balduin von Dalem verpfändete, durch Vertrag mit seinem Bruder Ernst allein erhalten haben wird, dem Orden auszuliefern. Er verpflichtete sich und seine Nachkommen zum Schutze des Ordens und der Güter desselben im Herzogthume, stellte aber dabei die Bedingung, dass der Orden ihm und seinen Nachkommen mit dem Schlosse Süpplingenburg stets beistehe und sich mit demselben nie zu anderen Fürsten oder zu jemandem, der ihnen gefährlich sei, halte. Eine Erwerbung, welche der Orden während der nächsten sieben Jahre wohl nicht ohne Bewilligung des Herzogs Magnus als Lehnsherrn machte, ist der Werder Höhbeck mit den darauf liegenden Dörfern, eine frühere Besitzung der von der Gartow im Herzogthume Lüneburg. Den Tempelhof zu Braunschweig überliess der Orden am 4. April 1367 dem Kaland zu Braunschweig.

Weil Herzog Magnus die vor zehn Jahren dem Lippold von Stembeke und dem Ulrich von Sunstidde für $31\frac{1}{2}$ Mark löthigen Silbers verpfändeten Dörfer Schickelsheim und Scheppau einlösete, dagegen aber dem ersteren 1358 das Dorf Schickelsheim für vierzig Mark löthigen Silbers verpfändete, kam er unentgeltlich wieder in den Besitz des Dorfes Scheppau. Er verkaufte dieses auf Wiederkauf für 55 Mark am 10. August 1358 unter ähnlichen Bedingungen, wie vor zehn Jahren, an Frederkes und Elers, Bürger zu Braunschweig, belehnte sie auch mit dem Dorfe. Das Schloss Voigtsdahlum, welches er am 4. Juli 1347 den Gebrüdern und edelen Herren Gebhard und Burchard von Werberge und den Gebrüdern Ludolf und Hans von Honlage für Auslagen im Kriege verpfändet und trotz später geleisteter Zahlung wohl noch nicht völlig von den Schuldforderungen derselben befreiet hatte, überliess er, vielleicht um ihnen die Schuld ganz abtragen zu können, am 1. Januar 1358 pfandweise unter Vorbehalt des Oeffnungsrechtes dem Hildemar von Steinberg und dem Luthard von Wenden für 800 Mark löthigen Silbers auf die Dauer von wenigstens einem Jahre. Er gestattete ihnen, wenn die Zahlung zur gehörigen Zeit nach der Kündigung nicht erfolgte, das Schloss an ihre Standesgenossen, die seine sesshaften Mannen wären, zu verpfänden; nur durften diese das Schloss nicht für Fürsten, Herren oder Bürger in Besitz nehmen. Ohne es ihn wissen zu lassen und ohne zwölf Wochen vergeblich auf Rechtshülfe von ihm gewartet zu haben, sollten die Pfandinhaber vom Schlosse keinen Krieg führen. Wie er sich verpflichtete, sie zu vertheidigen, so gelobten sie, sich seiner Entscheidung zu fügen. Im Falle, dass er vom Schlosse Krieg führte, sollte sein Amtmann, den er auf dasselbe setzte, ihnen Burgfrieden und Burghut geloben;

er selbst aber wollte während des Krieges die Beköstigung im Schlosse auf seine Rechnung nehmen, die Pfandinhaber mit acht anderen Gewaffneten verpflegen und ihnen für ihr vor dem Schlosse gelegenes Ackerland Friedegut in Feindes Lande anweisen. Er verpflichtete sich, wenn in seinem Kriege das Schloss verloren würde, nicht eher Sühne noch Frieden zu schliessen, bis es zurückerobert oder ihnen die Pfandsumme erstattet sei. Geschähe keins von beiden, so wollte er ihnen ein Schloss in demselben Gerichte, damit sie die ihnen verpfändete Gülte erheben könnten, erbauen helfen. Da er ihnen 180 Morgen Landes, mit Winterkorn besäet, überlieferte, verlangte er, ebensoviel bei der Einlösung zurück zu erhalten. Für jeden Morgen, den sie weniger abliefern würden, sollten sie ihm drei löthige Loth (= 3/16 löthige Mark) entrichten, an dem, was sie mehr ablieferten, Pflugtheil behalten. Bauten, welche sie am Schlosse mit Wissen und nach Rath des Gebhard von Werberge und des Hans von Honlege, seiner Amtleute und früheren Pfandbesitzer, vornähmen, versprach er ihnen bei der Einlösung zu vergüten.

Im vorigen Jahre am 24. Juni hatte der Herzog dem Friedrich von Veltheim, Geistlichen in der Capelle St. Petri im Westendorfe zu Schöppenstedt, wegen eines dieser Capelle gehörenden Zinses in den Besitz der dortigen Mühle gesetzt. Auch in diesem Jahre gedachte er der Geistlichkeit und frommer Stiftungen. Am 25. Februar 1358 schenkte er die ihm von dem Knappen Johann von Honlege resignirten beiden Höfe zu Allenbüttel mit einer Hausstelle dem Abte und Convente zu Riddagshausen. Einen Monat später schenkte er dem Hospitale oder Krankenhause vor dem Wenden-Thore der Stadt Braunschweig das Eigenthum der von den Gebrüdern Elers demselben verkauften und ihm resignirten Güter zu Veltheim an der Ohe, bestehend aus vier Hufen Landes, einem Meierhofe und einer Kothe, und am 24. Juni 1358 schlichtete er mit Rath seiner Mannen einen Streit zwischen seinen Bauern zu Honstedt und dem Pfarrer Heinrich daselbst über eine Hufe auf dem Felde zu Schöningen zu Gunsten der Pfarre.

Das Schloss Jerxheim, dessen eine Hälfte am 13. December 1345 an Günzel von der Asseburg und an die Gebrüder Heinrich und Ludolf von Wenden, die andere Hälfte am 30. November 1346 an Lothard von Wenden und an den Ritter Hildemar von Steinberg verpfändet worden war, muss zu denjenigen Besitzungen gezählt werden, welche Herzog Magnus wieder eingelöset hatte, denn sonst würde er nicht am 1. Mai 1358 über die zum Schlosse gehörenden Güter zu Watenstedt und Beyerstedt noch am 19. Mai über Einkünfte aus dem Gerichte Jerxheim haben verfügen können. Pfandweise nämlich überliess er am 1. Mai 1358 für hundert löthige Mark 9½ Höfe zu Watenstedt, drei Höfe zu Sottmar, Vogtpfennige von 6½ Hufen zu Watenstedt und Einkünfte aus einem Hofe zu Beyerstedt dem Günzel von der Asseburg und dessen Sohne Günzel und am 19. Mai beauftragte er seinen Amtmann Balduin von Dalem, ihnen innerhalb der nächsten beiden Jahre dreissig löthige Mark aus dem Gerichte Jerxheim zu entrichten. Jene Verpfändung und diese Anweisung stehen vielleicht mit der Einlösung des Schlosses in einem noch engeren Zusammenhange, insofern nämlich durch sie vielleicht das zu letzterer erforderliche Geld theilweise aufgetrieben wurde. Bevor die Zeit, nach welcher die Stadt Braunschweig den Vertrag über das ihr am 22. März 1355 verpfändete Schloss Hessen und Kloster Stöterlingenburg kündigen konnte, ablief, einigte sich Herzog Magnus, um nicht Einkünfte aus dem Zolle zu Linden einzubüssen, mit ihr über Verlängerung der Pfandzeit. Die Stadt hatte, wie bedungen war, die Mühle bauen, vermuthlich auch die Gräben, die Planken und den Bergfrieden ausbessern, endlich auch in der Vorburg für hundert Mark am Steinwerke bauen lassen, weshalb diese Punkte in dem neuen Pfandvertrage keine Aufnahme fanden. Im übrigen verpfändete der Herzog, ohne jedoch hinsichtlich des Zolles zu Linden seine frühere Verpflichtung zu erneuern, das Schloss und Kloster mit der Mühle und dem Teiche am 20. Mai 1358 der Stadt unter denselben Bedingungen wie früher, diesmal jedoch auf die Dauer von wenigstens zwei Jahren und für 1200 löthige Mark, von denen 400 auf den Bau des Schlosses und zu Reparaturen verwandt werden sollten. Bei dieser Verpfändung wurde jeder dereinst wieder abzuliefernde Morgen Winterkorns zu einer Viertelmark löthigen Silbers berechnet. An demselben Tage entlieh der Herzog von der Stadt 230 Mark Silbers und stellte ihr darüber eine auf das Schloss Asseburg lautende Verschreibung aus. Es erhellet aus derselben, dass der Stadt dieses Schloss, nachdem er es eingelöset und sich mit ihr 1350 über Erstattung der Baukosten abgefunden hatte, von neuem verpfändet war. Nachdem er am 19. August 1358 den von dem Damme und Elers, Bürgern zu Braunschweig, den halben Zehnten zu Alvesse unter Vorbehalt des Wiederkaufs für 35 Mark löthigen Silbers verkauft und sie einstweilen damit belehnt hatte, verpfändete er am 25. November 1358 dem Conrad von Weferlinge und dem Ludolf von Wenden das Schloss Esbeck und die Stadt Schöningen mit denselben Stücken und unter denselben Bedingungen, wie dieses Pfand die von der Asseburg und von Wenden seit dem 24. Juni 1355 besessen hatten. Nur das Kloster bekamen sie nicht; auch wurde die Pfandsumme von 374 Mark löthigen Silbers auf 604 Mark erhöhet. Zu dieser Verpfändung mochte die Forderung der bisherigen Pfandbesitzer, dass die Verwaltungskosten, insoweit dieselben durch die Einnahme nicht gedeckt seien, und ihre Auslagen ihnen erstattet würden, drängen. Der Stadt Helmstedt, welcher der Herzog am 31. Mai 1345 seinen Schutz versprochen und am 10. April 1351 die Vogtei und den Neumark überlassen hatte, gestattete er am 21. December 1358, das bisherige Erbfolgerecht in Frauengerade, wodurch die Stadt grosse Nachtheile erlitten hatte, abzuschaffen, und erklärte dasselbe, obgleich es in der Stadt Magdeburg, wohin die Bürger Helmstedt's appellirten, galt, für ungültig und aufgehoben.

Schon die Lehnbücher der Herzöge Otto, Magnus und Ernst aus den Jahren 1318 und 1344 beweisen, dass zu Königslutter, wo die berühmte Abtei lag, auch ein herzogliches Schloss stand. Wie eine Urkunde des Jahres 1359 zeigt, gehörten zu demselben das Weichbild Lutter, die Dörfer Oberlutter, Laningen, Rieseberg mit der „Schalmühle", Schoderstedt, Rottorf, Steinum, Schickelsheim, halb Süpplingen, Lelm und Sunstedt, welche, wie Königslutter selbst, Erbgüter Lothar's von Süpplingenburg gewesen sein mögen. Nachdem Herzog Magnus das Dorf Schickelsheim wieder eingelöset hatte, verpfändete er das Schloss Königslutter mit dem Weichbilde und jenen Dörfern, aus welchen jährlich dreissig Mark erhoben wurden, ausserdem mit zehn Mark jährlicher Einkünfte aus dem Zolle zu Linden am 14. April 1359 dem Grafen Gerhard von Woldenberg, mit welchem später (1383) das gräfliche Geschlecht erlosch, und dessen Gemahlinn Sophie für 400 Mark auf die Dauer von wenigstens drei Jahren. Wie gewöhnlich wurde auch diesmal vertragsmässig festgestellt, dass der Pfandbesitzer in Streitigkeiten nicht zur Selbsthülfe schreiten dürfe, bevor er den Erfolg seiner beim Herzoge ausser Gericht erhobenen Klage abgewartet habe, dass er sich seiner Entscheidung füge und ihm zu allen Nöthen das Schloss öffne, dass der zur Kriegsführung auf dasselbe gesetzte herzogliche Amtmann gegen Schaden und Unfug Sicherheit gebe, dass für die vor dem Schlosse befindlichen Ackerländereien und für das Vorwerk Friedegut bewilligt werde, dass der Herzog, wenn das Schloss genommen oder erobert würde, den Pfandbesitzer in Erhebung der Gülte schützen, ihn überhaupt bei Rechte lassen und vertheidigen müsse, dass dieser, wenn nach der Kündigung nicht zur bedungenen Zeit die Pfandsumme zurückerstattet würde, jedem mit Ausnahme von Fürsten, Herren und Städten das Schloss zu verpfänden befugt sei. Ausser allen diesen üblichen Bedingungen wurde auch eine andere, gewiss sehr zweckmässige gestellt, dass nämlich der Graf die sesshaften Mannen des Herzogs bei ihrem Rechte lassen solle. Ein besonderes Zugeständniss wurde ihm gemacht, indem der Herzog ihm ohne Weiteres Selbsthülfe in dem Falle gestattete, dass ihm das Seine vor dem Schlosse oder vor den dazu gehörenden Dörfern genommen würde oder dass auf andere Weise sich jemand gegen dasselbe verginge. Wie in den Jahren 1355 und 1356 suchte der Herzog auch jetzt die Holzungen zu verwerthen. Sein Vogt Heinrich von Wenden verkaufte an Bürger Braunschweigs für 33 löthige Mark zwei Holzungen zum Fällen. Die dazu bewilligte Zeit von vier Jahren verlängerte im Falle eines Krieges der Herzog bei der Bestätigung des Verkaufes am 19. Mai 1359 um ebensoviel, als des Krieges wegen das Fällen aufgeschoben oder unterbrochen würde. Bald darauf, am 24. Juni, lieh er 33 löthige Mark von Borchard Vasolt (von der Asseburg), wofür derselbe zwölf Pfund Pfennige jährlicher Einkünfte zu Schöppenstedt und zwei Mark jährlicher Abgaben aus demselben Gerichte so lange, bis er bezahlt sei, erheben sollte, und verkaufte am 15. August desselben Jahres dem Johann Stapel, Bürger zu Braunschweig, auf Wiederkauf für $15\frac{1}{2}$ löthige Mark eine Hufe und einen Hof zu Weddel, indem er ihn einstweilen damit belehnte.

Die oben erwähnten Verpfändungen und Verkäufe geschahen nicht ohne dringende Veranlassung. Herzog Magnus brauchte das daraus erhobene Geld, um damit die Ausgaben zu bestreiten, welche erforderlich waren, seinem Sohne Albrecht, Probste zu St. Paul in Halberstadt, zum erzbischöflichen Sitze in Bremen zu verhelfen. Erzbischof Gottfried von Bremen lebte in beständiger Uneinigkeit mit dem Grafen Moritz von Oldenburg, welcher, seitdem er auf den erzbischöflichen Sitz verzichtet hatte, von ihm als Administrator des Stiftes anerkannt war, und suchte Schutz bei dem Grafen Gerhard von Hoya, dem er am 8. April 1351 das Schloss Thedinghausen auf Lebenszeit verpfändet hatte. Graf Gerhard, durch die Hülflosigkeit des Erzbischofes und durch das von demselben ihm geschenkte Vertrauen kühn gemacht, behandelte das Domcapitel und die Stadt Bremen, letztere wegen Leibeigener, deren Herausgabe er verlangte, rücksichtslos und erlaubte sich gegen die Stadt zum öfteren Gewalt vom Schlosse Thedinghausen aus. Dies führte am 22. December 1356 zu einem Bündnisse der Stadt und des Domcapitels mit dem Administrator Moritz, um gegen jene Gewaltthätigkeiten des Grafen ein Schloss zu Lünsen bei Thedinghausen auf der Grenze des Stiftes zu erbauen. Von hier aus verwüsteten sie die Grafschaft. Mehrere gräfliche Lehnsleute gewannen sie für sich und versprachen ihnen am 3. Februar 1357 Burgsitze auf dem Schlosse Thedinghausen, sobald dasselbe in ihre Gewalt kommen würde. Zwar schlug Graf Gerhard am 20. Juni 1357 bei Verden an der Aller und später bei Hoya die aus der Stadt Bremen ausgezogene Kriegesschaar; dagegen eroberte sie ungefähr ein Jahr darnach das Schloss Thedinghausen. Erzbischof Gottfried, vom Alter gebeugt, überzeugte sich, dass er selbst im Vereine mit dem Grafen Gerhard der Macht des Administrators Moritz nicht Widerstand leisten könne, und sann darauf, ihm einen stärkeren Gegner zu erwecken. Graf Gerhard, der einen grossen Einfluss auf ihn übte, bestärkte ihn in dieser Absicht, denn er konnte nur dabei gewinnen. Er ritt gleich nach dem Verluste des Schlosses Thedinghausen zum Herzoge Magnus nach Braunschweig und versprach ihm, den Erzbischof dazu zu bewegen, dass er zu Gunsten des Herzogs Albrecht dem Papste das Stift resignire. Hierfür forderte er, dass Herzog Magnus der Stadt Bremen Feindschaft ankündige. Der Herzog ging auf diesen Vorschlag ein. Man wandte sich an den päpstlichen Hof. Weil es aber dem Administrator Moritz gelang, hier eine ihm ungünstige Entscheidung der Angelegenheit zu hindern, wünschte Herzog Magnus, dass das Domcapitel seinen Sohn zum Erzbischofe wähle. Obgleich dieses sich durch eine Gesandtschaft von der Liebenswürdigkeit und den vorzüglichen Eigenschaften des jungen Herzogs überzeugte, wagte es doch nicht zu einer Wahl zu schreiten. Während dessen schlichtete Herzog Magnus die Streitigkeiten des Grafen Gerhard mit der Stadt Bremen. Bei dieser Gelegenheit wurde ihr, wie es scheint, die Hälfte des Schlosses Thedinghausen zuerkannt. Darauf folgte dann am 30. April 1359 die Sühne. Am 18. August 1359 oder kurz zuvor wurde auch, wie man aus einer Urkunde von diesem Tage zu schliessen berechtigt ist, der Frieden zwischen dem Grafen von Hoya und dem Administrator Moritz hergestellt. Unvermeidlich schien nun aber der Kampf des Herzogs Magnus und seines Sohnes mit Letzterem. In einem Vertrage vom 18. August 1359, durch welchen Moritz sich dem Herzoge Wilhelm zu Lüneburg und dem Herzoge Ludwig, Bruder Albrecht's, zu Kriegsdiensten verpflichtete, forderte und erlangte er als Gegenleistung die Bewilligung des Durchzuges durch das Herzogthum Lüneburg gegen Herzog Albrecht. Der junge Herzog konnte nicht ohne Hülfe seines Vaters die Angriffe des Gegners zurückschlagen. Erst die Rüstung für einen bevorstehenden Krieg gegen die Stadt Bremen, nach dessen Abwendung erneuerte Rüstung gegen den Administrator Moritz, die erforderliche Gesandtschaft zum Papste, die Betreibung der Angelegenheit beim päpstlichen Stuhle, selbst die vom Bischofe zu Osnabrück auf Befehl des Papstes am 21. November 1359 endlich ertheilte Dispensation zur Ehe des Herzogs Ludwig mit Mechtild, Tochter des Herzogs Wilhelm zu Lüneburg, alles dies war nicht ohne grosse Kosten zu bewerkstelligen gewesen. Herzog Magnus musste es um so empfindlicher fühlen, weil er die im Kriege mit Magdeburg erlittenen Verluste noch nicht verschmerzt hatte. Deshalb aber dürfen weder die obigen, noch die Veräusserungen und Verpfändungen, die er in den nächsten Jahren vornahm, befremden.

Am 24. August 1359 verkaufte er unter Vorbehalt des Wiederkaufes den von dem Damme, Bürgern zu Braunschweig, für funfzehn Mark seinen Hof zu Schöppenstedt und belehnte sie einstweilen damit. Am 16. October 1359 überliess er dem Ritter Ludolf von Hohnhorst das Eigenthum des Gutes zu Sülfeld, welches die von Garssenbüttel ihm resignirt und an Ludolf von Hohnhorst verkauft hatten. Es bestand in der einen Hälfte des Dorfes Sülfeld, dessen andere Hälfte wahrscheinlich dem Herzoge zu Lüneburg gehörte. Auch das Eigenthum des auf dieselbe Weise erworbenen halben Dorfes Rhode („Hilkerode“) erhielt Ludolf von Hohnhorst vom Herzoge Magnus. Dem Knappen Heinrich von Veltheim gab der Herzog das Eigenthum einer Hufe zu Sikte. Am 3. November 1359 verkaufte er auf Wiederkauf den von Salder und den von Honlege das Dorf Bornum bei Königslutter mit Zins, Dienst, Beede, Vogtei, mit hoher und niederer Gerichtsbarkeit, aber ohne geistliche und weltliche Lehne für hundert Mark löthigen Silbers. Durch diesen Verkauf, der nur durch Kündigung des bisherigen Pfandbesitzers veranlasst erscheint, gewann der Herzog nichts, weil er das Dorf zwei Jahre vorher für denselben Preis dem Günzel von der Asseburg verpfändet hatte. Am 11. November 1359 lieh er von der Stadt Braunschweig hundert löthige Mark und versprach, ihr dieselben am Ende nächsten Jahres oder bei der Einlösung des Schlosses Hessen zurückzuzahlen. Von dem Eilhard von der Heide erhob er und sein Bruder, Herzog Ernst, am 25. Januar 1360 noch dreissig Mark für ihren Antheil an dem Zolle zu Braunschweig, welchen ihr verstorbener Bruder, Herzog Otto, demselben verkauft hatte. Indem sie sich den Wiederkauf für diese dreissig Mark und für die ursprüngliche Kaufsumme vorbehielten, verliehen sie den Zoll an die Frau des Käufers zur Leibzucht und seinem Neffen zu Lehn. Die am 1. Mai 1358 verpfändeten Güter und Gülten zu Watenstedt und Beyerstedt, welche Dörfer zum Schlosse Jerxheim gehörten, und das erst eben verkaufte Dorf Bornum bei Königslutter löste Herzog Magnus ein und verpfändete dieses Schloss mit den zehn dazu gehörenden, schon bei der früheren Verpfändung im Jahre 1346 erwähnten Dörfern, aus welchen damals, wie nun, der Herzog 37 Mark löthigen Silbers als Beede jährlich erhob, mit Vogtei, Dienst, Beede, Sterbegefällen, Gericht und allem Zubehör im Februar des Jahres 1360 dem Heinrich von Wenden und dem Wilhelm von Ambleben für 1200 löthige Mark. Zugleich verpfändete er den Gebrüdern Hans und Wilhelm von Utze das Schloss Ambleben mit dem Dorfe Bornum bei Königslutter, mit Leuten, Dienst, Zins, Beede, Sterbegefällen und Gericht, aber ohne geistliche Lehne für 300 löthige Mark. Weil allein das Dorf Bornum den dritten Theil dieses Geldes werth war, ist unter dem Schlosse Ambleben hier wahrscheinlich nur der Antheil des Herzoges an dem Schlosse, welchen er am 24. Juni 1355 für 220 Mark löthigen Silbers verpfändet hatte, verstanden. Ausserdem bleibt es zweifelhaft, ob er das Schloss eingelöset hatte, oder ob bei dieser Verpfändung nicht vielmehr nur ein Wechsel der Pfandinhaber statt fand. Ebenso fehlt es in dieser Beziehung an Nachricht über die am 18. Februar 1355 den von dem Knesebeck für 300 Mark Silbers verpfändete Hälfte des Schlosses Brome. Der Herzog verpfändete dieses Schloss am 25. Februar 1360 dem Günzel von Bertensleben, dem Paridam von dem Knesebeck, dem Ludolf von dem Knesebeck und dessen Sohne Hans für 700 Mark löthigen Silbers, versprach, falls ihm einer von ihnen dienen wollte, den Dienst, wie seinen anderen Mannen, zu belohnen, ihnen Bauten in Stein und in dazu erforderlichem Holze auf dem Schlosse nach Abschätzung zu vergüten, gestattete ihnen, Reparaturen vorzunehmen, auch auf dem Schlosse einen Bau von Holzwerk aufzuführen und denselben, falls er ihn bei der Einlösung nicht vergütete, abzubrechen. Ausserdem unterliess er nicht, ihnen, weil sie ebensowenig wie der Pfandbesitzer von Königslutter, Graf Gerhard von Woldenberg, zu seinen Mannen gehörten, einzuschärfen, dass sie sich gegen seine Mannen kein Unrecht erlauben sollten. Ein Gebäude von Holzwerk, welches auf dem Schlosse den früheren Pfandbesitzern zu bauen der Herzog am 22. März 1355 gestattet hatte, war, wie aus obigem Vertrage erhellet, nicht zu Stande gekommen, konnte also auf den Preis des Schlosses, der von 300 auf 700 Mark gestiegen war, keinen Einfluss geübt haben. Es ist daher wahrscheinlich, dass diesmal, wie auch der Wortlaut besagt, das ganze Schloss verpfändet worden ist. Unter den anderen üblichen Bedingungen wurden in die Verträge über obige drei Schlösser auch die Punkte, welche das Oeffnungsrecht und wie es, falls der Herzog von den Schlössern Krieg führen würde, gehalten werden sollte, aufgenommen. Weil dem Administrator Moritz das Herzogthum Lüneburg zum Durchzuge nach dem Bisthume Halberstadt und Herzogthume Braunschweig offen stand, war diese Vorsicht durch die Umstände geboten. Um diese Zeit wird Herzog Magnus auch das aus seinem Kriege mit dem Erzbischofe von Magdeburg bekannte, zwischen Grasleben und Marienthal gelegene Schloss Alvestorf, auf welchem damals Ritter Hermann Tubeke sass, an den Herzog Wilhelm veräussert haben, weil dieser am 15. März 1360 über das Schloss als über das seine verfügte.

Wie sehr auch Herzog Magnus von Regierungsgeschäften in Anspruch genommen wurde, minderten sie doch seine Sorgfalt für die Stätten frommer Andacht nicht. Es bestanden sehr unwürdige Gebräuche, durch welche einige unter ihnen bedrückt wurden. So hatte das Kloster auf dem Rennelsberge vor Braunschweig die Verpflichtung, die herzoglichen Hunde zu füttern und die Jäger des Herzogs zu beköstigen. Diesen Missbrauch im genannten Kloster stellte Herzog Magnus am 5. Februar 1360 gänzlich ab. Die nach viermonatlichem Besitze von dem Ritter Ludolf von Hohnhorst ihm am 25. Februar 1360 übertragene Hälfte der Dörfer Sülfeld und Rhode („Hilkerode") verlieh der Herzog, weil Ludolf sie dem Kloster Riddagshausen verkauft hatte, mit der dazu gehörenden Mühle und mit dem alternirenden Patronatrechte über die Kirche zu Sülfeld, frei von Vogtei, Beede und jeder Belästigung, am 12. März 1360 dem Abte und Convente zu Riddagshausen.

Den am 4. Juni dieses Jahres ablaufenden Vertrag mit der Stadt Braunschweig über die Münze verlängerte Herzog Magnus vor jenem Tage, nämlich am 31. Mai 1360, auf die Dauer der nächsten drei Jahre und gelobte, falls während dieser Zeit seine Vettern (zu Grubenhagen), welche, wie an der Stadt Braunschweig, so auch an der Münze daselbst Antheil besassen, ihre Zustimmung zum Münzen nicht ertheilen würden, den Rath der Stadt Braunschweig wegen Unterlassung des Prägens nicht zur Rechenschaft zu ziehen. Der Herzog zu Lüneburg, welcher auch in der Münze berechtigt war, bekümmerte sich wohl weniger um den Betrieb derselben, als um seine jährliche Einnahme daraus, und hatte diese zudem theilweise oder ganz den Grafen von Regenstein zu Lehn verliehen. Unter allen Städten der herzoglichen Lande Braunschweig und Lüneburg konnte wohl keine der Stadt Braunschweig den Vorrang streitig machen, selbst kaum die so blühende Stadt Lüneburg. In den Städtebündnissen jener Zeit nahm sie eine der ersten Stellen ein. Diese Bündnisse wurden meistens durch Irrungen mit den Fürsten hervorgerufen und sollten, weil gleiche Einrichtungen, gleiche Lebensbedingungen, gemeinsames Interesse und gemeinsame Gefahr auf die Nothwendigkeit eines engen Anschliessens der Städte an einander hinwiesen, dazu dienen, dass auch ein gemeinsames Handeln zur Zeit der Noth unter ihnen erzielt würde. Eins der grössten Städtebündnisse, an denen Braunschweig Theil nahm, fällt in dieses Jahr 1360 und veranlasst, einen Blick auf frühere Bündnisse dieser Art zu werfen. Ihre Anfänge in den herzoglichen Städten gehen bis in die Mitte des 13. Jahrhunderts zurück. Schon um das Jahr 1246 verbanden sich die Städte Northeim, Münden und andere mit Gut und Blut zum Schutze gegen Gewalt und Unrecht. Entweder der Krieg um die Landgrafschaft Thüringen nach dem Tode des Landgrafen Heinrich Raspe oder die Furcht vor Bedrückungen des Herzogs Otto, dem die Stadt Münden sich unterwarf, veranlasste diesen Bund. Die Landeseinigung zwischen den Herzögen Otto und Albrecht 1292 oder vielmehr die dadurch gekräftigte herzogliche Macht flösste den Städten Göttingen, Münden, Northeim und Osterode Furcht vor Uebergriffen der Herzöge oder der herzöglichen Vögte ein. Sie verbanden sich deshalb mit einander, beschränkten sich jedoch auf das gegenseitige Gelöbniss, dass, wenn einer unter ihnen von den Herzögen oder deren Vögten Gewalt angethan oder Unrecht zugefügt würde, die übrigen keine Bitten und Mühen sparen sollten, bis Entschädigung und Genugthuung erfolge. Weil der Zweck solcher Bündnisse fast nie erreicht werden konnte, ohne der Macht der Fürsten Schranken zu ziehen, waren sie diesen nie willkommen. Die Fürsten suchten sie deshalb, so viel sie konnten, zu verhindern. Die Stadt Braunschweig stand ums Jahr 1342 im Begriffe, einen Bund mit den Städten Goslar und Hildesheim zu schliessen. Das war selbst den Herzögen Otto und Wilhelm zu Lüneburg so unangenehm, dass sie, um die Stadt von ihrem Vorhaben abzubringen, mit ihr ein Bündniss eingingen, welches, wie aus den damaligen Verhältnissen ersichtlich wird, die Säuberung der Handelsstrassen von Wegelagerern zum Zwecke hatte. Dafür musste die Stadt Braunschweig sich am 14. April 1342 verpflichten, ohne Bewilligung der Herzöge während der nächsten drei Jahre keinen Bund mit den beiden Städten oder mit irgend jemandem, den die Herzöge vertheidigten oder in Schutz nehmen wollten, zu schliessen. Hiermit waren wohl zunächst die Städte Lüneburg und Hannover gemeint. Es leuchtet ein, dass es den Herzögen höchst angelegen hätte sein müssen, wenn in ihren Irrungen mit ihren eigenen Städten eine auswärtige mächtige Stadt sich zu Einmischungen befugt erachtet hätte. Weil Herzog Magnus von Braunschweig den vom Abte zu Werden der Stadt Helmstedt ertheilten Privilegien, als seinen schutzherrlichen Rechten widersprechend, die Anerkennung versagte, errichtete Helmstedt 1349 mit der Stadt Braunschweig, die wegen Erstattung der Baukosten auf dem Schlosse Asseburg mit dem Herzoge in Streit gerathen war, Verträge und sicherte sich durch dieselben die Fürsprache der Hauptstadt des Landes. Die Stadt Braunschweig verpflichtete sich sogar, wenn ihre Fürsprache nicht den beabsichtigten Erfolg haben würde, thätige Hülfe mit 25 Reitern und 25 Fussknechten zu leisten. Im Jahre 1351, als der Krieg in der Altmark wüthete, die Herzöge von Lüneburg und die Markgrafen von Brandenburg hier mit dem Erzbischofe von Magdeburg und dem Herzoge zu Göttingen um den Besitz der Städte kämpften, als die Stadt Magdeburg mit den Mannen des Stiftes wegen Strassenräuberei derselben in Fehde gerieth und die Zwistigkeiten der Städte Braunschweig und Helmstedt mit dem Herzoge Magnus noch immer fortwährten, erneuerte die Stadt Magdeburg ihr Bündniss der Jahre 1343 und 1345 mit der Stadt Halle auf die Dauer von sechs Jahren, verpflichtete sie sich den Städten Braunschweig und Helmstedt zu einer Hülfe von 45 Mann, nämlich von 36 leichten Reitern und 9 Schützen und entstand der grosse Bund zwischen den Städten Magdeburg, Goslar, Braunschweig, Helmstedt, Quedlinburg, Halberstadt und Aschersleben. Vier Männer aus den Städten sollten zusammentreten und darüber berathen und entscheiden, ob einer der Städte Hülfe erforderlich sei. Wo sie die Noth erkannten, dahin sollten sie die Hülfe leiten. Die Städte Magdeburg und Goslar stellten jede einen, Braunschweig und Helmstedt zusammen einen, die übrigen drei Städte gemeinsam einen Abgeordneten zu dieser Berathung. Herzog Magnus selbst beseitigte die Ursachen, durch welche seine Städte in das Bündniss gezogen waren. Er fügte sich dem schiedsrichterlichen Spruche seines Bruders, des Bischofes von Hildesheim, in seinem Streite mit der Stadt Braunschweig, besänftigte am 10. April 1351 den Unwillen der Bürger der Stadt Helmstedt, indem er ihnen die Vogtei in der Stadt und dem Neumark nebst Holzberechtigung im Rüddenstedter Walde verpfändete und stiftete selbst zwischen der Stadt Magdeburg und den erzbischöflichen Mannen Frieden. Je gefährlicher den Fürsten die Städtebündnisse erschienen, um so mehr bemüheten sich die Städte, den Fürsten ihren Argwohn zu benehmen und fassten ihre Bündnisse sehr vorsichtig ab. Hätten sie es unterlassen, so würde ihnen haben begegnen können, was der Stadt Stade 1335 wegen ihres Bündnisses mit den Burgmannen zu Elmlohe geschah, dass nämlich ein Gericht von Herren und Edelen ihren Bund für recht- und ehrlos erklärte. Deshalb und weil Kaiser Karl IV. im 15. Capitel der goldenen Bulle das strenge Verbot des Kaisers Friedrich I. gegen Städtebündnisse, namentlich wenn sie ohne Bewilligung der Landesherren und ohne die ausdrückliche Erklärung, dass sie nicht gegen diese gerichtet seien, geschlossen würden, erst eben am 10. Januar 1356 erneuert hatte, kann es nicht befremden, wann die seitdem errichteten Städtebündnisse, obgleich sie ihren Zweck nie verleugneten, die Gestalt unverfänglicher Verträge anzunehmen suchten. Dieses Bestreben ist auch in dem grossen Bunde vom 25. Juli 1360 nicht zu verkennen, welcher, die Stadt Braunschweig an der Spitze, ausser ihr die Städte Goslar, Lüneburg, Hannover, Einbeck, Hameln und Helmstedt umfasste und auf die Dauer von drei Jahren geschlossen wurde. Als Zweck des Bündnisses, durch welches keine der Städte gegen ihren Herrn, gegen ihre Bundesgenossen und überhaupt gegen diejenigen, zu welchen sie in engerer Beziehung stand, sich verbunden haben wollte, wurde der Nutzen und der Frieden des Landes angegeben. Falls jemand, welchem Recht nicht verweigert würde, eine der Städte oder einen ihrer Bürger mit Raub, Brand, Mord, Verwundung oder Gefangennahme heimsuchte oder in der Weise, dass er Achtung verdiente, beschädigte und alsdann trotz aller Bitten Ersatz weigerte, so wollten die Städte, wenn ihre Vermittlung auch nicht zum Rechte oder Vergleiche verhelfen könnte, selbst über die Zeit des Bündnisses hinaus bis er Ersatz leisten würde, dem Friedensbrecher durch Speise, Futter, Handel, Herberge oder Verkehr keinen Vorschub leisten; jedoch sollte es dem Beschädigten unbenommen bleiben, mit ihm zum Versuche des Vergleiches zu verkehren. Wenn dieser zu Stande käme, sollten die übrigen Städte davon benachrichtigt werden. Jede von ihnen musste ein Verzeichniss der Friedensbrecher anlegen. In einem Kriege zwischen den Herren der verbündeten Städte durfte jede ihrem Herrn beistehen. Der Rath einer jeden dieser Städte durfte denjenigen, der seine Ehre angriff, sein Recht missachtete, ein Complot gegen ihn anstiftete, und denjenigen Laien, welcher einen anderen in einer vor weltliches Gericht gehörenden Sache vor geistlichen Gerichten verklagte, ächten und die übrigen Städte mussten die Acchtung anerkennen. Geschah einer der Städte Unrecht, so verwandten sich die übrigen für sie, damit ihr Recht widerführe. War diese Bemühung vergeblich und gerieth die verletzte Stadt wegen des erlittenen Unrechtes in Krieg, so waren die übrigen Städte verpflichtet, vierzehn Tage nach der Aufforderung dazu ihr Hülfe zu senden, nämlich die Stadt Braunschweig zwölf, die Stadt Helmstedt drei und jede der übrigen Städte fünf leichte Reiter. Welche Stadt diese Mannschaft begehrte, musste ihr, sobald sie anlangte, Futter, Speise und für die Pferde Hufbeschlag geben, brauchte aber die Zeche in der Herberge nicht zu bezahlen. Der Gewinn im Kriege fiel mit Ausnahme dessen, was zur Beute gehörte, derjenigen Stadt zu, welche die Hülfsmannschaft begehrt hatte, und jede Stadt musste den Schaden und den Verlust, welchen ihre Leute erlitten, tragen. Kam es ihr ungelegen, ihre Mannschaft zu stellen, so konnte sie den Mann auf ein halbes Jahr mit vier Mark löthigen Silbers und, wenn der Krieg kürzere Zeit dauerte, mit wenigerem Gelde nach Verhältniss der Wochenzahl loskaufen. Belagerte ein Fürst oder Herr eine der Städte oder beabsichtigte er sie zu Grunde zu richten oder erhob sich zu deren Verderben die Gemeinde gegen den Rath ihrer eigenen Stadt, so waren die übrigen verbündeten Städte, um das Verderben von der Stadt abzuwenden, ihr treulich mit allem, was in ihrer Macht stand, zu helfen verpflichtet. Ueberdauerte ein Krieg der Städte, welcher während der Zeit ihrer Verbindung ausgebrochen war, dieselbe, so durfte die fernere Hülfe nicht verweigert, sondern musste nach wie vor geleistet werden. Keine Stadt durfte einen Separat-Frieden schliessen. Begehrte eine der Städte Hülfe, während diese anderwärts geleistet wurde, oder kam es zu

Zwietracht und Thätlichkeit unter ihnen, in welchem Falle Rache zu üben gänzlich verboten war, so sollten zwei Schiedsrichter, nämlich Diedrich von dem Damme aus Braunschweig und Hans Mese aus Goslar, die Frage über die der Stadt zu leistende Hülfe nach Lage der Umstände, je nachdem die eine oder die andere Stadt ihrer am meisten bedurfte, entscheiden, über die Zwietracht und Thätlichkeit aber innerhalb vier Wochen nach davon erhaltener Anzeige dem Rechte oder der Billigkeit gemäss richten und jede Stadt sollte sich an der Entscheidung derselben genügen lassen. Stürbe einer der beiden Schiedsrichter oder könnte er wegen Krankheit sein Amt nicht verwalten, so sollte der Rath der Stadt, zu welcher er gehörte, einen anderen an seine Stelle setzen. Beträfe aber die Streitfrage die Stadt Braunschweig oder die Stadt Goslar, so sollte die Stelle des aus ihr hervorgegangenen Schiedsrichters für diesen Mal von einem Schiedsrichter aus der Stadt Hannover versehen werden. Jede Stadt sollte der andern Bestes überall, wo es ihr die Ehre erlaubte, suchen und befördern. Durch diesen Bund sollte das Verhältniss jeder einzelnen Stadt zu ihrer Herrschaft nicht berührt, noch sollten durch ihn frühere schriftliche Versicherungen und Urkunden, welche sie ausgestellt oder erhalten hatte, angefochten werden. Jede Stadt machte deshalb diejenigen namhaft, wider welche sie dem Bunde nicht beigetreten sei. Die Stadt Braunschweig nannte alle Herzöge von Braunschweig, weil sie allen gehuldigt hatte, den Herzog Wilhelm zu Lüneburg und diejenigen, denen sie ihre (Pfand-)Schlösser gegeben hatte. Die Stadt Goslar nannte das Reich, weil sie unmittelbar unter demselben stand, den Bischof von Hildesheim, den Herzog Ernst zu Grubenhagen, den noch auf einige Zeit mit ihr verbündeten Herzog Ernst zu Göttingen, den Grafen Conrad von Werningerode und den Grafen Bernhard von Regenstein, dessen Bündniss mit ihr auch bald ablaufen musste. Von den Städten Lüneburg und Hannover wurden nur ihre Herzöge Wilhelm und Ludwig genannt, von der Stadt Lüneburg jedoch auch die auf dem Schlosse und in der Stadt Lüneburg wohnhaften Ritter und Knappen. Die Stadt Einbeck nannte diejenigen Herzöge von Braunschweig, denen sie Huldigung pflichtig sei, also die Herzöge zu Grubenhagen, ferner den Bischof von Hildesheim und den edelen Herrn Siegfried von Homburg, mit denen sie noch auf einige Zeit verbunden war. Die Stadt Hameln nannte ihren Herzog Ernst zu Grubenhagen nebst dessen Sohne Albrecht und wegen Bündnisses den Bischof von Hildesheim, den Herzog Wilhelm zu Lüneburg und den Grafen von Schauenburg. Die Stadt Helmstedt nannte diejenigen Herzöge von Braunschweig, denen sie zur Huldigung verpflichtet sei, also die Herzöge Magnus und Ludwig, ferner die edelen Herren Gebhard und Burchard von Werberge, Heinrich von Veltheim und Hans von Honlege. Will man auch alle übrigen Bestimmungen dieses Bündnisses als nur gegen den Uebermuth der Mannen, gegen Rubestörer und Empörung in den Städten selbst gerichtet betrachten, so ist doch der Punkt, welcher auf den Fall, dass ein Fürst oder Herr eine Stadt belagerte oder sie zu Grunde zu richten beabsichtigte, Rücksicht nimmt, gar nicht wegzuleugnen. Dieser Punkt gerade gab den Städten, ihrem verdeckten Zwecke zu folgen, den grössten Spielraum. Denn unter der Absicht, die Stadt zu Grunde zu richten oder zu verderben, verstanden sie nicht die Zerstörung der Stadt, sondern, wie die Folgezeit es häufig zeigt, jeden Versuch, ihre Privilegien, die allerdings Lebensfragen für sie enthielten, anzutasten oder ohne ihre Bewilligung in allgemeiner Landesnoth ungewöhnliche Abgaben von ihr einzutreiben, kurz fast jede bedeutendere Irrung mit ihrem Herrn. In solchen Zwistigkeiten nun konnte nach den Bestimmungen des obigen Bündnisses, um nur ein Paar Fälle vorzuführen, die Stadt Braunschweig auf Hülfe gegen ihren Herzog Magnus bei allen verbündeten Städten ausser Helmstedt, die Städte Lüneburg und Hannover auf Hülfe gegen ihren Herzog bei allen jenen Städten ausser Braunschweig rechnen. Im ersteren Falle würde Helmstedt, im zweiten Braunschweig die von ihr mit Mannschaft zu leistende Hülfe, als ihr ungelegen, mit Geld haben loskaufen können. Dass diejenige Stadt, welche befürchtete zu Grunde gerichtet zu werden, durch das Bündniss im Allgemeinen anerkannt hatte, gegen ihren Herrn nichts unternehmen zu dürfen, dass sie sogar sich gezwungen sehen konnte, in ihrem Streite durch einen Vertrag mit ihrem Herrn nachzugeben, dass darnach die übrigen Städte kaum jenen Streit als den Grund ihrer Feindseligkeit gegen den Herrn anführen konnten, dies Alles änderte nichts, wenn die übrigen Städte, wie die Urkunde es selbst bezeichnet, der verletzten Alles zu gute hielten und nur deren Bestes suchten und förderten, denn ein anderer Vorwand zu Feindseligkeiten gegen jenen Herrn war in damaligen Zeiten nicht schwer zu finden. Wenn nun auch zur Zeit, als das Bündniss geschlossen wurde, kein solcher Fall vorlag, so war doch hinlänglicher Grund für die Städte vorhanden, auf diesen Bund ihre Fürsten, deren Erlaubniss sie wohl gar einholen mussten, nicht zu sehr aufmerksam zu machen. In dieser

Absicht auch setzten sie die von jeder Stadt zu stellende Mannschaft so gering an, dass das ganze Heer der verbündeten Städte nur vierzig leichte Reiter zählte, obgleich die Stadt Braunschweig allein, welche mit Goslar zur deutschen Hanse gehörte, schon im Jahre 1342 den Herzögen zu Lüneburg funfzig Mann, nämlich dreissig schwere und zwanzig leichte Reiter hatte stellen können.

Ausser einem am 29. September mit einigen Leuten zu Denkte über den ihnen zu leistenden Schutz errichteten Vertrage sind aus dem Jahre 1360 nur noch ein Paar andere, welche Herzog Magnus abschloss, zu erwähnen. Er verkaufte nämlich am 13. September auf Wiederkauf für zehn löthige Mark den von Gustede, Bürgern zu Braunschweig, einige Hufen und Höfe zu Wendessen und belehnte sie damit. Am 1. November verkaufte er unter Vorbehalt des Wiederkaufs das früher von ihm und seinen Brüdern besessene und dann den von Veltheim verlehnte Gericht nebst Dienst zu Emmerstedt mit zwei Pfund jährlicher Hebung und allem Zubehör, so weit die ganze Mark reichte, dem Hermann von Werberge, Herrenmeister des Johanniter-Ordens in Sachsen, in der Mark, in Wendland und in Pommern und dem Orden für vierzig Mark Silbers und überliess am 6. December in oben der Weise für sechs löthige Mark dem Ludecke von Hemlinge, Bürger zu Braunschweig, ein Pfund neuer braunschweigischer Pfennige jährlicher Gülte zu Berklingen, indem er ihn damit belehnte. Jenes Gericht zu Emmerstedt lösete er schon am 29. September des nächsten Jahres mit Hülfe der Stadt Helmstedt, die ihm dazu funfzehn Mark Silbers lieh, wieder ein. Er verpfändete ihr für das Darlehn die zwei Pfund Pfennige jährlichen Dienstgeldes in dem Gute des Klosters Marienthal zu Emmerstedt und versprach, dass im Falle säumiger Zahlung desselben der von seinem Vogte zum Hüter der vor Helmstedt gelegenen Goschaft gesetzte Untervogt den Bürgern und dem Rathe der Stadt zu Pfändern verhelfen sollte.

Endlich im Jahre 1361, nachdem der Erzbischof Gottfried resignirt hatte, verlieh Papst Innocenz VI. dem Herzoge Albrecht das Erzbisthum Bremen. Herzog Magnus hätte es nun gern gesehen, wenn die Stadt Bremen seinem Sohne gehuldigt hätte, und versprach, dass derselbe ihre Privilegien bestätigen und lebenslänglich, wie er selbst, ihr willfährig sein sollte. Die Stadt aber lehnte es ab, weil der Administrator Moritz sie noch nicht der Huldigung entlassen habe. Das Domcapitel dagegen erkannte die päpstliche Verleihung an und unterwarf sich dem neuen Erzbischofe. Verhandlungen mit dem Administrator Moritz, der im Besitze des Stiftes war, blieben erfolglos. Die Stadt Stade fand der Erzbischof Albrecht wegen ihrer Feindschaft mit dem Administrator gefügiger. Sie nahm ihn auf und erkannte ihn als ihren Herrn an. Dafür verzichtete er am 9. October 1361 auf Ersatz des Schadens, den die Stadt und ihre Bundesgenossen in ihrer Fehde gegen den Domdechanten Moritz, wie er nun den früheren Administrator nannte, gegen die Edelen, Unterthanen und Einwohner des Landes dem Stifte zugefügt hatten, namentlich auf Schadenersatz für Zerstörung des erzbischöflichen Hofes in der Stadt und auf die ihm schuldigen Abgaben derselben, welche der Domdechant Moritz und seine Beamten schon erhoben hatten. Er versprach, sich jeder Beschädigung oder Gewalt gegen die Stadt zu enthalten, den Rath und die Bürger gegen jedermann zu vertheidigen, der ihre Freiheiten und Gewohnheitsrechte angriffe, und gestattete ihr namentlich, gegen diejenigen, welche in ihrem Gerichte geächtet seien oder würden, nach Recht und Gewohnheit zu verfahren. Zu Stade findet man den Erzbischof während des ganzen folgenden Monates. Hier bestätigte er die Incorporation der Pfarre zu Kiel in das Stift Neumünster, hier hielt er Gericht, hier schlug er seinen Sitz auf. Bei ihm waren seine Brüder Heinrich und Ernst und Aschwin von Salder, Probst zu St. Blasius in Braunschweig. Stade wurde der Mittelpunkt seiner ferneren Unternehmungen. Von hieraus beschloss er die Stadt Buxtehude zu befehden und Horneburg zu erobern. Mit den dazu erforderlichen Mitteln war er schon versehen, weil er mit seinem Vater, dem Herzoge Magnus, am 19. September 1361 die nicht unbedeutende Summe von 200 Mark feinen Silbers bei dem Küchenmeister des Herzogs Wilhelm, Diedrich Schlette, aufgeliehen hatte, auch der Probst Aschwin von Salder, Hans von Honlege und Siegfried von Salder ihm für Pfandgüter, die sein Vater ihnen setzte, sowohl ansehnliche Summen geliehen, als auch unter Rückbürgschaft seines Vaters bei Heinrich von Eddissendorf für ihn Bürgschaft geleistet hatten. In seinem Unternehmen konnte er auf die Hülfe der Stadt Stade, die sowohl mit Buxtehude als mit Horneburg verfeindet war, rechnen. Wahrscheinlich versprach er ihr einen Antheil an dem zu erobernden Schlosse Horneburg. Ausserdem gelobte er ihr am 30. November 1361, als er zur Belagerung dieses Schlosses schritt, dass, wenn ihr nach der Eroberung des Platzes von jemandem Unrecht geschähe und er ihr nicht zu ihrem Rechte oder zum Vergleiche würde helfen können, ihr zu ihrer Vertheidigung sein Antheil des Schlosses Horneburg geöffnet sein sollte, dass er ferner, bevor die Burgmänner zu Horneburg und unter ihnen namentlich Heinrich Schulte der Stadt Stade nicht das ihr genommene zurückgegeben hätten, mit ihnen keine Sühne errichten wollte. Ebenso verpflichtete er sich, mit dem Rathe zu Buxtehude ohne Zustimmung der Stadt Stade oder bevor er ihr nicht die Erneuerung ihres mit demselben über die Gerichtsbarkeit abgeschlossenen Vertrages ausgewirkt habe, keine Sühne zu errichten. Wer nämlich aus Buxtehude ein gefundenes Urtheil vor dem Rathe zu Stade schelten oder tadeln wollte, sollte vor keinem anderen Gerichte als vor dem Rathe zu Stade ein anderes finden lassen. Dieser allerdings ungewöhnlichen Bestimmung hatte der Rath zu Buxtehude widersprochen und ihrer Ausführung Hindernisse in den Weg gelegt. Der Erzbischof ertheilte überhaupt die Zusicherung, dass der Rath zu Buxtehude in allen streitigen Angelegenheiten mit der Stadt Stade sich seiner Entscheidung fügen sollte. So schwierig die Lage des neuen Erzbischofes auch war und obwohl jeder Fortschritt gegen den Domdechanten Moritz durch Kampf errungen werden musste, gelangte er doch bald nach obigen Vorgängen in den Besitz der Stadt Buxtehude und des Alten Landes. Gleich darauf trat er an die Spitze der gegen den Herzog Albrecht von Sachsen-Lauenburg verbündeten Fürsten und Städte. Herzog Albrecht hatte von seinem Schlosse Bergedorf die Nachbarländer beunruhigt, geächtete Leute und Wegelagerer auf das Schloss genommen und ihnen ihr Treiben gestattet. Gegen ihn und seine Helfer verbanden sich der Erzbischof, Herzog Wilhelm zu Lüneburg, des ersteren Bruder Ludwig, Graf Adolf von Holstein zu Plön, die Stadt Hamburg, die Städte Stade und Buxtehude und das Alte Land. Sie verabredeten, vor das Schloss Bergedorf zu ziehen, es nicht eher zu verlassen, bis es erobert und zerstört sei, auf derselben Stelle und im Umkreise von zwei Meilen kein neues Schloss zu bauen, Anderen daselbst den Bau zu hindern, über die Geächteten und Wegelagerer, die sie auf dem Schlosse finden würden, zu richten, Gefangene und Gewinn unter sich zu theilen, gemeinsame Sache gegen jedermann zu machen, der sich ihrem Unternehmen widersetzen würde, und Sühne nur mit Zustimmung ihrer aller zu errichten. Nicht die Zerstörung des Schlosses Bergedorf, wohl aber ein Vergleich mit dem Herzoge Albrecht von Sachsen-Lauenburg wird das Ende dieses Krieges gewesen sein, denn das Schloss stand noch im Jahre 1370. Der Erzbischof fühlte sich nun so stark, dass er stets hundert Mann Gewaffneter ausser Landes halten konnte. Er schloss am 27. Januar 1362 mit seinem Vetter, dem Herzoge Wilhelm zu Lüneburg, ein beständiges Bündniss, gelobte, ihm nie Feind zu werden, stellte ihm jene Mannschaft und, falls es erforderlich sei, seine ganze Macht zur Verfügung, machte sich verbindlich zu verhüten, dass des Stiftes Mannen dem Herzoge und den Seinen Schaden zufügten, und gelobte, die Strassenräuber, Mordbrenner und geächteten Leute des Herzogthums und alle, die demselben Schaden thäten, nicht zu hegen noch zu hausen, sondern sie zu verfolgen. Nur unter der Bedingung, dass Herzog Wilhelm gegen ihn dieselben Verpflichtungen übernähme, kann der Erzbischof einen solchen Vertrag eingegangen sein. Er wird mehr Nutzen von des Herzogs Hülfe, als dieser von seiner gehabt haben, wenn es auch zweifelhaft bleibt, ob der Herzog in diesem Jahre gegen den Domdechanten Moritz Krieg begonnen, seinem Vetter Albrecht also Hülfe geleistet hat. Die Nachricht nämlich, welche den Krieg des Herzogs in dieses Jahr versetzt, verwechselt wahrscheinlich die Jahre 1358 und 1359 mit dem Jahre 1362. Ebenso möchte hinsichtlich der Angabe des Jahres bei folgendem Ereignisse eine Verwechselung der Jahre 1363 und 1362 Statt gefunden haben. Am 15. Januar 1362 (nicht 1363) zog nämlich der Erzbischof mit seinem Vater und seinen Brüdern gegen den Domdechanten Moritz, der mit dem Grafen Conrad von Oldenburg das Schloss Bremervörde besetzt hielt, und unternahm die Belagerung des Schlosses. Er eroberte es zwar nicht, zwang aber durch die Belagerung seinen Gegner zu einem Vergleiche. Der Domdechant Moritz entliess die Stadt Bremen der ihm geleisteten Huldigung und verzichtete auf das Stift Bremen, wofür ihm das Schloss Hagen (Dorfhagen) überlassen wurde. Dem ihm verbündeten Grafen Conrad von Oldenburg wurden Güter in Mittels-Hamelwarden zur Leibzucht überwiesen. Die Inhaber des Schlosses Langwedel öffneten nun dem Erzbischofe die Thore dieses Schlosses. Auf demselben bestätigte er am 29. April 1362 der Stadt Bremen ihre Rechte, Freiheiten und Privilegien. Weil Moritz sie ihrer Verpflichtungen gegen ihn entlassen hatte, weigerte sich die Stadt nicht mehr, dem Erzbischofe zu huldigen. In feierlichem Zuge holten ihn die Bürger und die Geistlichkeit in die Stadt ein. Wie herrlich die Procession der Fürsten, Grafen, Ritter und Mannen, die in ihren Harnischen ihm voranschritten, anzusehen gewesen sei, sagt ein gleichzeitiger Schriftsteller, sei unglaublich und nicht zu beschreiben. Jetzt erst konnte der Erzbischof seinem Vater für Erstattung der vielen Auslagen, die um seinetwillen gemacht waren, und für die Bürgschaften, die derselbe für ihn übernommen hatte, Sicherheit stellen. Er that es am 20. Mai 1362, indem er ihm das Schloss Bremervörde und alle seine Stifte bis zur Tilgung aller Schuld übergab. Im folgenden Jahre am 4. August traf er mit seinem Vater hierin eine andere Einrichtung. Was er ihm selbst schuldete, zahlte er ihm bis auf 400 löthige Mark aus, versprach, auch diese Summe am nächsten 24. Juni abzutragen, gelobte die Bezahlung zu seines Vaters treuer Hand seinem Bruder Ludwig, den Rittern Gebhard von Werberge und Hans von Honlege und dem Knappen Hans von Oberg, bestimmte, dass, falls er während der Zeit stürbe, seine Vögte und Amtleute die Schlösser vor der Bezahlung nicht ausliefern sollten, und machte sich verbindlich, seinen Vater der mit ihm bei Vögten und Amtleuten übernommenen Verpflichtungen zu entheben. Es war darunter die mit Verpfändungen verbundene Bürgschaft, welche der Herzog bei seinen Vögten und Amtleuten auch vielleicht bei denen des Stiftes zum Zwecke der Anleihen für seinen Sohn geleistet hatte, gemeint. Unbestrittener Herr des Stiftes Bremen wandte der Erzbischof jetzt die Waffen gegen Edecke und Gerolt, Gerolt's Söhne, und gegen Hage, Ripperda's Sohn, von denen die beiden ersten auf der Burg Allwörden sassen. Sie hatten sich geweigert, irgend ein Abhängigkeitsverhältniss zum Stifte Bremen anzuerkennen. Er eroberte die Burg und zwang die Widerspenstigen am 26. August 1362, mit allen ihren Unterthanen zwischen den Wassern der „Wildeserhit“ und „Atenserhit“ Mannen des Stiftes Bremen zu werden. Er nahm sie als solche an und gelobte, die beiden Gebrüder und den Hage, da sie ihr Recht nur bei ihm zu suchen sich verpflichteten, gleich den Rittern und Knappen, welche des Stiftes geborene Mannen waren, wo es Noth sei, zu vertheidigen und ihnen zu helfen. Er gab ihnen die Burg unter Vorbehalt des Oeffnungsrechtes zurück und belehnte sie damit. Sie versprachen, nichts zu unternehmen, was ihm und seinen Nachfolgern schädlich sein könnte, ihnen vielmehr gegen jedermann Hülfe zu leisten und die Burg ohne Wissen und Bewilligung des Erzbischofes und seiner Nachfolger niemandem zu verkaufen oder zu überlassen. Nachdem der Erzbischof die weltlichen Angelegenheiten des Stiftes in Ordnung gebracht hatte, sieht man ihn während der nächsten Jahre nur mit kirchlichen Angelegenheiten beschäftigt. Am 13. Januar 1363 bestätigte er dem Bischofe von Ratzeburg die Pfarrkirche St. Nicolai zu Wismar und verlieh ihm die Kirche zu Grevismühlen. Er bewilligte am 9. Januar 1364 den Klostergeistlichen zu Neumünster oder Bordesholm nach Kiel zu übersiedeln, bestätigte am 6. Mai des folgenden Jahres einen zwischen den Klöstern Bassum und Heiligenrode getroffenen Güterverkauf und verlieh am 30. Juli 1366 dem Hospitale zu Kiel ein Privileg. Die Ruhe im Lande, auf welche diese Handlungen schliessen lassen, wurde durch einen Aufruhr in der Stadt Bremen unterbrochen. Eine vom Rathe der Stadt ausgeschriebene Schatzung, mit deren Ertrage die in dem früheren Kriege gegen den Grafen von Hoya gefangenen Leute der Stadt eingelöset werden sollten, erregte 1365 Unzufriedenheit unter einer grossen Anzahl von Bürgern. Ein Haufen Bewaffneter drang in die Wohnungen einiger Rathsherren ein und wurde am Morden nur dadurch verhindert, dass sie ihre Opfer nicht fand. Der Rath liess die Thore der Stadt schliessen, Sturm läuten, einige Rädelsführer gefangen nehmen, über sie richten und sie enthaupten. Mehrere aber flohen aus der Stadt zum Erzbischofe, verklagten bei ihm den Rath und fanden, wie es scheint, in seiner Umgebung, nämlich an dem Dompröbste Heinrich und am Domherrn Alverich Clüver eifrige Fürsprecher. Der Erzbischof entschloss sich, in der Angelegenheit einzuschreiten. Die Flüchtlinge führten ihn und seine Gewaffneten in der Nacht des 29. Mai 1366 auf Schiffen an die Stadt. Die Unzufriedenen in ihr öffneten ihm die Thore und so drang er während derselben Nacht in die Stadt ein. Dem auf ihn zulaufenden Haufen der Bürger wurde entgegengerufen, der Erzbischof komme, nur um ein gerechtes Gericht zu halten und jedermann bei seinem alten Rechte zu schützen. Im Kampfe gegen die Eindringenden fielen einige Bürger, andere wurden gefangen, die Mehrzahl aber ging zu ihm über. Darauf wurde geplündert. Der Erzbischof liess die Thore besetzen und war Herr der Stadt. Die Rathsherren und viele der angesehensten Bürger wurden vom Volke geächtet und über hundert neue Rathsherren gewählt. Man sieht, der Erzbischof blieb nicht Herr der Bewegung. Er liess sich die Privilegien und Urkunden der Stadt ausliefern und nahm sich die, welche ihm nicht gegeben wurden. Die neuen Rathsherren wünschten seine Entfernung aus der Stadt. Als Bedingung, unter welcher er seinen Abzug versprach, forderte er die ungeheure Summe von 20000 bremer Mark, das Schloss Stotel, welches das Domcapitel von der Wittwe des letzten Grafen von Stotel 1350 gekauft und der Stadt Bremen 1362 verpfändet hatte, und die im Besitze der Stadt befindliche Hälfte des Schlosses Thedinghausen mit der Vogtei und der halben Mühle. Der neue Rath fügte sich diesen Bedingungen, überlieferte dem Erzbischofe die Schlösser und gelobte schriftlich und eidlich, die 20000 Mark ihm und seinen Vögten und Amtleuten, dem Lippold und Hans von Vreden, dem Siegfried von Salder und dem Siegfried Bock, auszuzahlen. Acht Tage nach der Einnahme der Stadt zog der Erzbischof ab, liess jedoch eine Besatzung unter Hans von Vreden in derselben zurück. Mehrere der aus der Stadt vertriebenen und geächteten Bürger gelobten, wenn sie die durch Verrath genommene Stadt wieder gewönnen, jedes Jahr auf eigene Kosten einen Pilger mit Geschenken für den heiligen Jacob nach St. Jago de Compostella zu senden. Sie begaben sich zu dem Grafen Conrad von Oldenburg. Bei diesem und bei dem Grafen Christian von Delmenhorst fanden sie für ihre Klagen und Hülfegesuche ein williges Gehör. Im Einverständnisse mit ihren Freunden in der Stadt erschienen sie plötzlich am 27. Juni mit Hülfstruppen beider Grafen und unter Anführung des Grafen Conrad selbst vor den Thoren. Diese öffneten sich ihnen mit Ausnahme des Osterthores, welches Hans von Vreden mit seiner Mannschaft besetzt hielt. Von allen Seiten eingeschlossen unterhandelte er wegen Uebergabe und Abzug, überlieferte dem Grafen das Thor und liess ihm die Stadt. Rad und Galgen war die Strafe für die Anführer unter den besiegten Bürgern. Der alte Rath der Stadt nahm nun Söldner zum Kriege gegen den Erzbischof in seinen Dienst. Dieser rächte sich an den Grafen dadurch, dass er die Leibzuchtsgüter des Grafen Conrad zu Mittels-Hamelwarden und das vom Stifte dem Grafen Christian verpfändete, am südlichen Weserufer gelegene Lechterland besetzte. Aber weder sie noch die Stadt, die um ihre höchsten Güter stritt, konnte er bezwingen. Der mit ihm verbündete Herzog Wilhelm und sein eigener Bruder Ludwig erkannten, vielleicht richtiger als er, das Bedenkliche seiner Lage und riethen ihm dringend zur Sühne. Am 28. September 1366 kam sie zu Stande. Der Erzbischof trat der Stadt ihre Schlösser wieder ab, setzte die Bürger wieder in den Besitz der ihnen genommenen Erbgüter, Lehngüter und Pfandgüter, gab dem Rathe die Privilegien und Urkunden zurück, entband ihn und die Bürger der von ihnen erzwungenen Eide und Verpflichtungen, entliess die Gefangenen, entsagte der von ihm einigen Bürgern abgedrungenen Schatzung, sofern sie nicht schon entrichtet war, bestätigte dem Rathe und den Bürgern ihre Rechte, Freiheiten und Gewohnheiten und erneuerte ihnen seine früheren Urkunden. Dem Dompropste Heinrich und dem Domherrn Alverich Clüver wurde es frei gestellt, an der Sühne Theil zu nehmen. Verschmäheten sie es, so sollte der Erzbischof ihnen nicht helfen. Der Landfriedenbruch wurde von beiden Seiten verziehen. Wer aber von nun an den Landfrieden bräche, sollte nach dem Rechte desselben bestraft werden. Den Grafen von Oldenburg und Delmenhorst gab der Erzbischof ihre Güter zurück und erklärte, dass diese Sühne den Verträgen der Stadt mit jenen Grafen und mit den Grafen von Hoya und Bruchhausen nicht nachtheilig sein sollte. Drei Tage nachher verpfändete er der Stadt für 1050 löthige Mark das Schloss Langwedel mit der Vogtei. Die Herzöge Wilhelm und Ludwig übernahmen für ihn die Bürgschaft, indem sie und er versprachen, mit ihrer ganzen Macht ihr Beistand zu leisten, wenn Jemand sie wegen des Schlosses belästigte oder verklagte. Weil die zurückzugebende Schuldverschreibung der Stadt über 20000 Mark nicht aufgefunden werden konnte, verzichtete der Erzbischof am 6. October 1366 noch besonders auf die Auszahlung dieser Summe. Die vollständige Uebergabe des Schlosses Stotel verzögerte sich, weil das Domcapitel die eine Hälfte desselben besetzt hielt und die Auslieferung weigerte. Am 16. October 1366 machte daher der Erzbischof sich verbindlich, wenn das Domcapitel das halbe Schloss nicht übergäbe, der Stadt bei der Eroberung desselben zu helfen, und versprach, dass ihr zur Zeit, wenn die jetzt in ihrem Besitze befindliche und die andere noch vom Domcapitel besetzte Hälfte des Schlosses eingelöset würde, die Kriegskosten erstattet werden sollten. Aus dem folgenden Jahre sind nur Nachrichten über friedliche Handlungen des Erzbischofes, über die Bestätigung eines Geschenkes für den Altar St. Innocentii in der Kirche St. Anscharii zu Bremen und eines Statutes über den Aufenthalt der Domherren zu Hamburg bei ihrer Kirche überliefert worden. Im nächsten Jahre gerieth er in ein abhängiges Verhältniss zu seinem Bruder Magnus und zum Herzoge Wilhelm zu Lüneburg, worüber das Weitere am füglichsten in der Geschichte dieses Herzogs Platz findet. Nur Folgendes mag hier noch erwähnt werden. Das von mehreren aus der Stadt Bremen 1366 vertriebenen Bürgern dem heiligen Jacob geleistete Gelübde wurde von allen Bürgern und der Gemeinde der Stadt gebilligt und angenommen. Nun zeigte es sich aber, dass sie ohne grosse Schwierigkeit niemanden finden konnten, der die Wallfahrt nach St. Jago de Compostella für sie jährlich zu machen übernähme. Sie wandten sich deshalb an den päpstlichen Stuhl und der päpstliche Pönitentiar befahl am 13. April 1369 dem Erzbischofe, ihnen das Gelübde zu ändern und ihnen andere gute Werke aufzugeben. Namentlich sollten sie innerhalb der beiden nächsten Jahre einen Altar mit 36 Goldgulden jährlicher Einkünfte in der Marienkirche zu Bremen dotiren und ausserdem die dem heiligen Jacob versprochenen Geschenke ihm jährlich mit Gelegenheit senden. Unter letzterer Bedingung befreiete der Erzbischof den Rath und die Gemeinde von ihrem Gelübde am 6. December 1369, weil sie den Altar schon gegründet und dotirt hatten. So musste der Erzbischof als Seelenhirt dafür sorgen, dass von der Stadt ein zur Bekämpfung seiner als ihres weltlichen Feindes gethanes Gelübde gelöset würde.

Als am 30. April 1361 Erzbischof Otto von Magdeburg gestorben war, betrachtete Kaiser Karl IV. den erledigten erzbischöflichen Sitz zu Magdeburg als den geeignetsten Platz, auf welchem sein treuer Rath und Secretair, Bischof Diedrich von Minden, ihm und seinen Plänen förderlich sein könnte. Deshalb bewarb er sich für ihn bei dem Papste Innocens VI. um das Erzbisthum. Schon in der ersten Hälfte dieses Jahres wurde Diedrich vom Papste zum Erzbischofe ernannt und hielt am 17. November 1361 seinen Einzug in Magdeburg. Noch nicht ein Jahr seit seiner Ernennung war verflossen, da lösete er, wie eine gleichzeitige Nachricht bestimmt sagt, das Schloss Lauchstädt ein. Die Markgrafen von Meissen hatten am 8. October 1352 dem Herzoge Magnus dem jüngern versprochen, dies von ihm für 1500 Schock schmaler Groschen an Bertram von Weissenfels verpfändete Schloss ihm vor dem 3. März 1353 einzulösen oder ihm jene Summe auszuzahlen. Wahrscheinlich ist, dass sie, wie früher, auch diesmal ihre Zusage nicht erfüllten und dass Bertram von Weissenfels, oder wer nach ihm Pfandbesitzer des Schlosses geworden sein mochte, sich verleiten liess, um wieder zu seinem Gelde zu kommen, die Einlösung des Schlosses dem Erzbischofe zu gestatten. So sah Herzog Magnus der ältere dieses Schloss, um welches er mit dem vorigen Erzbischofe lange gekämpft hatte, ohne Schwerdtstreich in die Gewalt des Stiftes gelangen. Ausser diesem Schlosse lösete der Erzbischof in seinem ersten Jahre acht andere Schlösser ein, bauete zwischen den Herzogthümern Braunschweig und Lüneburg, nur seitwärts abgelegen, zu Calbe, dem von dem Herzoge Magnus an die von Bertensleben und von dem Knesebeck verpfändeten Schlosse Brome gegenüber, ein neues Schloss und befestigte es mit Mauern und Gräben. Wohin die Regsamkeit des Erzbischofes zielte und dass der Kaiser seinem treusten Diener nicht ohne besondere Rücksicht auf sie zum Stifte Magdeburg verholfen habe, daran durften sowohl Herzog Magnus der ältere als auch Herzog Wilhelm zu Lüneburg nicht zweifeln. Ebensowenig konnten sie verkennen, dass ihre eigenen Vettern, die Markgrafen von Brandenburg, sich immer inniger zum Kaiser hinneigten. Wie schon früher in den Jahren 1344 und 1345 die Herzöge zu Lüneburg zum Schutze ihrer Grenzen gegen Magdeburg und Brandenburg die von Bertensleben auf dem Schlosse Wolfsburg in ihren Dienst genommen hatten, so versicherten sich deshalb auch jetzt die Herzöge Wilhelm und Magnus nebst des letztern Sohne Ludwig ihrer Hülfe. Zunächst war gerade das in der Nähe des Schlosses Wolfsburg gelegene, dem Herzoge Magnus gehörende und vom Herzoge Wilhelm den von Salder verpfändete Schloss Vorsfelde, auf welches die Markgrafen noch immer Ansprüche erheben mochten und um welches ein langer Kampf zwischen dem Herzoge Magnus und dem Stifte Statt gefunden hatte, bedrohet. Die von Bertensleben begaben sich am 15. August 1362 mit ihrem Schlosse Wolfsburg in beständigen Dienst und Schutz der Herzöge, verpflichteten sich, das Schloss ihnen gegen jedermann mit Ausnahme ihres Herrn, des Markgrafen von Brandenburg, zu öffnen und in einem etwaigen Kriege gegen ihn neutral mit dem Schlosse zu bleiben. Jedoch stellten sie die Bedingung, dass einige von ihnen, nur nicht von oder zu dem Schlosse Wolfsburg, ihm um Lohn dienen dürften. Sie versprachen zu verhüten, dass den Herzögen und deren Unterthanen vom Schlosse Schaden geschähe, gestatteten, dass ihre in den herzoglichen Landen und Vogteien wohnenden Leute und Untersassen die herzoglichen Landwehren bewachen hülfen, zur Landhut kämen und lägen, auch wie die herzoglichen Leute die Landwehren gegen den Markgrafen und gegen jedermann vertheidigen hülfen, und gelobten, keinen Bau gegen die Herzöge vorzunehmen.

Nachdem Bischof Albrecht von Halberstadt 1358 gestorben war und Bischof Ludwig die Regierung angetreten hatte, verglich sich dieser noch in demselben Jahre mit dem Grafen von Mansfeld über einige Schlösser und Güter des Stiftes, in deren Besitz derselbe sich befand. Dieser Vertrag war 1360 erneuert worden. Im Jahre 1362 verlangte Bischof Ludwig von dem Grafen Gebhard von Mansfeld die Auslieferung der Schlösser und Güter. Als dieser sich dem widersetzte, fielen des Bischofs Brüder, die Markgrafen von Meissen, in die Grafschaft Mansfeld ein und verheerten sie. Ludwig selbst belagerte Eisleben, wurde aber von dem Grafen Gebhard vertrieben und in die Flucht geschlagen. Dieser Krieg, in welchem Herzog Magnus dem Bischofe Ludwig Hülfe leistete, wurde noch in demselben Jahre durch einen Frieden beendet. Gleich nach Abschluss desselben entzweite sich der Herzog mit dem Bischofe. Hierzu mögen Forderungen, die er wegen seines Bruders, des vorigen Bischofes, vielleicht stellte, oder die bischöflichen Lehne Esbeck, Asseburg und Schöningen Veranlassung gegeben haben. Esbeck war noch im Jahre 1260 ein bischöflich halberstädtisches Schloss gewesen. Von Ludwig von Esbeck war es dem Stifte Halberstadt verkauft worden und darauf hatte Markgraf Johann von Brandenburg am 8. November 1263 es von dem Bischofe Volrad von Halberstadt für 700 Mark halberstädtischen Silbers zu Lehn erhalten. Auf welche Weise die Herzöge von Braunschweig es darauf erworben haben, ist nicht bekannt. Wie so häufig, konnte auch hier eine Lehnsfrage aus ferner Vorzeit plötzlich Streit erzeugen. Für den Fall, dass dem Herzoge Magnus vom Bischofe Ludwig Unrecht zugefügt würde und ihm auf seine Mahnung kein Recht von demselben widerführe, verband sich der Herzog am 21. December 1362 mit dem Grafen Bernhard von Regenstein und dessen Söhnen Ulrich und Bosso und mit dem Grafen Conrad von Werningerode und dessen Sohne Conrad. Sie gelobten, während der nächsten drei Jahre ihm gegen den Bischof und gegen das Stift auf gütliche Weise zum Rechte zu verhelfen und, wenn sie dies nicht könnten, ihm mit aller Macht, sobald der edele Herr Gebhard von Werberge sie dazu aufforderte, Hülfe zu leisten, Besatzungen in ihre Schlösser zu legen und ihm mit ihren Leuten zu folgen. Für die Verpflegung ihrer ihm zugeführten Leute, von welcher jedoch die Zeche in den Herbergen ausgeschlossen blieb, sollte der Herzog aus dem Kriegsgewinne Vergütung erhalten. Sobald die Grafen um seinetwillen Feinde des Bischofes und des Stiftes würden, sollte der Herzog fünf und zwanzig Gewaffnete in die Stadt Derenburg legen, sie dort während des ganzen Krieges verpflegen und ihnen Schaden ersetzen. Diese Stadt gehörte nämlich den Grafen von Regenstein. Alle Hausstellen in der Stadt, wie den bei ihr gelegenen Wald besassen sie als ein braunschweigisches Lehn und die Vogtei in der Stadt als ein gandersheimsches Lehn schon im Jahre 1258. Ferner wurde bestimmt: Ueber Theilung der Brandschatzung sollte der edele Herr Gebhard von Werberge entscheiden, bei Theilung der Beute und der Gefangenen die Anzahl reisigen Volkes massgebend sein. Doch zuvor fiel der beste Gefangene ausser Fürsten und Herren dem Herzoge zu, falls er im Treffen gewesen war, und darnach der beste oder die beiden nächsten besten den Grafen, je nachdem ihrer einer oder zwei am Treffen Theil genommen hatten. Hätten auch sämmtliche Grafen mitgekämpft, so sollten sie doch nicht mehr als zwei Gefangene vorab bekommen. Ihnen aber fiel der Beste zu, wenn sie ohne den Herzog im Felde waren. Erlitten die Verbündeten Schaden durch Gefangennahme ihrer Leute, so sollte er aus dem Lösegelde ihrer Gefangenen ersetzt werden. Die Grafen verpflichteten sich, falls der Herzog mit dem Stifte in Krieg gerieth, ihm gegen jedermann, der sich dessen annähme, wie gegen das Stift selbst, zu helfen und ohne seine Bewilligung während der Dauer des Bündnisses keinen Frieden oder Sühne zu schliessen. Das Zerwürfniss mit dem Bischofe muss doch sehr ernstlich und eine Beilegung desselben nicht so bald zu erwarten gewesen sein, denn drei Monate nach dem Abschlusse des obigen Bündnisses entschloss sich der Herzog, obgleich die Stadt Schöningen erst vor funfzehn Jahren mit Festungswerken versehen worden war, in der Stadt ein Schloss, augenscheinlich gegen das Stift Halberstadt, zu bauen. Zwei Schlösser, die im Kriege gegen das Stift von grosser Wichtigkeit sein konnten, Hessen und Asseburg, hatte er der Stadt Braunschweig durch Verpfändung anvertraut. Ihr verpfändete er nun auch das dritte Grenzschloss, nämlich Esbeck mit der Stadt Schöningen, welche beide, wie schon erwähnt ist, halberstädtisches Lehn waren. Der Herzog überliess der Stadt Braunschweig beide auf die Dauer von wenigstens drei Jahren für eben die Pfandsumme und mit eben demselben Zubehör, wie im Jahre 1358 den von Weferlinge und von Wenden; nur trat das Kloster zu Schöningen an die Stelle des Hofes zu Elmsburg. Der Rath zu Braunschweig musste 200 löthige Mark, um für diese Summe ein Schloss zu Schöningen zu erbauen, zusetzen. Mit dem Schlossbaue beauftragte der Herzog diesmal nicht den Rath der Stadt, sondern zwei seiner Mannen, denen der Rath die Zahlung gegen Quitung leistete. Bei der Einlösung sollte derselbe nicht nur die Pfandsumme, sondern auch, wie viel er zu dem Schlossbaue hergegeben hätte, wieder erhalten. Er durfte, wenn der Herzog die 804 Mark nicht erstattete, beide Schlösser an Andere, nur nicht an Fürsten, Herren und Städte, weiter verpfänden. Würde der Herzog oder der Rath Krieg von beiden Schlössern zu führen gezwungen, so gelobte ersterer, in Schöningen zur Vertheidigung der Stadt und des Landes ebenso viele

Reiter als der Rath auf eigene Kosten zu halten. Der herzogliche Amtmann sollte dem Rathe Sicherheit stellen, dass er ihn vor Unfug bewahre, und ihm für das Ackerland zu Esbeck sobald als möglich Friedegut in Feindes Lande anweisen. Würde eins der Schlösser oder beide verloren, so durfte der Herzog den Rath und die Stadt Braunschweig diesen Verlust nicht entgelten lassen. Vielmehr versprach er, dem Rathe mit aller Macht treu zu helfen, des Eroberers Feind zu werden und mit demselben nicht Frieden oder Sühne zu schliessen, bevor er dem Rathe zu den Schlössern oder zur Pfandsumme wieder verholfen habe. Ebenso verpflichtete er sich, auf eigene Kosten und Schaden mit aller Macht die Schlösser von Belagerung befreien zu helfen. Zugleich befahl er den Burgmannen zu Esbeck und den Bürgern zu Schöningen, dass sie dem Rathe der Stadt Braunschweig Burghut gelobten und huldigten und die dadurch übernommenen Verpflichtungen so lange erfüllten, bis die Pfandsumme erstattet sei. In dem Umstande, dass er dem Rathe der Stadt die Bewachung der Grenzen anvertrauete, liegt der Beweis, dass durch das Städtebündniss sein gutes Vernehmen mit der Stadt nicht eben gestört war. Dennoch sollte, scheint es, der Rath zu Braunschweig einmal daran erinnert werden und es empfinden, dass das Ansehen und die Gewalt in der Stadt selbst, wofür er in dem Städtebündnisse eifersüchtig und ängstlich Schutz suchte, grossentheils ein erborgter Abglanz herzoglicher Vorrechte sei und geschmälert werden könne. Dieses Ansehen und diese Gewalt stützte sich hauptsächlich auf das Gericht und auf die Vogtei. Die Bürger im Hagen wählten zwar schon in der ersten Hälfte des 13. Jahrhunderts einen Vogt selbst und von den Gerichtsgebühren, die er erhob, erhielt die Stadt zwei Drittel, der Herzog ein Drittel. Die Alte-Wiek und den Sack aber hatten die Rathsherren der Altstadt, des Hagen und der Neustadt im Jahre 1325 von den Söhnen des Herzogs Heinrich zu Grubenhagen für 450 feine Mark und von den herzoglichen Gebrüdern Otto, Magnus und Ernst für 690 feine Mark pfandweise erworben, zugleich für dieselben Summen von jenen die Beede daselbst, von diesen die Vogtei zu Braunschweig erhalten. Nach dem Tode des Herzogs Otto hatten seine Brüder Magnus und Ernst am 15. Februar 1345 den Pfandvertrag erneuert. Aus der darüber ausgestellten Urkunde erhellet, dass auch das Gericht und das Bewilligungsrecht zum Handel in Sack und Alter-Wiek sich unter den Pfandstücken befand. Nach fast vierzig Jahren dachte Herzog Magnus daran, Vogtei und Gericht einzulösen. Dazu bedurfte er der Bewilligung seines Bruders Ernst hinsichtlich des Antheils desselben daran. Herzog Ernst ertheilte sie ihm und dem Herzoge Ludwig am 1. November 1363, indem er sich die Einlösung seines Antheils von ihnen vorbehielt. Weil jedoch in den Jahren 1370 und 1371 nicht der Herzog sondern der Rath im Besitze der Alten-Wiek, des Sackes und der Vogtei sich befand, wird die beabsichtigte Einlösung wohl unterblieben sein. Statt sie vorzunehmen, verpfändete Herzog Magnus vielmehr dem Rathe am 28. Januar 1364 noch dazu sein Recht über die Juden und über die Müller zu Braunschweig für achtzehn löthige Mark. Die Alte-Wiek, der Sack, das Gericht, die Vogtei, die Beede, die Münze blieben ein ziemlich sicherer Besitz der Stadt, denn die Herzöge zu Braunschweig, zu Göttingen und zu Grubenhagen selbst mussten sich scheuen, diese Pfandstücke einzulösen und ihre Rechte gemeinsam auszuüben. Es würde dies nur zur grössten Uneinigkeit unter ihnen haben führen können, wie es sich an dem dreitheiligen gemeinsamen Besitze in der herzoglich grubenhagenschen Linie gezeigt hatte; wogegen durch Ueberlassung der gemeinsamen Rechte an die Stadt der Frieden unter ihnen erhalten blieb. Ausser den obigen Pfandstücken war noch manch anderes Gut in der Stadt Braunschweig den Herzögen zu Grubenhagen und dem Herzoge Magnus gemeinsam. Dahin gehörte unter andern der Baumgarten. Die eine Hälfte desselben verkaufte unter Vorbehalt des Wiederkaufs den Prämonstratensern zu Braunschweig Herzog Ernst zu Grubenhagen am 1. Februar 1361 für eilf löthige Mark, die andere Hälfte Herzog Magnus am 11. Juni 1362 für funfzehn löthige Mark, indem er die Bedingung stellte, dass er des Hofes zu seiner Lust, wie früher, gebrauchen dürfte.

Erzbischof Diedrich von Magdeburg, ein gelehrter, kluger, gewandter und sehr umsichtiger Mann, suchte bald nach seinem Regierungsantritte die benachbarten Fürsten über die ungewöhnliche Thätigkeit, die er entwickelte, zu beruhigen, sie durch zuvorkommende, ihnen geschenkte Aufmerksamkeit für sich zu gewinnen und die ihm abgeneigten, unter ihnen die Herzöge von Braunschweig, zu versöhnen. Der sehr sparsame Mann scheuete für diesen Zweck nicht die grössten Kosten. Eine ihm willkommene Gelegenheit bot die Einweihung der Kirche St. Moritz zu Magdeburg. Er lud dazu nicht nur die Bischöfe und die Aebte, sondern auch die Fürsten, Edelen, Grafen, Dienstmannen, Ritter und Knappen, Prälaten und Geistlichen der benachbarten Länder und Städte ein. Das Fest der Weihe wurde am 22. October 1363 gefeiert. Die Bischöfe von Hildesheim, Merseburg, Havelberg und Brandenburg nebst dem Bischofe von Hebron und Thabor, Weihbischof zu Hildesheim, assistirten ihm dabei. Unter den Gästen waren die Herzöge von Sachsen, die drei Markgrafen von Meissen, zwei Herzöge von Braunschweig, drei Grafen von Anhalt, vier Edele von Hadmersleben, drei Edele von Querfurt, fünf Edele von Schraplau, drei Grafen von Schwarzburg, zwei Grafen von Regenstein, drei Grafen von Hohnstein mit einer grossen Anzahl von Dienstleuten, Rittern, Knappen und Lehnsleuten der Kirche. Die Herzoginn von Sachsen mit zwei Töchtern, die Herzoginn von Braunschweig, die Gräfinn von Anhalt und viele andere hohe Frauen verherrlichten das Fest durch ihre Gegenwart. Nach der kirchlichen Handlung hielt der Erzbischof Tafel mit den Fürsten und Edelen und hatte dazu auch die Rathsherren der Stadt und die Prälaten eingeladen. Der Graf von Anhalt, als Drost des Stiftes, auf seinem Ross gesessen, reichte dem Erzbischofe die erste Schüssel dar und der Herzog von Sachsen, des Stiftes Schenk, kredenzte ihm auf hohem Ross den Becher. Am folgenden Tage weihete der Erzbischof die Kirche St. Johann vor der Stadt ein. Die Fürsten und Edelen aber vergnügten sich drei Tage lang am Turnier. Vier Tage bewirthete der Erzbischof die hohen Herren und edelen Frauen prächtig und glänzend. Unter den beiden Herzögen von Braunschweig wird Herzog Magnus der ältere und sein Sohn Magnus, unter der Herzoginn von Braunschweig die Gemahlinn des letzteren gemeint sein.

In der Zeit zwischen den Jahren 1348 und 1355 hatte Herzog Magnus aus einer nicht mehr bekannten Veranlassung sich der Schlösser Lechlum und Elmsburg bemächtigt, welche dem deutschen Orden gehörten. Den Hof zu Elmsburg hatte er am 24. Juni 1355 zum Schlosse Esbeck als ein Zubehör gelegt und den Erlös aus den Holzungen, welche die Ordensritter verkauft hatten, am 22. und 28. Juli desselben Jahres erhoben. Diese That war nicht ungestraft geblieben. Der Abt zu Hersfeld, vermuthlich der vom Papste ernannte Richter und Beschirmer des Ordens, hatte über die herzoglichen Capellane, über die Prälaten, Canonici und Pfarrer zu Braunschweig den Bann verhängt und verkündigt. Diese Massregel berechtigt unter den obwaltenden Umständen zu der Voraussetzung, dass der Abt gegen den Herzog mit dem Banne und gegen die Stadt mit dem Interdicte aufgetreten war, die Geistlichkeit in der Stadt aber sich geweigert hatte, die Strafe auszuführen. Trotz dieser Weigerung war ein solcher Zustand selten auf lange Dauer zu ertragen. Es fügte sich der Herzog deshalb auch am 3. November 1364 den Forderungen des Ordens. Er gab an diesem Tage dem Johann von dem Hagen, Landcommenthur des deutschen Ordens, und den Ordensrittern der Ballei Sachsen beide Schlösser mit allen Rechten, Gülten und Zinsen zurück, wofür sie auf Ersatz alles ihnen an den Schlössern von ihm oder auf sein Geheiss zugefügten Schadens verzichteten. Zugleich gestattete er ihnen, ihre Güter von denjenigen seiner Unterthanen, welche sie ihnen vorenthielten, zurückzufordern und gegen diejenigen, welche ihnen ohne sein Geheiss an den Schlössern Schaden zugefügt hätten, gerichtlich aufzutreten. Ausserdem stellte er ihnen doch wohl nur zum Zwecke des Schadenersatzes eine Anweisung auf die zehn löthige Mark jährlicher Abgabe des Weichbildes Schöppenstedt aus, welche sie so lange erheben sollten, bis sie hundert Mark davon bezogen haben würden, und gestattete ihnen, gegen den Rath zu Schöppenstedt, wenn derselbe die Zahlung verweigerte, gerichtlich zu verfahren. Dem Abte zu Hersfeld wurde es freigestellt, an dieser Aussöhnung Theil zu nehmen. Wenn er sich dazu bereit erklärte, sollten ihn die herzoglichen Capellane, die Prälaten, Canonici und Pfarrer wegen des von ihm verhängten Bannes nicht mehr anschuldigen.

Aus dem folgenden Jahre ist eine Aufzeichnung über die herzoglichen Einkünfte in dem Dorfe Bornum bei Königslutter und in dem Dorfe Dettum vorhanden. Aus ersterem erhob der Herzog jährlich 9 Pfund 3 Schillinge 5 Pfennige oder 11 Mark 7 Schillinge 5 Pfennige, ausserdem 16 Scheffel (oder Wichimten) 1 Himten Roggen und Weizen und 2 Scheffel $10\frac{1}{2}$ Himten Hafer. Aus dem Dorfe Dettum erhob er jährlich 40 Pfund 3 Schillinge oder 60 Mark 3 Schillinge, ausserdem 26 Scheffel Weizen, 1 Scheffel Roggen und 40 Scheffel Hafer, einige Lämmer und Rauchhühner. Nimmt man nun in Ermangelung eines anderen Massstabes die Preise des Jahres 1378 an, in welchem zu Celle der Scheffel Roggen (zu 12 Himten gerechnet) 14 Schillinge und der Scheffel Hafer 10 Schillinge galt, und macht man im Preise keinen Unterschied zwischen Roggen und Weizen, da derselbe sich etwa nur wie 4 zu 5 verhielt, so würden die Korngefälle aus dem Dorfe Bornum 15 Mark und 14 Schillinge, die Korngefälle aus dem Dorfe Dettum 48 Mark und 10 Schillinge bis 54 Mark betragen haben. Das Dorf Bornum also brachte dem Herzoge 27 Mark 5 Schillinge und 5 Pfennige, das Dorf Dettum 98 Mark und 13 Schillinge bis 104 Mark zum wenigsten ein. Berechnet man die Mark löthigen Silbers etwa zu 3 Mark Pfennige, so bezogen die Pfandbesitzer der Dörfer, da Bornum zu 90 bis 100, Dettum zu 350 bis 400 Mark löthigen Silbers verpfändet wurde, von der Pfandsumme jährlich die üblichen 9 bis 10 Procent Zinsen und ausserdem noch die ungewissen Gefälle. Die Vertheilung jener Abgaben auf die einzelnen Einwohner der Dörfer fiel oft sehr ungleich aus und beruhete, wie es scheint, auf besonderen Verträgen mit den Leuten. In dem Dorfe Bornum, wo der Grundbesitz in einzelne Hufen, halbe Hufen, auch in anderthalb Hufen zerfiel, wurden meistens von jeder Hufe am 29. September 5 Schillinge, 14 Himten Roggen und Weizen und 3 Himten Hafer, am 2. Februar 1 Schilling und am 1. Mai 1 Schilling 5 Pfennige jährlich entrichtet. Andere Hufen gaben jede nur zweimal des Jahrs, nämlich am 29. September und 1. Mai, jedesmal 4 Schillinge. Bei einzelnen anderen waren ganz abweichende Ansätze. In dem Dorfe Dettum wurden nur von dem dortigen herzoglichen Allode Korngefälle erhoben. Von dem übrigen Grundbesitze, der zu einzelnen Viertel-Hufen, halben Hufen, drei, fünf und sechs Viertel-Hufen, auch zu ganzen Hufen getheilt war, wurden mit wenigen Ausnahmen 10 Schillinge am 16. October und ebenso viel am 2. Februar jährlich für die Hufe entrichtet. Zu gerade ebenso vielen am 29. September und 1. Mai jährlich von jeder Hufe zu entrichtenden Abgaben hatten am 29. September 1360 die Leute zu Denkte dem Herzoge, um damit seinen besonderen Schutz zu erkaufen, in einem eigenen Vertrage sich verpflichtet. Da nun der Herzog in diesem Vertrage seinen Vögten verbot, Beede und Dienst von den Leuten zu Denkte zu fordern, so ist es ersichtlich, dass jene Geldabgaben der Dörfer nur für Vogtei, Beede und Dienst bezahlt wurden, wogegen die Korngefälle, da laut der Pfandverträge dem Herzoge aus den Dörfern Bornum und Dettum ausserdem noch Zins gebührte, als Gülte und Zins eigenbehöriger Höfe, herzoglicher Allode und Meiergüter betrachtet werden mögen. Zu diesen Abgaben kamen dann noch in den Dörfern Bornum und Dettum ungewisse Gefälle, nämlich die Abgaben der Leibeigenen bei Hochzeiten und Sterbefällen und die von dem Gerichte erkannten Brüche. Da sowohl Bornum als Denkte im Jahre 1367 ein Zubehör des Schlosses Asseburg bildete, so ergiebt sich aus Obigem, welcher Art die zu einem Schlosse gehörenden Abgaben waren. Sie hatten ihren Ursprung theils in der Gerichtsbarkeit, theils in dem Schutzverhältnisse oder der Vogtei, wofür, wie die Urkunden der Jahre 1346 und 1357 über Helmstedt zeigen, gerade die Beede entrichtet wurde, und endlich in der Hörigkeit. Bisweilen waren die herzoglichen Hebungen aus den Dörfern sehr gering. So erhob der Herzog von den Bauern zu Köchingen nur zwei löthige Mark jährlich, halb zu Ostern und halb am 29. September zu bezahlen. Diese zwei Mark Geldes, wie die Abgabe bezeichnet wurde, verkaufte er unter Vorbehalt des Wiederkaufes am 5. Januar 1365 einigen Bürgern zu Braunschweig für zwanzig löthige Mark, so dass auch hier 10 Procent Zinsen, wie damals gewöhnlich, gerechnet wurden. Wie gering auch das Schutzgeld war, so übernahm doch der Herzog für dasselbe eine sehr grosse Verpflichtung. In einer dem Archive des Capitels St. Bonifacii zu Hameln angehörenden Urkunde vom 16. October 1486 heisst es wörtlich: Wer, wie Fürsten, Ritter und Knappen, einen Andern zu schützen übernimmt, ist ihn gleich sich selbst zu schützen verpflichtet, und wie er von sich selbst keine Caution nimmt, so auch nicht von seinem Schutzbefohlenen. Daher entsteht einem Landesherrn oft wegen eines armen Bauern, der ihm jährlich 4 Schillinge Schutzgeld giebt, eine ganze Landfehde, derhalben sein Land mit Raub, Schatzung und Brand heimgesucht wird, wofür ihm der Bauer mit allen seinen Freunden nicht zum tausendsten Theile Schadenersatz würde leisten können.

Noch vor Ablauf der vertragmässigen Zeit lösete der Herzog das Schloss Esbeck und die Stadt Schöningen mit den anderen zugleich verpfändeten Gütern von der Stadt Braunschweig ein. Die Stadt Schöningen, in welcher der Bau des Schlosses, wie aus einer Urkunde des Jahres 1368 erhellet, zu Stande gekommen war, das obere und niedere Dorf, das Kloster und die Höfe zu Wobeck und Offleben trennte er von dem Schlosse Esbeck. Es blieben bei demselben ausser dem Dorfe gleiches Namens nur fünf Hufen auf dem Felde. Hiezu fügte der Herzog die auf 1¾ löthige Mark sich belaufende Gülte im Dorfe Bodenstedt mit dem von seinen Leuten daselbst viermal jährlich zu leistenden Dienste. Das Schloss Esbeck mit diesem Zubehör ohne geistliches und weltliches Lehn verpfändete er am 29. September 1365 für 150 löthige Mark und für die auf dreissig löthige Mark veranschlagten Kosten eines auf dem Schlosse vorzunehmenden Baues an Ludolf von Wenden und an dessen Frau Adelheid. Unter ähnlichen Bedingungen, wie sie bei der Verpfändung der Schlösser Jerxheim und Ambleben im Jahre 1360 vorkamen, befand sich auch die, dass dem Herzoge ebenso viele mit Winterkorn und Sommerkorn besäete Morgen Landes, wie er bei der

Verpfändung übergab, wieder abgeliefert werden sollten. Eine feindliche Stimmung gegen das Bisthum Halberstadt blickt bei dieser Verpfändung nicht mehr hindurch. Dennoch liess der Herzog einen für vierzig löthige Mark dem Diedrich von Nendorf am 29. September 1364 verpfändeten, zu Uehrde, also an der halberstädtschen Grenze gelegenen Hof mit einem Baue von Steinwerk versehen.

Kaum war Frieden an dieser einen Seite hergestellt, so erhoben sich schwere Irrungen zwischen dem Herzoge und dem Stifte Hildesheim, die zu einer dem ersteren höchst nachtheiligen Fehde führten. Im genannten Stifte war nach dem im Jahre 1363 eingetretenen Tode Heinrich's, eines Bruders des Herzogs, erst Johann und bald darauf Gerhard von dem Berge als Bischof gefolgt. Worin die Irrungen des Herzogs mit ihm ihren Grund hatten, ist nicht mehr mit völliger Gewissheit bekannt. Höchst wahrscheinlich aber waren sie durch die von Schwicheldt und von Oberg auf dem bischöflichen Schlosse Wallmoden, welche die Nachbarländer durch ihre Raubzüge beunruhigten, und durch den Ritter Wulfesberg Bock hervorgerufen. Um in einem Kriege gegen das Stift das auf der Grenze liegende Schloss Cramme zu ihrer Verfügung zu haben, liessen Herzog Magnus und sein Sohn Ludwig es sich von dem von Salder, die davon den Bischof als ihren Herrn anerkannten, am 21. März 1366 auf die Dauer von zwei Jahren für 150 löthige Mark verpfänden und überliessen es an demselben Tage für dieselbe Summe pfandweise ihren Kämmerern, den von Utze, die als herzogliche Amtleute nun das Schloss besetzten. Bei der Einlösung desselben sollten den von Salder ebenso viele mit Winterkorn und Sommerkorn besäete Morgen Landes, als sie nun ablieferten, zurückgegeben oder für das Fehlende ihnen Vergütung geleistet werden. Diese wurde gleich festgestellt, nämlich für 4 Morgen Weizen oder für 5 Morgen Roggen oder für 8 Morgen Sommerkorn eine löthige Mark berechnet. Weil die von Utze sich des Herzogs Entscheidung zu unterwerfen gelobten, versprach er sie in ihrem Rechte zu vertheidigen, erlaubte ihnen, wenn er innerhalb zweier Monate nach der Klage ihnen zum Rechte nicht verhülfe, von dem Schlosse gegen Unrecht sich zu wehren. Wenn er von dem Schlosse, dessen Oeffnung er zu allen seinen Nöthen verlangte, Krieg führte, sollte er während der Dauer desselben für die Beköstigung auf dem Schlosse sorgen und, wenn es in seinem Dienste verloren würde, ihnen ein anderes Schloss, damit sie die Gülte zu erheben vermöchten, bauen oder ihnen die Pfandsumme zurückzahlen. Schon zwei Monate nach dem Abschlusse dieses Vertrages wird die Fehde gegen das Stift Hildesheim ausgebrochen sein. Dies liegt darin angedeutet, dass die Gebrüder von Veltstidde, Bürger zu Braunschweig, für ihre Güter zu Remlingen, Seinstedt und Ingeleben, welche sie von dem Michaelis-Kloster in Hildesheim besassen, bei dem Herzoge Schutz suchten und denselben auch am 25. Mai 1366 auf die Dauer von sechs Jahren zugesichert erhielten. Nach dem Kriegsgebrauche nämlich hätte der Herzog die in seinem Lande gelegenen Güter des Feindes oder der Unterthanen und Klöster desselben einziehen können. Die Inhaber hildesheimscher Güter erwirkten sich also wohl nicht ohne triftigen Grund die Zusicherung des Herzogs, hinsichtlich dieser Güter nur ihren Nutzen befördern zu wollen. Am 24. Juni desselben Jahres traten die Knappen Timme und Arnold Bock zu dem Herzoge über und gelobten ihm und seinem Sohne Ludwig, ohne Bewilligung derselben keinen Frieden oder Sühne mit dem Ritter Wulfesberg Bock zu schliessen, sondern ihnen gegen ihn, seine Söhne und seine Helfer getreulich beizustehen. Ohne eine neue Verpfändung genügten auch diesmal dem Herzoge, um die Fehde führen zu können, die Mittel nicht, über die er verfügte. Seinem Dienstmanne, dem Ritter Günzelin von Bertensleben auf Wolfsburg, Pfandbesitzer des Schlosses Brome, und den Söhnen desselben verpfändete er und sein Sohn, Herzog Ludwig, deshalb am 8. September 1366 das Dorf Weyhausen für 90 löthige Mark. Während die Fehde gegen das Stift Hildesheim ihren Fortgang nahm, erlangte Herzog Magnus am 14. Februar 1367 die Belehnung mit den Lehngütern des Stiftes Merseburg, nämlich mit dem Schlosse Campen und mit den Dörfern Hattorf, Hordorf, Salzdalum, Dettum und Schöppenstedt. Wie das Stift Merseburg Herr des Schlosses und der Dörfer geworden ist und auf welche Veranlassung sie den Herzögen verliehen sind, darüber schweigen die Nachrichten. Nur über den Verkauf des Dorfes Dettum an die Herzöge ist eine Nachricht vom 12. December 1280 vorhanden. Auffallen muss es, dass nicht schon 1357 bei dem Beginne der Regierung des Bischofes Friedrich von Merseburg die Belehnung erfolgt ist, da sie gewöhnlich beim Wechsel der Person des Lehnsherrn oder des Lehnsmannes vorgenommen wurde. Vielleicht hatte der Bischof wegen des Verkaufes des Schlosses Campen an die Herzöge Otto und Wilhelm im Jahre 1348, zu welchem Herzog Magnus ohne Bewilligung des Lehnsherrn nicht befugt war, sich bisher geweigert, die Belehnung zu erneuern.

Während von dem Herzoge Magnus seit dem über die Erbfolge im Herzogthume Lüneburg mit dem Herzoge Wilhelm errichteten Vertrage nur sein Sohn Ludwig zu Regierungshandlungen zugezogen wurde, hatte sein Sohn Magnus der jüngere, von ihm ziemlich unabhängig, in Sangerhausen regiert. Dieses Schloss und die gleichnamige Stadt mit allen herzoglichen Festen auf jener Seite des Harzes besass er seit dem 27. April 1348 als Amtmann oder Vogt seines Vaters. In dem Jahre 1355 waren sie ihm vermuthlich als derjenige Gebietstheil bezeichnet, der sein künftiges Erbtheil bilden sollte. Seine Fehde mit den Grafen von Regenstein im Jahre 1349, sein und seines Vaters Bündniss mit dem Herzoge Ernst zu Göttingen gegen das Stift Hildesheim in demselben Jahre, seine Verträge mit den Markgrafen von Meissen in den Jahren 1349 und 1352 über Auszahlung des Kaufpreises für die Markgrafschaft Landsberg, die Verpfändung des Schlosses Lauchstädt an Bertram von Weissenfels, die Theilnahme des Herzogs am Bunde vom 3. Juni 1357 zum Schutze seines Oheims, des Bischofs Albrecht von Halberstadt, die Einlösung des Schlosses Lauchstädt, welche dem Erzbischofe Diedrich von Magdeburg 1361 oder 1362 gelang, und der Besuch des Herzogs und seiner Gemahlinn Katharina im Jahre 1363 bei dem Erzbischofe waren die letzten über ihn und aus jener Gegend der herzoglichen Lande mitgetheilten Nachrichten. Das südlich von Rastenberg gelegene DorfRuderstorf verpfändete er am 4. April 1358 an Petzold von Olsin, Diedrich von Witzleben und Hans von Lizmik für 250 Schock schmaler Groschen. Das Schloss Westdorf bei Aschersleben überliess er am 8. Januar 1364 pfandweise auf die Dauer von wenigstens drei Jahren dem Ritter Hermann Hand und dem Knappen Nicolaus von dem Berge für hundert brandenburger Mark und für funfzig löthige Mark, erstere zu Aschersleben oder Quedlinburg, letztere zu Nordhausen ihnen wieder zu bezahlen. Falls zur Zeit der Einlösung das Verhältniss des Herzogs zu diesen Städten der Art wäre, dass er dort die Zahlung zu leisten nicht unternehmen dürfte, so verpflichteten sich die Pfandbesitzer, dem Gelde und den mit der Auszahlung beauftragten herzoglichen Leuten das Geleit der Städte zu erwirken, damit ungehindert und ohne Gefahr an den verabredeten Orten die Zahlung geschehen könnte. Stürbe der Herzog vor der Einlösung, so sollte der Vertrag seinen Erben und, wenn er keine hinterliesse, seiner Gemahlinn Katharina, nach ihrem Tode aber seinem Vater und dessen Erben gehalten werden. Das Schloss blieb ihm in allen seinen Nöthen gegen jedermann mit Ausnahme des Bischofs von Halberstadt und der Städte des Stiftes geöffnet. Wenn er einen Amtmann auf das Schloss setzte, sollte derselbe sich und die Seinigen beköstigen und den Pfandinhabern gegen Schaden auf dem Schlosse Sicherheit stellen. Sie unterwarfen sich der Entscheidung des Herzogs in allen Fällen und stellten Bürgen, welche, wenn ihm der Vertrag gebrochen würde, ein Einlager in der Stadt Sangerhausen zu halten gelobten. Weil der Vertrag auch der Gemahlinn des Herzogs, einer gebornen Gräfinn von Anhalt, gehalten werden sollte, bildete dieses bei Aschersleben gelegene Schloss vermuthlich ihre Mitgift oder ein Pfand für dieselbe. Wäre dem nicht so gewesen, so erscheint die Verpfändung des Schlosses als eine Angelegenheit, die wegen ihrer Bedeutung wohl dem zwischen dem Herzoge und seinem Vater am 27. April 1348 getroffenen Uebereinkommen gemäss der Zustimmung des letzteren bedurft hätte. Der Annahme, dass die Herzoginn Katharina eine Tochter des Grafen Waldemar von Anhalt gewesen sei, stehen manche Zweifel entgegen; es möchte daher Graf Bernhard von Anhalt, welcher am 29. September 1340 in den Besitz des oben genannten Schlosses Westdorf gesetzt worden war, ihr Vater gewesen sein. Wie der Probst zu Kaltenborn bei Sangerhausen, welcher zugleich Archidiaconus des Kaltenborner oder Oster-Bannes war, und die übrigen Canonici der Kirche St. Johann zu Kaltenborn St. Augustiner-Ordens am 8. September 1348 den Herzog Magnus den älteren als Markgrafen von Landsberg und seine Nachkommen zu ihren Herren, Vögten und Beschützern gewählt hatten, so erkannten sie durch eine neue Wahl am 12. Juli 1365 den Herzog Magnus den jüngern und seine Nachkommen, so lange dieselben Sangerhausen besitzen würden, als ihre und ihres Stiftes Vormünder, Herren, Beschirmer und Vertheidiger an. Wahrscheinlich also war Sangerhausen mit den Resten der Markgrafschaft Landsberg und Pfalz Sachsen dem Herzoge Magnus dem jüngern von seinem Vater kurz vorher völlig abgetreten worden. Deshalb bedurfte er, als er sich entschloss, das ihm sehr entfernt liegende, von dem Erzbischofe Diedrich von Magdeburg doch schon besetzte Schloss Lauchstädt bei Halle dem Stifte Magdeburg käuflich zu überlassen, dazu die Bewilligung seines Vaters nicht. Die Markgrafen Friedrich und Balthasar von Meissen, durch deren Verschulden der Verlust des Schlosses, weil sie es dem Herzoge nicht von Bertram von Weissenfels eingelöset hatten, herbeigeführt war, traten bei dem Verkaufe als Vermittler zwischen dem

Erzbischofe und dem Herzoge auf. Dieser überliess es jenem am 26. Mai 1366 für 500 Schock guter, breiter Groschen, leistete für sich und seine Nachkommen zu Gunsten des Erzbischofes und seines Stiftes auf alles Recht und auf alle Ansprüche an das Schloss und dessen Zubehör Verzicht und wies alle zum Schlosse gehörenden Lehnsleute an den Erzbischof. Mit der Pfandsumme betrug also der Erlös aus dem Schlosse 1500 Schock schmaler und 500 Schock breiter Groschen. Durch den Verkauf der Burg Lauchstädt verlor der Herzog auch alle Ansprüche auf die Pfalzgrafschaft Sachsen, weil diese ein Zubehör jener bildete. Sie wurde ihm ohnehin von dem Herzoge von Sachsen-Wittenberg, weil er damit vom Kaiser Karl IV. auf dem Reichstage zu Metz im December 1356 belehnt war, streitig gemacht. Bei Gelegenheit des Verkaufes des Schlosses Lauchstädt werden die Vermittler desselben, die Markgrafen von Meissen, an ihre Schuld erinnert worden sein und nach abermaliger abschläglicher Zahlung ihre Schlösser Eckartsberga und Wiehe zurückerhalten, für den Rest der Schuld aber dem Herzoge das Schloss Grillenberg verpfändet haben. Wie sie dieses, früher zur Pfalzgrafschaft Sachsen gehörige Schloss erworben hatten, ist unbekannt. Herzog Magnus der ältere war, obgleich sein Schwiegervater es besessen hatte, zum Besitze des Schlosses, wie es scheint, nie gelangt; auch befand es sich nicht unter den am 5. Juni 1347 den Markgrafen von Meissen verkauften Schlössern. In das Jahr 1366 fällt auch die Verlobung des Grafen Busso von Mansfeld mit Agnes, Tochter des Herzogs Magnus des jüngern, und ein Bündniss des Herzogs mit dem Grafen Gebhard von Mansfeld, Busso's Vater. Der Herzog gelobte, Feind der Grafen nie zu werden, noch jemandem gegen sie Beistand zu leisten, es sei denn, dass die Grafen in etwaigen Irrungen mit den edelen Herren von Hakeborn sich seiner Entscheidung nicht fügten, in welchem Falle er sich vorbehielt, diesen mit zehn wohlgerüsteten Mannen Hülfe zu leisten. Wenn des Herzogs Erben diesen Vertrag nicht halten, noch dem Grafen Busso ihre Schwester geben würden, sollten sie den Grafen 600 Mark zu Eisleben auszuzahlen verpflichtet sein. Zugleich entsagte der Herzog seiner Ansprüche auf die Wulferöder Lehne des Klosters Wimmelburg und ernannte mit den Grafen für ihre etwaigen Irrungen den edelen Herrn Gebhard von Querfurt zum Schiedsrichter. Ein Schwager des Herzogs war Graf Diedrich von Hohnstein. Dieser nebst seinem Bruder Ulrich und Graf Heinrich von Hohnstein nebst seinem Sohne Heinrich waren den von Steinberg zu Bodenburg, Lehnsleuten des Herzogs Ernst zu Göttingen, 4000 löthige Mark schuldig geworden. Wegen dieser Summe hatten sich für die Grafen die Herzöge Ernst und Magnus der jüngere, jeder mit seinen Mannen verbürgt. Am 5. Juni 1364 war darauf von den Grafen das Gelöbniss geleistet, dass sie beide Herzöge und deren Mannen von der übernommenen Bürgschaft ohne Schaden für sie entheben wollten. Die Angelegenheit scheint indess nicht friedlich erledigt worden zu sein. Vereint mit dem Grafen Gebhard von Mansfeld und mit den genannten Grafen von Hohnstein, unter denen jedoch der ältere Graf Heinrich, weil er inzwischen gestorben war, fehlte, machte Herzog Magnus der jüngere am 27. Juni 1367 auf dem Felde vor Mansfeld grosse Beute und brachte mit ihnen eine ansehnliche Menge Gefangener heim. Von allen denen, gegen die sie dort gekämpft hatten, ist nur Ritter Diedrich von Wallmoden namhaft gemacht. Zwischen den von Wallmoden und von Oberg bestand eine nähere, verwandtschaftliche Beziehung, weil am 27. August 1368 Ritter Hildemar von Oberg zu Wallmoden, falls er keine Kinder hinterliess, nur ihnen gebührende Ansprüche auf den Ritter Henning von Wallmoden übertrug. Dieser und sein Bruder Heinrich werden am 15. Juli 1340 Stiefsöhne des Ritters Burchard von Steinberg, der seit 1360 auf Bodenburg mit seinen Vettern wohnte, genannt. Es liegt nun die Vermuthung nahe, dass Ritter Diedrich von Wallmoden zu der beutesüchtigen Genossenschaft gehörte, zu welcher sich, wie eine Urkunde vom 10. Mai 1368 zeigt, die von Steinberg zu Bodenburg, die von Schwicheldt und die von Oberg zu Wallmoden verbunden hatten, und dass die von Steinberg mit diesen ihren Genossen die Grafen von Hohnstein und den Herzog unter dem Vorwande, von ihnen wegen obiger Schuld und Bürgschaft ihr Recht mit Gewalt zu fordern, aufgesucht haben, in die Grafschaft Hohnstein und bis an Sangerhausen plündernd vorgedrungen, von dort verjagt und bei Mansfeld erfasst und geschlagen sind. Die Länge dieses Zuges und das Abenteuerliche des Unternehmens darf nicht befremden. Einen ebenso merkwürdigen Streifzug führten in demselben Jahre die von dem Kaltenbeck aus, um ihr vermeintliches Recht zu suchen. Von der Domburg im Hakelwalde bei Cochstedt im Bisthume Halberstadt fielen sie ins Stift Magdeburg ein, raubten grosse Heerden Viehes und trieben dieselben sogar bis zu dem weit entlegenen, ihnen verpfändeten Schlosse Brome. Uebertroffen wurden sie jedenfalls von den von Steinberg zu Bodenburg, denn über diese war wegen ihrer Räubereien auf den königlichen Strassen schon vor dem Jahre 1362 so allgemeine Klage gewesen, dass Kaiser Karl IV. am 31. Januar desselben Jahres das Reich gegen sie aufgeboten hatte. Im Jahre 1365 war Burchard von Steinberg von dem Schlosse Bodenburg in die Grafschaft Regenstein eingefallen, hatte den Grafen Ulrich von Regenstein aufgehoben, ihn mit sich bis in die Altmark fortgeschleppt, auf das Schloss Wolfsburg, welches den von Bertensleben gehörte, gefangen gesetzt und nicht entlassen, bevor derselbe ein bedeutendes Lösegeld gezahlt hatte. Des Grafen Bruder Hosso, sein Vater Graf Bernhard von Regenstein, ihr Vetter Graf Albert von Regenstein und Graf Conrad von Werningerode mit seinem Sohne Conrad hatten, um den Gefangenen zu befreien, dem Burchard von Steinberg, seinem Bruder Conrad, deren Vater Burchard von Steinberg, den Gebrüdern Aschwin und Henning von Steinberg, dem Hans Hoye, dem Heinrich von Grubenhagen und den von Bertensleben zur Wolfsburg am 20. Juli 1365 eine Urfehde schwören müssen. Das Aufgreifen und Aufheben eines Grafen hatten die von Steinberg als ein bewährtes Mittel, ihre Einnahme bedeutend zu vermehren, zu gut kennen gelernt, als dass sie es nicht auch einmal bei den Grafen von Hohnstein und selbst bei dem Herzoge Magnus dem jüngern hätten versuchen sollen. Diessmal jedoch war es ihnen misslungen. Am 29. Juni 1367 verabredete der Herzog mit dem Grafen Gebhard von Mansfeld, die ihnen beiden gebührenden Gefangenen, nämlich das denselben als Schatzung abzufordernde Geld oder Gut gleichmässig unter sich zu theilen, diese Schatzung nur mit gegenseitiger Uebereinstimmung anzusetzen und den etwa durch Todesfälle der Gefangenen zu erleidenden Verlust gemeinsam zu tragen. Als zu diesem Uebereinkommen am 4. Juli 1367 die Grafen von Hohnstein hinzutraten, wurde an den Bestimmungen desselben die Veränderung vorgenommen, dass die Schatzung der ihnen sämmtlich gehörenden Gefangenen in drei gleiche Theile getheilt werden und davon der eine dem Herzoge, der andere dem Grafen Gebhard von Mansfeld, der dritte den Grafen von Hohnstein zufallen sollte. Keiner von ihnen durfte ohne Wissen der andern einen Gefangenen loslassen. Die Bürgen, welche die Grafen von Mansfeld und Hohnstein dem Herzoge bei dieser Gelegenheit stellten, gelobten, wenn dieselben den Vertrag nicht hielten, ein Einlager in der Stadt Sangerhausen. Ausserdem verpflichteten sich die Grafen, dem Herzoge gegen jedermann, der ihn wegen der von ihm und ihnen gemachten Gefangenen und Beute behelligen, befehden oder beschädigen würde, mit ganzer Macht Hülfe zu leisten. Ritter Diedrich von Wallmoden, einer von denen, die gegen sie vor Mansfeld gekämpft hatten, war entkommen und verzichtete erst am 24. September 1368, nachdem er am 25. Juli desselben Jahres ein herzogliches Schloss zur treuen Hand erhalten hatte, auf alle Forderungen, welche er wegen des vor Mansfeld ihm und den Seinen zugefügten Schadens gegen den Herzog und die Grafen erheben könnte. Vielleicht aus Dankbarkeit für den erhaltenen Sieg beschenkte der Herzog am 24. August 1367 das Stift zum heiligen Geiste in Sangerhausen, welchem er schon einmal in demselben Jahre, am 23. April, seine Gunst bewiesen hatte. Das oben erwähnte Schloss Grillenberg mit Gerichten, Gülten, Dörfern und mit geistlichen und weltlichen Lehnen verpfändete er unter Vorbehalt des Oeffnungsrechtes am 12. Juli 1368 dem Conrad von Rotsleben (Roszleben), dem Conrad von Bennungen, dem Bertold von dem Swende und den Brüdern der beiden letzteren für 150 Mark auf die Dauer von sechs Jahren. Er gelobte, ihnen für die Verwaltungskosten des Schlosses jährlich dreissig löthige Mark zu entrichten und mit dem Schlosse sie als seine getreuen Mannen und Amtleute zu vertheidigen.

Das Schloss Wallmoden hatten die von Oberg am 29. September 1323 von dem Bischofe von Hildesheim gekauft und sie waren von ihm damit belehnt worden. Mit ihnen sassen die von Schwicheldt auf demselben. Es war also ein bischöflich hildesheimsches Schloss. Raubzüge, welche, wie die oben erwähnten, gegen Hohnstein, Sangerhausen und Mansfeld davon unternommen wurden, mussten zu Klagen der benachbarten Fürsten bei dem Bischofe und, wenn diese ohne Erfolg blieben, wenn etwa der Bischof, aus falschem Ehrgefühle sein Unvermögen die Raubzüge zu verhindern nicht eingestehend, sie beschönigte oder gar gut hiess, wenn er den Klägern zum Ersatze des ihnen von seinen Mannen zugefügten Schadens in Güte oder mit Gewalt zu verhelfen oder ihnen die Verfolgung derselben auf Stiftsgebiet zu gestatten sich weigerte, zu Fehden gegen ihn, als den Beförderer des Unwesens führen. Wirklich werden von einem gleichzeitigen Geschichtschreiber als Grund zu dem gleich zu erwähnenden grossen Bunde gegen den Bischof nur die von dem Schlosse Wallmoden betriebenen Raubzüge und der Umstand, dass der Bischof auf Ansuchen und Klagen der Fürsten keine Abhülfe dagegen traf, angegeben. Erzbischof Diedrich von Magdeburg, Lehnsherr über das Schloss Mansfeld und über einen grossen Theil der Grafschaft, verband sich am 3. August 1367 mit dem Herzoge Magnus von Braunschweig dem älteren zum Kriege gegen den Bischof Gerhard von Hildesheim, mit welchem der Herzog schon das Jahr vorher in Fehde gerathen war. Zu dem ersten Feldzuge versprach der Erzbischof so viel Volkes, als er irgend stellen könnte, und Herzog Magnus seine Banner mit so viel Volkes, als er zu der Zeit vermöchte, zu senden. Der Gewinn des ersten Kriegszuges an Beute, Gefangenen, Brandschatzung und eroberten Festen sollte unter beide Verbündete gleichmässig vertheilt werden, nachdem daraus dem Erzbischofe für seine Kosten die Summe von hundert löthigen Mark und dem Herzoge für die seinigen so viel erstattet worden sei, als der erzbischöfliche Hauptmann, Ritter Meinhard von Schirstede, und Johann von Oberg, wahrscheinlich derselbe, welcher mit seinem Bruder und seinen Vettern am 3. März 1365 aber nicht mehr im Jahre 1369 als Besitzer des erzbischöflichen Schlosses Oebisfelde genannt wird, bestimmen würden. Nach dem ersten Feldzuge war jeder der beiden Bundesgenossen verpflichtet, eine Besatzung von funfzig Gewaffneten in das Schloss Wolfenbüttel zu legen und dazu dem andern mit aller Macht, wann und so oft es nöthig sei, zu folgen. In den übrigen Feldzügen sollte der Gewinn mit Ausnahme der Schatzung, zu welcher beide gleichmässig berechtigt blieben, nach Verhältniss der Anzahl gewaffneter Leute eines jeden vertheilt werden. Jeder und die Seinen in seinen Schlössern und Landen wurden vor Unfug der Leute des Anderen sicher gestellt. Vergriffen sich aber die Leute des Einen irgend woran, was dem Andern oder den Seinen zugefallen sei, so sollte sogleich auf dem Felde von der Beute Ersatz geleistet werden. Wenn dieses unterbliebe, musste der Hauptmann, welcher die Leute dazu geführt hatte, innerhalb vierzehn Tagen darauf nach Billigkeit oder Recht den Schaden ersetzen. Keiner von beiden Fürsten noch irgend einer ihrer Hauptleute durfte ohne den andern einen Heereszug unternehmen, es sei denn mit des andern Wissen. Würde dann der Eine nicht daran Theil nehmen wollen, so durfte der Andere den Zug allein ausführen. Keiner von beiden Fürsten sollte ohne des andern Bewilligung mit dem Bischofe und mit denen, welche bisher schon dessen Verbündete waren oder noch würden, Sühne oder Frieden schliessen. Beide sollten bis zu Ende des Krieges einträchtig Feinde derer bleiben, die schon auf Seiten des Bischofes in diesem Kriege ständen oder noch darin gerathen würden, möchten es Fürsten oder Herren oder sonst Andere sein. Die Festen und Schlösser des Einen wurden dem Andern zu allen Nöthen während des Krieges geöffnet und jeder sollte dem Andern zum Einkaufe von Proviant für dessen Festen und Schlösser förderlich sein. Bischof Albert von Halberstadt, der im vorigen Jahre auf Ludwig gefolgt war, schloss sich diesem Bündnisse an. Hinzu traten Graf Waldemar von Anhalt, die edelen Herren von Hadmersleben und von Hakeborn. Die Verbündeten sammelten ein grosses Heer und fielen mit demselben zu Ende August des Jahres 1367 in das Bisthum Hildesheim ein, verwüsteten zwei Tage lang das Land mit Brand und Raub und lagerten sich am dritten Tage in der Entfernung einer Meile von der Stadt Hildesheim. Bischof Gerhard zog mit seinem Fussvolke, gering zwar im Vergleiche zu jenem Heere, aus der Stadt gegen sie. Ehe sie sich zur Schlacht geordnet hatten, griff er sie bei Farmsen am 3. September an. Das Heer der Verbündeten, vertrauend auf seine Uebermacht, fiel in grösster Unordnung über die Schaar des Bischofs her. In der durch diese Unordnung entstehenden Verwirrung geriethen viele aus dem Fussvolke der Verbündeten unter die Hufe der Pferde und fanden so ihren Tod, andere wurden gefangen, die meisten aber getödtet. Die Uebrigen ergriffen, weil die Schlacht verloren war, die Flucht. Graf Waldemar von Anhalt kam unter den Hufen der Pferde um. Ausser ihm fielen Wolrad von Querfurt, Domscholaster zu Magdeburg, edeler Herr Johann von Hadmersleben, herzoglicher Lehnsmann, Johann von Salder, Heinrich Gribow, Heinrich von Weferlinge, Henning von Rigmerstorf, Johann von Oberg, Hermann von Wederden und viele andere der Tapfersten. Gefangen aber wurden der Bischof Albert von Halberstadt, Herzog Magnus von Braunschweig, zwei edele Herren von Hakeborn, die beiden Hauptleute des Erzbischofes, Meinhard von Schirstede und Nicolaus von Bismarck, der Hauptmann der Stadt Magdeburg, Henning von Steinfurt, ferner Conrad von Bornecker, Gumprecht von Wanzleben, Heinrich und Ludolf von Alvensleben, Busso von der Asseburg, Alverich von Wanzleben, Mannen des Erzbischofes, Ritter Gebhard von Wederden, Ritter Hans von Dreinleben, Ritter Hermann Tuteke, Ritter Heinrich Schamer, Ludolf von Hartesrode, Henning von Roden, Bernhard von Were, Gebhard von Weferlinge, Heinrich Schenk, Grising, Ludolf von Dalem, Bertold von Ditford, Mannen des Bischofes von Halberstadt, ein Graf von Wernigerode, Probst zu St. Bonifacius, Konemann, Canonicus an der Marien-Kirche zu Halberstadt und viele andere der Vornehmeren. Die Nachricht eines Chronicon, dass auch der Erzbischof gefangen genommen sei, beruhet auf einem Irrthume. Da in diesem ganzen Jahrhunderte unter der hohen Geistlichkeit zu Halberstadt kein anderer Graf von Werningerode angetroffen wird, als Albert, welcher 1363 daselbst Domdechant und 1386 Domprobst war, so muss unter jenem gefangenen Probste zu St. Bonifacius wohl Graf Albert von Werningerode gemeint sein. Bald nach diesem Treffen eroberte Bischof Gerhard von Hildesheim das Schloss Cramme und zerstörte es 1368. So endete der erste Feldzug der Verbündeten; es folgte ihm kein zweiter. In den gleich nach demselben eingeleiteten Unterhandlungen über den zu schliessenden Frieden und über die Lösung der Gefangenen würde Bischof Gerhard, wenn nicht die Macht des Erzbischofes und des Herzogs Magnus des jüngern, welche ersterer durch seinen grossen Einfluss auf den Kaiser besass, letzterer durch den Mitbesitz des Herzogthums Lüneburg gerade um diese Zeit erlangte, ihm Rücksicht und Scheu eingeflösst hätte, eine ungeheure Summe für die Befreiung der Gefangenen haben fordern dürfen und erlangen können. Indem er den erfochtenen Sieg als eine ihm widerfahrene Wohlthat Gottes betrachtete, begnügte er sich mit 13000 Mark Silbers. Von dieser Summe musste der Erzbischof allein 6000 Mark für seine in Gefangenschaft gerathenen Mannen, deren Zahl sich auf 76 belief, bezahlen. Die halberstädtischen Gefangenen, 23 an der Zahl, wurden am 2. October 1367 in Freiheit gesetzt. Bischof Gerhard verwandte einen Theil des erhobenen Geldes, um das Schloss Vienenburg zu erwerben. Am 14. October 1367 erhielt er dasselbe von dem Grafen Conrad von Werningerode und dessen Söhnen Conrad und Diedrich für 6000 löthige Mark auf die Dauer von zehn Jahren zu Pfande. Mit dem Schlosse überliessen ihm die Grafen die dazu gehörende Gerichtsbarkeit nebst Dörfern und Leuten, wie Bodo von Salder, früher zu Calenberg, das Schloss mit diesem Zubehör besessen hatte, namentlich mit dem Zolle, und verpflichteten sich, zum Nachtheile desselben keinen neuen Zoll anzulegen. Wahrscheinlich in der Voraussicht, dass sie nach jenen zehn Jahren das Schloss nicht einlösen könnten, stellten die Grafen dem Bischofe zugleich eine wohl nur für diesen Fall gültige Urkunde aus, in welcher sie es ihm förmlich verkauften. Weil ausser Conrad und Diedrich auch Graf Albert ein Sohn des Grafen Conrad von Werningerode war, möchte ein Theil der bedungenen Pfandsumme oder des Kaufpreises zu seinem Lösegelde gedient haben und die Veräusserung des Schlosses eine Folge seiner Gefangennahme gewesen sein. Obige Erzählung des Krieges ist mit Beseitigung aller späteren Ausschmückungen nur aus den darüber vorhandenen ältesten Quellen, nämlich aus der magdeburger, aus der hildesheimer und aus Detmars Chronik geschöpft. Die Aufzeichnung der ersteren über diesen Krieg darf, weil der Chronist den Erzbischof Otto von Magdeburg persönlich gekannt hat, für gleichzeitig gehalten werden, die der andern ist höchstens 66 Jahre später (nämlich 1433) geschrieben und die dritte zwischen den Jahren 1385 und 1395 verfasst. Nach dem Berichte der letzteren nahm der Herzog von Braunschweig, nach dem Berichte der beiden ersteren der Herzog Magnus von Braunschweig, worunter, weil keine nähere Bezeichnung hinzugesetzt ist, nur wie immer in diesem Falle Herzog Magnus der ältere verstanden werden darf, am Kriege Theil. Er, nicht sein Sohn Magnus, hatte, wie die Urkunde vom 3. August 1367 und namentlich die darin befindliche Bestimmung über das nur ihm gehörende Schloss Wolfenbüttel zeigt, das Bündniss gegen den Bischof Gerhard mit dem Erzbischofe geschlossen. Die Macht des Herzogs Magnus des jüngeren, also seines Sohnes, erwirkte ihm, wie die hildesheimer Chronik bemerkt, die billigen Bedingungen, unter denen er seine Freiheit wieder erhielt. Dass Herzog Magnus der ältere sich noch kräftig genug fühlte und, wenn ein Krieg entstände, noch selbst ins Feld zu ziehen gedachte, beweiset die hierauf bezügliche Bestimmung in dem am 21. December 1362, also $3^1/_2$ Jahr vorher, von ihm mit den Grafen von Regenstein und von Werningerode geschlossenen Bündnisse. Erst spätere Nachrichten, unter ihnen zunächst das über hundert Jahre später geschriebene Chronicon des Conrad Botho und ein durch grobe Irrthümer sich auszeichnendes lüneburgsches Chronicon, ebenfalls sehr spät geschrieben, da es von der Regierung der Söhne des Herzogs Magnus des jüngern als von vergangenen Zeiten spricht, verwechseln in obigem Kriege beide Herzöge. Es stellt sich also als Fabel heraus, dass Herzog Magnus der jüngere gefangen, dass sein Vater vor Kummer über die von seinem Sohne verlorene Schlacht oder über den von demselben unternommenen unglücklichen Feldzug gestorben sei. Auf dem Herzoge Magnus dem jüngeren lasten so viele Beschuldigungen, dass die Gerechtigkeit fordert, es besonders hervorzuheben, wenn es gelingt, das Dunkel zu seinen Gunsten zu verscheuchen und die gegen ihn erhobenen Anklagen zu entkräften.

Als ob das eben erlebte Missgeschick nicht schwer genug drückte, traf den alten Herzog Magnus, der nach dem Verluste seiner Gemahlinn und nach dem Tode aller seiner Brüder sich recht einsam und verlassen fühlen musste, ein neuer, sehr harter Schlag. Sein Sohn Ludwig, dazu bestimmt, die Herzogthümer Braunschweig und Lüneburg zu erben und nach der endlich beseitigten Trennung beider den alten Glanz und Ruhm des herzoglichen Hauses herzustellen, starb, ohne Nachkommen zu hinterlassen, im August oder October des Jahres 1367. Unter den übrigen Söhnen des Herzogs Magnus des älteren den künftigen Nachfolger in beiden Herzogthümern zu bestimmen, war ein Recht, welches sich Herzog Wilhelm zu Lüneburg in dem Erbvertrage vom 23. Juni 1355 vorbehalten hatte. Er wählte den Herzog Magnus den jüngern. Weil eine der Bedingungen, unter denen die Städte Lüneburg und Hannover ihn als ihren künftigen Herrn anzuerkennen sich bereit erklärten, darin bestand, dass auch die Stadt Braunschweig ihm nach seines Vaters Tode huldigte, diese Stadt aber die darüber ihr abgeforderte Zusicherung auch von Bedingungen abhängig machte, sah Herzog Magnus der jüngere sich veranlasst, dieselben am 21. October 1367 zu erfüllen. Er gelobte nämlich, die Stadt getreu an ihrem Rechte zu vertheidigen und sie bei Gnaden und Recht zu lassen, sie und ihre Meier nicht mit Beede oder Dienst zu beschweren, bei Erhebung der über sie oder ihre Meier gerichtlich verhängten Geldstrafen so gnädig zu verfahren, dass sie nicht zu Grunde gerichtet würden, keinen neuen Steueranschlag im Lande über sie und ihre Meier, wodurch sie benachtheiligt würden, anzuordnen, ihnen, wenn sie verklagt würden, zu gestatten, dass sie vor ihrem ordentlichen Richter sich verantworteten, in Streitigkeiten zwischen ihm und dem Rathe als alte Gewohnheit und Recht dasjenige anzuerkennen, was zwei Rathsherren beschwören würden, durch den Eid beider die Klage jedes Anderen gegen den Rath als entkräftigt abzuweisen, die Rechte der Stadt, des Rathes und der Bürger zu bessern und nicht zu kränken, ihnen bevor sie ihm huldigen würden, die schriftlichen Zusicherungen, wie die früheren Herzöge, zu ertheilen, auch ihre Privilegien zu bestätigen und zu verbessern. In der hierüber ausgestellten Urkunde nannte sich der Herzog schon Herzog von Braunschweig und Lüneburg.

Um das Lösegeld, welches von dem Herzoge Magnus dem älteren an den Bischof von Hildesheim bezahlt werden musste und doch gewiss wenigstens 3000 bis 4000 Mark betrug, herbeizuschaffen, fand sich wohl kein anderes Mittel, als von neuem zu Verpfändungen zu schreiten. Der Herzog überliess am 11. November 1367 auf die Dauer von wenigstens drei Jahren das seit 1358 eingelösete Schloss Asseburg wieder pfandweise der Stadt Braunschweig mit allem Zubehör, wie sie es einst am 15. Februar 1345 von ihm und seinem Bruder Ernst erhalten hatte, mit Gülten, Leuten, Beede, Dienst, hoher und niederer Gerichtsbarkeit und mit den gerichtlichen Strafgeldern, ausserdem alle Holzungen, die in der letzteren Zeit zu dem Schlosse gelegt waren, und die herzoglichen freien Leute in den zum Schlosse gehörenden Dörfern. Hinzu fügte er ferner das Dorf Bornum bei Königslutter, welches er von den von Utze eingelöset hatte, mit Gericht, Zins, Leuten, Beede, Dienst und Sterbegefällen. Die Pfandsumme für das Schloss mit diesem Zubehör betrug 2500 löthige Mark, welche der Herzog bis auf 200 Mark sogleich erhielt. Letztere Summe wurde von der Stadt für den am Schlosse vorzunehmenden Bau zurückbehalten. Wenn einer der Thürme oder die Mauer einstürzte, oder in der Burg durch Unglück Brandschaden entstände, so durfte die Stadt nicht über hundert Mark ohne des Herzogs Bewilligung für die Reparatur verwenden. Die Erstattung der Baukosten, welche, falls der Herzog und der Rath sich über deren Betrag nicht einigen könnten, nach eidlicher Aussage zweier Rathsherren der Altstadt bestimmt werden sollten, wurde der Stadt zugesichert. Würde der Herzog die Pfandsumme mit den Baukosten nicht zur bedungenen Zeit bezahlen, so durfte die Stadt, falls er selbst gekündigt hätte, zu ihrer Entschädigung funfzig Mark auf die Pfandsumme schlagen, falls aber sie gekündigt hätte, das Schloss an Andere, jedoch Fürsten, Herren und Städte ausgenommen, verpfänden. Der Herzog gestattete ihr Selbsthülfe vom Schlosse gegen Unrecht. Er versprach, es sie nicht entgelten zu lassen, wenn das Schloss durch Unglück verloren würde, sondern auf eigene Kosten gegen den Eroberer Krieg zu führen, mit demselben nicht eher Sühne oder Frieden zu schliessen, bis er der Stadt zum Schlosse wieder verholfen oder ihr in demselben Gerichte ein anderes gebauet oder endlich ihr vollständige Zahlung geleistet haben würde. Ganz dem mit dem Herzoge Wilhelm zu Lüneburg am 23. Juni 1355 errichteten Erbvertrage gemäss verpflichtete er die Stadt, nach seinem Tode obigen Pfandvertrag seinem Sohne Magnus oder demjenigen unter dessen Erben zu halten, welcher die Herrschaft von Braunschweig und Lüneburg erlangen würde. Spätere Geschichtsschreiber unterlassen nicht, die grosse Uneinigkeit hervorzuheben, welche zwischen dem alten Herzoge und seinem Sohne Magnus dem jüngeren obgewaltet haben soll. Ist an ihrer Behauptung etwas wahr, so möchten die ein halbes Jahr nachher in einem zwischen beiden abgeschlossenen Vergleiche berührten Punkte, nämlich das Land Sangerhausen und das Geld, welches die Markgrafen von Meissen schuldig waren, Gegenstände jener Uneinigkeit gewesen und diese erst nach der Zeit obiger Verpfändung hervorgetreten sein. Denn seitdem unterliess Herzog Magnus der ältere, wenn er Schlösser verpfändete, es entweder gänzlich zu bestimmen, wie es nach seinem Tode damit gehalten werden sollte, oder er verfügte nur, dass der abgeschlossene Vertrag seinen Erben oder, wie es auch vorkömmt, seinen rechten Erben, worunter alle seine Söhne zu verstehen waren, gehalten würde. Die Pfandsumme des Schlosses Asseburg genügte nicht den Bedürfnissen. Zu gleicher Zeit verkaufte der Herzog den von dem Damme und den Kerchof, Bürgern zu Braunschweig, auf Wiederkauf für 400 löthige Mark das Amt zu Dettum mit Leuten, Zins, Gülten, Ehe- und Sterbegefällen, Beede, Dienst, Vogtei, Gericht und allem Zubehör, das Patronatrecht ausgenommen, belehnte sie damit, gestattete ihnen, das Amt ganz oder theilweise Anderen zu überlassen, und versprach, ihnen, wenn er gekündigt hätte und nicht zur bedungenen Zeit die Kaufsumme zurückgäbe, den daraus erwachsenden Schaden ihnen zu ersetzen. Ein Vierteljahr nachher, nämlich am 2. Februar 1368, verpfändete er unter Vorbehalt des Oeffnungsrechtes und für 200 löthige Mark das seit 2½ Jahre von Ludolf von Wenden besessene Schloss Esbeck mit dem Dorfe daselbst, auch das Dorf Bodenstedt mit Vogtei, Dienst, Beede, Sterbegefällen und mit Gericht, ferner fünf löthige Mark jährlicher Hebung bei dem Rathe zu Schöppenstedt, deren besondere Einlösung mit funfzig löthigen Mark er sich vorbehielt, auf die Dauer von wenigstens drei Jahren dem Conrad von Weferlinge und dessen Sohne Gebhard. Bei der Einlösung sollten die Kosten eines zu unternehmenden, höchstens auf hundert löthige Mark veranschlagten Baues, von zwei herzoglichen Mannen und von zwei Freunden der von Weferlinge abgeschätzt, vom Herzoge vergütet werden. Den Pfandinhabern wurde bewilligt, das Schloss, wenn auf ihre Kündigung die Zahlung nicht erfolgte, ihren Genossen und herzoglichen gesessenen Mannen zu verpfänden. Unter anderen gewöhnlichen Bestimmungen fand sich auch die, dass, wenn das Schloss verloren würde, der Herzog, falls er zum Verluste die Veranlassung gegeben hätte, innerhalb eines halben Jahres die Pfandsumme auszahlen sollte. Wenn aber von den von Weferlinge die Veranlassung dazu gekommen wäre, sollten sie ihre Pfandsumme, der Herzog das Schloss verloren haben. Dennoch sollten weder er noch sie ohne gegenseitige Bewilligung mit dem Eroberer Sühne oder Frieden schliessen. Der Herzog war, wie es scheint, durch die zu leistende Zahlung des Lösegeldes und durch die schuldige Vergütung des von den Seinen im Kriege erlittenen Schadens so bedrängt, dass er in demselben Monate noch sich zur Verpfändung des Schutzgeldes zu Helmstedt, des Dorfes Scheppau und des Schlosses Königslutter entschliessen musste. Die Zeit, während welcher die Stadt Braunschweig laut der Anweisung vom 15. März 1357 das vierzig Mark betragende Schutzgeld der Stadt Helmstedt beziehen sollte, lief in diesem Jahre ab. Der Herzog überwies am 27. Februar 1368 das Schutzgeld der drei folgenden Jahre dem Ritter Ludolf von Veltheim. Zwei Tage hernach verpfändete er das Dorf Scheppau an Hans von Honlege, Siegfried und Siegfried von Salder, Ludolf von Honlege und Achatius Grube für funfzig löthige Mark. An demselben Tage lieh er von den Gebrüdern Siegfried und Conrad von Salder und von den Gebrüdern Siegfried und Hans von Salder 350 löthige Mark, versprach, dieselben ihnen am 18. Februar nächsten Jahres zurückzuzahlen und ihnen dafür am nächsten 29. September 35 löthige Mark Zinsen zu entrichten, setzte ihnen für Capital und Zinsen das Schloss Königslutter mit dazu gehörendem Kloster, mit Gericht und Dörfern, besonders mit dem Dorfe Schickelsheim zu Pfande und verpflichtete sich, ihnen, wenn die Zahlungen an den bestimmten Tagen nicht erfolgten, das Schloss Königslutter oder, wenn Feinde es genommen haben würden, die Stadt Schöningen mit der Gerichtsbarkeit auszuliefern. Da sowohl das Schloss Asseburg, das Dorf Bornum und das Amt Dettum, als auch das Dorf Scheppau und das Schloss Königslutter vor mehreren Jahren, nämlich in der Zeit von 1355 bis 1359 zuletzt verpfändet worden waren, so ist mit ziemlicher Gewissheit anzunehmen, dass sie nicht zu denjenigen Gütern gehörten, auf welchen die Pfandbesitzer nur wechselten, sondern zu denen, in deren Besitz der Herzog durch Einlösung wieder gelangt war. Sie und die vom Schlosse Esbeck getrennte Stadt Schöningen bildeten gleichsam die sichtlichen Belege für die Ersparnisse des Friedens. Die mühsam erzielten Ueberschüsse waren in einem einzigen Feldzuge verloren worden.

In solcher Bedrängniss war es wohl nicht zur Unzeit, wenn der Herzog darauf bestand, dass sein Sohn Magnus, dem, weil Herzog Wilhelm zu Lüneburg ihm als seinem Nachfolger die Verwaltung seines ganzen Landes am 19. April 1368 übertragen hatte, reiche Hülfsquellen zu Gebote standen, endlich mit ihm Abrechnung halten und sowohl wegen des Landes Sangerhausen, weil dieses nun nicht mehr als eine Abfindung für denselben betrachtet werden konnte, als auch wegen des Geldes, welches die Markgrafen von Meissen schuldig waren, seine gerechten Forderungen befriedigen sollte. Die Abrechnung fand am 25. Mai 1368 statt. In Folge derselben gelobte Herzog Magnus der jüngere, seinem Vater vor dem 18. Februar des nächsten Jahres das Schloss Königslutter und das Dorf Scheppau mit 400 löthigen Mark von den von Salder einzulösen, ihm im ersten Jahre funfzig und jedes folgende Jahr sechzig löthige Mark zu zahlen, bis er ihm das Amt zu Dettum und das Dorf Bornum eingelöset haben würde, innerhalb eines Jahres nach dem Tode des Herzogs Wilhelm zu Lüneburg ihm von den Bürgern der Stadt Braunschweig das Schloss Asseburg einzulösen und ihm bis dahin, dass dies geschehen sei, jedes Jahr hundert löthige Mark zu zahlen. Die Pfandsummen aller dieser Güter beliefen sich auf 3300 löthige Mark, etwa so viel, als das dem Bischofe zu zahlende Lösegeld betragen haben wird. Es scheint, dass Herzog Magnus der ältere für diese Summe zu Gunsten seines Sohnes völligen Verzicht auf Sangerhausen und auf den Betrag der Schuld der Markgrafen geleistet hat. Vater und Sohn schieden von einander unter dem gegenseitigen Versprechen, sich in allen Nöthen mit aller Macht Beistand zu leisten. Kaum war diese Angelegenheit beendet, so musste Herzog Magnus der ältere seinen Amtleuten, den von Utze, wegen des ihnen am 21. März 1366 für 150 löthige Mark verpfändeten Schlosses Gramme, welches ihnen der Bischof von Hildesheim mit gewaffneter Hand genommen hatte, dem Vertrage gemäss Ersatz leisten und ihnen auch die Auslagen, die sie während der Zeit ihrer Verwaltung gemacht hatten, erstatten. Nach gehaltener Abrechnung blieb er ihnen hundert löthige Mark schuldig, wofür er ihnen Höfe, Koten und Hufen zu „Haslere", Halchter und „Hosensen" an der Fuse verpfändete. Dem Wilhelm von Utze und dem Heinrich von Oberg verpfändete er am 24. Juni 1368 seinen Theil des Schlosses Ambleben für 150 löthige Mark unter sonst fast gleichen Bedingungen, wie acht Jahre früher dem Hans und Wilhelm von Utze. Es scheint, dass er von diesen nicht das Schloss sondern nur das Dorf Bornum bei Königslutter eingelöset hatte. Deshalb und weil theilweise ein Wechsel der Pfandbesitzer eintrat, mochte ein neuer Vertrag nothwendig sein. Nicht aus ähnlicher Veranlassung sondern wegen augenscheinlichen Geldmangels verpfändete er am 25. Juli 1368 dem Heinrich von Wenden die Feste Schöningen mit der Stadt und das in derselben von dem Rathe der Stadt Braunschweig erbaute Schloss für 200 löthige Mark bis zum 10. August nächsten Jahres unter den üblichen Bedingungen und unter Vorbehalt der Nutzniessung bis zu jenem Tage. Wenn dem Heinrich von Wenden alsdann sein Geld nicht zurückbezahlt würde, möchte er das Pfand bis zu der auf Kündigung erfolgten Einlösung behalten und selbst benutzen. Würde ihm, wenn er gekündigt hätte, die Zahlung zur bedungenen Zeit nicht geleistet, so durfte er das Pfand seinen Genossen und gesammten Mannen des Herzogs überlassen. Die beständige Leere in der herzoglichen Schatzkammer und die Abflüsse aus derselben, die, wenn sie sich mal gefüllt hatte, immer wieder eintraten, waren durch den unglücklichen Krieg gegen den Erzbischof Otto von Magdeburg, durch den ebenso unglücklichen Feldzug gegen den Bischof Gerhard von Hildesheim und durch den Umstand, dass der Herzog sowohl für seinen Sohn Magnus, als auch für seinen Sohn Albrecht, Erzbischof von Bremen, sehr grosse Summen hatte verwenden müssen, hervorgerufen. Auch die von ihm für Letzteren bei Vögten und Amtleuten geleisteten Bürgschaften, von welchen seit der am 4. August 1363 zwischen Vater und Sohn getroffenen Vereinbarung noch manche in Kraft geblieben sein mochten, mussten, da die verbürgte und durch Pfänder gesicherte Schuldenlast 4150 löthige Mark betrug, sehr störend auf die Verwaltung seines eigenen Landes einwirken. Von dieser Last wurde er, wenn nicht schon früher, so doch spätestens am 4. October 1368 dadurch befreiet, dass sein Sohn Magnus, am 14. September von dem Herzoge Wilhelm zu Lüneburg in den erblichen Besitz der Herrschaft eingesetzt, zugleich mit diesem die Tilgung der Schulden des Erzbischofes übernahm.

Ueber Herzog Magnus den älteren sind nur noch wenige Nachrichten mitzutheilen. Nachdem er die Oda, Frau des Conrad von Weferlinge mit Gütern zu Dettum und „Adlevessen", ferner mit einem zu Braunschweig zwischen dem Tempelhofe und dem Hofe der Ordensritter zu Lucklum gelegenen Hofe zur Leibzucht belehnt hatte, lieh er am 24. Februar 1369 von der Stadt Braunschweig 150 löthige Mark, von denen sie hundert zu der Pfandsumme des Schlosses Hessen hinzurechnen sollte. Für die übrigen funfzig Mark verpfändete er ihr seinen Antheil an der Münze zu Braunschweig, indem er auf die Einwilligung seiner Vettern zum Münzen dieselbe Rücksicht wie am 31. Mai 1360 nahm. Auch erlaubte er der Stadt, auf den Bau im Schlosse Hessen hundert löthige Mark zu verwenden, die ihr bei der Einlösung erstattet werden sollten. Dass das Schloss in der Zwischenzeit vom 11. November 1359 bis zu diesem Jahre ohne Wechsel der Pfandinhaber bei der Stadt Braunschweig verblieben war, ist wahrscheinlich. Wenigstens besass es die Stadt im Jahre 1363, als der Herzog ihr eine Urkunde über die Burglehne zu Hessen ausstellte und ihr zwei Pfennige von jedem über den Hessen-Damm fahrenden Wagen bewilligte. Dem Heinrich von Wenden zahlte der Herzog hundert löthige Mark von der Pfandsumme des Schlosses und der Stadt Schöningen zurück und erneuerte ihm die Verpfändung bis zum 11. November 1369 unter Vorbehalt der Nutzniessung bis zu diesem Tage und unter den übrigen Bedingungen, wie am 25. Juli des vorigen Jahres. Am 11. März 1369 erlaubte er dem Hencke Meneke, eine Mühle vor dem Dorfe Esbeck, von welcher derselbe $^1/_4$ löthige Mark Zins nach dem Schlosse jährlich entrichten sollte, zu bauen. Zu seinem, seiner verstorbenen Gemahlinn Sophie und seiner Eltern Seelenheil befreiete er am 4. April 1369 zwei dem Kloster Marienthal gehörende Meierhöfe zu Alvestorf von Dienst und Bede. Am 16. Mai verkaufte er dem Heinrich Hoygers für funfzehn löthige Mark das Holz in dem beim Lehrer-Walde gelegenen Lone-Bruche, damit derselbe es innerhalb sechs Jahren fällte. Am 27. Mai lieh er von den von Wenden hundert löthige Mark und versprach, dieses Geld ihnen bei der Einlösung des ihnen 1360 verpfändeten Schlosses Jerxheim zurückzuzahlen. Mit diesem Schlosse stand Heinrich von Wenden seit 1365 im Dienste der Stadt Braunschweig. In Folge des Vertrages vom 11. März 1358 gelobte der Herzog am 15. Juni 1369, dem Friedrich und Gerhard von Wederden bei der Einlösung des Schlosses Calvörde hundert brandenburger Mark für die auf das Schloss verwandten Baukosten zu zahlen. Zugleich verpflichtete er sich, ihnen alsdann achtzehn Mark für die früher auf dem Damme zu Calvörde gelegene und bisher der Kirche zu Alvensleben gehörige Mühle, welche sie angekauft hatten, nebst den durch den Aufbau dieser Mühle vor dem Schlosse veranlassten Kosten zu erstatten. Ausserdem befreiete er auf ihre Bitten ein von ihnen dem Altare auf dem Schlosse geschenktes, vor der Brücke der Neustadt gelegenes Haus nebst dem Hofe von Zins, Schatzung und Bauerrecht. Weil keine später von ihm ausgestellten Urkunden vorhanden sind, ist er wahrscheinlich schon in den nächsten Tagen gestorben. Zugleich mit seinen Augen schloss sich ein sorgenvolles Leben. Des Herzogs bekannte Frömmigkeit und Gerechtigkeitsliebe, von Vorurtheilen nicht getrübt, und seine bis auf den geringsten seiner Unterthanen sich erstreckende Sorgfalt hätte wohl ein besseres Loos verdient. Nicht wurde sein Missgeschick verschuldet durch Mangel an richtiger Beurtheilung der Menschen und der Umstände. Hierin war er vielmehr seinem Vetter, dem Herzoge Wilhelm zu Lüneburg, überlegen, wie sich bei der Verhandlung über die Erbfolge und später in derselben Angelegenheit zeigte. Er sollte ein streitiges Erbtheil mit der Hälfte der Macht, welche es bisher behauptet hatte, ohne Bundesgenossen gegen einen tapferen Feind, der in einer mächtigen Partei, selbst beim Reiche seine Stütze fand, vertheidigen. In diesem Missverhältnisse lag die Quelle seiner ersten Verluste, welche gross genug waren, um fast alles folgende Missgeschick nach sich zu ziehen. Dabei soll nicht geleugnet werden, dass er allem Anscheine nach ein besserer Regent als geschickter Feldherr war. Sein Tod wird die Veranlassung dazu geworden sein, dass sein Sohn Magnus zum Seelenheile seiner Eltern und seines eigenen dem Kloster Königslutter am 15. August 1369 ganz im Sinne seines Vaters eine Gnade erwies. Wie dieser im Jahre 1360 das Kloster auf dem Hennelsberge, so enthob er an jenem Tage das Kloster Königslutter und dessen Höfe und Meier einer Verpflichtung, welche ihnen manche Noth und Verdruss bereitet hatte, nämlich der Pflicht, die herzoglichen Jäger und Jägerhunde zu beköstigen.

Die letzte der Besitzungen, in denen die Mitgift seiner Mutter bestanden hatte, Schloss und Stadt Sangerhausen, verpfändete Herzog Magnus der jüngere am 1. August 1369 den Markgrafen Friedrich, Balthasar und Wilhelm von Meissen. An jenem Tage wurde ihnen Schloss und Stadt mit Mannschaft, Lehnen, Gerichten, Zöllen, Geleiten, Klöstern, Klosterhöfen, Holzungen, Wildbahnen, Jagd, Fischerei und allem Zubehör ausgeliefert. Zu derselben Zeit empfingen sie zu Sangerhausen die Huldigung. Sie verpflichteten sich, wenn ihnen der Herzog zur bedungenen Zeit vorher gekündigt haben würde, ihm, seiner Gemahlinn Katharina und seinen Erben gegen Zahlung der auf 4200 Mark löthigen Silbers sich belaufenden Pfandsumme das Schloss und die Stadt nebst allem Zubehör am 6. Januar 1372 zurückzugeben. Auch gestatteten sie ihm und, falls er gestorben sein würde, seiner Gemahlinn Katharina die Einlösung während der darauf folgenden drei Jahre. Unterbliebe aber dieselbe alsdann, so sollten zwei herzogliche und zwei markgräfliche Mannen bestimmen, wie viel die Pfandgüter mehr werth seien als die Pfandsumme. Für den innerhalb eines Monates darnach zu zahlenden Betrag dieses so ermittelten Unterschiedes sollten Stadt und Schloss mit allem Zubehör den Markgrafen erblich und eigen verbleiben. Aus dem Umstande, dass ihnen in diesem Vertrage gar nicht das Recht der Kündigung zugestanden wurde, darf zweierlei geschlossen werden, nämlich dass sie, weil ihnen diese Erwerbung so willkommen war, gern auf jenes Recht verzichteten und dass der Herzog sich in grosser, dauernder Verlegenheit befand, die ihm gebot, eine Kündigung, welche immer ungelegen kommen konnte, zu verhindern. Weiter unten wird es sich zeigen, dass er weit aussehende Pläne verfolgte und sich in Unternehmungen einliess, deren Ausführung ohne die grössten Kosten unmöglich war. Dies und noch ein anderer Grund bewog ihn zur Verpfändung Sangerhausen's. Er konnte nämlich in diesem entlegenen Lande nicht selbst regieren, wenn er den Angelegenheiten des Herzogthums Lüneburg die gebührende Sorge widmen wollte. Dennoch war dies um so nothwendiger, als Herzog Wilhelm alt und schwach geworden war. Unter diesen Umständen seinen Amtleuten zu Sangerhausen die Verwaltung ganz zu überlassen, war misslich. Es blieb also kein anderer Ausweg als Verpfändung übrig. Wenn die Behauptung späterer Chronisten, dass Herzog Magnus der jüngere, um das dem Bischofe von Hildesheim zu zahlende Lösegeld herbeizuschaffen, die Markgrafschaft Landsberg verkauft habe, durch die Verkaufsurkunde vom 5. Juni 1347 widerlegt wird, so stellt sich auch die von ihnen gebrachte Nachricht, dass er zu demselben Zwecke und zum Kummer seines Vaters das Land Sangerhausen veräussert habe, als erfunden heraus.

Dem Heinrich von Wenden werden am 11. November 1369, wie der verstorbene Herzog es gelobt hatte, für Schloss und Stadt Schöningen die letzten hundert Mark ausbezahlt worden sein. Er war nicht zur Nutzniessung der Pfandstücke gekommen, sondern während der Zeit der Pfandschaft hatte ein herzoglicher Amtmann oder Vogt, Johann von Garssenbüttel, dort die Verwaltung geführt. Die zur Einlösung erforderlichen hundert löthigen Mark lieh Herzog Magnus der jüngere von Hans von Honlege und von dessen Sohne und Vetter. Diesen verpfändete er unter Vorbehalt des Oeffnungsrechtes Schloss und Stadt mit Dörfern und Gericht, wie Johann von Garssenbüttel dieselben besessen hatte, für jenes Darlehn und für die auf 200 Mark veranschlagten Kosten des von ihnen am Schlosse vorzunehmenden Baues. Falls sie kündigten, er ihnen aber nicht zur bedungenen Zeit die Pfandsumme und den Betrag der ausgelegten Baukosten erstattete, erlaubte er ihnen, Schloss und Stadt an ihre Genossen und seine erbgesessenen Mannen zu verpfänden. Er verpflichtete sich, wenn in einem Kriege eine Besatzung in Schöningen zur Abwendung von Schaden nöthig wäre, dieselbe dahin zu senden und zu verpflegen, im Falle der Eroberung des Schlosses und der Stadt nicht eher Sühne oder Frieden zu schliessen, bis er ihnen zu ihrem Pfande wieder verholfen oder ihnen volle Zahlung geleistet hätte, während der Pfandzeit nichts von den zum Schlosse gehörenden Gütern zu verkaufen oder zu versetzen, und gestattete ihnen Selbsthülfe vom Schlosse gegen Unrecht, gegen welches er ihnen nicht zum Vergleiche oder Rechte verhülfe.

Bald nach seines Vaters Tode schrieb Herzog Magnus der jüngere einen Lehntag aus, um den Lehnsleuten des Herzogthums Braunschweig ihre Güter zu verleihen. Das an diesem Tage geführte Lehnbuch weiset verhältnissmässig nur wenige Vasallen auf. Der verstorbene Herzog hatte in den letzten anderthalb Jahren nie seinen Sohn Magnus als seinen einzigen Erben bezeichnet. Vielleicht mögen deshalb viele Lehnsleute Bedenken getragen haben, von diesem allein mit Uebergehung seines Bruders Ernst die Lehne in Empfang zu nehmen. Auf diesem Lehntage verlehnte Herzog Magnus der jüngere unter anderen einen Hof zu Lichtenberg mit dem kleineren Thurme, ein Burglehn zu Meinersen und Burglehne zu Campen. Diese Belehnung muss auffallen, weil die drei dort befindlichen Schlösser bisher zum Herzogthume Lüneburg gehörten und Herzog Wilhelm noch am 15. September 1368 alle Lehne, so lange er leben würde, selbst zu verleihen sich vorbehalten hatte. Herzog Magnus der jüngere muss jene drei Schlösser, weil sie in seinem Lehnbuche, welches ausser ihnen nur anerkannt braunschweigsche Lehne enthält, vorkommen, zum Herzogthume Braunschweig gerechnet haben. Vielleicht hatte eine nicht mehr bekannte Abtretung derselben Statt gefunden.

Zwei Jahre vor dem Tode des Herzogs Magnus des älteren war auch sein Bruder, Herzog Ernst zu Göttingen, gestorben. Die Geschichte seiner Regierung seit dem Jahre 1356 bis zu seinem Tode weiset zu den Nachbarländern mit Ausnahme des Stiftes Hildesheim nur friedliche Beziehungen auf. Kaum hatte am 15. August 1356 ein Vergleich die Irrungen zwischen ihm und seinem Bruder, dem Bischofe Heinrich von Hildesheim geschlichtet, so zeigte

Herzog Ernst doch schon im nächsten Jahre, wie geringes Vertrauen er zu diesem seinem Bruder hegte und wie er sich scheuete, irgendwo mit ihm in Berührung zu kommen. Als Herzog Wilhelm zu Lüneburg seine am 4. März 1350 eingelösete Hälfte des Schlosses und der Stadt Gandersheim zu verpfänden beabsichtigte, wusste er wohl aus Erfahrung, dass leicht Streitigkeiten auf dem Schlosse entstehen könnten, wenn er einen dem Herrn der anderen Hälfte unwillkommenen Mann darauf setzte. Um dem vorzubeugen, unterliess er nicht, bei dem Herzoge Ernst, welchem die andere Hälfte gehörte, eine hierauf bezügliche Anfrage zu stellen. Dieser erwiederte ihm, dass ihm sonst jeder, welchem die Hälfte des Schlosses verpfändet würde, willkommen sei und dass er ihm in allen Angelegenheiten förderlich sein wolle; nur den Bischof von Hildesheim und das Stift müsse er hiervon ausnehmen. Zwar trat er, wie schon erwähnt ist, am 5. Juni desselben Jahres im Vereine mit seinen Brüdern, dem Bischofe von Hildesheim und dem Herzoge Magnus, zur Vertheidigung der Rechte seines anderen Bruders, des Bischofes von Halberstadt, auf. Dies hinderte ihn aber nicht, wie ebenfalls schon gezeigt wurde, neunzehn Tage nachher mit seinem Bruder Magnus gegen den Bischof von Hildesheim in ein Bündniss auf die Dauer von zwei Jahren sich einzulassen. Indess zu einem Kriege führte dasselbe allem Anscheine nach nicht. Wohl nur zum Schutze des Sollings gegen das Stift Hildesheim liess er sich vielleicht schon um diese Zeit den am 16. October 1363 in seinem Besitze erscheinenden Theil des Schlosses Everstein von seinem Vetter, dem Herzoge Ernst zu Grubenhagen, und von dessen Sohne Albrecht verpfänden. Mit seinem Lehnsmanne, dem Arnold von Portenhagen, befand er sich wegen der Dörfer Wiensen und „Wackenhosen“ oder „Waggenhosen“, mit denen am 22. September 1318 Ernst von Berckefeldt von dem Herzoge Otto belehnt worden war, in einem Rechtsstreite. Diese zu einem Burglehne auf dem Schlosse Uslar gehörenden Dörfer hatte Arnold von Portenhagen an Conrad und Nicolaus von Lude verpfändet. Der Herzog muss einen ihm günstigen Ausgang des Streites für sicher gehalten haben, denn, einen solchen voraussetzend, liess er sich am 3. April 1357 von den Pfandbesitzern geloben, dass sie ihm, wie früher seinen Lehnsleuten, den Pfandvertrag halten wollten. Nichts desto weniger erscheinen beide Dörfer im Jahre 1363 als Burglehn des Arnold von Portenhagen und der Herzog selbst bewilligte ihm am 21. November dieses Jahres, sie mit Ausnahme des Zehnten dem Pfarrer Johann von Wintzingerode zu Schonen und dessen Brüdern Heinrich und Diedrich für siebzig Mark löthigen Silbers zu verpfänden. Am 28. Mai 1357 liefen die sechs Jahre ab, während welcher der Rath der Stadt Göttingen vertragsmässig im Besitze der Münze und Wechsel zu Göttingen sich befand. Der Herzog hätte sie nun durch Zahlung von 200 Mark löthigen Silbers wieder erwerben können. Statt dessen liess er sich an diesem Tage von dem Rathe noch 114 Mark löthigen Silbers dazu geben und verkaufte ihm für beide Summen, also für 314 Mark, unter den früheren Bedingungen Münze und Wechsel auf Wiederkauf nach sieben Jahren.

Des Herzogs Sohn Ernst wird, weil er nur in Urkunden der Jahre 1355 und 1356 erwähnt ist, bald darnach, wahrscheinlich noch im Jahre 1356 oder im folgenden, gestorben sein. Für seinen ältesten Sohn Otto warb der Herzog, als derselbe das 17. Lebensjahr erreicht haben mochte, bei dem Grafen Johann von Holstein zu Plön um die Hand seiner Tochter, welche, wie ihre Mutter, Miroslawa hiess. Am 19. November 1357 wurde verabredet, dass der Graf und der Herzog Albrecht von Mecklenburg, welcher diesem 1500 löthige Mark schuldete, dem Herzoge Ernst und seinem Sohne, sobald letzterer, um das Ehebündniss zu schliessen, nach Plön käme, eine Schuldverschreibung über die zur Mitgift bestimmte Summe Geldes ausstellen sollten. Ausser dem Grafen machte sich hierzu auch Herzog Albrecht von Mecklenburg anheischig. Noch in demselben Jahre oder in den ersten Tagen des nächsten wird die Vermählung Statt gefunden haben. Herzog Albrecht von Mecklenburg übrigens leistete die Zahlung der verschriebenen Summe nicht. Deshalb gelobten Graf Johann von Holstein nebst seinem Sohne Adolf und ihre Vettern, die Grafen Heinrich, Nicolaus und Adolf von Holstein am 14. Januar 1358 dem Herzoge Ernst und seinem Sohne Otto, keine Frist dem Herzoge von Mecklenburg zu bewilligen und die 1500 löthigen Mark, sobald sie bezahlt seien, zur Einlösung des Billwerders zu verwenden, der demnach die Mitgift der jungen Herzoginn geworden sein würde. Schon in den Jahren 1257 und 1262 erscheint der Billwerder als ein Zubehör der Grafschaft Holstein. Später hatte ihn Graf Johann zu Plön an den Herzog von Sachsen verpfändet. In dem Vergleiche vom 4. September 1353 mit dem Könige Waldemar von Dänemark hatte dieser es übernommen, dem Grafen das Pfand mit 2000 Mark löthigen Silbers vor dem 25. December desselben Jahres einzulösen. Der König aber hielt sein Wort nicht und als die Grafen im November 1357 von den Dänen geschlagen wurden, schwand vorerst alle Aussicht, dass er die Einlösung vollzöge. Deshalb sollte der Billwerder mit dem bei dem Herzoge von Mecklenburg zu erhebenden Gelde eingelöset werden. Herzog Ernst, der ihn dann für seinen Sohn würde empfangen haben, mochte wohl die Absicht hegen, den Billwerder an seinen Vetter, den Herzog Wilhelm zu Lüneburg, dessen Herzogthum einen erwünschten Zuwachs dadurch erhalten hätte, vortheilhaft zu veräussern. Eben deshalb aber behielten ihn nach der Einlösung der Graf und sein Sohn Adolf, in dessen Besitze er noch 1385 gefunden wird. Statt dessen werden sie der Herzogin Miroslawa 2000 löthige Mark in baarem Gelde als Mitgift gegeben haben.

Herzog Ernst und sein Sohn Otto setzten am 30. November 1357 auf das Schloss Schöneberg (bei Hofgeismar), wo 1352 die edelen Herren von Itter Burgmannen geworden waren, den Gerlach von der Malsburg ebenfalls als Burgmann und verliehen ihm, bis sie ihm sechzig löthige Mark entrichtet haben würden, wofür er einige seiner Erbgüter zu Burglehn von ihnen nehmen sollte, sechs Mark jährlicher Einkünfte aus ihrer Gülte zu Hedemünden und Varlosen als Erbburglehn. Von dem Herzoge Ernst erlangten die Städte Uslar und Göttingen zu Ende dieses Jahres Begünstigungen und Freiheiten. Am 13. December bestätigte er nämlich der Schuhmachergilde in ersterer Stadt ihre Rechte. Von denen, welche dieselben verletzten, möchten es Bürger der Stadt oder Fremde sein, gestattete er ihr Strafgelder zu erheben, dies jedoch nur unter der Voraussetzung, dass sie, wenn jemand aussergerichtlich sich ihr zum Rechte erböte, es annähme. Wer aber sich weigerte, aussergerichtlich für Verletzung der Gilderechte Genugthuung zu leisten, sollte vor dem herzoglichen Gerichte verklagt werden und Strafe zahlen. Diese der Gilde ertheilte Freiheit fand auf die beiden Markttage, die jährlich zu Uslar gehalten wurden, keine Anwendung. An diesen Tagen durften die Schuhmachergilden anderer Städte ihre Waare zu Uslar verkaufen. In zweifelhaften, die Gilde betreffenden Fällen, in denen sie selbst nicht zu entscheiden wusste, durfte sie bei der Kaufmannsgilde zu Uslar, sofern dadurch nicht die Rechte des herzoglichen Gerichtes verletzt würden, sich befragen. Acht Tage hernach versprach der Herzog dem Rathe der Stadt Göttingen, zu keiner Vereinigung Ordensgeistlicher oder Weltgeistlicher in der Stadt und ihrer Feldmark seine Bewilligung zu ertheilen. Besonders war es die Zunahme des deutschen Ritterordens an Macht und Besitzungen in der Stadt, welche dem Rathe derselben Besorgnisse einflösste. Schon am 4. Januar 1319 hatte Herzog Otto den Ordensrittern verboten, ihre Besitzungen in der Stadt und in der Feldmark derselben zu vermehren. Nun, am 2. Mai 1359, erwirkte der Rath von dem Herzoge Ernst die Zusicherung, dass weder er noch seine Nachkommen dem Orden Pfarrkirchen, Capellen und Altäre oder andere geistliche Beneficien in der Stadt verleihen sollten. Diese Zusage wurde Veranlassung, dass der Herzog wegen der Pfarre St. Albani und deren Güter mit dem Orden in eine Fehde gerieth, die erst nach seinem Tode beendigt wurde.

Der von dem Kaiser Friedrich II. an den Herzog Otto 1235 verliehene Zehnten zu Goslar, welcher von den Bergwerken entrichtet wurde, war bei den Erbtheilungen im herzoglichen Hause auch zur Theilung gekommen. Die eine Hälfte des Zehnten auf dem Rammelsberge besass Herzog Ernst zu Grubenhagen und verlieh sie als ein Pfandlehn den von der Gowisch, welche dieselbe einigen Bürgern zu Goslar, den sogenannten Sechsmännern oder den sechs Mann Vormündern des Rammelsberges, verpfändeten. Diese verkauften 1356 dem Siegfried Scharpen und dem Conrad Romeldes, jedem für 125 Mark löthigen Silbers ein Viertel des Zehnten mit Gericht und aller Nutzung unter Vorbehalt des Wiederkaufes. Am 15. April 1359 verpfändete Herzog Ernst zu Grubenhagen und sein Sohn Albrecht ihre Hälfte des Zehnten den sechs Mann Vormündern selbst und nun überliess auch Herzog Ernst zu Göttingen, welcher die andere Hälfte bekommen hatte, ihnen dieselbe pfandweise für ebenso viel Geld, als die Herzöge zu Grubenhagen für ihren Antheil erhalten hatten, nämlich für 400 Mark löthigen Silbers. Die von der Gowisch waren Lehnsleute des Herzogs Ernst zu Göttingen. In dem Zehnten des nordwärts vom Berge Bier gelegenen Dorfes „Robbedissen" hatte Hermann von der Gowisch dem Bodo von Adelebsen dreissig Mark löthigen Silbers verschrieben. Als Lehnsherr bestätigte der Herzog am 9. October 1359 diese Verpfändung. Nachdem er, wie schon erwähnt wurde, mit seinem Bruder, dem Herzoge Magnus, ihren gemeinsamen Antheil des Zolles zu Braunschweig am 25. Januar 1360 auf Wiederkauf verkauft hatte, bewies er dem Rathe zu Göttingen von neuem sein Wohlwollen. Er bewilligte ihm am 25. April, eine Capelle innerhalb des Kirchsprengels St. Johann zu gründen, in ihr Altäre zu errichten, und verlieh ihm mit dem Präsentationsrechte eine Stelle zum Bau der Capelle. Schon 1348 hatte er, wie einst 1325 sein

Bruder Otto, Anordnungen als Patron der Kirche St. Johann zu Göttingen getroffen und verlieh als solcher am 6. Januar 1363 seinem Capellan, dem Johann von Heiligenstadt, Pfarrer zu Kleinwiershausen, den Altar St. Nicolai in derselben Kirche, bestimmte aber zugleich, dass künftig der Pfarrer der Kirche den Altar verleihen sollte.

Die Kirche Gandersheim, seit den frühesten Zeiten von den Kaisern reichlich beschenkt, hatte viele ihrer schönsten Besitzungen den Herzögen verliehen. Namentlich war Herzog Ernst ihr Lehnsmann. Wie der irdische Segen sollte auch dereinst der himmlische aus ihr ihm zufliessen. Am 6. April 1364 wurde nämlich sein und seiner Gemahlinn Elisabeth Jahresgedächtniss dort gestiftet. Zunächst aber sicherte ihm die Aebtissinn Luigarde zu Gandersheim die zeitlichen Güter, die er vom Stifte verlangen konnte. Bald nach ihrer Wahl hielt sie einen Lehnstag, auf welchem der Herzog, der edele Herr Siegfried von Homburg und viele Andere ihre Lehne empfingen. Gandersheim selbst, Seesen, Greene und die Güter zu Brüggen und Banteln gehörten zu den ältesten Besitzungen der Abtei, wie Urkunden zwischen den Jahren 974 und 1039 beweisen. Mit dem halben Schlosse und mit der Stadt Gandersheim, mit dem Schlosse und Weichbilde Seesen, mit Stauffenburg und mit zwölf Echtworden daselbst wurde Herzog Ernst am 16. Juni 1360 von der Aebtissinn belehnt. Der edele Herr von Homburg erhielt das halbe Schloss Homburg, die Schlösser Lauenstein, Greene und Woldenstein, von welchem letzteren er am 29. November 1349 einen Theil käuflich erworben hatte, die Dörfer Gerzen, Schwachhausen und „Stenhusen" (bei Hemmendorf), Güter zu Hemmendorf, Spiegelberg, „Godardessen" (an der Aue) und Oldendorf nebst den Vogteien zu Brüggen und Banteln. Das Gut und das Gericht zu Lüthorst, auf welches die von Gladebeke bis zum 4. December desselben Jahres gegen den edelen Herrn Ansprüche erhoben, ist bei dieser Belehnung nicht erwähnt, da erst später das Stift Gandersheim lehnsherrliche Rechte über Lüthorst geltend zu machen suchte.

Den von Kerstlingerode, die laut des herzoglichen Lehnbuches vom Jahre 1344 Burgmänner auf dem Schlosse Niedeck waren, und den von Bültzingslöwen verpfändete der Herzog am 24. August 1360 dieses Schloss. Ausser den Rittern Hildebrand von Hardenberg und Johann von Grone gelobten vier andere ihm gestellte Bürgen ein Einlager zu Göttingen, falls die Pfandbesitzer den Vertrag verletzen würden. Reinhard von Bültzingslöwen war noch am 16. October 1368 im Besitze des Schlosses Niedeck, als er dem Conrad Segebode, Bürger zu Göttingen, die Vogtei über dessen Höfe und Hufen auf dem Felde und im Dorfe Klein-Lengden bis zu der Zeit verpfändete, dass er das Dorf abstehen oder der Herzog zu Göttingen von ihm das Schloss Niedeck einlösen würde. Die von Kerstlingerode sassen nicht nur auf dem Schlosse Niedeck, sondern waren auch, wie das herzogliche Lehnbuch zeigt, 1344 mit dem vierten Theile des alten Schlosses Gleichen belehnt, während die übrigen drei Viertel und das neue Schloss den von Uslar verliehen waren. Am 3. März 1361 schlossen sie mit Ernst von Uslar auf dem alten Schlosse einen Burgfrieden. Wenn innerhalb der Grenzen des Burgfriedens unter ihnen oder ihrem Gesinde Streit entstände, sollte man von beiden Seiten sich jedes Unfuges enthalten und der Streit durch ihre dazu gewählten Freunde in Güte oder nach dem Rechte während der nächsten vierzehn Tage entschieden werden. Festnehmen jedoch durfte man diejenigen, die sich Unfug zu Schulden kommen liessen, um sie vor jenes Schiedsgericht zu stellen. Wenn ein Feind des Einen in die Wohnung des Andern käme, sollte dieser auf Ansuchen jenes ihn innerhalb vier und zwanzig Stunden fortschicken. Bei der Abreise durfte ihm keine Gefahr bereitet werden. Keiner durfte ohne Bewilligung seiner Hausgenossen auf beiden Schlössern einen Herrn in eins derselben aufnehmen. Wer von ihnen innerhalb des Burgfriedens von irgend jemandem angegriffen würde, dem sollten sie alle in der Gegenwehr helfen. Ueber Streit, der ausserhalb des Burgfriedens sich zwischen ihnen erhöbe, sollte auch ein Schiedsgericht richten. Weil die von Uslar und von Kerstlingerode die beiden Schlösser Gleichen von dem Herzoge Ernst zu Lehn besassen, konnte obige Bestimmung über die Aufnahme eines Herrn auf eins der Schlösser gegen ihn nicht in Anwendung kommen. Ausser der Verpfändung dreier Höfe zu Hillerse, die mit funfzig Mark einzulösen Lippold, Hans und Lippold Hoye dem Herzoge am 22. Januar 1361 gestatteten, ist aus diesem Jahre nur noch die Lehnsauftragung des Schlosses Bodenburg zu berichten. Um das Jahr 1226 besass Lippold von Escherde und sein Bruder sechs Hufen zu Bodenburg von dem edelen Herrn Luthard von Meinersen zu Lehn. Vier von diesen Hufen erwarben die von Steinberg. Ritter Aschwin von Steinberg und sein Bruder liessen sich damit ums Jahr 1274 von den edelen Herren Luthard und Burchard von Meinersen belehnen. Auf dieser Besitzung werden die von Steinberg das Schloss Bodenburg erbauet haben. Nach der am

11. November 1353 erfolgten Abtretung aller Besitzungen und Rechte der edelen Herren von Meinersen an das Stift Hildesheim hätten sie von diesem das Schloss zu Lehn nehmen müssen. Sie versuchten es jedoch anfangs, sich ohne den Schutz eines Lehnsherrn zu behelfen. Die von Vreden, auf deren Schloss Neu-Freden der Bischof von Hildesheim auch Ansprüche erhob, begaben sich am 6. December 1361 mit dem Schlosse in den Dienst des Herzogs Wilhelm zu Lüneburg, um dadurch für sich und ihr Schloss seinen Schutz zu erlangen. Zu demselben Zwecke traten die Gebrüder Aschwin und Henning von Steinberg, Söhne des Ritters Aschwin von Steinberg und der Gräfinn Elisabeth von Schwalenberg, mit ihrem Schlosse Bodenburg am 15. Juni 1359 auf die Dauer von sechs Jahren in seinen und des Herzogs Ludwig Dienst. Auch mochte sie hierzu die Aussicht, dass die Herzöge Krieg gegen das Stift Hildesheim begönnen, bestimmen. Damit sie sich kräftigten, um ihre Unabhängigkeit desto besser behaupten zu können, errichteten sie und ihr Vetter, Ritter Burchard von Steinberg, nebst seinen Söhnen Burchard, Conrad und Aschwin am 3. März 1360 einen Vertrag, durch welchen sie alle ihre Erbgüter und sonstigen Besitzungen zusammenlegten und auf die Dauer der nächsten zwanzig Jahre in Gütergemeinschaft traten. Nur gemeinsam wollten sie Fehde beginnen. Aschwin und Henning versprachen, die Belehnung mit ihren Gütern bei ihrem Lehnsherrn für ihre Vettern auszuwirken und, wenn sie dies nicht vermöchten, ihnen die Güter zu gute zu halten. Unter ihrem Lehnsherrn war Herzog Ernst zu Göttingen gemeint, von dem sie Güter zu Breinum bei Bodenburg besassen. Wegen grösserer Nähe konnte er sie besser schützen, als der Herzog zu Lüneburg; zudem war sie nicht so gross, dass ihnen für ihre Selbstständigkeit nicht genug Raum gelassen würde. Er war zu mächtig, als dass sie dem Lehnsverhältnisse, in welchem sie zu ihm standen, sich hätten entziehen können. Da die Streitigkeiten zwischen ihm und dem Stifte Hildesheim sich stets erneuerten, konnte es ihnen, wenn sie seine Diener und Mannen von dem Schlosse waren, welches mitten in Besitzungen des Stiftes lag, nie an guter Gelegenheit, Beute zu machen, fehlen. Diese Rücksicht entschied. Am 15. August 1361 erklärten sie, dass sie das Schloss Bodenburg von dem Herzoge Ernst zu Lehn besässen, und gelobten, es gegen den Bischof von Hildesheim und gegen jeden Herrn mit Ausnahme des Herzogs zu Lüneburg, in dessen Dienste sie sich noch befanden, ihm zu öffnen und ohne ihn keinen Frieden oder Sühne zu schliessen. Gleich nach dieser Lehnsauftragung glaubten sie, besonders Ritter Burchard von Steinberg, zu den verwegensten und gewaltsamsten Unternehmungen gegen das Stift Hildesheim berechtigt zu sein. Der Bischof wartete, bis Ritter Burchard durch Räuberei auf königlicher Strasse auch gegen das Reich sich verging. Da klagte er bei Kaiser Karl IV. und erlangte am 31. Januar 1362, dass dieser ihn nicht nur zum Richter über den Ritter Burchard setzte, sondern auch gegen denselben und gegen das Schloss Bodenburg das Reich dem Bischofe zur Hülfe aufrief. Die Angelegenheit wurde nun nicht allein für die von Steinberg, sondern auch für ihre Schutzherren, den Herzog Ernst und den Herzog Wilhelm zu Lüneburg, bedenklich. Der Bischof hatte bei dem Kaiser nicht nur gegen Wegelagerer, sondern auch gegen alle diejenigen geklagt, von welchen seiner Kirche Leute, Besitzungen und Güter widerrechtlich genommen und entrissen waren. Darauf hatte der Kaiser, einen Tag bevor seine Verfügung hinsichtlich der von Steinberg erlassen wurde, zu Beschützern des Stiftes und des Bischofes den Herzog von Sachsen-Wittenberg, den Erzbischof Diedrich von Magdeburg und den Bischof Heinrich von Paderborn ernannt und ihnen Vollmacht ertheilt, auf Klagen des Bischofes die von ihm Beschuldigten vor ihr Gericht zu ziehen, über dieselben zu richten, sie zur Genugthuung und zum Schadenersatze zu zwingen. Sowohl Herzog Wilhelm zu Lüneburg, obwohl er mit dem Bischofe von Hildesheim noch verbündet war, als auch Herzog Ernst durften erwarten, vor dieses Gericht gerufen zu werden. Jener hatte schon 1354, um die von ihm in Besitz genommenen Güter der edelen Herren von Meinersen zu schützen, umfassende Maasregeln gegen das Stift ergriffen, dieser erst eben die von den edelen Herren auf das Stift übergegangenen lehnsherrlichen Rechte über Bodenburg sich angeeignet. Ein Bündniss beider Herzöge gegen den Bischof hätte von diesem bei den Richtern als eine Drohung und Herausforderung, sogar fast als ein Eingeständniss des Unrechtes ausgelegt werden können. Ein Bündniss beider aber, gegen niemanden namentlich gerichtet, welches nur einen gegenseitigen engeren Anschluss an einander bezweckte und jedem von ihnen die Hülfe des Andern zusicherte, konnte den Bischof veranlassen, nochmals in Ueberlegung zu ziehen, ob die Richter, das Urtheil, welches sie fällen würden, zu vollziehen, gegen die vereinigte Macht beider Herzöge die Mittel finden würden und ob es nicht gerathener sei, die Klage gegen diese zu unterlassen oder zurückzuziehen und einen Vergleich zu versuchen. In dieser Weise fassten

die Herzöge die Lage der Umstände auf und solche Erwägungen führten zu dem Bündnisse, welches Herzog Ernst und sein Sohn Otto am 6. Mai 1362 mit den Herzögen Wilhelm und Ludwig zu Lüneburg zum Schutze und Frommen ihrer Lande und Leute errichteten. Sie gelobten, lebenslänglich Frieden mit einander zu halten und sich gegenseitig in allen Nöthen gegen jedermann getreulich Beistand zu leisten. Der Eine sollte dem Andern vierzehn Tage nach erhaltener Aufforderung mit funfzig Gewaffneten zu Hülfe ziehen. Diesen Mannen musste derjenige von ihnen, dem sie gesandt wurden, Kost, Futter und für die Pferde Hufbeschlag geben; die Zehrung in den Herbergen brauchte er nicht zu bezahlen. Dafür behielt er die Brandschatzung und allen Gewinn im Kriege mit Ausnahme der Gefangenen und der eroberten Schlösser, die zu gleichen Theilen nach Verhältniss der Anzahl gewaffneter Leute unter die Verbündeten getheilt werden sollten. Beiderseits gelobte man, sich und die Mannen eines jeden von ihnen bei Rechte zu lassen. Zur Hülfe gegen seine bisherigen Bundesgenossen wurde keiner der Herzöge durch diesen Vertrag verpflichtet; vielmehr nahm er sie namentlich aus. Die Bundesgenossen des Herzogs Ernst und seines Sohnes Otto waren der Erzbischof Gerlach von Mainz, der Landgraf Heinrich von Hessen, dessen Sohn Otto, der Bischof Ludwig von Halberstadt, die Grafen von Hohnstein, von Regenstein und von Wernigerode und der edele Herr Siegfried von Homburg. Als ihre Bundesgenossen bezeichneten die Herzöge Wilhelm und Ludwig den Herzog Magnus von Braunschweig und dessen Söhne, die Bischöfe von Hildesheim, Paderborn und Minden, den Grafen Conrad von Wernigerode, den edelen Herrn von Homburg, die Grafen von Everstein, von Schauenburg und von Hoya und die Stadt Braunschweig. Hinsichtlich des Bischofes von Hildesheim wurde noch besonders bestimmt, dass falls es zwischen den Herzögen zu Göttingen und ihm zum Kriege käme, die Herzöge Wilhelm und Ludwig nichts damit zu schaffen haben sollten, es sei denn, dass sie mit ihnen in dieser Hinsicht eine andere Uebereinkunft träfen. Welchen weiteren Verlauf die Angelegenheit zunächst nahm und ob es bald zur Fehde gegen Hildesheim kam, bleibt wegen Mangels an Nachrichten unentschieden. Diejenigen aber, welche erhalten sind, deuten überhaupt auf Krieg. Mit dem Rathe der Stadt Göttingen trat der Herzog sowohl zu ihrem als zu des ganzen Landes Schutze in Verhandlungen über Befestigung der Stadt und überliess es ihm am 9. October 1362, an passenden Stellen neue Gräben zu ziehen, diese mit Mauern, Planken und Zäunen zu versehen, sie auch mit Thoren, Thürmen und Bergfrieden zu befestigen, wo es zum Schutze der Stadt erforderlich sei. Er erlaubte ihm, jedoch nur unter der Voraussetzung, dass deshalb ein gütliches Abkommen mit den Belehnten getroffen würde, durch Höfe, Ländereien, Acker, Wege und Gemeindegrund, mochte es an Geistliche oder an Weltliche verliehene Lehnstücke betreffen, die Gräben zu legen, in dem befestigten Stadttheile nach eigenem Ermessen die Richtung der Strassen zu bestimmen und vor den Thoren Zingeln und Brücken zu bauen. Der am 6. Februar 1363 erfolgte Tod des Bischofs Heinrich von Hildesheim konnte die Beziehungen des Herzogs zum Stifte nicht freundlicher gestalten. Jetzt hingegen mussten manche der am 15. August 1356 nur auf Lebenszeit des Bischofs vereinbarten Punkte wieder streitig werden und die Zahl der schon bestehenden Irrungen vermehren. Zur Vertheidigung seiner Rechte auf den Solling gegen das Stift und gegen die nahe gelegenen bischöflichen Schlösser Dassel und Hunnesrück schloss denn auch wohl Herzog Ernst mit den von Rosdorf, die ihm 1354 ihre Güter zu Harste und ihr Pfandrecht am dortigen Schlosse abgetreten hatten, folgenden Vertrag. Am 16. April 1363 gelobten die Gebrüder Johann, Dethard und Ludwig von Rosdorf, ihre Schlösser Hardegsen und Moringen gegen jedermann mit Ausnahme des Ditmar von Hardenberg, der mit ihnen das Schloss Moringen besass, dem Herzoge Ernst zu öffnen und ihm damit zu allen Nöthen behülflich zu sein und zu dienen. Wenn er die Oeffnung beider Schlösser oder eins derselben, um davon Krieg zu führen, forderte, sollten sie innerhalb vier Wochen nach erhaltener Anzeige, ihm und seinen Amtleuten ein Gemach auf dem Schlosse einräumen. Der Amtmann musste ihnen Sicherheit leisten, dass ihnen kein Schaden noch Unfug mit Worten oder Werken zugefügt würde. Weil sie sich des Herzogs Entscheidung stets fügen wollten, sollte er sie gleich seinen anderen Mannen vertheidigen. Während des Krieges wurden Wächter, Pförtner und Thurmleute des Schlosses von ihm beköstigt. Wen unter den Gebrüdern von Rosdorf er zu seiner Hülfe verlangte, dem sollte er Futter und Speise geben und ihm Schaden ersetzen. Würde eins der Schlösser aus Veranlassung des vom Herzoge geführten Krieges verloren, so sollte er ihnen dazu helfen es wieder zu erobern oder ein anderes Schloss in derselben Gegend zu bauen und zu beschützen. Entschlössen sie sich, eins der Schlösser oder einen Theil desselben zu verkaufen oder zu verpfänden, so mussten sie es ihm erst anbieten und ihm das Schloss oder den Theil desselben mit so viel Gülte, als sich im Verhältnisse zur

Kauf- oder Pfandsumme gebührte, überliefern, falls er innerhalb eines halben Jahres sich zur Uebernahme desselben bereit erklärte. Alsdann sollte er ihnen schriftlich geloben, sie in dem Besitze des ihnen verbleibenden Theiles des einen oder beider Schlösser, die er mit ihnen gemeinsam inne hätte, nicht zu stören. Obige Verpflichtungen übernahmen sie nicht nur gegen ihn sondern auch gegen seine Söhne Otto und Albrecht. Obwohl er des ihm von dem Herzoge Albrecht zu Grubenhagen und von dessen verstorbenen Vater verpfändeten Theiles des Schlosses Everstein in einem Kriege mit dem Stifte Hildesheim bedurfte, verpfändete er ihn, nämlich die Hälfte des Schlosses, mit Dörfern und Vogtei am 16. October 1363 auf die Dauer von drei Jahren, oder wenigstens bis ihm von seinem Vetter gekündigt würde, seinem Bundesgenossen, dem edelen Herrn Siegfried von Homburg, für 450 Mark löthigen Silbers. Aber er behielt sich das Oeffnungsrecht in allen Nöthen vor. Wenn er vom Schlosse Krieg zu führen genöthigt würde, musste der Amtmann, den er auf dasselbe sendete, Wächter, Pförtner und Thurmleute beköstigen, den edelen Herrn und dessen Leute auf dem Schlosse vor Unfug sichern und ihm mit drei anderen herzoglichen Mannen ein darauf bezügliches schriftliches Gelöbniss ausstellen. Er sollte ferner, wenn von dem herzoglichen Gesinde auf dem Schlosse Unfug getrieben würde, darüber richten oder innerhalb des nächsten Monates den Schaden nach Vergleich oder nach dem Rechte ersetzen. Würde das Schloss im Kriege verloren, so versprach der Herzog, dem edelen Herrn ein anderes in demselben Gerichte wieder zu bauen und ihn dabei und bei der zum Schlosse gehörenden Gülte zu vertheidigen, auch vor der Wiedereroberung des verlorenen Schlosses nicht ohne seine Bewilligung mit dem Eroberer Sühne oder Frieden zu schliessen. Er gab also durch diese Verpfändung das Schloss keineswegs aus seiner Gewalt, sondern hatte dabei als Zweck gerade nur Krieg von demselben zu führen im Auge. Ausserdem verpflichtete er den edelen Herrn, sein Geleit und Frieden von dem Schlosse zu halten und weder ihm noch den herzoglichen Mannen Unrecht zuzufügen. Dafür wollte er ihn mit dem Schlosse gegen jedermann vertheidigen. Noch vor Ablauf der in diesem Vertrage bedungenen Pfandzeit, nämlich zwischen dem 17. und 23. März 1364 wurde dem edelen Herrn Siegfried von Homburg auch die andere Hälfte des Schlosses Everstein mit dem Gerichte von den Herzögen Albrecht und Johann zu Grubenhagen für 500 Mark löthigen Silbers auf die Dauer von wenigstens drei Jahren verpfändet. Sie erlaubten ihm, falls sie innerhalb vier Wochen ihm nicht zum Rechte verhelfen könnten, von dem Schlosse Krieg zu führen und seinen Feinden so viel Schaden als möglich zuzufügen, gelobten, das Schloss mit aller Macht und mit seiner Hülfe von jeder Belagerung zu befreien, von jedem Eroberer wieder zu gewinnen oder in demselben Gerichte ein neues Schloss ihm zu erbauen, bewilligten ihm, jedes Jahr zu kündigen und, wenn sie nicht zur bedungenen Zeit zahlten, das Schloss Anderen zu verpfänden. Wenn sie vier Wochen vorher es forderten, sollte ihnen das Schloss zu jeder Noth gegen Fürsten und Herren offen sein. Sie verpflichteten sich, innerhalb dieser Zeit einen ritterbürtigen, zum Heeresschilde geborenen Mann als Amtmann auf das Schloss zu setzen, damit er Unfug und Schaden auf demselben verhütete. Er sollte dafür acht andere zum Heeresschilde geborene Mannen als Bürgen stellen. Geschähe dennoch Schaden und Unfug, so sollte der Amtmann vierzehn Tage, nachdem der edele Herr es verlangt haben würde, Ersatz leisten oder mit den Bürgen ein Einlager zu Einbeck halten. So lange die Herzöge des Schlosses bedurften, mussten sie für Hut und Kost auf demselben sorgen, nach errichteter Sühne oder Frieden aber sowohl sie als auch der Amtmann das Schloss räumen und keinen ihrer Leute darauf lassen. Während des Krieges sollte der edele Herr ihnen alle Gemächer in der einen Hälfte des Schlosses abtreten mit Ausnahme des Gemaches, welches er oder seine Amtleute bewohnten, und eines Stalles für sechs oder acht Pferde. Auf diese Weise gelangte der edele Herr Siegfried von Homburg zum Besitze des ganzen Schlosses Everstein. Als er und sein Sohn Heinrich drei Jahre später desselben weniger bedurften, überliessen sie es sowohl mit der Nutzniessung als auch mit der Verwaltung am 11. April 1367 dem Abte und Convente zu Amelunxborn auf die Dauer von sechs Jahren. Abt und Convent verpflichteten sich, auf demselben zwei Pförtner, einen Thurmmann, Wächter und so viel Gesinde, als zur Schlosshut erforderlich sei, zu halten und nach den sechs Jahren das Schloss für hundert löthige Mark wieder auszuliefern.

Herzog Ernst zu Göttingen war unterdessen wegen seines Alters bewogen worden, einen Theil der Regierungssorgen seinem Sohne Otto zu überlassen. Besonders der auswärtigen Angelegenheiten und des Kriegswesens nahm, wie es scheint, sich Herzog Otto an. Obgleich der Vater mit dem Erzbischofe Gerlach von Mainz verbündet war, glaubte der Sohn gegen den Freund, welcher die einst den Herzögen feindliche Politik seiner Vorgänger doch unmöglich ganz verleugnen konnte, auf seiner Hut sein zu müssen. Er schloss am 19. März 1364 mit den von Bovenden auf dem Schlosse Jühnde einen Vertrag, wodurch sie sich verpflichteten, ihm mit Leib und Gut, mit ihrem Schlosse und mit aller ihrer Macht, so oft er dessen bedürfte, gegen jedermann, dessen Feind er sein wollte, Hülfe zu leisten. Zwar nahmen sie ihren Bundesgenossen, den Erzbischof aus, versprachen aber, falls er sie von ihrem Bündnisse mit dem Stifte Mainz befreien könnte, keinem anderen zu dienen noch einem andern sich mit dem Schlosse zu verbinden. Sogar wollten sie ihm mit dem Schlosse gegen das Stift Hülfe leisten, falls er mit diesem um ihretwillen in Fehde geriethe. Endlich unter der schwachen Regierung des Bischofs Johann von Hildesheim, eines Dominicanermönches, war, wenn nicht schon früher, der Krieg gegen das Stift Hildesheim ausgebrochen. Gegen dasselbe hatten sich mit dem Herzoge Ernst und dessen Sohne Otto der Erzbischof Gerlach von Mainz, der Landgraf von Hessen, die Grafen von Hohnstein und Graf Otto von Waldeck verbündet. Das Stift, von dem Bischofe Johann während seiner Abwesenheit dem Domscholaster Otto von Hallermund als Administrator anvertraut, besass, wie es scheint, in diesem Kriege keine Bundesgenossen. Trotz des Missverhältnisses der Macht wurde es nicht besiegt. Hingegen scheint ein Frieden oder vielmehr Waffenstillstand, welcher am 21. December 1364 errichtet wurde und bis zum 24. Juni des nächsten Jahres dauern sollte, den Verbündeten so erwünscht gewesen zu sein, dass sie, um ihn abzuschliessen, nicht einmal die Rückkehr des ausser Landes verweilenden jungen Herzogs Otto abwarteten. Falls derselbe bei seiner Rückkunft an dem Frieden nicht Theil nehmen wollte, versprach Herzog Ernst, acht Tage darnach es dem Administrator auf dem Schlosse Steuerwald anzuzeigen. Durch Schaden, welchen Herzog Otto und das Stift sich alsdann gegenseitig zufügen würden, sollte der Waffenstillstand nicht verletzt sein. Aber Herzog Ernst und die übrigen Verbündeten durften weder mit Land noch mit Leuten noch auf irgend eine Weise dem jungen Herzoge dabei Hülfe leisten. Alsdann sollte auch dem Administrator es unbenommen bleiben, den Waffenstillstand zu Uslar zu kündigen und acht Tage darnach die Feindseligkeiten wieder zu beginnen. So lange aber der Waffenstillstand dauerte, sollte das Stift die gefangenen reisigen Leute aus der Gefangenschaft entlassen. Von gefangenen Bauern und Bürgern indess, die keine reisigen Leute wären, durfte Gefangengeld genommen, auch bedungene Brandschatzung durfte auf beiden Seiten erhoben werden. Die eine Partei sollte der andern sogar bei der Erhebung behülflich sein. Das Stift und der Administrator gelobten, Friedensbrecher und Feinde der Verbündeten nicht zu hausen, und stellten für die Haltung des Waffenstillstandes die Grafen Gerhard und Otto von Woldenberg nebst vier Stiftsmannen zu Bürgen, welche nöthigenfalls ein Einlager in Einbeck zu halten gelobten. Welchen Verlauf die Angelegenheit ferner genommen hat, ist nicht bekannt.

Ueber Herzog Ernst ist nur noch Weniges zu berichten. Erwähnt wurde schon, dass er am 1. November 1363 seinem Bruder, dem Herzoge Magnus, die Einlösung des Sackes, der Alten-Wiek, des Gerichtes und der Vogtei zu Braunschweig gestattete und am 8. Juni 1364 den von Steinberg zu Bodenburg für die Grafen von Hohnstein Bürgschaft leistete. Er nahm am 16. October 1364 die Kalandsbrüderschaft des heiligen Geistes zu Braunschweig nebst ihren Gütern in seinen Schutz und verlieh am 21. December 1365 der Sophie, Frau seines Burgmannes Udo von Grone zu Friedland, zur Leibzucht einige Gülte aus dem Vogtkorne zu Reinhausen und den halben Zehnten nebst zwei Hufen auf dem Felde des in der Nähe gelegenen Dorfes Bodenhausen, welche Güter derselbe von ihm zu Lehn besass. Als Burgmannen auf dem Schlosse Friedland werden im Lehnbuche des Jahres 1344 die von Grone noch nicht genannt, sondern nur die von Stockhausen und von Rusteberg. Erstere erscheinen als solche auch am 10. März 1346 und 24. Juni 1364; und Otto von Rusteberg wurde von dem Herzoge Ernst mit einem Burglehn zu Friedland und mit mehreren Gütern daselbst belehnt. Am 26. März 1366 erlaubte der Herzog dem Rathe und den Bürgern der Stadt Göttingen, ihr Kaufhaus und Rathhaus, an welcher Strasse der Stadt sie wollten, zu erbauen. Dies ist seine letzte öffentliche Handlung, von welcher man Kunde besitzt. Er starb am 24. April 1367. Seine Gemahlinn Elisabeth überlebte ihn bis ins Jahr 1390. Seine Söhne Ernst und Albrecht werden, weil ihrer nicht weiter Erwähnung geschieht, vor ihm gestorben sein. Das Herzogthum vererbte also allein auf seinen Sohn Otto.

Wie Herzog Ernst mit seinem Bruder Magnus bei Antritt der Regierung am 14. Februar 1345 gethan hatte, musste nun auch sein Sohn Otto der Stadt Braunschweig, wenn er von ihr die Huldigung erlangen wollte, ihre Rechte und Freiheiten in einer besonderen Urkunde bestätigen. Der erste Herzog, der bei seinem Regierungsantritte eine solche

Urkunde oder einen sogenannten Huldebrief für die Stadt Braunschweig ausgestellt hat, ist Herzog Otto, Bruder der Herzöge Magnus und Ernst. Seine Urkunde vom 28. October 1318 stimmt mit der späteren Urkunde seiner Brüder vom 14. Februar 1345 überein. Nur fehlt in ersterer noch der Sack, als eine der Städte zu Braunschweig, und das Versprechen, Bürger in gewissen Fällen mit erledigtem Dienstmannsgute zu belehnen. Herzog Otto zu Göttingen konnte nun schon nicht umhin, der Stadt weit mehr, als früher sein Vater zu geloben. Die Herzöge Heinrich, Ernst, Wilhelm und Johann, Söhne des Herzogs Heinrich zu Grubenhagen, hatten nämlich der Stadt, weil sie gleichen Antheil daran, wie die herzoglichen Gebrüder Otto, Magnus und Ernst besassen, ebenfalls einen Huldebrief am 30. Mai 1323 ausgestellt und diese ihre Urkunde im Vergleiche zum Huldebriefe des Jahres 1318 nicht nur um obige Bestimmung über Dienstmannsgut, sondern auch um folgende Punkte erweitert. Sie hatten gelobt, die Bürger wegen keiner Sache zu beschuldigen, die zu Zeiten ihres Vaters und ihrer Vorfahren vorgefallen sei, kein Gut, welches zu oder von der Stadt gefahren, getrieben oder getragen würde, hindern zu lassen, wenn es nicht offenbarer Feinde Gut sei, niemanden zu Gesinde zu nehmen noch gegen die Stadt zu vertheidigen, gegen den sie ihr nicht Recht gestatteten und ihr zum Rechte verhülfen, über keinen Bürger, der gegen sie sich verginge, noch über sein Gut selbst zu richten, es sei denn, dass er auf handhafter That des Todtschlages ergriffen wäre, sondern davon Anzeige bei dem Rathe und der Stadt zu machen und an dem Rechte oder gütlichen Vergleiche, wozu diese ihnen verhülfen, sich genügen zu lassen, bei allen Klagen gegen den Rath, in denen auf Eid erkannt würde, den Eid zweier Rathsherren als genügend anzunehmen und alle von ihrem Vater und von ihren Vorfahren der Stadt ausgestellten Urkunden zu halten. Ein bis auf kleine unbedeutende Aenderungen gleichlautender Huldebrief, in welchem auch der Sack mit den vier übrigen Städten Braunschweig's gleichberechtigt erscheint, war am 29. Juni 1361 von den Herzögen Albrecht und Johann, Söhnen des Herzogs Ernst zu Grubenhagen, ertheilt worden. Einen eben solchen Huldebrief verlangte nun die Stadt auch von dem Herzoge Otto zu Göttingen und erhielt ihn am 1. September 1361. Das gerade war der Vortheil der Stadt, dass sie mehrere Herren hatte. Was sie bei dem Einen unter günstigen Umständen errang, konnte der Andere ohne eigenen Nachtheil ihr nicht verweigern. Aehnliche Freiheiten und Rechte, wie er sie der Stadt Braunschweig gewährt hatte, durfte Herzog Ernst seiner Residenzstadt Göttingen nicht gänzlich vorenthalten. Schon zwischen seinem Vater und ihr hatten sich einige Irrungen erhoben, zu denen nach dessen Tode noch andere hinzukamen, weil Herzog Otto Bewilligungen seines Vaters in Frage stellte. Der Vertrag über die Münze und Wechsel vom 28. Mai 1357 war im Jahre 1364 abgelaufen, der Rath hatte die Mühlen in der Stadt gekauft, der Herzog einen Zoll vor den äusseren neuen Thoren erhoben. Ueber diese Angelegenheiten, über zu erhebenden Zins und über Pfändung der im herzoglichen Gerichte mit Strafe belegten Bürger war die Uneinigkeit entstanden. Ausserdem war der Vertrag vom 9. October 1362 über Befestigung der Stadt oder wohl vielmehr die Art der Ausführung ein Gegenstand des Zwistes zwischen dem Herzoge Otto und dem Rathe der Stadt geworden. Am 6. Juli 1368 sühnte sich der Herzog nicht nur wegen dieser Irrungen mit der Stadt und erkannte den Vertrag über die Befestigung vollkommen an, sondern er ertheilte der Stadt auch Rechte, durch deren Anwendung spätere Irrungen mit ihr und den Bürgern vermieden oder wenigstens bald und meistens zu Gunsten der Stadt entschieden werden mussten. Er versprach, wenn er gegen irgend einen Bürger oder Einwohner der Stadt Klage habe oder ihn beschuldige, die Sache bei dem Rathe anzubringen und die mit seinem Wissen und Willen nach Recht oder Billigkeit von dem Rathe getroffene Entscheidung sich gefallen zu lassen, in Streitigkeiten mit dem Rathe aber als dessen Recht und Gewohnheit dasjenige anzuerkennen, was derselbe als solches beschwöre. Ferner gelobte er, dass weder er noch sein Nachfolger noch seine Amtleute gegen Bürger und Einwohner der Stadt oder gegen deren Gut in den Städten, Schlössern, Dörfern, Landen und Gebieten des Herzogthums Beschlag oder Pfandung verhängen oder zulassen sollten, wenn nicht ein Erkenntniss des herzoglichen Gerichtes zu Göttingen gegen jene Bürger und Einwohner als Selbstschuldner vorliege, endlich dass der Bürger Gut nie ohne Erkenntniss desjenigen Gerichtes, in welchem es dingpflichtig sei, mit Beschlag belegt werden sollte. Einige Städte des Landes standen in der Ausbildung ihrer inneren Einrichtungen noch weit zurück. Erst 1358 hatte sich die Schuhmachergilde zu Uslar den anderen ähnlich gestaltet. Der Stadt Dransfeld fehlten noch alle Gilden. Diese in der Stadt einzurichten, erlaubte Herzog Otto um das Jahr 1368 und verlieh dem Rathe und der Gemeinde der Stadt die Rechte des Rathes, der Gilden und der Gemeinde der Stadt Münden.

Herzog Otto bestätigte am 7. Januar 1368 die von seinem Vater am 21. November 1363 dem Arnold von Portenhagen bewilligte Verpfändung der Dörfer Wiensen und „Waggenhosen" an die von Wintzingerode. Die Pfandsumme wurde diesmal von siebzig auf hundert Mark löthigen Silbers erhöhet. Auch wurde den von Wintzingerode gestattet, in einem der Dörfer sich eine Wohnung für zehn oder zwölf löthige Mark zu erbauen, die ihnen bei der Einlösung nach Abschätzung vergütet werden sollten. Zugleich wurde ihnen erlaubt, den Zehnten in beiden Dörfern von Heinrich und Nicolaus von Lude für zwanzig löthige Mark und von den Hoppen eine jährliche Gülte für zehn Mark einzulösen, also auf diese Weise beide Dörfer für 130 Mark von Arnold von Portenhagen oder, wenn er, ohne Erben zu hinterlassen, stürbe, von dem Herzoge als Pfand zu besitzen. Der halbe Zehnten zu Harste war von den von Rosdorf am 30. Juli 1354 mit einigen Gütern daselbst dem Herzoge abgetreten. Ein Viertel des Zehnten mit anderen dortigen Gütern hatte er am 23. März 1356 von den Gebrüdern Diedrich und Hermann von Gladebeke erworben. Das andere Viertel des Zehnten und neun Hufen Landes daselbst besassen noch ihre Vettern Hans und Hans von Gladebecke. Sie und die Söhne des einen von ihnen verglichen sich am 25. Juli 1368 mit dem Herzoge in der Weise, dass sie ihre Hufen und er seine sieben und zwanzig Hufen Landes auf dem Felde zu Harste zehntfrei besitzen, ferner sie ein Viertel und er drei Viertel des Zehnten von dem übrigen zehntpflichtigen Lande daselbst erheben sollten. Am 27. August 1368 verpfändete der Herzog dem Ritter Hildemar von Oberg, welchen er auf dem Schlosse Wallmoden gegen den Bischof Gerhard von Hildesheim nicht hatte schützen können, das bisher von herzoglichen Amtleuten verwaltete Schloss Brunstein mit Dörfern und Gerichten für 820 Mark Silbers auf die Dauer von wenigstens drei Jahren. Der Herzog gelobte, ihn wie seine anderen Mannen und Burgmannen und das Schloss wie seine anderen Schlösser zu vertheidigen, erlaubte ihm, wenn er ihm innerhalb eines Monates nicht zum Rechte verhülfe, von dem Schlosse sich gegen Unrecht zu wehren. Der Pfandbesitzer musste das Schloss gegen jedermann, nur nicht gegen sich selbst, dem Herzoge in allen Nöthen desselben öffnen. Wenn der Herzog davon Krieg führen wollte, musste er Pförtner, Thurmleute und Wächter daselbst beköstigen und gegen Unfug Sicherheit gewähren. Würde das Schloss verloren, so sollte er keinen Frieden oder Sühne mit dem Eroberer schliessen, bevor er es wieder gewonnen oder dem Hildemar von Oberg ein anderes Schloss in denselben Gerichten wieder erbauet hätte, von welchem aus derselbe die zum Schlosse gehörenden Gerichte sich sichern könnte.

Die wichtigste Handlung des Herzogs Otto, welche in diesem Jahre aufzuzeichnen ist, bleibt sein Bündniss mit den Markgrafen Friedrich, Balthasar und Wilhelm von Meissen. Dasselbe mochte in folgenden Umständen seine Veranlassung haben. Die damals noch lebende Mutter des Herzogs war Elisabeth, Tochter des Landgrafen Heinrich von Hessen. Weil dieser im Jahre 1366 seinen einzigen Sohn Otto durch den Tod verlor, seine Tochter Adelheid, Königinn von Polen, ohne Kinder zu hinterlassen gestorben war, eine andere als Nonne der Welt entsagt hatte, eröffnete sich dem Herzoge Otto, dessen Mutter auf Hessen noch nicht Verzicht geleistet hatte, die Aussicht, nach dem Tode seines Grossvaters, des Landgrafen Heinrich, dessen Nachfolger in der Regierung zu werden. Allein durch eine unbesonnene Aeusserung zog er sich so sehr den Unwillen seines Grossvaters zu, dass dieser 1367 nicht ihn sondern eines Bruders Sohn, den Landgrafen Hermann, zum Mitregenten annahm. Noch in demselben Jahre verlobte sich dieser mit einer Tochter des Grafen Johann von Nassau. Der Graf vermittelte am 1. September 1367 einen Frieden zwischen seinem Bruder, dem Erzbischofe Gerlach von Mainz, und dem Landgrafen Heinrich und verbürgte sich am 17. November 1367 für den Erzbischof, dass dieser nach dem Tode des Landgrafen Heinrich dessen Neffen Hermann bei der Herrschaft von Hessen schützen und ihn mit den Lehnen des Stiftes Mainz belehnen sollte. Herzog Otto gab seine Hoffnung und seine Ansprüche nicht auf; aber er hatte nun die beiden mächtigen früheren Bundesgenossen seines Vaters, den Landgrafen Heinrich und den Erzbischof Gerlach als Gegner seiner Pläne zu betrachten. Ein unzweideutiges Zeichen seiner feindlichen Absicht gab der Erzbischof unter anderen dadurch, dass er 1367 bei Ludwig von Rosdorf sich die Oeffnung der Schlösser Hardegsen und Moringen erwirkte, welche derselbe und seine Brüder am 16. April 1363 dem Herzoge offen zu halten und nur an ihn zu veräussern versprochen hatten. Der Erzbischof konnte diese Schlösser ihrer Lage wegen und den Umständen nach nur gegen den Herzog gebrauchen wollen. Mit dem Erzbischofe Gerlach und mit dem Landgrafen Heinrich von Hessen, nicht aber mit dem Landgrafen Hermann waren die Markgrafen von Meissen verbündet. Es war nun die Aufgabe des Herzogs Otto, zu verhindern, dass sie gegen ihn jenem sich nicht zur Hülfe verpflichteten. Dies, scheint es, war zunächst der besondere aber geheime Zweck des Bündnisses, welches er mit ihnen am 12. Juni 1368 schloss. Ein anderer nicht verdeckter Zweck bestand darin, den Beschwerden und gröblichen Beschädigungen, über welche wegen herrschenden Unfriedens und Unsicherheit Land und Leute auf beiden Seiten sich beklagten, abzuhelfen. Die Markgrafen verbanden sich mit dem Herzoge auf Lebenszeit, sich gegenseitig getreu behülflich zu sein, um ihre und seine Lande, Leute und Güter gegen jedermann zu beschirmen und zu beschützen. Nur nahmen sie den Erzbischof Gerlach von Mainz, den Landgrafen Heinrich von Hessen, den Burggrafen Friedrich von Nürnberg und alle diejenigen davon aus, deren sie zu Rechte mächtig wären. Der Herzog sollte keinen Krieg, wozu er ihre Hülfe forderte, ohne ihre Bewilligung und ihren Rath beginnen. Wenn jemand ihm in seinem Lande Schaden zufügen oder sein Land mit Krieg überziehen würde und er ihrer Hülfe bedürfte, wollten sie ihm mit aller Macht, die sie in Thüringen hätten, innerhalb vierzehn Tagen nach der Aufforderung zu Hülfe kommen. Zu einem reitenden Kriege oder Streifzügen versprachen sie ihm, wenn nicht die weiter unten erwähnten vier Schiedsrichter eine geringere Zahl für genügend erachteten, funfzig Reuter in seine Schlösser zu senden. Wer von ihnen Krieg führte, sollte sich an Recht und Billigkeit nach dem Ermessen des Andern genügen lassen. Kost und für die Pferde Hufbeschlag wurde den Hülfstruppen von demjenigen unter ihnen geliefert, welchem zur Hülfe dieselben gesandt waren, desgleichen Futter und Kost, selbst wenn man nicht im Felde läge. Eroberte Schlösser sollten nach Anzahl der gewaffneten, ritterbürtigen, im Felde stehenden Leute unter die Verbündeten vertheilt werden; nur die in dem Lande des Einen gelegenen oder von ihm verliehenen Schlösser durfte derselbe, falls sie erobert würden, allein, also ohne mit dem Andern zu theilen, behalten. Wer von ihnen die Truppen verpflegte, erhielt von den gefangenen Reisigen den Hauptmann oder den besten Gefangenen vorab. Die übrigen gefangenen Reisigen und die Beute wurden nach Anzahl gewaffneter ritterbürtiger Leute vertheilt. Gefangene Bürger, Bauern und Brandschatzung behielt derjenige, welcher die Truppen verpflegte. Seinen Kriegsschaden trug jeder selbst. Falls der Herzog oder seine Amtleute den Markgrafen oder ihren Amtleuten von feindlichen Angriffen und Ueberfällen, die man gegen ihn beabsichtigte, Anzeige machten oder die Markgrafen ohne ihn Kunde davon bekämen, waren sie verpflichtet, den Angriff wie vom eigenen Lande getreulich abwenden zu helfen. Hätte der Herzog Feinde, von denen die Markgrafen und ihre Amtleute nicht wüssten, so sollten sie, sobald dieselben ihnen bezeichnet würden, sie als ihre eigenen Feinde behandeln. Schaden, der durch Aufläufe, Räuberei und Uebergriffe der Amtleute, Burgmänner, Mannen und Unterthanen des einen der Verbündeten dem andern geschähe, sollte vergütet und möglichst verhütet, Streit darüber durch ein aus zwei markgräflichen und zwei herzoglichen Mannen zusammengesetztes Schiedsgericht zu Eschwege geschlichtet werden. Zu dem Zwecke sollte dahin von jeder Seite ein Amtmann mit zwei Schiedsrichtern innerhalb vierzehn Tagen nach der Aufforderung reiten. Könnten sich diese vier Richter nicht einigen, so sollte derjenige der Verbündeten, den oder dessen Leute die Sache beträfe, einen Obmann aus den Räthen des Gegners wählen und der Obmann die Irrungen innerhalb vierzehn Tagen schlichten. Jeder der Verbündeten musste den Mannen des andern, was er ihnen schuldete, entrichten. Keine Rechtsverletzung auf der einen Seite entschuldigte oder hob eine nachfolgende auf der andern auf. Wer zuerst das Recht verletzte, musste zuerst der Strafe sich unterwerfen. Der Herr desjenigen Amtmannes, Burgmannes, Mannes oder Unterthans, welcher Räuberei oder Uebergriffe sich zu Schulden hätte kommen lassen, sollte unverzüglich Feind desselben werden, wenn er ihn nicht anders zum Schadenersatze bewegen könnte. So deutlich der Zweck, Ruhe und Frieden auf den Grenzen herzustellen, in diesem Vertrage hervortritt, lässt die Fassung desselben es doch nicht verkennen, dass Herzog Otto gegen einen Feind, den er noch nicht bezeichnen konnte oder wollte, sich Hülfe zu verschaffen suchte. Seine Absicht mochte sein, später, wenn er nach dem Tode seines Grossvaters, des Landgrafen Heinrich, wegen seiner Ansprüche auf Hessen mit dem Landgrafen Hermann in Krieg gerieth, sich auf dieses Bündniss zu berufen und die Hülfe der Markgrafen zu fordern. Vorerst war er nun bemüht, Ruhe und Frieden im eigenen Lande zu schaffen. Am 2. Februar 1369 restituirte er dem Bruno von Mansfeld, Landcommenthur der Ballei Sachsen und dem Commenthur und den Rittern deutschen Ordens auf der Neustadt zu Göttingen das Patronatrecht über die Pfarre St. Albani zu Göttingen mit allen Rechten, Gütern, Zinsen und Gülten, das Haus und den Hof der Ordensritter auf der Neustadt zu Göttingen mit allem Zubehör in der Göttinger Mark, auf den Feldern und in den Dörfern Rosdorf, Alten-Grone, Burg-

Grone, Weende und Berensen (bei Hevensen), welche ihnen zum Theil von den Reichsministerialen von Grone 1323 und 1332 geschenkt waren. Er gelobte, die Ordensritter, ihre Güter und die darauf sitzenden Leute mit Diensten nicht zu beschweren, verzichtete auf die genannten Besitzungen, welche ihnen einst von seinem Vater entrissen worden waren, auf die denselben und ihm für die Pfarrkirche St. Albani tauschweise überlassenen und überhaupt auf alle Güter, um welche seit der Zeit seines Vaters gegen die Ordensritter Fehde geführt worden war oder noch entstehen könnte, und versprach, sie bei ihren Kirchen, Gütern, Freiheiten, Rechten und Gewohnheiten zu schützen und zu vertheidigen. Kurze Zeit nachher zwang der Herzog die Gebrüder Wolf von Bodenstein sich mit ihm zu sühnen. Das Schloss Bodenstein war vor dem Jahre 1322 von dem Herzoge Heinrich von Grubenhagen an die Grafen von Hohnstein wahrscheinlich unter der Bedingung, dass, wenn es nicht in gewisser Zeit eingelöset würde, es ihnen als eigen verbleiben sollte, für 350 Mark feinen Silbers verpfändet. Die Grafen hatten am 1. Januar 1337 das Schloss mit Gerichten, Gülten und Gefällen an den Ritter Bertold von Worbis, an Hans von Wintzingerode, Otto von Rusteberg und Heinrich Wolf für 600 Mark löthigen Silbers verkauft und sie damit zur gesammten Hand belehnt. Otto von Rusteberg und Albrecht von Proyse, der unterdessen einen Antheil am Schlosse erworben haben wird, traten mit dem Schlosse 1346 in den Dienst des Stiftes Mainz. Diedrich von Rusteberg besass 1357 ein Viertel des Schlosses zu seinem Antheile. Mit diesem begab er sich am 15. August desselben Jahres in den Schutz des Erzbischofes Gerlach von Mainz, versprach, ihm das Schloss gegen jedermann mit Ausnahme seiner Burggenossen und seiner Lehnsherren, der Grafen von Hohnstein, zu öffnen, gegen diese aber auch dann, wenn sie dem Erzbischofe Recht weigerten. Letzterer ernannte ihn während der Zeit eines vom Schlosse zu führenden Krieges zu seinem Kriegshauptmanne, behielt sich aber das Recht vor, wenn derselbe das Amt nicht annähme, andere Kriegshauptleute auf das Schloss zu setzen, die mit den Burggenossen den Burgfrieden zu halten verpflichtet sein sollten. So war denn Bodenstein, obgleich ein gräflich hohnsteinsches Lehnsschloss, gleichsam eine Feste des Erzbischofes geworden. Wegen der durchaus nicht freundlichen Beziehungen, welche zwischen ihm und dem Herzoge Otto obwalteten, ist es sehr wahrscheinlich, dass er der Fehde, in welche die Gebrüder Wolf auf dem Schlosse Bodenstein mit dem Herzoge geriethen, nicht fremd geblieben, vielleicht sogar ihr Anstifter war. Es wird dies um so glaubwürdiger, weil alle Aussicht vorhanden war, dass auch die Haltung der übrigen Burggenossen den Herzog zur Fehde gegen sie nöthigen würde. Die Gebrüder Wolf unterlagen und wurden von dem Herzoge am 11. März 1369 in einer Sühne zu dem Gelöbnisse gezwungen, seine Feinde nicht mehr zu werden, sie gegen seine Nachkommen, gegen sein Land und seine Leute sich zu erheben. Sie verzichteten jedoch nicht darauf, ihn um Schadenersatz im Dienste und wegen rechtlicher Forderungen, wenn er ihnen Recht weigerte, zu mahnen. Nach Erledigung eines solchen Zwischenfalles sollte diese Sühne fortbestehen. Auch gelobten sie, falls er nach eingelegter rechtlicher Verwahrung gegen sie Feind ihrer Burggenossen zu Bodenstein würde und seine Feinde suchte, wegen Ersatzes des dabei durch Todtschlag, Wunden oder Brand, wogegen sie jedoch möglichst sicher gestellt werden sollten, ihnen unabsichtlich zugefügten Schadens ihn nicht zu behelligen. Dagegen sollten er oder seine Amtleute ihnen ersetzen, was er oder die Seinen ihnen dabei nähmen. Die Bürgen, welche sie für diese Sühne stellten, gelobten, erforderlichen Falls ein Einlager zu Duderstadt zu halten.

Nachdem der Herzog am 29. Juni 1369 den Kalandsbrüdern in der Capelle St. Georgii zu Göttingen diese ihnen von seinem Grossvater, dem Herzoge Albrecht, nebst vier Hufen zu „Druningeshagen“ geschenkte Capelle und die ihnen von dem Grafen Simon von Dassel in seinem Testamente und von der Gräfinn Sophie, Gemahlinn desselben, vermachte, bei dem Rathe zu Alfeld jährlich zu erhebende Einnahme bestätigt hatte, traf auch er Vorkehrungen für den Fall seines Todes. Er verschrieb nämlich seiner Gemahlinn Mirislawa Schloss und Stadt Münden zum Wittwensitze, wie daraus erhellet, dass er am 5. October 1369 ihr die Burgmannen, Bürgermeister, den Rath und die Bürger zu Münden huldigen liess. Die Herzoginn gelobte ihnen an demselben Tage, sie bei aller guten Gewohnheit, Gnade und Recht, die sie von jeher gehabt hätten und durch herzogliche Urkunden nachweisen könnten, zu lassen, sie in jeder Noth nach allem Vermögen zu vertheidigen und das Schloss oder die Stadt zum Nachtheile der Herzöge von Braunschweig, denen das Erbrecht über Land, Schloss und Stadt zustehe, niemandem auszuliefern. Dem Herzoge muss damals noch kein Sohn geboren worden sein, sonst würde die letztere Bestimmung wohl etwas anders abgefasst worden sein. Wahrscheinlich hatte der Herzog die Mitgift seiner Gemahlinn eben erhalten, weil Mitgift und Leibzuchtsverschreibung gewöhnlich eins durch das andere bedingt wurden.

Um in der Fortsetzung der Geschichte des Bischofes Heinrich von Hildesheim nicht manches, dessen schon in der Geschichte seiner Brüder Erwähnung geschah, vollständig zu wiederholen, genügt der Erinnerung wegen wohl ein kurzer Ueberblick über dasselbe. Mit seinen Brüdern, den Herzögen Magnus und Ernst, verhalf Bischof Heinrich am 3. Juni 1357 seinem andern Bruder, dem Bischofe Albrecht von Halberstadt, zu einem Vergleiche über sein Bisthum mit dem Gegenbischofe Ludwig und dessen Brüdern, den Markgrafen von Meissen. Gleich darauf, am 24. Juni desselben Jahres, verbanden sich gegen ihn seine Brüder, die Herzöge Magnus und Ernst. Die von Steinberg öffneten gegen ihn dem Letzteren ihr Schloss Bodenburg am 15. August 1361. Feindliche Einfälle der von Steinberg und Anderer ins Stift, wahrscheinlich auch die Vorenthaltung der Güter der edelen Herren von Meinersen bewogen den Bischof, bei dem Kaiser Karl IV. zu klagen. Dieser setzte ihm und dem Stifte am 30. Januar 1362 zu Beschützern den Herzog von Sachsen-Wittenberg, den Erzbischof von Magdeburg und den Bischof von Paderborn, ernannte ihn selbst am folgenden Tage zum Richter über den Ritter Burchard von Steinberg und bot das Reich gegen diesen und gegen das Schloss Bodenburg auf. Eine Folge davon war das am 6. Mai 1362 zwischen des Bischofs Bruder Ernst und dem Herzoge Wilhelm zu Lüneburg errichtete Bündniss, welches nur einer Entschliessung des letzteren bedurfte, um gegen den Bischof in Anwendung gebracht zu werden. Ausser diesem schon früher Mitgetheilten bleibt nur noch Weniges über Bischof Heinrich aufzuzeichnen. Bald nachdem er sich mit dem päpstlichen Stuhle ausgesöhnt hatte, verpfändete er das Schloss Poppenburg für 1200 Mark. Dann erkannte er eine aus dem Ankaufe des Schlosses Hunnesrück herstammende Schuld an. Einer seiner Vorgänger, Bischof Siegfried, hatte am 26. April 1310 dieses Schloss, das Weichbild Dassel und die Grafschaft gleiches Namens mit fünf Dörfern für 1900 Mark löthigen Silbers von dem Grafen Simon von Dassel gekauft. Der nachfolgende Bischof Heinrich war mit der Grafschaft am 6. September desselben Jahres von dem Könige Heinrich belehnt worden und hatte, um von der Kaufsumme 300 Mark abzutragen, dem Grafen und dessen Gemahlinn Sophie dreissig Mark Silbers jährlicher Hebung, welche der Rath zu Alfeld dem Bischofe am 11. November jedes Jahres entrichten musste, verpfändet. Der Graf lebte noch im Jahre 1325, starb aber vor dem 16. Januar 1326. In seinem Testamente vermachte er jene dreissig Mark jährlicher Hebung auf die Dauer der nächsten sechs Jahre seiner Gemahlinn Sophie, für die Folgezeit aber dem Abte und Convente zu Amelunxborn, dem Probste und Convente zu Lippoldsberge, den Geistlichen der Kalandsbrüderschaft zu Göttingen und den drei Altaristen in der Kirche St. Georgii bei Göttingen. Die Gräfinn verzichtete auf diese Einnahme am 16. Januar 1326 zu Gunsten der Kalandsbrüderschaft, deren Mitglied sie selbst war, und stellte für sich als Bürgen den Herzog Otto von Braunschweig, der sie bei dieser Gelegenheit als seine Nichte bezeichnete. Die Schenkung des Grafen und seiner Gemahlinn wurde am 10. Juni 1341 von dem Erzbischofe Heinrich von Mainz und am 30. Juli 1348 von dem Herzoge Ernst zu Göttingen bestätigt. Dennoch und obgleich die Zahlungen Jahre lang geleistet waren, scheinen 1357 dem Bischofe Heinrich von Hildesheim Zweifel über die Richtigkeit des Vermächtnisses aufgestiegen zu sein. Erst nach Untersuchung der Angelegenheit bestätigte er die Anweisung auf den Rath zu Alefeld, liess sich die Urkunden seiner Vorgänger darüber zurückgeben und stellte statt deren am 2. Januar 1357 eine neue aus, in welcher er sich die Einlösung der dreissig Mark mit 300 Mark nach vier Jahren vorbehielt. Auf sein Geheiss gelobten am 7. Januar desselben Jahres die Rathsherren zu Alefeld jene dreissig Mark dem Vermächtnisse gemäss bis zu erfolgter Einlösung auszuzahlen. Vielleicht zu eben dieser Zeit gab der Bischof allen Leibeigenen zu Alefeld die Freiheit. Die Schlösser Hunnesrück und Dassel mit der Stadt und das Gericht und die Herrschaft Dassel, aus deren Ankaufe obige Schuld von 300 Mark herrührte, verpfändete er am 24. Februar desselben Jahres mit Zustimmung seines Domcapitels dem Ritter Heinrich von Gittelde für 790 Mark löthigen Silbers und für die von demselben auf den Bau des Schlosses Hunnesrück schon verwandten, angeblich auf 110 Mark löthigen Silbers sich belaufenden Kosten. Zugleich ernannte er ihn zu seinem dortigen Amtmanne und Vogte, ohne Rechnungsablage von ihm zu verlangen, und versprach, ihn des Amtes nicht vor dem Schlusse des Jahres 1361 zu entsetzen, auch erst nach dieser Zeit ihm das Pfandverhältniss zu kündigen. Bei der Einlösung sollte von den 110 Mark

Baukosten ihm nur so viel als zum Baue wirklich verwandt worden wäre, erstattet und von dem bebaueten Lande ihm Pflugtheil gelassen werden. Würden beide Schlösser, während Ritter Heinrich von Gittelde Vogt auf denselben wäre, verloren, so verpflichtete sich der Bischof, in der Herrschaft ein anderes Schloss zu bauen, auf welchem derselbe als bischöflicher Vogt bis zur Einlösung alle bisherigen Gülten erheben und sie behalten sollte, sofern nämlich der Bischof sie ihm zu sichern die Macht besitzen würde; oder die Pfandsumme sollte ihm zurückerstattet werden. Wenn zu Hunnesrück oder zu Dassel mehr Leute als das tägliche Gesinde beköstigt werden müssten, sollte es auf Rechnung des Bischofes geschehen. Ihm, seinen Nachfolgern und zur Zeit der Sedisvacanz dem Domcapitel blieben beide Schlösser gegen jedermann geöffnet. Stürbe Ritter Heinrich während der Zeit seiner Anstellung, so sollten zu seiner treuen Hand Ditmar von Hardenberg und Heinrich von Gittelde, des ersteren Sohn, die Pfandstücke bis zur Einlösung behalten. Sechs Ritter und Knappen, unter ihnen der Ritter Bertold von Oldershausen, stellte Ritter Heinrich für sich, für seinen Sohn und für Ditmar von Hardenberg, um hinsichtlich der Erfüllung des Vertrages besonders wegen Oeffnung der Schlösser Sicherheit zu leisten, dem Bischofe und dem Domcapitel zu Bürgen. Auch das Schloss Lutter verpfändete der Bischof für 400 Mark, löste es aber nach einiger Zeit wieder ein. Für die Erwerbung des Schlosses Schladen, welches er selbst im Jahre 1353 von dem Grafen Albrecht von Schladen gekauft hatte, und für die Incorporation des Schlosses in das Stift erwirkte er am 20. Januar 1362 von dem Kaiser Karl IV. die Bestätigung. An demselben Tage erneuerte der Kaiser auf Bitten des Bischofes die von Kaisern und Königen dem Bisthume und dem Bischofe verliehenen Privilegien, Freiheiten, Rechte, Immunitäten und Bewilligungen nebst Gewohnheitsrechten, nahm das Stift und den Bischof mit Gütern, Leuten und Besitzungen in seinen und des Reiches besonderen Schutz und verbot Allen, sie in diesen Privilegien zu hindern. Schon im Jahre 1354 hatte der Bischof, weil er eine grössere Reise zu unternehmen durch wichtige Angelegenheiten seines Stiftes verhindert wurde, eine Gesandtschaft zum damaligen Könige Karl IV. geschickt, welche denselben ersuchen sollte, dass, um ihm und dem Stifte Hildesheim durch Verzögerung der Belehnung keinen Nachtheil zu bereiten, dem Bischofe von Minden, königlichem Rathe, der Auftrag ertheilt würde, ihm die Belehnung im Namen des Reiches zu ertheilen. Es ist schon erwähnt worden, dass die Belehnung in der erbetenen Weise am 9. Januar 1355 erfolgte. Weil sie, namentlich die Belehnung mit dem Fahnlehn, durch Stellvertretung vorgenommen war, hatte sie, wie es scheint, den Gegnern des Bischofes, ihm seine Rechte zu verweigern, einen Vorwand gegeben. Aller geistlichen Fürsten Lehn verlehnte der Kaiser mit dem Scepter, aller weltlichen Fahnlehn verlieh er mit der Fahne. Auch Bischöfe konnten mit Fahnlehn belehnt werden. Nach dem sächsischen Land- und Lehnrechte hiess ein Fürst darum Fürst des Reiches, dass sein Fahnlehn, wovon er Fürst sein wollte, niemand vor ihm empfing. Fahnlehn, wovon der Belehnte Reichsfürst sein wollte, konnte er nur vom Könige empfangen. Wenn es vor ihm jemand empfing und es ihm verlieh, so war er nicht der vorderste in der Belehnung und konnte deshalb von diesem Lehne kein Reichsfürst sein. Wer Fahnlehn besass und Reichsfürst war, durfte keinen weltlichen Herrn ausser dem Kaiser über sich haben. Jeder von seinem Herrn belehnte Mann, an dessen Heerschilde kein Mangel war, durfte über jedes Fürsten Lehn mit Ausnahme des Fahnlehns Zeugniss geben und Urtheil finden. Niemand durfte ein ihm verliehenes Gericht weiter verlehnen, es sei denn ein besonderes zu seinem Gerichte gehörendes Gericht, wie Grafschaft zur Mark und zu anderm Fahnlehn gehörte. Ein solches durfte er verlehnen, durfte es sogar über ein Jahr nicht ledig lassen. Welcher Bischof in Sachsen Fahnlehn vom Reiche empfangen hatte und den Heerschild davon besass, durfte vor dem Reiche Urtheil finden oder demselben zustimmen und zu Lehn- und Landrecht Vorspreche sein vor dem Reiche über jedermann, falls es diesem nicht an Leib und Hand ging, und sonst nirgend zu Land- und Lehnrecht. Ob also der Bischof wirklicher Reichsfürst war und die Rechte eines solchen besass, ob er unter keinem andern weltlichen Herrn als dem Könige stehen sollte, ob er in Lehnssachen das Zeugniss und die Urtheilsfindung eines ritterbürtigen Lehnsmannes gegen ihn verwerfen durfte, ob er Gerichte in seinem Bisthume verleihen, ob er vor dem Reiche Urtheil finden und Vorspreche sein konnte, alles dieses hing rechtlich von der Empfangnahme des Fahnlehns ab. War dabei ein Mangel oder Formfehler vorgekommen, der sie ungültig machte, oder konnte eine solche Behauptung als Vorwand von seinen Gegnern auch nur eine Zeit lang aufrecht erhalten werden, so befand sich eben so lange der Bischof gegen sie, wie unter andern gegen die Herzöge, ja gegen jeden schlossgesessenen Mann, wie gegen die von Steinberg, rechtlich im Nachtheile. In der That scheint dieser Fall eingetreten oder zu befürchten gewesen und die Veranlassung geworden zu sein, dass der Bischof, da er auch jetzt durch wichtige Geschäfte an einer Reise zum Kaiser Karl IV. nach Nürnberg verhindert wurde, wieder eine Gesandtschaft zu ihm schickte, um ihn zu ersuchen, dass er die frühere Belehnung und Investitur bestätige und, sofern es erforderlich sei, selbst und nicht durch einen Stellvertreter ihn mit den Regalien und Lehnen besonders mit dem Fahnlehne belehne. Der Kaiser gewährte ihm am 29. Januar 1362 auch diese Bitte, wie er die übrigen Anliegen, welche der Bischof zu gleicher Zeit vorbrachte, befriedigte. Nach früheren, jedoch irrthümlichen Angaben soll Bischof Heinrich am 6. Februar 1362 gestorben sein. Noch am 14. Juni 1362 resignirte ihm Herzog Johann, Domherr zu Hildesheim, Sohn des Herzogs Ernst zu Grubenhagen, zu Gunsten seines Bruders Ernst seine Pfründe zu Hildesheim. Der Bischof starb erst am 6. Februar 1363. Er hatte dem Papste nicht wie andere von demselben ernannten Bischöfe den Eid, Stiftsgüter nur mit dessen Bewilligung zu verpfänden oder zu veräussern, geschworen. Ueber vorzunehmende Verpfändungen und Veräusserungen, über deren Nothwendigkeit oder Nutzen pflegte er nicht im Capitelsaale mit dem Domcapitel zu berathen, sondern bezeugte von dem Schlosse Steuerwald aus, wo er sich gewöhnlich aufhielt, durch Besiegelung der betreffenden Urkunden und durch einen seiner Vertrauten, den er mitschickte, dem Domcapitel seinen Willen. Diese Nachricht verdankt man einer schriftlichen Aufzeichnung des Domprobstes Nicolaus Hud vom 14. August 1382. Obgleich die langjährigen inneren und auswärtigen Fehden, welche dem Bischofe keine Ruhe gelassen hatten, mit den grössten Kosten verbunden gewesen waren, obgleich er für seine Befreiung von Bann, Suspension und Interdict und für seine Ernennung zum Bischofe der päpstlichen Cammer 22000 goldene Schilde bezahlt haben soll, hinterliess er doch sichtliche Denkmale seiner strengen Sparsamkeit. Er hatte das Schloss Marienburg gebauet, die Schlösser Wiedelah und Schladen, wie schon erwähnt ist, ferner von dem edelen Herrn Siegfried von Homburg das Schloss Woldenstein gekauft und hinterliess ausser diesen Schlössern auch die Schlösser Steuerwald, Ruthe, Peine, Liebenburg, Lutter und Winzenburg unverpfändet. Die dem Stifte gefährlichen Schlösser „Grenzleben" und Hilwartshausen in der Grafschaft Dassel hatte er zerstört. Vierzehn Tage nach seinem Tode, nämlich am 21. Februar 1363 traten der Domprobst Nicolaus Hud, der Domdechant Gerhard von dem Berge, der Domscholaster Graf Otto von Hallermund und das ganze Domcapitel zusammen und verabredeten, dreien Domherren, nämlich einem Priester, einem Diaconus und einem Subdiaconus, ausserdem dreien Ersatzmännern derselben die Schlösser, Lande und Leute und die weltliche Gerichtsbarkeit zu übergeben, diese sechs Domherren eidlich zu verpflichten, dass sie dieselben einem vom Papste ernannten Bischofe von Hildesheim, nachdem dieser die Wahlcapitulation des verstorbenen Bischofes Heinrich vom 28. August 1331 beschworen haben würde, auslieferten, sie ferner den Eid auf dreizehn Artikel derselben Wahlcapitulation ablegen und mehrere Bestimmungen über die Verwaltung des Stiftes beschwören zu lassen. An demselben Tage wählten sie den Domdechanten Gerhard von dem Berge, den Domherrn Bernhard von Meinersen und den Domherrn Grafen Willbrand von Hallermund, falls dieselben aber oder einer von ihnen einen bischöflichen Sitz erlangten oder vierzehn Tage ausserhalb des Stiftes sich aufhielten oder stürben, zu Ersatzmännern derselben den Archidiacon Bertold von Bockenem, den Domherrn Siegfried von der Gowisch und den Domkellner Volkmar von Alten. Diese beschworen gleich nach der Wahl die dreizehn Artikel der Wahlcapitulation und gelobten ausserdem dem Domcapitel eidlich, das Stift zu beschirmen, den Mannen, Dienern und Unterthanen desselben kein Unrecht zuzufügen, sondern deren Recht zu vertheidigen, dem Stifte keinen Krieg zuzuziehen, von den Amtleuten der Schlösser Rechnungsablage zu fordern und dieselbe dem Domcapitel vorzulegen, vor diesem auf Klagen Rede zu stehen, für Verwaltungskosten, welche zu erstatten das Domcapitel übernahm oder der künftige Bischof erstatten sollte, diesem die Schlösser nicht vorzuenthalten und Schatzung, Beede und Dienst ohne Bewilligung des Domcapitels nicht zu fordern. Die Domherren begaben sich also diesmal zu Gunsten des Papstes ihres Rechtes, den Bischof zu wählen. Diese Verzichtleistung ist wahrscheinlich dem Einflusse des Domprobstes Nicolaus Hud, eines peinlich gewissenhaften Mannes, zuzuschreiben. Seine Gewissenhaftigkeit ging so weit, dass er wegen mancher Verpfändungen, die mit seiner Zustimmung und Hülfe von dem Bischofe und von dem Domcapitel oder von diesem besonders vorgenommen waren, sich ängstigte und vor Gott verpflichtet zu sein glaubte, dem Stifte Hildesheim vieles aus seinem Erbgute und dessen Einkünften zu ersetzen. Es peinigte ihn die Befürchtung, dass manches, wozu er mitgerathen und geholfen hatte, ohne Noth und ohne Nutzen für das Stift und nicht rechtlich geschehen, auch dem Stifte Schaden daraus erwachsen sei, dass er selbst in seinem Amte Versäumnisse sich habe zu Schulden kommen lassen, dass er dem Stifte zu einem grösseren Schadenersatze verpflichtet sei, als dass sein Erbtheil dazu ausreiche. Von dieser Angst getrieben verpfändete er 1360 dem Stifte sein reiches, meistens in Salingütern zu Lüneburg bestehendes väterliches Erbtheil, schenkte es demselben am 11. April 1373 und bewog zugleich seinen Bruder Friedrich, Bürger zu Lüneburg, sein Erbtheil in derselben Absicht dem Stifte zu überlassen. Seine Beängstigung nahm so zu, dass er, nachdem am 13. August 1382 die Schenkung von ihm bestätigt und erneuert worden war und er an demselben Tage seinen Klosterhof und seine Mobilien der Domprobstei zu Hildesheim, die letzten Einkünfte seiner Präbende zu Schwerin aber dem dortigen Domcapitel geschenkt hatte, sich nach Strassburg begab, um dort Novize im Kloster der Carthäuser zu werden, woselbst er noch am 30. Juli 1383, von seiner Angst verfolgt, Bestimmungen über den letzten Rest seiner Habe traf. Ein solcher Mann eignete sich ganz dazu, alles daran zu setzen, um das Recht, welches der Papst hinsichtlich der Besetzung der Bisthümer für sich verlangte, des Gewissens wegen aufs äusserste zu vertheidigen. Eine Reise, die er in Angelegenheiten der Kirche am 12. März 1363 unternahm und am 14. Mai desselben Jahres beendigte, galt vielleicht diesem Zwecke.

Die Herzöge von Braunschweig zu Lüneburg.

In der Vorstellung von seiner dereinstigen Macht und Grösse blieben dem Herzoge Rudolf von Sachsen-Wittenberg der Anfall des Herzogthums Lüneburg, die Churwürde und der Besitz des Herzogthums Lauenburg untrennbare Ziele. Auch Kaiser Karl IV. behandelte diese Angelegenheiten nie gesondert, nur musste die letztere von ihnen noch das Licht der Oeffentlichkeit scheuen. An demselben Tage, an welchem er dem Herzoge Rudolf die Anwartschaft auf das Herzogthum Lüneburg ertheilte, nämlich zu Prag am 6. October 1355, und in derselben Versammlung von Bischöfen, von einigen Grafen und von kleinen, der Krone Böhmen untergebenen, in Schlesien und an der galizischen Grenze gesessenen Herzögen, welche des böhmischen Landtages wegen nach Prag gekommen waren, erkannte er nach dem Rathe derselben, wie schon vorläufig vorher am 24. August 1355, das angebliche Recht des Herzogs Rudolf auf die Churwürde an. Er leitete diese Anerkennung mit der Erklärung ein, dass die ihm von Gott verliehene kaiserliche Würde ihn stets auffordere, von allen seinen und des Reichs Getreuen Schaden und Gefahr abzuwenden und ihnen die Segnungen des Friedens und der Ruhe zu verschaffen, dass es ihm vorzüglich am Herzen liege, dies in denjenigen Angelegenheiten, welche die Zierde des Reiches und die Churfürsten besonders beträfen, um so bereitwilliger zu leisten, als er überzeugt sei, dass das Ansehen des Reiches durch ihre hervorragende Stellung gehoben werde. Sodann behauptete er, mit der grössten Gewissheit in Erfahrung gebracht und von Fürsten, Grafen, Freien, Herren und anderen Getreuen des Reiches Kunde und Zeugniss, klarer als das Licht, erhalten zu haben, dass des Herzogs und Reichserzmarschalls Rudolf Vater, Herzog Albrecht von Sachsen, als Churfürst mit Zustimmung und Bewilligung der übrigen Churfürsten die beiden Könige Rudolf I. und Albrecht I., dass darauf Herzog Rudolf selbst den König Heinrich gewählt habe. Allgemein bekannt sei es, dass auch er, Kaiser Karl IV., von dem Herzoge Rudolf gewählt worden sei. Alles dies und jedes einzelne sei durch das deutlichste Zeugniss vieler glaubwürdigen Männer festgestellt. In Erwägung also des klaren, offenbaren und kundlichen Rechtes, welches Herzog Rudolf zu der Wahl eines römischen Königes früher besessen habe und als Nachfolger und Erbe seines Vaters noch besitze, und um in Zukunft Gefahren vorzubeugen, Zweifel zu beseitigen und ihm und seinen Erben und Nachfolgern dieses Recht und diese Würde stets unangefochten zu erhalten, bestimmte er für ewige Zeiten, dass Herzog Rudolf und kein anderer als Herzog von Sachsen und Reichserzmarschall wahrer und rechtmässiger Churfürst sei und dass ihm, nach seinem Tode seinem erstgebornen Sohne, nach diesem dessen erstgeborenem Sohne, falls aber des Herzogs Rudolf erstgeborner Sohn keine Söhne hinterliesse, dem ältesten Bruder desselben und darauf dessen erstgeborenem Sohne die Stimme, das Recht und die Macht, einen römischen König zu wählen, gebühre. Mit der Behauptung, dass König Rudolf I. von dem Herzoge Albrecht, Stammvater der Herzöge zu Wittenberg, gewählt worden sei, sprach Kaiser Karl IV. dem Zeugnisse, welches die Grafen Heinrich von Schwerin, Johann von Holstein, Adolf von Schauenburg und der edele Herr Simon von der Lippe 1328 und 1334 übereinstimmend abgelegt hatten, Hohn. Ihr Zeugniss beweiset, dass Herzog Johann, Stammvater der Herzöge von Sachsen-Lauenburg, die Wahl am 1. October 1273 vorgenommen hatte.

Ein und zwanzig bis sieben und zwanzig Jahre später ist das Zeugniss, welches der Kaiser hinsichtlich dieser Wahl für den Herzog Albrecht von Sachsen-Wittenberg einholte. Jenes ist von achtbaren, namhaften, deutschen Grafen und Herren, dieses von namenlosen Männern, vielleicht von Herren auf böhmischen Dörfern abgelegt. Dazu kömmt, dass laut chronistischer Nachricht nur ein Herzog von Sachsen an der Wahl im Jahre 1273 Theil genommen hat. Gerade auf diese Wahl kam es bei Entscheidung des Streites zwischen beiden Linien des herzoglichen Hauses am meisten an. Dass Herzog Albrecht zur Wahl seines Schwagers, des Königs Albrecht I., am 23. Juni 1298 zugelassen worden sei, ist nicht zu leugnen; doch legten seine Neffen zu Lauenburg am 11. November desselben Jahres Verwahrung dagegen ein. Darin, dass Herzog Rudolf den auch von den Herzögen von Sachsen-Lauenburg gewählten König Heinrich, Grossvater des Kaisers Karl IV., und diesen selbst gewählt hatte, bestand sein grosses Verdienst, welches belohnt werden musste. Nachdem er vom Kaiser die Anerkennung erhalten hatte, sorgte er dafür, sie auch von den Churfürsten zu erlangen. Schon am 16. Juli 1338 war er von ihnen in den Churfürstenverein aufgenommen worden. Die Aufnahme war von dem Herzoge Erich von Sachsen-Lauenburg dadurch unwillkürlich begünstigt und erleichtert, dass er, durch des Papstes Drohungen bewogen, die Partei des Kaisers Ludwig, wie die Bischöfe von Ratzeburg, Lübeck und Schwerin 1333 dem Papste bezeugten, verlassen hatte, also an einer Protestation jenes Churfürstenvereins gegen den Papst und zu Gunsten des Kaisers Ludwig nicht Theil nehmen konnte, dass dieser von ihm 1337 ausserdem durch Einforderung einer Schuld gegen ihn aufgebracht war. Hatte Herzog Erich sich geweigert, der Erklärung wider den Papst beizutreten, so hatte Herzog Rudolf sich desto bereitwilliger finden lassen, durch seinen Beitritt die Versammlung vollzählig zu machen. Jetzt ertheilten die Churfürsten dem Herzoge Rudolf die Anerkennung, nachdem ihnen Kaiser Karl IV. darin vorangegangen war, um so unbedenklicher. Der Erzbischof Gerlach von Mainz erklärte am 2. Januar 1356 während des Reichstages zu Nürnberg, dass ausser dem Herzoge Rudolf kein anderer als Herzog von Sachsen und Reichserzmarschall das Recht, einen römischen König zu wählen, besitze. Er führte dafür dieselben Gründe, wie der Kaiser, an und behauptete zugleich, dass der Vater des Herzogs auch den König Adolf 1292 gewählt habe. Urkunden ähnlichen Inhalts stellten Erzbischof Wilhelm von Cöln, Erzbischof Bohemund von Trier und selbst Markgraf Ludwig der Römer von Brandenburg am 9. Januar 1356 zu Nürnberg aus, indem sie erklärten, dass er allein der wahre Churfürst von Sachsen und, einen römischen König zu wählen, berechtigt sei. Gleich darauf wurde Markgraf Ludwig der Römer dafür zum Nachtheile seines ältesten Bruders, des Herzogs Ludwig von Baiern, welcher sich in der Theilungsurkunde vom 24. December 1351 die Churwürde in Gemeinschaft mit seinen Brüdern vorbehalten hatte, von dem Kaiser mit Ausschluss der Brüder als Churfürst anerkannt. Auf jenem Reichstage zu Nürnberg gab Kaiser Karl IV. am 10. Januar 1356 dem Reiche die ersten und wichtigsten 23 Capitel des unter dem Namen goldene Bulle bekannten Reichsgrundgesetzes oder kaiserlichen Rechtbuches, wie er selbst es nannte, dessen anderer Theil auf dem Reichstage zu Metz verkündigt wurde. Er ordnete darin die Königswahl und die Verwaltung des Reiches während eines Interregnums in der Weise, dass dadurch aller Einfluss des Papstes in diesen Angelegenheiten beseitigt wurde, und traf darin Bestimmungen über die Rechte und Verhältnisse der Churfürsten, unter andern auch über die Erbfolge in der Churwürde. Das Weitere und Besondere hinsichtlich Chur-Sachsens folgte dann auf demselben Reichstage zu Metz in der Urkunde, welche der Kaiser dem ältesten Sohne des inzwischen am 12. März 1356 verstorbenen Herzogs Rudolf, gleichfalls Namens Rudolf, verlieh, nachdem er ihn kurz zuvor belehnt hatte. Als der Kaiser während dieses grossen und glänzenden Reichstages den Herzog Karl von der Normandie, ältesten Sohn des Königs von Frankreich, und den Herrn Talleyrand von Périgord, Cardinal und Bischof von Albano, gesandt um seine Vermittlung zur Befreiung des Königs Johann von Frankreich aus der Gefangenschaft bei dem schwarzen Prinzen England's nachzusuchen, bei Hofe empfing, versah Herzog Rudolf II. von Sachsen-Wittenberg, als Nachfolger seines Vaters Rudolf I., auf dem um ihretwillen gefeierten Hoffeste am 25. December 1356 das Amt eines Reichserzmarschalls. Unter den übrigen Reichswürdenträgern ritt er auf hohem Streitrosse voran und trug in goldener Schale Hafer für die Pferde des Kaisers. Zwei Tage hernach, am 27. December 1356, an welchem Tage auch ein grosses Gastmahl bei Hofe Statt fand, stellte ihm der Kaiser jene mit goldener Bulle versehene Urkunde aus, worin er die Churwürde und das Herzogthum Lüneburg wiederum gemeinsam behandelte. Um den Kaiser versammelt waren die geistlichen Churfürsten und Erzbischöfe Bohemund von Trier, Gerlach von Mainz, Wilhelm von Cöln, die beiden weltlichen Churfürsten Pfalzgraf Ruprecht der ältere bei Rhein Herzog von Baiern und Markgraf Ludwig der Römer von Brandenburg, ausserdem die Bischöfe Johann von Strassburg, Ademar von Metz, Bertram von Toul, Hugo von Verdun, Heinrich von Lebus, die Aebte Heinrich von Fulda und Androin de la Roche von Clugny, der Pfalzgraf Ruprecht der jüngere bei Rhein Herzog von Baiern, die Herzöge Wilhelm von Jülich und Johann von Mecklenburg, Markgraf Friedrich von Meissen, die Burggrafen Burchard von Magdeburg und Albrecht von Nürnberg, die Grafen Heinrich von Schwarzburg, Johann von Katzenellenbogen, Walram von Sponheim, Friedrich von Leiningen, Heinrich von Veldenz, Albrecht von Anhalt, Burchard und Johann von Retz. In dieser Versammlung begann er mit einer ähnlichen Einleitung, wie am 6. October 1355 zu Prag, berief sich wieder auf dieselben Wahlen, welche Herzog Albrecht von Sachsen-Wittenberg nicht nur als Churfürst sondern auch in der Eigenschaft eines Reichserzmarschalls und dessen Sohn Herzog Rudolf I. vorgenommen haben sollten, behauptete nun sogar, dass sicherer Erkundigung nach ersterer ausserdem am 10. Mai 1292 den König Adolf gewählt habe, folgerte aus dem durch obiges bewiesenen Rechte des Herzogs Rudolf I. das Recht des Herzogs Rudolf II. als Erben und Nachfolgers seines Vaters und bestimmte mit Rath und Einwilligung der Churfürsten wie nach dem Rathe vieler anderen geistlichen und weltlichen Fürsten, Grafen, Freien, Herren, Edelen und Reichsgetreuen, um künftigen Gefahren und Irrungen vorzubeugen und allen Zweifel über das Churrecht des Reichserzmarschalls und Churfürsten Rudolf II., seiner Erben und Nachkommen zu beseitigen, für ewige Zeiten, dass derselbe und niemand ausser ihm als Herzog von Sachsen Reichserzmarschall, wahrer und rechtmässiger Churfürst sei und ihm Stimme, Recht, Macht und Gewalt, einen römischen König zu wählen, gebühre. Als besonderen Beweggrund für diese Bestimmung führte der Kaiser auch an, dass er dem Herzoge als Erben und rechtmässigen Nachfolger des Herzogs Rudolf I. nach dessen Tode das Herzogthum und die Pfalzgrafschaft Sachsen, das Erzmarschallamt, alles ihm als dem Kaiser gebührende Recht des Anfalls des Herzogthums Lüneburg mit allen hierzu gehörenden Fürstenthümern, Landen, Herrschaften, Eigenschaften, Mannschaften, allem Zubehör, Freiheiten, Rechten und Nutzungen in Gegenwart der Churfürsten und vieler anderen Fürsten, Grafen, Freien, Herren und Edelen zu Metz als Lehn verliehen habe und dass derselbe eben dort vor zwei Tagen bei dem Hoffeste in Gegenwart des Cardinals von Périgord, des Herzogs von der Normandie und vieler geistlichen und weltlichen Fürsten sein Amt, wie die übrigen Churfürsten, verrichtet habe. Zugleich ordnete der Kaiser die Erbfolge in dieser Weise. Nach dem Tode des Herzogs Rudolf II. sollte sein erstgeborener Sohn und, falls dieser, bevor er Söhne erzeugte, stürbe, der zweite oder ältere unter den Söhnen des Herzogs Rudolf II., wenn aber Herzog Rudolf II. keine Söhne hinterliesse, sein älterer Bruder, nach diesem der erstgeborene oder ältere Sohn desselben und darauf, wenn dieser keine Söhne hinterliesse, Herzog Albrecht, Sohn des Herzogs Otto von Sachsen-Wittenberg, und sein älterer Sohn, falls letzterer aber keine Söhne hinterliesse, der nächste Erbe väterlicher Linie in allen genannten Fürstenthümern, in dem Reichsmarschallamte und der Churwürde folgen. Wer von allen diesen zur Nachfolge gelangte, bevor er das 18. Lebensjahr erreicht habe, sollte bis zu diesem Alter unter Vormundschaft des älteren Bruders seines verstorbenen Vorgängers stehen. Durch diese Bestimmung über die Nachfolge wurde Herzog Albrecht von Sachsen-Wittenberg, Enkel des Herzogs Wilhelm von Lüneburg, arg zurückgesetzt. Sein Vater, der verstorbene Herzog Otto von Sachsen-Wittenberg, war zwar nach seinem Bruder Rudolf II., aber vor seinem andern Bruder Wenzlaus geboren. Dennoch wurden des Letzteren Söhne und dieser selbst dem Sohne Otto's vorgezogen. Wenigstens hätte der junge Herzog Albrecht hinsichtlich des Herzogthums seines Grossvaters, des Herzogs Wilhelm zu Lüneburg, seinen Oheimen vorgehen müssen. Es geschah nicht, denn alsdann hätte das grosse Gebiet, mit welchem der Kaiser die Chur Sachsen ausstatten wollte, sehr beträchtlich verringert werden und eine gewisse Erbberechtigung Albrecht's auf das Herzogthum Lüneburg anerkannt werden müssen. Die Beweisführung in obiger kaiserlicher Urkunde leidet an derselben Unwahrheit, wie die des vorigen Jahres, fügt sogar eine neue hinzu; denn nach dem übereinstimmenden Zeugnisse der oben genannten Grafen von Schwerin, Holstein und Schauenburg und des edelen Herrn von der Lippe aus den Jahren 1328 und 1334 hatten am 10. Mai 1292 nicht etwa Herzog Albrecht von Sachsen-Wittenberg sondern die Herzöge Johann und Albrecht von Sachsen-Lauenburg gewählt. Der Kaiser hebt in obiger Urkunde besonders hervor, dass Herzog Albrecht von Sachsen-Wittenberg Reichserzmarschall gewesen sei. Freilich hatte derselbe, aber so weit nachgewiesen werden kann, nur einmal in einer Urkunde vom 29. November 1290, während er die Vormundschaft über seine Neffen, die Herzöge zu Lauenburg, führte, sich dieses Titels bedient. Vor ihm schon am 20. August 1272 hatte sein Bruder Johann, Stammvater der Herzöge von Sachsen-Lauenburg, als ältester von beiden Brüdern, diesen Titel geführt, der auf seine Nachkommen vererbte. Wenn dieser Titel bei dem Herzoge Albrecht wegen der Vormundschaft erklärlich ist, so erscheint er bei seinem Sohne, dem Herzoge Rudolf I., welcher sich desselben in Urkunden der Jahre 1321, 1325, 1326, 1327 und 1329 bediente, eine Anmassung. Wie der Kaiser in obiger Urkunde und in der früheren vom 6. October 1355 bemerkt, wollte er durch sie Gefahren vorbeugen. Bei dem unverkennbaren Rechte der Herzöge von Sachsen-Lauenburg war allerdings die Gefahr gross, dass, wenn jetzt die Angelegenheit nicht im Sinne des Kaisers erledigt würde, sie unter günstigeren politischen Umständen zu ihrem Rechte gelangen und als Churfürsten nach seinem Tode gegen die Wahl eines Fürsten aus seinem Hause oder seiner Partei nach Kräften arbeiten würden. Schon bei seiner Lebenszeit, im Jahre 1359, drohete ihm eine Gefahr, welche ihnen möglicher Weise zu ihrem Rechte hätte verhelfen können. Unter einigen Reichsfürsten nämlich, besonders den Erzbischöfen von Mainz und Cöln, den Herzögen von Baiern und Oesterreich und dem Grafen von Würtemberg, war von der Wahl eines neuen römischen Königs die Rede. Von dem Kaiser deshalb zur Verantwortung gezogen, leugneten beide Erzbischöfe und die Gefahr zog vorüber. Die goldene Bulle, deren Gültigkeit Innocenz VI. nicht bestreiten konnte, brach die Freundschaft zwischen Papst und Kaiser. Im Jahre 1358 war die Spannung offenkundig. Der Reichstag zu Metz brachte den Herzögen von Sachsen-Wittenberg die Bestätigung der Anwartschaft auf das Herzogthum Lüneburg; er brachte aber auch die goldene Bulle und mittelbar die päpstliche Dispensation zur Ehe des Herzogs Ludwig von Braunschweig und der Tochter des Herzogs Wilhelm zu Lüneburg. Von diesem und dem Herzoge Magnus von Braunschweig war Bischof Johann von Osnabrück, Sohn des Rathsherrn Hermann Hud zu Lüneburg, beauftragt die Dispensation zu erwirken. Bisher waren seine Bemühungen, sie zu erlangen, vergeblich gewesen. Der Papst hatte sich augenscheinlich geweigert, durch sie den Plänen des Kaisers entgegen zu arbeiten. Nachdem aber die goldene Bulle Zwietracht unter beide gesäet hatte, als Innocenz VI. in Folge dessen dem Kaiser die Aufhebung einiger Constitutionen der Päpste Clemens V. und Johann XXII. verweigerte, als mit seinem Vorwissen einige Reichsfürsten die Wahl eines Gegenkönigs beabsichtigten, da fand auch das Gesuch des Herzogs Ludwig von Braunschweig und seiner Verlobten beim Papste williges Gehör, da erkannte dieser den von ihnen angeführten Beweggrund zu ihrer Ehe, dass nämlich grossen Kriegen, Aergernissen, Gefahren und Nachtheilen, welche, wenn die Ehe nicht zu Stande käme, den Herzogthümern Braunschweig und Lüneburg, den Landen der herzoglichen Bundesgenossen und den benachbarten Gegenden droheten, durch dieselbe vorgebeugt werden sollte, als vollkommen genügend an, um den Bischof von Osnabrück am 20. Januar 1359 zu bevollmächtigen, dass er die Dispensation ertheile. Herzog Ludwig und die junge Herzogin erhielten sie auf ihr Ersuchen vom Bischofe erst am 21. November desselben Jahres, worauf dann bald nachher die Vermählung gefeiert sein wird. Viel früher, scheint es, hatten beide auch nicht von ihm begehrt, den Auftrag des Papstes zu erfüllen. Ihre Zögerung mochte in zuvor auszugleichenden Irrungen zwischen den Herzögen Wilhelm und Magnus ihren Grund haben, über welche Folgendes das Nähere enthält.

Wie in den Verträgen vom 23. Juni 1355 bestimmt worden war, sollte Herzog Ludwig, wenn Herzog Wilhelm, ohne rechte Erben nämlich ohne Söhne zu hinterlassen, gestorben sei, als Wilhelm's rechter Erbe und als Herr des Landes die Herrschaft Lüneburg nebst Wilhelm's Antheile an der Herrschaft Braunschweig besitzen und behalten. Alle Unterthanen in diesen Landen sollten ihn nach Wilhelm's Tode für ihren rechten Herrn halten, Herzog Magnus aber ihn schon sofort in die Herrschaft Braunschweig einsetzen und sie ihm nach seinem Tode hinterlassen. Stürbe Herzog Ludwig jedoch eher als Herzog Wilhelm und bevor diesem ein Sohn geboren wäre, so wollte Herzog Wilhelm unter den Brüdern Ludwig's einen auswählen, dem er seine Tochter zur Gemahlin gäbe und seine Herrschaft hinterliesse. Denselben sollte Herzog Magnus als seinen Nachfolger in die Herrschaft Braunschweig einsetzen. Darauf hatte Herzog Wilhelm am 1. August 1356 sechs seiner Mannen, einen seiner Notare, seinen Küchenmeister und fünf Mitglieder des Rathes der Städte Lüneburg, Hannover und Uelzen zu Räthen des Herzogs Ludwig ernannt, ihre Zahl bei eintretenden Todesfällen durch neue Ernennungen zu ergänzen, überhaupt die Mitglieder zu vermehren oder sie zu entlassen sich vorbehalten. Herzog Ludwig sollte bis zum dreissigsten Lebensjahre nach dem Tode des Herzogs

Wilhelm keine für die Herrschaft Braunschweig und Lüneburg wichtige Handlung ohne einträchtigen Rath und Zustimmung dieser dreizehn Männer vornehmen oder unterlassen. Ihnen hatte Herzog Wilhelm auch unter andern die Vollmacht ertheilt, falls erst er und nach ihm Herzog Ludwig und zwar jeder von ihnen, ohne rechte Erben, einen oder mehrere Söhne, zu hinterlassen, stärbe, nach ihrer beider Tode einen andern Sohn des Herzogs Magnus von Braunschweig an die Stelle des Herzogs Ludwig zu wählen. Dem Gewählten sollten die Mannen und Lande und die Herrschaft Braunschweig und Lüneburg als ihren Herrn anerkennen. Wohl hatte Herzog Ludwig am 23. August 1356 diese einseitigen Verfügungen des Herzogs Wilhelm, wozu demselben die Verträge vom 23. Juni 1355 kein Recht verliehen, anerkannt, nicht aber sein Vater Herzog Magnus. Eine Beeinträchtigung seines Rechtes und seines Landes enthielt die Bestimmung, dass die Mannen des Herzogthums Lüneburg, die Räthe der Städte Lüneburg, Hannover und Uelzen und zwei von dem Herzoge Wilhelm ganz abhängige Leute dem Herzoge Ludwig Rath, welchen er befolgen musste, in Angelegenheiten des Herzogthums Braunschweig ertheilen und seinen Nachfolger in demselben Herzogthume ernennen sollten. Er hatte seinem Sohne Ludwig nicht abgerathen, sich den Anordnungen des Herzogs Wilhelm zu fügen, wahrscheinlich weil er wohl einsah, dass, wenn er die Erbfolge desselben im Herzogthume Lüneburg nicht gefährden wollte, er den alten Herzog Wilhelm nicht hindern durfte, erst seinen Willen durchzusetzen, und weil er hoffte, ihn später vernünftigen Vorstellungen zugänglich zu finden. Gelegenheit zu diesen musste sich bieten, wenn Herzog Wilhelm ihn aufforderte, nun auch seinerseits die Bestimmungen des Vertrages vom 23. Juni 1355 zu vollziehen. Verhandlungen, welche über die Angelegenheit zwischen beiden Herzögen gepflogen sein werden, sind nicht mehr erhalten. Dass es aber zu solchen bald gekommen sein wird, zeigen sowohl die folgenden Anordnungen des Herzogs Wilhelm, als auch die Art, wie beide Herzöge auf den zwischen ihnen der Erbfolge wegen errichteten Vergleich und auf die einseitige Verfügung des Herzogs Wilhelm Bezug in ihren Verträgen mit Anderen nahmen. In jenen Verhandlungen wird Herzog Magnus seinem Vetter vorgestellt haben, dass es höchst bedenklich und ungerecht sei, wenn in dem Rathe, dessen Beschlüsse für alle Regierungshandlungen des Herzogs Ludwig in der vereinigten Herrschaft Braunschweig und Lüneburg massgebend sein sollten, der Ritter- und Bürgerstand des Herzogthums Lüneburg und nicht auch des Herzogthums Braunschweig vertreten würde, dass ferner, wenn Herzog Wilhelm wünschte, durch Mannen und Städte noch nach seinem Tode einen Einfluss auf die Wahl eines Nachfolgers, falls Ludwig keine Söhne hinterliesse, auszuüben, es doch gewiss unbillig sei, zu dieser Wahl des Nachfolgers nur aus dem Herzogthume Lüneburg ritterbürtige Mannen und Bürger als Wahlmänner zu bestellen. Falls er beim Tode Ludwig's lebe, stehe zwar vertragsmässig fest, dass er den Nachfolger in beiden Herzogthümern ernenne. Ueberlebe er aber Ludwig nicht, so fordere es Recht und Billigkeit, dass auch die Mannen und Städte des Herzogthums Braunschweig an der Wahl Theil nähmen, weil es sich bei derselben nicht nur um das Herzogthum Lüneburg sondern ebensowohl um das Herzogthum Braunschweig handele. Der Ritter- und Bürgerstand dieses Herzogthums würde die ihm widerfahrene Zurücksetzung und Ungerechtigkeit sich nicht gefallen lassen, die daraus entspringende Unzufriedenheit und inneren Kämpfe würden nur den Gegnern der Erbfolge Vortheil bringen. Wem die Vollmacht zu wählen, also ein Recht verliehen würde, der sei auch zu Leistungen, welche dem Werthe dieses Rechtes gleichkämen und entsprächen, zu verpflichten. Als solche seien wegen der von aussen drohenden Gefahr Kriegsdienste zum Schutze Ludwig's beim Antritte seiner Regierung zu fordern. Der Streitkräfte des Herzogthums Braunschweig werde dieser, um sich zu halten, sehr bedürfen; daher sei es auch nicht mehr als gerecht, den Ständen dieses Landes diejenige Vertretung bei der Regierung desselben zu bewilligen, welche den Ständen des Landes Lüneburg zugestanden sei. Wer von den beiden im Rathe sitzenden Hofbeamten Wilhelm's jene Hülfe im Kriege nicht leisten könne, müsse austreten, zumal da nicht anzunehmen sei, dass ein ihnen fremdes Land, das Herzogthum Braunschweig, zu beiden ein solches Vertrauen, wie Herzog Wilhelm in sie setze, zu gewinnen Gelegenheit gehabt habe. Entschlösse sich nun Herzog Wilhelm, den Städten des Herzogthums Braunschweig eine Vertretung im Rathe des Herzogs Ludwig und das Wahlrecht zuzugestehen, so könne die Hauptstadt des Landes, nämlich Braunschweig, unmöglich übergangen werden. Er möge aber bedenken, dass sie den Herzögen zu Göttingen und den Herzögen zu Grubenhagen gehuldigt habe. Befürchte er wohl nicht mit Unrecht, dass die Stimme der Stadt Braunschweig in den an Herzog Ludwig zu ertheilenden Rathschlägen und bei der Wahl eines Nachfolgers durch diese Herzöge zu deren eigenem Nutzen gelenkt oder dass durch deren Einfluss auf die Entschliessung der Stadt sogar die Succession eines Bruders Ludwig's in Frage gestellt werden könne, so möge er lieber, da ohne Braunschweig die übrigen Städte des Landes und ohne die Städte des Herzogthums Braunschweig auch die Städte des Herzogthums Lüneburg wegen Eifersucht der zurückgesetzten Städte nur mit der grössten Gefahr für innere Ruhe und Frieden in dem Rathe Sitz und Stimme haben könnten, von dem vorbehaltenen Rechte Gebrauch machen und die aus den Städten genommenen Mitglieder des Rathes ganz ausscheiden. Wenn auch vielleicht nicht die übrigen, so wird doch dieser Vorschlag des Herzogs Magnus den entschiedensten Beifall der Mannschaft des Herzogs Wilhelm gefunden und ihm auch von ihr empfohlen worden sein. Dass ähnliche eindringliche Vorstellungen, wie die oben bezeichneten, von dem Herzoge Magnus seinem Vetter Wilhelm gemacht worden sind, ist sehr wahrscheinlich, denn dieser würde einen unerklärlichen, ihm sonst nicht eigenthümlichen Wankelmuth an den Tag gelegt haben, wenn er ohne äussere Veranlassung, die doch nur von dem in seinem Rechte verletzten Herzoge Magnus ausgehen konnte, sich zu dem entschloss, was er kaum sechs oder sieben Monate nach Einsetzung des Rathscollegii ausführte. Nachdem er dasselbe nämlich um ein ritterbürtiges Mitglied durch Berufung des Ritters Johann von Salder zu Lichtenberg am 21. Januar 1357 vermehrt hatte, entliess er aus demselben und entsetzte am 14. Februar dieses Jahres die fünf Rathsherren der Städte Lüneburg, Hannover und Uelzen des ihnen übertragenen Amtes und entband sie des Eides, welchen sie dem Herzoge Ludwig hinsichtlich des ihm zu ertheilenden Rathes geleistet hatten. Er schwächte dadurch die Kräfte, welche dem Herzoge Ludwig beim Antritte seiner Regierung zu Gebote gestanden haben würden; denn jede Stadt hätte nicht nur weit mehr Mannschaft, als ein einzelner ritterbürtiger Mann, stellen können, sondern wegen des dadurch zu erlangenden Einflusses auch sicherlich gern stellen wollen. Bald darauf, entweder noch in diesem Monate oder zu Anfange des folgenden wird auch der herzogliche Notar, Meister Diedrich von Dalenburg, Küster zu Bardowick, der von ihm, als Mitglied des Rathes, übernommenen Verpflichtung entlassen worden sein. Dieser bestand daher von jetzt an nur aus acht Mitgliedern, nämlich aus sieben ritterbürtigen Mannen des Herzogthums Lüneburg und dem Küchenmeister Diedrich Schlette. Bei den meisten von ihnen kann nachgewiesen werden, im Besitze welcher Schlösser des Herzogthums Lüneburg sie waren. Sie gelobten auf Geheiss des Herzogs Wilhelm am 26. März 1357 dem Herzoge Ludwig und sich gegenseitig, beim Tode des Herzogs Wilhelm, falls er, ohne einen Sohn zu hinterlassen, stürbe, gerüstet zu sein und, in welcher Gegend des Herzogthums Krieg, Fehde, Heerzug, Belagerung oder Aufstand gegen Herzog Ludwig und gegen die Herrschaft Braunschweig und Lüneburg sich erhöbe, sogleich, jeder mit zwanzig Gewaffneten, zum Dienste des Herzogs Ludwig, ihm zu Hülfe und zur Vertheidigung der Herrschaft zu folgen, ausserdem gleich bei der ersten Zusammenkunft jeder zehn Gewaffnete zu stellen und so sich von beiden Seiten der Heide mit derselben Anzahl Gewaffneter, so oft es dem Herzoge Ludwig, der Herrschaft und ihnen selbst erforderlich sei, gegenseitig zu Hülfe zu kommen. Daraus erwachsende Kosten und Verlust wollten sie gemeinsam tragen, aber auch gleichmässig am Gewinne Theil nehmen. Erlittenen Schaden sollte ihnen Herzog Ludwig ersetzen. Durch die Entlassung der städtischen Mitglieder aus dem Rathscollegio war erreicht, dass die Städte des Herzogthums Braunschweig über Benachtheiligung und Zurücksetzung gegen die Städte des Herzogthums Lüneburg keine Klage führen konnten. Im übrigen jedoch war Alles beim Alten geblieben. Dass zwischen beiden Herzögen über die Wahl eines Nachfolgers für Ludwig nichts hatte vereinbart werden können, zeigt das gänzliche Schweigen über diesen Punkt in ihrem Vertrage über das Schloss Vorsfelde am 12. März 1357. Wie verschieden die ganze Angelegenheit von beiden aufgefasst wurde, beweisen die Urkunden über Verpfändung von Schlössern. Wer im Besitze dieser und der Städte sich befand, war Herr des Landes. Deshalb konnte die Frage über die Succession bei Verpfändungen von Schlössern gar nicht umgangen werden. Wenn Herzog Wilhelm Schlösser verpfändete, liess er die Pfandbesitzer geloben, dass sie, falls er stürbe, ohne einen oder mehrere Söhne nachzulassen, oder, wie es auch in den späteren Urkunden fast immer heisst, falls er bei seinem Tode keinen echten Sohn hinterliesse, den Pfandvertrag dem Herzoge Ludwig halten wollten. In der ersten Zeit, als die Formel des Gelöbnisses noch schwankte, liess er die Pfandbesitzer statt dessen auch wohl geloben, mit den Schlössern bei dem Herzoge Ludwig zu bleiben und sie ihn einlösen zu lassen oder auch die Schlösser demselben zu Treue und zu gute oder zu seiner treuen Hand zu halten und zu besitzen. Solche Ausdrücke, wie diese letzteren, wurden gewöhnlich gebraucht, wenn der Lehnsträger eines Gutes denjenigen, welcher es ihm abkaufte, bis zu der Zeit, wann dieser es von dem Eigenthümer, nämlich dem Lehnsherrn, erwerben würde, Sicherheit für dasselbe geben wollte. In ihnen liegt also eben nur ausgesprochen, dass Herzog Wilhelm den Herzog Ludwig noch nicht zum Vollen als Herrn des Herzogthums betrachtet wissen wollte. Zur Zeit aber als er von der erfolgten Dispensation zur Ehe Ludwig's mit seiner Tochter Kunde erhalten haben musste und bald nachdem die Vermählung gefeiert sein wird, kömmt es vor, dass die Pfandbesitzer nicht nur versprechen mussten, den Pfandvertrag dem Herzoge Ludwig zu halten, sondern dass Herzog Wilhelm sie auch ausdrücklich geloben liess, denselben in dem oft erwähnten Falle als ihren Erbherrn anzuerkennen. Noch etwas später verpflichteten die Pfandbesitzer sich fast jedesmal, auch den Erben und Nachfolgern Ludwig's den Vertrag zu erfüllen. Zum ersten Male am 8. September 1357 musste er geloben, einen vom Herzoge Wilhelm geschlossenen Vertrag zu halten. Nach dem 13. Mai 1364 wiederholte sich in allen folgenden Jahren bis zu seinem Tode dies Gelöbniss bei vielen Verträgen seines Schwiegervaters. Der dabei vorausgesetzte Fall war, dass Herzog Wilhelm keinen Sohn hinterliesse oder, wie es eben so oft heisst, dass Herzog Ludwig Herr der Herrschaft Lüneburg würde. Einige Mal wurden beide Fälle gesetzt, bisweilen auch auf keinen von beiden Bezug genommen. Seit dem 23. November 1365 wurde es dem Herzoge Ludwig meistens gestattet, zugleich mit diesem Versprechen zu erklären, dass der betreffende Vertrag mit seiner Bewilligung oder wenigstens mit seinem Wissen geschlossen sei. Herzog Magnus hatte im Jahre 1355 gelobt, dem Vertrage vom 23. Juni 1355 durch seine Anordnungen Genüge zu leisten, sobald Herzog Wilhelm oder Herzog Ludwig es verlangen würden. Seitdem Herzog Wilhelm die Stadträthe aus dem Rathscollegio entfernt und die übrig bleibenden Mitglieder desselben zu Kriegsdiensten dem Herzoge Ludwig verpflichtet hatte, erfüllte Herzog Magnus dies Gelöbniss, wie die seitdem von ihm über Verpfändung von Schlössern ausgestellten Urkunden zeigen. Das Versprechen, welches er in diesen hinsichtlich seines Sohnes Ludwig verlangte, war bestimmt abgefasst und erlitt keine Aenderung. Die Pfandbesitzer mussten geloben, wenn Herzog Magnus stürbe, die Schlösser seinen Sohn Ludwig einlösen zu lassen, sie ihm zu öffnen, überhaupt ihm den Pfandvertrag zu halten, ihn nach dem Tode des Herzogs Magnus an dessen Stelle als ihren rechten Herrn anzuerkennen und bei ihm zu bleiben zu allem Rechte, welches Herzog Magnus an der Herrschaft Braunschweig besässe. Weil jedoch die Stadt Braunschweig auch den Herzögen zu Göttingen und zu Grubenhagen gehuldigt hatte und eine gemeinsame Besitzung der Herzöge war, bekam dieser Vertragspunkt in einer ihr ausgestellten Pfandurkunde eine andere Fassung. Sie wurde nämlich verpflichtet, wenn Herzog Magnus stürbe, das ihr verpfändete Schloss seinen Sohn Ludwig einlösen zu lassen, ihm den Vertrag zu halten und ihn nach dem Tode des Herzogs Magnus als einen rechten Herrn zu allem dem Rechte anzuerkennen, welches ihm seines Vaters wegen in der Stadt und an der Herrschaft Braunschweig zu seinem Theile gebühren möchte. Bei einer späteren Gelegenheit wurde ihr dies Gelöbniss erlassen, weil sie es schon einmal abgelegt hatte, und sie versprach nur, dem Herzoge Ludwig die Einlösung zu gestatten. Weil Herzog Wilhelm fest bei der Ansicht beharrte, dass selbst nach seinem Tode es ihm allein zustehe, für Herzog Ludwig, falls dieser ohne einen Sohn zu hinterlassen stürbe, den Nachfolger zu bestimmen, so versäumte er nie, seitdem Ludwig am 23. August 1356 den verlangten Eid geleistet hatte, auch diesen Fall in den Urkunden über Schlossverpfändungen zu berücksichtigen. Sein Recht, für Ludwig, falls er diesen überlebte, einen Nachfolger unter dessen Brüdern auszuwählen, war durch Verträge gesichert und bedurfte deshalb nicht der Anerkennung in den Pfandverträgen. In ihnen war also nur der Fall zu berücksichtigen, dass Herzog Ludwig, ohne einen echten Sohn (nur einmal heisst es ohne Erben) zu hinterlassen, nach dem Tode Wilhelm's stürbe. Hier trat nun der sonderbare Umstand ein, dass diese letzteren, die Zeit bestimmenden Worte, auf die Alles ankam, zwar nicht bei Abfassung der Pfandverträge in der ersteren Zeit, wohl aber später, so vorsichtig und eifersüchtig Herzog Wilhelm auf sein vermeintliches Recht auch war, meistens ausgelassen wurden. Obgleich er, wenn er es erlebte, selbst noch die Wahl treffen, sie aber nach seinem Tode durch das von ihm eingesetzte Rathscollegium vornehmen lassen wollte, gewann es wegen jener Auslassung in den meisten Urkunden über Schlossverpfändungen den Anschein, als ordnete er an, dass, möchte der Fall vor oder nach seinem Tode eintreten, die Wahl von dem Rathscollegio vorgenommen werden sollte. Dem gewählten Bruder des Herzogs Ludwig gelobten die Pfandbesitzer den Pfandvertrag zu erfüllen oder, wie es in der ersten Zeit auch einmal vorkömmt, zu seiner Hand das Schloss zu halten. Zur Zeit als die päpstliche Dispensation für die Ehe Ludwig's ankam, liess

Herzog Wilhelm in seiner Freude darüber bei der Verpfändung eines Schlosses statt dessen geloben, dass der Pfandbesitzer bei dem gewählten Bruder Ludwig's bleiben, ihn als seinen Erbherrn anerkennen, ihm das Schloss einlösen lassen und ihm den Vertrag halten sollte. Später, als die Ehe Ludwig's kinderlos blieb, gelobten die Pfandinhaber daneben auch oft, den Pfandvertrag den Erben und Nachfolgern seines Bruders, der gewählt würde, zu erfüllen. Weil Herzog Magnus ernste Vorstellungen dagegen erhoben hatte, dass die Stände seines Landes bei der Wahl eines Bruders Ludwig's ausgeschlossen, nichtsdestoweniger aber die Wahl auch für das Herzogthum Braunschweig gültig sein sollte, mässigte sich Herzog Wilhelm anfangs in den Ausdrücken, so oft dieser Punkt in den über Schlossverpfändungen auszustellenden Urkunden erwähnt werden musste. Es blieb nämlich in denselben ganz unbestimmt, für welches Herzogthum der Bruder Ludwig's gewählt würde, und nur von demjenigen Bruder desselben wurde geredet, der „dazu" oder „in Ludwig's Stelle" von denen gewählt würde, die dazu verordnet würden oder, wie es einmal heisst, die dazu verordnet seien. Nur ein Paar Mal wurde diese Mässigung insofern verabsäumt, als derjenige Bruder Ludwig's für seinen Nachfolger erklärt wurde, den die Mannen wählen würden, welche Herzog Wilhelm laut seiner darüber ausgefertigten Urkunden dazu verordnet habe oder noch dazu verordnen würde und die es mit jenen Urkunden beweisen könnten. Inzwischen hatte Herzog Magnus geglaubt, dass er ebensowohl wie Herzog Wilhelm befugt sei, die Angelegenheit einseitig zu behandeln und, was er für Recht hielt, auch ohne gegenseitige Zustimmung auszuführen. Auf sein Verlangen legte nämlich der Pfandinhaber des Schlosses Calvörde am 8. September 1357 das Gelöbniss ab, falls Herzog Ludwig, ohne einen oder mehrere echte Söhne zu hinterlassen, stürbe, den Pfandvertrag demjenigen Bruder desselben zu halten, welcher von den Mannen des Herzogs Magnus und von den Mannen des Herzogs Wilhelm zu einem rechten Herrn gewählt würde. Von dieser Neuerung muss Herzog Wilhelm bald Kunde erhalten haben. Er nahm sie so übel, dass er alle früheren Rücksichten bei Seite setzte und denen, welchen er Schlösser verpfändete, folgende sehr bestimmt gefasste Weisung ertheilte: Wen seine frommen und weisen Leute, Mannen und Diener, die er dazu verordnet habe oder dazu verordne und die es mit seinen darüber ausgestellten Urkunden beweisen könnten, unter den Brüdern Ludwig's an dessen Stelle zu einem Herrn der Herrschaft zu Braunschweig und zu Lüneburg wählen würden, dem sollten sie den Pfandvertrag halten. Sein Unwille war so gross, dass Herzog Magnus, um ihn nicht zum Aeussersten zu reizen, es für gut fand, in den von ihm während des ganzen folgenden Jahres ausgestellten Schlossverschreibungen von einem Nachfolger Ludwig's gar nicht zu reden. Um es nicht mit beiden zu verderben, bezeichneten diesen etwa zu gleicher Zeit die Grafen von Hoya in ihrem Bündnisse mit dem Herzoge Wilhelm, indem sie von einer vorzunehmenden Wahl gänzlich schwiegen, einfach als denjenigen Bruder Ludwig's, welcher Herr der Herrschaft zu Lüneburg und Braunschweig würde. Wie bei allen leicht erregten Gemüthern die Hitze schnell verfliegt, wenn sie nicht durch Widerspruch genährt wird, und dafür bei ruhigerer Ueberlegung oft Willfährigkeit eintritt, sich dem zu fügen, worüber man anfangs sich ereiferte, so scheint es auch dem Herzoge Wilhelm ergangen zu sein, und Herzog Magnus wird dies wohl vorausgesehen haben. In seinen späteren Schlossverschreibungen beanspruchte Herzog Wilhelm nie mehr, nach seinem Tode auf die Wahl eines Nachfolgers Ludwig's in der Herrschaft Braunschweig Einfluss auszuüben, unterliess es oft zu erwähnen, wer den Nachfolger Ludwig's wählen sollte, oder redete ganz unbestimmt von denen, die zum Wählen verordnet seien oder würden, worunter, da Herzog Magnus nun seine frühere Bestimmung über die Wahl in seine Schlossverschreibungen wieder einführte, die Mannen beider Herzöge verstanden werden konnten. Nur dann und wann glaubte Herzog Wilhelm, in seinen Schlossverschreibungen auf die frühere Formel zurückgreifen und auf seine Mannen hinweisen zu müssen, die von ihm zum Wählen verordnet seien oder würden und es mit den von ihm ausgestellten Urkunden beweisen könnten. Fast scheint es sogar dem Bemühen des Herzogs Magnus zugeschrieben werden zu müssen, dass einer seiner vertrautesten und gewandtesten Räthe, dem er wohl hauptsächlich das Gelingen seiner Verhandlungen über die Erbfolge im Jahre 1355 verdankte, Ritter Hans von Honlege, von dem Herzoge Wilhelm 1356 zum Amtmanne und 1363 selbst zu seinem Rathe angenommen wurde. Wie aus Obigem erhellet, hatten die Mannen des Herzogs Magnus von diesem den Auftrag, gemeinsam mit den Mannen des Herzogs Wilhelm einen Nachfolger Ludwig's zu wählen; die Mannen des Herzogs Wilhelm allein waren dagegen von diesem verordnet, einen Nachfolger in der Herrschaft Lüneburg oder, je nachdem sie die ihnen gewordene Weisung auffassten, auch in der Herrschaft Braunschweig zu wählen.

Beide Herzöge starben bald nach einander. Wäre nun Herzog Ludwig, welcher keinen Sohn hinterliess, nach ihnen gestorben, so hätten die ungleichen Bestimmungen über die Wahl den ärgsten Reibungen und der grössten Eifersucht unter den zur Wahl berufenen Mannen, eine vermuthlich nur uneinige Wahl aber den gefährlichsten Willkürlichkeiten der Schlossbesitzer und dem Parteikampfe im Lande Vorschub leisten, die daraus entstehenden inneren Unruhen und Fehden endlich den Herzögen von Sachsen-Wittenberg und dem Kaiser zum Siege verhelfen müssen.

Eifersüchtig bewachte Herzog Wilhelm seine wirklichen und seine vermeintlichen Vorrechte. Deshalb liess er auch den Herzog Ludwig lange Zeit hindurch nicht zur eigentlichen Theilnahme an der Regierung gelangen. Diese Zurücksetzung tritt besonders bei den Belehnungen der herzoglichen Mannen hervor. Das herzogliche Lehnbuch hätte nach erfolgter Einsetzung Ludwig's in die Herrschaft, wenn nicht ein besonderer Vorbehalt des Herzogs Wilhelm wegen der Lehne vorlag, was jedoch nicht der Fall gewesen zu sein scheint, im Namen der Herzöge Wilhelm und Ludwig geführt werden müssen. Als einziger Lehnsherr aber erscheint in demselben Herzog Wilhelm. Dies würde weniger befremden, wenn das Lehnbuch vor den am 23. Juni 1355 über die Erbfolge errichteten Verträgen angelegt worden wäre. Der Inhalt desselben widerspricht aber keineswegs der bestimmten Nachricht, dass die darin verzeichneten Belehnungen erst mit dem Jahre 1360 begonnen haben. Gegenstände der Belehnung waren ähnliche wie im Jahre 1330; jedoch fehlte diesmal der Grafenschatz. Unter den verlehnten Gerichten befand sich auch das Gericht auf der im Jahre 1236 erworbenen Insel Gorieswerder (jetzt Wilhelmsburg), früher den Grote, nun den Leuwenberg verliehen. Die Insel selbst besassen 1281 und 1297 die Grafen von Holstein, 1304, 1334 und noch 1383 die Grafen von Schauenburg vielleicht als ein Lehn der Herzöge. Vergeblich sucht man in dem Lehnbuche den auf dieser Insel gelegenen Stillhorn. Zwei Drittel desselben mit dem Gerichte erwarb Otto Grote am 13. August 1361 von den Schacke, welche ihm das Lehn zu gute zu halten versprachen. Er hielt daselbst 1363 seinen Vogt und bezog jährliche Schatzung von jedem dortigen Morgen Pfluglandes und den Zehnten. Zu den Gegenständen, welche der Herzog verlehnte, waren seit 1330 manche hinzugekommen, unter andern Berge, Seen, Baumgärten, sonstige Gärten, Hausstellen, Holzberechtigungen, Korngefälle, sogar in Honig bestehende Abgaben (nach Eimern gemessen), Einkünfte aus dem Zolle zu Bleckede, auf der Elbe zu erhebende Abgaben, Hebungen bei dem Rathe zu Hannover, der Billschilling oder der Zins der Knochenhauer in der Stadt und Hütten zu Isernhagen, wo wahrscheinlich das damals im Handel bekannte hannoversche Eisen gewonnen wurde. Unter den Lehnsstücken befanden sich einige, welche früher von den edelen Herren von Meinersen, andere, welche von den Grafen von Roden, noch andere, welche von den Grafen von Wölpe verliehen worden waren. Belehnt wurden unter andern die Grafen von Regenstein mit dem Lehngute in der Münze zu Braunschweig, mit Gütern in der Stadt, in ihrer Umgegend und im Gerichte Kissenbrück, die von dem Berge mit dem Schenkenamte, die von Meding mit dem Marschallamte, die von Salder mit dem Schlosse Calenberg, die von der Odem mit dem halben Schlosse und Kemnade zu Hanstedt, die von Tzerstede mit einem Viertel der Kemnade zu Hanstedt, die von Wustrow mit dem Schlosse und Weichbilde Wustrow, die von Gilten mit dem halben Schlosse zu Wrestedt, die Gropen und Spörken mit dem Sitze zu Molzen, die von der Gartow mit einem Viertel der Gartow, die von Rössing mit dem Gestade zu Schulenburg, die von Reden mit einer Kemnade vor der Burg zu Hannover und die von Edingerode mit einer anderen auf der Neustadt daselbst. Ausserdem verlehnte der Herzog Burglehne auf den Schlössern Lichtenberg, Brunsrode, Campen, Gifhorn, Meinersen, Lauenau, Hallermund, Lauenrode, Bahrdorf, Lüneburg, Bleckede, Dannenberg und Lüchow. Wenn zur Sicherung der Nachfolge des Herzogs Ludwig es für nothwendig erkannt wurde, die Pfandbesitzer der Schlösser geloben zu lassen, dass sie ihm den Pfandvertrag halten wollten, so hätte es ebensowohl die Vorsicht gebieten müssen, dass auch er den Lehnsleuten besonders den Burgmännern ihre Lehne verlieh; denn wegen derselben sollten sie ihm als ihrem Lehnsherrn einst Kriegsdienste leisten und ihm das Herzogthum gegen Angriffe der Herzöge von Sachsen-Wittenberg und anderer Fürsten, welche die Nachfolge beanspruchen könnten, schützen. Die Burgmänner namentlich sollten ihm wegen erhaltener Lehne die Schlösser bewachen. Wenigstens hätten sie, selbst wenn Herzog Wilhelm ihn als unter Vormundschaft stehend behandeln wollte, in ihren Lehnsreversen anerkennen müssen, dass sie sich, falls Herzog Wilhelm keinen Sohn hinterliesse, als Lehnsleute des Herzogs Ludwig betrachteten. Dass auch dies nicht geschah, zeigt ein Revers des Knappen Hermann Schulte. Als derselbe nämlich zum Ersatze eines auf seine Bitte aus dem Lehnsverbande entlassenen Zehnten zu Lühe im Alten-Lande dem Herzoge Wilhelm das Eigenthum über Höfe zu Stemmen, Wenkeloh und Grimshoop überliess, empfing er diese am 11. September 1358 nur von ihm wieder zu Lehn und versprach in dem Reverse, nur ihm die Lehnspflicht zu leisten. Von einer Anerkennung des Herzogs Ludwig als künftigen Lehnsherrn ist in demselben keine Spur. Reverse Anderer fehlen. Sehr glaublich aber ist es, dass auch sie nichts anderes enthielten, sondern Herzog Ludwig in ihnen, wie bei den Lehnsresignationen und im Lehnbuche, übergangen wurde.

Nachdem im Obigen manche Abschweifung, weil sie nicht vermieden werden konnte, statt gefunden hat und dem Gange der Ereignisse etwas vorgegriffen werden musste, sei es erlaubt, den Faden der Erzählung, wo er abbrach, wieder aufzunehmen. Die Burg zu Wettmershagen mit dem Dorfe und dem Patronatrechte hatten die Herzöge Otto und Wilhelm am 8. November 1337 von dem Ritter Jordan von Campe und von seinem Sohne Aschwin gekauft. Seitdem war von den Herzögen daselbst ein Schloss erbauet. Dieses verpfändete Herzog Wilhelm am 5. März 1357 den Gebrüdern Johann und Georg von Campe auf die Dauer wenigstens eines Jahres für hundert Mark löthigen Silbers. Sie gelobten, ihm das Schloss zu öffnen und sich seiner Entscheidung zu fügen. Er bewilligte ihnen Selbsthülfe, wenn er acht Wochen nach der Klage ihnen nicht Hülfe leistete, versprach, das Schloss von jeder Belagerung befreien zu helfen, sie, wenn er vom Schlosse Krieg führte, durch seinen Amtmann vor Schaden bewahren, zugefügten Schaden aber durch denselben innerhalb eines Vierteljahres nach der Klage vergüten zu lassen und, wenn das Schloss erobert würde, ihnen die dazu gehörende Gülte zu sichern, auch vor der Wiedereroberung keine Sühne noch Frieden mit dem Feinde zu schliessen. Von dem Schlosse „Leuwenwerder" oder „Lowenwerder", welches die Herzöge Otto und Wilhelm und Graf Hermann von Everstein um das Jahr 1329, wie es scheint, zunächst zum Schutze des Schlosses und der Herrschaft Vlotho gegen den Erzbischof von Cöln gebauet hatten, werden sie sich des von den Grafen von Everstein dem Erzbischofe 1259 zur Hälfte und 1283 vollständig abgetretenen Schlosses Ohsen bemächtigt haben. Während die Grafen von Everstein die eine Hälfte, besassen die Herzöge zu Lüneburg die andere Hälfte dieses Schlosses, so dass dasselbe, wie das nahe gelegene Schloss „Leuwenwerder", zwischen ihnen getheilt war. Als Herzog Wilhelm 1357 einen Wechsel der Pfandinhaber auf seiner Hälfte des Schlosses beabsichtigte, gedachte er der guten Dienste des Knappen Justatius oder Statius Bussche, welcher durch seinen Vertrag vom 12. Juli 1354 über das Schloss Bokeloh sich mancher Unannehmlichkeit ausgesetzt haben mochte, und liess durch den Ritter Ludolf von Hohnhorst und durch den Küchenmeister Diedrich Schlette mit ihm und seinem Sohne Johann und mit Johann Bussche, Johann's Sohne, wegen Verpfändung der Hälfte des Schlosses Ohsen unterhandeln. Am 16. März 1357 versprachen die Bussche, zur Einlösung der bisher verpfändeten herzoglichen Hälfte des Schlosses im nächsten Jahre 200 Mark löthigen Silbers zu zahlen, und verabredeten mit den beiden herzoglichen Bevollmächtigten die übrigen Bedingungen des zu schliessenden Pfandvertrages. Sie erfüllten ihr Versprechen, erhielten das halbe Schloss und besassen es bis ins Jahr 1364 zu Pfande. Am 18. November 1360 gelobte Graf Otto von Everstein, wegen der anderen ihm gehörenden Hälfte dem Herzoge Wilhelm und den Seinen einen Burgfrieden auf dem Schlosse und dem Werder, worauf dasselbe gebauet war, zu halten. Der gräfliche Amtmann auf dem Schlosse sollte diesen Burgfrieden dem Herzoge oder dessen Amtmanne durch einen Eid bekräftigen. Wer des Grafen wegen auf dem Schlosse wohnte oder auf dem Werder bauete, mochte er Burgmann, Pförtner, Wächter oder anderen Berufes und Standes sein, sollte dem Herzoge und herzoglichen Amtmanne, damit er sowohl dem Herzoge, als dem Grafen, jedem sein Recht erwiese, huldigen. Der Graf versprach, innerhalb vier Wochen nach der Aufforderung Schadenersatz zu leisten, wenn von ihm oder den Seinen dieser Burgfrieden gebrochen würde, und stellte Bürgen, welche, wenn das Gelöbniss nicht gehalten würde, sich zu einem Einlager auf dem Schlosse Ohsen verpflichteten. Das an die Stadt Braunschweig am 7. April 1354 für 310 Mark löthigen Silbers verpfändete Schloss Campen konnte Herzog Wilhelm nicht vor dem Jahre 1356 kündigen und alsdann erst im April 1357 einlösen. Statt dies zu thun, verpfändete er es der Stadt am 30. April 1357 wieder für 440 Mark löthigen Silbers mit dem Vorbehalte jährlicher Kündigung, sonst aber unter denselben Bedingungen wie das vorige Mal. Seine Vereinigung mit dem Bischofe Heinrich von Hildesheim und mit den Herzögen Magnus und Ernst von Braunschweig zum Schutze des Bischofes Albrecht von Halberstadt gegen die Markgrafen von Meissen ist schon unter dem Jahre 1357 in der Geschichte des Herzogs Magnus erwähnt.

Bisher war Herzog Wilhelm wegen des Herzogthums Lüneburg vom Kaiser und kaiserlichen Hofgerichte unangefochten geblieben. An Forderungen, welche besonders die Grafen von Waldeck gegen ihn erhoben, wird es freilich wohl nicht gefehlt haben; sie waren aber bisher nicht gerichtlich geltend gemacht worden. Als der verstorbene Herzog Otto von Lüneburg 1339 sein einziges Kind, seine Tochter Mechtild, dem jungen Grafen Otto von Waldeck zur Gemahlinn gab, wird ihr eine anständige Mitgift verschrieben worden sein. Für Töchter aus fürstlichen Häusern bildeten gewöhnlich ein, höchstens zwei Schlösser die Mitgift oder das Pfand für dieselbe. Eine solche kann dem jungen Grafen nicht vorenthalten worden sein. Von den Herzögen Otto und Wilhelm war ihm am 16. October 1340 das Schloss Giesselwerder für 300 löthige Mark und am 29. Juni 1343 das Schloss Vlotho für hundert löthige Mark verpfändet worden. Aus dem geringen Betrage dieser Pfandsummen lässt sich schliessen, dass die Herzöge ihm fast alles, was sie ihm schuldeten, nämlich bis auf dieselben, bezahlt hatten. Vor dem 22. Februar 1351 wird die Schuld ganz abgetragen sein. An diesem Tage übernahmen nicht sie für ihn, sondern er für sie eine Zahlung zu leisten, bedurften nicht er der von ihnen, sondern sie der von ihm zu stellenden Bürgen. Die Schuld also, welche er nach dem kurz vorher eingetretenen Tode seiner Gemahlinn Mechtild, Tochter des 1352 verstorbenen Herzogs Otto, in Gemeinschaft mit seinem einzigen Sohne, dem Grafen Heinrich, 1357 gerichtlich einklagte, konnte nicht aus rückständiger Mitgift erwachsen sein; ebensowenig wird erwähnt, dass sie aus einer Schenkung oder letzwilligen Verfügung des Herzogs Otto entsprungen sei. Das Erkenntniss des Herzogs Bolk von Falkenberg, kaiserlichen Hofrichters, gegen den Herzog Wilhelm beruhete lediglich auf einer Rechtsfindung der Reichsfürsten, welche der Kaiser in einem von ihm selbst gehaltenen Gerichte veranlasst hatte. Herzog Wilhelm wurde schuldig befunden, dem Grafen Otto und dessen Sohne Heinrich die ungeheuere Summe von 100000 Mark Silbers auszuzahlen. Es verlohnt sich wohl der Mühe zu untersuchen, für welch grosses Gebiet diese Summe nicht etwa bei Verpfändung sondern bei erblichem unter Fürsten abgeschlossenem Kaufe der richtige Preis gewesen wäre. Das Schloss Hunnesrück mit dem Weichbilde, mit der Grafschaft Dassel und mit fünf Dörfern wurde 1310 für 1900 Mark, die beiden Schlösser Bahrdorf und Süpplingenburg 1347 für 1600 Mark, das Schloss Campen 1348 für 1250 Mark, das Schloss Schladen 1353 für 1900 Mark, die ganze Grafschaft Schwerin mit den Städten, Schlössern und Landen Schwerin, Wittenburg, Neustadt, Marnitz, dem halben Lande Lenzen und mit Ansprüchen an Kriwitz und Boitzenburg 1358 für 20000 Mark Silbers verkauft. Durchschnittlich darf also ein Schloss mit den dazu gehörenden Dörfern, mit der Vogtei und Gerichtsbarkeit, mit der Bede, mit dem Zins und allen Abgaben der Freien und Eigenbehörigen, ein Gebiet, welches man später einen Amts- oder Gerichtsbezirk genannt haben würde, im Jahre 1357 wohl nicht zu höherem Preise als 2000 bis 3000 Mark Silbers veranschlagt werden. Für jene 100000 Mark Silbers würden also damals ein Gebiet von 33 bis 50 Schlössern oder fünf Grafschaften von der Grösse der Grafschaft Schwerin käuflich gewesen sein. Ein Ersatz für das halbe Herzogthum Lüneburg wenigstens wurde durch obigen Urtheilsspruch den Grafen von Waldeck zuerkannt. Die herzoglichen Allodial-Güter konnten seit 1235 nicht so angewachsen sein, dass ihre Hälfte den Werth von 100000 Mark Silbers besass. Die meisten seit der Zeit zum Herzogthume hinzugekommenen Güter und Gebiete waren Lehne geistlicher Fürsten. Zwischen ihnen und den unmittelbaren Reichslehnen machte der Kaiser, wie die Urkunden vom 15. Juli 1363 zeigen, keinen Unterschied. Hiernach muss jenes Erkenntniss beurtheilt werden. Die Grafen werden sich dasselbe auf Grund der Bestimmung des Herzogs Otto vom 28. November 1315 erwirkt haben, nach welcher seine beiden Söhne, nämlich Otto, Vater der Gräfinn Mechtild, und Wilhelm, nach seinem Tode das Herzogthum theilen sollten. Hier also erkannten die Fürsten und der Kaiser das in der Lehnsurkunde des Jahres 1235 den Töchtern zugesicherte Recht auf die Nachfolge im weitesten Sinne an. Weil der mit dem Herzoge Ludwig von Braunschweig verlobten Tochter des Herzogs Wilhelm von dem Kaiser durch jene den Herzögen von Sachsen-Wittenberg ertheilte Anwartschaft und Belehnung mit dem Herzogthume Lüneburg dasselbe Recht abgesprochen war, blieb ihm nach der für die Grafen von Waldeck günstigen Entscheidung, wie man annehmen sollte, wohl kaum eine andere Ausrede übrig, als die Anwartschaft und Belehnung mit cognatischem Erbrechte des Herzogs Albrecht von Sachsen-Wittenberg und seiner Oheime zu rechtfertigen. Die Mutter Albrechts nämlich war die älteste Tochter des Herzogs Wilhelm und ihr konnte wegen ihrer Erstgeburt das Vorrecht vor ihrer Schwester zuerkannt werden. Die Eltermutter der Oheime des Herzogs Albrecht aber war Helena, Tochter des Herzogs Otto des Kindes von Braunschweig und Lüneburg. Diesem standen sie in der weiblichen Linie um ebenso viele Grade nahe, als Herzog Ludwig in der männlichen. In der That hielt Herzog Albrecht und sogar sein Oheim, Herzog Wenzlaus von Sachsen-Wittenberg, es 1371 für zweckmässig, Ansprüche auf das Herzogthum Lüneburg nicht nur wegen kaiserlicher Belehnung sondern auch wegen Erbtheils zu erheben. Wie sehr man sich auch bemühet, vergebens sucht man in dem Verfahren des Kaisers hinsichtlich des Herzogthums Lüneburg die strenge Befolgung eines bestimmten Rechtsgrundsatzes. An die Stelle des Rechtes trat die Zweckmässigkeit. Für seine willkürlichen Anordnungen glaubte Kaiser Karl IV. keine andere Rechtfertigung zu bedürfen, als die Zustimmung eigensüchtiger Fürsten und fügsamer kleiner Herren, mit denen er sich umgab. Im Allgemeinen hielt er sich selbst für die einzige Rechtsquelle. Sein Vorgänger, Kaiser Ludwig, hatte ihm den Weg gebahnet. Auf sein Verlangen nämlich war diesem von den Churfürsten am 21. September 1342 gestattet worden, mit ihrem und anderer Herren Rath Reichsrechte und andere Gesetze, die ausser Gewohnheit gekommen oder falsch gedeutet waren, zu verbessern und zu ändern. Zugleich war von ihnen bestimmt worden, dass das Hofgericht nur nach Reichsgesetzen richten sollte. Klagen, dass dasselbe nach alter böser Gewohnheit oft ungleich gerichtet habe, hatten hierzu die Churfürsten bewogen. Jene alte böse Gewohnheit scheint jedoch von dem Reichshofgerichte seitdem nicht abgelegt worden zu sein. Obwohl durch dasselbe Graf Otto von Waldeck und sein Sohn Heinrich wegen ihrer Forderung von 100000 Mark Silbers am 22. September 1357 auf das ganze Herzogthum Lüneburg, also nicht auf das Allode allein, auf Land, Leute und Güter, um sich daraus bezahlt zu machen, angewiesen wurden, kümmerte den Herzog Wilhelm das Erkenntniss und diese Anweisung wenig; denn es fehlte dem Hofgerichte meistens an der vollziehenden Gewalt gegen Grosse des Reiches. Ruhig abwartend, was die entfernt sitzenden Grafen von Waldeck gegen ihn unternehmen würden, beschäftigte er sich mit einer Erbfolge-Angelegenheit in einem Nachbarlande, welche ihm Gelegenheit bot, in Gegenden, die einst seine Vorfahren besessen hatten, Eroberungen zu machen.

Die Grafschaft Schwerin war unter die drei gräflichen Linien zu Schwerin, Boitzenburg und Wittenburg getheilt. Als von ihnen die beiden ersteren 1344 und 1349 ausstarben, machten die Herzöge von Mecklenburg Verträge geltend, durch welche ihnen nur im Falle, dass der ganze gräfliche Mannsstamm ausstürbe, Rechte auf die Grafschaft verliehen waren. Sie beriefen sich nämlich auf eine mit dem unvermählt verstorbenen Grafen Nicolaus von Schwerin-Wittenburg wegen des Anfalls der Lande, Städte und Schlösser Kriwiz und Boitzenburg am 7. März 1343 getroffene Vereinbarung, auf einen mit dem Grafen Nicolaus von Schwerin-Boitzenburg wegen der Erbfolge in den Landen Boitzenburg, Wittenburg und Kriwiz am 2. Juni 1345 errichteten Vertrag, auf die ihnen in den Landen Kriwiz, Zellensen, Wittenburg am 24. Juni und 1. Juli 1345 und in der Stadt und dem Lande Boitzenburg am 25. April 1347 geleistete Eventualhuldigung, endlich auf den Vertrag, durch welchen sie am 21. Februar 1350 von der Wittwe des Grafen Nicolaus von Schwerin-Boitzenburg das Leibgedinge derselben, Schloss, Stadt und Land Kriwiz und Zellensen, gekauft hatten, und besetzten Zellensen und Wittenburg. Erst nach einem heftigen Kriege mit dem Herzoge Albrecht von Mecklenburg, in dessen Gefangenschaft er sogar eine Zeit lang gerieth, gelangte Graf Otto von Schwerin-Wittenburg zum Besitze der ganzen Grafschaft Schwerin mit Ausnahme des Schlosses Kriwiz, welches durch schiedsrichterliches Urtheil dem Herzoge Albrecht von Mecklenburg am 8. Juli 1350 zuerkannt war. Als um den Streit zu endigen der Graf am 12. October 1352 seine einzige Tochter Richarde dem zweiten Sohne des Herzogs verlobte, erhielt dieser für die auf 4500 Mark Silbers bestimmte Mitgift das Schloss, die Stadt und das Land Boitzenburg zum Pfande. Bald nach dem 14. Januar 1357 starb Graf Otto und hinterliess ausser seiner dem jungen Herzoge von Mecklenburg verlobten Tochter keine Kinder. Es lebte aber noch sein Bruder Nicolaus, welcher die Erbschaft seiner Mutter Richarde, nämlich die Grafschaft Tecklenburg, erhalten hatte, und dessen Sohn Otto. Als Herzog Albrecht von Mecklenburg trotzdem für seinen Sohn von der Grafschaft Schwerin Besitz ergreifen wollte, machten ihm beide Grafen nicht nur diese streitig, sondern erhoben auch Ansprüche auf Kriwiz und Boitzenburg. Mit ihnen verbanden sich die Herzöge von Sachsen-Lauenburg, Lehnsherren der Grafschaft. Dagegen verbündete sich Herzog Albrecht von Mecklenburg am 15. August 1357 zu Boitzenburg mit dem Herzoge Wilhelm zu Lüneburg auf die Dauer von sechs Jahren gegen den Grafen Nicolaus von Tecklenburg und dessen Bundesgenossen, die Herzöge von Sachsen-Lauenburg, wie gegen jeden andern mit Ausnahme des römischen Königs, des Markgrafen von Brandenburg, des

Erzbischofes von Magdeburg und der Grafen von Holstein. Eroberungen, die man in der Grafschaft Schwerin machen würde, sollte der Herzog von Mecklenburg, Eroberungen im Herzogthume Lauenburg Herzog Wilhelm behalten. Ueber die aus Fehden der Unterthanen beider Herzöge entstandenen Uneinigkeiten sollte Graf Nicolaus von Holstein zu Rendsburg richten. Ein Krieg zwischen den Herzögen von Lauenburg und Mecklenburg, mehr aber noch ein Krieg zwischen den Herzögen von Lüneburg und Lauenburg flösste der Stadt Lüneburg für ihre Handelsbeziehungen nicht nur mit dem Herzogthume Lauenburg sondern auch mit den weiter nördlich und neben demselben gelegenen Landen, namentlich auch für die im Herzogthume Lauenburg erlangten Begünstigungen und Freiheiten ernstliche Besorgniss ein. Erst eben, am 10. März 1357, hatte die Stadt mit den Schliessern, Geschworenen und Kirchspielsleuten zu Lunden und Hemme in Ditmarsen, einer so mächtigen Genossenschaft, dass sie bis in dieses Jahr nicht nur gegen die Einwohner von Schwabstedt sondern auch gegen den Bischof Nicolaus von Schleswig eine langwierige Fehde fortsetzte, eine Uebereinkunft getroffen, in welcher von beiden Kirchspielen allen Kaufleuten der Stadt Lüneburg, um zu ihnen zu kommen, bei ihnen zu verweilen und heimzukehren, unter Bedingung der Gegenseitigkeit Frieden und sicheres Geleit bis auf Widerruf bewilligt worden war. Handelsreisen und Transporte der Waaren dorthin, nach Lübeck, Hamburg, Mecklenburg, Holstein, Schleswig, Dänemark, Schweden und Norwegen waren durch einen Krieg mit dem Herzogthume Lauenburg gefährdet. Obgleich der Kaiser zum Nachtheile des Herzogs Erich von Sachsen-Lauenburg den Herzog Rudolf von Sachsen-Wittenberg als Reichserzmarschall anerkannt hatte, waren die Städte Lüneburg und Hannover dem Herzoge Erich als obersten Richter in Sachsen, wie eine Urkunde vom 22. November 1356 beweiset, treu geblieben. Die Stadt Lüneburg holte auch in folgendem merkwürdigem Rechtsfalle sein oberstes Urtheil ein. Einem frei geborenen Manne in einem Dorfe, welcher eines ritterbürtigen Mannes Meier war, fiel als dem nächsten Blutsverwandten ein Erbe und anderes Gut in der Stadt Lüneburg zu und wurde ihm gerichtlich zuerkannt. Auf Bitten seines Herrn, also mit dessen Willen, wurde ihm als freiem Manne von der Stadt die Bauerschaft gegeben und er als Bürger aufgenommen. Darauf gelobte er ohne Wissen des Rathes dem ritterbürtigen Manne, seinem früheren Herrn, sein Mann und Meier zu bleiben und ihm von dem Landgute ausserhalb der Stadt, wovon er Meier war, Zins zu entrichten, ihm auch, wie dessen andere Leute, Beede und Schatzung zu zahlen. Später wurde er, als der ritterbürtige Mann gegen ihn wegen Schuldforderung klagte, dem Rathe der Stadt durch Urtheil und Recht abgesprochen und seinem Herrn gerichtlich zuerkannt; es wurde sogar dem Rathe verboten, ihn gegen diesen in Schutz zu nehmen. Als er darnach flüchtig wurde, forderte sein Herr die ihm schuldigen Brüche und Pflicht aus dem auf den Flüchtling vererbten in Weichbildsrechte, nämlich in der Stadt Lüneburg, gelegenen Gute ein. Die Stadt, welche sich diesem Unterfangen widersetzte, brachte die Sache an den Herzog Erich von Sachsen-Lauenburg, als obersten Richter in Sachsen, und dieser erkannte am 27. Januar 1357 für Recht, dass der ritterbürtige Mann Brüche und Pflicht nicht aus dem in Weichbildsrechte gelegenen Gute, weil der Flüchtling nicht davon sein Mann oder Meier sei, sondern nur von dem Landgute einfordern dürfe. Herzog Erich nannte sich in der darüber ausgestellten Urkunde schon nicht mehr Reichserzmarschall und obersten Richter in Sachsen, obgleich sein Sohn Erich der jüngere sein Recht darauf behauptete. Um so mehr musste er die Treue anerkennen, mit welcher die Stadt Lüneburg ihm als ihrem Oberrichter zugethan war, und um so gewisser durfte sie in einem Kriege von ihm und seinem Sohne geschont zu werden hoffen. Kaum konnte das erste Gerücht, dass zwischen Lauenburg und Mecklenburg der Krieg erklärt sei und dass der Herzog von Mecklenburg sich um ein Bündniss mit dem Herzoge Wilhelm gegen den Herzog Erich bemühe, aufgetaucht sein, als die Stadt Lüneburg sich bei diesem nicht vergeblich um diejenigen Begünstigungen bewarb, durch welche sie auf alle Fälle ihren Handel sicher gestellt erachtete. Herzog Erich der jüngere bewilligte den Rathsherren und Bürgern der Stadt Lüneburg auf seine Lebenszeit am 29. April 1357 folgende Gnade und Freiheit. Er versprach, sie und ihr Gesinde wie seine Mannen und Gesinde in seinem Lande zu schützen, erlaubte ihnen, falls sie zu Lauenburg von ihren Schiffen nach alter Gewohnheit und Sitte den schuldigen Zoll entrichteten, mit ihrem Salze und Gute in sein Land zu kommen, es durch dasselbe zu transportiren und auszuführen, ihr Salz nach Geesthacht oder nach anderen Orten seines Herzogthums, wem sie wollten, zu Schiffe zuzuführen und selbst nach Boitzenburg ungehindert zu verschiffen. Zugleich ertheilte er ihnen die Zusicherung, dass seine Amtleute sie, ihr Gut und ihr Gesinde wegen Strandens der Schiffe und anderer Unglücksfälle nicht behelligen sollten. Die

Bürger von Hannover und Uelzen, welche nicht so vorsichtig gewesen waren, sich von dem Herzoge Erich oder von seinem Sohne Erich dem jüngern vorher noch Zusicherungen zu erwirken, erlitten von ihnen wegen des Bündnisses des Herzogs Wilhelm mit Mecklenburg, schon bevor der Krieg ausbrach, manche Belästigungen. Um eine gütliche Vermittlung zu versuchen, entsandten die Städte Lüneburg, Hannover und Uelzen ihre Abgeordneten, welche von zwei Räthen des Herzogs Wilhelm begleitet wurden. Sie trafen mit den Herzögen von Sachsen-Lauenburg am 29. October 1357 in der Zollbode zu Eislingen (Zollenspieker) zusammen. Wie gewöhnlich in Irrungen zwischen Fürsten und Städten wurde hier den Rathsherren zur Betheuerung ihres Rechtes der Eid zugeschoben. Zwei aus dem Rathe der Stadt Hannover sollten nämlich schwören, dass, wenn ein Bürger dieser Stadt sein Gut zu Möllen oder an einer anderen Zollstelle des Herzogthums Lauenburg einmal verzollet hätte, es während der Reise, auf welcher es sich befände, an keiner anderen Stelle des Herzogthumes wieder verzollet zu werden brauchte, sondern dass man das Gut frei und unbehindert über Land und die Elbe auf- und niederwärts bringen dürfte, wohin man wollte. Aus Freundschaft aber verzichteten die Herzöge auf diesen Eid und versprachen, die Bürger der Stadt Hannover aus Rücksicht auf den Herzog Wilhelm von Lüneburg bei ihrem Rechte zu lassen, auch die Bürger der Stadt Uelzen durch Zollbedrückungen in ihrem Rechte nicht zu kränken. Herzog Wilhelm erlangte am 27. Mai 1358 von den Grafen Gerhard und Johann von Hoya, welche ihre Grafschaft von den Herzögen von Sachsen-Lauenburg zu Lehn besassen, das Versprechen, dass sie in einem Kriege zwischen ihm und denselben sich neutral verhalten wollten, wenn auch ihrer Vermittlung es nicht gelänge, den Frieden zu erhalten. Zu Feindseligkeiten zwischen dem Herzoge Wilhelm und den Herzögen von Lauenburg ist es also vermuthlich erst nach jenem Tage gekommen. Dennoch erscheint der Fall sehr eigenthümlich, dass, während Herzog Wilhelm auf Eroberungen im Herzogthume Lauenburg ausging, die Herzöge dieses Landes um seinetwillen seine Unterthanen gegen Kriegsgebrauch milde zu behandeln versprachen. Die Nachtheile, welche diesen durch seine Feindschaft gegen die Herzöge von Sachsen-Lauenburg erwuchsen, mussten empfindlich sein; sonst wären den Abgeordneten der Städte wohl nicht zwei herzogliche Räthe beigegeben worden. Auch das im Herzogthume Lüneburg gelegene Kloster Scharnebeck erkannte die seinen Besitzungen, besonders denen im Kirchwerder, während eines Krieges drohende Gefahr. Durch das kleine Geschenk von 24 Mark lüneburger Pfennige erwarben sich Abt und Convent die Geneigtheit des Herzogs Erich des jüngern. Am 28. September 1357 versprach er, sie und ihre Güter in seinem Gebiete gegen jeden seiner Unterthanen zu vertheidigen. Der Prior und der Kellner des Klosters erwiesen dafür seinem Vater die Gefälligkeit, seine Reliquien und Kleinodien in Verwahrung zu nehmen. Er mochte sie an heiliger Stätte in Feindeslande für sicherer geborgen halten, als in einem seiner Schlösser, welches vom Feinde erobert werden konnte.

Herzog Albrecht von Mecklenburg liess sich nicht nur von dem Herzoge Rudolf von Sachsen-Wittenberg mit der Grafschaft Schwerin belehnen, obgleich dieselbe bis zur Elde ein Lehn des Herzogs Erich von Sachsen-Lauenburg war, sondern hielt auch die Mutter seiner künftigen Schwiegertochter, die Gräfinn Mechtild, Wittwe des Grafen Otto von Schwerin, um sie zu einer Verzicht auf ihr Leibgeding zu zwingen, gefangen, liess sich ferner zu Lenzen, welches Schloss mit Stadt und Land am 26. März 1337 Markgraf Ludwig von Brandenburg den Grafen von Schwerin verpfändet hatte, von einigen Lehnsleuten der Grafschaft huldigen und bemächtigte sich des am 6. December 1334 durch Vertrag dem Herzoge Erich von Sachsen-Lauenburg von seinem Vetter, Herzog Albrecht, überlassenen Schlosses Hadeln. Herzog Erich wurde durch einen Kriegeszug nach Hadeln verhindert, sofort Gleiches mit Gleichem zu vergelten. Das Land Hadeln, dem schon 1219 Herzog Albrecht von Sachsen ein Privileg verliehen hatte, war auf den Herzog Erich von seinen Vorfahren vererbt. In Hadeln wie in Wursten machten die Erzbischöfe von Bremen, weil beide Länder nach einer angeblichen Urkunde des Königs Philipp vom Jahre 1186 zur Grafschaft Stade gehörten, den Herzögen die Herrschaft streitig. Obgleich Erzbischof Giselbert unter Bürgschaft des Grafen Gerhard von Hoya und des Ritters Johann von Aumunde sich mit den Herzögen über beide Lande im October 1294 verglichen hatte, Hadeln und Wursten auch in dem Vertrage der Stadt Hamburg vom 1. November 1299 mit den Herzögen Johann und Albrecht von Sachsen-Lauenburg über einen Leuchtthurm auf der Insel Neuwerk, über Strandrecht und Seefund, ferner in der am 2. Februar des folgenden Jahres von den Schulzen, Schöffen, Richtern und der Gemeinde des Landes Hadeln vollzogenen Bestätigung dieses Vertrages ganz als herzogliche Lande behandelt sind, wurde der Kampf doch fortgesetzt und es gelang dem Erzbischofe, im Lande Wursten die Herrschaft eine Zeit lang zu behaupten. Im Jahre 1238, als die Richter und Schulzen des Landes Wursten mit der Stadt Hamburg wegen Strandungsfälle und über Rechte der Kaufleute einen Vertrag abschlossen, hatte ein wahrscheinlich vom Herzoge angestellter Gräfe im Lande seinen Sitz. Später verschwindet er und es erscheinen nur Richter und Schulzen. Sie und die Gemeinde des Landes gelobten am 24. Juni 1304, dem Erzbischofe Gieselbert, als ihrem Herrn, und seinen Nachfolgern von jeder Hausstelle ihres Landes jährliche Abgaben zu entrichten, und er verpflichtete sich vier Tage später, sie als seine Unterthanen bei ihrer Freiheit zu lassen. Jene Abgaben des ganzen Landes wurden am 11. November 1336 durch Vergleich auf vier Mark bremer Silbers festgestellt. Aber schon ums Jahr 1347 fiel das Land vom Erzbischofe ab, Richter und Gemeinde erkannten den Herzog Erich von Sachsen-Lauenburg als ihren Herrn an, die Schulzen nebst der Gemeinde gelobten am 13. August desselben Jahres, ihm wie früher seinen Vorfahren ihre Schuldigkeit zu leisten, und sie versprachen dem ihnen zu sendenden Gräfen sicheres Geleit. Das Volk des Landes Hadeln suchte sich jeder Herrschaft zu entziehen, konnte aber bald die in Folge dessen entstehende Rechtsunsicherheit selbst nicht mehr ertragen. Im Jahre 1329 war schon seit langer Zeit kein herzoglicher Gräfe in jenen unwirthsamen Gegenden erschienen; ohne sicheres Geleit würde er jeder Gewaltthat preisgegeben gewesen sein. Ungebundenheit, Zügellosigkeit und Gewalt nahmen dort überhand. Die Angeseheneren des Landes, unter ihnen der Schulze Walderich Lappe, welchem Herzog Erich am 21. October 1324 für 200 Mark die Dörfer Wolde und Groden im Lande Hadeln mit allen Nutzungen zu Lande und See verpfändet hatte, beriefen eine Volksversammlung. In derselben am 16. Juni 1329 wurde ein Schreiben an den Herzog Erich aufgesetzt, worin das ganze Volk, die übelen Zustände im Lande nicht verschweigend, zur Aufrechthaltung der herzoglichen Gerichtsbarkeit um einen Gräfen bat und demselben sicheres Geleit ertheilte. Die Eingesessenen des Kirchspiels Altenbruch bestätigten noch besonders die Verleihung des Geleites am 7. November 1330. Der darauf vom Herzoge gesandte Gräfe Johann Croel traf auf mancherlei Schwierigkeiten. Walderich Lappe suchte sowohl ihn als auch das Land zu entschuldigen. Er schrieb am 25. Februar 1332 dem Herzoge, dass nicht böser Wille der Einwohner, noch Nachlässigkeit des Gräfen, sondern schlechte Wege und Stürme die Ausübung der herzoglichen Gerechtsame verhindert hätten. Herzog Erich betrachtete das ganze Land Hadeln als das seine und handelte dem gemäss. Diesem Uebergriffe widersetzte sich sein Vetter, Herzog Albrecht zu Bergedorf, weil er an dem Lande Hadeln und Wursten Antheil besass. Seinen Theil des Landes Hadeln mit seinem ganzen Fürstenthume hatte er am 9. April 1330 dem Grafen Gerhard von Holstein zu Rendsburg für 10000 löthige Mark verpfändet. Nachdem beide Herzöge am 6. December 1334 sich wegen des Landes Hadeln und Wursten verglichen hatten, vertraueten Herzog Erich und sein Sohn Erich am 5. Februar 1340 die Grafschaft in beiden Ländern, nämlich ihre zwei Theile (zwei Drittel) derselben, dem Knappen Hadeler auf die Dauer von zwei Jahren an und liessen sich für die pünktliche Einforderung der Brüche und Gefälle von ihm Bürgen stellen. Zehnten, Zins und Widderpfennige wurden dennoch säumig entrichtet. Diese Rückstände einzutreiben, auch die Brüche, das Ungeld und die Abgaben von Strandgütern zu erheben, beauftragte deshalb am 12. Juli 1349 Herzog Erich den Walderich Lappe. Auf diese Hebungen war so wenig zu rechnen, dass er ihm von jeder Einnahme die Hälfte im Voraus überliess. Die Gewalt des Herzogs konnte sich im Lande deswegen nicht befestigen, weil es ihm dort an festen Plätzen fehlte, so viele Burgen auch die angeseheneren freien Leute im Lande besitzen mochten. Zwar hatte Ritter Werner von Bederkesa als Herrn des von ihm in der Nachbarschaft des Landes Hadeln zu Elmlohe erbaueten Schlosses den Herzog Erich unter der Bedingung, dass derselbe davon den beiden Schlössern zu Bederkesa keinen Schaden zufüge, am 17. Mai 1321 anerkannt, der Herzog hatte ihn, die Gris, Papen, von Bexhovede und von Elmelo, 1330 auch den Ritter Lüder von Huda als Burgmänner auf das Schloss gesetzt und die Schlüssel zu demselben dem Gräfen des Landes Hadeln überliefert, ohne dessen Bewilligung die Burgmänner keinen Krieg beginnen sollten. Zwar konnte dieses Schloss in einem Kriege gegen das Erzstift Bremen dem Herzoge die wichtigsten Dienste leisten, wie denn auch ein von den dortigen Burgmännern mit der Stadt Stade am 8. September 1334 gegen den Erzbischof geschlossenes Bündniss diesem die grössten Befürchtungen für seine Lande zwischen den Flüssen Lesum, Elbe, Este und Wümme einflösste. Zu fern aber lag es, um von hier aus die Hadeler, welche den unbeugsamen Freiheitssinn der alten Sachsen sich erhalten hatten, dem Willen des Herzogs zu unterwerfen. Der Erzbischof von Bremen, welcher an beiden Seiten der Oste solche Macht besass, dass 1305 die Kornausfuhr daselbst von seiner

Bewilligung abhing, welcher ausser dem Gerichte zu Oppeln, wie es sich 1341 zeigt, Herr des Freibannes zu Ieensee war und manche Gefälle aus dem Lande Hadeln, selbst aus Otterndorf, bezog, stand in dieser Beziehung gegen den Herzog im Vortheile. Zur Sicherung seiner Rechte an der Oste und im Lande Hadeln hatte er das Schloss Neuhaus am Balk-See und am Ramper-Bache, also den Hadelern gleichsam eine Zwingburg erbauet. Obgleich er das Schloss am 19. März 1301 gegen die Güter der von Barmstedt vertauschte, diente es ihm doch ferner, weil er es an seine Dienstmannen, die von Luneberg und von der Oste, überliess, als fester Platz, von wo aus er den Grafenschatz erheben und die hohe Gerichtsbarkeit ausüben konnte. Als der Herzog erkannte, dass wegen Mangels an Schlössern seine Herrschaft über Hadeln aller Stütze entbehrte, bot auch diesmal ein Lappe die Hand dazu, seine Landsleute dem Herzoge zu unterwerfen. Alverich Lappe, Sohn Walderich's, stellte am 20. October 1355 ihm sein Steinhaus zu Hadeln, wahrscheinlich seinen reichsfreien Stammsitz Ritzebüttel, so lange zur Verfügung, bis der Herzog zum Schutze seiner Gerechtsame genug Festen im Lande Hadeln errichtet haben würde. Ausser jenem Steinhause besass Alverich mit seinem Bruder Bertold Lappe einen Theil des Schlosses Bederkesa und der dazu gehörenden Börde, welchen sie am 27. Mai 1357 dem Stifte Bremen überliessen. Mit der Stadt Hamburg standen die Hadeler im engen Verkehre, welches jedoch nicht hinderte, dass sie dann und wann das hamburgsche Kaufmannsgut mit Gewalt sich aneigneten. Besonders aus den Besitzungen der Lappe, aus den Dörfern Steinmarne, Dune und Stickenbüttel, wurde der hamburger Kaufmann beraubt. Zwar gelobten am 1. November 1310 die Schulzen, Schöffen und die Gemeinde des Landes Hadeln in einem Vertrage mit der Stadt unter andern, diese Räubereien nicht zu dulden und sie mit Verfestung zu bestrafen. Ausserdem liess sich die Stadt in den Jahren 1349, 1351, 1352 und 1356 von den verschiedenen Mitgliedern der Familie Lappe das Versprechen geben, die hamburger Kaufleute gegen Gewaltthätigkeiten zu schützen. Trotzdem sammelte sich 1357 um Walter Kule und um Pape Kule im Lande Hadeln eine Schaar Freibeuter, welche die hamburger Bürger und Kaufleute beraubte. Der Rath der Stadt Hamburg rief die Herren des Landes Hadeln, die Herzöge Erich und Albrecht von Sachsen-Lauenburg, zu Hülfe. Die gerechten Forderungen der Stadt konnten sie nicht abweisen. Am 27. September 1357 versprachen sie den Bürgern der Stadt und allen Kaufleuten, welche die See suchten, von der See die Elbe hinauf bis Hamburg und umgekehrt ihren Schutz gegen die Räuber aus dem Lande Hadeln und Beschützung des im Jahre 1286 mit Bewilligung des Erzbischofes und der damaligen Herzöge von Sachsen errichteten, im Einverständnisse mit den Herzögen von Sachsen-Lauenburg 1299 neu erbauten Leuchtthurmes auf der Insel Neuwerk. Ausserdem bestätigten sie den Hamburgern und den Kaufleuten die älteren Freiheiten. Selbst im Falle, dass eine Fehde zwischen Hamburg und den Herzögen entstände, sollte obiges Versprechen in Bezug auf das Land Hadeln in Kraft bleiben. An demselben Tage verbanden sie sich mit der Stadt gegen Walter und Pape Kule, gegen deren Helfer und gegen alle diejenigen im Lande Hadeln, welche dieselben hauseten, herbergten und mit Speise versahen. Weder die Herzöge brauchten der Stadt noch diese ihnen für Gefängnis, Todtschlag, Wunden oder sonstigen Kriegsschaden Ersatz leisten. Dagegen sollte jeder Gewinn im Kriege, als Gefangene, Schlösser, Habe, Erbe und Gut, in zwei gleiche Hälften getheilt werden und davon die eine den Herzögen, die andere der Stadt zufallen. Die Verbündeten wollten nur gemeinsam Sühne oder Frieden schliessen. Eroberte Festen im Lande sollten gebrochen werden, wenn die Herzöge und die Stadt nicht etwa sich entschlössen, dieselben nach der Einnahme zur Bezwingung der Räuber bestehen zu lassen. In diesem Falle wollten sie gemeinsam die Schlösser besitzen und von der Feinde Gut unterhalten. Ueber gefangene Räuber sollte nach dem Rechte gerichtet werden. Entflöhen einige derselben aus dem Lande, so sollten sie im Herzogthume und im Lande Hadeln verfestet sein und bleiben und nie dahin zurückkehren dürfen. Nach Unterdrückung des Raubwesens sollten die Schlösser zerstört werden und dies Bündniss erlöschen. Das herzogliche Heer wurde auf der Hinreise nach Hadeln und ebenfalls während der Rückreise nach Hamburg auf Kosten der Stadt verpflegt. Im Vereine mit der von ihr gestellten Mannschaft wird es die Räuber nebst deren Anhange bezwungen und unschädlich gemacht haben, denn eine Reihe von Jahren hindurch verstummen die Klagen über Räubereien der Hadeler.

Während Herzog Erich von Sachsen-Lauenburg und sein Vetter Herzog Albrecht ihre Truppen vermuthlich noch im Lande Hadeln stehen hatten, zog Herzog Albrecht von Mecklenburg mitten im Winter, zu Ende Januar's 1358, seine Mannschaft heran, um die Grafschaft Schwerin zu erobern. Am 6. April 1358 begann er die Belagerung der Stadt

Schwerin. Nach damaliger Kriegsweise bauete er Burgen davor, nämlich die Burg Neu-Schwerin und die Schelfburg. Die Einwohner der Stadt wehrten sich tapfer. Ohne Erfolg wurde die Belagerung bis zu Anfang des Novembers fortgesetzt. Unterdessen musste Herzog Albrecht von Mecklenburg den Grafen von Holstein, weil er mit ihnen gegen den König Waldemar von Dänemark verbündet war, nach Holstein und von dort nach Fehmern und Schonen folgen. Während dieses Seezuges eroberte Herzog Erich von Sachsen-Lauenburg mit Hülfe seiner Vettern, der Herzöge Albrecht und Erich zu Möllen und Bergedorf, und der Grafen von Schwerin-Tecklenburg am 24. August 1358 die Stadt und das Schloss Plau, welche mit dem Lande Plau und mit dem Lande und der Vogtei Krakow am 25. Juni 1356 für 6000 löthige Mark von den edelen Herrn von Werle-Güstrow und von Werle-Waren dem Herzoge Albrecht von Mecklenburg verpfändet waren. Vier Wochen nach dieser Eroberung schlug Herzog Erich das Heer des Herzogs Albrecht von Mecklenburg auf dem „Yellande" (vielleich dem „Ghelande" oder „Gellande", welches am 6. April 1368 der hanseatischen Flotte als Sammelplatz diente, nämlich Seeland, wo schon im August des Jahres 1358 ein Heer Mecklenburger von Schonen aus zu landen versuchte). Auch die mit Mecklenburg verbündeten Holsteiner wurden von den Mannen des Herzogs Erich, nachdem sie dieselben die Belagerung von Crummes aufzuheben gezwungen hatten, bei Siebenbäumen geschlagen. Siegreich also gingen Herzog Erich und die Grafen von Schwerin-Tecklenburg aus allen Treffen hervor. Zu Helsingborg wurde am 18. October 1358 durch Vermittlung des Herzogs Barnim von Pommern ein allgemeiner Frieden geschlossen, in Folge dessen König Waldemar von Dänemark eine Sühne zwischen den Herzögen von Lauenburg und Mecklenburg zu Stande brachte. Herzog Erich sollte Plau wieder ausliefern, Herzog Albrecht ihm Gadebusch so lange überlassen, bis er ihm dafür Boitzenburg abtreten würde. Herzog Erich gab Plau heraus, erhielt aber weder Gadebusch noch Boitzenburg, wurde also, wie Detmar's Chronik hierzu bemerkt, betrogen. Zwar liess sich der alte Herzog seine dem Kloster Scharnebeck zur Bewahrung anvertrauten Reliquien und Kleinodien am 12. April 1359 zurückgeben, rechnete also wohl auf Frieden; zwar traten die Herzöge zu Bergedorf und Möllen am 31. März 1359 durch einen Vertrag auch ihren Theil des eroberten Schlosses Plau an den Herzog Albrecht von Mecklenburg ab. Dennoch dauerten die Feindseligkeiten zwischen diesem und dem Herzoge Erich von Sachsen-Lauenburg bis zum 10. August 1360 fort. Herzog Wilhelm zu Lüneburg, in obigem Frieden zu Helsingborg und in der darauf folgenden Sühne gar nicht erwähnt, beharrte bis zu Ende des Jahres 1360 in seiner feindlichen Stellung gegen die Herzöge von Sachsen-Lauenburg. Auch mit den Grafen von Holstein kam es sobald nicht zum wirklichen Frieden. Die Grafen Johann und Adolf zu Plön klagten ums Jahr 1359, dass ihnen die Herzöge von Sachsen-Lauenburg die Gefangenen nicht auslieferten und dass Herzog Albrecht zu Möllen und Bergedorf ihnen seit dem von dem Herzoge Barnim von Pommern vermittelten Frieden einen Schaden zugefügt habe, welcher die Summe von 4000 Mark überstiege.

Weil der Krieg kein Ende zu nehmen schien und die Grafen Nicolaus und Otto von Tecklenburg sich nicht der Hoffnung hingeben durften, ohne Vergleich und Einbusse in den ruhigen Besitz der Grafschaft Schwerin zu gelangen, willigten sie in einen Frieden, der dann auch am 1. December 1358 mit dem Herzoge Albrecht von Mecklenburg errichtet wurde. Die in der Grafschaft eroberten oder angelegten Festungen sollte der Herzog den Grafen ausliefern, damit sie sie schleiften. Den Grafen wurde von dem Herzoge an den Schlössern, Städten und Landen Grevismühlen, Kriwis und Boitzenburg das Näherrecht und, falls die männliche Nachkommenschaft des Herzogs ausstürbe, auch die Erbfolge zugestanden. Die Grafen räumten ihm dafür hinsichtlich der Schlösser, Städte und Lande Schwerin und Wittenburg ein gleiches Recht ein. Es musste ihnen einleuchten, dass ihr Sitz Tecklenburg zu weit entfernt lag, um von dort her gegen den eroberungssüchtigen Nachbarn, der erst eben gezeigt hatte, wie er Verträge hielt, die Grafschaft Schwerin auf die Dauer behaupten zu können. Sechs Tage nach jenem Frieden entschloss sich daher Graf Nicolaus von Tecklenburg, wie er das Erbtheil seiner Gemahlinn Helene, nämlich die Herrschaft Alten-Bruchhausen, im Jahre 1338 verkauft hatte, nun auch die Grafschaft Schwerin zu veräussern. Er und sein Sohn Otto überliessen am 7. December 1358 dem Herzoge Albrecht von Mecklenburg die Grafschaft mit den Städten, Schlössern und Landen Schwerin, Wittenburg, Neustadt, Marnitz, den dazu gehörenden Mannen, dem halben Lande Lenzen und den Ansprüchen an Boitzenburg und Kriwis für 20000 löthige Mark. Detmar in seiner Chronik behauptet, es seien damit nicht die Fische im Wasser bezahlt. Die Hälfte dieses geringen Kaufgeldes sollte während des

Jahres 1359 in zwei Fristen, nämlich am 17. März und 6. December, bezahlt und nach gehaltenem erstem Termine die Grafschaft dem Herzoge übergeben werden, für die andere Hälfte aber den Grafen Schloss, Stadt und Land Boitzenburg nebst dem Wasser- und Landzolle daselbst als Pfand verbleiben. Die Abtretung der Grafschaft an den Herzog geschah zu Boitzenburg am 31. März 1359, nachdem derselbe vier Tage vorher den Grafen von Tecklenburg unter Bürgschaft des Grafen Heinrich von Holstein zu Rendsburg und des Grafen Adolf von Holstein zu Plön schriftlich versprochen hatte, ihnen die zweiten 10000 Mark im Laufe der Jahre 1360 und 1361 zu entrichten. Er hielt auch diesmal so wenig sein Versprechen, dass, als zu Ende des Jahres 1359 die Grafen den Pfarrer Werner Struve zu Tecklenburg und die Knappen Hugo Bar, Diedrich von Schloon und Lutbert Westfal zu ihm schickten, um von ihm der Verabredung gemäss am 6. December die zweite in das Jahr 1359 fallende Zahlung von 5000 löthigen Mark zu erheben, sie, obwohl mit genügender Vollmacht von beiden Grafen versehen, ohne Geld zu erhalten, wieder abziehen mussten. Der Herzog hatte mit seinen Rittern und Knappen am 7. December 1358 zu den Heiligen geschworen, dass er und sie sämmtlich, wenn er diese Zahlung zur bestimmten Zeit nicht leistete, zwei Wochen darauf nach dem Schlosse Tecklenburg ins Gefängniss wandern sollten. Obgleich die Grafen von Tecklenburg versprochen hatten, ihn und seine Mitgefangenen nicht zu stocken noch zu blocken, verlangte ihn doch wenig nach jenem unfreiwilligen Aufenthalte auf dem Schlosse Tecklenburg. Statt die Haft anzutreten, entliess er die Gesandten der Grafen wahrscheinlich mit Ausreden und neuen Versprechungen, welche anzunehmen und ihm darüber einen Revers auszustellen sie sich wohl bequemen mussten. Auf ihrer Rückreise kamen sie zum Herzoge Wilhelm nach Lüneburg und erlangten von ihm die urkundliche Bescheinigung, dass er die ihnen von den Grafen ausgestellte Vollmacht und ihren dem Herzoge Albrecht gegebenen Revers gesehen habe. Zugleich liess er sich bewegen, was ihm über die zwischen dem Herzoge Albrecht und ihnen gepflogenen Verhandlungen bekannt war, schriftlich zu bezeugen. Hierzu war er nur im Stande, wenn er auf der Hinreise der Gesandten ihre Vollmacht gesehen und ihnen einen seiner Räthe, der ihm über die gepflogenen Verhandlungen berichten konnte, mitgegeben hatte. Damit er es mit seinem Verbündeten nicht ganz verdürbe, mussten die Gesandten am 15. December 1359 schriftlich erklären, dass er ihnen die urkundliche Bescheinigung und das schriftliche Zeugniss auf ihre im Namen der Grafen von Tecklenburg ihm vorgetragene Bitte ausgestellt habe. Detmar in seiner Chronik berichtet, der Herzog von Mecklenburg habe nach Zahlung der Hälfte der Kaufsumme die Lüge vorgebracht, ihn wolle der Graf von Tecklenburg verrathen; darum sei er demselben nichts schuldig. Er hielt allerdings die für Zahlung der letzten 10000 Mark festgesetzte Zeit so wenig, dass sogar noch im Jahre 1369 Boitzenburg dem Grafen Otto von Tecklenburg als Pfand verblieb. Weil dasselbe schwerlich dem Werthe der halben Grafschaft gleich kam, für die Schuld von 10000 Mark also keine Sicherheit bot, beeilte sich schon deshalb der Herzog mit der Einlösung nicht. Ungern liess er sich den Vortheil entgehen, mit Gewalt zu nehmen, was er sonst mit Geld hätte lösen müssen. Dass Stadt und Zoll noch 1369 dem Grafen rechtlich gehörte, beweiset eine Urkunde dieses Jahres, in welcher er erklärte, dass die Bürger der Stadt Lüneburg das Salz, welches sie nach Boitzenburg brächten, zwar nach alter Gewohnheit verzollen sollten, für Häringe aber oder anderes ihnen gehörende Gut, welches sie von Lübeck nach Boitzenburg brächten, keinen Zoll zu entrichten brauchten. Würde man ihnen nicht glauben, dass das Gut ihnen selbst gehöre, so sollten sie dafür, um sich und dasselbe vom Zolle zu befreien, zu Boitzenburg Bürgen stellen, vor dem Rathe zu Lüneburg ihr Eigenthumsrecht daran beschwören und eine Bescheinigung des Rathes darüber einreichen; denn so sei es zu Zeiten seiner Vorfahren gehalten und auf ihn vererbt.

In der Geschichte des Herzogs Magnus ist schon erwähnt worden, dass Herzog Wilhelm zu Lüneburg, weil er das Schloss Süpplingenburg dem Johanniter-Orden verkaufte, dem Vertrage vom 23. Juni 1355 gemäss das von dem Herzoge Magnus den von Bertensleben verpfändete Schloss Vorsfelde nebst der Stadt jedoch ohne Kirchlehne durch Einlösung für 425 Mark löthigen Silbers und für 390 Mark stendalschen Silbers am 12. März 1357 von seinem Vetter pfandweise erwarb. Hatte er weit unter dem Werthe, nämlich für 500 Mark feinen Silbers, das Schloss Süpplingenburg verkauft, so erlitt er an dem Schlosse und der Stadt Vorsfelde nicht geringeren Schaden. Für nur 400 Mark löthigen Silbers verpfändete er Schloss und Stadt unter Vorbehalt des Oeffnungsrechtes am 7. September 1357 den von Salder zu Lichtenberg auf die Dauer von wenigstens zwei Jahren, falls Herzog Magnus beide nicht früher von ihm einlösete. Geschähe dieses, so sollte Herzog Wilhelm den ihnen daraus an Saat oder Zins erwachsenden

Schaden ersetzen. Die Zugeständnisse, welche er hinsichtlich der Beköstigung der Thorleute, Wächter und Thurmleute und rücksichtlich der Selbsthülfe von dem Herzoge Magnus erhalten hatte, machte er auch den von Salder; nur ist die Frist, nach welcher Selbsthülfe gestattet wurde, von vier Wochen auf zwei Monate verlängert. Der von ihm auf das Schloss oder in die Stadt zur Kriegsführung gesetzte Amtmann sollte ihnen geloben, dass er beide, wenn sie nicht verloren würden, ihnen wieder ausliefere, sollte sie ferner vor Schaden gegen seine Diener bewahren und Friedegut, falls es in der Feinde Lande zu haben sei, für ihr Pflugwerk ihnen anweisen. Würde aber Schloss oder Stadt in des Herzogs Dienste verloren, so sollte er dieselben wieder erobern oder ihnen die Pfandsumme auszahlen, wenn er es nicht vermöge, ihnen in demselben Gerichte ein anderes Schloss zu erbauen, von wo aus sie die Gülte erheben könnten. Weil sie sich gänzlich seiner Entscheidung fügen wollten, versprach er, sie gegen jedermann zu vertheidigen und namentlich ihnen zu Hülfe zu kommen, falls jemand ihnen in dem Gerichtsbezirke Unrecht zufügen oder sie „verbauen" wollte. „Bestallen" und „verbauen" sind nämlich die gewöhnlichen Ausdrücke für die Belagerung eines Schlosses oder einer Stadt. Bestallet nannte man das Schloss, wenn der Feind es mit seinen Leuten umstellte und einschloss. Verbauet war es, wenn er in der Nähe desselben, um die Belagerung mit grösserem Nachdrucke zu betreiben, ein oder mehrere Schlösser oder Festungswerke errichtet hatte.

In der Abwesenheit des Bischofs Daniel von Verden hatte Herzog Wilhelm das Stift am 21. Juli 1355 sich auf die Dauer von drei Jahren steuerpflichtig gemacht und am 30. Juli 1356 sein Schutzrecht über dasselbe von dem eben gewählten Administrator des Stiftes, Grafen Gerhard von Schauenburg, Domküster zu Minden, anerkennen lassen. Es gelang ihm, den Administrator selbst in seinen Dienst zu ziehen. Dieses durfte er für einen um so grösseren Gewinn ansehen, als wegen der häufigen Abwesenheit des Bischofs Diedrich von Minden, kaiserlichen Rathes, Graf Gerhard, Administrator von Verden, auch zum Administrator des Stiftes Minden gewählt worden war und die übernommene Dienstpflicht desselben jedes Unternehmen aus dem Stifte gegen das Herzogthum Lüneburg trotz der Feindschaft des Bischofs Diedrich hindern musste. Schloss Rotenburg war vom Stifte Verden, Schloss Petershagen vom Stifte Minden dem Grafen als Administrator abgetreten. Mit beiden Schlössern und mit Allem, was in seiner Macht stand oder in dieselbe kommen würde, begab er sich am 8. September 1357 auf die Dauer von sechs Jahren gegen jedermann mit Ausnahme seiner Brüder, der Grafen Adolf, Simon, Bernhard und Otto von Schauenburg, in den Dienst des Herzogs. Dieser nahm ihn gegen jedermann mit Ausnahme der Herrschaft Braunschweig und seiner Bundesgenossen in seinen Schutz. Die beiden Schlösser sollten dem Herzoge zu allen seinen Nöthen geöffnet werden. Geriethe er in einen reitenden Krieg, einen Krieg, der vermittelst Streifzüge von Schlössern aus geführt wurde, so sollte der Administrator ihm innerhalb vierzehn Tagen nach erhaltener Aufforderung zwanzig Gewaffnete in das Schloss Neustadt oder in das Schloss Rethem zuführen. Dort wollte der Herzog sie empfangen und auf seine Kosten verpflegen. Sie sollten ihm dahin folgen, wo er ihrer bedürfte. Wenn ihm grössere Hülfe nöthig wäre, sollte der Administrator auf herzogliche Kosten ihm innerhalb eines Monates nach dem Aufgebote mit aller Macht folgen und sich mit den Seinen in Neustadt oder Rethem einstellen. Geschähe dem Administrator an den Schlössern Rotenburg und Petershagen oder in den Landen, zu deren Schutze er der Schlösser wegen verpflichtet sei, Unrecht, so sollte er sein Recht beim Herzoge suchen. Verhülfe dieser ihm nicht in Zeit von vier Wochen zu einem Vergleiche oder zu seinem Rechte, so sollte derselbe innerhalb vierzehn Tagen nach der Aufforderung ihm zu einem reitenden Kriege in die Schlösser Rotenburg und Petershagen mit funfzig Gewaffneten Heeresfolge leisten. Dort sollte der Administrator sie empfangen und sie verpflegen. Sie mussten ihm dahin folgen, wo er ihrer bedurfte. Würde er in einem der beiden Schlösser belagert, so war der Herzog verpflichtet, innerhalb vier Wochen nach der Aufforderung ihm mit 200 Gewaffneten Heeresfolge zu leisten. Die Kosten derselben trug der Administrator. Derjenige beider Verbündeten, welcher dem anderen zu Hülfe zog, sollte den Seinen Schaden ersetzen, der andere, was er mit den Hülfstruppen gewönne, behalten und nach jedem Treffen, aus welchem sie siegreich hervorgingen, die Beute nach Anzahl Gewaffneter getheilt werden. Herzog Ludwig versprach, falls Herzog Wilhelm innerhalb der sechs Jahre stürbe und keinen Sohn hinterliesse, den Vertrag dem Administrator zu halten. Stürbe aber Herzog Ludwig vor Ablauf der sechs Jahre, so sollte sein durch Wahl zum Herzogthume berufener Bruder statt seiner den Vertrag erfüllen. Zur Zeit, als Herzog Wilhelm diese Einigung mit dem Administrator von Verden und Minden traf, lag seiner Entscheidung auch ein

Streit zwischen dem Domcapitel zu Verden und dem herzoglichen Küchenmeister Diedrich Schlette vor. Dieser, wahrscheinlich in seiner Eigenschaft als herzoglicher Amtmann und Rath, hatte in Irrungen mit dem Domherrn Milius von Bersen zu Verden Leute der Domprobstei gefangen genommen. Dem Vertrage vom 21. Juli 1355 gemäss durfte der Domprobst und das Domcapitel die Klage darüber nur vor dem Herzoge vorbringen. Dieser stiftete, wie es scheint, zwischen den Parteien einen Vergleich, denn der Domprobst und das Domcapitel zogen am 28. September 1357 die Klage zurück und versprachen, wegen der Angelegenheit weder vor geistlichem noch weltlichem Gerichte weiter Ansprüche zu erheben.

Bevor die Zeit ablief, nach welcher der am 2. Mai 1354 mit dem edelen Herrn Siegfried von Homburg über die herzogliche Hälfte des Schlosses Gieselwerder geschlossene Vertrag gekündigt werden konnte, nämlich am 30. November 1357, verlängerte ihn Herzog Wilhelm dem edelen Herrn und dessen Söhnen Rudolf und Heinrich mit Beibehaltung der früheren Bedingungen bis zum 29. September 1364. Weil die edelen Herren sechzig Mark löthigen Silbers auf den Bau des Schlosses verwandt zu haben behaupteten und, was an der Summe etwa fehlte, noch zu diesem Zwecke zu verwenden versprachen, wurde die ursprüngliche Pfandsumme von 60 auf 120 Mark löthigen Silbers erhöhet. Diesmal verstanden sie sich auch dazu, die Nachfolge des Herzogs Ludwig und das Recht des Herzogs Wilhelm auf Ernennung seines Nachfolgers in der Weise, wie es verlangt wurde, anzuerkennen. Wie der edele Herr Otto von der Lippe und Graf Adolf von Schauenburg am 14. November des vorigen Jahres durch eine ähnliche Erklärung, so bezeichneten sie und, da unter ihren Bürgen der edele Herr Johann von Spiegelberg war, auch dieser sich jetzt als künftige Bundesgenossen des Herzogs Ludwig und eines ihm nachfolgenden Bruders. Nicht nur suchte Herzog Wilhelm die Zahl der Fürsten und Herren zu vergrössern, welche seine Anordnungen nach seinem Tode ausführen hülfen, er sorgte nicht nur dafür, die Schlösser seinem Nachfolger wohl befestigt zu hinterlassen, damit sie den Angriffen der Feinde widerstehen könnten, sondern er beförderte auch in derselben Absicht trotz der Spannung, die zwischen ihm und den Städten wegen ihrer Entlassung aus dem Rathe eingetreten sein musste, die Befestigung der Stadt Hannover. Am 9. December 1357 bestätigte er den Bürgern der Stadt nicht nur ihre alten Rechte und Gewohnheiten nebst dem mindener Stadtrechte, sondern erlaubte ihnen auch, die Stadt zu befestigen, Mauern und Gräben auszubessern und die Stadt mit neuen zu versehen, wo es den Rathsherren erforderlich scheinen möchte. Noch sassen fünf seiner treuesten Amtleute auf den Schlössern zu Hannover, Lauenrode und Pattensen, unter ihnen der Küchenmeister Diedrich Schlette, welcher von ihm am 20. Januar 1358 die Güter des Ulrich Soltow, früheren Vogtes zu Hannover, nämlich acht Mark jährlicher Hebung bei dem Rathe der Stadt und den Meierhof zu Isernhagen mit dazu gehörenden Koten auf Lebenszeit erhielt, also wahrscheinlich auch Vogt zu Hannover war. Der Herzog aber fasste die nach seinem Tode kommenden Zeiten und die Möglichkeit ins Auge, dass die Stadt Hannover dereinst dem Gegner Ludwig's sich zuwenden oder wenigstens in dessen Gewalt kommen und eine Befestigung der Stadt nach der Seite des Schlosses dem Feinde förderlich sein könnte. Deshalb stellte er die Bedingung, dass die Bürger die Stadt nicht an der Seite nach Lauenrode hin mehr befestigen als bisher, noch dort Gräben ziehen sollten.

Schon zu Anfange des Jahres 1357 beabsichtigte Herzog Wilhelm, seine am 4. März 1350 mit 300 Mark löthigen Silbers eingelösete Hälfte der Stadt und des Schlosses Gandersheim zu verpfänden, und richtete an seinen Vetter, den Herzog Ernst zu Göttingen, dem die andere Hälfte gehörte, um keinen demselben unwillkommenen Mann auf das Schloss zu setzen, eine darauf bezügliche Anfrage. Er erhielt am 22. Januar 1357 zur Antwort, dass sein Vetter jedem Mitbesitzer des Schlosses, den Bischof von Hildesheim und das Stift ausgenommen, in allen Angelegenheiten förderlich sein wolle. Wegen der Irrungen über die Güter der edelen Herren von Meinersen ist es nicht wahrscheinlich, dass Herzog Wilhelm beabsichtigt hätte, seine Hälfte dem Bischofe anzuvertrauen, und der Aufschub von fast einem Jahre, den die Verpfändung erlitt, muss in anderen Verhältnissen seinen Grund gehabt haben. Erst am 5. Januar 1358 überliess er seine Hälfte mit dem Gerichte, aber ohne Lehne und Juden, unter Vorbehalt des Oeffnungsrechtes auf die Dauer von wenigstens drei Jahren pfandweise den Gebrüdern Heinrich, Hans und Arnold Knigge für hundert Mark löthigen Silbers und für die auf 200 Mark löthigen Silbers veranschlagten, bei der Einlösung genauer zu ermittelnden und abzuschätzenden Kosten des nach seinem Rathe am Steinwerke des Schlosses vorzunehmenden Baues. Sie verpflichteten sich zu verhüten, dass aus seiner Hälfte der Stadt und des Schlosses ihm und den Seinen

Schaden geschähe, und sich seiner Entscheidung in Streitigkeiten zu fügen. Er gestattete ihnen, sich von Gandersheim gegen Unrecht zu wehren, wenn er innerhalb zweier Monate nach ihrer Klage ihnen nicht zum Vergleiche oder zum Rechte verhülfe. Weder er noch sie sollten, wenn die ihnen verpfändete Hälfte erobert würde, mit dem Feinde Sühne oder Frieden schliessen, bevor dieselbe wieder gewonnen oder bevor die Pfandsumme, falls er ihnen nicht ein anderes Schloss in demselben Gerichte bauete, und die auf die Ausbesserung des Schlosses verwandten Kosten ihnen erstattet wären.

Obwohl der Vertrag mit dem Domcapitel zu Verden über das Schutzverhältniss mit dem 11. November 1358 erlosch, konnte der Herzog doch aus dem am 8. September 1357 mit dem Administrator Gerhard von Verden errichteten Bündnisse ein Schutzrecht über das ganze Stift Verden ableiten, der Administrator sogar gegen Angriffe auf das Stift seine Hülfe mit Recht verlangen. Graf Moritz von Oldenburg, Administrator des Stiftes Bremen, früher oft mit dem Herzoge verbunden, verhütete es nicht, dass aus seinem Stifte und von seinen Mannen, namentlich von den Burgmännern auf dem erzbischöflichen Schlosse Horneburg dem Herzogthume und den Bürgern der Stadt Verden Schaden zugefügt wurde. Wenn Versuche, die Angelegenheit in Güte oder nach dem Rechte zu erledigen, dem Herzoge misglückten, war er als Herr seines Landes und als Schutzherr des Stiftes Verden verpflichtet, dem Administrator Moritz Fehde anzukündigen. In dieser Weise scheint es denn auch zum Kriege zwischen beiden gekommen zu sein. Zu derselben Zeit bekämpften sich, wie schon in der Geschichte des Herzogs Magnus ausführlicher mitgetheilt ist, der Administrator Moritz, dem die Stadt Bremen beistand, und Graf Gerhard von Hoya. Ein Bündniss des Herzogs mit diesem war also ganz den Umständen entsprechend. Es wurde aber nicht auf diesen besonderen Fall allein, sondern auch auf alle Kriege, in welche die Herzöge Wilhelm und Ludwig gerathen könnten, berechnet. Am 27. Mai 1358 vereinigten sich beide Herzöge mit den gräflichen Gebrüdern Gerhard und Johann von Hoya zu folgendem Vertrage. Die Grafen versprachen, den Herzögen in allen Fällen Hülfe zu leisten, ihnen, wenn sie deren bedurften, 25 schwer und 25 leicht bewaffnete Reiter innerhalb zweier Wochen nach dem Aufgebote zu stellen, zum Bau von Schlössern oder Festungswerken und zur Abwehr gegen den Feind, wenn er Schlösser oder Festungswerke gegen die Herzöge errichtete, ihnen 75 schwer und 75 leicht bewaffnete Reiter innerhalb dreier Wochen nach dem Aufgebote zu Hülfe zu senden, ferner, um sie von Belagerungen zu befreien und in das Herzogthum eindringende Feinde zurückzutreiben, ebenso viel Mannschaft so schnell als möglich zu schicken. Nur gegen die Herzöge Erich den älteren und Erich den jüngeren von Sachsen-Lauenburg, mit denen Herzog Albrecht von Mecklenburg, den versprochenen Beistand des Herzogs Wilhelm erwartend, im Kriege lag, wollten sie keine Hülfe leisten, sondern in Zwistigkeiten der Herzöge zu Lüneburg mit denselben einen Vergleich in Liebe und Freundschaft zu Stande zu bringen suchen und, wenn dies fehlschlüge, keinem der Streitenden helfen. Sobald die gräflichen Hülfstruppen in die Lande der Herzöge Wilhelm und Ludwig kämen, sollten letztere sie und ihre Pferde verpflegen, die Kosten des Hufbeschlages der Pferde und die Zehrungskosten der Leute in den Herbergen bezahlen. Die Hülfe sollte in den herzoglichen Landen und drei Meilen ausserhalb derselben geleistet werden. Die Grafen wollten den übrigen Schaden ersetzen. Gewinn im Felde sollte, wenn die gräflichen Truppen am Treffen Theil genommen hätten, nach Anzahl Gewaffneter getheilt werden. Errichteten die Herzöge unter dem Schutze der gräflichen Truppen irgendwo ein Festungswerk oder Schloss, so sollte dasselbe den Herzögen gehören und nicht getheilt werden. Jeder rechtlichen Entscheidung der Herzöge wollten die Grafen sich fügen, auch stets zu einer gütlichen Erledigung jedes Streites sich willig finden lassen, falls eine solche nach ihrem eigenen Rathe von den Herzögen versucht würde. Sie gelobten, keinerlei Gut in dem Herzogthume und dazu gehörenden Landen zu erzwingen noch ohne Bewilligung der Herzöge zu kaufen. Um Streitigkeiten, welche zwischen den Herzögen und Grafen oder zwischen herzoglichen und gräflichen Mannen entständen, nach dem Rechte oder in Güte zu erledigen, sollten von herzoglicher Seite Ritter Ludolf von Hohnhorst und Küchenmeister Diedrich Schlette, von gräflicher Seite Ritter Herbord Klencke zu einem Schiedsgerichte in dem herzoglichen Schlosse Neustadt zusammentreten und, bevor sie eine Entscheidung getroffen hätten, das Schloss nicht verlassen. Dieser Vertrag sollte so lange bestehen, als die Herzöge und die Grafen leben würden, und von diesen, falls beide Herzöge bei ihrem Tode keine Söhne hinterliessen, demjenigen Bruder des Herzogs Ludwig, welcher Herr der Herrschaft Lüneburg und Braunschweig würde, gehalten werden. Die Grafen besassen zwar das Schloss Steierberg, die Stadt Drakenburg und manche Güter von den Herzögen zu Lüneburg, die Grafschaft selbst aber von den Herzögen von Sachsen-Lauenburg zu Lehn und waren deshalb zunächst diesen zur Hülfe verpflichtet. Die Herzöge Wilhelm und Ludwig erreichten also durch die Zusage der Grafen, jenen nicht beizustehen, wie überhaupt durch die grosse Anzahl der ihnen versprochenen Hülfstruppen einen bedeutenden Vortheil. Von der grössten Wichtigkeit aber musste es ihnen sein, des Beistandes der Grafen zur Ausführung des Erbvertrages über das Herzogthum Lüneburg sich versichert zu haben. Gern verstanden sie sich deshalb auch dazu, den gräflichen Hülfstruppen die Zehrungskosten in den Herbergen zu vergüten, obgleich man sich sonst aus gutem Grunde dieser Verpflichtung gewöhnlich in den Bündnissen ausdrücklich entzog. Die unter der Ueberschrift „Pfandquitung (oder Pfandlöse, Pfandlösung) in den Herbergen“ sich noch dann und wann in den Archiven der Städte vorfindenden, von den Wirthen dem Rathe eingereichten Rechnungen über Verpflegung der von diesem in Sold genommenen Krieger und ihrer Pferde zeigen, wie tapfer diese Leute den Vernichtungskrieg gegen alle Nahrungsmittel besonders gegen Bier führten, wenn sie freie Zeche hatten. Der Name Pfandquitung oder Pfandlösung hat in dem Umstande seinen Ursprung, dass in den frühesten Zeiten wegen Mangels an Gelde ein Pfand für die Zeche in den Herbergen zurückgelassen und nachher eingelöset wurde. Gleich nachdem die Grafen obigen Vertrag mit den Herzögen geschlossen hatten, wurde ihnen Gelegenheit geboten, diesen der übernommenen Verpflichtung gemäss zum Schutze beim Baue eines Schlosses die Hülfstruppen zu senden. Gegen den Administrator Moritz von Bremen errichtete Herzog Wilhelm im Dorfe „Palingbrück“ an der Wümme im Stifte Verden das Schloss Lauenbrück. Am 15. August 1358, an welchem Tage er von Otto Grote drei Höfe in demselben Dorfe für 150 Mark lüneburger Pfennige kaufte, stand das Schloss schon fertig da. Auf dasselbe setzte er die Knappen Johann und Ludolf, Söhne des Ritters Heinrich von Hohnhorst, und den Knappen Hermann Schulte. Dass von hier aus Krieg gegen das Stift Bremen geführt und das Schloss in demselben vom Feinde angegriffen wurde, beweiset die Forderung, welche jene Knappen gegen den Herzog erhoben. Für den Schaden, der ihnen um seinetwillen auf dem Schlosse durch Brand, Raub, Gefangennahme und Schatzung zugefügt war, leistete er ihnen erst am 5. Februar 1360 Ersatz und sie gelobten, gegen ihn und den Herzog Ludwig deshalb keine Forderung zu erheben. Um das Schloss Lauenbrück zu erbauen und zugleich gegen die Grafen von Schwerin, die Herzöge von Lauenburg und das Stift Bremen Krieg zu führen, bedurfte der Herzog grössere Summen Geldes, als seine Schatzkammer enthielt. Die Stadt Lüneburg, welche er um ein Darlehn ersuchte, besass auch nicht so viel vorräthig, als er zu erhalten wünschte. Die Rathsherren der Stadt verschafften es ihm aber von ihren Mitbürgern Albert und Johann Semmelbecker und von deren Schwester Gesina. Diese zahlten ihm 3000 Mark lüneburger Pfennige aus und die Rathsherren verpflichteten sich am 6. Juli 1358, die Summe nach einem Jahre den Gläubigern zurückzuzahlen. Wahrscheinlich um das Geld zur Abtragung dieser Schuld aufzutreiben, verpfändete Herzog Wilhelm am 30. März 1360 dem Volkmar von der Weser, Bürger zu Lüneburg, die Hebung des Salzzolles zu Lüneburg auf die Dauer von vier Jahren gerade für jene Summen Geldes.

Nachdem durch Vermittlung des Herzogs Magnus von Braunschweig die Streitigkeiten der Grafen von Hoya mit der Stadt Bremen geschlichtet waren und am 30. April 1359 eine Sühne Statt gefunden hatte, auch der Frieden zwischen den Grafen und dem Administrator hergestellt worden war, endigte der Krieg der Herzöge Wilhelm und Ludwig gegen das Stift Bremen mit einem Bündnisse, welches zwischen ihnen und dem Administrator Moritz am 18. August 1359 auf die Dauer der nächsten sechs Jahre geschlossen wurde. Er verpflichtete sich, gegen jedermann mit Ausnahme der Grafen Gerhard und Johann von Hoya, der Grafen Adolf und Gerhard von Schauenburg, des Grafen Johann von Holstein zu Plön, seines Sohnes Adolf und des edelen Herrn Conrad von Diepholz ihnen Hülfe zu leisten, gelobte ferner, innerhalb dreier Wochen nach dem Aufgebote den Herzögen dahin, wo sie es verlangten, sei es im Herzogthume oder draussen, funfzig und, wenn sie deren nur im Herzogthume bedürften, auch hundert Mann Hülfstruppen zu senden, denen sie Speise und für die Pferde Hufbeschlag liefern sollten, und machte sich verbindlich, nach Vermögen dafür zu sorgen, dass ihnen und den Ihrigen, namentlich den Bürgern der Stadt Verden, während der Zeit, dass sie mit denselben verbunden seien, aus seinen Landen und von den Seinen kein Schaden geschähe. Für die Burgmänner zu Horneburg jedoch wollte er nicht einstehen, dass sie den Frieden hielten. Wie wahrscheinlich schon im Jahre 1353 überliess er es auch jetzt den Herzögen, sich selbst Recht gegen dieselben zu verschaffen, indem er erklärte, dass er für jene keinen Frieden gäbe und die Herzöge ihm an ihnen den Frieden auch nicht brechen könnten. Würden dennoch die Herzöge über Schaden, der von seinen übrigen Mannen verübt sei, klagen, so übernahm er es, ihnen innerhalb vier Wochen zum Rechte gegen dieselben oder zum gütlichen Vergleiche zu verhelfen, ferner, wenn er dies nicht vermöchte, ihnen innerhalb dreier Wochen nach dem Aufgebote gegen seine von ihnen beschuldigten und seiner Entscheidung sich nicht fügenden Mannen fünfzig Gewaffnete zu senden und mit diesen, falls aber stärkere Mannschaft erforderlich sei, mit aller seiner Macht auf seine Kosten ihnen gegen die Widerspenstigen Hülfe zu leisten. Schaden und Verlust sollte den Hülfstruppen von ihm ersetzt, Gewinn nach Anzahl Gewaffneter getheilt werden. Die Schlösser, welche seinen widersetzlichen Mannen genommen würden, behielt er sich vor. Dagegen überliess er den Herzögen die übrigen Schlösser ausserhalb des Herzogthums, welche mit seiner Hülfe erobert würden. Er versprach, so lange das Bündniss währte, keine Städte, Schlösser, Lande oder Leute im Herzogthume Lüneburg den Herzögen zuwider sich anzueignen oder zu vertheidigen. Für alle diese Leistungen gestatteten ihm die Herzöge den Durchzug durch das Herzogthum Lüneburg, wenn er gegen den Herzog Albrecht von Braunschweig, Probst zu St. Paul in Halberstadt, welcher Ansprüche auf den erzbischöflichen Sitz zu Bremen erhob, und gegen dessen Verbündeten, wozu dessen Vater, Herzog Magnus, gehörte, Krieg führen wollte; nur stellten sie die Bedingung, dass er sie und die Ihrigen beim Durchzuge vor Schaden bewahren und, wenn derselbe nicht verhütet werden könnte, innerhalb vier Wochen Ersatz leisten sollte. Die ihm ergebenen Rathsherren und Bürger der Stadt Bremen schlossen an demselben Tage mit den Herzögen einen Frieden auf die Dauer von ebenfalls sechs Jahren und gelobten, sie und die Ihrigen während dieser Zeit gegen alle, über welche die Macht der Stadt sich erstreckte, nach Vermögen vor Schaden zu bewahren.

Obige Angelegenheit war noch nicht beendigt, als Herzog Wilhelm, wegen der in seinem Besitze befindlichen Güter der edelen Herren von Meinersen noch immer mit sorglichen Blicken das Verhalten des Bischofs von Hildesheim beobachtend, die zum Schutze jener Güter gegen das Stift Hildesheim von ihm in den Jahren 1353 und 1354 ergriffenen Vorsichtsmaassregeln um eine vermehrte. Das ganz vom Gebiete des Stiftes eingeschlossene Schloss Bodenburg lag selbst auf einer Besitzung, welche bisher von den edelen Herren von Meinersen verlehnt worden war. Die Inhaber desselben, die von Steinberg, sicher vom Bischofe zur Anerkennung seiner lehnsherrlichen Rechte aufgefordert, strebten, sich von ihm unabhängig zu erhalten. Der gemeinsame Zweck der Abwehr gegen ihn einigte sie und den Herzog Wilhelm, dem das Schloss, wenn es ihm geöffnet wurde, eine feste Stellung mitten im Gebiete eines unzuverlässigen Nachbars bot. Die Gebrüder Aschwin und Henning von Steinberg begaben sich am 15. Juni 1359 mit ihrem Schlosse Bodenburg in den Dienst der Herzöge Wilhelm und Ludwig gegen jedermann auf die Dauer von sechs Jahren. Dafür sollten die Herzöge sie, wie ihre anderen Mannen, und das Schloss während dieser Zeit zu ihrem Rechte vertheidigen. Die von Steinberg gelobten, in Irrungen mit Anderen sich der Entscheidung der Herzöge zu fügen, den herzoglichen Amtmann, welcher zur Kriegsführung auf das Schloss gesetzt würde, unter der Bedingung aufzunehmen, dass er sie und die Ihrigen während des vom Schlosse zu führenden Krieges vor Schaden gegen seine Leute sicher stellte. Würden sie wegen Streitigkeiten, in denen sie sich die Entscheidung der Herzöge gefallen lassen wollten, verbauet oder belagert, so sollten diese sie davon innerhalb vier Wochen nach der Aufforderung befreien. Thäten sie um der Herzöge willen Absage, so sollten dieselben, falls das Schloss verloren würde, es ihnen wieder verschaffen oder ein anderes in das Gericht bauen und alles, was dazu gehörte, ihnen sichern helfen. Auch verpflichteten sie sich, nach gethaner Absage den Herzögen selb sechse schwer Bewaffneter zu dienen, wofür ihnen sechzig Mark aus der Brandschatzung oder aus herzoglichen Mitteln entrichtet werden sollten. Falls die Herzöge vom Schlosse gegen das Stift Hildesheim Krieg führten, verschrieben dieselben ihnen das Vorwerk zu „Stedium“ und das Dorf Segeste als Friedegut, in jedem andern vom Schlosse geführten Kriege anderes dem ersteren an Werth gleiches Gut, sofern es die Feinde besässen. Sie liessen sich von den von Steinberg Bürgen stellen und von diesen im Falle einer Verletzung des Vertrages ein Einlager in der Stadt Hannover geloben.

Obgleich die vom Stifte Minden her drohende Gefahr durch das mit dem Administrator Gerhard am 8. September 1357 errichtete Bündniss fast beseitigt erschien, verlängerte Herzog Wilhelm den am 31. Januar 1356 mit den Grafen Ludolf und Ludwig von Wunstorf über den von ihnen zu leistenden Dienst abgeschlossenen Vertrag auf weitere vier Jahre am 1. September 1359, also fünf Monate vorher bevor derselbe erloschen wäre. Weil sie auch diesmal wieder gelobten, in Streitigkeiten mit Anderen sich seiner nach Recht oder Billigkeit zu treffenden Entscheidung zu fügen, schlichtete er am 24. Juni 1361 ihren Zwist mit Wulfer von Reden über das Amt und Gericht Linden und bestimmte, dass sie denselben bei dem halben Amte und dessen Zubehör, er sie dagegen bei der Gerichtsbarkeit über die Strasse zu Linden belassen sollten. Dem herzoglichen Schutze, in welchen die Stadt Wunstorf am 23. Mai 1355 getreten war, verdankte sie es wohl, dass die ihr am 2. Juni 1334 von dem Vater der Grafen gemachten Zugeständnisse von diesen am 9. October 1359 erneuert wurden. In der durch Hoya, Minden, Schauenburg und Wunstorf begrenzten Gegend lag das Schloss Rehburg, welches der Herzog am 2. Mai 1352 dem Ritter Hermann von Mandelsloh als Amtmann und später dem Conrad von Mandelsloh anvertrauet hatte. Nachdem jene Grenzgegend durch die letzten Verträge mit den benachbarten Grafen gesichert war, trat die Aussicht auf einen dortigen Krieg und damit ein Bedenken gegen eine Verpfändung des Schlosses mehr zurück. Herzog Wilhelm überliess es pfandweise am 17. November 1359 dem Ritter Johann von Mandelsloh, Sohne Conrad's, für 120 Mark Silbers auf ungewisse Zeit. Ausser den gewöhnlichen Bestimmungen, welche die Oeffnung des Schlosses, die Kriegsführung von demselben, den vom herzoglichen Amtmanne zu ersetzenden Schaden, die Selbsthülfe des Schlossinhabers, die Verpflichtungen des Herzogs im Falle, dass das Schloss belagert oder erobert würde, betrafen, wurde bedungen, dass die Kosten eines mit Rath des herzoglichen Küchenmeisters Diedrich Schlette am Schlosse vorzunehmenden Baues, welche die Summe von funfzig Mark Silbers nicht überschreiten dürften, dem Johann von Mandelsloh bei der Einlösung vergütet werden sollten.

Herzog Wilhelm erwarb, um seine in der Gegend von Campen, Bahrdorf und Süpplingenburg durch Verkauf des letzteren Schlosses geschwächte Stellung gegen die Altmark und gegen die Stifte Magdeburg und Halberstadt wieder zu befestigen, ausser dem Schlosse Vorsfelde von dem Herzoge Magnus um diese Zeit auch das aus der Geschichte desselben bekannte, zwischen Grasleben und Marienthal gelegene Schloss Alvestorf, verpfändete es aber bald darauf, am 15. März 1360, unter den gewöhnlichen, die Oeffnung des Schlosses, die Selbsthülfe, die Kriegsführung von demselben und die Entschädigung für Verlust des Schlosses betreffenden Bedingungen dem Günzelin von der Asseburg für hundert Mark löthigen Silbers auf die Dauer von wenigstens zwei Jahren. Er liess es ihm jedoch länger, denn am 14. Februar 1362 beauftragte er ihn, einen Bau am Schlosse vorzunehmen, welcher nicht mehr als zwanzig löthige Mark kosten sollte, und versprach, ihm denselben nach einer von Hans von Honlege und von dem herzoglichen Küchenmeister Diedrich Schlette vorzunehmenden Abschätzung zu vergüten. Auch im nördlichen Theile des Herzogthums die Grenzen gegen die Altmark zu schützen, erschien immer dringender, je inniger die Beziehungen der noch zwar mit dem Herzoge verbündeten Markgrafen Ludwig des Römers und Otto von Brandenburg zum Kaiser wurden. Zu diesem Zwecke erneuerte Herzog Wilhelm am 19. April 1360 mit dem Ritter Gerhard von Wustrow und dessen Söhnen Gerhard und Friedrich den Vertrag vom 6. März 1334 über die Oeffnung des Schlosses Wustrow und über das Näherrecht beim Verkaufe desselben. Ritter Gerhard war ein kriegslustiger Mann und suchte die Gefahr auswärts auf, wenn sie ihm im Vaterlande nicht entgegentrat. Er begleitete den Herzog Albrecht von Meklenburg nach Schweden und hatte mit seinem verstorbenen Sohne Hans ihm so grosse Dienste geleistet, dass ihm vom Herzoge Albrecht dafür am 6. Juli 1364 eine Verschreibung über 323 Mark löthigen Silbers ausgestellt wurde. Es ist derselbe, welchem Hans von Krakow, sein Sohn Sabel und Huner von dem Knesebeck am 14. Februar 1353 das Dorf Trabuhn für 208 Mark lüneburger Pfennige verkauften und zu dessen Gunsten die beiden ersteren es am 31. März desselben Jahres dem Herzoge Wilhelm resignirten. Trotz Verkaufes und Resignation erhielt er das Dorf nicht, denn die von Krakow verkauften es am 29. März 1360 für achtzig Mark Silbers dem Knappen Paridam von Plote und seinen Söhnen Heinrich und Gebhard, zu deren Gunsten sie es an demselben Tage dem Herzoge Wilhelm resignirten.

In der Geschichte des Herzogs Magnus ist schon ausführlicher mitgetheilt, zu welchem Bunde die Städte Lüneburg und Hannover mit anderen Städten am 25. Juli 1360 zusammen traten, und aufmerksam darauf gemacht worden, dass die Fürsten solche Bündnisse nur ungern entstehen sahen, weil in denselben nicht nur ein Misstrauen gegen sie bald mehr bald weniger hervortrat, sondern auch der Vorsatz, gegen mögliche Uebergriffe derselben sich erforderlichen Falls mit allen Kräften zu wehren, wenig verdeckt wurde. Die Städte Lüneburg und Hannover hatten bisher keinem

Städtebunde angehört. Dass sie jetzt einem solchen beitraten, muss in besonderen Umständen seinen Grund gehabt haben. Dieser darf, weil Herzog Wilhelm nach Aussage eines im Dienste der Stadt Lüneburg stehenden Zeitgenossen desselben sich dieser Stadt als ein allzugnädiger Herr bewies, nur in der Zurücksetzung gesucht werden, welche beiden Städten dadurch widerfuhr, dass sie aus dem Rathe des Herzogs Ludwig verdrängt wurden. Ebensowenig wie dem ritterbürtigen Stande war ihnen ihre grosse Bedeutung abzusprechen. Die Geltung und der Einfluss, die man ihnen deshalb im Staate anfangs nicht verweigert sondern zugestanden und dann genommen hatte, mussten auf demselben Gebiete in anderer Weise wieder gewonnen werden. Den Trieb hierzu konnte die Stadt Uelzen weniger fühlen, weil sie hinsichtlich ihrer Grösse und Bedeutung gegen die beiden anderen Städte in der That weit zurücktrat. Von dem Wohlstande der Bürger zu Lüneburg mag unter andern Folgendes eine Andeutung geben. In mancher grossen Stadt wurde damals, so viel man weiss, für die Gesundheit der Einwohner durch Aerzte und Apotheken nicht gesorgt. Entweder fühlte man wegen Mangels an Bildung nicht das Bedürfniss nach ihrer Hülfe oder, was das Wahrscheinlichere ist, derjenigen Bürger, deren Vermögensverhältnisse es gestatteten, diese Hülfe in Anspruch zu nehmen, waren zu wenige, um Arzt und Apotheker zu ernähren. In Lüneburg findet man nicht nur 1354 den Meister Arnold, Physicus des Herzogs Wilhelm, sondern auch während der Zeit vom Jahre 1356 bis 1367 den Meister Peter, Chirurgicus, und 1359 den Heinrich, Apothecarius und Bürger zu Lüneburg.

Herzog Wilhelm, welcher in dem Bündnisse mit Mecklenburg vom 15. August 1357 es auf Eroberungen im Herzogthume Sachsen-Lauenburg abgesehen hatte, rüstete sich seit dem 27. Mai 1358 ernstlicher, um seinen Zweck noch vor dem Jahre 1361, in welchem jenes Bündniss erlöschen sollte, zu erreichen. Er zog mit einem starken Heere vor das Schloss Riepenburg. Als Herzog Erich von Sachsen-Lauenburg, ein alter kranker Herr, der auf diesem Schlosse sein Hoflager hielt, von dem Anrücken des Feindes hörte, liess er seinen Hengst satteln, um zu seinem Schwiegersohne, dem Grafen Johann von Hoya, zu reiten. Auf der Reise stürzte er mit seinem Pferde so unglücklich, dass er bald darauf in Nienburg starb. Herzog Wilhelm nahm das Schloss Riepenburg mit Sturm, zog von dort nach Kirchwerder und Neu-Gamme, indem er das Land gründlich verwüstete. Darauf bauete er ein festes Schloss auf dem Gammerort und legte starke Besatzung hinein. Von dort wandte er sich nach Artlenburg, eroberte dieses Schloss nebst dem Weichbilde und bauete darin ein Schloss, welchem er den Namen Vigenburg gab. Er setzte dem Herzoge Erich II. oder dem jüngeren so arg zu, dass dieser für das Verfahren seines Feindes gegen ihn, selbst nach erfolgter Aussöhnung, keinen gelinderen Ausdruck fand, als dass ihm Herzog Wilhelm sein Land abgedrungen habe. Ueber diese Ereignisse berichtet Detmar, welcher sich in der Jahrzahl häufiger irrt, unter dem Jahre 1361, eine andere ungedruckte Chronik sogar unter dem Jahre 1362. Sie müssen sich aber in dem Jahre 1359 oder 1360 zugetragen haben. Gegen zwei mächtige Feinde — denn auch mit Mecklenburg bestand kein Frieden — konnte Herzog Erich II. zu gleicher Zeit sich nicht länger wahren. Deshalb war er nicht abgeneigt, mit dem Herzoge Albrecht von Mecklenburg sich auszusöhnen. Dabei kam besonders sein Verhältniss zum Herzoge Rudolf II. von Sachsen-Wittenberg in Betracht. Nachdem von sämmtlichen Grafen von Holstein durch Empfangnahme der Lehne am 21. September 1307 und 16. Mai 1309 die Herzöge Johann und Erich I. von Sachsen-Lauenburg als Lehnsherren des ganzen Landes Holstein, Stormaren und Segeberg und Herzog Erich I. wieder am 19. Juli 1314 von dem Grafen Gerhard zu Plön als Lehnsherr anerkannt waren, hatte Herzog Rudolf I. von Sachsen-Wittenberg dem Grafen Johann zu Plön am 14. April 1316, dem Grafen Gerhard zu Rendsburg am 12. April 1317 und den Grafen Gerhard und Johann zu Plön am 16. April 1318 Lehnsbriefe ausgestellt. Auch die lehnsherrlichen Rechte über die Herrschaft Mecklenburg und über die Grafschaft Schwerin hatte er den Herzögen von Sachsen-Lauenburg, wie alle Vorrechte des herzoglichen Hauses Sachsen, nämlich die Churwürde, das Amt eines Reichserzmarschalles und obersten Richters in Sachsen, stets streitig gemacht, sein angebliches Recht über Mecklenburg dem Könige Karl IV., damit dieser die edelen Herren von Mecklenburg damit belehnte und sie zu Herzögen erhöhe, am 8. Juli 1348 resignirt und später hatte sein Sohn Herzog Rudolf II. die Herzöge von Mecklenburg mit der Grafschaft Schwerin belehnt. Verloren war für Herzog Erich II. das Lehnsrecht über Mecklenburg und seit dem 7. December 1358 wurde ihm von dem Inhaber der Grafschaft Schwerin dasselbe Recht über diese nicht zugestanden. Die Treulosigkeit seiner Vasallen, der Grafen von Holstein und der edelen Herren oder Herzöge von Mecklenburg war die Veranlassung zu seinen Kriegen gegen dieselben. Den Herzögen von Sachsen-Wittenberg gehörte nicht nur das Schloss und die Stadt Hitzacker, wie unter andern eine Urkunde vom 10. October 1339 zeigt, sie erhoben auch Ansprüche auf die Stadt und das Schloss Dömitz, welches seit dem 18. December 1351 von Heinrich von Huda dem Herzoge Erich gegen jeden Herrn mit Ausnahme des Markgrafen von Brandenburg geöffnet war, auf die Schlösser Wehningen und Neuhaus und auf das Land Darzing mit dem Elbgestade, welche Gebiete den Herzögen von Sachsen-Lauenburg gehörten, auf das Schloss Gorlosen, auf das dem Herzoge Erich von dem Herzoge von Mecklenburg entrissene Schloss Redefin und auf eine ganze, der östlichen Seite der Elbe entlang unterhalb Lenzen nach Mecklenburg hin gelegene Strecke Landes. In allen diesen Streitigkeiten der Herzöge von Sachsen stand Herzog Albrecht von Mecklenburg auf Seiten des Herzogs Rudolf II. von Sachsen-Wittenberg. In einer Aussöhnung zwischen ihm und dem Herzoge Erich II. mussten daher auch die Zwistigkeiten der Herzöge von Sachsen zur Sprache kommen. Am 10. August 1360 wurde zu Helsingborg zwischen dem Herzoge Erich II. von Sachsen-Lauenburg und dem Herzoge Albrecht von Mecklenburg verabredet, dass Magnus, Sohn des Herzogs Albrecht, sich mit Jutta, Tochter des Herzogs Erich II., vermählen sollte, sobald einer von ihnen es verlangen würde. Beide Herzöge gelobten, zur Vertheidigung ihrer Erbgüter und in allen Nöthen sich gegenseitig mit aller Macht beizustehen. Herzog Erich II. und sein Sohn Erich verzichteten auf alle Ansprüche, Rechte und Forderungen, welche sie wegen der Herrschaft Mecklenburg, wegen der Grafschaft Schwerin und wegen der dazu gehörenden Schlösser, Güter und Lehne besitzen oder erheben könnten, und verpflichteten sich, dieselben dem Herzoge Albrecht von Mecklenburg und dessen Söhnen vor dem Kaiser aufzulassen. In allen obschwebenden oder entstehenden Streitigkeiten des Herzogs Erich II. mit dem Herzoge Rudolf II. von Sachsen-Wittenberg, ferner mit den Markgrafen von Brandenburg, den Grafen von Holstein oder den Herren von Wenden sollte Herzog Albrecht von Mecklenburg eine Aussöhnung zu Stande zu bringen suchen oder, wenn die Gegner des Herzogs Erich II. ihre Zustimmung dazu ertheilten, innerhalb sechs Wochen, nachdem eine der streitenden Parteien dazu aufgefordert hätte, eine rechtliche Entscheidung treffen. Während der sechs Wochen sollte man sich von beiden Seiten aller Feindseligkeit enthalten. Hiervon nahm Herzog Albrecht diejenigen Irrungen des Herzogs Erich II. mit dessen Vetter, dem Herzoge Rudolf II., aus, über welche das Reich richten musste, also den Streit beider über die Chur, über das Amt eines Reichserzmarschalles und obersten Richters in Sachsen und über die Grafschaften, Herrschaften und Gerichte, welche sie verlehnten. In diesen Angelegenheiten, worin Herzog Erich II. ungeachtet der getroffenen kaiserlichen Entscheidung nicht nachgab, sollten sie ihr Recht, wenn sie wollten, vor dem Kaiser suchen. Herzog Albrecht von Mecklenburg gelobte, in seinen Streitigkeiten mit dem Herzoge Albrecht von Sachsen-Lauenburg zu Möllen und Bergedorf der rechtlichen Entscheidung des Herzogs Erich II., falls derselbe keinen Vergleich vermitteln könnte, sich zu fügen. Irrungen und Zwietracht zwischen dem Könige Waldemar von Dänemark und dem Herzoge Erich II. sollte, wenn sie entständen, Herzog Albrecht von Mecklenburg, zwischen diesem und ersterem Herzog Erich II. durch Vergleich oder rechtliche Entscheidung beseitigen. Zur Schlichtung künftiger Irrungen zwischen beiden Herzögen wurde ein Schiedsgericht und als Obmann desselben König Waldemar von Dänemark ernannt. Durch diesen Vertrag sollten alle Zwietracht, der Krieg und alle Irrungen, welche bis zu jenem Tage zwischen beiden Herzögen bestanden hatten, beigelegt sein. Wurde zwar der erste Punkt dieses Vertrages, die Vermählung betreffend, nie vollzogen, so mussten doch die unbedingt gegebenen Zusagen gehalten werden. Herzog Albrecht von Mecklenburg war verpflichtet, die Erbgüter des Herzogs Erich II., selbst gegen den Herzog Wilhelm zu Lüneburg, weil er hinsichtlich desselben, obgleich mit ihm verbündet, keine Ausnahme in diesem Vertrage gemacht hatte, vertheidigen zu helfen. Allerdings suchte er nach Gelegenheit, mit ihm anzubinden. Diese nahm ihm Herzog Wilhelm, indem er mit dem Herzoge Erich II. am 15. December 1360 eine Sühne errichtete. An diesem Tage nämlich erklärten er und Herzog Ludwig, sich mit dem Herzoge Erich II. wegen der bisher gegen ihn und früher gegen dessen verstorbenen Vater, den Herzog Erich den älteren, geführten Fehde und wegen aller Irrungen, Anschuldigungen und Zwietracht gänzlich und gründlich ausgesöhnet und verglichen zu haben, und gelobten, ihm den Vergleich treu zu halten und in keinem Falle zu brechen. Ausserdem verbanden sie sich mit ihm auf die Dauer der nächsten zwölf Jahre, während welcher sie gegen jedermann ihm Hülfe zu leisten, es treu und gänzlich mit ihm zu halten und seine Feinde nicht zu werden versprachen. Weil sie mit den Markgrafen von Brandenburg, dem Herzoge

Magnus von Braunschweig, dem Herzoge Albrecht von Mecklenburg, dem Domdechanten Moritz von Bremen, den Grafen Gerhard und Johann von Hoya, dem Grafen Nicolaus von Holstein zu Rendsburg und dem Grafen Adolf von Schauenburg verbunden waren, wollten sie nicht gegen dieselben, so lange ihr Bündniss mit jedem einzelnen noch dauern würde, wie auch überhaupt nicht gegen den Kaiser, dem Herzoge Erich verbunden sein, gelobten ihm aber, so weit es ihnen die Ehre gestatten möchte, jene früheren Bündnisse ihm zu Nutzen und zu gute zu halten. Herzog Erich II. hatte das Kloster Scharnebeck trotz des am 28. September 1357 demselben von ihm verliehenen Schutzbriefes, während ihm von dem Herzoge Wilhelm sein Land abgedrungen wurde, aus Unmuth darüber und aus Verdacht gegen dasselbe nicht verschonet. Auch mit dem Abte und Convente des Klosters söhnte er sich am 11. Januar 1361 aus. Was der zwischen ihm und den Herzögen zu Lüneburg errichtete Vergleich, welcher in ihrer Sühne erwähnt ist, enthalten haben mag, ist nicht bekannt. Vielleicht trat Herzog Wilhelm einige Theile des eroberten Landes wieder ab. Vollständig gab er erst im Jahre 1363 alle Eroberungen heraus. Er sann nun auf neue Unternehmungen gegen das Herzogthum Lauenburg, bei denen eine Erweiterung seines Gebietes in Aussicht stand. Die Gelegenheit hierzu bot ihm Herzog Albrecht von Sachsen-Lauenburg dadurch, dass er von seinem Schlosse Bergedorf die Nachbarländer beunruhiget, geächtete Leute und Wegelagerer auf das Schloss genommen und ihnen ihr Treiben gestattet hatte. Gegen ihn führte Herzog Wilhelm die Truppen, welche gegen Herzog Erich II. gefochten hatten. Vereint mit dem Erzbischofe Albrecht von Bremen, dem Grafen Adolf von Holstein zu Plön, den Städten Hamburg, Stade und Buxtehude und dem alten Lande zog er etwa zu Ende des Jahres 1361 gegen das Schloss Bergedorf, um es zu zerstören und über die Geächteten und Wegelagerer zu richten. Obgleich die Verbündeten sich gelobt hatten, gemeinsame Sache gegen jedermann zu machen, der sich ihrem Unternehmen widersetzen würde, Herzog Albrecht also einen sehr entschlossenen Feind zu bekämpfen hatte, gelang es ihm doch, ihren Angriff abzuwehren und sein Schloss zu retten.

Weil die Thätigkeit des Herzogs Wilhelm von auswärtigen Angelegenheiten in Anspruch genommen wurde, glaubten einige seiner Mannen und, weil zugleich durch den Kampf des Erzbischofes Albrecht von Bremen mit dem Administrator Moritz die Gewalt beider über die Mannen des Stiftes gelähmt war, auch einer von diesen, die günstigste Zeit gekommen, um im Herzogthume nach gewünschter Weise sich etwas freier zu ergehen. Ritter Conrad von Salder, welcher am 13. Mai 1327 das Schloss Calenberg von den Herzögen gekauft und zu Lehn erhalten hatte, war gestorben und hatte seinen Söhnen Johann, Conrad und Bodo das Schloss hinterlassen. Der damaligen Sitte folgend hatten die drei Brüder das Schloss unter sich getheilt, der älteste von ihnen, Ritter Johann, und seine Söhne Henning (oder Johann) und Gebhard einen Theil ihres Drittels mit einem Wohnzimmer dem Ritter Basilius Bock, genannt Wulvesberg, für funfzig Mark löthigen Silbers auf die Dauer von wenigstens einem Jahre am 25. April 1359 verpfändet. Sie hatten dabei die Bedingung gestellt, dass er in Streitigkeiten mit Anderen sich ihrer Entscheidung fügen sollte und, nur falls sie ihm innerhalb vier Wochen nicht zum Rechte verhelfen könnten, sich gegen Unrecht von ihrem Antheile des Schlosses aus wehren dürfte. Diese Aufnahme eines Fremden scheint den Frieden auf dem Schlosse zwischen dem Ritter Johann von Salder und seinem Bruder, dem Ritter Conrad, gestört zu haben. Ritter Johann hoffte aus einem ernstlichen Zerwürfnisse, in welches sein Bruder Conrad mit dem Herzoge Wilhelm gerathen war, für sich Vortheil ziehen zu können. Er und seine Söhne riefen den Herzog sich und ihm zu Hülfe gegen den Ritter Conrad, dessen Söhne Siegfried, Johann, Conrad, Basilius und gegen deren Verbündeten, öffneten ihm die Thore des Schlosses und gelobten am 4. September 1359, nicht ohne des Herzogs Bewilligung Sühne oder Frieden mit dem Ritter Conrad, dessen Söhnen und Anhängern zu schliessen. In dem ungleichen Kampfe gab dieser entweder freiwillig nach oder unterlag. Ritter Johann und seine Söhne liessen sich deshalb auch an einer neuen Verpfändung nicht hindern. Am 21. Februar 1361 verliehen sie dem Conrad von Linde ein Burglehn in ihrem Antheile auf dem Schlosse mit einem Wohnzimmer pfandweise für zwölf Mark löthigen Silbers auf die Dauer von höchstens drei Jahren unter der Bedingung, dass er in Streitigkeiten mit Anderen sich ihrer Entscheidung unterwürfe, und mit der Befugniss für ihn, sich aus dem Burglehne gegen jedermann, den Herzog Wilhelm ausgenommen, zu wehren, wenn sie ihm nicht innerhalb vier Wochen zum Rechte oder zu einem gütlichen Vergleiche verholfen könnten. Damit er nicht zur Störung des Friedens mit den übrigen von Salder auf dem Schlosse Veranlassung gäbe, musste er geloben, eine

Vereinbarung, welche Ritter Johann mit ihnen getroffen hatte, zu halten. Im Vertrauen auf die Nachsicht des Herzogs, der ihm einmal gegen seinen Bruder geholfen hatte, wurde Ritter Johann kühner und erdreistete sich sogar, Bundesgenossen des Herzogs, den Grafen Gerhard von Schauenburg, Administrator des Stiftes Minden, dessen Brüder, die Grafen Adolf, Simon, Bernhard und Otto, und ihre Mannen durch unbefugte Handlungen zu kränken. Es scheint nicht, dass der Administrator und die Grafen deshalb bei dem Herzoge Klage erhoben haben. Ihre Mannen liessen sich vielmehr zu einer That hinreissen, welche sie gleichfalls nicht rechtfertigen konnten. In den letzten Tagen des März oder in den ersten Tagen des April's 1361 trafen sie den Ritter Johann von Salder wahrscheinlich auf dem Gebiete der Grafen oder des Stiftes, griffen ihn an, verfolgten ihn auf herzogliches Gebiet, trieben ihn vor sich her, jagten ihn in die Stadt Hannover hinein und tödteten beim Angriffe oder während der Verfolgung einen seiner Begleiter. Die Sache musste den gerechten Unwillen des Herzogs, der Stadt und seiner Mannen erregen; aber sie war zu geringfügig, als dass der Herzog um ihretwillen aus treuen Bundesgenossen sich hätte Feinde machen wollen, zumal da sie erbötig waren, die Angelegenheit auf friedlichem Wege zu Ende zu bringen. Am 15. April 1361 errichteten der Administrator Gerhard und seine Brüder Bernhard und Otto für sich, für das Stift Minden und für des Stiftes Mannen, ferner die Grafen Adolf und Simon von Schauenburg für sich und ihre Nachkommen, sie sämmtlich aber für alle diejenigen, über welche sich ihre Macht erstreckte, wegen jener That und alles dessen, was in Folge derselben vorgefallen war, mit dem Herzoge Wilhelm, mit dem Rathe und der Stadt Hannover, mit den am 14. December 1356 auf den Schlössern Lauenrode, Hannover und Pattensen ernannten herzoglichen Amtleuten, den Küchenmeister ausgenommen, ferner mit dem Johann von Elsen, dem Hartmann von Lathusen und allen herzoglichen Mannen eine Sühne, ertheilten auch zugleich ihre Einwilligung dazu, dass, wenn des vorgefallenen Todtschlages wegen sich Kläger meldeten, der Herzog, seine Amtleute und Mannen und die Stadt denselben ihr Recht gestatten möchten, ohne dadurch den Vertrag zu verletzen. Diejenigen gräflichen Mannen und die Mannen des Stiftes, welche die Angelegenheit betraf, schworen eine Urfehde und gelobten mit dem Administrator und seinen Brüdern, die Sühne den Herzögen Wilhelm und Ludwig, den herzoglichen Amtleuten und Mannen und der Stadt zu halten. In dieser Sühne wurde der Küchenmeister Diedrich Schlette deshalb nicht mehr unter den Amtleuten auf den Schlössern Lauenrode, Hannover und Pattensen namhaft gemacht, weil er inzwischen als Vogt und Richter in die Stadt Lüneburg versetzt worden war. Man erfährt dies bei der Gelegenheit, dass die Rathsherren der Stadt am 23. April 1361 den Verkauf von Salzgütern zu Lüneburg bescheinigen, welche durch den Tod der letzten Besitzerinn in Ermangelung rechter Erben dem Küchenmeister Diedrich Schlette, als Vogte und Richter, zugefallen waren. Die Urkunde drückt sich so aus, dass man annehmen muss, er habe damals auch dieses Amt in der Stadt Lüneburg nicht mehr bekleidet. Zu derselben Zeit fehdete Marquard von Wersebe, Sohn des früheren Amtmanns Lüder von Wersebe auf dem erzbischöflichen Schlosse Hagen (Dorfhagen), also ein Mann des Stiftes Bremen, mit den Herzögen Wilhelm und Ludwig. Er wurde gefangen und erlangte am 1. Februar 1361 nur unter der eidlichen Zusage, sich zwischen dem 16. und 23. Mai desselben Jahres zum Gefängnisse auf dem Schlosse Lauenrode einzustellen, die Freiheit. Für die Erfüllung des Versprechens, welches er beiden Herzögen und zu ihrer treuen Hand dem Ritter Ludolf von Hohnhorst, dem Küchenmeister Diedrich Schlette und dem Christian von Langelege ablegte, verbürgte sich Herbord Cläver, indem er gelobte, sich statt des Marquard von Wersebe, wenn dieser sich nicht stellte, auf dem Schlosse Lauenrode im Gefängnisse einzufinden. Zur bestimmten Zeit erschien Marquard von Wersebe, nicht um in die Gefangenschaft zurückzukehren, sondern um für seinen Stellvertreter, weil derselbe krank geworden war, einen Aufschub bis zum nächsten 25. Juli zu erbitten. Das Gesuch wurde bewilligt und Herbord Cläver gelobte nun am 21. Mai 1361 unter Bürgschaft des Marquard von Wersebe, an jenem Tage die Haft anzutreten. Ob der Knappe Ulrich von Bothmer ein Verbündeter des Marquard von Wersebe war, bleibt ungewiss. Auch er fehdete gegen die Herzöge. Die von Bothmer waren herzogliche und gräflich hoyaische Lehnsleute. Möglich ist es jedoch, dass Ulrich von Bothmer zu den Mannen des Stiftes Bremen gehörte. Er wurde am 30. Juli 1361 zur Sühne gezwungen und versprach, sie für sich und für alle diejenigen, welche um seinetwillen in die Fehde gekommen waren, den Herzögen Wilhelm und Ludwig zu halten. Er legte das Gelöbniss ab, keine Beschuldigung noch Klage gegen sie, ihre Erben und Nachfolger, gegen ihre Mannen, Lande und Schutzbefohlenen ferner zu erheben und ihnen keinen Schaden zuzufügen.

Etwas später, nämlich im folgenden Jahre, lehnten sich Johann, Sohn Ludolf's von Hohnhorst, und die auf dem Schlosse Lauenbrück sitzenden Johann und Ludolf, Söhne des Heinrich von Hohnhorst, wegen einer ihrem Vetter Ludolf, Sohne Ludolf's von Hohnhorst, widerfahrenen angeblich unbilligen Behandlung gegen die Herzöge auf und schritten zur Fehde. Dem Henning Havekhorst, Vogte zu Kettenburg und Sohne des früheren Vogtes Ludolf Havekhorst zu Celle und Rethem, gelang es, sie zu züchtigen, worauf sie am 24. Juli 1362 geloben mussten, gegen die Herzöge, gegen die Herrschaft und die Amtleute derselben, namentlich gegen den Vogt zu Kettenburg wegen des Vorfalles nimmermehr Klage zu erheben noch Fehde zu führen und den Herzögen gern zu dienen. Dem Knappen Hermann Schulte, der gleichfalls auf dem Schlosse Lauenbrück sass, und seinen Leuten wurde mancher Schaden, wie es scheint in jener Fehde, vom Schlosse, von den herzoglichen Amtleuten daselbst und von ihren Knechten zugefügt. Wie ein früherer Schaden am 5. Februar 1360, so wurde auch dieser und aller seit Erbauung des Schlosses erlittener Schaden ihm von den Herzögen Wilhelm und Ludwig ersetzt, als er ihnen am 18. November 1364 für zwanzig Mark Pfennige eine Wiese, auf welcher die Mühle beim Schlosse erbauet war, verkaufte. Ritter Ludolf von Hohnhorst zu Meinersen, herzoglicher Rath, scheint in obige Fehde der von Hohnhorst nicht verwickelt gewesen zu sein, sondern der ganzen Angelegenheit fern gestanden zu haben.

Ungeachtet der vielen Kriegskosten fand Herzog Wilhelm Mittel, um Güter anzukaufen. Am 6. Januar 1361 erwarben er und Herzog Ludwig von Aschwin von Alten viele Höfe und Koten zu Klein-Burgwedel, Thönse, Wettmar, Engensen, Schillerslage, Burgdorf, Sorgensen, Wefelingsen und Aligse mit allem Zubehör, ausgenommen diejenigen Stücke, welche Aschwin von Alten verlehnt hatte und sich beim Verkaufe vorbehielt. Nur die Güter zu Klein-Burgwedel hatte Aschwin von dem Herzoge Wilhelm zu Lehn besessen; von den übrigen gelobte er ihm und dem Herzoge Ludwig das Lehn zu gute zu halten. Am 20. Juni desselben Jahres kauften beide Herzöge von Heinrich Bochester den Zehnten zu Tewel, welchen er am 27. April 1348 gekauft hatte und von dem Herzoge Wilhelm zu Lehn besass. Die am 3. November 1336 dem Ritter Balduin von dem Lobeke auf Lebenszeit verliehenen Dörfer Kolepant und Glienitz wurden durch seinen Tod um das Jahr 1361 den Herzögen erledigt. Sie liessen sich am 8. September dieses Jahres bewegen, beide Dörfer seinem Sohne Gerlach auf Lebenszeit wieder zu verleihen. Nur mussten die Söhne desselben in einem Reverse die Versicherung ertheilen, dass sie nach ihres Vaters Tode keine Ansprüche auf die Dörfer erheben wollten, und dafür den Herzögen und zu deren treuen Hand dem Probste Aschwin von Salder, dem Wilbrand von Reden und dem Küchenmeister Diedrich Schlette Bürgen stellen. Von dem Zutrauen, welches Letzterer bei dem Herzoge Wilhelm genoss, zeugen die vielen Regierungsangelegenheiten, zu welchen er vorzugsweise zugezogen wurde. Seine Stellung muss eine sehr einflussreiche gewesen sein. Er war so sehr bemittelt, dass er dem Herzoge Magnus und dessen Sohne Albrecht, Erzbischofe von Bremen, am 19. September 1361 die allerdings bedeutende Summe von 200 Mark löthigen Silbers vorstrecken konnte.

Das Schloss Lauenau war zuletzt am 30. März 1348 den Grafen von Schauenburg auf unbestimmte Zeit verpfändet worden. Später war, wie es scheint, der Knappe Statius Busche, welcher seit 1358 die herzogliche Hälfte des Schlosses Ohsen besass und Lehn von dem Herzoge Wilhelm erhalten hatte, Pfandinhaber des Schlosses Lauenau geworden. Von dem Schlosse beunruhigte er die Bürger der Stadt Hameln so sehr, dass die Herzöge Wilhelm und Ludwig von ihrem Vetter, dem Herzoge Albrecht zu Grubenhagen, und dessen Hauptleuten entweder mit Klagen darüber belästigt wurden oder dieselben erwarteten. Die Irrungen und Zwistigkeiten, welche hieraus mit dem Herzoge Albrecht und der Stadt entstehen mussten, kamen dem Herzoge Wilhelm sehr ungelegen. An den südwestlichen Grenzen seines Herzogthumes in der Richtung nach Lippe, Sternberg, Schwalenberg, Paderborn und Waldeck suchte er seine Stellung zu befestigen, denn von dieser Seite seines Herzogthumes droheten ihm feindliche Angriffe, weil die Grafen Otto und Heinrich von Waldeck am 18. März 1361 von dem kaiserlichen Gerichte zu Nürnberg wegen ihrer Forderung von 100000 Mark Silbers eine erneuerte Anweisung auf alle seine Güter und Besitzungen, wo sie derselben habhaft werden könnten, erhalten hatten. Gerade deshalb beabsichtigte er, den Herzog Albrecht und die Stadt Hameln in seinen Dienst zu ziehen. Durfte er in einem Kampfe mit den Grafen auch keine Hülfe gegen sie von ihrem Verbündeten, dem Herzoge Albrecht, erwarten, so war es ihm schon von grossem Werthe, wenn derselbe sich neutral verhielt oder ihm gar die Grenzen schützte, während er selbst die Grafen jenseits derselben verfolgte. Um die friedlichen Beziehungen zu seinem Vetter, dem Herzoge Albrecht, und der Stadt Hameln sich zu erhalten, that Herzog Wilhelm, was vorläufig geschehen konnte. Am 6. October 1361 musste der Knappe Statius Bussche ihm und dem Herzoge Ludwig das Versprechen leisten, sie und ihre Amtleute von einer etwaigen Klage des Herzogs Albrecht und seiner Hauptleute, dass er und die Seinen von dem Schlosse Lauenau den Bürgern der Stadt Hameln Schaden zufügten oder zugefügt hätten, zu entledigen und in Streitigkeiten ihrer Entscheidung sich zu unterwerfen. Die Vorsicht aber erforderte, ihn, sobald der Pfandvertrag es erlaubte, von dem Schlosse zu entfernen. Es wird dies auch geschehen sein; denn weil schon am 7. September 1364 der mit dem Ritter Brand von dem Hus des Schlosses wegen errichtete Pfandvertrag erlosch, muss schon im Jahre 1361 oder 1362 ein Wechsel unter den Besitzern des Schlosses Statt gefunden haben. Die Zeit, während welcher die Gebrüder Knigge die herzoglich lüneburgsche Hälfte des Schlosses und der Stadt Gandersheim zu Pfande besassen, war nach geschehener Kündigung zu Ende März des Jahres 1361 abgelaufen. Ausser der Pfandsumme von hundert Mark löthigen Silbers betrug die Forderung der Gebrüder Knigge wegen vorgenommenen Baues doppelt so viel. Die Zahlung verzögerte sich und erst am 6. December dieses Jahres leistete sie Herzog Wilhelm mit Hülfe der Gebrüder Lippold und Basilius von Vreden, welche wahrscheinlich noch, wie im Jahre 1347, die andere Hälfte des Schlosses und der Stadt von dem Herzoge zu Göttingen, ihrem Lehnsherrn, pfandweise besassen. Schon am 23. November 1347 und 22. März 1348 hatten sie sich verpflichtet, die herzoglich lüneburgsche Hälfte des Schlosses und der Stadt einzulösen. Ihnen nun und ihren Söhnen verpfändete Herzog Wilhelm dieselbe mit allem Rechte und Zubehör, Lehn ausgenommen, unter Vorbehalt des Oeffnungsrechtes auf die Dauer von wenigstens vier Jahren für jene 300 Mark und für die auf 200 Mark löthigen Silbers veranschlagten, bei der Einlösung genauer zu ermittelnden und abzuschätzenden Kosten des nach seinem und seiner Mannen Rathe am Steinwerke des Schlosses vorzunehmenden Baues. Würde ein herzoglicher Amtmann zur Kriegsführung auf das Schloss gesetzt, so sollte er sie und die Ihrigen gegen sich und die Seinigen vor Schaden bewahren, und ihnen dafür Sicherheit stellen, etwaigen Schaden aber innerhalb zweier Monate nach der Aufforderung in gütlichem Wege oder nach dem Rechte ersetzen. Sie gelobten in allen über das Schloss entstehenden Händeln, wegen welcher der Herzog auf Widerstand stossen könnte, sich seiner Entscheidung zu fügen. Geriethen sie mit jemandem in Streit und hülfe ihnen der Herzog nicht im Wege der Güte zu ihrem Rechte innerhalb vier Wochen nach der Aufforderung, so durften sie sich vom Schlosse gegen Unrecht wehren. Würde dasselbe belagert, so sollte der Herzog es entsetzen helfen. Für den Fall, dass es erobert würde, galten die Bestimmungen des vorigen Pfandvertrages vom 5. Januar 1358. Zugleich traten die von Vreden mit ihrem Schlosse Freden in den Dienst des Herzogs Wilhelm, gelobten, dasselbe ihm, seinen Erben und Nachfolgern in allen Nöthen gegen jedermann zu öffnen, und verlangten dafür nur, dass er sie, das Schloss Freden und dessen Zubehör, so lange bis ihnen das Schloss Gandersheim abgelöset würde, getreu vertheidigen sollte. Des Dienstes der von Vreden auf ihrem Schlosse Freden und der Oeffnung desselben sich zu versichern, war für den Herzog augenscheinlich der Hauptbeweggrund gewesen, ihnen seinen Antheil an Gandersheim zu verpfänden. Er mochte Kunde davon besitzen, dass der Bischof von Hildesheim sich über die Räubereien des Burchard von Steinberg beim Kaiser beklagt und ein allgemeines Aufgebot gegen Bodenburg, welches auch im folgenden Monate erschien, als nothwendig verlangt hatte. Durch dasselbe verlor Bodenburg für den Herzog die Bedeutung, um derentwillen er am 15. Juni 1359 die von Steinberg mit ihrem Schlosse in seinen Dienst genommen hatte. Wie Bodenburg, lag das Schloss Freden bei Alfeld mitten im Stifte Hildesheim und konnte gegen dieses dem Herzoge dieselben Dienste, wie ersteres, leisten. Inwiefern das zugleich mit jenem Aufgebote erschienene kaiserliche Schreiben, in welchem zum Schutze des Bischofes von Hildesheim und zum Zwecke der Zurückgabe aller ihm entrissenen Besitzungen ein eigenes Gericht eingesetzt wurde, am 6. Mai 1362 zu einem Bündnisse der Herzöge Wilhelm und Ludwig mit ihrem Vetter, dem Herzoge Ernst zu Göttingen, führte, ist in der Geschichte des letzteren weitläuftiger aus einander gesetzt worden. Unterdessen war Moritz von Oldenburg, Domdechant und Administrator des Stiftes Bremen, in dem Kampfe mit dem Erzbischofe Albrecht, Sohne des Herzogs Magnus von Braunschweig, unterlegen und hatte Mitte Januar's 1362, in dem Schlosse Bremervörde belagert, auf das Stift Bremen Verzicht geleistet. Zugleich mit seiner Verwaltung des Stiftes musste das von ihm als Administrator am 18. August 1359 mit den Herzögen Wilhelm und Ludwig geschlossene Bündniss, obgleich es auf die Dauer von sechs Jahren berechnet war, erlöschen. Den Herzögen lag aber ebensowohl daran, dass ihnen dieselbe Anzahl Hülfstruppen aus dem Stifte Bremen wie bisher gestellet würden, als auch dass sie und ihre Lande, zumal da Marquard von Wersabe sie kurz zuvor aus dem Stifte belästigt hatte, gegen Beunruhigungen durch die Mannen des Stiftes und gegen Angriffe derselben gesichert seien. Die deshalb erforderlichen Zugeständnisse erhielten sie in vollem Masse durch das mit dem neuen Erzbischofe Albrecht kurz vor oder nach der Verzichtleistung des Administrators, nämlich am 27. Januar 1362, geschlossene Bündniss, über welches das Nähere in der Geschichte des Herzogs Magnus mitgetheilt worden ist.

Herzog Wilhelm sah Ereignisse in der Mark Brandenburg sich vorbereiten, die wohl geeignet waren, ihn mit Besorgniss zu erfüllen. Der Kaiser sann darauf, wie er die Markgrafen von Brandenburg ganz von sich abhängig oder sich die Mark gar zu eigen machte. Seinem Charakter gemäss war es, dass dies nicht mit Gewalt sondern mit ränkevoller Gemüthlichkeit und unter dem Scheine des herzlichsten Wohlwollens, welchem die Markgrafen nur zu sehr trauten, geschähe. Bald schien ihm die Anstellung kaiserlicher Räthe in der Mark, bald die Verlobung seiner Tochter Elisabeth mit dem Markgrafen Otto, welcher mit seinem älteren Bruder Ludwig dem Römer in der Mark gemeinsam regierte, bald eine Erbverbrüderung zwischen seinem Sohne Wenzel und den Markgrafen das passendste Mittel zur Erreichung seines Zweckes. Für die Vorschläge, welche, als aus väterlicher Fürsorge für sie entsprungen, er ihnen machte, suchte er die Markgrafen zu gewinnen. Es ist nicht unwahrscheinlich, dass Herzog Wilhelm sichere Anzeichen besass, aus denen er auf dasjenige, was wegen der Verlobung und Erbverbrüderung zwischen dem Kaiser und den Markgrafen verhandelt wurde, schliessen konnte. Unmittelbar bis an die Grenzen des Herzogthums Lüneburg musste die Macht des kaiserlichen Hauses reichen, wenn die Vermählung mit dem Markgrafen Otto und die Erbverbrüderung zu Stande kam. Schon hatte der Kaiser einen seiner treuesten Diener und Räthe, den Bischof Diedrich von Minden, zum erzbischöflichen Sitze in Magdeburg verholfen und ihn gleichsam als Vorposten gegen das Herzogthum aufgestellt. Herzog Wilhelm war deshalb darauf bedacht, in der Altmark, von woher zunächst ein Angriff zu besorgen war, sich unter den ritterbürtigen Mannen Anhänger zu verschaffen und von ihnen Schlösser zur Verfügung zu erhalten. Er richtete sein Augenmerk besonders auf die von der Schulenburg zu Betzendorf und Apenburg und auf die von Bertensleben zu Wolfsburg, welche noch, wie am 13. December 1352, eine amtliche Stellung in der Altmark dem Anscheine nach bekleideten. Günther von Bertensleben war sein Lehnsmann. Auch die von der Schulenburg hätten ihn vom Schlosse Gartow als ihren Lehnsherrn anerkennen müssen, hatten aber anfangs wohl zwischen ihm und den Markgrafen geschwankt und dann, nach dem Vorgange derselben sich richtend, das Schloss vor zwei Jahren dem Johanniter-Orden abgetreten. Ritter Günther von Bertensleben nebst seinen Söhnen Günther und Huner und die Gebrüder Werner und Heinrich von der Schulenburg zu Betzendorf und Apenburg waren Lehnsleute des Herzogs Magnus von Braunschweig. Dem Ritter Günzel von Bertensleben war erst kurz zuvor, nämlich am 25. Februar 1360, das Schloss Brome von dem Herzoge Magnus verpfändet. Dieser musste sich von dem Erzbischofe Diedrich durch Einlösung des Schlosses Lauchstädt und durch den Bau eines Schlosses zu Calbe sehr unangenehm berührt fühlen und wegen seines Sohnes Ludwig sich vor der über die Mark Brandenburg hinüber reichenden Macht des Kaisers nicht weniger als Herzog Wilhelm scheuen. Sicherlich versagte er daher seinem Vetter, dem Herzoge Wilhelm, seinen Beistand nicht, um als Lehnsherr der von der Schulenburg und von Bertensleben sie zum Abschlusse eines Vertrages, wie ihn Herzog Wilhelm brauchte, zu bewegen. Am 13. März 1362 gelobten die Knappen Werner und Heinrich von der Schulenburg, Gebrüder, zu Betzendorf und Apenburg, der Knappe Henning von der Schulenburg zu Betzendorf und sein Neffe Ritter Bernhard von der Schulenburg daselbst, ferner Günzel von Bertensleben, Sohn des Ritters Busso, und Günzel von Bertensleben, Sohn des Ritters Günther, welche einen Antheil am Schlosse Wolfsburg besassen, dem Herzoge Wilhelm ein Schloss in der Altmark, welches er bestimmen möchte, innerhalb zweier Wochen nach erhaltener Aufforderung zu überlassen. Dafür überliess er ihnen unter gleichen Bedingungen das Schloss Presetze. Auf dasselbe waren am 1. Juni 1354 die Knappen Heinrich Moltze und Wasmod von Meding als Amtleute und Pfandinhaber gesetzt und auf sie war der herzogliche Pächter Spörken gefolgt. Dieser sollte auch jetzt noch den Zoll und die Gülte daselbst behalten. Die von der Schulenburg und von Bertensleben wurden dagegen in den Besitz aller anderen Gerechtsame gesetzt. Ihnen wurde der Hofdienst, das Gericht zu Lase und Pölitz und die

Nutzung der Holzung zum Behufe des Schlosses überlassen. Sie gelobten, dem Herzoge, seinen Erben und Nachfolgern in allen Nöthen das Schloss zu öffnen und es nach achtwöchentlicher Kündigung ihm wieder auszuliefern. Von ihnen auf das Schloss verwandte Baukosten sollten von dem herzoglichen Küchenmeister und von Christian von Langelege oder von zwei anderen herzoglichen Räthen abgeschätzt werden. Für die Baukosten haftete das Schloss nicht als Pfand. Würden ihnen alle Baukosten aberkannt, so versprachen sie, sich auch damit begnügen zu wollen. Zuletzt erkannten sie alle Bestimmungen des Herzogs Wilhelm über die Nachfolge im Herzogthume in der Weise an, wie er es von Pfandinhabern forderte. Das Schloss in der Altmark, welches sie ihm überliessen, möchte das im südlichen Theile der Vogtei Gardelegen gelegene Schloss Altenhausen gewesen sein, falls dieses nicht etwa zu den seinem Eltervater von dem Grafen Siegfried von Osterburg verkauften Gütern gehörte oder ein von ihm dem Erzbischofe von Magdeburg, vielleicht auch den Markgrafen abgenommenes Schloss war. Fünf Monate später, am 15. August 1362, nahmen die Herzöge Wilhelm, Magnus und Ludwig die sämmtlichen auf dem Schlosse Wolfsburg gesessenen von Bertensleben mit dem Schlosse in ihren beständigen Dienst, machten durch die von denselben im Falle eines Krieges mit den Markgrafen angelobte Neutralität es diesen unmöglich, sich des Schlosses gegen das Herzogthum zu bedienen und erlangten sogar das Zugeständniss, dass die in den herzoglichen Landen und Vogteien wohnenden, zum Schlosse Wolfsburg gehörenden Leute und Untersassen die herzoglichen Landwehren gegen die Mark vertheidigen hülfen. Wahrscheinlich bildeten die 150 Mark löthigen Silbers, welche Herzog Wilhelm den von Bertensleben auszahlte, den ihnen für ihr Dienstverhältniss versprochenen Lohn. In Voraussicht eines Krieges hatte Herzog Wilhelm die an der Grenze der Altmark gelegenen Schlösser Bodenteich und Knesebeck befestigen lassen. Heinrich von Wrestede, schon im Jahre 1354 Amtmann auf dem Schlosse Knesebeck, und sein Bruder Harneid sassen in derselben Eigenschaft auf dem seit 1323 herzoglichen Schlosse Bodenteich. Die von ihnen im Auftrage des Herzogs an beiden Schlössern unternommenen Bauten waren am 25. Mai 1362 vollendet, an welchem Tage er durch seinen Küchenmeister Diedrich Schlette mit den Gebrüdern von Wrestede wegen des Baues, wegen der zu den Schlössern eingelöseten und gekauften Güter und wegen der Auslagen für Kost, Speise und Futter Abrechnung halten liess und ihnen Zahlung leistete.

Die beiden Linien des gräflichen Geschlechtes von Hallermund erkannten den Grafen Ludolf als ihren gemeinsamen Stammvater an. Derselbe besass drei Söhne, von denen der älteste, Ludolf, 1200 Domherr zu Hildesheim war. Der zweite Sohn, Wilbrand, vermählte sich mit Adelheid, Tochter des edelen Herrn Johann von Adensen, und hinterliess bei seinem Tode 1280 seinem einzigen Sohne, dem Grafen Gerhard dem jüngeren, das Schloss Hallermund. Der dritte Sohn des Grafen Ludolf war Gerhard der ältere, vermählt mit Gräfinn Gerburg von Everstein. Bei seinem bald nach dem Jahre 1326 erfolgten Tode hinterblieben, weil sein zweiter Sohn Otto, Domherr zu Hildesheim, und der jüngste, Namens Gerhard, ungefähr zu derselben Zeit mit ihm starben, nur drei Söhne, Ludolf, Heinrich und Otto. Letzterer war 1326, obgleich noch nicht mündig, Domherr zu Hildesheim, wurde dort 1361 Domscholaster und 1363 Administrator des Stiftes. Seine Brüder Ludolf und Heinrich hatten ihren Sitz in Eldagsen, welche Stadt nebst dem Schlosse sie und ihr Vetter Gerhard der jüngere zur Hälfte, da die andere Hälfte den Herzögen zu Lüneburg gehörte, vom Stifte Hildesheim zu Lehn besassen. Nachdem Graf Gerhard der jüngere 1282 das Schloss Hallermund, ein hildesheimsches Lehn, dem Herzoge Otto verkauft hatte, verblieb ihm ausser dem vierten Theile an Eldagsen das Weichbild Springe, ein mindisches Lehn, welches er nach dem schiedsrichterlichen Spruche des Bischofs Otto von Hildesheim vom 24. October 1324 zu gleichem Rechte mit seinem Oheime, dem Grafen Gerhard dem älteren, besitzen sollte. Die mindischen Lehngüter der edelen Herren von Adensen wurden ihm, nachdem sein anderer Oheim, der edele Herr Johann von Adensen, Verzicht darauf geleistet hatte, am 9. März 1322 von dem Bischofe Gottfried zu Minden verliehen. Durch Verträge mit dem Domherrn Friedrich von Adensen zu Hildesheim und mit Margaretha, Schwester desselben, gelangte er 1325 in den Besitz der noch übrigen Güter dieses edelen Geschlechtes. Die Vogtei zu Adensen gehörte noch 1354 seinen Söhnen and bis zu den Jahren 1364 und 1365 waren sie und ihr Vetter, Graf Heinrich zu Eldagsen, Lehnsherren des Dorfes Boitzum und mancher anderen unmittelbar an Hallerburg grenzenden Besitzungen. Die Vogtei über das dabei gelegene Dorf Wülfinghausen hatten einst die Grafen von Lutterberg von dem Stifte Hildesheim zu Lehn besessen und an die von dem Alten-Markte in Hildesheim zu Lehn verliehen.

Nachdem sowohl von den Grafen von Lutterberg als von ihren Lehnsleuten Verzicht auf die Vogtei geleistet worden war, hatte Bischof Conrad von Hildesheim dieselbe 1243 dem Kloster zu Wülfinghausen geschenkt. Zuerst im Jahre 1362 wird Hallerburg genannt. Herzog Wilhelm nannte es sein Schloss und Wülfinghausen sein Kloster. Wahrscheinlich hatte er den Platz, auf welchem das nahe bei Adensen gelegene Schloss stand, von den Grafen von Hallermund, wie später in den Jahren 1364 und 1365 manche anderen Güter dort von ihnen, erworben und wegen seiner Irrungen mit dem Stifte Hildesheim das Schloss darauf erbauet. Für die Annahme, dass der Schlossplatz ein den Grafen vom Stifte Hildesheim ertheiltes Lehn war, spricht der Umstand, dass am 6. Januar 1372 das Lehnsrecht des Stiftes über das Schloss anerkannt wurde. Am 12. Juli 1362 verpfändete Herzog Wilhelm das Schloss auf die Dauer von wenigstens 5½ Jahre unter Vorbehalt des Oeffnungsrechtes und unter den sonst üblichen Bedingungen an die Knigge und von Ilten für 400 löthige Mark und für die auf 200 löthige Mark veranschlagten Kosten des nach seinem oder seiner Amtleute Rathe am Schlosse vorzunehmenden Baues und liess sich von ihnen geloben, dass sie sich mit dem Kloster Wülfinghausen und mit seinen anderen Klöstern nicht befassen wollten.

Wie schon erwähnt worden ist, erkannte Herzog Wilhelm es für wichtig, an den südwestlichen Grenzen seines Herzogthumes gegen die zu erwartenden Angriffe der Grafen von Waldeck durch Bündnisse sich zu stärken und zu schützen. Mit dem am 31. März 1361 verstorbenen Bischofe Balduin von Paderborn war er verbündet gewesen. In der Hoffnung, mit dem folgenden Bischofe Heinrich, Administrator zu Corvey, das Bündniss zu erneuern, hatte er im Vertrage vom 6. Mai 1362 seinem Vetter, dem Herzoge Ernst zu Göttingen, keine Hülfe gegen denselben versprochen. Er erreichte am 16. Juli 1362 nur, dass der Bischof sich verpflichtete, während der nächsten beiden Jahre keine Feindschaft gegen ihn, gegen den Herzog Ludwig und gegen ihre Herrschaft zu beginnen, während der Zeit mit seinen Amtleuten sie und die Ihrigen vor Schaden aus seinen Schlössern, Stiften und Landen möglichst zu schützen und die herzoglichen Schlösser nicht zu belagern noch zu verbauen. Für Klagen über Schaden, der trotzdem aus seinem Gebiete ihnen zugefügt werden könnte, wurde ein Schiedsgericht zu Hameln eingesetzt. Diese Stadt in ihren Dienst zu ziehen, gelang beiden Herzögen am 29. September 1362. Der Rath der Stadt ging nur ein dreijähriges Dienstverhältniss ein. Er gelobte, ihnen die Stadt zu ihrer Noth und zu ihrem Rechte gegen jedermann mit Ausnahme seiner Herren, der Söhne des verstorbenen Herzogs Ernst zu Grubenhagen, und des mit der Stadt verbündeten Grafen von Schauenburg unter der Bedingung zu öffnen, dass die Forderung der Oeffnung einen Monat, bevor diese geschehen sollte, gestellt würde, damit die Stadt in der Zwischenzeit sich zu Ehren verwahren könnte. Im Falle, dass die Herzöge Wilhelm und Ludwig aus Hameln Krieg führen würden, sollten ihre Amtleute den Rath und die Bürger gegen die herzoglichen Leute in der Stadt vor Unfug und Schaden schützen. Wenn dieser dennoch nicht abgewendet würde, sollte innerhalb der nächsten beiden Monate nach der Klage Ersatz dem Ausspruche eines Schiedsgerichtes gemäss in Güte oder nach dem Rechte geleistet werden. Würden die Söhne des Herzogs Ernst gegen die beiden Herzöge Fehde beginnen und die Hülfe der Bürger und die Oeffnung des Schlosses fordern, so verlor obiger Vertrag während der Fehde seine Gültigkeit.

Unterdessen war es wirklich zu Feindseligkeiten der Markgrafen von Brandenburg gegen die Herzöge Wilhelm und Ludwig zu Lüneburg gekommen, in welchen Herzog Johann von Mecklenburg und die Grafen von Holstein den ersteren Beistand leisteten. Sehr zur ungelegenen Zeit und gewiss unerwartet kam dem Herzoge Wilhelm ein tückischer Ueberfall und Plünderung, welche gegen ihn Herzog Albrecht von Mecklenburg, Schwiegervater des Markgrafen Ludwig des Römers von Brandenburg, zu eben dieser Zeit anstiftete. Das Ende des zwischen beiden am 15. August 1357 zu Boitzenburg auf die Dauer von sechs Jahren geschlossenen Bündnisses nicht abwartend, ertheilte Herzog Albrecht am 29. Juli 1362 den Gebrüdern Johann und Vicke Moltke auf Stritfeld, Rittern, und dem Knappen Heinrich von Bülow die Erlaubniss, nach dem nächsten 15. August ins Herzogthum Lüneburg einzufallen, im Lande zu rauben, Brandschatzungen auszuschreiben und nach Fehdebrauch darin zu hausen. Als Vorwand für die Erlaubniss zu diesem Raubzuge benutzte er Irrungen, die zwischen ihm und dem Herzoge Wilhelm entstanden waren. Wenn er nicht schon früher bewiesen hätte, wie wenig heilig er Verträge hielt, sollte man sich über diesen Vorwand wundern, denn eben durch jenen Vertrag vom 15. August 1357 war er verpflichtet, alle Irrungen mit dem Herzoge Wilhelm dem schiedsrichterlichen Urtheile des Grafen Nicolaus von Holstein anheim zu stellen. Diese Bestimmung des

Vertrages und die Verpflichtung, bis zum 15. August 1363 Frieden zu halten, blieben in ihrer vollen Gültigkeit, wenn auch die übrigen Bestimmungen durch den Frieden beider Herzöge mit dem Herzoge Erich von Sachsen-Lauenburg ausser Wirksamkeit traten. Es war dem Herzoge Albrecht also keineswegs gestattet, jener Irrungen wegen Fehde anzufangen. Deshalb gerade sollte sie oder vielmehr der Raubzug auch nicht unter seinem Namen ausgeführt werden. Ein anderer Umstand, der bei dieser Gelegenheit zu Tage tritt, ist ebenfalls nur durch die Willkürlichkeit und Treulosigkeit des Herzogs Albrecht erklärlich. Seit dem 7. December 1358 war Boitzenburg nebst dem Zolle ein Pfand der Grafen von Tecklenburg und blieb es rechtlich wenigstens bis ins Jahr 1369. Dennoch hatte sich Herzog Albrecht der Stadt bemächtigt und sie den Gebrüdern Moltke auf Stritfeld für 5000 Mark verpfändet. Dem Heinrich von Bülow hatte er Grevismühlen zu Pfande überlassen. Er verpflichtete sich nun, diesen dreien den Schaden zu ersetzen, welchen sie auf allen Raubzügen in das Herzogthum Lüneburg während der ihnen gestatteten Fehde erleiden würden. Der an Beute zu erlangende Gewinn des ersten Zuges fiel zur Hälfte ihm, zur andern Hälfte ihnen zu. Die Beute auf jedem folgenden Zuge verblieb den Moltke und von Bülow als Beihülfe für die zum Schutze der mecklenburgschen Schlösser und des Landes erforderlichen Kosten. Hinsichtlich der Gefangenen wurde ein Unterschied gemacht. Ritterbürtige Leute nämlich behielt sich der Herzog vor. Die Moltke und von Bülow durften von denselben nur nach seinem Rathe Schatzung erheben, dagegen gefangene Bürger und Bauern nach eigenem Ermessen beschatzen; die Hälfte der diesen abgenommenen Schatzung aber mussten sie ihm abliefern. Alle Brandschatzung, welche sie im Herzogthume Lüneburg ausschreiben würden, und alle Schatzung gefangener Bürger und Bauern sollten sie erheben und die eine Hälfte davon zur Deckung der Kosten verwenden, welche die nach seinem Rathe zum Schutze und zur Vertheidigung der mecklenburgschen Schlösser und des Landes von ihnen zu ergreifenden Massregeln erfordern würden. Die andere Hälfte, welche er als die seine beanspruchte, überwies er den Gebrüdern Moltke, um damit ihre Forderung von 5000 Mark an Boitzenburg zu kürzen oder zu tilgen, verlangte jedoch, falls seine Hälfte mehr als jene Summe betragen würde, die Auszahlung des Ueberschusses. Die Schatzung der Gefangenen ritterbürtigen Standes, welche ihm allein zu Theil wurde, überliess er den Moltke und von Bülow. Sie sollten dieselbe erheben, um damit den Schaden, den sie während des Krieges in seinem Dienste erleiden und redlich beweisen würden, zu ersetzen. Auch hierbei verlangte er die Auszahlung des etwaigen Ueberschusses, wogegen er auch die etwaige Zubusse zu leisten übernahm. Der ihnen nach dem folgenden 15. August gestattete Einfall in das Herzogthum Lüneburg sollte gänzlich nach seinem Rathe unternommen werden. Er verpflichtete sie, alsdann zur Vertheidigung seines Landes eine Besatzung von funfzig leicht bewaffneten Reitern und, falls er oder sie eine grössere Anzahl für erforderlich hielten, so viele, als er für den Krieg und wegen der dem Lande drohenden Gefahr für nöthig erklären würde, sofern sie dieselben auftreiben könnten, in Boitzenburg zu halten. Er versprach für sich und die Seinen, den Frieden, welchen sie nach seinem Rathe schliessen würden, nicht zu brechen und denjenigen seiner Leute, der ihn bräche, zum Schadenersatze anzuhalten. Sie mussten geloben, Schlösser, welche sie erobern würden, ihm, nachdem er ihnen die Kosten der Eroberung erstattet und nach dem Ausspruche eines Schiedsgerichtes die darauf verwandte Arbeit und den dabei erlittenen Verlust vergütet hätte, auszuliefern. Er übernahm es, ihre Pfandschlösser und die von ihnen eroberten Schlösser, wenn dieselben während des Krieges belagert würden, zu entsetzen, und nahm auf seine Rechnung allen aus diesem Kriege auf den Schlössern, welche sie von ihm zu Pfande besassen, entspringenden Schaden und Gewinn. Würde der Schaden, welchen sie während dieses Krieges im Felde, an Schlössern, an Genossen, an Pferden oder in anderer Weise erlitten, so gross sein, dass ihn der Ertrag der dem Herzoge gehörenden Schatzung der Gefangenen ritterbürtigen Standes nicht deckte, so sollten sie den Betrag des rechtlich nachgewiesenen Schadens auf die ihnen verpfändeten Schlösser, nämlich die Moltke ihren Antheil daran auf Boitzenburg, Heinrich von Bülow seinen Antheil auf Grevismühlen schlagen. An demselben Tage verpflichteten sich die Moltke und Heinrich von Bülow zu der Freibeuterei, welche ihnen ihr Herr nicht zu befehlen wagte sondern nur gestattete. Die Moltke fielen darauf in der Gegend des Klosters Scharnebeck ins Herzogthum Lüneburg ein, bemächtigten sich der Zehnten und der Zinsgefälle, welche das Kloster von den früheren Grafen von Schwerin zu Eigenthum erhalten hatte, und Herzog Albrecht belehnte sie damit. Wahrscheinlich durch Zahlung von Brandschatzung bewog der Abt und der Convent des Klosters die Moltke das Geraubte herauszugeben. Letztere überwiesen die Güter dem Kloster am 21. December 1362 wieder und bewirkten an demselben Tage, dass Herzog Albrecht das Eigenthumsrecht darüber dem Kloster von neuem verlieh. Sehr wahrscheinlich ist es, dass Herzog Wilhelm die Freibeuter bald heimschickte. Leicht mochte es sich treffen, dass dabei seine eigenen Unterthanen von seinen Amtleuten gegen ihr Kriegsvolk nicht gehörig geschützt, noch mit Raub, Brand und sonstigem Schaden verschonet werden konnten. Solchen Schaden berechneten die Gebrüder Grope, welche vom Herzoge Wilhelm Güter zu Noetze, Boltersen und Niendorf zu Lehn besassen, also gerade in jener Gegend begütert waren, wohin der Raubzug ging. Sie erhielten für sich und ihre Leute am 13. Juni 1364 von den Herzögen Wilhelm und Ludwig Schadenersatz. Weil das Unternehmen in die Form einer Raubfehde mecklenburgscher Mannen eingekleidet war und fehlschlug, erlangte Herzog Wilhelm keine Beweise von der argen Hinterlist seines Verbündeten. Dieser konnte sich deshalb bei ihm schon leichter aus jeder Verlegenheit ziehen. Deshalb war es möglich, dass er im folgenden Jahre nebst dem Herzoge Erich von Sachsen-Lauenburg als Schiedsrichter in dem Streite des Herzogs Wilhelm mit anderen Fürsten auftrat. Eine solche Stellung würde er, wenn Herzog Wilhelm ihm Ehrlosigkeit und Treulosigkeit gegen ihn nachgewiesen hätte, nicht haben einnehmen können.

Von Norden durch die Grafen von Holstein, von Osten durch die Markgrafen von Brandenburg und aus dem Herzogthume Mecklenburg angegriffen, im Süden durch Bündnisse mit dem Herzoge zu Göttingen, mit dem Stifte Paderborn und mit der Stadt Hameln ziemlich gedeckt, bestrebte sich Herzog Wilhelm, mit seinen westlichen Nachbaren zum Schutze seiner dortigen Grenzen ein gutes Vernehmen zu erhalten und von ihnen wo möglich Hülfstruppen zu erlangen. Bei den Grafen von Wunstorf hatte er dies durch den Vertrag vom 1. September 1359, bei dem Erzbischofe von Bremen durch den Vertrag vom 27. Januar 1362 schon erreicht. Am 1. September 1362 errichtete er mit den ihm seit dem 27. Mai 1358 verbündeten Grafen Gerhard und Johann von Hoya und Altenbruchhausen einen besonderen auf die Dauer von fünf Jahren gültigen Vertrag. Sie traten in seinen und des Herzogs Ludwig Dienst gegen Jedermann, nur nicht gegen den Herzog Erich II. von Sachsen-Lauenburg und den Grafen von Schauenburg, welchen beiden sie dem Bunde beizutreten freistellten, noch gegen den edelen Herrn von der Lippe, ihren Schwager. Gegen alle Anderen gelobten sie mit ganzer Macht, mit Landen und Leuten und mit Schlössern den Herzögen in allen Fällen, wenn diese Recht zu geben und zu nehmen sich nicht weigerten, getreu zu helfen. Bevor der Vertrag vom 8. September 1357 mit dem Grafen Gerhard von Schauenburg, früheren Administrator zu Minden und Verden, erlosch, errichteten beide Herzöge mit ihm, nachdem er Bischof von Minden geworden war, am 16. October 1362 ein neues Bündniss auf die Dauer von zehn Jahren. Er gelobte, während dieser Zeit ihr Feind nicht zu werden, sondern ihnen gegen Jedermann, nur nicht gegen den Herzog Albrecht zu Grubenhagen, nicht gegen die Grafen von Schauenburg und von Everstein, noch gegen den edelen Herrn Bernhard von der Lippe, mit 25 Gewaffneten Hülfe zu leisten und in einem Kriege der Herzöge mit dem ersteren, falls er ihnen nicht helfen dürfte, neutral zu bleiben. Sie verpflichteten sich dafür, ihm gegen Jedermann, ihre Bundesgenossen ausgenommen, mit funfzig Gewaffneten zu Hülfe zu kommen. Wer von ihnen mit Krieg überzogen oder verbauet würde, dem sollte der Andere mit aller Macht folgen und ersterer den Hülfstruppen, sobald sie in sein Land kämen, Speise nebst Futter und für die Pferde Hufbeschlag liefern. Nach einem Treffen oder einer Erstürmung sollte der Gewinn unter die Verbündeten nach Anzahl ihrer gewaffneten Leute getheilt werden, jeder von ihnen aber seinen Schaden selbst tragen. Der Bischof gelobte, in allen Irrungen mit Anderen sich der Entscheidung der Herzöge zu fügen; sie versprachen dafür, seine Feinde während der zehn Jahre nicht zu werden, selbst dann nicht, wenn sie seine Streitigkeiten mit Anderen nicht in Güte oder nach dem Rechte schlichten könnten.

Weder gewagt noch ungerecht ist wohl die Vermuthung, dass die Fehde der Markgrafen von Brandenburg, welche sich der Leitung des Kaisers ganz überliessen, der Herzöge von Mecklenburg, welche ihre Standeserhöhung ihm verdankten, und der Grafen von Holstein gegen die Herzöge Wilhelm und Ludwig zu Lüneburg im Plane des Kaisers lag und seinem Einflusse zuzuschreiben ist. Die Markgrafen verstanden es jedoch nicht, nach seinem Sinne zu regieren oder zu seiner Zufriedenheit Krieg zu führen. Es schien erforderlich, dass ihnen ein Mann, auf den er sich verlassen könnte, als Rath mit ziemlich unumschränkter Gewalt beigeordnet würde. Am 10. December 1362 willigte Markgraf Ludwig der Römer darein, dass der treue Diener und Rath des Kaisers, der Erzbischof Diedrich von Magdeburg, während der nächsten drei Jahre zugleich mit ihm die Regierung über die markgräflichen Lande führen, den Rath, das Hofpersonal, alle Amtleute, Hauptleute und Gesinde nach eigenem Gutdünken und nach seinem, des Markgrafen, Rathe ab- und einsetzen sollte, und gelobte, ohne Wissen, Rath und Bewilligung des Erzbischofes nichts zu verleihen, zu verschenken, zu versetzen oder Anderen zu eigen zu geben. Am folgenden Tage erhielt der Erzbischof Diedrich in dem Bischofe Heinrich von Lebus und dem Ritter Christian Bosel zwei Beisitzer mit gleicher Befugniss, denen sich noch ein dritter, Ritter Marquard Luterbek zugesellen sollte. Ihnen überwiesen die Markgrafen alle Geschäfte, welche die Landesregierung und Kriegsführung betrafen, und schwuren, ohne den Rath, das Geheiss und die Bewilligung dieser drei oder vier Männer in Regierungsangelegenheiten nichts vorzunehmen noch zu unterlassen. Man greift wohl nicht fehl, wenn man für gewiss annimmt, dass diese Handlung der Markgrafen, welche einer zeitigen Abdankung glich, auf Anordnung des Kaisers geschah. Es lässt sich um so weniger hieran zweifeln, als der Amtseid, welchen jene Männer am 11. December 1362 schwuren, noch jetzt im böhmischen Kronarchive zu Prag aufbewahrt wird, also dem Kaiser, als demjenigen, welchem an dieser Einrichtung am meisten lag, eingeschickt worden ist. Eine der ersten Handlungen, die darauf in der Altmark vorgenommen wurden, wird wohl die Entsetzung der von der Schulenburg und von Bertensleben von ihren Aemtern gewesen sein, falls sie solche bekleideten. Obgleich nun der Kaiser in der That bis zum Herzogthume Lüneburg mit seiner Macht hinüberreichte, können doch keine Erfolge des Krieges gegen das Herzogthum nachgewiesen werden. Da ereignete es sich, dass, nachdem Herzog Ludwig der ältere von Ober-Baiern, Bruder der Markgrafen, am 18. September 1361 gestorben war, auch sein einziger Sohn Meinhard 1363 starb. Ein anderer Bruder der Markgrafen, Herzog Stephan von Nieder-Baiern, nahm sofort Besitz von Ober-Baiern, der Herzog von Oesterreich bemächtigte sich Tyrol's. Die Markgrafen machten ihrem Bruder Stephan Ober-Baiern streitig, blickten vertrauensvoll auf den Kaiser, erwarteten von ihm Beistand und fügten sich jetzt seiner Zumuthung, mit seinem einzigen, zweijährigen Sohne Wenzel eine Erbverbrüderung einzugehen. Zu Nürnberg am 18. März 1363, an welchem Tage sich Markgraf Otto von Brandenburg mit Elisabeth, der fünfjährigen Tochter des Kaisers, verlobte, nahmen er und sein Bruder Ludwig der Römer des Kaisers erstgeborenen Sohn Wenzel und alle Söhne des Kaisers, wie viele ihrer noch geboren würden, nebst deren Nachkommen vom Mannesstamme, falls dieser jedoch ausstürbe, den Markgrafen Johann von Mähren, des Kaisers Bruder, mit dessen männlichen Nachkommen zu Miterben an, gestatteten ihnen, Markgrafen von Brandenburg und Lausitz zu sein und sich zu nennen, auch das markgräfliche Wappen zu führen. Sie ertheilten ihre Zustimmung dazu, dass, falls ihr eigener Mannsstamm ausstürbe, die Markgrafschaft Brandenburg und Lausitz mit dem Reichskammermeisteramte und der Chur jenen Miterben zufalle, liessen in dieser Absicht ihre Fürstenthümer und Herrschaften dem Kaiser auf und erlaubten ihren Miterben, mit denen sie in Gesammtbelehnung sitzen wollten, in den markgräflichen Landen die Eventualhuldigung in Empfang zu nehmen. Der Kaiser ertheilte an demselben Tage seinem Sohne und seinem Bruder die Belehnung. Herzog Stephan von Baiern, Bruder der Markgrafen, und seine Nachkommen wurden also von der Succession in der Mark ganz ausgeschlossen, den Markgrafen auf Böhmen und Mähren nicht die Rechte zugestanden, welche sie dem Hause Luxemburg auf die Mark einräumten, und über die vom Kaiser gegen ihren Bruder Stephan zu leistende Hülfe nichts bestimmt. Die auf diese Weise meisterhaft schlau erzielte Vergrösserung der Hausmacht des Kaisers bewirkte, dass die dadurch bedroheten und von dem Kaiser hart bedrängten Herzöge von Lüneburg und von Lauenburg sich enger an einander schlossen. Herzog Erich II. von Sachsen-Lauenburg war, weil er weder die goldene Bulle vom 10. Januar 1356 noch die am 27. December 1356 von dem Kaiser dem herzoglichen Hause Sachsen-Wittenberg verliehene Urkunde berücksichtigte, bei dem Kaiser von dem Herzoge Rudolf II. zu Wittenberg verklagt worden. Dieser nämlich hatte sich beschwert, dass, obgleich er wie seine Vorfahren Reichserzmarschall und Churfürst sei, als welchen ihn alle Churfürsten und andere Reichsfürsten nach gerichtlicher Erledigung der Angelegenheit anerkannt hätten, Herzog Erich II. sich doch Reichserzmarschall nenne und Churfürst zu sein behaupte. Der Kaiser hatte darauf am 25. Mai 1361 dem Herzoge Erich II. geschrieben, es sei mit Bewilligung aller Churfürsten als ewiges Recht in dem kaiserlichen Rechtbuche, der goldenen Bulle, festgestellt, dass die Churwürde oder das Churfürstenthum nicht getheilt werden, sondern in einer jeden solchen Würde nur einer sein solle, der die Churstimme und die Rechte eines Churfürsten besitze und ausübe. Zugleich hatte ihm deshalb der Kaiser befohlen, sechs Wochen nach Empfang seines Schreibens nach Hofe zu kommen, sich vor ihm zu rechtfertigen und sich dem Rechtsspruche der Fürsten, wie derselbe dann ausfallen möchte, zu fügen. Würde er nicht erscheinen, so wolle der Kaiser dennoch in der Angelegenheit mit Rath der Fürsten dem Rechte gemäss weiter verfahren und den Herzog Rudolf bei allem seinem Rechte schützen. Weil Herzog Erich dessenungeachtet ausgeblieben war, hatte der Kaiser am 29. August desselben Jahres ein wörtlich gleichlautendes Schreiben an ihn gerichtet. Seitdem waren fast zwei Jahre verflossen und Herzog Erich hatte weder dem Kaiser sich gestellt, noch den Reichserzmarschallstitel abgelegt. Ebensowenig hatte Herzog Wilhelm zu Lüneburg, obgleich sicherlich auch an ihn kaiserliche Befehle gelangt waren, den Erbvertrag vom 23. Juni 1355 und seine Anordnungen vom 1. August 1356 widerrufen. Beide Herzöge mussten auf die Reichsacht und auf die Vollziehung derselben durch den Kaiser selbst, dessen Hausmacht sich bis an die Landesgrenzen beider erstreckte, gefasst sein. Beide waren seit dem 15. December 1360 verbündet. Die gemeinsame Gefahr und Noth einigte sie noch inniger. Sophie, dritte Gemahlinn des Herzogs Wilhelm, war gestorben. Er vermählte sich nun mit Agnes, Tochter des Herzogs Erich II. von Sachsen-Lauenburg. Am 24. Juni 1363 verschrieb ihr Vater ihr 1600 löthige Mark zur Mitgift und verpfändete mit Zustimmung seines Sohnes Erich dem Herzoge Wilhelm dafür den schon wegen des Handels der Stadt Lüneburg sehr ergiebigen Zoll und die Fähre zu Eislingen (Zollenspieker) mit dem Hause und Speicher unter der Bedingung, dass aus Zoll und Fähre einige Abgaben an seine Schwester, Conventualinn zu Wienhausen, an eine Vicarie zu Lauenburg und an eine Vicarie zu Neu-Gamme von dem Herzoge Wilhelm jährlich entrichtet würden. Er versprach, keine neue Fähre, sei es oberhalb oder unterhalb dieser, ihr zum Schaden anzulegen noch deren Anlage zu gestatten, vielmehr den Zoll und die Fähre nebst den Knechten und Dienern, welche Herzog Wilhelm dabei anstellen würde, getreu zu vertheidigen. Herzog Wilhelm gab seinem Schwiegervater Erich, wie zwischen beiden durch Vermittlung des Grafen Johann von Hoya verabredet war, Artlenburg und alles ihm abgenommene Land zurück mit Ausnahme des Schlosses Riepenburg, welches von ihm seiner Gemahlinn Agnes zur Leibzucht verschrieben wurde, nach ihrem Tode aber dem Herzogthume Lauenburg heimfallen sollte. Die Schlösser Vigenburg und Gammerort wurden gebrochen. In demselben Jahre, wahrscheinlich vor dem 7. Mai, übernahm Herzog Erich II., von dem Herzoge Wilhelm gewählt, das Amt eines Schiedsrichters in den Streitigkeiten desselben mit den Markgrafen von Brandenburg, den Grafen von Holstein und dem Herzoge Johann von Mecklenburg, welche zu ihrem Schiedsrichter den Herzog Albrecht von Mecklenburg gewählt hatten. Statt mit einer Niederlage des Herzogs Wilhelm endete also der Krieg gegen ihn trotz der kaiserlichen Räthe in der Mark mit der Einsetzung eines Schiedsgerichtes. In den Herzogthümern Braunschweig und Göttingen, in den Stiften Bremen und Minden, in den Grafschaften Hoya, Schauenburg, Wunstorf, Everstein und Wernigerode und in der Herrschaft Homburg stand dem Herzoge Wilhelm die streitbare Mannschaft zu Gebote. Mit seinen eigenen Truppen bildete sie ein ansehnliches Heer. Der Kaiser machte die unangenehme Erfahrung, dass man dem alten Herzoge im Kriege nichts anhaben konnte und ihm auf andere Weise beikommen musste.

Inzwischen war Bischof Heinrich von Hildesheim am 6. Februar 1363 gestorben. Das Domcapitel hatte am 21. Februar dem Domdechanten Gerhard von dem Berge, dem Domherrn Bernhard von Meinersen, dem Domherrn Wilbrand von Hallermund und ihren Ersatzmännern, dem Archidiacon Bertold von Bockenem, dem Domkellner Volkmar von Alten und dem Domherrn Siegfried von der Gowisch, die Regierung des Stiftes während der Sedisvacanz anvertraut. Der verstorbene Bischof war mit dem Herzoge Wilhelm trotz der zwischen ihnen herrschenden Spannung, wenn auch nur zum Frieden, verbündet gewesen, wie aus dem Vertrage des letzteren mit dem Herzoge Ernst zu Göttingen vom 6. Mai 1362 erhellet. Jene sechs Männer erneuerten gleich am Tage nach ihrer Wahl dies Friedensbündniss, welches nun für das Stift die Gestalt eines Dienstverhältnisses annahm. Sie traten nämlich unter Zustimmung des Domcapitels mit Schlössern und Landen des Stiftes Hildesheim, so lange sich die Schlösser in ihrem Besitze befinden würden, in den Dienst der Herzöge Wilhelm und Ludwig. Diese versprachen ihnen und dem Stifte Vertheidigung gegen jedermann, bei ihren Bundesgenossen jedoch nur Verwendung, und ertheilten die Zusicherung, dafür zu sorgen, dass, falls einige ihrer Mannen Ansprüche auf Güter, welche der verstorbene Bischof besessen hätte, erhöben, die Angelegenheit, bis ein allgemein anerkannter Bischof sein Amt anträte, ruhen sollte. Die Herzöge und jene sechs Männer verpflichteten sich zu einer gegenseitigen Hülfe mit sechzig innerhalb acht Tage nach der Aufforderung zu stellenden Bewaffneten. Diejenigen von ihnen, welchen dieselben zu Hülfe kamen, sollten ihnen Speise, nebst Futter und für die Pferde Hufbeschlag liefern. Gewinn im Kriege wollte man nach Anzahl gewaffneter Leute theilen, nachdem aus ihm ebenfalls nach diesem Verhältnisse der Schaden jedes einzelnen zuvor würde ersetzt worden sein. Im übrigen musste jeder seinen Schaden, sofern dafür auf diese Weise nicht vollkommen Ersatz geleistet werden könnte, selbst tragen. Würden jene sechs Männer und diejenigen, welche zu vertheidigen sie des Stiftes wegen verpflichtet wären, die herzoglichen Mannen, oder diese und die Herzöge selbst jene wegen irgend welcher Sache beschuldigen, so sollte man gegenseitig den Beklagten dem Rechte stellen. Eine Folge dieses Vertrages war, dass die von Salder auf dem herzoglichen Schlosse Lichtenberg eine von ihnen gegen das Stift unternommene Fehde nicht fortsetzen konnten. Sie sühnten sich am 17. April 1363 mit dem Domcapitel und Stifte Hildesheim wegen des gegen sie geführten Krieges, wegen alles Unwillens, wegen Raubes und Brandes, die sie und die übrigen vom Stifte erlitten hatten, und wegen Todtschlages mit Ausnahme des dem Domcapitel und dem Stifte vor Alfeld zugefügten Schadens. Ueberhaupt wegen Schadens, der in Friedenszeit ohne Ehrenverwahrung zugefügt sei, wofür also Ersatz zu leisten die Ehre forderte, sollte man klagen dürfen und denjenigen, welcher dessen schuldig wäre, zum Ersatze anhalten.

Die Schlichtung der Streitigkeiten zwischen dem Herzoge Wilhelm und den Markgrafen von Brandenburg hob die Bedenken gegen Verpfändung des in der Vogtei Gardelegen gelegenen Schlosses Altenhausen. Herzog Wilhelm verpfändete es mit allem Zubehör, geistliche und weltliche Lehne ausgenommen, am 7. Mai 1363 den Gebrüdern von Alvensleben auf dem Schlosse Calbe für 400 löthige Mark und für die auf hundert löthige Mark veranschlagten, von ihnen auf den Bau im Schlosse zu verwendenden Kosten unter Vorbehalt des Oeffnungsrechtes und jährlicher Kündigung. Ohne seinen Rath und Befehl sollte zum Bau nicht mehr als jene Summe gebraucht werden. Hinsichtlich der Anerkennung seiner Entscheidung in ihren Streitigkeiten, der Selbsthülfe vom Schlosse, der Entsetzung desselben, wenn es belagert würde, des vom herzoglichen Amtmanne, welcher davon etwa Krieg führte, ihnen zu ersetzenden Schadens und hinsichtlich der Wiedereroberung, falls es verloren wäre, wurden die gewöhnlichen Bedingungen gestellt. Zugleich erkannten die von Alvensleben die Bestimmungen des Herzogs über die Nachfolge im Herzogthume an. Um diese Zeit oder nicht lange nachher verlor Herzog Wilhelm zwei seiner vertrautesten Räthe, den Ritter Ludolf von Hohnhorst und den Küchenmeister Diedrich Schlette. Am 30. November 1360 hatte jener ihm und dem Herzoge Ludwig das Patronatrecht über die in der Vorburg ihres Schlosses Meinersen gebauete Capelle überlassen und am 1. November 1362 sich mit dem herzoglichen Küchenmeister wegen Rechnungsablage, Schuldforderung und aller zwischen ihnen schwebenden Handlung verglichen. Letzterer erscheint seit dem 8. September 1363 nicht mehr bei öffentlichen Verhandlungen. Als Küchenmeister folgte ihm vor dem 23. November 1365 Christian von Langelege. Ritter Ludolf von Hohnhorst und der Küchenmeister Schlette werden bald nach einander im Jahre 1363 gestorben sein.

Die Geduld des Kaisers gegen die beiden Herzöge im alten Sachsen-Lande, welche mit ächt sächsischer Hartnäckigkeit ihm widerstanden, war erschöpft. Damit er die strengsten Massregeln gegen sie ergriffe, bedurfte es nur noch, dass Herzog Rudolf II. von Sachsen-Wittenberg gegen beide bei dem Reichshofgerichte wieder Klage erhübe. Sie blieb nicht aus und alsobald wurde die Reichsacht sowohl gegen den Herzog Wilhelm zu Lüneburg als auch gegen den Herzog Erich zu Sachsen und Lauenburg am 15. Juli 1363 in Spremberg erkannt. Der Kaiser verkündigte sie an demselben Tage allen geistlichen und weltlichen Fürsten, Grafen, Freien, Dienstleuten, Rittern, Knappen, Richtern, Städten, Gemeinden und allen Reichsunterthanen, indem er ihnen allen von Gerichts wegen und als Kaiser gebot, dem Herzoge Rudolf II. gegen Leben und Gut der Herzöge Wilhelm und Erich behülflich zu sein, beide Geächteten zu meiden, sie nicht zu hausen, zu hegen oder zu herbergen in Schlössern, Städten, Landen und Gebieten. Das Weitere überliess der Kaiser seinem Hofgerichte. Von diesem wurde Herzog Rudolf II. zu Spremberg an demselben Tage in Folge seiner Klage gewiesen in den Niessbrauch und in den Besitz des Herzogthumes Lüneburg, des Schlosses und der Stadt Lüneburg, der Städte Hannover, Bleckede, Winsen, Stade, Dannenberg und Celle und des Schlosses Schnackenburg, aller übrigen Schlösser, Städte, Dörfer, Höfe, Sitze und Güter des Herzogs Wilhelm mit allen zum Herzogthume gehörenden Herrschaften, Lehnschaften, Mannschaften und Allodien, mit Landen, Leuten und Gütern, ferner in den Niessbrauch und in den Besitz der Stadt und des Schlosses Lauenburg, der Herrschaft Lauenburg und aller Schlösser und Städte des Herzogs Erich mit Mannschaft, Allodien, Landen, Leuten und Gütern. Es wurde gerichtlich erkannt, dass er sich in Besitz des Herzogthums Lüneburg und der Herrschaft Lauenburg setzen, beide innehaben und behaupten und damit, wie mit seinen erblichen und eigenen Gütern verfahren dürfte, dass er und seine Helfer mit Allem, was er und sie gegen das Herzogthum und gegen die Herrschaft, gegen die Städte, Schlösser, Festen, Marktflecken, Dörfer, Lande, Leute und Güter derselben mit Pfändung, Beschlag und Haft oder auf andere Weise vornähmen, weder gegen das Reich und das kaiserliche Gericht, noch gegen Bündnisse, Gerichte und Landfrieden freveln könnten, sondern dass er und sie die Leute, ihre Habe und Güter, wo man sie träfe, aufheben, verhaften und pfänden dürften. Das Amt eines kaiserlichen Hofrichters bekleidete damals Graf Johann von Hardeck, welchem der verstorbene Herzog Rudolf I. von Sachsen-Wittenberg das Burggrafthum Magdeburg als Mitgift mit seiner Tochter Helena 1355 gegeben hatte. Der kaiserliche Hofrichter also war, damit Alles zusammen passte, ein Schwager des Herzogs Rudolf II., den er in die Herzogthümer Lüneburg und Lauenburg einwies. Er gebot an demselben 15. Juli allen denjenigen, welche das Herzogthum Lüneburg und die Herrschaft Lauenburg, Schlösser, Festen, Städte, Lande, Leute, Güter und Zubehör innehatten, dieses Besitzes wegen dem Herzoge Rudolf II. zu gehorchen, ihn und sonst niemanden für ihren rechten Herrn zu halten und ihm, sobald er es fordern würde, ohne Widerrede zu huldigen und Treue zu schwören, wenn sie nicht sowohl gegen den Kaiser als auch gegen des heiligen Reiches Recht sich schwer vergehen und vom Reichshofgerichte deshalb belangt werden wollten. Er verkündigte seinen gegen den Herzog Wilhelm abgegebenen Urtheilsspruch allen geistlichen und weltlichen Fürsten, allen Grafen, Freien, Edelen, Dienstleuten, Rittern, Knappen, Städten, Marktflecken, Richtern, Vögten, Amtleuten, Bürgermeistern, Rathsherren, Bürgern, Gemeinden der Städte und allen Reichsgetreuen und gebot ihnen aus kaiserlicher Macht und von Gerichts wegen, dem Herzoge Rudolf II. zur Besitzergreifung des Herzogthumes und der Herrschaft Lüneburg, der Stadt Lüneburg, aller anderen Schlösser, Städte, Festen, Marktflecken, Dörfer, Höfe, Lande, Leute und Güter und bei der Verhaftung, Beschlagnahme und Pfändung der Leute, Güter und ihrer Habe dienlich und ohne Widerrede behülflich zu sein, ihn ferner im Besitze zu schirmen und dabei zu erhalten, widrigenfalls sie sehr gegen des Reiches Recht handeln würden und vom Hofgerichte deshalb zur Strafe gezogen zu werden gewiss sein dürften. Namentlich rief er zu dieser Hülfsleistung auf: die Erzbischöfe von Mainz, Trier, Cöln, Magdeburg und Bremen, die Bischöfe von Minden, Hildesheim, Halberstadt, Münster, Paderborn, Schwerin, Osnabrück und Havelberg, die Markgrafen von Brandenburg, die Herzöge von Stettin, den Herzog Magnus von Braunschweig, den Herzog Ernst zu Göttingen, den Herzog Albrecht zu Grubenhagen, die Landgrafen von Hessen, die Herzöge von Mecklenburg, die Grafen von Schwarzburg, von Regenstein, von Werningerode, von Hohnstein, von Holstein, von Tecklenburg, von Schwalenberg, von Arnsberg, von Oldenburg, von dem Berge, von Hoya und von der Mark, die edelen Herren von Hadmersleben, von Werle und Wenden und von der Lippe, ferner folgende im Stifte Magdeburg, in der Altmark, in der Priegnitz und in der Herrschaft Werle, also an der östlichen Seite des Herzogthums Lüneburg gesessenen ritterbürtigen Mannen, als die von Güstrow, die von Wederden, die Bosel, die von Oebisfelde, die von Bertensleben, die Vlotow, die von der Schulenburg, die von Alvensleben zu Calbe auf dem Werder an der Milde und die Rore, ausserdem den Schultheissen zu Oppenheim und endlich die Bürgermeister, Rathsherren und Bürger der Städte Mainz, Cöln, Trier, Magdeburg, Bremen, Lübeck, Hamburg, Stade, Minden, Münster, Hildesheim, Braunschweig, Osnabrück, Schwerin, Dortmund, Soest, Erfurt, Stettin, Wismar, Rostock, Wittstock, Halle, Halberstadt, Goslar und Brandenburg. Kurz er bot eine solche Macht auf, dass, wenn sie seinem Gebote nachgekommen wäre, die Herzöge Wilhelm und Erich II. von ihr hätten erdrückt und vernichtet werden müssen. Herzog Erich II., zu dessen Bekämpfung ein ähnliches Hofgerichtsschreiben, wie das obige, aufgefordert haben wird, nahm, aus seinem Fürstenthume vertrieben zu werden fürchtend, die Sache sehr ernst auf und bildete sich zur Abwehr des ersten Angriffes eine bald zur Verfügung stehende Schaar. Am 2. October 1363 verabredete er mit seinen Mannen, dem Johann Wulf, Bertram Tsabel, Johann Schacke und Heinrich und Detleff Schorlecke, dass sie ihm mit hundert gewaffneten Mannen zu zwei Zeiten, jedesmal mit funfzig Mann, acht Tage lang auf eigene Kost dienen sollten. Er versprach, Gewinn und Verlust auf seine Rechnung zu nehmen. Wenn er ihres Dienstes bedurfte, brauchte er es nur einem von ihnen zwei Wochen zuvor wissen zu lassen. Ruhiger sah Herzog Wilhelm, dessen Herzogthum bedeutend grösser war, den kommenden Ereignissen entgegen. Er wusste, dass die Fürsten zwar um ihres eigenen Vortheils willen keinen Krieg scheueten, für das heilige römische Reich aber und besonders bei dieser Angelegenheit, weil sie dieselbe weder mit berathen noch viel weniger für sie gestimmt hatten, sich ungern in Kosten setzen und sich schwerlich in Noth und Gefahr begeben würden. Auch jetzt, wie am 6. October 1355, nannten ihn der Kaiser und das Hofgericht absichtlich nur Herzog von oder zu Lüneburg, nicht Herzog von Braunschweig und Lüneburg. Das Land des Herzogs Erich II. erkannten sie für kein Herzogthum sondern nur für eine Herrschaft an, denn nach ihrer mit einem bestimmten Zwecke verbundenen Ansicht besass nur Herzog Rudolf II. das Herzogthum Sachsen. Diesem allein, nämlich mit Ausschluss seines Bruders Wenzlaus und des jungen Herzogs Albrecht von Sachsen-Wittenberg, eines Enkels des Herzogs Wilhelm, wurde auch jetzt, wie in der kaiserlichen Urkunde vom 27. December 1356, das Herzogthum Lüneburg zuerkannt. Uebrigens legte das kaiserliche Hofgericht bei dieser Gelegenheit eine Probe seiner mangelhaften geographischen Kenntniss ab, indem es Weichbilde des Herzogthums unter den Städten aufführte und nach Nennung der beiden grössten Städte des Landes viele dem Range nach folgende, welche die Urkunde des Herzogs Ludwig vom 9. December 1355 enthält, ausliess. Zu den Schlössern des Herzogthums rechnete das Hofgericht auch das Schloss Schnackenburg und zu den Städten desselben die Stadt Stade. Das Weichbild Schnackenburg nebst dem Zollhofe und Zolle wurde bekanntlich am 20. Mai 1351 und 24. Januar 1353 von den Markgrafen von Brandenburg den Herzögen von Lüneburg verpfändet. Vielleicht war die Stadt Stade dem Herzoge Wilhelm von dem Erzbischofe Albrecht von Bremen zu Pfande gesetzt. Weniger wahrscheinlich ist, dass der kaiserliche Hofrichter an die längst beseitigten Ansprüche der Herzöge von Braunschweig und Lüneburg auf die Grafschaft und Stadt Stade gedacht oder gar einen noch gröberen Irrthum, als den oben erwähnten, in der Geographie des heiligen Reiches begangen haben sollte.

Mochte von nun an der Abschluss neuer Bündnisse für den Herzog Wilhelm mit einigen Schwierigkeiten verbunden sein oder mochte er zeigen wollen, wie gering er die in der Achtserklärung ihm angedrohete Gefahr achtete, in der nächsten Zeit bemühete er sich nicht um neue Bündnisse. Denn abgesehen von dem weiter unten zu erwähnenden, längst von ihm beabsichtigten Bündnisse mit den Herzögen Albrecht und Johann zu Grubenhagen, trat er nur mit den Grafen Ludolf und Ludwig von Wunstorf, die inzwischen am 24. August 1362 ohne seine Vermittlung eine Fehde gegen die Blome und von Landesberg über das Amt Barrigsen mit einer Sühne beendet hatten, in Unterhandlung und verlängerte mit ihnen den Vertrag vom 1. September 1359, welcher das Näherrecht an ihrem Theile der Schlösser Wunstorf und Blumenau und den ihm zu leistenden Dienst zum Gegenstand hatte, an eben demselben Tage, an welchem der Vertrag ohne eine Erneuerung desselben erloschen sein würde, nämlich am 2. Februar 1364, auf weitere vier Jahre. Der Herzog wandte vielmehr seine Sorge den inneren Angelegenheiten seines Landes zu. Drei Wochen vor der Achtserklärung, nämlich am 25. Juni 1363, hatte er für hundert löthige Mark das ganze Dorf Büchse, zwei zur Pfarre gehörende Höfe ausgenommen, mit dem Gerichte und mit einem halben Bruche von den von Mandelsloh gekauft, welche dasselbe ihren Lehnsherren, den Grafen von Hoya, zu resigniren versprachen, damit diese vor ihrem Lehnsherrn, wahrscheinlich dem Bischofe von Minden oder dem Herzoge von Sachsen-Lauenburg, auf das Dorf Verzicht leisteten. Am 17. August 1363 erwarb er von seinem Schenken und Rathe, dem Ritter Segeband von dem Berge, und von dessen Sohne Hans bei Gelegenheit, dass er ihnen für ihre Forderungen Bezahlung leistete, eine ihnen von ihm zu Lehn ertheilte, oberhalb des Abtsthores auf dem Schlosse Lüneburg gelegene Baustelle. In den letzten Jahren hatten die von Estorff sich dem Herzoge widersetzt. Knappe Eckhard von Estorff, von ihm am 21. Januar 1352 aus dem Gefängnisse entlassen, war seitdem gestorben. Es lebte noch sein Vetter Heinrich von Estorff, welcher am 18. April 1352 in Freiheit gesetzt worden war. Ein Bruder desselben, Manegold, wohnte zu Barnstedt und bauete dort gegen den Willen des Herzogs einen Bergfrieden. Er starb vor dem Jahre 1361 und hinterliess drei Söhne, Johann, Ludolf und Manegold. Diese verkauften am 18. Januar 1361 dem Rathe der Stadt Lüneburg den zu ihrem Burglehne gehörenden, beim Stadtgraben ausserhalb des Lindenberger Thores gelegenen Hof und gelobten, denselben dem Herzoge bei der Resignation durch einige ihrer eigenen Güter, welche sie von ihm zu Lehn nehmen wollten, zu ersetzen. Ihren Sitz zu Barnstedt mit dem Bergfrieden traten sie, wie es scheint, ihrem Oheime Heinrich von Estorff ab. Dieser weigerte sich, den Bergfrieden, aus welchem er, wie es scheint, die Strasse zwischen Uelzen und Lüneburg unsicher machte, abzubrechen und lud, wie er später eingestand, rechten Bruch und

Schuld auf sich. Der Herzog ertheilte seinen Amtleuten, namentlich dem Knappen Heinrich Moltzen, welcher von 1354 bis 1356 Amtmann zu Dannenberg und zuletzt am 25. September 1357 wegen seiner Auslagen befriedigt war, den Auftrag, den Bergfrieden niederzubrennen und gänzlich zu zerstören. Bürger aus Lüneburg und Uelzen schlossen sich dem Zuge, welcher gegen Barnstedt aufbrach, an. Der Befehl des Herzogs wurde vollzogen und Knappe Heinrich selbst zum zweiten Male gefangen genommen. Nachdem er wieder zu Uelzen in Haft gesessen hatte, wurde er auch diesmal vom Herzoge begnadigt. Bei seiner Entlassung aus dem Gefängnisse, am 8. September 1363, musste er den Herzögen Wilhelm und Ludwig, ihren Amtleuten, dem Rathe und den Bürgern der Städte Lüneburg und Uelzen, besonders aber dem Heinrich Moltzen wegen seiner Gefangenschaft, wegen des Brandes und der Zerstörung des Bergfriedens eine Urfehde schwören. Er gelobte, niemals Feind der Herzöge, ihrer Mannen, ihres Landes und ihrer Schutzbefohlenen zu werden, ihre Feinde und verfesteten Leute nicht aufzunehmen, noch denselben mit Rath oder Hülfe Schutz zu verleihen und, wenn er unwissentlich dagegen handeln würde, sie, sobald die Herzöge oder die herzoglichen Amtleute es von ihm forderten, zu entlassen, endlich auf jede gegen ihn von den Herzögen, ihren Mannen, ihren Unterthanen oder Schutzbefohlenen erhobene Anschuldigung innerhalb zweier Wochen nach erhaltener Aufforderung Recht zu geben und zu nehmen. Er stellte für die Erfüllung dieses Gelöbnisses zwölf Bürgen. Ausserdem mussten die von Estorff zu Veerssen und zu Gellersen und die übrigen von Estorff an demselben Tage eine Urfehde und Sühne für ihren Vetter Heinrich geloben und beschwören. Um diese Zeit erwarb der Herzog das Schloss zu Twieflingen. Als ältester Besitzer daselbst erscheint der edele Herr Aicho von Dorstadt, welcher 23 Hufen Landes und zwei Mühlen zu Twieflingen im Jahre 1110 der Kirche Hildesheim überliess. Später verlieh Herzog Magnus von Braunschweig, wie das Lehnsregister ausweiset, einige dortige Hufen an die von Jerxheim und an die Tubeke. Selbst die Herzöge Otto und Wilhelm zu Lüneburg verlehnten auf dem von ihnen gehaltenen Lehnstage einen Hof zu Twieflingen. Die meisten Besitzungen daselbst aber gehörten den von Heimburg. Ausser mehreren Hufen Landes zu Twieflingen, welche sie von den Herzögen von Braunschweig und von den Stiften Halberstadt und Hildesheim zu Lehn erhalten hatten, besassen Heinrich und Anno von Heimburg als freies Eigenthum das Schloss Twieflingen mit fünf Hufen und verlehnten ausserdem, wie ihr Güterverzeichniss um das Jahr 1354 zeigt, so viele Ländereien daselbst, dass es scheint, es sei der frühere Güterbesitz des edelen Herrn Aicho von Dorstadt von der Kirche Hildesheim durch Kauf oder Tausch auf sie übergegangen. Heinrich und Anno, deren Vorfahren ums Jahr 1226 unter anderen auch Lehnsleute der edelen Herren von Meinersen gewesen waren, wurden von dem Herzoge Magnus von Braunschweig am 17. September 1349 mit einem Burglehne zu Süpplingenburg und mit dem Zehnten zu Süpplingen, später ums Jahr 1354 von demselben mit dem Schlosse Heimburg, welches früher die Grafen von Regenstein von ihm besessen hatten, und mit sehr vielen anderen Gütern belehnt. Sie besassen eine grosse Menge Vogteien vom Bischofe zu Halberstadt, die Vogtei über die Güter des Klosters Ilsenburg von den Grafen von Wernigerode, die Vogtei über Güter der Kirche St. Stephani und des Bischofes zu Halberstadt von den edelen Herren von Querfurt, die Vogtei über Güter derselben Kirche und der Kirchen beatae Mariae und St. Pauli zu Halberstadt von den edelen Herren von Saselitz, den Thurm Wechsungen bei Northausen mit dem sogenannten Königsbanne von der Aebtissinn von Gandersheim, eine grosse Masse Zehnten, Höfe, Holzungen, Vogteien, mehrere Dörfer, Kirchen, Mühlen, Weingärten, hörige Leute und Freie von allen ihren Lehnsherren zu Lehn. Es waren dies ausser den schon genannten, den Herzögen von Braunschweig, den Grafen von Wernigerode, den edelen Herren von Querfurt, von Saselitz, den Bischöfen von Halberstadt und Hildesheim und der Aebtissinn von Gandersheim folgende, nämlich die Grafen von Regenstein, von Blankenburg, von Kirchberg, von Hakeborn, von Hohnstein, und von Schwalenberg, die edelen Herren von Arnstein, von Ammensleben, von Hadmersleben und von Amfurt, der Erzbischof von Magdeburg und der Domprobst zu Halberstadt. Endlich besassen die von Heimburg Hebungen in der Münze zu Brandenburg von den dortigen Markgrafen und in der Münze zu Frankenhausen von dem Grafen von Beichlingen zu Lehn. Sie selbst hatten zu Lehnsleuten die von Werle, die Salder, die von Dalem, die von Langelege, die von Gemersleben und eine Menge Leute geringeren Standes. Zu ihrer Mannschaft und Herrschaft Heimburg, wie sie sie nannten, gehörten eine grosse Menge Untersassen. Die von Heimburg waren Lehnsherren über sieben Kirchen, an welchen der edele Herr Conrad von Werberge wegen Heinrich's von Heimburg die Pfarrstellen verlieh. So umfangreiche und wichtige

Besitzungen werden wohl selten bei einem anderen nur ritterbürtigen Geschlechte, als welches die von Heimburg zu dieser Zeit wenigstens auftreten, gefunden. Herzog Wilhelm, welcher auf dem Lehnstage 1360 auch den Anno von Heimburg mit einigen Gütern belehnt hatte, nannte 1363 Twieflingen sein Schloss und wird es von den von Heimburg aus demselben Grunde, wie einige Jahre vorher das Schloss Alvestorf von dem Herzoge Magnus, gekauft haben, nämlich um an den Grenzen der Altmark und der Stifte Magdeburg und Halberstadt die Kette seiner Schlösser zu vervollständigen. Die meistens in Verbindung mit einem Dienstverhältnisse solchen Verkäufen vorangehende Verschreibung des Näherrechtes mochte schon am 22. November 1345 Statt gefunden haben, als Herzog Wilhelm und sein Bruder Otto den von Heimburg eine Zahlung von hundert Mark feinen Silbers leisteten. Unter den gewöhnlichen Bedingungen verpfändete Herzog Wilhelm das Schloss mit allem Zubehör, geistliche und weltliche Lehne ausgenommen, am 3. November 1363 auf die Dauer von wenigstens einem Jahre dem Hans von Honlege, seit 1356 seinem Amtmanne, den er um diese Zeit zu seinem Rathe annahm, und den Gebrüdern Ladolf und Heinrich von Wenden für 150 löthige Mark und für die eben so hoch veranschlagten Kosten eines auf dem Schlosse vorzunehmenden Baues. Sie mussten besonders geloben, ihm das Schloss zu bewahren, seinen Leuten kein Unrecht zuzufügen noch sie zu verderben. Würde das Schloss um seinetwillen verloren, so sollte er innerhalb des nächsten Jahres die Pfandsumme auszahlen. Würde es um ihretwillen verloren, so sollten sie die Pfandsumme, er das Schloss einbüssen, dennoch durfte ohne seine und ihre Bewilligung keine Sühne oder Frieden mit dem Eroberer geschlossen werden.

Johann, ein Predigermönch und Doctor der Theologie, früher Bischof zu Culm, war vom Papste am 20. April 1363 zum Bischofe von Hildesheim ernannt. An demselben Tage hatte der neue Bischof den Domscholaster Otto, Grafen von Hallermund, als Vormund oder Administrator über das Stift gesetzt, weil er selbst durch angeblich wichtige Geschäfte des päpstlichen Stuhles verhindert war, seine Kirche zu besuchen. Als er im August des Jahres 1363 dennoch zu Hildesheim anlangte, war seine erste Handlung, nicht das Bündniss vom 22. Februar desselben Jahres mit den Herzögen Wilhelm und Ludwig zu erneuern oder nur zu bestätigen, denn daran liess er sich wohl durch die erklärte Reichsacht hindern, sondern für Herbeischaffung der Mittel zu sorgen, mit welchen er das zwar auf Lehnslande des Stiftes erbauete aber zum Herzogthume Lüneburg gehörende und von den Herzögen an die von Salder zu Lehn ertheilte Schloss Calenberg an das Stift brächte. Er verordnete am 12. August 1363 mit Bewilligung des Domcapitels die Erhebung einer Beede von Geistlichen und Laien der Stadt und des Stiftes Hildesheim, wovon ihm für die päpstliche Cammer zum Behuf allgemeinen Dienstes 150 Mark ausbezahlt werden sollten. Weil das Domcapitel, um Schlossverpfändungen vorzubeugen, die für Verwaltung des Stiftes, besonders für Verluste an Pferden bestrittenen Auslagen und erlittenen Schaden den früheren sechs Stifts-Administratoren zu ersetzen sich verpflichtet hatte, bestimmte der Bischof, dass dasselbe von der Beede 2000 Mark theils zur Tilgung jener während der Sedisvacanz entstandenen Schuld, theils zur Erwerbung des Schlosses Calenberg verwenden sollte. Als man dem neuen Bischofe auf sein Verlangen, die theologische und juristische Bibliothek seiner Vorgänger zu sehen, in Ermangelung einer solchen die Panzer, Helme und Schilde der früheren Bischöfe mit der Bemerkung, dies seien nach Landes Brauch ihre Bücher gewesen, zeigte, konnte er eine ernste Missbilligung solcher Sitten nicht zurückhalten. Wegen seiner hierin ausgesprochenen Sinnesart ist es nicht glaublich, dass er aus eigenem Antriebe Veranlassung zu Feindseligkeiten mit dem Herzoge Wilhelm habe geben wollen. Die Erwerbung des Schlosses Calenberg war vielmehr von dem Administrator, Grafen Otto von Hallermund, schon vor der Ankunft des Bischofes eingeleitet, auch Geld zu dem Zwecke schon verwandt, so dass dem Bischofe, weil die Angelegenheit, wie er in obiger Urkunde sagte, noch mehr Ausgaben erforderte, nichts anderes übrig blieb, als für die Deckung derselben zu sorgen. Die Erwerbung des Schlosses war in folgender Weise geschehen. Von den Besitzern desselben, den Gebrüdern Johann, Conrad und Bodo von Salder, hatte ersterer mit seinen Söhnen Johann und Gebhard einen Theil des Schlosses für 183 Mark, Bodo aber einen anderen Theil für 200 Mark löthigen Silbers den Gebrüdern Albrecht und Basilius von Rössing verpfändet. Von beiden war ihr Pfandrecht dem Stifte überlassen worden. Nach dem Tode seines Bruders Johann hatte Bodo, welcher keine Kinder besass, seinen grösseren noch übrigen Antheil dem Hermann von der Gowisch für 1200 Mark löthigen Silbers abgetreten, dieser sein neues Besitzthum dem Stifte verkauft und bisher, wie die von Rössing, vergeblich auf Bezahlung gewartet. Ritter Conrad von Salder, welcher von dem Herzoge Wilhelm 1360 auf dem Lehnstage mit dem ganzen

Schlosse und mit dem Gerichte belehnt war, nebst seinen Söhnen und den Söhnen seines verstorbenen Bruders Johann, von denen der ältere, Johann, ebenfalls die Belehnung empfangen hatte, widersetzten sich, als im Namen des Bischofes von dem erkauften Theile des Schlosses Besitz ergriffen werden sollte. Es kam zur Fehde, in welcher die von Salder nicht nur den verkauften sondern auch einen anderen Theil des Schlosses einbüssten. Seitdem hatte das Stift von demjenigen Theile des Schlosses, auf welchem die von Salder noch sassen, grosse Noth zu leiden und musste sehr auf seiner Hut sein, um sich im Besitze des Schlosses zu erhalten. Geschäfte riefen zu dieser Zeit den Bischof, der mit der Inquisition der Ketzereien beauftragt und Botschafter des päpstlichen Stuhles war, ausser Land. Er kehrte nicht zurück und überliess die Regierung dem Administrator Otto, die Besorgung der geistlichen Angelegenheiten aber seinem Weihbischofe, dem Bischofe von Hebron und Thabor. Bevor er abreisete, übertrug er die Sorge für Behauptung des Schlosses Calenberg dem Domcapitel und verlieh die Mittel dazu, indem er am 3. November 1363 das Schloss Ruthe dem Domcapitel auf die Dauer von drei Jahren überliess. Ueber dieses Schloss sollten die Domherren diejenigen Verfügungen treffen, welche sie nach eigenem Ermessen für zweckdienlich halten würden, um dem Stifte das Schloss Calenberg zu erhalten. Nach den drei Jahren sollte das Domcapitel dem Bischofe oder dessen Stellvertreter das Schloss Ruthe auf jeden Fall wieder abliefern, der Bischof aber, falls das Schloss Calenberg dem Stifte ganz oder theilweise verblieben wäre, dem Domcapitel die von demselben wegen des Schlosses Calenberg ausgelegten Kosten, jedoch nicht höher als bis zum Betrage von 1200 Mark ersetzen. Wäre aber das Schloss Calenberg dem Stifte verloren, so sollte das Schloss Ruthe dem Bischofe unentgeltlich zurückgegeben werden. Wenn von dem Schlosse Calenberg oder von einem Theile desselben irgend ein Herr oder ein Anderer in ein Lehns- oder Dienstverhältniss zum Bischofe träte und dessen Mann oder „Gemeiner" würde, so sollte das Gut, welches derselbe dafür dem Bischofe aufgelassen hätte, verwerthet werden, um damit die Einlösung des Schlosses Ruthe vom Domcapitel zu bewerkstelligen. Zur Befriedigung der Forderung des Hermann von der Gowisch, von welchem Bodo von Salder seinerseits Bezahlung erwartete, verpfändete das Domcapitel ihm am 22. November 1363 das Schloss Ruthe für 1200 Mark löthigen Silbers, wodurch er in den Stand gesetzt wurde, dem Bodo von Salder seine Schuld abzutragen. Auch die von Rössing mussten wegen ihres Pfandrechtes abgefunden werden. Um das dazu erforderliche Geld aufzutreiben, wurde in Ermangelung eines anderen Mittels zum zweiten Male in demselben Jahre zur Ausschreibung einer Beede geschritten. Otto von Hallermund, Domscholaster und Administrator des Stiftes, einigte sich zu diesem Zwecke am 13. November 1363 mit dem Domprobste Nicolaus Hud, dem Domdechanten Gerhard von dem Berge und dem Domcapitel zu Hildesheim und verpflichtete sich, ihnen ausser den schon erhobenen hundert Mark zu einer auf 840 Mark sich belaufenden Beede von den Stiften, Städten, Geistlichen und Bauern im Stifte Hildesheim zu verhelfen. Die Repartition der Beede wurde in folgender Weise vorgenommen. Die vom Administrator Otto Verordneten nebst dem Domprobste und den Pröbsten auf dem Moritzberge und zum heiligen Kreuze wählten Commissäre, welche eidlich gelobten, den Betrag der Beede für jedes Dorf nach Verhältniss der Steuerkräfte, die dasselbe nach ihrem Dünken besass, und nach bestem Wissen anzusetzen, auch sich dabei nicht durch Gunst, Furcht oder Gabe bestimmen zu lassen. Sobald die Quote für jedes Dorf festgesetzt war, ernannten sie zur Repartirung derselben auf die Einwohner des Dorfes dortige, des Vertrauens würdige, besonders deshalb zu beeidigende Leute. Die auf die bischöflichen Dörfer und Leute gesetzte Beede sollte der Administrator innerhalb eines Monates eintreiben, widrigenfalls sie selbst sofort entrichten oder durch Anweisung auf seine Schuldner dem Domcapitel Sicherheit stellen. Eine Ausnahme machte hierbei der Fall, wenn nach vorgenommener Repartition in den Dörfern die Leute mit Brand oder Raub heimgesucht würden. Alsdann sollte ihnen so viel an der Beede erlassen werden, als die Beeidigten für billig erklären würden. Auch die drei Pröbste und die übrigen Klöster und Stifte sollten dafür sorgen, dass wo möglich innerhalb eines Monates die auf ihre Dörfer und Leute gesetzte Beede erhoben würde. Geschähe es nicht während dieser Zeit, so sollte der Administrator innerhalb des nächsten Monates die Rückstände mit Ausnahme ähnlicher Steuererlasse, wie oben, durch Pfändung eintreiben oder selbst deren Betrag auslegen oder ihn von den Schuldnern des Domcapitels erheben. Er gelobte, keine Arbeit und Mühe zu sparen, um zu bewirken, dass die auf die Städte, auf die Geistlichkeit und auf die Leute der Ritter und Knappen gesetzte Beede einkomme. Damit er aber dies getreu und fleissig besorge, bewilligte ihm das Domcapitel von allem Gelde, welches erhoben würde, die eilfte

Mark. Drittehalb Monate darnach war das Domcapitel im Stande, die von Rössing wegen ihrer Forderung zu befriedigen. Sie bescheinigten am 2. Februar 1364, für beide Pfandstücke des Schlosses Calenberg von dem Domcapitel die Bezahlung erhalten zu haben. Der ganze Handel, durch welchen das Stift zum Besitze gelangte, war rechtswidrig. Als die Herzöge am 13. Mai 1327 das Schloss den von Salder verkauften und sie damit belehnten, behielten sie sich die Oeffnung des Schlosses, den davon zu leistenden Ritterdienst und das Näherrecht beim Verkaufe desselben vor, bestimmten auch ausdrücklich, dass die von Salder das Schloss nur an ihre Genossen abtreten oder verkaufen dürften, welche dann das Schloss unter denselben Bedingungen von den Herzögen besitzen sollten. Die von Rössing und von der Gowisch, Genossen der von Salder, waren, falls sie die Bestimmungen des ursprünglichen Kaufbriefes gekannt und angenommen hatten, zur Rechenschaft zu ziehen, noch mehr aber die von Salder, wenn sie nicht unter strenger Beobachtung jener Bedingungen verpfändet und verkauft hatten. Dies scheint der Fall mit Bodo von Salder gewesen zu sein. Herzog Wilhelm bekümmerte sich erst ziemlich spät um die Angelegenheit. Wegen der vielen Schlösser, mit denen er das Stift umstellt hatte, konnte er sich gegen dasselbe jeder Zeit zum Rechte verhelfen. Indessen vermehrte er ihre Zahl doch jetzt um noch eines. Am 6. November 1383 nämlich nahm er die Gebrüder von Cramm mit ihrem Schlosse Oelber auf die Dauer von zehn Jahren in seinen Dienst gegen jedermann und liess sich von ihnen die Oeffnung des Schlosses geloben. Sie verpflichteten sich, in allen Streitigkeiten mit Anderen sich seiner Entscheidung zu fügen. Dafür versprach er, in allen Fällen, in welchen er ihnen nicht im Wege der Güte oder des Rechtes helfen könnte, ihnen in anderer geeigneter Weise zur Erlangung ihres Rechtes beizustehen. Drei Wochen nachher, am 24. November, mussten der Ritter Conrad von Salder, dessen Söhne Siegfried, Johann, Conrad und Basilius und die Söhne des verstorbenen Ritters Johann von Salder, nämlich der Pfarrer Otto zu Celle und Johann und Gebhard, sich eine Massregel der Vorsicht gefallen lassen, durch welche der Herzog der Wiederkehr eines ähnlichen rechtswidrigen Handels mit dem Schlosse Calenberg vorbeugte. An diesem Tage nämlich kaufte er von ihnen ihren Theil des Schlosses, also zwei Drittel desselben, mit allem Zubehör, mit der Mühle, dem Zolle, den Leuten, dem Gerichte, der Fischerei, der Jagd, mit allen seit dem 13. Mai 1327 daselbst in Steinwerk, in Holzwerk, an Mauern und an Gräben vorgenommenen Bauten und mit dem von ihnen seitdem auf Gemeindegrunde gerodeten oder bepflanzten Lande. Sie versprachen, ihn von allen Ansprüchen, welche Andere wegen Pfandschaft oder Leibzucht auf diesen Theil des Schlosses und auf die verkauften Güter erheben könnten, zu befreien. Es waren hierunter die Ansprüche der von Rössing wegen eines ihrer Pfandstücke und der Wittwe des Ritters Johann von Salder, Berta, welche ein Leibzuchtsrecht besass, verstanden. Zwei Tage nach obigem Verkaufe gelobten dieselben von Salder mit Ausnahme des Pfarrers zu Celle, ohne Bewilligung des Herzogs mit dem Stifte Hildesheim oder mit Bodo von Salder keine Sühne noch Frieden zu errichten, beide vielmehr ganz auf der Entschliessung des Herzogs beruhen zu lassen und, falls er wegen des Schlosses Calenberg mit dem Stifte oder mit Bodo in Krieg geriethe, ihm gegen sie mit zwanzig Gewaffneten zu dienen. Ihr Standquartier und den Ort, wohin sie mit ihren Gewaffneten reiten müssten, sollten ihnen der Herzog oder seine Amtleute anweisen. Ferner sollte er ihnen, wie seinen anderen Mannen, Futter und Speise liefern und sowohl ihren Gewinn als auch ihren Schaden im Kriege auf seine Rechnung nehmen. Zöge er es aber vor, dass sie selbst ihren Schaden trügen, so verlangten sie an der Brandschatzung und an dem sonstigen Gewinne im Kriege denjenigen Antheil, welchen Ritter Hans von Honlege und, falls dieser stürbe, ein anderer von beiden Seiten gewählter herzoglicher Rath ihnen zuerkennen würde. Diese Uebereinkunft sollte nur so lange gültig bleiben, bis eine Einigung zwischen dem Herzoge, dem Stifte und Bodo von Salder wegen des Schlosses erfolgt sei. Den von Salder die Kaufsumme für das Schloss Calenberg gleich auszuzahlen, fehlte es in der herzoglichen Schatzkammer wohl an Ueberschüssen. Herzog Wilhelm verpfändete ihnen deshalb, den Pfarrer zu Celle wieder ausgenommen, am 12. Februar 1364 für 1665 löthige Mark das Schloss Knesebeck, auf welchem noch am 25. Mai 1362 die Gebrüder von Wrestede als Amtleute gesessen hatten, mit Vogtei und Gericht ohne geistliches und weltliches Lehn unter den gewöhnlichen Bedingungen. Sie verzichteten darauf, während der ersten vier Jahre von dem Kündigungsrechte Gebrauch zu machen, obgleich es ihm frei gelassen wurde, zu kündigen, wann er wollte. Die Einlösung sollte ein Jahr nach der Kündigung vermittelst Zahlung der Pfandsumme in Silber oder Pfennigen oder in Gold oder alten Groten vorgenommen werden und den von Salder dabei die Saat, welche sie vielleicht noch auf dem Felde stehen hätten, von dem

Herzoge nach Schätzung des Ritters Hans von Honlege oder eines anderen von beiden Seiten dazu gewählten herzoglichen Rathes vergütet werden. Die von Salder gelobten, von dem Schlosse ohne Bewilligung des Herzogs nicht Krieg zu führen noch jemandem Schaden zuzufügen, das Schloss ihm getreu zu bewahren und davon seine Leute nicht zu verderben noch ihnen Unrecht zu thun. Würde das Schloss um ihretwillen verloren, so sollten sie die Pfandsumme, er das Schloss verloren haben. Würde es um seinetwillen verloren, so sollten sie mit dem Eroberer nicht ohne seine Bewilligung Sühne oder Frieden schliessen, er aber innerhalb des nächsten Jahres ihnen die Pfandsumme auszahlen. Einen Monat vorher schloss Herzog Wilhelm sowohl mit Rücksicht auf die von den Grafen von Waldeck zu erwartenden Angriffe und der von Osten her drohenden Gefahr als auch aus Veranlassung der unvermeidlich scheinenden Fehde gegen das Stift Hildesheim ein Bündniss mit den Herzögen Albrecht und Johann, Söhnen des verstorbenen Herzogs Ernst zu Grubenhagen. Am 5. Januar 1364 nämlich begaben sich beide Herzöge in seinen Dienst und gelobten für sich und die Ihrigen, niemals seine und der Seinigen Feinde zu werden, vor Schaden die Seinen zu bewahren, ihm innerhalb zweier Wochen nach erhaltener Aufforderung mit funfzig Mann gewaffneter guter Leute gegen jedermann zu folgen, nur nicht gegen den Herzog Ernst zu Göttingen, den Bischof von Minden, den Grafen Adolf von Schauenburg und seine Brüder, den Grafen Otto von Everstein, die edelen Herren von der Lippe, die Grafen von Hohnstein und die Grafen von Waldeck. Wenn sie mit ihren Hülfstruppen in sein Land kämen oder dieselben ihm sendeten, sollte er ihnen Speise und für die Pferde Hufbeschlag liefern. Gemeinsam eroberte Schlösser sollten dem Herzoge Wilhelm allein verbleiben, der von Gefangenen bezogene Gewinn nach Anzahl Gewaffneter getheilt, Schaden aber von jedem selbst getragen werden. Beide Herzöge gelobten, im Dienste des Herzogs Wilhelm zwar bis zu seinem Tode zu bleiben, aber nur drei Vierteljahr darnach seinem Nachfolger, namentlich dem Herzoge Ludwig, in derselben Weise zu dienen. Entweder wollten sie es vermeiden, in den alsdann bevorstehenden Erbfolgekrieg verwickelt zu werden, oder sie gedachten wohl gar, selbst Ansprüche auf das Herzogthum Lüneburg dereinst zu erheben. Herzog Wilhelm hatte unterdessen nicht unterlassen, das Domcapitel zu Hildesheim an das Bündniss vom 22. Februar 1363, welches ihn zum Schutzherrn desselben machte, und sowohl an die Rechte eines solchen, als auch an die Pflichten der Schutzbefohlenen zu erinnern. Besonders die Bestimmung des Bündnisses, dass jedermann im Stifte, über den er sich zu beklagen hätte, dem Rechte gestellt werden sollte, hervorhebend, hatte er das Domcapitel zu Ehren und zu Rechte angesprochen. Den Domherren wurde kund, dass er mit seinen Bundesgenossen sich zu einem heftigen Kriege gegen das Stift rüstete, dass er zur Bezwingung des Stiftes Schlösser und Festen in demselben zu bauen Anstalt träfe. Sie sahen sich gänzlich verlassen und erkannten ihre hülflose Lage, denn sie wussten, dass weder der Bischof noch der Administrator, Graf Otto von Hallermund, welcher gerade in einen Krieg mit dem Herzoge zu Göttingen, dem Erzbischofe von Mainz, dem Landgrafen von Hessen und den Grafen von Hohnstein und Waldeck verwickelt war, jenen Bau abwehren oder sie gegen die Folgen des Krieges schützen könnte. In ihrer Angst und Noth traten sie am 10. Juni 1364 zusammen und einigten sich zu einem Beschlusse, welcher wohl hauptsächlich dem Einflusse des Dompropstes Nicolaus Hud, eines ängstlich gewissenhaften Mannes, zugeschrieben werden muss. Ihn und einige Andere aus ihrer Mitte bevollmächtigten sie, sich bei dem Herzoge im Namen des Domcapitels zur Auslieferung des Schlosses Calenberg zu verpflichten, das Schloss selbst ihm für 1400 Mark löthigen Silbers unter der Bedingung auszuliefern oder übergeben zu lassen, dass er keine weiteren Ansprüche wegen des Schlosses gegen sie erhöbe, auch sie von Ansprüchen Anderer befreiete und ihnen zur Sühne mit denen verhülfe, mit welchen sie darum zu Krieg und Fehde gekommen wären. Herzog Wilhelm nahm die Bedingungen an. Er liess die von Salder, welche am 26. November 1363 Frieden und Sühne ihm ganz anheim gestellt hatten, vor sich kommen. Sie fanden sich ein mit Ausnahme des Gebhard und der Gebrüder Siegfried und Basilius von Salder. Es scheint, dass Letzterer gestorben, die beiden Ersteren aber durch Krankheit oder Geschäfte verhindert waren. In Gegenwart der Herzöge Wilhelm und Ludwig und vor dem Richter Wilbrand von Reden leisteten die Erschienenen, den Pfarrer Otto ausgenommen, der als solcher an der Fehde nicht Theil genommen hatte, dem Bischofe von Hildesheim, dem Dompropste, dem Domdechanten, dem Domscholaster, dem Administrator, dem ganzen Domcapitel und dem Stifte Hildesheim, allen Dienern und Helfern derselben, namentlich dem Bodo von Salder und seinen Anhängern und zu ihrer aller treuen Hand den Rittern Aschwin Schenk und Conrad von Lutter, Vogte zu Marienburg, für sich und alle die Ihrigen eine Sühne wegen des Schlosses Calenberg, wegen erlittenen Schadens und wegen alles dessen, was zwischen ihnen vorgefallen war. Sie und der Pfarrer Otto entsagten allen Ansprüchen auf das Schloss nebst Zubehör und auf Schadenersatz, gelobten, alle rechtlichen Ansprüche, welche irgend ein Anderer wegen Kaufes, Pfandschaft, Leibzucht oder wegen sonstiger von ihnen eingegangener Verpflichtungen darauf erheben könnte, namentlich die Ansprüche der Berta, Wittwe des Ritters Johann von Salder, zu beseitigen und innerhalb sechs Wochen zu veranlassen, dass Gebhard und Siegfried von Salder dieselbe Sühne und Verzicht leisteten. Für dies letztere Versprechen stellten sie Bürgen, die sich mit ihnen, den Pfarrer Otto wieder ausgenommen, im Falle dass es nicht gehalten würde, zu einem in der Altstadt Hannover oder in Celle zu haltenden Einlager verpflichteten. Schon am folgenden Tage beauftragte das Domcapitel seinen Amtmann zu Calenberg, den Ritter Aschwin von Salder, das Schloss sogleich dem Herzoge auszuliefern. Hierauf besiegelten die Herzöge Wilhelm und Ludwig eine Urkunde, durch welche das Domcapital gegen sie, wie durch obige Sühne gegen die von Salder sicher gestellt wurde. Am 24. Juni 1364 nämlich verpflichteten sich beide Herzöge, Feinde des Bischofes, des Domcapitels und des Stiftes, so lange dieselben ihnen Recht nicht weigern würden, nicht zu sein noch zu werden und sie vor Schaden aus den Schlössern, Landen und Landwehren des Herzogthums zu bewahren, gestatteten ihnen auch, denjenigen, welcher ihnen Schaden zufügte und dem Rechte sich nicht fügen würde, in das Herzogthum und in die herzoglichen Schlösser zu verfolgen, versprachen, ihnen dabei behülflich zu sein, ihnen überhaupt in der Noth, falls sie sich ihrer Entscheidung fügen wollten, gegen jedermann mit Ausnahme ihrer Bundesgenossen beizustehen, selbst gegen diese ihnen wo möglich alles zu gute zu halten und endlich durch die Bestimmungen dieses Vertrages so lange sich für gebunden zu erachten, bis ein Bischof ins Stift käme, dessen Entschliessung es dann überlassen bleiben sollte, während der ersten drei Wochen nach seinem Regierungsantritte den Vertrag zu erneuern und den Herzögen gegenüber gleiche Verpflichtungen zu übernehmen, widrigenfalls alsdann der Vertrag erlöschen sollte. Dass demselben überhaupt nur auf die Lebenszeit des Herzogs Wilhelm Gültigkeit beigelegt wurde, scheint seinen Grund in der Vorsicht des Domcapitels gehabt zu haben, welches nach dem Tode des Herzogs Wilhelm nicht in die Streitigkeiten über die Erbfolge hineingezogen werden, wenigstens sich und den Bischof nicht vorher binden wollte. So endete der Streit über das Schloss Calenberg, welcher den Herzögen den deutlichsten Beweis lieferte, wie gefährlich es sei, an ihre Mannen Schlösser zu Lehn zu verleihen, mit der Wiedererwerbung desselben, nachdem es 37 Jahre vorher veräussert worden war. Die ersten herzoglichen Amtleute oder Pfandbesitzer, die nach der Zeit auf dem Schlosse genannt werden, sind Werner und Wilbrand von Reden. In dieser Eigenschaft leisteten sie am 10. August 1367 für die Herzöge Bürgschaft.

Während obiger Vorgänge wurde die Thätigkeit des Herzogs Wilhelm auch durch einige andere innere Angelegenheiten seines Herzogthums in Anspruch genommen. Am 11. November 1363 kaufte er von den Söhnen des Ritters Paridam von dem Knesebeck für dreissig löthige Mark die beiden ihnen von ihm zu Lehn ertheilten Burgsitze auf der Burg Lüchow mit den daselbst aufgeführten Bauten. Es gehörten zu den Burgsitzen vier Dörfer, welche nicht mit verkauft wurden, denn die von dem Knesebeck behielten sich die zu den Sitzen gehörenden Güter und Gülten vor. Etwa acht Monate bevor der Pfandvertrag über diejenige Hälfte des Schlosses Gieselwerder, welche dem Herzoge Wilhelm gehörte, gekündigt werden konnte, nämlich am 2. Februar 1364, verlängerte ihn der Herzog dem edelen Herrn Siegfried von Homburg und dessen Sohne Heinrich, da inzwischen der älteste Sohn Rudolf gestorben war, auf die Dauer der nächsten sechs Jahre, welche nach dem 29. September 1364 folgen würden. Nach dieser Zeit sollte jährliche Kündigung gestattet sein. Die Bedingungen des Vertrages vom 2. Mai 1354 wurden in dem erneuerten wörtlich wiederholt, alle damals gegen den Herzog Wilhelm eingegangenen Verpflichtungen nun auch gegen dessen Erben und Nachkommen übernommen und die Nachfolge des Herzogs Ludwig nebst dem Rechte des Herzogs Wilhelm auf Ernennung seines Nachfolgers von den edelen Herren und ihren Bürgen, den Grafen Johann von Spiegelberg und Otto von Hallermund, trotz Kaisers und Reiches anerkannt. An demselben Tage kaufte der Herzog eine bei dem Schlosse Harburg gelegene Wiese für dreissig Mark Pfennige von Bertold von Heimbruch und dessen Sohne Ludolf, und am 31. März 1364 einen leibeigenen Mann zu Haremstorf mit der Frau und sechs Kindern desselben nebst allen ihren Nachkommen für sechs Mark Pfennige von dem Knappen Gottfried von Thune. Kauf und Tausch von Leibeigenen war nichts seltenes. Der Convent zu Oldenstadt tauschte am 22. Januar 1361 mit den

Herzögen Wilhelm und Ludwig leibeigene Leute. Johann von Winichusen verpfändete sogar am 24. December 1357 zwei Töchter eines Leibeigenen dem Grafen Otto von Hallermund auf die Dauer von drei Jahren. Dieser Graf, sein Bruder Gerhard und sein Vetter Heinrich zu Eldagsen mussten gleichfalls das Ihrige zu den Erwerbungen, welche der Herzog im Jahre 1364 machte, beitragen. Es scheint, dass dies gräfliche Geschlecht durch Erbtheilungen sehr an Macht und Ansehen verloren hatte. Durch Einlösung waren Graf Gerhard der jüngere nebst seinen Söhnen Wilbrand und Otto und seine Vettern Ludolf und Heinrich zu Eldagsen, Söhne des Grafen Gerhard des älteren, 1340 zwar wieder in den Besitz des Schlosses Hallermund gelangt. Die Herzöge liessen es ihnen aber nur bis zum 14. April 1345, an welchem Tage Graf Gerhard der jüngere und sein Vetter Ludolf über Zahlung der Pfandsumme quitirten. Als Graf Gerhard der jüngere 1346 starb, hinterliess er vier Söhne, Wilbrand, Otto, Gerhard und Bodo, von denen letzterer, ohne verehelicht zu sein, nur acht Jahre seinen Vater überlebte. Wilbrand, noch 1326 unmündig, wurde 1345 Domherr zu Hildesheim und stand 1363 während der Sedisvacanz mit zwei anderen Domherren dem Stifte vor. Bis zu Bodo's Tode 1354 regierten die vier Brüder gemeinsam. Dann überliess Wilbrand seinen Brüdern Otto und Gerhard die Regierung. Wie sehr Macht und Ansehen der Söhne des Grafen Gerhard des jüngeren gesunken war, zeigt sich an der Geringfügigkeit der Gegenstände, welche meistens den Inhalt ihrer Verträge bildete. So empfingen am 1. August 1350 die Grafen Otto und Wilbrand von dem Johann von Edingerode seine Güter in Boitzum zu Pfande, liess sich Graf Otto am 5. Mai 1359 von dem Knappen Johann von Harboldessen die Einlösung des „Kolvenrod" gestatten und am 20. September 1364 von den von Reden die Vogtei zu Altenhagen auf die Dauer von fünf Jahren verpfänden, um fünf löthige Mark daraus zu erheben. Im Jahre 1361 nahmen die Gebrüder Otto und Gerhard, Grafen von Hallermund, eine vorläufige Theilung ihrer Besitzungen vor. Um zu verhüten, dass das Wenige, was sie besassen, nicht noch geringer würde, gelobten sie sich am 2. März 1361, innerhalb der nächsten zehn Jahre nicht nur keine Erbtheilung vorzunehmen, sondern auch keine Erbgüter ohne gegenseitige Bewilligung zu veräussern. Jeder von ihnen sollte die nächsten drei Jahre die in der eben vollzogenen Theilung ihm zugefallenen Güter besitzen, Gewinn und Verlust selber tragen, nicht ohne Bewilligung des Grafen Johann von Spiegelberg und des Ordenberg Bock Güter verpfänden, noch ohne des Anderen Zustimmung Kirchlehne verleihen. Weltliche Lehne sollte Graf Gerhard verleihen und seinem Bruder den dritten Theil der dafür erhobenen Gebühren abgeben. Ihre Vettern zu Eldagsen, Ludolf und Heinrich, Söhne des Grafen Gerhard des älteren, regierten gemeinsam. Der Domherr Otto nahm selten an Regierungshandlungen seiner beiden Brüder Theil. Graf Heinrich blieb unverehelicht. Sein Bruder, Graf Ludolf, starb bald nach dem Jahre 1358 und hinterliess zwei Söhne, Gerhard und Ludolf, welche noch 1361 unmündig waren. Die Grafen Otto und Gerhard, Söhne des Grafen Gerhard des jüngeren, und ihr Vetter Graf Heinrich zu Eldagsen überliessen am 23. März 1364 dem Herzoge Wilhelm sechs Höfe zu Boitzum, eine Hufe auf dem Haarberge (unmittelbar vor Hallerburg) und den Baumgarten vor Hallerburg, worauf zwei Vorwerke standen, zu freiem Eigenthume. Zugleich erkannten sie die Bestimmung über die Nachfolge des Herzogs Ludwig und das Recht des Herzogs Wilhelm, seinen Nachfolger zu ernennen, in der von ihm vorgeschriebenen Weise an. Wie Ritter Hermann Knigge und seine Söhne wegen zehn Höfe zu Gross-Gestorf am 24. August 1362 als Lehnsleute des Grafen Heinrich auftraten, so erkannten die Söhne des Ritters Ludolf und des Ritters Heinrich Knigge die drei Grafen als ihre Lehnsherren wegen obiger Güter an und leisteten auf diese zu Gunsten des Herzogs am 14. Mai 1364 Abstand. Wahrscheinlich aber behielten die Knigge als Pfandinhaber des herzoglichen Schlosses Hallerburg jene Güter in Nutzung. Diese Erwerbung hatte gleich eine Veräusserung zur Folge. Am 13. Mai 1364 verkaufte der Herzog sein Eigenthums- und Lehnsrecht über die obere Mühle zu Uelzen und das oberhalb der Mühle gelegene „Alvebruch" für 140 Mark Pfennige dem Rathe und den Bürgern der Stadt, behielt sich aber die Fischerei im Teiche und in den Gräben nebst dem Mühlenzinse vor. Es verblieb ihm noch eine Mühle zu Uelzen. Zehn Wichimpten Roggen jährlicher Hebung aus derselben hatte er dem Kloster Scharnebeck für 152 lüneburger Mark verpfändet. Der Knappe Otto Bodendorp löste sie auf Geheiss des Herzogs ein und dieser verkaufte sie ihm auf Wiederkauf am 1. Januar 1365 für dieselbe Summe. Zugleich gab er ihm einen Bauplatz auf dem herzoglichen Hofe in der Stadt und versprach, den Platz nicht wieder zu nehmen, ohne ihm das Gebäude zu vergüten.

Das Wichtigste, was sich während des Jahres 1364 eintrug, war, dass die Angelegenheit des Herzogs Wilhelm bei dem Kaiser eine etwas andere Wendung nahm. Mochte der Herzog über die vorschnelle Achterklärung, weil dem Anscheine nach weder er zuvor gehört noch irgend ein Reichsfürst bei derselben zu Rathe gezogen war, sich bei allen Fürsten beschwert haben oder der Kaiser zur Einsicht gelangt sein, dass die Waffe, welche er gebraucht hatte, verbraucht und nicht scharf genug mehr sei, ganz unerwartet besann sich Kaiser Karl IV. und brachte die Angelegenheit auf denjenigen Weg, auf welchem sie gleich anfangs hätte betrieben werden müssen. Am 11. Mai 1364 entliess er den Herzog Wilhelm aus der gegen ihn wegen der Klage des Herzogs Rudolf von Sachsen-Wittenberg erkannten Acht, damit derselbe vor ihm und dem kaiserlichen Hofgerichte am nächsten 16. August dem Herzoge und Reichserzmarschalle Rudolf auf alle Klagen gerecht würde. Zugleich drohete er mit der Aber-Acht, wenn Herzog Wilhelm dieser Aufforderung nicht nachkäme. Weil er nicht in eigener Person vom Kaiser vorgeladen war, auch wegen seines Alters wohl schwerlich sich zu der weiten Reise entschlossen haben würde, musste es dem Herzoge Wilhelm nun von der grössten Wichtigkeit sein, einen Mann seiner Gesandtschaft an den Kaiser beizugeben, der sowohl sein höchstes Vertrauen genösse, als auch in allen Rechtsfragen völlig bewandert wäre. Im Rufe der gründlichsten Rechtskunde stand der gelehrtere Theil der Geistlichkeit, aus welchem daher auch der Kaiser seine Räthe wählte. Als trefflichen Rechtsgelehrten und zuverlässigen Mann, dem er sein volles Vertrauen schenkte, hatte Herzog Wilhelm seinen ersten Notar, den Meister Diedrich von Dalenburg, später Küster des Stiftes Bardowiek, 1346 einer Gesandtschaft beigeordnet. Meister Diedrich war seitdem Probst zu Uelzen geworden und obwohl der Verhältnisse wegen aus dem Rathe des Herzogs Ludwig entlassen doch treuer Diener und Capellan des Herzogs Wilhelm geblieben. Er wäre wohl der geeignetste dazu gewesen, die Vertheidigung seines Herrn bei dem Kaiser und dem kaiserlichen Hofgerichte zu führen. Doch wie die beiden herzoglichen Räthe, Ritter Ludolf von Hohnhorst und Diedrich Schlette, vor dem alten Herzoge wegstarben, so verlor dieser in dem Probste Diedrich den dritten seiner treuesten Räthe und zwar zu einer Zeit, als er dessen Dienste am meisten bedurfte. Die letzten Nachrichten über denselben beschränken sich auf Folgendes. Meister Diedrich hatte am 9. October 1357 den Hof zu Oitzendorf, welcher ihm am 22. September 1355 zum Behufe der Vicarie St. Andreae zu Dannenberg von dem Knappen Burchard von Etzendorf unter Vorbehalt des Wiederkaufes verkauft worden war, von diesem Vorbehalte befreiet und zugleich einen dortigen Garten mit einer Kote von demselben Knappen für die Vicarie erworben. Am 8. Juni 1363 hatte er, Probst zu Uelzen geworden, dem Ausspruche eines Schiedsgerichtes gemäss den Georg Bodenstedt von der durch den Tod des Meine erledigten Mühle zu Oitzendorf, welche der erwähnten Vicarie gehörte, abgefunden und verlieh am 25. Juni 1364 die Mühle zum Nutzen der Vicarie dem Reinecke als Erbzinsgut. Herzog Wilhelm, dem, sobald sein Schenk Segeband von dem Berge starb, das Patronatrecht über die Vicarie heimfiel, bestätigte am 22. Juli 1364 die von seinem Capellan und Diener vorgenommene Verleihung. Dies ist die letzte über den Probst Diedrich gefundene Nachricht. Bald nachher wird er gestorben sein.

Das Schloss Kettenburg, dessen Erbauung dem Bischofe Daniel von Verden bis zu Anfang des Jahres 1350 Veranlassung zu Klagen gegeben hatte, war dem Ludolf Havekhorst, früheren Vogte auf den Schlössern Celle und Rethem, verpfändet worden. Nachdem er gestorben war, besass es sein Sohn Henning oder Johann, welcher zugleich als Vogt daselbst am 24. Juli 1362 genannt wird. Ausser der Pfandsumme schuldete ihm Herzog Wilhelm auch die Kosten eines auf dem Schlosse unternommenen Baues. Für beide Forderungen lieferte die Hälfte des Schlosses volle Sicherheit und genügende jährliche Einkünfte, so dass dem Herzoge die andere Hälfte zur Verfügung blieb. Am 25. Juli 1364 verlieh er das ganze Schloss mit Gülte, Zins, Vogtei und allem Zubehör dem Knappen Diedrich von Hederen, Vogte in Lüneburg, zur Leibzucht unter der Bedingung, dass dieser die eine Hälfte des Schlosses, der Gülte und alles Zubehöres dem Henning Havekhorst so lange liesse, bis er demselben obige Schuld bezahlte. Würde er sie bezahlen, so brauchte der Herzog sie ihm nicht zu erstatten. Diedrich gelobte, das Schloss oder irgend ein Zubehör desselben ohne Bewilligung des Herzogs nicht zu verpfänden, das Schloss ihm treu zu bewahren, es ihm zu allen Zeiten und für jede Noth offen zu halten, Feind aller derer zu werden und zu sein, welche des Herzogs Feinde wären, Schaden von ihm und den Seinen nach Vermögen abzuwenden und niemandem vom Schlosse Unrecht oder Schaden zuzufügen. Ausgenommen davon wurde die Selbsthülfe im Falle, dass der Herzog, dessen Entscheidung er sich zu fügen versprach, ihm nicht innerhalb zweier Monate zum Rechte oder zu einem Vergleiche in Irrungen mit Anderen verhelfen könnte. Wenn das Schloss belagert würde, sollte der Herzog es entsetzen helfen. Die gewöhnlichen Bestimmungen über die Verpflichtungen eines zu Kriegszwecken vom Herzoge auf das Schloss zu setzenden Amtmannes und wie es gehalten werden sollte, falls das Schloss erobert würde, kamen auch hier zur Geltung. Das Schloss Lauenau, welches der Knappe Statius Busche 1361 und nach ihm Brand von dem Hus zu Pfande besass, verpfändete Herzog Wilhelm am 7. September 1364 dem Grafen Adolf von Schauenburg, dessen Vater es einst am 30. März 1348 zu Pfande erhalten hatte, für 716 löthige Mark und für die von Brand von dem Hus und dessen Brüdern angelegten Baukosten auf die Dauer von vier Jahren, nach welcher Zeit beiden Theilen jährliche Kündigung gestattet wurde. Der Graf verpflichtete sich, das Schloss mit jener Summe und mit dem Gelde für die Baukosten, sobald der Herzog sich darüber mit Brand von dem Hus und dessen Brüdern geeinigt haben würde, von denselben einzulösen, sich in allen Fällen, in welchen er des Schlosses bedürfte, der Entscheidung des Herzogs zu fügen, ihm das Schloss auf Verlangen zu öffnen und von demselben ihn und die Seinen vor Schaden zu bewahren. Hinsichtlich der Selbsthülfe, des von dem herzoglichen Amtmanne auf dem Schlosse während eines Krieges dem Grafen zu vergütenden Schadens, der Verpflichtung des Herzogs und des Grafen, falls ein Feind das Schloss eroberte, wurden die bei Schlossverpfändungen gewöhnlichen Bestimmungen wiederholt. Von des Grafen Brüdern war Simon gestorben. Die Uebrigen mit Ausnahme des Bischofs Gerhard von Minden, nämlich Domprobst Bernhard zu Hamburg und Probst Otto zu Hameln, versprachen diesen Vertrag nach ihres Bruders Tode zu halten. Die Grafen stellten dem Herzoge zu Bürgen die Grafen Gerhard und Johann von Hoya, Otto von Everstein, Johann von Spiegelberg, Otto von Hallermund, Ludolf von Wunstorf und die edelen Herren Siegfried von Homburg und Wedekind von dem Berge. Bei dieser Gelegenheit erkannten alle diese Grafen und edelen Herren mit den Grafen von Schauenburg trotz Kaisers, Reichs und Achtserklärung, welche nur suspendirt war, die Nachfolge des Herzogs Ludwig und das Recht des Herzogs Wilhelm, seinen Nachfolger zu ernennen, in der Weise an, wie es von dem Herzoge bei Schlossverschreibungen verlangt wurde. Der Herzog bezweckte wohl weniger, ihre Bürgschaft für die Haltung des Pfandvertrages, wofür es so vieler und mächtiger Bürgen kaum bedurft hätte, zu erlangen, als vielmehr sie sämmtlich zu verpflichten, dass sie seine Bestimmungen über die Erbfolge gegen den Willen des Kaisers durchsetzen hülfen.

Die Herzöge zu Lüneburg hatten am 9. Februar 1321 ein Viertel des Schlosses Gartow von dem Ritter Friedrich von der Gartow mit Bewilligung seines Bruders, des Ritters Henning, gekauft, am 29. Mai des folgenden Jahres sich den Besitz des ganzen Schlosses von ihren Vettern zu Braunschweig zusichern lassen, am 21. Mai 1326 dasselbe dem Markgrafen von Brandenburg abgetreten und in Folge dessen am nächsten Tage das eine Viertel den Gebrüdern Friedrich und Johann von der Gartow, Knappen, wieder ausgeliefert. Darauf muss das Schloss zerstört worden sein. Im Jahre 1330 war es von den Herzögen zu Lüneburg und von ihrem Vetter, dem Herzoge Otto zu Braunschweig, wieder erbauet worden und erstere hatten am 5. Februar 1332 die ihnen deshalb gehörende Hälfte des Schlosses den Gebrüdern Friedrich, Henning und Balduin von der Gartow zur Bewahrung anvertrauet. Wie es scheint, hatten darauf die Herzöge zu Braunschweig ihren Theil desselben ihren Vettern zu Lüneburg überlassen, sich aber den beim Schlosse gelegenen, durch die Elbe und den Seege-Fluss gebildeten Werder Höhbeck vorbehalten. Schon 1318 auf dem Lehnstage verlieh Herzog Otto zu Braunschweig das Dorf Höhbeck den Rittern Henning und Friedrich von der Gartow, Vettern, und Herzog Magnus auf dem Lehnstage 1344 das Land Höhbeck dem lahmen Friedrich von der Gartow zu Lehn. Die Herzöge Otto und Wilhelm zu Lüneburg dagegen belehnten 1330 auf dem Lehnstage den Hermann Gartow mit seinem Theile zur Gartow und mit der Hälfte jedes der folgenden Dörfer Mestachow, „Wulfeshol“, Pretzelle und Wirl, Herzog Wilhelm auf dem von ihm gehaltenen Lehnstage den Friedrich von der Gartow mit dem vierten Theile der Gartow und mit der Hälfte obiger Dörfer, das Dorf Wirl ausgenommen. Auch das neue Schloss Gartow hielten die Markgrafen von Brandenburg für ihr Eigenthum und für ein Zubehör der Mark, als welches es noch 1373 bei der Abtretung dieser an den Kaiser Karl IV. unter den Schlössern der Altmark aufgezählt wurde. Der östlich von dem Höhbeck in der Nähe des Schlosses gelegene Werder Krummendieck mit den Dörfern und Höfen zu Quarnstedt, „Teudemerstorp“, Krissow, Holtorf, „Overland“, Krug, Capern, Gummern, Panker, Hogen, Wenstorp, „Brunstorp“ und Strezow gehörte allerdings zur Mark und war von den Markgrafen ebenfalls den von der Gartow zu Lehn ertheilt. Die von der Schulenburg, nämlich die Gebrüder Werner und Heinrich zu Betzendorf und Apenburg und Henning und Bernhard zu Betzendorf, Oheim und Neffe, erwarben von dem alten Friedrich und langen Heinrich von der Gartow einen Theil des Schlosses und des Städtchens Gartow mit den vier im Jahre 1330 dem Hermann Gartow von den Herzögen zu Lüneburg verliehenen halben Dörfern, mit den Dörfern Niendorf und Satkau und mit Besitzungen zu „Hangesford", ausserdem einige zu Restorf, Viese und Pevestorf auf dem Werder Höhbeck gelegene Güter, Besitzungen zu „Stege" nebst dem ganzen Dorfe „Vire" und dem halben Dorfe „Trichow", welche Orte wahrscheinlich auch auf demselben Werder lagen, und endlich den Werder Krummendieck mit den darauf genannten Dörfern und Höfen. Nachdem auf dem Schlosse Gartow und in dem Zubehör desselben dieser Wechsel der Besitzer Statt gefunden hatte, schenkten die Markgrafen Ludwig der Römer und Otto von Brandenburg, indem sie sich nur das Weichbild Schnackenburg nebst dem Zolle vorbehielten, am 16. Januar 1360 für ein Gegengeschenk von 500 florentiner Goldgulden den Werder Krummendieck mit Dörfern und Höfen dem Hermann von Werberge, Herrenmeister des Johanniter-Ordens in Sachsen, in der Mark Brandenburg, Wendland und Pommern und dem Orden. Diesem Geschenke hinzu fügten sie noch an demselben Tage sogar das Schloss Gartow mit hoher und niederer Gerichtsbarkeit, mit Dörfern, Lehnen, Renten und allem Zubehör unter der Bedingung, dass das Schloss ihnen gegen jedermann mit Ausnahme des Herzogs zu Lüneburg geöffnet würde. Am 1. Mai desselben Jahres verkauften alsdann die von der Schulenburg dem Orden für 780 Mark stendalschen Silbers nicht nur ihre Besitzungen auf dem Werder Höhbeck, wie es scheint mit Bewilligung des Herzogs Magnus zu Braunschweig (von welchem sie ausserdem die Dörfer Langenbeck und Ricklingen bei Dahlenburg zu Lehn besassen), nicht nur den Werder Krummendieck mit Dörfern und Höfen, sondern auch ihren Theil des Schlosses und Städtchens Gartow mit allen den übrigen oben genannten Besitzungen, deren Lehnsherr Herzog Wilhelm zu Lüneburg war. Unstreitig wünschte nun der Orden das Eigenthumsrecht über das Schloss Gartow, wie vorher von den Markgrafen, so nun auch von dem Herzoge Wilhelm zu erlangen. Vier Jahre vergingen in vergeblichen Unterhandlungen. Der Herzog war nicht gewillet, sein Recht über das in jedem Kriege gegen die Herzöge von Mecklenburg, gegen die Herzöge von Sachsen-Wittenberg und gegen die Markgrafen von Brandenburg ihm sehr wichtige, gerade Lenzen gegenüber gelegene Schloss aufzugeben. Nur dazu verstand er sich, die Ordensritter im Besitze zu lassen, bis er von ihnen das Schloss für dasjenige Geld wiederkaufen würde, für welches er es den früheren Besitzern, seinen Lehnsleuten, hätte abkaufen müssen. Er that auch dieses nur unter erheblichen Zugeständnissen des Ordens. Nachträglich gab er nämlich seine Zustimmung zum Kaufe des Schlosses und Städtchens mit Dörfern, mit Wind- und Wassermühlen, mit Fischerei, mit Jagd, mit hoher und niederer Gerichtsbarkeit, mit geistlichen und weltlichen Lehnen und mit allen Diensten, wie solches alles die von der Gartow und darauf die von der Schulenburg von ihm zu Lehn besessen hatten. Er versprach, den Orden, die Ritter und das Schloss mit allem im Herzogthume Lüneburg liegenden Zubehör bei Freiheit und Recht zu lassen, die Ritter in allen das Schloss und die dazu gehörenden Güter betreffenden Angelegenheiten, so oft sie es forderten, in ihrem Rechte zu schützen. Dafür gelobten sie, in allen jenen Fällen sich seiner Entscheidung zu fügen und das Schloss und Städtchen ihm in allen Nöthen gegen jedermann mit Ausnahme der Markgrafen von Brandenburg zu öffnen. Sie gestatteten ihm, das Schloss mit allem erwähnten Zubehör ein Jahr nach geschehener Kündigung für 700 löthige Mark wiederzukaufen. Bei dem Wiederkaufe sollten dem Orden die auf den Bau des Schlosses verwandten Kosten ersetzt werden, welche vorläufig auf 400 löthige Mark angeschlagen wurden, dann aber von zwei herzoglichen Mannen und von zwei Freunden des Ordens genauer ermittelt und, falls keine Einigung darüber erlangt werden könnte, von dem Herrenmeister und von zwei Ordensrittern beschworen werden sollten. Diese machten sich anheischig, dem Herzoge zugleich mit dem Schlosse den Werder Höhbeck und die darauf liegenden Dörfer, falls Herzog Magnus darein willigte, und sogar den Werder Krummendieck mit Dörfern und Höfen, falls der Markgraf von ihm oder vom Orden, seine Zustimmung dazu zu ertheilen, bewogen würde, auszuliefern. Für den Krummendieck sollten jedoch alsdann dem Orden 300 löthige Mark und für das Eigenthum 500 Gulden noch besonders bezahlt werden. Der Herzog verpflichtete sich, die im Herzogthume gelegenen Güter, welche der Orden zur Vermehrung der Güter des Schlosses kaufen oder einlösen würde, bei dem Wiederkaufe des letzteren für den erlegten Preis zu übernehmen oder sie dem Orden zu lassen und diejenigen herzoglichen Mannen, denen dieser sie verkaufen würde, damit zu belehnen. Der Orden nahm so wenig auf den ihm sicherlich bekannten kaiserlichen Willen Rücksicht, dass er diesen Vertrag dem Herzoge Ludwig, wenn Herzog Wilhelm keine Söhne hinterliesse, zu halten versprach. Desto mehr scheuete er sich, gegen den Willen des Herzogs Magnus, von dem er den Werder Höhbeck besass, zu verstossen. Er umging nämlich die Streitfrage über die Wahl eines Bruders des Herzogs Ludwig, indem er ihn einfach als denjenigen unter den Brüdern desselben bezeichnete, der nach ihm Herr der Herrschaft Lüneburg würde. Die Urkunde über diesen Vertrag besiegelte der Herrenmeister Hermann von Werberge am 9. September 1364, Herzog Wilhelm erst am 15. desselben Monates. An demselben Tage überliessen Wasmod Kind, Probst zu Schnega, seine Brüder und Vettern dem Herzoge Wilhelm für zwei zu ihrem Burglehne zu Lüneburg gehörende Höfe zu Häcklingen, welche sie mit seiner Bewilligung verkauft hatten, zwei Höfe zu Lüllau bei Jesteburg und empfingen dieselben von ihm zu Lehn.

Unterdessen war der 16. August 1364 erschienen, an welchem Herzog Wilhelm vor dem Kaiser und dem kaiserlichen Hofgerichte auf alle Klagen dem Herzoge Rudolf II. von Sachsen-Wittenberg gerecht werden sollte. Die einzige Quelle, aus welcher er sein Recht, über die Erbfolge so zu bestimmen, wie er gethan hatte, ableitete, war die Urkunde des Kaisers Friedrich II. vom Jahre 1235 über die Errichtung des Herzogthums Braunschweig und über die Erbfolge in demselben. Nur auf sie konnte daher sein Sachwalter sich berufen, um die Klagen des Herzogs Rudolf zu entkräftigen. Es war schon ein günstiges Zeichen, dass der Kaiser und das Hofgericht nun eine beglaubigte Abschrift jener Urkunde forderten. Der Protonotar des Herzogs, Pfarrer Heinrich von Offensen zu Winsen, welcher wahrscheinlich am 16. August vor dem Kaiser und dem Hofgerichte die Sache des Herzogs geführt hatte, begab sich nach Braunschweig in die Kirche St. Blasii, wo jene wichtige Urkunde nebst anderen, die sämmtlichen herzoglichen Linien gemeinsam betreffenden Urkunden aufbewahrt wurde. Hier liess er am 8. November 1364 eine Abschrift derselben anfertigen und von einem kaiserlichen Notare beglaubigen. Unter anderen war dabei Herzog Albrecht von Braunschweig gegenwärtig. Seine Anwesenheit mag dadurch erklärlich sein, dass die herzoglichen Urkunden in der Kirche St. Blasii unter Verschluss von Mitgliedern der sämmtlichen herzoglichen Linien, also auch der Herzöge zu Grubenhagen sich befanden. Dass er aber in einer vom Herzoge Wilhelm zur Begründung der Rechtmässigkeit dessen, was dieser über die Erbfolge in seinem Herzogthume verfügt hatte, vor Kaiser und Reich vorzuweisenden Urkunde sich als Zeugen aufführen liess, darf als ein Beweis angesehen werden, dass er jenen Verfügungen seine Zustimmung nicht versagte. Von den Söhnen des Herzogs Heinrich zu Grubenhagen war Otto aus dem deutschen Ritterorden, in welchen er sich auf Befehl seines Vaters wider Willen begeben hatte, im Jahre 1352 ausgetreten, zum Könige Johann von Frankreich gekommen und in dessen Gunst so sehr gestiegen, dass er von demselben 4000 Schilde jährlicher Einkünfte angewiesen erhalten hatte. Durch den König wurde seine Vermählung mit Jolantha, Wittwe des Königs von Majorca 1353 vermittelt. Seitdem stiegen seine jährlichen Einkünfte auf 15000 Schilde. Es gelüstete ihn nicht nach dem Herzogthume Lüneburg. Sein Bruder Balthasar war Canonicus zu Braunschweig und bewahrte für sich und ihn die Urkunden über die von ihrem Vater verpfändeten und verkauften Besitzungen. Den dritten Bruder, Philipp, hatte sein Geschick in die Fremde, nach Cypern, getrieben, wo er sich später mit der Wittwe des Königs vermählte. Auch sein Bruder Riddag fand sich im Lande seiner Väter nicht heimisch und verweilte 1362 eine Zeit lang am Hofe des Kaisers. Es ist nicht bekannt, dass einer von beiden Ansprüche auf das Herzogthum Lüneburg erhoben hätte. Wäre es ihnen selbst anerkannt worden, so fehlten ihnen die Mittel, sich in Besitz zu setzen und darin zu erhalten. Ein anderer Bruder, Thomas, war Augustiner-Mönch zu Nordhausen und der jüngste, Melchior, wurde 1366 Bischof zu Osnabrück. Herzog Ernst, der Bruder des Herzogs Heinrich zu Grubenhagen, hatte sein väterliches Erbtheil sich erhalten. Er war am 9. März 1361 gestorben und hatte vier Söhne, Albrecht, Johann, Ernst und Friedrich, hinterlassen. Weil Letzterer noch unmündig und Ernst 1362 Domherr zu Hildesheim geworden war, regierten die Herzöge Albrecht und Johann, von welchen dieser, früher Domherr zu Hildesheim, nach seines Vaters Tode den geistlichen Stand verlassen hatte, gemeinsam. Doch überliess Herzog Johann es meistens seinem Bruder Albrecht für ihn die Regierungsgeschäfte wahrzunehmen. Von dem Herzoge Albrecht gerade war zu befürchten, dass er als Vertreter der älteren herzoglichen Linie dem Herzoge Ludwig und dessen Brüdern die Nachfolge im Herzogthume Lüneburg streitig machen würde, um so mehr, da er mit seinem Bruder Johann erst kürzlich, am

5. Januar 1364, sich geweigert hatte, mit ihm länger als drei Vierteljahr nach dem Tode des Herzogs Wilhelm verbündet zu sein. Es war daher als ein grosser Gewinn anzusehen, dass Herzog Albrecht sich mit der Nachfolge des Herzogs Ludwig vor Kaiser und Reich einverstanden erklärte. Es gelang dem Herzoge Wilhelm überdies, ihn immer mehr auf seine Seite zu ziehen. Wegen des unerlässlichen Erfordernisses der Einigkeit unter seinen Verbündeten, bewirkte dem Anscheine nach er, dass zwei Jahre später, nämlich am 4. April 1366 zwischen seinen treuen Bundesgenossen, den edelen Herren von Homburg, und dem Herzoge Albrecht auf die Dauer von drei Jahren ein Bündniss zu Stande kam, in welchem dieser gelobte, während der Zeit, wenn nicht um der Herzöge Wilhelm und Ludwig und der Grafen von Schwarzburg willen, ihr Feind nicht zu werden, ihnen keinen Schaden zuzufügen, bei seinem Bruder Ernst ihnen zum Rechte zu verhelfen und in vorfallenden Irrungen dem Ausspruche eines bei Einbeck zusammentretenden Schiedsgerichtes sich zu fügen. Weniger als von den Herzögen zu Grubenhagen war von dem Herzoge Ernst zu Göttingen gegen die Nachfolge der Söhne seines älteren Bruders Magnus Einspruch zu erwarten. Mit der am 8. November 1364 beglaubigten Abschrift der Urkunde des Kaisers Friedrich ging gleich darauf wieder eine Gesandtschaft des Herzogs Wilhelm zum Kaiser. Ein Anlehn der Herzöge Wilhelm und Ludwig von 200 löthigen Mark bei den Bürgern und dem Rathe der Stadt Hannover scheint zu den Kosten der ersten und zweiten Reise in Beziehung gestanden zu haben. Die Herzöge gelobten am 28. October 1364 die Schuld nach zwei Jahren abzutragen und stellten den Probst Heinrich zu Lüne und dessen Bruder Christian von Langelege (Langelage oder Langelge) zu Bürgen.

Obgleich Herzog Wilhelm nun seiner Angelegenheit den Rechtsweg eröffnet sah, trauete er dem Kaiser nicht und hütete sich wohl, die Reihe derer zu vergrössern, die durch ihr Vertrauen auf denselben theils schon arg getäuscht waren, theils ihrem Verderben noch entgegen geführt wurden. Kaiser Karl IV. hatte sich für seinen Sohn die Eventualhuldigung in der Mark Brandenburg während des Monates Juli 1363 leisten lassen, sie zu derselben Zeit durch den Erzbischof Diedrich zu Magdeburg von den Städten der Altmark unter Drohung gefordert, sich im April des folgenden Jahres durch Einlösung in den Besitz der von den Markgrafen von Brandenburg an die Markgrafen von Meissen verpfändeten Markgrafschaft Lausitz gebracht und am 11. Januar 1364 dem Herzoge Stephan von Baiern und dessen Söhnen gelobt, während ihres gegen die Herzöge von Oesterreich unternommenen Krieges die Markgrafen von Brandenburg an Geltendmachung ihrer Ansprüche auf Ober-Baiern zu verhindern, wenigstens denselben im Kriege nicht Hülfe zu leisten. Noch immer baueten die Markgrafen von Brandenburg auf das Wohlwollen des Kaisers, merkten seine ihnen verderblichen Pläne nicht und blieben seine gefügigen Werkzeuge. Es hing nur von einem Winke des Kaisers ab, so konnte von dem kaiserlichen Rathe, dem Erzbischofe Diedrich von Magdeburg, als Regenten der Mark Brandenburg, und von seinen Mitregenten der Krieg gegen den Herzog Wilhelm begonnen werden. Für diesen immer wahrscheinlicher werdenden Fall genügten dem Herzoge nicht das eine ihm von den von der Schulenburg und von Bertensleben am 13. März 1362 zur Verfügung gestellte Schloss in der Altmark, nicht der von den letzteren ihm am 15. August 1362 verheissene Dienst mit dem Schlosse Wolfsburg. Die von der Schulenburg besassen das Schloss Betzendorf und das Schloss Apenburg mit der Stadt, in der zur Altmark gehörenden Vogtei Salzwedel gelegen, ersteres seit 1345, letzteres seit dem 9. Juni 1351, von den Markgrafen von Brandenburg zu Lehn. Auch diese beiden Schlösser verlangte Herzog Wilhelm nun in einem Kriege gegen jedermann, selbst gegen die Lehnsherrn derselben, zu seiner Verfügung gestellt zu erhalten. Er erreichte am 11. November 1364 seinen Zweck. An diesem Tage verpfändeten die aus den Verträgen vom 1. Mai 1360 und 13. März 1362 schon bekannten von der Schulenburg und die Söhne zweier von ihnen zu Celle den Herzögen Wilhelm und Ludwig einen vierten Theil ihres Schlosses Betzendorf auf der obersten Burg und an der Vorburg mit der Hälfte der zum Schlosse gehörenden Güter, des Zinses und der Gülte, mit Mühlen, mit Fischerei, mit Jagd, mit hoher und niederer Gerichtsbarkeit, wie sie dies Alles dem Ritter Gerhard von Wustrow, einem Dienstmanne des Herzogs Wilhelm, mit der Hälfte des Schlosses verpfändet hatten, für 600 löthige Mark, welche die Herzöge ihnen zu Lüneburg auszahlen sollten. Es wurde eine jährliche Kündigung nach dem ersten Jahre beiden Theilen vorbehalten und den Herzögen gestattet, das Viertel des Schlosses weiter zu verpfänden, wenn ein Jahr nach der Kündigung die Bezahlung nicht erfolgte. Nur sollte der neue Pfandbesitzer, wie die Herzöge, den von der Schulenburg Burgfrieden und Burghut geloben. So oft

 O

es die Noth erforderte oder die Herzöge es wollten, durften dieselben gegen jedermann, wer es auch wäre, vom Schlosse sich wehren und Krieg führen. Falls durch Verschulden der von der Schulenburg das Schloss verloren würde, sollten sie nach dem Ermessen zweier ihrer Freunde und zweier herzoglicher Mannen den Herzögen die 600 Mark ersetzen. Wen die Herzöge ihnen als Hauptmann auf das Schloss schickten, der sollte ihnen, wie sie ihm, für Burgfrieden und Burghut Sicherheit leisten. Sie verpflichteten sich, kein anderes Bündniss und keinen anderen Vertrag über das Schloss ohne der Herzöge Bewilligung zu errichten, mit diesem Schlosse und dem Schlosse Apenburg ihnen zu Dienste zu sitzen und dieselben ihnen gegen jedermann zu öffnen, sobald es die Noth erforderte und sie es von ihnen verlangten. Bedürften die Herzöge weiter ihres Dienstes mit gewaffneten Leuten, so sollten dieselben dafür zu derjenigen Gegenleistung verpflichtet sein, welche von jenen vier Männern für billig erachtet würde. In allen sie selbst und die Schlösser betreffenden Irrungen überliessen die von der Schulenburg die Entscheidung den Herzögen. Dafür sollten diese sie, wie ihre anderen Mannen, wenn es die Noth verlangte, gegen jedermann getreu vertheidigen und ihnen in geeigneter Weise beistehen, falls sie ihnen nicht sonst zum Rechte oder Vergleiche verhelfen könnten. Würden die Schlösser belagert oder verbauet, so sollten die Herzöge und die von der Schulenburg sich gegenseitig mit aller Macht helfen, dieselben zu entsetzen, würde eins der Schlösser verloren, mit dem Eroberer keinen Frieden oder Sühne schliessen, bevor das Schloss wieder gewonnen wäre oder bevor die Herzöge, falls von diesen die Veranlassung zum Verluste gegeben wäre, ein anderes Schloss in demselben Gerichte ihnen hätten erbauen helfen, widrigenfalls dieselben ihnen nach dem Ermessen jener vier Männer dafür Ersatz leisten sollten. Dieser Vertrag zeigt, wie wenig selbst die von der Schulenburg, obgleich in dem Ausschreiben des kaiserlichen Hofgerichtes vom 15. Juli 1363 besonders namhaft gemacht, desselben achteten, denn die Ueberzeugung, dass sein Inhalt höchst wahrscheinlich recht bald wieder in Kraft treten würde, musste wegen der Sorge des Herzogs, mit ihrer Hülfe seine Grenzen zu decken, sich ihnen doch wohl aufdringen. Wahrscheinlich um das Geld zur Abtragung seiner Schuld bei den von der Schulenburg und zu den erforderlichen Rüstungen anzuschaffen, verpfändete Herzog Wilhelm das ihm am 13. December 1347 von dem Herzoge Magnus verkaufte Schloss Bahrdorf mit dem Gerichte am 6. December 1364 dem Ritter Burchard von Marenholtz für 884 löthige Mark und das Schloss Warpke am folgenden Tage für 160 löthige Mark und für 450 Mark Pfennige den Söhnen und Enkeln des Ritters Albert Bokmast, welcher seit 1340 Gifhorn zur Leibzucht und den Papenteich zu Pfande besessen hatte. Mit den Schlössern übergab er nicht die geistlichen und weltlichen Lehne. Wegen der nahen Aussicht auf Krieg in der Richtung nach der Altmark war es ihm von Wichtigkeit, auf beiden Grenzschlössern, von denen das Schloss Warpke zugleich mit dem Schlosse Betzendorf ihm im Jahre 1352 zur Bekämpfung der von Alvensleben in der Altmark grosse Dienste geleistet hatte, nach den Umständen die Besitzer wechseln zu können. Deshalb verpfändete er sie nur auf kurze Dauer. Er behielt sich nämlich jeder Zeit eine vierteljährliche Kündigung des Schlosses Bahrdorf vor, gestattete aber dem Pfandinhaber desselben nur nach dem ersten Jahre jährliche Kündigung. Hinsichtlich des Schlosses Warpke verabredete er eine halbjährliche Kündigung nach dem 18. April 1367. In den Fällen, dass er auf die Schlösser Amtleute zur Kriegführung schickte, dass von ihnen und ihren Leuten den Pfandbesitzern Schaden zugefügt würde, dass diese mit Anderen in Streit geriethen und vom Herzoge keine Hülfe erhielten oder endlich dass die Schlösser verloren würden, in allen diesen Fällen sollten die betreffenden gewöhnlichen Bestimmungen in Kraft treten. Dem Burchard von Marenholtz, welchen der Herzog wie seine anderen Mannen zu vertheidigen versprach, sollte für das zum Schlosse gehörende Pflugwerk von dem auf das Schloss gesetzten Amtmanne Friedegut, sobald es im Lande der Feinde zu haben sei, angewiesen werden. In einem Kriege des Herzogs mit den Markgrafen von Brandenburg wurden sogar vier Dörfer als Friedegut, falls es in Feindes Lande zu haben sei, den Bokmast auf dem Schlosse Warpke zugesichert. Diese mussten dem Herzoge geloben, ihm das Schloss treu zu bewahren und von demselben niemandem Unrecht zu thun. Sie übernahmen es ausserdem, 150 Mark Pfennige auf den Bau des Schlosses zu verwenden. Zwei ihrer Freunde und zwei herzogliche Mannen sollten die Baukosten und, falls der Herzog ihnen die Saat auf den Feldern nicht lassen wollte, auch diese bei der Einlösung abschätzen und er sie ihnen vergüten. Die Bürgen des Burchard von Marenholtz gelobten, zu Gifhorn, die Bürgen der Bokmast, zu Uelzen ein Einlager im Falle einer von den Pfandinhabern begangenen Vertragsverletzung zu halten. Das von dem Herzoge Rudolf I. von Sachsen-Wittenberg 1323 an die von Warmstorf und von diesen in den Jahren 1325, 1329, 1330, 1332 und 1335 an die Herzöge von Lüneburg verpfändete, dann von dem Herzoge Rudolf I. am 10. October 1339 seiner Schwiegertochter Elisabeth zum Leibgedinge verschriebene Schloss Hitzacker besass ihr Vater, Herzog Wilhelm, noch und konnte sich desselben in einem Kriege sowohl gegen die Altmark als gegen das zwar nicht grosse Gebiet der Herzöge von Sachsen-Wittenberg an der unteren Elbe bedienen. Am 21. Januar 1365 entliess er den bisherigen Amtmann des Schlosses, den Johann von Doren. Dieser bescheinigte an demselben Tage, nach Rechnungsablage Besoldung für Verwaltungskosten des Schlosses von ihm erhalten zu haben und versprach, ihn und den Herzog Ludwig von darauf bezüglichen Forderungen zu befreien. Um die Kette der Schlösser, mit welcher die von Osten auf ihn eindringende Macht gehemmt werden sollte, zu schliessen, bedurfte Herzog Wilhelm noch des Schlosses Oebisfelde. Mit Gütern zu Oebisfelde waren um das Jahr 1226 die von Oebisfelde von den edelen Herren von Meinersen belehnt worden. Das Schloss zu Oebisfelde trugen die von Oberg, Nachfolger der von Oebisfelde, vom Stifte Magdeburg zu Lehn, wie eine Urkunde aus dem Anfange des Monates März 1369 zeigt. Sie waren zugleich Lehnsleute der Markgrafen von Brandenburg, denn das bei Abtretung der Mark Brandenburg 1373 aufgestellte Verzeichniss nennt sie unter den übrigen Mannen in der Altmark. Schon früher, am 28. März 1339 und darauf am 1. Juni 1349, jedes Mal wenn die Herzöge auf Krieg in der Altmark oder im Stifte Magdeburg gefasst waren, hatten sich die von Oberg mit ihrem Schlosse in herzoglichen Dienst gegen jedermann mit Ausnahme ihres Herrn, des Erzbischofes von Magdeburg, begeben. Ihr letzter Dienstvertrag vom 3. März 1353 war im Jahre 1358 erloschen. Jetzt stellte Herzog Wilhelm ihnen das Ansinnen, in einem neuen Dienstvertrage keine Ausnahme hinsichtlich ihres Herrn, des Erzbischofes, zu machen, und sie gingen auch hierauf ein. Für ein Darlehn von 110 löthigen Mark, zu deren Sicherheit sie den Herzögen Wilhelm und Ludwig das Schloss und die Stadt Oebisfelde setzten, traten sie am 3. März 1365 mit dem Schlosse in den Dienst beider Herzöge, indem sie gelobten, ihnen dasselbe zu jeder Zeit gegen jedermann zu öffnen und stets sich ihrer auf Recht oder Billigkeit gegründeten Entscheidung in Streitigkeiten mit Anderen zu fügen. Der zur Kriegsführung auf das Schloss geschickte herzogliche Amtmann sollte gegen sich und die Seinigen sie und die Ihrigen vor Schaden sichern und zugefügten Schaden innerhalb zwölf Wochen nach der Mahnung in Güte oder nach dem Rechte ersetzen. Die Herzöge verpflichteten sich, während des vom Schlosse geführten Krieges den von Oberg und deren Leuten, welche Kriegsdienste leisteten, auch den Pförtnern und Wächtern Futter und Speise zu liefern, ferner falls das Schloss in ihrem Kriege und auf ihre Veranlassung verloren würde, die von Oberg nach Ermessen zweier Freunde derselben und zweier herzoglicher Mannen zu entschädigen, ihnen in einem Kriege gegen Fürsten für ihr von der Aller abwärts in der Richtung nach Magdeburg hin gelegenes Gut durch den Amtmann Friedegut, sobald es in Feindes Lande zu haben sei, anweisen zu lassen, sie treu zu vertheidigen und ihnen zur Erlangung ihres Rechtes behülflich zu sein. Diesen Vertrag zu kündigen stand jedes Jahr zu Pfingsten sowohl den Herzögen als auch den von Oberg frei. Zu Ostern des nächsten Jahres mussten dann die 110 Mark den Herzögen zurückbezahlt werden und der Vertrag erlosch damit. Die Bürgen der von Oberg gelobten erforderlichen Falles ein Einlager zu Celle zu halten. Unter denselben befanden sich Ritter Gerhard von Wederden und Knappe Albert von Alvensleben zu Calbe, an die namentlich das Ausschreiben des kaiserlichen Hofgerichtes vom 15. Juli 1363 gerichtet war. Die Vorsorge des Herzogs Wilhelm, welche ihn obige Verträge mit den von der Schulenburg, von Bertensleben und von Oberg schliessen liess, war wohl gerechtfertigt. In der That scheint es die Absicht seiner Gegner gewesen zu sein, etwas gegen ihn im Jahre 1365 zu unternehmen. Wohl nicht der Zufall führte den Herzog Rudolf II. von Sachsen-Wittenberg am 25. April 1365 in die Altmark zu den Lehnsleuten der Markgrafen, den von Alvensleben auf dem Schlosse Calbe, welche seit dem 7. Mai 1363 das Schloss Altenhausen von dem Herzoge Wilhelm zu Pfande besassen und von dem Hofgerichte am 15. Juli 1363 gegen ihn aufgeboten waren. Während Herzog Rudolf II. auf diesem Schlosse sich aufhielt, holte Hans Meise oder Mese, Bürger der freien Reichsstadt Goslar und ausgezeichneter Rechtsgelehrter, welcher, ein treuer kaiserlicher Unterthan, ihn als Reichserzmarschall anerkannte, folgende Rechtsfindung von ihm ein: „Wenn ein Fürst vier oder mehrere Gerichte besitzt, über jedes einen besonderen Vogt gesetzt hat und jemand vor einem dieser Gerichte Schuld bekennt oder Erbgut überträgt oder sonst eine gerichtliche Erklärung über ein im Gerichtsbezirke gelegenes Gut abgiebt, so ist das darüber von dem Vogte und von zwei dabei gegenwärtig gewesenen Dingleuten abgelegte Zeugniss auch in den anderen Gerichten des Fürsten rechtskräftig. Hiervon ausgenommen ist allein Verfestung; denn wer in einem obersten Gerichte eines Fürsten verfestet wird, ist es zwar auch in den niedersten Gerichten desselben, aber nicht umgekehrt.* Bevor Herzog Rudolf II. dieses für Recht erklärte, berieth er sich mit seinen lieben Getreuen, die also auch zu Calbe bei ihm waren. Dieses und der Umstand, dass seine Anwesenheit auf dem Schlosse oder überhaupt in der Altmark einem Bürger zu Goslar bekannt war, deutet auf einen längeren Aufenthalt daselbst.

Ungeachtet des am 27. Januar 1362 zwischen dem Herzoge Wilhelm und dem Erzbischofe Albrecht von Bremen geschlossenen Bündnisses, dessen Zweck unter andern war, den Herzog gegen Belästigungen, welche die Mannen des Stiftes sich erlauben könnten, sicher zu stellen, hatte Herbord Clüver, ein Dienstmann des Stiftes, der schon einmal, nämlich im Jahre 1361, für Marquard von Wersebe im herzoglichen Schlosse Lauenrode gefangen gesetzt war, sich in der Weise gegen den Herzog vergangen, dass er zum zweiten Male gefangen genommen wurde. Am 15. December 1364 musste er nebst seinem Bruder und seinem Vetter wegen des Vorfalles, wegen der Gefangenschaft und aller übrigen Folgen den Herzögen Wilhelm und Ludwig, ihren Amtleuten, Mannen und Gesinde eine Urfehde geloben und versprechen, nicht Feinde derselben zu werden, falls nicht der Erzbischof, ihr Herr, mit den Herzögen in Krieg gerieth. Würden die Herzöge oder deren Leute ihnen Unrecht thun, so war es ihnen erlaubt, bei dem Herzoge Wilhelm deshalb Klage zu erheben. Könnte ihnen darauf nicht innerhalb vier Wochen Recht widerfahren, so wurde es ihnen gestattet, bis ihnen dasselbe widerführe, Feinde der von ihnen Verklagten zu werden. Würde ihnen dann Recht angeboten, so sollten sie sich daran genügen lassen und darnach allen in der Urfehde übernommenen Verpflichtungen nachkommen. Von ihren Bürgen sollte nöthigen Falls ein Einlager in der Stadt Verden gehalten werden.

Nachdem Herzog Wilhelm, um unnöthigen Zwistigkeiten mit den Nachbaren vorzubeugen, den Knappen Statius Busche von dem Schlosse Lauenau entfernt hatte, wünschte er auch dessen Entfernung von der herzoglichen Hälfte des Schlosses Ohsen, welche derselbe seinem Versprechen vom 16. März 1357 gemäss eingelöset hatte. Wie Graf Otto von Everstein am 18. November 1360 wegen seiner Hälfte des Schlosses dem Herzoge Burgfrieden gelobt hatte, so war auch dieser und jeder Pfandbesitzer der herzoglichen Hälfte den Frieden zu halten verpflichtet. Auf dem gemeinsamen Schlosse Ohsen bot sich eher, als auf dem Schlosse Lauenau, Gelegenheit zu Streitigkeiten dar, die oft nur durch den Wechsel des Pfandbesitzers beseitigt werden konnten. Als solcher muss früher einmal der edele Herr Siegfried von Homburg auf dem Schlosse Ohsen gesessen haben, denn am 11. Mai 1353 verglich er sich mit dem Grafen Otto von Everstein, Domherrn zu Hildesheim und Probst zu Hameln, wegen des Wehres und der Pfähle, die derselbe in den Strang zwischen der Burg zu Ohsen und Nord-Ohsen hatte schlagen lassen, und erlangte die Zusicherung, dass die von Wasser und Eis daran verursachten Beschädigungen nicht ausgebessert werden sollten. Er und sein Sohn Heinrich, schon im Pfandbesitze der herzoglichen Hälfte des Schlosses Gieselwerder, verabredeten am 21. December 1364 mit den Herzögen Wilhelm und Ludwig, die Hälfte des Schlosses Ohsen von Statius Busche am 23. März des nächsten Jahres oder, wenn er auf der mit ihm bedungenen Pfandzeit bestände, am 2. Februar 1366 einzulösen. Für die ihm von den edelen Herren auszuzahlende Summe Geldes versprachen die Herzöge diesen die Hälfte des Schlosses vier Jahre lang und darnach auf jährliche Kündigung zu Pfande zu lassen. Dagegen übernahmen sie es, während jener Jahre nach Anweisung der Herzöge ein Steinwerk auf dem Schlosse zu bauen. Die Baukosten sollten von zwei Freunden der edelen Herren und zwei herzoglichen Mannen abgeschätzt, wenn aber diese sich nicht einigen könnten, von den edelen Herren oder ihrem Amtmanne eidlich erhärtet und alsdann von den Herzögen ihnen erstattet werden. Statius Busche widersetzte sich am 23. März 1365 der Einlösung nicht. Vielmehr trat er an demselben Tage den Herzögen Wilhelm und Ludwig auch diejenigen Güter käuflich ab, welche er zu dem Schlosse hinzugekauft hatte, und gelobte, dass die früheren Besitzer den Herzögen, bis diesen die Güter von den Lehnsherren überlassen sein würden, das Lehn derselben zu gute halten sollten. Dieselben bestanden aus dem Zehnten und einem Hofe mit vier Hufen und Koten zu Nord-Ohsen, verbunden mit Berechtigung in der Weser, und aus einem Hofe im Dorfe Emmern mit drei Hufen und mit Koten. Erstere Güter hatte er von den von der Molen, die Güter zu Emmern von Heinrich Nodvogel gekauft. Die Erwerbung dieser muss für das Schloss dem Herzoge erwünscht gewesen sein; denn er selbst hatte am 22. Januar 1355 zwei Höfe mit fünf Koten zu Emmern von den Ryke, Bürgern zu Hameln, und am 2. Februar 1365 eine Hufe und eine Kote daselbst von den Gebrüdern Wolf, Bürgern in derselben Stadt, gekauft und sich versprechen lassen, dass das Lehn ihm zu gute gehalten werden sollte. Der edele Herr Siegfried von Homburg leistete dem Statius Bussche und dessen Sohne Johann Zahlung und sie bescheinigten darauf am 24. März 1365 zu Hannover, von den Herzögen die Summe, wofür ihnen das Schloss Ohsen verpfändet war, und ihre Auslagen für Bau, für Brücken und für Ankäufe von Gütern nebst sonstigen Vorschüssen bezahlt erhalten zu haben. Schon eine Woche vorher, am 16. März 1365, verpfändete Herzog Wilhelm den edelen Herren Siegfried und Heinrich unter Vorbehalt des Oeffnungsrechtes die Hälfte des Schlosses mit dem Werder zwischen Kirch-Ohsen und Nord-Ohsen, den Zehnten zu Nord-Ohsen, einen Sattelhof mit vier Hufen und drei Koten daselbst, einen Hof mit zwei Hufen zu „Vrolevessen" mit Koten und drei Meierhöfe zu Emmern mit neun Hufen und mit Koten für 724 Mark löthigen Silbers. Die edelen Herren gelobten, dem Herzoge und seinem Amtmanne während eines vom Schlosse zu führenden Krieges die obere Burg oder die Vorburg zum Gemache einzuräumen. Ausser der Verpflichtung des Amtmannes, sie vor Schaden zu bewahren und ihnen Schaden zu ersetzen, sollte es ihm allein obliegen, für die Hut des Schlosses zu sorgen und Thurmleute, Pförtner und Wächter zu beköstigen. Sobald Sühne oder Frieden geschlossen sei, sollte er mit den Seinen von dem Schlosse abziehen. Hinsichtlich der Dauer der Pfandschaft, ebenso in Beziehung auf Ersatz der Baukosten für ein Steinwerk und für Brücken blieb es bei der Verabredung vom 21. December des vorigen Jahres. Es wurde bedungen, dass der Herzog das Schloss mit Zubehör und die Burgmänner zu ihrem Rechte, wie seine anderen Schlösser und Burgmänner, vertheidigte, dass die edelen Herren ihn und die Seinen vor Schaden bewahrten, es ihm anzeigten, wenn sie in Streitigkeiten mit Anderen gegen diese des Schlosses sich zu bedienen beabsichtigten, dass sie jedoch an dem Rechte, wozu er ihnen innerhalb acht Wochen darnach verhülfe, sich genügen liessen und nur, wenn er ihnen nicht dazu verhelfen würde, das Schloss, bis er ihnen Recht verschaffte, dem beabsichtigten Zwecke gemäss gebrauchten. Er ertheilte die Zusicherung, ihnen, falls das Schloss durch Wassersnoth oder durch andere Noth verloren würde, ein anderes auf dem Werder bauen zu helfen oder ihnen die Pfandsumme auszuzahlen. Von der Saat, die sich bei der Einlösung vorfinden würde, gebührten zwei Drittel den edelen Herren, ein Drittel dem Herzoge. Als Bürgen stellten sich ihm unter anderen die Grafen Adolf von Schauenburg, Johann von Spiegelberg und Otto von Hallermund, welche mit den edelen Herren bei dieser Gelegenheit seine Bestimmungen über die Nachfolge im Herzogthume Lüneburg nochmals anerkannten. Wegen der Saat verglich er sich am 29. Juni 1366 mit den edelen Herren in anderer Weise. Er versprach nämlich, die 26 löthige Mark, welche sie ihm für das von Statius Bussche zu Ohsen gesäete Korn entrichtet hatten, ihnen bei der Einlösung des Schlosses, falls sie alsdann nicht zwei Drittel der Saat behalten wollten, wieder zu zahlen.

In jener Gegend des Herzogthums und selbst bis nach Hannover hin bekamen die Besitzungen des Herzogs im Jahre 1365 einen bedeutenden Zuwachs durch gräflich schwalenbergsche Güter. In der Mitte des 13. Jahrhunderts lebten die Grafen Volquin und Adolf von Waldeck und Schwalenberg, Söhne des Grafen Heinrich. Der jüngere von ihnen, Adolf, wurde Stammvater der späteren Grafen von Waldeck; der ältere, Volquin, besass sechs Söhne, von denen der älteste, Heinrich, sich Graf von Sternberg nannte und Stammvater der Grafen dieses Namens wurde. Zwei andere Söhne Volquin's, Adolf und Albert, setzten die gräflich schwalenbergsche Linie fort. Die Nachkommenschaft des ersteren, Adolf's, starb 1322 mit dem Grafen Günther aus, nachdem dieser seine corveyischen Lehne dem edelen Herrn Simon von der Lippe, seine paderbornschen und hildesheimschen Lehne dem Grafen Otto von Ravensberg abgetreten hatte. Graf Albert besass vier Söhne. Der eine von ihnen starb früh, ein anderer wurde Geistlicher. So verblieben noch zwei, Heinrich und Albert, dem weltlichen Stande. Graf Heinrich, Bruder Albert's, hinterliess bei seinem Tode ausser mehreren Töchtern zwei Söhne, Burchard und Heinrich. Nachdem Graf Burchard, welcher keine Kinder besass, gestorben war, gelobte sein Bruder Heinrich am 5. Juni 1345, die Stadt und das Schloss Schwalenberg dem Abte und Stifte zu Corvey, von welchen er sie zu Lehn besass, so lange er leben würde, offen zu halten, räumte dem Stifte das Näherrecht daran ein und erklärte, dass, falls er, ohne Erben zu hinterlassen, stürbe, Stadt, Schloss und alle seine Lehne dem Stifte heimfallen sollten. Sein lehnsherrliches Recht über das Dorf Lüntorf überliess er am 15. August 1349 dem Grafen Hermann von Everstein. Weil er nur eine Tochter besass und es wahrscheinlich war, dass der gräfliche Mannesstamm aussterben würde, suchte Bischof Balduin von Paderborn, Lehnsherr über mehrere Güter des verstorbenen Grafen Günther, einen Antheil an der Grafschaft zu erhalten. Er machte gemeinsame Sache mit dem edelen Herrn Conrad von Schonenberg, dessen Mutter Mechtild vermuthlich eine geborene Gräfinn von Schwalenberg war, versprach am 19. November 1347, mit ihm alles zu theilen, was er von der Herrschaft des Grafen Heinrich an Schlössern, Landen und Gütern auf irgend eine Weise an sich bringen würde, und nahm Kosten und Schaden im Kriege, wenn es zu diesem käme, auf seine Rechnung. Dann kaufte er am 27. März 1350 von Agnes, der Wittwe des Grafen Burchard von Schwalenberg, alles Recht, welches ihr wegen ihres verstorbenen Gemahles an der Herrschaft Schwalenberg gebührte, nämlich eine Forderung von 1600 Mark, wofür demselben der edele Herr Simon von der Lippe seinen Theil des Schlosses und der Stadt Schwalenberg verpfändet hatte, und Stoppelberg mit allem Zubehör, wie es ihrem Gemahle von dem Grafen Günther von Schwalenberg überlassen worden war. Dem Abte Diedrich von Corvey flösste dieser Kauf Besorgnisse ein; der Bischof gelobte ihm daher in demselben Jahre, den mit dem Grafen Heinrich über die Herrschaft Schwalenberg geschlossenen Vertrag nicht zu verletzen, hielt aber, wie folgender Kauf zeigt, sein Versprechen nicht. In demselben Jahre nämlich verkaufte Mechtild, Wittwe des inzwischen verstorbenen Grafen Heinrich, als Vormünderinn ihrer Tochter Jutta und in deren Namen, auf Rath und mit Bewilligung ihrer Brüder, des Grafen Conrad von Ritberg und des Domherrn Otto zu Paderborn, die ganze Grafschaft Schwalenberg mit Schlössern, Landen und Gerichten, wie ihr Gemahl sie seiner Tochter Jutta erblich hinterlassen hätte, dem Bischofe Balduin von Paderborn und dem Domcapitel daselbst für 400 Mark Pfennige und verzichtete für ihre Tochter auf die Herrschaft Schwalenberg. Ihre Brüder verbürgten sich dafür, dass sie und ihre Tochter, sobald dieselbe mündig würde, die Verzicht vor dem Lehnsherrn wiederholen sollten. Darauf wird der Bischof die Herrschaft des Grafen Heinrich mit dem edelen Herrn Conrad von Schonenberg getheilt haben. Dieser verpfändete am 29. August 1350 mit Zustimmung seiner Gemahlinn Helene, wahrscheinlich einer geborenen Gräfinn von Sternberg, und seines Sohnes Heinrich seinen Antheil, nämlich ein Achtel des Schlosses Schwalenberg und seine Bede in der Stadt Schwalenberg, für hundert Mark feinen Silbers dem Bischofe und nahm an demselben Tage von dem Erzbischofe Otto von Magdeburg die Lehne, welche die Grafen von diesem Stifte besessen hatten, nämlich das Dorf Schieder und Barchof nebst Zubehör, in Empfang. Die Söhne des edelen Herrn Simon von der Lippe, Otto und Bernhard, von denen letzterer 1345, wie früher sein Vater, die Belehnung mit dem Antheile des Grafen Günther von Schwalenberg von dem Abte erhalten hatte, machten dem Bischofe die Grafschaft Schwalenberg streitig. Am 3. September 1358 kam ein Vergleich zu Stande, durch welchen das Stift nur ein Viertel der Grafschaft, die edelen Herren das Uebrige, nämlich den ganzen Antheil des Grafen Günther und den halben Antheil des Grafen Heinrich, erhielten, dem Stifte und den edelen Herren aber das Schloss Schwalenberg gemeinsam verblieb. Der Oheim der Grafen Burchard und Heinrich, Namens Albert, wird sehr wahrscheinlich einen Sohn, Heinrich, hinterlassen haben, dem nach dem Tode beider die halbe Grafschaft von Rechts wegen gebührte. Ziemlich unerwartet nämlich taucht zwei Jahre vor der Theilung der Grafschaft zwischen Lippe und Paderborn ein Graf Heinrich von Schwalenberg auf. Sein Erbrecht wurde von dem Lehnsherrn, dem Abte, anerkannt. Dieser, von dem Bischofe hintergangen, besass nicht die Macht, den Grafen Heinrich in die Grafschaft einzusetzen. Graf Otto von Waldeck, mit den Grafen von Schwalenberg von demselben Stamme entsprossen, fürchtete den gänzlichen Verlust des ursprünglichen Sitzes seiner Ahnen. Er benutzte die Hülflosigkeit des Grafen Heinrich und des Abtes. Als beide am 24. December 1356 auf dem Schlosse Waldeck sich befanden, bewog er den Grafen Heinrich, ihm alle seine Güter und Lehne zu schenken und seine Vasallen mit ihren Lehnen an ihn zu weisen. Dass der Abt in diese Schenkung willigte, beweiset seine Gegenwart bei derselben. Weil auch der Graf von Waldeck nicht zum Besitze gelangen konnte, vielmehr der Bischof und die edelen Herren von der Lippe sich 1358 in die Grafschaft theilten, hielt sich Graf Heinrich an die Schenkung nicht mehr gebunden. Am 13. December 1362 überwies er alle seine Mannschaft diesseits der Weser, auf der Seite wo Schwalenberg liegt, also am linken Weser-Ufer, an die ebenfalls von dem Bischofe getäuschten edelen Herren Heinrich und Burchard von Schonenberg, Söhne Conrad's, seine lieben Oheime, und diese verbanden sich um dieselbe Zeit wegen vieler von dem Bischofe und anderen benachbarten Herren ihnen bereiteter Noth und Bedrängniss mit dem Erzbischofe Gerlach von Mainz, dem sie schon durch Mannschaft und Burgschaft verpflichtet waren, noch genauer. Herzog Wilhelm zu

Lüneburg, in dessen Gebiete die Besitzungen der Grafen am rechten Weser-Ufer lagen, versäumte nicht, bei dem Erlöschen des gräflichen Geschlechtes sich diese zu sichern. Graf Heinrich kam selbst nach Celle und überliess hier am 14. Januar 1365 vor einem von Christian von Langelege gehaltenen Gerichte den Herzögen Wilhelm und Ludwig seine verlehnten Güter, sowohl geistliche als auch weltliche Lehne, und seine Mannschaft an der rechten Seite der Weser. An demselben Tage wies er diese Mannschaft an die Herzöge als ihre Lehnsherren. Es ist wohl nicht zu bezweifeln, dass ein grosser Theil dieser Besitzungen in der Nähe der Weser selbst lag. Aber auch weiter ins Herzogthum hinein, selbst bei Barsinghausen und am Deister waren die Grafen von Schwalenberg begütert. Seit dieser Zeit findet man im Lehnbuche des Herzogs Wilhelm Güter zu Pattensen, „Eydensen" bei Gestorf, Lauenstadt, Hannover, Gehrden, Völksen und „Werbeke" bei Schulenburg als früher schwalenbergsche Lehne verzeichnet.

Die Amtleute und Vögte zu Hannover hatten seit einiger Zeit wegen des Amtes und der Vogtei von dem Kloster Wennigsen, von dessen Gütern, Meiern und Eigenbehörigen widerrechtlich Dienst und Pflicht gefordert. Auf Klagen des Probstes Hermann Knigge erkundigte sich Herzog Wilhelm bei den früheren Amtleuten und Vögten, wie es früher damit gehalten worden sei. Als er erfuhr, dass das Kloster nur aus Freundschaft Dienste geleistet habe, bestätigte er demselben, dessen Meiern und Leuten am 9. März 1365 die Freiheit von Dienst und Pflicht gegen das Amt und die Vogtei Hannover. Den Bürgern dieser Stadt bewilligte er am 4. Mai 1365 das Recht, auf dem zwischen Warmbüchen, der Misburger Holzung und Lahe gelegenen Moore, also in der Gegend, in welcher ihm und der Stadt die von Roden am 25. Februar 1341 mehrere Flecke und Holzungen überlassen hatten, Torf stechen und graben, denselben zu Wasser oder zu Lande holen zu lassen und zum Trocknen desselben Scheuern zu erbauen. Den Umfang der zum Schlosse Hallerburg gehörenden Besitzungen erweiterte er nochmals, indem er am 19. März 1365 von den Gebrüdern Jordan und Eberhard von Ilten, von denen der erstere Pfandbesitzer des Schlosses war, den ganzen Zehnten zu Roitzum und vier Höfe daselbst, drei Höfe vor dem Schlosse Hallerburg, vier Holzberechtigungen im Nordholze, die Hälfte der „Badek", das „Wagebruch", die „Grevende-Wiese" nebst einem Garten vor dem Schlosse und drei Kotstellen im Dorfe Adensen kaufte. Diese Besitzungen mit Ausnahme der letzteren überliessen ihm an demselben Tage jene drei Grafen von Hallermund als Lehnsherren, welche am 23. März 1364 ihm Güter zum Schlosse abgetreten hatten, in derselben Weise zu freiem Eigenthume.

Ungeachtet der ausserordentlichen Thätigkeit, welche Herzog Wilhelm sowohl den inneren weltlichen Angelegenheiten seines Landes als auch den auswärtigen Beziehungen zuwandte, entzog er den geistlichen Stiftungen seine Sorgfalt nicht. Am 25. November 1364 bestätigte er zugleich mit dem Herzoge Ludwig und dem Rathe der Stadt Celle die Bestimmungen der Urkunde, durch welche sein Vater am 24. Juni 1325 die Vicarie des heiligen Kreuzes in der Kirche zu Celle gestiftet, ihr jährliche Einkünfte aus dem Zolle zu Celle geschenkt und die ihr vermachten Güter zu Alten-Celle, Wester-Celle and Blumenlage von Lehns- und Weichbildspflicht befreiet hatte. Am 8. April 1365 dotirte er zu seiner und seiner verstorbenen Gemahlinn Sophie Seligkeit und zum Seelenheile seiner Vorfahren und Erben den Altar St. Gertrudis in der Kirche zu Celle mit dem ganzen Dorfe Heese im Kirchspiele Eschede mit Gericht, Vogtei, Beede, Dienst und Zins, erklärte den Altar für eine Vicarie, über welche er sich, seinen Erben und Nachfolgern das Patronatrecht vorbehielt, und bewilligte dem Dorfe und den Einwohnern desselben Holz- und Wasserberechtigung, Mast, Fischerei, Trift und Weide. In der Kirche St. Aegidii zu Hannover hatte Broncke, Diedrich von Nendorf, Diedrich von Soden und Johann von Berkhusen, Bürger zu Hannover, den Altar St. Mariae Magdalenae gestiftet und das Patronatrecht darüber am 18. October 1362 dem Herzoge überlassen. Als darauf im Jahre 1365 ein Altar in der Kirche St. Georgii daselbst mit Gütern zu Benthe dotirt wurde, behielt sich der Herzog am 22. Mai bei jeder Vacanz desselben mit Ausnahme der ersten das Patronatrecht vor. In demselben Jahre schenkte Heinrich von Anderten, Bürger zu Hannover, dem Altare St. Katharinae in einer Capelle derselben Kirche mehrere Güter zu Herrenhausen. Herzog Wilhelm, Lehnsherr derselben, gab sie dem Altare zu freiem Eigenthume. Dafür räumte ihm Heinrich von Anderten am 17. August 1365 das Patronatrecht über den Altar ein, indem er sich jedoch eine zweimalige Präsentation vorbehielt. So beförderte der Herzog geistliche Stiftungen durch Aufhebung des Lehnsverbandes der ihnen geschenkten Güter und vergrösserte zugleich die Zahl der in seinem Lande von ihm zu verleihenden geistlichen Stellen. Aber auch ohne diesen Vortheil davon zu haben, schenkte er der Geistlichkeit Lehngüter zum Eigenthume, unter anderen am 8. März 1366 dem Altare in der Capelle St. Nicolai zu Hannover Güter zu Godshorn, welche Johann von dem Steinhus, Bürger zu Hannover, und Johann von Escherde von ihm zu Lehn besessen hatten.

Inzwischen hatte sich das Verhältniss des Herzogs Wilhelm zur Altmark und zum Markgrafen etwas anders gestaltet. Als Ludwig der Römer zu Anfange des Jahres 1365, ohne Kinder zu hinterlassen, starb, folgte ihm sein Bruder Markgraf Otto in der Regierung. Diesem scheint die von Ersterem am 11. December 1362 eingesetzte Regentschaft des Erzbischofes von Magdeburg und seiner Beisitzer, welcher er am folgenden Tage seine Zustimmung wohl hatte ertheilen müssen, nicht nach seinem Geschmacke gewesen zu sein und er den Muth, selbst zu regieren, besessen zu haben. Mit den von Alvensleben auf dem Schlosse Klötze in der Vogtei Tangermünde, welches sein Bruder Ludwig der ältere am 11. November 1343 ihrem Vater, dem Ritter Gebhard von Alvensleben, zu Lehn gegeben und hinterher, nämlich im folgenden Jahre, verpfändet hatte, war Markgraf Otto in Streit gerathen. Ohne grosses Bedenken und ohne Rücksicht auf Neigung oder Abneigung des Kaisers zu nehmen, verband er sich mit seinem Vetter, dem Herzoge Wilhelm zu Lüneburg, um jene Lehnsleute zu bekämpfen. In ganz anderer Absicht hatte dieser seine Grenzfesten an der Altmark in Vertheidigungsstand gesetzt und war sicherlich froh, nun nicht gegen sondern für seinen Vetter davon Fehde zu führen. Nächst dem Schlosse Betzendorf war es das im Jahre 1362 von seinen Amtleuten, den Gebrüdern von Wrestede durch neue Bauten gut befestigte Schloss Bodenteich, von wo er die von Alvensleben auf Klötze am leichtesten angreifen konnte, welches aber auch zunächst ihren Angriff abzuwehren hatte. Auf dieses Schloss und über die dazu gehörende Vogtei setzte er am 13. Juni 1365 seinen Pächter Johann Spörken, welchem der Zoll zu Prezetze nebst der zu diesem Schlosse gehörenden Gülte verschrieben war, und dessen Bruder Ernst. Zu dem Gerichtsbezirke des Schlosses gehörte auch die Stadt Uelsen und der Uelser Wald. Wenigstens besassen die Spörcken beide als ein Zubehör des Schlosses, wie eine Urkunde vom 18. October 1368 zeigt. Beide Brüder übernahmen es, dem Herzoge das Schloss treu zu bewahren, auf demselben stets sechs Bewaffnete zu halten, diese und sich selbst ohne Vergütung zu beköstigen. Auf seine Rechnung aber kamen Beköstigung der etwa mehr erforderlichen Mannschaft, Verlust und Vortheil im Felde, die von zwei herzoglichen Mannen und zwei Freunden der Spörken abzuschätzenden oder von diesen selbst eidlich zu erhärtenden Kosten für Bauten am Schlosse, die Verpflegung des Herzogs, wenn er selber käme, und der Seinen, die er schicken würde. So oft ihre Auslagen für dies Alles 600 lüneburger Mark erreichten, sollte er mit ihnen abrechnen und sie bezahlen. Von beiden Seiten wurde das Recht jährlicher Kündigung ausbedungen. Mit Heeresmacht zogen die Herzöge Wilhelm und Ludwig und der Markgraf im nächsten Monate vor das Schloss Klötze, belagerten darin den Gebhard von Alvensleben nebst seinen Brüdern und Verbündeten und eroberten das Schloss. Als es nun aber darauf ankam, den Herzögen die Kriegskosten zu vergüten, fehlte es dem Markgrafen an Geld. Nach seiner Ansicht musste dies das Schloss selbst aufbringen. Anstatt nun aber seinen Mannen dasselbe zu verpfänden und die Herzöge mit der Pfandsumme zu bezahlen, verpfändete er am 8. Juli 1365 noch im Feldlager vor Klötze das Schloss den Herzögen für 2800 Mark löthigen Silbers, überlieferte also selbst ihnen eine Feste in seinem Lande, die ihnen ihre Schutzmauer gegen den Kaiser und die Herzöge von Sachsen-Wittenberg vervollständigte. Zwar sprach er die Absicht aus, schon in der Zeit bis zum 2. Februar nächsten Jahres dasselbe ganz oder zur Hälfte von ihnen einzulösen, behielt sich auch vor, während der Zeit mit ihnen Besatzung oder Amtleute auf dem Schlosse zu halten. Doch nahm er auf den weit wahrscheinlicheren Fall Rücksicht, dass er nämlich das Schloss ihnen längere Zeit lassen würde, und machte in diesem Falle auf das Recht einer zweimonatlichen Kündigung Anspruch. Bei der Einlösung sollten den Herzögen weder die Kosten für Verwaltung oder Bauten noch erlittener Schaden ersetzt, ihren Amtleuten aber die Saat gelassen oder vergütet werden. Der Markgraf verabredete mit den Herzögen, ihnen zu Salzwedel das Geld auszuzahlen und es ihnen bis nach Lüchow zu geleiten. Der 11. December 1365 stand nahe bevor, an welchem die Regentschaft des Erzbischofes Diedrich von Magdeburg und seiner Beisitzer über die Mark Brandenburg aufhören musste. So sehr jene und unter ihnen der Ritter Christian Bosel den Vortheil der Markgrafen oder vielmehr des Kaisers wahrgenommen haben mochten, so dachte doch Christian Bosel wenigstens nicht uneigennützig genug, um zum Vortheile des Kaisers sich selbst der Gefahr, Verluste zu erleiden, auszusetzen. Er, sein Bruder Hans und sein Vetter Henning hatten das Schloss und die Stadt Lenzen in der Priegnitz, wahrscheinlich um beide vor völliger Trennung von der Mark Brandenburg zu bewahren, mit ihrem eigenen Gelde im ersten Jahre der Regentschaft eingelöset, nachdem die Markgrafen schon seit etwa dreissig Jahren Stadt und Schloss nicht mehr im Besitze gehabt hatten. Nach einer Verabredung nämlich vom 26. Juli 1336 waren von dem Markgrafen Ludwig dem älteren die Schlösser, Städte und Lande Lenzen und Dömitz mit allen Lehnen und allem Zubehör auf beiden Seiten der Elbe, wie früher seine Vorfahren diese Gebiete besassen, den sämmtlichen damals lebenden Grafen von Schwerin für 6500 Mark brandenburger Silbers am 26. März 1337 verpfändet worden. Darnach, am 13. November 1354, hatte Markgraf Ludwig der Römer, wie es scheint ohne zuvor die Einlösung zu beschaffen, Schloss, Stadt, Land und Mannschaft Lenzen für 3000 Mark dem Herzoge Albrecht von Mecklenburg verpfändet und dieser in demselben Jahre den Knappen Bernhard von Alsleben wegen dessen Forderung an Lenzen mit 500 Mark Silbers abgefunden. Möchten die Grafen und Herzog Albrecht dafür sorgen, wie sie sich wegen Lenzen einigten! Nur die Hälfte dieses Landes war von nun an den Grafen verblieben. Graf Otto von Schwerin hatte das halbe Land Lenzen am 30. September 1356 weiter verpfändet und Graf Nicolaus am 7. December 1358 dasselbe dem Herzoge Albrecht bei dem Verkaufe der Grafschaft Schwerin überlassen, dieser aber am 8. Juli 1359 einen Theil davon wieder verpfändet. Dann trat er am 21. Januar 1363 Schloss und Land Lenzen den Markgrafen Ludwig dem Römer und Otto ab, jedoch eben nur wohl in Folge dessen, dass die Bosel die Pfandsumme bezahlt hatten. Ihnen liessen die Markgrafen nun das Schloss für 2000 Mark brandenburger Silbers zu Pfande und zahlten ihnen am 22. September 1363 mit Hülfe der Stadt Stendal $266\frac{1}{3}$ Mark darauf ab, so dass das Schloss den Bosel für $1733\frac{1}{2}$ Mark Silbers zu Pfande verblieb. Die meisten der zur Markgrafschaft Brandenburg gehörenden Lande und Schlösser waren verpfändet und die Markgrafen nicht im Stande, jene Summe den Bosel zu zahlen. Um vor dem 11. December 1365, also bevor seine Macht in der Mark aufhörte, zu einem Theile seines Geldes zu gelangen, machte Ritter Christian Bosel vermuthlich selbst trotz des auch an ihn gerichteten Schreibens des kaiserlichen Hofgerichtes vom 15. Juli 1363 nebst seinem Bruder und seinem Vetter dem Herzoge Wilhelm den Antrag, ihm ein Drittel der Stadt und des Schlosses mit dem Gerichte für 1000 Mark lüneburger Pfennige zu verpfänden. Nichts konnte dem Herzoge erwünschter sein als dieses Anerbieten. Herzog Rudolf II. von Sachsen-Wittenberg besass auf der östlichen Seite der Elbe unterhalb Lenzen nach Mecklenburg hin ein nicht ganz unbedeutendes Gebiet oder erhob wenigstens Ansprüche darauf. Dömitz, Wehningen, Neuhaus mit dem Darzing, das ganze dortige Elbgestade, Gorlosen und Redefin betrachtete er als das ihm gebührende Erbtheil seiner Vorfahren. Von hieraus drohete dem Herzogthume Lüneburg die Gefahr seines Angriffes. Der Besitz eines festen Schlosses in dieser Gegend versprach dem Herzoge Wilhelm unleugbare Vortheile. Er und Herzog Ludwig schlossen deshalb am 22. November 1365 den beantragten Pfandvertrag mit den Bosel ab. Es wurde eine vierteljährliche Kündigung verabredet. Die Bosel aber behielten sich das Recht, ohne Kündigung einzulösen, für den Fall vor, dass ihnen selbst das Schloss abgelöset würde. Sie gestatteten den Herzögen, vom Schlosse gegen jedermann mit Ausnahme des Markgrafen Otto von Brandenburg und des Herzogs Albrecht von Mecklenburg sich zu wehren, versprachen, mit dem herzoglichen Amtmanne auf dem Schlosse Burgfrieden zu halten, und begaben sich für jährlich ihnen zu zahlende hundert löthige Mark in den Dienst der Herzöge, so lange es diesen und ihnen gefallen würde. Dass die Verpfändung sowohl des Schlosses Klötze als auch des Schlosses Lenzen an die Herzöge Wilhelm und Ludwig dem Kaiser nicht sonderlich gefiel, bedarf wohl kaum der Erwähnung. Bei ihm erwarb sich sein treuer Rath, Erzbischof Diedrich von Magdeburg, nebst seinen Beisitzern in der Regierung wenig Dank dafür, die Verpfändung beider Schlösser nicht verhindert zu haben. Als Vormund wollte der Kaiser nun selbst in der Neumark und in der Altmark regieren. Markgraf Otto wurde durch die Freundlichkeit seines künftigen Schwiegervaters, an dessen Hofe zu Prag er sich den ganzen folgenden Winter aufhielt, so sehr verblendet, dass er, wie es scheint, in allen Rathschlägen und Ansinnen desselben nur dessen Wohlwollen erblickte. Er liess sich bewegen, am 9. November 1365 die Städte der Neumark und am 26. December 1365 die Städte der Altmark, nämlich Stendal, Salzwedel, Gardelegen, Osterburg und Tangermünde, an ihn zu weisen. Sie erfuhren durch eine an diesem Tage ausgestellte Urkunde, dass in des Markgrafen Namen der Kaiser während der nächsten sechs Jahre die Vormundschaft oder die Regierung über sie führen würde. So trat der Markgraf, obgleich er sich selbst hinlänglich kennen musste, um zu wissen, dass er es nicht ertragen sondern dagegen handeln würde, für diese Zeit von der Regierung in der Neumark und Altmark zurück und Herzog Wilhelm erhielt seinen ärgsten und gefährlichsten Gegner zum nächsten Nachbaren.

Kurz bevor an den östlichen Grenzen des Herzogthumes die Verhältnisse in dieser Weise sich gestalteten, die Ruhe vielmehr durch das gute Einvernehmen mit dem Markgrafen dort gesichert erschien, sorgte Herzog Wilhelm dafür, die Zahl seiner Bundesgenossen an den südlichen Grenzen seines Herzogthumes zu vermehren, um diese gegen die Grafen von Waldeck, welche ihre Ansprüche auf das Herzogthum nicht aufgaben und nun auch vermuthlich wegen der gräflich schwalenbergschen Erbschaft gegen ihn waren, desto nachdrücklicher vertheidigen zu können. Ueber die Besitzungen der Grafen von Schwalenberg mochte er ausserdem mit den edelen Herren von der Lippe, vielleicht auch mit dem Stifte Paderborn und den edelen Herren von Schonenberg in Streit gerathen sein. Die Grafen von Pyrmont, obwohl gleichen Stammes mit den Grafen von Schwalenberg, erhoben keine Erbansprüche; die Verwandtschaft reichte in so entfernte Zeiten hinauf, dass sie dieselbe wohl selbst nicht mehr nachzuweisen vermochten. Unwahrscheinlich ist es aber, dass die Grafen von Sternberg, da sie den Grafen von Schwalenberg agnatisch näher verwandt waren, als die Grafen von Waldeck, da ferner die edelen Herren von der Lippe sich nur auf einen ohnehin der Anfechtung unterworfenen Kauf der halben Grafschaft berufen konnten, gegen beide, gegen das Stift Paderborn und gegen die edelen Herren von Schonenberg ihr Recht auf die Besitzungen der Grafen von Schwalenberg geltend zu machen, nicht versucht haben sollten. Vorausgesetzt, dass sie dem Herzoge Wilhelm die ihm abgetretenen Besitzungen am rechten Weser-Ufer nicht streitig machten, erforderte gemeinsamer Vortheil und gleiche Gefahr den Abschluss eines Bündnisses zwischen ihm und ihnen. Weil Graf Simon von Sternberg Domherr zu Bremen geworden war und keine Nebenlinien im gräflichen Geschlechte bestanden, war Simon's Bruder Heinrich der einzige regierende Graf von Sternberg. Nach dem Tode seines jüngeren Sohnes Adolf blieb ihm nur sein Sohn Johann, welcher später, am 6. Januar 1391, dem Grafen Otto von Schauenburg seine Herrschaft, grossen Theils cölnisches Lehn, abtrat und als letzter seines Stammes zwischen den Jahren 1402 und 1405 starb. Die Grafschaft Sternberg, obwohl nicht gross, umfasste doch ausser dem Schlosse Sternberg die Stadt Bösingfeld, Exter, Humfeld, Schloss und Stadt Barntrupp, Schloss und Stadt Alverdissen und war wegen ihrer Lage ganz dazu geeignet, eine grosse Strecke entlang den Besitzungen des Herzogs Wilhelm am rechten Weser-Ufer und denen seiner Verbündeten, der Herzöge zu Grubenhagen, am linken Weser-Ufer zur Vormauer zu dienen. Am 16. October 1365 begaben sich Graf Heinrich von Sternberg und sein Sohn Johann mit allen ihren Schlössern auf die Dauer von sechs Jahren in den Dienst der Herzöge Wilhelm und Ludwig und gelobten, so oft sie ihnen innerhalb sechs Wochen nach der Aufforderung dazu nicht zum Vergleiche oder zum Rechte verhelfen könnten, innerhalb der nächsten zwei Wochen eine Besatzung von zehn Gewaffneten in die Schlösser der Grafschaft, welche von den Herzögen bezeichnet würden, zu legen und auf eigene Rechnung zu unterhalten. Diese Besatzung sollten die Herzöge um 24 Gewaffnete vermehren und deren Schaden und Verlust auf eigene Rechnung nehmen. Brandschatzungen sollten zu gleichen Theilen, Gefangene und anderer Gewinn nach Anzahl gewaffneter Leute getheilt werden. Ganz in derselben Weise und unter denselben Bedingungen versprachen die Herzöge den Grafen zu ihrem Rechte zu verhelfen; nur kam in diesem Falle Schaden und Verlust der herzoglichen Besatzung auf Rechnung der Herzöge und der Grafen und alle Schlösser der Grafschaft sollten zur Abwehr dienen. Würde eins der Schlösser, während die Herzöge Krieg daraus führten, auf ihre Veranlassung verloren, so sollten sie ohne der Grafen Bewilligung keine Sühne noch Frieden mit dem Eroberer schliessen, sondern ihnen es wieder gewinnen oder innerhalb des nächsten Jahres ihnen ein anderes in demselben Gerichtsbezirke erbauen helfen. Ausserdem sollten sie jedes der gräflichen Schlösser, welches belagert oder verbauet würde, sobald als möglich entsetzen helfen. Die Grafen verpflichteten sich, den Herzögen, möchten diese ihnen oder umgekehrt sie denselben Hülfe leisten, Futter und Speise, so oft es erforderlich sei, gegen Bezahlung, welche nach einem halben Jahre geleistet werden musste, zu liefern. Durch dieses Bündniss stellten sich die Grafen von Sternberg den Herzögen gegen jedermann mit Ausnahme des Bischofs Gerhard von Minden und des Grafen Adolf von Schauenburg zu Diensten. Augenscheinlich war es durch die Theilung der Grafschaft Schwalenberg hervorgerufen und gegen diejenigen, welche Inhaber derselben waren oder gegen den Willen der Verbündeten Besitz von gräflich schwalenbergschen Gütern ergreifen wollten, gerichtet.

Die nächst folgende Zeit beschäftigte sich Herzog Wilhelm meistens mit inneren Landesangelegenheiten. Seitdem das Schloss Lichtenberg, auf welchem Ritter Aschwin von Salder 1300 als herzoglicher Amtmann sass, um das Jahr 1306 an die von Gustede, von Wallmoden und von Bortvelde verpfändet wurde, verstreichen über funfzig Jahre, bis wieder eine Nachricht über dasselbe auftaucht. Herzog Wilhelm verpfändete es der Stadt Braunschweig. Dies muss schon vor oder spätestens in dem Jahre 1361 geschehen sein, denn sonst hätte der Rath der Stadt in diesem Jahre wohl keine Veranlassung gefunden, von den von Salder einen Hof zu Lichtenberg zu kaufen. Die Pfandsumme im Betrage von 2450 Mark löthigen Silbers bezahlte der Herzog vier Jahre nachher bei der Einlösung aus, nachdem ihm diese Summe Aschwin von Salder, Probst in der Burg zu Braunschweig, dessen Bruder Ritter Heinrich und die Söhne ihres verstorbenen Bruders, des Ritters Johann zu Lichtenberg, Hans und Siegfried, geliehen hatten. Dafür verpfändete er ihnen am 18. October 1365 das Schloss mit dem Gerichte ohne geistliche und weltliche Lehne unter Vorbehalt des Oeffnungsrechtes und einer nach fünf Jahren beiden Theilen zustehenden jährlichen Kündigung. Zugleich versprach er, die auf 300 löthige Mark veranschlagten Kosten eines von ihnen auf dem Schlosse auszuführenden Baues nach Abschätzung zweier ihrer Freunde und zweier seiner Mannen bei der Einlösung zu ersetzen. Wenn er vom Schlosse Krieg führte, sollte er alle Kosten auf demselben tragen und sein Amtmann die von Salder und die Ihrigen vor Schaden und Unfug bewahren oder sie entschädigen. Sie fügten sich der Entscheidung des Herzogs in Streitigkeiten, verzichteten auf Selbsthülfe unter der Voraussetzung, dass er innerhalb vier Wochen ihnen hülfe. Falls das Schloss erobert würde, galten die in Schlossverschreibungen gewöhnlichen Bestimmungen. Der Herzog versprach auch, auf eigene Kosten mit aller Macht das Schloss von jeder Art Belagerung befreien zu helfen und den von Salder in einem von dem Schlosse geführten Kriege Friedegut für die Vorwerke und für das Bauwerk sobald als möglich in den Besitzungen des Feindes zu verschaffen. Er wies die Burgmänner des Schlosses an sie, damit dieselben ihnen, wie sie es ihm schuldig waren, das Schloss halten und bewahren hülfen. Die von Salder gelobten, sie bei Rechte zu lassen. Von der Pfandsumme sollten am 29. September nächsten Jahres 700 löthige Mark abgetragen werden. Die Auszahlung derselben verzögerte sich jedoch bis zum 24. Juni 1367.

Obgleich sehr viele reiche Bürger sich in der Stadt Lüneburg befanden, war sie selbst nicht schuldenfrei, vielmehr jedes Jahr neue Anleihen zu machen genöthigt, theils wohl um frühere Schulden abzutragen, theils um neue Kosten zu decken. Im Jahre 1354 nahm sie 1000 Mark Pfennige und 930 Mark löthigen Silbers, im folgenden 2574 Mark Pfennige und 1160 Mark löthigen Silbers, im Jahre 1356 etwas weniger nämlich 1900 Mark Pfennige und 300 Mark löthigen Silbers, im folgenden 2260 Mark Pfennige leihweise auf. Dann minderte sich der Betrag der jährlichen Anleihen. Im Jahre 1358 betrug er 940, im nächsten 780, im folgenden aber wieder 1910 und im Jahre 1361 1710 Mark Pfennige. Im Jahre 1362 stieg er auf 2120 Mark Pfennige; während des nächsten wurden 600 Mark in lübeckischem Golde, im folgenden nur 450 Mark Pfennige, im Jahre 1365 dagegen 2010 Mark desselben Geldes aufgenommen. Die Stadt konnte leicht Darlehne zu einem Zinsfusse von $6\frac{2}{3}$ Procent bekommen, obgleich sie auch bisweilen oder vielmehr sehr selten $6\frac{4}{7}$, $7\frac{1}{3}$, 8, $8\frac{4}{7}$, 9, sogar 10 Procent geben musste. Jenen geringen Zinsfuss erklärt die Sicherheit, welche die Besitzungen, die Einkünfte und der Wohlstand der Stadt den Gläubigern für Capital und städtische Cammerrente gewährten. Der Stadt waren das Schloss und die Vogtei Bleckede im Jahre 1351 von den Herzögen Otto und Wilhelm verpfändet worden. Für die Pfandsumme und für die seit der Zeit auf das Schloss verwandten Kosten schuldete Herzog Wilhelm dem Rathe der Stadt 6400 Mark lüneburger Pfennige. Weil dasselbe demjenigen Gebiete am jenseitigen Ufer der Elbe, auf welches Herzog Rudolf II. von Sachsen-Wittenberg Ansprüche erhob, und dem Lande des mit diesem und dem Kaiser sehr befreundeten Herzogs Albrecht von Mecklenburg gerade gegenüber lag, erschien es von der Vorsicht geboten, der Stadt, welche möglicher Weise durch Drohungen des Kaisers sich einschüchtern lassen konnte, nun, da derselbe dem Herzogthume Lüneburg so nahe gerückt war, das Schloss nicht länger zu lassen. Wenn jemals, so fiel es dem Herzoge Wilhelm jetzt schwer, der Stadt die Schuld abzutragen, weil die Bereitschaft zum Kriege, in welcher zu verbleiben fortwährend die Umstände verlangten, seine Schatzkammer erschöpfte. Er trat deshalb mit der Stadt in Verhandlung, dass sie statt des Geldes eine Gabe, die sie für gleich werthvoll halten würde, von ihm sich ausbäte. Selbst mit Schulden belastet, nahm sie den Vorschlag des Herzogs an, lieferte das Schloss Bleckede aus und besann sich auf dasjenige, was ihr am meisten Noth that, um es von ihm zu fordern. Schon während dessen fand sein practischer Sinn ein Mittel, aus dem zurückgegebenen Gebiete einen, wie es scheint, bisher nicht gehörig beachteten Nutzen zu ziehen. Am 23. November 1365 gestattete er für hundert Mark lüneburger Pfennige einer Genossenschaft von eilf Leuten die Anlegung eines Fischwehres an einer ihnen beliebigen Stelle der Elbe innerhalb der Vogtei Bleckede, wovon sie ihm jährlich zehn Mark lüneburger Pfennige entrichten sollten. Er versprach, die Anlegung eines anderen Wehres in der Elbe innerhalb seines Gebietes zum Nachtheile ihres Fanges nicht zu gestatten, erlaubte den Leuten, Erde und Gesträuch zum Behuf des Wehres von seinen Besitzungen zu nehmen, und bewilligte dem zu demselben Behufe anzukaufenden Holze Freiheit von Zoll und Abgaben an die Vögte, ausserdem Zollfreiheit dem, was sie fangen würden, wohin sie es auch brächten. Er gelobte, die beim Wehre beschäftigten Leute, wie seine Knechte zu vertheidigen. Wenn wegen erweislicher Noth das Wehr nicht zu halten wäre, sollte ihm die über diesen Vertrag ausgestellte Urkunde zurückgegeben werden und die jährliche Abgabe aufhören. Dieser Fall scheint jedoch nicht sobald eingetreten zu sein, denn noch sechzehn Jahre später findet man dieselbe Vorrichtung in der Elbe wieder erwähnt. In dem anzulegenden Wehre behielt er sich eine sogenannte Nacht vor, die er gehörig mit Holzbau und mit Hamen versehen lassen wollte. Auch sorgte er dafür, dass eine andere Nacht dem Probste und dem Convente zu Lüne zugesichert wurde. Ohne Entgelt wird dies wohl nicht geschehen sein. Die reichen Klöster besassen die Mittel, dem Herzoge am ehesten in Geldverlegenheiten zu Hülfe zu kommen. Demselben Kloster verkaufte er am 6. December 1365 für 200 Mark lüneburger Pfennige die ihm von den von Handorf heimgefallenen Güter im Dorfe Handorf mit der Holzherrschaft, mit dem Gerichte auf der Strasse des Dorfes und auf der Feldmark.

Die Stadt Lüneburg, welche sich neue Begünstigungen ausbitten sollte, hatte schon früher bedeutende Privilegien erworben. Seit dem 6. Januar 1293 sassen die Rathsherren der Stadt nebst einigen Rittern in allen die nördliche Hälfte des Herzogthums betreffenden Münzangelegenheiten zu Gericht. Sie stellten nämlich nicht nur den Münzmeister an, bestimmten nicht nur den Münzfuss, sondern richteten auch über Münz- und Gewichtfälscher und durften selbst mit dem Tode bestrafen. Im Jahre 1366 machen die Rathsherren ihren Knappen und Bauermeister Ludeke Rover namhaft. Das Amt eines Bauermeisters war, im Goding und Vogtding alle diejenigen Pflichtigen, die nicht erschienen waren, alle vorgefallenen Schlägereien und Verwundungen zu rügen, ferner über die bei Tage verübten Diebstähle, wenn im einzelnen Falle das Entwandte nicht mehr als drei Schillinge werth war, zu Haut und Haar zu richten oder eine Strafe von drei Schillingen zu verhängen. Ausserdem erstreckte sich sein Gericht über falsches Mass und Gewicht und über falschen Kauf. Auf Mass und Gewicht zu achten, wird hauptsächlich seines Amtes zu Lüneburg gewesen sein. Ihn dazu anzustellen, war die Stadt durch jenes Privileg vom 6. Januar 1293 berechtigt. Eine Folge desselben war auch, dass der Rath die Scheffel besass, mit denen das Salz gemessen wurde. Er verpfändete diese oder vielmehr die Gebühren für das Messen und den Thurm bei dem Thore der neuen Brücke am 12. November 1362 dem Eileman Kindeschemann für achtzig Mark Pfennige. Der herzogliche Vogt zu Lüneburg zog auf das Land, wenn er das Landgericht abhalten wollte. Hier, wo das Zeugniss der Kundschaft galt, waren Ritter und Knappen seine Beisitzer und das Land erkannte zu Recht. Dieses erbot es sich gewöhnlich, vor dem Herzoge und dessen Mannen zu bekennen. Dann wurde über die Partei, zu deren Gunsten entschieden war, der Frieden ausgesprochen und sie gab den Leuten im Lande zum Gedächtnisse das Gichtbier, nämlich Bier für die Rechtsfindung, und dem Vogte seinen Friedeschilling. So wurde es wenigstens auf dem Landgerichte zu Barum, welches der Vogt zu Lüneburg 1366 drei Mal in derselben Angelegenheit berief, gehalten. Der Streit, der damals dort verhandelt wurde, betraf die Berechtigung, in einem freien Wasser zu Barum zu fischen, welches, die Lake und der Kolk genannt, dem Nicolaus Schomakers, Bürger zu Lüneburg, gehörte und von seinem Sohne Hans 33 Jahre später mit anderen Gütern daselbst dem Kloster Scharnebeck verkauft wurde. Die benachbarten Bauern wollten an den Stellen fischen, wo ihr Ackerland in den Teich gestürzt war. Das Landgericht erkannte für Recht, dass niemand wegen seines eingestürzten Ackers in einem freien Wasser fischen, dagegen der Eigenthümer des Teiches seinem freien Wasser, so weit es reichte, möchte viel oder wenig Land eingestürzt sein, folgen dürfte. Wenn aber jemand einen von seinem Lande ganz umschlossenen Teich ohne Ein- oder Ausfluss besässe, so gehörte ihm die uneingeschränkte Benutzung desselben. Auch in der Stadt Lüneburg hielt derselbe herzogliche Vogt Gericht. Hier aber bildeten die Rathsherren und Bürger der Stadt die Beisitzer. Bis zum 28. Februar 1334 erkannten in diesem Gerichte Bürger zu Recht. Seit der Zeit fanden die vom Rathe angestellten Anwälte das Urtheil. Ohne Bewilligung des Rathes durfte kein Gefangener aus dem städtischen oder aus dem herzoglichen Gefängnisse in der Stadt entlassen werden. Bürger und ihr Gesinde konnten, so lange sie Bürgen stellten, nicht verhaftet werden. Für alte Gerechtsamen des Rathes durften die Herzöge keinen anderen Beweis als den Eid desselben verlangen. Am 11. März 1348 hatte die Stadt das wichtige Privileg für die Schiffahrt auf der Ilmenau und für den Holzhandel, ausserdem Befreiung von früheren Belästigungen der Schiffahrt und des Verkehrs erlangt. Ungeachtet aller dieser Freiheiten waren ihr noch manche Wünsche unerfüllt geblieben. Die Rathsherren brauchten daher weniger auf eine Gegengabe des Herzogs überhaupt, als vielmehr darauf sich zu besinnen, dass sie nicht zu wenig für die Auslieferung des Schlosses und der Vogtei Bleckede forderten. Auch die behutsame und umsichtige Fassung der Urkunde, welche sie von dem Herzoge erbaten, mochte ihnen viel zu schaffen machen; später wenigstens wurden die Concepte zu Bewilligungen für die Stadt, wie noch nachgewiesen werden kann, von ihnen entworfen. Sie und die Bürger zu Lüneburg führten in vieler Beziehung Klage über die herzoglichen Amtleute. Diese und Beauftragte oder Concessionirte des Herzogs trieben innerhalb der Stadt zum Nachtheile der städtischen Innungen und Rechte Handel, schenkten Wein und fremdes Bier aus und verkauften Tuch in der Zollbude und an sonstigen Orten der Stadt. Den Preis von Wein und fremdem Biere zu bestimmen, nahmen sich die herzoglichen Amtleute heraus. Sie verliehen Schutz denjenigen, welche, obgleich in Bürgersitzen innerhalb der Stadt wohnhaft, des Rathes Gebot und Satzung nicht halten wollten, vertheidigten die nicht zum Schilde geborenen Leute, welche, nachdem sie von herzoglichen Mannen Häuser oder Hausstellen in der Stadt gekauft hatten, sich weigerten, Stadtrecht zu thun und zu halten, oder welche, wenn sie nur Einwohner waren und bürgerliche Nahrung trieben, sich doch dem Bürgerrechte nicht unterwerfen und des Rathes Gebot und Satzung nicht halten wollten. Bei den Holzverkäufen zu Lüneburg kurz vor Martini und vor Pfingsten hinderte der Vogt die Bürger am Kaufe dadurch, dass er den Antheil des Holzes, welcher als Abgabe ihm gebührte, noch später als zu Mittage nahm, und mehr als einmal den Verkauf vergeblich aufhielt. Ausserhalb der Thore belegene, zu Burglehnen gehörende Häuser, Höfe oder Hausstellen weigerte der Herzog dem Rathe oder den Bürgern, welche dieselben gekauft hatten, zum Eigenthume zu verleihen, sogar wenn der Verkäufer ihm als seinem Lehnsherrn durch andere Güter vollen Ersatz zu leisten erbötig war. Alle diese Missbräuche und Unbillen stellte nun der Herzog am 20. November 1365 auf Verlangen des Rathes ab. Er verbot jenen unbefugten Handel in der Stadt, namentlich den Verkauf des Tuches nebst Wein- und Bierschank, bestätigte das alte Gewohnheitsrecht des Rathes, Wein und fremdes Bier im Stadtkeller oder an anderen Orten auszuschenken und Concession dazu zu ertheilen, auch allein den Preis von Wein und fremdem Biere zu bestimmen. Jedoch behielt er sich nach alter Gewohnheit von jedem Fasse Weins oder fremden Biers ein Stübchen vor. Dann bestimmte er, dass, wer in Bürgersitze innerhalb der Stadt wohnhaft sei, als Bürger betrachtet werden müsse und, wer nicht ritterbürtigen Standes von herzoglichen Mannen liegende Güter in der Stadt kaufte, Bürger werden sollte. Daran knüpfte er das Verbot für seine Amtleute, diejenigen, welche, wie oben bemerkt, Stadtrecht zu thun, dem Bürgerrechte sich zu unterwerfen und des Rathes Gebot und Satzung zu halten sich weigerten, in Schutz zu nehmen. Seinem Vogte untersagte er das ungebührliche Betragen beim Holznehmen und befahl ihm, dabei mit den Bürgern nach alter Gewohnheit zu verfahren; er selbst aber versprach, dem Rathe und den Bürgern das Eigenthum über angekaufte, ausserhalb der Thore gelegenes Burglehn für einen von dem Verkäufer zu leistenden Ersatz stets zu überlassen. Indem der Herzog so der Billigkeit gemäss den Klagen abhalf, fügte er die Bewilligung hinzu, dass der Rath das Grimmer- und Lindenberger-Thor eingehen lassen und zwischen beiden ein anderes errichten dürfte. Ausserdem überliess er ihm Haus, Hof und Hausstelle, die sein Küchenmeister Diedrich Schlette besessen hatte. Die Bestätigung aller Privilegien, Rechte und Gewohnheiten des Rathes und der Bürger konnte bei dieser Gelegenheit nicht ausbleiben. Bis soweit wurden die Rechte des Herzogs, des Landes, der Fremden und der Bürger der Stadt durch die neuen Bewilligungen nicht verletzt. Damit aber begnügte sich der Rath der Stadt Lüneburg nicht. Ihn gelüstete nach Monopol und Herrschaft, wozu er natürlich nur auf Kosten Anderer gelangen konnte. Süddeutsche Kaufleute fuhren ihre Weine zur Stadt. Die wohlhabenderen Bürger und Einwohner, wahrscheinlich auch die Aebte und Pröbste benachbarter Klöster, kauften dann ein und versahen sich mit ihrem Bedarfe an Wein, statt die theuere Waare aus dem Rathskeller zu holen. Die Weinhändler zogen, sobald sie sahen, dass keine guten Geschäfte mehr zu machen seien, lieber mit vollen Fässern weiter, als mit Schaden zu verkaufen. Den Rath, welcher auch von ihnen kaufte, verdross beides. Dem Anliegen desselben nachgebend bestimmte der Herzog, kein Bürger oder Gast zu Lüneburg sollte von dem zum Verkaufe angekommenen Weine kaufen noch dieser, bevor er drei Tage zu Lüneburg gestanden hätte, ohne Bewilligung des Rathes ausgeführt werden. Die damaligen mangelhaften Verkehrsmittel brachten es mit sich, dass, wenn in Zeiten der Theuerung Kornausfuhr gestattet blieb, Noth im Lande entstehen konnte. Der Herzog machte deshalb, zwar auf Kosten Vieler aber doch zum Nutzen des Landes, von dem Rechte Gebrauch, Kornausfuhr zu verbieten. Das Verbot wurde jedoch nie so streng in Ausübung gebracht, dass nicht an einigen Grenzstellen dem Korne ein Abfluss verblieb. Es war eine Massregel, vom Landesherrn zum allgemeinen Nutzen ergriffen. Nun sollte das Verbot grossentheils vom Ermessen des Rathes einer Stadt abhängig gemacht werden und dazu dienen, den Bürgern derselben auf Kosten des übrigen Landes, besonders des Bauers und seiner Gutsherren, der geistlichen Stifte, der Ritter und Knappen, wohlfeiles Brod zu erhalten. Der Herzog nämlich theilte mit dem Rathe der Stadt Lüneburg sein hierauf bezügliches Vorrecht, indem er Folgendes bestimmte: Wenn ein Verbot gegen Kornausfuhr in Folge dessen, dass es ihn und den Rath der Stadt Lüneburg nützlich dünkte, erlassen würde, sollte es auch auf Winsen, Harburg und Bleckede und auf alle Grenzorte des Herzogthumes, wohin das Korn zu Wasser gebracht werden möchte, sich erstrecken und die dortigen herzoglichen Amtleute sollten, bis er und sein Amtmann zu Lüneburg und der Rath der Stadt anders beschlössen, die Ausfuhr nicht gestatten. Dies Alles zu halten, verpflichtete er nicht nur sich selbst sondern auch seine Erben und Nachfolger, wohl nicht ahnend, wie er den Samen der Zwietracht aussäete, der nur zu bald aufgehen sollte. Auch Herzog Ludwig gelobte, alles Obige zu halten, falls er Herr zu Lüneburg würde. Durch diese Begünstigungen erklärte der Rath der Stadt am 29. November 1365 für Schloss und Vogtei Bleckede bezahlt zu sein. Das Beispiel der Stadt reizte Andere, den Herzog Wilhelm um Bestätigung ihrer Privilegien, besonders um Abhülfe gegen Missstände zu bitten. Durch die Klagen des Klosters St. Michaelis zu Lüneburg bewogen, verzichtete er am 12. December 1365 auf Hofdienst, Pflicht, Schatzung und Beede, welche seine Amtleute und Vögte aus der von seinen Vorfahren dem Kloster geschenkten niederen Mühle zu Lüneburg bisher widerrechtlich gefordert hatten. Am folgenden Tage und am 20. December 1365 bestätigte er die Privilegien, Rechte und Gewohnheiten der Saline zu Lüneburg und der Saliniteressenten. Er gelobte und befahl es seinen Amtleuten, die Ausfuhr des Salzes nicht zu verbieten oder zu hindern, gestattete die Salzfuhr zu Wasser und zu Lande in seinem Herzogthume und durch sein Gebiet in andere Länder, verlieh dem Salze Sicherheit in seinem Herzogthume und versprach, für sie auch ausserhalb Lüneburg's möglichst zu sorgen, bewilligte freie und sichere Einfuhr des Holzes in die Stadt zu ihrem und der Saline Gebrauch und machte sich verbindlich, nichts zu befehlen oder zu gestatten, wodurch die Saline und das Salingut benachtheiligt oder der Absatz des Salzes gehindert würde. Zu diesem Allen verpflichtete er sich, seine Nachfolger und Amtleute. Herzog Ludwig gelobte dasselbe für den Fall, dass er Herr zu Lüneburg würde. Der aus dem Salzhandel erwachsene Reichthum der Bürger Lüneburg's war meistens in Salingütern angelegt. Ausser den auf der Saline begüterten geistlichen Stiften waren es hauptsächlich die Rathsherren und Bürger der Stadt, welche als Saliniteressenten und Salzhändler durch obige Begünstigung gewannen. Dass sie, um diese zu erlangen, thätig gewesen waren, verräth die Bestimmung über freie Einfuhr des Holzes zum Gebrauche der Stadt. So unbillig und selbst für das allgemeine Wohl schädlich es nun freilich erscheint, dass herzogliche Amtleute die Ausfuhr des Salzes und die Einfuhr des Holzes bisher erschwert hatten, in eben demselben Grade selbstsüchtig und ungerecht zeigt sich hier die Stadt, indem sie Kornausfuhr zu verhindern bestrebt war und freie Salzausfuhr verlangte. Weil sie die Abflüsse des Geldes in der Schatzkammer des Herzogs stets ersetzen konnte, erreichte sie in der That sehr viel bei ihm. Kaum drei Wochen nach Ertheilung des Privileg's für die Saline, nämlich am 6. Januar 1366, gelobte er wegen grosser von dem Rathe der Stadt mit baarem Gelde ihm erwiesener Wohlthat, während der nächsten elf Jahre keine Beede und Schatzung von der Stadt und den Rathsherren zu erheben. Dieselbe Zusicherung erhielten sie von dem Herzoge Ludwig für den Fall, dass Herzog Wilhelm, ohne einen Sohn zu hinterlassen, während der Zeit stürbe. Ungeachtet solcher Beihülfe sah Herzog Wilhelm sich am 19. Juli 1366 genöthigt, den Salzzoll zu Lüneburg, welchen er am 30. März 1360 dem Volkmar von der Weser, Bürger zu Lüneburg, die nächsten vier Jahre, um 3000 lüneburger Mark daraus zu erheben, überlassen hatte, dem Probste Heinrich und dem Convente zu Lüne auf die Dauer von zwölf Jahren zu verpfänden. Auch diesen Vertrag versprach Herzog Ludwig zu halten, falls Herzog Wilhelm, ohne einen Sohn zu hinterlassen, stürbe und er Herr der Herrschaft Lüneburg würde. An demselben Tage noch machte Herzog Wilhelm den Rathsherren der Stadt Lüneburg von der Verpfändung Anzeige und gebot ihnen, den Zoll dem Probste und Convente oder denen, welchen diese den Zoll verpfändeten, entrichten zu lassen und dazu behülflich zu sein, auch darüber dem Convente eine Urkunde auszustellen. Die Rathsherren behandelten entweder die Angelegenheit als keine eilige Sache oder machten vielleicht ein halbes Jahr lang vergebliche Versuche, selbst den Zoll zu Pfande zu erhalten. Erst am 10. Februar 1367 gelobten sie, den Befehl des Herzogs nach Vermögen auszuführen.

Nicht der ganze Betrag des Geldes, welches der Herzog sich in obiger Weise verschaffte, wurde von den für die Bereitschaft zum Kriege erforderlichen Ausgaben verschlungen. Es blieben ihm sogar die Mittel, bedeutendere Besitzungen anzukaufen. Nicht nur entschädigte er am 24. April 1366 das Domcapitel zu Verden für die von ihm bezogenen Früchte des demselben gehörenden Zehnten zu Ketzendorf, sondern er kaufte auch am 1. December 1365 von Diedrich von Thune für achtzig Mark lüneburger Pfennige das von demselben als ein herzogliches Lehn besessene halbe Dorf Schmarden mit dem Gerichte. Darauf vergrösserte er die zum Schlosse Harburg gehörenden Besitzungen, wie schon mal früher am 22. November 1343 durch Ankäufe von den Schulte, indem er am 10. April 1366 zwei Höfe zu Emmen mit dem Gerichte für hundert Mark Pfennige und am 10. November desselben Jahres fünf Höfe zu Caroxbostel, Hittfeld und Klein-Klecken mit dem Gerichte für 100 Mark von ihnen sich abtreten liess. Die bedeutendste Erwerbung machte Herzog Wilhelm am 3. Juni 1366. An diesem Tage verkauften ihm, seinen Erben und Nachfolgern Graf Heinrich von Hallermund zu Eldagsen, Sohn des Grafen Gerhard des älteren, und die inzwischen mündig gewordenen Söhne seines Bruders Ludolf, die Grafen Gerhard und Ludolf, mit Bewilligung des Grafen Otto, Domscholasters zu Hildesheim, für 950 löthige Mark, welche er ihnen gleich bezahlte, ihre Grafschaft Hallermund (nämlich die Hälfte derselben) mit allem Gerichte, Rechte, Nutzung, Anfallsrechte und Zubehör, Eigen und Lehn, namentlich die Hälfte von Springe, den vierten Theil der Stadt Eldagsen, ihren Hof daselbst, alle ihre geistlichen und weltlichen Lehne, namentlich die Hälfte der Kirchlehne zu Springe, Völksen, Leveste und Wassel, den vierten Theil der Gogerichte zu der Horst (links am Wege von Gestorf nach Lüdersen), zu dem Sichter (einer Anhöhe, kaum eine Viertelstunde von Eldagsen entfernt, auf welcher noch vor einigen Jahren die schönsten Eichen standen) und zu dem Spielbrink (dem nördlichen Ende des links am Wege von Springe nach Altenhagen gelegenen grossen Drakenbergs, gerade der Stelle desselben, unter welcher die Haller entspringt), ihr Eigen und ihre Leute, die Holzgrafschaft über den südwestlich von Wülfinghausen gelegenen Osterwald, welche sie von Ernst von Wülfinge gekauft hatten, die „Kumen-Mühle“ (oder „Kinnen-Mühle“) vor Eldagsen, die Hälfte der Hallermühle (bei Mittelrode) der „Scheven-Mühle“ (bei Diedersen), der Mühle zu Rohrsen und des „Span“, ihren Theil von Altenhagen, die Hälfte der beiden Mühlen zu Völksen, ein Achtel der Vogtei zu Völksen, ein Viertel des „Ettenen-Feldes“ und des Zehnten daselbst mit Holzberechtigung und zwei Höfe zu „Klein-Rode“ oder Mittelrode. Sie versprachen, die Herrschaft und die Güter, sobald der Herzog, seine Erben und Nachfolger es verlangten, vor ihren Lehnsherren aufzulassen und bis dahin sie ihnen zu gute zu halten, ferner ihre Mannschaft an die Herzöge zu weisen und ihnen ein Verzeichniss ihrer verlehnten Güter auszuhändigen. Als ihre verpfändeten Güter bezeichneten sie ein Achtel der Vogtei zu Völksen, an den Ritter Heinrich Knigge zu Bredenbeck für vier löthige Mark verpfändet, ein Viertel der Vogtei zu Gross-Gestorf, dem schwarzen Heinrich Knigge für sechs Pfund Pfennige verpfändet, einen Hof zu Mittelrode („Klein-Rode“), an Hans von Eltze für fünf löthige Mark, und das „Span“, an Conrad von Hameln für hundert bremer Mark verpfändet. Sie gelobten, falls Herzog Wilhelm keinen Sohn hinterliesse, den Vertrag dem Herzoge Ludwig und, falls auch dieser keinen Sohn hinterliesse, dem unter seinen Brüdern gewählten Nachfolger zu halten. Die Grafen Otto und Gerhard von Hallermund, Söhne des Grafen Gerhard des jüngeren, ertheilten am 5. Juli 1366 nachträglich ihre Zustimmung zum Verkaufe des Antheils ihrer Vettern an Springe und Eldagsen, an der Grafschaft Hallermund und an allen gemeinsam besessenen Allodial- und Lehngütern. Schon bei dem Verkaufe war die Bedingung gestellt worden, dass die Herzöge Leibzuchtsgüter den Besitzern bis zu deren Tode lassen, auf die an Andere verkauften oder zu Eigenthum überlassenen Güter keine Ansprüche erheben und die verpfändeten Güter der Grafschaft nur durch Einlösung an sich bringen sollten. Erst am 28. September 1366 stellte Herzog Wilhelm die Urkunde aus, durch welche er sich, seine Erben und Nachkommen, den Herzog Ludwig aber in dem oft erwähnten Falle, der ihn zum Herrn der Herrschaft Lüneburg machen würde, diese Bedingung zu erfüllen verpflichtete. In dem Besitze des Schlosses Hallermund, welches nicht mit der Grafschaft verwechselt werden darf, befanden sich die Herzöge schon seit 1282. Halb Eldagsen gehörte ihnen schon 1320. Jetzt bekamen sie die Hälfte der übrigen Grafschaft. Die andere Hälfte, namentlich die halbe Stadt Springe, über welche der Bischof von Minden Lehnsherr war, und ein Viertel der zu den hildesheimschen Lehnen gehörenden Stadt Eldagsen nebst der Herrschaft Adensen, einem mindischen Lehne, verblieb noch den Söhnen des Grafen Gerhard des jüngeren von Hallermund. Fast möchte es scheinen, dass Graf Heinrich und seine Neffen nur wegen einer geringen Schuld von 150 Mark löthigen Silbers sich genöthigt gesehen hätten, die Grafschaft zu verkaufen; denn als sich Herzog Wilhelm nach einer passenden Gelegenheit umsah, die erkauften Besitzungen zu verpfänden, meldeten sie sich dazu und boten 800 Mark löthigen Silbers. Dafür verpfändete er ihnen am 28. September 1366 die Grafschaft und Alles, was sie ihm verkauft hatten, nebst den Lehngütern und Leibzuchtsgütern, so viele deren erledigt waren oder erledigt würden. Er behielt sich das Recht vor, ihnen jedes Jahr zwischen dem 11. November und 25. December zu kündigen. Ihnen gestattete er die Kündigung erst in denselben Monaten des Jahres 1369. Ostern nach der Kündigung sollte die Einlösung Statt finden. Da sie sich seiner Entscheidung in Streitigkeiten zu unterwerfen gelobten, versprach er, sie zu vertheidigen und ihnen zu ihrem Rechte behülflich zu sein. Die Städte Eldagsen und Springe sollten ihm und seinen Erben zu jeder Zeit geöffnet und ihm von den Grafen treu bewahret werden. Er verpflichtete sich, für jede derselben, welche verloren würde, ein Schloss in demselben Gerichte während des nächsten Vierteljahres, nachdem er dazu aufgefordert wäre, zu erbauen, damit sie in den Stand gesetzt würden, die Gülte einzutreiben. Ausserdem ertheilte er ihnen die Zusicherung, falls er aus den Städten Krieg führen würde, sie vor Unfug und Schaden zu bewahren, sie mit ihrem täglichen Gesinde während des Krieges zu beköstigen und ihnen den durch sein oder der Seinigen Verschulden erlittenen Schaden innerhalb der nächsten vier Wochen nach dem Rechte zu ersetzen oder ihnen Genüge dafür zu leisten. Auch diesen Pfandvertrag gelobte Herzog Ludwig, falls er Herr der Herrschaft Lüneburg würde, zu halten.

Seit dem 16. August 1364 wurde die Angelegenheit der Nachfolge im Herzogthume Lüneburg vor dem Kaiser und dem Hofgerichte auf Grundlage der kaiserlichen Urkunde des Jahres 1235 verhandelt. Die in dieser enthaltenen Bestimmungen waren, wenn auch verschiedener Deutung fähig, doch nicht von der Art, dass die Urkunde, als für den besonderen vorliegenden Fall nicht massgebend, hätte zurückgewiesen werden können. Deshalb beschränkte sich die Gegenpartei, nachdem sie anderthalb Jahre wahrscheinlich mit unnützen Einreden zugebracht hatte, dem Anscheine nach zuletzt lediglich darauf, die Aechtheit der Abschrift und vielleicht der Urkunde selbst in Zweifel zu ziehen, und verlangte die Vorlage einer Abschrift, welche grösseren Glauben, als die nur von einem Notare am 8. November 1364 verfertigte, verdiene. Herzog Wilhelm lud deshalb den Bischof Gerhard von Hildesheim, die Aebte von Lüneburg, Scharnebeck und Uelzen, die Pröbste von Heiligenthal, Lüne, Ebstorf und Medingen zu sich ein, reisete mit ihnen allen nach Braunschweig und liess am 2. Februar 1366 in seiner und des Herzogs Magnus Gegenwart von dem Bischofe und den sieben Prälaten die Aechtheit der Urkunde bezeugen und von ihnen allen eine Abschrift derselben beglaubigen. Von welchem Standpunkte aus er die Angelegenheit bei dem Kaiser und dem Hofgerichte betrieb, verräth eine zu derjenigen Abschrift vom 8. November 1364, welche er selbst behielt, hinzugefügte Anmerkung. An der Stelle der kaiserlichen Urkunde des Jahres 1235, wo es heisst, dass das Herzogthum auf die Erben des Aeltervaters des Herzogs Wilhelm, sowohl Söhne als Töchter, vererben solle, setzt die Anmerkung hinter das Wort „Töchter" erklärend hinzu „nach Abgang des Mannesstammes". Damit opferte Herzog Wilhelm das von ihm bisher aufrecht erhaltene Erbrecht seiner Tochter Mechtild. Es geschah dies weniger, um dem Herzoge Magnus dem älteren zu willfahren, als vielmehr diejenigen Ansprüche der Herzöge von Sachsen-Wittenberg zu bekämpfen, welche aus der Abstammung von Helena, Schwester des Herzogs Albrecht des grossen von Braunschweig, und von Elisabeth, Tochter des Herzogs Wilhelm selbst, hergeleitet wurden. Dass sie auch auf diese Abstammung Ansprüche bauten, ist schon erwähnt worden und möchte auch daraus gefolgert werden können, dass Herzog Magnus der jüngere am 18. October und 1. November 1367 auf solche Anklagen gegen den Herzog Wilhelm und gegen dessen Land Rücksicht nahm, welche nicht nur wegen des Kaisers und Reiches sondern auch wegen Erbberechtigung erhoben werden könnten. Der Kaiser wird zu Gunsten der Herzöge zu Wittenberg nun die frühere Rechtsauffassung des Herzogs Wilhelm, wenn er überhaupt auf jene Abstammung Gewicht legte, zu der seinigen gemacht haben. Wurde daran festgehalten, so war, weil aller Wahrscheinlichkeit nach Herzog Wilhelm keine Söhne und Herzog Ludwig überhaupt keine Kinder hinterliess, die Erbfolge in das halbe Herzogthum nach dem Tode des ersteren und in das ganze nach dem Tode der Gemahlinn des letzteren wenigstens dem Herzoge Albrecht von Sachsen-Wittenberg, Enkel des Herzogs Wilhelm, gesichert. Zwischen ihm und seinem Oheime, dem Herzoge Rudolf II., hätte dann wohl zu Gunsten dieses ein Abkommen getroffen werden können. Dem Herzoge Wilhelm, seinem wohlgerüsteten, stets schlagfertigen Nachbaren, konnte der Kaiser nichts anhaben. Selbst nicht sonderlich muthig und tapfer hütete er sich, ihn anzugreifen, sandte vielmehr wohl in der Hoffnung, mit ihm wie mit Anderen sein Spiel treiben zu können, den Bischof Rudolf von Verden und den Grafen Johann von Nassau zu ihm, um ein gegenseitiges besseres Vernehmen einzuleiten. Das Bestreben, nachbarliche Irrungen zwischen der Altmark und dem Herzogthume Lüneburg beizulegen, musste den Vorwand zu dieser Annäherung hergeben. Auf die deshalb erforderlichen Verhandlungen einzugehen, erklärte sich der Herzog bereit und entliess die beiden kaiserlichen Gesandten mit artigen Worten, indem er sie bat, dem Kaiser zu vermelden, wie gern er stets, die Huld desselben zu erwerben, bestrebt sei. So geschah es, dass Graf Heinrich von Schwarzburg, zum Hauptmanne der Altmark von dem Kaiser und von dem Markgrafen Otto am 22. Februar 1366 ernannt, ein treuer kaiserlicher Rath und Diener, welcher zum Nachtheile der Herzöge von Braunschweig und von Lauenburg am 6. October 1365 mit anderen Reichsgetreuen dem Kaiser gerathen hatte, im Namen desselben und des Markgrafen einen Vertrag mit dem Herzoge Wilhelm am 1. Juli 1366 vermittelte. Dieser Vertrag, welchen zu halten nicht nur die Vögte und Amtleute der Altmark und des Herzogthums sich gegenseitig, sondern auch die Städte der Altmark, nämlich Salzwedel, Stendal, Gardelegen, Tangermünde, Osterburg, und die Städte des Herzogthums, nämlich Lüneburg, Uelzen, Lüchow, Dannenberg, sich gegenseitig geloben sollten, bestimmte Folgendes. Die Vögte und Amtleute, die Mannen und Städte beider Lande sollten gegen Räuber und gegen diejenigen, welche einem der beiden Lande Schaden zufügten, sich gegenseitig beistehen. Räuber und verfestete Leute des einen Landes sollten auch in dem anderen, in dessen Schlössern und Städten keinen Frieden geniessen und gemeinsam verfolgt werden. Zur schiedsrichterlichen Entscheidung gegenseitiger Klagen der Mannen aus beiden Landen über Schaden, den sie seit der Zeit, dass der Bischof von Verden und der Graf von Nassau bei dem Herzoge waren, erlitten hätten, sollten Tagfahrten zu Salzwedel, Lüchow, Bergen und zur „Kodenbrücke" (Chüdenbrücke?) gehalten, über früheren Schaden aber daselbst nicht verhandelt werden. Dieser Vertrag war nur ein Versuch, um zu einem besseren Einverständnisse zu gelangen, denn es wurde darin für jeden der drei Fürsten eine achtägige Kündigungsfrist vorbehalten. Aus der Acht, welche auf Klage des Herzogs Rudolf II. von Sachsen-Wittenberg erkannt war, am 11. Mai 1364 zwar einstweilen entlassen, befand sich Herzog Wilhelm schon länger denn Jahr und Tag wegen der Klage der Grafen Otto und Heinrich von Waldeck in des Reiches Acht und stand deshalb noch in des Reiches Achtbuche eingetragen. Als auch sie ohne Wirkung blieb, forderte am 10. September 1366 zu Frankfurt Graf Burchard von Hardeck, Burggraf zu Magdeburg, als kaiserlicher Hofrichter, den Bischof Gerhard von Minden auf und mahnte ihn von Gerichts wegen und aus kaiserlicher Gewalt ernstlich und fest, dass er mit dem geistlichen Gerichte, weil es dem weltlichen, wie das Recht vorschreibe, Hülfe schulde, den Grafen von Waldeck Beistand gegen den Herzog leiste, ihn in den Bann thue und der Geistlichkeit des Bisthums gebiete, den Bann zu verkünden, dass er ferner die Grafen mit entsprechenden Schreiben an seine Geistlichkeit versehe. Bischof Gerhard, Bundesgenosse des Herzogs, befand sich, als dieses Schreiben erlassen wurde, auf offener See im Begriffe, mit seinem Bruder, dem Grafen Adolf von Schauenburg, eine Reise nach dem gelobten Lande zu machen, und starb während derselben am 28. September 1366. Ob der folgende Bischof Otto, Burggraf von Wettin, auf Empfehlung des Kaisers vom Papste im October desselben Jahres ernannt, aber erst am 16. Juni 1367 eingeführt, der Aufforderung des Hofgerichtes Genüge geleistet hat, ist nicht bekannt, wohl aber, dass der Herzog die Grafen nicht befriedigte. Während der Rechtshandel der Herzöge von Sachsen-Wittenberg und der Grafen von Waldeck beim kaiserlichen Hofgerichte seinen Fortgang nahm, glaubte wohl der Kaiser in der Erwartung, dass beide Herzöge, Wilhelm und Ludwig, keine Söhne hinterliessen, den rechten Augenblick gekommen, um seine gewöhnlichen Mittel, als da waren Verpfändung, Einsetzung einer Regentschaft, einseitige Erbverbrüderung, kurz die in der Mark Brandenburg erprobten Mittel, vielleicht auch eine Theilung, hinsichtlich des Herzogthums Lüneburg in Vorschlag zu bringen. Um einen Anknüpfungspunkt dafür war er nicht verlegen. Es dienten ihm dazu die Worte der Artigkeit, welche Herzog Wilhelm ihm durch die beiden kaiserlichen Gesandten hatte überbringen lassen. Am 30. December 1366 während seines Aufenthaltes in der Stadt Heidingsfeld bei Würzburg sandte er seinen Rath, den Grafen Heinrich von Schwarzburg, an den Herzog Wilhelm mit einem Schreiben, worin er ihm meldete, er habe mit dem Herzoge Rudolf von Sachsen-Wittenberg, Reichserzmarschalle, über die Angelegenheit Rücksprache genommen und sende der mit demselben getroffenen Verabredung gemäss als ihrer beider Bevollmächtigten seinen Rath, den Grafen Heinrich, um mit ihm Verhandlungen einzuleiten und selbst einen Vertrag in der Angelegenheit abzuschliessen. Zugleich versicherte er, dass ohne Zweifel und Widerrede ganz und fest Alles gehalten werden sollte, was der Graf mit ihm zum Abschlusse bringen würde. Unwürdiges Betragen eines Kaisers! Erst Reichsacht, dann gerichtliche Erforschung des Rechtes und zuletzt Versuch der Güte, also Umdrehung aller Ordnung! Noch mehr als über dies muss man sich wundern, dass der schlaue Kaiser den Herzog verkannte und sich gänzlich verrechnete, dass er, so wenig er sich sonst in Beurtheilung der Menschen täuschte, durch Artigkeiten, wie er sie zur Erreichung seiner Zwecke selbst anzuwenden pflegte, sich von dem Herzoge Wilhelm irre führen liess. Die Angelegenheit war zu einer von ihm gehofften Erndte so wenig reif, dass auch nicht die Spur eines Erfolges vorhanden ist, welchen Graf Heinrich von Schwarzburg erreicht hätte. Bald darauf muss des Reiches Acht und Bann, worin, wie eine Urkunde des Kaisers vom 7. November 1372 angiebt, nicht nur Herzog Wilhelm sondern auch Herzog Ludwig verstarben, über beide verhängt worden sein.

Wieder wandte sich die Sorge des Herzogs besonders der Verwaltung seines Landes und der Vergrösserung seiner Besitzungen zu. Am 6. Januar 1367 überliessen die Herzöge Wilhelm und Ludwig dem Kloster Oldenstadt einen Hof und vier Koten mit der Mühle zu Stadensen tauschweise für die Ländereien von vier Höfen und vier Koten im wüsten Dorfe „Stolpe" beim Bache „Stalbeke" und am 28. März 1367 dem Kloster Riddagshausen ihre Güter im Felde zu Alvestorf tauschweise für die zu Sülfeld und Rhode (Hilkerode) gelegenen Güter des Klosters, welche dasselbe am 12. März 1360 von dem Herzoge Magnus erhalten hatte. Am 31. Januar 1367 verkauften sie dem Probste Diedrich von Langelege, der Priorinn und dem Convente des Klosters Medingen für 500 lüneburger Mark das Dorf Wichmannsburg mit dem Zehnten, einer Wiese und einer Holzung, welche Güter das Kloster von Wasmod von Meding erworben hatte, und am 24. Juni 1367 dem Probste Heinrich zu Lüne und den Klöstern Ebstorf und Medingen für 500 lüneburger Mark den grossen herzoglichen Hof in der Stadt Uelzen mit allem Bau, das darin stand, also auch mit dem vom Knappen Otto Bodendorp 1365 daselbst errichteten Gebäude. Die von Engelingborstel, bekannt durch die von ihnen den Herzögen 1302 gegen die Grafen von Wunstorf geleistete Hülfe, durch ihre im Jahre 1311 gegen die Stadt Hannover und im Jahre 1319 gegen das Stift Hildesheim geführte Fehde, durch die Wahl des Brüning von Engelingborstel zum Bischofe von Minden (1324) und durch das Bündniss, welches Bischof Ludwig von Minden mit den Grafen von Ravensberg 1334 gegen sie schloss, bildeten ein mächtiges ritterbürtiges Geschlecht, dessen Stammsitz Engelbostel war. Knappe Ludwig von Engelingborstel, dessen Vater Johann schon 1324 nicht mehr lebte, blieb, nachdem seines Oheimes Hardeke Sohn Johann 1334 und sein anderer Oheim, der schon erwähnte Brüning, Domprobst zu Minden, 1345 gestorben waren, als letzter seines Stammes übrig. Am 13. December 1348 hatte er sich mit den Herzögen wegen aller seiner Forderungen abgefunden und starb, nachdem er 1350 Burgmann zu Grönenberg geworden war, ohne Kinder zu hinterlassen. Die letzte Nachricht über ihn ist vom 28. September 1356. Durch seinen Tod wurde dem Herzoge Wilhelm ein Lehngut zu Düendorf erledigt. Es war so bedeutend, dass die Grafen Ludolf und Ludwig von Wunstorf, welche mit ihren Schlössern Wunstorf und Blumenau im herzoglichen Dienste standen, um dasselbe baten. Der Herzog überliess es ihnen am 28. März 1367 zum Eigenthume. Das aus den Verkäufen gelösete Geld wurde von den Herzögen Wilhelm und Ludwig wohl angelegt. Am 13. Januar 1367 kauften sie von dem Knappen Eilhard von Rutenberg für 200 löthige Mark die ihm von dem Grafen Conrad von Wernigerode zu Lehn verliehene Holzgrafschaft über den in der Gegend zwischen Hannover und Peine an der hildesheimschen Grenze gelegenen Steinwedeler-Wald, früher Nordwald geheissen, in welchem Unterthanen des Stiftes Hildesheim und des Herzogthums berechtigt waren. Falls den Herzögen die Holzgrafschaft streitig gemacht würde, wollten sie es ihm anzeigen und zu seinem und ihrem gemeinsamen Besten ihm Anwälte bestellen. Könnte er dann keine Gewähr für die Holzgrafschaft leisten, so sollte der Kauf rückgängig werden. Von dem Ritter Burchard von Marenholtz, welchem seit dem 8. December 1364 das Schloss Bahrdorf verpfändet war, kauften sie, um den zum Schlosse gehörenden Güterumfang zu vermehren, am 8. April 1367 das Dorf Niendorf mit Zins und Zehnten und im Dorfe Twülpstedt Zins und Berechtigung, welche Güter er von seinem Vater geerbt hatte, auch seine Berechtigung in der „Rodemühle“ bei demselben Dorfe und in der niederen Mühle bei Bahrdorf, ausserdem das „Coldebruch“ bei dem Schlosse für 200 löthige Mark, ihm zugleich mit der Summe, wofür ihm das Schloss verpfändet worden war, zu bezahlen. Er mochte in der von ihm gestellten Bedingung, dass er ihnen das Schloss nicht abliefern brauchte, bevor sie ihm ausser der Pfandsumme auch obigen Kaufpreis bezahlt hätten, eine Bürgschaft für längeren Besitz des Schlosses suchen. Bevor die von Salder von dem Kündigungsrechte, welches ihnen bei der Verpfändung des Schlosses Knesebeck am 12. Februar 1364 nach Ablauf von zwei Jahren zugestanden war, Gebrauch machen konnten, kündigte ihnen Herzog Wilhelm und verpfändete, nachdem er ihnen die Schuld von 1685 Mark löthigen Silbers abgetragen hatte, am 7. März 1367 das Schloss mit dem Gerichte und allem Zubehör, geistliche und weltliche Lehne ausgenommen, an die Knappen Günzel von Bartensleben und Conrad von Steinberg für nur 500 löthige Mark auf jährliche Kündigung, die erst nach neun Jahren geschehen durfte, und unter den sonst üblichen Bedingungen in Beziehung auf Selbsthülfe und auf Schadenersatz im Falle eines vom Schlosse aus geführten Krieges. Er versprach, bei der Einlösung den Preis für die Güter, welche sie mit seinem Rathe zum Schlosse hinzukaufen oder einlösen würden, und die Kosten des nach seinem Rathe sofort in Angriff zu nehmenden Schlossbaues, zu dessen Leitung er und sie einen Vorstand ernennen sollten, ihnen zu erstatten, bis dahin ihnen die Auslagen für den Bau mit zehn Procent zu verzinsen und bei der Einlösung ihnen die Saat nach Abschätzung zu vergüten. Sie gelobten, ihm das Schloss getreu zu bewahren und offen zu halten, niemanden gegen seinen Willen auf demselben zu hegen, seine Mannen und Leute bei Rechte zu lassen und sie nicht zu verderben, überhaupt niemandem Unrecht oder Schaden zuzufügen. Würde das Schloss um seinetwillen verloren, so sollte er ihnen innerhalb des nächsten Jahres ein anderes in demselben Gerichtsbezirke erbauen helfen, damit sie die zum Schlosse gehörende Gülte einzutreiben in den Stand gesetzt würden, oder er sollte ihnen ein anderes Pfand von demselben Werthe setzen oder endlich ihnen nach Verlauf des Jahres die Pfandsumme auszahlen. Würde das Schloss um ihretwillen verloren, so sollten sie die Pfandsumme, er das Schloss einbüssen und weder er noch sie ohne gegenseitige Einwilligung mit dem Eroberer Sühne oder Frieden schliessen.

Nach dem Tode des edelen Herrn Simon von der Lippe hatten seine Söhne Otto und Bernhard, welche durch den Vergleich vom 3. September 1358 mit dem Stifte Paderborn in den Besitz des grössten Theils der Grafschaft Schwalenberg gelangten, die Herrschaft Lippe unter sich getheilt. Otto nahm seinen Sitz zu Blomberg, Bernhard zu Horn. Jener, welchem Herzog Wilhelm am 14. November 1356 das Schloss „Schune“ bei Vlotho auf die Dauer von sieben Jahren verpfändet hatte, traf im Gerichte auf der Altstadt zu Lemgo ein Jahr vor seinem Tode, nämlich am 1. Februar 1360, ein Uebereinkommen mit seinen beiden Söhnen Simon und Otto, dem gemäss ersterer Laie bleiben und nach des Vaters Tode dessen ganze Herrschaft mit Bewilligung seines Bruders besitzen sollte. Seinen Antheil daran trat Otto seinem Bruder Simon unter der Bedingung ab, dass er, falls dieser bei seinem Tode keine Söhne hinterliesse, die Herrschaft erhielte. Zugleich behielt er sich die Aemter Enger und Quernheim als Leibzucht vor. Simon folgte also seinem Vater 1361 in der Regierung und bekam nach dem Tode seines Oheims Bernhard, welcher nach dem Jahre 1362 in Urkunden nicht weiter genannt wird und keine Kinder hinterliess, auch dessen Antheil an der Herrschaft. Um ferneren Theilungen vorzubeugen, bestimmte er am 27. December 1366 auf Bitten der Gräfinn Richarda, Wittwe seines Oheimes und Schwester seiner Mutter Ermgard, einer geborenen Gräfinn von der Mark, dass die Herrschaft nie wieder getheilt werden und, wenn mehrere Söhne vorhanden wären, derjenige unter ihnen sie erhalten sollte, welchen die Städte Lippstadt und Lemgo für ihren Herrn halten würden. Diesen sollten auch die Städte Horn, Blomberg, Detmold und die Burgmannen zu Varenholz, Brake, Falkenberg, Blomberg und

Detmold als ihren Herrn anerkennen. Der edele Herr Simon, im Besitze der ganzen Herrschaft Lippe und des grössten Theils der Grafschaft Schwalenberg, war einer der mächtigsten Herren in Westphalen. Er vermählte sich mit Gräfinn Anna von Waldeck, einer Schwester des Grafen Heinrich von Waldeck. Die gemeinsame Mutter dieser beiden war Mechtild, Tochter des Herzogs Otto zu Lüneburg. Der edele Herr Simon von der Lippe hatte also mit seinem Schwager, dem Grafen Heinrich von Waldeck, und mit seinem Schwiegervater, dem Grafen Otto, gemeinsam die sich auf 100000 Mark Silbers belaufende Forderung, welche jene gegen den Herzog Wilhelm erhoben und war gegen ihn ihr natürlicher Bundesgenosse. Als solcher beunruhigte er, wie es scheint, die Grenzen des Herzogthums in so empfindlicher Weise, dass die Herzöge Wilhelm und Ludwig einen Krieg gegen ihn kaum vermeiden konnten. Ihr Bündniss mit der Stadt Hameln vom 29. September 1362 war erloschen, ihre Vettern, die Herzöge zu Grubenhagen, hatten beim Abschlusse des Dienstvertrages vom 5. Januar 1364 erklärt, gegen die edelen Herren von der Lippe nicht kämpfen zu wollen, die Zeit des Bündnisses mit dem Bischofe Heinrich von Paderborn vom 16. Juli 1362 war abgelaufen. Von allen Nachbaren der Herrschaft Lippe war vielleicht ausser den Grafen von Everstein und den edelen Herren von Homburg wohl nur Graf Heinrich von Sternberg mit seinem Sohne Johann den Herzögen zur Hülfe in einem Kriege gegen den edelen Herrn von der Lippe verpflichtet. In den guten Beziehungen des Bischofs Heinrich von Paderborn zu diesem muss eine bedeutende Störung eingetreten sein. Am 16. Juli 1362 hatten die Herzöge von dem Bischofe nur die Zusage erlangen können, dass er innerhalb der beiden nächsten Jahre nichts Feindliches gegen sie unternehmen wollte, und nun, da sie seiner Hülfe gegen den edelen Herrn dringend bedurften, fanden sie in ihm den bereitwilligsten Bundesgenossen. Am 30. Mai 1367 verband er sich mit ihnen auf die Dauer seines Lebens zum Besten ihrer und seiner Lande und Leute, versprach unter Verwahrung seiner und der Seinigen Rechte, Feind der Herzöge und ihres Landes nicht zu werden, mit seinen Amtleuten darauf zu achten, dass niemand ihnen aus den Schlössern, Dörfern und Landen des Stiftes Unrecht zufügte, sofort nach erhaltener Anzeige Feind derer zu werden, welche in seinen Schlössern, Dörfern und Landen solche Gegner der Herzöge hegten, und Feind derselben, bis Genugthuung, deren Anbieten keineswegs zurückgewiesen werden durfte, erfolgen würde, zu bleiben. Für Irrungen, in welche er oder seine Amtleute mit den Herzögen und den Ihrigen, oder sie mit ihm und den Seinen, oder Unterthanen beider Länder unter einander gerathen könnten, wurde ein aus zwei herzoglichen und zwei bischöflichen Räthen bestehendes Schiedsgericht eingesetzt, welches in Hameln, falls ihnen dorthin sicheres Geleit bewilligt würde, widrigenfalls in Ohsen zusammentreten sollte. Wer von den Verbündeten klagte, musste dem andern seine Klage zustellen, der Beklagte seine Replik schriftlich abfassen und diese nebst der Klage jenen vier Räthen zugeschickt werden. Könnten dieselben innerhalb eines Monates sich über die Entscheidung nicht einigen, so sollten sie einen edelen Herrn, Ritter oder Knappen zum Obmanne wählen. Wären sie uneinig in der Wahl, so sollten die Würfel entscheiden, welche Partei zu wählen habe, und diese alsdann dafür einstehen, dass der von ihr gewählte Obmann während der genannten Zeit die Entscheidung träfe. Gelänge ihr das nicht, so sollte der Obmann der Gegenpartei an des ersteren Stelle richten. Am Schlusse dieses Vertrages kam derjenige Punkt zur Sprache, welcher für die Herzöge wohl der Hauptbeweggrund gewesen war, das Bündniss des Bischofes zu suchen. Dieser versprach nämlich, falls Irrungen zwischen den Herzögen und dem edelen Herrn Simon von der Lippe obwalteten oder entständen, in welchen er ihnen nicht zum Rechte verhelfen könnte, unverzüglich nach der Aufforderung ihnen so lange, bis er ihnen zum Rechte verhülfe, in einem Kriege gegen den edelen Herrn Beistand zu leisten. Er verpflichtete sich, wenn er so in den Krieg geriethe, eine Besatzung von hundert Rittern und Knechten zu Steinheim oder in anderen bischöflichen Schlössern, wohin sie am zweckmässigsten gegen die Feinde verlegt werden möchten, zum Behufe vorzunehmender Streifzüge zu halten. Eine eben so starke Besatzung sollten die Herzöge nach Lügde oder Barntrupp legen. Beute und Brandschatzung und, wenn es zum Treffen käme, reisige Habe, Gefangene und sonstiger Kriegsgewinn sollten nach Anzahl gewaffneter Leute getheilt werden, eroberte oder gemeinsam erbaute Schlösser den Verbündeten gemeinsam verbleiben, ohne ihre gegenseitige Zustimmung weder Sühne noch Frieden geschlossen werden und keiner von beiden Seiten ohne Bewilligung und Rath des anderen ein Schloss näher an die gemeinsame Grenze bauen. Das Schloss Barntrupp musste den Herzögen von den Grafen von Sternberg dem Vertrage vom 16. October 1365 gemäss geöffnet werden. Mit dem Schlosse Lügde hatte es folgende Bewandtniss. Die Hälfte der

Stadt Lügde und des Schlosses Pyrmont hatte der Erzbischof von Cöln zu Ende des 13. oder zu Anfang des 14. Jahrhunderts von den Grafen von Pyrmont gekauft. Die andere Hälfte der Stadt war ihnen verblieben und nebst dem gräflichen Antheile am Schlosse daselbst vor dem Jahre 1314 dem Grafen Gerhard von Hallermund verpfändet. Als Graf Hermann von Pyrmont am 5. Mai 1314 einen seiner Söhne mit einer Tochter des edelen Herrn Heinrich von Homburg des jüngern verlobte, verschrieb er ihr mit Zustimmung seines Bruders Hildebold seinen Theil des Schlosses Lügde zur Leibzucht, versprach diesen Theil von dem Grafen von Hallermund einzulösen und Stadt und Bürger dem edelen Herrn Heinrich und dem Vater desselben, Bodo, huldigen zu lassen. Seine übrigen Söhne bestimmte er für den geistlichen Stand. Zugleich verschrieben beide Grafen für den Fall, dass sie, ohne Erben zu hinterlassen, stürben, die Herrschaft Pyrmont und das Schloss Lügde den edelen Herren von Homburg. An demselben Tage gelobten die Rathsherren der Stadt, dem edelen Herrn Bodo und seinem Sohne Heinrich zu huldigen, sobald die Grafen die Stadt eingelöset haben würden. Am folgenden Tage nahmen die edelen Herren die Stadt in ihren Schutz und gelobten, sie, wie ihre anderen Schlösser zu vertheidigen. Der edele Herr Siegfried von Homburg besass die Stadt noch im Jahre 1330 und wird sie auch noch ferner behalten haben. Seit dem Jahre 1337 waren die Grafen von Everstein Amtleute des Erzbischofes von Cöln zu Lügde. Sowohl die edelen Herren von Homburg als auch die Grafen von Everstein erscheinen als beständige Bundesgenossen des Herzogs Wilhelm. Es konnte ihm deshalb das Schloss Lügde zum Gebrauche in einem Kriege gegen den edelen Herrn von der Lippe, wenn er es verlangte, wohl kaum vorenthalten werden.

Den Prälaten, Aebten und Pröbsten im Herzogthume Lüneburg war von den früheren Herzögen gestattet worden, in Städten und Weichbilden Einkäufe zu ihrem Gebrauche auf Märkten und Strassen, wie die dort wohnhaften Bürger, zu machen oder machen zu lassen und die erkauften Waaren zu ihrem und ihrer Klöster Behuf jeder Zeit, wann sie wollten, wegführen zu lassen. Daran behindert wünschten sie eine Bestätigung ihres Rechtes und erbaten sich den Schutz des Herzogs Wilhelm. Die Anwendung des zu Gunsten des Rathes der Stadt Lüneburg gegen den freien Handel mit Wein erlassenen Verbotes mochte zunächst die Klagen der Prälaten über Schmälerung ihres Rechtes hervorgerufen haben. Herzog Wilhelm bestätigte am 24. Juni 1367 der hohen Geistlichkeit ihr Recht und versprach ihr seinen Schutz. Zugleich gelobte Herzog Ludwig, sie bei diesem Rechte zu lassen, falls Herzog Wilhelm keinen Sohn hinterliesse und er Herr der Herrschaft Lüneburg würde. Von den Gebrüdern Conrad und Burchard von Steinberg zu Bodenburg und von Conrad von Steinberg, Sohne Hildemar's, denen am 1. Januar 1358 das Schloss Voigtsdahlum verpfändet worden war, liehen beide Herzöge am 10. August 1367 220 Mark löthigen Silbers. Sie versprachen, die Schuld am 15. August 1368 abzutragen und stellten Bürgen, welche erforderlichen Falles ein Einlager zu Celle zu halten gelobten. Die hierüber vorhandene Urkunde ist die letzte, welche die Herzöge Wilhelm und Ludwig gemeinsam ausstellten. Zweifelhaft ist es, ob Herzog Ludwig noch lebte, als am 15. September 1367 dem Lambert von Alden die von seinem Schwiegervater Conrad von Honstedt ihm zu Brautschatz verschriebenen funfzig löthigen Mark im Dorfe Frankenfeld von dem Herzoge Wilhelm unter Vorbehalt dereinstiger Wiedereinlösung des Gutes bewilligt wurden. Herzog Ludwig starb vielleicht in einem Alter von dreissig Jahren, ohne Kinder zu hinterlassen. Eine Urkunde des Klosters Wienhausen vom 12. März 1368 enthält die Nachricht, dass er in der dortigen Klosterkirche begraben liegt, und ordnet für ihn und für mehrere Herzöge und Herzoginnen von Lüneburg ein gemeinsames Anniversar auf den 30. August jedes Jahres an. Vielleicht war Herzog Ludwig an diesem Tage gestorben.

Herzog Heinrich von Sachsen und Baiern hatte den Bürgern der Stadt Braunschweig das Recht verliehen, dass Schiffe von Bremen bis nach Braunschweig frei und ungehindert hinauffahren und nach daselbst geschehener Ausladung ihrer Waaren nach Celle und von dort weiter nach Bremen ungehindert zurückfahren dürften. Wenn eins der Schiffe unterging oder auf irgend welche Weise in Gefahr gerieth, sollte der Eigenthümer der Fracht deshalb keine Brüche zahlen, sondern, nachdem er seine Güter aus dem Wasser gerettet und geborgen oder verkauft hätte, unbelästigt abreisen. Seitdem die Herzogthümer Braunschweig und Lüneburg getrennt worden waren und jedes unter einem besonderen Herzoge stand, geschah für die Ausbesserung und Erhaltung der von Braunschweig nach Celle auf der Ocker und Aller führenden Handelsstrasse sehr wenig oder nichts. Auf der Ocker wurden Mühlen errichtet, Brücken, welche die Schifffahrt hinderten, erbauet, Fischwehre in dem Flusse angelegt. Es fehlten die für die

Schiffahrt erforderlichen Schleusen, die Benutzung der Ufer zum Ziehen der Schiffe wurde den Schiffern nicht gestattet, die Ocker zu säubern unterblieb. Darunter litt nicht nur der Handel der Stadt Braunschweig sondern auch die Stadt Celle, wohin von ersterer besonders viel Korn ausgeführt wurde. Für das Wohl ihrer Unterthanen mochte es den Herzögen zu Lüneburg von grösserer Wichtigkeit erscheinen, dem Mangel an Mühlen abzuhelfen, die Fischerei zu befördern, durch Brücken den Verkehr im Lande zu erleichtern, als dem Handel der auswärtigen Stadt Braunschweig aufzuhelfen. So lange sie bei dieser Ansicht beharrten, war, weil die Ocker von Braunschweig bis zur lüneburgschen Grenze nur eine kleine Strecke durchlief und ihr grösster Lauf im Gebiete der Herzöge von Lüneburg lag, keine Hebung der Schiffahrt von Braunschweig nach Celle und Bremen möglich. Obgleich der Stadt Hannover nach der Stadt Lüneburg unter allen Städten des Herzogthums Lüneburg der erste Platz und daher die meiste Rücksicht gebührte, war ihren Bürgern die Fahrt auf der Leine bis in die Aller, also der Verkehr mit Bremen, bisher fast ebenso erschwert worden, wie den Bürgern Braunschweig's die Fahrt auf der Ocker bis in die Aller. Sie benutzten zwar nach Recht und Gewohnheit die Leine zur Schiffahrt, hatten aber mit denselben Hindernissen, die auf der Ocker vorhanden waren, zu kämpfen. Unter der Regierung des Herzogs Wilhelm endlich wurde der Plan festgestellt, wie die Leine bis in die Aller völlig schiffbar gemacht werden sollte. Die Arbeit näherte sich ihrem Ende und war schon bis auf eine kleine Strecke vollendet. Da hemmte Missgunst der Stadt Lüneburg die völlige Ausführung des Unternehmens, wie ihr Widerspruch die Schiffahrt der Bürger Braunschweig's auf der Ocker nicht aufkommen liess. Die Rathsherren der Stadt Lüneburg schämten sich wohl, dem Herzoge Wilhelm zu gestehen, dass sie das Emporblühen des Handels der Stadt Hannover befürchteten, und begründeten deshalb bei ihm ihre Bitte, dass er das Unternehmen, die Leine schiffbar zu machen, hintertreiben möchte, mit ihrer angeblichen Furcht, der Handel auswärtiger Kaufleute würde der Stadt Lüneburg, wenn die Leine schiffbar gemacht wäre, einen zu grossen Nachtheil bereiten. Um den Abfluss des Kornes aus dem südlichen Theile des Herzogthums, aus dem Stifte Hildesheim und dem Herzogthume Braunschweig nach Bremen zu erschweren und dasselbe dem Handel der Stadt Lüneburg zuzuführen, erboten sie sich, dem Herzoge eine bedeutende Summe Geldes auszuzahlen, wenn er in einem besonderen Privileg ihnen für sich und seine Nachfolger die Zusicherung ertheilen wollte, Wasserwege zur Verschiffung des Kornes oder anderer Waaren von Braunschweig, Hannover oder anderen Städten und Gegenden weder in seinem Lande noch durch dasselbe anzulegen oder deren Anlage zu gestatten, also die Schiffahrt auf der Ocker und Leine von ihren Hindernissen nicht zu befreien. Es konnte dem Herzoge wohl nicht unbekannt geblieben sein, dass die Stadt Hannover für die Berechtigung, die Leine völlig schiffbar machen zu dürfen, ein grosses Opfer an Geld gern gebracht hätte. Die Stadt aber war nicht so reich, um dem Herzoge ein gleich werthvolles Anerbieten, wie die Stadt Lüneburg, machen zu können, und die Stadt Braunschweig unterliess, wie es scheint, jeden Versuch, das zu erwartende Verbot des Herzogs abzuwehren. Dieser bedurfte, was die Geschichte seiner Regierung leicht erklärt, sehr viel Geld, und forderte von den Rathsherren der Stadt Lüneburg für die Gewährung ihrer Bitte eine so hohe Summe, dass sie sich später beklagten, die Herrschaft oder die Regierung habe ihnen mit dem Wasserwege das Geld abgedrungen. Um so grösser musste der Neid und die Missgunst sein, die sich entschloss solche Summe zu zahlen. Wie gross ihr Betrag auch gewesen sein mag, die Anleihen, welche die Stadt in diesem Jahre (1367) machte, betrugen nur 1000, im vorigen Jahre jedoch 3990 Mark Pfennige, welches Geld sie meistens zu einem Zinsfusse von $6^{2}/_{3}$ auch 6 Procent erhielt. Nur in zwei Fällen musste sie 10 Procent Zinsen zahlen. Seit der Verleihung des letzten Privileg's hatte sich der Stadt Lüneburg mancher Uebelstand fühlbar gemacht. Im Herbste des Jahres 1366 herrschte in allen der Nord- und Ostsee benachbarten Städten eine grosse Theuerung, so dass der Scheffel Roggen zu Lübeck, wahrscheinlich von bedeutend grösserem Maass als im Herzogthume Lüneburg, fünf bis sechs Schillinge kostete. Die hohen Preise erhielten sich, bis nach einem halben Jahre, zu Ostern, Schiffsladungen voll Kornes anlangten. Wegen dieser Theuerung verbot Herzog Wilhelm mit dem Rathe der Stadt Lüneburg die Kornausfuhr. Der Vogt zu Lüneburg und die herzoglichen Amtleute an den Grenzen gestatteten, ohne die Bewilligung des Rathes der Stadt Lüneburg einzuholen, die Ausfuhr und führten, weil wegen des Verbotes gerade jetzt das Geschäft ausserordentlich vortheilhaft war, selbst Korn aus. Der Herzog hatte versäumt, die Strafe für Uebertretung des Verbotes zu bestimmen. Weil er auch dem Rathe der Stadt nicht ausdrücklich die Berechtigung beigelegt hatte, die dem Verbote zuwider handelnden Leute anzuhalten und ihr Gut mit Beschlag zu belegen, so hielten sich dazu der Vogt in der Stadt und die Amtleute allein befugt, wehrten der Stadt, selbst einzuschreiten und weigerten sich, die eingezogenen Brüche mit ihr zu theilen. Aus Missverstand oder Gewinnsucht legten sie sogar der freien Einfuhr des Kornes von Braunschweig, Hildesheim, Helmstedt, Magdeburg, aus der Mark, wie aus anderen Gegenden und dem Transporte desselben durch die herzoglichen Schlösser und Lande nach der Stadt Lüneburg Hindernisse in den Weg und traten dem von Bürgern Lüneburgs betriebenen Aufkaufe im Herzogthume und der Abfuhr der erhandelten Waare nach Lüneburg hemmend entgegen. Seitdem am 11. März 1348 die Schifffahrt auf der Ilmenau freigegeben, besonders aber seitdem die letzte Theuerung eingetreten war, benutzten ausser den Bürgern Lüneburg's auch Andere den Fluss, um Waaren, hauptsächlich Korn, nach Lüneburg zu Markte zu bringen und damit zu handeln. Der den Kaufleuten in der Stadt dadurch entgehende Gewinn des Zwischenhandels und das durch den vollen Markt bewirkte Sinken ihrer eigenen Kornvorräthe im Preise verursachte ihnen Sorgen und Unruhe. Es musste ein Mittel ausfindig gemacht werden, der Stadt allein den Vortheil der Schifffahrt auf der Ilmenau und mittelbar des Kornhandels zu erhalten. Schon der Vater des Herzogs Wilhelm hatte befohlen, dass, wenn in seinem Herzogthume befrachtete oder ledige Schiffe durch Noth oder Unglück versänken oder strandeten, von den Leuten, von den Schiffen und von der Fracht keine Brüche eingezogen werden sollten. Auch gegen diesen Befehl war seit einiger Zeit von den herzoglichen Amtleuten gehandelt worden. Die davon betroffenen Bürger der Stadt Lüneburg verlangten Abhülfe dagegen und wünschten endlich, die Ausfuhr des Zimmerholzes, Tannenholzes und anderen Holzes aus dem Lande, wie die Ausfuhr des Kornes, hindern zu können. Es hatte sich also wieder ein grosses Register von Klagen und Wünschen bei dem Rathe der Stadt Lüneburg gesammelt. Das theuer zu erkaufende Privileg sollte Heilmittel gegen jeden Schaden und Befriedigung für jedes Begehren bringen. Am 20. September 1367 versprach Herzog Wilhelm zuvörderst und ganz in der gewünschten Weise, keinen Wasserweg anzulegen, noch dessen Anlage zu gestatten. Dann wiederholte er den Befehl, dass, wenn er oder sein Vogt zu Lüneburg mit dem Rathe der Stadt die Ausfuhr des Kornes verböte, sie zu Lüneburg, Winsen, Harburg, Bleckede und an allen Grenzen, wohin Korn verschifft werden könnte, verboten sein sollte, und schärfte besonders ein, dass der Vogt zu Lüneburg und die herzoglichen Amtleute in jenen Gegenden oder an Stellen, wohin sonst das Korn verschifft werden könnte, ohne Bewilligung des Rathes der Stadt weder selbst Korn ausführen noch Anderen die Ausfuhr erlauben sollten. Würde jemand bei der verbotenen Ausfuhr ergriffen, so sollte er das Korn einbüssen und der Schiffer drei Pfund Pfennige Strafe erlegen. Wem es gelänge, ungehindert Korn über die Grenze zu bringen, der sollte, wenn er entdeckt würde, zur Strafe eben so viel Korn oder dessen Werth in Gelde abliefern und der Schiffer jene drei Pfund zahlen. Bis die Strafe abgebüsst sei, sollten beide in Haft genommen oder ihr Gut mit Beschlag belegt, das Schiff und die Schiffsleute aber nicht weiter, als hierzu erforderlich, behelliget werden. Der Vogt zu Lüneburg und der Rath der Stadt sollten die Brüche gleichmässig unter sich theilen. Beide bevollmächtigte der Herzog, Haft und Beschlag zu verhängen. Zugleich erlaubte er nicht nur die freie Einfuhr des Kornes in der gewünschten Weise, sondern gestattete auch den Bürgern Lüneburg's den Aufkauf im Herzogthume und die Abfuhr der Waare nach Lüneburg, indem er seinen Amtleuten befahl, weder in dem einen noch in dem andern hindernd einzuschreiten. Er bestätigte die Verfügung seines Vaters, wodurch den Eigenthümern versunkener oder gestrandeter Schiffe für diese und ihre Fracht Straflosigkeit gewährt wurde. Hinsichtlich der Schifffahrt auf der Ilmenau bestimmte er, dass, wenn der Rath der Stadt Schaden davon befürchtete, niemand ohne dessen Bewilligung den Fluss mit Korn oder Waaren befahren sollte. Die Ausfuhr des Zimmerholzes, Tannenholzes und anderen Holzes aus dem Lande machte er von der Bewilligung des Vogtes und des Rathes der Stadt Lüneburg abhängig. Auf unbefugtes Befahren der Ilmenau und auf unbefugte Ausfuhr des Holzes setzte er in derselben Weise Strafen, wie bei der Kornausfuhr, ertheilte auch hierin dem Vogte und dem Rathe gleiche Gewalt und verlieh beiden gleiches Recht an den Strafgeldern. Alle diese Begünstigungen verlieh er der Stadt für sich und seine Nachfolger. So war in einem gewissen Sinne das ganze Land dem Rathe der Stadt Lüneburg zinsbar gemacht. Ein gewissenloser Vogt war damals keine seltene Erscheinung. Im Einvernehmen mit dem Vogte zu Lüneburg, der durch die Aussicht auf die ihm zufallende Hälfte der Strafgelder sogar auf ein solches hingewiesen wurde, konnten die Rathsherren genau zur Zeit, wenn der Vortheil des Geschäftes es verlangte, das Verbot der Ausfuhr erlassen und, um zu erzwungenen Preisen mit Wucher zu verkaufen, dasselbe so lange aufrecht erhalten, bis sie und die übrigen Kaufleute der Stadt sämmtliche grösseren Kornvorräthe im Lande aufgekauft hatten. Sie konnten dem Lande den freien Absatz seiner Producte zu einer Zeit wehren, in welcher es den meisten Vortheil davon bezogen hätte, und sich und der Stadt die Ausbeute davon rechtlich zueignen. Es war ihnen durch dieses und das vorige Privileg ein Recht eingeräumt, welches, weil sie als eifrige Kaufleute es nur zu ihrem Nutzen und bis zu den äussersten Grenzen ihrer Befugniss gebrauchten, früher oder später zu Zerwürfnissen mit dem Landesherrn führen musste. So sehr auch die herzogliche Schatzkammer der Zuflüsse bedurfte, konnte Herzog Wilhelm zu solchen Verleihungen, wie die obigen, ohne ein unerschütterliches Vertrauen auf die Rechtlichkeit des Rathes unmöglich sich haben bewegen lassen; und sie mochte allerdings der Rechtlichkeit seiner Vögte und Amtleute nicht nachstehen. Welcher Stellung der Rath der Stadt beim Herzoge dem dortigen Vogte gegenüber sich erfreuete, zeigt schon ein einziges Beispiel. Als Graf Heinrich von Holstein zu Rendsburg und die Lübecker in einer Klagsache Rechtshülfe von dem Vogte Woldeke zu Lüneburg vergeblich in Anspruch genommen hatten, wandten sie sich nicht an den Herzog mit ihrer Beschwerde, sondern an den Rath der Stadt Lüneburg, welcher dann dem Herzoge davon Anzeige machte. Dieser schrieb darauf dem Vogte: „Herr Vogt! So lieb Ihr mich habt, sollt Ihr wissen, dass Ihr es bei meiner Huld nicht unterlasset, sofort nach Sicht dieses mit meinem kleinen Siegel besiegelten Briefes dem Grafen Heinrich von Holstein und den Lübeckern oder ihren Amtleuten, wenn sie es von Euch verlangen, Recht zu sprechen. Von Seiten Wilhelm's, Herzogs von Braunschweig und Lüneburg." Eine Abschrift dieses Briefes stellte er unter dem Siegel seines Küchenmeisters Christian von Langelege den Rathsherren der Stadt Lüneburg zu.

Ein tückisches Geschick gewährte von allen Wünschen des Herzogs Wilhelm ihm nur den einen, welchen er, falls alle übrigen unerfüllt blieben, gehegt hatte, nämlich den Nachfolger des Herzogs Ludwig auszuwählen. Selbst diese Wahl beschränkte es ihm so, dass sie fast zu einem eitelen Vorrechte hinabsank. Für den Fall, dass Herzog Ludwig eher, als Herzog Wilhelm und bevor diesem Söhne geboren wären, stürbe, bestimmte der eine mit dem Herzoge Magnus dem älteren am 23. Juni 1355 errichtete Vertrag, dass Herzog Wilhelm mit demjenigen der Brüder Ludwig's, welchen er auswählen würde, seine Tochter Mechtild vermählen und ihr seine ganze Herrschaft in der Weise mitgeben sollte, dass ihr Gemahl, jedoch nur falls ihr Vater keine Söhne hinterliesse, nach dessen Tode die ganze Herrschaft erhielt. In dem anderen Vertrage von demselben Tage war festgesetzt, dass in dem obigen Falle Herzog Wilhelm den von ihm ausgewählten Bruder Ludwig's in seine Herrschaft einsetzen und nach seinem Tode ihm dieselbe lassen, Herzog Magnus aber bei seinen Lebenszeiten und unverzüglich denselben in die Herrschaft Braunschweig einsetzen sollte, so dass der Nachfolger Ludwig's beide Herrschaften vereint besässe. Dieser Bestimmung war hinzugefügt, dass, falls noch später dem Herzoge Wilhelm Söhne geboren würden, diese seine Herrschaft behalten sollten. Die noch lebenden Brüder Ludwig's waren Magnus der jüngere zu Sangerhausen, Albrecht, Erzbischof von Bremen, Heinrich, Probst St. Crucis und Domherr zu Hildesheim, und Ernst. Albrecht und Heinrich, welche, als die Verträge vom 23. Juni 1355 errichtet wurden, wahrscheinlich noch nicht die geistlichen Weihen erhalten hatten, wurden nun durch ihren Stand von der Wahl, welche Herzog Wilhelm, weil er noch keinen Sohn besass, treffen musste, ausgeschlossen. Herzog Magnus der jüngere nannte am 15. August 1370 seine Gemahlinn die hochgeborene Frau Katharina, „itzund" unsere liebe echte Hausfrau; am 20. September desselben Jahres nannte er sie Katharina, „yttol" unsere liebe echte Hausfrau. Das niederdeutsche Wort „yttol" besitzt also ganz die Bedeutung des hochdeutschen Wortes „itzund". Herzog Magnus wollte vermittelst jenes Zusatzes sagen: Katharina, unsere jetzige liebe Gemahlinn. Sich so auszudrücken, konnte er doch wohl nur veranlasst werden, wenn ihm eine frühere Gemahlinn Namens Katharina nicht lange vorher gestorben war. Um beide zu unterscheiden oder vielmehr spätere Zeiten auf den Unterschied aufmerksam zu machen, wird er sich anfangs nach seiner zweiten Vermählung jenes Zusatzes in Urkunden bedient haben. Seine erste Gemahlinn lebte noch am 8. Januar 1364. Nach einer etwa am 27. Juli 1372 aufgezeichneten Nachricht hatte Herzog Wilhelm der in diesem Jahre lebenden Herzoginn Katharina, Gemahlinn des Herzogs Magnus des jüngern, eine Leibzucht verschrieben. Dies kann nur vor dem 23. November 1369, seinem Todestage, geschehen sein. Ohne Zweifel wird deshalb unter der in einer Urkunde der Markgrafen von Meissen am 1. August 1369 genannten Herzoginn Katharina schon die zweite Gemahlinn des Herzogs Magnus des jüngeren verstanden werden müssen. Der Tod seiner ersten Gemahlinn Katharina fällt demnach in die Zeit zwischen den Jahren 1364 und 1369. Aus dem Umstande, dass er in einer Urkunde vom 20. September 1370, nicht aber in einer früheren Urkunde ähnlichen Inhalts vom 22. October 1367 seiner Gemahlinn einen Einfluss auf die Wahl seines Nachfolgers unter seinen Söhnen einräumte, möchte vielleicht gefolgert werden dürfen, dass er an letzterem Tage Wittwer war. Lebte seine erste Gemahlinn noch zur Zeit, als Herzog Ludwig starb, so blieb dem Herzoge Wilhelm, wenn beide Verträge vom 23. Juni 1355 genau ausgeführt werden sollten, zwischen den Brüdern Ludwig's keine Wahl, denn von ihnen vermochte dann nur noch Herzog Ernst sein Schwiegersohn zu werden; lebte sie nicht mehr, so konnte Herzog Wilhelm sich für Herzog Magnus den jüngeren oder für Herzog Ernst entscheiden. Wie dem auch gewesen sein mag, es erhoben sich ihm, wie es scheint, grosse Bedenken sowohl gegen eine Vermählung seiner Tochter Mechtild mit einem Bruder Ludwig's, als auch namentlich gegen die Nachfolge des Herzogs Ernst. Die Ehe seiner Tochter Mechtild mit dem Herzoge Ludwig war kinderlos. Herzog Wilhelm mochte ernstlich befürchten, dass seine Tochter auch in zweiter Ehe ohne Kinder bleiben würde. Damit aber fiel für ihn aller Grund hinweg, die Nachfolge im Herzogthume von einer Vermählung mit ihr abhängig zu machen. Er musste sich dieser Vermählung dann sogar widersetzen, wenn er allen möglichen Zwischenfällen vorbeugen und sein Land dem altherzoglichen Stamme erhalten wollte. An seinen Enkel, den Herzog Albrecht von Sachsen-Wittenberg, dasselbe zu bringen, hinderten ihn, wenn nicht schon sein dem entgegenstehender Wille, eben die Verträge vom 23. Juni 1355. Herzog Ernst, Bruder Ludwig's, gehörte, wie es scheint, nicht zu den verträglichen Naturen. Die Söhne seines Bruders Magnus des jüngeren erklärten am 3. Februar 1374, dass, wenn er mit der Stadt Braunschweig und der Mannschaft sich darum vertragen könnte, dieselben ihm huldigen und die Lehne von ihm in Empfang nehmen möchten, und versicherten zugleich, dass Stadt und Mannschaft auf ihren Beistand rechnen dürften, falls er sich mit denselben nicht darum vertragen und zum Unrechte seine Zuflucht nehmen würde. Wenn der Character, welcher ihm hier zugetrauet wird, wirklich ihm eigen war, so passte er nicht zu einem Herrn im Herzogthume Lüneburg, wo durch versöhnliches Wesen die Einigkeit zwischen Herrscher und Ständen und durch Verträglichkeit die guten Beziehungen zu den verbündeten Fürsten erhalten werden mussten, um dem äusseren Feinde gewachsen zu sein. Herzog Ernst war noch jünger, als sein verstorbener Bruder Ludwig. Es hätte herzoglichen Räthen die Regentschaft wieder übertragen werden müssen. Dass er sich derselben fügen würde, dafür bot sein Character wohl keine Bürgschaft. Die Besorgniss, dass unter solchen Umständen der Kaiser und der Herzog von Sachsen-Wittenberg endlich obsiegen und alle bisher gegen dieselben mühsam errungenen Vortheile verloren würden, war gewiss gerechtfertigt. Mit rüstiger Hand hatte Herzog Wilhelm die Zügel der Regierung geführt. Jetzt fühlte er jedoch sein Alter und die Abnahme seiner Kräfte. Er bedurfte eines thatkräftigen, erfahrenen Mitregenten und das Land eines Mannes, der es mit Kaiser und Reich würde aufnehmen können. Alles dieses, wenn auch vielleicht weniger die Verträglichkeit, stand eher von dem Herzoge Magnus dem jüngeren, als von seinem Bruder Ernst zu erwarten. Ausserdem besass jener vier Söhne, von denen die älteren schon ziemlich herangewachsen waren, so dass, wenn er von dem Herzoge Wilhelm gewählt wurde, eine Unsicherheit wegen der Erbfolge durch Todesfall so leicht nicht wieder herbeigeführt werden konnte. Indem also Herzog Wilhelm nicht mehr darauf bestand, seine Tochter Mechtild mit einem Bruder Ludwig's zu vermählen, entschied er sich für den Herzog Magnus den jüngeren als seinen Nachfolger, falls er selbst keine Söhne hinterlassen würde. Unter dieser Voraussetzung und unter der Bedingung, dass die Lande Braunschweig und Lüneburg mit allen dazu gehörenden Landen und Schlössern dann ewig ungetheilt nur eine Herrschaft bleiben sollten und die Erbfolge im Mannsstamme nach der Erstgeburt sich richtete, überliess er dem Herzoge Magnus dem jüngeren zu Anfang oder in der Mitte Octobers 1367 die Herrschaft Lüneburg und setzte ihn in dieselbe ein. Als Herzog Wilhelm davon die Städte Lüneburg und Hannover benachrichtigte und sie aufforderte, dem von ihm gewählten Nachfolger zu huldigen, stiess er auf unerwartete Schwierigkeit. Beide Städte waren zu einem solchen Ansehen emporgestiegen, dass sie zu Ende des Jahres 1366 oder zu Anfange des Jahres 1367 von den Seestädten in dem zwischen der Stadt Hamburg und den übrigen Städten wegen Repartition der Kosten des dänischen Krieges entstandenen Streite zu Schiedsrichtern gewählt wurden. Von der Versammlung der Abgeordneten der Hanse-Städte zu Cöln, wo dieselben am 19. November 1367 einen zweiten Krieg gegen Dänemark beschlossen hatten, reiseten die Räthe der Städte Lübeck, Wismar,

Rostock und Stralsund als Bevollmächtigte der Hanse drei Tage darauf nach Braunschweig, Lüneburg, Hannover, Hildesheim, Magdeburg, Hameln, Bremen, Stade, Hamburg und Kiel, um sie für das Bündniss gegen Dänemark zu gewinnen. Dass alle diese Städte am Kriege Theil nahmen, beweist eine Urkunde des Königs Albrecht von Schweden vom 25. Juli 1368. Die Städte Lüneburg und Hannover fühlten ihre eigene Bedeutung und glaubten, eine Stütze, wenn sie deren bedürften, auswärts gefunden zu haben. Anstatt der Aufforderung des Herzogs Wilhelm nachzukommen, ertheilten ihm die Rathsherren der Stadt Lüneburg zur Antwort, sie dürften die Huldigung nicht leisten, weil der Kaiser sich mit dem Herzogthume befasse. Ausserdem werden sie eingewandt haben, dass, selbst wenn ein Einverständniss zwischen dem Kaiser und dem Herzoge erreicht würde, für die versprochene Einigung der Lande Braunschweig und Lüneburg nur durch die Huldigung der Stadt Braunschweig Sicherheit zu erlangen sei. Es erfordere doch wohl die Billigkeit, dass jene Stadt sich zu derselben verpflichte, bevor sie huldigten. Zudem, werden sie zuletzt entgegnet haben, sei es alter Brauch, dass, ehe man huldige, die Privilegien bestätigt würden. Durch diese Antwort, namentlich durch die Berufung auf den Kaiser war die Angelegenheit auf ihrem gefährlichen Punkte angelangt. Wollten die Herzöge Wilhelm und Magnus der jüngere die Huldigung erzwingen, so machten sie nicht nur die Stadt Lüneburg sondern auch die übrigen Städte des Landes, welche sicher dem Beispiele der Hauptstadt gefolgt sein würden, zu Bundesgenossen des Kaisers und des Herzogs von Sachsen-Wittenberg. Auch die Haltung des übrigen Landes war ungewiss. Schon befanden sich die Amtleute auf den Schlössern in keiner besonders günstigen Stimmung, weil sie für die Zahlung der grossen Summen, welche Herzog Wilhelm ihnen schuldete, besorgt waren. Selbst die herzoglichen Räthe und Hofbeamten trauten der zu erwartenden Gestaltung der Dinge nicht recht, denn sie befürchteten, unter dem neuen Herzoge ihre Stellen zu verlieren. Wollte Herzog Magnus der jüngere die Huldigung der Stadt Lüneburg erlangen, so musste er sich entschliessen, alle Verantwortlichkeit gegen Kaiser und Reich nicht nur ihr, weil hierüber mit ihr doch kein besonderer Vertrag heimlich abgeschlossen werden konnte, sondern auch dem ganzen Lande abzunehmen und auf sich allein zu laden, gleich einem Eroberer, für den niemand, als er selbst, einsteht. Ehe er das schöne Land zwischen Elbe und Weser aufgab, fügte er sich lieber allen Bedingungen. Zunächst stellte er am 18. October 1367 eine Urkunde aus, worin er gelobte, den Herzog Wilhelm, dessen Land, Schlösser und Städte mit Güte oder mit Recht von der Anklage zu entledigen, welche gegen sie irgend jemand des Kaisers, des Reiches oder Erbberechtigung wegen erheben könnte, und nach dem Tode Wilhelm's dessen Schulden den Amtleuten und anderen Gläubigern, auch Vermächtnisse, welche derselbe zu seinem Seelenheile anordnen würde, den Kirchen auszuzahlen. Dann ersuchte er die Stadt Braunschweig, urkundlich zu erklären, dass sie bereit sei, ihm zu seinem Rechte, wie den früheren Herzögen von Braunschweig, nach seines Vaters Tode zu huldigen. Auch hier traf er auf Schwierigkeiten. Die Stadt forderte, bevor sie eine solche Erklärung ausstellte, von ihm neue Zusicherungen, wodurch ihren Beschwerden abgeholfen würde. Nachdem er diese am 21. October 1367 ertheilt hatte, erfüllte sie an demselben Tage sein Verlangen nur unter der Bedingung, dass er ihr vor der Huldigung die ihr von seinen Vorfahren ausgestellten Urkunden bestätige und ihren Bürgern unentgeltlich und ohne Widerrede ihre Lehne verleihe. Diese in die Form einer Uebereinkunft mit den Städten Lüneburg und Hannover eingekleidete Erklärung der Stadt Braunschweig nebst der oben erwähnten Urkunde vom 18. October 1367 wurde dem Rathe der Stadt Lüneburg vorgelegt. Zugleich zeigte Herzog Wilhelm den Rathsherren zu Lüneburg am 21. October 1367 nochmals und nun schriftlich an, dass er nach dem Rathe seiner treuen Mannen für den Fall seines Todes seinen Vetter, den Herzog Magnus den Jüngeren, zum Herrn der Herrschaft Lüneburg gewählt habe, und befahl ihnen und den Bürgern der Stadt, demselben, wie früher dem Herzoge Ludwig, zu huldigen, nämlich zu geloben, dass sie nach seinem Tode, falls er keinen Sohn hinterliesse, den Herzog Magnus den jüngeren als ihren Herrn anerkennen wollten. Auch den letzten Einwand entfernte dieser. Er gelobte nämlich, falls bei dem Tode des Herzogs Wilhelm keine rechten Erben, ein oder mehrere Söhne, hinterblieben und er in Folge der von demselben schon vollzogenen Ueberlassung der Herrschaft Lüneburg an ihn und erfolgter Einsetzung in dieselbe Herr der Herrschaft und aller oder einiger dazu gehörenden Lande würde, die Herrschaft, die Lande, alle Stifte, Klöster, Kirchen, geistliche Lehne, alle Burgen, Städte, Weichbilder, Dörfer und alle deren Vorsteher, alle Prälaten, Aebte, Pröbste, Freien, Dienstleute, Ritter, Knappen, Rathsherren, Bürger, Bauern und alle Einwohner und Eingesessenen der Herrschaft Lüneburg, namentlich die Rathsherren und Bürger der Stadt Lüneburg, die Saline, die Münze und Wechsel daselbst und die Salininteressenten, ferner die Rathsherren und Bürger der Stadt Hannover und die Münze und Wechsel daselbst bei ihren hergebrachten Rechten, Gerichte und Gewohnheiten zu lassen, auch alle ihnen von den Herzögen von Braunschweig und von den Herzögen von Lüneburg verliehenen oder von dem Herzoge Wilhelm noch zu verleihenden Privilegien und Urkunden ihnen zu halten. Zugleich bestimmte er, dass die Lande Braunschweig und Lüneburg mit allen dazu gehörenden oder noch hinzukommenden Landen und Schlössern ewig nur eine Herrschaft und ungetheilt bleiben und dass Land und Leute nur einem Herrn, nämlich dem Ältesten, falls er dazu tauglich wäre, huldigen sollten. Wäre derselbe nicht dazu tauglich, so befahl Herzog Magnus der jüngere seinen bei seinem Tode hinterbleibenden Räthen, unter seinen rechten Erben einen, der ihnen zur Herrschaft tauglich erschiene, zu wählen, und bestimmte, dass, falls sie sich in der Wahl nicht einigen könnten, die Lande denjenigen als ihren Herrn anerkennen sollten, für welchen die Räthe der Städte Braunschweig, Lüneburg und Hannover sich einstimmig erklärten. Er versprach, Land, Leute und Städte getreu bei ihren Rechten zu vertheidigen, die Räthe des Herzogs Wilhelm, falls er zur Herrschaft gelangte, in seinem Rathe zu behalten und dessen Drosten, Marschälle, Schenken und Kämmerer in ihren Aemtern zu lassen. Alles dieses gelobte er den Prälaten, Aebten, Pröbsten, Freien und Dienstleuten, Rittern und Knappen, ferner den Rathsherren und Bürgern der Städte Lüneburg, Hannover, Uelzen, Lüchow, Dannenberg, Pattensen, Münder, Eldagsen, Neustadt und Celle, und der Weichbilder Winsen, Dahlenburg, Harburg, Bleckede und Rethem, sogar den Rathsherren und Bürgern aller Städte und Weichbilder, welche noch zu der Herrschaft hinzukommen möchten. Er verpflichtete seine Erben und Nachfolger, dieses Alles getreu zu halten und dasselbe in besonderen mit ihren Siegeln zu versehenden Urkunden zu geloben. Ausser vielen Pröbsten, herzoglichen Räthen, Beamten, Rittern und Rathsherren waren Graf Nicolaus von Holstein zu Rendsburg, Schwiegersohn des Herzogs Wilhelm, Graf Diedrich von Hohnstein, Schwager des Herzogs Magnus des jüngeren, und Graf Ludolf von Wunstorf gegenwärtig. Graf Nicolaus gab als Vormund seiner Gemahlinn durch seine Gegenwart gewissermassen seine Zustimmung zu der Nachfolge des Herzogs Magnus des jüngeren zu erkennen. Wie die Urkunde vom 18. October nochmals am 1. November 1367 ausgefertigt wurde, so sind auch von der eben ihrem Inhalte nach mitgetheilten Urkunde mehrere gleichlautende Ausfertigungen vorhanden und zwar von verschiedenen Tagen, nämlich vom 16. 18. 22. 24. October und 1. November datirt, je nachdem die Huldigung einige Tage früher oder später dem Stande oder der Stadt, welche die Ausfertigung empfing, abgefordert wurde. Der Stadt Lüneburg wurde die Urkunde unter dem 18. October, der Stadt Hannover unter dem 22. October und der Stadt Uelzen unter dem 1. November ausgefertigt und zugestellt. Die Bestimmung, dass die herzoglichen Räthe in gewissen Fällen den nachfolgenden Herzog unter den Söhnen des vorigen wählen sollten, war eine Begünstigung des ritterbürtigen Standes, durch welche dieser für den Herzog Magnus den jüngeren gewonnen wurde. Die wohl mit einem ähnlichen Zwecke verbundene Bestimmung, durch welche im Falle uneiniger Wahl die Nachfolge von der Entscheidung der Städte abhängig gemacht wurde, erinnert so sehr an die vom Herzoge Wilhelm zu Gunsten der Städte in den Jahren 1354 und 1360 erlassenen Verfügungen, als dass man nicht eine besondere Kundgebung seines Willens darin erblicken sollte. An diesen den Städten bewilligten Vorrechte die Stadt Braunschweig Theil nehmen zu lassen, lag, seitdem Herzog Albrecht zu Grubenhagen sich für die Nachfolge des Herzogs Ludwig und der Brüder desselben erklärt hatte, wohl kein Bedenken mehr vor. Nachdem Herzog Magnus der jüngere die beiden von ihm ausgestellten Urkunden und die Urkunde der Stadt Braunschweig dem Rathe der Stadt Lüneburg vorgezeigt hatte, huldigte diese Stadt wahrscheinlich am 21. October 1367 oder am folgenden Tage. Sofort reisete er in Begleitung seines Schwagers, des Grafen Diedrich von Hohnstein, nach Hannover und gelobte hier am 22. October auf der Rathsküche den Rathsherren, jedem besonders in die Hand, sie, die Bürger und die Stadt bei allen ihren Rechten und Gewohnheiten zu lassen. Darauf huldigten sie ihm an demselben Tage und schworen, ihm nach dem Tode des Herzogs Wilhelm, falls derselbe, ohne einen oder mehrere Söhne zu hinterlassen, stürbe, treu und hold zu sein, wie Bürger es ihrem Herrn von Rechts wegen schuldeten. Die auf dem Markte versammelten Bürger schworen den Eid nach. Die Stadt Uelzen huldigte am 1. November 1367. Es wird darauf in den übrigen Städten und im ganzen Lande die Huldigung erfolgt sein. Herzog Magnus der jüngere trat nun zu der Regierung des Herzogs Wilhelm in dasselbe Verhältniss, wie einst Herzog Ludwig; nur brachte die Altersschwäche Wilhelm's und der Schutz von

Erfahrungen, welche Herzog Magnus gesammelt hatte, es mit sich, dass diesem ein grösserer Einfluss auf die Regierung eingeräumt wurde. Eine Aussöhnung mit dem Kaiser und ein Vergleich mit dem Herzoge von Sachsen-Wittenberg schien nun ganz unmöglich geworden zu sein. Herzog Wilhelm verfiel der ihm am 11. Mai 1364 angedroheten Aber-Acht, worin er, wie eine kaiserliche Urkunde vom 29. Juni 1370 angiebt, bis zu seinem Tode verblieb.

Obgleich Herzog Wilhelm das Entstehen von Schlössern, Burgen und Kemnaden auf den Höfen seiner Mannen möglichst verhindert hatte, waren doch mehrere erbauet. Einige hatte er zerstört, andere waren stehen geblieben. Diese entweder zu beseitigen oder unschädlich zu machen oder selbst zu erwerben, scheint ein Grundsatz gewesen zu sein, welchem Herzog Magnus der jüngere gleich nach seiner Einsetzung in die Herrschaft Geltung verschaffte. Die Rone besassen von dem Herzoge Wilhelm die Dörfer Echem und „Luninghorst" oder „Ludinghorst" mit Zehnten, Wasserstauung und Gericht, wenigstens das erstere Dorf, zu Lehn, behaupteten aber, beide von dem Abte St. Michaelis in Lüneburg zu Lehn erhalten zu haben. Im Dorfe Echem hatten sie eine Burg erbauet. Herzog Wilhelm kaufte nun am 16. Januar 1368 beide Dörfer mit der Burg und allem Zubehör für 500 Mark Pfennige von dem Knappen Ludolf Rone, liess ihn dieselben dem Abte resigniren und die Gebrüder von Estorff auf das Gut zu Echem Verzicht leisten. Fünf Tage darauf verkaufte er beide Dörfer mit Ausnahme der Burg, welche er wahrscheinlich zerstören liess, für denselben Preis dem Abte und Convente zu Scharnebeck unter Vorbehalt des Wiederkaufes und Herzog Magnus der jüngere gelobte, falls er Herr der Herrschaft Lüneburg würde, den Vertrag zu halten. Die von der Odeme hatten den Haupthof zu Hanstedt, Stockfisch-Hof genannt, und das Gericht über Hals und Hand im Dorfe nebst mehreren Gütern daselbst und in der Umgegend von den Herzögen Otto und Wilhelm zu Lehn erhalten. Unter der Regierung des Letzteren hatten sie dort eine Burg erbauet, welche sie bald Haus, bald Kemnade, bald Schloss nannten, und hatten sie mit Wall und Gräben befestigt. Das Schloss und die Güter waren zwischen ihnen getheilt. Gerhard von der Odeme und Johann, Detlef und Gebhard, Söhne des verstorbenen Gebhard von der Odeme, besassen die eine Hälfte, der schwarze Gebhard von der Odeme und sein Bruder Johann die andere Hälfte. Beide Letzteren verschrieben ihre Hälfte, weil sie keine Söhne hinterliessen, ihren Töchtern zur Mitgift. Durch ihren Tod wurden ihre Güter dem Herzoge Wilhelm, als ihrem Lehnsherrn, erledigt. Aus Gnaden aber überliess er sie dem Johann von Tzarnhusen, Johann von Doren und Wasmod von dem Knesebeck, Schwiegersöhnen der beiden verstorbenen Gebrüder von der Odeme. Von ihnen kaufte Haner von der Odeme, Hilmar's Sohn, am 23. September 1361 die sämmtlichen von ihren Schwiegervätern nachgelassenen Güter zu Hanstedt und in der Umgegend. Er selbst war begütert zu Hanstedt. Seine theils erkauften theils ererbten Besitzungen waren das halbe Schloss zu Hanstedt mit der Hälfte des Gerichtes über Hand und Hals, die halbe Mühle daselbst und ausser dem Stockfisch-Hofe zwei Höfe, sieben Koten und zwei Hausstellen zu Hanstedt, ein Hof zu Tesndorf, ein Hof zu Bode mit Holzung und Trift, ein Hof zu Brauel, drei Höfe zu Allenbostel, ein Hof zu Eitzen, ein Hof zu Holthusen, zwei Höfe und elf Koten zu Bestzendorf, der Fierbusch („Vir") im Süsing, die halbe „Holbunte", die halbe Holzung zu Brauel und die halbe „Stedeno". Diese herzoglichen Lehngüter mit allen dazu gehörenden Leuten kauften von ihm am 14. Februar 1368 die Herzöge Wilhelm und Magnus der jüngere für 900 Mark lüneburger Pfennige. Die Bezahlung wird er vermittelst einer Anweisung auf den Probst und Convent des Klosters Ebstorf erhalten haben, denn diese liessen ihm am 16. Mai 1368 auf die Kaufsumme 500 Mark lüneburger Pfennige abtragen. Nachdem die ganze Schuld wird getilgt worden sein, überliess Herzog Wilhelm am 15. Juni 1368 zu Lüneburg die ihm von Haner von der Odeme verkauften Besitzungen für denselben Preis dem Probste Heinrich und dem Convente zu Ebstorf und verlieh sie ihnen zu freiem Eigenthume. Zugleich erlaubte er ihnen, die andere Hälfte des Schlosses Hanstedt mit dazu gehörenden Gütern und Holzungen von den übrigen von der Odeme käuflich zu erwerben. Herzog Magnus der jüngere, welcher diesen Vertrag mit dem Kloster zu Stande bringen half, gelobte, ihn zu halten und das Kloster im Besitze der Güter zu schützen. Dasselbe machte erst im Jahre 1372 von der Bewilligung, die andere Hälfte anzukaufen, Gebrauch. So ging aus den Händen ritterbürtiger Leute das Schloss Hanstedt in den Besitz eines Klosters über, welches davon den Herzögen und dem Lande nie gefährlich noch lästig werden konnte. Ermuthigt durch die Altersschwäche des Herzogs Wilhelm und die Zeit gleich nach dem Tode des Herzogs Ludwig benutzend, hatte Eberhard Behr von Schwarmstedt im Bunde mit dem Knappen Wilhelm von Gilten wegen seiner Ansprüche auf einen Hof zu Grindau und auf den Zehnten über denselben eine Fehde gegen den Herzog begonnen. Es gelang dem Vogte Brendeke zu Bergen, beide gefangen zu nehmen. Als sie am 12. Februar 1368 aus dem Gefängnisse entlassen worden, mussten sie den Herzögen Wilhelm und Magnus dem jüngern Urfehde und Sühne schwören und Eberhard Behr besonders geloben, keine Ansprüche wegen des Hofes und Zehnten zu erheben. Einer seiner Bürgen, Gieseler Haverber, verzichtete gleichfalls auf beide.

Der plötzliche Todesfall, welcher des Herzogs bescheidenste Hoffnungen vernichtet hatte, mochte ihn mehr, als je zuvor ein anderer, an die Eitelkeit alles Irdischen erinnern und ihn mahnen, durch Begünstigung der Stifte und Klöster deren Fürbitte sich zu erwerben. Wenn Herzog Magnus der jüngere aus Klugheit dazu gerathen hatte, die Güter zu Echem und Hanstedt mit oder ohne Bargen in den Besitz der Klöster übergehen zu lassen, so sprach bei dem Herzoge Wilhelm auch vielleicht die Religiösität dafür. Es folgten bald mehrere Gunstbezeugungen an die Klöster. Am 25. Januar 1368 überliess Herzog Wilhelm dem Kloster Bardowick nicht nur das Eigenthum über eine von dem herzoglichen Schenken Segeband von dem Berge tauschweise erhaltene, zum Schenkenamte gehörende Wiese zu Ochtmissen mit vier Stücken Landes, damit dasselbe eine Ziegelei darauf anlegte, sondern er erlaubte auch dem Kloster, auf allen zum Schenkenamte gehörenden Ländereien zu Ochtmissen Lehm zu suchen. Am 14. Februar 1368 bestätigte er im Schlosse zu Celle allen Klöstern in seinem Herzogthume das alte Recht, dass sie, ohne bei ihm anzufragen oder seine Bewilligung dazu einzuholen, sich ihre Aebte und Pröbste frei wählen dürften. Zugleich erklärte er, dass weder ihm noch seinem Nachfolger die Befugniss zustehe, den Gewählten, falls sie tauglich seien, die Bestätigung zu versagen, und dass die Präsentation bei ihm und seinen Vorgängern nur bezweckt habe, zu verhindern, dass den Klöstern zu ihrem Nachtheile Untaugliche oder Ausländer vorgesetzt würden. Bald darauf befreieten er und Herzog Magnus der jüngere das mit Unrecht vogteipflichtig gewordene Gut des Klosters Wienhausen in der Vogtei Celle von vogteilichen Abgaben und Diensten. Der Probst Diedrich, die Aebtissinn Elisabeth und der Convent gelobten aus Dankbarkeit dafür am 12. März 1368, jährlich am 30. August mit allen Geistlichen ihres Bannes Wienhausen ein Anniversar oder Jahrgedächtniss für alle Herzöge und Herzoginnen von Braunschweig und Lüneburg mit Vigilien und Seelmessen zu feiern, namentlich für Herzog Otto den älteren (den gestrengen) und für seine Gemahlinn Mechtild, für seinen Sohn Otto und dessen Gemahlinn Mechtild, für Bischof Ludwig von Minden, für Herzog Johann (Administrator des Stiftes Bremen), für den im vorigen Jahre verstorbenen Herzog Ludwig, für die verstorbenen Gemahlinnen des Herzogs Wilhelm, nämlich Hedwig, Marie und Sophie, für ihn selbst und für Herzog Magnus den jüngeren, wenn beide gestorben sein würden. Geldspenden an den Probst, die Aebtissinn, die Priester, den Schreiber und den Opfermann, ihrer aller Beköstigung an jenem Tage des Jahres und die Verwendung von sechs Pfund Wachs für die Vigilien wurden angeordnet. Ein Fuder gutes halberstädtisches oder goslarsches Biers und rothe Wegge (Brödte) sollten an jenem Tage unter die Nonnen, Beginen und Pfründner im Kloster vertheilt werden.

Wiederkäuflich verkaufte Herzog Wilhelm am 20. März 1368 dem Gebhard von Eldingen zwei Höfe zu Bunkenburg, eine Kote und eine wüste Kotstätte zu Luttern für 26 löthige Mark. Wohl aus Veranlassung der von den von Steinberg ausgeführten feindlichen Einfälle in das Land Sangerhausen bestand wahrscheinlich Herzog Magnus der jüngere darauf, dass der Knappe Conrad von Steinberg, welcher mit dem Knappen Günzel von Bertensleben seit dem 7. März 1367 das Schloss Knesebeck zu Pfande besass, davon entfernt würde. Es geschah, obwohl ihm das Schloss auf die Dauer von neun Jahren überlassen war. Unter den vorigen Bedingungen verpfändete Herzog Wilhelm dasselbe am 16. April 1368 dem anderen Pfandinhaber, dem Knappen Günzel von Bertensleben allein, für 700 Mark löthigen Silbers. Jedoch wurde diesem nun das Schloss auf die Dauer seines Lebens, also zur Leibzucht, und seinen Erben auf jährliche Kündigung überlassen. Der Herzog versprach, ihm und seinen Erben, so lange sie das Schloss besässen, jährlich hundert löthige Mark und zwanzig Wichhimpten Roggen, falls er ihnen aber 500 Mark auszahlte, jährlich funfzig Mark weniger zu entrichten und, wenn dies unterbliebe, alsdann diese Gülte bei der Einlösung nachzuzahlen. Er verpflichtete sich, jedes Mal nach Ablauf eines halben Jahres ihm die Kosten des im vorigen Jahre vorgenommenen Schlossbaues zu ersetzen, so dass die Verzinsung derselben wegfiel; widrigenfalls gestattete er ihm, die Kosten auf die Pfandsumme zu schlagen. Dass der Herzog zu diesen allerdings nicht vortheilhaft scheinenden Bedingungen sich verstand, wird erklärlich, wenn man annimmt, dass Günzel von Bertensleben die Summe vorschoss, welche zur Abfindung des Conrad von Steinberg erforderlich war, vielleicht auch die auf 220 Mark löthigen Silbers sich belaufende Schuld vom 10. August 1367 für den Herzog tilgte.

Die Kräfte des Herzogs Wilhelm befanden sich in raschem Abnehmen. Damit die Regierung des Landes nicht darunter litte, boten seine treuen Mannen alle Mittel der Ueberredung auf, ihn zu bewegen, dass er seinem Mitregenten die Regierungsgeschäfte übertrüge. Ungern entsagte er der gewohnten Thätigkeit; dennoch musste er sich dazu entschliessen. Am 19. April 1368 ernannte er den Herzog Magnus den jüngeren zum Amtmanne über sein Land und seine Leute, beauftragte denselben, sie nach seinem und seiner getreuen Mannen Rathe zu vertheidigen und zu verwalten und von dem Seinen seine Schulden zu den Verfallzeiten zu entrichten, reservirte sich ausser anderen Gülten, welche er etwa später noch sich vorbehalten würde, den am 19. Juli 1366 auf die Dauer von zwölf Jahren dem Probste und Convente zu Lüne verpfändeten Sülzoll zu Lüneburg, den einst der verstorbenen Herzogine Sophie zur Leibzucht verschrieben gewesenen Zoll auf der Bäckerstrasse zu Lüneburg und den am 24. Juni 1363 der Herzogin Agnes zum Brautschatze überwiesenen Zoll zu Eislingen (Zollenspieker), verpflichtete den Herzog, diese Zölle von den darauf haftenden Pfandschaften zu befreien, erlaubte ihm, Schlösser, Lande und andere Pfandstücke einzulösen, und gelobte, dass er und seine rechten Erben, falls ihm nämlich ein oder mehrere Söhne geboren würden, ihn weder von den aus eigenen Mitteln eingelösten Pfandstücken, bevor Erstattung der zum Einlösen erforderlich gewesenen Auslagen und der Baukosten oder wenigstens Sicherheit für dieselbe geleistet, noch von dem Amte, bevor für die in etwaigen Kriegen erlittenen Schäden und Kosten und für die aus eigenen Mitteln getilgten Schulden Vergütung erfolgt sei, entsetzen sollten. Weil Herzog Wilhelm seinen Zustand nur für eine vorübergehende Anwandlung von Körperschwäche hielt und seine Kräfte wieder zu gewinnen hoffte, sollte diese Ernennung zum Amtmanne, wodurch überhaupt die früheren Verträge nicht berührt wurden, nur bis er sie widerriefe, gültig sein. Eine Besserung in seinem Befinden und ein Widerruf seiner Anordnung trat jedoch nicht ein. Herzog Magnus der jüngere war seitdem wirklicher Regent im Lande; nur verlangten es die Umstände, dass die Verträge, welche er abschloss, und seine Verfügungen unter seinem und des Herzogs Wilhelm Namen ausgestellt wurden.

Die erste Regierungshandlung, welche Herzog Magnus der jüngere in seiner neuen Stellung vornahm, bestand darin, dass er den Grafen Heinrich, Gerhard und Ludolf von Hallermund am 1. Mai 1368 gelobte, die zwischen ihnen und dem Herzoge Wilhelm über ihren Antheil an der Grafschaft Hallermund am 10. August und 28. September 1366 errichteten Verträge zu halten, falls er nach dem Tode Wilhelm's Herr des Herzogthums Lüneburg würde. Es musste diese Einigung mit den Grafen vorausgehen, wenn er mit den zu ihrem Theile der Grafschaft gehörenden hildesheimschen und mindenschen Lehnen belehnt werden wollte. Dann richtete er seine Bemühungen darauf, ein Bündniss mit dem Bischofe von Hildesheim und die Belehnung mit allen zum Herzogthume Lüneburg gehörenden hildesheimschen Lehnstücken zu erzielen. Nachdem der Bischof Johann von Hildesheim 1365 resignirt hatte, war vom Pabste Urban V. der edele Herr Gerhard von dem Berge, bisher Bischof zu Verden und früher Domdechant zu Hildesheim, zu dessen Nachfolger ernannt worden. Er fand eine erhebliche Schuldenlast vor, durch welche die Verwaltung des Domscholasters Otto von Hallermund das Stift beschwert hatte. Um sie zu decken, nahm er zu Verpfändungen seine Zuflucht. Das Schloss Woldenstein, dessen weitere Verpfändung er, um Geld aufzutreiben, beabsichtigte, befreiete er am 29. März 1366 von der auf 500 löthige Mark sich belaufenden Forderung des Ditmar von Hardenberg dadurch, dass er diese Summe auf das demselben gleichfalls verpfändete Schloss Lindau legte. Andere 500 Mark erlangte er in demselben Jahre, indem er dafür das Schloss Liebenburg dem Rathe der Stadt Braunschweig verpfändete. Das Schloss Ruthe war von dem Bischofe Johann am 3. November 1363 dem Domcapitel für 1200 Mark verpfändet und der grösste Theil dieser Summe durch den im Juni des folgenden Jahres mit dem Herzoge über das Schloss Calenberg abgeschlossenen Vertrag gerettet, so dass das Schloss Ruthe, von Schuldenlast frei, dem Bischofe hatte zurückgegeben werden können. Schloss Woldenstein wurde wieder verpfändet und dem Schlosse Marienburg stand eben dasselbe bevor, als Bischof Gerhard, von ferneren Verpfändungen abstehend, sich entschloss, zur Tilgung der Stiftsschuld von 1700 löthigen Mark, welche vor seiner Zeit entstanden war, geeignete Mittel zu ergreifen. Er liess sich nämlich am 29. März 1367 von seinem Domcapitel drei Beeden während der drei nächsten Jahre, in jedem Jahre eine Beede von 570 löthigen Mark, bewilligen, welche von den Stiften, von den

Geistlichen, von allen Bauern und von den Städten entrichtet werden sollten. Die Repartition derselben auf die Dörfer veranstalteten auch diesmal der Domprobst und die Pröbste auf dem Moritzberge und zum heiligen Kreuze oder deren Verordnete und bischöfliche Amtleute. Die Repartition in jedem einzelnen Dorfe besorgten eingesessene Leute desselben, welche die Steuerkräfte jedes dortigen Einwohners kannten. Es wurde die auf bischöfliche Leute und Dörfer gesetzte Beede und, wenn die Pröbste und andere Stifte und Klöster nicht dafür sorgten, dass ihre Leute und Dörfer ihren Antheil der Beede innerhalb eines Monates entrichteten, auch dieser von bischöflichen Vögten eingetrieben. Ein vom Bischofe ernannter General-Steuereinnehmer, welcher das aus jeder Beede zusammenfliessende Geld in Empfang nahm, musste dem Bischofe und dem Domcapitel über die Einnahme jeder Beede Rechnung ablegen. Rückstände der Winter-Beede wurden in der May-Beede nachgefordert. Im zweiten und dritten Jahre fand dasselbe Verfahren Statt und jeder Rückstand aus dem einen Jahre wurde während des folgenden, im schlimmsten Falle sogar nach dem dritten Jahre eingetrieben. Mit Ausnahme zweier Drittel von der ersten Beede bischöflicher Leute, bestimmt für die Kosten der Unterhaltung der anderen bischöflichen Schlösser, wurde der übrige Betrag der ersten Beede und der volle Betrag der beiden folgenden zur Abtragung der Schuld von 1700 löthigen Mark verwandt. In der vierten Woche nach dem Regierungsantritte des Bischofs Gerhard waren die am 24. Juni 1364 von dem Herzoge Wilhelm, bis ein Bischof ins Stift käme, übernommenen Verpflichtungen, welche nicht nur den Frieden zwischen dem Herzogthume und dem Stifte sondern auch die Vertheidigung des letzteren bezweckten, erloschen, weil Bischof Gerhard von seinem an die Bedingung, dass er sich dem Herzoge zu Gleichem verpflichte, gebundenen Rechte, ihre Fortdauer zu verlangen, keinen Gebrauch gemacht hatte. Obwohl er dem Herzoge zu Anfang Februar's 1366 den Gefallen erwies, mit ihm nach Braunschweig zu reisen, um die kaiserliche Urkunde zu beglaubigen, hatte er also deutlich gezeigt, dass er einem Bündnisse mit ihm und dessen ernanntem oder zu ernennendem Nachfolger abgeneigt sei. Dennoch war es durchaus erforderlich, dass für die Zwecke beider der Bischof, als mächtiger, nächster Nachbar und als Lehnsherr bedeutender Landestheile im Herzogthume, gewonnen würde. In dem bevorstehenden Erbfolgekriege konnte er nur Freund oder Feind sein und keineswegen neutral bleiben. Diese Einsicht liess den Herzog Magnus den jüngeren in dem Bestreben, mit ihm ein gutes Einvernehmen herzustellen, nicht ermüden. Zwischen ihm und dem Bischofe bestand noch eine besondere Spannung deshalb, weil aller Vermuthung nach die beutesüchtige Genossenschaft der von Steinberg zu Bodenburg und der von Schwicheldt und von Oberg auf dem bischöflichen Schlosse Wallmoden es gewesen war, welche das Land Sangerhausen im Juni 1367 feindlich überfallen hatte, und weil Herzog Magnus der ältere in dem durch die Raubzüge eben derselben hervorgerufenen Kriege am 3. September 1367 zu Farmsen in die Gefangenschaft des Bischofes gerathen war, aus der ihn nur Rücksicht auf die Macht seines Sohnes unter billigen Bedingungen Befreiung verschafft hatte. Es sollte sich nun treffen, dass gerade die von Steinberg, von Schwicheldt und von Oberg, zwar ganz gegen ihren Willen, das Bündniss zwischen dem Bischofe und dem Herzoge vermittelten. Die von Steinberg zu Bodenburg und die von Schwicheldt zu Wallmoden hatten dem Bischofe Gefangene, wahrscheinlich aus der Schlacht bei Farmsen, nach beiden Schlössern entführt, von denselben Schatzung erzwungen und deren Betrag ihm vorenthalten. Auch die von Oberg, gegen schriftliche Verträge eigenmächtig verfahrend, hatten ihm vom Schlosse Wallmoden Unrecht zugefügt. Anderen mochten seine Mannen, die von Schwicheldt und von Oberg, Schaden bereiten; daran hatte er sie nicht gehindert. Dass er selbst Verluste durch sie erlitt, empörte ihn. Um sie und die von Steinberg zu züchtigen, bedurfte er der Hülfe der Herzöge und war deshalb bereit, mit diesen in Verhandlung zu treten und ihnen für ihren Beistand vieles zu gewähren. Am 10. Mai 1368 schloss er mit ihnen mehrere Verträge ab. In dem ersten verband er sich auf Lebenszeit mit beiden Herzögen zum Nutzen seiner und ihrer Lande und Leute. Er gelobte, sie und die Ihrigen bei Rechte zu lassen, ihr und ihrer Herrschaft Feind nie zu werden, vielmehr, falls er ihnen und den Ihrigen gegen diejenigen, von denen sie Unrecht erlitten, nicht innerhalb vier Wochen nach ihrer Aufforderung entweder zum Rechte oder nach ihrem Rathe zu einem gütlichen Vergleiche verhelfen könnte, ihnen zum Kriege gegen dieselben funfzig gewaffnete gute Leute, bei denen sie eben so viele halten sollten, zu Hülfe zu senden und dieselbe Anzahl Gewaffneter, unbeschadet eines Wechsels unter denselben, während des ganzen Krieges in ihrem Dienste zu lassen. So lange dieser dauerte, sollte ihnen Speise, Futter und für die Pferde Hufbeschlag von den Herzögen geliefert werden. Beute und Schatzung sollten die Herzöge allein behalten, Gefangene aber und eroberte Schlösser, ausgenommen Schlösser im Stifte, die er, und Schlösser im Herzogthume, die sie sich vorbehielten, nach Anzahl gewaffneter Leute mit ihm theilen. Er verpflichtete sich und seine Amtleute, darüber möglichst zu wachen, dass den Herzögen und den Ihrigen aus den Schlössern, Dörfern und Landen des Stiftes kein Unrecht widerführe, falls es aber dennoch geschähe, sofort nach erhaltener Anzeige Feinde der Schuldigen und derer, welche dieselben in seinen Schlössern, Dörfern und Landen hegten oder speisten, zu werden und, vorausgesetzt, dass die Herzöge angebotene Genugthuung nicht zurückwiesen, in dieser Feindschaft so lange zu verharren, bis dem Rechte genügt sei. Er versprach ferner für sich und seine Amtleute, sofort nach der Aufforderung dazu mit aller Macht denen wehren zu helfen, welche etwa herzogliche Schlösser zu belagern oder mit Heeresmacht oder Heerfahrt in herzogliche Lande einzudringen beabsichtigten. Futter und Speise sollten die Herzöge alsdann seinen ihnen zu Hülfe gesandten Leuten liefern, Schaden er denselben ersetzen, Beute nach Anzahl gewaffneter Leute getheilt werden. Für Irrungen wurde ein Schiedsgericht in eben der Weise und mit denselben Bestimmungen, wie am 30. Mai 1367 zwischen den Herzögen und dem Bischofe Heinrich von Paderborn, eingesetzt. Klagte der Bischof, so sollte es sich in der Stadt Hannover, klagten die Herzöge, in der Stadt Hildesheim versammeln und nur ein Fürst oder Herr sollte zum Obmanne gewählt werden. Dieser Vertrag sollte den Bischof an der Erfüllung seiner Schuldigkeit gegen seine bisherigen Bundesgenossen nicht hindern, noch die Herzöge ihm zur Hülfe gegen dieselben verpflichten und kein früheres Bündniss des Bischofes, sobald es erlösche, zum Nachtheile dieses Bundes von ihm erneuert werden. Gegen die von Steinberg zu Bodenburg und gegen die von Schwicheldt und von Oberg zu Wallmoden schloss er mit den Herzögen ein besonderes Bündniss. Diesen seinen Feinden sollten sie, sobald er es forderte, ihre Feindschaft ankündigen. Vergliche er sich vor oder nach Absendung seines und ihres Fehdebriefes, also vor dem Beginne des Krieges, durch ihre Vermittlung mit denselben, so gehörte ihm allein der daraus erwachsende Vortheil; nur musste er alsdann bewirken, dass die Herzöge wegen der um seinetwillen erklärten Fehde von jenen unbehelligt blieben und dass ihnen Recht oder nach ihrem Rathe Billigkeit auf ihre Klagen gegen dieselben widerführe. Geriethen aber die Herzöge wegen ihres Fehdebriefes in Schaden, griffen nämlich die von Steinberg, von Oberg und von Schwicheldt, sie mit Raub und Brand an, oder zögen er und die Herzöge gegen dieselben mit gewaffneten Leuten aus, so fielen ihnen ein Drittel, ihm zwei Drittel alles dessen zu, was man dem Feinde abzwänge oder durch Vertrag von ihm erhielte. Zur Belagerung eines der beiden Schlösser mussten die Herzöge oder einer von ihnen oder, wenn ein rechtlicher Behinderungsfall sie abhielte, ihr Amtmann drei Wochen nach dem Aufgebote auf eigene Kosten und Schaden ihm mit hundert Mann gewaffneter guter Leute folgen und er selbst 200 Gewaffnete dazu stellen. Die Belagerung sollte nicht ohne rechtliche Noth noch ohne gegenseitiges Einverständniss der Verbündeten aufgehoben werden, ein Drittel von der Brandschatzung, von den bei Eroberung des Schlosses zu machenden Gefangenen und von der fahrenden Habe den Herzögen zufallen, das Uebrige und das eroberte Schloss selbst mit allem Zubehör dem Bischofe allein verbleiben. Er und sie sollten Feinde derer werden, welche sie zu hindern strebten und nur gemeinsam Sühne mit denselben schliessen. Gewinn im Treffen wurde nach Anzahl gewaffneter Leute getheilt. Baueten er und sie vor das Schloss ein anderes, so sollte er dazu zwei Drittel, sie ein Drittel der Besatzung stellen und Kost und Schaden ihres Drittels auf ihre Rechnung kommen. Sie und er gelobten, mit ganzer Macht sich gegen denjenigen zu wenden, der es unternähme, sie vom Schlosse zu vertreiben. In einem dritten Vertrage wurden die Irrungen geschlichtet, welche, veranlasst durch den Verkauf der Holzgrafschaft vom 13. Januar 1367, zwischen dem Bischofe und den Herzögen über den Steinwedeler Wald entstanden waren. Es wurde bestimmt, die Erbexen sollten den Holzgrafen wählen, falls sie in der Wahl einig werden könnten. Gelänge ihnen dieses nicht, so sollten das eine Jahr die herzoglichen, das andere Jahr die bischöflichen Mannen und Leute den Holzgrafen wählen. Die Brüche oder Strafgelder sollten in drei Theile getheilt werden und davon der Bischof, die Erbexen und der Holzgraf, jeder einen Theil erhalten. Kein bischöflicher Vogt durfte wegen Holzbrüche im Walde pfänden. Gründeten sich die Ansprüche der von Rutenberg gegen die Herzöge wegen Berechtigung zu Wagen, Kohlen, Bast und Schweinetrift im Walde auf Erbrecht an besonderem Gute, so sollten sie ihnen gegönnt werden. Gründeten sie sich aber auf die Holzgrafschaft, so sollten die aus beider Herren Landen zu dem Walde gehörenden Erbexen und Landleute diese Ansprüche und die Ansprüche auf Holzgrafschaft den von Rutenberg mit zwanzig löthigen Mark abkaufen. Mochte nun das Eine oder das Andere der Fall sein, so entging den Herzögen durch diesen Vergleich die Holzgrafschaft. Das Schloss Cramme, welches Herzog Magnus der ältere von den von Salder am 21. März 1366 im Kriege gegen das Stift sich auf die Dauer von zwei Jahren hatte verpfänden lassen, war von dem Bischofe erobert worden. Der Verlust musste verschmerzt und das Schloss wenigstens den Herzogthümern Braunschweig und Lüneburg unschädlich gemacht werden. Die Herzöge Wilhelm und Magnus der jüngere nahmen deshalb dem Bischofe das Versprechen ab, das Schloss zu brechen. In einem vierten Vertrage gelobten sie und er, dasselbe nicht wieder aufzubauen und Anderen den Bau desselben mit aller Macht zu wehren. Das Wichtigste endlich, was Herzog Magnus der jüngere von dem Bischofe erlangte, war die Belehnung, die seit dem 18. Februar 1331 von dem Stifte den Herzögen nicht wieder ertheilt war. Der Bischof belehnte ihn am 10. Mai 1368 für den Fall, dass Herzog Wilhelm keine Lehnserben hinterliesse, mit denjenigen Lehnen des Stiftes, welche letzterer zu der Herrschaft Lüneburg besass. So waren Hannover, Hallermund, Calenberg, Hallerburg, Hachmühlen, Pattensen und Eldagsen dem Herzoge Magnus dem jüngeren gesichert und der Bischof sein Bundesgenosse im bevorstehenden Erbfolgekriege geworden. Obwohl dieser das Schloss Cramme erobert hatte, zerstörte er es nicht eher, bis er sich mit den von Salder abgefunden hatte. Am 7. Juni 1368 leisteten sie ihm Verzicht auf das Schloss, auf die dortigen Gebäude und auf Ersatz des daran erlittenen Schadens, gestatteten ihm die Gebäude abzubrechen und die Gräben auszufüllen, gelobten, dort keine Feste wieder zu erbauen, noch ihn, das Domcapitel und das Stift wegen alles Vorgefallenen und Schadens zu behelligen, und traten ihm die Erndte des Kornes ab, welches er auf das zum Schlosse gehörende Land hatte säen lassen. Dafür überliess er ihnen und ihren Nachkommen auf ewige Zeiten die zum Schlosse gehörenden Gülten. Alsdann führte er sein Heer gegen das Schloss Wallmoden, wohin ihm einer der beiden Herzöge mit seinen hundert Gewaffneten folgen musste. Wegen Altersschwäche des Herzogs Wilhelm übernahm dies ohne Zweifel Herzog Magnus der jüngere. Die von Schwicheldt und von Oberg wandten sich zwar an den Herzog Otto zu Göttingen und an den Herzog Albrecht zu Grubenhagen, bei ihnen Schutz suchend, retteten aber ihr Schloss dadurch nicht. Die Belagerung begann mit Macht. Der Bischof liess, um den vorbeifliessenden Bach, die Neile, zu stauchen, auf künstliche Weise einen Damm ziehen, setzte das Schloss unter Wasser und zerstörte es noch im Jahre 1368 gänzlich.

Nachdem es dem Herzoge Magnus dem jüngeren gelungen war, seine Beziehungen zum Stifte Hildesheim ganz zu seinem Vortheile zu ordnen, nachdem er ferner am 25. Mai 1368 wegen des Landes Sangerhausen und wegen des Geldes, welches die Markgrafen von Meissen schuldeten, sich mit seinem Vater verglichen und von ihm die Zusicherung seines Beistandes in allen Nöthen erhalten hatte, erreichte er bald darauf zwei andere wichtige Zwecke zu gleicher Zeit. Aus Andeutungen in dem Vergleiche mit seinem Vater erhellet, dass er den Tod des Herzogs Wilhelm bald erwartete. Desto weniger wollte er Zeit verlieren, der Wittwe seines Bruders Ludwig einen Gemahl und in diesem ihr einen Vormund, der für sie auf das Herzogthum verzichtete, sich aber in demselben einen Bundesgenossen zu verschaffen. Die verwittwete Herzoginn Mechtild wurde mit dem Grafen Otto von Schauenburg, welcher nach dem Tode seines Bruders Simon allein die Grafschaft besass, wahrscheinlich am 25. Juni 1368 vermählt. Er erklärte an diesem Tage, dass für die tausend löthigen Mark Mitgift seiner Gemahlinn Mechtild ihr Vater, Herzog Wilhelm, ihm Sicherheit geleistet habe. Deshalb verzichtete er für sich und seine Erben auf jeden Anspruch und auf alles Recht an Herzogthum und Herrschaft Lüneburg nebst dessen Zubehör, falls seiner Gemahlinn oder ihm um seinet- oder ihretwillen ein Recht daran zustehe oder zustehen möchte, und gelobte, diese Verzicht nicht nur seinem Schwiegervater, sondern auch dem Herzoge Magnus dem jüngeren und beider Erben und Nachfolgern zu halten. Welches Recht er um seinetwillen in Anspruch hätte nehmen können, ist nicht klar. Seine bisherige Verwandtschaft mit den Herzögen zu Lüneburg verlieh ihm keines, denn sie bestand nur darin, dass sein Grossvater und die Grossmutter des Herzogs Wilhelm Geschwister gewesen waren. Drei Tage nach der Verzichtleistung gelobten beide Herzöge, ihm die tausend löthigen Mark Mitgift zur Hälfte am 24. Juni nächsten Jahres und die andere Hälfte ein Jahr später in der Stadt Hannover zu bezahlen und beide Mal dem Gelde bis nach Stadthagen sicheres Geleit zu verleihen. In dem Falle, dass der Tod sie an der Bezahlung hinderte, verpfändeten sie ihm für diese Schuld oder für den alsdann davon übrig gebliebenen Rest derselben die Schlösser „Schune“, Lauenau und Münder, von denen das erstere am 14. November 1356, das zweite am 7. September 1364 ihm schon verpfändet war. Diese Schlösser sollten ihm dann sofort als Pfand überlassen und war durch gleichzeitige Zahlung der Mitgift und der früheren Pfandsummen eingelöset, Schloss und Weichbild Münder aber gleich nach Zahlung der tausend löthigen Mark den Herzögen und ihren Erben ausgeliefert werden. In diesem Weichbilde, welches vom Stifte Minden zu Lehn verliehen wurde, hatte sich die Huldigung verzögert, wurde aber, weil die Verpfändung es nothwendig machte, am 8. Juni 1368 nachgeholt. Die Rathsherren und Bürger gelobten, es solle ihr Weichbild, wie bisher der Herrschaft Lüneburg, nämlich früher dem verstorbenen Herzoge Otto und nun seinem Bruder dem Herzoge Wilhelm, so nach dem Tode dieses Herzoges, falls er keinen Sohn hinterliesse, derselben Herrschaft und dem Herzoge Magnus dem jüngeren stets offen und untergeben sein und er, wie nun Herzog Wilhelm, die Gerichtsbarkeit daselbst besitzen. Ein Bündniss mit seinem Schwiegervater und mit dem von demselben ernannten Nachfolger abzuschliessen, konnte Graf Otto von Schauenburg, wie Herzog Magnus der jüngere wohl berechnet hatte, sich nicht füglich weigern. Die beiden Herzöge verbanden sich am 28. Juni 1368 mit dem Grafen auf Lebenszeit. Sie nahmen ihn in ihren Dienst und gelobten, ihn getreu seines Rechtes zu vertheidigen, wie er sich ihrer Rechtsentscheidung jeder Zeit zu fügen. Er übernahm für sich und seine Amtleute die Verpflichtung, möglichst dafür zu sorgen, dass den Herzögen aus seinen Schlössern, Dörfern und Lande von niemandem Unrecht zugefügt würde und, wenn es dennoch vorfiele, Feind der Schuldigen wie derer zu werden, welche dieselben in seinen Schlössern, Dörfern und Lande hegte, ferner um keiner Sache und um niemandes willen Feind der Herzöge zu werden, ihnen vielmehr gegen jedermann, seine Bundesgenossen ausgenommen, mit ganzer Macht behülflich zu sein. Dieselbe Verpflichtung gegen ihn übernahmen die Herzöge; jedoch versprachen sie ihm nur in denjenigen Fällen Hülfe, in denen er sich ihrer Entscheidung fügen würde.

An allen öffentlichen Verhandlungen, welche seit der Ernennung des Herzogs Magnus des jüngeren zum Amtmanne gepflogen waren, hatte Herzog Wilhelm Theil genommen. Dagegen verlieh Ersterer allein am 12. Juli 1368 das durch den Tod des Ritters Ludolf von Hohnhorst erledigte Schloss Meinersen mit Gerichten, Gülten, Dörfern und Lehnen dem Conrad von Roteleben, dessen Stammsitz in Rossleben nicht weit von Wiehe und Sangerhausen zu suchen ist, auf Lebenszeit als ein Lehn und gelobte, nach dem Tode desselben der hinterbleibenden Wittwe Ernestine und den Erben das Schloss so lange zu lassen, bis er ihnen 200 Mark löthigen Silbers ausbezahlt haben würde. Conrad von Roteleben, welchem der Herzog an demselben Tage auch das Schloss Grillenberg verpfändete, war ihm von Sangerhausen gefolgt und erscheint seitdem oft in dessen nächster Umgebung. Weil Herzog Wilhelm etwas später, am 20. August 1368, dem Rathe der Stadt Lüneburg in einer besonderen Urkunde den Zins, Hofdienst, die Nutzung und all sein Recht in einem Hause, Hofe und Hausstelle bei der Ilmenau ausserhalb des rothen Thores zu Lüneburg überliess, sich also noch keineswegs von der Regierung ganz zurückgezogen hatte, weil er ferner auf das Vorrecht, zu verlehnen und zu verleiben, bisher sehr eifersüchtig gewesen war und dasselbe sich noch später, am 15. September 1368, besonders vorbehielt, so müsste der Umstand auffallen, dass Herzog Magnus der jüngere allein das Schloss Meinersen und noch dazu einem Ausländer verlieh, wenn nicht sein Lehnbuch es sehr wahrscheinlich machte, dass dieses Schloss, wie die Schlösser Lichtenberg und Campen, ihm von dem Herzoge Wilhelm abgetreten sei.

Die bisher von dem Herzoge Magnus dem jüngeren befolgten Grundsätze und ergriffenen Regierungsmassregeln, seine Bereitwilligkeit, alle gerechten oder billigen Forderungen der Stadt Lüneburg zu erfüllen, um der Gefahr, welcher seine Angelegenheit entgegen getrieben wurde, auszuweichen, die Beharrlichkeit, womit er sich um das Bündniss des Bischofs von Hildesheim bewarb und dasselbe zu Stande brachte, auch die Verträge mit dem Grafen Otto von Schauenburg geben Zeugniss richtiger Würdigung der Umstände und kluger Berechnung. Um so mehr muss es auffallen, dass der Herzog, dessen eigene Angelegenheiten keineswegs schon sicher gestellt, sondern noch grossen Zufälligkeiten ausgesetzt waren, sich in Unternehmungen einliess, welche den Interessen seines Landes fern lagen und für die Gewissheit eines augenblicklichen, zwar nicht unbedeutenden Gewinnes ihn unter Gefährdung eigener Sicherheit in die unsäglichsten Verwickelungen stürzten. Eine Ueberschätzung seiner Kraft, dass er glaubte, dieselben bewältigen und eine mächtige Stellung im Norden sich erkämpfen zu können, mochte ihn dazu verleiten. Der schon erwähnte Krieg der Hansestädte und der mit ihnen verbündeten Fürsten gegen den König von Dänemark erregte seinen Unwillen. Es galt, einen vertriebenen, rechtmässigen König auf seinen Thron zurückzuführen, Ehre und Ruhm dafür zu erndten, sich an Macht und Ansehen zu kräftigen und zugleich reichen Städten, unter ihnen den Städten des eigenen Landes, welche dem Antritte seiner Regierung Hindernisse in den Weg gelegt hatten, eine Lehre zu geben. Erwerbungen neuer Gebiete standen dabei in Aussicht und grosse Schätze wurden ihm gleich zu Anfange geboten. Die Theilnahme des Herzoges an diesem Kriege war für ihn und für das Land von zu wichtigen Folgen begleitet, als dass die Ursachen und die Entstehung des Krieges hier mit Stillschweigen übergangen werden dürften. Zwei der wichtigsten Plätze für die Hanse waren die Stadt Wisby auf der Insel Gottland, ein Sitz vieler deutschen Kaufleute, und die Küste Schonen's, namentlich die Landzunge zwischen den Schlössern Skanör und Falsterbo, erstere wegen des Handels mit russischem Pelzwerke, letztere wegen des Häringsfanges. Eine Vitte oder ein Fischerdorf reihete sich hier auf der Küste Schonen's an das andere, jedes einer besonderen Hansestadt gehörig und mit eigener Gerichtsbarkeit begabt. Gottland mit Wisby gehörten zu Schweden, Schonen dem Reiche Dänemark. Graf Johann von Holstein zu Plön erhielt als Belohnung dafür, dass er den vertriebenen König Christof II. in sein Reich Dänemark zurückführte, am 30. November 1328 Fehmern zu Lehn, Laaland und Falster zu Pfande; ausserdem überliess ihm der König in einem Vertrage vom 12. November 1329 pfandweise ganz Schonen und einen Theil von Seeland. Schonen lehnte sich gegen den Grafen auf, wandte sich zum Könige Magnus von Schweden und Norwegen und gelobte ihm am 17. Juni 1332 Huldigung. Gegen Entschädigung verzichtete der Graf zu Gunsten des schwedischen Königs auf Schonen; diesem trat König Waldemar von Dänemark, Nachfolger seines Vaters Christof II., das verpfändete Gebiet am 3. Januar 1341 völlig ab und erkannte am 18. November 1343 die Abtretung nochmals an. König Magnus bestimmte seinem jüngsten Sohne Hakon das Reich Norwegen und sprach seinem ältesten Sohne Erich 1357, als er sich nach heftiger Zwietracht mit ihm aussöhnte, das Königreich Schonen zu. Zwei Jahre darauf kam er mit seinem jüngsten Sohne zum Besuche nach Kopenhagen, versprach für die in Aussicht gestellte Hülfe gegen seinen ältesten Sohn dem Könige Waldemar Schonen und willigte in die Verlobung der Tochter desselben, Margaretha, mit seinem Sohne Hakon. Der dänische König säumte nicht, drang in Schonen ein, musste aber zurückweichen. Es folgte eine nochmalige Aussöhnung zwischen Vater und Sohn, welche dieser jedoch nicht lange überlebte. Weil der König Magnus nun von einer Abtretung Schonen's nichts mehr wissen wollte, fiel König Waldemar während des Monats Juli 1360 in Schonen ein und eroberte dieses Land nebst Halland, Blekingen und Lyster. Die erste Verlobung Hakon's ging zurück; er verlobte sich am 29. Juni 1361 mit Elisabeth, Schwester des Grafen Heinrich des eisernen von Holstein zu Rendsburg. Auch hierdurch gekränkt beschloss König Waldemar, die Inseln Oeland und Gottland der Krone Schweden zu entreissen und führte es aus. Vor der Eroberung Schonen's hatte er Verhandlungen mit mehreren Städten der Hanse gepflogen und namentlich der Stadt Lübeck das Versprechen ertheilt, ihr die Fehde, falls er je zu Feindseligkeiten gegen sie schritte, ein Jahr vorher anzukündigen. Deshalb galt die Eroberung Gottland's und die Einnahme der Stadt Wisby, welche er am 28. Juli 1361 plünderte und ihrer reichen Schätze an Gold, Silber und Pelzwerk beraubte, den Hansestädten nicht weniger als dem Könige von Schweden für einen räuberischen Ueberfall. Die Könige Magnus und Hakon schifften sich nach Greifswalde ein und schlossen hier am 8. September 1361 mit den Ostsee-Städten ein Bündniss zum Kriege gegen die Räuber Schonen's und der Inseln Oeland und Gottland. Die Städte wählten den Grafen Heinrich den eisernen von Holstein zu ihrem Heerführer. Sein Vater, Graf Gerhard zu Rendsburg, hatte nach Vertreibung des Königs Christof II. als Reichsverweser oder Vormund unter der Regierung des von ihm auf den dänischen Thron gehobenen Herzogs Waldemar von Schleswig über Dänemark geherrscht, hatte Jütland zu Lehn, Fünen zum erblichen Besitzthume, aber beide in einem späteren Vertrage nur zu Pfande erhalten. Seine Söhne Heinrich und Nicolaus konnten sich nicht im ungeschmälerten Besitze behaupten und verloren den grössten Theil dieser Gebiete durch die Angriffe des folgenden Königs Waldemar, denen sie zu verschiedenen Zeiten ausgesetzt waren. Die erlittenen Verluste machten den Grafen Heinrich den eisernen zum Bundesgenossen seines künftigen Schwagers Hakon, des Königs Magnus und der Städte. Am 11. November 1361, an welchem Tage genommener Abrede gemäss die Feindseligkeiten gegen Dänemark hätten beginnen sollen, nahm Hakon im Einverständnisse mit dem Reichsrathe seinen Vater Magnus gefangen, liess sich im Februar 1362 zum Könige wählen, söhnte sich im Mai mit seinem Vater und regierte seitdem mit ihm gemeinsam. Die Flotte der Städte begann unter Führung des Grafen Heinrich im Mai 1362 den Angriff. Kopenhagen wurde geplündert, die dänische Flotte am 8. Juli in die Flucht getrieben; dann landete die Flotte der Städte an der Küste Schonen's. Indem sie auf die

Ankunft der schwedischen und norwegischen Truppen vergeblich wartete, wurde sie am 18. Juli 1362 von den Dänen überfallen. Nach grossem Verluste an Schiffen und Gefangenen erlangte sie freien Abzug. Hierauf schlossen die Städte am 10. November 1362 mit dem Könige Waldemar einen Waffenstillstand, welcher bis zum 6. Januar 1364 dauern sollte. Inzwischen wurde auf der Fahrt nach Schweden, wohin zu ihrem Verlobten sich die Gräfinn Elisabeth von Holstein am 17. December 1362 eingeschifft hatte, ihr Schiff an die Küste von Schonen getrieben, sie selbst hier gefangen, an den König Waldemar ausgeliefert and von ihm nicht entlassen. Er lud die Könige Magnus und Hakon, welchen der Beitritt zum Vertrage vom 10. November 1362 frei gelassen worden war, zu grossen Festlichkeiten nach Roskilde ein. Sie kamen und schon am 9. April 1363 feierte König Hakon zu Kopenhagen, während seine rechtmässige Verlobte gefangen sass, seine Hochzeit mit Margaretha, Tochter des Königs Waldemar. Ueber diese Vermählung entstand in Schweden der grösste Unwille. Die schwedischen Reichsräthe, welche ihre Schuld an der früheren Gefangenschaft des Königs Magnus mit Verbannung büssten, trugen mit Genehmigung des zunächst berechtigten Grafen Heinrich des eisernen von Holstein seinem Schwager, dem jungen Herzoge Albrecht von Mecklenburg, Schwestersohne des Königs Magnus, die Krone an. Er schlug sie nicht aus; mit seinem Vater, dem Herzoge Albrecht, und mit dem Grafen Heinrich dem eisernen segelte er am 18. November 1363 nach Calmar, kam am 29. November nach Stockholm, wurde am folgenden Tage zum Könige gewählt und am 18. Februar 1364 nach wiederholter Wahl beeidigt. König Magnus, an demselben Tage entsetzt, gerieth am 24. Februar 1365 in seine Gefangenschaft. Unterdessen kam zwischen dem Könige Waldemar und den Seestädten ein neuer Waffenstillstand am 22. Juni 1364 zu Stande, der bis zum 2. Februar 1368 währen sollte. Am 7. Juli 1365 errichtete der König mit den Grafen Heinrich und Nicolaus von Holstein und am 30. September und 22. November desselben Jahres mit den Städten Friedensverträge. Er bestätigte den Städten ihre Privilegien an der Küste Schonen's, leistete aber keinen Ersatz für ihre Verluste, die er verschuldet, noch für den Schaden, den er ihnen zugefügt hatte. Die Zeit des erlangten Friedens benutzte er, um zu Pfingsten des Jahres 1366 in Schweden einzufallen. Der alte Herzog von Mecklenburg eilte zur Hülfe seines Sohnes herbei, verglich sich mit dem Könige und trat ihm die Insel Gottland nebst anderen Districten ab. Dieser Vergleich wurde jedoch von dem Könige Albrecht nicht anerkannt. König Waldemar hielt die Städte für hinlänglich gedemüthigt, um von ihren Vitten oder Fischerdörfern in Schonen schon bezahlte Abgaben noch einmal eintreiben, den Ansatz der Abgaben erhöhen und den Städten Schiffsgüter nehmen zu dürfen. Den Klagen der Städte hierüber setzte er seine Klagen über die Stadt Lübeck, dass sie ihm die Reichssteuer nicht entrichtete, entgegen. Diese, zum jährlichen Betrage von 1200 Goldgulden, war ihm für die wegen seiner Dienste ihm schuldigen 16000 Mark löthigen Silbers am 19. Februar 1350 von dem Kaiser Karl IV. verpfändet worden. Der Kaiser hatte sie dann am 13. Juni 1360, ohne sie vom Könige eingelöset zu haben, dem Herzoge Rudolf II. von Sachsen-Wittenberg auf die Dauer von vier Jahren von 1360 bis 1363 verschrieben, am 5. Januar 1364 aber dem Könige wieder verliehen. Eine Zusammenkunft der Abgeordneten aus den Städten mit dem Könige und seinen Räthen zu Falsterbo am 22. August 1367 und eine andere, daselbst vierzehn Tage darnach gehalten, führten zu keiner Verständigung. Beiden Theilen musste sich die Ueberzeugung aufdringen, dass nur noch der Krieg hier entscheiden könne. Bei jener Verhandlung zu Falsterbo standen dem Könige Herzog Erich II. von Sachsen-Lauenburg und Graf Adolf von Holstein zur Seite, die beiden einzigen der Nachbarfürsten, auf welche, wie es scheint, er noch Vertrauen setzte. Schon die Väter des Herzogs Erich II. und des Königs Waldemar waren seit dem 8. April 1320 Bundesgenossen gewesen. Herzog Erich II. hatte im Juni 1346 den König Waldemar am heiligen Grabe in Jerusalem zum Ritter geschlagen, besass, wie eine Urkunde vom 6. März 1361 zeigt, Lande und Schlösser im Reiche Dänemark, wegen welcher er ihm zu Kriegesdiensten verpflichtet war, half ihm Gottland erobern und hielt mit ihm am 28. Juli 1361 seinen Einzug in Wisby. Seinem Schutze vertrauete König Hakon, Schwiegersohn des dänischen Königs, das Schloss Bohus an, als die Herzöge von Mecklenburg in Schweden eindrangen. Er entliess ihn am 25. Juni 1365 der deshalb übernommenen Verpflichtung. Mit Hülfe des Herzogs Erich II. griff König Waldemar um Pfingsten des Jahres 1366 von Schonen aus den Gegenkönig seines Schwiegersohnes Hakon in Schweden an, worauf in dem zwischen Dänemark und Schweden am 28. Juli 1366 zu Aalholm oder Christiansholm geschlossenen Frieden König Albrecht von Schweden, sein Vater und seine Brüder mit dem Herzoge Erich II. wegen seiner

Theilnahme an dem gegen sie in Schweden geführten Kriege eine Sühne errichteten und ihn von der Klage, welche die Grafen Heinrich und Nicolaus von Holstein, ihre Bundesgenossen, gegen ihn wegen dieses Krieges erheben könnten, zu befreien gelobten. Graf Adolf von Holstein zu Plön war der Schwager des Herzogs Erich II. Zwar hatte der König ihm und seinem Vater, dem Grafen Johann, nicht Wort gehalten, unter anderen Seeland 1346 ihnen entrissen und Laaland durch einen Vergleich in demselben Jahre wieder erhalten. Aber die Lehnsansprüche des Grafen Adolf auf Fehmern hatte er am 29. Februar 1364 anerkannt und von diesem Lehne war auch der Graf ihm, seinem Vetter, zum Kriegsdienste verpflichtet. Ein mächtiger Bund bildete sich gegen den König. Die Hansestädte beschlossen am 19. November 1367 den Krieg nicht nur gegen ihn, sondern auch gegen seinen Schwiegersohn, den König Hakon von Norwegen, weil dieser sie im Jahre 1362 schmählich im Stiche gelassen und sich später auch Uebergriffe gegen sie erlaubt hatte. Sie verabredeten am 8. December 1367, dass jede von ihnen ihren Fehdebrief an den König Waldemar vor dem 19. März 1368 nach Lübeck [illegible]senden sollte. Dass Herzog Erich II. von Sachsen-Lauenburg, obgleich er am 18. Februar 1368 mit ihnen auf [illegible]auer von zwei Jahren einen zwar nur in ihrem und seinem Gebiete gültigen, also auf eine bestimmte Gegend beschränkten Frieden geschlossen hatte, und Graf Adolf von Holstein, mit dem sie in ähnlicher Weise, namentlich hinsichtlich Schonen's Frieden zu errichten versuchen wollten, als Vasallen und Bundesgenossen des Königs ihre Feinde sein würden, galt ihnen für so wahrscheinlich, dass sie am 27. Februar 1368 darüber beriethen, wie man es mit beiden, falls dieselben den Frieden brächen, halten sollte. König Albrecht von Schweden und die Herzöge von Mecklenburg, nämlich sein Vater Albrecht und dessen beide anderen Söhne Heinrich und Magnus, verbanden sich am 23. Januar 1368 mit den Grafen Heinrich und Nicolaus von Holstein zum Kriege gegen Dänemark. Mehrere Ritter und Knappen Jütland's traten zwei Tage hernach und die Städte am 2. Februar diesem sowohl gegen den König Waldemar als gegen seinen Schwiegersohn Hakon gerichteten Bunde bei. Am 12. März erhielten sie den Herzog Heinrich von Schleswig, Schwager des Königs Waldemar, zum Bundesgenossen. Weil Waldemar's einziger Sohn, Herzog Christof von Laaland, 1363 gestorben war, musste das Reich Dänemark nach des Königs Tode auf eine seiner beiden Töchter vererben. Die eine war vermählt mit dem Könige Hakon, die andere mit dem jungen Herzoge Heinrich von Mecklenburg. Der alte Herzog Albrecht von Mecklenburg und seine Söhne hätten nun gern ganz Dänemark gleich an sich genommen, überliessen jedoch in der Theilung des Reiches, welche sie schon im Voraus vornahmen, Jütland, Fünen und Langeland den früheren Besitzern, den mit ihnen verbündeten Grafen von Holstein. Diesen wurde ihr Theil dadurch geschmälert, dass Langeland am 12. März dem Herzoge Heinrich von Schleswig zugesichert wurde. Am 15. März 1368 beschlossen die Städte zu Rostock, dass jede von ihnen am 9. April 1368 zum Kriege gerüstet und acht Tage darnach auf dem Sammelplatze „Gheland“ oder „Gelland“ (Seeland?) sich einfinden sollte. Von den wendischen Städten Lübeck, Hamburg, Rostock, Wismar, Stralsund, Lüneburg, von den oberländischen und sächsischen Städten Magdeburg, Braunschweig, Goslar, Einbeck, Göttingen, Hildesheim, Hannover, Uelzen, Buxtehude, Stade, Bremen, Hameln, Minden, von den pommerschen, preussischen, liefländischen, westphälischen, clevischen und märkischen, geldernschen, oberysselschen und friesischen, im Ganzen von 77 oder 80 Städten erhielt König Waldemar Fehdebriefe. Er wartete den Angriff der Städte nicht ab. Durch grosse allgemeine Schatzungen, durch Erpressungen, durch den Verkauf von Esthland an den deutschen Orden, von welchem ihm dafür 19000 feine Mark bezahlt waren, durch Plünderung Wisby's, durch Bedrückung und Beraubung der Kaufleute, welche den ihnen zugefügten Schaden auf 200000 Mark feinen Silbers berechneten, hatten sich bei ihm grosse Schätze angesammelt. Mit ihnen bestieg er am 6. April 1368 ein Schiff und verliess sein Reich, nachdem er den Marschall Henning Pudbus zum Hauptmanne desselben ernannt und ihm und den Mitgliedern des Reichsrathes zu Unterhandlungen mit den Städten Vollmacht ertheilt hatte. Er landete an der Küste von Pommern und reisete von dort nach Brandenburg zum Markgrafen Otto. Am kaiserlichen Hofe des Vaters dieses Fürsten erzogen, Schwager des verstorbenen Markgrafen Ludwig des Älteren, der ihm zur Krone verholfen hatte, suchte er Hülfe bei dem schwachen Markgrafen Otto, welchen die liebevolle Fürsorge seines künftigen Schwiegervaters, des Kaisers, wie ihn die Furcht vor seinen Feinden, aller Regierungslast überhoben hatte. Doch mochte er auch auf die Hülfe des Kaisers hoffen, dem er die Aufmerksamkeit erwiesen hatte, zu dessen Vermählungsfeier im April 1363 nach Krakau zu kommen und ihn während des Novembers desselben Jahres in Prag zu besuchen. In Brandenburg und in Pommern verweilte König Waldemar, während die Feinde sein Reich verwüsteten und plünderten. Zu Anfang April's wurden die Städte und Dörfer an der Südküste von Norwegen in Asche gelegt, am 2. Mai Kopenhagen geplündert und das Schloss erobert, darauf Helsingör, Nyköping, Skanör, Falsterbo und Aalholm (Christiansholm) genommen, Seeland mit Brand und Raub verheert, fast ganz Schonen dem Reiche entrissen und Jütland besetzt. Was Graf Adolf von Holstein hiergegen unternahm, ist nicht bekannt. Herzog Erich II. von Sachsen-Lauenburg zog nicht nur selbst nach Dänemark, sondern pflog auch noch vorher im Auftrage des Königs, wie dieser selbst, Unterhandlungen mit deutschen Fürsten und edelen Herren, damit sie Hülfsvölker stellten. Dies kam zur Kunde der Seestädte. Sie sandten deshalb am 10. August 1368 an die Städte Thüringens, Niedersachsens, der Altmark, Neumark, Ukermark, der Priegnitz, der Lausitz und des Landes Lebus Schreiben, worin sie dieselben dringend baten, ihre Landesherren und die benachbarten Fürsten und Herren durch Schilderung der erlittenen Bedrückungen und des grossen vom Könige begangenen Unrechtes, gegen welches sie nur Nothwehr übten, zu bewegen, dass sie um Gottes und der Gerechtigkeit willen gnädige Herren und Gönner der Städte blieben und dem Könige nicht zu helfen sich entschlössen. Ein solches Schreiben der Stadt Lübeck gelangte auch an die Städte Erfurt, Nordhausen, Braunschweig, Hannover, Hameln, Goslar, Halle, Hildesheim, Halberstadt, Einbeck und Göttingen. Die vier Städte in den Landen des Herzogs Magnus des jüngern, Braunschweig, Lüneburg, Hannover und Uelzen gehörten zum Bunde der Hansestädte, trieben Handel nach Dänemark, Schweden und Norwegen, besassen ihre Vitten oder Fischerdörfer in Schonen auf der Landzunge zwischen den Schlössern Skanör und Falsterbo, hatten alle Erpressungen und Gewaltthaten des Königs Waldemar mit den übrigen Städten ertragen müssen, hatten ihm den Krieg erklärt und gegen ihn gefochten, weshalb sein Feind, König Albrecht von Schweden, auch ihnen mit Ausnahme der Stadt Uelzen ihre Gerechtsame auf Schonen und in den Reichen Dänemark und Schweden am 25. Juli 1368 bestätigte. Sie werden deshalb schon um ihrer selbst willen der Aufforderung der Stadt Lübeck Folge geleistet haben und dies um so rascher und eifriger, weil in der That Herzog Magnus der jüngere unter Vermittlung der Markgrafen von Meissen mit dem Könige Waldemar über ihm zu leistende Hülfe in Unterhandlung getreten war. Der verstorbene Herzog Otto, Bruder des Herzogs Wilhelm zu Lüneburg, hatte sich 1342 bei dem Könige Magnus von Schweden seiner Handelsstädte, welche damals ähnliche Klagen gegen den schwedischen, wie jetzt gegen den dänischen König führten, angenommen. Es mag sein, dass Herzog Magnus der jüngere in seinen Unterhandlungen mit dem Könige Waldemar dies auch nicht unterliess. Es hielt ihn jedoch nicht ab, mit dem erklärten Feinde seiner eigenen Städte ein Bündniss zu schliessen. Herzog Erich II. von Sachsen-Lauenburg erhielt von dem Könige Waldemar den Auftrag, von den mitgebrachten reichen Schätzen 15000 löthige Mark, eine Summe, wofür fünf Schlösser mit dazu gehörendem Gebiete oder eine ganze Grafschaft feil gewesen wäre, dem Herzoge Magnus dem jüngeren in dessen Schlösser zu senden. Dafür verpflichtete sich dieser dem Könige und dem Herzoge Erich II. zum Dienste. Am 24. August 1368 gewährte er jener Geldsendung sicheres Geleit und dem Herzoge Erich II. und dessen Bevollmächtigten volles Verfügungsrecht über das Geld, bis sichere Nachricht vom Könige einträfe, dass dem abgeschlossenen Dienstvertrage Genüge geleistet sei. Alsdann aber sollte die Auszahlung erfolgen. Würde Herzog Magnus der jüngere den Dienst in vertragsmässiger Weise nicht leisten und der König deshalb die Auszahlung nicht genehmigen, so sollte Herzog Erich II. das Geld ungehindert wieder wegzuführen befugt sein. Schliesslich gelobte Herzog Magnus der jüngere, den Dienst in bedungener Weise für 15000 Mark dem Herzoge Erich II., falls der König stürbe, zu leisten. An diesem Bündnisse mit dem Könige hielt er fest und nannte ihn als seinen Bundesgenossen in denjenigen späteren Verträgen, in welchen es erforderlich war, seine Verbündeten namhaft zu machen. Hätte zu einem Zerwürfnisse zwischen dem Herzoge und seinen Städten Lüneburg, Hannover und Uelzen keine andere Veranlassung vorgelegen, so würde die Stellung, welche er im dänischen Kriege gegen sie einnahm, dazu genügt haben. Sie nebst den übrigen herzoglichen und bischöflichen Städten in Niedersachsen und alle dem Markgrafen von Brandenburg gehörenden Städte werden in den späteren Nachrichten über den Krieg nicht mehr erwähnt. Es scheint ihnen die fernere Theilnahme an demselben von ihren Landesherren verboten worden zu sein.

Obwohl Herzog Magnus der jüngere schon im vorigen Jahre von dem Herzoge Wilhelm in die Herrschaft eingesetzt worden war, hatte er es bisher unterlassen, sich von ihm darüber eine Urkunde zu verschaffen. Ebensowenig waren die Anordnungen vom 14. September 1368 über die Erbfolge unter den Söhnen des Herzogs Magnus des jüngeren von dem alten Herzoge urkundlich bestätigt worden. Diesen Mängeln abzuhelfen durfte bei der zunehmenden Schwäche Wilhelm's nicht länger gesäumt werden. Ohne einige Abänderungen in den getroffenen Bestimmungen vorzunehmen, entschloss dieser sich nicht dazu. Er erklärte am 14. September 1368 urkundlich, er habe nach dem Rathe seiner treuen Mannen den Herzog Magnus den jüngeren und dessen Erben in der Weise, wie die von demselben den Städten und Landen des Fürstenthums im October des vorigen Jahres ausgestellten Urkunden auswiesen, zu sich gesetzt und setze ihn und sie zu sich in den erblichen Besitz seiner Lande und Herrschaft Braunschweig und Lüneburg mit Schlössern, Städten, Landen, Leuten, Gerichten, Lehnen, Gütern und Schätzen über und unter der Erde, mit Zöllen, Geleiten, Gülten, Salzwerken, Erzen, Jagden, Wildbahnen und allem Zubehör. Er bestimmte alsdann, seine Mannen in seinem Rathe sollten, wenn Herzog Magnus der jüngere stürbe, den ältesten Sohn desselben, falls er ihnen gefiele, sonst einen anderen der Söhne, nach dem Tode dieses und so ferner stets einen der übrigen Söhne bis auf den letzten zum Herrn der Herrschaft Lüneburg wählen und, so lange noch ein Sohn des Herzogs Magnus des jüngeren lebte, keinen anderen zum Herrn dieser Herrschaft wählen oder zulassen. Könnte man sich in der Wahl unter den Söhnen nicht einigen, so sollte derjenige von ihnen, für den sich die Städte Braunschweig, Lüneburg und Hannover erklärten, Herr der Herrschaft bleiben. Diese Einsetzung in den Besitz der Herrschaft und alle übrigen Bestimmungen sollten machtlos sein, falls Herzog Wilhelm einen Sohn hinterliesse. Zur Wahl eines Nachfolgers in der Herrschaft Braunschweig und Lüneburg also hielt er sich befugt; seinen Räthen übertrug er nur die Wahl für das Herzogthum Lüneburg. Die Bestimmung, dass, wenn der auf Herzog Magnus den jüngeren in der Regierung folgende Sohn gestorben sei, nicht dessen Sohn sondern Bruder zur Regierung gelangen sollte, wurde wohl deshalb getroffen, weil wegen der grossen, von aussen drohenden Gefahren eine Regentschaft für einen minderjährigen Herzog möglichst vermieden werden musste. Am folgenden Tage wiederholte Herzog Wilhelm die am 19. April 1368 wegen Entrichtung seiner Schulden und über die Nutzniessung der Einkünfte aus den drei Zöllen und aus anderen etwa noch zu reservirenden Gütern getroffenen, damals auf die Stellung des Herzogs Magnus des jüngern als Amtmannes sich beziehenden, nun seine Nachfolge im Herzogthume berücksichtigenden Bestimmungen, indem er sich, so lange er leben würde, auch die lehnsherrlichen Rechte über geistliche und weltliche Lehne vorbehielt. Zu diesen Verfügungen und zu den am vorigen Tage getroffenen ertheilte Herzog Magnus der jüngere seine Zustimmung. In den Urkunden, welche er im October 1367 dem Lande ausgestellt hatte, wurde seinen Räthen, in der obigen den Räthen des Herzogs Wilhelm, ersteren für das vereinigte Herzogthum Braunschweig und Lüneburg, letzteren nur für das Herzogthum Lüneburg, die Wahl unter seinen Söhnen überlassen. Er hatte sich zwar verpflichtet, die Räthe des Herzogs Wilhelm in seinem Rathe zu behalten. Es blieb aber doch immer der Unterschied zwischen den Räthen beider Herzöge. Herzog Wilhelm wollte das Wahlrecht im Herzogthume Lüneburg den Räthen aus dem Herzogthume Braunschweig und aus dem Lande Sangerhausen nicht zugestehen. Damit stellte er die Verbindung beider Herzogthümer wieder in Frage. Er beabsichtigte dies wohl nicht, sondern hielt an der Vereinigung fest, wie sich daran zeigt, dass er die Stadt Braunschweig aus den Städten, welche die letzte Entscheidung treffen sollten, nicht ausschied. Für den Fall aber, dass die braunschweigschen und die lüneburgschen Räthe verschieden wählten, übertrug er den Städten die Entscheidung nicht, sondern nur falls seine Räthe in der Wahl uneins wären. Von seinen ritterbürtigen alten Räthen waren die Ritter Bertold von Heden, Ludolf von Hohnhorst und der am 21. Januar 1357 zum Rathe ernannte Ritter Johann von Salder zu Lichtenberg nebst dem Knappen Paridam Plote schon früher, Ritter Heinrich Knigge erst kürzlich (1367) gestorben und nur zwei der alten Räthe, der Probst Aschwin von Salder und Ritter Segeband von dem Berge noch übrig, von welchen ersterer den Herzog Wilhelm nicht überlebte oder ihm wenigstens bald folgte. Für jene waren etwa seit 1363 in den Rath eingetreten die Ritter Werner von dem Berge, Hans von Honlege, Knappe Wilbrand von Reden, 1367 auf dem Schlosse Calenberg, und Knappe Hans Knigge. Im Jahre 1366 kamen hinzu Ritter Diedrich von Alten und Knappe Siegfried von Salder zu Lichtenberg, seit 1368 auch zu Königslutter. Zu den Regierungsgeschäften hinzugezogen wurden dann und wann in den Jahren 1364, 1365 und 1367 Ritter Lippold von Vreden, in den Jahren 1367 und 1368 die Knappen Arnold Knigge, Bruder des Hans Knigge, Werner von Reden und der Pfaffe Johann Spörken, seit 1365 zu Bodenteich. Oefterer nahm seit 1365 der Küchenmeister Christian von Langelege, wie einst sein Vorgänger, daran Theil. Bei sehr wichtigen Angelegenheiten in den Jahren 1367 und 1368 wurden auch der Bruder des Küchenmeisters, Probst Heinrich von Langelege zu Lüne, welcher bald nachher vermuthlich auf Fürsprache der Herzöge den bischöflichen Sitz zu Verden erhielt, und die Pröbste Diedrich von Langelege zu Medingen, Hermann Knigge zu Wennigsen und Helmrich zu Ebstorf zu Rathe gezogen. Ritter Conrad von Rotsleben (Rossleben) aus Sangerhausen war der besondere Rath des Herzogs Magnus des jüngeren.

Unermüdlich war Herzog Magnus der jüngere, seine Macht auszubreiten, immer weiter schweifte sein Blick. Zwischen dem Herzogthume und der Grafschaft Oldenburg lag, durch die Weser von diesem getrennt, das Erzstift Bremen mit der für die Herzöge verloren gegangenen Grafschaft Stade. Zu dieser sollte nach einer sehr alten, aber untergeschobenen Urkunde des Jahres 1186 ausser Wursten, Hadeln und Ditmarsen auch Kehdingen und das Alte-Land gehört haben und im Jahre 1195 war ihr die Herrschaft Buxtehude zugelegt worden. Die Herzöge von Sachsen-Lauenburg waren noch 1334 Lehnsherren der Grafschaften Holstein, Schauenburg, Schwerin und der Herrschaft Lippe, verzichteten erst 1360 auf ihr lehnsherrliches Recht über die Herrschaft Mecklenburg und Grafschaft Schwerin, verlehnten noch 1384 die Herrschaft und Grafschaft Hoya und Bruchhausen und werden auch Lehnsherren der Grafschaft Oldenburg gewesen sein, wenn diese nicht etwa, wie das Schloss Wildeshausen 1229 und die Herrschaft Alten-Bruchhausen 1336, vom Stifte Bremen verliehen wurde oder sich jedes Lehnsverbandes erwehrt hatte. Alle diese Grafschaften und Herrschaften standen einst unter dem Herzoge Heinrich dem Löwen, als ihrem Lehnsherrn. Dem unternehmenden Nachbarfürsten seines Stammes und seines Muthes, dem Herzoge Magnus dem jüngeren, gelang es, das Stift Bremen nebst dem im Besitze desselben befindlichen Theile der Grafschaft Stade und die Grafschaft Oldenburg von sich abhängig zu machen. Auf dem erzbischöflichen Stuhle zu Bremen sass Albrecht, dem Herzoge Wilhelm, mit welchem er einen Feldzug gegen den Herzog Albrecht von Sachsen-Lauenburg unternommen hatte, schon seit dem 27. Januar 1362 durch ein beständiges Bündniss zum Dienste verpflichtet und durch die Vermittlung eben desselben aus der schwierigen Lage, worin ihn sein Verfahren gegen die Stadt Bremen gebracht hatte, 1366 gerettet. Aus Noth hatte er das Schloss Bremervörde und alle seine Stifte am 20. Mai 1362 seinem Vater, dem Herzoge Magnus dem älteren, verpfändet und, ungeachtet er am 4. August 1363 Zahlung leistete, die Schuld nicht getilgt. Die ganze Schuldenlast des Stiftes war seitdem auf 4150 löthige Mark angewachsen, wofür er Städte, Schlösser, Lande und Leute verpfändet hatte. In das Pfandrecht konnte Herzog Magnus der jüngere eintreten, wenn er jene Summe zahlte. Er lieh sie dem Erzbischofe, seinem Bruder, und dieser löste die Pfandgüter damit ein. Darauf verpfändete derselbe, indem er sich, seinen Nachfolgern und zur Zeit einer Sedisvacanz dem Domcapitel die Wiedereinlösung vorbehielt, den Herzögen Wilhelm und Magnus dem jüngeren am 4. October 1368 für jenes Darlehn das Stift Bremen mit Städten, Schlössern und Landen, in deren Besitz er sich befand oder noch gelangen möchte, reservirte sich jedoch für die Dauer seines Lebens den Besitz des Stiftes. Nach ihrem Rathe und mit ihrer Bewilligung setzte er zum Amtmanne und Vogte über dasselbe und über die Städte, Schlösser und Lande den Daniel von Borch. Er versprach, ihn nicht ohne ihr Wissen und Willen zu entsetzen und sofort nach Entlassung desselben einen anderen Amtmann nach ihrem Rathe und mit ihrer Bewilligung zu ernennen. Daniel von Borch und jeder seiner Nachfolger sollte den Herzögen eidlich geloben, ihnen oder wem sie wollten, falls er zur Zeit des Absterbens des Erzbischofes Amtmann oder Vogt im Stifte wäre, gleich nach dem Tode desselben das Schloss Bremervörde, die Grafschaft Buxtehude, das Alte-Land, die Grafschaft Kehdingen, ferner falls der Erzbischof das Schloss Hagen (Dorfhagen), womit der inzwischen umgekommene Domdechant Moritz von Oldenburg abgefunden war, wieder in seine Gewalt bekäme, auch dieses, überhaupt alle Städte, Schlösser und Lande des Stiftes, die ihm alsdann erledigt wären, mit Vogtei, Gericht und allem Zubehör auszuliefern. Ohne Rath und Bewilligung der Herzöge durfte der Erzbischof nichts von seinem Stifte veräussern oder verpfänden. Frühere Verträge mit ihnen sollten gültig bleiben. Ausserdem gestattete er ihnen, des Stiftes Schloss Langwedel einzulösen und es dann bis zur Wiedereinlösung im Besitze zu halten. An demselben Tage leistete nicht nur Daniel von Borch ihnen den vorgeschriebenen Eid, sondern der Erzbischof befahl auch den Rathsherren der Stadt Bremen, das Schloss Langwedel mit der Gerichtsbarkeit, welches er ihnen am 29. September 1366 für 1050 löthige Mark verpfändet hatte, den Herzögen gegen Erstattung der Pfandsumme auszuliefern.

Trotz der ihm gewordenen Hülfe drückten ihn die Schulden noch 1369 so sehr, dass er ihretwegen am 28. Juni dieses Jahres die Münze und Wechselbude zu Bremen lebenslänglich an die Stadt für 250 bremer Mark verpfändete. Nach dem 4. October 1368 wird Herzog Magnus der jüngere nun zunächst im Vereine mit dem Erzbischofe Anstalten getroffen haben, den gräflichen Gebrüdern Conrad und Christian von Oldenburg das durch den Tod ihres in der Schlacht bei Blexen gefallenen Oheimes Moritz dem Stifte Bremen erledigte Schloss Hagen (Dorfhagen) zu entreissen. Dabei mag Graf Christian in des Herzogs Gewalt gerathen sein, denn anders ist es kaum erklärlich, wie er dazu kam, am 31. October 1368 den Herzog als Lehnsherrn anzuerkennen und die Grafschaft Oldenburg von ihm zu Lehn zu nehmen. Mit seinem älteren Bruder, dem Grafen Conrad, wird er, wie später seine Söhne mit dessen Sohne, gemeinsam in Oldenburg regiert haben, durfte also ungezwungen ohne seines Bruders Zustimmung keine so wichtige Handlung, wie diese, vornehmen; und dennoch ist keine Spur von der Zustimmung desselben zu entdecken. Sein Grossvater, Graf Johann von Oldenburg, war, wie Urkunden des Jahres 1317 zeigen, auch Herzog der Friesen. Gelang es dem Herzoge Magnus dem jüngeren, die Lehnsherrlichkeit über die Grafen von Oldenburg zu behaupten, so waren auch die seinem Ahnherrn, dem Markgrafen Ekbrecht von Braunschweig, entzogenen und 1101 dem Grafen Heinrich von Northeim vom Kaiser verliehenen Rechte in Friesland, so weit die Grafen von Oldenburg sie besassen, wiedergewonnen.

Unter allen Feinden des Königs Waldemar von Dänemark war der alte Herzog Albrecht von Mecklenburg der mächtigste, schlaueste und gefährlichste. Wurde er besiegt, so war sein Sohn, der König von Schweden, welcher nur durch Hülfe seines Vaters sich halten konnte, unschädlich gemacht. Mit jedem einzelnen der übrigen Feinde, sogar mit den Städten und den Grafen von Holstein zusammen, hatte König Waldemar es schon früher aufgenommen und durfte hoffen, mit ihnen, falls es gelänge, Zwietracht unter sie zu säen und den Bund der Städte durch Verbote ihrer Landesherren zu schwächen, schon fertig zu werden. Der Dienst, zu welchem sich Herzog Magnus der jüngere gegen den König verpflichtet hatte, konnte, zumal da der Weg aus dem Herzogthume nach dem Königreiche durch Feindes Land führte, also versperret war, nur darin bestehen, dass er seinen Städten die fernere Theilnahme am Kriege gegen den König untersagte, befreundete Fürsten zu einem gleichen Verbote gegen ihre Städte bewog und seinen Nachbarn, den Herzog von Mecklenburg, angriff. Je stärker dieser war, desto mehr kam es darauf an, nicht vereinzelt gegen ihn vorzuschreiten, sondern einen starken Bund gegen ihn zu Stande zu bringen und sich aufs sorgfältigste zu rüsten. Dies Alles erforderte viele Zeit, weshalb der Angriff noch aufgeschoben werden musste. Das unweit der mecklenburgschen Grenze gelegene Schloss Lenzen, von welchem Herzog Wilhelm seit dem 22. November 1365 ein Drittel für 1000 Mark lüneburger Pfennige oder für ungefähr 333⅓ Mark Silbers pfandweise von den Bosel innehatte, um von hier etwaigen Angriffen des Herzogs Rudolf II. von Sachsen-Wittenberg zu begegnen, erlangte durch einen bevorstehenden Krieg mit Mecklenburg noch grössere Wichtigkeit. Der Besitz jenes Drittels genügte nicht mehr. Das ganze Schloss oder der grösste Theil desselben musste den Herzögen zur Verfügung gestellt, den Bosel also abgelöset werden. Das dazu erforderliche Geld verschafften sich die Herzöge zum Theil durch Verpfändung des Schlosses Bodenteich an Henning von Bodendike und an dessen Sohn Diedrich. Von den 600 Mark stendalschen Silbers, welches sie von diesen dafür erhielten, zahlten sie höchstens 200 Mark Silbers oder 600 Mark lüneburger Pfennige für Auslagen den Spörken, Amtleuten auf dem Schlosse Bodenteich. Dieses aber, welches seit der Bezwingung der von Alvensleben auf Klötze keiner Besatzung mehr bedurfte, überlieferten sie, wie es ihr Pächter Johann Spörken von ihnen besessen hatte, mit Ausnahme der Stadt Uelzen, des Gerichtes in der Stadt, des älzer Waldes und der geistlichen und weltlichen Lehne, jedoch mit der Gerichtsbarkeit im Bezirke des Waldes über Vergehen, die an Hals und Hand gestraft wurden, unter Vorbehalt des Oeffnungsrechtes und unter den übrigen bei Schlossverpfändungen üblichen Bedingungen den von Bodendike am 18. October 1368 zu Pfande. Beiden Theilen wurde nach dem 28. März 1372 eine vierteljährliche Kündigung zu Ostern jedes Jahres frei gestellt. Die von Bodendike verpflichteten sich, das Schloss den Herzögen getreu zu bewahren, von demselben niemandem Schaden zuzufügen und die herzoglichen Leute nicht zu verderben, noch denselben Schatzung abzufordern. Darauf veranlassten die Herzöge die Gebrüder Gebhard und Albrecht von Alvensleben auf Calbe, denen sie ihr Drittel des Schlosses Lenzen als Amtleuten oder Pfandbesitzern eingeräumt hatten, zu dem Reste des für das Schloss Bodenteich eingenommenen Gelder so viel hinzuzulegen, dass, die Pfandsumme für das Drittel des Schlosses Lenzen mitgerechnet, 1100 Mark stendalschen Silbers herauskamen. Den Markgrafen Otto von Brandenburg bewogen sie, dass er dasjenige Geld herbeischaffte, welches, um die Forderung der Bosel völlig zu befriedigen, nun etwa noch fehlen mochte. Alsdann löste er in Gemeinschaft mit ihnen zum Nutzen und wegen des Friedens seiner und ihrer Lande, wie er sich ausdrückte, obgleich er den eigentlichen Zweck der Einlösung wohl gewusst und gebilligt haben wird, das Schloss, die Stadt und das Land Lenzen von den Bosel ein und sicherte den Mitbesitz davon am 10. November 1368 zu Lenzen den Herzögen, bis er nach der ihm vorbehaltenen vierteljährlichen Kündigung ihnen oder den von Alvensleben 1100 Mark stendalschen Silbers bezahlt haben würde. Er gelobte, während der Pfandzeit mit ihnen gleiche Besatzung zu Lenzen gegen alle ihre und seine Feinde zu halten. Sie und er mit ihren und seinen Amtleuten sollten sich gegenseitig getreu mit aller Macht beistehen, um ihrer beider Feinde und Räuber aufzusuchen und anzugreifen und diejenigen zu befehden, welche dieselben hegten, hauseten, beherbergten oder unterstützten, und keiner von ihnen vor gänzlicher Beendigung des Krieges ohne Bewilligung des anderen mit denselben Frieden oder Sühne errichten. In Zwistigkeiten zwischen ihm und den Herzögen sollten ihrer beider Amtleute, Rathsherren und Bürger zu Lenzen neutral bleiben, Schloss und Stadt ihnen beiderseits offen sein und die Amtleute des Schlosses, die Bürger der Stadt und die Mannen und Bauern des Landes von dem Markgrafen und den Herzögen getreu und fleissig beschirmt und vertheidigt werden. Acht Tage darauf huldigten die Rathsherren und Bürger der Stadt den Herzögen und den von Alvensleben, wie ihren rechten Herren, und gelobten, so lange bis der Markgraf denselben die 1100 Mark erstattet haben würde, ihnen, gleich wie sie ihrem Herrn dem Markgrafen dazu verpflichtet seien und ihm eidlich gelobt hätten, zu dienen, Hülfe zu leisten und die Stadt offen zu halten, auch in Zwistigkeiten zwischen dem Markgrafen und den Herzögen neutral zu bleiben. Sieben Monate darauf geriethen die Gebrüder von Alvensleben auf Calbe und Lenzen, Drosten des Stiftes Halberstadt, und die herzoglichen Räthe Hans von Honlege und Siegfried von Salder mit Werner von Bodendike, weil er des Drostenamtes sich anmasste, und mit seinen Brüdern in Fehde. Gegen dieselben versprach ihnen der Bischof Albrecht von Halberstadt am 31. Mai 1369 seine Hülfe.

Das Verhältniss des Herzogs Wilhelm zu den Grafen von Waldeck und dem edelen Herrn von der Lippe war unverändert geblieben und machte es erforderlich, dass das Bündniss, welches der Herzog am 30. Mai 1367 mit dem Stifte Paderborn geschlossen hatte, von seinem Nachfolger erneuert würde. Dies geschah am 5. December 1368, jedoch so, dass Herzog Magnus der jüngere eine Besatzung nach Barntrupp zu legen sich nicht verpflichtete, denn er hatte es unterlassen, in den Vertrag, welcher mit den Herren dieses Schlosses, den Grafen von Sternberg, am 16. October 1365 errichtet worden war, einzutreten. Bischof Heinrich von Paderborn schloss, weil er am 27. December 1367 das Stift Corvey auf Bitten des Abtes Reinhard und des Conventes, so lange er leben würde, in seinen Schutz und Schirm genommen hatte, das am 24. April 1367 durch den Tod des Herzogs Ernst zu Göttingen seines früheren Schutzherren beraubte Höxter nebst Stadtbergen (oder Marsberg) und Volkmarsen, in welchen drei Städten der Abt Grund- und Schirmherr war, in den Bund ein.

In der Zeit zwischen den Jahren 1364 und 1369 war Katharina, erste Gemahlinn des Herzogs Magnus des Jüngeren, eine geborene Gräfinn von Anhalt, gestorben. Am 22. October 1367 sehr wahrscheinlich noch nicht wieder vermählt, war der Herzog schon vor dem 1. August 1369 zur andern Ehe geschritten. Seine zweite Gemahlinn, gleichfalls Namens Katharina, später, nämlich im Jahre 1374, mit dem Herzoge Albrecht von Lüneburg und Sachsen vermählt, bediente sich in den Jahren 1385 und 1387 eines durch Abbildung noch erhaltenen runden Siegels mit der Umschrift: „S(igillum) Katerine ducisse in Luneborch et Sassen“. In der Mitte dieses Siegels stehen drei Wappenschilde im Dreipass. Der erste, ein gespaltener Schild, zeigt rechts einen halben Adler, links vier Balken, ist also der bekannte Wappenschild der Grafen von Anhalt. Läge ein Rautenkranz über den Balken, so würde es ohne Zweifel der Wappenschild der Herzöge von Sachsen sein. Uebrigens fehlt der Kranz auch auf einigen Abbildungen der gespaltenen Wappenschilde der Herzöge von Sachsen-Wittenberg und von Sachsen-Lauenburg aus dem 13. Jahrhunderte. In schlecht erhaltenen Siegeln konnte er zerstört sein oder wenigstens von dem Zeichner leicht übersehen werden. Dies vorausgesetzt, ist es also auch möglich, dass der erste Wappenschild im Siegel der Herzoginn Katharina ein herzoglich sächsischer sei. Der zweite zeigt den braunschweigschen oder lüneburgschen Löwen, der dritte den über Balken gelegten Rautenkranz. Dieser beiden letzteren Wappenschilde bediente sich die Herzoginn, weil sie Gemahlinn des Herzogs Albrecht von Lüneburg und Sachsen-Wittenburg war, in dessen Siegel dieselben beiden Schilde auf einen anderen, welcher die Churschwerdter zeigt, folgen. Dagegen bediente sie sich des ersteren als geborene Herzoginn von Sachsen-Lauenburg. Für diesen ersten Wappenschild wenigstens ist, wenn sie nicht auch wieder eine Gräfinn von Anhalt war, keine andere Deutung zulässig, weil bei der Feindschaft zwischen den herzoglichen Häusern Braunschweig-Lüneburg und Sachsen-Wittenberg zur Zeit, als Herzog Magnus der jüngere zum zweiten Male sich vermählte, an eine Ehe zwischen ihm und einer Herzoginn von Sachsen-Wittenberg nicht gedacht werden darf. Herzog Albrecht mochte in dem Rautenkranze ein Abzeichen der seinem Hause vom Kaiser zuerkannten, den Herzögen von Sachsen-Lauenburg abgesprochenen Vorrechte erblicken und deshalb dieses in dem Wappenschilde seiner Gemahlinn selbst nicht dulden. Herzog Wilhelm zu Lüneburg war seit dem 24. Juni 1363 Schwiegersohn des Herzogs Erich II. oder des jüngeren von Sachsen-Lauenburg. Der Sohn des Letzteren, gleichfalls Namens Erich, nennt am 18. Februar 1369 in zwei Urkunden den Herzog Wilhelm, aber auch den Herzog Magnus den jüngeren seinen Schwager. Ebenso nennt er diesen am 14. November 1371 und wird als Schwager desselben am 8. April 1369 von dem Markgrafen Otto von Brandenburg bezeichnet. Auch von dem Erzbischofe Albrecht von Bremen, einem Bruder des Herzogs Magnus des jüngeren, wird er 1378 Schwager genannt. Die Herzöge Wilhelm und Magnus der jüngere nennen ihn in einer Urkunde vom 18. Februar 1369 und letzterer in einer anderen aus demselben Jahre, welche jener Urkunde wörtlich nachgeschrieben ist, zwar ihren Oheim. Diese in den meisten Fällen uneigentlich gebrauchte Benennung darf ebensowenig hinsichtlich des verwandtschaftlichen Verhältnisses des Herzogs Magnus des jüngeren, als des Herzogs Wilhelm zu dem Herzoge Erich irre führen. Konnte der eine Schwager, Herzog Wilhelm, sie gebrauchen, so ist es nicht auffallend, dass auch der andere sich ihrer bediente. Hierzu kömmt nun noch Folgendes. Die Herzoginn Katharina verlor eines ihrer Kinder in der Zeit zwischen dem 23. Mai und 25. Juni 1378, denn in den Nachrichten über die Hofhaltung zu Celle erscheint seit jener Zeit statt der Kinder in der Umgebung der Herzoginn nur eines. Vielleicht um für das kranke Kind Hülfe zu erflehen, war sie am 28. April 1378 nach St. Hülfe gewallfahrt, von woher sie am 11. Mai nach Celle zurückkam. Es gab Wallfahrtsörter jenes Namens bei Diepholz, bei Göttingen und auf dem Eichsfelde zwischen Dingelstädt und Wanfried, zwei Meilen von Mühlhausen. Sogar in einem Hospitale der Stadt Bremen hatten mit Erlaubniss des Erzbischofes Albrecht der Bürgermeister Heinrich Martini und der Rathsherr Conrad von Haren das Bild des Heiligen Hülfe am 7. September 1369 aufgestellt. Nach dem Tode ihres Kindes suchte die Herzoginn Trost bei ihrem nächsten Verwandten. Sie fuhr, nachdem ihr Gemahl Herzog Albrecht am 8. Juni 1378 nach Dorfmark geritten war, also ohne ihn, am 11. Juni nach Lauenburg und kam von dort am 25. Juni nach Winsen auf der Luhe zurück, wo ihr Gemahl sich seit dem 13. Juni aufhielt. Während er nach Wittenberg verreiset war, wohin ihm am 6. und 17. Juli Boten nachgesandt wurden, hatte Herzoginn Katharina den Herzog von Lauenburg am 5. Juli zu Gaste. Seine Gemahlinn wird nicht bei diesem Gegenbesuche genannt. Herzog Albrecht kam erst am 4. August von Prag nach Celle zurück. Weder empfing noch machte die Herzoginn Katharina in dem ganzen Jahre 1378 irgend einen anderen namhaften Besuch. Sie war zwar am 8. April 1373 die Stief-Schwiegermutter des Herzogs von Sachsen-Lauenburg geworden. Eine so lose, nur durch zweite Heirath entstandene Verwandtschaft kann unmöglich den innigen Umgang zwischen beiden erklären. Sie besuchten sich nicht wegen entfernter Verwandtschaft, sondern als Schwester und Bruder. In den Urkunden des jungen Herzogs Erich darf daher, obgleich unter seinen Schwestern keine mit Namen Katharina bisher bekannt geworden war, die Benennung des Herzogs Magnus des jüngeren als seines Schwagers nicht nach ihrer uneigentlichen, sondern muss nach ihrer wirklichen und ursprünglichen Bedeutung aufgefasst werden. Welchen Zweck aber mochte Herzog Magnus der jüngere im Auge haben, als er mit einer Tochter des Herzogs Erich II. von Sachsen-Lauenburg nach dem 24. August 1368 — denn an diesem Tage nannte er auch ihn nur seinen Oheim, nicht seinen Schwiegervater — sich vermählte? König Waldemar von Dänemark fand, wie es scheint, bei den Fürsten wohl Bereitwilligkeit, ihm für reichlichen Lohn Hülfe zu leisten, aber nicht die Eile, welche er von ihnen wünschte und selbst bewies, bei dem Kaiser jedoch keineswegs die gute Aufnahme, welche er erwartet haben mochte. Karl IV. entzog ihm sogar am 19. November 1369 die jährliche Reichssteuer der Stadt Lübeck, bestätigte sie, indem er erklärte, dass ihre Verleihung an den König auf einem Versehen beruhe, dem Reichserzmarschalle und Herzoge Rudolf von Sachsen-Wittenberg, wie sie von dem Könige Friedrich und darnach von ihm auf seine Lebenszeit demselben verliehen war, und gebot dem Bürgermeister, dem Rathe und den Bürgern der Stadt die Steuer dem Herzoge jährlich zu entrichten. Nach früheren Angaben betrug sie jährlich 1200 Goldgulden; bei dieser Gelegenheit setzte sie der Kaiser zu 300 Mark Silbers an, obgleich im Jahre 1370 und wahrscheinlich also auch damals die löthige Mark zu fünf guten lübeckischen Gulden gerechnet wurde. Erst im folgenden Jahre (am 24. November 1370) liess sich der Kaiser bewegen, dem Könige für die entzogene Reichssteuer Entschädigung zu bewilligen und überhaupt sich desselben anzunehmen. Zwar hielt sich das von den verbündeten Städten belagerte Helsingborg, zwar ruheten im Winter vom Jahre 1368 auf das Jahr 1369 die Waffen der Feinde des Königs; dennoch erfasste ihn der Missmuth und erschienen ihm die Aussichten so trübe, dass er an seiner Rückkehr in sein Reich verzweifelte. Er konnte nicht zum Entschlusse gelangen und schwankte, ob er eine Vormundschaft über sein Reich anordnen, ob er König bleiben oder sein Reich gänzlich abtreten sollte. Das Gerücht darüber hatte sich verbreitet, denn selbst die Hansestädte nahmen später, am 24. Mai 1370, in dem Friedensschlusse zu Stralsund auch auf den Fall Rücksicht, dass der König etwa beabsichtigte, bei seinem Leben sein Reich einem andern Herrn zu gestatten, nämlich abzutreten. Zu Vormündern des Reiches erschienen ihm seine treuen Vasallen, Herzog Erich II. von Sachsen-Lauenburg und dessen Schwager, Graf Adolf von Holstein, die geeignetsten. Entschlösse er sich aber, das Reich abzutreten, so dachte er nicht an seine beiden Schwiegersöhne, nicht an den Grafen Adolf von Holstein, weil derselbe mit einer Tochter des Herzogs Albrecht von Meklenburg vermählt war, dessen Nachkommen er das Reich nicht zuwenden wollte, sondern er dachte zunächst an den Herzog Erich II. Da starb plötzlich dieser zu Kallundborg auf Seeland vor dem 7. December (wahrscheinlich zwischen dem 21. November und 8. December) 1368, indem er ausser Töchtern nur einen Sohn Erich hinterliess, welcher im Jahre 1369 nach dem Zeugnisse des Chronisten Detmar erst im 15. Jahre seines Alters stand. Herzog Albrecht zu Möllen und Bergedorf, Brudersohn des Herzogs Erich II., hatte drei Söhne, Johann, Albrecht und Erich hinterlassen, von denen der erstere unverehelicht vor dem Jahre 1359 gestorben, der jüngste Domherr geworden war und der mittlere sich im Jahre 1366 mit Katharina, Tochter des edelen Herrn Nicolaus von Werle vermählt haben soll. In jeder der beiden Linien des herzoglichen Hauses Sachsen-Lauenburg war also nur ein Stammhalter vorhanden und die Möglichkeit des Aussterbens trat, zumal da die damaligen Fürsten sich jeder Gefahr in den sehr häufigen Kriegen aussetzen mussten, nahe heran. Die Fehde zwischen Erich I. und seinem Bruder Johann 1321, zwischen Erich II. und Johann's Sohne Albrecht 1343 hatte eine dauernde Spannung hinterlassen. Keiner der Vettern gönnte beim Aussterben seiner Linie dem andern die Nachfolge in seinem Fürstenthume. Seine Vettern zu Sachsen-Wittenberg mussten nun gar dem jungen Herzoge Erich, wie früher seinem Vater Erich II., verhasst sein. Die dem Vater zugedachte Vormundschaft über Dänemark konnte seinem vierzehnjährigen Sohne nicht anvertrauet, noch weniger ihm das Reich überlassen werden, es sei denn, dass ein ebenso erfahrener, kluger, tapferer und dem Könige Waldemar gleich ergebener Fürst, wie es Herzog Erich II. gewesen war, Vaterstelle bei dem jungen Herzoge zu vertreten übernahm. Scharfen Blickes erfasste Herzog Magnus der jüngere die ihm günstige Lage aller dieser Umstände und Verhältnisse. In jene Stelle wollte er eintreten, an seines Schützlings Statt und unter dessen Namen die Vormundschaft über das Reich Dänemark führen und, was dem Herzoge Wilhelm trotz seiner Eroberungen nicht gelungen war, im Herzogthume Lauenburg selbst, dem verlorenen Erblande seiner Ahnen, festen Fuss fassen. Eine einseitige Erbverbrüderung, von welcher ihm der Kaiser am 18. März 1363 das trefflichste Beispiel gegeben hatte, eine Abhängigkeit des jungen Herzogs Erich von ihm, wie des Markgrafen Otto vom Kaiser, konnte dazu verhelfen. Wenn nun auch der junge Herzog sich dazu willig zeigte, auf den Fall, dass er selbst keine Kinder hinterliesse, dem Gemahle seiner Schwester, dem Herzoge Wilhelm, oder vielmehr seiner Schwester Kindern sein Herzogthum zu verschreiben und sich selbst der Leitung seines Schwagers anzuvertrauen, so stand es doch nicht zu erwarten, dass er dasselbe Recht, wie dem Herzoge Wilhelm, auch dem Herzoge Magnus dem jüngeren, mit dem er durch keine nahe Verwandtschaft verbunden war, ertheilen und ihm dieselbe Befugniss geben würde. Trat dieser aber zu ihm in dasselbe verwandtschaftliche Verhältniss, wie jener, so schwand das Bedenken, ihm dieselben Vorrechte einzuräumen. Hierin lag die Veranlassung zur Vermählung des Herzogs Magnus des jüngeren mit Katharina, Schwester des jungen Herzogs Erich. Herzog Magnus erreichte seinen

Zweck. Am 18. Februar 1369 überliess Herzog Erich auf den Fall, dass er, ohne Kinder zu hinterlassen, stürbe, den Herzögen Wilhelm und Magnus dem jüngeren, seinen lieben Schwägern, sein Fürstenthum und seine Herrschaft Sachsen mit dem Schlosse Lauenburg, dem Schlosse und der Stadt Ratzeburg, dem Darzing, dem Schlosse Neuhaus, dem Schlosse „Niehaus" an der Delvenau, dem Lande Hadeln und dem Lande Wursten mit allen verpfändeten und unverpfändeten Schlössern, Gerichten, Landen und Leuten. Er verpfändete ihnen dies Alles und verschrieb ihnen darin auf den Fall, dass er keine Kinder hinterliesse, 70000 löthige Mark Silbers, eine Summe, die wohl dem Werthe des ganzen Herzogthumes gleich kam. Die Verschreibung dieser Schuld hatte den Zweck, sowohl den Herzögen zu Möllen und Bergedorf als auch den Herzögen von Sachsen-Wittenberg dereinst den Antritt der Erbschaft zu verleiden und den Herzögen von Braunschweig und Lüneburg die Erbfolge zu sichern. Zugleich liess Herzog Erich seine Mannen und Amtleute den Herzögen Wilhelm und Magnus dem jüngeren auf obige Voraussetzung huldigen, und gelobte, seine späteren Amtleute ihnen dieselbe Huldigung leisten zu lassen. In einem anderen Vertrage von demselben Tage, worin das von nun an Statt findende Verhältniss des jungen Herzogs Erich zu seinen beiden Schwägern ausdrücklich als das eines Kindes zu seinem Vater bezeichnet wird, gelobten sie, ihm wie ein guter Vater seinem lieben, treuen Kinde beizustehen; er und sie versprachen für sich und ihre Nachkommen, sich gegenseitig in allen Nöthen und zur Vertheidigung ihrer Erbbesitzungen und Rechte mit aller Macht behülflich zu sein. Die Herzöge Wilhelm und Magnus der jüngere verpflichteten sich besonders, falls ihnen nach seinem Tode seine Herrschaft zufiele ehe seine Schwester Jutta vermählt wäre, letztere nach dem Rathe der Mannen und Freunde derselben zu vermählen und ihr 2000 löthige Mark Mitgift zu geben, bedungen sich aber, um keine Summe Geldes gemahnet zu werden, falls sie die Schwester des Herzogs nach dem Rathe der Mannen und Freunde sonst vermählen könnten, und ertheilten die Zusicherung, die Mannen des Herzogthums Lauenburg bei ihrem alten Rechte zu lassen, alle Verschreibungen früherer Herzöge zu halten und die Mutter des jungen Herzogs Erich bei ihrem Leibgedinge und Rechte zu belassen. Von den verschriebenen Gebieten besass Herzog Erich die Lande Hadeln und Wursten nicht ganz, sondern nur zwei Drittel davon. Namentlich gehörten ihm im Lande Hadeln die Kirchspiele Otterndorf, Altenbruch, Lüdingworth und Neuenkirchen, deren Eingesessene ihm am 10. August 1369 huldigten, indem sie gelobten, ihm und seinen Gesandten treu zu bleiben, ihm alle Schuldigkeit mit Leib und Gut zu leisten und die von ihm gesandten Leute, wie es die Landleute thäten, beköstigen zu helfen. Dafür sollte er sie bei allem ihren Rechte lassen, welches sie von seinen Vorfahren besassen. Den anderen dritten Theil der Lande Hadeln und Wursten besassen bei der Verpfändung am 5. Februar 1340 und später noch seine Vettern zu Möllen und Bergedorf; deshalb konnte Herzog Erich zu Bergedorf, ein Sohn Albrecht's, am 7. Juni 1370 sein Land Hadeln an die Stadt Lübeck verpfänden. An dem Lande Darzing dagegen hatten die Herzöge zu Möllen und Bergedorf wahrscheinlich keinen Antheil mehr. Der durch seine Räubereien berüchtigte Ritter Hermann Ribe war, nachdem ihm die Herzöge von Lüneburg, von Sachsen-Lauenburg, die Markgrafen von Brandenburg und ihre Verbündeten das Schloss Hitzacker 1290 genommen hatten, im Besitze des Landes Darzing geblieben. Dieses, alle Güter am Gestade der Elbe, die Dörfer „Münchhof", Wilkenstorf und Bonäse in der Altmark, der oberste und niederste Werder, zwei Allode zu Hitzacker und Güter zu Bancke waren ihm von dem Herzoge Albrecht von Sachsen-Wittenberg zu Lehn ertheilt. Darauf, am 12. Juli 1306, hatte Ritter Hermann Ribe den Herzögen Albrecht und Erich I. von Sachsen-Lauenburg und der Herzoginn Margaretha, Gemahlinn des ersteren, alle diese Güter für 1400 Mark Pfennige verkauft und Herzog Erich I. 1308 nach dem Tode seines Bruders Albrecht sich in Besitz derselben gesetzt. Aber seines Bruders Johann Sohn Albrecht machte auf das Land Darzing Ansprüche, worüber es am 6. December 1334 zum Vergleiche kam. Am 30. October 1355 ernannte Herzog Erich den Wasmod von Meding zum Amtmanne im Lande Darzing mit hundert Mark Pfennigen Gehalt auf die Dauer eines Jahres und überliess ihm die Brüche. Der Amtmann gelobte, ohne des Herzogs Bewilligung nicht zu rauben, auch von den Leuten im Darzing keine Schatzung zu erheben. Später besassen Vicke von Hitzacker und seine Söhne das Land Darzing für 2300 Mark zu Pfande, worauf Herzog Erich II. am 26. December 1363 ihnen 200 Mark Pfennige abbezahlte. Ob ihm allein oder auch seinen Vettern zu Möllen und Bergedorf das Land Darzing gehörte, ist nicht dabei bemerkt. Mochte nun sein Herzogthum um geringe Gebietstheile grösser oder kleiner sein, hier kömmt es nicht darauf an. Die Hauptsache bleibt, dass Herzog Magnus der jüngere durch seine Vermählung mit der Schwester des Herzogs Erich die Erbverbrüderung zu Stande brachte, welcher 1716 seine späteren Nachkommen die Belehnung mit dem Herzogthume Lauenburg meistens verdankten. Auch seine Absichten auf das Reich Dänemark rückten ihrer Erfüllung näher. Zwei Wochen nach dem Abschlusse der Erbverbrüderung, am 3. März 1369, einigten sich zu Reinfeld Herzog Erich von Sachsen-Lauenburg und Graf Adolf von Holstein zu Plön, die Vormundschaft oder Regentschaft in Dänemark anzutreten, und gelobten, das Reich, die Burgen, Lande, Mannschaft, Gold, Silber und Habe nebst allem, was zum Reiche gehörte, nach Rath des Reiches, des Ritters Hermann von Tralowe und zweier herzoglicher und zweier gräflicher Räthe zu gleichen Theilen unter sich zu theilen, auch soweit es mit der Ehre verträglich sei, sich gegenseitig alles zum Besten zu kehren.

Rings um die Mark Brandenburg her, in den Herzogthümern Lauenburg und Lüneburg, in den Grafschaften Hoya, Hallermund, Wunstorf, Spiegelberg, Mansfeld, Schwarzburg, im Fürstenthume Sangerhausen, in der Landgrafschaft Thüringen und Markgrafschaft Meissen rüsteten sich die Fürsten und in der Mark Brandenburg selbst Ritter und Knappen zu einem Kriege gegen die Herzöge von Meklenburg und gegen die Grafen von Holstein zu Rendsburg. Dies und der stete Umgang mit dem unruhigen Könige Waldemar, für welchen die Rüstungen betrieben wurden, rüttelten den aller Regierungssorgen entbundenen Markgrafen Otto von Brandenburg aus seiner geistigen Trägheit auf. Obwohl unter Vormundschaft des Kaisers, mit dessen älteren Tochter Katharina statt mit der jüngeren Elisabeth er sich am 6. Februar 1366 verlobt und später vermählt hatte, entschloss er sich, mal wieder selbstständig zu handeln. Er sah wohl ein, dass bei dem allgemeinen Feuer, welches rings um ihn her entbrannte, er nicht blosser Zuschauer bleiben könne. Auch wünschte er nicht zu fehlen, wo Alle gewinnen wollten. Grosse zur Markgrafschaft gehörende Gebiete, Strasburg, Jagow, Fürstenwerder, Boizenburg und Stolpe, also die ganze Ukermark, Zehdenick und Liebenwalde, mithin die ganze Vogtei Liebenwalde, und Wittenberge in der Priegnitz waren den Herzögen von Meklenburg für 18000 Mark brandenburger Silbers verpfändet. Der Krieg, der bald ausbrechen musste, bot dem Markgrafen Gelegenheit, ohne Zahlung wieder zu den Pfandstücken zu gelangen. Entweder er eroberte sie im Bunde mit der Partei des Königs Waldemar, oder er liess sie sich von den Herzögen von Meklenburg für seine ihnen zu leistende Hülfe abtreten. Die Schwierigkeit lag nur gerade darin, dass er wegen seines unentschlossenen Characters nicht wusste, ob er besser thäte, die Partei des Königs oder der Herzöge von Meklenburg zu ergreifen. In dieser Stimmung schloss er am 8. April 1369 — denn die Zeit drängte und schritt eiliger fort, als seine träge Ueberlegung — nicht mit dem Herzoge Wilhelm, sondern allein mit dem Herzoge Magnus dem jüngeren, den er trotz Kaisers und Reiches einen Herzog von Braunschweig und Lüneburg nannte, also mit diesem erklärten Anhänger des Königs und Feinde der Herzöge von Meklenburg, zum bessern Frommen, Frieden und Schutze ihrer beider Lande auf die Dauer von drei Jahren folgendes in seinen letzten Sätzen merkwürdige Bündniss. Er gelobte, während jener Zeit des Herzogs Feind nicht zu werden. Jeder von ihnen sollte dem andern Hülfe leisten gegen jedermann, der demselben und seinem Lande Schaden oder Unrecht zuzufügen beabsichtigte. Wenn der Herzog gegen seine Feinde auszöge, versprach der Markgraf, ihm, so oft er es fordern würde, innerhalb dreier Wochen nach erhaltener Forderung sein Banner mit 200 Reisigen, zu denen der Herzog ebenso viele stellen sollte, auf eigene Rechnung zu senden und erforderlichen Falls ihm mit ganzer Macht innerhalb gleicher Frist und wieder auf eigene Rechnung zu folgen. Sobald die markgräfliche Mannschaft zum Herzoge käme, sollte dieser ihr Speise und Futter und den Pferden Hufbeschlag liefern. Brandschatzung oder sonstige Einnahme vom Kriege sollte dem Herzoge zur Bestreitung der Kosten verbleiben. Eroberte Schlösser, wenn sie ausserhalb des Herzogthums lägen, sollten nach Anzahl gewaffneter Leute, gefangene Reisige nach Anzahl herzoglicher und markgräflicher Mannen, die Pfandsummen herzoglicher, an Feinde verpfändeter Schlösser, falls der Markgraf selbst bei ihrer Belagerung und Eroberung mit im Felde läge, nach dem Ermessen der herzoglichen und markgräflichen Räthe getheilt werden. Wie seine eigenen Lande wollte der Markgraf die Städte, Leute und Lande des Herzogs vor Schaden bewahren und sie bei Rechte lassen. Wenn Irrungen zwischen beiden Fürsten entständen, sollten dieselben und namentlich die nach dem Tode des Herzogs Wilhelm etwa zwischen ihnen ausbrechenden Streitigkeiten von einem aus Räthen beider zusammengesetzten Schiedsgerichte zu Lübbow (Lubban), Salzwedel und Lüchow geschlichtet werden. Herzog Magnus der jüngere schloss in den Bund das Land seines Schwagers, des Herzogs Erich von Sachsen-Lauenburg, und Markgraf Otto das in seinen Landen gelegene Leibgeding seiner Schwägerinn, der Gräfinn Ingeburg von Holstein, ein. Markgraf Ludwig der Römer nämlich hatte seiner Gemahlinn Ingeburg, Tochter des Herzogs Albrecht von Mecklenburg, bei seiner Vermählung mit ihr am 25. Juli 1357 die Stadt Perleberg mit 500 Mark brandenburger Silbers jährlicher Einkünfte zum Leibgedinge verschrieben. Nach seinem im Jahre 1365 eingetretenen Tode hatte sich die Wittwe mit dem Grafen Heinrich dem eisernen von Holstein zu Rendsburg vermählt. In dem bevorstehenden Kriege des Herzogs Magnus des jüngeren gegen diesen, ihren Gemahl, und gegen den Herzog von Mecklenburg, ihren Vater, wäre ohne obige Vereinbarung ihr Leibgeding freilich gefährdet gewesen, obgleich es in der Priegnitz, also in der Markgrafschaft Brandenburg lag. Dem dasselbe betreffenden Punkte des Vertrages fügte Markgraf Otto auch den hinzu, dass er gegen die Markgrafen von Meissen dem Herzoge Hülfe zu leisten nicht verpflichtet sein wolle. Zum Schlusse kam man über Folgendes überein. Der Markgraf erbot sich, von seinen den Herzögen von Mecklenburg verpfändeten Schlössern und Landestheilen, falls er sie durch Vertrag oder Dienst wiedererlangte, dem Herzoge Magnus dem jüngeren zu seinem Antheile 3000 Mark Silbers zu zahlen, wofür derselbe, wenn er das Geld annähme, sie ihm allein lassen und mit ihm Kosten und Schaden davon zu gleichen Theilen tragen sollte. Er erbot sich ferner, die von ihm durch Dienst oder Hülfe bei dem Könige von Dänemark, bei dem Herzoge von Mecklenburg oder bei den Seestädten zu erwerbenden Vortheile mit dem Herzoge Magnus dem jüngeren zu theilen, wofür derselbe, wenn er hierauf einginge, fernere Kosten und Schaden in derselben Angelegenheit mit ihm zu gleichen Theilen tragen sollte. So viel als seine und des Herzogs Magnus Räthe für billig erklären würden, sollte ihm von dem Herzoge Erich von Sachsen-Lauenburg entrichtet werden, falls das Königreich Dänemark an denselben fiele oder unter seine Vormundschaft käme. An demselben Tage, als der Markgraf diesen Vertrag zu Osterburg besiegelte, nämlich am 8. April 1369 begaben sich zu Rübbel bei Bevensen seine Mannen Nicolaus von Bismark und dessen Söhne mit ihren Schlössern Burgstall in der Vogtei Tangermünde und Alten-Platow oder Plote im Lande Jerichow, beide in der Altmark gelegen, in den Dienst des Herzogs Magnus des jüngeren. Er nahm sie aus besonderer Gunst und Gnade unter seine Diener und Hofgesinde auf und versprach, sie, gleich seinen anderen getreuen Mannen, zu hegen, zu beschirmen und gegen jedermann, ihren Herrn den Markgrafen Otto und wegen des Schlosses Alten-Platow den Erzbischof von Magdeburg ausgenommen, zu vertheidigen, ferner sein Banner, so oft sie es bedürften und forderten, mit seinen Hauptleuten auf ihre Schlösser zu senden und dieselben mit Proviant und Mannschaft versehen zu helfen, wofür sie gelobten, ihm gegen jedermann mit Ausnahme des Markgrafen getreu und nach allem Vermögen wieder zu dienen, zu helfen und zu rathen, auch in allen Irrungen sich seiner richterlichen Entscheidung zu fügen. Aus obigem Bündnisse des Markgrafen ersieht man, dass Herzog Erich von Sachsen-Lauenburg die Vormundschaft über Dänemark noch nicht angetreten hatte. Das Reich eben, dessen Rathe gemäss die Theilung unter beide Vormünder getroffen werden sollte, nämlich der dänische Reichsrath und des Reiches Hauptmann, Marschall Henning Podbus, mochten sich jeder Vormundschaft deutscher Fürsten widersetzen. Dass dieselbe aber nicht aufgegeben war und sogar des Herzogs Erich Nachfolge im Reiche zu den Fragen gehörte, über welche die Verhandlungen schwebten, findet im Bündnisse des Markgrafen, welcher von den Plänen seines Gastes, des Königs Waldemar, unterrichtet sein musste, seine Bestätigung.

Obgleich Herzog Wilhelm am 15. September 1368 sich allein alle lehnsherrlichen Rechte vorbehalten hatte, befreiete doch sowohl Herzog Magnus der jüngere, als auch er am 1. Februar 1369 den Gebrüdern von Vintlo, Bürgern zu Lüneburg, einen Hof und eine wüste Hausstelle zu Wilsede, früheres Lehn der von der Odem, aus besonderer Vergünstigung vom Lehnsverbande und schenkten beide an demselben Tage dem Abte und Convente zu Scharnebeck das Eigenthum der denselben von dem Knappen Otto von Thune überlassenen Mühle und zweier Höfe zu Ostenholz mit Vogtei. Sie hatten am 29. November 1368 den Zehnten zu Isernhagen für 210 Mark löthigen Silbers den Gebrüdern Heinrich und Hermann Knigge verpfändet. Da sie es sich vorbehalten hatten, in den ersten Tagen April's des nächsten Jahres den Zehnten einzulösen, verpfändeten sie ihn und den Zehnten zu „Hungerhagen" mit den Fuhren, zu welchen die dort wohnenden Leute verpflichtet waren, am 2. April 1369 dem Conrad von der Nienstadt und seinen Brüdern für 260 löthige Mark. Ueber die Pfandbesitzer des Schlosses Hallermund seit dem 14. April 1345 giebt es keine andere Nachricht, als dass die Ritter Lippold, Basilius, Hans, Lippold und Ekbert von Vreden und die Gebrüder Ordenberg und Siegfried Hoek, Ritter, im Jahre 1369 das Schloss gemeinsam für $1871\frac{1}{2}$ löthige Mark zu Pfande innehatten. Am 23. April dieses Jahres traten es die von Vreden den Gebrüdern Bock, welche ihnen ihren Antheil der Pfandsumme ausbezahlten, ab und stellten diesen und den beiden Herzögen eine Bescheinigung über den Empfang des Geldes aus. Die immer eifriger betriebenen Rüstungen des Herzogs Magnus des jüngeren erforderten sehr vieles Geld. Er und Herzog Wilhelm machten deshalb bei den Gebrüdern Gebhard, Huner und Hildemar von Plote und bei deren Vetter Rabodo eine Anleihe von 2060 Mark lüneburger Pfennige. Der Rath der Stadt Lüneburg leistete für die Herzöge Bürgschaft, dass die Schuld zwischen dem 14. und 21. April 1370 getilgt werden sollte, und sie versprachen am 4. Mai 1369, den Rath am 2. Februar 1370 davon zu benachrichtigen, wenn sie nicht im Stande wären, zur bestimmten Zeit die Zahlung zu leisten. Sie verpflichteten sich, in diesem Falle das Schloss Harburg mit Zoll, Vogtei, Zins, Gericht und Sundergut als ein Pfand für jene Summe sofort am 31. März 1370 dem Rathe auszuliefern und bis sie ihm die Summe mit allen Zinsen bezahlt haben würden, das Schloss und Sundergut sonst niemandem zu verpfänden oder anzuweisen. Alsdann sollte auch der zeitige Amtmann zu Harburg und jeder, den sie während der Pfandzeit zum Amtmanne dort ernennen würden, das Schloss vom Rathe empfangen und von diesem in Pflicht genommen werden, falls der Rath es nicht vorzöge, dort selbst seinen Amtmann zu ernennen. Zugleich ertheilten sie dem Rathe die Erlaubniss, das Schloss und Sundergut weiter zu verpfänden, und gelobten, ihm das Schloss zu beschützen. So sehr den Herzog Magnus den jüngeren auch kriegerische Gedanken beschäftigten, überhörte er doch nicht die Bitten, die aus den geweiheten Stätten des Friedens zu ihm gelangten. Zum grossen Danke verpflichtete er sich den Gardian Heinrich und den Convent der Minoriten zu Hildesheim, indem er freigiebig ihnen Hülfe beim Baue ihres Klosters bewilligte. Aus Dankbarkeit dafür gelobten sie am 10. Mai 1369, wöchentlich eine Messe zu seinem Heile, so lange er leben würde, zu halten, nach seinem Tode aber jährlich sein Anniversar zu feiern. Drei Tage darnach befreite er und der Herzog Wilhelm einen dem Vicar Johann Brasche zu Bardowiek gehörenden Hof daselbst, so lange der Vicar leben würde, von allem ihnen zu entrichtenden Schatze, Dienste, Pflicht und Vogtei und sie befahlen dem Vogte zu Lüneburg und den Bauern zu Bardowiek, von dem Hofe, der Hausstelle und dem dazu gehörenden Acker auf dem Felde während der Zeit keinen Schatz, Dienst noch Pflicht zu fordern. Diese Verfügung gestattet einen Blick in die Art und Weise, wie eine Angelegenheit behandelt wurde, durch welche die Ortsgemeinde mit dem Staate zusammenhing. Wie in den Dörfern des Stiftes Hildesheim die achtbarsten Eingesessenen derselben die Beede, so repartirten hier die Bauern selbst im Vereine mit dem herzoglichen Vogte Schatz, Dienst und Pflicht auf die Einzelnen. Die bei den von Plote am 4. Mai 1369 gemachte Anleihe hatte so wenig dem Bedarf der Herzöge entsprochen, dass diese sich am 15. Juni 1369 genöthigt sahen, dem Johann Schermbecke, Bürger zu Lüneburg, für 1200 Mark Pfennige sogar den Kalkberg, auf welchem das Schloss Lüneburg noch stand, zu verpfänden, damit derselbe dort einen Kalkbruch anlegte.

Mit Ausnahme der gleich zu erwähnenden Urkunde der Markgrafen von Meissen vom 1. August und einer Urkunde des Herzogs Magnus des jüngeren vom 15. August finden sich keine Urkunden, welche während der Zeit vom oben genannten 15. Juni 1369 bis zum 27. October desselben Jahres den Herzögen Wilhelm und Magnus dem jüngeren oder einem von ihnen ausgestellt wären, ebensowenig Urkunden, welche einer von ihnen oder beide während dieser vier Monate ausgestellt hätten. Es ruheten während dieser Zeit die Regierungsgeschäfte im Herzogthume Lüneburg, weil Herzog Magnus der jüngere aus demselben abwesend und Herzog Wilhelm zu sehr entkräftet war, sie zu führen. Die Nachricht von dem Tode des Herzogs Magnus des älteren, welcher einige Tage nach dem 15. Juni gestorben war, verzögerte den Beginn der Feindseligkeiten gegen Mecklenburg und rief seinen Sohn Magnus nach Braunschweig, damit er Besitz vom Herzogthume ergriffe. Die Besitzergreifung scheint auf keine grosse Hindernisse gestossen zu sein, obgleich es sicher ist, dass Herzog Ernst, Bruder des Herzogs Magnus des jüngeren, Ansprüche auf das Herzogthum erhob. Der verstorbene Herzog hatte bei Schlossverpfändungen nach dem Tode seines Sohnes Ludwig nur einmal, nämlich am 11. November 1367, die Pfandbesitzer verpflichtet, nach seinem Tode den Pfandvertrag seinem Sohne Magnus oder demjenigen unter dessen Erben zu halten, welcher die Herrschaft von Braunschweig und Lüneburg erlangen würde. Seitdem aber war eine Sinnesänderung bei ihm eingetreten, denn er unterliess bei den folgenden Verpfändungen es entweder gänzlich zu bestimmen, wie es nach seinem Tode damit gehalten werden sollte, oder er verfügte, dass der abgeschlossene Pfandvertrag seinen Erben oder seinen rechten

Erben, worunter überhaupt seine Söhne und, weil die übrigen sich dem geistlichen Stande gewidmet hatten, also nicht zur Regierung gelangen konnten, nur Magnus und Ernst zu verstehen waren, gehalten würde. Weil Herzog Ernst hierdurch ein Recht für sich begründete und nicht davon abstand, war es später, am 31. März 1370, 30. März und 1. Mai 1371, bei der Verpfändung der Schlösser Wolfenbüttel, Schöningen und Esbeck erforderlich, dass Herzog Magnus der jüngere sich den Pfandbesitzern verpflichtete, sie gegen die Ansprüche desselben zu schützen. Von Braunschweig reisete Herzog Magnus der jüngere nach Sangerhausen, verpfändete diese Stadt nebst Schloss und Land am 1. August 1369 den Markgrafen von Meissen und liess sie die Huldigung daselbst in Empfang nehmen. Wahrscheinlich blieb er hier bis zum 15. August, an welchem Tage er zum Seelenheile seiner Eltern das Kloster Königslutter von einer sehr lästigen Verpflichtung befreiete und zog dann vermuthlich über Meissen, wo ungefähr um diese Zeit sein Bundesgenosse, König Waldemar von Dänemark, auf einer Reise nach Süddeutschland begriffen, einige Zeit verweilte, zum kaiserlichen Hofe. Wenigstens in keine andere Zeit des Jahres 1369, in welchem Detmar's zwischen den Jahren 1385 und 1395 geschriebene Chronik über den Besuch des Herzogs Magnus beim Kaiser berichtet, kann diese Begebenheit fallen. Den Herzog begleiteten der Bischof Albrecht von Halberstadt, Graf Gerhard von Hoya, ein edeler Herr von Warberge und andere Ritter und Knappen, namentlich Hans Meise oder Mese. Bischof Albrecht, ein sehr gelehrter Herr, war zu Prag Magister, zu Paris Doctor geworden, hatte in letzterer Stadt juristische und philosophische Vorlesungen gehalten, auch zwei Bücher, eine Logik und Sophismata, geschrieben. Hans Meise, Bürger zu Goslar, war am 25. Juli 1360 zum Schiedsrichter der verbündeten Städte ernannt worden, hatte sich am 25. April 1365 mit einer Rechtsfrage an den Reichserzmarschall gewandt und stand in dem Rufe besonderer Rechtskunde. Die Reise des Herzogs bezweckte, den Herzog Wilhelm, die Städte und Mannen des Herzogthums Lüneburg von den Ansprüchen, die gegen sie wegen dieses Herzogthums von dem Kaiser und dem Herzoge von Sachsen-Wittenberg erhoben wurden, seinem Gelöbnisse gemäss zu befreien, ausserdem beim Reiche die Belehnung mit dem Herzogthume Braunschweig und Lüneburg nachzusuchen. Die ohnehin nothwendige Belehnung sich jeden Falls zu verschaffen, war für ihn um so dringender, als sein Bruder Ernst seine Ansprüche auf das Herzogthum Braunschweig nicht aufgeben wollte und es sehr wünschenswerth war, dass bei dem täglich erwarteten Tode des Herzogs Wilhelm die Angelegenheit des Herzogthums Lüneburg geregelt sei. Herzog Magnus stand auf dem Gipfel seiner Macht. Er herrschte in den Herzogthümern Braunschweig und Lüneburg, Sangerhausen gehörte ihm, das Stift Bremen war ihm verpfändet, der Graf von Oldenburg ging bei ihm zu Lehn, unter seiner Leitung wurde die Regierung in den Landen des Herzogs Erich von Sachsen-Lauenburg geführt, die Bischöfe von Hildesheim und Paderborn, die Grafen von Schauenburg, Everstein, Hohnstein und Mansfeld waren seine Bundesgenossen, die Grafen von Hoya, Wunstorf, Hallermund, Spiegelberg und Regenstein, die edelen Herren von Werningerode, Homburg, Diepholz, Schonenberg, Dorstadt und Werberge waren theils seine Vasallen, theils seine Diener; selbst bis in die Altmark reichte seine Macht. Als einer der bedeutendsten Fürsten des Reiches trat er vor den Kaiser, hoffend, durch sein Ansehen und durch die Klugheit und Geschicklichkeit der Rechtsgelehrten in seinem Gefolge ihn zu seinen Gunsten zu stimmen. Detmar berichtet, trotz aller ihrer Hülfe habe der Herzog die Ansprüche nicht beseitigen können. Diese ohne Zweifel mit Bezug auf die folgenden Ereignisse gegebene und insofern ganz richtige Nachricht schliesst einen unmittelbaren Erfolg der Art, dass ihn der Herzog für günstig, der Kaiser für scheinbar und nichtig hielt, nicht aus. Durch die eigenen Erklärungen des Herzogs, die er am 1. April 1370, am 6. Februar 1371 und etwa zwischen dem 23. April und 1. Mai desselben Jahres von sich gab, steht seine Rechtsanschauung über die Angelegenheit der Nachfolge fest und ist in wenige Worte zu fassen. Er behauptete, irrig sei die Meinung, dass Lüneburg für sich ein Fürstenthum bilde und durch den Tod des Herzogs Wilhelm als Lehn dem Kaiser eröffnet werde. Das Herzogthum Lüneburg und Braunschweig sei vielmehr, wie von Anbeginn und jeher, nur ein Herzogthum oder nur ein Fürstenthum; dies beweise die mit goldener Bulle besiegelte Urkunde des Reiches aus dem Jahre 1235. Dieses Fürstenthum Braunschweig und Lüneburg sei sein rechtes Erbe; sein Vater habe es auf ihn vererbt. Derselben Beweisführung wird der Herzog sich bei dem Kaiser bedient, alle hiergegen vorgebrachten Einwände, als diesen Sätzen und den thatsächlichen Verhältnissen widerstreitend oder ihn nicht betreffend von sich gewiesen und, was die bisherigen Lehnbriefe anbetraf, hervorgehoben haben, in ihnen sei von Reichslehnen, von väterlichen Lehngütern, von vererbten

Gütern der Vorfahren, von Fürstenthümern, Landen und Herrschaften die Rede, aber kein namentlicher Unterschied zwischen den Landen gemacht. Ihn jetzt zu machen, sei niemand berechtigt. Als das Reich in keiner Weise angehend, weil nicht von demselben bestätigt, seien die im herzoglichen Hause vorgenommenen Theilungen in jenen Lehnbriefen betrachtet, insofern nämlich darin gar keine Rücksicht auf sie genommen sei. Das sei der einzig richtige und urkundlich bewiesene Standpunkt des vorigen Kaisers und früher sogar des jetzigen, wie sein Lehnbrief vom 10. Juni 1352 zeige, gewesen. Er verlange, dass nicht davon abgegangen werde. Auch er wolle keinen Unterschied, aber gerade deswegen die Aufnahme des ursprünglichen und vollen dem Herzogthume gebührenden Namens in die Belehnung. Auf die Stelle der kaiserlichen Urkunde des Jahres 1235 weisend, in welcher es heisst: „Wir vereinigen die Stadt Braunschweig und das Schloss Lüneburg mit allen dazu gehörenden Schlössern und Leuten nebst Zubehör und errichten daraus ein Herzogthum", wird er darauf bestanden haben, dass ihm dieses Herzogthum verliehen werde, denn, etwa das Land Sangerhausen ausgenommen, habe der Kaiser ihm hier jetzt nichts anderes zu verleihen, noch er bei ihm irgend etwas anderes zu suchen. In der That, er erlangte vom Kaiser die Belehnung mit dem Fürstenthume Braunschweig und Lüneburg. Um sein Recht zu begründen und nachzuweisen, berief er sich auf die Thatsache, dass er mit dem Fürstenthume Braunschweig und Lüneburg belehnt worden sei, zu zwei verschiedenen Malen, am 6. Februar 1371 und zwischen dem 23. April und 1. Mai desselben Jahres, das letzte Mal dem ganzen Lande gegenüber. Es ist also an der Wahrheit nicht im mindesten zu zweifeln und dies um so weniger, als ihr nicht widersprochen wurde. Je mächtiger der Gegner war, desto behutsamer und rücksichtsvoller behandelte ihn der Kaiser und, wenn seine Freundlichkeit nicht zum Ziele führte, bot er List auf. Man erinnere sich der Belehnung des Markgrafen Ludwig von Brandenburg 1349, welcher in der festen Meinung war, von ihm auch die Mark Brandenburg zu Lehn erhalten zu haben. Er täuschte sich oder war vielmehr von ihm getäuscht. Die Ueberlistung war so auffällig und offenbar, dass sämmtliche Churfürsten am 11. August 1349 sich des Markgrafen gegen Karl IV. annahmen. Mit einem solchen Manne hatte Herzog Magnus, der wohl den Weg der Gewalt betrat, aber niemals krumme Wege schlich, es zu thun. Zu grosser List brauchte der Kaiser diesmal kaum seine Zuflucht zu nehmen. Ein einziger Zusatz, der häufig in Lehnbriefen vorkömmt, wäre im Stande gewesen, zwischen ihm und dem Herzoge hinsichtlich der Belehnung Einigkeit herzustellen, nämlich der: „unbeschadet der Rechte des Reiches und jedes Anderen." Diesen Zusatz würde der Herzog, so unangenehm er ihm auch hätte sein müssen, weil Alles dabei unentschieden blieb, dennoch sich wohl nicht haben verbitten können. Aber auch er scheint nicht mal gemacht worden zu sein.

Markgraf Otto von Brandenburg, anfangs höchst unschlüssig, konnte nun die Rückkehr des Herzogs Magnus nicht abwarten. Er fiel, während dieser auf der Rückreise begriffen war, in das Herzogthum Mecklenburg ein und erlitt so starke Verluste, dass er am 21. October 1369 Waffenstillstand schliessen musste. Am 20. October 1369 findet man den Grafen Gerhard von Hoya in seiner Heimath und eine Woche darauf war auch Herzog Magnus in der Stadt Lüneburg wieder angelangt. Ungesäumt sandte er nun seinen Fehdebrief dem Herzoge Albrecht von Mecklenburg. Siebzehn andere Fehdebriefe folgten. Es sandten sie der alte Herzog Wilhelm, Herzog Heinrich Dompropst zu Halberstadt und Domherr zu Hildesheim ein Bruder des Herzogs Magnus, Herzog Erich von Sachsen-Lauenburg, die Markgrafen Friedrich, Wilhelm und Balthasar von Meissen, Graf Günther von Schwarzburg, die Grafen Gerhard und Erich von Hoya, Graf Gebhard von Mansfeld, die Grafen Otto und Gerhard von Hallermund, Graf Ludolf von Wunstorf, Graf Moritz von Spiegelberg und die Stadt Braunschweig. Markgraf Otto von Brandenburg, durch den Waffenstillstand verhindert, fehlte unter ihnen. Eine Menge Ritter und Knappen aus der Mark Brandenburg und aus den Herzogthümern Braunschweig und Lüneburg kündigten ebenfalls dem Herzoge von Mecklenburg ihre Feindschaft an. Die edelen Herren von Mecklenburg waren am 8. Juli 1348, also vor 21 Jahren, von dem Kaiser Karl IV. zu Fürsten des Reiches und Herzögen erhoben worden. Bekannt ist das treulose, wortbrüchige Verfahren des Herzogs Albrecht von Mecklenburg gegen den Herzog Wilhelm im Jahre 1362 und früher (1357—1359) gegen die Grafen von Tecklenburg, denen er noch immer nicht Zahlung leistete, sondern Boitzenburg zu Pfande liess. Um den wunden Fleck der Ehre zu berühren, nannte Herzog Magnus ihn schlechthin Albrecht von Boitzenburg und konnte seinen Hohn über den Emporkömmling nicht zurückhalten. Sein Fehdebrief lautete: „Wir Magnus, von der Gnade Gottes Herzog von Braunschweig und Lüneburg, entbieten dir, Albert von Boitzenburg, welches dem von

Tecklenburg zu Pfande steht, dir, der du dich zu einem Herzoge von Mecklenburg hast machen lassen, dass Wir wegen des grossen Unrechts, welches du Unserm lieben Vetter, dem Herzoge Wilhelm von Lüneburg, und Uns zugefügt, und wegen des Unrechtes, welches du Unserem lieben Oheime, dem Markgrafen von Brandenburg, gethan hast, dein Feind sein wollen. Begäbe es sich nun, dass dir, den Deinen und deinen Landen von Uns und den Unsern irgend Schaden geschähe, so wollen Wir Uns dessen gegen dich und gegen die Deinen zu Ehren wohl verwahrt haben. Des zu Urkunde haben Wir mit Unserm Siegel diesen Brief besiegeln lassen." Um keine Waffe gegen sich seinem Feinde, dem Freunde des Kaisers, in die Hand zu geben, durfte er die Feindschaft zwischen demselben und dem Könige Waldemar von Dänemark nicht als Veranlassung zur Fehde anführen. Der Kaiser würde nimmer einen Krieg gelitten haben, welcher offenkundig um eines fremden Königs willen zwischen Fürsten des Reiches auf deutschem Boden geführt werden sollte. Wenigstens würde er mit Acht und Aber-Acht dagegen eingeschritten sein. Wegen der gewaltthätigen Art des Herzogs Albrecht von Mecklenburg wäre es aber zu verwundern gewesen, wenn im Herzogthume Lüneburg zu den früheren Klagen gegen ihn nicht genug neue hinzugekommen wären und die Fehde gerechtfertigt hätten.

Die Reise des Herzogs Magnus zum kaiserlichen Hofe, die Belehnung, die dabei üblichen Geschenke hatten gewiss grosse Summen Geldes gekostet. Ausserdem hatte die Kriegsrüstung die herzogliche Schatzkammer erschöpft; und doch waren bei dem Beginne des Krieges wieder grosse Ausgaben unerlässlich. Die Stadt Lüneburg musste Rath schaffen und mit einer Wohlthat, wie es genannt wurde, dem Herzoge aushelfen. Für neue Privilegien war sie stets bereit dazu, wenn sie deshalb auch neue Schulden machen musste. Im vorigen Jahre hatte sie nur 880 Mark Pfennige und 160 lübeckische Goldgulden zu $6\frac{2}{3}$ Procent leihweise aufgenommen. In diesem Jahre jedoch nahm sie zu demselben Zinsfusse 3970 Mark Pfennige und 600 löthige Mark auf. Es war ihr am 29. November 1365 erlaubt worden, das Grimmer- und Lindenberger-Thor eingehen zu lassen und zwischen beiden ein neues zu errichten. Diese Erlaubniss wurde nun am 27. October 1369 unter der Bedingung, dass der Rath der Stadt jenes neue Thor erbaue, von den Herzögen Wilhelm und Magnus wiederholt. Zugleich bewilligten sie dem Rathe, vor dem zuzumauernden Grimmer-Thore und vor dem Spilker-Thore in der Richtung nach der Burg Gräben und vor letzterem eine Fallbrücke anzulegen. Wie er die Schlüssel zu den übrigen Thoren der Stadt besass, sollte er auch das Lindenberger-Thor, falls er es nicht eingehen liesse, unter seinem Verschlusse halten. Ihren vor diesem Thore gelegenen Koten mit Garten und Land überliessen sie ihm frei von Zins und Hofdienst. Am 29. November 1365 hatte ein herzogliches Verbot zu Gunsten der Stadt allen unbefugten Handel aus derselben verbannt. Jetzt bestimmten die Herzöge, dass auch vor der Stadt, in allen Gebäuden und Gegenden vor den Thoren niemand ohne Bewilligung des Rathes Handel triebe oder Aemter übte, und übertrugen dem Rathe die Strafgewalt über diejenigen, welche im Dorfe Grimm, vor dem Lindenberger-Thore, dem Rothen-Thore, dem Sülz-Thore und dem zu errichtenden Neuen-Thore dawider handeln würden, gestatteten auch jedem dort deshalb mit Strafe belegten Bürger der Stadt, welcher vermeinte, zu stark bestraft zu sein, das Urtheil vor dem Rathe zu schelten und nur den im Stadtrechte bestimmten Bruch zu entrichten. Zehn Tage hernach, am 6. November 1369, überliessen sie dem Rathe für 1500 Mark lüneburger Pfennige pfandweise auf vierteljährliche Kündigung, welche erst nach vier Jahren eintreten sollte, alle ihre Gewalt und ihr Recht an der ihnen und dem Rathe gemeinsamen Vogtei, Gerichte, Geleite und Verfestung in der Stadt Lüneburg mit Einnahmen von Brüchen oder Gewedden, so dass der Rath allein ohne sie oder ihre Amtleute in den betreffenden Angelegenheiten Recht oder Gnade zu üben, auch einen Vogt am Gerichte zu Lüneburg anzustellen und abzusetzen berechtigt sein sollte. In allen Angelegenheiten, welche das Gericht und die Herzöge beträfen, sollte von letzteren dieser Vogt zum Nutzen des Rathes Vollmacht besitzen und von ihnen, als ob sie ihn angestellt hätten, vertheidigt werden. Der Rath allein oder der Amtmann desselben sollte während der Pfandzeit ohne die Herzöge und deren Vögte diejenige Macht zu Lüneburg ausüben, welche sie bisher gemeinsam mit dem Rathe geübt hatten. Die Herzöge reservirten sich nur die auf alter Gewohnheit beruhenden Abgaben von Fischen und Holz, die Stättepfennige im Michaelis-Markte, ein Stübchen von jedem Fasse Weines oder Bieres und den Zins, den die Vorsteher der Aemter zu Lüneburg von Rechts und nicht von Gerichts wegen entrichteten. Die Rathsherren sollten während der Pfandzeit befugt sein, allein die Ausfuhr des Kornes und Holzes zu verbieten oder zu erlauben, und darin weder durch ein Verbot noch durch Bitten der Herzöge oder der herzoglichen Amtleute behindert werden. Würde jemand gegen ihr Ausfuhrverbot zu Lüneburg handeln, so sollten die Rathsherren allein die Strafgelder davon beziehen, die Strafgelder aber für Ausfuhr des Kornes oder Holzes aus Winsen, Harburg, Bleckede oder aus den übrigen Gegenden, auf welche sich das Verbot, wenn die Ausfuhr zu Lüneburg verboten wurde, auch erstreckte, den herzoglichen Vögten und dem Rathe zu Lüneburg, wie es am 20. September 1367 bestimmt war, zu gleichen Theilen verbleiben. In allen diesen dem Rathe pfandweise eingeräumten Befugnissen sollten ihn die Herzöge und deren Amtleute nicht hindern, sondern getreu vertheidigen.

Rasch schwanden die letzten Kräfte des alten Herzogs Wilhelm. Er ging so sichtlich seinem Ende entgegen, dass der Vicar am Altare des heiligen Kreuzes und St. Georgii in der Kirche zu Celle sich beeilen zu müssen glaubte, um eine zu seinen Gunsten früher getroffene Verfügung sich von ihm erneuern zu lassen. Dem zeitigen Inhaber des Altars war nämlich von dem Herzoge Wilhelm und von dessen Bruder und Vater vergönnt, mit den anderen Geistlichen des Herzogs, wenn zu Celle Hof gehalten würde, an der herzoglichen Tafel zu speisen. Diese Vergünstigung bestätigte ihm Herzog Wilhelm in einer Urkunde vom 13. November 1369, der letzten, die von ihm besiegelt worden ist. Ohne ihn stellte Herzog Magnus fünf Tage hernach die Urkunde aus, in welcher er das am 13. März 1362 den von der Schulenburg und von Bertensleben ausgelieferte, später dem Diedrich von Hitzacker anvertrauete Schloss Prezetze mit Gülte, Gericht und Recht für 450 Mark Pfennige auf halbjährliche Kündigung, welche erst nach drei Jahren eintreten sollte, an die Knappen Diedrich Wenckstern und Friedrich von der Gartow unter Vorbehalt des Oeffnungsrechtes verpfändete. Er gelobte, sechs löthige Mark ihnen jährlich zu der Gülte zuzulegen oder bei der Einlösung nachzuzahlen und ihnen zur Zeit derselben die Kosten nöthiger Bauten, welche sie nach seinem Rathe am Schlosse vornehmen würden, nach dem Ermessen zweier seiner Mannen und zweier ihrer Freunde zu ersetzen. Hinsichtlich des ihnen zu leistenden Schutzes, seines Rechtes, in ihren Streitigkeiten zu entscheiden, der Selbsthülfe vom Schlosse, des Schadenersatzes im Falle eines vom Schlosse geführten Krieges und ihrer und seiner Verpflichtungen, falls das Schloss verloren würde, galten die gewöhnlichen Bestimmungen. Herzog Magnus allein vermittelte an demselben Tage eine Sühne des Klosters Ebstorf mit den von dem Berge in ihren Irrungen über das von ihnen am 23. März 1365 für 35 Mark lüneburger Pfennige dem Huner von der Odem verpfändete und ihm am 6. Mai 1367 verkaufte Gut zu Hanstedt, welches derselbe später dem Kloster verkauft hatte.

Am 22. November 1369 findet man den Grafen Otto von Schauenburg, seine Gemahlinn Mechtild, Tochter des Herzogs Wilhelm, den mit ihnen gekommenen Probst Wedekind von Orbeke zu Obernkirchen, den Herzog Magnus, den Bischof Heinrich von Verden, früher Probst zu Lüne, und einige herzogliche und gräfliche Mannen um das Krankenlager des Herzogs Wilhelm versammelt. Seine andere Tochter Elisabeth und ihr Gemahl, Graf Nicolaus von Holstein, fehlten, weil Herzog Magnus gegen ihn und seinen Bruder, den Grafen Heinrich den eisernen, als Verbündeten des Herzogs von Mecklenburg, im Begriffe stand, zu Felde zu ziehen. In dieser Versammlung verziehtete die Gräfinn Mechtild, nachdem ihr Gemahl schon am 25. Juni des vorigen Jahres es für sie gethan hatte, vor ihrem Vater auf das Fürstenthum Lüneburg, Allode oder Lehn, wie er es besessen hatte, auf alle seine Güter und auf die von ihm dem Herzoge Magnus gegebene und überlassene Herrschaft und gelobte diesem, keine Ansprüche darauf zu erheben. Am folgenden Tage, den 23. November, starb Herzog Wilhelm. Weil er keinen Sohn hinterliess, starb mit ihm die herzogliche Linie zu Lüneburg aus und die länger als hundert Jahre getrennt gewesenen Lande Braunschweig und Lüneburg wurden wieder zusammen gelegt. Sein grosses Verdienst bestand darin, dass er, falls ihm kein Sohn geboren würde, bei dem Entschlusse, sie zu einem Herzogthume wieder zu vereinigen und sein Fürstenthum seinen Vettern zu erhalten, trotz unsäglicher Schwierigkeiten unerschütterlich beharrete. Fast die ganze Zeit seiner Regierung hindurch hielt er, vollständig gerüstet, Wache gegen Alle, die seinem Plane feindlich entgegenstanden. In diesem machten ihn nicht Acht, nicht Aber-Acht wankend. Der Kaiser hatte zuerst den Herzog Rudolf I. von Sachsen-Wittenberg, dann den Herzog Erich II. von Sachsen-Lauenburg, etwas früher den Markgrafen Ludwig den älteren von Brandenburg und später dessen Brüder Ludwig den Römer und Otto hintergangen. Sie hatten ihm geglaubt und waren von ihm arg getäuscht worden. Nur Herzog Wilhelm trauete ihm nie Gutes war nicht in die Schlingen des Kaisers gerathen. Ungeachtet der grossen Ausgaben für Kriegsrüstungen hatte er es durch seine Sparsamkeit und gute Verwaltung möglich gemacht, sein Herzogthum durch Ankäufe beträchtlich zu vergrössern und neue Schlösser zu errichten. Er war der Stadt Lüneburg ein allzugnädiger Herr. So steht zu Ende des Jahres 1369 im Stadtbuche eingetragen. Dieses Urtheil über ihn ist im vollsten Sinne wahr. Mit Stolz blickte er auf seine blühenden Städte. Er erkannte ihre Wichtigkeit, hielt sie nicht weniger, als seine Mannschaft für seine Stütze und hat es durch seine Verfügungen aus der Zeit vom April bis 12. Juni 1354 und am 14. September 1368 gezeigt, dass er bei ihnen neben grösserer Umsicht Unparteilichkeit und dem Ganzen heilsamere Zwecke, als bei der Mannschaft voraussetzte. Die von ihm am 14. Februar 1357 ausgestellte, den Städten ungünstige Urkunde war ein Zugeständniss, welches er den Verhältnissen machte. Bei der Einsetzung des Rathscollegii am 1. August 1356 trat seine Neigung, das Guten, wofür er arbeitete, zu viel zu thun, hervor. Ebenso masslos verfuhr er auch in der Begünstigung der Stadt Lüneburg. Die Macht, welche er ihr verlieh, Korn und Holz-Ausfuhr zu verbieten, benachtheiligte das Land und schmälerte die Rechte seines Nachfolgers.

Berichtigungen.

Theil I. Seite XXV Zeile 15 und 16 müssen die Worte *auf welchem auch Herzog Otto von Braunschweig die Burglehn zu verleihen hatte* ausfallen.

Theil I. Seite { XXXV Zeile 10 und 21; LXI Zeile 9 und 19; 2 Zeile 53; 199 Zeile 23 und 43 } lese man *Wische* statt *Wisse*.

Theil I. Seite { XXXVII Zeile 16; 224 Zeile 38 } lese man *Saggerde* (im Kreise Gardelegen) statt *Secker*.

Theil I. Seite { XLVI Zeile 5; 94 Zeile 14; 348 Zeile 21 } lese man *Barneke* (oder *Barbeke*) bei Lichtenberg statt *Barnke*.

Theil I. Seite XLVI Zeile 32 lese man *Havelberg* statt *Halberstadt*.

Theil I. Seite { LV Zeile 3; LXXV Zeile 23; 300 Zeile 1 } lese man von *Tossem zu Wendhausen* statt von *Wendhausen*.

Theil I. Seite 180 Zeile 27 lese man *Osterrode* (am Fallstein zwischen Winnigstädt und Hornburg im Halberstädtischen) statt *Rode*.

Theil II. Seite VII. Zeile 30 lese man *Badersleben* (bei Osterwieck) statt *Osterbaddesleben*.

Theil II. Seite { VIII Zeile 45; 61 Zeile 24 } lese man *Altefeld* (bei Königslutter) statt *Alvelt*.

Theil II. Seite X. Zeile 7 müssen die Worte und *Lüneburg, der ihn zu Pfande besitzen mochte* ausfallen.

Theil II. Seite XLVIII Zeile 44 lese man *dem* statt *den Gebrüdern*; das Comma hinter Johann muss ausfallen.

Theil II. Seite { LXIV. Zeile 24; 164 Zeile 40 } lese man *Mörse* (bei Fallersleben) statt *Mertze*.

Theil II. Seite { LXXV Zeile 16 und 17; 217 Zeile 5 } *Hoppenburg* lag vielleicht bei der jetzigen Hoppenmühle in der Nähe von Immekath in der Altmark nicht weit von Brome.

Theil II. Seite LXXV Zeile 21 lese man *Das ganze Dorf mit dem Hause oder der Burg* statt *Wenigstens ein grosser Theil des Dorfes* (cfr. von Hodenberg's Lüneburger Lehnregister Nr. 142).

Theil II. Seite 12 Zeile 1. *Die Gebrüder* und das Comma hinter Johann müssen ausfallen.

Theil II. Seite 40 Zeile 12. Das *e* im Worte *Gremerghe* ist im Original-Manuscripte vermittelst eines entsprechenden Zeichens über die Zeile gesetzt. Es wird missrathen sein und soll wohl nur das Zeichen eines n bedeuten, so dass *Greninghe* statt *Gremerghe* gelesen werden muss.

Theil II. Seite 64 Zeile 19. *von Lüneburg* muss ausfallen.

Theil II. Seite 293 Zeile 30 lese man *Bonese* (in der Altmark) statt *Bonetze*.

Theil III. Seite XVII Zeile 32 ist folgender Satz einzuschieben: „In der benachbarten Altmark einigten sich die Städte am 21. November 1344 zum gemeinsamen Widerstande gegen jede Bedrückung" (cfr. Riedel's Codex I. Band 14 pag. 88.).

Theil III. Seite XXV Zeile 8 ist folgender Satz einzuschieben: „Im Jahre 1311 belehnte Bischof Albert von Halberstadt die edlen Herren von Querfurt mit der halben Vogtei zu Schöningen und den Markgrafen Waldemar von Brandenburg nicht nur mit Schöningen sondern auch mit dem Schlosse Esbeck" (cfr. Riedel's Codex I. Band 17 pag. 441 und 445).

Theil III. Seite { LXX Zeile 10 / CXLI Zeile 30 } zu Yelland oder Oelland mag Folgendes bemerkt werden. Der schmalste Streif der Meerenge zwischen Stralsund und Rügen heisst der „Gellen." Dieses Wort soll auch in den Namen einiger Seen Schweden's sich wiederfinden. Vermuthlich ist seine ursprüngliche Bedeutung See.

Theil III. Seite LXXXIV Zeile 26 sind folgende Sätze einzuschieben: „Wenigstens besassen die von Bartensleben wegen ihres Amtes noch im Juni 1357 Forderungen, welche ihnen der neue Vogt der Altmark, Ritter Marquard von Laterbek, bezahlen sollte (cfr. Riedel's Codex I. Band 17 pag. 244, 245 und 246 die Urkunden vom 3. Juli 1356, 18. und 20. Juni 1357). Vielleicht behielten sie dafür, bis dies geschah, einige Schlösser, die sie dem Herzoge verpfänden konnten.

Theil III. Seite CXIII Zeile 16 und 17 lese man: „zahlten ihnen im September 1363 mit Hülfe der Städte der Altmark 1000 Mark Silbers darauf ab, so dass das Schloss den Bosel für 1000 Mark Silbers zu Pfande verblieb" (cfr. Riedel's Codex I. Band 14 pag. 130 und 134 die Urkunden vom 23. März und 24. September 1363, Band 15 pag. 163 die Urkunde vom 22. September 1363).

Theil III. Seite 6 Zeile 36 lese man *sie* statt *es* und *1357* statt *1557*.

Theil III. Seite 11 Zeile 25 lese man *Küster* statt *Kellner*.

Theil III. Seite 31 Zeile 26 lese man *Herrenmeister* statt *Hochmeister*.

Theil III. Seite 81 Zeile 36 lese man *400* statt *800*.

Theil III. Seite 77 Zeile 13 lese man *Herrenmeister* statt *Hochmeister*.

Theil III. Seite 97 Zeile 43 lese man *Gülte* statt *Geleite*.

Theil III. Seite 133 Zeile 42 ¹) *hadden* muss ausfallen.

Theil III. Seite 143 Zeile 32 lese man *Haarberge* statt *Hallerberge*.

Theil III. Seite 213 Zeile 34 lese man *Eberhard* statt *Ernst*.

Theil III. Seite 226 Zeile 20 lese man *Altefeld* (bei Königslutter) statt *Altfeld*.

Theil III. Seite 255 Zeile 19 und 24 lese man *15000* statt *1500*.

Theil III. Seite 280 Zeile 17 lese man *aber* statt *oder*.

NB. In den Original-Urkunden und Copiaren kömmt bisweilen ein Punkt oder ein *i* über dem *y* vor. Beide sind in den entnommenen Abschriften unberücksichtigt geblieben. Man findet sie deshalb im ersten Theile des Urkundenbuches nicht. Bei dem Lesen der Correctur des zweiten Theiles ist möglichst dafür gesorgt worden, dass sowohl der Punkt als auch das *i* über *y*, wo sie in den Original-Urkunden und Copiaren vorkamen, hergestellt wurden. Weil es sich aber zeigte, dass eine zu grosse Arbeit für den Setzer und deshalb zu grosse Kosten damit verbunden waren, ist es im dritten Theile wieder unterblieben.

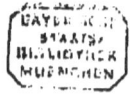

1. Bischof Heinrich von Hildesheim gelobt dem Abte und Convente zu Amelunxborn, dem Probste und Convente zu Lippoldsberge, den Geistlichen der Kalands-Brüderschaft zu Göttingen und den drei Altaristen in der Kirche St. Georgii bei Göttingen, die 30 Mark Silber jährlicher Hebung, welche der verstorbene Graf Simon von Dassel beim Verkaufe der Grafschaft Dassel*) und des Schlosses Hunnesrück sich und seiner Gemahlinn Sophie vorbehalten, ihnen in seinem Testamente vermacht und sie nach beider Tode von den Rathsherren zu Alfeld auf Anweisung des damaligen Bischofs jährlich bezogen haben, ihnen ferner auszahlen zu lassen, weil er sich von der Richtigkeit des Vermächtnisses überzeugt hat, und vor Ablauf von vier Jahren diese jährliche Hebung für 300 Mark von ihnen nicht einzulösen. — 1357, den 2. Januar. K. O.

Vniuerſis et ſingulis Chriſti fidelibus preſencia viſuris ſeu audituris. Henricus Dej et apoſtolice ſedis gracia Epiſcopus Hildenſemenſis Salutem in domino. Notum facimus per preſentes. Quod olim venerabilis pater dominus Henricus bone memorie. Hildenſemenſis Epiſcopus predeceſſor noſter emit legitime pro certa pecunie quantitate tunc expreſſa Comitatum in Daſſe videlicet Caſtrum Hundeſrughe. Daſſe et totum dominium et vniuerſa iura ad ipſum Comitatum ſpectancia a ſpectabilj viro bone memorie Symone Comite in Daſſe et in poſſeſſionem recepit que et nos ad preſens poſſidemus. Dictus autem Symon Comes retinuit ſibj et vxorj ſue Sophye in dicto contractu Redditus annuos Triginta Marcarum argenti diſponendos in vita vel in morte ſua prout ſibi placeret quos tamen ipſe dominus Henricus Epiſcopus vel quilibet eius ſucceſſor poſſet redimere et abſoluere pro Trecentis marcis argenti. Ipſe dominus Henricus fecit et mandauit dictos Redditus eidem Comiti dari aut illj ſeu illis quibus ipſe Comes vellet quolibet anno in feſto beati Martinj Epiſcopi per.. Conſules opidj Eccleſie noſtre Aluelde quos ad menſam Epiſcopj Hildenſemenſis dare conſueuerunt. Prefatus uero Symon Comes ſano ductus ſpiritu ſuum ordinauit teſtamentum et in eodem legauit dictos Redditus Triginta marcarum argenti Religioſis viris.. Abbati et Conuentuj in Amelungesborn Prepoſito et Conuentuj Monialium in Lyppoldeſberghe. Dominis de fraternitate kalendarum in Gotinghen et tribus altariſtis in Eccleſia Sancti Georgij prope Gotinghen cuilibet ipſorum certam quotam. Quj Comes et Comitiſſa et poſtea.. Abbas in Amelungeſborn et ſuus conuentus. prepoſitus in lyppoldeſberge et ſuus conuentus. Dominj de fraternitate kalendarum in Gotinghen. Altariſte predicti dictos Redditus ad vſus ſuos leuauerunt pacifice et quiete. a conſulibus in Aluelde quolibet anno in feſto beati Martinj Epiſcopj a multis annis. Super quibus omnibus et ſingulis predictis nobis eſt facta plena fides. Vnde matura deliberacione cum noſtro Capitulo prehabita conuenimus cum dictis legatarijs.. Abbate. prepoſito. dominis de fraternitate kalendarum et Altariſtis et ipſi nobiſcum quod ex nunc et deinceps ſine aliqua contradictione darj faciemus ipſis, aut ipſorum certo vel certis nuncijs per Conſules.. Aluelde pro tempore exiſtentes in ipſo opido Aluelde vel in Hildenſem vbi ipſi legatarij maluerint quolibet anno ante feſtum beati Martinj Epiſcopj, vel in ipſo feſto Triginta marcas argenti Hildenſemenſis ponderis et valoris. quas eis ſecurabimus ad loca ſua apta bona fide. Dictos Redditus non redimemus nec redimere debemus infra quadriennium nunc inſtans ſed poſt poterimus quandocumque, et cum hoc facere decreuerimus intimabimus ipſam redempcionem inter feſta ipſius beati Martinj. et natiuitatis Chriſti dominis de fraternitate kalendarum in Gotinghen vel altariſtis predictis in ipſo opido Gotinghen notorie vel alteri ipſorum cenſu tamen per ipſos percepto. et deinde in

*) Cfr. die beiden Urkunden des Jahres 1310 in Scheidt's Anmerkungen pag. 581—589.

purificacione beate virginis tunc proximo ſequente, nos aut ſucceſſor noſter dabimus et dare debemus ipſis aut ipſorum nuncijs Trecentas marcas argenti Hildenſemenſis ponderis et valoris in Goſlaria vel in Embike opidis quo maluerint ita vt ipſi eas libere habeant. et aſſecurabimus eas ad loca ipſis apta bona fide. Predicta omnia et ſingula promittimus nos bona fide fideliter ſeruaturos non obſtante reſtitucione literarum et inſtrumentorum priorum nobis facta occaſione iſtius noue conuencionis ſeu verius antique innouacionis. Renunciamus quoque omnj excepcionj dolj mali fraudis. Circumuencionis rej ſic non geſte. actionj in factum excepcionj de fraude vſurarum et de Redditibus menſalibus omnique auxilio iuris Canonici et Ciuilis necnon omnibus excepcionibus et defenſionibus que nos iuuare poſſent contra predicta vel que per nos aut Succeſſorem noſtrum aliquem poſſent contra predictum contractum et contra preſens inſtrumentum et quaſcumque alias literas interuenientes vel contra ſolucionem ipſius annuj Redditus. ſeu precij in redempcione vel ipſorum aſſecuracionem aut hanc nouacionem dici quomodolibet vel opponj. Jurique dicenti generalem renunciacionem non tenere. In quorum omnium et ſingulorum teſtimonium et firmam obſeruanciam ipſis dedimus preſentes literas ſigillo noſtro fideliter communitas.. Et nos Nycolaus prepoſitus. Vuolradus Decanus Otto Scolaſticus. Et Capitulum Eccleſie Hildenſemenſis predicte premiſſa omnia et ſingula per Reuerendum patrem dominum noſtrum Dominum Henricum Hildenſemenſem Epiſcopum memoratum ſuo et noſtro nomine tractata et conſummata grata et rata habentes ea quantum noſtra intereſt preſentibus approbamus Sigillo noſtro vna cum ſigillo ipſius dominj noſtrj appenſo in teſtimonium premiſſorum. Datum Anno Dominj Milleſimo Trecenteſimo Quinquageſimo ſeptimo In Craſtino Circumciſionis Dominj.

2. Die Rathsherren zu Alfeld verpflichten sich auf Geheiss des Bischofs Heinrich von Hildesheim, die ihm schuldige jährliche Abgabe von 30 Mark Silber, bis dieselbe von ihm dem Vertrage gemäss eingelöset wird, dem Abte und Convente zu Amelunxborn, dem Probste und Convente zu Lippoldsberge, dem Dechanten der Kalands-Brüderschaft der Capelle St. Georgii zu Göttingen, den in der Brüderschaft befindlichen Pfarrern der Stadt und den drei Altaristen der Capelle jährlich zu entrichten. — 1357, den 7. Januar. K. O.

Nos Arnoldus Camerarius Henninghus de Holthuſen Bertoldus de ſacco Hermannus wetenſen Henninghus koſel. Hermannus quirre Gherardus de Dalem Conradus droſte Olricus clare Johannes de ghose Johannes de Empne Ludolfus droſte Conſules pro tempore in Aluelde Recognoſcimus in hiis Scriptis Quod ex ſpeciali mandato et Juſſu Reuerendi in Chriſto patris. ac domini noſtri. Domini Henrici Epiſcopi Hildenſemenſis Cum conſilio et conſenſu ſui capituli dabimus ex nunc. et deinceps Religioſis viris. Abbati et Conuentui in Amelunghesborne.. Prepoſito et Conuentui. Monialium in Lippoldeſberghe.. Dominis.. Decano Collegij ſeu fraternitatis fratrum kalendarum Capelle ſancti Georgii Gothingh̄ et. Rectoribus Eccleſiarum Gothingenſium in dicta fraternitate ſeu Collegio pro tempore exiſtentium et Tribus Altariſtis in Capella ſancti Georgij predicta. et eorum ſucceſſoribus ipſis et cuilibet eorum per Decanum Collegij fratrum kalendarum et Rectorum Eccleſiarum Gothingenſium In dicta fraternitate ſeu Collegio exiſtentium ipſis iuxta tenorem teſtamenti. quondam domini Symonis Comitis in Daſſele ſubſtituendis. aut ipſorum certo nuncio vel nunciis quolibet anno ante feſtum. vel in ipſo feſto beati Martini Epiſcopi Triginta marcas argenti. hildenſemenſis ponderis et valoris. in ipſo Oppido Aluelde vel in hildenſem vbi maluerint ſine dolo et periculo et libere. Ita vt ipſi eas habeant quas olym conſueuimus dare domino noſtro hildenſemenſi Epiſcopo Predictam pecuniam ipſis dabimus non obſtante quacumque prohibitione ſeu arreſtatione Eccleſiaſtica. vel ciuili. ipſius domini noſtri Epiſcopi vel eius Capituli. vel cuiuſcumque alterius. Eciam ſi inter ipſum dominum noſtrum vel eius Capitulum et inter ipſos Abbatem.. Prepoſitum.. et dominos. et perſonas Monaſteriorum predictorum et dominos ipſorum eccleſiaſticos vel temporales vel alterius ipſorum jnimicicie. aut diſſenciones vel materia queſtionis in Judicio vel extra. quomodolibet mouerentur Predictas Triginta marcas dabimus quolibet anno ut predicitur tam diu donec per ipſum dominum noſtrum Henricum Epiſcopum prefatum vel eius ſucceſſorem. iuxta continentiam literarum deſuper confectarum et ſuo. ſuique Capituli Sigillis Sigillatarum legitime redimantur Premiſſa omnia et ſingula. promittimus nos fideliter ſeruaturos et ad hoc nos et ſucceſſores noſtros et Conciues. noſtros. necnon communitatem noſtram ex ſpeciali mandato domini noſtri Epiſcopi et ſui Capituli preſentibus obligamus Sigillo noſtro appenſo in teſtimonium premiſſorum. Actum et Datum Anno Domini Milleſimo Trecenteſimo Quinquageſimo ſeptimo.. In Craſtino Epyphanie Domini.

3. Herzog Magnus von Braunschweig gelobt seinem Bruder, dem Bischofe Albrecht von Halberstadt und dem Erzbischofe Otto von Magdeburg, das Kloster Marienthal mit Gütern, Höfen, Dörfern und Leuten gegen seine Vögte vor Herberge, Beede, Dienst und ungerechter Gewalt und gegen diejenigen seiner Mannen, die des Erzbischofes und Bischofes Feinde sind, vor Schaden sechs Jahre lang zu schützen. — 1357, den 8. Januar. I.

We magnus etc dat we lutterleken dorch vnſen heren god dat kloſter to ſente marien dale mit alle ſinem gude hōuen vnde dorpen wūr de ſin. vñ alle de de ore gud werken vñ vppe ereme gude ſitten bewaren willen vor alle vnſen vogheden vñ vor alle den de dorch vnſen willen don vñ laten willen. vor herberghe bede vñ allerleye denſt vñ vnrechter walt ſes Jar. Vortmer welk man in vnſeme lande leghe de vnſes omes des ertzebiſſcoppes van magd̓ oder vnſes broder des byſſcoppes van halber̓ vient were de ne ſcal deme vorb̄ kloſtere noch an ſinem gude noch an hōuen noch an ſinen luden nenen ſcaden dōn. dede he en bouen dat ſcaden ſo Scolde we deme hynderen vñ veyden alſo vnſen vient alſo langhe wente he deme vorb̄ kloſtere alle den ſcaden den he an ereme gude hōuen oder lūden heft ghedan weder do. Dat we alle diſſe vorg̓ ding ſtede vñ gantz holden willen des bekenne we in diſſem Jeghenwerdighen breue vnſem leuen ome byſſcoppe Otten ertzebyſſcoppe to magd̓. vñ vnſem leuen broder byſſcoppe albrechte to halber̓ vñ mit os vnſe man Gheuert van werberghe vñ hannes van honleghe de ouer diſſen deghedinghen hebben ghewefen vñ mit os dar vore ſtan diſſe vorſcreuene ding ſtede to holdene. Vn to ener betughinghe ſo hebbe we vñ de vorſcreuenen. gheuert van werberghe vñ hannes van honleghe vnſe Ingheſeghele an diſſen bref ghe henghet laten Datum anno quo ſupra dominica proxima poſt feſtum epyphanie.

4. Ritter Johann von Salder (zu Lichtenberg) leistet, nachdem er von dem Herzoge Wilhelm von Braunschweig und Lüneburg zum Mitgliede des Raths-Collegii des Herzogs Ludwig von Braunschweig ernannt ist, den Amtseid. — 1357, den 21. Januar. K. O.

Ik Her Johan van Saldere riddere be kenne openbare indeſſeme breue dat de eddele vorſte Her Wilhelm Hertoghe to Brunſw̄ vñ to Lunehorch min leue [1]) here heft mik dar to ghe koren. vñ dar to ſat iſt he ſtorue des god nicht en wille alſo dat he nenen echten Sone en hedde dat ik ſchal vnde wille in Sines Vedderen. Junkheren lodewighes. Hertoghen. Magnus Sone van Brunſw̄ rade weſen vñ eme mid den vromen wiſen mannen hern aſchwine van Saldere Proueſte to Sunte Blaſius inder borch to Brunſw̄. hern ludolue van honhorſt. hern Bertolde van reden [2]). hern Seghebande van deme berghe hern Hinrike knikghen ridderen. Pardamme Ploten knechte Meſter Diderike van Dalemborch Diderike ſletten deme kokenmeſtere. hern Johanne beuen. hern Hartwighe van der ſulten deme olden ratmannen to Luneb̄. Olden Olrike lutzeken. Johanne van deme ſtenhuſe ratmannen to honnouere Johanne veledaueren ratmanne to vlſen. de he ok dar to ghe koren vñ ſat heft raden na witte vñ na Sinnen vnde bi eme don. alſe bi mineme rechten heren vñ alle ſtukke holden in allerleye wiſe alſe de breue de min vorbenomede here her Wilhelm vnde deſſe ratgheuen dar vp gheuen hebbet vt wiſed. vñ deſſe ſtukke vnde al de ſtukke de deſſe voreſcreuenen [3]) ratgheuen ghe loued vnde ghe ſworen hebbet de in den breuen be ſchreuen ſtad de ſe dar vp ghouen hebbet heb ik ghe loued vnde loue in Truwen. vñ vp de hilghen ghe ſworen. Junkheren lodewighe Hertoghen Magnus Sone van Brunſw̄ to donde vnde vaſt vnde vnvorbroken to holdende To ener be tughinkghe deſſer ſtukke heb ik min Ingheſeghel to deſſeme breue henkghet na goddes bord Dritteynhundert iar indeme ſeuen vnde Vifteghoſten iare in Sunte. agneten daghe der Hilghen Junkvrowen.

Ein anderes Original zeigt folgende Verschiedenheiten: [1]) *leve* fehlt. [2]) *hern Bertolde van reden. hern ludolue van Honhorst* statt *hern ludolue van honhorst. hern Bertolde van reden.* [3]) *vorscrevenen* statt *vorescrevenen*.

5. Herzog Ernst von Braunschweig der jüngere ertheilt dem Herzoge Wilhelm von Braunschweig und Lüneburg zur Verpfändung des Antheils desselben an Gandersheim seine Bewilligung und gelobt, dem Pfandinhaber mit Ausnahme des Bischofes von Hildesheim und des Stiftes förderlich zu sein. — 1357, den 22. Januar. K. O.

Van der gnade goddes we hertoghe Ernſt de Jvngere hertoghe to Brunſwich bekennet openbare in deſſem breue Wente vſe leue veddere her wilhelm hertoghe to Luneborch ſat ſinen del to Ganderſum mid dem dat dar to hord dat dat vſe gude wille weſen ſcal vnde willet de eder den dar to vorderen wes we moghet ane den byſcop vnde dat ſtichte to Hildenſum Dit loue we vſem leuen vedderen hern wilhelme vorbenomd ſtede vnde vaſt to holdende vnde hebbet des to ener betughinge vſe Ingheſeghel ghe hengt laten to deſſem breue De ghe gheuen is na goddes bord dritteynhundert Jar in deme ſeuen vnde veſtighesten Jare in ſvnte vincenciuſes daghe des hilghen merteleres.

6. Herzog Erich von Sachsen-Lauenburg spricht auf die Anfrage der Rathsherren der Stadt Lüneburg das Urtheil, dass ein ritterbürtiger Mann die ihm schuldigen Brüche und Pflicht nicht aus den in Weichbildsrechte gelegenen, seinem freigeborenen Meier angeerbten Gütern in der Stadt Lüneburg, wegen welcher diesem auf seines Herrn Bitte die Bauerschaft oder das Bürgerrecht verliehen ist, sondern aus dem Landgute einfordern soll, von welchem derselbe seines früheren Herrn Meier zu bleiben und ihm Zins, Beede und Schatzung, wie die übrigen Leute des Herrn, zu entrichten sich nach Gewinnung des Bürgerrechtes ohne Wissen der Rathsherren verpflichtet hat und darauf, weil er gegen Schuldforderungen des ritterbürtigen Mannes von den Rathsherren einem richterlichen Erkenntnisse gemäss nicht geschützt werden durfte, geflohen ist. — 1357, den 27. Januar. XIV.

Van godes gnaden. We Erik de oldere hertoge to Saſſen. Bekennet in deſſem openen breue. dat we vraget ſint enes menen rechtes van den Radmannen to Luneb̄. dat lûd aldus. En guderhande Man hadde enen Meyger. de en vryboren Man was in enem dorpe. deme ſtarf an en erue vnd ander gud in der Stad to Luneb̄. dat wart eme to delet mit rechte alze dem negeſten eruen. Na der tyd qwam de here des Meyers. de en vryboren Man was vnd is vnd bat vor ene. dat we eme de Bůrſchop gheuen wolden. dar twidede we ene ane. vnd entfengen den Man to enem borghere dor bede vnd mit willen ſines heren. Dar na do de ſulue Man vnſe Borgher rede was. do degedingede he mit dem ghuderhande Manne. de vore ſin here hadde weſen. vnd dat ſchude ane witſchop des Rades. dat he wolde nochten bliuen ſin Man. edder Meyer des ſuluen. de vor der Bůrſchop ſin here hadde weſen. vnd wolde eme ſinen tyns ghouen van dem landgûde dar he ſin Meyer van was dat he bûten der Stad hadde. vnd wilkorede dar to dat de here ſcholde ouer ene hebben bede vnd beſchattinge lik ſinen anderen luden. Vnd dit ſchude altomale ane witſchop des rades dar na wart de Man mit rechte deme Rade aue delet vnd ſinem heren to delet vnd wart mit rechte vunden dat de Rad ene nicht vordegedingen mochte in deme broke dar eme ſin here ſchuld vmme gaf. vnd de ſulue Man is vorvluchtich geworden. Nu vraget de ſuluen Radmanne enes rechtes oft de here des vryboren mannes moghe zôken ſinen broke edder ſine plicht in dem gude dat licht in [1]) wicbelde recht vnd den vryenman [2]) ſinen eruen ane vallen is. edder in dem landgude dar he ſin Man van was edder wor he de plicht ane zôken moge. Dar ſpreke we to vor en meyne recht. dat he ſinen broke vnd ſine plicht nicht zôken moge in dem gude dat binnen wicbeldem [3]) rechte lecht, wente he dar ſin Man, noch ſin Meyer van en is, Men allene van dem lantgude vnd dar ſchal he ſine plicht vnd broke ane zôken Des hebbe we to ener betûghinge vnſe Ingeſ̄ heten henget vor deſſen bref Na godes bort XIII^c Jar in dem LVII. jare. Des vridages na der bekeringe ſunte Paules.

Das Copiar XVI. zeigt folgende Verschiedenheiten: 1) binnen statt in. 2) Hier ist eingeschoben mit. 3) wicbelde.

7. Herzog Wilhelm von Braunschweig und Lüneburg entsetzt und entlässt die von ihm zu Mitgliedern des Raths-Collegii des Herzogs Ludwig von Braunschweig ernannten fünf Rathsherren und Bürger der Städte Lüneburg, Hannover und Uelzen ihres Amtes und entbindet sie ihres Eides. — 1357, den 14. Februar. K. O.

Van goddes gnaden we Her Wilhelm. Hertoghe to Brunſw vnde to Luneborch bekennet Openbare dat we hern Johanne beuen. hern hartwighe van der Sulten. den olden vſe borghere vnde ratman to Luneborch. vñ olden Olrike lutzeken. Johanne van deme ſtenhuſe vſe borgere vnde ratman to Honnouere vñ Johanne velchaueren. vſen borghere vnde ratman. to Vlſen. de we mid hern aſchwine van Saldere Proneſte to Sunte Blaſius inder borch to Brunſw. Hern bertolde van reden. hern ludolue van honhorſt. hern Seghebande van deme berghe hern Hinrike knikghen. Meſter Diderike van Dalemborch. Pardamme ploten. diderike ſletten vſeme kokenmeſtere. vſeme leuen vedderen Junkheren lodewighe Hertoghen Magnus Sone van Brunſw ghe koren. vnde ſat hadden to ratgheuen. ghe ſproken hebbet vnde ſpreket vnde ghe ſat hebbet vnde ſettet vt deme rade dar we Se mid den voreſprokenen vſen mannen vñ vſen deneren. to gheſat vnde to ghe koren. hadden. vnde latet Se der ede vnde der louede de Se vſeme Vedderen Junkheren lodewighe van des rades vnde der ſate weghene ghe dan hebbet leddich vñ los van Junkheren lodewighes weghene vſes vedderen. Vnde vſe vorbenomede man. vnde denere ſchollet vſeme Vedderen. Junkheren. lodewighe ane de voreſprokenen borghere vnde ratman raden vnde don. alſo alſe de breue vt wiſet de we vnde deſſe ratgheuen dar vp gheuen hebbet. Vnde mid deſſer vſer vtſprake en ſchollet vſe breue vnde der ratgheuen breue in den anderen. ſtukken. de dar inne be ſchreuen ſtat nicht ghe broken weſen. To ener be tughinkghe deſſer ſtukke hebbe we vſe inghezeghel to deſſeme breue henkghet laten. vnde is ghe ſchen na goddes bord Dritteynhundert iar indeme ſeuen vnde viſteghesten iare in Sunte Valentinus daghe.

8. Bischof Heinrich von Hildesheim ernennt mit Zustimmung seines Domcapitels den Ritter Heinrich von Gittelde, ohne Rechnungsablage von ihm zu verlangen, zum Amtmanne oder Vogte auf den Schlössern Hunnesrück und Dassel und in der Herrschaft Dassel, verpfändet sie ihm und zu seiner treuen Hand dem Detmar von Hardenberg für 790 Mark und für die auf den Bau des Schlosses Hunnesrück verwandten 110 Mark betragenden Kosten und gelobt, vor Ablauf von vier Jahren weder ihn seines Amtes zu entsetzen, noch von ihm, von seinem Sohne Heinrich oder von Detmar von Hardenberg die Schlösser und Herrschaft wieder einzulösen. — 1357, den 24. Februar. XII.

We henrik von der gnade godes Biſſcop to hildenſem Bekennen vñ don witlik alle den de diſſen breff ſeen eder horen leſen. dat we mit witſcop vñ vulleborde vſes Capittels to hildenſem hebben hern henrike von ghittelde riddere geſat vnde ſetten one in deſſeme breue to vſem ammechtmanne. vñ to vnſer vogedye to vſen ſloten to hundesrughe vñ to daſſe. vñ ouer alle dat dat in deme gherichte vn herſcop to daſſe lid dat des ſtichtes is. vñ we noch vſe nakomelinge vñ dat Capittel to hildenſem wanne neen Biſſcop en were. en ſchullen noch en willen. den vorbenomden hern henrik von gittelde von der voghedye vñ der herſcop noch von alle deme. dat dar to hord nicht entſetten twiſchen hir vnde wynachten dat neeſt to komende is. vort ouer veer Jar. wanne de veer Jar vmme ghe komen ſint ſo moghe we vſe nakomelinge vñ dat Capittel icht neen biſcop en were hern henrike von ghittelde eder he os de loſe deſſer vorbenomden ſlod. hundesrughe vnde daſſe vñ dat dar to hord vorkundigen. dar na twiſſchen deme neiſten wynachten vn twolften vnde denne dar na vord oner eyn Jar ſo ſchulle we vſe nakomelinge vnde dat Capittel icht nen Biſſchop. en. were her henrike von ghittelde. henrike ſyneme ſone vnde oren eruen bereden vñ betalen to goſlar to Embeke oder to Ganderſem in welker deſſer dryer ſtede eyner her. henrik von ghittelde. henrik ſin ſone eder ore eruen dat eſſcheden twiſſchen deme neiſten wynachten vñ twelften ane jenigherleye hinder vnde vortoch negheuhundert mark lodiges ſuluers Brunſwicher witte vnde wichte. der her henrik os heft ghedan in redeme ghelde achte hundert marken. teyn. marken myn. vnde hundert mark vnde teyn mark de he an deme hus to hundesrugge vor buwet heft, wor he de an vorbuwet hedde dat he bewiſen mochte, dat ſcholde me ome wedder gheuen. wes he auer nicht bewiſen mochte dat he to deme hundesrugge nicht vorbuwet hedde. dat en dochte me ome nicht weddor gheuon. Ok wille we hern henrike von ghittelde. henrike ſinen ſonen vnde oro vnde dat ghelt veilighen von der ſtede dar on de beredinge ſchude. vor mile vor os vñ vor alle den. de dorch os don. vnde laten willen. Scude ok dat vnſe vorbenomden ſlote. hundeſrugge vñ daſſe vorloren worden des god nicht en wille de wile dat her henrik von ghittelde. vſe voghed dar is. ſo ſchulle we vnde willen eyn ander ſlot in de herſchop buwen dar ſchal her henrik von ghittelde vſe voged weſen. vñ ſchal to deme ſlote beholden alle de ghulde. do we vſe nakomelinge eder dat Capittel icht nen Biſſchop en were dar to bekrechtigen konden. alſo lange went we hern henrike von ghittelde henrike ſinem ſone. vñ oren eruen oro vorbenomden neghenhundert mark moghen wederghouen. alſe hir vorgeſcreuen ſteit, enſchude des nicht ſo ſchulle we vſe nakomelinge vñ dat Capittel. icht nen Biſſchop en were her henrike von ghittelde henrike ſinem ſone ore vorbenomden neghenhundert mark bereden vñ betalen vppe de vorbenomde tyd vnde in der ſtede ener alſe hir vore geſcreuen ſteit wanne her henrik von ghittelde. henrik ſin ſone. eder ore eruen dat von os eſſcheden her henrik von ghittelde noch ſine eruen de en ſchullen os noch vſen nakomelingen noch deme Capittel to hildenſem wanne nen Biſſchop en were von alle der ghulde de to deme hundeſrugge. vñ to der herſchop to daſſe hord. noch von alle deme dat ome gherichte ouer de herſchop to daſſe to veld. eder wor ome dat von to valt in deme gerichte ouer de herſchop. hundeſrugge vñ daſſe dat des ſtichtes is nicht rekenen noch nene rekenſchop don. were ok dat her henrik vorbenomd grottere koſt ſcholde hebben to deme hundeſrugge oder to daſſe. wanne de he mit ſyme deghelikes gheſinde dar hedde dat ſcholde we mit ome alſo maken. dat he de koſt von vſer weghene dede Vortmer weret dat des vorbenomden hern henrikes to kort worde des god nicht en wille de wile dat he vſe voghet dar is. ſo moghe we vnde ſchullen vſe nakomelinge eder dat Capittel icht nen biſſchop en were bereden vnde gheuen diſſe vorbenomden neghenhundert mark brunſwicher wichte vñ witte. henrike von ghittelde. deſſes vorbenomden hern henrikes ſone eder ſinen eruen. vñ to orer trawen hand dethmere von hardenberge wanne we willen vñ de ernen vnde dethmer vorbenomd ſchullen denne os vſen nakomelingen vnde deme Capittele icht nen biſſchop. en were. dat hus to deme hundeſrugge herſcap. vñ Stad to daſſe weder antworden mit alle deme dat dar to hord ane ienigherleie hinder vñ vortoch. wanne we ok hern henrike von ghittelde. henrike ſynem ſone oder oren eruen oro vorbenomde ghelt bered hedden alſe hir vore geſcreuen ſteit ſo ſchulle we vſe nakomelinge eder dat Capittel icht nen Biſſchop en were on volgen laten plogas deil von deme lande dat ſe ghebuwet hedden in der herſchop vñ in deme gherichte to daſſe. vn to hundeſrugge dat des ſtichtes is. Vñ we vſe nakomelinge noch dat Capittel to hildenſem icht nen biſſchop en were en ſchullen noch en willen hern henrike von ghittelde henrike ſinen ſone eder ore eruen dar an mit nichte hinderen To enemo orkunde alle deſſer ſtucke hebbe we vſe Ingeſegel an deſſen breff ghehenget. Vñ we Nicolaus domproueſt. Vulrad deken Otto ſcolemeſter vñ dat Capittel des ſtichtes to hildenſem bekennen in deſſem breue dat alle deſſe vorbenomden dingh vñ ſtucke gheſchen vñ ghedegedinget ſint mit vnſer witſchop vñ vulborde To eynem orkunde des hebbe we vſes Capittels Ing̃ an deſſen breff ghehengt Na godes bord dritteynhundert Jar in deme ſoucn vnde veſtigeſten Jare in Sinte Mathias daghe.

9. Ritter Bertold von Oldershausen verbürgt sich bei dem Bischofe Heinrich und dem Domcapitel zu Hildesheim für den Ritter Heinrich von Gittelde, für dessen Sohn Heinrich und für Detmar von Hardenberg wegen Oeffnung der Schlösser Hunnesrück und Dassel und wegen dereinstiger Zurückgabe des Schlosses Hunnesrück und der Herrschaft und Stadt Dassel. — 1357, den 24. Februar. K. O.

Ek Her Bertolt von Oldardeſhuſen riddere bekenne vñ do witlik alle den de diſſen bref ſen eder horen leſen dat Her Henrik von Gyttelde vñ ſine eruen vñ Dethmer von Hardenberghe icht dat Hus to Hundeſrughe Herſcap vñ Stat to Daſſe an Dethmere queme ſcullen deme erbaren vorſten mineme Heren Byſchope Henrike to Hildenſem ſinen Nakomelinghen vñ deme Capittele to Hildenſem wan neyn Byſchop en were weder antworden ledich vñ los ane allerlege hinder vñ vortoch dat Hus to Hundeſrughe Herſchap vñ Stat to Daſſe mid alle deme dat dar to hort wan min vorbenomde Here ſine Nakomelinghe vñ dat Capittel wan neyn Byſcop en were. Hern Henrike von Gyttelde eder ſinen eruen eder Dethmere von Hardenberghe icht od an On queme bered hedden Neghenhundert mark lodeghes ſiluers brunſwikeſcher wichte vñ witte to alſulken tyden vñ mid alſulker verkundeghinghe vñ in der ſtede eyner alſo mines vorbenomden Heren vñ des Capittels bref vt wiſet de ſe On dar vp ghegheuen hebbet diſſe vorbenomden Slot Hundeſrughe vñ Daſſe ſcullen mines vorbenomden Heren Byſcopes Henrikes to Hildenſim ſiner Nakomelinghe vñ des Capittels wan neyn Byſcop en were open Slot weſen to alle oren noden vñ weder aller malkeme. Ok heft de vorbenomde Her Henrik von Gyttelde hir vore gheſat minem vorbenomden Heren Byſchope Henrike to Hildenſim ſinen Nakomelinghen vñ deme Capittele wanne neyn Byſchop en were ſes borghen ghinghe der ienich af ſo ſcolde He On enne anderen alſo guden borghen weder in des ſtede ſetten dar na binnen vertenachten wanne He dar vmme ghemanet worde. weret dat in alle diſſen vorſcreuenen ſtukken ienicheme. mineme vorbenomden Heren von Hildenſim ſinen Nakomelinghen vñ deme Capittele wan neyn Byſchop en were von Her Henrike von Gyttelde eder von ſinen eruen eder von Dethmere von Hardenberghe icht id vp On queme ienich brok worde ſo ſcal ek vñ wille in riden to Embeke. binnen den neſten vertenachten dar na wan ek dar vmme ghemanet were vñ nene nacht von dennen to weſende de broke en ſi On erſt ghenſcliken vñ al weder dan eder id en were ore gude wille. alle diſſe vorſcreuene ſtukke hebbe ek minem vorbenomden Heren Byſſchope Henrike to Hildenſim ſinen Nakomelinghen vñ deme Capittele to Hildenſim ghelouet vñ loue ſo On intruwen ſtede vñ gans to holdende in diſſem breue To eynem orkunde diſſer dink ſo hebbe ek min ingheſeghel ghehenghet to diſſem breue de gheſcreuen is Na goddes bord Drettenhundert Jar in deme ſeueden vñ viſtigheſten Jare in Sinte Mathyas daghe des Helyghen apoſtolen.

10. Die Gebrüder Johann und Georg von Campe stellen einen Revers aus, dass Herzog Wilhelm von Braunschweig und Lüneburg ihnen das Schloss Wettmershagen verpfändet hat, und geloben, den Pfandvertrag, falls der Herzog, ohne einen Sohn zu hinterlassen, stirbt, dem Herzoge Ludwig von Braunschweig und, falls dieser nach ihm, ohne einen Sohn zu hinterlassen, stirbt, dem vom Raths-Collegio gewählten Bruder des letzteren zu halten. — 1367, den 5. März. **K. O.**

We Johan vñ yurius brodere ghe heten van deme Campe bekennet Openbare dat de Eddele vorſte vſe here her wilhelm Hertoghe to Brunſwik vñ to Luneborch vs vñ vſen echten husvrowen vñ vſen rechten Eruen vñ to vſer truwen hant güntere van bertenſleue vñ boldewine van wende Heſt ghe ſat Sin Slot den witmerſhaghen mid allerleye nüd vñ rechte vñ mid alle deme dat dar to hord vor hundirt mark lodeghes Suluers Brunſwikeſſcher wichte vñ witte vñ dit ſuluo Slot ſcal ok Sin open weſen to alle Sinen noden vñ he en ſcal vs twinſſchen hir vñ Sünte mertens daghe de nv erſt to komende is vort ouer eyn jar nene loſe kundeghen deſſes Slotes vñ des dat dar to hord vñ we ome wedder ſo mer alle jar wanne de tyd vmme komen is So mach he vs eder we ome io to Sunte iohannes daghe to middenſomere alle iar de loſe kundeghen des ſuluen Slotes vñ des dat dar to hord vñ wanne de loſe kundeghet wert ſo to deme negheſten ſunte Mertens daghe dar na ſcal he vs hundirt mark lodeghes ſuluers brunſwikeſſcher wichte vñ witte wedder gheuen vñ berreden in der ſtad to brunſwik So ſcole we ome Sin Slot den witmers haghen mid alle deme dat dar to hord wedder antworden ano allerleye wedderrede vñ vortoch He ſcal ok minne vñ rechtes ouer vs vñ vſe eruen to allen tyden ghe weldich weſen vor vnrechtede vs ok we vñ en hulpe he vs nicht minne eder rechtes binnen achte weken dar na wanne we dat van ome eſſcheden So mochte we vs wol van deme Slote Suluen behulpe weſen worde we ok be ſtallet eder vor buwet ſo ſcolde he vs dar to helpen dat we enſet worden wolde he ok van deme Slote orleghen welken ammethman he den dar ſette de ſcolde vs vor ſcaden bewaren vor don de he vppe dat Slot lete Schude vs auer ſchade den ſcolde vs Sin ammethman wedder don in minne eder in rechte binnen deme negheſten verdendel jares dar na wanne he dar vmme ghemanet worde worde ok dit Slot verloren des god nicht en wille ſo ſcolde he vn we vs nicht ſonen eder vreden mid deme eder mid den de dit Slot ghe wnnen hedden we en hedden dat

Slot wedder vñ de wile ſcolde he vs de gülde be kroſteghen helpen de to deme Slote horede eder he en helde vs vſe hundirt mark wedder ghegheuen, Were ok dat vſe vorbenomede here her wilhelm alſo af ghinghe dat he nicht hinder ſich en lete enen echten Sonen eder mer des god nicht en wille So ſcole we vñ vſe rechten eruen vſe breue vñ dat Slot den witmerſhaghen to truwe vñ to gude holden Júncheren Lodewiche Hertoghen Magnus Sone van Brunſwik in aller wiſe alſo vſe breue vt wyſet alſo we ſe vſeme heren hern wilhelme vorbenomd holden ſcolden iſt he leuendich were, were ok dat Junchere Lodewich na Sineme dode ſtorue alſo dat he ok nenen echten ſone na ome en lete So ſcolde we vñ vſe eruen desſe Suluen ſtucke holden Siner brodere eneme dene denne de dar to koren de dar van vſem vorbenomeden heren hern wilhelme to ghesat weren vñ dat mid Sinen breuen bewiſen mochten in allerleye wiſe alſo we ſcolden Juncheren Lodewiche iſt he leuede, Ok So hebbe we en ghesat viſ borghen de hir na beſcreuen ſtad were dat der ienegher to kort worde ſo ſcolde we en enen alſo guden wedder in des doden ſtede Setten binnen ver weken dar na wanne dat van os ghe eſſchet worde alle desſe vorſcreuenen ſtucke de loue we Intruwen mid ſamenderhant vnder vſen Inghesegheleu vſem heren her wilhelm vñ Juncheren Lodewiche vorbenomd vñ ſiner brodere eneme iſt he dar to koren worde alſo hir vore ſcreuen ſteyt ſtede vaſt vnde vnbrokelken to holdende, Vnde we günter van Bertenſlene Rotgher van guſtede Ludelof Slengherdus Johan van garſenbuttele, yuriuſſes Sone vñ Boldewin van wende knapen bekennet openbare in desſeme breue vnder vſen inghesegheleu dat we dem Eddelen vorſten vſeme heren hern wilhelm hertoghen to Brunſwik vñ to Luneborch vñ Júncheren Lodewiche hertoghen Magnus Sone van Brunſwik vñ ſiner brodere eneme iſt he dar to koren worde alſo hir vore ſcreuen ſteyt hebbet ghe louet vnde louet Intruwen mid ſamenderhant were dat en jenich brok eder hinder in ieneghemo ſtucke de hir vore beſcreuen ſtad ſchude vñ wy dar vmme ghemanet worden So alto hant binnen veer weken na der maninghe ſcole we vñ willen en dat degher wedder don Sunder allerleye vortoch vnde hinder vnde desſe bref is ghegheuen na goddes bord Drutteynhundirt iar in deme Seuen vnde viftegheſten iare des anderen Sonendaghes in der vaſten.

11. Die Schliesser, Geschworenen und Kirchspielsleute zu Lunden und Hemme (oder Hemm) in Ditmarsen bewilligen widerruflich allen Kaufleuten der Stadt Lüneburg, um zu ihnen zu kommen, bei ihnen zu verweilen und heimzukehren, unter Bedingung der Gegenseitigkeit Frieden und sicheres Geleit. — 1357, den 10. März. XVI.

Vniuerſis et ſingulis viſuris ſeu audituris Nos clauieri Iurati ceterique parrochiani eccleſiarum Lunden et Hemme terre Dithmarcie cupimus fore notum Quod omnibus et ſingulis mercatoribus Ciuitatis Luneborgh damus et concedimus pacem ſecurumque conductum ad nos veniendi moram trahendi et ad propria liberi et ſecuri redeundi pro omnibus que noſtre cauſe facere ſeu obmittere preſumunt praua arte abiecta donec literis et Sigillis noſtris publice reuocamus Et id idem per vos et veſtros nobis viciſſitudine reſeruando. Datum Hemme Anno domini M CCC LVII feria ſexta poſt dominicam qua cantatur Reminiſcere.

12. Herzog Magnus von Braunschweig belehnt den Ulrich von Werle mit vier Hufen auf dem Felde zu Süpplingen unter Vorbehalt, es gegen ein Gut zu Dobbeln einzutauschen. — 1357, den 19. März. I.

We magnus etc Dat we hebben gheleghen vñ lenen in desſem breue Olreke van werle to rechteme lene vnde vern kunnen ſiner eleken husvrowen to rechtem liſghedinghe veer houe vppe dem velde to borghenſuplinghe vñ enen hof in deme dorpe dar ſelues mit alleme rechte vñ mit aller nut, vñ willen en des bekant weſen wanne en des not is. Wanne we auer en dat gud to debbenum dat os van bosſen van debbenum an vel vñ los wart. ledeghen. oder ander gud dat alſo gud ſy in de ſtidde lenen oder gheuen ſo Scullen ſe os dat gud to borgh̃ vorſ̃ mit alleme rechte alſo ſe dat hebben weder antworden ane wederſprake In quorum euidenciam etc actum et datum anno domini M CCC LVII dominica qua cantatur oculi mei.

13. Herzog Magnus von Braunschweig verpfändet dem Herzoge Wilhelm von Braunschweig und Lüneburg das Schloss Vorsfelde mit dem Gerichte und die Stadt Vorsfelde mit dem Gerichte und allem Zubehör, das Kirchlehn ausgenommen, unter Vorbehalt, dass Schloss und Stadt ihm geöffnet werden. Er verspricht, falls vor der Einlösung Herzog Wilhelm mit Hinterlassung eines Sohnes stirbt, diesem, falls er aber, ohne einen Sohn zu hinterlassen, stirbt, dem Herzoge Ludwig den Pfandvertrag zu halten, und bedingt, dass, falls er selbst vor der Einlösung stirbt, Herzog Wilhelm den Pfandvertrag dem Herzoge Ludwig halten soll. — 1357, den 12. März. I.

We magnus etc Dat we her wilh̄ hertoghen to Brunſw̄ vnde to Luneb̄ vnſem leuen vedderen hebben ghesat vnſe hus to varſuelde mit deme richte dat dar tohort vnde de ſtad varſuelde mit deme richte dat dar tohort vn̄ mit alleme rechte alſe we dat hus vn̄ de ſtad ghehat hebbet vn̄ alſo dat an os ghekomen is ane dat kerklen vor vif vn̄ twintich mark vn̄ veer hundert mark lodeghes ſiluers vn̄ vor vertich mark vn̄ verdehalf hundert mark ſtendal ſiluers in der wis alſo hir na ſcreuen ſteyt. Dat hus vn̄ de ſtad mit den richten vn̄ mit alleme rechte de dar tohoren moghe we van vnſem vorb̄ vedderen her wilh̄ loſen vmme dat vorſprokene gheit alle Jar wanne we willen vn̄ wanne we dat hus vn de ſtad van eme loſen willen dat ſculle we eme vore weten laten veer weken vn̄ wanne dat ſchut ſo ſculle we vnſem vedderen bynnen den veer weken dat vorb̄ ghelt gheuen in der ſtad to Brunſw̄ vn̄ wanne eme dat ghelt bered is ſo ſcal he os dat hus vn de ſtad to varſuelde mit den richten vn̄ mit alleme rechte de dar tohoren weder antworden ane Jenigherleye wederſprake vn̄ vortoch. Ok ſcullet de vorb̄ hus vn̄ de ſtad os open weſen to alle vnſen noden vnde oppe allermalken wanne we des bedoruen. Vn̄ wolde we van deme hus oder vd der ſtad krighen welken ammechtman we denne oppe dat hus oder in de ſtad ſetten de ſcolde de koſt don de oppe de dorlude wechtere vn̄ tornlude ghinghe. Welde ok vnſen vorb̄ vedderen Jemant vervnrechten ouer den ſcolde we eme helpen rechtes bynnen veer weken dar na dat he os dat weten lete vermochte we denne des nicht ſo mochte he ſek van deme hus vn̄ vd der ſtad vnrechtes wol weren vn̄ ſek rechtes behelpen. Vn̄ ſtoruo er denne we dit hus vn̄ ſtad van vnſem vedderen her wilh̄ loſeden des god nicht en wille ſo Scal he Juncheren lodewighe vnſem ſonen dat hus vn de ſtad to loſende don vn̄ eme alle diſſe vorſcreuene ſtucke don vn̄ holden alſo he de ſtucke os holden ſcolde icht we leueden. Storue auer vnſe veddere her wilh̄ er den we dit hus vn̄ ſtad loſeden des god nicht en wille vn̄ hedde he enen echten ſonen oder mer deme oder den ſcolde we alle diſſe ſtucke don vn̄ holden vn̄ ſe os weder in vnſes vedderen ſtede. Storue auer vnſe veddere her wilh̄ alſo dat he nenen echten ſonen en hedde ſo Scolde we alle diſſe vorſereuene ſtucke deme vorb̄ Juncheren lodewighe vnſem ſonen don vn holden alſo alſo we de vnſem vorb̄ vedderen holden ſcolden icht he leuede dat ſulue ſcolde Junchere lodewich vnſe ſone os weder don van vnſes vorb̄ vedderen weghene in ſine ſtede. Alle diſſe vorſcreuene ſtucke hebbe we hertoghe magnus to brunſw̄ vorb̄ intruwen ghelouet vn̄ louet deme Edelen vorſten her wilh̄ hertoghen to brunſw̄ vn̄ to Luneb̄ vnſem leuen vedderen vn̄ na ſinem dode icht he nenen echten ſonen en hedde Juncheren lodewighe vnſem leuen ſonen to donde vn̄ vaſt vn̄ vnuerbroken to holdende alſo alſe hir vorſproken is. Vn̄ we betughet dat mit vnſem Ingh̄ dat an diſſem breue henghet Actum anno domini M CCC LVII Dominica qua cantatur oculi mei Teſtes huius rei ſunt dominus Ludolfus de honborſt miles. Johannes de honloghe et thidericus ſlette in maiorem euidenciam omnium premiſſorum.

14. Herzog Wilhelm von Braunschweig und Lüneburg stellt dem Herzoge Magnus von Braunschweig einen Revers über die Verpfändung des Schlosses und der Stadt Vorsfelde aus und Herzog Ludwig von Braunschweig gelobt, falls Herzog Wilhelm, ohne einen Sohn zu hinterlassen, stirbt, statt seiner den Pfandvertrag dem Herzoge Magnus zu halten. — 1357, den 12. März. VII.

Van godes gnaden wy her wilhelm hertoge to Brunſw̄ vnd Luneb̄ Bekenned openbare in deſſem breue vnd don witlik alle den de ene ſeed eder hored leſen dat de edele forſte her magnus de eldere hertoge to Brunſw̄ vnſe leue veddere heft vs ſin hus to varſuelde mid dem richte dat dar to hored vnd de Stad varſnekle mid dem richte dat dar tohored vnd mid allem rechte alſe he dat hus vnde de Stad gehatt heft vnd alſe dat an ene gekomen iſſ ane dat kerklen geſath vor viffvntwintich mark vnd veyrhundert mark lodiges ſiluers vnde vor vertich mark vnde verdehalff hundert mark ſtendelſches ſuluers in derwijs alſe hir na ſcreuen ſteid. dat hus vnde ſtad mid den richten vnd mid allen rechten, de dar to horen mach vſe vorben̄ veddere her Magnus van vs wederloſen vmme dat vorſprokene geld alle yar wan he wil. vnd wan he dat hus vnd Stad van vs loſen wil dat ſchal he vs vore weten laten veer weken. vnde wan dat ſchud ſo ſchal vs vſe veddere vs bynnen den veyrweken dat vorben̄ geld gheuen to Brunſzw̄ in der ſtad vnd wan vs dat geld bereth is ſo ſchulle wy vnde willet vſeme vedderen hertogen magnuſz dem elderen dat hus vnd de ſtad varſuelde mid dem richte vnd mid allem rechte de dar to horen wedder antworden ane jengerleye wederſprake vnd vortoch Ok ſchullet de vorben̄ huſz vnd Stad vſeme vorſcr̄ vedderen heren magnuſz open weſen to allen ſinen noden vnd vppe allermalken wan he des bedarff. vnde wolde he van dem hus edder vthe der ſtad krigen. wolken ambechman he dar vpp dat huſz edder in de ſtad ſette de ſcholde koſt don. de vppe dorluden wechteren vnd tornlud ghinge Welde vs ok we vorunrechten ouer den ſcholde vſe veddere vs helpen rechtes bynnen veyrweken dar na dat wy eme dat weten leten Vormochte he des nicht ſo mochte wy vs van dem hus vnd vthe der ſtad na den verweken vnrechtes wol weren vnde vs rechtes behelpen Vnde Storue vſe veddere her magnus eir den he dat huſz vnd ſtad van vs loſede des god nicht enwille ſo ſchulle we vnde willet Juncheren lodewige ſineme ſone dat huſz vnd ſtad to loſende don vnd eme alle deſſe vorſcr̄ ſtucke don vnd holden alſe we de ſtucke vſem vedderen holden ſcholden iſt he leuede Storue we auer eir dat huſz vn̄ de ſtad geloſed wurden des god nicht enwille. vnd hedde we enen echten ſone edder mer dem eder den ſcholde vſe vorben̄ veddere alle deſſe ſtucke don vnd holden. vnd ſe eme weder in vſe ſtede. Storue we ok alſo dat we nenen echten ſonen en hedden ſo ſcholde vſe veddere hertoge Magnuſz alle deſſe vorſcr̄ ſtucke deme vorben̄ Juncheren Lodewige ſineu ſone don vnd holden alſo alſe he vs ſcholde iſt we leueden. Dat ſulue ſcholde Junchere Lodewich vſem vedderen ſinem vadere wedder don van vſer wegene vnd in vſe ſtede Vnde Junchere lodewich hertogen magnuſz ſone van Brunſzw̄ bekenned openbare in deſſem breue were dat vſe leue veddere her wilhelm hertoge to Brunſzw̄ vnd Luneborg ſtorue des god nicht enwille alſo dat he nenen echten ſonen enhedde vnd leuede we dat ſo ſcholde we vnd willet dat huſz varſuelde vnde ſtad vſem leuen heren vnd vadere hertogen Magnuſz van Brunſzw̄ to loſe don vmme dat vorſprokene geld vnde eme alle deſſe vorſcr̄ ſtucke don vnd truwelken holden alſo alſe vſe veddere hertoge wilhelm vorben̄ eme de ſtucke don vnd holden ſcholde iſt he leuede Alle deſſe vorſcr̄ ſtucke hebbe we her wilhelm hertoge to Brunſw̄ vnd to Luneb̄ vnd we Juncher Lodewich vorben̄ in truwen geloued vnd loued dem edelen vorſten heren Magnuſz dem elderen hertogen to Brunſzw̄ de vſes heren wilhelms veddere vnd vſes Juncheren lodewiges vader iſſ to donde vnde vaſt vnde de vnuerbroken to holdende alſo alſe hir vorſproken iſſ vnd betuged dat myd vſen Ing̃ de to deſſem breue hanged vnd iſſ gegeuen na godeſbord dritteynhundert jar in dem ſeuen vnd viftigeſten jare des negeſten ſondages vor myduaſten wan men ſinged Oculi mei, Ok ſo hebbet ouer deſſen degedingen geweſen de vromen lude her ludolff van honhorſt riddere Hannes van honlege knecht vnd diderick Slette vſe hertegen wilhelms kokenmeſter to ener groteren betuginge alle deſſer vorben̄ ſtucke.

15. Herzog Magnus von Braunschweig ertheilt den Bürgern der Stadt Braunschweig für die nächsten sieben Jahre eine Anweisung auf das ihm von den Bürgern der Stadt Helmstedt jährlich zu zahlende Schutzgeld von vierzig Mark. — 1357, den 15. März. I.

We magnus etc. Dat vnſe borghere van helmeſt. hebben ghelouet den borgheren to brunſ̄ van vnſer weghene de vertich mark de ſe vns pleghen to ghenene des Jares dat we ſe verdeghedinghet to gheuene ſeuen Jar vmme vppe ſente mertens dach vn̄ ſcullen der vorb̄ vertich mark ledich vn̄ los weſen de vorſprokenen ſeuen Jar vmme van vns vn̄ van vnſen rechten eruen vn̄ willen ſe alſo truwelken verdeghedinghen alſo vore mit allem vlite. hir ſint ouer gheweſt. her Gumprecht van wanſlē her boldewin van dalem Riddere. Gheuert van werberghe. hannes van honleghe borch van goddenſ. To ener betughinghe diſſer ding ſtede vñ vaſt to holdende Des hebbe we hertoghe magnus to bruñ diſſen bref ghe gheuen beſeghelt mit vnſem Ingſ. Anno quo ſupra feria quarta proxima ante dominicam letare.

16. **Statius Busche, sein Sohn Johann und Johann Busche, Johanns Sohn, geloben dem Herzoge Wilhelm von Braunschweig und Lüneburg, zur Einlösung seiner Hälfte des Schlosses Ohsen, welche er ihnen zu verpfänden versprochen hat, im nächsten Jahre 200 Mark löthigen Silbers zu zahlen und ihm und seinen Erben, falls er aber, ohne einen Sohn zu hinterlassen, stirbt, dem Herzoge Ludwig von Braunschweig diesen Vertrag und die anderen mit ihm durch Vermittlung des Ludolf von Hohnhorst und des Küchenmeisters vereinbarten Punkte zu halten. — 1357, den 16. März. K. O.**

Wi Stacius, Johan ſin ſone. Johan. Johannes ſone. knapen. heten Buſchen. bekennen openbare in deſſem breue de beſeghelet is mit vſen inghesegelen. dat de Erſame vorſte hertoghe wilhelm. van Brunſwick vñ Luneborch mit vs ghedegedinghet heſt vñ wi mit em. dat he vs don wil ſine helſte. des ſlotes Oſen. van paſchen alſe nu to komende negeſt is. vort ouer en Jar, vñ ſcolen. vñ willen vp de ſiluen tid vt gheuen. twe hundert lodighe marck ſiluers to der loſe des ſiluens ſlotes. vñ de anderen ſtucke de ghedeghedinghet ſin van hern Ludolue van honhorſt vnde dem kokemeſter. twiſchen vſem vorſprokenen. heren van Luneborch. vñ vs de wille wi ok alſo holden. alſe ſe begrepen ſin. Vñ louen deſſem vorbenomeden vorſten. vñ ſinen rechten eruen. eder Juncheren Lodewighe hertoghen van Brunſwick. hertoghen Magnus ſone. eſte he nene rechte eruen en hedde, mit vſen borghen. de hir na ſcreuen ſtad in truwen. dat wi deſſe deghedinghe truweliken holden. vñ vul ten willet. vn ſcolen. vñ wi her Reyner van Rottorpe. riddere. vñ Hinrick ſin ſone, arnd hake. vñ Johan poſt. hern Richardes ſone knapen, betughet vnder vſen Inghesegelen. de to deſſem breue ok ghehenghet ſin. dat wi louet hebbet. vñ louet in truwen. Dem acbaren vorſten. hertoghen wilhelm van Brunſwick vn Luneborch. vn ſinen rechten eruen. eder Juncheren Lodewighe. hertoghen to Brunſwick. eſte vſe hero van Luneborch. nene rechte eruen en hedde. vor Stacius. buſche. Johanne. ſinen ſone. vñ Johanne. Johannes Buſchen ſone knapen. dat ſe holden ſcolen ſcolen alſe in den vorbenomeden. deghedinghen. endet is. Ghe gheuen is deſſe bref. in dem Jare vſes heren. Dritteynhundert. in dem ſeuen vñ viſtichſten Jare .. des negeſten. Donordaghes. na midvaſten.

17. **Ritter Johann von Salder zu Lichtenberg, seit dem 21. Januar 1357 Mitglied des am 1. August 1356 ernannten Raths-Collegii, und die übrigen Mitglieder desselben, den Meister Diedrich von Dalenburg (Kellner zu Bardowiek) und die am 14. Februar 1357 aus dem Collegio entlassenen 5 Rathsherren der Städte ausgenommen, geloben auf Geheiss des Herzogs Wilhelm von Braunschweig und Lüneburg sich gegenseitig und dem Herzoge Ludwig von Braunschweig, beim Tode des Herzogs Wilhelm, falls er, ohne einen Sohn zu hinterlassen, stirbt, gerüstet zu sein und, in welcher Gegend des Herzogthums sich Krieg, Fehde, Heerzug, Belagerung oder Aufstand gegen Herzog Ludwig und gegen die Herrschaft Braunschweig und Lüneburg erhebt, sogleich, jeder mit zwanzig Gewaffneten, zum Dienste des Herzogs Ludwig und ihm zu Hülfe dahin zu folgen, ausserdem gleich bei der ersten Zusammenkunft jeder zehn Gewaffnete zu stellen, auch sich von beiden Seiten der Haide mit derselben Anzahl Gewaffneter gegenseitig zu Hülfe zu kommen. — 1357, den 26. März. K. O.**

We Her Aſchwin van Saldere Prouest to Sunte Blaſius inder borch to Brunſw. Her Johan van Saldere de to lichtenberghe be ſeten is. Her ludolf van Honhorſt. Her Bertold. van reden. her Segheband van deme Berghe. her Hinrik knikghe. Riddere. Pardam van Plote. knecht. Diderik. ſlette kokenmeſter. be kennet Openbare. dat we na vſes leuen heren hern Wilhelmes hertoghen to Brunſw. vnde to Luneborch. willen vnde na Sineme vpſate. vs hebbet vor bunden vñ vor bindet vs alſo alſe hir naſcreuen ſteyt. Were dat vſe vorbenomede here ſtorue alſo dat he nenen echten Sone en hedde. vnde leuede Junkhere Lodewich. Hertoghen Magnus Sone van Brunſw dat So ſcholle we vnde willet van ſtaden an rede weſen. Were dat ienich kriechg. eddar Veyde edder reyse. edder. Trekghinkghe. edder be stallinkghe. edder vor buwinkghe edder ienerleye vp stot. sik er höue wedder vsen Junkheren lodewighe vnde wedder de Herschop to Brunsw vnde to Luneborch vp welk ende dat schude dar wille we van staden an volghen vnde komen malk mid Twintich mannen ghe wapend vñ willet dat bestellen dat vser iowelk dar to mid teyn mannen ghe wapend volge. binnen ver daghen dar na wan we erst to Samene komet. mid der volge. ist des nod is. Junkheren Lodowighe to denste vnde to hulpe vñ de herschop to vredende vnde to werende. aldus schollet de. de af de sid der heyde dar luneborch ghe leghen is woned. vs de wonaftich Sin vppe desse sid der heyde dar Tczelle [1]) licht vnde we on vnde vser iowelk deme anderen Volgen wanne vñ we dikke vseme Junkheren lodewighe vnde der herschop vnde vs des nod is mid alsodaner Volge alse hir voreserenen is vnde allerleye kost vnde vromen vnde schaden de hir an vnde hir vp lopen. vnde vallen mochten. vñ moghen. de wille we vnde schollet vnder vs like don vnde draghen vnde nemen. Vnde vse vorbenomede Junkhere lodewich schal vs vnde vser iowelkeme van Siner vnde van der herschop weghene vor allen schaden stan vnde schadelos af nemen. ist we in ieneghen schaden quemen vnde we willet bi Junkheren lodewighe. vnde bi der herschop to Brunsw vnde to Luneborch vnde vser en bi deme. anderen. truweliken. bliuen. inden voresprokenen saken Alle desse stukke hebbe we vseme vorbenomeden Junkheren lodewighe mid Samender hand vnde vser iowelk deme anderen. in truwen. loued vnde loued to donde vnde vast vnde vnvorbroken to holdende vnde be tughet dat mid vsen Inghesegheln. de to dessome breue hanghet vnde is gheschen to Tozelle [1]) na goddes Bord. Dritteynhundert iar indeme seuen vnde vifteghesten iare des Sondaghes [2]) vor Palmen.

Gedruckt in Origin. Guelf. Tom. IV. in Praef. pag. 27.

18. Conrad und Nicolaus von Lude geloben, dem Herzoge Ernst von Braunschweig dem jüngeren den Pfandvertrag über Wiensen und „Wackenhosen", wie bisher seinem Lehnsmanne, dem Arnold von Portenhagen, zu halten, sobald er von demselben diese Lehngüter auf gerichtlichem Wege gewinnt. — 1357, den 3. April. K. O.

We Cord henr vñ clawes van lude bekennen openbar indyssem breue van vnser weghene vñ vnser eruen welke tyd de hocheborne vorste vnse gnedighe here hertoghe ernst van brunswich hertoghen albrechtes Son vnde sine eruen hern arnolde van portenhaghen vn sinen eruen wigenhosen vñ wackenhosen aff ge vordert vñ winnet mit rechte de se van ome to lena hebbet so schulle we vñ willet vnsen vorgenanten heren vñ sine eruen to der lose sitten inalle der wis alſo hern arnolde van portenhaghen ane weder sprake vñ louet dit vnsem vorgenanten heren ghans vñ stede to holdende ane alle argelist vñ ek Cord hebbe min in gesegel an dyssem breff ge hangen des we henr vn clawes mit ome ge bruken wenne we nicht in gesegels en hebbet Ge gheuen na godes bort dusent dre hundert Jar indeme seuen vñ vistegesten Jare des mandaghes na palmen.

19. Herzog Magnus von Braunschweig verkäuft dem Eilhard von der Haide und dem Conrad Backermann, Bürgern zu Braunschweig, sechs Pfund jährlicher Hebung in dem Gerichte zur Pisser *), worin Achatius Grube sieben Pfund jährlicher Hebung besessen hat, und belehnt sie damit unter Vorbehalt des Wiederkaufs. — 1357, den 16. April. I.

We Magnus etc Dat we eylarde van der heyde. vñ Conrade backerman borgeren to brunſ vñ eren rechten eruen hebben verkoft vñ ghelaten ses punt gheldes brunſ penninghe in deme richte to der pesere vor vertich mark lodeghes silueres brunſ wichte vn witte in aller wis alſo Agacius grube vñ sine eruen seuen pund in deme seluen gherichte ghehat hadden. Vn disse vorscreuenen ses punt gheldes hebbe we on gheleghen to eneme rechten lene. Ok hebbe we gheleghen de seluen ses punt gheldes. yden Conrades wiue

Ein anderes Original zeigt folgende Verschiedenheiten: [1]) *Tzelle.* [2]) *des myddesten Sondaghes.*

*) Cfr. die Urkunde vom 24. December 1347.

backermannes to ener rechten liftucht. Auer doch fo hebbe we os des bedeghedinghet dat we oder vnfe eruen moghen diffe vorgħ fes punt gheldes alle Jar weder kopen vor vertich lodeghe mark vorghefcreuen van on oder van oren eruen. wanno dat we willen vñ os dat euene kumt. vñ wanne we de foluen fes punt gheldes wederkoft hebben fo fcal do folue liftucht de Conredes wif vorb̄ dar an heft vnfo vñ vnfer eruen ledich vñ los wefen To ener bekantniffe differ ding etc actum et datum anno domini M̄ CCĆ LVIĪ Octauo die pafche.

Von späterer Hand ist darunter geschrieben:

Deffen breff heft min here hertoge freder̄ leddighed vñ weder koft fes punt gheldes.

20. Herzog Erich von Sachsen-Lauenburg, Reichserzmarschall, gelobt den Rathsherren und Bürgern der Stadt Lüneburg, sie und ihr Gesinde wie seine Mannen und Gesinde in seinem Lande zu schützen, erlaubt ihnen, falls sie zu Lauenburg von ihren Schiffen den Zoll entrichten, mit ihrem Salze und Gute in seinem Lande zu reisen und ihr Salz nach Geesthacht oder nach anderen Orten seines Herzogthums, auch nach Boitzenburg zu verschiffen, und ertheilt ihnen die Zusicherung, dass seine Amtleute sie, ihr Gut und ihr Gesinde wegen Schiffbruchs und anderer Unglücksfälle nicht behelligen sollen. — 1357, den 29. April. XIV.

Van godes gnaden Erik de Jünger hertege to Saffen Engheren Weftfalen vnd ouerfte Marfchalk des Romifchen rikes. Bekennet vnd betuget openbar in deffem breue. dat we mit vulbort vnd mit rade vnfer man mit gudem willen ghunnet vnd gheuet der [1]) Erliken befchedenen luden vnfen vrunden. den Radmannen vnd den Borgheren der Stad to Luneb̄. alle deffe nafcreuene gnade vnd vriheit vmbeworen funder ienigherleye bifprake vnd helperede toboholdende vnd tobefittende vryliken vfe dage To dem erften male fcolle we vnd williet de vorbeñ Radmanne vnd de Borghere to [2]) luneb̄. vnd ere ghefinde vordegedinghen in all vnfer herfchop vnd lande alfe vfe Man vnd vfe ghofinde. Ok fchollet fe varen mit ereme Solte vnd mit ereme ghude in vfe land. vnd vte vfem lande. vnd dor vfe land wōr fe willet wo fe to Louenb̄ gheuen van eren fchepen plichtegen tolnen na older wonheit vnd zede vnd fchollet ere zolt vryleken opfchepen to hachede ofte binnen vnfem lande wor fe willen. vnd fchollet dat vōren laten, wemo, vnd wor fe willet. vñ dar fcholle we vñ vnfe ammetlude fe to vorderen wor is em nod is. Wolden fe auer went fe eren tolnen gheuen hebbet varen to Boyfenborg vnd ere zolt dar op fchepen. des ghunne we wol. vnd dar enfchal en [3]) fe vnfe tolner oft neman van vnfer weghen an beweren. Vortmer allerleye vnrad vnd grundroringe in vnfem lande de leeghe we af mit on. vnd fchal en vnd erem ghude vnd erem ghofinde neen fchade wefen. vnd we vnd vnfo ammetlude [4]) fchollet fik dar nicht mede boweren. Deffe bref en fchal neen fchade wefen den anderen breuen de we odder vfe Elderen den Radmannen vnd den Borgheren to Luneb̄ gegeuen hebbet wente we fe alle truwelken holden willet. Deffe bref is gegeuen vnd fcreuen in dem Dertzinge vnd hebbet witliken to ener ftedinge alle deffer vorfcreuenen ftucke vnfe Ingel̄ hirto henget. Na godes bort XIIIᶜ Jar in dem LVII. Jare des Sonnauendes vor funte Wolburgen dage der hilgen Juncfrowen.

21. Die Rathsherren der Stadt Braunschweig stellen einen Revers aus, dass ihnen Herzog Wilhelm von Braunschweig und Lüneburg das Schloss Campen, wie es ihm von dem Herzoge Magnus von Braunschweig verkauft ist, mit Ausnahme der geistlichen Lehne verpfändet hat, geloben, es ihm, seinen Erben oder wem er will offen zu halten und die Burgmänner des Schlosses bei ihrem Rechte zu belassen, verzichten auf seinen Schutz gegen Herzog Magnus und verpflichten sich, falls Herzog Wilhelm, ohne einen Sohn zu hinterlassen, stirbt, dem Herzoge Ludwig von Braunschweig, falls aber dieser nach ihm, ohne einen Sohn zu hinterlassen, stirbt, dem vom Raths-Collegio gewählten Bruder des letzteren den Pfandvertrag zu halten. — 1357, den 30. April. VII.

We Radmanne der Stad to Brunfw̄ Bekenned openbare in deffem breue dat de erbar vorfte vfe here hertoge wilhelm van Brunfw̄ vnd luneborg vs heft gefatt fin hufs to dem kampe mid allem rechte vnd

Das Copiar XVI. zeigt folgende Verschiedenheiten: [1]) den statt der. [2]) van statt to. [3]) en fehlt. [4]) hier ist en eingeschoben.

richte alſe he dat huſz van vſeme heren hertogen magnuſz ſinem vedderen gekoſt vnd mid alle deme dat he to dem huſe heued gehat vnd heft. vnd wat dar to bord vor veyrhundert mark vnd vertich mark lodiges ſuluers brunſwiſcher witte vnd wichte de we jm all betalet hebbet. Deſſes vorbeñ huſes to dem Campe loſinge mach vſe here vorſcř her wilhelm edder ſine eruen edder ſine nakomelinge icht he nicht enwere vs vnd we ym alle yar an der paſchen weken kundigen laten vñ na der tyd ym eder vs de loſinge des ſlotes gekundiget iſſ vord ouer eyn jar ſo ſchal vſe vorſcř here her wilhelm eder ſine eruen iſt ſiner to kord worde vs vſe vſo geld verehundert mark vñ vertich mark lodiges ſiluers Brunſwiſcher witte vnd wichte wedder geuen vñ ſchal vſſ dat geld betalen in der ſtad to Brunſw̄ in der paſche weken vñ wy ſchullen de de dat gold vs betalen ſchullen van vſes vorbeñ heren wegen vnd dat geld dar tho veligen bynnen der ſtad to Brunſw̄ vñ dar onbuten vor al den de dor vs don vnd laten willet. darna altohand ſchulle we vſem heren her wilhelme eder ſinen eruen de na ym komende ſin icht ſin tokord worde icht he nenen echten ſonen kinder ſik enlete eder weme he wil dat huſz to dem kampe weder antwerden mid allem rechte vnd richte alſet vs geantwerdet is vñ alz we dat van ſiner wegen gehat hebben Hedde wy mer ackers beſeit wen vs dar to geantwerdet were de ſad ſcholde he vs gelden alſz id redelik were eder he ſcholde vs de ſad volgen laten. Dat ſulue ſlod ſchal vſes heren vorbeñ vnd ſiner eruen de na ym komende ſin open weſen alltyd to ſinem behoue vnd to ſinen noden vpp alſweme Mynne vñ rechtes ſchal he ouer vs woldig weſen de tyd vmme dat we dat ſlot hebben in den ſaken de dat ſlot vnd vs van des ſlotes wegen anrored vñ he ſcal vs verdedingen in den ſaken de dat ſlot vñ vs van des ſlotes wegen anrored de tyd vmme de we dat ſlot hebbet vnd verunrechtede vs we. konde vſe vorbeñ here her wilhelm vs denne nicht mynne eder rechtes helpen bynnen twen manten na der tyd dat we dat van jm geeſched hedden. ſo moge we vs van dem ſlote wol vnrechtes weren vmme ſake de dat ſlot vnde vs van des ſlotes wegen anrored ane weder vſen heren hertogen magnuſe den elderen ſinen vedderen vpp den enwel he nicht verbunden ſin, vnde we ſchullet dat bewaren dat vſem dicke vorbeñ heren hern wilhelme vnd den ſinen van dem ſlote vnd dar weder to neyn ſchade enſche al de wile wy des ſlotes mechtig ſin vnd wy enſchullen dat ſlot nenem heren he ſy geiſtlik edder werltlik. verſetten edder verplichten ane ſinen willen Ok ſchul we de borchman to dem Campe by rechte laten Neyn geiſtlik eder wertlik len dat to dem kampe to hord enſchulle wy verlenen icht id los werd vñ welde vſe here her wilhelm van dem kampe orlogen ſo ſcholde vs ſin amptman verwiſnen dat he vs vor ſchaden bewarde vor den de van ſiner wegen myd dem amptmanne dar weren Worde ok dat hus to dem kampe van vſes heren wegen eder van vſer wegen eder van vngelucke verloren des nicht en ſche ſo ſchulle we myd vſem heren vnd he mid vs viande werden altohand der, de dat huſz gewunnen hedden vnde ſcholden vs nicht ſonen eder vreden wy enhedden dat huſz tom kampe weder, wolde we ok denne icht dat huſz gebroken wurde eyn ander huſz in dat gerichte buwen dar wy dat gerichte vnd gud dat dem huſ to behord mede bekrechtigeden dar ſcholde we vſem vorbeñ heren vnd he vs to helpen, De hulpe vnd de vorſprokene veide ſcholde malk dem andern holden vñ don vppe ſine egene koſt vñ truwelken mid allirmacht icht des nod were Were ok dat vſe vorbeñ here her wilhelm alſo afghinge dat he nicht enen echten ſone eder mer kinder ſick enlete des god nicht enwille So ſchulle we vñ willet dat vorbeñ ſlod to dem kampe holden to truwer hand vnd to gude Juncheren Lodewiges van Brunſw̄ hertogen magnuſz ſone des elderen vnde willet ym all deſſe vorſcř ſtucke van des huſes wegen to dem kampe ſtede gans vñ vaſt holden in aller wyſz alſe wy vnſem heren hertogen wilhelme ſcolden icht he leuendich were Were ok dat vnſe Junchere lodewich vorbeñ na hertogen wilhelmes dode afghinge alſo dat he ok neynen echten ſonen kinder ſick enlete So ſcholde we vñ wolden deſſe vorſcř dingh vñ ſtucke genſliken ſiner brodere enemo deme den de dar to koren de dar to geſath worden jn allir wiſe holden alſe wy ſcholden Juncheren Lodewige icht he leuendich were Vñ vpp en orkunde aller deſſer vorſcř ſtucke dat ſe vnuorbrokliken vnd vaſt geholden werden, ſo hebben we Radmanne der ſtad to Brunſwig vſer ſtad jng̃ gehenged laten to deſſem breue de gegeuen iſſ na godesbord dritteynhundert jar jn deme ſenenvndeueſtigeſten jare jn ſente walburges auende der hilgen juncfrouwen.

22. Die Knappen Bertold und Alverich Lappe überlassen dem Grafen Moritz von Oldenburg, Administrator des Stiftes Bremen, ihren Theil des untern Schlosses Bederkesa *) und ihren Theil der Börde. — 1357, den 27. Mai. XXV.

Nos Bertoldus et Alucricus dicti lappen armigeri, tenore presencium recognoscimus firmiter protestantes, Quod causa nos ad hoc mouente legittima, matura deliberacione prehabita, et omnium heredum nostrorum accedente consensu, dedimus ac dimisimus, necnon presentibus rite et racionabiliter damus, assignamus, et dimittimus, honorabili viro domino Mauricio de Oldenborch decano et prouisori ecclesie bremensis partem

*) Das benachbarte sächsische Schloss Elmlohe war 1334 dem Stifte gefährlich geworden. In der Nähe auf der andern Seite gehörte dem Stifte Bremen das an Dienstmannen 1301 verliehene Schloss Neuhaus am Balk-See, die Gegend auf beiden Seiten der Oste und der Freiburg zu Lehnen. Die Urkunden hierüber sind folgende:

1. Erzbischof Giselbert von Bremen überlässt den Rittern Erp von Luneberg und Augustin von der Oste nach Dienstmannsrechte das Schloss Neuhaus am Balk-See und am Kamper Bache, den Balk-See, das Dorf Westerhamm, den Zehnten und das Gericht zu Oppeln, Gefälle zu Osterbruch, Zehnten zu Kochenbüttel, Wellingsbüttel, Nackenbüttel und Mahrdorf, 40 aus dem Kirchspiel Otterndorf an die Vogtei Hagen zu entrichtende Böcke, Güter zu Altendecken, das Gericht des Ritters Arnold von Stade, Gefälle zu Gederwisch, den Zehnten auf der „Bolzmarke", Häuser zu „Deffholte", „Scefhusen" und „Nonnen", die Wingst und Häuser zu Varrel und „Holtbecke" und reservirt sich in allen diesen Gütern nur Grafenschatz und hohe Gerichtsbarkeit. Dafür überlassen die Frauen beider Ritter ihm die Güter der von Barmstedt mit Ausnahme der Güter diesseits der Elbe und einiger Ländereien zu „Langenbroke". — 1301, den 19. März. XXVI.

Gyselbertus dei gracia sancte Bremensis Ecclesie Archiepiscopus Omnibus presens scriptum visuris salutem in domino Nouerint vniuersi tam presentes quam futuri, quod nos de vnanimi consensu honorabilium virorum dominorum, Hinricj Decanj totiusque Capituli ecclesie Bremensis dimisimus Erponi de Luneberge et Augustino de oste militibus et eorum heredibus, perpetuis temporibus possidendum Castrum nostrum nouum situm super locum [1]) qui dicitur Golic Se [2]) quod Kemp dicitur, cum omnibus bonis ad ipsum castrum pertinentibus Bona vero que eis dimisimus iam predicta sunt hec locum [1]) Bolic Se sicut noster fuit, et omnia prata ac solitudines adiacentia idem castrum Item villam in westerhamme, cum hominibus decima ac cum omni vtilitate ipsius Item decimam maiorem et minorem in Oppelem et Judicium, ac quicquid in eadem villa habuimus exceptis Greuenschatt et Judicio summo, Item in Osterbroke duodecim mensas auene Item decimas tam maiores quam minores sitas in Cachembutle Attenebutle et in Nonembutle [3]) Item minorem decimam in marenthorppe Item Quadraginta arietes qui pertinebant ad aduocatiam in hagen que [4]) debentur de parrochia Otterentdorppe Item bona in Deken sicut ipsa nostra fuerant Item Judicium Arnoldj militis de staden quod emimus ab eodem, videlicet Sexaginta medios [5]) auene stadensis mensure et quinque marcarum redditus annuatim stadensium denariorum et sicut idem Judicium habuimus ab Arnoldo Item in hedewysch viginti quinque modios auene stadensis mensure Item decimam super holtmarke maiorem et minorem Item duas domos in Deffholte, et vnam domum in Scefhusen et domos Nonnen cultas et colendas tempore procedente Item Wins, qui dicitur vorst cum decima tam maiore quam minore, et cum vtilitate omni sitas sicut noster fuit Item duas domos in Varle, et vnam domum in Holtbecke Ista bona omnia supra dicta dimisimus eis Iure et loco ministerialj sicut nostra fuerant nichil nobis nec nostris successoribus in eis reseruantes nisi Greuenschatt et Judicium summum Et quia ista bona supra dicta iam dictis militibus et eorum heredibus vt predictum est dimisimus ipsi [6]) vxores eorum cum consensu heredum suorum dimiserunt, nobis, ecclesie nostre et nostris successoribus perpetuis temporibus possidenda omnia bona et omne Jus, ac Justiciam eorum quam habuerunt ex parte illorum de Barmestede que Bremensem ecclesiam contingunt, exceptis bonis ex ista parte albie sitis Et exceptis quatuor quadrantibus in langenbroke qui dictis militibus et eorum heredibus competunt pleno iure Adicientes quod domina margareta de Barmestede temporibus vite sue in decimis et bonis suis pacifice permanebit, et quod nos et nostri successores ipsam in Jure suo debemus et volumus conseruare, Testes huius rei sunt Conradus de Bederkesa dictum Moma [7]) Thidericus de Bederkesa dictus Scele Bertoldus Scultetus Hermannus de Gryndenthorppe Ericus de bocholte Hoyr Hinricus de Helsingen milites et alij fide digni In quorum omnium testimonium predictorum ac nostri Capituli supra dictj consensus nostro sigillo et sigillo nostri Capituli memoratj presens litera communitur Datum Breme Anno domini M. CCC primo in die dominica qua cantatur Judica me deus.

Anno a Natiuitate domini Millesimo quingentesimo nono Ipso die sanctorum philippi et Jacobj domini Testamentarij venerabilis quondam domini Bernhardj de Lunenbargum Canonicj et Scholasticj ecclesie Bremensis tradiderunt et assignauerunt Reuerendissimo domino domino Johanni Archiepiscopo Bremensi supra scriptas literas loquentes super jure predij dictj wyns et aliorum bonorum ibidem expressorum quorum proprietatem et dominium vacaus dictis literis idem Reuerendissimus dominus archiepiscopus comparauit ab illis condictis de Lunenbargum.

[1]) Zu lesen *locum*. [2]) Statt *Golic Se* muss gelesen werden *Bolic Se et super flumen*. [3]) Statt *Attenebutle et in Nonembutle* wird vielleicht gelesen werden müssen *Wellinebutle et in Nackenbutle*. [4]) *qui*. [5]) *modios*. [6]) *ipse*. [7]) *Monnic*.

nostram in Inferiori Castro Bederkesa cum fundo edificijs, vijs, potestate, ac omnibus suis pertinentijs, prout hucusque nobis pertinuit necnon partem dominij proprie dicti Borde, in Bederkesa nobis pertinentem ac omnia et singula bona que in Ipso dominco hucusque dinoscimur habuisse, cum agris cultis et incultis pascuis pratis et nemoribus rubetis noualibus lignorum seccionibus venacionibus aucipijs aquis aquarum decursibus piscacionibus vliginibus, beneficiorum ecclesiasticorum collacionibus, iurisdictionibus, redditibus, prouentibus iuribus pertinentijs ac vniuersali vtilitate, in quibuscunque consistat et a quocunque poterit extorqueri, eciam quocunque nomine censeatur iuste proprietatis titulo perpetue possidenda, et Specialiter

2. Erzbischof Giselbert von Bremen bewilligt seinen Unterthanen auf beiden Seiten der Oste die Kornausfuhr während des nächsten Jahres. — 1305, den 28. September. **K. O. 17.**

G. Dei gratia sancte Bremensis Ecclesie Archiepiscopus omnibus hoc scriptum visuris salutem in Domino. Notum esse volumus, quod nos ad petitionem quorundam nostrorum Advocatorum concessimus et concedimus per presentes omnibus nostris subditis iuxta Ostam, ab utraque parte habitantibus, quod ipsi non obstante aliqua prohibitione, que per Nos aut nostros Advocatos quandoque fieri consuevit, et semper consueta fuit, ne frumentum extra terram ducatur, tali precepto et prohibitione nostra aut nostrorum Advocatorum minime debent ligari neque restringi ab hinc usque ad annum proxime futurum post datum presentium. Et omnia eorum frumenta seu blada licite vendere et extra terram nostram deducere possunt, absque nostra et nostrorum Advocatorum exactione aut contradictione. In huius rei evidens testimonium sigillum nostrum presentibus nostris literis duximus imprimendum. Datum Vorde Anno Domini millesimo tricentesimo quinto in profesto Michaelis Archangeli.

3. Der edele Herr Rudolf von Diepholz und die Grafen Christian von Delmenhorst, Heinrich von Neubruchhausen und Gerhard von Hoya erklären als gewählte Schiedsrichter, nachdem sie sich mit den Domherren und Dienstmannen des Stiftes Bremen berathen haben, dass das Bündniss, wodurch die Rathsherren und Bürger der Stadt Stade sich am 8. September 1334 verpflichtet haben, den Burgmännern zu Elmlohe während der nächsten drei Jahre mit sechzig Gewaffneten zwischen den Flüssen Lesum, Elbe, Este und Wümme gegen den Erzbischof Burchard von Bremen Hülfe zu leisten, gegen Recht und Ehre verstosse. — 1335, am 20. April. **XXIV.**

Wy her Rolff en here van depholte, her kersten en Greve van Delmenhorst, her hinrik en greve van Nyenbrochusen vnde Juncher Gherard van der Hoyen. doet dat witlik vnde openbare. dat in deme Jare Godes Dusendesten drehunderdesten vnde vifvndrittegesten. Indeme negesten donredaghe deme achteindendaghe to paschen. vp deme Capittelhus to Bremen. do vse here de Ertzebiscop to Bremen. biscop Borchard schuldegede. de Ratman van Stade vmme loff. dat nicht stan en mochte. also he seghede. Dar antworden de Ratman to. vnde spreken. Se bekanden des wol. dat se en loff myd oren vrenden dan hadden. dat were besrevenen. vnde besegelet. Der scrift antworden se vs ene viscrift. de ludede aldus van worden to worden.. Allen de dessen breff seet vnde horet. den do wi Ratman van Stade. vnde de menen borghere van Stade dat witlik vnde openbare. dat wi dorch noet vnde vorechtes willen hebbet vs begrepen myd den vromen luden her Vrederike. vnde hern Lippolde dede riddere synt vnde menliche ghe nomet Johanne hern Werneres sone van Elmelo vnde Johanne hern Johannes sone Lowen. dede knapen synt vnde Borchman to Elmelo vn hebbet ene kumpenighe myd en ghemaket. vn hebbet en ghelouet entruwen. bi en to blyuende in al eren noden. vn in eren rechte to dren jaren. de nv negest an stad. aldusdanne wys To deme ersten male schole wi vnsen heren doen dat wi eme to rechte schuldich synt do donde, vnde dar berichte ene gud to. dat he vns dat sulue wedder do. Were dat also dat he hern frederike vnde hern Lippolde Johanne hern. werneres sone. vnde Johanne hern Johannes sone Lowen de hir vor ghenomet synt vor deruen wolde. ane ore schult. des wy nicht en hopet. So scholde wi vor se manen vnde teyunacht vmme, alzo wi aldor best mochten. En vormochte wi des nicht binnen der tijd. So scolde wi en don. alse hir naschreuen steyd. were dat auer also. dat ene anders jenich man vorderuen wolde na dessene daghe. So scholde wi van vser weghene mynne vnde rechtes weldich wesen. Id en were also, dat id witlik vn openbare were. dar ne scholde men nene rede vor nemen. Enmochte wi en des nicht helpen. So scholde wi en helpen myd sestich wapenden mannen. vp vse wyn vnde vor lus, vnde vppe vse eghene kost. Dedes ok groter nod. So scholde wi en helpen vorder na vnser macht. vnde daden hebbe So scholde wi en volgen. twischen der Lesmonde. vn de Elue. vn der Eschete vn der wimme. vnde dar en buten nicht. Were ok also dat wi. wat vordingeden. effte rouveden. efte wene vengen. wat wi des erworuen. dar se mede weren. dat scholde wy myd en delen. na mantale der wapenden lude. de se mede hedden in der vangnisse efte in der dingnisse efte inden roue. Ok ys dar to ghesproken. Were dat jenich schelinghe were efte worde twischen en vnde oren helperen vn vns. vnde vsen helperen Des scholde her Vrederik vn Johan van Elmelo van orer weghene. vn Olrich van dem Stenhus, vn Luder van Haghene, vppe vse siden mynne vn rechtes weldich wesen. to handen wan en dat erst ghekundighet worde, So scholden de vere to Stade yn riden vn schol dat dat scheden bynnen achtedagen. yd en were also. dat de vere enkonden nicht ouer eyn dreghen. So scholden se kesen enen ouerman. de scholde dat to scheden bynnen achtedagen in mynne effte in rechte. vnde welken twen de ouerman mynne efte recht ghene. dar scholde dat mede scheden wesen Storue orer verer en. man scholde bynnen achtedaghen enen anderen an syne stede settan Ok is hir to ghesproken. were dat des cum potestate omnia et singula cuicunque voluerit dandi, vendendi, obligandi, permutandi dimittendi et de ipsis disponendi qualitercunque sue placitum fuerit voluntati, promittimus Insuper fide data et in solidum, huiusmodi Castri et bonorum dictorum, domino Mauricio prefato, ac illi vel illis Cui vel quibus ipse ea vel eorum aliquid Secundum aliquem prescriptorum modorum dimiserit quandocunque vel quotienscunque super hoc requisiti fuerimus, facere et prestare warandiam inuiolabilem atque iustam, In quorum omnium et nostre irreuocabilis donacionis testimonium Sigilla nostra presentibus sunt appensa Datum vorde Anno domini M̊·CCC quinquagesimo septimo In vigilia pentecostes.

23. Herzog Ernst von Braunschweig der jüngere verpfändet dem Rathe, den Bürgern und der Gemeinde der Stadt Göttingen die Münze und Wechsel, gelobt, sie nicht vor sieben Jahren wieder einzulösen, und gestattet dem Rathe, sie durch Läden zu vergrössern. — 1357, den 28. Mai. K. O.

Von gnade ghôdes. we Ernst Hertoghe tô Brunswich, iotewan Hertoghen Albrechtes son dar Silues tô Brunswich deme ghût gnedich Sij bekennen in disme breue, Dat we med ghôden willen vñ wlbort vnser, vñ vnser Eruen vor druÿg Hundert mark lôdeges Silueres Gôthingescher wichte vñ witte, vñ vor verteyn

---

en wod were. vse Stad scholde en openstan to erume behove. Men se ne scholden een dingh an tasten. se endon id by vsen rade. Ok en schalmen de straten vñ den kopman nyt nichte vervan efte rouen. Were ok dat also. dat vns yemant vor vangen hadde. also bir vurscreuen steyd. myd deme scholde wy vns nicht vorsonen. wi en dedent by erume rade, Quamet aner also. dat wi wor tosament reysen scholden. vnde were in der reysa, we manh vs vñ vnsen helperen. efte manh am vñ eren helperen. dede schelinghe hedden myd weme. de an vnser kumpenige beyder were. De schelinge scholde to vruntliken stan. alde wile dat reyse warede. Vnde dessis to enome orkunde. vñ to ener betughinge So hebbe wi vnser Menheyt Inghesseghel to dessem breue hengt. De vte gheuen is to Stade na der bort Godes in dusentesten Drehundertsten in dem ver vndrittihigesten Jare in dem hilghen daghe. vnser vrowen der lateren. als se ghebaren wart.. Vnde ghingen des ganaliken to vns. wat indenes breue myd rechte vnde myd eren stan mochte. went se andere nicht ghemant en hedden. na erume synne mer to dat myd rechte. vnde myd eren stan mochte. vnde boden ere recht dar to. Des neme wy de scrift. vñ bereden vns mid den Domheren. vñ myd den denest mannen. Ridderen vñ knapen. vñ quemen wedder ju. vñ sproken also. Dat in aldem breue. de hir vorsproken is. nicht stan en mach. myd rechte. vñ myd eren behalnen de twe stucke. allene. dat men deme Vorsten den schal. des me eme schuldich ys to donde. vnde dat me de Strate vñ den kopman nicht rouen en schal. vñ hebbet dyt recht dar vmme sproken. wente wer en Bisscop ys. den de Domheren. de Edelen heren. de denest man vñ de Stade vor enen rechten holdet. Dar en schalmen nen loff don ane synen willen vñ ane syn vulbort. yd en were also. dat de ghenen. de dat loff ghedan hedden. alk des myd deme heran bewaret hedden. also. alse se van rechte scholden. vnd des to ener bekantnisse vñ to ener betuginghe. so hebbe wi vere vnse Ingheseghele to dessem breue ghehenget dede vtgheghenen is to Bremen in den Jaren Godes vnde in dem daghe also der allerbenoren screuen ys Desser sake der synt tughe. de vrowen vñ de Erstighen mannen. her Abele van Bremen de Eldere vñ de Jungere. her Pors. her Marcus van Euersen vter herschap van Oldenborch her Johan vrese. her Arnold van Tekeneborch vter herschop van der hoyen. her Alnerik de Clenere. her Lippolt van Bremen her Ywan van Borch. her Liborius van Bremen Riddere. Synerd Doneldey. herman de hertegha. vñ hinrik Doneldey Ratmanne van der stad to Bremen. vñ mer guder Lude denne wol to tughe nomen mach.

4. Knappe Gerhard von Oetenhagen und seine Söhne verkaufen dem Erzbischofe Burchard von Bremen die ihnen von der Kirche zu Lehn ertheilte Hälfte des Freibannes zu Ramesn. — 1341, den 23. April. XXIV.

Vniuersis presentem literam visuris seu audituris Gherhardus de Oetenhagen famulus Johannes Otto Daniel et Augustinus prefati Gherhardi filij famuli Salutem in domino sempiternam. Recognoscimus tenore presentium firmiter protestantes Quod cum consensu et voluntate omnium heredum et amicorum nostrorum vendidimus et iusto vendicionis titulo dimisimus et in hiis scriptis dimittimus. Reuerendo in Christo patri et domino nostro domino Borchardo sancte bremensis ecclesie archiepiscopo suisque successoribus. Archiepiscopis bremensibus medietatem inferioris judicij nostri quod vulgariter vryban nuncupatur per villam dictam ramesn cum omnibus suis Juribus et pertinencijs prout progenitores nostrj et nos hactenus ipsam Judicij medietatem quam ab ecclesia Bremensi in feudo tenuimus et iure hereditario possedimus pro sexaginta marcis hamburgensium denariorum et vno pulchro panno nobis integraliter per prefatum Archiepiscopum persolutis perpetuis temporibus pacifice possidendas dimisimusque dicti Judicij Iurium et pertinenciarum ipsius possessionem sepe dicto domino Archiepiscopo prout bonorum possessio dimitti hactenus est consueta. et promittimus super ipsis warandiam inuiolabilem atque iustam. Recognoscentes nichilominus quod in dicta media parte Judicij per nos vendita nichil iuris poterimus nos vel nostri heredes futuris temporibus vendicare In cuius rei testimonium et predicte nostre vendicionis dimissionis et warandie prestacionis super dicta medietate Judicij in ramesn euidenciam pleniorem Sigilla nostra presentibus sunt appensa. Datum stadis Anno domini M̊ CCĊ XLÍ In die beati Georgij martiris.

mark des vorbaumenden Siluers de vns alle tödanke vñ nüttliken bereid sint Hebbet vorkoft vñ vorköypet vnseme.. Truwen Rade vnsen börgeren, vñ der meynhêt vnser stat tö Göthingen, vnse monte vñ wesle, med aller vare wonheit, vñ med alme rechte, also alse se an vns komen Sint vñ we se ghehat Hebbet, röwelken vñ vredelken töbrukende der, vñ töbesittende, Vñ we, eder vnse eruen möygen noch schüllen, de vorbeserenen Monte vñ wesle nicht wederköypen bynnen Seuen Jaren de antörekonde tö Pynkesten, alse disse bref geuen is, Na den Seuen Jaren we, eder vnse Eruen möygen alle Jar Twischen Paschen vnde Pynkesten se weder koÿpen, vor disse vorbereden Drüyg Hundert mark vñ verteyn mark, des vorbeserenen Siluers tö Göthingen, de wile de wederkop also nicht geschege So Schal de.. Rad vñ de Stat tö Göthingen, de Monte vñ wesle Jö röwelken besitten vñ der bruken, na deme also hir vorbeserenen steit, Ok möygen vnse vorgenante Rad vns vñ vnsem lande tö ghûde.. Od vñ vnser ergenanten stad, tö nut de vorbesproken Monte vñ wesle mêren vñ brêden med löden vñ weme Se dat also beuelet den este de schüllen we vñ vnse eruen, vñ vnse ampllûde truwelken verdegedingen vñ beschermen gelik vnsem vorbenömden Rade ane wedersprake wur vñ wanne des not is vñ de.. Rad dat von vns eschet Tö Orkunde alle disser vorbeserenen Stücke Hebbe we von vnser vñ von vnser Eruen wegen vnse grote ingesegel willichliken an dissen brêf gehangen Gegheuen na Christus bort vnses Heren vertegedehalf Hundert Jar dar na in dem seueden Jare in der hogtit tö Pynkesten vorbeserenen.

24. Die Landgrafen Friedrich, Balthasar und Wilhelm von Thüringen, Gebrüder, errichten mit dem Bischofe Albrecht von Halberstadt über das von dem Papste (Innocenz VI.) ihrem Bruder Ludwig verliehene Bisthum Halberstadt folgenden Vertrag, welchen zu halten sie ihm, seinen Brüdern, dem Bischofe Heinrich von Hildesheim und den Herzögen Magnus und Ernst von Braunschweig, dem Herzoge Magnus, Sohne des Herzogs Magnus, und dem Herzoge Wilhelm von Braunschweig und Lüneburg geloben: Bischof Albrecht soll Bischof und Herr des Stiftes bleiben, ihren Bruder Ludwig wie einen Bruder zu sich nehmen und ihn beköstigen, mit ihnen das Stift vertheidigen, für den Fall seines Todes ihrem Bruder sofort auf allen unverpfändeten Schlössern Huldigung leisten lassen, ihm gegen diejenigen Städte und Domherrn, welche die Huldigung weigern, behülflich sein, die Inhaber der Pfandschlösser an ihn weisen, ihm deren Einlösung gestatten, von ihnen, falls ihr Bruder vor ihm stirbt, die mit ihrem Gelde eingelösten Schlösser wieder lösen. Ihr Bruder soll alle vom Bischofe vorgenommenen Belehnungen und die Anstellungen der Geistlichen anerkennen und von der gesammten Geistlichkeit des Stiftes nur die Geistlichkeit im Osterbanne (oder Kaltenborner Banne) und die, über welche der (vom Papste Clemens VI. zum Bischofe von Halberstadt ernannte Albrecht) von Mansfeld Gewalt gehabt hat, damit den (Canonicis St. Augustiner Ordens der Kirche St Johann) zu Kaltenborn (bei Sangerhausen) hinsichtlich ihrer in ihren Bann gehörenden Geistlichen kein Unrecht geschehe, behalten. Der Bischof, welcher mit ihres Bruders Rathe Vögte absetzen darf, soll, die er einsetzt, ihm huldigen lassen und ihm das Oeffnungsrecht an allen Schlössern zugestehen, ihr Bruder dagegen die Geistlichkeit und Unterthanen bei ihren Rechten lassen und obigen Vergleich beschwören. — 1357, den 3. Juni. K. O.

(W)ir Friderich Balthazar vnd Wilhem gebrudere von gots gnaden Lantgrauen zcu Duringin, Marcgrauen zcu myszne, in dem Ostirlande vñ zcu Landisperg Grauen zcu Orlamunde vñ Herren des landis zcu plyszne, Bekennen offinlichen an disem geinwertigin briue Daz wir vns haben voreint, mit vnserm liben Oheim Herren Albr̄ Biszchoue von Halbirstad, von vnsers Bruders wegin hern Ludiwigis, dem der Babst gnade getan hat, mit sinem Bistum zcu Halbirstad, also daz der selbe vnser Oheim von Halbirstad, sin Bistum sal vorsten vñ herre blibin dy wile daz er lebet, also, als her biz her getan hat, Ouch sal er vnsern liben Bruder hern Ludiwig zcû im nemen vor sinen Bruder, vñ er sal sin gotshus, mit vns getrulich helfen vorteidingin gein allermenneglich mit allem das wir vormugin, Vnde vnser Oheim Biszchof Albr̄ von Halbirstad, sal vnserm vorgenanten Bruder sin notdurft geben, wenne er by im ist in dem lande Ouch sal vnser Oheim der Biszchof, vnsern Bruder von stad an lasen hulden sine Slos, dy er los hat nach sinem tode, Were nů das ſine groſern Stete, oder keiner ſiner Tumherren ſich da wider ſeczen wolden, da ſal vnser einer dem andern zcu beholfen ſin geiſtlich vñ werltlich das wir das uber brengin Ouch ſal vnser Oheim Biſchoue Albř, vñ dy die da phant Slos inne haben, mit den Sloſen an vnſern Bruder hern Ludiwig wiſin Were ouch das vnser Bruder, kein der Sloſe gelozſen mochte des ſolde im vnser Oheim Biſchof Albř gunnen Were nů das wir vnſerm Bruder gelt ligin zcu lozſunge der Sloſe, vnd das der ſelbe vnser Bruder abeginge, er den vnser Oheim Biſchof Albř So ſolde vnser Oheim, dy Slozs wider zcu im nemen vnd ſin gotſhus, vñ ſolden vns das gelt, da mite vnser Bruder dy geloſt hette widergeben, alſo verre vnser Bruder das haben wolde, vñ vñ begernde were von vnſerm Oheim Biſchof Albř, vñ wir ſolden im vñ ſinem gotſhus dy Slozs nicht entpherren, Vnde dy. die dy Slos innehetten von vnſers Bruders wegin, Dy ſullen globen dy Slos, vnſerm Oheim Biſchoue Albř vñ ſinem gotſhuſe wider zcu antworten wenne ſie dy phennynge bezcalt haben, dar ſie vor ge loſt werden, Ouch ſal vnser Bruder alle die, dy vnser Oheim Biſchof Albř belehent hat geiſtlich oder werltlich, vñ dy von im oder ſinen wegin, beſtetigit oder gewihet ſin, by iren lehen vñ wirdekeit behalden Es enwere denne. das ſy vnſerm Oheim Biſchoue Albř oder vnſerm Bruder widerſeczet weren Were nů das keiner ſiner Tumherren, oder ander ſiner phaffen hy wider ſin wolden, So ſal vnser Bruder her Ludiwig im dar zcu helfen geiſtlich vñ werltlich, vñ das machen nach guter phaffen rate wie das beſtentlich geſin mochte, alſo das vnser Oheim Biſchof Albř ÿ dy phaſheit ſine lebe tage vorſtee vñ ſie im vndertenig bliben, ane dy phaſheit in dem Oſtirbanne vñ dy, dy dor von Manſfelt vore hat vorgeſtanden, dy ſal vnser Bruder behalden, Alſo das den von Kaldenburne zcu iren phaffen dy in iren ban gehoren nicht vnrecht geſchee, Were ouch das vnser Oheim Biſchof Albř dy voite dy nů vnſerm Bruder gehult haben abeſeczen wolde, Das ſal er tun mit vnſers Bruders hern Ludiwigis rate, Alſo vort her in in dem lande gehaben mag vñ vnser Oheim Biſchof Albř ſal das alſo beſtellen, das dy voite dy er ſeczet, vnſerm Bruder dy ſelbe huldunge tun ſolden, dy diſe voite nů getan haben, Were aber vnser Bruder in dem lande nicht, So ſolden ſie dy huldunge tun den erbern vñ geſtrengin hern Burcharde von Bruchterde Techant zcu dem Tům zcu Halbirſtad, hern Arnde ſtamerden dem groſen hern Syfride von Hoym Joh von Wandſleiben vñ hern Gebharde von hoym ritteren zcu vnſers Bruders hant Were ouch das diſer vorgeſchribener fůnfer keiner abeginge des got nicht enwolle. ſo ſal vnser Bruder einen andern des gotſhus man an ſine ſtad kyſin Wenne ouch vnser vorgenante Bruder Ludiwig in das lant queme ſo ſolden ſie im dy ſelbe huldunge tun, als ſie vore haben, Ouch ſullen alle vnſers Oheim Biſchofs Albř Sloss. vnſers Bruder hern Ludiwigis offen Slos ſin zcu allen ſinen vñ des gotſhus nöten Ouch ſal vnser Bruder ſin gotſhus ſin Tumherren vnd phaſheit, ſine rittere vñ knappen vñ alle ſins gotſhus man diner vñ ſtete, by gnaden, by rechte vñ by aller friheit als ſie von alder gehabt haben laſen bliben vñ ſal ſie by rechte behalden, vñ ſie vnſerm Oheim dem Biſchoffe helfen getrulich verteidingin gein aller menneglich, dar ſullen wir zcu helfen mit allem deme das wir vormugin. Alle diſe vorgeſchriben ſtucke vñ artikel vñ igliche beſundern globen wir vorgenanten Marcgrauen vnſerm liben Oheim hern Albř biſchofe von halbirſtad vñ haben dy zcu den heiligin geſworn ſtet vñ gancz zcu haldene ane allerleige vorzcog hindernis vñ argeliſt vnd geben des zcu vrkunde diſen brif mit vnſern Friderichs vñ Balthasars groſen Inſigeln, dar vnder Marcgraue Wilhelm vnser Bruder mit vns globt hat, vorſigelt, dy hir an ſin gehangin Ouch haben wir alle diſe vorgeſchriben ſtucke, zcu des diegenanten vnſers Oheim Biſchoues Albř von Halbirſtad hant, globt dem erwirdigin in gote vater vñ herren, hern Heinrich Biſchoue zcu hildiſheim, vñ den erluchtigin furſten Herzcogin magnus von brunſwig dem eldern, herzcogin magnus ſinem Sone, herzcogin erneſte dem Jungern ſinem bruder vnſern liben ſwegeren vñ Oheim vñ herzcogin Wilhelme von Lůnburg, Ouch ſal vnser Bruder her Ludiwig wenne er zcu lande komet alle diſe vorgeſchriben rede vñ ſtucke globen ſweren vñ vorbriuen als wir getan haben ſtet vñ veſte zcu haldene ane geuerde Des ſint gezcuge dy edeln erbern vñ geſtrengin, her Burch̃ von bruchterde Techant zcu dem Tume zcu halbirſtad, Fridř von Schonenburg herre zcu dem haſſenſtein, fridř von Wangheim vnser marſchalk Kriſtan von Wiczeleiben vnser houerichter, Heinř von Brandenſtein her Arnd

Stamer der elder, her Syfrid von hoym her Hans von Wantfleiben her Gebhard von hoym her witige vom rode rittere her Lutolf von kreendorf her Johan Storbin Canoniken zcu fende paule, Albr̉ czimmeftede vñ Rudolf von dorftad Gefehen vñ gegeben zcu Sangirhufin noch gots geburte Tufint iar drie hundert iare in dem Sybenden vñ funfzcigften iare des Sunabendes in der phingiftwochen.

25. Herzog Magnus von Braunschweig überlässt den Bürgern und dem Rathe zu Braunschweig seinen Antheil der Münze daselbst auf drei Jahre. — 1357, den 4. Juni. I.

We magnus etc Bekennen openbare in diffem Jeghenwerdighen breue Dat we mid willen vñ mid vulbord vnfer rechten eruen hebben gelaten. vnfen getruwen leuen Borgern deme rade to Brunſ. vnfen del. der muntye dar filues mid alleme rechte vnde mid aller nût vryeleken to befittene dre iar vmme an to rekenende von der vtgbift diffes breues. Dat diffe rede ftede vnde ganz bliue fo hebbe we diffen bref vor vns vñ vor vnfe rechte eruen mit vnfem yngezegele bezegelet vñ gevefteuet. Differ ding fint oc tûge Her gumprecht van wanfleue. her Boldewin van dalem. hannes van honleghe heyne von velftidde. weddego von velftidde. thile von dem damme vnde Conr̉ Elers, vnfe Borgere to Brunſ. vnde anderer vromer lude genoch. Diffe bref is gegeuen na der bord goddis dritteyn hundert iar In deme feuen vñ veftigeften iare des neyften fondages vor fente Bonifac̃ dage.

26. Herzog Ernst von Braunschweig der jüngere verbindet sich auf die Dauer von zwei Jahren mit seinem Bruder Magnus gegen seinen Bruder, den Bischof Heinrich von Hildesheim, ernennt mit ihm für ihre, ihrer Mannen und Diener Irrungen ein Schiedsgericht, gelobt, sich nicht gegen ihn mit dem Bischofe nach Ablauf der beiden Jahre zu verbinden. Es wird bedungen, dass, falls es zum Kriege gegen das Stift kömmt, jeder von ihnen eine Besatzung von 50 Mann in das Schloss Wolfenbüttel lege, Herzog Ernst auf seinen Schlössern 100 Mann halte, jeder dem andern im Nothfalle mit ganzer Macht folge und ihm die ihm am nächsten gelegenen eroberten Schlösser gegen Vergütung seines Antheils daran überlasse. — 1357, den 24. Juni. K. O.

Von der ghenade godes we Ernſt Hertoghe to Brunfwich Hertoghen Albrechtes Sone.. bekennet oppenbar in diffeme Jegenwordigen breiue. alle den de on feen eder horen lefen. dat we os voreynet vñ vorbunden hebben mit deme hoghebornen vorften vnfeme leyuen bolen Hertoge Magnus in differ wis als hir na befcreuen fteit. dat we eme vñ he os weder, truweliken fcolen behulpen wefen op vnfen broder Byfcop hinreke von hildenfem van differ tyd an to rekende wente to Pafchen de neeft tokûmpt vort ouer tvey Jar Ok feulle we vñ willen vnfen vorbenomeden bolen hertoge Magnus vñ de fine bi rechte laten. weret auer dat ynich opftot oder krig wrde tufchen vnfem vorbenomeden bolen vnde vns eder tufchen vnfen mannen vñ deneren dar heb we to gefat her lippolde von vroden vñ her bertolde von olderdefhufen van vnfer wegene. vñ vnfe bole hertoge magnus hanfe von honlege vn borcharde von der Affeborch ghebeten vafolt, de dat mit rechte oder mit mynne ercceiden fcôlet. vñ wat fe dar vm fceydet na rechte oder na mynne. des fcûlle we volgich wefen vñ fcûllet dat don. weret ok dat differ vorbenomeden vere Jenich af ginghe fo fcôlde we oder vnfe bole van wilker vnfer wegene de af gegangen were. eynen anderen finer man in des af gegangen ftede fetten bynnen veir weken. vortmer ne fculle we os na der tyd als vnfer beider vorbindinghe vt geit nicht vorbinden noch vorenen mit vnfem bolen dem bifcoppe van hildenfem vorbenomet. vñ ok nicht behulpen wefen de wile dat he leuet tegen vnfen bolen hertoge Magnus ergenant. weret ok dat we to krige quemen mit vnfem bolen dem bifcoppe van hildenfem fo fcolde vnfe bole hertoge Magnus vif vñ tuintich man mit helmen vnde vif vñ tuintich man mit gleinen holden in fime flote to wlfefbuttele op fine koft vnd auenture. ok fo fcolde we holden vif vñ tuintich man mit helmen vñ vif vñ tuintich man mit gleiuen in vnfes bolen flote to wlferbutle op vnfe koft vnd auenture. vortmer fo fcolde we holden veftich man mit helmen vñ veftich man mit gleiuen in vnfen floten war it vns bequeme were. to vnfeme krige op vnfe koft vnd auenture de wile de krig warede. vortmer wilken ammechtman dat we op dat hus to wlferbutle settet de scal vnses bolen ammechtmanne vor wissenen. self veirde bederuer man siner vront dat he one beware des huses to wlferbutle vor den de he mit sek dar op nemet vnde bringhet vnde dat scal he nemen. were auer dat scade eder vnuoge schude von den de vnse amechtman mit sek dar hedde. konden des de ammechtlude vnder eyn ander nicht gerichten so scolde men den scaden wederdon na mynne eder na rechte als de vorbenomeden veire spreken dat it redelik were. vortmer en scullo we noch one willen vns nicht sonen noch vreden mit dem vorbenomeden byscop hinreke von hildensem vnsem broder de wile dat disse vorbindinghe steit it en sy vnses bolen hertoge Magnus gude wille. Ok scal vnse vorbenomede bole hundert lodege marc to vorn nemen vt vnseme dele des dinghedes vñ wat men danne mer vordinghet des scal vnse bole den veirden del nemen vñ we dre del. were ok dat dar we to queme de vnse vront were vnde vns behulpen were to deme krige. so scolde we ome na mantale der wapenden lude. vñ na degelikes kost den del des dinghedes volgen laten als den veren duchte de hir vorbenomet sint dat it redelik were. were ok dat we stridden vñ vromen nemen den scolde we delen na mantale der wapenden lude. vñ were vnser eyn mede op dem velde. wen men stridde de scolde den vanghenen to vorn nemen de neñ dem besten were ane vorsten vnde herrn. Ok scülle we vnseme vorbenomeden bolen volgen mit vullermacht vnde op vnse kost wan ome des not is vñ he eder syn ammechtlude dat van vns eschet vnde dat sülne scal he vns wederdon. woret ok dat wi mit vnsen bolen hertoge Magnus eyn slot wnnen dat vnseme lande belegen were. dat scolde we delen na mantale der wapenden lude vñ scolden vnsen vorbenomeden bolen erlegghen also als it vnsin mannen veyren de hir vore benomet sint duchte redelik syn vnde dat sulue scolde he vns wederdon. Alle disse vorgescreuenen stücke loue we vnsem vorbenomeden bolen hertoge Magnus in guden truwen. stede vnde vast to holdene an allerleye argelyst. des to eynem orkunde heb we vnse Inghesegel ghehenghet an dissen breif De gegheuen is na goddes bort drutteynhundert Jar in deme seuen vnde veftigesten iare in Sente Johannes dage tho Middensomére.

27. Herzog Magnus von Braunschweig überlässt dem Friedrich van Veltheim, Besitzer der Capelle St. Petri im Westendorfe zu Schöppenstedt, die Mühle daselbst für einen der Capelle gebührenden Zins. — 1357, den 24. Juni. I.

We magnus etc Dat we hebben ghe orleuet hern frederke van veltum des de kapelle sente peters is in dem westendorpe to scepenst dat he mach vor sinen tyns de to der vorb capellen hort sek vnderwinden der molen de ichteswanne hinr sassenhagens was de ghe legen is in deme seluen westendorpe. Ok sette we one in de were dat he de seluen molen mach beteren buwen vñ to tynse don weme he wel dar en sculle we on vnse ammechtlude nicht an hyndren Datum anno domini M CCC LVII in die beati johannis baptiste.

28. Herzog Magnus von Braunschweig erkennt an, dass an der von ihm dem Grafen Ludolf von Woldenberg zu Lehn ertheilten Mühle vor dem Wenden-Thore zu Braunschweig Ritter Aschwin Meyenberg, Schenk des Stiftes Hildesheim, einen Antheil von 130 Mark besitzt. — 1357, den 10. August. I.

We magnus. dat her aschwin meygenberch riddere schengke des stichtes to hyldesh vñ sine eruen hebben drittich mark vñ hundert an vertich schepelen wetene molt tynses brunsw mate. de greue ludelef van woldenberghe vñ sine eruen hebben an der molen vor dem wende dore to brunswich de se van os to lene hebben. Der vorsprokenen drittich mark vñ hundert wille we her asschwine van meygenberghe uorb vñ sinen eruen bekennich wesen an den vorb vertich schepelen wetenes molt tynses wûr vñ wanne he oder sine eruen des behouen vñ we ne willet se dar nichtes an hyndren icht dat an os keme Datum etc anno domini M CCC LVII in die beati laurentij martyris.

29. Ritter Johann von Salder und seine Söhne Johann, Bertold und Burchard stellen einen Revers aus, dass Herzog Wilhelm von Braunschweig und Lüneburg ihnen Schloss und Stadt Vorsfelde mit allem Zubehör,

wie die von Bertensleben dieselben von dem Herzoge Magnus von Braunschweig besessen und ihnen ausgeliefert haben, mit Ausnahme des Kirchlehns unter Verbehalt des Oeffnungsrechtes verpfändet hat, und versprechen, den Pfandvertrag, falls der Herzog, ohne einen Sohn zu hinterlassen, stirbt, dem Herzoge Ludwig von Braunschweig und, falls dieser, ohne einen Sohn zu hinterlassen, stirbt, einem vom Raths-Collegio gewählten Bruder desselben zu halten. — 1357, den 7. September. K. O.

We Jan van Salders riddere Jan Bortold vñ Borchard Sine Sone knapen vn vſe Ervnen bekennet openbare in deſſem breue de beſeghelt is mid vſen Ingheſeghelen dat de Erſamme vorſte her wilhelm Hertoghe to Brunſwik vñ to Luneborch vſe leue here vs gheſat heſt dat hus vñ ſtad to Vaſfuelde mid alleme rechte dat dar to hord alſo de van Bortensleue de ghe hat hebbet van Hertoghen Magnuſſe van Brûnſwik ane dat kercken vor verhundirt mark Lodeghes Suluers Brunſwikeſſcher wichte vñ witte dit hus vñ ſtad vñ dat dar to hord ſcole we hebben vn holden van vſes vorbenomeden heren weghene van vſer vrowen daghe der lateren de neghest to komende is vort ouer twe iar wanne auer de twe iar vmme komen Sin So mach he vs eder we om de loſe des huſes vñ der ſtad kundeghen alle iar wanne we eder he willen So ſcal he vs eder we ome dat binnen achte daghen vor vſer vrowen daghe der lateren eder binnen achte daghen dar na kundeghen vñ denne binnen deme neghesten iare dar na So ſcal he vs vſe ghelt de verhundirt mark lodeghes Suluers wedder gheuen ane ienegherhande vortoch eder hinder in der ſtad to Brunſwik weret dat we des gheldes to Brunſwik nicht hebben en wolden So ſcolde he vs dat bereden in der ſtad to Honouere vñ gheuen vs dar Brunſwikeſſche wichte vñ witte vñ So ſcole we ome Sine Slote wedder antworden alſo de van Bertensleue Se vs ghe antwordet hebbet, weret ok dat Hertoghe Magnus van Brunſwik deſſe vorſcreuenen Slote wedder loſen wolde van vnſeme vor ſprokenen heren van Luneborch na den breuen de ſe vnder anderen ghegheuen hebben vñ alſo de vt wyſet vñ he dat van vs eſſchede de ſcolde we ome den to loſende don ane wedderſprake vñ hinder vñ neme wy des ſchaden an ſat eder an tinze de vs nicht en worde alſe de de van Bertensleue vore vp ghenomen hedden den ſchaden Scolde he vs ghelden wo dat twene Siner man vñ twene vſer vrunt Spreken dat redelik vñ lik were vñ ſcolde vs dat Sulue gheld vor den ſchaden to der Suluen tyd gheuen mid deme ghelde dar he vs de Slote mede af loſede Ok ſcal he vs helpen bekreſteghen al dat to den Sloten van rechtes weghene hord Ok ſcolen de vor benomeden Slote hus vñ ſtad to Varſuelde Sine opene Slote weſen to alle Sinen noden vñ vp allermalkem wan he des bedarf Welken ammochman he vppe dat hus eder in de ſtad Sette wanne he dar af orloghen wolde de ſcolde de koſt don de vppe de dorlude wechtere vñ tornlude ginghe vñ ſcal vs wiſſenheyt don dat hus vñ de ſtad vs wedder to antwordende icht ſe vnvorloren bleuen vñ vor Sinen deneren vor ſchaden bewaren vñ ſcolde ok vſem plochwerke vredegud gheuen iſt men dat inder vighende gude hebben mochte, worde ok dat vorbenomede hus eder ſtad in Sineme deneſte verloren des god nicht en wille So ſcolde he der vighent werden de dat ghe wnnen hedden vnde he en ſcolde ſich mid en nicht Sonen noch vreden wy en hedden de Slote wedder eder vſe penninghe eder he Scolde vs en ander Slot wedder in dat Sulue gherichte buwen helpen dar wy vſe gulde af beherden mochten vñ dar vſe penninghe an hedden, Ok ſcal vſe vorſprokene here vſer to rechte vullenkomene macht hebben vñ ſcal vs des vordeghedinghen teghen allermalkem wolde vs ok ienich man vor vnrechten dat ſcolde we ome vor kundeghen vñ weten laten van deme ſcolde he vs binnen twen maneden dar na rechtes helpen ver mochte he auer des nicht So mochte we na den twen maneden vs Suluen van den Sloten vnrechtes ir weren vñ rechtes helpen vn dat ſcolde Sin gude wille weſen vñ vs nichtes dar an hinderen wolde vs ok ienich man verbuwen vñ ver vnrechten in deme gerichte dat Scolde he vs helpen keren alſo vorder alſe he dat vor mochte, Were ok dat vſe vorbenomede here her Wilhelm alſo af ghinghe dat he nenen echten Sone hinder ſich enlete So ſcole we vñ willen de vorbenomeden Slote Varſuelde hus vñ ſtad hebben vñ holden to Juncheren Lodewiches hant hertoghen Magnus Sone van Brunſwik deſſe vorbenomeden tyd vñ were ok dat Junchere Lodewich af ghinghe alſo dat he ok nenen echten Sone hinder ſich en lete So ſcolde we vñ wolden deſſe vorbenomeden Slote holden to enes Siner brodere hant des den de dar to koren de dar to ghe fat Sin vñ fcullen vñ willen en holden alle de ftucke de van der Slote weghene hir voro beferenen Sin in allerleye wife alfe wy fcolden vnfen vorbenomeden heren hern wilhelm ift he leuendich were Ok fo hebbe we on ghefat vfer vrunt Seffe to borghen de hir na befereuen ftad were dat der jenich af ginghe So wolde we enen alfo guden wedder indes doden ftede Setten binnen ver weken na der tyd dat we dar vmme ghe manet werden. Vnde we Bertold van reden Hinrik van Saldere vñ zeghebant van dem berghe Riddere Hans van Honloghe Borchard van bortuelde vñ Jan van Oberghe knapen bekennet Openbare in deffeme breue vnder vnfen Inghefeghelen dat we ghelouet hebben vñ louet vor vfe vorbenomeden vrunt her Jane van Saldere Jane Bertolde vñ Borcharde Sine Sone vnde ore eruen vfem vorfereuenen heren hern wilhelm hertoghen to Brunfwik vñ to Luneborch vnde Juncheren Lodewiche eder Siner brodere eneme de dar to ghakoren worde deffe vorbenomeden ftucke gans vñ ftede to holdende wered dat dar Jenich brok an worde vñ we dar vmme ghe manet werden verteynacht altohant na der maninghe So fcole we vñ willen vor vfe vorbenomeden vrunt den broke ir vullen ane vortoch vnde hinder Alle deffu vor fcreuenen ftucke loue wy Jan van Saldere riddere Jan Bertold vñ borchard Sakewolden, vñ we Bertold van reden, Hinrich van Saldere vñ zegheband van dem berghe riddere Hans van honloghe Borchard van bortuelde vñ Jan van Oberghen borghen in guden truwen mid Samender hant vnfen vorbenomeden heren vñ Juncheren ftede gans vñ vnbrekelken to holdende ane ienegherhande hinder vñ twiuel Vnde is ghefchen na goddes bord Drutteynhundirt Jar indeme Seuen vñ viftegheften Jare in vfer leuen vrowen auende der lateren.

30. **Herzog Wilhelm von Braunschweig und Lüneburg nimmt auf sechs Jahre den Grafen Gerhard von Schauenburg, Domküster zu Minden und Administrator der Stifte Minden und Verden mit den Schlössern Rotenburg und Petershagen, welche derselbe von beiden Stiften besitzt, in seinen Dienst gegen jeden mit Ausnahme der Brüder desselben und in seinen Schutz gegen jeden mit Ausnahme der Herrschaft Braunschweig und seiner Bundesgenossen. Geräth der Herzog in einen Krieg, so soll der Administrator ihm zwanzig Gewaffnete in dem Schlosse Neustadt oder Rethem stellen und im Nothfalle ihm mit aller Macht helfen. Geräth der Administrator in einen Krieg, so soll der Herzog ihm 30 Gewaffnete in seinen Schlössern Rotenburg und Petershagen stellen und, wird er belagert, 200 ihm zu Hülfe senden. Herzog Ludwig von Braunschweig gelobt, falls Herzog Wilhelm, ohne einen Sohn zu hinterlassen, stirbt, diesen Vertrag zu halten. Stirbt auch er, ohne einen Sohn zu hinterlassen, so soll den Vertrag ein vom Raths-Collegio gewählter Bruder desselben halten. — 1357, den 8. September.** **K. O.**

Van gnade godes. Wy. Wilhelm Hertoghe tho Brunfwich vñ tho Lunenborch. be kennet openliken in deffem ieghenwordighen breue. Dat wy hebben ghe nomen tho Denfte vñ tho vor deghedinghende in gantzer vruntfcop vnzen leuen õm. hern. Gherharde van Scowenborch Domkoftere tho Minden vñ vormunden der Stichte Minden vñ Verden alzo dat hey vns denen fcal mit der Rodenborch vñ mit dem Peterfhaghen de he heft van der Stichte weghene Verden vñ Minden vñ mit al dem des hey mechtich is eder mechtich wert bynnen der tid de hir na be fcreuen fteyt Vñ deffe vorbenompden Slote fcholen vnze opene hus wezen tho al vnzen noden vñ he fcal vns be hulpich wezen weder al der malken funder weder fyne brodere Weret dat vns eyn ridende Orlighe an velle zo fcolde hey. bynnen verteynnachten na der tid wan wy dar vmme manedden tho hulpe voren twintich man ghe wapend in vnse Slöt tho der nyenftad eder tho Rethem dar fcolde wy fey entphan vñ fe vortmer tho bekoftighen vppe vnze win vñ vromen dey fcolden vns volghen wor wy des be dorften vñ he fcolde den fynen vor fcaden Stan. Weret ok dat is vns groter not dede fo fcolde hey vns volghen mit alle fyner macht bynnen eynem Mante vp vnze koft wan wy dat van om efcheden wan fey komet in vnze Slot vorbenompd Nyeftad eder Rethem vñ vp vnze win vñ vromen hey fcal auer fo den finen vor fcaden Stan. Weret ok dat men Striddede vp dem velde vñ Seghevochte zo fcolde malk vph boren na antalle wapender lude. Vortmer Scole wy vñ willen vnsen vorbenompden õm Heren. Gherharde van Scowenborch Domkoftere vñ vormunden der Stichte Minden vñ Verden vor deghedinghen an in gheyftligher achte keghen al der malken funder keghen de Herfcop van Brunfwich vñ keghen dey dar wy rede in vnsen breuen vorbunden mede sin. Wolde ok vnsen ôm ieman vorunrechten an dessen vorbenompden Sloten eder landen de om van der Slote weghene boren tho vordeghedinghende so scole wy sin mechtich wezen in mynne eder in rechte moghe wy om bynnen ver wekenen na der tid dat he dar vns vmme manet mynne eder rechtes helphen dat scolde he nemen. en mochte wy auer om nicht mynne eder rechtes helpen so scolde wy binnen verteynnachten na der tid dat wy dar vmme ghe manet worden vnsem ôme vorbenompd in Ridendem orlighe mit vistich mannen ghe wapend in syne vorbenompden Slot Rodenborch vnde Petershaghen volghe dôn dey scolde hey dar enphan vnde sey be kostighen vn dey scolden ome volghen tho synem be houe vppe synen vromen vñ wy scolden den vnsen vor Scaden Stan. Weret ok dat vnse ôm be stallet worde vor synem vorbenompden Slote eynem vñ hey dat van vns eschede bynnen ver wekenen dar na scole wy ome volghe dôn mit twen hundert mannen ghe wapend vppe syne kost vñ vromen vñ wy scolen io den vnsen vor scaden Stan Weret ok dat men Stride vp dem velde vñ Seghenochte so scolde malk vph Boren na antalle wapender lude. Weret dat wy Hertoghe.. Wilhelm bynnen desser tid de hir na screuen steyt af ghinghen vñ eynen echten Sône hinder vns leten eder mer de scolde desse vorbenompden stucke holden vnsem vorbenompden ome gans vñ stede. Weret ok dat wy aue ghinghen al so dat wy neynen echten Sone hinder vns en leten des got nicht en wille so be kenne wy Lodewich. Hertoghen Magnus Sone tho Brunswich openliken in dessem ieghenwordighen breue dat wy willen vñ Scolen. Hern. Gherharde van Scowenborch Domkostere vñ vormunden der Stichte Minden vñ Verden vorbenompd alle desse vorghescreuenen Stucke vast vñ stede tho holdende in allerleyewis also vnse veddere Hertoghe Wilhelm hir vorbenompd scolde icht hey noch leuendich were vñ icht Junchere Lodewich af ghinghe bynnen der tid so scolde dit eyn syner brodere gans vñ stede holden de, dey van den dar tho ghe koren worde de dar tho sat Sin. Dit denst vor deghedinghet vñ volghe scolen stan van nu tho Sunte Mychaheles daghe vort ouer ses Jar Tho eyner groteren be kantnisse vñ orkunde desser vorghescreuenen Stucke hebbe wy vorbenompde. Wilhelm Hertoghe tho Lunenborch vñ Brunswich vñ wy Lodewich vorbenompd vnser beyder Ingheseghel ghe henghet laten tho dessem breue De ghe gheuen is na godes bord Drytteynhundert Jar in dem seueden vñ vistighesten Jare tho vnzer vrowen daghe der leteren.

31. Herzog Magnus von Braunschweig ertheilt seinem Sohne Ludwig eine Anweisung auf zehn Mark jährlicher Hebung in dem Zolle zu Linden. — 1357, den 8. September. L

We magnus etc Dat we vnsem leuen sone Juncheren Lodewighe hebben ghe gheuen vñ bewiset teyn mark gheldes in vnsem tollen to lyndum de he alle Jar oppe sente mych̃ dach dar vd nemen scal. Weret auer dat we ome teyn mark gheldes makeden an anderme vnsem gude so scolde he os de vorb̃ teyn mark gheldes in vnsem tollen weder volghen laten Datum anno domini M̃ CCĈ LVIĨ in die natiuitatis beate marie virginis.

32. Herzog Magnus von Braunschweig beurkundet, von dem Jordan von dem Knesebeck das zu Linder (bei Uthmöden) gehörende Gut, wenn derselbe es von dem Erzbischofe zu Magdeburg erwirbt, einlösen zu wollen. — 1357, den 8. September. L

We magnus etc wanne Jorden van dem knesboke ludeleues sone dat gud dat to lyndere tohort van vnsem Ome.. dem Byscoppe van magd̃ erwerft vñ ane wedersprake ledoghet dat we eme dat selue gud af losen moghen vñ scullen vor seuentich mark Brandeb̃ sylueres wanne we willen. Disser ding sint tughe vñ dedinghes lude hannes van honleghe vñ borch̃ van godd̃ Actum et datum quo supra.

33. Herzog Magnus von Braunschweig verpfändet den Gebrüdern Friedrich und Gerhard von Wederden Schloss und Stadt Calvörde mit der Bedingung, sie ihm zu öffnen, sie dem Erzbischofe von Magdeburg nicht zu verpfänden, nach seinem Tode seinem Sohne Ludwig und, falls dieser, ohne einen Sohn zu hinterlassen, stirbt, demjenigen seiner anderen Söhne, der von seinen Mannen und von den Mannen des Herzogs

Wilhelm von Braunschweig und Lüneburg zum Herrn gewählt wird, den Pfandvertrag zu halten und ihn als ihren und der Herrschaft Braunschweig Herrn anzuerkennen. Herzog Ludwig gelobt, ihnen diesen Vertrag zu halten. — 1357, den 6. September. 1.

We magnus etc Dat we vnſe hus kalnorde vñ de ſtad dar ſelues vñ alle dat dar tohort mit aller nut vñ mit alleme rechte den ſtrenghen mannen her fritzen riddere vñ gherarde knechte broderen ghe heten van wederden vñ eren rechten eruen vor en vñ twintich mark vñ verteynhundert mark ſtendaloſches ſylueres gheſat vñ ghelaten hebben in der wis alſo hir na beſcreuen ſteyt. Dat ſe vñ ere rechten eruen os dat vorb̄ hus vñ ſtad mit alle deme dat dar tohort holden Scullen wente to ſente mych̄ daghe de nu neyſt tokomende is vort ouer dre Jar. Wolde we na der vorb̄ tyd dat vorb̄ hus vñ ſtad vñ dat dar tohort van en oder van eren rechten eruen weder loſen dat ſcolde we ſe oder eren rechten eruen en Jar vore weten laten dat ſelue ſcolden ſe os don icht ſe na der tyd ere penninghe welden weder hebben. Wanne we ok na der vorb̄ tyd en de vorb̄ penninghe weder gheuen welden oder ſe de van os eſcheden do ſcolde we en to helmeſtede oder to hertbeke botalen vñ ſcolden ſe en dre mile van denne veleghen vor alle den de dorch os don vñ laten welden. Weret ok dat de vorb̄ her fritze vñ gherart ſin broder ane rechte eruen af ghinghen ſo Scolde dat ghelt dat ſe an dem vorb̄ hus ghehat hebben oppe hermene her gherardes ſone van wederden eren vedderen vallen vñ oppe ſine eruen vñ he ſcolde dat ſelue hus alſo langhe dar vore beholden went we eme hedden dat ghelt weder ghe gheuen In der wis alſe her fritze vñ gherart dat nû van os hebben vñ ſcolde os in allen ſtucken alſodane wiſſenheyt don dat hus to bewarende vn weder to antwordende mit alleme rechte alſo ſe os vore ghedan hebben Wenne we en ok ere penninghe weder ghe ghenen hedden ſo Scolden ſe os dat vorb̄ hus vnde ſtad vñ dat dar tohort weder antworden mit alleme rechte alſo alſe ſe dat van os ghehat hadden. Weret ok dat we en oder eren rechten eruen des vorb̄ gheldes oppe de tyd alſo ſe dat van os eſcheden nicht weder en gheuen ſo mochten ſe dat hus vñ ſtad vñ dat dar to hort weme ſe welden vmme de vorb̄ penninghe ſetten ane.. dem Byſſcoppe van magd̄ vñ weme ſe denne dat hus ſetten de ſcolde os alſodane wiſſenheit. don dar we mede bewaret weren alſo ſe vore ghedan hebben. De wile ſe ok dat vorb̄ hus hebben ſo ſcal ed vnſe opene ſlot weſen to alle vnſen noden. Weret auer dat we ſtoruen ſo Scolden ſe dit vorb̄ hus vñ ſtad mit deme dat dar tohort vnſem leuen ſonen Juncheren lodewighe to loſende don vñ open holden to alle ſinen noden vñ to ſinem behoue vñ ſcolden eme alle diſſe ſtucke de hir beſcreuen ſtat don vñ truwelken holden alſo alſe ſe de ſtucke os holden ſcolden eft we leueden vñ ſe Scullet ene na vnſem dode vor enen rechten heren holden vñ hebben vñ bi eme bliuen in vnſe ſtede to alle deme rechte dat we an der herſcap to Brunſ hebben. Weret ok dat hertoghe lodewich vnſe ſone ſtorue alſo dat he nicht ne lete enen echten ſonen oder mer wene denne vnſe man vñ vnſes vedderen man van luneb̄ koren vor enen rechten heren vñ enem vnſer ſone deme ſcolden ſe alle diſſe ſtucke don vnde holden de hir beſcreuen ſtad. Vortmer ſculle we ſe ok verdedinghen alle eres rechten weder allermalken wur en des nod is Vnde ſcullen ok eres rechtes macht hebben to allen dinghen vñ. Scullen en rechtes helpen bynnen veer weken na der tyd alſo ſe os dat verkundeghen wûr we mochten. Weret ok dat we en nenes rechtes helpen ne konden ſo mochten ſe ſek ſeluen van dem vorb̄ hus rechtes helpen vñ ſcolden ſe des verdedinghen wûr en des nod were. Weret ok dat we oppe dat hus dorch vnſer nod willen eſcheden vñ dar af orlegen welden. welken ammechtman we denne dar op ſetten de ſcolde en alſodane wiſſende don vor ſcaden oppe deme hus vñ in der ſtad to bewarende vñ ere lude bi rechte to latende vñ dat hus weder to antwordende dar ſe mede bewaret weren. Weret ok dat ſcade oder vanoghe ſcude den ſcolde vnſe ammechtman na mynne oder na rechte bynnen veer weken weder don vñ ſcolden en eres gudes vredegud gheuen alſo vorder alſe men dat den vienden af erweruen mochte. Ok ſcal vnſe Ammechtman de wile he dat hus inne heft ſek der koſt vnder winden de op dat hus gheyt. Weret ok dat dat vorb̄ hus in vnſem denſte verloren worde des god nicht en wille ſo ſcolde we ſe an en ander ſlot oder pant wiſen dar ſe ere penninghe an hebben mochten. Wordet ok ghebroken wanne ed verloren worde ſo Scolde we en in dat ſelue gherichte en ander hus weder buwen vñ ſcolden en dat helpen beherden vñ ſcolden os nicht ſonen noch vreden mit den de dat hus ghewunnen hedden ſe no hedden alle ere gud vñ gulde beherdet de to dem vorb̄ hus ghehort hedde. oder ſo ne hedden ere penninghe weder.. Weret ok dat ſe dar wat beſeyt hedden wenne we dat hus weder loſen welden de ſad mochte we on ghelden icht we welden alſo twen vnſer man vñ on duchte dat et redelik were. Welde we auer des nicht don ſo ſcolde we on des gunnen dat ſe kornes brukeden vñ ſcolden on dar ene ſtede to lenen dar ſe dat korn to ſamende voren mochten. Vnde we Lodewich des vorb̄ hertoghen magnus ſone bekennet In diſſem ſeluen breue dat we her ſritzen riddere vñ Gherarde knechte broderen ghe heten van wederden vñ eren rechten eruen willen alle diſſe ſtucke holden do hir vore beſcreuen ſtad icht et an os kumt In cuius rei teſtimonium etc. Actum et datum Anno domini M̊ CCC̊ LVII̊ In die natiuitatis beate marie virginis.

34. Knappe Heinrich Moltzan bescheinigt, von dem Herzoge Wilhelm von Braunschweig und Lüneburg bezahlt erhalten zu haben, was derselbe ihm schuldig war. — 1357, den 25. September. **K. O.**

Ek Heyne Moltzen knape bekenne Openbare in deſſem breue Dat de Eddele vorſte min Leue here her Wilhelm Hertoghe to Brunſwik vnde to Luneborch mich leflighen vnde vruntliken heſt ghe gulden vnde beret alde ſcult de he mik Sculdich heſt ghewesen vnde danke Ome des mid allem vlite vnde late one ledich vnde los der Sulnen Scult in deſſem breue de he mik wante to deſſer tyd Sculdich heſt ghewesen Vnde he vnde nement van Syner weghene en Scal van mich eder van miner weghene vmme de Scult nene maninghe mer liden, Vnde to ener betughinghe deſſer dink So hebbe ich deſſen bref mid minem Inghaſeghele beſeghelt laten Vnde is ghesſchen na goddes bord Drutteynhundirt iar in deme ſeuen vñ viſteghesten iare des neghesten manendaghes vor ſunte Michaelis daghe.

35. Die Rathsherren der Stadt Hamburg verbinden sich mit den Herzögen Erich und Albrecht von Sachsen-Lauenburg gegen Walter und Pape Kule und deren Helfer im Lande Hadeln, welche Hamburger Bürger und Kaufleute beraubt haben. Sie geloben, das herzogliche Heer auf der Hin- und Rückreise zu beköstigen und bedingen, dass die Schlösser, welche sie im Lande Hadeln erobern werden, gebrochen, gefangene Räuber gerichtet, entkommene aber verfestete Mannen der Herzöge bleiben sollen. — 1357, den 27. September. **K. O.**

Wy Radmanne der ſtad van Hamborch, be kennet vnde be thughet opembare, in deſſer Jeghenwardeghen ſchrift, dad we vs hebben ver bunden, vnde ver bindet, in deſſem Ieghenwardeghen breue, Mit den Edelen vorſten, den heren, hern Ercke, vnde hern alberthe, van der gnade gedes, hertheghen tho Saſſen. tho Engheren. vnde tho weſtfalen. in deſſer wys, alſe hir na ſcreuen is, vppe wolder kulen. vnde vppe Pape kulen. vnde vppe de reuere. vnde ere helpere, de de reuet hebbet vthe deme lande tho haddelen, vnde weder Inthe deme lande, vſe borghere van hamborch, vnde den menen kopman, vnde vppe alle de ghenne, de se huſet, eder heuet, eder Spiſet, in deme lande tho hadelen, vnde anders vppe nenen man. Vortmer, ſo ſchal malk syn Eghene Eueuture ſtaan, in vengniſſe, in dodſlaghe, in wnden, eder in ſchaden, Holpe vs ok ged dad wy nemen vromen, mit den vor be nemden vorſten, in vanghenen. in Slethen. in gůde. in Erue, eder in haue, dad ſchal half der vorſten weſen, vnde half vſe. Vnde allend dad hir van vp ſteyt, alſe hir vore be ſcreuen is, des en ſchal zyk nemend af senen, eder daghen, we en seuent, eder daghent al. Vortmer, so ſchele we ze Spiſen inthe deme lande tho hadelen, vnde weder vthe deme lande benthe to hamborch. men binnen deme lande en ſchole wy een nene Spiſe gheuen. Vortmer, winne we veſthen in deme Lande, de ſchal men breken, Duchthe id ok vs nutte weſen, mit den vorbenemeden vorſten, dad vs nutte duchthe weſen, dor der reuere willen, ſo ſcholden de vorſten, vnde wy, de Slothe holden van der vyende gůde, Vnde venghe wy reuere, dar ſchal mer ouer richthen, alſe ere breke tho secht. Queme ok erer welk vthe deme Lande, de ſchal der vorſten ver veſtede man bliuen, vnde weſen, in Erer herſchop, vnde in deme Lande tho hadelen, vnde nummer meer dar In tho kemende, Vortmer, vnde so wan deſſen vor be nomeden reueren ſturet is, ſo en ſchal deſſe ver bindinghe nene macht mer hebben, vnde ſo ſchal men de Slethe breken. Tho ener be thughinghe deſſe vor be nemden dink, so hebbe we vnser ſtad Inghesseghel daſſen breue tho ghe henghet. Thughe deſſe ſtukke syn, hartwich van ritzerowe. vnde dyderik syn breder, vicke marſchalk de Eldere. vnde vicke marſchalk syn ſone, veghet tho bergherdorpe. vnde hermen ſchulthe. vnde anders vele geder lude. Ghe gheuen tho hamborch In dad Jar vnſes heren, Duſend. Drehundert In deme seuen vnde viſtheghesten Jare, In deme daghe der hilghen ſunthe Coſmas et Damianes.

36. **Domprobst Diedrich, Domdechant Heinrich und das Domcapitel zu Verden verzichten auf ihre Klage gegen Diedrich Schlette, Küchenmeister des Herzogs Wilhelm von Braunschweig und Lüneburg, in Betreff der Domprobsteileute, die er wegen des Domherrn Milius von Bersen gefangen genommen hat. — 1357, den 28. September. K. O.**

We her dÿderik pronest her henrik deken vnde dat mene capittol to verden be kennet vnde bethüghet openbare in deſſeme breue Dat we latet van aller claghe vnde anſprake der ſtucke dat dÿderik ſletto vſes heren kökemeſter van lüneborch vſer domprŏueſtige lüde gheuanghen hadde dor hern miliges willen van Berſne vſes domheren vnde en willet dar nicht mer vp ſaken gheyſtliken eder werltliken Datum anno domini M̊ C̊C̊C̊ quinquageſimo ſeptimo in vigilia beati Michahelis noſtri capituli Sub Sigillo.

37. **Herzog Erich von Sachsen-Lauenburg, Reichserzmarschall, nimmt den Abt und den Convent zu Scharnebeck und ihre in seinem Herzogthume gelegenen Güter in seinen Schutz. — 1357, den 28. September. K. O.**

Nos Ericus iunior. dei gracia. dux ſaxonie. Angarie. weſtfalie. ſacrique romani imperij archimarſcalcus. Tenore preſencium recognoſcimus publico proteſtando.. Religioſos viros dominos.. abbatem. monaſterij. dicti. ſcermbeke.. Totumque inibi conuentum in ſignum ſpecialis amoris et reuerencie. XXIIII^{or} marcas. Luneborgenſium denariorum nobis liberaliter preſtitiſſe.. Nos igitur Beneficia. cum beneficijs. compenſantes.. dictos dominos.. ac bona ipſorum in noſtro territorio ſita. ad protexionem noſtram et defenſionem recepimus et preſentibus recipimus contra invaſores nobis quomodolibet Subiectos in dictis bonis. dictos dominos tamquam noſtros capellanos ſecundum libertatem literarum ſuarum graciose defendendo. In cuius rei teſtimonium ſigillum noſtrum iuſſu noſtro preſentibus eſt appenſum.. Datum Louenborch. Anno domini. M̊. CCC̊. LVII̊. Beati Michaelis archangeli in profeſto.

38. **Knappe Burchard von Etzendorp verzichtet unbeschadet des dem Herzoge Wilhelm von Braunschweig und Lüneburg zustehenden Rechtes des Wiederkaufs auf das Recht, den von ihm an den Meister Diedrich von Dalenburg verkauften Hof zu Oitzendorf wieder zu kaufen und verkäuft ihm einen Garten daselbst. — 1357, den 9. October. K. C. 16.**

Ick Borcherd van Etzendorpe knecht bekenne apenbare In deſſem breue Dat ick hebbe Meſter Didericke van dalenborch vorkofft eynen hoff In deme dorpe to Etzendorpe dar tzammeke vppe wonet vor twintigh marck Luneborger pennynghe Des hefft mick meſter diderick na deme kope gheuen IIII marck Luneborgher pennynghe tho den twintich marken vnde vor de ver marck hebbe ick affgbelaten vnde late van dem wedderkope den ick hadde in deme houe vnd en beholde In deme houe vnd In deme dat dar tho hort nichtes mer rechtes were auer dat de Eddele forſte her Wylhelm hertoghe tho Brunſwigk vñ tho Luneborch myn here den hoff wedder koſte vor de twintich marck bynnen der tyd alſe de breue vth wiſet de vp den hoff des kopen gheuen ſyn So wyl ick vñ ſchal Meſter didericke van Dalenborch de ver marck wedder gheuen vnbeworen ane vortoch Vortmer hebbe ick Meſter didericke van dalenborch vorkofft eynen garden dar eyn kotte vppe ſteyt dar nu Reyneke kletzeke vppe wonet In dem ſuluen dorpe tho Etzendorpe myt alle deme dat dar tho horth vnde myt allem rechte vor driddehalue marck Luneborgher pennynghe, de he meck rede betalt hefft alſo dat he myt deme garden dhon vnde laten mach wath he wel Tho eyner betughinghe deſſer vorſcreuen dingk hebbe ick eme gheuen deſſen breff myt myneme Inghefegele beſeghald Na godes borth drytteynhundert dar na In deme ſeuen vñ vyftigeſten Jare In Sunte dioniſius daghe.

39. Herzog Magnus von Braunschweig verkauft dem Diedrich von dem Damme und den Gebrüdern Henning und Conrad Elers, Bürgern zu Braunschweig, das Dorf „Glinde" (Klint in der Stadt Braunschweig?) mit Gericht, Vogtei, Dienst und Beede und mit jährlicher Hebung aus acht Hufen und zwei Höfen daselbst und belehnt sie damit unter Vorbehalt des Wiederkaufs. — 1357, den 28. October. L.

We magnus etc dat we hebben verkoſt vñ ghelaten vor achteyn lodeghe mark brunſ wichte vñ witte de os al betalet ſint dat dorp to deme glinde mit gherichte mit voghedie mit denſte mit beede mit aller nut vñ mit alleme rechte in velde vñ in dorpe alſo we dat ghehat hebben vñ dar to dre pund gheldes vñ achte ſcillinghe nyer penninghe an achte höuen vñ twen höuen dar ſelues to ghouende alle Jar to ſente mych' daghe tylen van deme damme henninghe vñ corde elers borgheren to brunſ vñ eren eruen. Mit diſſem vorſ gude belige we ſe in diſſem breue tylen henninge vñ corde de hir vorſcreuen ſtan to enem rechten lene Ok ſo hebbet ſe os vñ vnſen eruen den willen ghewiſt dat we moghet alle jar dat gud van on ichte van on weder kopen twiſchen ſente mertens daghe vñ winachten vor achteyn mark der vorſ wichte vñ witte in der ſtad to brunſwich vñ we willet des ſeluen gudes ere were weſen vñ ſe truwelken verdedinghen wâr on des nod is datum anno domini M CCC LVII in die ſanctorum ſymonis et iude.

40. Die Grafen Johann und Adolf von Holstein (zu Plön) geloben, sobald Herzog Otto von Braunschweig, um das Ehebündniss (mit des ersteren Tochter) zu vollziehen, zu ihnen kömmt, die von ihnen und dem Herzoge Albrecht von Mecklenburg ihm und seinem Vater, dem Herzoge Ernst von Braunschweig, versprochene Urkunde auszufertigen. — 1357, den 19. November. K. O.

We greue Johan vnde greue alf greuen to holſten vnde to Stormeren bekennen oppenbar in diſſeme breiue vnde dot witlik alle den de diſſen breiſ ſeet vnde horet leſen. dat we willet vulteyn vñ vulenden deme hogebornen vorſten hertogen ernſte hertogen to Brunſwich vñ otten ſineme ſone vnde oren eruen. alle de degedinghe vnde alle de ſtucke de de breyue haldet de we. vnde de hogeborne vorſte hertoge albrecht van Mekelenborch vorbreiuet hebbet. demſeluen hertogen ernſte vnde otten ſinemo ſone. alſo dat we on de breiue vullenkomeliken beſegelt antworden ſcullet. wan de vorbenomede hertoge otte to vns komet, vnde by ſlapen ſcal. vnde willet ſe dar ane bewaren als we vns ſeluen bewaren wolden vnd os alſodane borgen vtkoſen de on vor dat gelt louen ſcolen dar vns ſeluen wol an genogede. In eyn orkunde diſſer ding ſo heb we on diſſen breiſ gegeuen beſegelt mit vnſen Ingheſegelen de gegeuen is na godes bort duſent Jar dre hundert Jar dar na in deme ſeuen vnde veſtigeſten Jare an ſunte Elſeben dage der heiligen wedûen.

41. Herzog Magnus von Braunschweig verpfändet dem Güntzel von der Asseburg das Dorf Bornum bei Königslutter mit Beede, Dienst und Zins, aber ohne Kirchlehn und Halsgericht. — 1357, den 19. November. L.

We magnus dat we guntzele van der Aſſeborch guntzele ſinem ſone vñ eren rechten eruen hebben ghesat vnſe dorp bornum dat bi luttere lecht mit aller nut vñ mit alleme rechte mit beede mit denſte mit tynſe alſo we dat ghehat hebben ane dat kerklen vñ halſgherichte vor hundert lodeghe mark brunſ wichte vñ witte Wanne we auer on diſſe vorſ hundert mark weder gheuen ſo ſcullen ſe os vnſe vorſ dorp weder antworden ane wederſprake alſo ſe dat ghehat hebben. Welden ſe ok dit vorſ dorp half oder gantz verſetten enem anderen dorch erer nod willen vor diſſe vorſ penninghe dat moghen ſe verſetten enem de vnſe beſetene man ſy vñ weme ſe dat leten deme ſcolde we alſodane breue gheuen alſo we on vore ghedan hebben. Datum anno domini M CCC LVII in die beate elizabet.

42. Der edele Herr Siegfried von Homburg*) und seine Söhne Rudolf und Heinrich stellen einen Revers aus, dass ihnen Herzog Wilhelm von Braunschweig und Lüneburg seinen Antheil an dem Schlosse Gieselwerder,

*) In einem Urkundenverzeichnisse finden sich folgende Urkunden notirt: 1) Vertrag zwischen den Herren von Homburg und dem Abte von Corvey super oppido Werthe 1245. 2) Der Graf zu Pirmont überlässt dem Grafen zu Homburg den vierten Theil am Schlosse zu Lüde. 1304.

nämlich die Hälfte desselben, für 120 Mark löthigen Silbers, wovon sie die Hälfte auf den Bau des Schlosses verwandt haben, unter Vorbehalt, dass es ihm geöffnet werde, auf sechs Jahr verpfändet hat, und geloben, den Pfandvertrag ihm und seinen etwa hinterbleibenden Söhnen, falls er aber, ohne einen Sohn zu hinterlassen, stirbt, dem Herzoge Ludwig von Braunschweig und, falls auch dieser, ohne einen Sohn zu hinterlassen, stirbt, demjenigen der Brüder desselben, welcher vom Raths-Collegio zum Herrn der Herrschaft Braunschweig und Lüneburg gewählt wird, zu halten. — 1367, den 30. November. K. O.

We.. Junchere Syfrid en Eddele here to Homborch. vnde wy Juncheren. Rolaf vnde Hinrik Sine Sone bekennet openbare Dat de Eddele vorſte her Wilhelm Hertoghe to Brunſwich vnde to Luneborch heft vs vnde vſen rechten Eruen ghe ſad Sinen del des Slotes. Ghyſtewerdere. dat is dat halue Slot mid alledeme dat dar to hort. vor Twintich mark vnde hvndert mark lodighes Suluers. Honnouerſcher wichte vnde witte. der we Seſtich mark verbuwet hebbet in deme dele des Slotes vnde en hedde we de Seſtich mark nicht al verbuwet wes dar an en breke dat we nicht verbuwet en hedden. dat wil wy dar noch an verbuwen. vnde dat del des Slotes ſcal eme open weſen alle tyd to Sineme behûue. He ſcal ok minne vnde rechtes ouer vs weldich alle tyd weſen inden ſaken dar wy des Slotes to bruken wolden vnde de dat Slot an roreden. Vnde wy Willet vnde vſe Eruen ſcullet dat bewaren dat eme vnde Sinen mannen vñ den Sinen van deme dele des Slotes nen ſcade en ſche de wile dat we den del des Slotes hebbet. Vnde wanne Ses Jar vmme komen ſin van Svnte Micheles daghe de nv neghest to kvmpt an to rekenende So moghe we edder vſe rechten Eruen ome vnde he vs kvndeghen de loſe des deles vnde des Slotes alle Jar binnen achte daghen vore edder binnen achte daghen na ſvnte Martens daghe. vnde wanne wy ome edder he vs de loſe kvndeghet hebbet alſe hir vore ſcreuen is. Dar na ouer en Jar ſcal he vs de Twintich mark vnde Hvndert lodighes Suluers betalen to Honnouere inder ſtad. vnde velighen vs dat ghelt binnen der Stad vnde dar en buten vor alle den de dor ene don vnde laten willen. vnde wanne dat gheſchen is. ſo ſculle we vnde willet. vnde vſe Eruen ſcullet deme vorbenomden Hertoghen edder weme he wel den del des Slotes Ghyſtewerdere alto hant wedder antworden mid alledeme dat dar to hord vmbeworen ane Jenerleye wedderrede. Ok en wille wy vnde vſe Eruen en ſcullet dene del des Slotes vnde dat dar to hord nemende Setten. verſetten. edder verplichten. we en don dat mid ſineme willen. Vnde Storue her Wilhelm de hertoghe to Brunſwich vnde to Luneborch er he den del des Slotes van vs loſede des god nicht en wille. vnde hedde he enen echten ſone edder mer den ſculle we vnde willet vnde vſe Eruen ſcullet don vnde holden alledeſſe voreſcreuenen ſtucke in eres vaders ſtede. Storue he auer alſo dat he nenen echten ſone en hedde ſo ſculle we vnde willet vnde vſe Eruen ſcullet alle deſſeſtucke don vnde holden Sineme Vedderen. Juncheren Lodewighe hertoghen Magnus Sone van Brunſwich In allerleye wiſe alſo we ome de ſtucke don vnde holden ſcolden iſt he leuede. dat ſulue ſcolde de Junchere Lodewich vs wedder don vnde holden in ſines vedderen Hertoghen Wilhelmes ſtede. Vnde ſtorue de Junchere Lodewich vorbenomd ok alſo dat he nenen echten ſone en hedde. Wene den de vromen wiſen lude vnde man des vorſprokenen Hertoghen Wilhelmes de he dar to ſad heft vnde noch dar to ſettet de dat mid ſinen openen breuen bewiſen moghet vnder des Juncheren Lodewighes broderen in ſine ſtede to eneme Heren der Herſcop to Brunſwich vnde to Luneborch keſed deme ſculle we vnde willet. vnde vſe Eruen ſcullet denne alledeſſe vorſcreuenen ſtucke don vnde holden. alſo. alſo we de ſtucke don vnde holden ſcolden Juncheren Lodewighe iſt he leuede. vnde Hertoghe Wilhelm dod were vnde nenen echten ſone en hedde. Alle deſſe ſtucke hebbe we Jûncheren. Syuerd. Rolef. vnde Hinrik. vnde vſe borghen de hir na ſcreuen ſtat. vor vs vnde vor vſe Eruen ghelouet vnde louet myd ſamenderhand In truwen deme eddelen vorſten hern Wilhelme Hertoghen to Brunſwich vñ to Luneborch vnde ſinen echten ſonen oft ome worde en echte ſone edder mer. vnde Juncheren Lodewighe vorbenomed Hertoghen Magnus Sone van Brunſwich. iſt hertoghe Wilhelm dod were vnde nenen echten Sone en hedde. Vnde Juncheren Lodewighes brodere eneme. de in Juncheren Lodewighes ſtede to eneme Heren der Herſchop to Brunſwich vnde to Luneborch ghekoren worde alſe hir voreſcreuen is. iſt Junchere Lodewich ok dod were vnde nenen echten Sone en hedde to dende vnde vaſt vnde vnverbroken to holdende. vnde ſtorue der borghen welk af en. edder mer. er me dat del des Slotes van vs loſede ſo wille we mid vſen Borghen vnde ſe mid vs binnen eneme manede dar na wanne dat van vs eſſchet werd enen. edder mer. alſo gûde Borghen weder ſetten inder ſtede de gheſtoruen weren. de ſcolden Jowelk in ſineme Svnderliken breue louen allodat dat vſe anderen Borghen in deſſeme breue loued hebbet. vnde inder ſuluen wiſe. vnde dat en ſcolde deſſem breue nen ſcade weſen.. Vnde we Greue. Johan van Speyghelberghe. Her Hinrek van Hardenberghe hern Hildebrandes Sone. her Lodewich vnde her Cord van linde. her ſloris van Dalem. her Beſeke van Vreden. her Hinrik van Gittelde. her Tetzel van Hardenberghe. Riddere. Diderik Hake. Ditmer van Hardenberghe hern Janes ſone. Hartwick van Eltze knechte Borghen bekennet in deſſeme ſuluen breue. dat wy vor de vorbenomden Juncheren. Syuerde. heren to Homborch. vnde Roleue vnde Hinrike ſine Sone. vnde vor ere Eruen hebben ghelouod vnde loued mid Samenderhand in truwen. deme Eddelen vorſten. hern Wilhelme Hertoghen to Brunſwich vnde to Luneborch. vnde ſinen echten ſonen iſt eme worde en echte ſone edder mer. vnde Juncheren Lodewighe Hertoghen Magnus ſone van Brunſwich. iſt de Hertoghe Wilhelm dod were vnde nenen echten Sone en hedde. vnde Juncheren Lodewighes brodere eneme de in Juncheren Lodewighes ſtede to eneme Heren der Herſchop to Brunſwich vnde to Luneborch ghekoren worde alſe hir vore ſcreuen is. iſt Junchere Lodewich ok dod were vnde nenen echten ſone en hedde. Were dat in alle deſſen voreſcreuenen ſtucken edder in der ſtucke Jenigheme Jenerhande brok worde ſo wille we altohand binnen veer weken dar na wanne wy dar vmme manet werden riden in de Olſtad to Honnouere vnde dar en recht Inlegher inne don. vnde dar nicht vte benachten de broke en ſi ghentzliken wedder dan. edder id en ſi mid ereme willen. Vnde to ener betughinge alle deſſer voreſcreuenen ſtucke hebbe we. Sakewolden. vnde Borghen vſe Inghesheghele to deſſeme breue hengget de is ghegheuen na goddes bord Drytteynhvndert Jar in deme ſeuen vnde veſtigheſten Jare. In Svnte Andreas daghe des hilghen apoſteles.

43. Herzog Ernst von Braunschweig der jüngere und sein Sohn Otto verleihen dem Gerlach von der Malsburg ein Erbburglehn zu Schönberg und bis sie ihm 60 löthige Mark Silber entrichten, wofür er einige seiner Erbgüter zu Burglehn von ihnen nehmen soll, Einkünfte aus ihrer Gülte zu Hedemünden und Varlosen. — 1357, den 30. November. K. O.

Von. der gnade godes. We Hertoghe. Erneſt. Hertoghe. to brunſwig. Herteghen allebreychtes ſon.. vnde otte vnſe. ſon. Herteghen. to brunſwig. bekenned openbare in duſſem breue. Dat we hebbet gheleghen. Hern Garlaghe von der maylſbûrg vnde ſinen reychten eruen. Eyn. erue borchleyn. to Sconenberg mid ſes march gheldes. de ſee ſcullet nemen vt vſer gulde. dre march to Hedeminne. vnde dre to Verlachoſen. vnde willet ſee. dar mede. brûclighen. mede beſitten laten ſe lange wente we on gheuet ſeſtich lodighe march ſilueres. de de ſtuen. Her Gerleych vnde ſine reychten eruen. an ere erue leggen ſcûllet. dar ſee. denne ere borchleyn. an. hebbe ſcûllet. Vnde ſcûllet denne dad von os entfayn. ouk. ſculle we den ſilven. Hern Gerlayghe. vnde dad gûd. dar hee vſe borchman. aff is truweliken vor dedinggen. lych anderen. vnſen borchmannen. vnde ſcûllet ores reychtes meychtich ſin. To eyner erkunde. duſſer vorſcreuen ding. dad. de. veſtlich gheholden werde. ſo Henge we vnſe Inghesegel. an duſſen breyf vñ is ghescoyn. na. godes bûrt. duſent Jar. druhûndert Jar In deme ſeuen vnde viſteghesten iare. an Sincte andreas dage des Heligen apoſtolen.

44. Herzog Magnus von Braunschweig verleihet der Kine, Frau des Güntzel von der Asseburg, das Dorf Bornum bei Königslutter bis zur Einlösung desselben zum Leibgedinge. — 1357, den 6. December. L.

We magnus etc Dat we na guntzels dode van der aſſeborch. kynen ſiner elaken huſurowen bekennen hundert lodeghe mark an vnſem dorpe to bornum dat bi luttere lecht to erem lifgbedinghe. dar we ed guntzele van der aſſeborch guntzele ſinem ſonen vñ eren rechten eruen vore ghesat hebben alſo vorder alſo we dit ſelue dorp nicht van en gheloſt ne hebben oder dat ed verſat ſi in.ene andere hand mit vnſem willen. Diffes feluen dorpes fcal vrowe kyne vorb bruken na guntzels dode vorb mit alleme rechte alfo we ed eme guntsele ſinem fonen vñ erer rechten eruen ghefat vñ ver breuet hebben vñ alfo langhe went we ere hundert lodeghe mark weder gheuen Datum anno domini M CCC LVII in die beati nicolai.

45. Herzog Wilhelm von Braunschweig und Lüneburg erlaubt den Bürgern der Stadt Hannover, die Stadt zu befestigen und mit Mauern und Gräben zu versehen, wo es den Rathsherren erforderlich erscheint, bedingt jedoch, dass sie die Stadt nicht an der Seite nach Lassnrode hin mehr befestigen als bisher, und bestätigt ihnen ihre alten Rechte und Gewohnheiten und das Mindener Stadtrecht. — 1357, den 9. December. H. O.

Van goddes gnade. We Her Wilhelm. Hertoghe to Brunſw. vnde to Luneborch. be kennet openbare. Dat we vſen leuen borgheren vſer ſtad to Honnouere ghe orloued vnde ghe gheuen hebbet. Dat ſe moghen vſe ſtad honnouere Veſtenen buwen. vñ beteren mid mürende vnde mid grauende wor den Ratmannen. dar ſuluen dunket dat des be hof Sy. Ane leghen vſe borch to lowenrode dar en ſchollen Se nicht buwen. noch grauen. noch de ſtad mer veſtenen. wen alſe ſe nu dar ghe veſtenet is. Ok ſo gheue we on dat ſe ſchollet bliuen bi al oreme olden rechte vnde bi Mynderſcheme rechte vnde bi wonheyd de ſe had hebbet bi vſer ouer elderen. vnde bi vſes vader tiden den god gnedich Si. Ok en ſchollet deſſe breue den breuen. de ſe hebbet van vſen ouer elderen. vnde van vſeme vadere vnde oren olden breuen nen ſchade weſen. To ener be Tughinkghe deſſer ghaue hebbe we on deſſen bref ghe ghouen be Segheled mid vſeme inghe-ſeghele vnde is ghe ſchen to Luneborch Na goddes Bord Dritteynhundert iar in deme ſeuen vnde vifteghe-ſten iare des negheſten Sondaghes vor Sunte Lucien daghe.

46. Johann von Wenichusen verpfändet dem Grafen Otto von Hallermund zwei Töchter des Hempe Bertele auf drei Jahre. — 1357, den 24. December. XI.

Van Goddes Gnaden ek Johan van Wenithuſen bekenne vnde betughe in deſſem oppenen Breue mit Willen vnde mit Vulbort miner recten Eruen dat ich hebbe gheſat Greuen Otten van Halremund Gretcken vnde Ilſeken Hamppen Doctere Bertolen to dren Jaren vnde wille des ſin rechtte warende weſen wor he des bedarf To eyner Veſtighe ſo hebbe ich min Ingheſeghel hir to ghehenkt. Dit is gheſchen na Ghoddes Bort duſent drehundert Jar in dem ſeuen vnde vifttegheſten Jare in dem hilghen Auende to Winachten.

47. Herzog Magnus von Braunschweig vergleicht sich mit Hermann von Werberge, Hochmeister des Johanniter-Ordens in Sachsen, der Mark, Wendland und Pommern, mit Rupert von Mansfeld, Commenthur zu Goslar, mit Rudolf Sassenberg, Commenthur zu Süpplingenburg, und mit Albrecht von Dannenberg, Commenthur zu Werben, über das Schloss Süpplingenburg, welches sie mit seiner Bewilligung von dem Herzoge Wilhelm von Braunschweig und Lüneburg für 500 Mark feinen Silbers eingelöset haben, und über die anderen Güter, Rechte und Besitzungen der Tempelherren in seinem Herzogthume, welche Papst Clemens V. nach Aufhebung des Tempelherren-Ordens dem Hospitale St. Johannis geschenkt hat. Er überweiset nämlich ihrem Orden alle Zubehörungen des Schlosses und alle anderen Güter der Tempelherren in seinem Lande zum ewigen Besitze, verspricht ihnen den Hof der Tempelherren in der Stadt Braunschweig auszuliefern, empfängt dafür und für den Schutz, den er und seine Nachkommen dem Orden und dessen Gütern im Herzogthume leisten sollen, 500 Mark feinen Silbers und bedingt, dass der Orden ihm und seinen Nachkommen mit dem Schlosse Süpplingenburg stets beistehe und sich mit demselben nie zu anderen Fürsten oder zu jemandem, der ihnen gefährlich wäre, wende. — 1357, den 28. December. I.

In nomine domini amen. Ne ea que geruntur in tempore ſimul labantur cum tempore neceſſe eſt ipſa literarum autenticarum et virorum proborum teſtimonio perhennarj. Hinc eſt Quod nos Magnus dei gracia dux in Brunſ pro nobis et noſtris heredibus recognoſcimus tenore preſencium. Quod ſpontanea voluntate noſtra et ex certa ſciencia cum conſenſu et conſilio dilectorum et ſidelium vaſallorum et conſiliariorum noſtro-rum infra ſcriptorum Cum honorabili et religioſo viro. Domino et fratre Hermanno de werberghe Ordinis ſacre domus hoſpitalis ſancti Johannis iheroſolimitani per ſaxoniam marchiam ſlauiam et pomeraniam proceptoro generali ac fratribus eiuſdem ordinis infra ſcriptis videlicet ruperto de manſueld commendatore in goſlaria rodolfo ſaſſenbergh commendatore in ſupplingheborch. Alberto de dannenbergh commendatore in werben nomine ordinis ante dicti. magiſtri et fratres preſencium et ſuturorum eiuſdem pro caſtro ſuplinghe͞b dyoceſis halbeꝛ͞ et eciam pro omnibus alijs bonis juribus et poſſeſſionibus et eorum uel earum pertinencijs in noſtro ducatu diuiſim uel coniunctim ſiue dominio conſtitutis. que et quas quondam religioſi viri fratres millicie templi poſſiderunt habuerunt et tenuerunt. Que eciam et quas ſanctiſſimus in chriſto pater et dominus noſter, dominus clemens quintus felicis recordacionis ſacroſancte romane ac vniuerſalis eccleſie ſummus pontifex poſt annulacionem et caſſacionem ordinis templi ſupra dicto hoſpitali Sancti Johannis cum omni Jure et proprietate et dominio aſſignauit, donauit, et ſpecialiter appropriauit, tractauimus placitauimus et terminauimus ſecundum modum et formam infra ſcriptos In primis quod memorati magiſtri.. et fratres.. ordinis ſancti Johannis ante dicti predictum caſtrum ſuplinghe͞b cum ſuis juribus et pertinencijs redditibus prouentibus vniuerſis per nos. Magnifico principi domino wilhelmo duci in lune͞b patruo noſtro kariſſimo obligatis de noſtro conſenſu redimerunt ab eodem pro quingentis marcis puri argenti ponderis et puritatis Brunſwicenſis et ab ipſo eorundem poſſeſſionem corporalem ſunt adepti. Item omnia alia et ſingula bona iura et poſſeſſiones redditus et prouentus ad dictum caſtrum pertinentia et pertinentes predicto patruo noſtro obligata ſeu obligatas et omnia alia ſeu alias vbicunque in noſtro ducatu ſeu dominio conſtituta ſeu conſtitutas cum omnibus priuilegijs inſtrumentis et munimentis dictum ordinem templi tangentibus que nunc habemus aut habebimus in futurum que uel quas predicti fratres milicie templi quondam publice poſſiderunt habuerunt et tenuerunt et ea ſeu eas quorum uel quarum proprietatem tenutam ſeu poſſeſſionem fratrum milicie templi fratres.. ordinis ſancti Johannis priuilegijs quorumcunque Romanorum pontificum Imperatorum regum principum et quorumcunque aliorum dominorum ſpiritualium uel ſecularium quo habent ſeu reperient in futuro teſtibus uel inſtrumentis uel quouis alio modo poterint conprobare.. Aſſignabimus ordini ſancti Johannis magiſtro.. et fratribus eoſque volumus et debemus in eorundem omnium et ſingulorum poſſeſſionem inducere corporalem. Item ſepe dicti ordo magiſter et fratres ſancti Johannis habere debent et poſſidere perpetuis temporibus pacifice dictum caſtrum ſuplingheborch cum omnibus Juribus et alijs pertinencijs ſuis ſicut fratres templi milicie quondam habuerunt nec non et omnia alia et ſingula bona iura et poſſeſſiones ibidem et vndique in noſtro ducatu et dominio conſtituta que uel quas quondam ſupra dicti fratres templi milicie habuerunt et poſſiderunt et tenuerunt cum omni libertate proprietate. agris cultis et incultis lignis rubetis paludibus et omni genere venacionum paſcuis graminibus pratis aquis fluuialibus riuulis ſtagnis vijs ſemitis piſcacionibus molendinis Judicijs ſupremis et inferioribus in alto quam baſſo directis et vtilibus quibuſcunque nominibus nuncupentur Jure patronatus jure pheodali ipſiſque pheodalibus et ouagialibus et cum omnibus ſeruis et litonibus fructibus cenſibus redditibus et prouentibus collatis et non collatis et eciam cum omnibus bonis et redditibus per nos progenitores et antoceſſores noſtros quibuſcunque perſonis obligatis uel venditis quas obligacionem et vendicacionem dicti magiſtri.. et fratres.. nomine dicti ordinis ratas et firmas habuerunt. que tamen bona per ipſos a dictis perſonis redimi uel reemi poſſunt pro pecunia pro qua ipſis ſunt vendita uel pigneri obligata ac eciam cum omnibus limitibus gradibus et metis eorundem omnium bonorum et ſingulorum et cum ceteris omnibus infra eoſdem limites ſub uel ſupra conſtitutis quocunque nomine appellentur nullo penitus excluſo. Renunciantes ex nunc et in perpetuum pro nobis et noſtris heredibus omni Juri nullo nobis penitus retento quod nobis uel noſtris heredibus competebat uel competere poſſet in eiſdem bonis aliqualiter in futuro Et ſpecialiter volumus eiſdem ordini magiſtro.. et fratribus.. ſancti Johannis libere tradere curiam quondam fratrum templi ſitam in noſtra ciuitate brunſw͞ cum omnibus ſuis attinencijs et ipſos magiſtrum et fratres nomine ordinis predicti ſancti Johannis in ipſius curie et ſuarum attinencium pacificam introducere poſſeſſionem et quietam Inſuper volumus et debemus et debebunt noſtri ſucceſſores prefatos ordinem magiſtrum.. et fratres.. ſancti Johannis cum omnibus eorum bonis Juribus et poſſeſſionibus que uel quas habent in preſenti uel habebunt in futuro vndique in noſtro dominio uel ducatu in iure eorum dimittere conſeruare et tueri. Eoſque et eorum ordinem cum omnibus et ſingulis juribus et bonis ſupra ſcriptis vbicunque et quandocunque ipſis et eorum bonis neceſſe fuerit erga quemcunque proplacitare et eos pro viribus noſtris defenſare. Pro hijs ergo omnibus ante dictis iidem ordo magiſter et fratres nobis dederunt et perſoluerunt quadringentas marcas puri argenti ponderis Brunſ' et puritatis. De quibus dictos ordinem magiſtrum et fratres noſtro et heredum noſtrorum nomine quitos in preſentibus dicimus et ſolutos Item prefati ordo magiſter et fratres ſancti Johannis debent cum eodem caſtro ſuplingh̄ nobis et noſtris heredibus perpetuis temporibus aſſiſtere et nunquam cum dicto caſtro ſe ad alium aliquem principem uel alios a quibus nobis uel noſtris heredibus ſaboriri uel euenire poſſet periculum declinare. Premiſſa omnia et ſingula volumus ordini magiſtro et fratribus hoſpitalis ſancti Johannis iheroſolimitani bona fide omni fraude poſtpoſita pro nobis et noſtris adinplere perpetuis temporibus tenere et inviolabiliter obſeruare In premiſſorum omnium euidens teſtimonium ſigillum noſtrum preſentibus eſt appenſum Omnium et ſingulorum ſupra ſcriptorum teſtes ſunt nobiles viri Ghenc̄ et Borchardus de werberghe ac Strennuj viri gumpertus de aldenhuſen et Baldeuinus de dalem milites guntzelinus et Borch̄ dicti de aſſeb' et Johannes de honleghe famuli. necnon diſcreti viri. dauid de domo. thidericus de dammone. tzabel de ſtrobeke et conradus clerj Conſules in Brunſ' et quam plures alij fide dignj Actum et datum Brunſw̄ Anno dominice incarnacionis M̄ CCC̄ quinquageſimo ſeptimo In die Sanctorum Innocencium martirum.

Gedruckt in Gebhardi's Der mit dem Matthäus-Stift verbundene Caland etc. pag. 102.

48. Statius von Rethen resignirt dem Herzoge Wilhelm von Braunschweig und Lüneburg den Zehnten und zwei Höfe zu „Ibbelstede" (zwischen Pattensen und Jeinsen) zu Gunsten des Diedrich von Harboldessen. — 1358. K. O.

Dem Edelen vorſten minem leuen heren hertoghen wilhelmen van brunſwich vñ van luneborch enbede ek Stacius van Rethen min willighe denſt berede to allen thiden. vñ ſende gik up in diſſem breue bi twen iuwen mannen. den theghedem to Ibbelſtede vñ twe hōue dar ſulues mit diſſem vnderſchede dat gi diderike van harboldeſſen mede be lenen en recht len. vñ we bertold van Iltene vñ vrederic van wenninghehuſen bringhet dit ghūt up in diſſem breue dor ſtacieſes bede willen mid dem vnderſchede alſe hir vorbeſcreuen ſteyt vñ hebbet vſe Ingheſeghele alle dre to ener betughinghe henght to diſſem breue. Na goddes bort dritteyn hundert jar in dem achte vñ vbofteghicſten jare.

49. Herzog Magnus von Braunschweig verpfändet dem Lippold von Stembecke das Dorf Schickelsheim. — 1358. L.

We magnus etc Dat we lyppolde van ſtembeke vñ ſinen rechten eruen hebben gheſat vnſe dorp to ſcickelſem mit alleme rechte vñ mit aller nut alſo ſe dat er ghehat hebben vor vertich mark lodeghes ſyluers brunſw̄ wichte vn witte Dit vorb' dorp moghe we oder vnſe eruen van lyppolde vorb oder van ſinen eruen alle jar weder loſen vor dit vorſcreuene ghelt wanne dat we willet vñ os dat euene kumt. Wanne we ok on dit vorb' ghelt bered vñ betalet hebben ſo Scullen ſe os vnſe dorp vorb' mit alleme rechte alſo we on dat gheſat hebben weder antworden ane allerleye hynder vñ wederſprake Datum anno domini M̄ CCC̄ LVIII.

50. Herzog Magnus von Braunschweig verpfändet dem Hildemar von Steinberg und dem Luthard von Wenden das Schloss Voigtsdahlum, wie es der edele Herr Gebhard von Werberge und Hans von Honlege, ohne deren Wissen und Rath sie keinen Bau am Schlosse vornehmen sollen, von ihm besessen haben, unter der Bedingung, es ihm zu öffnen, nach seinem Tode den Pfandvertrag seinem Sohne Ludwig zu halten und denselben als Ihren und der Herrschaft Braunschweig Herrn anzuerkennen. Herzog Ludwig gelobt, ihnen diesen Vertrag zu halten. — 1358, den 1. Januar. L.

We magnus etc Dat we her hyldemare van dem ſteinberghe Lutharde van wenden de ichteſwanne ſone was Ludeleues van wenden Elſeben ſiner eleken huſurowen vñ oren rechten eruen hebben gheſat vñ ſetten in diſſem breue vnſe hus to voghedes dalem mit alleme rechte vñ mit aller nut vñ mit alle deme dat dar tohort verleghen vñ vnuerleghen. alſo alſe ed ghenerd van werberghe de Edele vñ hannes van honleghe van os ghehat hebben vor achte hundert mark lodeghes ſylueres brunſ wichte vñ witte. Dit vorb̄ hus mit alle deme dat dar tohort no ſculle we vñ moghen nicht van on loſen twiſchen hir vñ vnſer vrowen dach lechtmiſſen de neyſt tokumt vort ouer en Jar. dar na moghe wo ed loſen allo jar wanne we willet vñ dat ſcolde we on verkundeghen twiſchen ſente mych̄ dach vñ ſente mertens daghe vñ ſcolden on denne te deme neyſten vnſer vrowen daghe to lechtmiſſen diſſe vorſcreuene penninghe gheuen to Brunſ oder to helmeſt in welker twier ſtede ener ſe dat eſchen vmbekumbert vñ vmbeſat vñ ſcullen ſe on dre mile van denne veleghen vor alle den de dorch os don vñ laten willen Ok ſe ne moghet ſe erer penninghe nicht weder eſchen twiſchen hir vñ vnſer vrowen dach to lechtmiſſen de neyſt to kumt vort ouer en jar. dar na ſo moghen ſe alle jar ere penninghe weder eſchen ok twiſchen ſente mych̄ daghe vñ ſente mertens daghe vñ wanne ſe dat deden ſo ſcolde we on diſſe vorb̄ penninghe weder gheuen vñ bereden to dem neyſten vnſer vrowen daghe to lechtmiſſen to brunſwich oder to helmeſt in welkor twier ſtede ener ſe dat eſchen vmbekumbert vñ vmbeſat vñ ſcullen ſo on dre mile van denne velegen vor alle don de dorch os don vñ laten willen. Woret dat we on denne ere penninghe nicht en gheuen alſo hir vorgheſcreuen ſteyt ſo mochten ſe der bekomen mit vnſen beſetenen mannen de ere ghenoten weren. de en ſcolden auer dat vorſcreuene hus van vorſten van heren noch van borghere weghene nicht in nemen den ſcolde we vnſe breue gheuen alſo we on vore ghedan hebbet. vñ ſe ſcolden os alſodane wiſſenheyt don. alſo her hyldemar vñ luth̄ vorb̄ vñ ere rechten eruen vore ghedan hebben. Ok en ſcullet ſe van diſſem vorb̄ hus nicht orlegen ſe ne laten os dat vore weten. moghe we on denne bynnen den neyſten twelf weken dar na. alſo ſe os dat vore weten laten rechtes helpen dat ſcullen ſe nemen. moghe we des nicht ghedon ſo moghen ſe ſek na der tyd ſeluen behelpen wes ſe moghen dat en is weder os nicht vñ we ſcullen ſe dar nichtes an hynderen. Ok ſculle we eres rechtes vulle macht hebben vñ ſcullen ſe verdedinghen eres rechtes wûr on des nod is. Ok ſcal dit vorb̄ hus vnſe opene ſlot weſen to alle vnſen noden wanne we dat eſchen Weret auer dat we ſtoruen ſo ſcolden ſe dit vorb̄ hus mit alle deme dat we on dar to gheſat hebben alſo ed hir beſcreuen is. vnſem leuen ſonen Juncheren Lodewighe to loſende don vñ open holden to alle ſinen noden vñ to ſinem behoue vñ ſcolden emo alle de ſtucke de hir beſcreuen ſtad don vñ truwelken holden alſo alſe ſe de ſtucke os holden ſcolden oft we leueden vñ ſe Scullet ene na vnſem dode vor enen rechten heren holden vñ hebben vñ bi eme bliuen in vnſe ſtede to alle deme rechte dat we an der herſcap to Brunſw̄ hebben. Weret ok dat we van diſſem ſeluen hus welden krigen oder orleghen. wanne we dar op eſcheden. welken ammechtman we denne dar op ſetten de ſcolde on borchurede vñ borchhode don dar ſe mede bewaret weren. ok ſcolde we de koſt lyden de oppe dat hus gheyt de wile we dar af orleghen vñ ſcolden ſe denne ſelf teghede in vnſer koſt holden. Worde ok dit vorb̄ hus in vnſem krighe oder orleghe verloren des god nicht en wille ſo en ſcolde we os nicht ſonen noch vreden mit den de dat hus ghewunnen hedden ſe ne hedden dat hus weder oder ere penninghe. oder we ſcolden on helpen en ander hus weder buwen in dat ſelue ghérichte dar van ſe de gulde beherden mochten de we on to dem vorſcreuenen hus gheſat hebben. Ok ſo ſcolde we on denne eres plochwerkes vor deme huſe vredegud gheuen icht men dat den vienden af erweruen konde. Vortmer ſcullen ſe os achtentich morghene vñ hundert mit winterkorne beſeyt weder antworden de we on nu dar to antworden wenne we dat hus weder van on loſen. Weret ok dat dar wes an enbreke dat ſe os nicht antworden achtentich morghene vñ hundert ſo ſcolden ſe os den morghen ghelden vor dre lodeghe lod weret auer dat ſe dar mer beſeyt hedden dar ſcolden ſe ploghes deyl an beholden. Weret ok dat ſe dar wat buwen willen dat ſcullen ſe don mit witſcap vñ mit rade gheuerdes van werbergho de edelen vñ hanſes van honleghe vñ wat ſe denne an dem vorb̄ hus verbuwet hedden dat ſe mit gheuerdes van werberghe vñ hanſes van honleghe vorb̄ breue bewiſen moghen dat ſculle we on weder gheuen mit dem anderen ghelde wanne we dat hus loſen. Alle diſſe vorſcreuene ding rede we her hyldemare van dem ſteinberghe Luth̄ van wenden Elſebe ſiner eleken huſurowen vorb̄ vñ oren eruen Vñ to erer truwenhand her Affchwine fchengken van meygenberghe hern corde van Luttere hinreke vñ ludeleue broderen ghe heten van wenden ftede vñ gantz to holdene ane allerleye arghelift Des to enem orkunde hebbe we vnfe Ingħ ghe henghet an diffen Vñ we Lodewich des vorb̄ hertoghen magnus fone bekennet in diffem feluen breue dat we her byldemare van dem fteinberghe Luthardo elfebe finer elcken hufurowen vorb̄ vñ eren rechten eruen willen alle de ftucke holden de hir befcreuen ftat ftede vnde gantz ane allerleye arghelift icht et an os kumt Vñ hebben des to ener bekantniffe ok vnfe Ingħ an diffen bref ghe henghet Datum anno domini M̊ CCĊ LVIIĪ in die circumficionis domini.

31. Die Knappen Heinrich, Hans und Arnold Knigge stellen einen Revers aus, dass Herzog Wilhelm von Braunschweig und Lüneburg unter Vorbehalt des Oeffnungsrechtes ihnen die Hälfte der Stadt Gandersheim und seinen Antheil an dem dortigen Schlosse ohne geistliche und weltliche Lehne und ohne Juden für 100 Mark löthigen Silbers und für die auf 200 Mark löthigen Silbers veranschlagten Kosten des nach seinem Rathe am Steinwerke des Schlosses vorzunehmenden Baues verpfändet hat, und geloben, ihm und seinen etwa hinterbleibenden Söhnen, falls er aber, ohne einen Sohn zu hinterlassen, stirbt, dem Herzoge Ludwig von Braunschweig und, falls auch dieser, ohne einen Sohn zu hinterlassen, stirbt, dem vom Rathe-Collegio zum Herrn der Herrschaft Braunschweig und Lüneburg gewählten Bruder des letzteren zu halten. — 1358, den 5. Januar. K. O.

We.. Hinrik. Hannes. vnde Arnd. knapen vnde brodere ghe heten knikgen bekennet openbare dat de Edele Vorfte Her Wilhelm Hertoghe to Brunfwich vnde to Luneborch vfe leue Here heft vs vnde vfen Eruen ghefat de helfte der ftat vnde finen del des Hvfes to Ganderfem vnde wat he in Ganderfem heft mid allerhande nv̈d vnde mid allerleye richte vnde rechte vnde mid alledeme dat dar to hort vor Hvndert mark lodeghes fulueres Honnouerfcher wichte vnde were. ane lenware gheyftliker vnde wertliker len. vnde angheuelle lenghudes ift ome des wat los worde, vnde ane Joden, der ftücke en fat he vs nicht. vnde we fcullet vnde willet in fineme dele des hv̊fes Ganderfem vorbuwen twehvndert mark lodighes fulueres der fuluen wichte vnde were in ften werke na Sineme rade vnde fine del, hvs vnde ftat to Ganderfem fchollet ome open wefen to allen tyden. vnde we willet dat bewaren dat ome vnde den finen dar van vnde dar to nen fchade en fche de wile dat we den del to Ganderfem hebbet. Minne vnde rechtes fcal he ouer vs vnde vfe Eruen woldich wefen alle tyd. Vervnrechtede vs we ouer den, edder ouer de, fcolde he vs helpen minne edder rechtes binnen twen maneden dar na wanne we ome dat wetten leten. vnde en dede he des nicht binnen der tyd. fo mochte we vs van Ganderfem wol vnrechtes weren. Vnde binnen twen Jaren van Lechtmiffen de nv neghest to komed an to rekenende en fculle we ome, edder he vs nene lofe kvndeghen des deles Ganderfem. wanne auer de two Jar vmme komen fin fo moghe we ome vnde he vs kvndeghen de lofe des deles Ganderfem wanne we willet in den verhilghen daghen to Pafchen. vnde wanne we ome edder he vs de lofe kvndeghet hebbet. alfo hir vorefcreuen is. dar na ouer en Jar in den verhilghen daghen to Pafchen fcal he vs bereden drehvndert mark lodeghes fulueres. Honnouerfcher wichte vnde were to Honnouere inder ftat. ift we twehvndert mark lodeghes fulueres in deme dele des Hufes to Ganderfen verbuwet hedden. vnde duchte vfeme vorbenomden Heren. dat we de twehvndert mark dar an nicht verbuwet en hedden. Den fo fcholde he twe finer man. vnde we twe vfer vrv̈nd dar to fchikken. wat de fpreken dat we verbuwet hedden dat fcholde he vs ghelden. wes we auer dar an nicht verbuwet des en darf he vs nicht ghelden. Vnde wanne dat ghefchen is. fo fcholle we vnde vfe Eruen. vnde willet vfeme vorefprokenen heren vnde weme he wel. Sinen del des hufes vnde der ftat Ganderfem mid allerhande richte vnde rechte vnde mid aldeme dat dar to hord wedder antworden ane ienerleye wedder fprake vnde vortoch. ift vs dat del mid wold nicht afghedrüngen were.. Worde auer dat del des hufes vnde der ftat Ganderfem van vnlucke vorloren. des god nicht en wille. fo en fcholden. vfe vorbenomde Here vnde we vs nicht fonen edder vreden mid den edder mid deme. de dat ghe wünnen hedden. we en hedden dat del des hufes vnde der ftad Ganderfem wedder. edder he en hedde en ander flot wedder buwet in dat gherichte to Ganderſem. dar we de gulde vnde dat recht dat to deme dele hord af bekrechteghen mochten. edder he en hedde vs hvndert lodighe mark vnde wat we indeme dele des Huſes Ganderſem verbuwet hedden wedder gheuen. Storue ok vſe leue Here her Wilhelm Hartoghe to Brunſwich vnde to Luneborch. des god nicht en wille. vnde hedde he enen echten ſone edder mer den, edder deme ſcholle we vnde vſe Eruen vnde willet alle deſſe ſtucke don vnde holden in vses Heren eres Vaders ſtede. Storue he auer alſo dat he nenen echten ſonen en hedde. des god nicht en wille. ſo ſcůlle we vnde vſe Eruen vnde willet Juncheren Lodewighe Hertoghen Magnus Sone van Brunſwich alle deſſe ſtucke de in deſſem breue ſcreuen ſtat. don vnde holden in allerleye wiſe. alſe we de ſtucke vſeme vorſprokenen heren. don vnde holden ſcolden iſt he leuede. Vnde ſtorue Junchere Lodewich ok alſo dat he nenen echten ſone en hedde. wene den de vromen wiſen man. vnde Denere vſes Heren hern Wilhelmes. de he dar to ſad heft edder noch to ſettet de dat mid ſinen openen breuen bewiſen moghen. vnder Juncheren Lodewighes broderen in ſine ſtede keſet to eneme heren der Herſcop to Brunſwich vñ to Luneborch. Deme wille we vnde vſe Eruen ſcůllet, denne alle de vorſcreuenen ſtucke don vnde holden in Juncheren Lodewighes ſtede. alſo alſe we de ſtucke Juncheren Lodewighe don vnde holden ſcolden iſt he leuede. vnde vſe vorſprokene Here dod were, vnde nenen echten ſone en hedde.. Alle deſſe ſtucke hebbe we vnde vſe borghen. de hir na ſcreuen ſtat vor vs, mid ſamender hand in truwen gheloued. vnde louet vſeme leuen Heren hern Wilhelme Hertoghen to Brunſwich vnde to Luneborch. vnde ſinen echten ſonen. iſt ome worde en echte ſone edder mer, vnde Juncheren Lodewighe hertoghen Magnus ſone van Brunſwich. iſt vſe here alſo ſtorue dat he nenen echten ſone en hedde. vnde ſiner brodere eneme de in ſine ſtede koren worde alſe hir vorescreuen is. iſt Junchere Lodewich ok alſo ſtorue dat he nenen echten ſone en hedde. ſtede vaſt. vnde vnverbroken to holdende ane Jenerleye wedderſprake. Vnde Storue vſer borghen wellek af. ſo wille we mid den anderen vſen borghen. alſo gudeborghen ſetten inder ſtede de dod weren binnen verweken dar na wan dat van vs eſſchet werd. de ſcullet Jowelk in ſineme ſunderliken breue louen. alle dat. dat vſe anderen borghen gheloued hebbet. vnde inder ſuluen wiſe.. Vnde we her Wůlner van Reden. Her Hinrik knikghe. Her Johan van Mandeſlo. Riddere. Wůllebrand van Reden des Olden hern Wůllebrandes ſone. Cord. Syuerd. vnde Bertold van Alten. Euerd van ytzene. Diderik van Wůlninge. borghen bekennet openbare in deſſem Suluen breue dat we vor Hinrike. Hanueſſe. vnde Arnde knikghen Sakewolden vnde vor ere Eruen. gheloued hebbet vnde loued mid ſamender hand in truwen. vſeme leuen heren Hern Wilhelme Hertoghen to Brunſwich vnde to Luneborch. vnde ſinen echten ſonen. iſt ome worde en echte ſone edder mer.. Vnde Juncheren Lodewighe Hertoghen Magnus ſone van Brunſwich. iſt vſe vorbenomde Here alſo ſtorue. dat he nenen echten ſone en hedde. Were dat in alle deſſen ſtucken edder in der ſtucke Jenigheme. Jenerleye brok worde. ſo wille we binnen verwekenen dar na. wanne we dar vmme maned werden. alto hand riden to Honnouere inde Olden ſtat. vnde dar en recht inlegher don. vnde dar en buten nicht benachten de broke en ſy ghantzliken vervullet vnde wedder dan. edder dat en were mid oreme willen... To ener betughinge alle deſſer vorſcreuenen ſtucke hebbe we alle, Sakewolden vnde borghen vſe Inghezeghele to deſſeme breue henghet. vnde is ghescheen na goddes bord. Dryttteynhůndert Jar Indeme achte vnde veftighesten Jare. in deme hilghen auende to Twolften.

52. Die Grafen Johann und Adolf von Holstein (zu Plön) und die Grafen Heinrich, Nicolaus und Adolf von Holstein (zu Rendsburg) geloben dem Herzoge Ernst von Braunschweig dem jüngeren und seinem Sohne Otto, die 1500 löthige Mark, welche Herzog Albrecht von Mecklenburg den beiden ersteren schuldet, einzutreiben und zur Einlösung des Billwerder's zu verwenden. — 1358, den 14. Januar. K. O.

Von der genade godes we greue Johan vnde greue Alf greuen to holſten vnde to Stormeren vñ we greue hinrek greue clawus vnde greue Alf von der ſeluen genade greuen to holſten bekennet oppenbar in diſſem breue vnde doi witlik alle den de diſſen breif ſeet vnde horet leſen dat we gedegedinghet hebbet mit deme hogebornen vorſten hertogen ernſte hertogen to brunſwik hertogen Albrechtes ſone vnde mit hertogen otten sine sone vnseme suagere vñ so mit vns dat we scullet vnde willet vt manen de vesteynhundert lodege mark de de hogeborne vorste hertoge Albrecht von mekelenborch vns vorbenomeden greuen Johanne vñ greuen Alue gelouet heuet to den tiden als vns dat vorbreiuet is ok en seulle we noch ene willen dem vorbenomeden von mekelenborch der seluen vesteynhundert lodege mark nynen lengheren dach geuen bouen de tyd als de vorbreiuet sint noch en scullen er anders nirgen vorwisen sunder de seluen vesteynhundert lodege mark scolen geuallen to der losinghe des billenwerders. alle disse vorgescreuenen stucke loue we greue Johan vnde greue Alf greuen to holsten vñ to Stormeren vñ we greue hinrek greue clawus vñ greue Alf broders greuen to holsten den vorbenomeden hertogen ernste hertogen to brunswik vñ hertogen otten sineme sone vnd eren eruen stede vñ vast to holdene an argelist In eyn orkunde disser ding so heb we dissen breif besegelt mit vnsen Inghesegelen de gegeuen is na godes bort dusent Jar dre hundert Jar in deme achtvndevestigesten Jare des sondages na deme achteden dage tuelften.

53. Diedrich Schlette, Küchenmeister des Herzogs Wilhelm von Braunschweig und Lüneburg, stellt einen Revers aus, von ihm acht Mark Silber jährlicher Hebung bei dem Rathe der Stadt Hannover und den Meierhof zu Isernhagen mit den Koten nur auf Lebenszeit erhalten zu haben. — 1358, den 20. Januar. K. O.

Ik Diderik slette kokenmester des Eddelen vorsten hern Wilhelmes Hertoghen to Brunſ vñ to Luneborch bekenne openbare in desseme breue dat de vorbenomde vorste her Wilhelm myn leue here heft mik van Sineme güden willen gheuen achte mark gheldes Bremers Sûluers Honnouescher wichte vñ witte alle iar to winachten van den Ratmannen to Honnouere mine leuedaghe vp to borende vñ to hebbende Vnde den Meygerhof vppe deme ysernehaghene mid den köten de dar to horet den Olrik Soltowe van Diderike foysane koft hadde mid alledeme dat dar to hord ok mine leuedaghe to hebbende vñ dos to brückende. wan aner ik dood bin so Sin de achte mark gheldes bremers Sûluers vñ de Hof vñ de köten vñ alle dat dat dar to hord mineme vorsprokenen heren vñ Sinen nacomelinghen ledich vñ los Tho ener bethüghinghe hebbe ik dessen bref ghe gheuen mid mineme Inghesheghele be Segheled na goddes bord Drittteynhunderd Iar in deme achte vñ vifteghesten iare in deme Hilghen daghe Sünte fabianj et Sebastianj martirum.

54. Herzog Magnus von Braunschweig schenkt die ihm von dem Knappen Johann von Honlege resignirten beiden Höfe zu Allenbüttel mit einer Hausstelle dem Abte und Convente zu Riddagshausen. — 1358, den 25. Februar. I.

Magnus dei gracia. dux in brunſw. vniuersis Christi fidelibus tam presentis temporis quam futuri salutem in domino. Quoniam labuntur a memoria. cuncta que subiacent temporis mutabilitati nisi literis fuerint commendata et sic ad vniuersitatis noticiam transmissa. vniuersitati vestre dignum duximus significare. quod fidelis noster Johannes de honlaghe famulus. accedente consensu omnium heredum suorum. duas curias cum vna area. et vniuersis suis pertinencijs in villa et Campis alnorsbutle sitas. quas a nobis tytulo pheodali tenuerat. nobis ad manus domini abbatis et Conuentus in Riddageshusen resignauit. Nos uero propter affectum deuocionis. quem ad dictos abbatem et Conuentum gerimus. de beneplacito et voluntate omnium heredum nostrorum. quorum interest. dedimus et dimisimus et presentibus damus ac dimittimus. pheodum ac proprietatem earundem curiarum. cum omni iure et vniuersis suis prouentibus et attinencijs. videlicet. agris. siluis. pratis. pascuis. aquis viis et inviis Domino abbati et Conuentui predictis. libere. licite ac quiete. proprietatis tytulo perpetuo possidendam. Promittimus insuper firmam warandiam de hiis omnibus prestare quociens et quando ijdem religiosi. nos super hoc duxerint requirendos. et ad hoc ipsum faciendum uniuersos heredes nostros prout ipsi religiosi indiguerint. presentibus obligamus. In cuius rei testimonium. literam istam sigilli nostri munimine fecimus roborari Datum anno domini M̊. CCĊ. LVIIİ. dominica Reminiscere.

55. Herzog Magnus von Braunschweig gelobt den Gebrüdern Friedrich und Gerhard von Wederden, das zum Schlosse Calvörde gehörende Gut, welches sie gekauft haben, ihnen, falls er es von ihnen nach Abschätzung

nicht früher einlöset, bis zur Einlösung des Schlosses zu lassen und ihnen die mit seinem Wissen und Willen auf das Schloss verwandten Baukosten zu ersetzen. — 1358, den 11. März. I.

We magnus etc Dat we vñ vnſe eruen moghen van her fritzen vñ gherarde broderen ghe beten van woderden vñ van eren ernen loſen dat gud dat ſe ghekoſt hebben vñ to dem huſe to kaluerde hort vor alſodanc penninghe alſe vnſen mannen dungke dat ed redelik ſy. weret dat we des nicht en deden ſo ſcolde we on des gunnen dat ſe dat gud beholden mit aller nut alſo langhe wente we dat van on loſeden. Weret ok dat ſe wat verbuwet hedden an vnſem hus to kaluerde mit vnſer witſcap vñ willen dat ſcolde we on ghelden alſo alſe dat her gumprechte van wantzeſleue vñ hanſe van honleghe duchte dat ed redelek were. Datum anno domini M̊ CCC̊ LVIII̊ dominica letare.

56. **Herzog Magnus von Braunschweig schenkt dem Hospitale oder Krankenhause vor dem Wenden-Thore der Stadt Braunschweig das Eigenthum der von den Gebrüdern Elers demselben verkauften und ihm resignirten Güter zu Veltheim an der Ohe. — 1358, den 24. März.** I.

In nomine ſancte et indiuidue trinitatis Dei gracia magnus dux in Brunſwich Omnibus in perpetuum Memoria hominum conſulte iuuatur dum geſte rei veritas literarum teſtimonio roboratur, Hinc eſt quod notum eſſe volumus vniuerſis tam preſentibus quam futuris. Quod Jacobus de plawe henninghus bockenrode burgenſes in brunſwich prouiſores hoſpitalis et domus infirmorum ante valuam ſlauicam ciuitatis brunſwich nomine dicti hoſpitalis comparauerunt ac emerunt iuſto empcionis tytulo. a diſcretis henningho necnon Conrado eleri fratribus ciuibus in brunſwich. quatuor manſos ſitos in campis ville veltum by der . O . cum vna curia in eadem villa ſita et cum vna caſa ſita in cimiterio dicte ville ad dictos quatuor manſos pertinentes. quos manſos cum curia et caſa iam dicta ac omnibus alijs eorum pertinencijs et iuribus ſicut a nobis ijdem fratres tenebant in pheodo nobis ſponte ac libere reſignabant. Qua reſignacione legaliter per dictos fratres facta et a nobis admiſſa et recepta Nos bona deliberacione prehabita predictos quatuor manſos. quorum duo ſunt ab omni dacione decimarum liberi et excempti cum prefata curia et caſa cum omnibus eorum pertinencijs et juribus villis ſiluis campis pratis paſcuis pratis vijs et inuijs ab omni iure aduocacie et quibuſlibet ſeruicijs liberos et inmunes in honorem dei omnipotentis et glorioſe virginis marie ac ſanctorum omnium. necnon ob remedium animarum parentum noſtrorum et noſtre appropriamus dicti hoſpitali ſiue domuj infirmorum ante valuam ſlauicam noſtre ciuitatis brunſwich conſtituto dotali iure et eccleſiaſtica libertate perpetuo permanſuros. mittentes dictum hoſpitale necnon prouiſores ipſius predictos nomine dicti hoſpitalis in poſſeſſionem bonorum omnium predictorum. Volentes dictum hoſpitale ac prouiſores ipſius in poſſeſſione ac proprietate et libertate eorundem manſorum et ſuorum pertinencium legitime defenſare atque warandare ac de euictione qualibet precauere Igitur ut hec omnia et ſingula ſine omni excepcione iuris canonici et ciuilis perpetuo firma maneant atque rata ſigillum noſtrum in euidens teſtimonium preſentibus duximus appendendum Teſtes ſunt boldewinus de dalem miles Johannes de honloghe famulus. hinricus de velſtidde et thidericus de dammone et alij quam plures fide digni Datum anno domini M̊ CCC̊ LVIII̊ in vigilia annunciacionis beate marie virginis.

57. **Petzolt von Olsin, Diedrich von Witzleben und Hans von Liznik und ihre getreuen Händer stellen einen Revers aus, dass ihnen Herzog Magnus von Braunschweig der jüngere das Dorf Ruderstorf verpfändet hat. — 1358, den 4. April.** K. O.

Ich Petzölt von Olſyn. her Thyterich von witzcleben. Hans von liznik, Sachwalden. her friderich vz der Mole, Erpel von Roltz Echart von kanwerfen zcu Groß herborte von Ghus, Bertolt von uiemintz vnde Cunrat von Ölſyn, getrůwehender Bekennen offenlichen an deſſem keynwertichen Brybe mit den ander vnde tun wizentlich alleden dye ǒn Sehen ader horen leſen, Das vns der Schinbare fürſte. vnſer here hertzoge Magnus von Brunſwic der Jüngere, geſast hat das Dorf zcu Ruderſtorf vor dryttehalp hůndert Schok Smaler groſſen. vnde wir geloben ǒm alle mit den ander in guten trůwen wen her das etzůnt genante Dorf von vns lofen wil, das wir om das gutlich vnde mit willen zcu lofene wollen geben ane allerleye wyder Rede vnde hinderniffe, vor dye dryttehalp hůndort Schok Smaler groffen als vor gefchreben ftet Das dis von vns allen ftete vnde gantz gehalden werde ane allerleye argelift Das gelobe wir zcu vnfes heren hant Her hentzen von kanwerfen, Hentzen von Morůngen, Lodewige von Sangerh̄. Frideriche von Morungen vnde Cůnrade von Roteleben Des zcu eyme offenbaren bekentniffe henge wir vnfe Ingefegele mit den ander an deffen Bryb vnde ich Hans von Liznik vnde Cůnrat von Olfyn gebrůchen Petzcoldes Infegels mit den ander an deffem Brybe Gegeben nach Crifti gebort Tufent Jar dryhundert Jar in dem Acht vnde funfzcicheften Jare im Mittewochen in den Heylichen tagen Ofteren.

58. **Herzog Magnus von Braunschweig verpfändet dem Günzel von der Asseburg und dessen Sohne Günzel Güter zu Watenstedt und Sottmar, Vogtspfennige zu Watenstedt und jährliche Hebungen zu Beyerstedt. — 1358, den 1. Mai.** I.

We magnus etc Dat we hebben ghefat guntzele van der affeb̄ guntzele finem fonen vñ eren rechten eruen teghedehalue houe to watenftidde dre houe to fottrum mit alleme rechte vñ mit aller nut an velde vñ in dorpe twey pund fes penninghe min nyer brunf̄ penninghe an voghet penninghen van feuedehaluer houe to watenftidde vñ veer fcillinghe an ener houe to beygerftidde dede hannes ghereken buwet vor hundert lodeghe mark brunf̄ wichte vñ witte. Weret dat we dit vorb̄ gud vñ gulde van on welden weder lofen dat fcolde we on verkundeghen to miduaften vñ fcolden on denne diffe vorb̄ penninghe gheuen to middenfomere de dar na neyft tokomende were in der ftad to Brunfwich. Weret ok dat fe ere penninghe weder hebben welden dat fcolden fe os ok verkundeghen to miduaften vñ fcolden on denne ere penninghe gheuen ok to middenfomere in der ftad to brunfwich. Weret dat we des nicht en deden fo fcolde we on des ghe gunnen dat fe erer penninghe bekomen mochten mit diffem vorb̄ gude vñ gulde mit weme fe welden de vnfe man were. vñ weme fe dat leten deme fcolde we alfodane breue gheuen alfo we on vore ghedan hebben Datum anno domini M̄ CCC̄ LVIII̅ in die beate walburḡ virginis.

59. **Herzog Wilhelm von Braunschweig und Lüneburg überlässt den von Dageverden seinen Köter Reinecke zu „Abbenburen." — 1358, den 7. Mai.** III.

Von der gnade gottes. wẏ wilh̄ hertoge tů Brunfw̄. vnde tů Luneborch Bekennet openbare indeffeme yegenwerdigen Breue, dat wẏ den Eygendom. vnde herfchop. dẏ wẏ hadden vnde hebben an vnfem manne Reyniken. deme kotere tů Abbenbůren myd alleme rechte gelaten hebben. vnde laten indeffer fchrift med gudeme willen Johanne von Dagheuorden, vnde fynen veddern, Cunrade vnde Harneyde von Dageuorde. vnde oren rechten Erben. vnde vortyen. vnde geuen one vp alle dat an geuelle alle denft vnde recht des vns. vnde vnfen Eruen vnde nakomelingen dẏ vorbenomte reynyke plichtig was in leuende. vnde indode, vnde wollen von vnfer wegene, vnde vnfer Eruen wegene. vnde nakomelinge wegene, neynerhande anfprake mer dar an hebben Tů betugniffe deffer ding hebbe wẏ Im ge gheuen deffen Bref. vor Segelt med vnfem hangenen ingef̄ Na goddes Bord Dritteynhundert Jar indeme Achteden. vnde veftigeften Jare, des Nilkeften Mandages vor der hymeluart vnfes heren.

60. **Herzog Magnus von Braunschweig beauftragt seinen Amtmann Baldain von Dalem, innerhalb der nächsten beiden Jahre dem Günzel von der Asseburg und dessen Sohne Günzel dreissig löthige Mark aus dem Gerichte Jerxheim zu entrichten. — 1358, den 19. Mai.** I.

We Magnus etc Dat her boldewin van dalem vnfe ammechtman fcal gheuen oppe fente mych̄ dach de neyft tokomende is. guntzele van der Affeborch guntzele finem fonen vñ eren rechten eruen veftoyn lodeghe mark brunf̄ wichte vñ witte vd vnfem richte to Jerxem vñ to fente mych̄ daghe vort ouer en jar alder neyft darna echt veftoyn mark der feluen wichte vnde witte vd dem vorb̄ richte. Weret auer dat we bynnen differ tyd enen anderen voghet fetten de fcolde on gheuen vd diffem vorb̄ richte dat gheld des ſe nicht op ghenomen hedden oppe alſodane tyd alſo hir vore ſereuen is. vñ de ſcolde on ok roden to gheuende dat ghelt alſo her boldewin vore ghedan heft Datum anno domini M̄ CCĊ LVIIĪ in vigilia pentekoſtes.

61. **Herzog Magnus von Braunschweig verpfändet den Bürgern und dem Rathe der Stadt Braunschweig das Schloss Hessen mit allem Zubehör, mit dem Dorfe Hessen, mit dem Kloster Stöterlingenburg, mit Leuten, Dienst, Mühle, Teich, Vogtei, Gericht und mit dem von Papestorf beanspruchten Gute und Wohnung auf dem Hause im Dorfe für 1200 Mark löthigen Silbers, wovon sie 400 Mark auf den Bau des Schlosses verwenden sollen. Er gelobt, die Kosten nöthiger Reparaturen auf dem obersten Hause an Thurm, Mauern und Mushaus ihnen ausserdem zu ersetzen, auch das Schloss vor Ablauf von zwei Jahren nicht einzulösen, und verpflichtet sie, nach seinem Tode den Pfandvertrag seinem Sohne Ludwig zu halten und denselben zu allem Rechte, das ihm von seines Vaters wegen in der Stadt und an der Herrschaft Braunschweig zu seinem Antheile gebühren mag, anzuerkennen. Herzog Ludwig verpflichtet sich, den Pfandvertrag zu halten. — 1358, den 20. Mai.** I.

We magnus etc Dat we mit rade vnſer manne hebben gheſat vnſen leuen Borgheren dem.. Rade der ſtad to brunſw̄ vnſe hus to heſnum mit alleme rechte vñ mit aller nut vñ mit alle deme dat dar tohort alſo we dat hadden vñ mit alle deme dat os dar to los ghewordon is vñ noch los wert bynamen mit deme dorpe dar ſelues mid deme kloſtere to ſtoterlingheborch mit luden mit denſte mit der molen vñ mit deme dyke dar ſeluos mit der voghedye vñ mit gherichte dar ouer dat to deme huſe hort vñ dat we on dar to gheſat hebben vñ ok mit deme gude vñ woninghe oppe dem hus in deme dorpe vñ in deme velde dat papoſtorp an ſprikt vor twelf hundert mark lodeghes ſylueres Brunſ̄ wichte vñ witte. Der ſeluen twelf hundert mark ſcullet ſe veer hundert mark an dem hus to heſnum vñ to des huſes nod verbuwen Worde auer dat hus to heſnum verloren des god nicht en wille de wile de vorſprokene.. Rad ere penninghe dar an hebbet wūdanewis dat dat were des ſcolde we den vorb̄.. Rad ane wite laten vñ vmbededinghet ſunder we ſcolden on helpen vñ ſe os ſo we truwelkeſt mochten dat on dat hus weder worde oder ere twelf hundert mark der vorb wichte vñ witte. oder alſo uele min alſo ſe an den veerhundert marken min verbuwet hedden an vnſem vorb̄ huſe Welden ſe ok en ander hus buwen in der Jeghende dar ſcolde we on to helpen mit alle vnſer macht oppe vnſe koſt. Worde ok dat hus belecht dat ſcolde we redden helpen mit alle vnſer macht ok oppe vnſe koſt. Vortmer weret dat op dem ouerſten huſe wat veruelle an torne muren en moſhuſe oder verbrende des nod were weder to buwende. buweden ſe dat weder dat ſcolde we on gheldon mit dem anderen ghelde wanne we dat hus loſeden. Ok en ſculle we on noch ſe os nene loſe kundeghen diſſes vorb̄ huſes twiſchen hir vñ allermanne vaſtnacht vort ouer twey Jar vñ wanne diſſe tyd vñ Jar vmme komen ſin ſo moghe we dar na dat hus to heſnum loſen alle Jar wanne we wille dat ſculle we deme.. Rade verkundeghen twiſchen ſente mych̄ daghe vñ ſente mertens daghe vñ ſcullen on denne to allermanne vaſtnacht oder bi den neyſten achte daghen dar na ere twelf hundert mark wichte vñ witte vorb̄ gheuen in der ſtad to Brunſw̄ oder alſo vele min alſe an dem hus to heſnum vñ to des huſes nōd min veerhundert marken verbuwet were. Vñ wū vele ſe diſſer veer hundert mark an dem hus to heſnum verbuwet hedden vñ to des huſes nōt dat ſcolden twene man vt deme rade in der Oldenſtad to Brunſw̄ mit orem rechte irweren icht we des nicht enberen welden. De Rad mach ok os na den vorb̄ twen jaren de loſe kundighen wanne ſe willet vppe de ſeluen tyd twiſchen ſente mych̄ daghe vñ ſente mertens daghe vñ wanne ſe dat deden ſo Scolde we on dar na ere ghelt alſo hir vorſcreuen is gheuen to allermanne vaſtnacht oder bynnen den neyſten achte daghen dar na in der ſtad to brunſ̄. En dede we des nicht ſo moghen ſe erer penninghe bekomen mit deme ſeluen hus vñ mit deme dat we on dar to gheſat hebben mit weme ſe willet ane vorſten vñ ane heren. vñ weme ſe dat hus leten deme ſcolde we alſodane breue dar op gheuen alſo we on ghe gheuen hebbet. vñ de ſcolde os ok redelke wiſſende don dat hus weder to antwordende alſo vordor alſo ed vnuerloren were. Wanne we ok dat hus loſeden ſo Scullen ſe os alſo vele ackers mit winterkorne befeyt weder antworden alfo fe dar ghewunden hebbet wes dar an enbreke fo fcolden fe os io vor enen morghen winterkornes enen lodeghen verding gheuen. hedden fe ok mer dar befeyt fo fcolde we on ok io vor den morghen winterkornes gheuen enen lodeghen verding mit dem anderen ghelde. Erhoue fek ok jenich krich van diffes hufes weghene oder van deme dat dar tohort vñ dat we on dar to ghefat hebben des fculle we den.. Rad verdedinghen ghelik anderen vnfen mannen wûr fe des bedoruen. Weret auer dat we ftoruen er we dit felue hus to hefnum lofeden fo fcolden vnfe leuen radmanne vnde borghere der ftad to Brunſw̄ vorb̄ vnfem leuen fonen Juncheren Lodewighe dat hus to hefnum to lofende don vor alfodane ghelt alfo we ed van on lofen mochten eft we leueden vnde fe Scullet eme denne alle diffe ftucke de hir vorghefcreuen ftat don vñ truwelken holden alfo alfo fe de ftucke os holden fcolden eft we leueden. Ok fcullen fe Juncheren Lodewighe vnfen fone Na vnfem dode vor enen rechten heren hebben vñ holden to alle deme rechte dat eme van vnfer weghene in der ftad vñ an der herfcap to Brunſw̄ an roren mach to finem dele. Des to enem orkunde dat we os differ vor fcreuene ding verplichtet hebben hebbe we on diffen bref dar op ghe gheuen befeghelt mit vnfem Ingh̄. Vñ we Lodewich des vorb̄ hertoghen magnus fone bekennet openbare in diffem feluen breue vñ verplichtet os des eft we vnfes vaders dod leueden dat we denne alle diffe vorfcreuene ftucke holden willen vnfen leuen borgheren dem.. Rade to Brunfwich alfe de hir vore befcreuen ftat vñ alfo vnfe here hertoghe magnus vnfe leue vader on de befeghelt heft in diffem breue vñ hebbet des to enem orkunde ok vnfe Inghefegel ghe henghet an diffen bref. Differ ding fint tughe her herman van werberge de hoghemeyfter van faffen des orden fente Johannes her Boldewin van dalem hannes van honleghe vñ anderer guder lude en noch. Actum et datum Anno domini M̊ CCC̊ LVIII̊ In die pentekoftes.

62. Herzog Magnus von Braunschweig beurkundet, dass die Bürger und der Rath der Stadt Braunschweig auf das ihnen von ihm verpfändete Schloss Asseburg noch 230 Mark Silber ihm geliehen haben, und verpflichtet sich, dieselben ihnen bei der Einlösung des Schlosses, wenn nicht schon früher, zurückzuzahlen. Sein Sohn Ludwig übernimmt dieselbe Verpflichtung. — 1358, den 20. Mai. I.

We magnus etc Dat we fculdich fint vnfen Leuen Borgheren deme.. Rade der ftad to Brunfwich twey hundert mark vñ drittich mark fylueres brunſ̄ wichte vñ witte. vor dit felue ghelt verplichte we on vnfe hus to der affeborch. alfo dat we on dit vorb̄ ghelt fcullen weder gheuen wanne we dat hus to der affeb̄ van on lofeden mid dem anderen ghelde dar we on vore dit felue hus ok vmme verplichtet hebben in vnfem befeghelden breue er wanne fe os dat hus weder antworden. Welde we auer on de vorb̄ twey hundert mark vñ drittich mark weder gheuen er we dat hus to der affeborch van on lofeden. dat moghe we don wanne we willet vñ dat ghelt fcolde we on entrichten in der ftad to Brunfwich vñ fe Scolden dat ghelt van os nemen ane wederfprake. Des to enem orkunde dat we os differ vorfcreuenen ding verplichtet hebben hebbe we on hebbe we on vnfen bref dar op ghe gheuen befeghelt mit vnfem Ingh̄ Vnde we lodewich des vorb̄ hertoghen magnus fone bekennet openbare in diffem feluen breue vñ verplichtet os des eft we vnfes vaders dod leueden. dat we denne alle diffe vorfcreuene ftucke holden willen. vnfen leuen borghere deme.. Rade to Brunfwich alfo de hir vorefcreuen ftat vñ alfo vnfe leue here hertoghe magnus vnfe vader on de heft befeghelt in diffem breue vñ hebben des to enem orkunde vnfe Ingh̄ ghehenghet ok an diffen bref. Differ ding fint tughe her herman van werberghe de hoghemeyfter van faffen des orden fente Joh̄. her Boldewin van dalem. hannes van honleghe vñ anderer guder lude en noch Datum Anno domini M̊ CCC̊ LVIII̊ in die pentekoftes.

63. Herzog Magnus von Braunschweig entlässt auf Bitten des Ludolf von Honhorst den Heneke von Bernum mit Frau und Kindern aus der Leibeigenschaft. — 1358, den 27. Mai. I.

Van der gnade goddes etc Dat we vñ vnfe eruen dorch god vñ dorch hern Ludeleues bede van honhorſt heneken van bernum mechtelde fine hufvrowen vñ ere kyndere laten ledich vñ los aller eghenfcap vñ aller anſprake eſt we oder vnſe elderen icht rechtes an on ghehat hedden vñ gheuen on des vnſe bref beſeghelt mit vnſem jngħ to ener betughinghe vñ to ener ewighen bewiſinghe. hir hebbet ouer ghewefen her lud van honborſt ridder. hans van honleghe knecht tyle van deme damme vñ cord elers borghere to Brunſw̄ vñ anderer guder lude vele Actum et datum anno domini M̊ CCĈ LVIIÎ in octaua pentekoſtes.

64. Herzog Magnus von Braunschweig entscheidet mit Rath seiner Mannen einen Streit zwischen seinen Bauern zu Honstedt und dem Pfarrer Heinrich daselbst über eine Hufe auf dem Felde zu Schöningen zu Gunsten der Pfarre. — 1358, den 24. Juni. L

We magnus etc Dat vor os gheweſt ſin her hinrek de perner is to honenſtede vñ vnſe bure dar ſelues vmme ſchelinge ener houe dede lecht oppe dem velde to ſcheninghe vñ was ver ſophien de in deme kokenhoue to brunſw̄ wonede vñ hebben ſe mit rade vnſer manne alſo erſcheden. dat her hinrek vorḃ oder we dar perner is de ſeluen houe ewelken beholden Scullen to der wedeme. wat auer van der ſeluen houe vallen is wente an diſſe tyd dat ſcalme keren an de nůt de goddeſhuſes to honenſtede vorḃ Vñ dar na ſcal her hinrek vorḃ oder we dar perner is alle Jar io to paſchen van der ſeluen hōue gheuen achte pund waſſes in dat ſelue goddeſhus to dem luchte dar mede Scullen ſe erſcheden weſen. Datum Anno dominj M̊ CCĈ LVIIÎ in die beati Johannis baptiſte.

65. Die Rathsherren der Stadt Lüneburg verpflichten sich, ihren Mitbürgern Albert und Johann Semmelbecker und deren Schwester Gesina für den Herzog Wilhelm von Braunschweig und Lüneburg am nächsten 24. Juni 3000 Mark Lüneburger Pfennige zu zahlen. — 1358, den 6. Juli. XVIII.

Wy ratman der ſtat to lunеḃ olt vñ nye. etc. bekennet in deſſem openbaren breue. dat wy vor vſen heren. vnde van vſes heren weghene des eddelen vorſten hern wilhelmes. des hertoghen to luneḃ. hebbet gheloued vñ loued in deſſem breue. alberte vñ Johannes brůderen ghe heten ſemmelbecker. borgheren to luneḃ. vñ erer ſuſter. vern gheſen. vñ eren rechten eruen. drittich hundert marc luneborgher penninghe. de wy em ſcollet vñ willet betalen. mid vnbewornen reden penninghen. to ſunte Johannes daghe to middenſomer. alſo he boren ward. de nv neghest to kumt. dat loue wy in truwen mid ener ſamenden hand. vor vſik vñ vor vſe nacǒmelinghe. den vorſprokenen brůderen alberte vñ Johannes vñ erer ſuſter vern gheſen. vñ eren rechten eruen. vnde to erer truwen hand. loue wy dat ſulue tideken vñ ludemanne. brůderen. gheheten ruſcher. To grotterer wiſheit vñ to ener vaſteren tughniſſe. deſſes vor ſchreuenen loftes. ſo hebbe wy mid endracht. vñ mid wetenheyt vnſer ſtad ingheſeghel. to deſſem breue henghet. Dit is ghe ſcheen na goddes bord. drittcynhundert iar ju deme achte vñ veſteghesten iare. jn deme achteden daghe der erliken apoſtele ſunte peters vñ paules.

66. Herzog Magnus von Braunschweig verkäuft dem Fricke Frederkes und dem Henning und Conrad Elers, Bürgern zu Braunschweig, das Dorf Scheppau mit Zins, Beede und Dienst, belehnt sie damit unter Vorbehalt des Wiederkaufs und verbietet seinen Amtleuten, von den Leuten des Dorfes Beede, Dienst und Schatzung zu fordern. — 1358, den 10. August. I

Van der gnade goddes we magnus etc. Dat we hebben verkoft vñ ghelaten vor vif vñ veſtich mark D wichte vn witte de os al betalet ſint. Vnſen leuen borgheren to Brunſw̄ fricken frederkes. henninghe vñ Conrade elers vñ eren eruen vnſe dorp to der ſchepowe mit alle deme dat dar tohort an dorpe an velde an holte an weyde an wiſche an viſch weyde an ackere an tynſe an beede an denſte mit aller nůt vñ mit alleme rechte alſo alſe we dat hebben ghehat. Vñ we hebben on ok dit ſulue gud ghelegen mit alleme rechte vñ mit alle deme dat dar tohort vñ lenet et on to enem rechten lene in diſſem breue vñ willet on des en recht ware weſen vñ willen ſe ledeghen van aller anſprake wůr vñ wanne on des nod is We ok vñ vnſe eruen ſcullen vñ willen ſe vñ ere eruen mid diſſem vorſprokene gude belenen ane wederſprake wenne ſek dat alſo gheboret vñ wanne ſe dat van os eſſchen. Vortmer we noch vnſe Ammechtlude noch nemant van vnſer weghene en Scullen nenerleyge bede noch denſt noch beſcattinge affchen van den luden de in dem vorb dorpe ſitten oder wonen. Aner doch ſo moghe we oder vnſe eruen dit vorſprokeno dorp wederkopen vor viſ vñ veftich mark der vorb wichte vñ witte alle Jar vor vnſer vrowen daghe wortewiſſen wanne we willet vñ de beredinghe diſſes vorſprokene gheldes Sculle we on don in der ſtad to Brunſw. An en orkunde diſſer ding dat de vmbrockolken ghe holden werden. hebbe we on diſſen bref dar op ghe gheuen beſeghelt mit vnſem Ingh vor os vñ vor vnſe eruen. Diſſer ding ſint tughe vnſe man gheuerd de edele van werberge Borch van der aſſeb hannes van honleghe knapen. Tyle van dem damme henning van velſtede heyne bouen dem kerkhoue borghere to Brunſw vñ anderer guder lude en noch. Datum anno domini M CCC LVIII in die laurencij martiris.

67. **Otto Grote verkäuft dem Herzoge Wilhelm von Braunschweig und Lüneburg drei Höfe im Dorfe „Palinghebrughe", wo der Herzog das Schloss Lauenbrück gebauet hat, und verspricht, diesen Kaufvertrag ihm, seinen Erben und Nachkommen, falls der Herzog aber, ohne einen Sohn zu hinterlassen, stirbt, dem Herzoge Ludwig von Braunschweig und, falls auch dieser, ohne einen Sohn zu hinterlassen, stirbt, einem vom Raths-Collegio zum Herrn der Herrschaft Lüneburg gewählten Bruder desselben zu halten. — 1358, den 15. August.** **K. O.**

Ich Otto Grote hern Werners ſone des groten bekenne opeliken in deſſem (iegenwor)deghen breue dat ich mid gudeme willen vn mid ganſer vulbord miner E(ruen heb)be verkoft redeliken vñ truweliken dem Achbaren vorſten myneme leu(en) hern Wilhelmo hertoghen to Brunſwich vñ to luneborch vñ ſynen Eruen (vñ na)comelinghen dre houe in deme dorpe to Palinghebrughe dar nv m(yn) vorbenomde here heft ghe buwed dat hvs, dat dar is ghebeten lenwenb. mid alle deme dat to den dren hôven hord, id ſy, an ackere an velde (an) holte, an wiſghen, an weyde an watere, an viſgherye edder wor id an (ſy) vñ mid aller leye rechte frucht vñ nvt alſe ich de dre houe ghe ha(d) vñ be ſeten hebbe vñ ſe my myn vader ghe erued heft, vor anderhalſ hvnderd Mark luneborghere penninghe de my rede be red ſynd, Deſſes vorſcreuenen gudes ſchal ich vñ myne Eruen myneme vorſcreuenen heren vñ ſynen Eruen vñ Nacomelinghen eyn recht warand weſen wanne vñ wor on des to donde is, Alle deſſe ſtucke hebbe ich Otto vorbenomd gheloued vñ loue entruwen vor my vñ (myn)e Eruen vaſt vñ ghenſlike to holdende ane ieneghorhande argholiſt vñ wederſprake myneme vorſcreuenen heren h(ertoghen) Wilhelmo vñ ſynen Eruen vñ Nacomelinghen, vñ Jvncheren lodowiche hern M(ag)nus ſone hertoghen to Brunſwich icht her Wilhelm ſtorue alſo dat he neynen (ech)ten ſone enhedde des god nicht enwille, vñ Jvncheren lodewiches broder oy(neme) de to der herſchap to luneborch ghe koren worde van den de dar to gheſa(d ſynd) icht Jvnchere lodewich alſo ſtorue dat he nenen echten ſone enhedde, (Were ok) dat myner borghen de hir na beſcreuen ſtat ienech af ghinghe ſo ſchal ich (vn mine) Eruen eynen anderen alſo guden in des ſtede ſetten binnen vere wekenen da(r na dat) ich vñ mine Eruen dar vmme ghe maned worden. vñ de ſcholde louen (in ſyneme) ſvnderliken breue vñ dar mede ſcholde deſſe bref vnvorbroken bliuen Vñ we.... (Gro)te hern Gheuerdes ſone Otto grote Godeuerdes ſone, werner Pauwenberch (boldewin)*) van dem kneſbeke vñ Gheuerd van dannenberghe loued entruwen mid ſa(mender hand) vnſen vorbenomden heren vñ eren eruen vñ Nacomelinghen, were dat on ienech (brok ed)der hinder worde an deſſen vorſcreuenen ſtucken, ſo ſchulle we vñ willet (in ridon) in de Nygenſtad to Vlleſſen vñ dar eyn recht inlegher holden vñ d(ar nicht) buten benachten de broke en ſy on ghenſliken irvullet edder we en do(n dat mid) oreme willen To eyner bethughinghe hebbe ich Otto ſakewolde vñ we v(orbenomden) Borghen vnſe Inghesoghele heten hanghen to deſſem breue, De ghe gheuen is (na god)des bord Drittteynhunderd Jar In deme Achteden vñ veftegheſten Jare an vnſer vrowen (daghe der) Erſten.

---

*) Sein anhangendes Siegel zeigt die Umschrift: *S. Boldewini de Kne.....* und eine Greifenklaue.

68. Herzog Magnus von Braunschweig verkäuft den von dem Damme und den Elers, Bürgern zu Braunschweig, den halben Zehnten zu Alvesse und belehnt sie damit unter Vorbehalt des Wiederkaufs. — 1358, den 19. August. I.

We magnus etc bekennet vor os vñ vor vnſe eruen in diſſem breue Dat we hebben verkoft vñ ghelaten tylen vñ bernde broderen ghe heten van deme damme henninghe vñ cordo elers broderen vnſen ghetruwen borgheren to Brunſwich vñ oren eruen. Den haluen teghoden to aluedeſſe mit alleme rechte vñ mit aller nůt alſo we den ghehat hebbet vor vif vñ drittich mark lodeghes ſylueres brunſ̄ wichte vñ witte de os ghentzliken ſin betalet. Mid diſſem ſeluen gude hebbe we ſe beleghen vñ belenet ſe dar medo in diſſem jeghenwerdighen breue to enem rechten lene. vn willen on des vorbenomden gudes en recht were weſen vor aller rechter anſprake wůr vñ wanne on des nod is. Ok moghe we oder vnſe eruen diſſen vorſcrouenen haluen tegheden to Aluedeſſe van on oder van oren eruen wederkopen alle jar vor ſente iohannes daghe to middenſomere vor vif vñ drittich lodeghe mark wichte vñ witte vorbenomet bynnen brunſwich to betalende wanne we willet. Des to enem orkunde hebbe we on diſſen bref dar op ghe gheuen anno domini M̊ CCĊ LVIIÍ in die beati magni epiſcopi et martiris.

69. Knappe Hermann Schulte überlässt dem Herzoge Wilhelm von Braunschweig und Lüneburg für einen auf seine Bitte aus dem Lehnsverbande entlassenen Zehnten zu Lühe im Alten-Lande das Eigenthum über Höfe zu Stammen, Wenkeloh und Grimsheop und empfängt dieselben von ihm zu Lehn. — 1358, den 11. September. K. O.

Ik.. Hermen Schulte knecht bekenne openbare in deſſeme breue. dat de edele Vorſte Her Wilhelm Hertoghe to Brunſw̄ vnde to Luneborch min Here dor miner bede vnde mines denſtes willen. heft gheuen de lenware vnde dat len des Tegheden. ouer dre hŏue landes. ane vif morghen vp dem velde to der Lv̊. in deme Olden lande. den ik van eme to lene hadde vnde den ik eme mid vulbord miner eruen vnde alle der de it an roren machte hebbe vp ghelaten. vnde dar vmme hebbe ik dem vorbenomden Vorſten. to ener weſe in des Tegheden ſtede. gheuen vnde laten mid vulbord miner eruen vnde alle der de it anroren mach. den eghendom des gudes dat hir na beſcreuen ſteyt. Dryer hŏue in deme dorpe to Stempne in eneme woned Hermen ymmeken man. in deme anderen Hermen Nyebur. in deme dridden Ludeke bi deme broke Jewelk hof ghift des Jares to tynſe. dre Steder ſchepel roggen vnde en ſwyn van veer ſchillingen Luneborgher penningen vnde twene ſchillinge to Crucen. Vnde de hof dar Ludeke bi deme broke inne woned. ghift to allen ſvnte Micheles daghen ſes ſchillinge penninge. Vnde enes hŏues to Wenckle dar Hermen hitzwene inne woned. de ghift Jo des Jares to tynſe. dre Steder ſchepel roggen vnde twene ſchillinge to Crucen luneborgher penninge. Vnde enes hŏues to Grymmeſhope dar Ludeke Wichmannes ſone inne woned. de gift alle Jar to tynſe twe Steder ſchepel roggen vnde twene ſchillinge penninge to Crucen. Vnde hebbe mineme heren hern Wilhelme dit gud mid alleme rechte alſe dat gud mik to borde vp ghelaten mid vulbord miner eruen. vnde hebbe dat ſulue gud van eme weder entfangen to rechteme eruen Lene Vnde ik vnde mine rechten eruen ſcullet vnde willet van des gudes vnde des lenes weghene eme don. alle dat des enes heren man ereme rechten lenheren plichtich ſin to donde. Vnde we. Juriens. Meynrik. vnde frederik brodere hern Johans ſone. frederik. hinrich. vnde Gheuerd hern Gheuerdes ſone. Reynward hern Gherlaues ſone. frederik frederikes ſone. frederik vnde Bertold. Bertoldes ſone alle ghebeten Schulten. bekennet in deſſeme ſuluen breue. dat vſe leue Veddere Hermen ſchulte vorbenomd. heft alle deſſe vorſcreuenen ſtucke ghohandelet vnde ghedan. mid vſer witſcap vnde mid vſeme rade vnde mid vſer vulbord vnde hadde alle der ſtucke vulle macht van vs. vnde we willet dat ſtede holden vnde dar weder nicht ſpreken. don. noch. ſaken in yennerleye wis. dat hebbe we alle vorbenomd ghelouet vnde loued mid ſamenderhant intruwen. dem edelen Vorſten hern Wilhelme hertoghen to Brunſw̄ vnde to Luneborch. ſtede. vaſt. vnde vnverbrokliken to holdene vnde betughet dat mid vſen Inghesegheln de to deſſeme breue ghehenghet ſin. vnde is ghe ſchen na goddes bord. Dritteynhundert Jar in deme achte vnde veſtigheſten Jare in ſvnte Prothy et Jacintti daghe der Mertelere.

70. Graf Ludolf von Wunstorf und Roden gelobt mit Bewilligung seines Bruders Ludwig den Rathsherren und Bürgern der Stadt Wunstorf Folgendes: Falls er den Bischof oder das Domcapitel zu Minden aus der Stadt Wunstorf verdrängt, so sollen die Ritter, Knappen, Rathsherren und Bürger zu Wunstorf der ihm geleisteten Huldigung entbunden sein. Klagen gegen Ritter, Knappen und Bürger der Stadt will er nur vor dem Bischofe erheben. Zum Nachtheile des Letzteren will er nichts über die Stadt verfügen. Falls er mit 100 oder mit 60 Gewaffneten vor ihren Thoren erscheint, brauchen sie ihn, bevor er dem Bischofe, dem Domcapital und den Bürgern Sicherheit gegen Gewalt leistet, nicht einzulassen. Er verleihet den Bürgern Mindener Stadtrecht, bestätigt die ihnen von seinen Vorfahren verliehenen Privilegia und gestattet, dass sie in zweifelhaften Fällen an die Stadt Minden appelliren.*) — 1358, den 9. October. **XXIII.**

Ne gestarum rerum memoria proceſſu temporis evaneſcat et pereat, neceſſe est eas ſcriptis et privilegiis perennari. Hinc est quod nos Ludolphus Dei gratia Comes in Wunstorpe et Roden omnibus Christi fidelibus praeſentibus et futuris cupimus fore notum, quod cum conſenſu et bona voluntate dilecti fratris nostri Lodevici ac nostrorum heredum fide data promiſimus Conſulibus ac oppidanis in Wnſtorpe, omnia ſubſequentia inviolabiliter obſervare. Primo ſi Dominum nostrum Episcopum Mindenſem vel ejus Capitulum a Civitate Wnſtorpe, quod abſit amoveremus milites armigeri, Conſules et oppidani dictæ Civitatis abſoluti ſint ipſo facto a fidelitate qua nobis tenebantur. Preterea ſi nos vel nostri ſucceſſores aliquam queſtionem movere habebimus in futuro contra aliquem militem famulum vel oppidanum Wnſtorpienſem illam coram Episcopo Mindenſi tenebimur terminare in amicitia vel in jure. Ceterum nihil de[1] oppido Wnſtorpienſi faciemus, quod vergat in præjudicium Mindenſis Eccleſiæ et gravamen. Adjectum est inſuper quod ſi manu[2] valida cum centum vel ſexaginta vel circa vel citra talem numerum armatorum veniremus, ex tunc nos intromittere non tenentur, niſi ſecuritate ipſis facta quod Domino Episcopo Mindenſi et ejus Capitulo, nec non ipſis Burgenſibus nullam violentiam faciamus, Adjicimus etiam quod penſata fidelitate et obſequio, quod prædicti oppidani nostris anteceſſoribus ſepius exhibuerunt accedente conſenſu et voluntate fratris nostri et omnium noſtrorum heredum quorum intereſſe potitur in factum[3]), dedimus et damus ipſis omne jus tam in majoribus, quam in minoribus quod Civitas Mindenſis et eam inhabitantes hactenus habuerunt, Confirmantes omnia privilegia, que a nostris progenitoribus habere dinoscuntur, ſi vero aliquam queſtionem dubitabilem inter ipſos contigerit ſuboriri quam inter ſe diſcutere non poterunt ex tunc ad Civitatem Mindenſem recurſum habebunt et quidquid ibi Jus dictaverit firmiter obſervabunt volentes cum hoc ipſis firma tenere et meliorare omnia eorum Jura que a nostris progenitoribus habuerunt. Ut autem omnium premiſſorum perpetua memoria habeatur præſentem literam ſigillo nostro fecimus ſigillari. Datum Anno Domini M CCC. Quinquageſimo octavo ipſo die dionyſij et ſociorum ejus.

71. Herzog Magnus verpfändet dem Conrad von Weferlinge und dem Ludolf von Wenden das Schloss Esbeck mit der Stadt Schöningen, mit dem obern und niedern Dorfe daselbst, mit dem Hofe zu Elmsburg, dem Hofe zu Webeck und dem Hofe zu Offleben und mit dem Gerichte, aber ohne geistliche Lehne unter der Bedingung, dass sie ihm Schloss und Stadt öffnen, nach seinem Tode den Pfandvertrag seinem Sohne Ludwig halten und denselben zu allem Rechte, welches er selbst an der Herrschaft Braunschweig besitzt,

---

*) Eine mit obiger gleichlautende Urkunde hat Graf Johann von Wunstorf und Roden 1334 ausgestellt. Sie ist mit einigen Fehlern gedruckt in Leyser's Historia comitum Wunstorpiensium, editio secunda pag. 58 und 59. In dem Manuscripte Grupen's de Comitibus (Copiar XXIII.) pag. 548—550, wo die Urkunde des Jahres 1334 auch vorhanden ist, steht statt *voluntate noſtrorum heredum* das erste Mal *voluntate noſtrorum fratrum et nostrorum heredum* und das zweite Mal *voluntate nostrorum fratrum et omnium nostrorum heredum*.

Die andere Abschrift liest [1] *in* statt *de*. [2] *in manu*. [3] Es ist zu lesen *poterit in futuro* statt *potitur in factum*.

als ihren Herrn anerkennen. Herzog Ludwig gelobt, ihnen diesen Vertrag zu halten. — 1358, den 25. November. L

We magnus etc Dat we hebben gheſat vnſe hus Elſbeke mit der ſtad to ſcheninge mit dem oueren dorpe vñ mit dem nederen dar ſulues mit dem houe to Elmeſb̄ mit dem houe to wobeke mit dem houe to offeue mit dem ghorichte vñ mit alle dem dat dar tohort alſo we dat ghehat hebben ane gheyſtleke leen Corde van weuerlinge vñ ludeleue gheheten van wenden vñ eren rechten eruen vor veer mark vñ ſes hundert mark lodeghes ſyluores brunſ̄ wichte vñ witte. Wenne we dit ſelue hus loſen welden dat ſcolde we on oder eren eruen verkundigen oppe ſente mertens dach dar na to dem neyſten paſchen Scolde we on dit vorb̄ ghelt gheuen vñ botalen in der ſtad to Brunſ̄ oder to goſlere war et on bequemeſt were Welden ſe ok dit vorb̄ ghelt weder hebben dat ſcolden ſe os ok oppe ſente mertens dach to wetene don. dar na to dem neyſten paſchen ſcolde we on ere ghelt gheuen in der vorb̄ ſtede ener wür ed on bequemeſt were. Werot dat we des nicht en deden ſo mochten ſe erer penninghe bekomen mit aller malkeme dat vnſe man ſy. ane vorſten ane heren. greuen vrien vñ ane ſtede. vñ deme ſcolde we alſodane breue dar op gheuen alſo we on ghedan hebben vñ he os weder alſo dat we anboydent ſyden bewaret werden. Ok ſcal dit vorb̄ ſlot vñ ſtad vnſe open weſen to alle vnſen noden wür vñ wanne os des nod is. Were auer dat we ſtoruen ſo ſcolden ſe dit vorb̄ hus vñ ſtad mit deme dat dar tohort vnſem leuen ſone Juncheren Lod̄ to loſende don vñ open holden to alle ſinen noden vñ to ſinem behouo vñ ſcolden ome alle de ſtucke de hir beſcreuen ſtat don vñ truwelken holden alſo alſe ſe de ſtucke os holden ſcolden oft we leueden vñ ſe Scullet ene na vnſem dode vor enen rechten heren holden vñ hebben vñ bi eme bliuen in vnſe ſtede to alle deme rechte dat we an der herſcap to Brunſw̄ hebbet. Werot ok dat we van diſſem ſuluen ſlote orlegen wolden vñ we dar op eſchoden wene we denne dar to ammechtmanne ſotten de ſcolde on borchvrede vñ borchhode don alſo dat ſe mede bewaret weren vñ de ſcolde on ok vredegud gheuen to eren ploghen in der viande lande icht me dat hebben konde vñ ſcolden dat don oppe vnſe koſt de wile dat dat orleghe warde Were ok dat dit ſuluo hus verloren worde des god nicht en wille ſo ſculle we vnſe hus verloren hebben vñ ſe ere penninghe ok en ſcolde we os nicht ſonen noch vreden mit den de dat hus ghewunnen hedden we en hedden on ghebuwet en ander hus in dat ſelue gherichte dar ſcolden ſe os truwelken to behulpen weſen. Ok Sculle we ſe vñ ore eruen truwelken verdedinghen war on des nod is vn ſcullen eres rechtes vullemacht hebben. Were auer dat ſe jemant ver vnrechtede vñ ſe os dat verkundegheden. dar na bi den neyſten veer woken alſo ſe os dat verkundeghet hedden Sculle we on rechtes helpen kunne we auer des nicht ghedon ſo moghen ſe ſek rechtes behelpen van diſſem ſeluen ſlote wu ſe beſte moghen. Des to enem orkunde hebbe we vnſe Ingh̄ ghe henghet an diſſen bref Vñ we lodewich des ſuluen hertoghen magnus ſone bekennet in diſſem ſeluen breue. Dat we Corde van weuerlinge vñ Ludeloue ghe heten van wenden vñ eren eruen willen alle de ſtucke holden de hir vore beſcreuen ſtat icht et an os kumt vñ hebben des to ener bekantniſſe vnſe Ingh̄ ok an diſſen bref ghe henghet. Datum Anno dominj M̊ CCC̊ LVIII̊ in die beate katherine virginis.

72. Herzog Magnus von Braunschweig belehnt die Johanna, Frau des Werner von Orsleve, mit einem Zehnten zu Schöningen zur Leibzucht. — 1358, den 25. November. L

We magnus etc Dat we hebben gheleghen hannen werners huſvrowen van orſleue enen tegheden ouor twelftehalue hŏue oppe dem uelde to ſcheninghe alſo en werner vñ hinrek ſin broder van os to lene hebben mit alſodanem vnderſchede were dat werner aue ghinge ſo Scolde hanne ſin huſvrowe ouenwoldich weſen an dem tegheden mit hinreke ſinem brodere alſo werner vore mit eme ghewesen heft. were auer dat hinrek ok aue ghinghe ane eruen ſo bekenne we der vorſcreuenen hannen ene liftucht an dem vorſprokenen tegheden ouer de twelftehalue hŏue to ſcheninghe. Weret nu dat hinrek de helfte des tegheden verſetten oder verkopen welde dorch nod oder jenigherleye ſake willen dar en ſcolde on hanneke nichtes an hyndren. Weret ok dat werner vñ hanneken eruen worden ſo Scolde hanne mit den kyndren gheliko ſitten an dem togheden de wile dat ſe leuede diſſes wille we on en recht were woſen wür ſe vnſer dar to bedoruen Datum Anno et die qua ſupra.

73. Herzog Ernst von Braunschweig der jüngere bestätigt die Schuhmachergilde zu Uslar, verspricht ihr gerichtliche Hülfe zur Erhebung der von ihr erkannten Brüche, gestattet ihr, in zweifelhaften Fällen sich bei der Kaufmannsgilde in Uslar zu befragen, und den Schuhmachergilden anderer Städte, ihre Waare auf den beiden Märkten zu Uslar zu verkaufen. — 1368, den 13. December. IX.

Von der gnade godes we Ernſt de jungere hertoge to Brunſzwigh hertogen Albrechtes Sone Bekennen von vnser vnd vnſer eruen wegen opinbar in duſſem breue vnd doit witlich alle den de duſſen breff ſcheet edder horet leſen dat we dorch nud vnd fromen vnſer getruwen burgere vnd ſtad to vſzler gegeuen hebbet vnd gonet in duſſem breue gnade vnd macht der Scho gilden darſulues to vſzler ore gilden eweliken vnd rauweliken to beſittinde ane jennigerleye hinder vnſer edder vnſer eruen edder vnſer amptlude von vnſer wegen, Were ok dat on jemant dar jn grepe he were burger to vſzler edder gaſt dar moghet se mit wlbord vnde willen vnſer vnde vnſer eruen ſynen broke vmme nemen Were ouk dat eyn edder mer ſe weren borghere edder gheſte de den broke an der vorbenoymeden ſcho ghilde ghe dan hedden en antworden wolden vnde recht doyn ane ghe richte dat ſcholden de vor benomeden de inder ſcho ghilde weren von on nemen ane wedderſprake wolden ſe ouch de Jenne de den broke ghe dan hedden der ſcho ghilden mid willen den broke nicht vorbeteren ane ghe richte ſo ſcholden de ſcho ghilden de hir vor benomet ſint den edder de den broke ghe dan hedden edder hedde ſo weren borghere edder gheſte dar vmme ſchuldigen vor vnſeme ghe richte vnde dar vor ſcholden ſe on rechtes plegen vnde de broke vor beteren de ſe an on ghe dan hedden vt duſſer vrigheit ſint vt ghe nomen twene market dage in deme Jare der eyn komet des ſundaghes na ſinte blaſius dage de andere des ſundages na des hilgen cruces daghe de dar komet vor ſinte michaelis dage we denne ſcho ghilden hedden in anderen ſteden de mochten denne wol ſcho vor kopen to vſler vnde dar ſulues oren market driuen mit alle den ſtucken de to deme amete horet alſo vere alſe ſyn gud vnde doynt gud vnde recht were. Were ouk dat yennich ſtucke velle in orer ghilde des ſe ſek nicht en vorſtunden des mogen ſe ſek be vragen by den cop ghilden to vſler vnde holden dat na orer anwiſinge ane dat an vnſe ghe richte trede des en vor willekore we nicht in eynen orkunde duſſer vor ghe ſchreuen ſtucke dat we de vnſen ghe truwen den ſcho ghilden to vſler ſtede vnde vaſte holden willen ſo hebbe we on duſſen breyff ghe geuen van vnſer vnde vnſer eruen wegen ghe segheld mit vnſem Ing̃ de ge geuen is na godes ghe bord duſent iar dre hundert iar dar na in deme achten vnde veſteghesten jare in ſinte lucien daghe der hilgen Juncfrauwen.

74. Herzog Magnus von Braunschweig gestattet den Rathsherren und den Bürgern der Stadt Helmstedt die Aufhebung des bisherigen Erbfolgerechtes in Frauengerade, obgleich dasselbe in der Stadt Magdeburg, wohin die Bürger Helmstedt's appelliren, besteht. — 1368, den 21. December. I.

In nomine domini amen Nos magnus dux dei gratia in Brunſwich. Ad noticiam omnium quorum intereſt aut intereſſe poterit cupimus peruenire. Cum dominorum interſit ſubditorum commodis dampnoſa euellendo profectuoſaque inferendo legalius inſudare Hinc eſt quod nos in quantum noſtra de Jure intereſt ſeu intereſſe poterit. maturo Conſilio cum noſtris fidelibus prehabito. damus et per preſentes concedimus noſtris fidelibus Conſulibus ac ciuibus opidi helmeſtad poteſtatem ac omnimodam autoritatem abrogandi quoddam Jus ibidem rei publice preiudiciale et dampnoſum pluribus de cauſis prout experientia hactenus edocuit et noſtris auribus veraciter inſonuit. quo hereditarie ſucceſſiones in rebus hereditarijs muliebribus proprie vrowenrad dictis locum hactenus habuerunt. et nos id ipſum euellimus. euulſionem necnon abrogationem ipſius preſentibus Confirmantes. Ita videlicet quod ipſum Jus inibi in perpetuum amplius nullatenus releuetur. Non obſtante quod Simile jus In ciuitate magd̃ viget ſeu frequentetur ad cuius conſiſtorium a tribunali helmeſtadenſi eſt conſwetum appellari Cum hoc viſum fuerit expedire. Nichilominus ſi quid contra huiuſmodi dationem noſtram ſeu concesſionem attemptatum fuerit per appellacionem per ſimplicem querelam uel quouis alio modo decernimus ipſo facto eſſe irritum et inane. Volentes dictos Conſules et ciues noſtros noſtri opidi helmeſtad in abrogatione dicti Juris et ipſius abrogationis confirmacione Contra quoſlibet proplacitare defenſare diligenti opera et tuerj In cuius rei teſtimonium ſigillum noſtrum preſenti litere eſt appenſum Datum Anno domini M CCC LVIII ipſo die beati thome apoſtoli.

75. Knappe Aschwin von Alten resignirt dem Herzoge Wilhelm von Braunschweig und Lüneburg ein Haus auf der Burgstrasse zu Hannover mit der Bitte, dasselbe der Wittwe des Bürgers Burchard von Hupede nach Weichbilderechte zu verleihen. — 1359, den 9. Februar. K. O.

Dem edelen vorſten minem leuen heren hertoghen wilhelme van brunſwich vñ van luneborch. en bede ek aſchwin van alten en knecht min willighe denſt be rede to allen thiden. vñ ſende vp iuwer edelen herſchop in diſſem breue bi thwen iuwen mannen. en hus in der ſtat to honouere mid ſiner ghanſen woninghe als ek dat van gik to lene ghe hat hebbe vñ borcherd van hupede ichteſwanne en borghere to honouere van mek to lene hadde mid allem rechte vñ nuhd als it ghe leghen is in der borchſtrate to honouere. vñ bidde iuwe edelicheyt mid allem vlite dat gi dat hus mid ſiner wůrd vñ woninghe des vorbenomden borcherdes van hupede wedewen vñ oren kinderen to wicbeldes ghude leghen vñ maken. vñ we bertold van Iltene de eldere vñ kord van alten knechte bringhet vſem holden heren hertoghen wilhelme van brunſwich vñ van luneborch dit vorbeſcreuene hus mid ſiner ghanſen wůrd vñ woninghe, vp in diſſem breue der bede willen aſchwins van alten vorbenomd vñ hebbet vſe ingheſeghele to ener betughinghe hent to diſſem breue. Na goddes bort duſent vñ dre hundert iar in dem neghen vñ vhefteghesten Jare. des achteden daghes to lechtmiſſen.

76. Herzog Erich von Sachsen-Lauenburg bescheinigt, seine von ihm bei dem Prior Heinrich und dem Kellner Gerhard zu Scharnebeck deponirten Reliquien und Kleinodien wiedererhalten zu haben. — 1359, den 12. April. K. O.

Nos Ericus dei gratia Senior dux ſaxonie. weſtfalie. et angarie. Notum eſſe cupimus tam preſentibus quam futuris quod reliquias noſtras et omnia noſtra clenodia. que per modum depoſiti. Religioſis viris Domino videlicet hinr dicto de brunſwich priorj. et domino gherhardo burſario in ſcherenbeke. dedimus conſeruanda. per manus domini hermannj Douel. capellanj noſtri plenario et integraliter recepimus diligentius reſtituta. In cuius rej ſeu facti euidentiam Secretum noſtrum. appoſuimus huic ſcripto. Datum. anno domini. M. CCC. quinquageſimo. nono. feria ſexta. proxima ante Dominicam palmarum.

77. Herzog Magnus von Braunschweig verpfändet dem Grafen Gerhard von Woldenberg und dessen Gemahlinn Sophie das Schloss Königslutter mit dem Weichbilde und dazu die Dörfer Oberlutter, Lauingen, Riseberg mit der „Schalmühle", Schoderstedt, Rotterf, Streinum, Schickelsheim, halb Süpplingen, Lelm und Sunstedt mit Gericht, mit dreissig Mark jährlicher Hebung in dem Weichbilde und den Dörfern und mit zehn Mark im Zolle zu Königslutter unter der Bedingung, dass sie ihm das Schloss öffnen, nach seinem Tode den Pfandvertrag seinem Sohne Ludwig halten, denselben statt seiner als Herrn zu allem Rechte, welches er selbst an der Herrschaft Braunschweig besitzt, anerkennen, falls Ludwig aber, ohne einen Sohn zu hinterlassen, stirbt, demjenigen seiner anderen Söhne, der von seinen Mannen und von den Mannen des Herzogs Wilhelm von Braunschweig und Lüneburg zum Herrn gewählt wird, den Pfandvertrag halten. Herzog Ludwig gelobt, ihnen diesen Vertrag zu halten. — 1359, den 14. April. 1.

Van der gnade Goddes we Magnus etc Dat we hebben ghesat vñ ſetten Greuen gherarde van woldenberge vrowen ſophyen ſiner echten huſurowen vn eren eruen vnſe hus to Luttere mit deme wicbelde to Luttere vñ mit den dorpen de hir na gheſcreuen ſtat dat ouere dorp to Luttere Lowinge de riſeberch mit der ſcalmolen ſcoderſtede rottorpe ſtenum ſcickelſem borgenſuplinghe half lellum vñ ſunſtede mit gherichte mit aller nût vñ rechte an graſe an holte an watere an weyde alſo we dat to deme hus to Luttere ghehat hebbet vñ mit vertich mark gheldes de we on bewiſet hebben alle jarlekes op to nemende drittich mark gheldes in dem vorb̄ wicbelde vñ in diſſen vorb̄ dorpen vñ gude dat we on dar to gheſat hebben vñ teyn mark gheldes an dem tollen to Luttere vor veer hundert mark Brunſw̄ wichte vñ witte. Alſo dat Greue gherard van woldenberge vrowe ſophye vñ ere eruen des huſes to Luttere vñ wat we on dar to gheſat hebben brukleken ghebruken ſcullen to erer nut de wile dat ſe ore ghelt dar an hebbet. Weret dat Greuen gherarde oder ſine rechten eruen jemant vervnrechtede dat ſcolden ſe os verkundigen dar na bynnen den neyſten veer weken alſo ſe os dat verkundiget hedden ſcolde we on rechtes helpen icht we konden vñ dat ſcolden ſe nemen van den de ſe os verkundiget hedden ane vor gherichte. konde we auer on nenes rechtes helpen ſo mochten ſe ſek na der tyd erweren van dem ſeluen hus wes ſe konden vñ mochten dar ſcolde we ſe vñ de ere to vorderen wes we mochten vñ nicht hyndren vñ ſcullet eres rechtes macht hebben. Ok ſcullet ſe vnſe beſetene man bi rechte laten. Were auer dat we on dat ore neme vor deme hus oder vor den dorpen de dar to horet oder on jengherhande vngerichte dar an ghe ſchege wat ſe dar vmme deden dar en ſcolden ſe nene broke jeghen os don. Ok ſcal dit vorb̄ hus to Luttere vnſe opene hus weſen to alle vnſen noden. Weret auer dat we ſtoruen des god nicht en wille ſo ſcolden ſe dit vorb̄ hus mit deme dat we on dar to gheſat hebbet Juncheren Lod̄ to loſende don vñ open holden to alle ſinen noden vñ to ſinem behoue vñ eme alle diſſe ſtucke de hir beſcreuen ſtat don vñ truwelken holden alſo alſe ſe de ſtucke os holden ſcolden eft we leueden vñ ſe Scullet ene na vnſem dode vor enen rechten heren holden vñ hebben in vnſe ſtede vñ bi eme bliuen to alle deme rechte dat we an der herſcap to Brunſw̄ hebbet. Weret auer dat vnſe ſone hertoge Lodewich ſtorue alſo dat he nicht ne lete enen echten ſonen oder mer wene denne vnſe man vñ vnſes vedderen man hertogen wilh̄ van Luneborch koren vor enen rechten heren vd vnſen ſonen deme ſcolden ſe alle de ſtucke don vñ holden de hir beſcreuen ſtat. Vortmer welde we van diſſem vorb̄ hus orlegen dat ſcolde we on verteynacht vore weten laten vñ ſcolden on enen ammechtman ſetten de ſe vñ de ore vor ſcaden vñ vnuoghe beware oppe deme hus vñ dar ane vñ we ſcolden on denne vredegud gheuen to erem plochwerke vñ to deme vorwerke vor deme hus. Weret ok dat ſe des huſes to Luttere mit ghewolt entwoldiget worden oder ſe dat verloren des god nicht en wille an welker wis dat gheſchege ſo Scolde we vñ welden on de gulde helpen bekreftegen vñ ſe ſcolden an der gulde beſittene bliuen vñ der bruken alſo lange went de tyd queme dat we on ere ghelt ſcolden weder gheuen vñ we on dat witleken bered hedden. Ok ſcole we Greuen gherarde van woldenberghe vrowen ſophyen vñ ere eruen vñ de ore bi gnaden vñ bi rechte laten vñ ſcullet vñ willet ſe truwelken verdedingen wûr on des nod is to rechte. Ok ſcal greue gherard van woldenberge vrowe ſophye vñ ere eruen dit hus to Luttere hebben vñ beholden van diſſem neyſten paſchen vort ouer dre jar dat we on ere ghelt nicht weder gheuen ne mogen. dar na wenne ſe ore ghelt weder hebben welden oder we vnſe hus loſen welden vñ ſe os de loſe witleken kundigheden oder kundighen leten oder we on twiſchen ſente mertens dage vñ wynachten dar na ſcolde we vñ welden on ere veerhundert mark der vorb̄ wichte vñ witte weder gheuen in der neyſten paſche weken in der ſtad to Brunſwich ane jengherleye vortoch vñ hyndar vñ ſcullen on de veleghen wente to Goſlere vor alle den de dorch os don vñ laten willet. Weret nû dat we on ore vorſcreuene veer hundert mark in der paſche weken nicht beredden alſo hir voreſcreuen is ſo mochten ſe eres gheldes bekomen mit dem ſeluen hus to Luttere vñ mit der gulde de dar tohort mit weme ſe welden ane vorſten heren vñ ane ſtede dar ſcolde we ſe to vorderen vñ nicht to hynderen vñ den ſcolde we vñ ſe os weder mit eren vrunden alſodane wiſſenheyt don alſe we deme vorb̄ van woldenberge vñ he os weder mit ſinen vrunden ghedan heft vñ wanne we on ore ghelt witleken bered hedden in alſodaner ſtede alſo hir vore gheſcreuen is ſo Scolet ſe os vnſe hus to Luttere mit deme dat we on dar to gheſat hebben ledich vñ los weder antworden alſo vorder alſe dat beholden vor vnrechter walt. Alle diſſe vorſcreuene ſtucke rede we dem vorb̄ Greuen gherarde van woldenberge vrowen ſophyen vñ eren eruen ſtede vñ vaſt to holdene in diſſem breue de beſegheit is mit vnſem Ingh̄ Vñ we Lodewich des vorb̄ hertogen magnus ſone bekennet in diſſem ſeluen breue dat we alle de ſtucke de hir vore beſcreuen ſtat ſtede vñ vaſt holden willen icht et an os kumt Vnde hebben to ener bekantniſſe ok vnſe Ingħ ghe henghet an diſſen bref de ghe gheuen is Na Goddes bort M̊ CCĊ LIẊ In die palmarum.

78. Ritter Johann van Salder und seine Söhne Henning und Gebhard verpfänden dem Ritter Basilius Bock, genannt Wulvesberg, ihren Antheil des Schlosses Calenberg. — 1359, den 25. April. K. 0.

We her Jan van saldere riddere. hennigh vñ Gheuerd ſine ſone bekennet openbare in deſſeme breue de beſegheld is mid vſen Inghesegheleu dat we hebbet ghesat vñ ſettet hern Baſiliuſe Bocke riddere gheheten wluesberghe vñ ſinen eruen an vſen deyl des kalenberghes vor veſtich lodighe mark ſuluers hildeñ wichte vñ witte mid alſodaneme ghemake alſo we on dar to ghewiſt hebbet vñ dat ſcal ſtan van deſſeme neyſten pinkeſten vord ouer on iar dat we on noch ſo os de loſe deſſes vorſcreuenen gheldes nicht kundighen en moghet wenne auer dit iar vmme queme ſo moghe wo on. eder ſe os. alle iar do loſe kundighen. vñ binnen deme neyſten verndeliars wan de loſe kundighet were. ſo ſcolde we on ore vorſcreuene gheld ghenſliken vñ al bereden. ane hinder vñ vortoch. Vortmer were dat Jement. ſe eder de ore vorvnrechteghede ſo ſcolde we ores rechtes macht hebben. enkonde we auer on nenens rechtes helpen binnen werweken wan ſe dat van os eſched hedden. ſo mochten ſe ſek ſuluen ores vnrechten irweren van deſſeme vorbenomden deyle des huſes to deme kalenberghe. were ok dat we den kalenberghen vorkoften. ſo ſcolde we on ore gheld ghenſliken van ſtaden an weder gheuen ane hinder. Alle deſſe vorſcreuenen ding hebbe we on ghelouet vñ louet entruwen ſtede vñ vaſt to holdende ane arghelist. vñ is gheſchen Na goddes bord drittenhundert jar in deme neghene vñ veſtigheſten iare des donerſdaghes to paſchen.

79. Knappe Johann von Harboldessen gestattet dem Grafen Otto von Hallermund, das „Kolvenrod" von den Knigge einzulösen. — 1359, den 5. Mai. XI.

Ek Johan van Harboldeſſen Knapo vnde mino Eruen bekennet in doſſeme openen Breue de ghevestenet is mid mine Ingheſeghele Were dat ek dat Kolnenrod nich eyne ledighen eyn konde noch eyn wolde van Her Hinrike Knieghen Riddere Her Hermannes Sone vnde van Hanneſe vnde Hinrike Knieghe Her Hinrikes Sone vmme alſodan Ghelt als ſe dat hebbet ſo ſcolde mine Here Greuen Otten van Halremunt vnde ſynen Eruen dat loſen laten vmme alſodanne Pennighe als ſe dat hebbot vnde ok ſcolde one dar in ſaten mid ſodaneme Rechte als ſe dat ghehad hedden Dit louo ek one en Trawe vnde mine Eruen ſtede vnde vaſt tho holdende vnde ſynen Eruen. Datum Anno Domini M̊ CCĊ quinquageſimo nono in Dominica qua cantatur Miſericordia Domini.

80. Herzog Magnus von Braunschweig bestätigt den Vertrag, in welchem sein Vogt Heinrich von Wenden zwei Holzungen auf vier Jahre an Bürger zu Braunschweig verkauft hat. — 1359, den 19. Mai. I.

We magnus etc Dat hinrek van wenden vnſe voghet heft mit vnſer witſcap vñ willen van vnſes hetes weghene verkoſt Jane van eynum. eytzen kramere vñ meyſter ludeleue dem tymbermanne vnſen Borgheren to Brunſw̄ vñ eren eruen vnſe holt dat de. la. ghehoten is mit deme holte dat de ronhop gheheten is vñ vd deme rubere kerkweghe wente an dat ſtokbrok vor dre vñ drittich lodeghe mark ſilueres brunſ̄ wichte vñ witte de vs al rede betalet ſint. alſo dat ſe vñ ere eruen des holtes ghebruken ſcullen mit aller nůt vñ mit weyde vñ mit weghe to deme holte vñ van deme holte to komende wente an to diſſem neyſten ſente mychelis dach vort ouer veer jar de mit eyn ander neyſt tokomende ſin. Ok ſo wille we vñ vnſe eruen on vñ eren eruen diſſes vorbeñ holtes en recht were weſen wůr vñ wanne on des nod is. Weret auer dat en orleghe oder grot vnvrede an velle des god nicht en wille van vnſer weghene vñ diſſe vorbeñ Borghere diſſes holtes van angſtes weghene nicht en neten dorſten noch ne mochten ſo Scolde we vñ vnſe eruen on des erlouen vñ gunnen on des holtes de tyd na to brukende de ſe dorch orleghes willen verſumet hedden datum anno dominj M̊ CCĊ LIẊ dominica quarta poſt paſcha.

51. Die Gebrüder Aschwin und Henning von Steinberg begeben sich mit ihrem Schlosse Bodenburg in den Dienst des Herzogs Wilhelm von Braunschweig und Lüneburg und des Herzogs Ludwig von Braunschweig und bedingen sich von den Herzögen in einem Kriege derselben vom Schlosse gegen das Stift Hildesheim das Vorwerk zu „Stedium" und das Dorf Segeste als Friedegut. — 1359, den 15. Juni. K. O.

We aſchwin vnde hennigh brodere gheheten van dem ſtenberghe bekennet openbare in deſſem ieghenwordeghen breue. mit vnſen borghen de hir na beſcreuen ſtan. dat we mit vnſem ſlote Bodenborch ſin ghouaren in deneſt der edelen vorſten hertoghen wilhelmes to brunſwich vnde to luneborch. vnde Juncheren lodewighes hertoghen Magnus ſone hertoghen to brunſwich. vnde ſcullet vñ willet en truweliken denen to ſes Jaren antorekenende van der vtghift deſſes breues alſo dat wy en ſcullet vñ willet vnſe vorbenompte ſlot bodenborch. openen to alle eren noden de vorſprokenen tyt vmme, vppe alleſwene. des ſcullet vnſe vorbenompten heren vns mit vnſem ſlote bodenborch to vſeme rechte vordeghedinghen de ſuluen tyt ouer. ghelich anderen eren mannen minne vnde rechtes ſcullen ſe ouer vs woldich ſin keghen alleſwene wolde och vnſe vorbenompte here hertoghe wilhelm eder Junchere lodewich orleghen van vnſeme ſlote ſo ſcullo we vn willet ſinen ammichtman wene ſe dar to ſettet vppe dat ſlot bodenborch laten wanne dat van vns gheeſchet wert. vñ de ammichtman ſcolde den vns vñ de vſe vor ſcaden bewaren van den de mit em dar weren. de tyt dat men van dem ſlote orleghede. Des ſal vns de ammichtman redelke wiſſende don, vñ de ſculle we oc van em nemen.. Weret oc dat we binnen deſſer tyt vorbuwet eder beſtallet worden. dar ſe vnſes rechtes macht hedden. ſo ſcullet ſe vns weder entſetten binnen ver weken na der tyt. dat wy dat van en eſcheden. vortmer entſeghede we van vnſer vorbenompten heren weghene. worde den dat ſlot bodenborch vorloren van erer weghene ſo ſculle ſe vns des ſlotes weder helpen eder eyn ander Indat richte buwen vñ helpen vns dat bekrechteghen. vñ wat dar to hort. vnde wanne we entſeghet hedden van vnſer heren weghene ſo ſculle we vnde willet en denen ſulf ſeſte mit helmen. dar ſcullen ſe vns vmme gheuen ſeſtich marck vte dem dingede enworden ſe vns dar nicht ut. ſo ſcullen ſe vns de ſuluen gheuen., Wanne ſe oc orleghedon vam dem ſeluen ſlote mit dem ſtichte to hildenſem ſo ſculle ſe vns to vredegude gheuen dat vorwerk to ſtedium vnde dat dorp to ſebechtegeſten. orleghedon ſe auer von dem ſlote mit anders weme ſo ſculle ſe vns ander vredegut den gheuen ghelich deſſeme., alſo vorde alſe dat de viende hebben. Vortmer weret dat vnſer borghen de hir na beſcreuen ſtat binnen deſſen vorſcreuenen ſes Jaren welch afghinc., ſo ſcolde we vnde wolden enen anderen alſe ghuden indes ſtede ſetten de afghegan were binnen den neyſten ver weken dar na dat de afghegan were, vnde de ſcolde vnſen dicke vorbenompten heren vnde Juncheren in eynem ſunderliken breue louen vor vns alle deſſe dingh gans vnde vaſt to holdene vñ dar mede ſcolde deſſe bref vnvorbroken bliuen. alle deſſe vorſcreuenen ſtucke loue we vorbenompten aſchwin vñ hennigh brodere van dem ſtenberghe vnſen vorſcreuenen heren. hern wilhelme vnde Juncheren lodewighe in guden truwen gans vnde ſtede to holdene vnde hebben des vnſe Ingheſeghele ghehenget to deſſem breue., vnde we her Jan van ſelderen beſeten to dem kalenberghe., vnde her albrecht van rottinge., hennigh van guſtede., vn borchart van cramme hern gotſcalkes ſone., ſetten vns to borghen vor vnſe dicke vorbenompten vrunt. aſchwine vnde hennige van dem ſtenberghe., weret dat an en Jenich brok worde an deſſen vorbenompten dinghen. vnde we dar vmme ghemanet worden van vnſen vorbenompten heren., hern wilhelme vñ Juncheren lodewighe binnen den neyſten verteynachten na der manighe wille we den broke ervullen in minne oder in rechte., dede we des nicht ſo ſculle we vnde willet binnen den neyſten verteynachten wanne dat vnſe dicke vorbenompten heren. her wilhelm edder Junchere lodewich van vns eſchen latet. riden in de ſtat to honnouere recht inlegher dar to donde, neyne nacht van denne to weſende de broke en ſi ervult., edder we en deden dat mit vnſes heren. her wilhelmes edder Juncheren lodewighes guden willen., to merer wiſſenheyt hebbe we vnſe Ingheſeghele ghehenghet laten to deſſem breue., de ghegheuen is na godes bort. drutteynhundert Jar in deme negheden vnde veftigheſten Jare, in ſente vites daghe des hilghen merteleres.

82. Herzog Magnus von Braunschweig weiset dem Burchard Vasolt (von der Asseburg) an Zahlungs Statt Einkünfte zu Schöppenstedt und im Gerichte daselbst an. — 1359, den 24. Juni. I.

We magnus etc. Dat we hebben ghesat Borcharde gheheten vasolt vñ ſinen rechten eruen twolf punt nyger brunſw̄ penninghe de we alle jar hebben to Seepenſt̄ vñ dar to twe mark alle jar in deme ſeluen richte Inder wis dat ſe dar vd nemen ſcullen dre vñ drittich lodeghe mark Brunſw̄ wichte vñ witte vñ wanne ſe dit vorb̄ ghelt dar erſt vd ghenomen hebben ſo ſcullen de vorb̄ twelf pund gheldes mit den twen marken vnſe vñ vnſer eruen ledich vñ los weſen. Weret ok dat on diſſe vorb̄ gulde alle jar nicht al betalet worde ſo ſcolde on vnſe voghet pandes helpen vñ dar to behulpen weſen dat on de vorb̄ gulde alle Jar gentzleken vñ al worde alſo langhe alſo hir vore ghesereuen ſteyt. Datum Anno quo Supra in die beati johannis baptiſte.

83. Herzog Magnus verkauft dem Johann Stapel, Bürger zu Braunschweig, eine Hufe und einen Hof zu Weddel und belehnt ihn damit unter Vorbehalt des Wiederkaufs. — 1359, den 15. August. I.

We magnus etc Dat we hebben verkoſt vñ ghelaten vor ſeſtehalue lodeghe brunſw̄ wichte vnde witte de os al betalet ſint vnſem borghere to Brunſw̄ Jordene ſtapele vñ ſinen eruen ene houe vñ enen hof to wedele mit alleme rechte vñ mit aller nut in ackere in holte in wiſche in weyde in watere in weghen vñ in vnweghen vñ mit alle deme dat dar tohort an velde vñ in dorpe de vns an ſtoruen ſint van kerſtene kerſtens vnſem borghere. Dit gud hebbe we Jordene ſtapele gheleghen to rechteme lene vñ willet eme des ſeluen gudes en recht were weſen vñ entweren van aller rechter anſprake wūr vñ wanne eme des nod is. Ok moghe we vñ vnſe eruen dit vorſprokene gud wederkopen bynnen diſſen neyſten twen jaren alle jar to ſente barth daghe vor de vorb̄ ſeſtehalue mark do we des nicht ſo ſcal dit vorb̄ gud Jordene ſtapele vñ ſinen eruen bliuen to rechteme erue mit alleme rechte vñ mit aller nūt alſo hir vore ghesereuen is ane allerleye wederſprake vnſer oder vnſer eruen Datum anno domini M̄ CCĈ LIX̄ In die aſſumpcionis beate marie virginis.

84. Moritz von Oldenburg, Domdechant und Administrator des Stiftes Bremen *) verpflichtet sich, während der nächsten sechs Jahre dem Herzoge Wilhelm von Braunschweig und Lüneburg und dem Herzoge Ludwig von Braunschweig gegen jeden mit Ausnahme der Grafen Gerhard und Johann von Hoya, der Grafen Adolf und Gerhard von Schauenburg, des Grafen Johann von Holstein und seines Sohnes Adolf und des edelen Herrn Conrad von Diepholz 50 bis 100 Gewaffnete zur Hülfe zu senden, sie, die Ihrigen und namentlich die mit ihnen verbündeten Bürger zu Verden, die Burgmannen zu Horneburg jedoch ausgenommen, vor Schaden gegen die Seinen zu schützen, ihnen allein alle mit seiner Hülfe ausserhalb des Herzogthums zu erobernden Schlösser zu lassen, wogegen sie ihm die Schlösser seiner Mannen, welche sie, indem er ihnen gegen dieselben mit seinen Gewaffneten Hülfe leistet, erobern werden, überlassen und ihm den Durchzug durch das Herzogthum gegen den Herzog Albrecht von Braunschweig, Probst zu St. Paul in Halberstadt, gestatten sollen. — 1359, den 16. August. K. O.

Wy Her Mauricius van Oldenborch van der gnade godes. Domdeken vnde Voromund des Stichtes to Bremen Bekennet vñ betughet openbare in deſſem breue Dat wy vns vorbunden hebbet vnde verbindet vns mit den Edelen Vorſten. Hern Welhelme Hertighen tho Brunſwich vnde to Luneborch. vnde Juncheren Lodewighe. Hertighen Magnus Sone van Brunſwich. to Ses Jaren de nv negheſt to komet Sunder vnderlat antorekende. van der vt giſt deſſer breue. aldus dane wis Dat wy Scholet vnde willet. en helpen vp alles wene de tid vmme. wanne. en des to donde is vnde So vnſer hulpe bedoruet. So Scholo wy vnde willet. binnen dren weken dar na dat Se dat van vs eſſchen latet. en to hulpe Senden Veſtich man ghe wapend ghuder Lude. wor en des nod is vnde to donde binnen deme Hertichdome to Luneborch. eder buten.

*) Cfr. Fragmentum chronici Bardovicensis in Leibnitii Scriptorum Brunsvicens. illustrant. Tom. III. pag. 219.

Were auer dat en des behof were binnen dem Hertichdome to Luneborch vnde nicht dar buten So ſchole wy vnde willet en to hulpe Senden. Veftich man ghe wapend ghuder Lude. eder Hundert. welker dat Se eſſchet. io binnen dren weken. na der eſſchinghe. alſo hir vore ſcreuen is. Vnde den de wy en to hulpe Sendet. Scholet Se gheuen. Spiſe. voder vñ hoſſlach Ok Schole wy vnde willet dat bewaren. wor wy moghen. dat en vnde den eren. vnde by namen den.. Borgheren. der Stad van Verden de wile dat Se mit en vorbunden Sin. vt vſem Lande. vnde van den vſen nen Schade ne Sche, Dar vt neme wy de Borchman van Horneborch vnde de ere. vor de wy nenen vrede ghenet, an den ok de vorſprokenen.. Hertighen vs den vrede nicht breken konet. Scheghe en auer dar bouen Schade van den vſen vnde Schuldiget de vorbenomeden. Hertighen. vſe man dar vmme, van den vnde ouer de Schole wy en helpen. minne eder rechtes. binnen ver weken. dar na wanne dat van vs eſſchet wert Vnde vor mochte wy des nicht. So Scholde wy en to hulpe werden. vp vſe man. de den Schaden dan hebbet. der wy vnmechtich weren. mit Veftich mannen ghe wapend ghuder Lude vp vſe eghenen koſt. De Schole wy en to hulpe Senden. binnen dren weken dar na dat Se dat van vs eſſchen latet. vnde dede en vorbat hulpe nod. vp vſe vorbenomeden man. dar wy en nicht rechtes ouer helpen mochten. So Schole wy vnde willet en helpen mit alle vſer macht. vppe de Suluen vſe man. Schaden. vnde vorluſt Schole wy Suluen Stan. den de vſe nemet. de wy en to hulpe Sendet, Neme men auer vromen. den Schal men delen. na mantale wapender Lude. de dar mede weren Dar men den vromen neme, Worde ok eyn Slot ghe wonnen van vſen mannen. der wy nicht mechtich weren Dat Slot Schole wy beholden. Worde auer eyn Slot ghe wonnen buten dem Hertichdome to Luneborch Dar wy den vorſcreuenen.. Hertighen to hulpen Dat Slot Scholet Se allene hebben. Binnen deſſen vore Sprokenen Ses iaren. So ne Schole wy noch ne willet vs nener. Stede. Slote. Lande. eder Lude in deme Hertichdome to Luneborch vnderwinden noch verdeghedinghen. den vorſprokenen. Her Welhelme vñ Juncheren Lodewighe to wedderen. Were ok dat wy Her Mauricius to Sokende hadden. vppe Hertighen Alberte. van Brunſwich. den Proueſt to Sunte Paule to Halberſtad. eder Sine Hulpere dor dat.. Hertichdom to Luneborch. Des vs de vorbenomeden Hertighen. Her Welhelm vñ Junchere Lodewich nicht bewaren Scholet, So Schole wy vnde willet. Se vnde de ere vorſchaden bewaren. Scheghe auer. en eder den eren Schade van vs. eder den vſen. eder van den de mit vs weren. Den Schole wy vnde willet en wedder don. binnen ver weken. na des dat wy van en dar vmme manet werdet in minne eder mit rechte,. Vte deſſem vorbunde neme wy vſe leuen Ome, De edelen Lude Gherde vñ Johanne Brodere Greuen to der Hoyen. Juncheren. Alene vñ Juncheren Gherde Brodere Greuen to Schowenborch. Greuen Johanne. vñ Greuen Alene Sinen Sone Greuen to Holſten. vnde Hern Corde den Edelen Heren to Deſholte. vppe de wy mit deſſen breuen. nicht willet vorbunden weſen Alle deſſe vorescreuene ſtukke hebbe wy Her Mauricius den vorbenomeden. Hern Welhelme Hertighen to Brunſwich vñ to Luneborch vñ Juncheren. Lodewighe. Hertighen Magnus Sone van Brunſwich ghe louet. vnde louet Se en in truwen in deſſem breue. ſtede vnde vaſt to holdene vnde vntobroken. Vnde to merer wiſſende hebbe wy vſe Inghesegel ghe hangghen to deſſen breue De gheuen is na godes bort. Drutteynhundert iar, in dem Negeden vnde Veftigeſten iare. Des negeſtes Sondages. na vnſer Vrowen dage, alſo Se to Himmele wart entfangghen.

85. **Die Rathsherren und Bürger der Stadt Bremen schliessen mit dem Herzoge Wilhelm von Braunschweig und Lüneburg und mit dem Herzoge Ludwig von Braunschweig einen sechsjährigen Frieden. — 1359, den 18. August.** K. O.

Wy Radman vnde de menen Borghere der Stad van Bremen. bekennet vñ betughet openbare in deſſen Breue. Dat wy vns hebbet ghe vredet mit den Edelen vorſten. Hern wilhelme hertoghen tho Brunſwich vñ lunenborch. vnde mit Juncheren lodewighe hertoghen Magnus Sone van Brunſwich. to ſees Jaren de negheſt to komende ſint. an to rekende van der vtghift deſſes Breues. alſo dat wy ſe vnde de Ere.. vor ſcaden bewaren ſcolen deſſe vorescreuenen tyd vmme. wor wy konen vnde moghen. vor al de ghenne. de dorch vns don vnde laten willet.. Dit loue wy. den vorbenompden vorſten ghans vñ ſtede to holdene. To grutterer vñ mererer wiſſende. deſſer dingh. so hebbe wy vnser Stad Inghezeghel ghe hanghen to deſſen Breue.. De ghe gheuen is Na godes bort Drutteyn hundert Jar In deme negheden vnde viſteghaſten Jare In deme neghoſten Sondaghe na der hemelvart vnſer vrowen Sunte (Ma)rien.

86. Herzog Magnus von Braunschweig verkäuft dem Diedrich und Bernhard von dem Damme, Bürgern zu Braunschweig, einen beim Kirchhofe zu Schöppenstedt gelegenen Hof und belehnt sie damit unter Vorbehalt des Wiederkaufs. — 1359, den 24. August. I.

We magnus etc Dat we hebben verkoſt vñ ghelaten tylen van dem damme vñ bernde ſinem brodere vnſen borgheren to Brunſwich vñ eren eruen vor veſteyn mark brunſw wichte vñ witte de os al betalet ſint vnſen hof to Scepenſt de ghelegen is bi deme kerkhoue vñ hadde weſen des van dreynleue mit alleme rechte vñ mit aller nut mit alle deme dat dar tohort vri vñ ledich alſo alſe de van dreynleue dene ghehat hadde We hebbet ok diſſen vorſprokene hof mit alle deme dat dar tohort gheleghen vnſen vorb borgheren. to enem rechten manleken lene vñ willet on des ere rechte ware weſen wūr vñ wanne on des nod is. Auer doch ſo moghe we oder vnſe eruen diſſen vorb hof weder van on kopen vor veſteyn mark der vorb wichte vñ witte to ſente peters daghe de nylkeſt tokomende is na der vtghiſt diſſes breues vort ouer de neyſten dre jar vnde dat ghelt Scolde we on betalen in der ſtad to Brunſwich Were auer dat we des nicht en deden oppe de tyd ſo Scolde de hof mit alleme vnſen vorb borgheren vñ eren eruen bliuen to enem rechten eruen lengude vñ we vñ vnſe eruen en hedden nene moghe dar weder an to kopende Actum et datum anno domini M CCC LIX In die beati Bartholomei apoſtoli.

87. Die Grafen Ludolf und Ludwig von Wunstorf begeben sich mit ihren Schlössern Wunstorf und Blumenau in den Dienst des Herzogs Wilhelm von Braunschweig und Lüneburg und verleihen ihm das Näherrecht an den Schlössern bei einer Verpfändung oder einem Verkaufe derselben. — 1359, den 1. September. K. O.

Van der gnade goddes We Ludolef vnde Lodewich Grouen to Wnſtorpe bekennet openbare. Dat we ſind ghe varen in vſes heren denſt hertoghen Wilhelmes van Luneborch ver Jar vmme van vſer vrowen daghe to Lechtmiſſen de nu negheſt to kumpt an to Rekenende, vñ we ſcon ome denen vñ helpen, vnde vſe Slote, wnſtorpe vñ de Blomenowe open holden vp allefwene wan ome des behof is, vñ he ſcal vs vſes rechtes vor deghedinghen weder allermalken lik anderen ſinen Mannen de tyd vmme, Minne vnde Rechtes ſcal he ouer vs woldech weſen, vor vnrechtede vs we vñ en mochte he vs ouer den, eder ouer de, de dat deden nicht helpen Minne edder Rechtes. vñ queme we to veyde vnde worde we den beſtallet, edder vor Buwet dat ſcolde he vs van ſteden an mit al ſiner macht keren vñ weren vñ bi den helpen Vnde worde we des Rades, dat we deſſe vorſprokenen Slote twe vor ſetten eder vor kopen wolden, dat ſcolde we ome erſt beden, vñ wolde he dat hebben vmme alſo dan gheld, alſo vs en ander dar vp den edder dar vore gheuen wolde, ſo ſcolde we ome de Slote vor ſetten edder vor kopen vnde anders nemende. Deſſe vorbenomden ſtucke hebbe we ghe louet vñ louet entruwen deſſem vorbenomden Hertoghen wilhelme van Luneborch vſem heren to donde vñ vaſt vñ vnvorbroken to holdende, vnde betughet dat mit deſſeme breue dar vſe Inghesegle to hanghet, vnde is ghe ſcen na goddes bord druttenhundert Jar in deme Neghoden vnde viſteghesten Jare. to ſunte Ilyens daghe.

88. Ritter Johann von Salder auf dem Schlosse Calenberg gelobt mit seinen Söhnen Johann und Gebhard, dass er mit seinem Bruder Conrad und dessen Bundesgenossen, gegen die er den Herzog Wilhelm von Braunschweig und Lüneburg sich und ihm zur Hülfe auf das Schloss gerufen hat, nicht ohne des letzteren Bewilligung Sühne oder Frieden schliessen will. — 1359, den 4. September. K. O.

Ich her Jan van Saldere ridder Jan vñ ghevert myne ſoyne wonnaftich to dem kalenberchghe doen witlych vñ bekennen dat we mynen heren van luneborch vppen kalenberch hebben ghe eſghet vñ nomen vs to hulpe vñ vſen vorebenomeden heren to hǔlpe wedder hern cordde vſen broder van Saldere vñ Sine kyndere vn ere hǔlpere vñ ſcullen vs nicht soynen edder vreden wen don dat vſer eyn myt dem anderen myt ghudem willen Dit love we entrůwen vſen vorebenomeden heren ſtede vñ vaſt vñ vnbrekelych to holdende. Tho eyner orkůnde hebbe we her Jan van Saldere Jan vñ ghevert myne Soyne vſe yngheseghele ghe henget an deſſen bref de ghe gheven vñ ſcreven is na godes bort drydtheynhůndert iar indem neghen vñ veſtheghesten iare des mitwekes vor vſer vrowen daghe der lateren.

89. Herzog Ernst von Braunschweig der jüngere bestätigt dem Knappen Bodo von Adelebsen ein Pfandrecht an dem von ihm dem Hermann von der Gowisch zu Lehn ertheilten Zehnten zu „Robbedissen" (nordwärts am Bier). — 1359*), den 9. October. IX.

We von der gnade godes Ernſt de Jungere hertoge von Brunſwigk Bekenne openberliken in duſſeme breue alle den jennen de en ſeyt eder horet leſen, Boden von Odeleueſſen knapen Alheyde ſyner echten vrouwen vnde oren rechten eruen drittich lodeger marck ſuluers to hebbende an deme thegeden tho Robbedyſſen den herman van der ghǒwyſch von vns tho lene hefft vnde an aller ſlachten nůt de to deme thegeden horet vnde der vorbenomeden pennyge wylle we en dar an bekennych ſyn wor on des noyd is tho bethugynge duſſer dyngh hebbe we dorch bede wyllen des vor ghenanten hermans duſſen breff myt vnſeme Ingeſegele be ſegelt laten Na godes bort drytteynhundert jar in deme negeden vnde veſſtegeſten jare jn ſunte dyoniſius dage vnde ſiner ſelſchop.

90. Herzog Magnus von Braunschweig überlässt dem Ritter Ludolf von Hohnhorst das Eigenthum des Gutes zu Sülfeld, welches die von Garssenbüttel von ihm zu Lehn besassen, und dem Knappen Heinrich von Veltheim das Eigenthum einer Hufe zu Sikte. — 1359, den 16. October. I.

We magnus etc. Dat we dorch lene vnde vruntſcap her ludeleues van honborſt riddere eghent hebben. eghenen vnde laten ewelichen dat gud vñ den eghendom des gudes to ſoluelde mit aller nut in velde in dorpe in holte in wiſche in weyde vñ mit alleme anderme rechte dat dar tohort. alſo dat her roleſ vñ widekint ghe heten van garſnebutle van vnſen elderen vñ van os vñ widekint vñ Otto widekindes ſone erghenomet ok van os hadden to rechteme lene. Vñ we laten vor os vñ vor vnſe eruen van deme gude vñ van deme eghendome vñ van alleme rechte des gudes dat we dar an hadden. Ok ſcal de ſelue her ludelef oder weme he dat gud lete oder gheue hebben vor eghen gud vñ rowelken beſitten ane allerleye hynder vnde wederſprake vnſer vn vnſer eruen. We vñ vnſe eruen willen ok des gudes vñ eghendomes rechte were weſen wanne des nod is In cuius rej teſtimonium etc. Teſtes ſunt Gheuehardus de werberghe nobilis. hinricus de veltum Johannes de honleghe et Guntzelinus de Aſſeborch ſamuli Actum et datum anno domini M̃ CCĆ LIX̃ In die beati Galli abbatis.

Notandum quod hinrico de veltum ſamulo ſigillata eſt vna litera ſuper proprietate vnius manſi in tziete ſoluens annuatim II coros ſiliginis II coros auene II ſolidos et II pullos et ſonat de verbo ad uerbum ut litera immediate precedens actum et datum anno et die quo ſupra.

---

*) Folgende Urkunde desselben Herzogs aus demselben Jahre steht in einem alten Urkundenverzeichnisse verzeichnet:

Recess zwischen Herzog Ernst zu Braunschweig Alberti filio und den 6 Mannen Vormündern des Rammelbergs zu Goslar wegen Verpfändung und Wiederlöse des halben Zehnten des Rammelbergs, so der Herzog gegen Erlegung 400 Mark sich vorbehält. 1359.

Ausserdem sind daselbst folgende Urkunden verzeichnet:

Ein Brief Herzog Ernsten und Herzog Albrechts zu Braunschweig auf 400 Mark löthigen Silbers auf die Hälfte des Zehnten auf dem Rammelberg 1359 Montag nach Palmarum.

Die 6 Vormünder des Rammelbergs verkaufen den 4ten Theil des Zehnten auf dem Rammelsberg mit dem Gerichte und allem Nutz Sievard Scharpen für 125 Mark löthigen Silbers. 1356.

Die 6 Mann Vormünder des Rammelbergs bei Goslar verkaufen Cord Romelden und seinen Erben den 4ten Theil des Zehnten auf dem Rammelsberge mit dem Gerichte und allem Nutz für 125 Mark löthigen Silbers Goslar Wichte wiederkäuflich. 1356.

91. Herzog Magnus von Braunschweig verkauft auf Wiederkauf dem Aschwin von Salder, Probst in der Burg zu Braunschweig, dessen Bruder Heinrich, ihres Bruders Söhnen Siegfried und Hans, dem Hans von Honlege und dessen Vetter Ludolf das Dorf Bornum ohne geistliche und weltliche Lehne mit Zins, Dienst, Beede, Vogtei und hoher und niederer Gerichtsbarkeit. — 1359, den 3. November. I

We magnus etc. Dat we mit vulborde vnſer eruen hebben verkoft. vñ laten vnſe dorp bornum mit alle deme dat dar tohort dat we los hebben vñ dat os los werden mach bynnen deme dorpe vñ dar enbuten. ane gheyſtleke leen vñ werleke leen mit tynſe mit denſte mit beede mit voghedie mit allerleye gherichte boghest vñ ſydast vn alleme rechte alſo alſe dat dorp vns tobehord vñ we dat beſeten hebben. den vromen wiſen luden hern Aſchwine van ſaldre proueſte in der borch to Brunſw̄ hern hinreke ſinem brodere vnde ziuerde vñ hanſe eres broder ſonen vñ eren eruen. hanſe van honleghe vñ ludeleue ſinem vedderen vñ eren eruen. Vor hundert mark lodighes ſylueres Brunſw̄ wichte vnde witte de ſe os rede vñ al betalet hebben vñ in vnſe nut ghekomen ſint. Dat ſelue dorp bornum Scullen de vorb̄ her Aſſchwin her hinr̄ ziuerd vñ hans van ſaldre vn ere eruen vñ hans van honleghe vn ludelef ſin veddere vñ ere eruen roweliken beſitten vñ hebben mit alleme rechte dat dar to hort ane allerleye wederſprake vnde hynder vnſer vñ vnſer eruen vnde vnſer ammechtlude We vnde vnſe eruen willen vñ ſcullen ſe oder ere eruen ok truwelken verdedinghen vñ van aller anſprake entledeghen vñ des dorpes vñ alle des dat we on dar mede verkoft hebben rechte were weſen wanne on oder eren eruen des nod is. Ok moghe we oder vnſe eruen den ſeluen hern Aſchwine hern hinreke ziuerde vñ hanſe van ſaldre oder eren eruen vñ hanſe van honlege vñ ludeleue ſinem vedderen oder eren eruen efte ſe moghen os oder vnſen eruen den wederkop des dorpes vñ alle dat we on dar mede verkoft hebben alle Jar in ſente mych̄ dage vñ wanne de kundeghinghe gheſchen is ſo Sculle we oder vnſe eruen on oder eren eruen weder gheuen vnbeworen vor dat dorp to bornum hundert lodeghe mark Brunſw̄ wichte vñ witte to winachten de dar erſt tokomende ſyn In der kyndere daghe in der ſtad to Brunſw̄. Alle diſſe vorſcreuene ſtucke loue we entruwen vor os vñ vor vnſe eruen. her Aſchwine van ſaldre her hinreke ſinem brodere ziuerde vñ hanſe eres broder ſonen vñ eren eruen. hanſe van honleghe vñ ludeleue ſinem vedderen vñ eren eruen ſtede vaſt vñ vnuerbrokelken to holdene in diſſem breue dene we to ener bekantniſſe dar op ghe gheuen hebben vñ de mit vnſem Ingheſeghele mit vnſer witſcap beſeghelt is Actum et datum anno domini M̊ CCC̊ LIX̊ dominica proxima poſt feſtum omnium ſanctorum.

92. Herzog Magnus verpflichtet sich, den Bürgern und dem Rathe der Stadt Braunschweig die ihm geliehenen hundert löthigen Mark im nächsten Jahre oder bei der Einlösung des Schlosses Hessen zurückzuzahlen, und sein Sohn, Herzog Ludwig, verpflichtet sich dazu nach seines Vaters Tode. — 1359, den 11. November. I

We Magnus etc Dat vſe leuen bŏrghere de Rad der ſtad to brunſw̄ hebbet ŏs ghe leghen hŭndert lodighe mark brunſw̄ wichte vñ witte de we rede vp ghe nomen hebbet Deſſe ſeluen hŭndert mark ſchulle we ŏn weder gheuen to winachten de nv neiheſt to kŭmpt vort ouer eyn Jar In der ſtad to brunſw̄ Weret dat we des nicht en deden bynnen diſſer tyt So vor plichte we ŏn vñ vorpenden vor diſſe ſuluen hŭndert mark vſe hŭs to heſnēm alſo dat we des nicht van on bringhen ſchullet oder loſen. we en gheuen ŏn diſſe vorſprokenen hŭndert mark In der ſtad to brunſw̄ weder mit dem anderen gheide dat ſe dar vore an hebbet wanne we dat loſeden. We moghen ok diſſe vorſprokenen hŭndert mark deme Rade weder gheuen wan we willet er we dat hŭs to heſnēm van ŏn bringhet eder loſen. Tho eynem ŏrkunde diſſer dinghe dat de ſtede bliuen hebbe we ŏn diſſen bref gheuen beſeghelet mit vſem Ingheſeghele. Vñ we lodewich des vorbenomden hertoghen magnus ſone bekennen openbare In diſſem breue vñ vor plichtet ŏs des eft we vnſes vader dŏt leueden dat we denne diſſe vorbeſcreuenen dingh holden willen vnſen leuen borgheren Deme Rade to brunſw̄ alſe de hir vor beſcreuen ſtad vñ alſe vnſe here herthoghe magnus vnſe leue vadir on de het be ſeghelet In diſſem breue. vñ hebbet des to eyneme ŏrkunde vnſe Ingheſeghel ghe henghet an diſſen bref Datum anno domini M̊ CCC̊ LIX̊. In die beati martini epiſcopi et confeſſoris.

88. Johann von Mandelsloh stellt einen Revers aus, dass ihm das Schloss Rehburg, wie sein Vater Conrad es besessen hat, von dem Herzoge Wilhelm von Braunschweig und Lüneburg unter Vorbehalt des Oeffnungsrechtes verpfändet und ihm die Vergütung der Kosten eines mit Rath des herzoglichen Küchenmeisters Diedrich Schlette an dem Schlosse vorzunehmenden Baues versprochen ist. Er verpflichtet sich, den Pfandvertrag, falls Herzog Wilhelm, ohne einen Sohn zu hinterlassen, stirbt, dem Herzoge Ludwig von Braunschweig und, falls dieser nach ihm, ohne einen Sohn zu hinterlassen, stirbt, demjenigen der Brüder desselben, der von dem Raths-Collegio zum Herrn der Herrschaft Lüneburg gewählt werden wird, zu halten und ihn als seinen Herrn anzuerkennen. — 1359, den 17. November. K. O.

Ek Her Jan van Mandeslo. bekenne openbar In dessem Jegenwordegen breue. mid minen borgen. de Hir Na befcreuen ftan. Dat de eddele vorste. min Here Her wylhelm. Hertoge to brunswik vñ to Luneburgh heft me vnde minen eruen. bevalen vnde ghefat. fin flot. Rebûrgh mid allem rechte vñ mid alle dem. dat dar to hort. alfo als dat min vader Conr̃ van mandeslo vore ghehat hadde. vor twintich mark vnde hundert. bremefches fuluers honouerfcher witte vñ wichte. Desses feluen flotes löfe. magh vnfe here her wilhelm vns vñ we Im kundegen wanne we willet.. vnde wanne we eder he dat don willet. dat fculle we Im. eder he vns. eyn half Jar to voren wetten laten. wanne dat halue Jar vmme komen js. fo fcal he vns de vorbenompten. twintich mark vñ hunderd bremefches fuluares bereden vñ betalen in der ftat to honouere. ane Jengerhande hinder. vnde wanne he. dat ghedan heft. fo fculle we vñ willet em fin vorbenompte flot Rebûrgh mit alle dem dat dar to hort. vnbeworn weder antworden ane vortogh vñ hinder. Ok fculle we vñ willet. dit flot desse tyt ouer. vnfem vorbenompten heren Hern wylhelme truweliken bewaren. vñ Im Openen to allen thyden vppe allermalken to allen finen nöden.. Wolde ok vnfe heren van dem flote orlegen. vñ fette he dar finen ammechtman. de fcolde vns vñ de vnfe dar vorfcaden bewaren. vor fik vñ den finen. fchude vns auer dar von em eder von den finen fcade. den fcolde vns de ammechtman weder don in minne eder in rechte binnen. twen manten na der tyt dat we dat von em efcheden. Minne vñ rechtes fcal vnfe here ouer vns weldich wefen. worde we ok fchelhaftich mit Jemende. enhulpe vns denne vnfe here nicht minne eder rechtes. binnen twen manten na der tyt. dat we dat van Im efchet hedden. fo mochte we vns von dem flote reburgh feluen vnrechtes wol irweren.. worde ok dat flot rebûrgh van vnghelukke vûrlorn des god nicht en wille. fo en fcolde he vnde we vns nicht fonen eder vreden. mit den de dat flot gewunnen hedden. he en hedde vns. dat felue flot rebûrgh hulpen weder bekrechteget. eder en ander flod weder In dat richte hulpen gebuwet. eder vfe here her wilhelm en hedde vns vnfe twintich mark vñ hundert bered vñ betalet. vnde buwede he mit vns eyn flot weder in dat gherichte. dar fcolde we vnfe twintich mark vñ hundert. an hebben. vnde mit dem gherichte Inne fitten alfe we In dem flote rebûrgh vore feten. vnde worde dat flot rebûrgh beftallet. dat fcolde he vns helpen redden.. Vortmer weret. dat vnfe. dicke vorbenompte here her wylhelm af gynghe. alfo. dat he nicht enen echten fonen en hedde. eder mer. des got nicht en wille fo fculle we vñ willet mid dem feluen flote rebûrgh. by Junkheren Lodwyge Hertogen Magnufes fone Hertogen to brunfwik. eder icht Junkher Lodwyg Na. her wylhelmes. vnfes heren dode afgynghe alfo. dat he nenen echten fonen en hedde. by finer brodere eneme. dem de dar to ghekoren worde. bliuen vnde en vor enen eruen heren hebben vñ holde, vnde em dat flot reburgh to lofende don. vñ em alle ftucke holden de hir vore ghefcreuen ftan in allerleye wyfe. alfe we fe vnfem Heren hern wylhelme vorbenompt holden fcolden icht he nogh leuendich were. Ok moghe we vurbuwen an dem feluen flote wûr des dar nod is. veftich mark bremefches fuluers. vnde dat fculle we don mid rade dyderkes flettan vnfes vorbenompten Heren hern wylhelmes kokemefteres. vnde wat we van dessen veftich bremefchen marken dar an vurbuwet hedden. dat fcal vns vnfe here In der lofinghe des flotes rebûrgh. mit den twintich marken vñ hundert In der ftat to honouere vppe de feluen thyt wedderghenen. eder alfo vele min alfe we min dar an vurbuwet hedden. Vortmer hebbe we vnfem vorbenompten heren. finen rechten eruen vñ nakomlinghen. to borgen ghefat. vnfe vrunt de hir na befcreuen ftan. weret. dat der Jenich af gynghe binner der tyt dat we dit flot vnder vns hebben. fo fcolde we vñ wolden. enen anderen alfo güden in den ftede fetten. de af gegan were. binnen den neyften vere wekene. wanne we dar vmme ghemanet worden. vnde de fcal in enem funderliken breue louen vnfem heren vnde Junkheren alle deffe vorfcreuenen ftucke. ftede vñ vaft to holdene. vnde mit dem breue fcal deffe bref vnvorbroken bliuen.. alle deffe vorfcreuenen ftucke. Loue. we. Her Jan von Mandeflo vñ mine eruen. dem dicke vorbenompten vorften. Hertogen wilhelme. vñ finen eruen. vnde Junkheren Lodwyge. hertogen Magnus fone. eder finer brodere enem icht hertoge Lodwyg na hern wilhelmes dode af gynghe dat he nenen echten fonen en hedde eder mer. dem de dar to der herfcop to Luneburgh ghekoren worde von den de dar to ghefat weren. In guden truwen. gantz vnde ftede to holdene ane Jengherhande hinder. vnde to grotteren wyffenheyt. hebbe ik dicke vorbenompte her Jan von Mandeflo vor my vnde vor mine eruen hir vorbenompt min inghefegel ghehenght laten to deffem breue.. Vnde we. Olrik von Mandeflo. hinrik knykghe hern hinr̉ fone knykghen. Harbord von mandeflo. dyderik von mandeflo fwarten Conr̉ fone von mandeflo. gherard van Campe. dyderik blome. Harbord von mandeflo. witten Conr̉ fone von mandeflo. vñ Rygghard von mandeflo. Hern Harbordes fone. bekennet vnde bethuget In deffem breue. Dat we vns ghefat hebben. vn fetten vns to borgen. vor vnfen dicke vorfcreuenen vrunt. hern Jane von mandeflo vn vor fine eruen. weret. dat an en Jenich bork worde In deffen vorfcreuenen dinghen. vnde we dar vmme ghemanet worden. von vnfem Heren Hern wilhelme hertogen to brunfwik vñ to Luneburgh. eder von finen rechten eruen. vnde icht he alfo af gynghe. dat he nenen echten fonen en hedde eder mer. Junkheren Lodwige hertogen magnus fone von brunfwik. eder icht he na hern wylhelmes dode af gynghe alfo dat he nenen echten fone hedde eder mer. von finer brodere eneme de In de herfcop denne ghekoren worde ghemanet worden binnen den Neyften. vere wekenen. Na der maninghe fculle we vñ willet den broke Irvallen ane Jengherhande hinder vñ twiuel. Dit Loue we vorbenompten borgen. vnfem vorbenompten. Heren. vnde Junkheren. In guden truwen mit famderhant ganz vnde ftede to holdene ane allerleye hinder. vnde to merer wiffende. hebbe vnfer aller Inghefegele ghehenghet laten witliken to deffem breue. De gheheuen Is Na goddes bord. drutteynhundert Jar In dem Negen vnde veftigeften Jare des Neyften fondages Na finte Mertens dage des Hylgen byfcopes.

94. Pabst Innocenz VI. beauftragt den Bischof Johann von Osnabrück, dass er dem jungen Herzoge Ludwig, Sohn des Herzogs Magnus von Braunschweig, und der jungen Herzoginn Mechthilde, Tochter des Herzogs Wilhelm von Braunschweig und Lüneburg, welche wegen Verwandtschaft im dritten und vierten Grade kein Ehebündniss mit einander haben schliessen können, durch dasselbe aber vielen befürchteten Kriegen, Aergernissen, Gefahren und Schaden in den Landen beider Herzöge, ihrer Bundesgenossen und Nachbaren vorzubeugen hoffen und ihn deshalb um Dispensation gebeten haben, nach erlangter Gewissheit über die Richtigkeit ihrer Angaben Dispensation verleihe. — 1359, den 20. Januar.

Bischof Johann von Osnabrück verleihet ihnen die Dispensation. — 1359, den 21. November. **K. O.**

Johannes Miferacione diuina Epifcopus Ofnaburgeñ. Vniuerfis prefencia vifuris feu audituris. Salutem et finceram in domino caritatem. Literas Sanctiffimi in Chrifto Patris ac dominj noftri Innocencij diuina prouidencia Pape fexti, filo canapis Bullatas, non viciatas, non cancellatas, nec in aliqua fui parte fufpectas, cum ea qua decuit Reuerencia nos recepiffe noueritis in hec verba. Innocencius Epifcopus feruus feruorum dei. Venerabili fratri.. Epifcopo Ofnaburgeñ Salutem et apoftolicam benedictionem Exhibita nuper nobis pro parte Dilecti filij Nobilis viri Ludowici, dilecti filij Nobilis viri, Magni, fenioris, de Brunfwich nati domicelli, et Dilecte in Chrifto filie Nobilis mulieris Machtildis, dilecti filij Nobilis viri Wilhelmi de Brunfwich et Luneborch, Ducum, nate Domicelle peticio continebat, quod ijdem Ludowicus et Mechtildis dictorum Ducum et amicorum fuorum interueniente tractatu defiderant inuicem Matrimonialiter copulari, Sed quia Tercio et Quarto confanguinitatis gradibus inuicem fe contingunt Matrimonium huiufmodi contrahere nequeunt, difpenfacione apoftolica fuper hoc non obtenta, Quare pro parte ipforum Ludowici et Mechtildis nobis extitit humiliter fupplicatum, vt cum ex huiufmodi Matrimonio fi fiat, Magnis guerris, fcandalis et periculis, atque dampnis obuiari fperetur, que ſi quod abſit, Matrimonium prefatum non fieret in terris dictorum Ducum, et eis adherencium, ac parcium vicinarum veriſimiliter ſequi formidantur, prouidere eis ſuper hoc de oportune diſpenſacionis beneficio miſericorditer dignaremur, Nos itaque qui ſalutem querimus ſingulorum et libenter Chriſti fidelibus quietis et pacis comoda procuramus, huiuſmodi guerris, ſcandalis et periculis, atque dampnis, obuiare, quantum cum deo poſſumus cupientes, huiuſmodi ſupplicacionibus inclinati. fraternitati tue per Apoſtolica ſcripta mandamus, quatinus ſi eſt ita, cum prefatis, Ludowico et Mechtildi, ut impedimentis, que ex premiſſis perueniunt nequaquam obſtantibus Matrimonium inſimul libere contrahere, et in eo poſtquam contractum fuerit remanere licite valeant apoſtolica auctoritate diſpenſes Prolem ex huiuſmodi Matrimonio ſuſcipiendam legitimam nunciando, Datum Auinione. XIII. kal februarij. Pontificatus noſtri anno ſeptimo. Quibus literis receptis nobis pro parte Ludowici et Mechtildis predictorum humiliter fuit ſupplicatum. vt ad execucionem in ipſis literis contentorum procedere dignaremur, Nos igitur volentes mandatum apoſtolicum Reuerenter exequi ut tenemur, ad inquiſicionem ſliorum, que in dictis literis continentur proceſſimus diligenter, et quia poſt diligentem inquiſicionem inuenimus omnia et ſingula in dictis literis narrata fore vera, cum prefatis Ludowico ac Mechtildi, ut impedimentis que ex premiſſis proueniunt nequaquam obſtantibus Matrimonium inſimul libere contrahere, et in eo poſtquam contractum fuerit licite remanere valeant Apoſtolica auctoritate nobis in hac parte commiſſa diſpenſauimus et preſentibus diſpenſamus Prolemque ex huiuſmodi Matrimonio ſuſcipiendam, legitimam nunciauimus et preſentibus nunciamus. Acta ſunt hec Oſenbruge in Capella Curie noſtre Epiſcopalis . . . Anno domini Milleſimo Trecenteſimo Quinquageſimo nono, viceſima prima die Menſis Nouembris, Preſentibus, Reuerendo in Chriſto Patre ac domino fratre Bertoldo Epiſcopo Cyſopolen, necnon Honorabilibus et Diſcretis viris dominis Jacobo hoſt Canonico Oſnaborgen Alberto dicto Craſe Prepoſito Monaſterij ſanctimonialium in Berſenbruggen noſtre Dyoceſis ſupra dicte, ac alijs pluribus fide dignis In quorum omnium teſtimonium ſigillum noſtrum maius preſentibus eſt appenſum.

96. Pfarrer Werner Struve zu Tecklenburg und die Knappen Hugo Bar, Diedrich von Schloen und Lutbert Westfal bescheinigen, dass Herzog Wilhelm von Braunschweig und Lüneburg auf ihre im Namen des Grafen Nicolaus von Tecklenburg und seines Sohnes Otto ihm vorgetragene Bitte urkundlich bezeugt hat, die von den Grafen ihnen wegen der Zahlung der 5000 löthigen Mark, welche Herzog Albrecht von Mecklenburg und seine Söhne den Grafen am 6. desselben Monates hätten zahlen müssen, angestellte Vollmacht und die von ihnen dem Herzoge Albrecht über den von ihnen mit ihm der Zahlung wegen abgeschlossenen Vertrag ausgefertigte Urkunde gesehen zu haben, und dass er dabei, was ihm vom Vertrage bekannt ist, angegeben hat. — 1359, den 15. December. **K. O.**

Wi Werner Struue kerkhere. tho Tekeneborch. Hughe bere. tyleke van den Sloen vnd lûdbert weſtfaal knapen. bekennen vnd betûghen openbare in deſſem breue. dat wi den hochghebornen vorſten. hern wilhelme Herthoghen tho lunenborch vnd brunſwik. ghebeden hebben. dat he in Sinem openen breue. vnder ſinem Inghoſeghele betûghe. dat he gheſeen heft. vnſes heren greuen Claweſes van tekenborch vnd Jungheren Otten Sines Sones openen bref. dar Ere Ingheſeghele vor hanghheden. dar ſe vns ghantze vulle macht an gheghenen hebben. tho doende an der betalinghe der vyf duſent lodeghe mark. de herthoghe Albrecht van mekelenborch. ſine Sône. vnd ere medeborghen. vnſen vorbenomeden heren den greuen doen ſcholden. tho Sûnte Nicolaus daghe de nv was.. Vnd vortmer dat he in dem ſûluen breue bethûghe. dat he ſeen heft vnſen openen bref dar vnſe Inghoſeghele vor hanghedan. den wi dem vorbenomeden Herthoghen Albrechte van Mekelenborch. ghegheuen hebben. vpp de deghedinghe deſſer vorbenomeden betalinghe. de tûſchen em vnd vns. ghedeghedinghet ſint. vnd wes em in den deghedinghen witlik is. Tho ener mereren bekantniſſe vnd tûghe. dat wi deſſen vorbenomeden vorſten Herthoghen Wilhelme. hir vmb ghebeden hebben. van vnſer vorbeſcreuenen heren weghene der greuen van tekenborch. So hebbe wi vnſe Ingheſeghele. an deſſen bref ghehenghet de gheuen is tho lûnenborch na godes bord drûtteinhundert Jar. In dem neghen vnd vyftegheſten iare. des Sôndaghes na ſûnte lucien daghe.

96. **Knappe Heinrich van Woltorpe bescheinigt, dass Herzog Wilhelm von Braunschweig und Lüneburg ihm und seinen Brüdern dreissig Mark durch Bode von Brokelde, Zöllner zu Gifhorn, hat auszahlen lassen. — (Ums Jahr 1360.)** **K. O.**

Ik henrich van Woltorpe knecht bekenne in desseme breue besegheled mit mineme inghesegheie dat bodo van brokelde Tolnere tho Gyfhorne mich vñ minen broderen ber ed heuet Drittich stendalesche mark van vses herren weghene van luneborch.

97. **Die Herzöge Magnus und Ernst von Braunschweig, Gebrüder, verkaufen auf Wiederkauf ihren Antheil an dem Zolle zu Braunschweig dem Eilhard von der Heide, Bürger zu Braunschweig, seiner Frau Gerburg und seinem Neffen Bonnecke für dreissig Mark und für die Summe Geldes, für welche derselbe seinem Vater Johann von ihrem verstorbenen Bruder, Herzog Otto, verkauft worden ist, und verleihen denselben seiner Frau zur Leibzucht und seinem Neffen zu Lehn. — 1360, den 25. Januar.** **L**

Dei gracia Nos Magnus et ernestus fratres duces in Brunswich omnibus presencia visuris seu audituris volumus esse notum Quod cum consensu heredum nostrorum vendidimus eylardo de merica gherburgi vxori eius legitime et bonneken fratruell ipsius ciuibus in Brunsw̄ et eorum heredibus partem theolonij nostram totam Ciuitatis nostre brunsw̄ predicte nos contingentem pro trigiata marcis Brunsw̄ ponderis et valoris nobis persolutis et eciam pro tali pecunie summa pro qua jnclitus princeps frater noster dilectus Otto dux in brunsw̄ clare memorie quondam Johanni de merica patri ipsius eylardi ac suis socijs in hac parte ciuibus nostris in brunsw̄ ut suis literis patentibus super hac ipsis traditis apparet vendidit et dimisit habendam et possidendam singulis annis pacifice et quiete Contulimus eciam partem theolonij nostri predicti presate gherburgi nomine dotalicij et bonneken patrueli ipsius eylardi predicti iusto tytulo pheodali. Possumus tamen nos et nostri heredes eandem partem theolonij a memoratis ciuibus aut eorum heredibus quolibet anno reemere pro trigiata marcis argenti et ponderis predictorum et pro summa pecunie pro qua memoratus frater noster ipsam olim vendiderat ac ipsius reempcionem jn die beati stephani scilicet in Crastino natiuitatis domini nostri ipsis intimare poterimus singulis annis quandocunque nobis placuerit et summam totalem pecunie predicte a nobis et a fratre nostro Ottone ante dicto recepte secundum formam et tenorem nostrarum et suarum literarum in festo annunciacionis beate marie virginis continue subsequente in ciuitate nostra predicta integre persoluemus Testes huius rei sunt hinricus de wenden famulus Conradus clerici et thidericus de dammone ciues nostri fideles et quam plures alij fide digni In premissorum euidenciam sigilla nostra presentibus duximus apponenda datum Anno domini M̄ CCC̄ LX̄ In die conuersionis sancti pauli apostoli.

Gedruckt in Braunschw. hist. Händel I. 114. Rehtmeier's Braunschw. Lüneb. Chronica pag. 634.

98. **Der edele Herr Otto zur Lippe beurkundet, im Gerichte auf der Altstadt zu Lemgo bestimmt zu haben, dass sein Sohn Simon Laie bleiben und nach seinem Tode die ganze Herrschaft Lippe mit Zustimmung seines anderen Sohnes Otto besitzen soll. Sein Sohn Otto beurkundet, im selben Gerichte seinem Bruder Simon seinen Antheil an der Herrschaft unter der Bedingung, dass er, falls sein Bruder, ohne Söhne zu hinterlassen, stirbt, die Herrschaft erhält, abgetreten und sich die Aemter Enger und Quernheim als Leibzucht vorbehalten zu haben. — 1360, den 1. Februar.** **K. O.**

Wy Her Otte en Edele here Here tho der Lippe bekennet Openbare in dossem breue. Dat wy hebbet ghe wesen vor vnseme ghe hegheden rychte vp der Olden stad tho Lemego, vñ hebbet ghe scheden na vnseme dode vnse sone Juncheren Symone vñ Otten Als hir na ghe screuen steyt. Dat Juncher Symon schal leyge bliuen vñ na vnseme dode vnse herscap tho der Lippe ghans besitten mit willen vn wlbord Juncheren Otten vnses anderen sones vñ al vnser rechten.. Eruen. Vñ wy Juncher Otte bekennet ok mit dossem breue dat wy mit wilem willen vnseme brodere Symone vornompt hebbet vp ghe laten vnsen deel der herscap An deme suluen ghe rychte mit dosseme vnderschede Were dat Symon vnse broder storue ane manneruen vñ ane Sone des god doch nicht en wille so schole wy vñ vnse.. Eruen der Herscap dan weder ghe bruken. Ok ſo ſchole wy Juncher Otte be holden dat Ammet tho Enghere vñ dat Ammet tho Querenhem mit allen tho behoringhen tho vnſeme lyue Vñ doſſe vorſprokene Ammecte ſchal vns antworden vnſe broder Symon ledich vñ loes, vñ na vnſeme dode ſchal dat Ammet tho Enghere vñ tho Querenhem weder komen an de herſcap ok ledich vñ loes Vñ hir mede ſchole wy ghe ſcheden weſen na vnſes vader dode als vns vnſe vader ghe ſcheden heuet by leuendeghen liue als hir vor ghe ſcreuen is vñ ſcholen leue brodere bliuen Tho bekantniſſe al doſſer vorſcreuenen ding de vaſt ſtede vñ vnvorbroken tho holdende So hebbe wy her Otte here tho der Lippe vornompt Juncher Symon vñ Otte vnſe Sone vnſe Ingheſeghele laten ghe hanghen tho doſſem breue Vñ went wy her Wedekint Edele man Here tho dem Berghe. Her Cord van boghe Her Frederik de wend Riddere vñ wy Rad der Olden ſtad tho Lemego, Sweder van dem buſche Lubberd de wend. Statius van Deem vñ Franke van Deem knapen ouer doſſen vorſcreuenen deghedinghen hebbet ghe weſen vñ ghe hord vñ ghe ſeen. Des tho ener betüchniſſe ſo hebbe wy alle vnſer allere Ingheſeghele ghe hanghen tho doſſem breue De ghe gheuen is Na godes bord Duſent Jar Drehundert Jar In deme Soſtigheſten iare Des hilghen Auendes vnſer Leuen vrowen tho Leychtmiſſen.

99. Die Knappen Johann und Ludolf von Hohnhorst und Hermann Schulte bescheinigen, von dem Herzoge Wilhelm von Braunschweig und Lüneburg für den Schaden, der ihnen um seinetwillen auf dem Schlosse Lauenbrück *) durch Brand, Raub, Gefangennahme und Schatzung zugefügt worden ist, Ersatz erhalten zu haben, und geloben, ihn und den Herzog Ludwig von Braunschweig deshalb nicht mehr zu mahnen. — 1360, den 5. Februar. **K. O.**

We Johan vnde Ludolef brodere ghe heten van honhorſt. ichteſwanne hern hinrikes ſone van honhorſt vñ herman Schulte knapen be kennet openbar in deſſem breue Dat de Erbar vorſte vnſe here her Wilhelm hertoghe to Brunſwich vn to luneborch heſt vns vul ghe dan vñ weder ghe leghet al den ſcaden den we van ſiner weghene vppe dem ſlote to der Leuwenbrueghe ghe nomen hadden an brande an Roue an vanghenen an beſcattinghe. vñ wor vñ in welker wis we den ſcaden nomen hadden. Vnde we hebbet ghelouet entruwen vñ louet an deſſem breue den Erbaren vorſten hern Wilhelme vorbenomeden vñ Juncheren Lodewiche hertoghen Magnes ſone van Brunſwich dat we. noch vnſer nen. willet vñ ſcullet den ſcaden nicht vorderen van en noch van oren Eruen edder nakomelinghen. vñ nene maninghe dar mer vmme don. noch ſe noch de ore hinderen dorch des ſcaden willen. To eyner merer be tughinghe deſſer vorſereuen ſtucke hebbe we Johan. Ludolef vñ herman vorbenomeden. vnſe Ingheſeghele an deſſen bref ghehenghet Na goddes bord Drittenhundert Jar in deme Seſteghesten Jare in ſunte Aghaten daghe der hilghen Juncvrouwen.

100. Herzog Magnus von Braunschweig erzeigt dem Kloster auf dem Rennelsberge vor Braunschweig die Gnade, dasselbe der Beköstigung seiner Jäger und Hunde zu überheben. — 1360, den 5. Februar. **I.**

We Magnus etc Dat we vnde vnſe rechten eruen dorch god vñ dorch gnade willen vnſer vñ vnſer elderen ſele willen vñ dorch vruntſcap willen hebbet dat kloſter oppe deme rennelberghe vor der ſtad to brunſw begnadet vnde entlediget van koſt de ſe ichteſwanne deden vnſen Jegheren vñ vnſen hunden Vnde de kloſterlude en ſcullet nene nod dar mer vmme lyden Vnde we willet dat ſe deghere bliuen ane nod ledich vñ los To enem orkunde dat diſſe vorſerenene ding ſtede vñ vaſt bliuen des verplichte we os vñ vnſe eruen in diſſem breue Datum Anno domini M̊ CCC̊ LX̊ In die beate Aghate virginis.

Gedruckt in Braunschw. histor. Händel I. 140.

101. Herzog Magnus von Braunschweig verpfändet dem Heinrich von Wenden und dem Wilhelm von Ambleben das Schloss Jerxheim mit dem Dorfe daselbst und dazu die Dörfer Söllingen, Secker, Beierstedt, Gevensleben, Watenstedt, Heienstedt, „Venslevo", Ingeleben und Dobbeln mit der 37 löthige Mark jährlich betragenden Beede dieser Dörfer, mit Vogtei, Dienst, Sterbegefällen und Gericht unter der Bedingung, dass sie ihm das Schloss öffnen, nach seinem Tode den Pfandvertrag seinem Sohne Ludwig halten, denselben statt

*) Cfr. Fragmentum chronici Bardevicensis in Leibnitii scriptorum Brunsvicensia illustrantium Tom. III. pag. 219.

seiner als Herrn zu allem Rechte seines Vaters an der Herrschaft Braunschweig anerkennen, falls Ludwig aber, ohne einen Sohn zu hinterlassen, stirbt, demjenigen seiner anderen Söhne, der von seinen Mannen und von den Mannen des Herzogs Wilhelm von Braunschweig und Lüneburg zum Herrn gewählt wird, den Pfandvertrag halten. Herzog Ludwig gelobt, ihnen diesen Vertrag zu halten. — 1360. I.

We Magnus etc Dat we vnſe hus Jerxem mit deme dorpe dar ſelues vñ mit den dorpen de hir na ghescreuen ſtat ſelinge ſeckere beygerſtede gheuenſleue watenſtede ncnſtede venſleue Ingeleue debbenum mit voghedie denſte beede buleuinge mit ghenichte vnde mit alle deme dat dar tohort mit alleine rechte vnde mit aller nůt alſo alſe we dat hadden. hebben ghesat vnde ſetten vnſen truwen mannen. hinreke van wenden ichteſwanne her hinrekes ſone van wonden willekine van Ampleue vñ eren rechten eruen vor twelf hundert lodige mark Brunſw wichte vnde witte. Vd diſſen vorb̄ dorpen ſcullen ſe alle Jar hebben ſeuen vnde drittich lodighe mark to beede. Weret dat we dit vorb̄ hus van on oder van oren eruen weder loſen welden dat ſcolde we on verkundigen vor ſente mertens daghe vñ ſcolden on dit vorb̄ ghelt bereden vñ betalen oppe de neyſten paſchen in der ſtad to Brunſwich oder to Goslere in diſſer twier ſtede ener wůr ed on bequemeſt were Welden ſe ok ere vorb̄ gholt weder hebben dat ſcolden ſe os ok verkundigen vor ſente mertens dage vñ ſo Scolde we ed on bereden vñ betalen oppe de neyſten paſchen dar na in der ſtad to Brunſwich oder to Goslere wůr ed on bequemeſt Weret dat we des nicht en deden ſo mochten ſe erer vorb̄ penninghe bekomen mit deme ſeluen hus vñ mit deme dat we on dar to ghesat hebbet, mit weme ſe welden de ere ghenote were vñ weme ſe dat hus leten de ſcolde os alſodane wiſſesheyt don vñ breue dar op gheuen alſo ſe os ghedan hebbet er ſe dat hus van ſek antwerden. Ok ſcal dit vorb̄ hus vnſe opene ſlot weſen to alle vnſen noden wůr vñ wanne os des nod is. Weret auer dat we ſtoruen des god nicht en wille ſo Scolden ſe dit vorb̄ hus mid deme dat we on dar to ghesat hebben Juncheren Lodewige to loſende don vñ open holden to alle ſinen noden vn to ſinem behoue vñ eme alle diſſe ſtucke de hir beſcreuen ſtad don vñ truwelken holden alſo alſe ſe de ſtucke os holden ſcolden eft we leueden vñ ſe ſcullet eme na vnſem dode vor enen rechten heren holden vñ hebben in vnſe ſtede vn bi eme bliuen to alle deme rechte dat we an der herſcap to Brunſw hebbet. Weret auer dat vnſe ſone hertoge Lodewich ſtorue alſo dat he nicht ne lete enen echten ſonen oder mer wene denne vnſe man vñ vnſes vedderen man van Luneborch hertoghen wilhelmes koren vor enen rechten heren vd vnſen ſonen deme ſcolden ſe alle de ſtucke don vn holden de hir beſcreuen ſtat. Weret ok dat we van diſſem ſeluen hus orlegen welden vñ dar op eſchedon wene we denne dar to enem ammechtmanne ſetten de ſcolde on oder eren eruen borchfrede vñ borchhode don dar ſe an bewaret ſin vñ de ſcolde on ok vredegud gheuen to erem plochwerke in der viande lande ichtme dat erweruen konde. Ok ſcolde we de koſt lyden de oppe dat hus ghinge de wile dat dat orleghe warde. Weret ok dat dit ſelue hus in vnſem denſte verloren worde des god nicht en wille ſo en ſcolde we os nicht ſonen noch vreden mit den de dat ghewunnen hedden we en hedden on des vorb̄ huſes weder hulpen konde we des nicht ghedon ſo ſcolde we on en ander hus weder buwen in dat ſelue gherichte dar ſe de ghulde af beherden mochten de to deme huſe hort vñ dar ſcullen ſe os truwelken to behulpen weſen Ok Scolle we ſe vnde ere eruen truwelken verdedingen wůr on des nod is vñ ſcullen ores rechtes vullemacht hebben. Weret ok dat ſe Jemant ver vnrechtede vñ ſe os dat verkundegheden dar na bynnen den neyſten veer weken alſo ſe os dat verkundiget hedden ſcolde we on rechtes oder mynne helpen konde we auer des nicht ghedon ſo mogen ſe ſek rechtes behelpen van diſſem ſeluen ſlote wů ſe beſte mogen dat ſcal vnſe wille weſen. Des to ener bekantniſſe hebbe we vnſe Ingħ an diſſen bref ghe henghet Vñ we Lodewich des ſeluen hertogen magnus ſone bekennet In diſſem ſeluen breue Dat we alle diſſe ſtucke de hir beſcreuen ſtat hinr̄ van wenden vñ willekine van Ampleue vorb̄ vn eren eruen ſtede vñ vaſt holden willet icht ot an os kumt Des to ener etc Actum et datum Anno domini M CCC LX.

102. Herzog Magnus von Braunschweig verpfändet den Gebrüdern Hans und Wilhelm von Utze das Schloss Ambleben mit dem Dorfe Bornum bei Königslutter mit Leuten, Dienst, Zins, Beede, Starbegefällen und

Gericht, aber ohne geistliche Lehne, unter denselben Bedingungen über Oeffnung des Schlosses und über Anerkennung der Erbfolge im Herzogthum, wie in seiner Urkunde desselben Jahres über die Verpfändung des Schlosses Jerxheim. Herzog Ludwig gelobt, ihnen diesen Vertrag zu halten. — 1360. I.

We Magnus etc Dat we hebbet ghesat vnde settet hanse vn wilhelme broderen gheheten van vtze vnde eren eruen vñ to erer truwenhand Corde van lynde hern lodewiges sone vnse hus to Ampleue mid deme dorpe to bornum dat bi luttere lecht mid Inden denste tynse beede buleninge mid gherichte vñ mit alleme rechte vñ mit aller nůt an velde an dorpe an weyde watere wische vñ an holte also we de hadden ane gheystleke leen vor dre hundert lodige mark Brunsw̄ wichte vñ witte. Wenne we dit selue hus vñ dorp van on oder van oren eruen weder losen welden dat scolde we on verkundigen oppe sente mertens dach vñ scolden on denne dar na oppe den neysten paschen ere vorb̄ ghelt gheuen vñ betalen in der stad to brunsw̄ oder to Goslere. Welden se ok ere vorb ghelt weder hebben dat scolden so os ok verkundigen oppe sente mertens dach dar na to dem neysten paschen scolde we on ere ghelt weder gheuen to Brunswich oder to goslere ane jengherleye hinder vñ vortoch. Ok scal dit vorb̄ hus also we dat hadden vnse opene slot wesen to alle vnsen noden wůr vñ wanne os des nod is. Weret auer dat we storuen des god nicht en wille so scolden se dit vorb̄ hus also se dat hebben mid deme dorpe to bornum vnsem leuen sone juncheren Lodewighe etc ut in priori litera.*) Weret ok dat we van dissem seluen hus orlegen welden vñ we dar op esscheden wone we denne dar to enem ammechtmanne setten de scolde on oder eren eruen borchfrede vñ borchhode don dar se mede bewaret sin vñ de scolde on ok vredegud gheuen to erem plochwerke in der viande lande ichtme dat erwerken konde. Ok scolde we de kost lyden de oppe dat hus ghinge de wile dat orlege warde. Weret ok dat dit selue hus verloren worde des god nicht en wille so scolde we os nicht sonen noch vreden mit den de dat ghewunnen hedden we ne hedden on des vorb husos also we dat hadden weder hulpen. konde we des nicht ghedon so scolde we on en ander hus weder buwen in dat selue gherichte dar se de gulde af beherden mochten de to deme seluen hus hort also we dat hadden oder we scolden on ere ghelt weder gheuen. Ok scullo we se vñ ere eruen truwelken verdedingen wůr vñ wanne on des nod is vñ scullen eres rechtes macht hebben Weret ok dat se Jemant ver vnrechtede vñ se os dat verkundigheden dar na bynnen den neysten veer weken also se os dat verkundighet hedden scolde we on rechtes oder mynne helpen. konde we auer des nicht ghedon so moghen se sek vnrechtes irweren van dissem seluen slote wů so beste mogen vñ dat scal vnse wille wesen. Des to ener bekantnisse hebbe we vnse Ingh̄ ghe henget an dissen bref Vnde we Lodewich des vorb̄ hertogen magnus sone bekennet openbare in dissem seluen breue dat we hanse vñ wilhelme broderen ghe heten van vtze vorb̄ vñ eren eruen vn to erer truwenhand Corde van lynde her lodewiges sone willen alle de stucke de hir beschreuen stat don vñ holden icht ed an os kumt vñ hebben des to ener bewisinghe ok vnse Ingh̄ an dissen bref ghe henget Actum et datum Anno domini M̄ CCC̄ LX̄.

Gedruckt in Braunsch. hist. Händel. I. pag. 125. Rehtmeier's Braunsch.-Lüneb. Chronik pag. 634.

103. **Herzog Magnus von Braunschweig verpfändet dem Günzel von Bertensleben, dem Paridam von dem Knesebeck, dem Ludolf von dem Knesebeck und dessen Sohne Hans das Schloss Brome unter denselben Bedingungen über Oeffnung des Schlosses und über Anerkennung der Erbfolge im Herzogthume, wie in seiner Urkunde desselben Jahres über die Verpfändung des Schlosses Jerxheim, verspricht, falls ihm einer von ihnen dienen will, den Dienst wie seinen anderen Mannen zu belohnen, ihnen Bauten in Stein und dazu erforderlichem Holze auf dem Schlosse nach Abschätzung zu vergüten, und gestattet ihnen, Reparaturen vorzunehmen, auch auf dem Schlosse einen Bau von Holzwerk aufzuführen und denselben, falls er ihn bei der Einlösung nicht vergütet, abzubrechen. Herzog Ludwig gelobt, diesen Vertrag zu halten. — 1360, den 25. Februar.** I.

We Magnus etc Dat we her guntzele van bertensleue pardum van dem knesbeke Ludeleue van dem knesbeke vñ hanse sinem sone vñ eren rechten eruen hebben ghesat vnse hus to brome mit alleme rechte

*) Nämlich in der vorhergehenden Urkunde des Herzogs Magnus vom selben Jahre 1360, durch welche er das Schloss Jerxheim verpfändet.

dat to deme hufe hort vor feuen hundert mark lodighes fylueres brunfw̄ wichte vñ witte. Welke tyd we dit vorḃ hus weder lofen welden dat fcolde we on oder eren rechten eruen vore weten laten en half Jar fo fcolde we on oder eren rechten eruen feuen hundert mark betalen to brunfw̄ vmbekumbert vñ vmbefat vñ veer mile van denne velegen vor alle den de dorch os don vñ laten willet. Weret ok dat fe ere ghelt weder effcheden dat fcolde we on dar na betalen ouer en half Jar to brunfwich vmbekumbert vnde vmbefat vñ fcolden on dre mile van denne veligen vor alle den de dorch os don vñ laten willet. Weret dat we des nicht en deden fo mochten fe erer penninghe bekomen mit eneme de vnfe befetene man fy vñ ere gheuote vñ de fcolde os alfo dane wiffenheyt don alfo fo os ghedan hebbet Ok Scullc we fe verdedingen eres rechtes ghelik anderen vnfen mannen vñ feullen eres rechtes macht hebben. Weret ok dat fe os ouer jemande klageden de on vnrechte dede van den fcolde we en mynne oder rechtes helpen bynnen twen manden dar na weret dat we des nicht en deden fo mogen fe fek feluen behelpen van Brome vñ verloren fe denne dat hus alfo dat et on af ghewunnen worde oder ghebroken fo fcolde we os nicht fonen noch vreden mit den de dat ghedan hedden we ne buweden on en ander hus weder deme ghelik in dat felue ghelik in dat felue gherichte oder we ne gheuen on ere penninghe weder. Ok fcal dit vorḃ hus to brome os open wefen to alle vnfen noden wanne we dat van on effchet. Weret auer dat we ftoruen des god nicht ne wille fo fcolden fe dit vorḃ hus mit deme dat we on dar to ghefat hebben Juncheren Lodewighe etc ut fuperius.*) Welken houetman we ok oppe dat hus fettet de fcolde on verwiffnen dat he on dat hus to brome weder antworde fcadelos welde ok erer Jenich os denen fo fcolde we on gheuen alfe anderen vnfen mannen Weret ok dat brome on af ghewunnen worde oder ghebroken in vnfem denfte wenne we dar up effcheden fo fcolde we os nicht fonen noch vreden mit den de dat ghewunnen hedden we ne buweden on en ander hus weder deme ghelik in dat felue gherichte oder we ne gheuen on weder ere penninghe. Weret dat fe wat buweden oppe deme hus van ftenwerke vñ an holte des me to deme ftenwerke bedorfte dat fcolde we on ghelden alfo twen vnfen mannen vñ twen eren vrunden duchte dat et redelik were Ok fo hebbet fe mit os ghededinghet diffe gnade dat fe moghet van holtwerke buwen oppe deme hus wenne we denne dat hus lofeden, welde we denne dat bvu ghelden alfo et redelik were dat fcolden fe os laten welde we auer des nicht don de kore fcolde an os ftan fo mochten fe oder ere eruen dat bvu van denne bringen des fcolde we on gunnen Vñ wat dar rede ghebuwet is ergherde fek dat, dat moften fe wol beteren. Ok feullen fe vnfe man van brome nicht ver vnrechten Des to ener bekantniffe hebbe we vnfe Ingḣ an diffen bref ghehenghet Vñ we Lodewich des feluen hertogen magnus fone bekennet openbare in diffem feluen breue dat we her Guntzele van bertenfleue pardum van dem knefbeke Ludeleue van dem knefbeke vñ hanfe finem fone vñ eren rechten eruen willen alle de ftucke de hir befcreuen ftat don vñ holden icht et an os kumt Des to enem orkunde hebbe we ok vnfe Ingḣ an diffen bref ghe henghet Actum et datum Anno domini M̄ CCĆ LX̄ In die beati mathie apoftoli.

104. Günzel von Bertensleben, Paridam von dem Knesebeck, Ludolf von dem Knesebeck und sein Sohn Hans stellen dem Herzoge Magnus von Braunschweig einen Revers über die Verpfändung des Schlosses Brome aus. — 1360, den 25. Februar. **K. O.**

We her guntzel van bertenfleue pardum van deme knefbeke. Ludolef van deme knefbeke vñ hannes fin fone bekennet openbare In diffem breue alle den de en feen oder horen lefen. Dat de hochgheborne vorfte vnfe gnedeghe here hertoghe magnus to Brunfwich os vñ vnfen rechten eruen heft ghefat fin hus to Brome mit alleme rechte dat to deme hufe hort vor feuen hundert mark lodoghes filueres brunfwikefcher wichte vñ witte. Welke tyd vnfe vorbenomde here dit vorbenomde hus weder lofen welde dat fcolde he os vore weten laten en half iar fo Scolde he os oder vnfen rechten eruen feuen hundert mark betalen to Brunfwich vmbekumbert vñ vmbefat vñ fcal os de veer mile van denne veleghen vor alle den de dorch ene don vñ laten willen. Weret ok dat we vnfe ghelt weder effcheden dat fcolde os vnfe here dar na

*) Nämlich in der Urkunde des Herzogs Magnus vom selben Jahre 1360 Nro. 101, durch welche er das Schloss Jerxheim verpfändet.

betalen ouer en half jar to Brunſwich vmbekumbert vñ vmbeſat vñ ſcolde et os veer mile van denne veloghen vor alle den de dorch ene don vñ laten willen. Weret dat he des nicht en dede ſo mochte we vnſer penninghe bekomen mit enome de vnſes heren beſetene man ſy vnde vnſe ghenote vnde de ſcolde vnſem heren alſodane wiſſenheyt don alſo we eme ghedan hebben. Ok ſcal vnſe here os verdedinghen vnſes rechten ghelik anderen ſinen mannen vnde ſcal vnſes rechtes macht hebben. Weret ok dat we vnſem heren ouer jemande klagheden de os vnrechte dede van deme ſcolde os vnſe here mynne oder rechtes helpen bynnen twen manden dar na weret dat he des nicht en dede ſo moghe we os ſeluen behelpen van brome. vnde verlore we denne dat hus alſo dat et os af ghewunnen worde oder ghebroken ſo ſcolde vnſe here ſek nicht ſonen noch vreden mit den de dat ghedan hedden he ne buwede os en ander hus weder deme ghelik in dat ſelue gherichte oder he ne gheue os vnſe penninghe weder. Ok ſcal dit vorbenomde hus to Brome vnſem vorbenomden heren open weſen to alle ſinen noden wanne he dat van os eſſchet Weret auer dat vnſe vorbenomde here ſtorue ſo ſculle we vnde willen dit vorbenomde hus mit deme dat he os dar to gheſat heft Juncheren lodewighe ſinem ſonen to loſende don vñ open holden to alle ſinen noden vñ to ſinem behoue vñ ſcolden eme alle diſſe ſtucke de hir beſcreuen ſtat don vñ truwelken holden alſo alſe we de ſtucke vnſem vorbenomden heren holden ſcolden eft he leuede vñ we ſcullet vñ willet ene na hertoghen magnus dode vnſes heren Juncheren lodewighe ſinen ſonen vor enen rechten heren holden vñ hebben vñ bi eme bliuen in ſine ſtede to alle deme rechte dat hertoghe magnus vnſe here an der herſcap to Brunſwich heft. Weret ok dat hertoghe lodewich ſtorue alſo dat he nicht ne lete enen echten ſonen oder mer wene denne vnſes heren man hertoghen magnus vnde vnſes heren man hertoghen wilhelmes van Luneborch koren vor enen rechten heren vñ vnſes heren ſonen hertoghen magnus deme ſcolde we alle de ſtucke don vnde holden de hir beſcreuen ſtat. Welken houetman vnſe here ok oppe dat vorbenomde hus ſettet, de ſcolde os vor wiſnen dat he os dat hus to Brome weder antworde ſcadelos. Welde ok vnſer jenich denen vnſem heren ſo ſcolde he os gheuen alſo anderen ſinen mannen Weret ok dat Brome os af ghewunnen worde oder ghebroken in vnſes heren denſte wenne he dar op eſſchede ſo ſcolde ſek vnſe here nicht ſonen noch vreden mit den de dat ghedan hedden he ne buwede os en ander hus weder deme ghelik in dat ſelue gherichte oder he en gheue os weder vnſe penninghe. Weret dat we wat buweden oppe deme hus van ſtenwerke vñ an holte des me to deme ſtenwerke bedorfte dat ſcolde vnſe vorbenomde here os ghelden alſo twen ſiner manne vñ twen vnſer vrunde duchte dat et redelik were. Ok ſo hebbe we mit vnſem heren dedinghet diſſe gnade dat we van holtwerke moghet buwen oppe deme hus vnde wenne vnſe vorbenomde here dit hus loſede welde he denne dat bvu ghelden alſo dat redelik were dat ſcolde we eme laten welde he auer des nicht don de kore ſcolde ſtan an eme ſo mochte we oder vnſe eruen dat ſelue bvu van denne bringhen des ſcolde he os gunnen. vñ wat dar rede ghebuwet is orgherde ſek dat. dat muſte we wol beteren. Ok en ſculle we vnſes heren man van Brome nicht vervnrechten. Alle diſſe vorſcreuene ding loue we intruwen in diſſem breue de beſeghelt is mit vnſen Ingheſeghelen vnſem vorbenomden heren Vñ na ſinem dode Juncheren lodewighe ſinem ſone ane argheliſt ſtede vñ vaſt to holdene Vñ dorch mer wiſſenheyt hebbe we on dar vore to borghen gheſat vnſe vrunt de hir na gheſcreuen ſtat weret dat der Jenich af ghinghe ſo ſcolde we vñ welden enen anderen alſo guden in des ſtede ſetten bynnen veer weken dar na alſe we dar vmme ghemanet worden. Vnde we her fritze van wederden. hannes van honleghe. hinrek van wenden. waſmot van medinghe. gheuerd van aluenſleue her gheuerdes ſone. hannes van vreden. bodo van deme kneſbeke her hempen ſone. guntzel van Oberghe her hylmers ſone bekennet In diſſem ſeluen breue dat we intruwen ghelouet hebben vñ louen mit ſamenderhand mit vnſen vrunden her guntzele van bertonſleue. pardum van dem kneſbeke. ludeleue van dem kneſbeke vñ mit hanſe ſinem ſonen de hir vor benomet ſint Dat we alle diſſe vorgheſcreue ding ſtede vñ gantz holden willen ane argeliſt vnſem vorbenomden heren vñ na ſinem dode Juncheren lodewighe ſinem ſonen Des to ener bekantniſſe hebbe we ok vnſe Ingheſeghele ghe henghet an diſſen bref de ghe gheuen is Na goddes bort drittcynhundert Jar in deme ſeſteghesten Jare in ſente mathias daghe.

105. **Ritter Ludolf von Hohnhorst resignirt dem Herzoge Magnus von Braunschweig zu Gunsten des Klosters Riddagshausen die Güter zu Sülfeld und Hilkerode, die er von den Gebrüdern Wedekind und Otto von Garmsenbüttel gekauft und von ihm zu Eigenthum erhalten hat. — 1360, den 25. Februar.** **K. O.**

Illuſtri principi ac magnifico domino. Domino ſuo Magno Duci in Brunſwik. Ludolfus miles dictus de honhorſt debite ſeruitutis obſequium indefeſſum. Veſtre magnificencie manibus. bona mea. ſita in villis Soluelde et hilkerode. cum omnibus et ſingulis ſuis pertinencijs et utilitatibus intra villas et extra. que a widekindo et Ottone fratribus de Garſnebutle empta. et a vobis michi appropriata. et cum omni libertate donata habuj. ad manus Religioſorum in Chriſto virorum Dominj.. Abbatis. et Conuentus Monaſterij Riddageſhuſen in hiis ſcriptis reſigno. ſupplicans ut et eadem bona dictis religioſis appropriare et incorporare dignemini propter deum. et mei ſeruiminis ob inſpectum. In cuius rej teſtimonium. preſens ſcriptum inpreſſione ſigillj mej tradidi communitum. Datum Anno domini M. CCC$^{\circ}$. Sexageſimo. In feſto beati Mathie apoſtolj.

106. **Herzog Magnus von Braunschweig verleihet dem Abte und Convente zu Riddagshausen die Hälfte der Dörfer Sülfeld und Hilkerode mit der Mühle und dem alternirenden Patronatrechte über die Kirche zu Sülfeld, frei von Vogtei, Beede und jeder Belästigung, welche Güter die Gebrüder Wedekind und Otto von Garmsenbüttel dem Ritter Ludolf von Hohnhorst verkauft und ihm resignirt haben, letzterer aber, dem sie darauf von ihm zu Eigenthum verliehen sind, dem Kloster verkauft und zu dessen Gunsten ihm resignirt hat. — 1360, den 18. März.** **K. O.**

In nomine Dominj amen. Dei gracia Magnus dux in Brunſwik. Vniuerſis Chriſti fidelibus. ſalutem in perpetuum. Quoniam memoria hominum labilis eſt, et remiſſa [1]). neceſſe eſt. ut acta eorumdem ſcripti ſoliditate. et literis autenticis perhennentur. Hinc eſt quod cum widekindus et otto fratres filij widekindi de Garſnebutle famuli. bona ſua in villis. Soluelde et Hilkerode. que eſt dimidietas vtriuſque ville. cum vniuerſis et ſingulis ſuis pertinencijs. que a nobis in pheodo tenuerunt. ſtrenuo viro. ludolfo de honhorſt militi vendidiſſent [2]). Nos ipſa bona libera habentes. et a widekindo et ottone de garſnebutle fratribus ante dictis. et ab [3]) omnibus quorum intererat reſignare. rite reſignata. dicto ludolfo de honhorſt militi appropriauimus. et cum omni jure libera contulimus. Poſtmodum vero jdem ludolfus de honhorſt miles eadem bona. dimidietatem ſcilicet villarum Soluelde et Hilkerode appropriata habens et libera nobis ad manus Religioſorum virorum [4]) domini.. Abbatis. et Conuentus Monaſterij Riddageſhuſen [5]). quibus eadem bona vendidit iuſto precio mediante iterum reſignauit. petens ut ipſa bona ſepe dicta eiſdem religioſis viris Monaſterij Riddageſhuſen appropriare et incorporare dignaremur. Nos itaque prenominata [6]) hec omnia bona libera habentes et racionabiliter reſignata iam dicti militis precibus et ſpeciali. quo predictos religioſos amplectimur fauore inclinati. ſepe dicta bona in [7]) Soluelde et Hilkerode. cum vniuerſis et ſingulis pertinencijs ſuis. In villis. et Campis. ſiluis videlicet beruebrok dictis. necnon cum areis. pratis. paſcuis. agris. cultis et incultis. vijs et invijs. cum molendino quoque. et cum jure patronatus Eccleſie ville Soluelde [8]) alternatim porrigendo. Item cum omnibus iuribus et vtilitatibus eorundem bonorum. quocunque nomine cenſeantur. de conſenſu et voluntate omnium heredum noſtrorum damus propria et libera memoratis religioſis domino.. Abbatj et Conuentuj in Riddageſhuſen. et in eoſdem tranſferimus in jus proprium. proprietatis titulo pleno iure. ab aduocacia. precaria. exactione. et omni grauamine. ſicut ordo cyſterciensis poſſidet bona ſua perpetuis temporibus libere. quiete. et licite poſſidenda. Promittentes per nos noſtroſque heredes et ſucceſſores. ſuper predictis omnibus et quibuſlibet eius partibus. premiſſis religioſis. litem et controuerſiam non inferre. nec inferentibus conſentire. ſed eos in iudicio et extra. quando et quociens requiſiti fuerimus fideliter warandare.

Das Copiar I. zeigt folgende Verschiedenheiten: [1]) *labilis et remissa est.* [2]) *vendiderunt et nobis resignassent* statt *vendidissent.* [3]) *ab* fehlt. [4]) *Religiosorum in Christo virorum.* [5]) *in riddageshusen.* [6]) *prenominata* steht einige Wörter später, hinter *bona.* [7]) *in* fehlt. [8]) *in soluelde.*

Rouunciamus nichilominus omnibus Juribus. actionibus. requiſicionibus. nobis et heredibus noſtris in dictis bonis. et omnibus [9]) ſuis pertinencijs competentibus. volentes omnia et ſingula [10]) ſupra ſcripta rata et firma facere. nec vnquam contrafacere aut venire de jure penitus ingenio uel de facto. Vt igitur hoc noſtra donacio ſepe dicte eccleſie in Riddagesſhuſen [11]) firma ſemper et immutabilis perſeueret. preſentem paginam ſigillo noſtro roboratam eidem in teſtimonium validum et munimen duximus erogandam. Huius rei teſtes ſunt. Dominus [12]) Aſchwinus de Saldere prepoſitus ſancti [13]) Blaſij in [14]) brunſwik. Dominus [15]) fredericus de Beruelde prepoſitus in dannenberge. Dominus [15]) Johannes de ſaldere miles. Johannes de honlegho. Baldewinus de wenden. et Olricus de beruelde famuli. Thidericus de dammone. et [16]) Conradus Eleri cives [17]) noſtri in brunſwik. et quam plures alij fide dignj. Datum anno domini Milleſimo. Triceſimo Sexageſimo. In die Beati Gregorij pape.

107. Günzelin von der Asseburg stellt einen Revers aus, dass Herzog Wilhelm von Braunschweig und Lüneburg ihm das Schloss Alvestorf (zwischen Grasleben und Marienthal) verpfändet hat, und gelobt, ihm dasselbe zu öffnen und den Pfandvertrag, falls der Herzog bei seinem Tode keinen Sohn hinterlässt, dem Herzoge Ludwig von Braunschweig, falls aber dieser nach ihm, ohne einen Sohn zu hinterlassen, stirbt, einem vom Raths-Collegio zum Herrn der Herrschaft Lüneburg gewählten Bruder desselben zu halten. — 1360, den 15. März. K. O.

Ek. guntzelin von der aſſeburch. bekenne oplcken mit minen borghen de hir na beſcreuen ſtad in doſſem jegenwardighen breue. Dat de hogheborne vorſte her wilhelm hertoghe to brunſwich vnde to luneborch. heft me vnde minen rechten eruen gheſat ſin ſlot algeſtorp. mit alle deme. dat dar to hort. vnde mit allem rechte vor hundert mark lodoges ſuluers brunſwikſcher witte vnde wichte. De loſe des ſuluen ſlotes algeſtorp. ſcal ik eder mine eruen em eder he vns. nicht kundeghen twiſchen hir vnde allermanne vaſtnachtes daghe vort ouer eyn jar. wanne auer de tyd vmme komen is. So mer moge we em vnde he vns de loſe des ſlotes kundeghen. wanne we willet. Vnde wanne de kundeghinghe ghe dan is ſo vort binnen dem neyſten jare dar na. ſcal vnſe vorſcreuene here vns de vorbenupten hundert mark vp allermanne vaſtnachtes daghe bereden vnde betalen. to brunſwich in der ſtad. ane vortoch vnd hinder. Dit vorbenopte ſlot algeſtorp. ſcolle we ik vnde mine rechten eruen. vſem dicke vorſcreuenen heren hern wilhelme ſinen eruen vnde nakomelinghen. truwelken bewaren vnde en openen to al jren noden vp allermalken. Minne vnde rechtes. ſcal vnſe here ſine eruen vnde nakomelinge ouer vns woldich weſen. de wile dat we dat ſlot algheſtrop vnder vns hebben. Were dat vns we vorvnrechten wolde enhulpe vns vſe dicke vorbenupte here. eder ſine eruen vnde nakomelinge von deme nicht minne edor rechtes. binnen twen Manten na der tyd. dat we dat von em eſchet hedden So mochte we vns ſuluen von deme ſlote algheſtorp verechtes wol jrweren. Vnde weret dat vſe here. Sine eruen vnde nakomelinge von deme ſlote algheſtorpe orleghen wolden. vnde ſe eren ammechtman dar ſetten de ſcolde de vſe vnde vns mit den ſinen vor ſchaden behuden vnde bewaren. Worde ok dat ſlot van vnghelucke vůrloren des got nicht en wille So en ſcolde he ſik vnde we vns nicht ſonen oder vreden mit dem eder mit den. de dat ſlot ghewunnen hedden. we enhedden dat ſlot algheſtorp weder bekrechteghet. eder he en hedde vns hulpen en ander ſlot indat ſelue richte ghebuwet. eder vnſe vorbenumpte here ſine eruen eder nakomelinge en hedden vns vſe vorbenopte ghelt. Hundert lodighe mark weder ghe gheuen. vnde ghenzlcken beret. Vnde buwede he mit vns eyn ander ſlot indat gherichte. Dat ſcolde he vns helpen bekrechteghen. mit deme vorſprokene ghude. vnde dar ſcolde we vnſe ghelt hundert mark lodighes Suluers. an hebben vnde mit deme gherichte inne ſitten. als we in deme ſlote algheſtorp vore ſeten. Worde ok dat ſlot beſtallet dat ſcolde he vns helpen redden.. Weret ok dat vnſe dicke vorbenupte here her wilhelm. alſo afghinge dat he nicht eynen echten ſon edder mer

[9]) *in omnibus.* [10]) *et singula* fehlt. [11]) *in Riddagesshusen* fehlt. [12]) *Honorabiles viri* statt *Dominus.* [13]) *prepositus ecclesie sancti.* [14]) *in* fehlt. [15]) *Dominus* fehlt. [16]) *et* fehlt. [17]) *burgenses* statt *cives.*

en hedde des god nicht en wille So scolle we vnde willet mit dem slote alghestorp. by Juncheren lodewighe. hertoghen Magnus sone van brunswich bliuen vnde en vor enen heren holden. vnde eme dat slot alghestorpe to losende don vnde scullet vnde wyllet eme alle de stucke holden de hir vore screuen stad. Jn allerleye wyse alse we se hern wilhelmo holden scolden icht he nochten leuendich were. Weret ok dat junkher lodewich vorbenumpt. na vnses heren hern wilhelmes dode. afgynge also dat he ok nenen echten sonen enhedde So scolle we vnde vnse rechte eruen desse suluen vorscrevenen stucke. truwelken holden siner brodere eneme dene denne. de dar to kören. de dar to sat worden. jn allerleye wyse alse we juncheren lodewighe na hertoghen wilhelmes dode scolden, icht he nochtin leuede. Weret ok dat vnser borghen de hir na be screuen stad jenicht afghinge binnen desser tyd So scolde we vnde wolden eynen anderen borghen also ghuden jn des stede setten. de af ghe gan were. binnen den neysten verweken na der tyd. wanne we dar vmme ghe manet worden. De borghen scolden louen vnsem dicke vorbenopten heren vnde junkheren jn eyneme sunderlicken breue alle desse vorbenopten ding vast vnde stede to holdene vnde mit deme breue scolde desse bref vnvurbroken bliuen. Alle desse vorscreuenen dingh loue we dicke vorsprokene guntzelin. von der asseburch vnde mine rechte eruen. vnsem dicke vorscreuenen heren vnde junkheren. jn guden truwen gans vnde stede to holdende ane jengherhande hinder. vnde we gheuert van werberghe. hans van honleghe. hinrik van velthem. Hinrik von weverlinghe. Hinrik van wenden. Rotgher van ampoleue. Cord van weverlinghe. Her boldewin von dalem. borchart van der asseburch. Setten vns to borghen vor vnsen vorscreuenen vrunt. guntzelin van der asseburch. weret dat an em jengherhande brok worde in dessen vorscreuenen dingen vnde we dar vmme manet worden van vnsem heren hern wilhelme hertoghe to brunswich vnde to luneborch. eder von junkheren lodewighe Hertoghen Magnus sone van brunswich. eder von siner brodere eyneme to deme de herscop to luneborch queme. binnen den neysten verweken. na der maninge Scolde we vnde wolden den broke jrvullen. ane wedersprake vnde hinder. Dit loue we vorbenupten borghen vnsem vorscreuenen heren vnde junkheren Mit samder hant in guden trůwen vnvorbrokelken to holdende To grotter wissenheyt alle desser ding de hir vore bescreuen sin hebbe we alle beyde sakewolden vnde borghen. vnse Jnghesseghele ghehenghet laten to dessem jeghenwordighen breue. De ghe gheuen is Na goddes bort. drutteynhundert jar jn deme Softegheften jare. Des sundaghes to mitvasten.

108. Johann Krakow und sein Sohn Sabel *) verkaufen dem Knappen Paridam von Plote und seinen Söhnen Heinrich und Gebhard das Dorf Trabuhn. — 1360, den 29. März. K. O.

Nos Johannes crakowe. ac crakowe filius eiusdem omnibus presencia visuris vel audituris cupimus fore notum Quod vna cum nostris veris heredibus. rite et racionabiliter vendidimus honestis famulis. pardamo de plote hinrico et gheuehardo suis filiis ac eorum veris heredibus villam nostram trebbůn cum omni Jure prout in suo districtu viarum jacet pro LXXX marcis argenti stendaligensis nobis plenarie ab ipsis persolutis. hanc quidem villam cum bonis pertinentibus ad eandem ipsis ab omnibus inpeticionibus annum et diem debemus et volumus warendare. et si ab aliquibus in iure inpeticio fieret ab eadem ipsos deberemus disbrigare hec predicta vna cum nostris fideiussoribus videlicet ludolpho de knesbeke seniori. Bodone de knesbeke antiquo wernero. de Bertensleue. ac guntzelino de Bertensleue. filio guntzelini militis. predictis de plote et heredibus eorum veris manu coniuncta et data fide rate et inviolabiliter promittimus presentibus obseruare ac ad fideles manus Rabodoni de plote ac Bussoni wlf idem promissum facimus in hiis scriptis. In huius rei testimonium sigilla nostra presentibus sunt affixa. Datum anno domini M CCC Sexagesimo. die dominica palmarum qua Cantatur Domine ne longe etc.

109. Hans Krakow und sein Sohn Sabel *) resigniren dem Herzoge Wilhelm von Braunschweig und Lüneburg zu Gunsten des Paridam Plote das Dorf Trabuhn. — 1360, den 29. März. K. O.

*) Das erste der Siegel hat die Umschrift: *S. Johannis Krakow*, das zweite: *S. Tabelli Krakow*. Beide zeigen einen stehenden Löwen, das Siegel Ludolfs von dem Knesebeck ein Eichhorn.

Leue here van lůneborch. wi hanſz Crakowe vnde crakowe myn Sone entbeden Jů vnſen denest vnde bidden Jů dat gi pardam ploten vnde ſinen rechten eruen willen lyghen dat dorp to trebbůn. vnde dat ſulue dorp Sende wi Juw vp by boldewine vamme kneſbeke vnde by hinreke van dannenberghe. To tůghe deſſer dingk hebbe wi vnſe Inghesegele henghet an deſſen bref. Datum anno domini M̊ CCC̊ Sexageſimo dominica die palmarum Qua cantatur Domine ne longe etc.

110. Volkmar von der Weser, Bürger zu Lüneburg, stellt einen Revers aus, dass Herzog Wilhelm von Braunschweig und Lüneburg ihm die Hebung des Salzzolles zu Lüneburg auf die Dauer von vier Jahren für 3000 Mark lüneburger Pfennige überlassen hat. — 1360, den 30. März. K. O.

Ich Volcmar van der Weſere Borghere to Luneborch bekenne openliken in deſſeme ieghenwardeghen breue Dat myn gnedeghe here de Erbare Vorſte her Wilhelm Hertoghe to Brunſwich vn̄ luneborch heft mi vn̄ minen Eruen ghesat vn̄ laten ſynen Tollen vppe der ſulten to luneborch to vere Jaren an to rekende van der vt gyft deſſes ieghenwardeghen breues vor dre Duſend March luneborgher penninghe de ich eme rede be red hebbe. Vn̄ wan de vere Jar vmme komen ſyn ſo ſcal de Tolne vnſeme here. ſynen Eruen vn̄ Nakomelinghen weſen ledich vn̄ los. Dit ſcal her Wilhelm vorbenomd vn̄ wel. vn̄ ſine Eruen vn̄ Nakomelinghe Mi vn̄ minen Eruen vn̄ to vnſer hand. Johannj Volcmers hermanno Braſchen Ludemanno Miſnere. Johannj Semelbeckere Thyderico Ruſghere vn̄ Ludemanno Ruſghere vaſt vn̄ ghenſliken holden. To eyner be wiſinghe deſſer dingh hebbe ik Volcmar vorbenomd min inghesoghel ghehenghet to deſſem breue De ghe gheuen is na goddes bord Dritteynhunderd Jar in deme ſeſteghesten Jare des negheſten Mandaghes na deme ſondaghe to Palmen.

111. Ritter Gerhard von Wustrow und seine Söhne Gerhard und Friedrich verpflichten sich, dem Herzoge Wilhelm von Braunschweig und Lüneburg ihr Schloss Wustrow zu öffnen und am Schlosse, andere nöthige Bauten innerhalb der Mauern oder Gräben um das Schloss ausgenommen, ohne seine Bewilligung nicht mehr mauern zu lassen, räumen ihm beim Verkaufe des Schlosses das Näherrecht ein und geloben, diesen Vertrag, falls er, ohne einen Sohn zu hinterlassen, stirbt, dem Herzoge Ludwig von Braunschweig und, falls auch dieser, ohne einen Sohn zu hinterlassen, stirbt, einem vom Raths-Collegio zum Herrn der Herrschaft Braunschweig und Lüneburg gewählten Bruder desselben zu halten. — 1360, den 19. April. K. O.

We her ghert Rydder Ghert vnde vrederik des ſuluen hern gherdes ſone van Wſtrouwe vnde vſe rechte eruen. Bekennen openbare in deſſeme Jeghenwardighen breue De beseghelt is mit vſen inghesegheleu Dat we dem erbaren vorſten. Hern wilhelme Hertoghen to brunſwik vnde to luneborch Sinen erven vnde nakomelinghen ſcollen vn̄ willen. vſe Slot wſtrouwe openen to al eren noden. wanne ſe dat van vs eſchet. eder eſchen laten Vnde ſcollen noch en willen vns mit dem ſlote nicht van en keren. Des ſcal vs vſe here her wilhelm Sine eruen vn̄ nakomelinge vſes rechtes vordeghedingen. lik anderen yren mannen. Vortmer ſcolle we nicht mer muren eder můren laten an deme ſuluen ſlote wſtrowe we en don dat mit yrme willen. Were ok vns anders buwes not binnen der muren oder grauen vmme dat ſlot des ſcollen ſe vs ghunnen. Vortmer icht we vnde vſe eruen vnde nakomelinge Dit vorſproken ſlot laten eder vorkopen wolden So ſcolle we en eren eruen eder nakomelingen dat erſt beden. vnde wolden ſe vns dat ghelden als eyn andre. So ſcolle we en dat laten vnde anders nemende Were ok dat her wilhelm hertoge to Brunſwik vnde to luneborch ſtorue alſo. dat he nenen echten ſone eder mer enhedde So ſcolle we vnde willen. al deſſe vorſcreuene ſtucke don vnde holden. Hertoghen lodewighe Hertoghen Magnus ſone van brunſwik in allerleye wis als we dem vorſprokene Hern Wilhelme hertoghen to brunſwik vnde to luneborch don ſcolden icht he leuede. Were ok dat hertoge lodewich. Hertoghen Magnus ſone to brunſwik ſtorue alſo dat he nenen echten ſon eder mer en hedde So ſcolle we vnde willen al deſſe vorſcreuene ſtucke don vnde holden. eyneme ſiner brudere. dem dene ere man dar to keſet. de dar to ghesat ſin vnde dat bewiſen moghen mit des vorſproken her wilhelmes hertoghen to brunſwik vnde to luneborch beseghelden breuen.

Hir vore hebbe we en borghen gheſat vſe vrunt de hir na beſcreuen ſtan. Weret dat der Jenich affſtorue So ſcolle we vnde willen. eynen andren alſo ghuden in des oder der ſtede ſetten de auogan weren De ſcolden malk louen al deſſe ſtucke de in deſſem breue ſtan gans vnde ſtede to holdende In erme ſunderliken beſeghelden breue binnen vor weken dar na. wanne we dar vmme manet werden. Mit dem edder mit den breuen ſcal deſſe bref vnvorbroken bliuen Dit loue we vorſprokene her ghert. ghert vnde vrederik des ſuluen hern gherdes ſone van wſtrowe vnſem heren her wilhelme hertoghen to brunſwik vnde to luneborch Sinen eruen vnde nakomelingen. Hertoghen lodewighe vorbenumpt. Eder ſiner brudere eneme to deme de herſcop to brunſwik vnde to luneborch kumpt vor vs vnde vor vſe rechte eruen. mit ſamder hant in ghuden truwen. gans vnde ſtede to holdene ane jengherhande hinder Vnde we her gheuert van aluenſleue Rydder. hinrik vnde henning vedderen gheheten van der ſchulenborch. henning van bodendike hern henninges ſone Bode van dem kneſbeke albert van aluenſleue de to kalue wont. Jan van dem kneſbeke olden boldewans ſone. verderik van der ghartowe Bekennen openbar. in deſſeme breue dat we vs to borghen hebben ſat vnde Setten. vor vſe dicke vorbenumpte vrunt. Hern gherde. gherde vnde vrederike des ſuluen hern gherdes ſone van wſtrouwe vn̄ ere rechten eruen. Were dat ienich brok an en worde in deſſen vorſcreuen dingen. Den broke ſcolle we vnde willen ervullen. binnen den neyſten verteynachten na der tyd wanne we van hern wilhelme hertogen to Brunſwik vn̄ to luneborch. Hertogen lodewige. eder van ſiner brudere eyneme. to deme de herſcop to brunſwik vn̄ to luneborch queme dar vmme ghemanet worden. Were dat we des nicht en deden. So ſcolle we van ſtaden an riden in de ſtat to luchouwe vnde dar eyn recht inlegher to holdende. alſo inleghers recht is Alle deſſe vorſcreuene ſtucke loue we vorbenumpten borghen vnſem heren hern wilhelme hertogen to brunſwik vn̄ to luneborch Sinen eruen vn̄ nakomelingen. Hertoghen lodewighe Eder ſiner bruder eyneme de to de herſcop to brunſwik vnde to luneborch queme. alſo hir vore ſcreuen ſteyt mit ſamder hant in ghuden trawen. gans vnde ſtede to holdende ane jengherhande hinder To eyner groteren orkunde vnde wiſſcheyt al deſſer vorſcreuen ſtucke hebbe we vnſe inghefegele henget laten to deſſeme breue Deſe gheuen is. Na goddes bort drutteynhundert jar Jn deme ſeſteghesten jare des andren ſondaghes Na paſchen als me ſinghet Miſericordia domini.

113. Herzog Magnus von Braunschweig überlässt dem Rathe der Stadt Braunschweig seinen Antheil an der Münze zu Braunschweig die nächsten drei Jahre und gelobt, ihn wegen Unterlassung des Prägens, falls während dieser Zeit die Zustimmung seiner Vettern zum Münzen nicht erlangt wird, nicht zur Rechenschaft zu ziehen *). — 1360, den 31. Mai. I.

We Magnus etc Dat we mit willen vn̄ vulborde vnſer rechten eruen hebbet ghelaten vnſen ghetruwen leuen borgheren .. Deme rade to brunſw̄ vnſen deel der muntye dar ſelues mit alleme rechte vn̄ mit aller nüt vrielken to beſittende dre Jar vmme an to rekende van der vtghift diſſes breues. Weret ok dat dit velle bynnen diſſer tyd dat ſe vnſer vedderen willen nicht en hedden to der muntye alſo dat ſe nene penninghe ſloghen vn̄ den ſlach liggen leten des ſcolden ſe van os vmbededinget bliuen Dat diſſe rede ſtede vn̄ gantz bliue Des hebbe we diſſen bref vor os vn̄ vor vnſe rechten eruen mit vnſem Ingh̄ beſeghelt vn̄ gheueſtent Diſſer ding ſint ok tughe her herman van werberghe de hoghemeyſter des ordens van ſente Johanſe Gheuerd van werberge de edele, hinrek van veltum hannes van honlege, tyle van dem damme henning van velſtede Cord elers vn̄ eylard van der heyde borghere to brunſwich vn̄ anderer vromer lude ghenoch Datum Anno domini M̄ CCC̄ LX̄ dominica proxima ante boniſacij.

Gedruckt in Braunsch. hist. Händel I. pag. 113; III. pag. 1012. Kalchen epops. pag. 236.

*) In einem Urkundenverzeichnisse finden sich folgende Notizen:

1) Herzog Magnus verkäuft den Prämonstratensern zu Braunschweig auf Wiederkauf für 15 löthige Mark braunschweigscher Wichte und Witte die Hälfte des Baumgartens zu Braunschweig mit der Bedingung, dass er des Hofes zu seiner Last, wie vor geschehen, gebrauchen mag. 1362 Sabbato ante corpus Christi (11. Juni).

2) Herzog Ernst der ältere von Grubenhagen verkäuft auf Wiederkauf für 11 löthige Mark braunschweigscher Witte und Wichte demselben Kloster die andere Hälfte des Baumgartens 1371 vigilia purificationis Marie virginis (1. Februar).

113. Die Aebtissinn Lutgarde von Gandersheim belehnt den Herzog Ernst von Braunschweig den jüngeren mit dem halben Schlosse und mit der Stadt Gandersheim *), mit dem Schlosse und Weichbilde Seesen **), mit Stauffenburg und mit zwölf Echtworden daselbst und den edelen Herrn Siegfried von Homburg mit dem halben Schlosse Homburg, mit den Schlössern Lauenstein, Greene *) und Woldenstein, mit den Dörfern Gernen, Schwachhausen und „Stenhusen" (bei Hemmendorf), mit Hufen zu Hemmendorf, Spiegelberg, „Godardessen" (an der Aue) und Oldendorf und mit den Vogteien zu Brüggen ****) und Bantein *****). — 1360, den 16. Juni.**

Zu Lehn von der Aebtissinn von Gandersheim erhält Herzog Otto von Braunschweig Stadt und Schloss Gandersheim, Schloss Seesen und Stauffenburg, Herzog Wilhelm von Braunschweig aber Wolfenbüttel, Asseburg †), Gifhorn, Stadt und Schloss Lüneburg ††), Greene, Lüthorst, halb Homburg, Lauenstein und Güter in der Herrschaft Werningerode, ausgenommen Elbingerode †††). — 1419, den 30. November und 1429, den 20. December. K. C. 16.

Extract der Fürstlichen Braunschweigischen Belhenunge aufs der Ebtey Ganderßheim Alten Lehenregistern gezogen.

Zhum ersten wirtt bey der Ebtey ein Alt lehenregister befunden In gron Pergament gebunden darin folio primo Also geschrieben:

1. Anno domini 1429 In vigilia Thome do entfeng min Jucher 1) Hertoghe Otto von Brunschwig sine goyde von miner frowen von Ganderßhem tho lene by namen Gandershem Stadt vnd Slot, Sesen slodt mit 2) gherichte, Stoyffenborch mit aller siner thobehoringen etc a).

Tho demsuluen male do entfing Hertoge Wilhelm 3) sine gude vp sin recht dar ohn 4) min vrowe von Gandersem 5) belent heft by namen Wolnerbutle, Asseborch Ghifhorn Luneborch 6) slod, Greyn Lutharssen, Homborch halff, Lawenstein 7) gericht vnd tobehoring b).

Ock heft on myn vrowe belent mit den gudern de ohr 8) losz sin geworden von der Herschop van Weringerode, ihir 9) is ouer 10) Hertoghe Henr. von Brunswig sin broder het 11) Arnt von Poring 12) 13) Jan von Scheden Hansz von Poringh 12) Lippolt von vneyden 14) Hans vnd vel ander oret man etc.

Da ich die spatia gelassen, hat sich dasz Papyr durchgelegen dasz mans nicht hat lesen konnen.

2. Item eodem Registro folio 37 stehett also:

Anno dominj 1360 in Crastino Viti Ernestus Dux Brunswicensis suscepit a domina Lutgarde Abbatissa Gandersemensi pheudum suum videlicet medietatem Castri Opidi et districtus Gandersmeñ Castrum et opidum

---

*) Cfr. die Urkunde des Königs Otto I. vom Jahre 946 in Leibnitii Script. Tom. II. pag. 375, seine Urkunde vom Jahre 956 daselbst pag. 378; die Urkunde des Kaisers Otto II. vom Jahre 980 daselbst pag. 376 und in Harenberg's Hist. eccl. Gandersh. pag. 421; die Urkunde des Königs Otto III. vom Jahre 990 daselbst pag. 376 und bei Harenberg l. c. pag. 634 Nro. X.; die Urkunde des Kaisers Heinrich II. vom Jahre 1021 in Leibnitii Script. II. pag. 378 und bei Harenberg l. c. pag. 658 und die Urkunde daselbst vom Jahre 1039 pag. 672. **) Cfr. die Urkunde des Kaisers Otto II. vom Jahre 974 in Leibnitii Script. II. pag. 375 und bei Harenberg l. c. pag. 622 Nro. VI. und die citirte Urkunde des Jahres 1039. ***) Cfr. die citirten Urkunden der Jahre 980, 1021 und 1039. ****) Cfr. die Urkunde des Papstes Innocenz III. vom Jahre 1206 in Leibnitii Script. pag. 378 und die citirte Urkunde des Jahres 1039. *****) Cfr. die citirte Urkunde des Jahres 1039. †) Cfr. die Urkunde des Papstes Honorius III. vom Jahre 1220 in Leibnitii Script. II. pag. 379. ††) Der in einem Schreiben des Papstes Innocenz III. vom 26. September 1205 (cfr. Wedekind's Noten III. pag. 302, Orig. Guelf. III. pag. 856) einer Frau, welche einst dem Schlosse Lüneburg vorstand, nachgesagte Neid gegen den Abt zu St. Michaelis in Lüneburg wegen seiner Inful kann nicht auf eine Frau weltlichen Standes, am wenigsten auf eine Ehefrau des Herzogs Wilhelm von Lüneburg, dem der Papst in dem Schreiben auf inständige Bitten einen Gefallen erweisst, bezogen werden. Vielleicht ist Landgräfinn Adelheid von Thüringen, Aebtissinn zu Gandersheim (1182 — 1195) gemeint, welche anfangs, wie der Landgraf, gegen den Herzog Heinrich den Löwen war und ihm erst nach seiner Rückkehr die Lehne verlieh, eine Zeit lang sie also selbst in Besitz hatte. Im Jahre 1232 (cfr. Orig. Guelf. Tom. IV. pag. 127) wurde Lüneburg wohl zu den Besitzungen gerechnet, welche nicht „rationabiliter" gandersheimsches Lehn seien. Die Hälfte des Schlosses Lüneburg wurde 1192 vom Kaiser Heinrich VI. dem Stifte Verden geschenkt (cfr. Sudendorfs Registrum III. pag. 59 und von Hodenberg's Verdener Geschichtsquellen II. pag. 53). †††) Cfr. „Alveldingerod" in der citirten Urkunde des Jahres 1206. a) cfr. Harenberg pag. 432. b) cfr. Harenberg l. c.

1) juncher. 2) hier fehlt emmecht vnd (cfr. Harenberg's Histor. eccl. Gandersh. pag. 432). 3) hier fehlt wahrscheinlich van Brunswig. 4) an. 5) hier scheint zu fehlen made. 6) hier fehlt vielleicht Stadt vnde. 7) hier fehlt mit allen (cfr. Harenberg l. c.). 8) or. 9) hir statt ihir. 10) hier scheint zu fehlen gewesen. 11) her statt het. 12) Horing statt Poring. 13) hier scheint zu fehlen ridder. 14) wrepden statt vneyden.

Sohuſen cum diſtrictu ſuo et Stoufenborg duodecim jura ſiue ſeruitutes que vocantur echtworde in thetunico [15]), que iura Rodolfus de Dalem armiger tunc etiam preſens dixit ſe olim habuiſſe in pheudum ab Eccloſia Ganderſemenſi et a domina Jutta de Swalenberge Abbatiſſa inpheudatum fuiſſe et eidem domino duci vendidiſſe et ad manus ſuas coram Abbatiſſa reſignaſſe, et idem dux dixit ſe inpheudatum tunc fuiſſe de eiſdem ab eadem domina Jutta Abbatiſſa Ideo ipſa domina Lutgardis abbatiſſa eundem dominum ducem Erneatum inpheudauit de eiſdem Echtwerdis ſi et in quantum huiuſmodi inpheudatio ad ipſum ducem tanquam ad ſandatarium [16]) de iure pertineret. Acta ſunt hec coram honorabilibus [17]) domino Henrico Abbate in Cluſa Johanne de Lyndeawe Canonico Ganderſemenſi Ludolfo et Bartoldo de Olderdeſhuſen militibus et pluribus alijs fide dignis *).

3. Item alio loco folio 38:

Anno dominj ut ſupra Nobilis Sifridus dominus in Homborg recepit pheudum ſuum a domina Lutgardj Abbatiſſa Ganderſemenſi in Bruighem [21]) preſentibus Strennuis viris Bertoldo de Brack et Harmanno [18]) de Dudingo et Henrico Ruſchepol armiger [19]) et quam pluribus alijs fide dignis et fecit omagium domine, et hec ſunt bona que nominant [20]) dimidietatem Caſtri Homborch cum ſuis attinencijs Caſtrum Leuwenſteyne cum omnibus pertinencijs ſuis, Caſtrum Green cum omnibus attinencijs ſuis, Et caſtrum Woldenſteyn cum omnibus pertinencijs ſuis Item Gherdeſſen villam totam in Hemmendorpe multos manſos, in Speygelberghe II manſos, Swachuſen villam totam, Godardeſſen multos manſos, Aldendorpe multos manſos et Stenhuſen villam totam et aduocaciam in Bruighem [21]) et in Bantolem [22]) **).

4. Item eodem Registro folio 41 habetur:

Hertoghe Otte Hertoghen Otten Sone van Brunſw̃ Ganderſem Slot vnd Stad Zeſen vnd Staufenborch anno MCCCCXIX die Andree Apoſtolj.

Hertoghe Wilhelm entfeng to lene do ſuluen Alfodane gut alſe vs vnd vſem Stichte vor ledeghett is von der Herſchap van Waringherode [23]) vt benompt Elbelligerode ***) †).

Item entfengh he Gren Luthardeſſen Lauwenſteyn vnd Homborch Wulfelbuttel Aſſeborch Ghiſhorne vnd dat Slot tho Luneborch [24]).

Zhum Anderen iſt vff der Ebtey noch ein Alt Regiſter mit weiſſen alten Pergament vberzogen in 4. darinnen nachfolgende verzeichnuſſe geſchrieben ſtehen:

Erſtlich folio 18 ſtehet Alſo:

Na godes gebortt [25]) Duſent Jar drehundert dar nha [26]) in deme Seſtigeſten Jare Ebdiſche Lutgart iſs gekorn vnde gerukt in den ſtoel der Ebdige to Ganderſem Dat ſin nu heren vnde vorſten, ridder, knapen, gno [27]) Borger [28]) Bur de vor [29]) der Erwerdigen Ebdiſchen Lutgarde hebben entfangen ley [30]) vnde de ſe belent heſſt ſo hirna folget:

To deme erſten heſſt ſe belegen Hertogen Ernſte Hertogen to Brunſwig mit der haluen Borg to Ganderſem in der ſtad belegen vnde mit der gantzen ſtad, vnde mit dem Bleke Sehuſen vnde mit der borch darſulues Sehuſen mit aller tobehoringe, vnde mit Stoufenborch vnde mit XII ackeren darſulues deinſtes fry de dar ſin geheten de Echworde [31]), de dar Rodolff [32]) von Dalem an Sprak vnde ſede dat de vorgenante XII Acker ſcholden ſin ſin vaderlike erue, vnde ſin vader ſchulde ſe hebben gehad to leen van der van Swalenberge [33]), vnde ſin vader von Dalem ſchulde de hebben vorkofft dem Hertogen, vnde to derſuluen

*) Harenberg l. c. pag. 850. **) Harenberg l. c. pag. 851. ***) Magdalene Aebtissinn zu Gandersheim belehnte am 4. August 1572 mit Schloss und Stadt Elbingerode, mit dem Dorfe Hacken, mit den Kirchlehnen, allen Gerichten etc. den Herzog Wolfgang von Braunschweig und Lüneburg zum Mitbehuf seines Bruders Philipp und im Falle des Aussterbens derselben deren Vettern Julius, Erich, Wilhelm, Heinrich und Otto, Gebrüder, Herzöge zu Braunschweig und Lüneburg. †) Schon 1247 war der Herzog mit Elbingerode (Stadt) von der Aebtissinn belehnt. Cfr. die Urkunde de 1247 in Origin. Guelficae Tom. IV. 211.

[15]) *theutonico.* [16]) *feudatarium.* [17]) hier fehlt *viris.* [18]) *Hermanno* oder *Hartmanno.* [19]) *armigeris.* [20]) *nominantur.* [21]) *Bracghem.* [22]) *Bantelem.* [23]) *Wernigherode.* [24]) *Luneborch.* [25]) *gebort.* [26]) na. [27]) *gemene;* eine andere Abschrift des 16. Jahrhunderts liest *gemeni.* [28]) hier fehlt *vnde.* [29]) die andere Abschrift liest *van.* [30]) *leyn;* die andere Abschrift liest *lehen.* [31]) *Echtwerde.* [32]) die andere Abschrift liest *Luleff.* [33]) die andere Abschrift liest *Wildenberge.*

tydt [34]) vp gedragen Doch ſo heft mede belegen Ebdiſche Lutgarde den Hertogen ergenant to [35]) vorder dat de orgenanten XII Acker ſin ſin vederlike erue eſz [36]) is ouer vnde anne geweſt [37]) de Abbet van der Clus Joh de Lindawe canonicus vnd eſz [38]) Ludolffe vnd Bertolde von Olderſhuſen riddere *).

Item wirt im ſelbigen Regiſter befunden folio 19:

Item de Eddele von Homborch Siffridus is belegen mit der haluen borch Homborch mit ſiner to behorunge [39]) vnd mit der Borch Louwenſteyne mit alle ſiner tobehoringe, vnd mit der Borch Grene mit al erer tobehoringe, vnde mit der Borch Woldenſteyne mit aller to behoringe, Item dat gantze Dorp Gerdeſſem, vnde mit velen houen to Hemmendorpe vnd II houe to Speygelberge vnd dat gantze dorp Snathuſz [40]) to Godardeſſem vele houe landes vnde de vogedie to Brnigem vnd Banteſſem **).

Item folio 25 eodem Regiſtro wirtt befunden:

Item Hertoge Otte van Brunſw Ganderſem dat Slot vnde de Stad Zeſen vnde Stoufenborch.

Item Hertoge Wilhelm de guder dede vorlediget worden van der Herſchup van Werningerode vtbenomet [41]) Elbellingerode Gren Iecbardeſſen [42]) Lauwenſteyn Homborch Wulffelbutle, Aſſeborch, Ghiſhorne vnde dat Slot to Luneborch.

Daſz dieſſer Extract mit den paragraphis In dem alten Lehen Regiſtern, notirt wie obbemelt, von wortt zu wortt (So ferne ſie leſzhafftig geweſen vnd nicht durch gelogen ſein, Da doch Aber alleseitt für de vnleſerlichen wortter ſein eben die Charactere wie ſie darin befunden, depingirt warden) gleich lautte, bekenne ich Georgius Jacobj von Rö. Kay. Maitt. offenbarer Notarius mit dieſſer meiner eigen Handt.

Theilweise gedruckt in Harenberg's Hist. eccl. Gandersh. pag. 850, 851, 432.

114. **Die Räthe der Städte Braunschweig, Goslar, Lüneburg, Hannover, Einbeck, Hameln und Helmstedt errichten zum Nutzen und Frieden des Landes mit einander auf drei Jahr folgendes Bündniss, durch welches keine der Städte gegen ihren Herrn, gegen ihre Bundesgenossen und gegen diejenigen, zu welchen sie in engerer Beziehung steht, sich verbunden haben will. Falls jemand, welchem Recht nicht verweigert ist, eine der Städte oder einen ihrer Bürger mit Raub, Brand, Mord, Verwundung oder Gefangennahme angreift oder in der Weise beschädigt, dass er Achtung verdient, und falls er Ersatz weigert, so wollen sie, auch über die Zeit ihres Bündnisses hinaus bis er Ersatz leistet, dem Friedensbrecher durch Speise, Futter, Handel, Herbergen oder Unterhandeln keinen Vorschub leisten; jedoch steht es dem Beschädigten frei, mit ihm zu unterhandeln. Jede der Städte soll ein Verzeichniss der Friedensbrecher führen. In einem Kriege zwischen den Herren der verbündeten Städte darf jede ihrem Herrn beistehen. Der Rath jeder dieser Städte darf denjenigen, der seine Ehre angreift, sein Recht missachtet, ein Complot gegen ihn anstiftet, und denjenigen Laien, der einen andern in einer vor weltliches Gericht gehörenden Sache vor geistlichem Gerichte verklagt, ächten und die übrigen Städte sollen die Achtung anerkennen. Geschieht einer der Städte Unrecht, so sollen die übrigen sich für sie verwenden, dass ihr Recht widerfährt. Ist diese Bemühung vergeblich und kömmt es deshalb zum Kriege, so soll die Stadt Braunschweig 12, die Stadt Helmstedt 3 und jede der übrigen Städte 5 Gewaffnete zu Hülfe senden. Sie sollen derjenigen Stadt mit aller Macht helfen, die ein Fürst oder Herr belagern und zu Grunde richten will oder zu deren Verderben eine Gemeinde sich gegen den Rath erhebt. Diese Hülfe soll auch geleistet werden, falls ein Krieg das Bündniss überdauert, und keine Stadt soll einen Separat-Frieden schliessen. Ein aus zwei Bürgern zu Braunschweig und Goslar bestehendes Schiedsgericht soll entscheiden, wenn zwei Städte zu gleicher Zeit Hülfe fordern oder Irrungen zwischen den Städten entstehen. Betrifft die Irrung eine dieser beiden Städte, so soll ihr Schiedsmann durch einen Bürger aus Hannover ersetzt werden. — 1360, den 25. Juli.** L. C. 14.

We . . de Rad der ſtad to brunſwich. de rad der ſtad to Goſlere. de Rad der ſtad to luneborch. de Rad der ſtad to honouere. de Rad der ſtad to Embeke. de rad der ſtad to hamelen. vnde de rad der ſtad to

*) Cfr. Harenberg l. c. pag. 432. **) Harenberg pag. 432.

[34]) *tyd.* [35]) *ſo* statt *to*; die andere Abschrift liest *do.* [36]) die andere Abschrift liest *hir* statt *eſz.* [37]) *geweſen.* [38]) *her* statt *eſz.* [39]) *to behoringe.* [40]) *Snathuſz.* [41]) die andere Abschrift liest *benomet* statt *vtbenomet.* [42]) *Lecharde ſſen.*

helmſtede. bekenned openbar in deſſem breue. dat we dor vredes willen vnd vromen des landes. mid gûdeme willen endrechtliken vns vnder en ander hebbet vor bunden. vñ vorenet, van ſtaden an. wente to deme neghesten ſunte mycheles dagho. vort ouer dre iar. al dus alſo hir na gheſcreuen ſteyt. ane tieghen de, de we malk vtaſproken hebbet. We deſſer ſtede. eder erer borghere ieneghen vor venghe. an roue. an brande. an morde. an wunden. an vongniſſe. oder ienoghen ſcaden dede. de weſtinghe werd were. alſo alſe mo cme nenes rechtes enweygherde. wolde he des nicht wedderdôn dor bede willon der ſtad. eder der borghere. den de ſcade ghe ſchen were. wanne de dat den anderen ſteden vorcundeghedon. mochten ſe nicht vor ſo bidden. eder helpen. dat on mynne eder recht vmme den ſcaden wedder vôre. ſo ſcolden de ſtede alle tieghen de vredebrekere der ſtad. vnde den borgheren, den de ſcade ghe ſcheen were alle dingh to gûde holden. alſo dat ſe den vredebrokeren nicht behulpen weron. mid ſpiſe. mid vôdere to vercopende mid herberghende. mid vorwort to gheuende. noch mid ieneghen dinghen alſo vorder alſo ſe ivmber konden vñ mochten. Wolden ouer de vredebrekere deghedinghen mid der ſtad. vñ mid den borgheren. den de ſcade ghe ſcheen were. vmme de ſake. de moghen ome vorwort gheuen. to den tiden. vorlikende ſe ſek mid on. dat ſcoldemen den anderen ſteden vor kundeghen dat de berichtinghe ghe ſchen were. vnde we ſek alſus tieghen de ſtede vorbroken hedde. de ſcolde in alleme vnwillen bliuen. ichte wol de vorbindinghe vt ghinghe mid den ſteden. alſo langhe, wente ſo dat wedder deden. vnde iewelk ſtad ſcolde de vredebrokere beſchriuen laten. Worde ienich orloghe twiſchen den vorſten. de deſſer ſtede heren ſvnt. des god nicht en wille. de wile deſſe verbindinghe waret. ſo moſten de ſtede eremo horen wol behulpen ſijn. vñ dat ne ſcolde tieghen deſſe vorbindinghe nicht weſen. We ok deſſer ſtede rade ieneghem an ſine ere ſpreke. eder ere recht vor ſpreke. vñ des nicht van on nomen en wolde. oder in der ſtad ene ſamninghe makede wedder den raad. eder en leyio den anderen vor gheyſtlik richte ladedo. vmme alſo dane ſake. de ſek vor werlikem richte boren. to verantwerdede. den, oder deme. mochte de rad volghen mid oner veſtinghe. dar dat ghe ſcheen were. vnde wanne ſe dat den anderen ſteden vercundegheden. ſo ſcolden ſo dat der ſtad to gûde holden, ſo ſe beſt kondon vnde mochten. Were ok dat iemand deſſer ſtede ieneghe vorvnrechteghede. dat moghen ſe den anderen ver ſtan laten. de ſcolden recht vor ſe beden. mochte on dat nicht wedderuaren. vnde quemen ſe mid deme vmme dat vnrecht to krighe. dar ſcolden al deſſe vorbenomden ſtede. to behulpen ſijn. alſo hijr na beſchreuen ſteyt. dar na binnen den neyſten verteynachten. wanne men dat van on eſchede. De rad van brunſwich mid twolf mannen mid gleuien. De rad van goſlere mid vif mannen mid gleuien. de rad van luneborch mid vif mannen mid gleuien de rad van honouere mid vif mannen mid gleuien. de rad van Embeke mid vif mannen mid gleuien. De rad van hamolen mid vif mannen mid gleuien. vñ de rad van helmſtidde mid drem mannen mid gleuien. vnde welk deſſer ſtede rad. deſſe hulpe to ſik ladede. de ſcolde on gheuen. voder. vnde ſpiſe. vñ huſſlach. wan ſo bi ſe quemen. anders en ſcolden ſe on nene pantquitinghe dôn. vnde wat ſe vromen erworuen. de ſcolde der ſtad bliuen. do ſe gheladen hedde. ane dat ſek to butende borede. vnde iewelk ſtad ſcolde erer denere auenture ſuluen ſtan. Were ok dat ienegher ſtad. de volghe mid den luden nicht bequeme ne were. ſo mochte ſe io den man lodeghen mid ver lodeghen marken io to dem haluen iare. oſt do krigh ſo langhe warede. Warede he ok myn. dat ſcoldeme na weken tale holden. alſo ſek dat gheborede Were ok dat ienich vorſte, eder here, der ſtede ieneghe beleghe eder beſtallede. eder to grvnde vorderuen wolde. eder ienich meynheyt ſik erhôuo weddor den rad. de ſtad to ver deruende. dar ſcolden deſſe ſtede alle der ſtad to helpen mid allen truwen wes ſe mochten. dat ſe vnuerderuet bleue. Weret ok. dat ienich krigh. de ſek erheuen hedde. in deſſer verbindinghe. lenghar warede, wenne de verbindinghe. ſo ſcolden de ſtede de hulpe alſo holden. likerwis alſo de verbindingho noch ſtunde. Ok en ſcal ſek nen ſtad ſunderliken aſſonen. de ſtede ne weren alle beſonet. Eſchede ok ienich ſtad volghe. do wile dat men in ener anderen ſtad. volghe were. eder icht ienich vpſtot velle, twiſchen deſſen ſteden. dar ne ſcoldeme nener wedderwrake vmme don. ſunder dar hebben de ſtede ghemenliken twene ſchedeman to koren vnde ghe ſad. enen van brunſwich. tilen van deme damme. vnde enen van goſlere. hanneſe moſen. de twene ſcollen dat verſchighten vmme de volghe. alſo id one dunket bequeme weſen, vnde der meyſt not ſi. vñ vmme den vpſtot. dat ſcollet ie verſcheden. dar na binnen den neyſten ver weken mid minne, eder mid rechte. wanne men one dat verkundeghet hedde. Wat ſe ok ſpreket vor minne eder vor recht. dar ſcal ſek iuwelk ſtad an ghenoghen laten Were ouer dat deſſer ſchedemanne welk af ghinghe. eder dat he crank were. dat men ſin dar to nicht hebben ne mochte. des god nicht ne wille. ſo ſcolde de rad in walker deſſer vorbenomden twier ſtede. dat velle. enen anderen in ſine ſtidde ſetten. dat ſcolde like ſtede weſen. Were ok dat de ſake. de men verſcheden ſcolde deſſer twier ſtede ener ſuluen an trode. ſe ſcolde men enen ſchedeman nemen van honouere. de ſake to ver ſchedende, to der tid, in des ſtede, de van der ſtad were. de de ſake an rorede. vñ dat ſcolde ok like ſtede weſen Vortmer ſcollen alle deſſe ſtede en iewelk der anderen beſte wernen, vnde verderen in allen ſteden. wor ſe dat mid eren don moghen. Ok ne ſcal deſſe vor ſchreuene ver bindinghe nicht weſen wedder vſe herſcap, ſunder alſo hir vore ghe ſcreuen is. noch wedder vſe hantueſtinghe. noch wedder vſe breue. de we eer deſſer tid ghe gheuen hebbet. Dit ſint de we utſpreken. We van brunſwich ſpreket vt. vſe heren. vnde vſe juncheren van brunſwich alle. vñ vſen heren van luneborch Herteghen wilhelme. vñ de de vſe ſlot inne hebbet. We van goſlere ſpreket vt dat Rike. vſen heren van hildenſem. Hertoghen erneſten den olderen van brunſwich. Hertoghen erneſte den jungheren. de tid dat we mid eme. alſo in deghedinghen ſitten. Greuen Conrede van werningherode. vñ greuen berende van reghenſteyn. de tijd dat we mid eme alſo dar ane ſitten. We van luneborch ſpreket vt. vſen heren hertoghen wilhelme van luneborch vſen juncheren lodewighe van brunſwich. vñ al de Riddere vñ knechte. de mid vs wonachten ſint vppe deme huſe vñ in der ſtad to luneborch. We van honouere ſpreket vt vſen heren van luneborch herteghen wilhelme. vñ vſen juncheren lodewighe van brunſwich. We van Embeke ſpreket vt. vſe heren van brunſwich. de. den wy hulde pliehtigh ſint. vnde vſen heren van hildenſem. vñ juncheren Syuerde van homborch. to tiden alſo we mid en dar an ſitten. We van hamelen ſpreket vt. vſen heren van brunſwich. hertoghen Erneſte den olderen. vnde vſen iuncheren albrechte ſinen ſone. vſen heren van hildenſem. vſen heren van luneborch. vñ vſen juncheren van ſchowenborch. dorch vnſer breue willen. de wy en gheghenen hebbet. Wy van helmſtidde ſpreket vt. vſe heren van brunſwich. de, den wy hulde pliehtich ſint. Gheuerde vñ borcherde van werberghe. Hinrike van veltem vnde hannaſe van honleghe Dat we al deſſe vorbeſchreuenen dingh vnde ſtucke. ſtede gantz vñ wilenkomeliken holden willen. des verplichte we vs in gûden truwen vndern anderen. vnde gywelc ſtad der anderen in deſſeme breue. den we alle beſeghelod hebbet mid vſer ſtede ingheſeghele to ener betughinghe. Dit is ghe ſcheen vnde deſſe bref is ghe gheuen na goddes bord Dritteyn hundert iar jn deme ſeſteghesten iare jn ſente Jacopes daghe des hilghen apoſtolen.

115. **Die Ritter Hildebrand von Hardenberg und Johann von Grone verbürgen sich für die von Kerstlingerode und von Bültzingslöwen, dass dieselben den mit dem Herzoge Ernst von Braunschweig dem jüngeren über das Schloss Niedeck geschlossenen Vertrag halten. — 1360, den 24. August. K. O.**

Ek her hildebrant von hardenberghe Riddere be kenne in diſſem openen breiue Dat ek loue ſelf Seſte borge mit ſamderhant en truwen mime heren hertoghen erneſte hertoghen albrechtes ſone vñ ſinen eruen vnd to erer truwenhant her lippolde van vreden her bertolde her ludolue her wernhere von olderdeſhuſen riddern vñ henninge von guſtede knechte vor alle di ſtucke di her diderik von kerſtelingerode riddere Tile vñ Otte brodere von kerſtelingerode hern heysen ſone dem god gnade Siuerd von bultzingeſleue vñ Reynhart Sin ſone mit dem Seluen mime herrn von brunſw vñ ſinen eruen gedegedinget hebbet vmme dat hus to der nidecke als di breiue vt wiſet di dar beider ſid ouer geuen ſint weret dat von der vorbenomeden von kerſtelingerode vñ von bultzingeſleuen wegene dar ane icht verbroken wurde vnd ok von dem vorbenomeden mime heren von brunſw vñ ſinen eruen vnd ſiner vorbenomeden truwen hant da vmme ge manet wrde na der maninge binnen den neiſten veir weken ſcolde ek vñ wolde inriden in de ſtad to gotingen vñ da vte nicht be nachte mime heren von brunſw vñ ſinen eruen vnd ſiner truwenhant ene were wider dan di broke dar ek von erer wegin vmme ge manet were oder ek en dede dat mit erem willen vñ geue des to orkunde diffen breif be Siglet mit mime In gefigle na godis burt dufent iar drehundert iar in dem Seftigeften iare in Sente bartholomeus dage des heilgen apoftolen.

K. O.

Ek her Jan von grone Riddere be kenne in diffem openen breiue dat ek loue felf Seſte borge mit famderhant en truwen mime heren hertogen ernfte hertogen albrechtes fone vñ finen eruen vnd to erer truwenhant her lippolde von vreden her bertolde her ludolne her wernhere von olderdefhufen riddern vñ henninge von guftede knechte vor alle di ftucke di her diderik von kerftelingerode riddere Tilo vñ otte brodere von kerftelingerode hern heyzen fone dem god gnade Siuerd von bultzingefleuen vñ reynhart fin Sone mit dem felnen mime heren von brunſw vñ finen eruen ge degbedinget hebbet vmme dat hus to der nidecke als de breiue vt wifet di da beiderfid ouer genen fint weret dat von der vorbenomeden van kerftelingerode vñ van bultzingefleuen wegene da an icht verbroken wrde vñ ek van dem vorbenomeden mime heren von brunſw vñ finen eruen vnd finer vorbenomeden truwenhant da vm gemanet wrde na der maninge binnen den neiften veir weken fcolde ek vñ wolde in riden in de ftad to gotingen vñ dar vte nicht to be nachte mime heren von brunſw vñ finen eruen vñ finer truwenhant ene were wederdan de broke dar ek von der wegin vm gemanet were eder ek en dede dat mit erem willen vñ geue des to orkunde diffen breif be figlet mit mime In gefigle na godes bord Dufent iar drehundert iar in dem Seftigeften iare an fente bartholomeus dage des heilgen apoftolen.

116. Herzog Magnus von Braunschweig verkauft den von Gustede, Bürgern zu Braunschweig, eine Hufe auf dem Felde zu Wendessen mit zwei Höfen im Dorfe daselbst und belehnt sie damit unter Vorbehalt des Wiederkaufs. — 1360, den 13. September. L.

We Magnus etc Dat we hebben verkoft vñ ghelaten hermene vñ brune broderen ghe heten van Guftede tylen vñ hermene eren vedderen vnfen ghetruwen borgheren to brunfwich ene hôue oppe deme velde to wendeffem vñ twene houe in deme dorpe dar felues mit alleme rechte vñ mit aller nût vñ mid alle deme dat dar tohort alfo alfe bertram van wendeffem vnfe borgere to Brunfwich dat feluo gud van os ghehat hadde vor teyn lodighe mark brunſw wichte vñ witte de os al betalet fint. Ok hebbe we on dit felue gud ghelegen to rechtem lene in diffem breue vñ willet et on lenen alfo en wonheyt is mit hande vñ mit munde wanne fe bi os komet vñ dat van os effchet. We willet on ok diffes feluen vorb gudes vñ alle des dat dar tohort ore rechte were wefen vñ willet fe entweren van aller anfprake wûr vñ wanne on des nod is. Auer doch fo hebben fe os de wande gheuen dat we vñ vnfe rechte eruen moghen dat vorb gud weder kopen na diffen neyften dren Jaren de an to rekende fint van der vtghift diffes breues vor teyn mark der vorb wichte vñ witte. We fcullet auer on oder eren eruen dat vore weten laten to vnfer vrowen daghe alfo fe gheboren wart vñ fcullet on ere ghelt gheuen dar na to dem neyften to fente mych daghe jn der ftad to brunfwich ane hynder vñ vortoch Jn cuius rei teftimonium etc Datum anno domini M CCC LX dominica proxima poft feftum natiuitatis marie virginis.

117. Herzog Magnus von Braunschweig nimmt einige Leute zu Denkte für ein Pfund neuer braunschweigscher Pfennige jährlicher Abgabe von jeder ihrer Hufen auf dem Felde zu Gross-Denkte in seinen besondern Schutz und verbietet seinen Vögten, von den Hufen und von ihnen Bede oder Dienst zu fordern. — 1360, den 29. September. L.

Dei Gracia nos Magnus dux in Brunſw vniuerfis ad quos prefens fcriptum peruenerit recognofcimus ac publice proteftamur Quod henningum dictum rofendal Johannam edelinges vxorem eius legitimam et ghertrudim ipfius Johanne fororem. hermannum edelinges necnon henningum filium eius. Alheydim remberdes et hermannum Lyndowen Johannam viduam bernardi des langhen, henninghum et bernardum eius filios. Margaretam hardenacken et hermannum filium eius eorum et earum omnium heredes legitimos in noftram protectionem recepimus fpecialem Ita videlicet Quod de manfis infra fcriptis fitis in Campis ville maioris denote Vt [1]) henningus dictus roſendal Johanna edelinges vxor eius legitima et ghertrudis ipſius Johanne ſoror de vno manſo hermannus edelinges necnon henninghus filius eius de dimidio manſo Alheydis remberdes et hermannus Lyndowe de vno manſo Johanna vidua bernardi des Langhen. henningus et bernardus eius filij de duobus manſis. Margareta hardenacken et hermannus filius eius de dimidio manſo, eorum et earum heredes nobis noſtrisque heredibus de quolibet manſo prefato ad Cameram noſtram I talentum nouorum brunſ denariorum annue penſionis dabunt perpetuo ut [2]) in quolibet feſto beate walburgis . X . ſolidos et in quolibet feſto beati Mych decem ſolidos finaliter et complete dimidium vero manſum habentes pecunie predicte dimidietatem dabunt feſtis et temporibus prenarratis. Volumus etiam et mandamus quod nullus aduocatorum noſtrorum nec aliquis nomine noſtro de manſis ſupra dictis aliquam peticionem ſeu precariam in ipſos ſeu ipſas faciat aut ab eiſdem requirat ſeu expoſtulet ſeruitium aliquale Vt autem hec premiſſa rata maneant et inconuulſa damus villicis noſtris predictis in deucte preſens ſcriptum noſtri ſigilli appenſione roboratum in euidenciam et teſtimonium premiſſorum. Datum anno domini M CCC LX In die beati Mych.

118. Herzog Magnus von Braunschweig verkäuft auf Wiederkauf dem Hermann von Werberge, Hochmeister des Johanniter-Ordens in Sachsen, in der Mark, in Wendland und in Pommern und dem Orden das früher von ihm und seinen Brüdern besessene und dann den von Veltheim verliehene Gericht und Dienst zu Emmerstedt mit zwei Pfund jährlicher Hebung und allem Zubehör, so weit die ganze Mark reicht. — 1360, den 1. November. L.

We Magnus etc Dat we redeliken vñ rechtliken hebben verkoſt den erbaren gheyſtliken luden bruder hermone van werberghe deme ghebedere in ſaſſen in der marke in wentlande vñ in pomerenen vñ den broderen des ordens ſente Johannis des hoſpitales van Jeruſalem dat ghericht vñ denſt vñ wat dar to behort des dorpes to emberſtede mit twen pund gheldes an velde vñ an dorpe an holte vñ an wiſchen alſo wyde alſe de gantse marke is de to emberſtede tohort vñ nicht dar ut to nemende vor vertich mark ſtendaleſches ſylueres. Dit ghericht vnde denſt ſcullen ſe vredeſam vnde rowelken beſitten vnde beholden alſo we vñ vnſe brudere et vore hebben ghehat vñ alſo we ed na hadden ghelughen.. den van veltum. Welde ſe jemant dar ane hyndren ſo Scullo we ſe beſchermen vñ eres rechtes verdedinghen vnde ſcullen eres rechtes macht hebben. Vortmer weret dat we des to rade worden oder vnſe eruen dat we dat richte vñ denſt to Emberſtede welden wederkopen van.. den vorbenomden orden vñ broderen des en ſcullen ſe os nicht weygeren wenne we oder vnſe eruen deen vorſprokene meyſtere vnde broderen van ſente Johannis orden gheuen vertich mark ſtendaleſches ſylueres ſo ſcal os vñ vnſen eruen dat vorſprokene richte vnde denſt to emberſtede ledich vnde los ſin ane allerleye hynder alſo we et vore hebben ghehat vñ on nu ghelaten hebben In cuius rei teſtimonium etc Datum anno domini M CCC LX In die omnium ſanctorum.

119. Graf Otto von Everstein gelobt, dem Herzoge Wilhelm von Braunschweig und Lüneburg und dessen etwaigem Sohne einen Burgfrieden auf dem Schlosse Ohsen, dessen eine Hälfte ihm und die andere dem Herzoge gehört, und auf dem Werder, worauf das Schloss erbaut ist, zu halten, und verpflichtet sich, diesen Burgfrieden, falls der Herzog, ohne einen Sohn zu hinterlassen, stirbt, dem Herzoge Ludwig von Braunschweig, falls aber auch dieser, ohne einen Sohn zu hinterlassen, stirbt, dem vom Raths-Collegio zum Herrn der Herrschaft Lüneburg gewählten Bruder desselben zu halten. — 1360, den 18. November. K. O.

Van goddes gnaden We Junchere Otto Greue van Euerſten bekennet openbare in deſſem breue vor al den de on ſeed edder leſen hored. dat we hebbet ghe ghouen vñ ghoued eynen olden vnverſechten borchvrede dem Erbaren Vorſten hern Wilhelme Hertoghen to Brunſwich vñ to Luneborch ſinen Eruen vñ Nakomelinghen vppe dem ſlote to Oſen dar he de helfte vñ we de anderen helfte an hebbet, Vñ den Borchvrede ſchulle we vñ vnſe Eruen vñ de vſe, holden vppe dem ſuluen ſlote vñ vppe dem Werdere dar dat

[1]) *Videlicet* [2]) *videlicet*

ſlot vp ghe buwed is Vñ alſo verne alſe dat werder kered beyde be neden vñ bouen, Vñ deſſen borch vrede ſchulle we eme, ſynen Eruen vñ Nakomelinghen vñ den oren to dem beſten holden, We ok vppe dem ſlote eyn ammechtman is van vnſer weghene de ſchal hern Wilhelmo ſinen Eruen edder Nacomelinghen edder oreme ammechtmanne loven entruwen vñ ſweren dat he den Borchvrede holden wille ghenſliken vñ vnverbroken, We ok vppe dem ſlote van vnſer weghene wonet edder vp dat werder noch bawede, id ſy Borchman Portenere edder Wechtere edder in welker achte ſe ſyn de ſchullet hern Wilhelmo vorbenomden ſinen Eruen edder Nakomelinghen edder oreme ammechtmanne van orer weghene huldeghinghe don to malkes rechte, Worde auer deſſe Borchvrede ghebroken van vns edder van den vſen ſo ſchulle we vñ willet den broke weder don binnen den negheſten vere weken dar na wanne we dar vmme ghe maned worden ane ienegherhande hinder vñ vortoch, To merer wyſſenheyd hebbe we hern Wilhelmo ſinen Eruen vñ Nacomelinghen to vns ghe ſat ſes borghen de hir na be nomd ſynd. de mid vns mid ſamender hand ghe loued hebbet, vñ loued in deſſem breue alle deſſe ſtucke gans vñ vaſt to holdende, Vñ were dat deſſer borghen ienech af ghinghe ſo ſchulle we vñ willet binnen vere weken dar na wanne we dar vmme ghe maned worden eynen anderen alſo guden in des ſtede ſetten, vñ de ſcholde al deſſe ſtucke louen hern Wilhelmo ſinen Eruen vñ Nacomelinghen in eyneme ſunderliken breue, vñ dar mede ſcholde deſſe bref vnverbroken bliuen, Vñ we her Johan van der Oldenborch Riddere. Lubbert Weſtfale. Albert van hupede Wulfer van dem Werdere lippold van dem Werdere vñ Albert van der Oldenborch knapen, bekennet openbare in deſſem ſuluen breue dat we vns to Borghen ghe ſat hebbet vor den Edelen Man Juncheren Otten Greuen van Euorſten vñ ſine Eruen, in deſſer wis, Were dat deſſe vorbenomde borchvrede ghe broken worde van en edder van den oren, ſo ſchulle we vñ willet binnen den negheſten verteynnachten dar na wanne we dar vmme ghemaned worden, komen vppe dat ſlot to Oſen, vñ dar eyn recht inlegher holden vñ dar nicht van benachten de broke en ſy ghenſliken weder dan an Minne edder an rechte, Al deſſe vorſcreuene dingh loue we Junchere Otto ſakewolde. vorbenomd vor vns vñ vor vnſe Eruen, Vñ we her Johan. Lubbert, Albert Wulfer. Lippold vñ Albert Borghen, loued mid ſamender hand entruwen gans vñ vaſt to holdende Hern Wilhelmo Hertoghen to Brunſwich vñ to Luneborch vorbenomden. Vñ ſyneme echten ſone icht eme eyn echt ſone werd edder mer, Vñ Juncheren Lodowiche hern Magnes ſone hertoghen to Brunſwich, icht her Wilhelm alſo af ghinghe dat he nenen echten ſone en hedde, Vñ ſiner broder eyneme de to der herſchap to luneborch ghe koren worde van den de dar to ghe ſat ſynd icht Junchere Lodowich alſo af ghinghe dat he nenen echten ſone en hedde, Vñ al oren Eruen vñ Nacomelinghen. To eynem orkunde deſſer vorſcreuenen dingh. hebbe we Junchere Otto ſakewolde, vñ we Borghen vorbenomden vnſer aller Ingheſeghele mid witſchap ghe henghed to deſſem breue, De ghe gheuen is Na goddes bord dritteynhunderd Jar in deme ſeſteghesten in dem Achteden daghe des hilghen heren vñ Byſchopes ſunte Mortens.

190. Ritter Ludolf von Hohnhorst überlässt dem Herzoge Wilhelm von Braunschweig und Lüneburg und dem Herzoge Ludwig von Braunschweig das Patronatrecht über die von ihm in der Vorburg ihres Schlosses Meinersen gebaute Capelle. — 1360, den 30. November. III.

Ik her ludolf van honhorſt Riddere bekenne openbare in deſſeme breue dat ik degedinghet hebbe mid minen leuen gnedighen heren Wilhelme hertoghen to Lünneborch vñ to Brunſwich vnde Juncheren Lodewighe hern Magnus ſone hertoghen to Brunſw̄ dat ik de capellen de ik ghe buwet hebbe in vnſer vrowen ere in de vorborch eres ſlotes to meynerſen hebbe ghe lenet nv to deſſer tyd hern hinrike van holſtorpe mid erme willen vnde wlbort Vnde wanne vnde wodicke de Capelle vortmer los wert So ſcollet her Wilhelm vñ Junchere Lodewich vñ ere eruen vnde Nakomelinghe de ſuluen Capellen lenen ſunder Jenerhande hinder vnde wederſprake dit loue ik entruwen minen vor benomden heren ſtede vnde vaſt to holdende in deſſeme Jeghenwordighen breue de beſegelet mit mineme Ingheſeghele is De ghegheuen is na goddes bord Drutteynhunderd Jar in deme ſeſteghesten Jare in ſunte andreas dagho des hilghen apoſteles.

121. Die van Gladebeke leisten dem edelen Herrn Siegfried von Homburg Verzicht auf alle Ansprüche an dem Gute und Gerichte zu Lütherst. — 1360, den 4. December. K. O.

Wy Diderik van Gladebeke. Hannes van Gladebeke. vñ Herman van Gladebeke dusses vorscreuenen Diderikes Sone vñ Hannes van Gladebeke. Albrechtes Sone Bekennet vñ betüghet openbare in dusseme breue. de besegelt is mit vsen Inghesegelen. Dat wy vñ alle vse rechten erue. de van os ghekomen Sint vñ noch van os komen möghen. hebbet ghedan vñ dût ene rechte vortücht vñ vortighet in dusseme Breue. aller an sprake. de wy. deden. vnde ghedan hebbet an alle deme gûde to Luthardessen. vñ an alle deme richte. vñ rechte, also dat gheleghen is. dat dar to höret binnen deme Dorpe to Luthardessen. vñ dar en bûten mit aller slachten nût also ôt de Edele man Jüncherre Syuerd herre. to Homborgh vñ Sine rechten eruen. in oren weren hebbet vñ ghehad hebbet wente an dusse tyd. vnde wy vñ alle vse rechten erue. de van os ghekomen Sint vñ noch ewcliken van os komen möghen en scölit. vñ enwillet. an deme vorscreuenen gûde to Luthardessen. eder wor. dat gheleghen is. dat dar to höret nummer mer. nene an sprake an don. eder nene an sprake mer an hebben. eder nemant van vsor weghen. Hedde wy ok an dusseme vorscreuenen gûde yenghe ansprake eder yenich recht an ghehat. de an sprake. vñ dat recht late wy. vñ alle vse rechten erue. vp. in dusseme Breue. dusseme vorscreuenen herren Juncheren Syuerde herren to Homborgh. vñ Sinen rechten eruen. vñ enwillet io nummer mer. nene an sprake dar an don. eder neyn recht dar an hebben Were ok dat yemant. de des Slechtes van Gladebeke ghebor(en) were he were wy he were, de yenghe ansprake don wölde, eder dede, an dusseme vorscreuenen gûde to Luthardessen. vñ dussen vorscreuenen herren.. to Homborgh. vñ Sine rechten eruen. dar an enghen wölde, der an sprake scole wy Se vnde willet. van deme entledighen. also, dat Se des ane not vñ vnbeschadeghet bliuen. Alle dusse vorscreuenen ding. hebbe wy alle.. vorghescreuenen.. van Gladebeke. vor os. vñ vor alle vse rechten eruen. ghelouet vñ louet Se in gûden truwen. in dusseme yeghenwordighen breue vnder vsen Ingesegelen. Juncheren Syuerde herren to Homborgh. vorgescreuen vñ Sinen rechten eruen. vast vñ stede to holdende ane yenich gheverde vñ arghelist, Vnde went ek Hannes van Gladebeke Albertes Sone vorgescreuen neyn eghen Ingesegel noch enhebbe. vñ Hannes van Gladebeke min veddere min vormünde is. vñ miner. alles dinghes mechtich is. So vülborde ek vñ willeköre. vñ loue in gûden trüwen. alle dusse vorscreuenen ding. vnder Sineme Ingesegele. to vorn. vñ miner vedderen. Diderikes vñ Hermannes Sines Sones. geheten van Gladebeke vorgescreuen vor mek vñ vor alle mine rechten eruen dusseme vorscreuenen herren.. to Homborgh vñ Sinen rechten eruen. ane yenghe arghelist vast vñ stede to holdende. Dusse Bref is gheuen. na Godes bord vnses herren Dritteynhündert Jar. in deme Sestigesten Jare. in Sinte Barbaren daghe der hilghen Jüncvrowen.

122. Herzog Magnus von Braunschweig verkäuft dem Ludeke von Remlinge, Bürger zu Braunschweig, ein Pfund neuer braunschweigscher Pfennige jährlicher Gülte in einer Hufe zu Berklingen und belehnt ihn damit unter Vorbehalt des Wiederkaufs. — 1360, den 6. December. I.

We Magnus etc Dat we hebben verkoft vñ ghelaten Ludeken van remlinge vnsem borghere to brunswich vñ sinen eruen vor ses lodighe mark brunsw̃ wichte vñ witte de os al betalet sint en punt nyer brunsw̃ penninghe jarleker ghulde dat we hadden alle jar an ener houe to berclinghe dede kersten van berclinge buwet vñ os los wart van meyster hinreke vnde henninghe broderen ghe heten van luckenum mit alleme rechte vñ mit aller nût also also de vorbenomden van Luckenum dat ghehat hadden. We hebbet ok dit vorsprokene pund gheldes jarleker ghulde mid alle deme dat dar tohort ghelegen vnsem vorb borghere to enem rechten manleken lene vñ willet eme vñ sinen eruen des rechte were wesen vñ se ledegen van aller rechter ansprake wûr vñ wanne en des nod is. Ok moghe we vñ vnse eruen dit vorsprokene gud van en wederkopen bynnen dissen neysten twen jaren alle jar oppe winachten vor disse vorb ses mark vñ de scolde we en betalen in der stad to brunswich. Weret dat we des nicht en deden oppe de tyd so scal dit vorb gud vnsem vorb borghere vñ sinen eruen bliuen to rechteme eruen lengude mit alleme rechte vñ mit aller nût ane allerleye wederfprake vnfer vñ vnfer eruen vñ we vñ vnfe eruen en hebbet ne moghe dar an weder tokopende Actum et datum anno domini M CCC L *) In die beati nycolai confefforis.

123. Herzog Wilhelm von Braunschweig und Lüneburg und Herzog Ludwig von Braunschweig errichten eine Sühne mit dem Herzoge Erich von Sachsen-Lauenburg wegen ihrer Fehde gegen ihn und seinen verstorbenen Vater Erich und verbinden sich ihm zur Hülfe auf die Dauer der nächsten zwölf Jahre mit Ausnahme des Kaisers und ihrer Bundesgenossen. — 1360, den 15. December. **K. 0.**

Van goddes gnaden We her Wilhelm hertoghe to Brunfwich vñ to luneborch vñ Junchere Lodowich hern Magnus fone hertoghen to Brunfwich des elderen bekennet openbare in deffeme breue dat we vns ganfliken vñ to grunde ghefoned hebbet vñ berichtet vñ ver fcheden mid vfem ome hertoghen Erike van Saffen vmme allerleye Veyde fchelinghe vñ fchuldeghinghe vñ twidracht, de fe wefen hebbet twifghen vns vñ alle den de van vfer weghene in de veyde ghekomen fyn vp eyne fyd, vñ vfen vorbenomden Om hertoghen Erike van Saffen vñ hertoghen Erike den Elderen fynen vader dem god gnedich fy, vñ alle den de van erer weghene in de veyde vñ fchelinghe ghe komen fyn af ander fyd wente an deffe tyd dat deffe bref ghe gheuen is Vñ willet vfeme vorbenomden Ome van Saffen deffe fone berichtinghe vñ ver fchedinghe vaft vñ gans holden in guden truwen vñ de mid nichte breken. Vortmer fo hebbe we vs ver ened vñ verbunden vñ verbindet vs mid vfeme vorbenomden Ome van Saffen alfo dat we eme willet helpen vñ truweliken vnde ganfliken mid eme to famene bliuen vp allefwene vnde fyne Vyende nicht werden binnen twelf Jaren de nv neghest to komende fyn van der tyd dat deffe bref ghe gheuen is an to rekende, Vt deffer verbindinghe neme we vfen heren den keyfer. Vfe Ome de Marcgreuen to Brandenborch hertoghen Magnufe van Brunfwich vorbenomden. hertoghen Alberchte van Mekelenborch dên Edelen hern Mauricuse domdeken to Bremen Greuen Gherde vñ Greuen Johanne van der hoya Greuen Clawefe van holften vñ Greuen Alfe van Schowenborch. Vp alle deffe vorbenomden heren wille we mid deffem breue vnverbunden wefen de tyd vmme dat de ver bindinghe waret de we mid deffen vorfcreuenen heren hebbet, vñ willet vfeme vorfcreuenen Ome hertoghen Erike de ver bindinghe de we mid den heren ghe dan hebbet to nvt vñ to gude holden fo we aller vorderft van ere weghene moghen, Al deffe vorfcreuene ftucke vnde eyn iewelk by fyk hebbe we gheloued. vñ loued entruwen gans vñ vaft to holdende vnfeme vorbenomden Ome van Saffen, To eynem orkunde hebbe we vnfer beyder Inghefeghele ghe henghed laten to deffeme breue, De ghe gheuen is to luneborch Na goddes bord drittey nhunderd Jar in deme feftigheften Jare des negheften Dinneftaghes na funte lucien daghe der hilghen Juncvrouwen.

Gedruckt in Orig. Guelf. Tom. IV. in Praef. pag. 33.

124. Rechtsfindung über Frauengerade in der Stadt Lüneburg. — 1361. **XIV.**

To der vrowen rade. hord alfo den clenade. cledere. vnde inghedome. alfo de vrowe mede brocht heft in eres mannes hus. vnde hat heft, van gaue erer elderen, vñ vrund. vnde nicht alfo den clenade noch inghedome. alfo de vrowen anghevallen is, van dode erer elderen oder vrund. wante dat is varende haue. Dit recht wart ghe vunden. alberte thoden vnde tideken remeken. anno domini. M. CCC. LXI.

To der vrowen rade. hored nene fchap. noch genze noch. hönre. eder nenerleyie quek. noch vlas, noch was.

Dith wart ghewnden Euerde van dem moyde. vñ finen fufteren. vnde ereme vadere.

125. Aschwin von Alten verkäuft dem Herzoge Wilhelm von Braunschweig und Lüneburg und, falls derselbe, ohne Lehnserben zu hinterlassen, stirbt, dem Herzoge Ludwig von Braunschweig Güter zu Klein-Burgwedel, Thönse, Wettmar, Engensen, Schillerslage, Burgdorf, Sorgensen, Wefelingsen und Aligse unter Vorbehalt

*) Weil im Copiar I. diese Urkunde in der Reihe der Urkunden des Jahres 1360 steht, wird auch sie diesem Jahre angehören und die Zahl X ausgelassen sein.

der von ihm verliehenen Güter und verspricht, ihnen das Lehn, sofern sie nicht selbst Herren desselben sind, zu gute zu halten. — 1361, den 6. Januar. K. O.

Ek Aſſchwin van alten. bekenne in deſſem breue vor alle den. de one ſeen. vnde horet leſen. Dat ek hebbe ver koft enen rechten kop. Dem Erbaren vorſten. Hertoghen wilhalme. van Brunſw. vñ luneb̄. vnde ſinen rechten eruen. vnde by namen Juncheren lodewighe. van Brunſw. of vſe here van luneb̄ vorbenomt. ane len eruen ſtorue. to luttoken Borchwede. achte houe vñ enne koten. To tonſe vif houe. to wetmer enen hof. To enghere enen hof. To ſchildeſlaghe. twene houe. vnde enne to Borchtorpe. to seringheſſen enne koten. To weuelinghehuſen. enne koten To aldeſſe twene houe vñ ver koten. mit allum rechte vñ nvt. buten den dorpen vñ enbinnen jnholten vñ in velden. vnde mit al deme dat dar to hort. alſe ek dat hebbe beſeten. went an deſſe tit. vnde alſe my dat myn vader heft ghe erft. Were auer dat ek hedde wat verlent. en recht len. dat tho deſſem vorbenomden gude horde. vnde dat by namen hir nicht ghe nomt en were. Dat len wille ek my. vñ minen rechten eruen. ſuluen beholden. vnde late dit vorbenomde gud vp Minem vorbenomden heren. Hertoghen wilhalme vñ ſinen rechten eruen. vnde Juncheren lodewighe vorbenomd. of vſe here ane len eruen ſtorue. vnde do deſſes vorbenomden. gudes ene rechte vortícht. Were auer dat deſſes vorbenomden. gudes wat were. Dat nicht en ghinge to lene van der Herſcop to luneb̄. Dat wolde ek deſſen vorbenomden truweliken in leneſchen weren beholden alſo langhe went de vplatinghe van orer weghene van my worde ghe eſchet. Vortmer alle deſſes vorbenomden gudes. wille ek vnde ſchal. deſſer vorbenomden. Mines heren Heren vñ Juncheren. vñ orer rechten eruen rechte warent weſen to allen tyden ſwan on des behof is. eder men dat van my eſchet. Hir to hebbe ek on ghe ſat de borghen de hir na. ghe ſcreuen ſtat. Wo dicke der welk af ſtorue. alſe dicke wil ek vñ ſchal. on io enen anderen. in des doden ſtede weder ſetten in ſinem ſunderliken breue de billich to nemende were. binnen den negheſten verteynachten wan ek dar vmme ghe manet worde vñ dar mede en ſcholde deſſe brof nicht ghe argheret weſen. Alle deſſe vorbeſcreuenen dinch. loue ek in truwen. deſſen vorbenomden. in deſſem ſuluen breue beſegheled mit minem inghesighele. vaſt vñ vnuorbroken to holdende. Vortmer we Cord van alten Ichteſwanne Bruninghes ſone Vnde Dyderich van alten Ichteſwanne hern Johannes ſone. bekennet in deſſem. ſuluen breue vnder vſen inghesighelen. Dat we hebbet ghe louet vñ louet in truwen mit ſamenderhant. vſem vorbenomden heren Hertoghen wilhalme vñ ſinen rechten eruen. vnde Juncheren Lodewighe van Brunſw. weret dat ſe Jenighen broke nemen in alle deſſen vorbeſcreuenen dinghen vnde wy dar vmme ghe manet worden. na der maninghe binnen den negheſten verteynachten wille we vñ ſcullet komen in de olden ſtat to Honouere. vnde nicht dar en buten benachten. de broke en ſy deghere ir vult. eder it en were deſſer vorbenomden wille. Deſſe bref is ghe gheuen na goddes bort Dritteynhundert Jar Indeme en vñ Seſtigheſten iare tho twolften.

196. Herzog Erich von Sachsen-Lauenburg beurkundet, dass aller zwischen ihm und dem Abte und Convente zu Scharnebeck aus Veranlassung, dass ihm sein Land von dem Herzoge Wilhelm von Braunschweig und Lüneburg abgedrungen war, entstandener Unwille beseitigt ist. — 1361, den 11. Januar. K. O.

Van godes gnaden. Erik. Hertogh To Saſſen. Bekennet vnd bethueghet openbar in deſſem breue.. Dat al de vnwille vnd de vor dachtniſſe. Deſe was twyſſchen Vs.. vnd den vſen. af ene ſyd. vnd dem Abbate.. Vnd dem gantzen Conuente.. To ſchermbeke af ander ſyd. Vm dat Hertoghe Wilhelm van Luneborch hadd Vs. vſe lant af ghedrunghen. Is vrentliken vleghen vnde gans to rvoghe lecht In ghueden truwen vnd mit ghueden willen. Hir was ouer de Proueſt.. van Lûne. vnde Hartech tzabel.. To ener witliken bekantniſſe Is vſe inghesteghel hir to benght. Na godes Bort dritteynhundert iar In dem en vnde ſeſtechſten iare. Des manendaghs na twelften.

Gedruckt in Hugo's Bericht von dem Rechte des Hauses Braunschweig und Lüneburg an denen Lauenburgischen Landen, Beilage 32.

197. Die Gebrüder Johann, Ludolf und Manegold von Estorff verkaufen den Rathsherren der Stadt Lüneburg den zu ihrem Burglehne gehörenden, beim Stadtgraben ausserhalb des Lindenberger Thores gelegenen Hof und

geleben, ihn dem Herzoge Wilhelm von Braunschweig und Lüneburg zu resigniren und dafür von ihm eigene Güter zu Lehn zu nehmen. — 1361, den 19. Januar. **XVI.**

Wy Johan Ludolff vnd Manegolt broders ghenomet van Eſtorpe wandages ſone Manegoldes van Eſtorpe dame god gnedich ſy, bekennet in deſſem openbaren breue dat wy eudrachtliken mit gudeme willen vnde mit vulbort vſer rechten eruen vor penninge de vs rede betalet ſint hebbet vorkoſt vnde in de were laten, den Erliken heren den Radmannen der ſtad to luneborg de nu ſint vnd erven nacomelingen vſen hoff vnd wort mit dem dat dar to hort by der ſtad grauen belegen buten dem lindenbergeren dore ewichliken to beſittende vnde to brukende mit alleme rechte vnde nüth alſe wy ene beſeten vnde hat hebben dat ſo ok dar mede don vnd laten moghen, wat ſe willen, deſſes hones ſculle wy ere rechte warende weſen alſe en recht is, Schude ok den Radmannen ienigerleie byſprake edder hinder mit rechte in dem houe vnde ſiner to behoringhe de ſchulle wy mit vſer coſt vnde arbeide entledigen wanne ſe dat van vs eſſchet, wy ſchullet ok van dem houe laten vor vſem heren dem eddelen vorſten dem hertogen van luneborg dar wy ene to borchlene hat hebben vnde ſchullet den Radmannen breue mit tohangenden Ingeſegelen vorweruen van dem ſuluen heren dar ſe ane bewaret ſin, vnde dar Inne vſe here en den hof eghene vnde dar Inne he des bekenne, dat wy mit vſome eghenen gude der herſcop luneborg den hoff wederlecht hebben, worden dem Rade to luneborg de breue nicht twiſchen hir vnde ſunte walburghe dage ſo ſculle wy vnde willet mit vſen naſcreuenen medeloueren in riden in de ſtad to luneborg bynnen veer weken an to rekende van der tijt wan de Rad dat van vs eſſchet vnd en recht inleger dar Inne holden, alſo langhe wente wy de breue vorworuen vnde antwerdet hedden dem Rade, vor al deſſe ſtucke vaſt vnde vnnorbroken to holdende ſette wy to borghen heggharde vſen vedderen, heggerdes ſone van gelderſen, Otten van Eſtorpe ludolues ſone van Eſtorpe vnde Otten van wittorpe vnde wy heggert Otte vnde Otte vorbenomed, bekennet des, dat wy mit ener ſameden hant mit den vorſprokenen ſakewolden vnd ſe mit vs gelouet hebben vnde louet in truwen in deſſem breue den Radmannen to luneborch de nu ſint vnde eren nakomelinghen dat wy en alle deſſe vorſcreuenen ſtucke ſchullen vnde willen truweliken holden vnde leſten ane ienigerleie argeliſt, To ener groteren bewiſinghe tuchniſſe vnd wiſheit ſo hebbe wy Johan ludelff vnde manegold ſakewolden, heggerd Otte vnde Otte medelonere vorben vſe Ingeſeghele mit witſchop vnde mit willen to deſſem breue henghed. De is geſcreuen na godes bort dritteynhundert Jar In dem en vnd ſeſtigeſteme Jare in ſunte peters daghe alſe he geboghet wart.

128. Abt Ludolf und der Convent zu Oldenstadt tauschen mit dem Herzoge Wilhelm von Braunschweig und Lüneburg und mit dem Herzoge Ludwig, Sohn des Herzogs Magnus von Braunschweig, leibeigene Leute. — 1361, den 22. Januar. **K. O.**

Ludolſus dej gracia in Veteri Vlleſſen Abbas Totuſque conuentus tenore preſencium recognoſcimus quod Inclitis Principibus ac dominis noſtris dilectis Wilhelmo ducj de Brunſwich et Luneborch Nec non lodowico Magnificj principis dominj Magni ducis de Brunſwich filio eorumque heredibus et ſucceſſoribus, dimiſimus et dimittimus in hijs ſcriptis Ghertrudim filiam Alberti quondam Villicj in Stockem nobis et Eccleſie noſtre iure litonis hactenus pertinentem cum omnibus filijs et filiabus ab ipſa procreandis et procreatis in concambium et recompenſam pro Johanne Winkelman in Maſendorpe ac eius pueris genitis et generandis iure predicto pertinentibus domino noſtro ducj memorato, In cuius concamblj et permutacionis euidens teſtimonium preſens ſcriptum noſtro ſigillo noſtrjque conuentus duximus muniendum. Datum Anno Dominj M̊. CCČ LXĺ in die Vincentij martiris glorioſj.

129. Lippold, Hans und Lippold Hoye gestatten dem Herzoge Ernst von Braunschweig dem jüngeren die Wiedereinlösung dreier Höfe zu Hillerse. — 1361, den 22. Januar. **K. O.**

We her lippold. hans vñ lippold hoye. bekennet in diſſem openem breue. dat de hogheborne vorſte hertoghe ernſt hertoghe to Brunſwich vns heuet gheſat dre houe to hildeſſe vor veſtich mark. de ſeluen dre houe mach he vñ ſine eruen van vns van vnſen eruen weder loſen alle iar wan ſe willet wan ſe vns dat vorkundighet alſe de breiue vt wiſet de ſe vns dar ouer ghe gheuen hebbet vñ ſchullen en de to loſene gheuen we vn vnſe eruen ane wederſprake. vñ hebbet des to orkunde diſſen bref be ſegolt mit vnſen Ingeſeghelen na goddes bort duſent drehundert iar in deme eyn vñ Seſtigeſten iare an ſinte vincencius daghe.

130. Marquard von Werzebe gelobt dem Herzoge Wilhelm von Braunschweig und Lüneburg, dem Herzoge Ludwig von Braunschweig und dreien ihrer Amtleute, sich zum Gefängnisse auf dem Schlosse Lauenrode zu stellen. — 1361, den 1. Februar. **K. O.**

Ik Marquart van Werzebe. be kenne vñ be thughe. an deſſem openen breue vnder mime inghezeghele Dat ik mime heren van luneborch vñ Brunſwik herthoghen Wilh. hebbe ghe louet vñ ſuoren vñ hebbe ghe louet an truwen an deſſem breue. ene rechte vangheniſſe vñ intokomende binnen den achthedaghen to Pinckeſten de neghest komen ane jeghenhande argheliſt vppe dat ſlot to Lowenrode. vñ nicht van dennen. ik en Si hettet mit mins heren Sloten nach dar ammechtlude willen eder ſchede van dennen mit Sineme willen Dit ſelue loſte loue jk vñ hebbe ghe loue Junchern lodewighe van Brunſwik. vñ tho truwer hant. Hern lodelue van honhorſt. dem kokemeſtere. vñ kerſtene van langheienghe tho ener mer be thughinghe loue jk Harberd de kluuer. wer dat ſake dat Marquart van Werzebe nicht en helde alse deſſe bref vt wiset. So wil ik riden vppe dat Slot tho Lowenrode vñ nicht van dennen jd en Si mit willen mins heren van luneborch mins Juncheren vñ deſſer ammechtlude de hir an deſſem louede be grepen Sin. Hir vp hebbe wj deſſen bref witliken mit vnsen inghezeghelen be zeghelet vñ ghe gheuen na goddes bort dritteyn hundert jar indem enen vñ ſeſtigheſten jare indem hilgen auende vnser leuen vrowen tho lichtmiſſen.

131. Ritter Johann von Salder und seine Söhne Henning und Gebhard verpfänden dem Conrad von Linde ein Burglehn auf dem Schlosse Calenberg mit der Befugniss, sich mit Ausnahme des Herzogs Wilhelm von Braunschweig und Lüneburg davon gegen jeden zu wehren, gegen den sie ihm nicht zu Recht oder zu einem gütlichen Vergleiche verhelfen können. — 1361, den 21. Februar. **K. O.**

We her Johan van Saldere Ridder Henningh vñ Gheuerd ſine Sone knapen bekennet openbare in deſſeme breue de beſegelt is mid vſen ingheſegelen Dat we Corde van Lynde hern Lodewighes ſone vñ ſinen eruen eyndrechtliken hebbet ghe Sat vñ Settet in deſſer ſcriſt Eyn borchlen to deme kalenberghe in vſeme dele an deme ghemake dat we Corde rede bewiſet hebbet vor twolf mark lodighes ſuluers hildenſem witte vñ wichte vñ hebbet on dat ſulue borchlen in ore were gheantwordet In deſſer wys dat we Cordes rechtes ſcullet macht hebben wert ichte men on vor vnrechtede vñ he eder ſine eruen vs dat weten lete ſo ſculde we ome helpen minne eder rechtes binnen ver weken wo we des niht enteden ſo mochte he ſik irweren vte deme Borchlen to deme kalenberghe So lange byt ome recht begeghente Ane gyghen vſen heren van Luneborch vnde de Sine Anders moghet ſe deſſes vorſcreuenen Borchlenes bruken to alle oreme behoue vñ nod Tho paſchen dat nû neyeſt an ſtande is vord ouer dre jar vñ wenne de dre iar vmme komen Sint So ſculle we vñ willet Corde van Lynde vñ ſinen eruen eder to orer truwen hand hern Corde van Linde to deme Suluen Paſchen wenne de dre iar vmme komen Sint de vorſcreuenen Twolf mark genſliken vñ al betalen vnd weder gheuen ſunder jengherhande hinder eder vortoch wert ok dat we ome dat geld er mochten gheuen ſo ſcûlde he it nemmen Ok ſcal Cord van Linde vs bewaren an den breuen de mine Brodere vñ ik vnder enander gheuen hebbet, Ok ſo moghet ſe bruken to oreme behoue vſer ghemenen blek wor on des nod is Alle deſſe vorſcreuenen Stucke vñ orer iowelk ſunderliken hebbe we her Johan van Saldere Riddere Henningh vñ Gheuerd ſine Sone knapen Corde van linde hern lodewighes Sone vñ ſinen eruen vñ to orer truwen hand hern Corde van linde vor benomd entruwen ghelouet vñ louet in deſſeme breue vnder vſen ingheſegelen ſtede vaſt vñ vnbrokeliken to holdende Vñ is gheſchen Na goddes bord Drytteynhundert iar in deme eyn vñ ſeſtegeſten iare Des anderen Sundaghes in der vaſten.

132. Graf Gerhard von Hallermund und sein Bruder Otto geloben sich, innerhalb der nächsten zehn Jahre keine Erbtheilung vorzunehmen. Keiner soll ohne des anderen Bewilligung Erbgüter veräussern. Jeder soll die nächsten drei Jahre die in der eben vollzogenen Theilung ihm zugefallenen Güter besitzen, die Verwaltungskosten derselben selbst tragen, nicht ohne Bewilligung des Grafen Johann von Spiegelberg und des Ordenberg Bock Güter verpfänden und nicht ohne des anderen Zustimmung Kirchlehne verleihen. Weltliche Lehne soll Graf Gerhard verleihen und seinem Bruder den dritten Theil der dafür erhobenen Gebühren abgeben. — 1361, den 2. März. **XI.**

Van der Gnade Goddis we Greue Gerd van Halremunt bekennet in duſſem Breue geueſtend mit vſem Ingeſigile dat we vnde vſe Broder Otte ſchullet nene eruelike Delinge don binnen duſſen negiſten tein Jaren nu to Paſchen an to rekinde vnde vſer nen ſcal Eruetale laten ane des anderen Willen vnde Vulbord. Ok ſchulle we beſitten duſſe negiſten dre Jare vſer iuwelk in der Were des Gudes dar he inne geſetin heft als we vorſcheden worden van vſen Vrunden vnde nu ingeſat wert, Vnde bedorſte vſer iennich ſin Gud to vorſettinde binnen duſſen ſuluen dren Jaren des ſcal he nicht vorder Macht hebben ſunder wat one vſe Vrunde Greue Johan van Speigilberghe vnde Her Ordenberch Bok hetin dat vs beiden ſi boquemelik dar mide to donde Worde ok en Kirklen ledich dat ſcal vſer nen vorlenen ane des anderen Vulbord. Werldlike Lene ſchal Greue Otte lenen vnde wat dar af wert de ſcal he vs den dridden Penning geuen Ok ſcal vſer iuwelk duſſe vorbenomden dre Jare ſtan Gewin vnde Vorluſt. Alle duſſe vorſcreuen Rede heft vſer en dem anderen gelouet ſtede vnde vaſt to holdene in guden Truwen. Geſchen na Goddes Bord darteinhundert Jare jn dem erſten vnde ſeſtigiſten Jare jn dem negiſten Dinſedage vor Mitvaſten.

133. Diedrich und Otto von Kerstlingerode geloben, dem Ernst von Uslar einen Burgfrieden (auf dem Schlosse Gleichen) zu halten und ohne Bewilligung ihrer Hausgenossen auf beiden Schlössern keinen Herrn auf das Schloss zu lassen. — 1361, den 3. März. **K. O.**

Wy Thile vñ Otte von kerſtelingerẽ bekennet an diſſem vpenen brieue von vnſer vñ vnſer eruen wegin Dat wi ouerkomen ſint mid ernſte von vſer harn heyſen ſon vñ ſinen eruen eines eyndrechtligen berguredes den wi truwelike vñ ueſtlike mit einander holden ſcullet vñ willet. Weret dat ienich vployp da inne geſceghe von vns eder von vnſem geſinde da en Scolde wi eder en wolden mit neiner vngeſůge to komen wenne vppe like ſcedinge des vployppes wi ſcolden ſe auer vp holden de di vngeſůge gedan hedden als vord als wi mochten wente an vnſe ſrunt de wi da to ge koren hebbet di ſcolden des mechtich weſen mit fruntſcap eder mit rechte to irſceidende binnen verteinachten War auer dat ſe beide da to nicht komen mochten ſo mach er ein einen andern bederuen man to ſec nemen vñ Sceiden ſe als hi vor ge Screuen ſteyd. Were ouk dat ienich witlik viand in vnſe hus queme wanne he vns dat verkundigede ſo Scullе wi en ryden laten binnen eime dage vñ binnen einer nacht he ſcal ouk veylich en wech riden Ouk en ſculle wi neyne heren vp laten wi en dun dat mit vnſer huſgenoten willen vppe beiden Sloten. were Ouk dat ymant den andern anuerdigede in deſſem bergurede dat ſcolde wi en allin truwelike helpen weren Weret dat ienich ſcelinge vnder vns velle buten dem bergurede welkerleie di were des ſcolde wi vñ wolden bi twen vnſen frunden bliuen wat di vns heten to fruntſcop eder to rechte dat Scolde wi geuen vnd nemen Dit hebbe wi vorg̃ Tile vñ Otte an truwen gelouet vn to den heilgen Sworen vor vns vñ vnſe rechtin eruen dem vorgeſcreuenen ernſte vñ ſinen rechtin eruen gantz vñ ſtede to holdende ane argeliſt vñ geuet em des diſſen brieff beſiglet mit vnſen ingeſiglen. Ge geuen na godis bort Drittenhundert ein vñ Seſtich iar to mituaſten.

134. Der Rath der Stadt Lübeck errichtet mit dem Herzoge Erich von Sachsen-Lauenburg einen dreijährigen Frieden, gestattet ihm aber im Falle eines Krieges zwischen Dänemark und Lübeck [*]), von denjenigen Landen

*) Cfr. in Cassel's Sammlung ungedruckter Urkunden die Urkunde vom Jahre 1361 pag. 419 — 433.

und Schlössern, welche er von dem Könige von Dänemark erhalten hat, demselben in Dänemark den schuldigen Kriegsdienst zu leisten. — 1361, den 6. März.

Wie Ratmanne der Stad to Lubeke bekennen in deſſer ſchrift. Dat wie mit deme edelen vorſten Ereke herteghen to Saſſen to engheren vnde to weſtfalen hebben ghemaket ene endracht in deſſer wiſe. Dat wie van deſſeme daghe anſtande wente to pinaſten negheſt tokomende vort ouer Dre jar ſine vyende nicht werden ſcholen noch he vſe. vnde vſer een des anderen beſte weruen ſchal wor he kan vnde mach. were auer dat binnen deſſer vorſprokenen tyd anders iemend des ſyluen herteghen vyend worde. vñ ſine Slote beleghet worden in ſineme lande to Saſſen van den ſyluen ſinen vyenden. den ne ſchole wie nenerleye hulpe doen noch ſpiſen vte vſer ſtad bi vſer witſchap. men eme vnde den ſinen ſchole wie Spiſe gheuen vmme ſine penninghe wanne vnde wor em des not is in ſineme lande to Saſſen. wo dat ieghen vſen rechten heren den keyſer nicht ne ſy. Vortmer were dat binnen deſſer tyd de wile dat deſſe endracht waret twiſchen des vorghenomeden herteghen vrunden id weren heren eder ſine man vnde vs ienich ſchelinghe vpſtunde dar wie ſe vmme ſchuldeghen wolden. vnde kan de herteghe vs van ſinen vrunden eder mannen helpen in minnen eder in rechte alſo vele alſe em vñ vs ſyluen dvnket dat redelik ſy des ne ſchole wie eme nicht enthoren. vortmer were des god nicht ne wille dat de konigh van Denemarken binnen deſſer endracht vſe vyent wolde werden. So mach de herteghe deme ſyluen koninghe alſo dane deneſt doen in Denemarken alſo he eme plichtich is van den Sloten vñ landen de he van eme heft. auer in ſineme lande to Saſſen ſchal he mit Sloten mit landen vñ mit luden binnen deſſer tyd vſe vyent nummer werden. Dat hebbe wie ghelouet vñ louen in deſſer ſchrift deme ſyluen herteghen vñ he vs weder to holdende ſtede vaſt vñ vntobroken. Deſſer dinghe tvghe ſyn De erbare vader in gode her Bertram byſchop to lubeke vñ de duchteghen lvde Dethlef van Parkentyn Ridder. vicke van bidzaker des herteghen marſchalk. Hartwich van Ritzerowe de eldere. Hinrik vñ waſmod ſchacke. vn Dethlef van gronowe. knapen. Ghe ſchreuen to Lubeke na Chriſtus bord. Drytteyn hundert Jar In deme een vnde Seſteghesten Jare des Synauendes vor deme ſondaghe alſe men ſinghet Letare Jheruſalem.

135. Graf Gerhard von Schauenburg, Administrator des Stiftes Minden, und seine Brüder, die Grafen Bernhard, Otto, Adolf und Simon, geloben für sich und die drei ersteren auch für das Stift Minden und für die Stiftsmannen wegen alles dessen, was vorgefallen ist, als Johann von Salder von den Ihrigen in die Stadt Hannover gejagt wurde, und wegen der daraus hervorgegangenen Irrungen dem Herzoge Wilhelm von Braunschweig und Lüneburg, dem Herzoge Ludwig von Braunschweig, dem Rathe und den Bürgern zu Hannover, dem Aschwin von Salder, Probste zu St. Blasius in Braunschweig, den Rittern Ludolf von Hahnhorst und Johann von Salder, dem Johann von Honlage, Johann von Elsen und Hartmann von Lathusen und allen herzoglichen Mannen eine Sühne, worüber ihre Mannen eine Urfehde geschworen haben. — 1361, den 15. April. K. O.

We Juncher Gherd van goddes gnaden greue tho Schowenborch vñ tho Holſten vñ eyn vormunde des ſtichtes tho Minden vnde we Juncheren Bernd vnde Otto ſine brodere bekenne vor vs vñ vor dat ſtichte tho Minden vñ ſine man, vnde vor alle de de dor vſen willen don vnde laten willet an daſſeme breue gheueſtent mit vſen Inghezeghelen. Dat we vnde al de de dur vs don vnde laten willet, vs hebbet ghenſliken ghesoned vñ berichtet vmme al de ſchicht de ſchude Do her Johan van saldere wart in gheiaghet*) van den vſen nv in der Paſche weken, vnde vmme alle de ſtucke de dar van vp ghe ſtan ſind, vnde noch moghen beyde in gheyſtliker eder in werliker achte mit vſeme heren van Lvnenborch vnde mit deme rade vnde der Stat, vnde mit den Meynen borgheren tho Honouere, hern aſſchwine van saldere proueſte tho ſunte Blaſius tho Brunſwich, hern Ludolue van honborſt, vnde hern Johanne van saldere Ridderen mit Johanne van honlaghe Johanne van Elsen vnde hartmanne van Lathuſen, vnde mit allen vſes heren mannen van

*) Ein anderes, im Archive der Stadt Hannover befindliches Original schiebt hier ein: *tho honouere*.

Lvnenborch, weret auer dat kleghere quemen van des doden weghene, de to der tyd dot blef den mochten se rechtes staden, dar mede scal desse bref vnde deghedinghe vnvorbroken wesen, vnde se des vnbedeghedinghet bliuen, Alle dusse vorscreuene stucke hebbet vse man de in dessen vorscreuenen stucken be grepen sin, vor gherichte ghe louet vnde ghe sworen eyn rechte oruede vñ louet· vor vs vnde vor vse eruen vor des Stichtes man van Minden, vnde vor de, de dor vs don vnde laten willet, vnde louet antruwen vseme heren hertoghen wilhelmo hertoghen tho Lvnenborch vñ tho Brunswic Juncheren lodewighe hertoghen Magnus sone tho Brunswic, vnde deme Raede vñ der Stat, vñ den meynen borgheren tho honouere, den heren Ridderen knechten, vnde mannen vorbenomd stede vnde vnbrekeliken tho holdende Desse bref is ghe ghouen na goddes bord Druttteynhundert Jar in deme eyn vnde sestighesten Jare Des neghesten daghes Tyburcij et valeriani sanctorum Martirum.

K. O.

We.. Juncheren Alf vnde Symon van goddes gnaden greuen tho Holsten vnde tho Scowenborch bekennet vor ös, vñ vse eruen, vñ vor al de, de dor vsen willen don vñ laten willet. an dessem breue de gheuestent is mid vsen Ingheseghelen. Dat we. vñ al de dor ös don vñ laten willet ös hebbet ghensoliken ghesönet vñ berichtet. vmme alle de schicht de schüde, do her Johan van Saldere, van den vsen wart tho honouere, in gheiaghet in der Pasche weken, vñ vmme alle de stücke, de dar van vpghestan sint vñ noch möghen. beyde in ghestlyker ofte in wertliker achte, mid vsem heren van Lüneborch, vñ mid dem.. Rade vñ der Stad.. vñ mid den menen borgheren. tho honouere, hern Aschwine van Saldere Prouefte tho sünte Blasiese tho brünswich, hern Ludolue van bonhorst vñ hern Johanne van Saldere Rydderen. mid Johanne van Honlaghe Johanne van Elze. vñ hartmanne van Lathusen vñ mid al vses heren mannen van Lüneborch. weret auer dat Cleghere qüemen van des döden weghen, de tho der thyd blef, den mochten se rechtes staden, vñ dar mede scal desse bref vñ deghedinghe vnuorbroken wesen, vñ se des vnbedeghedinghet bliuen. Alle desse vorscreuenen stücke hebbet vse man de in dessen vorscreuenen stücken begrepen sin. ghelouet vor gerichte vñ eyne rechte orfede ghesworen. vñ louet seluen vor ös vñ vse eruen. vñ vor de, de dor ös don vñ laten willet antrüwen. vsem heren herthoghen wilhelme tho Luneborch vñ tho.. Brünswich, Jüncheren Lodewiche herthoghen Magnus sone van brunswich vñ deme.. Rade vñ der.. Stad vñ den menen borgheren tho honouere, den.. Ryderen vñ mannen vorscreuen stede vñ vnbrokelken tho holdende. Ghesehen na goddes bort drytteynhundert Jar In dem eyn vñ Sestighesten Jare. des neysten daghes sünte Tybuci et valerianj.

136. Die Rathsherren der Stadt Lüneburg beurkunden, dass der herzogliche Küchenmeister Diedrich Schlette, Vogt zu Lüneburg, einige ihm als Vogt und Richter in Ermangelung rechter Erben durch Todesfall erledigte Salingüter zu Lüneburg dem Johann Semmelbecker verkauft hat. — 1361, den 23. April. XVIII.

Nos Consules etc Tenore presencium recognoscimus et testamur quod strenuus vir Thidericus slette, magister coquine jncliti principis et domini nostri Domini wilhelmi ducis in luneb̄ habens in hoc plenum posse. nomine aduocacie, quam idem thidericus slette pro tunc rexit et habuit justo venditionis tytulo pro certa pecunie summa iam eidem thiderico soluta. vendidit dimisit et in iudicio resignauit Johanni semmelbecker et eius veris heredibus terciam partem dominij sartaginis. que dicitur wochpanne posite ad dextram manum in introitu domus gosletzinghe in salina luneborch. nec non terciam partem vnius plaustri salis quolibet flumine tollendam in eadem sartagine iam predicta jure hereditario possidendam et ad faciendum cum eisdem partibus. quicquid ipsius Johannis vel suorum heredum placuerit voluntati. Predicte partes dominij et plaustri per obitum mechtildis. relicte quondam arnoldi iuxta pontem et heredum ipsius, bone memorie vacauerunt et sic legitimis heredibus deficientibus et non existentibus, ad aduocatum tamquam ad iudicem fuerant deuolute. In cuius facti testimonium sigillum nostrum presentibus est appensum partium ob rogatum Datum anno domini M. CCC. LXI. In profesto beati georgij martiris gloriosi.

137. Herbord Clüver gelobt, sich dem Herzoge Wilhelm von Braunschweig und Lüneburg und dem Herzoge Ludwig von Braunschweig am 25. Juli zum Gefängnisse zu stellen, weil er jetzt durch Krankheit daran verhindert ist. — 1361, den 21. Mai. **K. O.**

Ich herbert de Cluvere wille witlik vñ openbare to wesende alle den ienen de dessen bref seed vñ hored, dat ich van krancheyd weghene mynes liues en mach mynen heren hern Wilhelme hertoghen to Brunswich vñ to luneborch vñ Juncheren lodowighe hern Magnus sone des elderen hertoghen to Brunswich nicht in komen nv vppe den achteden dach to Pinghsten alse ich on ghe loued hadde, Mer ik loue en truwen vñ by mynen eren vñ by dem suluen ede vñ louede dat ich vore ghe dan hadde mynen vor benomden heren vñ to orer hand dyderike oreme kokemestere vñ oren anderen mannen, dat ik nv an svnte Jacobus daghe des hilghen apostoles de erst to komende is wille on in komen vñ on de venghnisse holden ane ienegherhande arghelist, alse ik nv an dem achteden daghe to Pynghsten scholde don, Vnde ik Marquard van Warsebe knape be kenne in dessem suluen breue dat ik hebbe eyn weruere vñ eyn bode wesen twysghen mynen vorbenomden heren, vñ herberte vmme dessen dach vñ loue alle desse vorscreuene dingh vor herberte vnde mid herberte stede vñ vast to holdende ane ienegherhande arghelist vñ vntruwe, To eynem orkvnde desser dingh hebbe we Herbert de Cluvere sakewolde, vñ Marquard van Wersebe vorbenomde vnser beyder Inghesegheie ghe henghet to desseme breue. Na goddes Bord drittteynhunderd Jar in dem eynen vñ sestegheslen Jare, des Vrydaghes bynnen den achte daghen to Pynghsten.

138. Bertold von Gedenstede, Probst zu Marienwerder, Segeband von Reden zu Coldingen, Diedrich von Alten, Christian von Langelege und Hofmeister Johann Schacke beurkunden den schiedsrichterlichen Spruch des Herzogs Wilhelm von Braunschweig und Lüneburg, wonach Graf Ludolf von Wunstorf und dessen Bruder Ludwig den Wulfer von Reden bei dem halben Amte zu Linden und er sie bei der Gerichtsbarkeit über die Strasse zu Linden belassen sollen. — 1361, den 24. Juni. **K. O.**

We her bertolt van ghodenstede proueft tů deme werder Seghebant van reden de tů koldynghe wonet dyderec van alten kersten van langheleghe Johan scacke de houemester bekennen in desme Jeghenwardeghen breûe dat we dar ouer wesen hebben dat vnse here van luneborch heft or Seeden greuen Ludeleûe vnde greûen Lodewighe brodere ghehetan van wunstorpe vnde ere rechte erûan vnde her wůllcûere van reden vñ syne rechten eruen in desser wis dat greue Ludolef vnde syn broder Lodewych brodere ghe heten van wůnstorpe vnde ere rechte eruen Scolen her wůllcûere vnde syne rechten erûen an deme haluen ambete tů Lynden vñ wat dar tů hort myt allerleye rechte roweleken besitten laten vnde her wulleuere vñ syne rechte eruen Scolen greûen Lůdeleûe vnde greûen Lodewighe vnde ere rechten eruen roweleken besitten laten an deme lychte vppe der straten tů Lynden Tů eyner betughynghe So hebbe we alle her bertoldes ingheseghelss van ghodenstede vñ dyderekes van alten vnde kerstens van langheleghe de ere ingheseghele hebben ghe hanghen an dessen bref vnde is ghe geuen na godes bort druttteyenhundert Iar in deme eyen vnde sosteghesten iare in sunte Johannes daghe in mydden deme Somere.

139. Heinrich Bochester und seine Frau Berta verkaufen dem Herzoge Wilhelm von Braunschweig und Lüneburg und dem Herzoge Ludwig von Braunschweig den ihnen von ersterem zu Lehn ertheilten Zehnten zu Tewel. — 1361, den 26. Juni. **K. O.**

Ik Hinrich Bochester vñ ver Berte min husvrowe be kennet openbare an dessem breue dat we mit vulbord vnser eruen hebben vor Coft den hoghebern vorsten vnsem leuen heren hertoghen wilhelme van Brunsw vnde luneb. vnde Juncheren Lodwigh hertoghen Magnuses Sone van Brunsw des elderen den tegheden to teuele vnde laten en beyde len. vnde were vnde lifghedingh mit allem rechte alse ik hinrik vorghenvmpt dat hebbe to lene had van minem leuen heren van Luneb vnde wil minem leuen heren her wilhelme. vnde Juncheren Lodwigh. vorghenumpt. eren eruen vnde nakomelinghen desses kopes vnde latinghe be kennich wesen wanne vnde wor en des nod vnde behůf is. to ener be tuginghe dessir dingh So hebbe ik hinrik

Bocheßer vorbenumpt min inghefeghel ghe henghet laten to deffem breue Na goddes Bord dritteynhundert iar an dem enen vnde Seßteghesten iare an dem hilghen daghe Svnte Johannes et Pauli der groten mertelere.

140. Knappe Ulrich von Bothmer sühnt sich mit dem Herzoge Wilhelm von Braunschweig und Lüneburg und mit dem Herzoge Ludwig von Braunschweig wegen der gegen sie geführten Fehde. — 1361, den 30. Juli. K. O.

Ich Olrich van Dotmere knecht be kenne openbare in deffeme breue vor alle den de on feen edder lefen horen dat ich my ghenfliken vñ to grvnde ghe zoned vnde be richted vnde fcheden hebbe myd den Achbaren vorften mynen gnedeghen heren, Hern Wilhelmo hertoghen to Brunfwich vñ to luneborch vñ Jvncheren lodowiche Hertoghen Magnus fone to Brunfwich des elderen vmme allerleye fchulde Veyde fchelinghe vñ twidracht de fe wefen heft twifghen mynen vor benomden heren hern Wilhelmo vñ Jvncheren lodowiche vñ de van orer weghene in de veyde ghe komen fyn af eyne fyd, vñ my van myner weghene vñ van alle der weghene de dorch mynen willen in de veyde ghe komen fyn af ander fyd, Vñ ich olrich vorbenomd loue entruwen dat ich en wil noch en fchal myne vor fcreuenen heren ore Eruen vñ Nacomelinghe ore Man vñ land vñ de fe ver deghedinghed nicht mer be fchuldeghen be fchaden noch be claghen vmme ienegherhande fchulde dar ich fe vmme be fchuldeghed hebbe edder be fchuldeghed hebben mochte wente an deffe tyd dat deffe bref ghe gheuen is To eyneme orkvnde deffer vorfprokenen ftucke hebbe ich Olrich vorbenomd myn Inghefeghel myd witfchap to deffem breue ghe henghet. De ghe gheuen is na goddes bord dritteynhvnderd Jar in dem eynen vñ fe(ti)eghesten Jare des neghesten Vrydaghes na fvnte Jacobus daghe des hilghen Apoftelen.

141. Die Schacken verkaufen dem Otto Grote zwei Theile des Stillborn *) und geloben, ihnen das Lehn zu gute zu halten. — 1361, den 13. August. K. O.

In nomine Domini Amen Ich Bertolt fcacke Otto vñ Johan Des fulnen bertoldes Sone Echart heren Johannes fone henneke hermannes Sone alle hethen Scacken Be kennen an deffeme Opene breue Dat we Myt Rade vnde vulbort alle vfer rechthen Eruen vor koft hebben Otten dem grothen vñ fynen rechthen Eruen dat hiis otten groten heren gheuehardes fone twe del an Deme ftylle borne myt eyner famenden hant Myt alleme rechthe vñ Nût. also we fe be fethen hebben byt an deffen dach an holthe vñ Velde an watere an weyde an rychthe vñ an allen dynghen also dat we vñ vfe eruen nener leye recht dar ane mer be holden fcolen Och fcole we gym Des gûdes eyn recht warende Wefen wanne Vñ wor vñ wo dycke fe des be doruen vñ van vns Efchen Och fcole we gym De lenware tho gûde holden also langhe byt dat we fe gym van den heren weruen konen funder arghelyft eder dat fe fo fuluen van den heren vor weruen moghen Och fcole we de lenware Den heren vp ghenen wanne Se dat van vns Efchen alle Deffe vore fcreuen ftucke louen alle vore be nomeden bertolt vñ otto vñ Johan bertoldes Sone vñ Echart heren Johannes fone henneke hermannes Sone en truwen myt eyner famenden hant deme vore nomeden Otten heren gheuehardes fone vñ fynen rechthen. Eruen vñ to erer truwen hant heren manegolde van deme berghe Otten groten heren werners fone henneken van wuftrow wyllebrando grothen hynrike vñ gheueharde plothen broderen ftede vñ vaft to holdende to eyner betheren vñ openbareren be kantnyffe hebbe we alle wytlyken vnfe ynghefeghele henghet an deffen bref Datum anno dominj M CCC LXI ipfo die ypolitj et fociorum eius.

142. Die von Steinberg stellen einen Revers aus, dass sie das Schloss Bodenburg von dem Herzoge Ernst von Braunschweig zu Lehn besitzen, und geloben, es ihm gegen den Bischof von Hildesheim und gegen jeden Herrn mit Ausnahme des Herzogs von Braunschweig und Lüneburg zu öffnen und ohne ihn keinen Frieden oder Sühne zu schliessen. — 1361, den 15. August. IX.

*) Cfr. hierzu die Urkunde vom 11. Juli des Jahres 1363 in Grupen's Origines Germ. Theil II. pag. 104.

Wie Her Borghard von deme Steinberge Rittere Affchewyn vnde Hennyng Affchewyns ſone vomme Steinberge. Borghard Curd vnde Affchewyn. hern Borghardes ſone Bekennen in dufſeme openen breue vnde thûn witlik allin den die duſſin brieff ſehet edir horet leſin dat wie dat hûs to Bodenborg to lene hebbet von deme hoggebornen furſtin vnſeme gnedigen heren hertougen Ernſte hertougen to Brûnſw̄ hertougen Albr̄ ſone, vnde ſcholiet dat von ſynen eruen to lene hebbin wenne ſich das geboret vnde ſchal vnſes vorb̄ heren vnde ſyner erbin uffene ſlôs ſin, thegein vnſin heren von bildenſ vnde kegen alle heren tho oren noden ane kegen vnſin heren von lûneborg. Vnde en ſcholle wie vorb̄ vomme Steinberge vns nicht vreden noch Sûnen vnſe vorb̄ heron von Brunſw̄ die enhedden ſich geſûnet Des to Orkûnde geue wie on duſſin brieff beſegelet myt vnſin Ingꝫ vnde iſt geſcheen nach godes gebord dritteynhundirt Jar in deme eyn vnde Saſtigeſtigen Jare an vnſer vrowen tage wortemyſze.

Gedruckt in Behrens's Genealog. Vorstellung derer von Steinberg. Beilage R.

143. **Die Söhne des Gerlach von dem Lobeke stellen einen Revers aus, dass die durch den Tod ihres Grossvaters Baldain von dem Lobeke erledigten Dörfer Kolepant und Gliemitz ihrem Vater Gerlach nur auf Lebenszeit von dem Herzoge Wilhelm von Braunschweig und Lüneburg und von dem Herzoge Ludwig von Braunschweig verliehen sind. — 1361, den 8. September.** II.

We vicke wiprech. Boldewin. Gherlech Johan gherleghes Sone vamme Lobeke be kennet vnde betughet in deſſeme Breue. dat vſe leue here her wilhelm hertoghe to Brunſw̄ vnde to Luneborch vnde Juncher lodew̄ hertoghen Magnes Sone van Brunſw̄ heſt vſeme vadere gherleghe vamme lobeke Sine leuedaghe ghelaten vnde dorch leue vnde dorch vrintſcop willen be gnadet mit deme dorpe to kolepant vnde mit deme dorpe to glymitze de vſen vorſprokenen heren rede loſe worden ſin van hern Boldewine vamme lobeke vſeme elder vadere. deme god gnedich ſi were dat gherlich vſe vor benomede vader ſtorue. So en ſchole we noch ene willen edder vſe eruen mit nichte vs boweren mit den vorſcreuenen dorpe kolepant vnde ghlymitze ghe heten wente. Se deme hertoghen wilhelme vnde Juncheren Lodowighe vnſen vorbenomeden heren eren eruen vnde Nacomelinghen ledich vnde los werden. den we vnde vſe eruen de nu ſin vnde noch tû komende Sin noch nemen van vſer weghene. Scollen noch en willen Se mit nichte dar ane binderen vnde en ſcolen nicht mer dar vp Saken dit ſtede vnde vaſt to holdende dat loue we vicke wiprech Boldewin gherlech Johan gherleghes Sone vamme lobeke Sakewolden mit vnſen medeloueren de hir na be ſcreuen Stan hinrike van Swerin godeken van tûne. hinrike vnde lodewich Broderen vammo lobeke gherleghes Sone Gherleghe hinrikes Sone vnde Johanne vedderen ok ghe heten van deme lobeke mit eyner Samderhand in truwen vnſeme leuen heren hern wilhelme hertoghe to Brunſw̄ vnde to luneborch Juncheren lodewighe hertoghen magnes Sone van Brunſw̄ eren eruen vnde eren Nacomelinghen vnde to erer hand hern Aſchwine van Salderen dem prouoſte inder borch to Brunſw̄ Dyderke vſes vorbenomden heren kokemeſter. vnde willebrande van reden Were ok dat deſſer borghen ghenich af ghinge binnen deſſer tid So ſcole we vnde willen beyde Sakewolden vnde borghen dar na binnen verteynnachten wanne we dar vmme ghemanet werden eynen alſo ghuden Borghen in des edder in der ſtede ſetten de ſe aue ghan wen de Scolden louen In eyneme Sunderliken Breue Al deſſe vore ſcreuene ſtucke de de houet bref ut wiſet dar mede ſchal deſſe bref vn vorbroken bliuen To eyner groteren be tughinghe So hebbe we vſe Ingheſeghele witliken ghe henghet laten an deſſen bref. vnde is ghe ſchen na godes bord dryttteynhundert iar In deme eyn vnde Soſtegeſten iare In vnſer leuen vrowen daghe der lateren.

144. **Herzog Magnus von Braunschweig und sein Sohn Albert, gekorener Erzbischof von Bremen, stellen dem Diedrich Schlette, Küchenmeister des Herzogs Wilhelm von Braunschweig und Lüneburg, Schuldbriefe über zweihundert löthige Mark aus, wovon sie die eine Hälfte am 17. April und die andere Hälfte am 29. September des nächsten Jahres zu zahlen versprechen. — 1361, den 19. September.** K. O.

Van der gnade goddes We Her Magnus de Eldere Hertoghe to Brunswich, Vnde Her Albert des suluen hern Magnus sone, eyn ghe koren here des Stichtes to Bremen, be kennet openbare in dessemе breue dat We Dyderike slotten Kokemestere vnses leuen Vedderen hern Wilhelmes Hertoghen to luneborch synd schuldich van rechter schuld weghene, Hunderd lodeghe Mark Brunswikescher wichte vñ witte, De we deme suluen Dyderike vñ synen Eruen vñ to orer truwen hand Tylen van dem Damme vñ Corde Elers Borgheren to Brunswich, loued in truwen mid samender hand to be redende nv to den Neghesten Paschen ane ienegherhande hinder vñ vortoch To eyner be kantnisse desser vorscreuenen stucke Hebbe we Her Magnus vnde Her Albert vorbenomden dessen bref be seghelet mid vnser beyder Inghesseghele Na goddes bord Dritteynhunderd Jar in dem Eynen vñ sestegheſten Jare Des neghesten sondaghes vor svnte Matheus daghe des Hilghen Apostelen.

K. O.

Van der gnade goddes We her Magnus de Eldere, Hertoghe to Brunswich, Vñ Her Albert des suluen hern Magnus sone eyn ghe koren Here des Stichtes to Bremen be kennet openbare in dessemе breue, dat we Dyderike slotten Kokemestere vnses leuen Vedderen hern Wilhelmes Hertoghen to luneborch synd schuldich van rechter schuld weghene Hvnderd lodeghe Mark Brunswikescher wichte vñ witte, De we deme suluen Dyderike vñ synen Eruen vñ to orer truwen hand Thylen van dem damme vñ Cordo Elers Borgheren to Brunswich. loued entruwen mid samender hand to beredende nv to dem neghesten svnte Michahelis daghe vord ouer eyn Jar ane ienegherhande hinder vñ vortoch. To eyner be tughinghe desser stucke hebbe we Her Magnus vñ Her Albert vorbenomden vnser beyder Inghesseghele ghe henghed to dessem breue Na goddes bord Dritteynhvnderd Jar in dem eynen vñ sesteghesten Jare des neghesten sondaghes vor svnte Matheus daghe des hilghen Apostelen.

145. Herzog Magnus von Braunschweig verpfändet den Bürgern und dem Rathe der Stadt Helmstedt zwei Pfund Pfennige jährlichen Dienstgeldes in dem Gute des Klosters Marienthal zu Emmerstedt für fünfzehn Mark Silber, die sie ihm zum Behuf der Einlösung des Gerichtes über das Dorf Emmerstedt geliehen haben, und verspricht, dass bei säumiger Zahlung des Dienstgeldes der von seinem Vogte zum Hüter der Goschaft vor Helmstedt gesetzte Untervogt ihnen zu Pfändern verhelfen soll. — 1361, den 29. September. K. C. 14.

We magnus van der gnade goddes hertoge to brunsw̄ bekennet openliken indissem breue dat we hebbet ghesad vnsen truwen burgheren dem rade to helm̄ twe punt penninghe de we hebben indem dorpe to emberstidde an des closteres gude to sinthe marien dale de se vns pleghet to geuende vor denst vor veſteynmark stend suluers de se vns ghe dan hebben to der losinghe des richtes ouer dat sulue dorp to emberstidde Disse vorscreuonen twe punt Schullen sy alle jarlikes vp nemen alzo langhe went we ene de vesteyn mark wedder geuen were dat en de twe pund nicht betalet enworden vp de tid dat men sy plecht vth to geuende so scal vnse vnder voghet den vnse voghet sed to enem hûdere des goscappes vor helm̄ ene be hulpen wezen penninghe eder pande dar se mede na quemen erer penninghe wan se dat van eme escheden To ener bekantnisse disser dingh So hebbe en dissen bref be seghelet mid vnsem inghesseghel na goddes bord drittheynhundert jare in deme eyn vnde sustigesten jare des hilghen daghes sinthe mychaelis.

146. Knappe Statius Busche verspricht, den Herzog Wilhelm von Braunschweig und Lüneburg, den Herzog Ludwig von Braunschweig und ihre Amtleute von einer etwaigen Klage des Herzogs Albrecht von Braunschweig und seiner Hauptleute, dass er und die Seinen von dem Schlosse Lauenau den Bürgern der Stadt Hameln Schaden zufügen oder zugefügt hätten, zu entledigen, und unterwirft sich in Streitigkeiten der Entscheidung beider Herzöge. — 1361, den 6. October. K. O.

Ich Statius Busche knecht bekenne openbare in dessemе breue vor alle den de dessen bref seen edder lesen horen dat ich vñ myne Eruen schullet vñ willet vse heren de Achbaren Vorsten Hern Wilhelme Hertoghen to Brunswich vñ to Luneborch vñ Juncheren Lodowiche Hern Magnus sone Hertoghen to Brunswich vñ ore Eruen vñ Nacomelinghe vñ ore ammychtlude entledeghen van vseme Juncheren Hertoghen Alberte van Brunſwich vñ van ſynen Eruen vñ ſynen houeluden icht ſe vnſe vorſcreuenen heren hern Wilhelmo Juncheren lodowiche ore eruen vñ Nacomelinghe edder ore Ammychtlude beſchuldegheden vmme ieneghERhande ſchuld edder ſchaden den ich vorbenomde Statius vñ de Myne deden edder ghe dan hedden vppe de van Hamelen van dem ſlote to der Leuwenouwe. Ok ſchullet myne vorbenomden Heren Her Wilhelm vñ Junchere Lodowich ore Eruen vñ Nacomelinghe ouer my Statiuſe vñ ouer de myne mynne vñ rechtes woldich weſen to allen tyden Alle deſſe vorſcreuenen ſtucke loue ik Statius entruwen vor my vñ vor myne Eruen vaſt vñ vmbrokelich to holdende ane ieneghERhande argheliſt mynen vorbenomden Heren.. oren Eruen vñ Nacomelinghen vñ oren ammychtluden To eynem orkvnde deſſer dingh hebbe ik Statius deſſen breſ ghe gheuen mynen vorſcreuenen Heren mid myneme Inghefeghele beſegheled. Na goddes Bord drittEynhunderd Jar in dem eynen vñ ſeſteghesten Jare des Achteden daghes na ſvnte Michahelis daghe.

147. **Die von Vreden stellen einen Revers aus, dass Herzog Wilhelm von Braunschweig und Lüneburg unter Vorbehalt des Oeffnungsrechtes ihnen seine Hälfte des Schlosses und der Stadt Gandersheim ohne geistliche und weltliche Lehne für 300 Mark löthigen Silbers und für die auf 200 Mark löthigen Silbers veranschlagten Kosten des nach seinem und seiner Manne Rath am Steinwerke des Schlosses vorzunehmenden Baues verpfändet hat. Sie begeben sich mit ihrem Schlosse Freden in seinen Dienst, geloben, es ihm zu öffnen, und verpflichten sich, diesen Vertrag, falls er, ohne einen Sohn zu hinterlassen, stirbt, dem Herzoge Ludwig von Braunschweig und, falls auch dieser, ohne Erben zu hinterlassen, stirbt, einem zum Herrn der Herrschaft Lüneburg gewählten Bruder des letzteren zu halten. — 1361, den 6. December.** K. O.

We her lippold vñ her beſeke brodere ghe heten van vreden riddere. her hannes riddere vñ lippold knecht des ſuluen hern lippoldes Sone vñ Ecbrecht hern beſeken Sone bekennet openbare in diſſem breue dat de Erbare vorſte her wilhelm hertoghe to brunſwich vñ to luneborch heſt vs ghesat, dat Slot to ganderſem hus vñ Stad dat half ſin is mid allem rechte alſe he id heſt vñ alſe id ſin is vñ mid alle deme dat dar to hort ane gheyſtlik vñ manlik len to dren Jaren nu to winnachten an to rekende vor viſ hundert mark lodighes ſulueres brunſwickeſcher witte vñ wichte. vñ deſſes gheldes ſchulle we in ſinem dele des Slotes to ganderſem vorbuwen twehundert mark lodighes ſulueres diſſer vorbenomden wichte vñ witte in Stenwerke na ſineme vñ ſiner Manne Rade alſo dat we dat witliken be wiſen moghen. vñ wanne de dre Jar vmme komen ſin ſo magh de vorbenomde vorſte vſe here eder ſine eruen eder nakomelinge vns vñ vnſen eruen eder we en kundighen de loſe diſſes Slotes to ganderſem alle iar binnen den twelfnachten to winnachten. vñ van der tid dat de loſe ghekundighet is, dar na negheſt vort ouer en iar, ſo ſchullet ſe vs bereden in der ſtad to brunſwich viſ hundert mark lodighes ſulueres brunſwickeſcher wichte vñ witte oft we de twe hundert lodighe mark ſulueres vor buwet hedden alſe hir vor ſproken is, eder alſo vele min alſe we van den twenhundert lodighen marken min vor buwet hedden, vñ wes vnſes heren manne twene vñ vſer vrunde twene vs be ſegget vmme de werdinge des buwes dat we denne vorbuwet hedden, dar ſchulle we vs af beyder ſyd an ghenoghen laten, Ok ſchullet ſe vs dat gheld in der ſtad to brunſwich vñ van brunſwich ſeuen mile veligheu vor alle den de dor ſe don vñ laten willen vñ wanne dat gheld bered is ſo ſchulle we vñ vſe eruen vñ willet dem vorſprokenen vorſten vñ ſinen eruen vñ nakomelingen dat Slot to ganderſem hus vñ ſtad weder antworden mid alle dem dat dar to hort alſe id vs ghe antwordet is, vmbeworren ane vortogh vñ wederſprake. Ok ſchal dit Slot ganderſem hus vñ Stad, dem vorbenomden vorſten vſem heren vñ ſinen eruen vñ nakomelingen open weſen to allen tiden vñ to al oren noden. vñ were dat he van dem Slote orleghen wolde vñ ſinen ammechtman dar ſette de ſcholde vs des wis worden mid redeliker vñ mogheliker wiſſinge dat he vs vñ de vſe, vor ſek vñ vor den ſinen vor ſchaden bewaren wolde. Schude vs auer ſchade van ſinem ammechtmanne vñ den ſinen, den ſcholde vs de ammechtman weder don in Minne eder in rechte binnen twen manden dar na dat we dat van eme eſcheden. vñ wederſtunde dem vorbenomden vorſten icht van des Slotes weghene to ganderſem, des ſcholde he minne vñ rechtes ouer vs weldigh weſen to allen tiden. vñ worde we ok ſchelhaftigh mid iemende vñ hulpe de vorſprokene vorſte vs nicht minne eder rechtes binnen ver weken dar na wanne we dat van eme ascheden so moste we vs van dem Slote wol vnrechtes irweren. worde ok dat Slot ganderfem vor loren van vngheluckc des god nicht en wille so en schullet de vorste vse here vñ we vs nicht sonen noch vreden mid deme eder mid den de dat Slot ghe wunnen hedden we en hedden dat Slot ganderfem weder be krechtaghet, eder en ander Slot weder in dat gherichte bowet, eder he en hedde vs vse vorbenomde gheld bered. vñ buwede he mid vs en Slot weder in dat richte dar scholde we vse gheld an hebben vñ mid dem rechte inne sitten alse we in dissem Slote ganderfem nu sittet. vñ worde dat Slot ganderfem bestallet dat scholden se vs redden helpen. Ok sint we in deneñ ghe varen vses vorbenomden heren hertoghen wilhelmes mid vsem Slote vreden al dus dane wis dat dit sulue Slot sin vñ siner eruen vñ nakomelingen schal open wesen to al oren noden tighen alles wene. vñ he schal vs mid dem Slote vñ mid deme dat dar to hort, truweliken vor deghedingen de wile dat he dat sulue Slot Ganderfem van vs nicht ghe lofed heft. were ok dat de vorbenomde vorste vse here hertoghe wilhelm af ghinge van dodes weghene des God lange nicht en wille vñ nenen echten sone hinder sek en lete so wille we alle disse vorschreuenen deghedinge holden vnsem Jungheren hertoghen lodewighe hertoghen Magnus sone to brunswich des elderen vñ sinen eruen in aller wis alse we de holden scholden vsem heren hertoghen wilhelme oft he leuede, were ok dat hertoghe lodewigh af ghinge ane eruen so wille we alle disse stucke holden enem sinem brodere des suluen hertoghen Magnus sone de to der hereschap to luneborch denne ghe koren worde. Alle disse vorschreuenen stucke vñ degbedinge loue we her lippold her besoke her hannes Riddere lippold vñ Eebrecht knapen van vreden vorbenomd, vsem heren hertoghen wilhelme vñ Jungheren lodewighe vñ oren eruen vñ Nakomelingen vorbenomd, entruwen mid samender hand to donde vñ stede vñ vast vñ vmbrokeliken to holdende. to merer wissenheyd hebbe we on ghe sat vif borghen de hir na be schreuen stat. vñ weret dat der borghen Jenigh af ghinge van dodes weghene so schulle we vñ willet vñ vse eruen also gude borghen vñ also vele alse der af ghe gan is weder in de stede setten binnen enem mande dar na, noghest wanne dat van vs ghe asched werd, de schullet alle disse stucke vor vs vñ vor vse eruen louen malk in eynem sunderliken breue also alse de anderen in dissem breue loued, vñ dar mede schal disse bref vnuorbroken bliuen. Vñ we her henric van hardenberghe, her werner van olderdeshusen Riddere, Johan van gustede, hannes van vreden hern beseken Sone ichtoswanne, vnde beseke van Rottinge knapen bekennet in dissem suluen breue dat we hebbet ghe louet vñ louet in truwen in dissem breue mid samder hand vnsem vorbenomden heren hertoghen wilhelme vnde Jungheren lodewighe vñ oren eruen vñ nakomelingen. weret dat on ienigh brok eder hinder worde in dissen vor schreuenen stucken vñ deghedingen, vñ we dar vmme ghemanet worden, so schulle we vñ willet binnen den ersten verteynnachten na der maninge komen in de stad to hououere vñ dar en recht inlegher holden vñ dar nicht buten be nachten de broke en si ghensliken ir vullet eder we en don dat mid orem willen. to eyner betughinge hebbe we.. vorbenomden lakewolden vñ we.. borghen vser aller inghesceghele ghe henged mid witschap to dissem breue de ghe gheuen is na goddes bort dritteynhundert iar in dem eynen vñ sestighestem iare in sente Nicolaus daghe des hylighen bischopes.

148. **Der gekorene und bestätigte Erzbischof Albert von Bremen schliesst mit seinem Vetter, dem Herzoge Wilhelm von Braunschweig und Lüneburg, ein beständiges Bündnis, verspricht, ihm nie Feind zu werden, ihm mit hundert Gewaffneten und, falls es erforderlich ist, mit ganzer Macht zu folgen, zu verhüten, dass des Stiftes Mannen ihm und den Seinen Schaden zufügen, die Strassenräuber, Mordbrenner und geächteten Leute des Herzogthums und Alle, die ihm Schaden thun, nicht zu hegen und zu hausen, sondern sie zu verfolgen und seinem Bruder Ludwig, falls Herzog Wilhelm, ohne einen Sohn zu hinterlassen, stirbt, dies Bündnis zu halten. — 1362, den 27. Januar.** **K. O.**

We Her Albert van goddes gnaden vñ des stoles to Rome ghe koren vñ Stedeghed to eyneme Ertzebischope der Hilghen kerken to Bremen be kennet opeliken in dessem breue dat we vs ver bunden hebbet mid dem Achbaren Vorsten Hern Wilhelmo Hertoghen to Brunswich vñ to luneborch vnseme leuen Vedderen in deſſer wis dat we eweliken ſchullet by eme bliuen, vn willet ſyn Vygend nicht werden, dorch ienegherbande ſake willen, mer we ſchullet vñ willet eme truweliken behulpich weſen vppe alleſwene, wanne vñ wor eme des to donde is, Vñ wan he vs dat vore weten let vere weken, ſo ſchulle we eme volghen mid Hvnderd Mannen wapend guder lude, Dede auer des eme grottare nod, ſo ſchulle we eme volghen van ſtaden an wan he dat van vs eſchen let mid alle vſer macht, Vñ ſchullet dar nicht mede ſvmen, Vñ den de we eme to hulpe ſended ſchal he gheuen ſpiſe voder vñ huſlach wanne ſe buten vſe ſtichte to Bremen komet, Vñ den Vromen den he nymd mid den luden de we eme to hulpe ſendet binnen der tyd dat he ſe bekeſteghed ſchal he allene hebben, mer ſchaden vñ verluſt ſchulle we ſtan, Ok ſchulle we bewaren wor we moghen dat eme vñ den ſynen vt vnſeme ſtichte noch dar dor van den vſen noch van anderes iemande neyn ſchade en ſche Schud on auer dar enbouen ſchade van den vſen, van den vñ oner de, ſchulle we on helpen minne edder rechtes binnen den neghesten vere wekenen dar na wan dat van vs vnſe vorſcreuene Veddere eſchen let, Dede we des nicht, ſo ſchulle we vñ willet eme helpen vppe de vſe de he beſchuldeghet mid alle vſer macht vñ vppe vſe eghene koſt, alſo langhe went de ſchade weder dan werde, Vortmer ſchulle we vñ vnſe ammychtlude vñ vſe voghede, vnſes Vedderen ſtraten Rouere, Schinnere, Mordbernere vñ ſyne vervesteden lude. vñ alle de Jenne, de eme vñ den ſynen ſchaden dod, nicht heghen noch huſen laten, mer we ſchullet ſe vervolghen vñ hinderen in allen enden alſe vnſe eghene, Alle deſſe vorſcreuenen ſtucke ſchulle we vñ willet vnſeme vorbenomden vedderen holden alle de tyd vt dat we vñ he leuen, Were ok dat vnſe Veddere alſo ſtorue dat he neynen echten ſone hinder ſyk en lete, des god nicht en wille, ſo ſchulle we vñ willet deſſe vorſcreuene verbindinghe eweliken holden Juncheren Lodowiche vnſeme Brodere in allerleye wis alſo hir vorſcreuen is vñ alſo we vnſome Vedderen Hern Wilhelmo ſcholden icht he leuendich were, Dit hebbe we her Albert vorbenomd ghelouet in guden truwen vnſeme vorſcreuene brodere vaſt vñ vnbrekelich to holdende To eyner bekantniſſe deſſer vorſcrenene ſtucke hebbe we vnſe Inghezeghel ghehanghen to deſſem breue, De ghegheuen is na goddes bord Dritteynhunderd Jar in deme twe vñ ſesteghesten Jare des neghesten Donreſdaghes na ſvnte Paules Daghe des Hilghen Apoſteles alſe he bekaret ward.

149. **Kaiser Karl IV. bestätigt die mit seiner Bewilligung vom 19. December 1354 durch Diedrich, damaligen Bischof von Minden, jetzt Erzbischof von Magdeburg, am 9. Januar 1355 vollzogene Belehnung und Investitur des Bischofs Heinrich von Hildesheim und belehnt ihn auf seine Bitten nochmals mit den Regalien, Lehnen und besonders mit dem Fahnenlehn. — 1362, den 29. Januar.** **K. O.**

Karolus Quartus diuina fauente clemencia Romanorum Imperator ſemper Auguſtus et Boemie Rex Venerabili Heinrico Hildenſemenſi Epiſcopo Principi et deuoto ſuo dilecto, Graciam ſuam et omne bonum, Princeps et deuote dilecte, Bene meminit noſtra Serenitas, qualiter tu iamdudum, per tuos ſolempnes nuncios, ad noſtram Celſitudinem deſtinatos, nobis humiliter ſupplicaſti, vt cum tu, propter, impedimenta legitima, ac familiaria, et ardua tua, et Eccleſie tue negocia, ad Mageſtatis noſtre, comode, non poſſes venire preſenciam, Inueſtituram, Regalium, et feudorum tue Eccleſie recepturus, ne talis dilacio vllum tibi uel eidem Eccleſie preiudicium generaret, Venerabili Theodrico, tunc Mindenſi Epiſcopo, nunc vero Magdeburgenſi Archiepiſcopo Principi, Conſiliario et deuoto noſtro dilecto, auctoritatem noſtram in hac parte concedere dignaremur, vt fidelitatis et omagij, a te, noſtro, et ſacri Imperij nomine recipiens iuramentum de predictis te feudis ac Regalibus, auctoritate noſtra huiuſmodi ſolempniter inueſtiret Nos quoque tunc, tuis inclinati precibus, liberaliter et gracioſe tue condeſcendimus voluntati, fuiſtique de premiſſis, per prefatum tunc Mindenſem Epiſcopum, nunc vero Magdeburgenſem Archiepiſcopum, collacione tibi facta Regalium, vice noſtra infeudatus, et ſolempniter, inueſtitus, in cuius eciam manibus, nobis et ſacro Imperio, fidelitatis et omagij iuramentum, ſolitum ac debitum preſtitiſti, Quia vero ſani, et ſoliciti deliberacione conſilij caute tibi volens proſpicere Jam iterum, per tuos ſpeciales nuncios, noſtre Mageſtati cum deuota inſtancia ſupplicaſti, vt Infeudacionem, collacionem et inueſtituram predictas, et ſpecialiter ac expreſſe, de dignitate ſeu Jure, que ſeu quod, wlgariter, Vanleben, dicitur per iam dictum Magdeburgenſem Archiepiſcopum, tunc vero Mindenſem Epiſcopum, tibi, nomine noſtro factas, approbare confirmare, et de nouo eciam te, de hijs infeudare ſi opus exiſteret, de benignitate Ceſarea dignaremur, Nos igitur audito veridice, te circa ardua, tua, et Eccleſie tue negocia, plurimum occupari, et ab accedendo noſtram preſenciam impedimentis legittimis detineri, Precibus tuis tamquam racionabilibus libenter annuimus, dictaſque infeudacionem, inueſtituram et collacionem, Ratas habentes et gratas, approbamus, roboramus, et tenore preſencium auctoritate Ceſarea, de certa ſciencia, confirmamus, Decernentes auctoritate prefata, omnia premiſſa, et ſingula perinde, robur habere, debere, ſolide firmitatis, ac ſi tibi a noſtra Mageſtate, perſonaliter fuiſſent impenſa, Quinymo ſi opus eſt auctoritate prefata Ceſarea te de predictis Regalibus, ac ſeudis, et nominatim de dignitate, ſeu Jure, que ſeu quod, Vaulchen dicitur inueſtimus, infeudamus, easque tibi conferimus gracioſe Preſencium ſub Imperialis Mageſtatis noſtre Sigillo teſtimonio litterarum Datum Nůremberg Anno domini Milleſimo, Trecenteſimo Sexageſimo ſecundo, Indictione Quinta decima. IIIİ. Kalendas Februarij Regnorum noſtrorum Anno, Sexto decimo.. Imperij.. vero.. Septimo.

Correcta per Johannem
Decanum Glogouienſem.

..per. dominum.. Magdeburgenſem Archiepiſcopum
Nicol de Chremſ.

Auf der Rückseite der Urkunde steht geschrieben: R. Johannes Saxo.

150. **Kaiser Karl IV. bestätigt auf Bitten des Bischofs Heinrich von Hildesheim den Ankauf des Schlosses Schladen, welches derselbe von dem Grafen Albrecht von Schladen gekauft hat, und die Incorporation des Schlosses in das Stift. — 1362, den 30. Januar.** **K. O.**

In nomine ſancte, et indiuidue trinitatis. Feliciter Amen. Karolus Quartus diuina fauente clemencia, Romanorum Imperator ſemper Auguſtus, Et Boemie Rex, Ad perpetuam rei memoriam, Decet Imperialem clemenciam iuſta petencium deſiderijs clementer annuere ſeque ſuis deuotis in hijs, que racioni conſonant, fauorabilem exhibere, Sane pro parte Venerabilis Heinrici, Hildenſemenſis Epiſcopi, Principis, et deuoti noſtri dilecti, porrecta noſtro culmini, peticio continebat, vt cum ipſe Caſtrum Sladun cum omnibus Juribus et pertinencijs eius, a Spectabili Alberto Comite de Sladun, fideli noſtro dilecto, pro Eccleſia ſua Hildenſemenſi, a qua dictum Caſtrum, ſicut aſſerit, hactenus tenebatur, et dependebat in feudum, pro certa, pecunie, quantitate, comparauerit, eidemque Eccleſie, incorporauerit, per ipſam Eccleſiam, et Epiſcopum, Hildenſemenſem, qui nunc eſt, et qui pro tempore fuerit, Jure proprietatis, et veri Dominij, perpetuo poſſidendum, Contractum empcionis et, vendicionis, ac incorporacionem huiuſmodi, approbare, et confirmare, auctoritate Ceſarea dignaremur, Nos, quoque, dicti Epiſcopi precibus iuſtis, et racionabilibus fauorabiliter inclinati, Empcionem vendicionem et incorporacionem prefatas, in modo et forma, prout rite racionabiliter, et prouide proceſſerint, ratas habentes et gratas, approbamus, et tenore preſencium, de certa ſciencia, auctoritate Ceſarea confirmamus, Noſtris et ſacri Imperij, ac aliorum ſaluis Juribus in premiſſis Nulli ergo omnino hominum liceat hanc paginam, noſtre Mageſtatis infringere uel ei auſu temerario contraire, Sub pena, indignacionis Ceſaree, et ſub pena Quinquaginta Marcarum auri puri, quas, contrafaciens, tocies, quoties contrafactum fuerit, ipſo facto, ſe nouerit irremiſſibiliter incurſurum, Quarum medietatem Imperialis Erarij, Reliquam vero, Epiſcopi, et Eccleſie, Hildenſemenſis vſibus, decernimus, applicari, Signum Sereniſſimi principis et domini, domini, Karoli, Quarti, Romanorum Imperatoris, Inuictiſſimi, et Glorioſiſſimi, Boemie Regis. Teſtes huius rei ſunt, venerabiles, Theodricus Magdeburgenſis et Arneſtus Pragenſis Eccleſiarum Archiepiſcopi, Johannes Lůthomůſlenſis Sacre Imperialis, aule Cancellarius, Johannes Olomucenſis, et Bertoldus Eyſtetenſis Eccleſiarum Epiſcopi, Illuſtres, Rudolphus Saxonie, Sacri Romani Imperij, archimareſcallus, Otto Brandemburgenſis Marchio, Rydackarus Brunſwicenſis et Heinricus Lignicenſis, Duces, Spectabiles, Burchardus Magdeburgenſis, Magiſter Curie noſtre Imperialis, et Fridericus Nůrembergenſis Burgrauij Nobiles Tymo de Coldicz, Magiſter Imperialis Cammere, et Leupoldus de Nortemberg, Imperialis Coquine noſtre Magiſter, Et alij quamplures nostri, et Imperij sacri principes Nobiles, et fideles, Presencium sub Imperialis Magestatis nostre Sigillo testimonio litterarum, Datum Nüremberg, Anno domini Millesimo Trecentesimo Sexagesimo secundo Indictione Quinta decima. IIJ. kalendas februarij Regnorum nostrorum Anno Sexto decimo Imperij vero Septimo.

Correcta per Johannem
Decanum Glogouiensem
. . per. dominum Cancellarium
Nicol de Chrems.

Auf der Rückseite der Urkunde steht geschrieben: R. Johannes Saxo.

Gedruckt in Harenberg's Hist. eccles. Gandersh. pag. 1484.

151. **Kaiser Karl IV. bestätigt auf Bitten des Bischofs Heinrich von Hildesheim die von Kaisern und Königen dem Bisthume und dem Bischofe zu Hildesheim verliehenen Privilegien, Freiheiten, Gerechtsame, Immunitäten und Bewilligungen nebst Gewohnheitsrechten, nimmt das Stift und den Bischof mit Gütern, Leuten und Besitzungen in seinen Schutz und verbietet Allen, sie in diesen Privilegien zu hindern. — 1362, den 30. Januar.** **K. O.**

In nomine sancto et indiuidue Trinitatis. feliciter Amen. Karolus Quartus, diuina fauente clementia Romanorum Imperator Semper Augustus. Et Boemie Rex. Ad perpetuam rei memoriam Inter alia uirtutum opera Cesaree Maiestatis generosa sublimitas, speciali studio ad illa dignatur intendere per que constat Ecclesijs et earum ministris, quietem pacem et comodum euenire, Oblata siquidem nostre Celsitudinj pro parte Venerabilis, Henrici. Hildensemensis Episcopi. Principis et Deuoti nostri dilecti, supplex peticio continebat, ut priuilegia, libertates Jura emunitates indulta, et consuetudines, sibi et Ecclesie sue Hildensemensi, concessa et concessas, data et datas, seruata ac seruatas, innouare, ratificare et confirmare, de benignitate Cesarea dignaremur. Nos igitur eiusdem Episcopi precibus velud iustis, et rationabilibus fauorabiliter inclinati. vniuersa et singula priuilegia, libertates Jura, emunitates indulta, per diuo recordationis Reges et Imperatores Romanorum predecessores nostros Ecclesie Hildensemensi prefate, et eius Episcopo concessa et data, concessas et datas. necnon laudabiles consuetudines aput eandem Ecclesiam eiusque personas homines possessiones et bona, actenus obseruatas in toto et in parte sui qualibet, ratificamus Innouamus. approbamus, et de plenitudine potestatis Cesaree presentibus confirmamus, dictamque Ecclesiam et eius Episcopum, qui nunc est, et qui pro tempore fuerit, vna cum omnibus Bonis hominibus et possessionibus suis in nostram et Imperij Sacri Romani protectionem assumimus specialem. Vniuersis et singulis Principibus. Ecclesiasticis et Secularibus. Comitibus Nobilibus, Baronibus, Proceribus Militibus Clientibus et fidelibus Sacri Imperij quibuscunque vocentur nominibus presentibus et futuris cuiuscunque Status dignitatis uel conditionis existant, precipientes firmiter et districte. quatenus Episcopum et Ecclesiam Hildensemensem, priuilegijs, libertatibus Juribus emunitatibus. et indultis necnon consuetudinibus ante dictis, libere frui et pacifice gaudere, permittant, et eos contra hec in nullo, prorsus impediant uel consentiant per quempiam impediri. sed in eisdem ipsos manuteneant efficaciter et defendant Nostris et Sacri Imperij ac aliorum Juribus semper saluis, Nulli ergo omnino hominum, liceat hanc paginam nostre Maiestatis infringere, uel ei ausu temerario contraire. Sub pena indignationis Cesaree, et sub pena Quinquaginta Marcharum Auri puri, quas contrafaciens, toties, quoties contrafactum fuerit, ipso facto, se nouerit irremissibiliter incursurum. Quarum medietatem Imperialis Erarij, Reliquam vero Episcopi et Ecclesie Hildensemensis vsibus decernimus applicari, Signum Serenissimi principis et domini domini Karoli Quarti Romanorum Imperatoris. Inuictissimi et Gloriosissimi Boemie Regis. Testes huius rei sunt Venerabiles, Arnestus Pragensis, et Theodericus Magdeburgensis Ecclesiarum Archiepiscopi. Johannes Luthomuslensis Sacre Imperialis Aule Cancellarius. Johannes Olomucensis. Bertoldus Eistetensis et Fridericus Ratisponensis ecclesiarum Episcopi Illustres Rudolphus Saxonie Sacri Romani Imperij archimarescallus. Otto Brandeburgensis Marchio. Rudakarus Brunsuicensis et Heinricus Lignicensis duces. Spectabiles Burchardus Magdeburgensis Magister Curie nostre Imperialis et Fridericus Nurembergensis Burgrauij, Nobiles Sbinco de Hazzemburg Thimo de Coldicz Magistri Imperialis Camere, Leupoldus de Notemberg et Borscho de Riſſemburg, et alij quamplures noſtri et Imperij Sacri. principes nobiles et fideles. Preſentium ſub Imperialis noſtre Maieſtatis Sigillo, teſtimonio litterarum. Datum Nuremberg, Anno domini Milleſimo Trecenteſimo Sexageſimo Secundo. Indictione. Quinta decima. III. kalendas februarij. Regnorum noſtrorum Anno Sexto decimo Imperij vero Septimo.

Correcta per Johannem
Decanum Glogouienſem
..per dominum.. Cancellarium
Nicol de Chremſ.

Auf der Rückseite der Urkunde steht geschrieben: R. Johannes Saxo.

152. **Kaiser Karl IV. ernennt zu Beschützern des Stifts Hildesheim und des dortigen Bischofs Heinrich den Herzog von Sachsen-Wittenberg, den Erzbischof von Magdeburg und den Bischof von Paderborn. — 1362, den 30. Januar. K. O.**

Karolus Quartus diuina fauente clemencia Romanorum Imperator ſemper auguſtus et Boemie Rex, Illuſtri.. Duci Saxonie Sacri Romani Imperij Archimareſcallo,, et Venerabilj Archiepiſcopo Magdeburgenſi et Epiſcopo Paderburnenſi, ſuis et Imperij, Principibus, dilectis Graciam ſuam et omne bonum, Ad reprimendum noxios hominum iniquorum exceſſus, erexit deus ſecularium ſolia, poteſtatum, ut tuta foret inter improbos innocencia, et boni quiete viuerent inter malos, Niſi enim nocentes homines et iniuſti, iuſtam pro delictis, vindictam metuerent, nunquam a ſuis impietatibus reſilirent, Hinc eſt, quod venerabilis, Heinricus, Hildenſemenſis Epiſcopus, Princeps et deuotus noſter dilectus, ad Celſitudinis noſtre noticiam, querulose deduxit, qualiter nonnulli homines, deſperati, dei timore poſtpoſito, ſueque ſalutis prodigi, et honoris, ſue, et Eccleſie ſue Hildenſemenſis homines poſſeſſiones et Bona auſu temerario capere, inuadere rapere, vaſtare, et in ſtratis, ac vijs publicis, derobare, et ſpoliare preſumunt et in perſonis ac rebus, varias et multiplices inſolencias dampnabiliter exercere, Supplicans ſibi et Eccleſie ac ſubditis ſuis, de oportuno ſuper hoc remedio, per noſtram Celſitudinem prouideri, Cuius inſtancia digne moti, vos et veſtrum quemlibet, ſuos, et priuilegiorum Jurium et libertatum Eccleſie ſue Hildenſemenſis, ac ſuorum, defenſores, et Conſeruatores, damus, ſtatuimus, et preſentibus ex certa ſciencia auctoritate Ceſarea, deputamus, Dantes vobis, et cuilibet veſtrum in ſolidum, plenam et liberam poteſtatem, omnes et ſingulos, Epiſcopi et Eccleſie predictorum necnon bonorum, hominum, poſſeſſionum et rerum Epiſcopi, et Eccleſie eorundem, ad Epiſcopi Hildenſemenſis vel ſuorum inſtanciam, iudicialiter euocandi citandi iudicandi, et ſuper obiciendis, cognoſcendi, et racione preuia procedendi et quoslibet inuaſores, moleſtatores, et turbatores, eorum, ad ſatiſfactionem et ſolucionem dampnorum plenariam compellendi, et omnia que in hijs oportuna fuerint, libere exequendi, Ratum habituri et gratum quidquid per vos uel aliquem veſtrum rite, factum fuerit, in premiſſis, et quolibet premiſſorum, Preſenti noſtra conſtitucione, ad noſtre voluntatis, duntaxat, beneplacitum, valitura, Preſencium ſub Imperialis Maieſtatis noſtre Sigillo teſtimonio litterarum, Datum Nůremberg, Anno, domini, Milleſimo Trecenteſimo Sexageſimo ſecundo, Indictione Quinta decima, III. kalendas februarij Regnorum, noſtrorum Anno Sexto decimo Imperij vero Septimo.

Correcta per Johannem
decanum Glogouienſem
..per. dominum.. Magdeburgenſem archiepiſcopum
Nicol de Chremſ.

Auf der Rückseite der Urkunde steht geschrieben: R. Johannes Saxo.

Gedruckt in Schaten's Annal. Paderborn. Pars. II. pag. 300.

153. **Kaiser Karl IV. fordert Fürsten, Grafen, Barone, Edle, Amtleute, Ritter, Knappen, Gemeinden, Städte, Richter und Unterthanen auf, gegen den durch Räuberei die königliche Strasse beunruhigenden Ritter Burchard von Steinberg und gegen dessen Schloss Bodenburg dem Bischofe Heinrich von Hildesheim, den er gerichtlich gegen ihn zu verfahren und ihn zu strafen beauftragt hat, Hülfe zu leisten. — 1362, den 31. Januar. K. O.**

Karolus Quartus Diuina fauente clemencia Romanorum Imperator ſemper auguſtus, et Boemie Rex Vniuerſis et ſingulis, Principibus, Comitibus, Baronibus, Nobilibus, Officialibus, Militibus, Clientibus, Communitatibus, Ciuitatum vniuerſitatibus, Judicibus, ac alijs ſubditis et fidelibus, ſacri Romani Imperij cuiuſcumque ſtatus, eminencie uel condicionis, exiſtant, ad quos preſentes peruenerint, graciam ſuam et omne bonum, Quoniam ad audienciam noſtre Celſitudinis, quorundam relatibus eſt deductum, qualiter Borch̄ de Stanberch, Miles, ſtratam Regalem inuaſerit, rapinas in ipſa et ſpolia, committendo, Ideoque venerabili Heinrico, Hildenſemenſi Epiſcopo, Principi et deuoto noſtro dilecto, auctoritate Ceſarea per litteras noſtras duximus iniungendum, vt per viam Juris, contra prefatum Borch̄ et Caſtrum ſuum Bodenborch procedere non omittat, ſi rem ita eſſe inuenerit, ipſum proinde puniat, vt iuſtum fuerit, et caſtiget, Hinc eſt, quod vobis omnibus et ſingulis, qui per dictum Epiſcopum, auctoritate noſtra requiſiti fueritis, aut ipſius ſubditum uel ſubditos, ipſum in huiuſmodi emenda, et correctione contra prefatum Borch̄, et Caſtrum ſuum Bodenborch viriliter et fideliter adiuuetis, nec ipſum Borch̄, contra predictum Epiſcopum, in hac parte noſtrum commiſſarium defendatis, ſeu, verbo uel opere quomodolibet foueatis, Si quis vero huiuſmodi noſtro mandato, auſu temerario, contraire preſumpſerit, noſtram, et ſacri Romani Imperij, grauiſſimam indignacionem, et penam pro motu noſtri animi infligendam ſe nouerit incurriſſe, Preſencium ſub Imperialis Mageſtatis noſtre Sigillo teſtimonio litterarum Datum Nüremberg, Anno domini Milleſimo Trecenteſimo Sexageſimo ſecundo Indictione Quinta decima. II. kalendas februarii Regnorum noſtrorum Anno Sexto decimo, Imperij vero Septimo.

Correcta per Johannem
Decanum Glogouienſem

.. per. dominum .. Magdeburgenſem Archiepiſcopum
Nicol de Chremſ.

Auf der Rückseite der Urkunde steht geschrieben: R. Johannes Saxo.

154. Gunzelin von der Asseburg gelobt dem Herzoge Wilhelm von Braunschweig und Lüneburg, auf den Ausbau des Schlosses Alvestorf (zwischen Grasleben und Marienthal) zwanzig löthige Mark zu verwenden, welche der Herzog ihm bei der Einlösung des Schlosses auszuzahlen verspricht, und gelobt dasselbe in den bei der Verpfändung am 15. März 1360 bezeichneten Fällen dem Herzoge Ludwig von Braunschweig und einem Bruder desselben. — 1362, den 14. Februar. K. O.

Ich Gvntzel van der Aſſeborch bekenne openliken in deſſem breue dat de Erluchteghe Vorſte myn leue Here Her Wilhelm hertoghe to Brunſw̄ vn̄ to luneborch heft my be valen vnde heten, dat ich ſchal ver bowen in ſyneme ſlote Alghestorpe twintich lodeghe mark Brunſwikeſcher wichte vn̄ witte, Vnde wanne he my dat gheld ghift dar he my dit vorbenomde ſlot vore ghe ſat heft, ſo ſchal he my mid deme ghelde bereden deſſe twintich lodeghe mark, edder alſo vele myn alſe her hans van Honleghe vn̄ Dyderich ſin Kokemeſter, edder twene andere ſyner truwen Man oft deſſe twe af ghinghen er der beredinghe, dar vmme ſpreken dat ich dar nicht an verbuwed en hedde, Dit loue ich en truwen ſtede to holdende myneme vorſcreuenen heren hern Wilhelmo vn̄ ſinen Eruen vn̄ Nacomelinghen vn̄ Juncheren lodowiche hertoghen Magnus ſone van Brunſwich oft myn here her Wilhelm alſo ſtorue dat he neynen echten ſone hinder ſik en lete, Vn̄ Juncheren lodowiches brodere eyneme de to der herſchap to luneborch ghe koren worde oft Junchere lodowich alſo ſtorue dat he neynen echten ſone en hedde, To eyner betughinghe deſſer vorſcreuenen ſtucke hebbe ich myn Inghezeghel ghe honghed to deſſem breue de ghe ghenen is to Tzelle Na goddes bord drittey nhunderd Jar in deme twe vn̄ ſeſteghesten Jare in ſvnte Valentinus daghe des Hilghen Merteleres.

155. Die von der Schulenburg und von Bartensleben stellen einen Revers aus, dass Herzog Wilhelm von Braunschweig und Lüneburg ihnen auf Kündigung das Schloss Preetze mit allen Gerechtsamen, ausgenommen Zoll und Geleite, welche der Pätker (Spörken) behält, überliefert, ihnen dazu den Hofdienst und das Gericht zu Lass und Pälitz und Nutzung der Heizung zum Behufe des Schlosses überlassen, sich aber die Oeffnung des letzteren vorbehalten und ihnen den Bau am Schlosse gegen Abschätzung zu vergüten ver-

sprochen hat. Sie dagegen verpflichten sich, ein von ihm auszuwählendes Schloss in der Altmark unter gleicher Bedingung ihm abzutreten und diesen Vertrag, falls der Herzog, ohne einen Sohn zu hinterlassen, stirbt, dem Herzoge Ludwig von Braunschweig, falls aber auch dieser, ohne einen Sohn zu hinterlassen, stirbt, einem zum Herrn der Herrschaft Lüneburg gewählten Bruder desselben zu halten. — 1362, den 13. März. **K. O.**

We her bernt ryddor. werner. hinř. vñ hennyngh knapen ghe heten van der ſoulenborch. günſel her buſſen Sone vñ günſel güntters Sone vedderen gheheten van bertenſleue bekennen vñ betughen in deſme Jeghenwardeghen breüe dat de hogheborne vorſte vnſe Leüe here her wylbellem Herteghe tů brunſw̄ vñ tů Luneborch heſt vs ghe dan dat ſlot tů der prytzezen myt allerleye rechte dat dar tů hort ane den tollen vñ de gulde de beholt de putteker vñ we beholden dat hoüe deneſt vñ dat gherychte in deme dorpe tů dem laze vñ tů pulitzo vñ des holtes ſcolc we brůken tů des ſlotes be hoüe vñ anders nicht dyt vorſproken Slot prytzezen ſcal vnſes heren her wilhelmes ſiner orüen vñ nakomelynghe Opene Slot weſen tů al oren noden wanne Se dat van vns eſchen edder eſchen laten wellec tyd oüer de vorſproken here her wylhellem ſine eruen vñ nakomelynghe dyt Slot prytzezen weder hebben willen dat ſcolen ſe vns vñ we en achte weken vorkündeghen edder kündeghen laten wanne denne de achte weken vmme komen weren ſo ſcole we vñ willen deme vor benomeden vorſten her wylhelme ſinen eruen vñ nakomelynghen dat Slot prytzezen wedder antwerden ſunder Jeneghorleye twyüel vñ wedder ſprake were och dat we gycht vor büweden an deſme vor benomeden Slote prytzetzen dat ſcal ſtan üppe vnſes heren kokemeſtere van Lüneborch vñ kerſtene van Langhelege. Edder üppe twene ander ſiner man üte ſineme Rade de he dar tů kore wat de denne dar vmme ſegghen dar ſcal dat by bliüen dar mede ſcal dyt Slot prytzetzen vnüorpendet weſen. ſeghen ſe vns och nycht dar ſcole we vs ane nüghen laten Ok ſcole we vñ willen deme vorſprokene heren her wilhelme herteghen tů brunſw̄ vñ tů Luneborch ſinen eruen vñ nakomelynghen wedder antwerden eyen Slot inder olden marke welker Se eſchen edder eſchen laten wanne ſe vns dat vor tů wetende dün verteyennacht in deſſer wis alſe hyr vor ſcreüen ſteyt. were ouer dat de vorbenomede her wylhellem herteghe tů brünſw̄ vñ tů Lüneborch ſtorüe des got nycht en wille dat he nenen echten ſone hedde So ſcole we vñ willet alle deſſe vorſcreüen ſtücke dün vñ holden Jüncheren Lodewighe Herteghen magnus Sone tů brunſw̄ ſinen erüen vñ nakomelynghen in allerleye wis alſe we dem vor benomeden her wilhelme ſcolden eſt he leüedo were och dat Jüncher Lodewich ſtorüe des got nycht en wille dat he nenen echten Sone en hedde So ſcole we vñ willen alle deſſe vor ſcreuen ſtucke dün vñ holden Juncheren Lodewighes brüderen eyneme de tů der herſcop to Luneborch ghe koren worde ſinen eruen vñ nakomelynghen in allerleye wis alſe we Jüncheren Lodewighe ſcolden eſt he leüendech were. Dyt ſtede vñ vnbrekolec tů holdende Loue we her bernt Rydder. werner. hinř. vñ hennyngh. knapen gheheten van der ſcullenborch günſel her buſſen Sone vñ günſel güntters Sone vedderen gheheten van bertenſleue entruwen myt eyner Samenden hant deme vor ſprokone heren wilhelme herteghen to brunſw̄ vñ to Luneborch vñ Juncheren Lodewighe herteghen magnus Sone to brünſw̄ ſinen eruen vñ nakomelynghen vñ eſt Juncher Lodewich ſtorue des got nycht en wylle ſiner brudere eyneme alſe hyr vorſcreuen Is ſünder Jenegherleye twiuel vñ vortoch To eyner groteren wiſſenheyt hebbe we vnſe Ingheſeghele witliken ghehenghet laten an deſſen bref. De gheuen Is na godes bort drutteyenhündert Jar indeme twe vñ Soſteghesten iare des anderen Sonedaghes inder vaſten.

156. Herzog Ernst von Braunschweig der jüngere und sein Sohn Otto errichten zu Nutz und Frommen ihrer Lande und Leute mit dem Herzoge Wilhelm von Braunschweig und Lüneburg und mit dem Herzoge Ludwig von Braunschweig folgendes Bündniss. Beide Theile geloben sich gegenseitig, dass keiner des anderen Feind werde, jeder dem anderen in allen Nöthen helfe, ihm mit funfzig Gewaffneten folge und ihn und seine Mannen bei Rechte lasse. Gegen seine Bundesgenossen braucht keiner Hülfe zu leisten. Ausserdem stellen die Herzöge Ernst und Otto die Bedingung, gegen den Erzbischof Gerlach von Mainz, den Landgrafen Heinrich von Hessen, seinen Sohn Otto, den Bischof Ludwig von Halberstadt, die Grafen von Hohn-

stein, von Regenstein und von Werningerode und den edelen Herrn Siegfried von Homburg keine Hülfe leisten zu brauchen. Auf dieselbe Weise nehmen die Herzöge Wilhelm und Ludwig von dem Bündnisse aus den Herzog Magnus von Braunschweig und seine Söhne, die Bischöfe von Hildesheim, Paderborn und Minden, den Grafen Conrad von Werningerode, den edelen Herrn von Homburg, die Grafen von Everstein, von Schauenburg und von Hoya und die Stadt Braunschweig, behalten sich aber weitere Entschliessung vor, falls Herzog Ernst und sein Sohn Otto mit dem Bischofe von Hildesheim in Krieg gerathen. — 1362, den 6. Mai.

K. O.

Van der ghenade Goddes We Ernſt Hertoghe to Brunſwich Hertoghen Albrechtes ſone vñ we Otto des ſeluen Hertoghen erneſtes ſone bekennet oppenbar in diſſem breiue, vnde dot witlik alle den de diſſen breif ſeet eder horet leſen dat we dorch nut vñ vromen vnſer lant vnde lude vns hebbet vor eynet vnde vorbunden mit den hogheborenen vorſten hertoghen wilhelme hertoghen to Brunſwich vnde to luneborch vñ mit hertoghen lodewige hertoghe Magnus ſone vnſen leuen vedderen in aller wis als hir na beſchreuen ſteit To dem erſten en ſcal vnſer nyn des anderen vient werden de wile dat we leuet, vortmer ſo ſcal vnſer en dem anderen truweliken behulpen weſen to alle ſinen noden weder allermalken ane vppe de, de we vtgeſproken hebbet in diſſem breiue vñ mit den we os vorbunden hebbet vñ jegen den bunt ene wille we nicht don, were ok dat vnſe vorbenomeden vedderen vnſer hulpe bedroften ſo ſculle we en volgen mit veftich mannen gewapent wan ſe os dat veirtynnacht vore weten leten, vñ wanne we en de ſenden ſo ſcholden ſe den vnſen geuen koſt voder vnde hoſſlach, ane pantloſe vñ dar en koghen ſcullen vſe vorbenomeden vedderen behalden dinguiſſe vñ allen vromen. were auer dat we vromen nemen an vanghenen eder an ſloten, de ſculle we like delen na mantal der wapenden lude. Ok ſculle we vnſe vorbenomeden vedderen Hertoghen wilhelme Hertoghen to Brunſwich vñ to Luneborch vñ hertoghen Lodewige Hertoghe Magnus ſone bi rechte laten, vnde ſe ſcullen vns ok weder bi rechte laten, vñ we ſcullen ok vnſe man beiderſid bi rechte behalden, vt diſſer vorbintniſſe heb we vtgenomen Den Erwerdigen vader in gode hern gerlage Ertzebiſcop to Megenze vnſen omen De hogebornen vorſten. Lantgreuen Hinreke lantgreuen to Heſſen vnſen heren vñ lantgreuen Otten ſinen ſone vnſen ſuager, Den erwerdigen vader in gode hern Lodewige Biſcop to halberſtad. de . . greuen van Honſteyn de . . greuen van Regenſteyn de . . greuen van werninghrode vñ ſiuerde van homborch vnſen ſuager, Ok nemet vnſe vedderen hertoghe wilhelm van luneborch vñ hertoge Lodewich Hertoge magnus ſone, vt, den Biſcop van hildenſem vnſen holen in diſſer wiſe, were dat we mit dem vorbenomeden biſcoppe to hildenſem to krige quemen dar ſcholden ſe vnbeworn mede ſin, it ene were dat de ſeluen hertoge wilhelm van luneborch vnde Hertoghe lodewich Hertoghe Magnus ſone anderſwes mit vns ouer quemen In eyn orkunde diſſer ding ſo heb we diſſen breif beſegelt mit vnſen Inghaſegelen De gheheuen is na goddes gebort duſent Jar dre hundert Jar dar na in deme twe vnde ſeſtigeſten Jare an ſunte Johannes daghe des Hilghen ewangeliſten de dar komet na ſunte walburge daghe.

K. O.

Van goddes guaden We Her Wilhelm Hertoghe to Brunſwich vñ to Luneborch Vñ Junchere Lodowich hern Magnus ſone des Elderen Hertoghen to Brunſwich bekennen openbare in deſſeme breue, dat we dorch nvt vñ vromen willen vnſer land hebben vs vereneд vñ verbvnden mid den Achbaren vorſten vnſen Vedderen Hertoghen Erneſte to Brunſwich vñ hertoghen Otten ſyneme ſone in aller wiſe alſe hir na ſcreuen ſteyd, Van erſten ſo enſchal vnſer neyn des anderen vygend werden de wile dat we leuen, Vortmer ſo ſchal vnſer eyn dem anderen truweliken behulpich ſyn in alle ſynen noden vppe allermalkene ane vppe de we vte ſproken hebben in deſſeme breue, vñ ane vppe de mid den we vs rede verbvnden hebben vñ weder den bvnd en wille we nicht don, Were ok dat vnſe vorbenomden vedderen vnſer hulpe bedorften, ſo ſcholde we on volghen mid veftech Mannen wapend wanne ſe vs dat verteynnacht vore weten leten, vñ wan we on de ſenden, ſo ſchullen vnſe vorbenomden vedderen, on gheuen, koſt, voder vñ huſſlach. ane pantquitinghe, vnde dar vore ſchullen vnſe vorſcreuen Vedderen beholden dinguiſſe vñ allen vromen, id en were dat me vromen neme an vanghenen edder an floten den fchulle we like delen, na mantale wapender lude, Ok fchulle we vnfe Man by beyder fyd by rechte beholden, Vte deffeme verbvnde neme we vnfe vedderen Hertoghen Magnus van Brunfwich den Elderen vñ alle fyne fone, vñ den .. Byfchop van Hildenfem, vñ den Byfchop van Palborne Greuen Corde van Wernyngherode vnfen Om, den van Homborch, den van Euerften, vnfe Ome van Schowenborch, vnfen leuen Om Hern Gherde eyn ghe koren vñ ftedeghed here to Minden, Greuen Gherde vñ Greuen Johanne van der Hoya vnfe Ome, vñ de ftad van Brunfwich, Were nv dat vnfe vorbenomden vedderen Hertoghe Ernft vñ Hertoghe Otte fyn fone vñ vnfe veddere de byfchop van Hildenfem vygende worden dar fcholde we vñ wolden vmbeworren mede fyn, id en were denne dat we mid vnfen vorfcreuenen vedderen Hertoghen Erneste vñ Hertoghen Otten fyneme fone anderes wes ouer en quemen, To eyner betughinghe hebbe we deffen bref befeghelet mid vnfen Ingheseghelen, Na goddes bord dritteynhvnderd iar in deme twe vñ fefteghesten Jare, an fvnte Johannis daghe Ewangeliften de dar kvmpt na fvnte Wolburghe daghe.

157. Erzbischof Albrecht von Bremen überlässt seinem Vater, dem Herzoge Magnus von Braunschweig, Bremervörde und alle seine Stifte, bis er die von demselben zur Bürgschaft für ihn dem Aschwin von Salder gestellten Pfandgüter eingelöset und den Aschwin von Salder, den Hans von Honlege und den Siegfried von Salder von der für ihn bei Heinrich von Eddisendorf geleisteten Bürgschaft befreiet haben wird. — 1362, den 20. Mai. **K. O.**

Von ghodes ghenadin we albrech Erzebifcop to Bremen Bekennen openbar in duffem Briue dat we antuordin in duffem briue vnfem Liuen vadere Hertoghen magnus to Brunfwik fordin vnde alle vnfe Stichte mid aller nůd wente alfolange dat we vnfin Liuen vadir af Nemen des gheldis Dat he Hern afchwine von Saldere vor os vorpendit heft vnde dat we Hern afchewine von Saldere Hern hanfe von honloghe vnde Siuerde von Saldere Des louedes ane fcadin hebben af ghenomen Dat Sy vor os ghelouet hebben. Hern Hinrike von Eddifendorpe Alle duffe vorfcreuen Stukke Dy loue we Bifcop albrecht vorbenomet vnfem vorbenomeden vadere Stede vnde vaft to holdende ane arghelift vnde gheuen Ome des duffen brif Befeghilt mid vnfem inghofeghil Der ghe gheuen is na ghodes Bort vnfes Herin Dritteyn Hundert iar in Tuey vnde Seftigheftin iare Des vridaghes vor vnfes Horen Hemmeluart.

158. Die Gebrüder Heinrich und Harneid von Wrestedt bescheinigen, dass Herzog Wilhelm von Braunschweig und Lüneburg ihnen die Kosten des Baues zu Bodenteich und Knesebeck, die Kaufsumme für die zu diesen Schlössern erworbenen Güter und die Auslagen für Kost, Speise und Futter erstattet hat. — 1362, den 25. Mai. **K. O.**

We Heyne vñ Harneyd Brodere ghe heten van Wreftede knapen, bekennet openbare in deffem breue vor alle den de en feen edder lefen horen, dat vnfe leue here de Achbare Vorfte her Wilhelm Hertoghe to Brunfwich vñ to luneborch heft vs vul ghe dan vor alle de fchuld de he vs fchuldech was van des buwes weghene, dat we ghe buwed hebben to Bodendike vñ to dem knefbeke, vnde van des gudes weghene dat we inne ghe lofed vnde ghe koft hebben to deffen vorbenomden floten, vñ vor alle dat, dat we eme, vnde fynen ammychtluden, vñ den fynen, ghe wunnen hebben, in koft, fpife vñ vodere, vñ in welker wis we dat ghewunnen edder gheborghed hebben, Vnde deffer vorfcreuene fchuld vñ aller anderer fchuld vñ rekenfchap dar he edder fyne ammychtlude, vs wes plichtich vmme hebbet ghewefen wente an duffe tyd dat deffe bref ghe gheuen is, Der late we vnfen vorbenomden heren hern Wilhelme, Vñ Juncheren lodewiche Hertoghen Magnus fone van Brunfwich des elderen, vñ ore Eruen vñ Nacomelinghe, vnde Dyderike den kokemefter vñ al ore anderen ammychtlude, quit ledech vñ los, Vñ we noch vnfe Eruen en willet noch enfchullet fe dar nicht mer vmme manen, noch mid nichte dar mer vp faken, Ane vmme de fchuld de we mid oren openen breuen be wifen moghen, Alle deffe vor fcreuenen ftucke hebbe we ghe loued in guden truwen vñ loued in defferne breue mid famender hand vnfen vorbenomden heren vñ oren Eruen vñ

Nacomelinghen, vor vs vñ vor vnfe Eruen vaſt vñ vmbrokelich to holdende ane ienegherhande arghelist. To eynem orkvnde desser vorscreuenen dingh Hebbe we Heyne vñ Harneyd vorbenomden vnser beyder Ingheseghele ghe hanghen to dossem breue, De ghe gheuen is to Winsen Na goddes bord Drittoynhunderd Jar in deme twe vñ seſteghesten Jaro in dem Hilghen auende vnses Heren Hymmelvard.

159. **Herzog Johann von Braunschweig resignirt zu Gunsten seines Bruders Ernst seine Präbende zu Hildesheim seinem Vetter, dem Bischofe Heinrich von Hildesheim. — 1362, den 14. Juni. XII.**

Litora Jo. ducis in Brunswig
super refignacione suo probende hild̃

Vnsen vruntliken grut mit vnseme denste to vorn. here van hildeñ, leue veddere, we latet gik vp vnse pronene de we to hildensem hebbet vnde biddet Juk mit vlite dat gi de lenen vnseme bolen ernste dorch vnsen willen dat wille we gerne vordenen. vñ hebbet des dussen breff besegelt vppe deme rugge mit vnseme Ing̃ na godes bord dritteyñhundert jar in deme twe vñ seſtigesten jare an Sunte vit̃ Auende.

160. **Die Knigge und von Ilten stellen einen Revers aus, dass Herzog Wilhelm von Braunschweig und Lüneburg ihnen sein Schloss Hallerburg für 400 löthige Mark und für die auf 200 löthige Mark veranschlagten Kosten des nach seinem Rathe am Schlosse vorzunehmenden Baues verpfändet hat, und geloben, ihm das Schloss zu öffnen, sich mit dem Kloster Wülfinghausen und mit seinen anderen Klöstern nicht zu befassen und den Pfandvertrag, falls der Herzog, ohne einen Sohn zu hinterlassen, stirbt, dem Herzoge Ludwig von Braunschweig, falls aber auch dieser, ohne einen Sohn zu hinterlassen, stirbt, dem von dem Raths-Collegio zum Herrn der Herrschaft Lüneburg zu wählenden Bruder desselben zu halten. — 1362, den 12. Juli. K. O.**

We Her Hinrik knyeghe Riddere Herman hern ludolues sone knyeghen, Hans vnde Arnd Brodere des olden Hern Hinrikes sone knyeghen vñ Jordan Johannes sone vnde Bertold hern Jordens sone, beyde ghe-heten van Iltene bekennet openbare in dessem breue, dat vnse gnedeghe here Her Wilhelm Hertoghe to Brunswich vñ to luneborch, Heſt vs vñ vsen Eruen, ghe sat syn slot de Halreborch, mid alle deme dat dar to hored, vor ses hvnderd lodeghe Mark Honoverscher wichte, der we eme vere hvnderd rede bered hebben vñ de andere twe hvnderd lodeghe mark schulle we vn willet an deme slote ver buwen na synemo edder syner ammychtlude Rade, Minne vñ rechtes schal he vñ syne Eruen vnde syne Nacomelinghe ouer vs vñ vse Eruen woldech wesen, vnde dat slot schal ym open wesen alle tyd wan se ghe bedet, Vñ we schullet on dat truweliken be waren, Ver vnrochtede vs we, ouer dene scholde vnse vorscreuene here vs helpen mynne edder rechtes binnen twelf wekenen dar na dat we dat escheden, En schude des nicht so moste we vs van dem slote wol vnrechtes ir weren, We schullet ok vñ willet ene vñ de syne mid desseme slote vor schaden be waren binnen der tyd dat we dat slot hebbet, Vñ mid dem Clostere to Wulfinkhusen, vñ mid anderen synen Closteren, en schulle we vs nicht be weren, Vnde binnen den neghesten vere Jaren an to rekende van Wynnachten de nv erst to komende syn, en schal he vs, noch we eme, de lose desses slotes nicht kvndeghen Wanne auer de vere Jar vmme komen syn, so mach he vs, vñ we eme, de lose kvn-deghen alle iarlikes binnen den achte daghen to wynnachten. Vnde wan he vs, edder we eme de lose kvndeghet, alse hir vore screuen is, dar na ouer eyn iar, schal he vs, binnen den achte daghen to Wyn-nachten de ses hvnderd mark betalen mid suluere edder mid penninghen alse dat suluer denne ghild binnen der stad to Honouere, edder also vele myn, alse we van den twen hvnderd marken de we dar an ver buwen schullet denne nicht verbuwed en hedden, Vñ wat vnses heren truwen Manne twe, vñ vnser vrende twe spreked vmme de wordinghe des buwes dat we buwen schullet vñ willet dar schulle we vs an en noghen laten, Vñ wan dit vorbenomde gheld be taled is, so schulle we van staden an vseme vorescreuenen heren. synen Eruen edder nakomelinghen edder weme se dat hebben willet. dit slot Halreborch mid alle deme dat dar to hord weder antworden ane ienegherhande vortoch vn vmbeworen, Orleghede he ok van dem slote binnen der tyd dat we dat slot hebbet, so schal syn ammychtman den he dar vp send, vs dar an bewaren, dat vs van eme vnde van den de mid eme dar ſyn van vſes heren weghene, neyn ſchade, noch vnvoghe en ſche, Schude vs auer ſchade, den ſcholde vs ſyn ammychtman weder don in Minne edder in rechte binnen eyneme verdendel iares dar na wanne he dar vmme ghe maned worde, Vnde dar ſchal vs vnſe here to behulpich weſen, Worde ok dit ſlot van vnghelucke ver loren des god nicht en wille, ſo en ſchal vnſe here ſyk, noch we, vs, nicht ſonen, mid den de dat ſlot ghe wunnen hedden, we en hebben dat ſlot weder, edder he en hedde vs eyn ander ſlot hulpen ghe bawed bynnen eyneme iare in dat ghérichte, Vnde dar ſcholde we an ſitten alſe we vore ſeten in der Halreborch Konde he vs auer des nicht be holpen ſo ſcholde he vs vſe vor ſcreuene gheld be reden alſe hir vore ſcreuen is. Were ok dat vnſer Borghen de hir na ſcreuen ſtan ienech af ghinghe, ſo ſcholde we eynen anderen alſo guden in des ſtede ſetten binnen vere wekenen dar na wanne we dar vmme maned worden Vnde de ſcholde louen vor vs alle deſſe vorſcreuenen ſtucke in eyneme ſvnderliken breue, vñ darmede ſcholde deſſe braf vnverbroken bliuen, Vñ dat ſulue ſcholde we don oft der borghen mer ofte ſe altomale af ghinghen Alle deſſe vorſcreuene ſtucke de loue we mid ſamender hand entruwen mid vſen Borghen de hir na ſcreuen ſtan vor vs vñ vor vſe Eruen, vſeme vorbenomden heren ſynen Eruen vñ Nacomelinghen, Vnde Jvncheren lodowiche hern Magnes ſone hertoghen to Brunſwich oft vnſe here her Wilhelm alſo af ghinghe dat he neynen echten ſone na ſik enlete, Vnde Jvncheren lodowiches Brodere eyneme de to eynem heren der Herſchap to luneborch ghe koren worde van den de dar to ghe ſat ſyn oft Jvnchere lodowich alſo af ghinghe dat he neynen echten ſone hinder ſyk enlete Vñ oren Eruen vñ nakomelinghen, ſtede vnde vmbrekelich to holdende ane ienegherhande hinder vñ arghelist, Vnde we her Wulfer van Reden Riddere, Olrik van Mandeſlo, olde Bertold van Iltene, Dyderik van alten her Johannes ſone, Werner van Reden, Henningh knyeghe her hermans ſone Gherd kampe, vñ Synerd van alten knapen, bekennen in deſſeme ſuluen breue dat we vs to Borghen hebbet ghe ſat vor deſſe vorbenomden knyeghen vnde de van Iltene vñ vor ore Eruen vñ hebbet gheloued vñ loued in deſſeme breue mid ſamender hand entruwen, Were dat vnſen vorbenomden Heren hern Wilhelme edder Juncheren lodowiche edder ſyner brodere eyneme, edder oren Eruen edder Nacomelinghen in der wis alſe hir voreſerenen is, ienech brok edder hinder worde in deſſen vorſcreuenen ſtucken, ſo ſchulle we vñ willet binnen den neghesten verteynnachten dar na wan we dar vmme ghe maned werden komen in de ſtad to Honouere vñ dar eyn recht inlegher holden vñ nicht buten benachten de broke en ſy ghenſliken ir vullet, edder we en don dat mid vnſer vor benomden heren willen, To eyneme orkvnde deſſer vorſcreuenen dingh. hebbe we vorbenomden ſakewolden. vñ we Borghen vnſer aller Inghezele ghehanghen an deſſen bref, De ghenen is to Tzelle Na goddes bord Dritteynhvnderd Jar in deme twe vñ ſeſteghesten Jare in ſvnte Margareten daghe der Hilghen Jvncvrouwen.

161. Bischof Heinrich von Paderborn, Administrator zu Corvey, gelobt, innerhalb der nächsten beiden Jahre nicht Feind des Herzogs Wilhelm von Braunschweig und Lüneburg und des Herzogs Ludwig von Braunschweig zu werden, und errichtet mit ihnen ein Schiedsgericht zur Schlichtung vorfallender Irrungen. — 1362, den 16. Juli. K. O.

Wŷ Heinrik van godes vñ des ſtoles to Rome gnaden biſcop to Paderborne vñ vormunde des ſtichtes to Corbeye. bekennet in deſſeme brive. de geveſtent is mit vnſeme Ingeſegele. dat wŷ vnſ hebbet vereŷnet vñ berichtet mit deme Irluſtigen vorſten. vnſem heren Hertogen Wilhelme van brunſwich vñ Luneborgh, vñ Junchern Lodewige van brunſwich, alſus dano wŷs. dat wŷ ere vñ erer Herſcap vŷgend nicht werden ſcullet vmme neŷnerleŷe ſtucke binnen deſſen neſten to kůmeden twen Jaren. wŷ vñ vnſe ammetlude ſcullet vñ willet duſſe Siluen vorſten vñ de ore, truweliken vor ſchaden bewaren wor wŷ můgen vte vnſen ſloten. verſat vñ vnverſat. vñ vte vnſen ſtichten vñ lande, vñ dar in. duſſe tweŷ Jare vmme, Schude aver on, edir den oren ſcade vte vnſen ſloten, verſat vñ vnverſat, vñ vte vnſen ſtichten vñ lande, edir dar in, wo dicke dat ſchude, dar ſcolde wy tweŷne vnſer man to ſenden. vñ duſſe vorſten orer man tweŷne, de ſcůllen dar vmme to ſamene rŷden to Hamelen binnen den neſten virtein nachten. wanne deſſe vorſten dat van vnſ eyſcheden. de ſcolden vnſ dar vmme ſcheyden in vruntſcap, edir in rechte. wes wy one dar vmme plichtich weren to donde na rechte. vñ enkonden ſe des rechtes nicht entellich werden, ſo ſcolden ſe dat bringhen. an Dyderike Haken, wo de vnſ dar vmme mit rechte ſcheydet, dat ſculle wy to beyden ſyden lyden. vñ wy enſcullet ok duſſer vorbenomeden vorſten ſlote, nicht beſtallen, edir verbuwen, binnen duſſer vorbenomeden tyt. Were ok dat wy edir vnſe ammetlude vnſe vygende zochten dar en ſcolden duſſe.. vorſten vñ de ore vnſ, edir de vnſe nicht oner hindern, Duſſe brif is gegiuen na godes burd druttein hundert Jare in deme twey vñ ſeſtigeſten Jare, des neſten Sunnauendes na ſinte Margareten daghe.

162. Johann, Johann und Ludolf von Hohnhorst geloben, gegen den Herzog Wilhelm von Braunschweig und Lüneburg, gegen den Herzog Ludwig von Braunschweig, gegen die Herrschaft und die Amtleute derselben, besonders gegen den Vogt Henning Haveckhorst zu Kettenburg wegen des ihrem Freunde Ludolf von Hohnhorst Geschehenen keine Klage zu erheben noch Fehde zu beginnen und den Herzögen gern zu dienen. — 1362, den 24. Juli. K. O.

Wy Johan ludolues ſone, Johan vñ Ludolf hern hinrike ſone van honhorſt dot witlik, Allen ghennen de deſſen bref ſet edder horet dat wi edder nement van vſer weghene vñ ok alde ghenne de dor vſek don vñ laten willet, ſchun nummer mer beclaghen edder veiden, de Eddelen vorſten hertoghen Wilhelme vñ Juncheren Lodewighe hertoghen to Luneborch vñ to Brunſwik ore herſchop vñ ore Ammetlude ſunderken hennynghe hauekhorſte voghet tor kedenborch edder nemende der orer dor der ſchicht willen. de vſem vrende Ludolue ludolues ſone van honhorſt van en vñ van den eren ghe ſchen is. vñ ſcun edder ne willet dat nummer meer witen edder wreken. vñ willet den vorbenomenden vorſten allike gherne denen Alle deſſe vorbenomenden dingh loue wi Johan ludolues ſone Johan vñ ludolf ſone hern hinrikes van honhorſt entruwen mit ſamender hand in deſſem breue vnvorbroken ſtede vñ vaſt to holdene Des to ener vaſten betughinghe hebbe wi vſe Inghezeghele hanghen to deſſem breue Datum Anno domini M̊ CĆC LXII In vigilia Jacobi apoſtoli.

163. Die von Bartensleben begeben sich mit ihrem Schlosse Wolfsburg in den Dienst und in den Schutz des Herzogs Wilhelm von Braunschweig und Lüneburg, des Herzogs Magnus von Braunschweig und seines Sohnes Ludwig, verpflichten sich, das Schloss ihnen gegen jeden mit Ausnahme ihres Herrn, des Markgrafen von Brandenburg, zu öffnen und in einem Kriege derselben gegen ihn neutral mit dem Schlosse zu bleiben, stellen jedoch die Bedingung, dass einige von ihnen nur nicht von oder zu dem Schlosse Wolfsburg ihm um Lohn dienen dürfen, versprechen zu verhüten, dass den Herzögen und deren Unterthanen vom Schlosse Schaden geschehe, gestatten, dass ihre in den herzoglichen Landen und Vogteien wohnenden Leute und Untersassen die herzoglichen Landwehren bewachen helfen, zur Landkude kommen und liegen und, wie die herzoglichen Leute, die Landwehren gegen den Markgrafen und gegen jeden vertheidigen helfen, und geloben, keinen Bau gegen die Herzöge vorzunehmen. — 1362, den 15. August. III.

We her ghuntzel riddere guntzel vnde guntzel brudere Hern gvntzels Sone Her Werner riddere Her Huſſen [1]) Sone vnde Werner Hern Werners Sone Vnde gvntzil hern Buſſen Sone Vnde guntzil gvntzirs [2]) Sone alle ghe heten van Bertensleue be kennet Opliken an deſſem breue dat we vnde vnſe Eruen Sint gho varen an vnſir leuen heren denſt hern Wilhelmes hertoghen to Brunſw̄ vñ Lunneborch Vnde hertoghen Magnuſes van Brunſw̄ des Elderen. Vnde Juncheren Lodwighes hertoghen Magnuſes Sones vorbenumpt vñ orer Eruen Vnde nakomelinghen mit vnſem Slote Wuluesborch Vñ we vnde vnſe Eruen ſchollet vnde willet. En oren Eruen vñ Nakomelinghen to Ewighem denſte [3]) ſitten mit vnſem Slote Wuluesborch vñ Schal or open [4]) weſen vp aldermalken ane vp vnſen Heren den Markgreuen van Brandenborch Mynne vnde

Eine andere aber unvollständige Abschrift obiger Urkunde im Copiar II. liest: [1]) *Buſſen* statt *Huſſen*. [2]) *guntzers* statt *gvntzirs*. [3]) *Ewoliken to dinſte* statt *to Ewighem denſte*, [4]) *Ere opene Slot* statt *or open*.

rechtes Schollen vnſe vorbenumden heren ere Eruen vnde Nakomelinghe Ouer vns vnſe Eruen vñ Nakomelinghe mechtich weſen vñ Schollet vns vor deghedinghen lik anderen iren mannen vmme Sake de vns ov anſtande weren na der vtgift deſſes breues Were Ok dat vnſe vorbenumden heren hertoghe Wilhelm Hertoghe Magnus vnde Janchere lodewich Ere eruen vnde nakomelinghe Schelistich [5]) worden mit vnſem heren den Markgreuen van brandenborch alſo dat dar krich worde vnder En dar Scholde we vnde wolden mit vnſem Slote Wulueſborch ſtille to ſitten vnde erer nenem be holpen weſen vp den anderen Were auer dat we vorbenumden guntzil hern buſſen Sone Eder guntzil guntirs Sone oder Werner hern Werners Sone denen welden vmme pennighe dem Markgreuen van brandenborch dat muſte we wol don vñ Scholde tegeghen [6]) deſſen bref nicht weſen vñ vorbunt des it van vñ to der Wulueſborch nicht en ſchude Ok ſcholle we alle van bertenſleue hir voro benumpt vnde vnſe eruen vñ willet vnſen vor benumden heren van Brunſw vñ van Lünneborch eren eruen vñ nakomelinghen vñ vortmer alle de ere vor ſchaden bewaren van der Wulueſborch Ok ſchallet vnſe lude vñ vndirſaten de binnen vnſer dicke vorbenumden heren landen vnde voghedie wonaſtich ſin helpen be waren ere lantweren vnde der lanthude komen vñ likken vnde de helpen weren tgeghen den markgreuen vnde theghen alſwene lik eren luden vnde ſe ſchullet Se vor en vnde den eren velich ſitten Vortmer So ſchulle we noch vnſe eruen nicht buwen dat wedder Vnſe vorbenumden heren Sy ere eruen eder nakomelinghe dar we vns medo vorbunden hebbet an deſſeme breue Alle deſſe vor ſcreuenen ding loue we van bertenſleue vorbenumpt vnde vnſe Eruen myt ener ſamden hant vnſeme dicke vorbenumden heren hertoghen Wilhelme van Brunſw vnde Lünneborch hertoghen Magnuſe Juncheren lodew eren Eruen Vnde Nakomelinghen ſtede vaſt vnde vnbrokliken to holdende ſunder argheliſt Vnde hebbet des en deſſen bref beſeghelet gheuen mit vnſen Ingheſeghelen to ener grottere wiſſeheyt vnde betughinghe vnde is ghe ſchen to tzelle na goddes bord dritteynhunderd Jar an deme twene vñ Seſteghesten iare an hilghen dagho vnſir leue vrowen alſe ſe to himmele nomen wart.

164. Die von Bertensleben bescheinigen, dass Herzog Wilhelm von Braunschweig und Lüneburg ihnen 150 löthige Mark Silber bezahlt hat. — (1362.) **III.**

We Her ghüntzel Her Werner vñ Werner ghüntzel hern Büſſen ſone ghüntzel ghünters ſone alle ghe heten van bertenſleue Bekunnen an deſſeme breue dat vs vſe here van Luneborch heft betalet anderhalf hundert lodighe marc ſulueres de late we ene ledich vñ los vñ betüghen dat myt vnſem Inghezogh de ghehenghet ſyn an deſſem bref.

165. Die Knigge beurkunden, dass mit ihrer Bewilligung und auf ihre Bitte Adelheid, Frau des Henning Knigge, von dem Grafen Heinrich von Hallermund mit zehn Höfen zu Gross-Gestorf zur Leibzucht belehnt ist. — 1362, den 24. August. **XI.**

We Her Hermen Kniegbe Riddere Her Henrich, Henningh vnde Arnd des ſulnen Hern Hermens Sone Brodere alle ghehcten Knieghen bekennet vnde betughet openbaro in diſſeme Breue vor al den de on ſeet edder horet leſen, dat id myd vſem güden Willen Vülborde vnde dor vſer Bede willen is gheſchen vnde ſchüt dat ver Alheyd Henninghes echte Huſvrowe hir vorbenomt, is belenet to orer rechten Liftucht van deme edelen Manne vſem Jüncheren Henrike Greuen to Halremünt, myd teyn Houen to groten Gheſtorpe myd allem Rechte Nut vnde Tobehoringhe alſe dat Güt geleghen is in Dorpe Holte, vnde in Velden, Diſſes to eneme vorderen Orkunde vnde mereren Betughinghe hebbe we vſe Ingheseghele to diſſeme Breue ghehanghen Na Goddes Bord dritteynhundert Jar in deme twen vnde ſeſtegheſtes Jaro in ſinte Bartholomeus Daghe des hilghen Apoſtels.

166. Die Blome und die von Landesberg bescheinigen, dass die Grafen Ludolf und Ludwig von Wunstorf die Vogtei des halben Amtes Barrigsen mit den Leuten, die Vogtei „Detwerstorpe“ und die Leute, um welche

[5]) *schalhaftig* statt *Schelistich.* [6]) *gegen* statt *tegeghen.*

sie mit ihnen in Streit gerathen waren, von ihnen eingelöset haben, und geloben dem Grafen Ludwig eine Sühne. — 1362, den 24. August. **K. O.**

We Diderik vnde Ghize brodere ghe heten Blome. Bertolt vnde Diderik brodere van Landesberghe hern Bertoldes sone van Landesberghe vnde Ghize van Landesberghe Ghizen sone van Landesberghe. bekennet vñ betughet openbare in dessem breue debesegelt is mid vsen In ghesegelen. Dat de Edelen Juncheren Ludolef vnde Lodewich Greuen to Wnstorpe, hebbet entworen ghe lost vñ end ledeghet van vs al de Breue de we hadden van on vppe de voghedyge des haluen Amechtes to Barkhusen, vñ de Lude de dar in horet, vñ vppe de voghedyge to Detwerstorpe vñ vppe andere Lude dar we vnder anderen vmme scelede, vñ we en scon se nenerleyge wis mer dar vmme manen, edder mid klaghe noch nüd ansprake an deghedinghen, vnde we dot der stucke deghere vnde al ene Rechte vor tycht, vñ des heft vortmer desse vorbenomde Juncher Lodewich van vs ene gantze gude sone. Desse bref is ghe gheuen na goddes bord druttenhundert Jar, in deme anderen vnde Seftegheften Jare, to sunte Bartholomeus daghe des hilghen apostels.

167. Edecke und Gerolt, Gerolts Söhne, und Hage, Ripperg's Sohn, beurkunden, dass sie und ihre Unterthanen zwischen den Wassern der „Wildeserhit" und „Atenserhit" Mannen des Erzbischofs Albrecht von Bremen und des Stiftes geworden sind, wofür der Erzbischof den beiden Gebrüdern die Burg Allwörden, die er von ihnen erobert hat, zu Lehn verleiht. — 1362, den 26. August. **XXVI.**

Wy Edeke vnde Gerolt brodere, ychteswanne Gheroldes sone vnde hage Ripperghe [1]) sone bekennet vnde betuget, openbar In dessem breue vor alle den de onn seet edder, horet lesen, dat wy vnde alle vnle vnderdanen de beseten sint twyschen den wateren der wyldeserhyt [2]) vnde der Atenserhyt vnde alle vse nakomelinge, synt man geworden des Stichts to Bremen vnde vses heren Bisschuppe, Albertes to Bremen vnde syner nakomelinge we bischupp to Bremen is, vnde vse vorbenomede here Bisschupp Albert vnde syne nakomelinge schullen vs vnde vse nakomelinge verdegedingen vnde helpen wor idt vs nóth is gelyke Rittern vnde knechten de des Stichts to Bremen geborne mañ syn, vnde [3]) vse nakomelinge wyllet vnde schullet mynne vnde rechts blyuen by vsem heren Bischupp Alberte vnde synen nakomelingen vorbenomet in allen tyden wedder allermanlykeme des hefft vsze here Bischupp Alberdt vorbescreuen vs Edeken vnde Gerolde brodere vorbenomet begnadet vnde hefft vs weddergegeuen vnde gelaten, vse Borch to Allinghworde myt alle deme dat dar to hordt, dat he vnde de syne vs affgewunnen hadden, vnde hefft vs dar mede belenet, eyn recht leen alsodane wys dat de vorbescreuene Borch Allinghworde, des Stichts to Bremen vnde vses heren Bisschuppes Albertes vnde syner nakomelinge, vorbenomet, opene Borch scal wesen, in allen tyden wanne se edder ore Amptlude edder denre des behouet vnde dat van vs eeschet, Ock ne schulle wy edder vse nakomelinge wedder vsen heren Bischupp Alberte vnde syne nakomelinge vorbenomet, nicht doñ dat om edder den oren to scaden komen moge vnde schullet vnde wyllet on behulplich wesen wanne se dat van vns eeschet myt alle vser macht wedder allermanlykeme vnde wy ne wyllet edder en schullet dere vorbescreuenen Borch Allinghworde nemende vorkopen edder laten, wy ne doñ idt mydt wytschupp vnde wyllen Bischupp Albertes, vnde syner nakomelinge vorbenomet, Alle desse vorscreuenen stucke vnde iuwelic besunder hebbe wy gelouet vnde louet In truwen myt sameder handt vsem vorbescreuenen heren Bischupp Albertho vnde synen nakomelingen we Bischupp to Bremen is, vnde hebbet onn dat na in den hilligen gesworen, vor vs vnde vor vse nakomelinge stede vast vnde vnbrokelyken to holdende vnde hebbet des to merer betuginghe vnde wyssenheit mydt wyllen vse Ingesegele gehenget laten an dessen breff De gegeuen na gods bordt Dusent vnde dre hundert Jare In deme twe vnde sestigesten Jare des vrygdaghes na Sunte Bartolomeus daghe des hilgen Apostels.

Eine Abschrift des 15. Jahrhunderts zeigt folgende Verschiedenheiten: 1) *Rippardes.* 2) *Wildensehit.* 3) hier ist eingeschoben: wy vnde.

168. **Die Gebrüder Marschalck, Knappen, resigniren dem Herzoge Wilhelm von Braunschweig und Lüneburg Güter zu Meinershausen zu Gunsten ihrer Mutter Jutta mit der Bitte, sie nach deren Tode wieder damit zu belehnen. — 1362, den 21. September.** **K. O.**

Wi Johan tyderik vnde fchenke brodere ghebeten Marfcalke knapen bekennet openbare indoffeme breue, Dat wi deme arbaren vorften vnde vnfeme heren. hern wilhelme hertoghen to brunfwich vnde lunenborch. hebbet vph ghelaten vnde latet vph ieghenwordeliken in doffeme breue tve höue to Meynerdiffen mit achte höuen vnde dar to mit aller tobehoringhe de wi van ome to lene hebbet vnde biddet ieghenwordeliken in doffeme fuluen breue dat de vorbenomde here vnfe leuen moder vrowen Jvtten dar mede belif-tuchte vmme vnfes deneftes willen vnde vns na oreme dode weder mede belene To eyner betughinghe doffer vorefereuenen dink hebbe wi doffen bref befeghelet mit vnfen inghefeghelen. Na godes bort dritteynhundert Jar andeme anderen vñ feftigheften Jare an fvnte Mathewes daghe.

169. **Die Rathsherren der Stadt Hameln begeben sich auf drei Jahre in den Dienst des Herzogs Wilhelm von Braunschweig und Lüneburg und des Herzogs Ludwig von Braunschweig und geloben, ihnen die Stadt zu ihrer Noth und zu ihrem Rechte gegen jeden mit Ausnahme ihrer Herren, der Söhne des verstorbenen Herzogs Ernst von Braunschweig des älteren, und ihres Bundesgenossen, des Grafen von Schauenburg, zu öffnen, bedingen aber, dass dieses Bündniss, falls die Söhne des Herzogs Ernst gegen die beiden Herzöge Fehde beginnen, während der Fehde ungültig sei. — 1362, den 29. September.** **K. O.**

Wy.. Radman to Hamelen bekennet in doffem breue vnder vfer Stad Inghefeġ vñ betughet openbare, Dat wy os des vor eynet hebbet mit den dorluchtighen vorften hern Wilhelme Hertoghen to Brunfŵ vñ to Luneborch vñ mit Juncheren Lodewighe Hertoghen Magnus Sone van Brunfŵ alfo dat wy fcon vñ willet an orme denefte wefen. vñ vfe Stad fcal on open wefen to oror nod vñ to orme rechte. deft fe os dat eynen mand vore laten weten. dat wy os moghen to den eren vorwaren do tyd vmme dat wy mit on in doffem breue vorbunden fin. Were ok dat fe vt der Stad to Hamelen orloghen wolden fo fcolden ore Ammechtlude dat vorwaren dat.. os vñ vfen medeburgheren vñ den vfen neyn vnvoghe eder fcade enfcude. van den de mit on in der Stad to Hamelen weren. Scude os dar enbouen fcade eder vnvoghe dat fcolde-men os weder don na faghe vfer beyder vrund de wy an beyden fyd dar to vogheden in vrunfcap eder in rechte binnen den negeften twen manden wan dat van on ghe efchet worde.. Doffe bund fcal ftan twi-fchen.. on vñ.. os dre Jar vmme van. der tyd an dat doffe bref ghegheuen is to rekende. Hir fpreke wy vt vfe Juncheren van Brunfŵ Hertoghen Erneftes Söne des elderen dem God gnade vñ vfen Juncheren van Scowenborch de tyd de wy mit ome vorbunden fyn. Were auer des God nicht en wille dat vfe Juncheren van Brunfŵ Hertoghen Erneftes Söne des elderen vorebenompt de dorluchtighen vorften Hern Wilhelme Hertoghen to Brunfŵ vñ to Luneborch vñ Juncheren Lodewighe Hertoghen Magnus Sone vededen. vñ to os Stod. vñ hulpe efcheden al de wile dat de veyde warede en fcolden doffe breue neyne bunde hebben. Alle doffe ftucke hebbe wy.. Radman to Hamelen ghelouet vñ louet in doffer fcrift den dorluchtighen Vorften Hern Wilhelme Hertoghen to Brunfŵ vñ to Luneborch vñ Juncheren Lodewighe Hertoghen Magnus fone van Brunfŵ vorbenompt vaft vn vnghebroken to holdende. alfo hir vorefcreuen is. Vñ betughet in doffem breue mit vfer Stad Inghefeġ befeghold Na Godes bord dritteynhundert Jar in dem anderen Jare bouen Seftich in finte Mycheles daghe.

170. **Bischof Gerhard von Minden verbindet sich mit dem Herzoge Wilhelm von Braunschweig und Lüneburg und dem Herzoge Ludwig von Braunschweig auf zehn Jahre zum Frieden und zu gegenseitiger Hülfe, welche er ihnen mit 25 Gewaffneten gegen jeden mit Ausnahme des Grafen von Schauenburg, des edelen Herrn Bernhard von der Lippe und des Grafen von Everstein und sie ihm mit 50 Gewaffneten gegen jeden mit Ausnahme ihrer Bundesgenossen, jeder dem andern aber, falls derselbe mit Krieg überzogen oder belagert wird, mit aller Macht leisten sollen. Auch gelobt er, in einem Kriege der Herzöge mit dem Herzoge**

Albrecht von Braunschweig neutral zu bleiben, falls er ihnen nicht helfen darf. — 1362, den 16. October. K. O.

We Her Ghard van der gnade goddes vñ des ftoles to Rome eyn ghekoren vñ ftedeghet here der kerken vñ des ftichtes to Minden bekennet openbare in deffem breue dat we vs ver ened vñ ver bvnden hebbet mid den Achbaren Vorften vnfen leuen Omen Hern Wilhelmo Hartoghen to Brunfwich vñ to Luneborch vñ Jvncheren Lodowiche Hertoghen Magnus fone van Brunfwich des elderen alfo dat we ore Vyand binnen teyn iaren nicht werden fchullen noch en willen, mer we fchullen ore hulpere wefen weder alle de ienne dar en des to donde is behaluen weder den.. Greuen van Schowenborch Hern bernde van der lyppe vn den Greuen van Euerftene, Worden fe ok vyande vnfes omes Hertoghen Albertes van Brunfwich edder he, ore, dar fchulle we vñ de vnfe ftille to fitten, mer moghe we dat ghe don, fo fchulle we vnfen omen Hern Wilhelmo vñ Jvncheren Lodowiche vppe Hertoghen alberte to hulpe worden, We fchullen ok vnfen vorbenomden Omen Hern Wilhelmo vñ Jvncheren Lodowiche volghen mid vif vñ twyntoghen wapend guder lude wanne fe dat van vs efched, Welde fe ok we ouer ten edder ver buwen, fo fchulle we vñ willet on volghen mid alle vfer macht, Vñ wanne we komed in oro land fo fchullet fe vns quiten hoffllach fpile vnde voder, Vñ wor we on denne hulpen ftriden edder ftormen, hulpe vns god dat we wunnen fo fchulle we dat Wyn vpboren na antal vnfer wapender lude, Ver lore we den fchaden fchulle we hebben. Se fchullen ok vnfe helpere wefen weder alle de ienne dar vns des to donde is behaluen de ienne dar fe rede mede verbvnden fynd, fe fchullen vns ok volghen mid veftteghen wapend guder lude wanne we dat van en efched, Welde vs ok we ouer trecken edder verbuwen fo fchullen fe vns volghen mid aller macht vñ we fchullet on quiten fpife voder vñ hufllach wanne fe komed in vnfe land, fe fchullen ok nemen wyn vñ verluft na antal orer wapender lude alfe hir vorefcreuen is, Se fchullen ok ouer vns mechtich wefen mynne vnde rechtes, mochten fe vns mynne edder rechtes nicht beholpen, fo en fchullet fe fo vnfe vyande bynnen deffen teyn Jaren nicht werden, To tughe deffer dingh hebbe we deffen bref bezeghelet mid vnfeme Inghezeghele, De ghe gheuen is Na goddes bord dritteynhunderd iar in deme two vñ fefteghoften Jare in fvnte Gallen daghe.

171. **Brunke, Diedrich von Nendorf, Diedrich von dem Sode und Johann von Berkhusen, Bürger zu Hannover, überlassen das Patronatrecht über den von ihnen in der Kirche St. Aegydii zu Hannover gestifteten Altar St. Mariae Magdalenae dem Herzoge Wilhelm von Braunschweig und Lüneburg. — 1362, den 18. October.** K. O.

We Broneke. Thyderik van Nendorpe, Thyderik van deme sode vñ Johan van Berkhufen Borghere to Honouere bekennet openbare in deffeme breue dat de lenware des altares dat we be wedemed hebben in fvnte Egidius kerken to Honouere in fvnte Marien Magdalenen ere fchal bliuen by vnfeme Heren hern Wilhelme Hertoghen to Brunfwich vñ to luneborch vñ fynen Eruen vñ Nacomelinghen, vñ fe fchullet dat lenen eweliken vñ to allen tiden wanne vñ wodicke id los werd To eyner bekantniffe hebbe we vnfer aller Inghezeghele ghe hanghen to deffem breue, De ghe gheuen is to Honouere Na goddes bord dritteynhvnderd Jar in deme twe vñ foftegheften Jare in fvnte lucas daghe.

172. **Ritter Ludolf von Hohnhorst vergleicht sich mit Diedrich, Küchenmeister des Herzogs Wilhelm von Braunschweig und Lüneburg, wegen Rechnungsablage, Schuldforderung und aller zwischen ihnen schwebender Handlung. — 1362, den 1. November.** K. O.

Ek her ludolf van honhorft ridder bekenne openbare in deffeme breue vor alle den de dne feen eder lefen horen dat (ek vnde m)ine eruen vs ghe fcheden hebbet mid diderke mines heren cokemeftere van luneborch vnde mid finen eruen vmme alle rekenfchop vnde vmme alle fchuld. vnde aller handelinghe de we to hope ghe had hebbet vnde latet deffen vorbenomeden diderke mines heren cokemefter vnde fine eruen in deffem breue aller reken(fchop aller) fchuld vnde aller handelinghe. quid ledich vnde los Vortmer we kersten van langelghe didere vnde (hinrik) van wrestidde. vnde otrauen van wenden be thuget in dessеme sûluen breue dat we dar an vnde ouer ghewesen. hebben. dat her ludolf van bonhorst vnde sine eruen. vnde didere mines heren cokemester van luneborch vnde sine eruen alle vorbenomed hebbet sik alle desser stücke also hir vore ghe schreuen is, ghenßliken vnde al ghe scheden To ener betughinghe hebbe we vnse inghe-seghele witliken ghe hengghet laten an dessen bref Vnde is ghe ghenen na goddes bort dusent vnde dre hundert jar in deme twe vñ sestighesten jare in alle goddes hilghen daghe.

173. Graf Bernhard von Regenstein und seine Söhne Ulrich und Busso und Graf Conrad von Wernigerode und sein Sohn Conrad geloben, während der nächsten drei Jahre dem Herzoge Magnus von Braunschweig dem älteren gegen den Bischof Ludwig von Halberstadt und gegen das Stift auf gütliche Weise zum Rechte zu verhelfen und falls sie es nicht können, ihm mit aller Macht, sobald der edele Herr Gebhard von Werberge sie dazu auffordert, Hülfe zu leisten. Er soll, sobald sie um seinetwillen Feinde des Bischofes und des Stiftes werden, 25 Gewaffnete in die Stadt Derenburg legen. Sie verpflichten sich, falls er mit dem Stifte in Krieg geräth, ihm gegen jeden, der sich desselben annimmt, zu helfen und ohne seine Bewilligung während der Dauer des Bündnisses keinen Frieden oder Sühne zu schliessen. — 1362, den 21. December. K. O.

Von der gnade goddes we Bernd Greue to reghenst Olrik vnde Bosse sine Sone. vnde von der sûluen gnade we Conr Greue to werningherode vñ Conr sin Sone. bekennen openbar in dissem ieghenwordigen breue. Dat we vns vor enet vn vorbunden hebbet mid deme irlûchteden vorsten vsen heren hertoghen Magnus von Brunsw deme Elderen. nû von stad an wente to dissen neysten twelsten vord ouer dre Jar. teghen Biscop Lodew vnde dat stichte to halbr in disser wise alse hir na bescreuen steyt. eft disse vnse vorbenomde here hertoghe Magnus vor vnrechteged worde von biscop lodew to halbr eder von deme stichte to halbr vñ ome nen recht wederuaren mochte vñ he vns dat vorkundeghede. so scolde we vor ene bidden vnde scolden ome rechtes helpen binnen verteynnachten. dede we des nicht. wanne denne de Edele her Gheuerd von werberghe spreke dat we ome scolden behulpen wesen dat scolde we dûn mid alle deme dat we vormochten. vnde scolden vnse lude legghen in vnse Slot wûr dat bequemest were. vñ scolden ome dar mede volghen wanne ome des nod were vnde dat von vns eschede. vnde wanne we ome volgheden so scolde he vnse denere bekosteghen ane pantquitinghe. vnde de kost scoldeme ome irstaden an welkeme vromen den men neme. Were ok dat we vorbenomden hern dorch sinen willen vyand worden des biscopes vñ des stichtes to halbr so scal he legghen vif vnde twintich man ghewapend in de Stad to derneborch vp sine koste vnde auentûre de wile de krich waret. vnnne dinghede dat scal stan vppe den von werberghe vorbenomd. wo he dat sat dat scole we beydentsiden also holden. wat me ok vromen neme an name eder an vanghenen. den scal me delen na mantale reyseghes volkes. were ok vnse here hertoghe Magnus vorbenomd sûluen dar mede so scolde he den besten vangenen to vorn nemen ane vorsten vñ heren Were ok vnser vorbenomden heren ienich dar mede de scolde dar na den besten nemen. were vnser ok twene dar mede so scolde we dar na de besten vaghenen twene nemen. were ok vnser vorbenomden hern mer dar mede so scolde we doch nicht mere nemen wanne twene. were ok vnser vorbenomden heren jenich dar mede vñ vnse here de hertoghe nicht so scolde we doch de besten vanghenen to voren nemen in der wise alse vorscreuen steyt ane vorsten vñ heren. worde dar ok scade ghenomen an vangenen reyseges volkes den scaden scoldeme ome irlegghen vñ irstaden von deme vromen den men hedde ghenomen an vanghenen in der sulue reyse. Queme he ok to krighe mid deme stichte to halbr. we sek dat an neme teghen de scolde we ome behulpen wesen gheliker wis alse ieghen dat Stichte. vñ scolden vns noch sûnen noch vreden de wile dat disse vorbindinghe steyt ane des vorbenomden vnses hern hertogen Magnus willen. Ok scullе we vn willen deme vorbenomden vnsem hern vñ den sinen alle dingh to gûde truwelken holden vn vor scaden bewaren alse we best moghen. wanne ok disse tid von twelften vort ouer dre Jar vmme kumpt so scal disse bref nene macht mere hebben. vñ disse vorbindinghe scal ledich vñ los sin. Alle disse vorscreuenen ſtücke loue we vorbenomde Greue Bernd von Reghenſt vñ we olrik vñ boſſe ſine Sone. vñ we Greue Cord von werningherode vñ we Conr ſin Sone. Deme vorbenomden vnſem heren hertoghen Magnus von brunſw entruwen ſtede vnde gantz to holdende ane iengherhande liſt vnde hebbet des to Orkunde vnſe Inghefegelle ghehenget to diſſem breue. Na goddes bort dretteynhundert Jar in deme twen vnde Seſtigeſten Jare in Sente Thomas Daghe Des Hilghen appoſtelen.

174. Bertold von Alten resignirt dem Herzoge Wilhelm von Braunschweig und Lüneburg zwei Kothöfe auf dem Brühle vor Lauenrode zu Gunsten des Eilhard und Burchard von Rutenberg. K. O.

Memme leuen gnedighen heren, Hertoghen wilhelme van Brûnſwich vnde Lûneborch, Bertold van alten ſinen willeghen denſt, Ek ſende iv vp in deſſem breue, bi Syuerde van alten, vnde bi zeghebande van Reden, groten wlbrandes Sone, twene kothôue debeleghen ſint indem brûle vore Lowenrode, de ek van iv to lene hebbe, mit deſſem vnderſchede, dat gy Eylarde vnde Borcharde vedderen, ghebeten van Rutenberghe, mede belenen, Dat wil ek gherne vordenen, To ener betüghinge deſſer dingk hebbe ek deſſen bref beſeghelt mit minem Inghefeghele, Vnde we Syuerd van alten, vnde zegheband van Reden vorebenomden, bringhet iv leue here van lûneborch, deſſe twene kothôue vp, mit deſſem vorbenomden vnderſchede, vnde betughet dat mit der to henginghe vſer Inghefeghele.

175. Herzog Ernst von Braunschweig verleihet dem Johann von Heiligenstadt, Pfarrer zu Kleinwiershausen, den Altar St. Nicolai in der Kirche St. Johann zu Göttingen und bestimmt, dass künftig der Pfarrer zu St. Johann den Altar verleihen soll. — 1363, den 6. Januar. K. O.

Van der genade Godes. We Ernſt Hertôge tô Brûnſwich Bekennet openbare in duſſeme Jegenwordigen breue Dat we demme wiſen Manne hern Johanne von Heylgenſtat pernere tô wederoldeſhuſen vſem Cappelan. geleynet hebbit den altar de in vnſem kerken tô ſinte Johanſe tô Gothingen gewyghet is inde ere ſinte Nycolaus vñ ſinte Elyzabede mit der ghûlde de Henr perner darſulues vſe Cappelan. gewiſet vnde beſcheyden heft In gûder andacht von Seylegereyde. weghene vñ alemûſen ſiner parlude Vnde mit alle der ghûlde de dar noch tô gewiſet wirt Vnde ſtedegen den altar tô eynem ewigen leene alſo dat eyn perner de da thô thiiden is. on leenen ſchal. eynem priſtere alſo dicke als he ledich wird. Vppe dat Dat alſodane alemûſen vnde Seylegerede ſiner parlûde. vollinbracht werde. alſo he dat vorgenomen heft To betheren orkûnde duſſir ding Geue we duſſin brif beſegelt mit vnſom Ingeſegele De gegheuen is Na Godes bord Drittenhundert Jar in demme dre vnde Seſtigiſten Jare tô Twelfftin.

176. Domprobst Nicolaus, Domdechant Gerhard, Domscholaster Otto und das Domcapitel zu Hildesheim verabreden, dreien Domherren, nämlich einem Priester, einem Diaconus und einem Subdiaconus und dreien Ersatzmännern derselben, Schlösser, Land und Leute und weltliche Gerichtsbarkeit zu übergeben, sie eidlich geloben zu lassen, dieselben einem vom Papste ernannten Bischofe von Hildesheim, nachdem derselbe die Wahlcapitulation des verstorbenen Bischofs Heinrich vom 28. August 1331 beschworen haben wird, auszuliefern, sie ferner den Eid auf dreizehn Artikel derselben Wahlcapitulation ablegen und mehrere Bestimmungen über die Verwaltung des Stiftes beschwören zu lassen. — 1363, den 21. Februar. K. O.

We Nicolaus van godes gnaden domproueſt Gherd deken Otte ſcolemeſter vñ dat gantze capitel des ſtichtes to Hildenſum bekennet dat we des en gheworden ſint dat we dar dre to ſcikken willet vſer heren. enen preſter enen dyaken vñ enen ſubdyaken den we beuelen willet Slote lant vñ lude vñ alle werlik gherichte alſo langhe went os alſe men van rechte ſcal dat mit des pauoſes breuen bewiſet werde dat dat ſtichte to hildenſum eneme ghegheuen ſi vnde de dre den we dat beuelet ſcolet os ſweren dat ſe denne wanne dat bewiſet is mit des paueſes breuen vnde de deme de paues dat ſtichte ghiſt ghesworen heft vñ beſeghelet heft de articule de vſe here biſcop henrik vñ dat capitel beſeghelt hebbet vñ de vſe here biſcop henrik deme god gnedich ſi ghesworen hadde deme capitele to holdende ane hinder vñ vortogh de Slote lant vñ lude mit deme werliken gherichte antwerden willen. deme dat ſtichte alſo van deme pauefe ghe gheuen is. Vnde we ſcullen vñ willen dat ok ſweren vnder os vſer iowelk dat we dat vûlborden willen vñ dar nen hinder an don. vñ holden doch dat hemeliken bi os alſo langhe wente des paueſes breue os alſe men van rechte ſcal witlik ghedan werden. Vnde de dre ſcolen ſweren an den hilghen dat ſe holden willen alle de articule de hir na beſcreuen ſtad de vſe here biſcop henrik deme capitele ghe ſworen hadde. De erſte is deſſe, Quod redditus menſe epiſcopalis non alienabunt, et alienata pro viribus ſuis recuperabunt, De andere is. Turres caſtrorum eccleſie conſeruabunt et facient eas conſeruari per fideles miniſteriales aut litones eccleſie. De dridde. aduocatos non facient in caſtris niſi miniſteriales eccleſie et de conſilio maiorum capituli de verde Jura archidyaconorum in ſententiis ſuis et aliis ſuis iuribus fideliter obſeruabunt. De vofte Jura capituli et litonum et aliorum hominum quando ſunt in ſeruitio dominorum ex parte conſulum ciuitatis non permittent infringi et quod non arreſtentur quando portant cenſum dominis vel vocati ſunt ab ipſis. De Seſte. Munitiones eccleſie quas habent et habebunt fideliter conſeruabunt De Seuede. bona prepoſiture et omnia bona noſtra ſpecialia tuebuntur ſicut ſua et in eis exactionem per ſe vel ſuos aduocatos non facient. De achte. prepoſitum in iuriſdicione ſua alta et baſſa quod merum et mixtum imperium appellatur per ſe et ſuos ſeu alios non inpedient immo pro poſſe ſuo conſeruabunt. De neghede. Similiter et decanum et alios prelatos et perſonas eccleſie in iuribus et iuriſdicionibus ſuis quibuſcunque ut premittitur non inpedient ſed pocius conſeruabunt. De teghede prelatos eccleſiarum et clericos hildeñ dyoceſis defenſabunt pro poſſe ſuo contra quoſlibet invaſores. De elfte prepoſitum ſancte crucis quibuſcunque iuribus et iuriſdicionibus prepoſiture ſue libere vti permittent. De twelfte Jura ſcolaſtrie et cantorie ſeruabunt. De dritteghede. Item omnes obediencias et obedienciarios et ſpecialiter obedienciam in emberke precipue in holtgrauis conſeruabunt. Vnde ſcolet os ok ſweren dat ſe ſcûllen vñ willen weſen truwe beſchermere vñ verdeghedinghes lûde des ſtichtes to hildenſum in alles ſtichtes nod vñ nud dewile dat ſe de Slot nicht van ſek ghe antwordet enhebbet alſe hir vore gheſcreuen is vnde ſcolet bewaren vñ behûden de Slot mit gûden truwen vñ verdeghedinghen des ſtichtes gud vñ lude alſe ſe truwelikeſt konet vñ moghet vñ beſchermen des ſtichtes ere vñ ſchippen des ſtichtes nud in allen ſteden vñ ſtûcken dar ſe konen vnde moghen. Ok ſcullen de ſuluen dre os an guden trûwen louen dat ſe des ſtichtes man deure eder vnderdan an nenen ſtûcken mit vorſate vervanghen eder vervnrechten ſcullen vñ willen Sunder ſe ſcullen ſe vordeghedinghen in alle oreme rechte mit gûden trûwen alſe ſe vorderſt moghet. Ok en ſcullen ſe deme ſtichte nenen krigh maken eder orloghe eder nemende entſeeghen van des ſtichtes weghene. were ok dat on iement entſeghede ſo ſcolden ſe de Slot deſte bat bewaren vñ laten dat lant vñ de lude warnen vñ enſcolden in vromeder heren lant nicht ſôken ſe en deden dat mit des capitels willen Ok ſcûllet ſe de ammetlude de vppe des ſtichtes Sloten ſint ſek alle manlikes rekenen laten vñ ſcolet de rekenſcop vort van ſtaden an. an os bringhen Ok ſcûllet ſe vmme alle claghe vnde ſchulde vor os antworden vñ wes ſe dat capitel beſeghede darvmme dat ſcolden ſe don. Ok welke koſt vñ ſchaden ſe in nod vñ in nûd des ſtichtes dot vñ lidet bouen dat one vte deme lande wert de wile ſe de Slot van ſek nicht gheantwordet en hebbet alſe hir vore gheſcreuen is dat ſe witliken vñ redeliken bewiſen moghet de koſt vñ den ſchaden ſcal on de biſcop de de kumpt eder dat capitel gheldon vñ dat en ſcolen ſe vppe de Slot nicht rekenen vñ de Slote dar vore mit nichte entholden. vñ wat ſe groter koſt vñ groter ſake handelen vñ don ſcolen dat ſcullen ſe mit rade vñ mit willen des capitels don vñ handelen. Vnde ſchattinghe bede vñ denſtes en ſcolet ſe nene macht hebben ane vſe capitel vnde ſcolet it holden io bi der domproueſtie luden alſe it vſes heren articule vorbenomet vñ ok des domprouestes articule vt wiſet. Were ok dat deſſer drier en to biſcope ghekoren worde eder ſtorue eder buten deme ſtichte bouen verteyn nacht were So ſcolde in ſine ſtede were dat it en preſter were en ander preſter weret en dyaken en ander dyaken weret en ſubdyaken en ander ſubdyaken de we ok rede benomen willet weder treden alſo langhe went de weder queme de buten deme ſtichte were in des ſtede he denne were vn de dre ſcolen nu de ſuluen ede vñ louede don de de anderen dot vnde deſſer drier en iowelk ſcal os vppe alle deſſe ede vñ louede ſinen ſunderliken beſeghelden bref gheuen dat he ſu ſtede vñ vaſt holden wille Sunder den artikel de dar vp sprekt wo vñ wanne vn in welker wise se de Slot van sek antworden scolen alse hir vore screuen is dar scolen se malk ok enen sunderliken bref vp gheuen. To ener betüghinghe desser stucke hebbe we vses capitels ingheseghel ghehenghet laten to dessome breue. vnde in desseme capitele hebbet ghewesen. desse prestere nicolaus domproueſt Gherd deken vorghenomet. her ludolf van werberghe her bernard van tauden her bertold van bokelum vñ her frederik van boruelde vñ desse dyaken her bernard van meynersum her diderik van stöckum de oldere her cord bok her otte van van boldense her diderik van tuelenstede. her bernard van hardenberghe vñ her volcmar van alten vñ ok desse subdyaken. her otte van halremunt scolmester vorghenomet her Syuerd van der gowisch her Syuerd van rutenberghe greue wůlbrant van halremunt. her Jan bok greue olrik van reghensten her herman van der gowisch her borchard boye her diderik van stockum de jungbere greue henrik van woldenberghe hertoghe henrik van brunswich her aschwin van Saldere her ludegher van bardeleue her hilmar van obergbe. her lodewigh van bonston mester herman van sunnenberghe. Vñ is ghescheen to sturewolde na godes bord. dusent vñ dre hundert Jar. in deme dre vñ Sesteghesten Jare des dinksedaghes na Invocauit dat do sunte peters auent ad cathedram was.

177. **Die Domherren zu Hildesheim Graf Wilbrand von Hallermund, Bernhard von Meinersen, Domdechant Gerhard, Domkellner Volkmar von Alten und Siegfried von der Gowisch stellen einen Revers aus, dass das Domcapitel zu Hildesheim den drei ersteren von ihnen und, falls die beiden ersteren Bischöfe werden oder über vierzehn Tage abwesend sind oder sterben, auch den beiden letzteren die Schlösser, Land und Leute und weltliche Gerichtsbarkeit übergeben hat. Sie beschwören dreizehn Artikel aus der Wahlcapitulation des verstorbenen Bischofs Heinrich vom 26. August 1331 und geloben dem Domcapitel ausserdem eidlich, das Stift zu beschirmen, den Mannen, Dienern und Unterthanen des Stiftes kein Unrecht zuzufügen, sondern deren Recht zu vertheidigen, dem Stifte keinen Krieg zuzuziehen, von den Amtleuten der Schlösser Rechnungsablage zu fordern und dieselbe dem Domcapitel vorzulegen, auf Klagen vor dem Domcapitel Rede zu stehen, für Verwaltungskosten, die zu erstatten das Domcapitel übernimmt oder der künftige Bischof erstatten soll, letzterem die Schlösser nicht vorzuenthalten und Schatzung, Beede und Dienst ohne Bewilligung des Domcapitels nicht zu erheben. — 1363, den 21. Februar.** K. O.

Ek Greue wölbrant van halremunt dombere to hildensum ¹) bekenne dat vse heren dat capitel des sint en gheworden dat se mek mit anderen twen ²) vser heren beuolen hebbet Slote lant vñ lüde vñ werlik gherichte ³) vñ we ⁴) hebbet deme capitele ghesworen an den hilghen dat we holden willet alle de articule de hir na bescreuen stad de vse here biscop henrik deme god gnedich si deme capitele ghesworen hadde. De erste is ⁵). Redditus mense episcopalis non alienabimus et alienata pro viribus nostris recuperabimus. De andere. Turres castrorum ecclesie conseruabimus et faciemus eas conseruari per fideles ministeriales aut litones ecclesie. De dridde. ⁶) aduocatos non faciemus in castris nisi ministeriales ecclesie et de consilio maiorum capituli. De verde. Jura archidyaconorum in sententiis suis et aliis iuribus suis fideliter obseruabimus De vefte. Jura capituli et litonum et aliorum hominum quando sunt in seruitio dominorum ex parte consulum ciuitatis non permittemus infringi et quod non arrestentur quando portant censum dominis vel vocati sunt ab ipsis De Seste. Munitiones ecclesie quas habemus et habebimus fideliter conseruabimus. De Seuede. bona prepositure et omnia bona

---

Vier sonst in allen Stücken mit obiger gleichlautende Original-Urkunden zeigen nur folgende Verschiedenheiten: ¹) *Ek Ghard van godes gnaden deken des stichtes to hildensem.* 1. — *Ek her Bernard van Meynersum dombere to hildensem.* 2. — *Ek her Syverd van der gowisch dombere to hildensem.* 3. — *Ek volkmar van alten kelner des stichtes to hildensem.* 4. ²) *twen anderen.* 1, 2. ³) Statt *des sint en gheworden dat se — werlik gerichte* stehen folgende Worte: *bevolen hebbet heren Gherde vseme dekene heren bernarde van meynersum vñ greuen wolbrande van halremunt Slote lant vñ lude vñ werlik gherichte were aver dat her wolbrant van halremunt* (statt *wolbrant van halremunt* steht in der 4. Urkunde *bernard van meynersum*) *vorbenomet to bischope ghekoren worde oder storve eder buten deme stichte lenger vertegennacht were So scal ek in sine stede treden also langhe wente he weder kumpt vnde scal mit den twen de dar to gheschikket sint van deme capitele de Slot lant vñ lude vñ werlik gherichte holden vñ bewaren.* 3, 4. ⁴) *we* fehlt. 3. ⁵) *is* fehlt. 4. ⁶) hier ist *quod* eingeschoben. 2, 3.

ecclesie specialis tuebimur sicut nostra et in eis per nos exactionem vel nostros aduocatos non faciemus De achte. prepositum in iurisdicione sua alta et bassa quod merum et mixtum imperium appellatur per nos et nostros seu alios non inpediemus immo pro posse nostro conseruabimus De Neghede. Similiter et decanum et alios prelatos et personas ecclesie in iuribus et iurisdicionibus suis quibuscunque ut premittitur non inpediemus sed potius conseruabimus. De teghede prelatos ecclesiarum et clericos hildeñ dyocesis defensabimus pro posse nostro contra quoslibet inuasores. De elfte. prepositum sancte crucis quibuscunque iuribus et iurisdicionibus prepositure sue libere vti permittemus. De twelfte Jura scolastrie et cantorie seruabimus De dritteghede Item omnes obediencias et obedienciarios et specialiter obedienciam in emberke precipue in holtgrauis conseruabimus. Vñ hebbet ok ghesworen dat we scüllen vñ willen wesen truwe beschermere vñ verdeghedinghes lude des stichtes to hildensum in alles stichtes nod vñ nůd de wile dat we de Slot van os nicht gheantwordet enhebbet vñ scolet bewaren vñ behůden de Slot mit guden truwen vñ verdeghedinghen des stichtes gud vñ lude alse we truweliken konet vñ moghet. vñ beschermen des stichtes ere vñ schippen des stichtes nůd in allen steden vñ stucken dar we konen vñ moghen. Ok hebbe we an guden truwen ghelouet dat we des stichtes man denere eder [7]) vnderdan an neneme stucke mit vorsate ver vanghen oder ver vnrechten willen vñ [8]) scullen Sunder we scullen [9]) se ver deghedinghen in alle oreme rechte mit guden trůwen alse we vorderst moghet. Ok en sculle [10]) we deme stichte nenen krigh maken eder orloghe eder nemende entseghen van des stichtes weghene were ok dat os iement entseghede So scolde we de Slot [11]) deste bat bewaren vñ laten dat lant vñ de lude warnen vñ en scolden in vromeder heren lant nicht söken we en deden dat mit des capiteles willen, Ok scole [12]) we de ammetlude de vppe den Sloten sint os alle manlikes rekenen [13]) laten vñ scolet de rekenscop vort van staden an an dat capitel bringhen Ok sculle [14]) we vmme alle claghe vñ schulde vor deme capitele antwerden [15]) vñ wes os dat capitel besceghet dar vmme dat sculle [16]) we don Ok welke kost vñ schaden we in des stichtes nod vñ nud [17]) dot vñ lidet bonen dat os vte deme lande wert de wile dat we de Slot van os nicht ghe antwordet en hebbet dat we witliken vñ redeliken bewisen moghet dat scal os de biscop de de kumpt eder dat capitel gheldeu vñ dat en scole we vppe de Slot nicht rekenen vñ de Slote dar vore mit nichte entholden Vñ wat we groter kost vñ groter sake don vñ handelen scolen dat scole we mit rade vñ mit willen des capiteles don vñ handelen. Vnde schattinghe bede vñ denstes en scole we nene macht hebben ane dat capitel vñ scolet it in holden bi der domprouestie lůden alse vses heren articule vorbenomet vñ ok des domprouestes articule vtwiset To ener betůghinghe dat ek desse ede vñ louede de ek deme capitele ghedan hebbe in allen stucken alse hir vore screuen is vast vñ vnbrokeliken holden wille hebbe ek min inghesеghel ghe henghet laten to desseme breue Vñ is ghescheen [18]) Na godes bord dusent vñ drehundert Jar In deme dre vñ Sestegheston Jare des dinksedaghes na Invocauit dat do sunte peters auent [19]) ad cathedram was [20]).

178. Domherr Siegfried von der Gowisch zu Hildesheim stellt einen Revers aus, dass das Domcapitel zu Hildesheim dem Domdechanten Gerhard, dem Domherrn Bernhard von Meinersen und dem Domherrn Wilbrand von Hallermund, falls letzterer aber einen Bischofssitz erhält oder stirbt oder über vierzehn Tage abwesend ist, ihm statt desselben die Schlösser, Land und Leute und weltliche Gerichtsbarkeit übergeben hat. Er schwört mit ihnen, dieselben einem vom Papste ernannten Bischofe von Hildesheim, nachdem derselbe die Wahlcapitulation des verstorbenen Bischofs Heinrich vom 25. August 1331 beschworen haben wird, auszuliefern. — 1363, den 21. Februar. K. O.

Ek her Syuerd van der gowisch domhere to hildensum bekenne dat vse heren dat capitel hebbet beuolen hern Gherde vseme dekene hern bernarde van meynersum vñ greuen wolbrande van halremunt Slot

---

7) en statt eder. 3. 8) eder statt vñ. 4. 9) *scolen*. 1. 10) *scole*. 1, 2, 3. 11) *Slote*. 2. 12) *scülle*. 1. 13) *rekene*. 3. 14) *scole*. 4. 15) *antwerden*. 3, 4. 16) *scole*. 3, 4. 17) *nod*. 2. 18) Statt *Vñ is ghescheen* steht *de ghe ghouen is*. 3. 19) Hier ist eingeschoben *was*. 3. 20) *was* fehlt. 3, 4.

lant vñ lude vñ werlik gherichte were auer dat greue wolbrant vorbenomet to biscope ghekoren worde eder storue eder buten deme stichte were bouen vorteynnacht So scal ek in sine stede treden also langhe wente he weder kumpt vñ scal mit den twen de dar to ghesschikket sint to mek van deme capitele de Slot lant vñ lude vñ werlik gherichte holden vñ bewaren also langhe went deme capitele alse men van rechte scal dat mit des pauefes breuen bewiset werde dat dat stichte to hildensum eneme ghe gheuen si vñ we dre den dat benolen is hebbet dat deme capitele ghe sworen to den hilghen dat we denne wanne dat bewiset is mit des pauefes breuen vñ de deme de pawes dat stichte ghift ghe sworen heft vñ beseghelt heft de articule de vse here biscop henrik vñ dat capitel beseghelt hebbet vñ de vse here biscop henrik deme god gnedich si ghesworen hadde dem capitele to holdende. ane hinder vñ vortogh de Slote lant vñ lude mit deme werliken gherichte antwerden willen vñ scolen deme dat stichte alse van deme pauese ghe gheuen is To ener betüghinghe dat ek dessen ed den ek deme capitele ghedan hebbe alse hir vore screuen is stede vñ vnbrokeliken holden wille hebbe ek min inghesseghel ghe henghet laten to desseme breue vñ is ghe schen na godes bord dusent vñ dre hundert Jar in deme dre vñ Sesteghesten Jare des dinksedaghes na Invocauit dat do sunte peters auent ad cathedram was.

179. **Herzog Wilhelm von Braunschweig und Lüneburg und Herzog Ludwig von Braunschweig nehmen die drei Domherren zu Hildesheim, nämlich den Domdechanten Gerhard von dem Berge, Bernhard von Meinersen und Wilbrand von Hallermund und die drei anderen, deren Stelle vertretenden Domherren, nämlich den Archidiaconus Bertold von Bokelem, den Domkellner Volkmar und den Siegfried von der Gowisch, so lange dieselben im Besitze der Schlösser des Stiftes bleiben, in ihren Dienst, versprechen ihnen und dem Stifte Vertheidigung gegen jeden, bei ihren Bundesgenossen aber nur Verwendung und verpflichten sich ihnen zur Hülfe mit sechzig Gewaffneten. — 1363, den 22. Februar.** **K. O.**

Van godes gnaden we her wilhelm hertoghe to brunswich vñ to luneborgh vnde Juncher lodewigh hertoghen magnus sone van brunswich des elderen bekennet openbare in desseme breue dat we hebbet ghenomen in vnse denest mit deme capitele vñ mit deme gantsen stichte to hildensum de erliken lude hern gherde van deme berghe domdeken hern bernarde van meynersum hern wüllebrande van halremunt domheren to hildensum vñ dre andere de ere stad bewaret alse hern bertolde van bokelum archidyaken hern volcmare kelnere vñ her Syuerde van der gowisch domheren to hildensem also langhe alse se des stichtes Slote mechtigh sint vñ we scüllet se mit deme stichte truweliken vordeghedinghen wor on des nod is tighen aller malkene wor we auer verbunden sin alse dat we on nicht helpen enmochten dar scole we se doch vorbidden alse we truwelikest künnen. Were ok dat se volghe behöueden van os So scolde we on volghen mit sestigh mannen wapend. binnen achte daghen dar na wanne se dat van os esched. Vnde wanne de vse in dat stichte komet So scullet se on gheuen voder spise vñ höfslach were ok dat men vromen neme den scoldeme delen na mantale wapender lude. Neueme dar ok schaden den scoldeme malkeme to voren weder legghen van deme vromen na antale also verne alse de vrome warde Wat dar ouer were dat scoldeme delen alse hir vore screuen is. bleue dar schade de van vromen nicht weder leght worden enkonde den scholden de stan de den ghe nomen hedden. Were ok dat se eder de ere de on boret to verdeghedinghende van des stichtes weghene de vnse ierghen vmme beschüldegheden de scolde we on to rechte setten. Were ok dat vnser man welk spreke an gud eder in ienegherleye stücke dat in biscop henrikes were bestoruen were dat scülle we ver vöghen alse we vorderst moghen dat it stande bliue went eyn endrachtigh biscop in dat stichte kome Alle desse vorscreuenen stucke scülle we on vñ willen to gude holden alse we truwelikest moghen. vnde hebbet vnse inghesseghele ghe henghen an dessen bref Na godes bord dritteynhundert Jar in deme dre vñ Sesteghesten Jare des neghesten midwekens vor sunte walburgis daghe der hilghen Juncvrowen.

180. **Die Domherren zu Hildesheim, Domdechant Gerhard von dem Berge, Bernhard von Meinersen, Wilbrand von Hallermund, Archidiaconus Bertold von Bokelem, Domkellner Volkmar und Siegfried von der Gowisch geloben mit Bewilligung des Domcapitels, so lange sie im Besitze der Schlösser des Stiftes bleiben, mit**

Schlössern und Landen des Stiftes dem Herzoge Wilhelm von Braunschweig und Lüneburg und dem Herzoge Ludwig von Braunschweig zu Dienste zu sitzen und ihnen mit sechzig Gewaffneten Folge zu leisten. — 1363, den 23. Februar. K. O.

We her gherd van deme berghe domdeken. her bernd van meynerſum. her wüllebrant van halremunt. her bertold van bokelem archidyaken her volkmar kelner vn her Siuerd van der gowiſch domheren to hildenſum bekennet openbare in deſſeme ieghonwardighen breue dat we mit vulbord des capitels to hildenſum mit Sloten vñ mit landen des ſtichtes to hildenſum to denſte ſitten ſcullen den erluchteghen vorſten hern wilhelme hertoghen to brunſwich vñ to luneborgh vñ Juncheren lodowighe hertoghen magnus ſone van brunſwich des elderen alſo langhe alſe we der Slote meghtigh ſin vñ were dat ſe volghe van os behouedden So ſcholde we on volghen mit Seſtigh mannen wapend binnen achte daghen dar na wan ſe dat van os eſchet vñ wanne de vſe in dat Hertoghedom komet So ſcullen ſe on gheuen ſpiſe voder vñ höfſlagh. were ok dat men vromen neme den ſcoldeme na mantale wapender lude delen Neneme dar ok ſchaden den ſcholdeme malkeme to voren weder leeghen van deme vromen na antale alſe vorne alſo de vrome warede Wat dar ouer were dat ſcoldeme delen alſe hir vore ſcreuen is. bleue dar ſchade de van vromen nicht weder laght werden enkonde den ſcolden de ſtan de den ghe nomen hedden Were ok dat ſe eder de ere de vnſe de os boret to verdeghedingbende van des ſtichtes weghene beſchuldegheden de ſcolde we on to rechte ſetten Alle deſſe vorſcreuenen ſtucke ſculle we vñ willet vnſeme vorbenomeden heren van luneborgh vñ Juncheren lodewighe hertoghen magnus ſone van brunſwich des elderen to güde holden alſe we truwelikeſt moghen. Vñ we her gherd domdeken. her bernd van meynerſum vñ her wüllebrant van halremunt hebbet vſe ingheſeghele mit des capitels ingheſeghele ghe hanghen to deſſeme breue de ghe gheuen is na godes bord drittoynhundert Jar in deme dre vñ Seſteghesten Jare des negheſten midwekens vor ſünte walburgis daghe der hilghen Junevrowen.

181. **Herzog Magnus von Braunschweig verpfändet dem Rathe der Stadt Braunschweig das Schloss Esbeck, die Stadt Schöningen mit dem oberen und niederen Dorfe, mit dem Kloster daselbst, mit dem Hofe zu Wobeck und dem Hofe zu Offleben, mit dem Gerichte und allem Zubehör ohne Lehngut, auch ein zu Schöningen zu erbauendes Schloss für 804 Mark löthigen Silbers und für 200 löthige Mark, wofür er das Schloss bauen lassen will, befiehlt den Bergmannen zu Esbeck und den Bürgern zu Schöningen, dem Rathe der Stadt Braunschweig Burghude zu geloben und zu huldigen, und bestimmt, dass nach seinem Tode seinem Sohne Ludwig, falls derselbe aber, ohne einen Sohn zu hinterlassen, stirbt, einem seiner anderen Söhne, den seine und des Herzogs Wilhelm von Braunschweig und Lüneburg Mannen zum Herrn wählen, dieser Pfandvertrag vom Rathe gehalten werden soll. — 1363, den 27. März.** I.

We magnus hertoge etc Dat we mid rade vnſer manne hebbet ghe ſat vſen Leuen ghe truwen borgheren deme rade to Brunſwik vnſe hus to eſbeke vnde vnſe ſtad to Scheninge mid deme Ôueren dorpe vñ mid deme Nederen dorpe mid deme Cloſtere Dar Sulues mid deme hoſe to wobeke mid deme hoſe to offeue mid deme richte vn mid allem rechte vñ mid alle dem dat dar to hord alſo alſe we dat ghe kad hebben ane vnſe leenghut vor achtehundert mark vñ veer mark lodighes Sulueres brunſwikeſcher witte vñ wichte Nû von deſſeme neyſten paſchen vord ouer twey Jar Des ghelden Scalwe twey hundert mark ver buwen an eyneme Slote to Scheninge Dar wille we twene vnſer manne to ſetten wat me den twen antwordet der twigher hundert marke dar ſcullen vſe vorbenomden Slote vore ſtan Vnde de twene vſe man Scullen dem rade des ere opene breue gheuen wat ſe Des gheldes vp nemen dat de rad mid eren breuen dat bewiſen moghe wanne ok deſſe twey Jar vmme ghe komen weren dar na vor dem Neſten ſente mertines daghe moghe we en eder ſe os de loſe kundighen deſſer Slote eſbeke vñ Scheninge vnde wanne we en eder ſe vns de loſe kundighet hedden dar na to dem negeſten paſchen ſcullo we en achte hundert mark vnde veer mark der vorbenomden witte vñ wichte weder gheuen vñ beroden in der ſtad to brunſwich ane hinder eder vortoch eder alſo vele myn alſo de rad in deſſen twen hundert marken myn vt ghe gheuen hedde wered auer dat we des nicht en deden ſo moghen ſe orer pennynge be komen mid deſſen Suluen ſloten mid weme ſe willed ane vorſten vñ heren vñ ſteden weme ſe de leten dem ſcolde we alſodanne breue dar vp gheuen alſe we en ghedan hebbet vñ ſe vſ weder alſo dat we an beydent Syden dar an be wared werden Er houe ſek ok Jenich krich wuo dane wis dat dat were dat we eder de rad orloghen ſcolden von deſſen Sloten So ſcolde we alſo wele wapender lude mid perden to Scheninge bynhen holden vp vſe koſt alſo de rad dat me de ſtad vñ dat lant mede were vñ weme we to amechtmanne ſetten de Scolde deme rade eyne bewaringe vñ eyne wiſſende Dun dat he ſe vor vnvoghe beware vñ ſcolde en vrede-ghud gheuen teghen dat plochwerk to eſbeke alſo vorder alſe me dat in der vigende gude hebben mochte Wered auer dat diſſer Slote eyn eder ſe beyde vorloren worden wuo dane wis dat were des god nicht en wille Des ſcullet de rad vñ de borghere to brunſwich van vns vnbededinget blyuen vñ we ſcullet en truwelken behulpen weſen mid alle vnſer macht vñ der vigende werden de de Slote eder orer eyn ghe wunnen hedden vñ en ſcullet os nicht mid en ſonen eder vreden we en hedden eyn der ſlote weder hulpen eder des Slotes eder orer penninge de ſe dar anne hebbet alſe hir vor gheſcreuen ſteyt Worde ok deſſer Slote Jenich be ſtallet eder vor buwet de Sculle we Se entledighen helpen mid al vnſer macht vp vſe koſt vñ vp vnſe auenture. We hebben ok de borchmanne to Eſbeke vñ de borghere to Scheninge an den rad to brunſwich ghe wiſet dat ſe en eyne rechte borch hude vnde hulde dûn ſcullet vñ holden to eren pen-ningen alſo lange went we dem rade to brunſwich ere penninge weder gheuen Weret ok Dat we ſtoruen ſo ſcolde de rad de vor ſprokene Slote eſbeke vñ ſcheninge mid deme dat dar to hord to loſende Dûn vſeme Leuen ſone Junchern Lodewighe vñ de ſcal ene alle ſtucke de hir vore Screuen ſtad truwelken holden alſo alſe we ſcholden eft we leueden Weret auer dat vnſe ſone Juncher Lodewich ſtorue alſo dat he nicht en lete eynen echten ſon eder mer wene denne vnſe man vñ vnſes vedderen man hertoghen wil-helmes von Luneborch koren vor eynen rechten heren vt vſen ſonen Dem ſcolden ſe alle de ſtucke don vnde holden de hir ſcreuen ſtan vñ de Scolde en alſodane bewaringe dûn alſe hir vore ſcreuen ſteyd Ok Scolle we den rad vñ de borghere to brunſwich truwelken vor Dedinghen alle des rechtes des ſe an roren mach van deſſer Slote weghene vnde Dat dar to hord wor vñ wanne eyn des nod is To eynem orkûnde dat alle deſſe vorſcreuen ſtucke ſtede vñ vn vor wandelt blyuen hebbe we duſſen bref ghegheuen be ſeghelt mid vſem ingheſeghele Vnde we Juncher Lodewich des vor benomden hertoghen magnus ſon bekennet in duſſeme ſuluen breue vñ vor plichtet vſ des oft we vnſes vader dot leueden dat we denne alle deſſe vor ſcreuene ſtucke holden willen vnſen Leuen borgheren Deme rade to brunſwich alſe De hir vore ghe ſcreuen ſtad vñ alſe vnſe here hertoghe magnus vnſe leue vader on de beſt beſeghelt in deſſem breue vñ hebbet des to eynem orkunde ok vnſe ingheſeghel ghehengt to deſſem breue Deſſer ding ſint tughe de erhaftighe man her aſchewyn van ſaldere proueſt in der borch to brunſwich her Gheuert de edele van werberge her han-nes van honlege riddere hinrik van velthem knape vnſe man Tile von deme damme Cunrad clerec Elard van der heyde vñ Conrad Doring vnſe borghere to brunſwich vñ anderer vromer lude ghenoch Dit is ghe ſcheen vñ deſſe bref is ghe gheuen na ghodes bord Dritteyn hundert Jar in Deme dre vñ ſeſtigheſten Jare Des neguſten mandagh na palmen.

182\. Johann, Dethard und Ludwig von Rosdorf geloben, dem Herzoge Ernst von Braunschweig und seinen Söhnen Otto und Albrecht ihre Schlösser Hardegsen und Moringen gegen jeden mit Ausnahme des Ditmar von Hardenberg, der mit ihnen das Schloss Moringen besitzt, zu öffnen und ihnen damit zu dienen, wofür die Herzöge, denen sie das Näherrecht bei Verpfändung oder Verkauf der Schlösser einräumen, sie gleich ihren anderen Mannen vertheidigen sollen. — 1363, den 16. April. H. O.

We Jan Deithard vnde Lodewich brodere van Roſtorp hern Lodewiges ſone vnde vnſe eruen bekennet oppenbare in diſſeme breiue vnde dot witlik alle den de diſſen breiſ ſeet eder horet leſen dat we gedege-dinghet hebbet mit den hogebornen vorſten Hertogen ernſte Hertogen to Brunſwich Hertogen albrechtes ſone vñ mit Hertoghen Otten vñ hertoghen Albrechte ſinen ſonen vnſen genedigen heren. vñ eren eruen vñ ſe vñ er eruen mit vns weder, dat we en vnde eren eruen oppenem ſcullet vnſe beide ſlot Herdegeſſen vñ moringhen op allermalken wanne vñ wo dicke en vñ eren eruen des not is vñ ſe vnde ere eruen dat van vns eſchet, ane oppe detmare van hardenberghe de reide mit vns an deme ſlote to Moringhen ſittet vnde we ſcullet en dar mede denen vñ behulpen ſin to al eren noden, wanner ok vnſe vorbenomeden hern van brunſwich vnde ere eruen oppe de ſeluen ſlot eder er eyn eſcheden alſo dat ſe dar van krigen wolden ſo ſcholden ſe vns dat veir weken vore to wetone don vñ bynnen der tid ſcholde we en vñ eren ammetluden de ſe dar op ſetten bereden eyn gemak to oreme behoue vñ er ammetman den ſe dar op ſetten ſcholde vns vnde vnſe eruen vor ſchaden vñ vor vnuoghe bewarn mit worden vnde mit werken. Ok ſcullen vns vnde vnſe eruen vnſe vorbenomeden heren van brunſwich vnde er eruen vordegedinghen truweliken war vns des not is, to vnſeme rechten lik anderen eren mannen, wanner ok vnſe vorbenomeden hern van brunſwich vnde ere eruen op vnſe vorbenomeden ſlot eſcheden alſo dat ſe dar van krigen wolden ſo ſcholden ſe wechtere portenere vñ tornlude bekoſtegen. were ok dat ſe vnſer eder vnſer eruen Jnegen to hulpe dar to eſcheden deme eder den de ſe dar to eſcheden ſcholden ſe geuen voder vñ ſpise vñ ſcholden deme eder den vor ſchaden ſtan, ok ſcullen vnſe vorbenomeden hern van brunſwich vnde er eruen vnſes rechten mochtich ſin to allen tiden vñ we ſcullen en des horen were ok dat diſſer vorbenomeden vnſer ſlot Jnich vorloren wrde van vnſer vorbenomeden hern van brunſwich vnde erer eruen kriges wegen ſo ſcholden ſe vns eyn ander ſlot in de ſeluen Jegenode weder buwen helpen vñ helpen vns dat bekreſtigen eder helpen vns des ſeluen ſlotes weder dat we vorlorn hadden, were ok dat we eder vnſe eruen der ſeluen ſlot Jnich vorkopen eder vorſetten wolden half eder al eder del dar ane dat ſcholde we vnſen vorgeſchreuenen hern van brunſwich vñ eren eruen erſt beden, were dat ſe des geluſtede eder ere eruen alſo dat ſe dat kopen wolden eder penninghe dar op don wolden ſo ſcholde we vnde vnſe eruen en vñ eren eruen dar to ſtaden vñ ſe ſcholden de penninghe dar vore vt legghen vñ ſe ſcholden ok des macht hebben eyn half Jar, vñ wanner ſe dat van vns vnde vnſen eruen koſten edar vns gelt dar op deden ſo ſcholden we en dar to antworden alſo vele gulde als ſek dar to geborde alſo als we eynem anderen don wolden vñ wanner ſe mit vns an der ſlote eyneme eder an en beiden alſo ſeten ſo ſcholden ſe vns dat vorwiſſenen mit eren breuen dat we vnſes deles, dat we vorder dar ane behalden wol bewart vnde vnbeſorget weren, vñ ſe ſcholden dat don alſo als twen vnſer vorbenomeden heren van brunſwich mannen vnde twen vnſen vronden duchte beſchedelik ſin, In eyn orkunde alle diſſer vorgeſcreuenen ſtucke dat we de mit vnſen vorbenomeden hern van brunſwich vñ eren eruen gedegedinghet hebben, vnde we en dat vaſt vñ ſtede halden willen ane argeliſt ſo hebbe en diſſen breif gegeuen beſegelt mit vnſen Ingheſegelen De gegeuen is na goddes gebord duſent Jar dre hundert Jar dar na in deme dre vñ ſeſtigeſten Jare an deme ſondage als men ſinghet Miſericordia domini.

183. Die von Salder errichten mit dem Domcapitel und Stifte Hildesheim wegen des gegen dasselbe geführten Krieges mit Ausnahme des demselben vor Alfeld zugefügten Schadens eine Sühne. — 1363, den 17. April. K. O.

We her hinrik. Riddere. Aſchwin vnde Euerd. ſine ſone. Jan. vnde Siuerd. hern Janes ſone alle heten van Saldere bekennet in deſſem openen breue krich vnde vnwille de tuiſchen dem. Capitele vnde dem Stichte to hildenſem, vnde vs ghewesen is dat de genſliken geſonet is vnde al de Stucke de dar in geuallen ſin in roue in brande in dotſlage, an vs vnde an alle den. de dor vs dûn vnde laten willen. vnde we willet de ſûne genſliken holden den vorbenomden Capittele vnde Stichte to hildenſem vnde alle den de dor eren willen dar in komen ſin. vnde we vnde vnſe eruen. noch nimmend van vnſer weghene willet ſe dar nummer vmme Schuldeghen. Den ſchaden auer de dem Capittele vnde dem Stichte ſchen is. vor alfelde. den enbeſûne we mid dem vorbenomden Capitle vnde Stichte nicht wente id in der ſûne buten beſcheden is Wat ok geſchen is binnen vrede, eder vnentſechtes dinghes, des men van ere weghene plichtich is wedder to dônde, dar magh men vmme ſchuldeghen, vnde den, de dat ghedan heſt to daghen dringhen alſo dat he dat wedder dû. des enbeſûne we ok nicht Vnde des to orkunde ghene we en deſen bref bezeghelet mid vnfen inghezeghelen. vnde is ghefchen na godes bort dritteynhundert iar in dem dre vnde Seftegheften iare des mandaghes na Mifericordia domini.

184. Ritter Gebhard und die Knappen Albrecht und Busso von Alvensleben stellen einen Revers aus, dass Herzog Wilhelm von Braunschweig und Lüneburg ihnen sein Schloss Altenhausen (im südlichen Theile der Vogtei Gardelegen) ohne geistliche und weltliche Lehne unter Vorbehalt des Oeffnungsrechtes für 400 löthige Mark und für die auf 100 löthige Mark veranschlagten von ihnen auf das Schloss zu verwendenden Baukosten verpfändet hat, und geloben, den Pfandvertrag, falls der Herzog, ohne einen Sohn zu hinterlassen, stirbt, dem Herzoge Ludwig von Braunschweig, falls aber dieser nach ihm, ohne einen Sohn zu hinterlassen, stirbt, einem vom Raths-Collegio zum Herrn der Herrschaft Lüneburg gewählten Bruder desselben zu halten. — 1363, den 7. Mai. **K. O.**

We Gheuerd Riddere, Albert vñ Buffe knechte Brodere ghe heten van Aluenfleue bekennet openbare in deffem breue, dat de Erluchteghe Vorfte vnfe leue Here her Wilhelm Hertoghe to Brunfwich vñ to luneborch Heft vns vnde vnfen Eruen ghe fat fyn flot to Aldenhufen mid alleme rechte vñ mid aldeme dat dar to hord ane gheyftlik vñ Manlik len vor vere hvnderd lodeghe Mark Brunfwikefcher wichte vñ witte, vñ we fchullet eme dit flot open holden to alle fynen noden vñ fchullet eme dat truweliken bewaren, De lofe deffes flotes mach he vns vñ we eme kvndeghen alleiarlikes nv na fvnte martens daghe de erft to komende is, Vñ wanne de lofe kvndeghet is fo vord ouer eyn iar fchal he vns Vere hvnderd lodeghe mark Brunfwikefcher wichte vñ witte bereden ane vortoch in der ftad to Brunfwich mid fuluere edder mid penninghen alfe dat fuluer denne ghyld, Vñ fo fchulle we eme van ftaden an dat flot to Aldenhufen mid alle dome dat dar to hord weder antworden ane allerleye wederfprake, Minne vñ rechtes fchal he over vns vñ vnfe Eruen weldech wefen to allen tiden, Ver vnrechtede vns we, en hulpe he vns dar vmme nicht mynne edder rechtes bynnen achte wekenen dar na wen we eme dat ghe kvndeghet hedden, fo mochte we vns fuluen van dem flote wol vnrechtes ir weren, Worde ok dit flot beftallet dat fcholde he vns redden helpen, Wolde he ok van dem flote orleghen welken ammychtman he dar fette, de fcholde vns dat ver wifnen dat he vns vñ de vnfe vor fchaden vñ vor vnvoghe bewaren welde Schude vns auer fchade den fcholde vns de ammychtman weder don in mynne edder in rechte bynnen eyneme verdendel iares dar na wan he dar vmme ghe maned worde, Worde ok dit flot van fyner weghene ver loren des god nicht en wille fo fcholde he vns vnfe vorbenomde gheld weder gheuen bynnen dem negheften iare dar na, ane weder rede, Worde auer dit flot ver loren van vnfer weghene, fo fcholde dat flot fyn ver loren fyn vñ we fcholden vnfe gheld ver loren hebben dat we in deffeme flote hedden, Vñ doch fo en fcholde we vns noch he fyk nicht fonen noch vreden mid den de dat flot ghe wunnen hedden we endeden dat mid fyneme vñ he mid vnfeme willen, Ok fchulle we in deffeme flote ver buwen hvnderd lodeghe mark wor es des nod is, Vñ deffe hvnderd lodeghe mark, edder alfo vele myn alfe fyner manne twe vñ vnfer vrende twe fpreken dat we dar nicht en verbuwed hedden, fchal he vns weder gheuen vñ bereden mid den vorfcreuenen Vere hvnderd lodeghe marken vppe de tyd alfe hir vore fcreuen is, We en fchullen ok dar nicht mer ver buwen we en don dat mid rade vñ hete vnfes vor fprokenen heren, vñ verbuwede we denne dar mer na fyneme rade vñ hete, dat fcholde he vns ok be talen na feeghende twyer fyner man vñ twyer vnfer vrend vppe de fuluen tyd alfe hir vore fcreuen is, Vortmer were dat vnfer Borghen ienech de hir na fcreuen ftan, af ghynghe, fo fchulle we eynen anderen alfo guden in iewelkes ftede fetten de dar af ghe ghan were bynnen Verteynnachten dar na wan we dar vmme ghe manet worden, vn de fchal louen vor vns alle deffe ftucke in eyneme fvnderliken breue vñ dar mede fcholde deffe bref vnverbroken bliuen, Vortmer were dat vnfe vorfcreuene here Hertoghe Wilhelm af ghynghe alfo dat he neynen echten fone hinder fyk enlete, fo fchulle we vñ vnfe Eruen alle deffe vorfcreuen dingh truweliken vñ ghenfliken holden, Hertoghen lodewiche hertoghen Magnus fone van Brunfwich des elderen in allerleye wife alfe deffe bref vt wifed vñ alfe we hertoghen wilhelme fcholden oft he leuede, Storue ok Jvnchere lodewich na hertoghen wilhelmes dode alſo dat he neynen echten ſone en hedde, ſo ſchulle we vñ willet alle deſſe ſtucke holden ſyner broder eyneme de denne to der herſchap to luneborch ghe koren worde van den de dar to ghe ſat ſyn in allerleye wiſe alſe hir vore ſcreuen is, Alle deſſe vor ſereuenen ſtucke loue we entruwen mid ſamender hand vaſt vñ vmbrokelik to holdende vnſen vorbenomdem heren oren Eruen vñ Nakomelinghen In aller leye wiſe alſe hir vore ſcreuen is, Vñ We hans van Honloghe fritze van Wederden. Ludolef van Wenden Riddere, Cord van Weverlynghe Johan van Oberghe, Hans van Saldere, Gvntzel van Bertenſleue hern Buſſen ſone vñ Hillebrand van Oveſuelde knapen bekennet openbare in deſſem ſuluen breue dat we vns to Borghen gheſat hebben vor vnſe vor ſcreuene vrěnd her Gheuerde. alberte vñ Buſſen vñ ore Eruen, vñ hebbet ghe loued vñ loved in truwen mid ſamender hand in deſſem breue vnſen vorſcreuenen heren Hertoghen Wilhelmo vñ Jvncheren lodowiche vñ Jvncheren lodowiches brodere eyneme in der wiſe alſe ſe hir vore ſcreuen ſynd vñ oren Eruen vñ Nakomelinghen, Were dat on ienecherhande brok edder binder worde in deſſen vorſcreuenen ſtucken, ſo ſchulle we vñ willet binnen verteynnachten dar na neghest wan we dar vmme ghe manet werden, komen in de ſtad to Brunſwich vñ dar eyn recht inlegher holden vñ dar nicht buten benachten we en don dat mid vnſer vorbenomden heren willen edder de broke en ſy on ghenſliken ir vullet, To eynem orkunde hebbe we vorbenomden ſakewolden .. vñ we .. Borghen vnſe Ingheseghele ghe hanghen to deſſem breue, De ghe gheuen is Na goddes bord dritteynhvnderd iar in deme dre vñ ſeſteghesten Jare des neghesten ſondaghes vor vnſes heren goddes Hymmelvard.

185. **Herzog Wilhelm von Braunschweig und Lüneburg beurkundet, dass Georg Bodenstedt auf alle sein Recht an der Mühle zu Oitzendorf zu Gunsten des Diedrich von Dalenburg, Probstes zu Uelzen, dem Ausspruche eines Schiedsgerichtes gemäss gegen Vergütung verzichtet hat. — 1363, den 8. Juni.** K. C. 16.

Van godes gnaden wy her wylhelm Hertoghe tho Brunſwigk vnde tho Luneborch Bekennet apenbare In deſſome breue dat Juries Bodenſtede was vor vns vnde bekande myt gudeme willen vnde Apenbare Dat de vromen lude wolter van Boldenſe knecht vnde Diderick ſpringintgut Borgher tho Luneborch Dar her Diderick van dalenborch Prauest tho Vltzen, vnde he Juries, erer ſchelinghe to gan weren vnde ym vullemacht gheuen hadden ſe tho vorſchedende vmme dat anſete der molen tho Etzendorpe, ſe vorſcheden hedden, na erer beyder willen Alſo dat Juries ſcholde laten van dem anſete der molen vnde van alle deme rechte dat he vnde ſyn ſone hinrick vnde ere eruen In dem anſete vnde der molen hadden, effte ſe dar wat rechtes ynne hadden vnde hebben mochten Des hedde her diderick van dalenborch eme gheuen, vnde na willen bereth twintich marck Luneborgher pennynghe vor dat anſete Hyr vmme leth Juries bodenſtede van ſyner vnde ſynes Hinrikes vnde van erer eruen weghene van deme anſete der molen tho Etzendorpe vnde van alleme rechte dat ſe edder yemanth van erer weghene, hadden vnde hebben mochten In deme anſete vnde In der molen In deme velde vnde yn deme holte, In garden, In buſſchen yn wyſken, In water vnde yn weyde vnde yn alle deme dat dar tho hord vnde In alle deme dat vmme de molen belegen iſs, vnde bekande des, dat ſe edder yemant van erer weghene, dar neynerleye recht mer an hedden vnd dar nummer vp ſaken wolden, vnde en mochten Vnde ick Juries Bodenſtede bekenne apenbare In deſſem ſuluen breue dat my her diderick van dalenborch prouest tho Vltzen hefft ghegeuen, vnd my na willen bereth twintich marck luneborgher pennynghe vor dat anſete der molen tho Etzendorpe vnde dat ick van dem anſete der molen vnde der molen ghelaten hebbe alſe hyr vorſcreuen is, vnde ick en wille vnde myn ſone hinrick vnde vnſe eruen en ſcholet vñ en moghet dar myd nichte mer vp ſaken Ock bekenne ick, dat ick alle duſſe vorſcreuen ſtucke, gheſproken bekand vnde ghedan hebbe vor deme eddelen furſten hern Wylhelme hertoghen tho Brunſwigk vnde to Luneborch myneme heren vnde dat de ſtucke alſzo ſyn vnde ick wyl vnde myn ſzone hinrick vnde vnſe eruen ſcholen ſe holden ſtede vnde vaſt vnde myd nichte breken Dat hebbe ick ghelouet vnde loue in truwen heren Didericke van dalenborch vnde deme de myt Sunte Andreas altare In der kerken tho dannenberghe belened is vnd vord mer beleneth warth vnd tho erer hand mynem vorbenomeden heren heren wylhelme hertoghen tho Brunſwigk vnde to Luneborch vnde ſynen nakomelinghen vnde Segebande ſchenken tho eyner bethugynghe alle deſſer ſtucke hebbe wy here Wilhelm hertoghe tho Brunſwigk vnde tho Luneborch vnde Iok Juries Bodenſtede vnſe Ingheſegele myt wiſſchop tho deſſem breue henghet laten De ghegeuen vnd ſcreuen is na godes bord drytteynhundert yar In dem dree vnd Seſtigeſten yare In dem achteden daghe Na des billighen lichames daghe. vnde auer deſſen ſtucken hebbet ghewefen de erbaren wyſen lude her hinrick prouoſt tho Lune Diderick van hederen voghet tho Luneborch Diderick ſpringintgut vor benomed her Johan van byddeſtorpe eyn vicarius in ſunte Johannes kerken tho Luneborch vnde andere vele guder lude.

186. **Herzog Erich von Sachsen-Lauenburg, Reichserzmarschall, verpfändet mit Bewilligung seines Sohnes Erich dem Herzoge Wilhelm von Braunschweig und Lüneburg für 1600 löthige Mark, die er demselben als Brautschatz mit seiner Tochter Agnes giebt, den Zoll und die Fähr zu Eislingen (Zollenspieker) mit dem Hause und Spieker unter der Bedingung, aus Zoll und Fähr einige Abgaben an seine Schwester, Conventualinn zu Wienhausen, an eine Vicarie zu Lauenburg und an eine Vicarie zu neuen Gamme jährlich zu entrichten. — 1363, den 24. Juni. K. O.**

Van goddes gnaden We Hertoghe Erik to Saſſen. Enghern. Weſtfalen. Vñ overſte Marſchalk des hilghen Romeſchen Rikes bekennet openbare in deſſem ieghenwardeghen breue vor alle den de on ſeen edder horen leſen, dat we mid vulbord vnſes ſonen Erikes vñ alle vnſer Eruen, hebbet ghe ſat dem Erluchteghen vorſten. vnſeme leuen Ome Hertoghen Wilhelmo van Brunſwich vñ luneborch vnde ſynen Eruen vnſen Tolne vñ de Veere to Eyſlinghe mid dem Huſe vñ Spikere vñ mid allerleye rechte frucht vñ nvt alſe id dar to hord. vor ſeſteynhunderd lodeghe mark luneborghere wichte vñ witte. de we eme mid vnſer dochter ver Agneſen to Brutſchatte mede gheuod, vñ we en ſchullen neyner Veere mer ſtaden vñ ok maken dar boven noch benedon de der Veere to Eyſlinghe to ſchaden komen moghe, We ſchullet ok eme vñ ſynen Eruen deſſes vorbenomden Tolne vñ Veere rechte warende weſen wor vñ wan ſe dat van vns eſched, We ſchullet ok on den Tolne, vnde de Veere vñ ore knechte vñ denere de ſe dar to ſettet truweliken ver deghedinghen wan vñ wor on des behûf is, Ok ſchal vnſe vorbenomde Om Hertoghe Wilhelm vñ ſyne Eruen gheuen vte dem Tolne vñ der Veere to Eyſlinghe vnſer ſuſter de begheuen is in dem Cloſtere to Wynhuſen alle iarlikes to ſvnte Michahelis daghe twelf luneborghere mark gheldes de wile dat ſe leued. Vñ alle iarlikes twelf luneborghere mark to eyner Vycarie to lovenborch, vñ vif luneborghere mark to eyner Vycarie to der Nygengamme de wile dat ſe den Tolne vnde de veere hebbet, We moghed auer deſſen Tolne vñ de Veere mid deme dar to hord weder loſen vor deſſe vorſcreuenen ſeſteynhunderd lodeghe mark to allen tiden oft we on dat eyn half iar vore kvndeghen, Alle deſſe vorſcreuenen ſtucke love we hertoghe Erik vorbenomd vñ Erik ſyn ſone, vor vns vñ vor vnſe Eruen in guden truwen mid ſameder hand vnſeme vorſcreuenen Ome hertoghen Wilhelmo vñ ſynen Eruen vaſt vñ vmbrekelik to holdende, vñ dar mid nichte weder to donde, To eyner betughinghe deſſer dingh hebbe we vorbenomden Hertoghen. Erik vñ Erik ſyn ſone vnſer beyder Ingheseghele ghe hanghen mid witſchap to deſſem breue, Vnde over deſſen vorſcreuenen deghedinghen hebbet ghe weſen vñ hulpen ghe deghedinghet de Edele Man Greue Johan van der Hoya. Her Johan van Monikhuſen her Werner vñ her zegheband van dem Berghe Riddere, Vnde Thyderich vnſes vorbenomden Omes kokemeſter, zegheband vñ Wullebrand van Reden. Vicko marſchalk vñ Hartwich zabel vñ vele andere vnſes Omes vñ vnſe truwen man, Deſſe bref is ghe gheuen Na goddes bord dritteynhunderd Jar in deme dre vñ ſeſteghesten Jare in ſvnte Johannis daghe to middenſomer.

187. **Johann, Herbord und Diedrich von Mandelsloh verkaufen dem Herzoge Wilhelm von Braunschweig und Lüneburg das Dorf Stöckse und geloben, das Lehn den Grafen von Hoya zu resigniren und, falls der Herzog, ohne einen Sohn zu hinterlassen, stirbt, dem Herzoge Ludwig von Braunschweig diesen Vertrag zu halten. — 1363, den 26. Juni. K. O.**

We Johan Riddere, Herbert vñ Dyderik knechte brodere ghe heten van Mandeſlo bekennet openbare in deſſem breue vor alle den, de on ſeen edder leſen horen, dat we mid gudeme willen, vñ vulbord, al vſer Eruen, vñ alle der de ſyk dar to ten moghet, hebbet ver koſt eweliken to beſittende, vnſeme leuen heren dem Erluchteghen vorſten hern Wilhelmo hertoghen to Brunſwich vñ luneborch vñ ſynen vñ Nakomelinghen, dat gantze dorp to Stokſe, mid allerleye rechte, richte, frucht vñ nvt, mid ackere, mid velde mid wiſghen, mid weyde mid watere, mid holte, vñ mid dem haluen brôke wendere, vñ mid alle deme dat dar to hored id ſy in welker achte id ſy, alſe id vns an Erued is vnde alſe we dat be ſeten hebben, ane twene hove de to der wedemen hored vor hvnderd lodeghe mark, Vnde we vnde vnſe Eruen ſchullen on deſſes gudes warende weſen wan vñ wor on des nod is vñ ſe dat van vns eſched, We ſchullen ok twiſghen hir vñ ſvnte Michahelis daghe de negheſt kvmpt, de lenware deſſes vorſcreuenen gudes bringhen vñ entledeghen van den Greuen van der Hoya alſo dat de Greuen dat vp ſenden vñ dar degher van laten Alle deſſe vorſcreuenen ſtucke love we vor vns vñ vor vnſe Eruen, mid ſamender hand entruwen ſtede vñ vmbrekelik to holdende, vnſeme vorbenomden heren hertoghen Wilhelmo vñ ſynen Eruen vñ Nakomelinghen, Vñ Jvncheren lodowiche hertoghen magnus ſone van Brunſwich des elderen vñ ſynen Eruen vñ Nakomelinghen, oft her wilhelm alſo afghinghe dat he neynen echten ſone na ſyk en lete des god nicht en wille, Vñ we Olrik vnde Richard van Mandeſlo vñ herbert harbertes ſone van Mandeſlo be kennet dat we hebbet ghe loved vñ loved entruwen in deſſem breue mid ſamender hand vnſen vorbenomden heren hertoghen Wilhelmo vñ Jvncheren Lodowiche vñ oren Eruen vñ Nakomelinghen, were dat on ienech brok eddor hinder worde in deſſen vorſcreuenen ſtucken, ſo ſchulle we vñ willet komen in de ſtad to Honovere binnen den neghesten Verteynnachten dar na wan we dar vmme ghe maned werden, vñ dar eyn recht inleghet holden vñ nicht buten benachten de broke en ſy on ghenſliken irvullet, edder we en don dat mid oreme willen, To eyner be kantniſſe deſſer dingh hebbe we vorbenomden .. Sakewolden, Vn .. Borghen vnſer aller Inghezeghele ghe hanghen mid witſchap to deſſem breue, De ghe gheuen is Na goddes bord Dritteynhvnderd in deme dre vnde ſeſteghesten Jare des Neghesten daghes Na ſvnte Johannis daghe to Middenſomer.

188. **Kaiser Karl IV. verkündet allen Fürsten, Grafen, Freien, Dienstleuten, Rittern, Knappen, Richtern, Städten, Gemeinden und allen Reichsunterthanen, dass er auf Klage des Herzogs Rudolf von Sachsen-Wittenberg den Herzog Erich von Sachsen-Lauenburg *) in die Reichsacht erklärt hat, und gebietet ihnen, dem Herzoge Rudolf gegen Leben und Gut des Herzogs Erich behülflich zu sein, letzteren zu meiden und ihn nicht zu hausen, hegen oder zu herbergen. — 1363, den 15. Juli.** K. O.

Wir Karl von goths gnaden Romiſche keyſer tzû allen tziten merer des richs vñ koning tzû Bemen enpiten, allen furſten geiſtlich vn werltlich allen grauen, vryen, dynſtluthen Ritteren knechten, richteren, ſteten, gemeynden vñ mit namen alle den, den diſſe brief gewiſet odir gezeigot wert, vnſern vnde des heiligen richs liben ge truwen vnſer gnade vñ alliz gût, wir thûn vch kunt mit diſſe brief, das wir tzû achte gethan haben tzû Sprewynberg des neſten ſunabyndes nach ſente margareten tage, den hochgebornen eriche herttzogen tzû Saſſen vñ Lomburg von des hochgebornen Ruđ hertzoghen tzû Saſſen, des heyligen Richs Ertzemarſchalk vnſers liben ômen vñ furſten clage wegene, der is vp yn irclagit hed, als recht is vor vnſerme vñ des heyligen Richs hoffgerichte, Da von gebete wir uch allen von gerichtes wegen vñ von vnſer keyſerlichen gewalt, daz ir dem egenanten Ruđ hertzoghen tzû Saſſen, vp des obgenanten echtirs lib vñ gut behulpen Syd, als dicke daz an vch ge fûrdert wirdet, vñ ouch den ſelben echtere huſet heget noch herbirget in alle uwern Sloſſen, Steten, Landen, vnde gebieten, vñ yn ouch mydet vnde myden heyſſet alle die uwern, mit allir gemeynſankeit vñ wer dy weren, dy des nicht en teten tzû den wolle wir heyſſen richten, als recht were, Mit orkund dis briues verſegilt mit vnſer hoffgerichtes Ingeſegil Nach criſtes

*) Cfr. die Urkunde vom 25. Mai 1361 in Sudendorf's Registrum Theil II. pag. 199 No. CII.

gebûrte dryzcahundirt vnde in dem dry vnde sestigesten Jare, vnsir Riche des Romischen in dem achzenden, des Bemischen in dem Sebenzehenden, vñ des keyserthumes in dem Nünden Jare.

Sifridus Steinhemmer.

Gedruckt in Sudendorfs Registrum Theil III. pag. 79 No. XLIX.

159. **Der kaiserliche Hofrichter Johann, Burggraf zu Magdeburg *) und Graf zu Hardeck, weiset den Herzog Rudolf von Sachsen-Wittenberg, Reichserzmarschall, auf dessen Klage gegen den Herzog Wilhelm von Lüneburg **) und gegen den Herzog Erich von Sachsen-Lauenburg in den Niessbrauch und Besitz des Herzogthums Lüneburg, des Schlosses und der Stadt Lüneburg, der Städte Hannover, Bleckede, Winsen, Stade, Dannenberg und Celle und des Schlosses Schnackenburg und in den Niessbrauch und Besitz der Herrschaft Lauenburg, des Schlosses und der Stadt Lauenburg und aller zum Herzogthum Lüneburg und zur Herrschaft Lauenburg gehörenden Schlösser, Städte, Dörfer, Höfe und Güter mit allen Herrschaften, Lehnschaften, Mannschaften, Landen und Leuten, befiehlt allen Inhabern des Herzogthums, der Herrschaften, Schlösser, Städte, Lande, Leute und Güter, den Herzog Rudolf als ihren Herrn anzuerkennen und ihm zu huldigen, erklärt, dass derselbe und seine Helfer durch keine Handlung gegen das Herzogthum, gegen die**

---

*) Früher waren die Herzöge von Sachsen Burggrafen zu Magdeburg cfr. die Urkunde des Jahres 1269 in Boysen's Allgemeinem historischen Magazin III. pag. 30 bis 33, und daselbst die Urkunden der Jahre 1276, 1278 und 1294 pag. 37, 42 und 63, die Urkunde des Jahres 1294 in de Ludewig Reliquiae manuscript. Tom. XII. pag. 468 No. XCVII, ausserdem die Urkunde vom 7. Mai 1337 im ersten Theile dieses Urkundenbuches pag. 314 No. 614. Lange Zeit bevor die Herzöge von Sachsen Burggrafen zu Magdeburg wurden, war neben dem Burggrafen ein Präfect in der Stadt, wie folgende Urkunde zeigt, welche aus Hofman's Antiquitates Magdeburgenses, im zweiten Theile pag. 79 in der Anmerkung erwähnt, entnommen ist:

Erzbischof Wigmann von Magdeburg erwirbt von Siegfried, Sohne des Hathemar Sculteta, die Präfectur über die Stadt Magdeburg, welche derselbe, obgleich sie ihm vom Kaiser Friedrich I. (zu Weihnachten 1157) aberkannt war, wie einst sein Vater, zu Benefiz zu besitzen behauptete. — 1159, den 28. Juni.

Quoniam, quæ nostris in temporibus aguntur, apud posteros in oblivionem cito veniunt, nisi testimonio scripturæ firmentur, dignum duxi præsentis paginæ inscriptione subnotare, quod apud posteros meos ratum et inconvulsum cupio usque in perpetuum permanere. Notum sit igitur Universitati fidelium, tam futurorum quam præsentium, qualiter ego Wigmannus divina favente clementia Sanctæ Magdeburgensis Ecclesiæ Archiepiscopus diutinam habui contentionem cum Sifrido filio Hathemari Sculteti, pro eo videlicet, quod ipse asserebat præfecturam et regimen Magdeburgensis civitatis patris sui Hathemari beneficium ab antiquo fuisse, et id ipsum se a prædecessore meo beatæ memoriæ domino Friderico venerabili Archiepiscopo in beneficium jure hereditario accepisse. Quod quidem ego legitimis conatibus infirmare diu laboravi, dicensque argumentum ex jure et consuetudine aliarum civitatum, jus beneficiale in eo non posse nec debere esse, in præsentia domini Friderici Romanorum Imperatoris Augusti, inquisita ab ipso sententia principibus ac nobilibus ministerialibus quoque qui aderant communiter et concorditer assentientibus optinui. Nichilominus tamen prænominatus Sifridus contra datam adversum se sententiam in justicia, quam se putabat habere, persistere ac perseverare nitebatur, et hujusmodi contentio inter me et ipsum aliquanto tempore agitabatur. Accidit autem ut idem Sifridus gravi correptus infirmitate, pro recuperanda gratia mea, a qua alienus propter causam prædictam habebatur, amicorum suorum consilio et auxilio laboraret, et quicquid juris in eo, quod dictum est regimine se diceret habere, plenarie mihi resignaret, tanta stabilitate, ut nec ipse, nec quisquam heredum suorum illud aliquo modo de cetero affectaret. Cujus ego compatiens infirmitati, tria ei talenta in Ottersleve, et duo in Calva in beneficium concessi, ipsumque regimen non procurationi non in beneficium, sed in officium, et quasi quandam villicationem usque ad finem vitæ suæ commisi. Uxori quoque ipsius et filio suo Heinrico, qui solus ex aliis filiis suis in ditionem Ecclesiæ Magadeburgensis cessit, omne patris beneficium concessi, ita tamen, ut si idem Heinricus absque liberis et legitimis heredibus obierit, fratres ipsius hominii jure idem beneficium possideant. In quo facto quia non parva utilitas et honestas Ecclesiæ Magdaburgensi et ejus Archiepiscopo accessit, sub anathemate interdico, ne quis meorum successorum cuiquam hominum eam præfecturam inbeneficiare, aut quovis modo ab suo Archiepiscopi alienare præsumat. Actum est hoc IIII. Kal. Julii, anno dominicæ incarnationis M. C. L. VIIII. indictione VII. præsentibus his, quorum hic nomina continentur, Arnoldus Abbas de monte, Otto vicedominus et Camerarius, Sifridus præpositus, Heinricus, Thidericus, Bokerus, Bertoldus, Burchardus Burggravius, Richardus, Meinricus etc et plures alii, quorum hic nomina non poterant contineri.

**) Cfr. die beiden Urkunden des Jahres 1363 über denselben Gegenstand in J. P. de Ludewig Reliquiae manuscriptorum Tom. X. pag. 47 und 48, pag. 66—69 No. XI. Die Originale derselben befinden sich im Hauptstaatsarchive zu Dresden.

Herrschaften und Güter den Landfrieden brechen, und gestattet ihm, sich ihrer zu unterwinden und, wie mit seinen eigenen Gütern, damit zu verfahren. — 1363, den 15. Juli. D. O.

Wir Johannes Burggraſe zu Meideborg vnd Graue zu Hardecke des Allirdurchluchſten furſten vnd herren herrn karls Romiſchin keiſzers zo alle ziten merer des Richs vnd koniges zu Beheim Hofrichter Saſſen zu gerichte zu Spremberg an deſſelbin vnſzers herren Statt vnd tun kunt mit diſſem briue. Das der Hochgeborne furſte Hertzog Rudolf zu Sachſen des hiligen Römiſchin Richs Erze Marſchalk vor vns mit geſamenter vrteil erfolget vnd erclaget hat, vnd ouch mit rechter clage in nutz vnd in geweer geſetzet iſt vff die Hochgebornen furſten, Hertzogen Wilhelm von Lunemborg das iſt vff das Herczogtum Lunemborg vff die Stete Lunemborg Hus vnd Statt, vff Hoenofer, vff Bleckte Winſſen Staden Dannembergo Czelle vff das Hus Snakemborg vnd vff alle andre ſyne Burge vnd Stete dorffer Hofe vnd guter wie die alle ſunderlich benant ſind odder wo ſie gelegen ſind mit aller irer zugehorunge mit allen Herſchafftum Lehenſcheffien vnd eygenſchaffien die zu demſelbin Hertzogtume zugehoret Landen Luten vnd gutern, varender vnd leggender habe, beſucht vnd vnbeſucht, Er iſt ouch in nutz vnd in geweer geſaczt wurden mit rechter clage vnd vrteil vff den Hochgeboren furſten Hertzogen Erich von Sachſen vnd von Lowemborg das iſt vff Lowemborg hus vnd Statt, vnd vff die Herſchafft doſelbeſt vnd vff alle andre ſine Huſzer vnd Stete wo die gelegen ſind odder wie ſie namen haben, lande lute vnd guter, varende odder legende, beſucht vnd vnbeſucht vnd wir ſetzen den orgenanten hertzogen von Sachſen mit krafft dis briues in nutz vnd in gewer, der vorgeſchrebin des Hertzogtumes zu Lunemborg vnd ouch der Herſchafft zu Lawemborg vnd aller yrer Herſchaffte, eygenſcheffte Manſcheffte lande lute guter vnd zugehorunge beſucht vnd vnbeſucht, Douon gebieten wir allen den die dieſelbin Hertzogtum Herſcheffte Huſzer veſten vnd Stete, Lande lute guter vnd zugehorunge innehaben das ſie dem obgenanten Hertzogen von Sachſen domite wartende ſind, vnd yn ouch vnd nyemand anders halden, nemen vnd haben vor einen rechten Herren vnd ym zu widderrede hulden vnd ſweren wann er ez an ſie vordert oder ymand von ſinen wegen wer der were Vnd wer die weren. Die des nicht enteten wann es an ſie wurde gefordert vnd ſich dowidder ſetzten, indheynewis die weren vnd teten ſere widder des hiligen Richs recht, vnd wir wollen ouch darumb zu yn richten als recht iſt. Ym iſt ouch vor vns mit geſamenter vrtel erteilet, was er vnd alle ſine Helffer tund an denſelbin erclagten Herzogtumen Herſcheffien gutern vnd allen iren zugehorungen das ſie doran nicht freueln widder dhein gerichte noch widder dheinen Lantfride indheinewis Sundern das er ſich derſelbin Hertzogtumen Herſcheffien gutern vnd allen iren zugehorungen, mag vnderwinden, vnd die haben vnd beſitzen, vnd ouch domite on hindernuſſe tun vnd laſſen als mit andern ſinen eygenlichen gutern. Des zu Vrkünde gebin wir ym mit vrteil diſſen brieff verſegelt mit des Hofgerichtes anhangendem Inſegel. Der gebin iſt Nach Criſti geburt Dryzenhundert vnd in dem dry vnd Sechsigſten Jare an allerheiligen Apoſtolen tage als ſie in die Werlt zurſand worden.

Sifridus Steinhemner.

190. **Der kaiserliche Hofrichter Johann, Burggraf zu Magdeburg und Graf zu Hardeck, verkündet allen Fürsten, Grafen, Freien, Edelen, Dienstleuten, Rittern, Knappen, Städten und allen Reichsunterthanen, dass dem Herzoge Rudolf von Sachsen-Wittenberg das Herzogthum Lüneburg gerichtlich zuerkannt ist, und gebietet ihnen, demselben zur Erlangung dieses Herzogthums, der dazu gehörenden Herrschaften, Schlösser, Städte, Festen, Märkte, Dörfer, Höfe, Lande, Leute und Güter und zur Pfändung und Arrestation der Leute des Herzogthums mit ihrer Habe und Gütern, wo er sie antrifft, behülflich zu sein. — 1363, den 15. Juli. D. O.**

Wir Johannes Burch Graſe zu Magdeburg, Graſe zu Hardegke des Allerdurluchtiſten furſten vnd herren hern Karls, Romiſchen Keyſers zu allen ziten merer des Richs vnd Koninges zu Behemen Hoferichter, Saſſen eyn gerichte zu Spremberg an deſſelbin vnſers herren Stad, vnd Enbieten Allen Furſten Geiſtlichen vnd wertlichen, Allen Grafen, Fryen, Edeln, Dynſtluten, Rittern, knechten, Steten, Richteren, Rathluten, Borgeren vnd gemeyncten der Steta vnd myd namen Allen vnd iclichen des heilgen Römiſchen Richs lieben getrewen, dem diſer brief getzeiget wirt vnd darzu beſunderlich den Erwertigen vetern in gote vnd herren. hern Gherlache, dem Erzebiſchof zu mentze, des heilgen Richs Erzekanczeler in dutzhen Landen, Hern.. Erzebyſſchofe zu Kolne des heilgen Richs Erzekanczeler in nedern Italyen. Hern. C. Erzebyſſchofe zu Tryre des heilgen Richs Erzekanczeler in obern welſchen Landen. vnd hern Ditrich Erzebyſſchofe zu magdeburg.. dem Erzebyſſchofe zu Breman, der heilgen Gotshuſere.. dem Byſſchofe zu minden.. dem Byſſchofe zu hildenſym, Lodewige Byſſchofe zu halberſtad.. dem Byſſchofe zu munſter.. dem Byſſchofe zu Palborn.. dem Byſſchofe zu Swerin.. dem Byſſchofe zu oſembrug.. dem Byſſchofe zu Hauelberge, den hochgebornen Furſten vnd Herren Ludewige vnd Otten gebrudern markgrafen zu Brandenborg vnd zu Luſytz, Barnijm dem eldern, Barnijm dem jungern vnd Bugtiſlayn Hertzogen zu Stettin, Magnus vnd Ernſt Hertzogen zu Brunſwik, Albrechte Hertzogen zum Solte, Heynr̃ Hermanne vnd Otten Lantgrafen zu Heſſen, Albrechte vnd Hanneſen Hertzogen zu meklenborg, den Edeln Herren Hynr̃ vnd Guntere Grafen zu Swartzborg. Herren zu Arnſtete vnd allen Grafen zu Swartzburg, Bernharde Grafen zu Reynſteyn, Grafen Conrade von Wernyngrode, Heyñ Thitr̃ vnd Vlriche Grafen von Hoenſteyn, Heyñ Clawſen vnd Adolfe Grafen zu Holtzſten Allen Grafen von Tekleuburg. Allen Grafen von Swalenberg. Allen Grafen von Arnſberg. Allen grafen von oldenburg. Allen grafen von Berge. Allen grafen von der Hoye, Allen grafen von der marke, den Edeln Otten vnd otten von Hadmerſten, Herren zu Egeln, Hern Hanſen von Hadmerſten. Bernharde Johanſen vnd Laurencze Herren von werle vnd von Wenden. Bernharde vnd Otten von der Lyppe. Hern Geron von Goſtrow. Hern Ghẽr vnd Hern frytzen von Wedirdon. Hern Kerſtian Bözel. Hern Babile Hern Hylmar̃ vnd Hanſes ſonen von Oueſſelt, Allen von Berthenſleṽ, Drewefen, ſlotow, Hynr̃ vnd Bernharde von der Schulenborg, Albrechte von Alũenſlen vnd ſynen broderen der Calue in dem Werdere vnd Alhard Rore, Hentzen zum Jungen dem ſchulteitzen zu Oppenheym. Allen Burgermeyſteren, allen Ratluten vnd Burgern diſer Stete, Mentz̃, Kolne, Tryre, Magdeburg, Bremen, Lubeke, Homborg, Staden, Minden, Munſtere, Hildenſym, Brunſwik, Oſnabrug, Sweryn, Dortmvnde, Soſath, Erforde, Stettin, Wyſmar, Roſtok, Wiſtock, Halle, Halberſtad, Goſlar vnd Brandenburg. Vnſern grus vnd alles gud, Wir tun uch kunt myd diſem bryſe, das der hochgeborne furſte Hertzog Rudolf von Saxen des heilgen Romiſchen Riche Erzemarſchalk vor vns myd geſampter vrteyl vnd rechter clage irfolget vnd irclaget hat vnd ouch in nvtz vnd gewere geſatzet iſt vff das Hertzogtum Luneburg vff die Stete Luneburg, Stad vnd Hus Honofer. Bleeten, Winſen Staden, Dannenberg, Czolle vnd vff alle vnd ieliche ander ſyne borgen Huſere vnd Stete, Dorſſere, gutere, Hoſe vnd geſezze, wie man die beſunderlichen benennet oder wer ſy belegen ſint myd allen herſchaften, lehenſchaften, mannen vnd manſchaften eygen vnd eygenſchaften, vnd myd allen zugehorungen die zu demſelben Hertzogtume Luneburg zugehorent landen, Luten guteren farender vnd legender Habe beſucht vnd vnbeſucht vnd wir ſatzen denſelben Herren Hertzogen Rudolfen von Saxen in nvtz vnd in gewere der vorgeſchribn des Hertzogtumes zu Luneburg der herſchaft daſelbiſt, Aller vnd Iglicher der vorgnanten vnd anderer irer Stete Veſten, Slozzen, Landen, Lute, gutere vnd zugehorungen, lehen vnd lehenſchafte, manſchafte, eygenſchafte vnd eygen, wer vnd in welchen enden die gelegen oder wonhaftig ſint beſucht vnd vnbeſucht myd farender vnd legender Habe, wy man ſie ouch myd ſunderlichen worten oder namen benennen mag, Alſo das er ſich der gentzlich vnderwinden ſal vnd mag vnd die inne haben, halden vnd beſytzen vnd ouch da myte tvn vnd laſſen ane Widerrede vnd hindernisze glicher wis als myd ſinem erblichem vnd eigentlichen guteren. Ouch iſt dem obgnanten furſten Hertzogen Rudolfe von Saxen vor vns in gerichte myd rechter clage vnd geſampter vrteyl erteylet, was er vnd alle ſyne helfere tun an allen vnd iclichen den vorgeſchriben, dem Hertzogtume vnd Herreſchaft zu Luneburg der Stad daſelbiſt an allen den vnd andern iren Steten, Slozzen, Veſten, merkten, dorfferen, Landen, Luten vnd iren irclageten guteren vnd allen iren zugehorungen beſucht vnd vnbeſucht farender vnd legender habe, myd pfandunge vffhaldunge, vffhaſunge oder.. in welcher wis er das getun mag, das er vnd ieliche ſine folgere vnd helfere, dar an weder wider das heilge Romiſche Riche, das Keyſerliche gerichte weder keynerleyy verbuntnyſſe gerychte noch keynerleyy Lantfryde, freueln, brechen, vnfugen oder tun indheynewis, ſunder das er ſich der vorgnanten des Hertzogtumes vnd Herfchafft zu Luneburg, der Stad dafelbift, Aller vorgnanten vnd anderer irer Stete, Slozze, gebiete, lande lute gutere vnd zugehorungen, als dar vor begriffen ift vnderwinde vnd die haben vnd halden mag vnd onch das er vnd alle fine helfere vnd folgere alle des vorgnanten Hertzogtumes vnd Herefchaft zu Luneburg Lute Habe vnd gutere in allen landen, Steten vnd enden, wor er die an komen mag, an iren lieben, guteren vnd haben ane alle Widerrede vnd ane alles gerychte pfanden vffhalden vnd bekummeren mag vnd fal. Douon gebieten wir uch allen vorgnanten vnd uwerm iclichen bifundern von gerichtes wegen. als is irteylet ift ernftlich vnd vefticlich. Das ir dem obgnanten furften, dem Hertzogen zu Saxen zu dem vorgnanten dem Hertzogtume vnd Herfchaft zu Luneburg, der Stad dafelbift, allen iren Slozzen, Steten, Veften, Merkten, Dorfferen, Höfen, Landen, luten vnd iren guteren vnd zugehorungen, vnd ouch zu fulcher vffhaldunge, bekümmerunge vnd pfandunge, irer liebe gutere vnd habe in aller wis, als vor gefchrieben ift, ernftlich nützlich vnd getruwlich ane alle widerrede behulfen fyt. Vnd yn ouch darzu fchyrmet vnd von gerichtes wegen da bie behaldet, wenn tet ir des nicht, wir moften vnd wolden darvmb zu uch richten als recht ift. Mit vrkund ditz bryfes verfygilt myd vrteyl unter des keyferlichen Hoffgerichtes Ingefigil. Nach Crifti geburd. Drytzenhundert Jar darnach in dem dry vnd Sefhtigiften Jare des neheften Sunnabendes nach fend Margreten tage der heilgen Junefrawen.

Sifridus
Sthainhemmer.

191. Erzbischof Albert von Bremen verpflichtet sich, seinem Vater, dem Herzoge Magnus von Braunschweig, die ihm schuldigen 400 löthigen Mark am nächsten 24. Juni zu entrichten, gelobt die Bezahlung zu seines Vaters treuer Hand seinem Bruder Ludwig, den Rittern Gebhard von Werberge und Hans von Honlege und dem Knappen Hans von Oberg, verspricht, dass nach seinem Tode seine Vögte und Amtleute die Schlösser vor der Bezahlung nicht ausliefern sollen und macht sich verbindlich, seinen Vater der mit ihm bei Vögten und Amtleuten übernommenen Verpflichtung zu entheben. — 1363, den 4. August. K. O.

Wy Albert van der gnade godes Erzebifcop der hylghen kerken to Bremen, dot witlik alle den de deffen Brif Seen, eder horen, vnde bethüghet openbar, dat wy fchüldich fyn vnfeme liften Heren vnde vadere Herteghen Magno to Brunfwich, vyrhundert lödeghe Mark de wy willen vnde fchüllen eme betalen. to fente Johannis daghe. to Middemefomere de nu nylekoft to komende is. ane yenegherleye vertoch. vnde hebbet ghelouet vnde louen to vnfes vorbenûmden Heren hant, de vorbenûmde betalinghe. der vorfprokenen vyrhundert Mark, vppe de vorbefcreuene tyd. vnfeme liften brudere Juncheren Lodewighe. vnde den namhafteghen vnde duchteghen mannen, hern Gheuerde van Werberghe. vnde hern hanfe van Honleghe Ridderen vnde hanfe van Oberghe. eme knapen, ane yenegherleye hynder, Were ok des got nicht en wille dat wy binnen deffer tyd afghinghen ofte ftöruen So en fchüllet vnfe voghede, vnde vnfe Ambachtlude. de flote nicht van fik antwerden, vnfeme vorbenumden Heren vñ vadere Syn de vorbenumde vyrhundert Mark gentzliken betalet, Ok fchülle wy vnde willen vnfen vorbenûmden Heren vnde vader entledeghen van den vögheden vnde den Ambachtlüden, dar wy myt vnfeme vorbenumden vadere hebben to famene vnfe Briue vp ghegheuen, Vnde to eyner betuchniffe deffer vorfcreuenen ftücke, hebbe wy vnfe yngheleghel ghehanghen to deffeme Briue, Dy ghegheuen is to Berghen vppe der Heyde, na Godes bort Dufent Jar vnde Dryhundert Jar, In deme Dry vnde feftegheften Jare, des negheften vrydaghes na Sente Peters daghe ad vincula.

192. Bischof Johann von Hildesheim verordnet mit Bewilligung des Domcapitels die Erhebung einer Beede von Geistlichen und Laien der Stadt und Diöcese Hildesheim, wovon ihm für die päpstliche Kammer zum Behuf allgemeinen Diensten 150 Mark ausbezahlt werden sollen, und bestimmt, dass das Domcapitel davon 2000 Mark zur Abtragung der während der Sedisvacanz entstandenen Schulden, nämlich zum Ersatz der von den Stifts-Administratoren für Verwaltung des Stiftes besonders für Verluste an Pferden bestrittenen Auslagen und gelittenen Schadens, zu deren Erstattung das Domcapitel, um Schlossverpfändungen verzu-

bezogen, sich verpflichtet hat, und zur Erwerbung des Schlosses Calenberg verwende. — 1363, den 12. August. K. O.

Johannes dei gracia hildeñ Ecclefie Epifcopus, Quia nuper vacante ecclefia noftra. Venerabiles viri. Dominj prepofitus. Decanus Scolafticus Et Capitulum ipfius ecclefie. volentes periculofe caftrorum obligacionj falubriter obuiare. certis fuis commiffarijs pro gubernacione terre per ipfos depatatis, expenfarum ac dampnorum. condingnam litteris fuis promiferunt refufionem. Et deinum tempore gubernacionis huiufmodj. onera expenfarum, et dampnorum. racione amiffionum equorum, non modicum excreuerunt. ac nichilominus occafione acquificionis caftri kalenborgh. plurima adhuc funt neceffario expendenda. Premifforumque racione computata. ad duorum milium marcarum fummam fe extendunt. Et vltra prefcripta Camere apoftolice jn magna pro feruicio communj fumma obligemur. Nos igitur attendentes quod ea que propter commodum publicum facta funt. debent merito publicis fumptibus fubleuari. prefentibus de confenfu capituli noftri ordinamus. Quod pro folucione debitorum ipfi capitulo per commiffarios fuos occafione prefcriptorum computatorum. Et propter acquificionem caftri kalenborgh exponendorum. ac eciam pro exoneracione partis feruicij communis Camere apoftolice debiti. debebit fubfidium caritatiuum et moderata collacio a clero noftrarum ciuitatis et dyocefis. ac laicis fubditis ecclefie peti. et quantum jure poterit exigi et jnpendi. Et per Capitulum noftrum ad vfum predictum et folucionem predictorum et nullum vfum alium expendi. volumus tamen. quod nobis pro exoneracione partis feruicij communis centum et quinquaginta marce exfoluantur. de fubfidio et collacione premiffis. Et omnia alia nomine capituli per deputandos ab ipfis recipientur. Et jn predictos vfus non obftante contradictione quacunque et cuiufcunque conuertentur. In quorum teftimonium. Sigillum noftrum cum Sigillo Capituli noftri prefentibus eft appenfum. Et nos Nicolaus prepofitus. Gherhardus Decanus. Totumque Capitulum prefentibus confenfum noftrum adhibemus et in fignum confenfus. Sigillum noftrum duximus appendendum. Actum. hildeñ jn Capitulo noftro. Anno Dominj. M̃. CCC. LXIIĨ. Sabbato ante feftum affumpcionis Beate virginis.

193. Ritter Segeband von dem Berge und sein Sohn Hans bescheinigen, für alle ihre Forderungen von dem Herzoge Wilhelm von Braunschweig und Lüneburg und von dem Herzoge Ludwig von Braunschweig Bezahlung erhalten zu haben und überlassen denselben die ihnen von der Herrschaft Lüneburg zu Lehn ertheilte oberhalb des Abtsthores auf dem Schlosse Lüneburg belegene Hausstelle. — 1363, den 17. August. K. O.

We zegheband van dem Berghe Riddere Hans fyn fone knecht bekennen openbare in deffem breue, Dat we de erluchteghen Vorften vnfe leuen heren Hertoghen Wilhelme van Brunfwich vñ luneborch, vnde Juncheren Lodewiche Hertoghen Magnus fone van Brunfwich hebbet quit ledech vñ los ghelaten aller fchuld, dar we fe vmme befchuldeghen. beclaghen edder manen mochten wente an deffe tyd dat deffe bref ghegheuen is, vñ latet van allerleye anfprake de we dar vp don mochten mid breuen edder mid lenegherhande anderer bewifinghe, Vñ loued entruwen vor vns vñ vnfe Eruen vnfen vorfcreuenen heren oren Eruen vñ Nakomelinghen dit vaft vñ vnbrokelik to holdende Vortmer fo hebbe we vorbenomden zegheband vñ hans mid vulbord vnfer Eruen vnfen vorfcreuenen heren oren Eruen vñ Nakomelinghen vp ghelaten vnfe word de beleghen is vppe deme hvfe to luneborch boven des abbetes dore alzo alfe we fe van der herfchap to luneborch to lene ghehad hebben, vñ dat fe dar moghen mede don wat fe willen, To eyner bekantniffe deffer dingh hebbe we vnfer beyder Ingbezeghele ghehanghen to deffeme breue, De ghegheuen is to vlleffen Na goddes bord dritteynhunderd iar in deme dre vñ feftegheften iare des anderen daghes na vnfer vrouwen daghe der Erften.

194. Heinrich von Estorff schwört wegen seiner Gefangenschaft zu Uelzen, wo ihn Herzog Wilhelm von Braunschweig und Lüneburg gefangen gehalten hat, und wegen des Brandes und der Zerstörung des von seinem verstorbenen Bruder Manegold gegen des Herzogs Willen erbaueten Bergfriedens zu Barnstedt dem Herzoge Wilhelm, dem Herzoge Ludwig von Braunschweig, ihren Amtleuten, dem Rathe und den Bürgern zu Lüne-

burg und Uelzen und besonders dem Heinrich Meltzen eine Sühne und Urfehde. — 1363, den 8. September. K. O.

Ik. Hinrik. van Eſtorpe. ichteſwanne Otten ſone van Eſtorpe bekenne openbare in deſſem breue. Dat de irluchtede vorſte. Hertoghe Wilh̄. van Brunſw̄ vnde Lunebr̄. myn gnedighe here. my ghevangen vnde ghevangen holden heft in ſiner Stad to Vlleſſen. vmme rechte broke vnde ſchuld. de he weder my hadde. vnde dat he den Berchvrede den myn broder Maneke dem god gnedich ſy. to Bernſtede. weder mines vorbenompden Heren willen ghebuwed hadde. ghebrand vnde vorſtored heft vmme rechte ſchuld. vn̄ dar vmme dat myn verbenomde Here. van ſynen gnaden my der vengniſſe lôs ghelaten heft ſe dancke ik ome. Vnde hebbe gheloued vnde ſworen. vnde ſwere vnde loue. indeſſem breue. mynem vorbenompden Heren hertoghen wilh̄. vnde Juncheren Lodewighe hertoghen Magnus. ſone van Brunſw̄ vnde eren Eruen. vnde nakomelingen. vnde alle oren ammechtluden. deme Rade. vnde den Bergheren to Lunebr̄. vnde to Vlleſſen. vn̄ ſunderliken Heynen Meltzen. vnde meynliken alle den de vmme mine vengniſſe. vnde den brand vnde verſtoringe des Berchvredes, vnde vmme alle ſchycht vnde ſcaden., de hir an gheſcheen ſyn. verdacht ſyn. ene ſtede ſone vnde orveyde. ane allerhande arghelist. vor my vnde mine Eruen. vnde vor alle de Jenne de dor my den vnde laten willen.. Ok ſo en ſcal ik noch en wille miner verbenompden Heren. erer Erven vnde Nakomelingen. erer man. eres landes. vnde de ſe verdeghedinged vyend nymmer werden. de wile dat ik leue. dor minen willen. noch dor Jemendes willen.. Vnde ik en wille. noch en ſchal. ere vyende. vn̄ ere vorvaſten lude nicht entholden noch vordedingen. mid rade. eder mid hulpe. id en were dat ik dat vnwitliken dede. vnde ſo ſcholde ik ſe laten wanne myne vorbenompden Heren my dat witlik deden. ofte ere ammechtlude. Were ok dat mine vorbenompten Heren. ore Eruen eder Nakomelinge. ore Man. ere vnderſaten. eder de ſe vordeghedingeden. iemend my beſchuldeghede. dar vmme ſcholde ik bynnen verteynachten dar na neghest. alſe dicke alſe dat van my eſſched worde. ver en dôn. vnde nemen. dat recht were. Alle deſſe vorſcreuenen. vnde na ſcreuenen ſtucke. hebbe ik Hinrik van Eſtorpe vorbenompd. gheſweren vnde in truwen gheloued. vnde ſwere vnde loue intruwen in deſſem breue vor my. vnde vor myne Eruen. mynen vorbenompden Heren. oren Eruen vnde Nakomelingen. vnde to orer hand. hern. Wernere. vnde hern Seghebande van dem Berghe. hern Hanſo van Honleghe. vnde hern Hinr̄ knyggen Ridderen. Dyderike vnſer vorbenompden heren kokemeſtere. Seghebande. vnde Wulbrande van Reden, Seghebande Schencken. Dederike Bokmaſten hanſe knyggen vnde hanſe van dem berghe knapen., ewelken. ſtede vnde vaſt to holdende. vnde to ener grötteren bewaringe. hebbe ik myner vrund twolue to Borghen ghesad. de vor my. vnde alſe hir vore gheſcreuen is. loued intruwen mid ſamenderhand. alle deſſe ſtucke ſtede vnde vaſt to holdende. alſo ere breue ſproked. de ſe dar vp ghegheuen hebbed. Vnde wered dat deſſer borghen Jenich afghinge. ſo ſcholde ik enen anderen alſo ghuden ſetten in Juwelkes ſtede de dar afgheghan were. vnde de ſcholde alle deſſe ſtucke leuen vor mi vnde mine Eruen. in ſineme breue. vnde dar mede ſcholde deſſe bref vn̄ miner borghen breue de ſe nv ver mi beſeghelt hebbed vnverbroken bliuen. To ener betüghinge deſſer ding hebbe ik min Ingheſeghel mid wytſchap ghehangen to deſſem breue.. de ghegheuen is na goddes bord. Drytteynhvudert Jar. in deme Dre vnde ſeſtighesten Jare. In vnſer vrowen daghe der Lateren. alſe ſe ghe boren ward.

195. **Die von Estorff schwören wegen der Gefangenschaft ihres Vetters Heinrich von Estorff und wegen Brandes und Zerstörung des Burgfriedens zu Barnstedt dem Herzoge Wilhelm von Braunschweig und Lüneburg und dem Herzoge Ludwig von Braunschweig eine Urfehde und Sühne. — 1363, den 8. September.** K. O.

We okhard vn̄ Otto brodere ludeken ſone. Maneke ekhardes ſone de wonhaftech was to Ghellerdeſſen. Zegheband Ekerdes ſone de wonhaftech was to Verſne Johan ludelef vn̄ Maneke brodere Manegoldes ſone alle ghe heten van Eſtorpe bekennet openbare in deſſeme breue, dat we mid ſamender hand entruwen loued in deſſeme breue vn̄ hebbet vppe den hilghen ghe ſworen, den Erſamen vorſten vnſen heren hertoghen Wilhelme van Brunſwich vn̄ luneborch vn̄ Juncheren lodewiche hertoghen Magnus ſone van Brunſwich vn̄ oren Eruen vñ Nakomelinghen vñ to orer truwen hand her Wernere vñ her Zeghebande van dem Berghe, her hanse van honlege vñ her hinrike Knyeghen Ridderen. Dyderike vnser vorbenomden heren Kokemestere, Zeghebande vñ Wullebrande van Reden. Zeghebande Schencken. Dyderike Bochmasten. Hanse Knyeghen vnde hanse van dem Berghe vñ heynen Moltsen. eyne rechte orveyde vñ eyne ganse stede sone vor vsen Vedderen hinrike van Estorpe vñ syne Eruen ane allerleye arghelist eweliken to holdende mid alle den stucken de vses vorbenomden Vedderen Hinrikes breue spreket, De he vnsen vorscreuenen heren oren Eruen vñ Nakomelinghen ghe gheuen heft vppe de orueyde vñ sone de he on ghe dan heft vmme syne Venghnisse vñ vmme des Berchvredes willen den vnse vorbenomde here hertoghe Wilhelm to Bernstede bernen vñ ver storen let vñ der schycht vñ des schaden willen de dar an ghe schen syn. To eyner grotteren wissenheyd hebbe we vnse Inghesseghele ghe hanghen mid witschap to dessem breue, De ghe gheuen is Na goddes bord dritteynhunderd iar in deme dre vñ sesteghesten Jare in vnser vrouwen Daghe der lateren alse se ghe boren ward.

196. **Werner von Boldensen, Johann von Sarenhusen, Johann von Doren, Wasmod von dem Knesebeck und Gerhard Schlepegrell verbürgen sich für Heinrich von Estorff, dass er die von ihm wegen seiner Gefangenschaft und wegen des Brandes des Bergfriedens zu Barnstedt dem Herzoge Wilhelm von Braunschweig und Lüneburg und dem Herzoge Ludwig von Braunschweig geschworene Urfehde und Sühne halten soll. — 1363, den 8. September.** **K. O.**

We Werner van Boldensen, Johan van Sarenhusen Johan van doren. Wasmod van dem Knesbeke vnde Gherd Slepegrelle, dot witlik alle den de dessen bref seen edder lesen horen, dat we hebbet ghe loued vñ loued entruwen in dessem breue mid sameder hand den Ersamen Vorsten vnsen leuen heren hertoghen Wilhelme van Brunswich vñ luneborch vñ Juncheren lodowiche hertoghen Magnus sone van Brunswich vñ oren Eruen vñ Nakomelinghen, vñ to orer truwen hand. her Wernere vñ her zeghebande van dem Berghe her hanse van honleghe her hinrike knyeghen Ridderen, Dyderike vnser vorbenomden heren kokemestere, zeghebande vñ Wullebrande van Reden, zeghebande Schencken Dyderike Bochmasten hanse knyeghen vñ hanse van dem Berghe knechten, vor hinrike van Estorpe ichteswanne Otten sone van Estorpe vor de orveyde vñ vor de sone de he vnsen vorbenomden heren. oren Eruen vñ Nakomelinghen entruwen ghe loued vñ vppe den hilghen ghe sworen heft vmme syne venghnysse vñ den brand des berchvredes to Bernstede, vñ vor alle de stucke, de he on in synen openen breuen dar vp besegheled vñ be screuen gheuen heft, dat he on de vast vñ stede holden schal vnverbroken ane allerhande arghelist, Were dat dar ienech brok an schude, so scholde we vñ vnser iewelk de dar vmme ghemaned worde bynnen den neghesten Verteynnachten na der manynghe komen in de Nygenstad to luneborch vñ dar nicht vt de broke en sy gheuestiken ir vullet na mynne edder na rechte, To eyner grotteren wissenheyd hebbe we vnse Inghezeghele ghe hanghen mid witschap to dessem breue, De ghe gheuen is Na goddes bord dritteynhunderd iar in deme dre vñ sesteghesten iare in vnser vrouwen daghe der lateren alse se ghe boren ward.

197. **Herzog Ernst von Braunschweig der jüngere verpfändet unter Vorbehalt des Oeffnungsrechtes den ihm von seinem verstorbenen Vetter, Herzog Ernst von Braunschweig dem älteren, und von dessen Sohne Albrecht verpfändeten Theil des Schlosses Everstein dem edelen Herrn Siegfried von Homburg für 450 Mark löthigen Silbers auf die Dauer von drei Jahren. — 1363, den 16. October.** **K. O.**

Van der ghenade godes we Ernst Hertoghe to Brunswich Hertoghen Albrechtes sone, bekennet van vnser vnd vnser eruen weghen oppenbare in dissem breiue vñ dot witlik alle den de dissen breif seet eder horet lesen, dat we gesat hebbet vnde settet in disseme suluen breiue, Deme Edelen manne Siuerde van Homborch vnseme leuen swagere vnde sinen eruen vnse del des huses to Euersteyne dat vns van hertoghen Albrechte vnsen vedderen, penninghe stelt alse als de breiue vt wiset de vns vnse veddere hertoghe ernst dem got genedich si, vñ vnse vorbenomede veddere hertoghe Albrecht dar ouer ghegeuen hebbet, vñ settet eme dat ſulue hus to euerſteyne vñ ſinen eruen mit alle deme dat dar to hort in holte in velde, mit dorperen mit ackere mit vogedie vnde alſo als dat vore went her to, dar to gehort heuet, vor veſtehalfhundert mark lodiges ſiluers brunſwikeſcher wichte vnde witte in diſſer wis dat we bynnen diſſen neiſten to komenden dren Jaren na vtgiſt diſſes breiues nicht wederloſen en ſcullet, it ene were dan alſo dat vnſe veddere hertoghe Albrecht vorbenomet vnde ſine eruen na erem breiue vns de loſe kundegeden bynnen diſſen dren Jaren wan dat geſchen were, ſo mochte we vnſeme vorbenomeden ſuagere van homborch ok de loſe kundegen in der wiſe als hir na beſcreuen ſteit vñ vnſe vorbenomede ſuager ſcholde vns dan to der loſe ſitten, vortmer is geredet wan diſſe vorbenomeden dre Jar vmme komen ſint wilke tid vns dan des gelu-ſtet ſo moge we dat vorbenomede vnſe del des huſes to euerſteyne van ſiuerde van homborch vnſeme ſuagere vñ van ſinen eruen weder loſen vor de vorbenomeden penninghe des we eme dat eyn veirdel Jares vore vorkundegen, wolde ok ſiuerd van homborch vnſe ſuager vñ ſine eruen er penninghe weder hebben na diſſen vorbenomeden dren Jaren, dat mochten ſe vns vnd vnſen eruen ok verkundegen bynnen alſodaner tid als vore geſcreuen is, vñ wanner diſſe vorkundinghe van vnſer wegene eder van vnſes vorbenomeden ſuagers wegene to diſſer vorbenomeden tid geſchen were, van wilker ſiden dat geſche ſo ſcholde we vnde vnſe eruen vnſeme ſuagere vorbenomet vnde ſinen eruen de vorbenomeden veſtehalfhundert mark betalen in der ſtad to ganderſem vñ ſcholden eme de dar antwerden vnbekummert vnde ſcholden eme de veiligen van ganderſem went to grene veilich vor alle den de dorch vns don vnde laten wolden, vnde wilke tid we vnſeme vorbenomeden ſuagere vñ ſinen eruen de vorbenomeden penninghe bereth hedden ſo ſcholde he vns dat ſulue hus to euerſteyne vnſe del weder antworden mit deme dat dar to hord ledich vnde los ane allerleye argeliſt vnde geuerde, vortmer is geredet dat dat ſelue hus to euerſteyne ſcal vnſe oppen ſlot ſin to al vnſen noden, vnſe veilicheit vnde geleide ſcal vnſe vorbenomede ſuager dar van halden vnde en ſcal vns noch de vnſe dar van nicht vorvnrechten, Vortmer is geredet dat we vnſen ſuager vñ ſine eruen mit deme ſlote vnde dat dar to hord ſcullet vordegedinghen weder allermalken war en des not is, vñ ſcullet des ſlotes ere rechte here vnde were weſen de wile dat en dat van vnſer wegen diſſe vorbenomeden penninghe ſteit war vñ wanne ſe des beduruen, vortmer is geredet were dat we benodiget wrden alſo dat we van deme ſlote to Euerſteyne krigen wolden, wilken ammetman dat we dan dar ſetten de ſcholde van vnſer wegen bekoſtegen wechtere portenere vñ tornlude vñ ſcholde vnſen ſuager. vnde de ſine oppe deme ſlote vor allerleye vnvoge bewarn, vnde ſcholde vnſeme ſuagere van homborch dat vorwiſſenen ſelf veirde mit vnſen mannen bederuer lude de mit eme dar weren, geſche ok vngevoge oppe dem ſlote van vnſeme geſinde dat ſcholde vnſe ammetman richten eder wederdon bynnen eynem mande mit vrontſcap eder mit rechte wan he dar to geeſchet wrde, were ok dat dat ſulue ſlot to euerſteyne van kriges wegen vorlorn wrde des got nicht en wille ſo ſcholde we vnde vnſe eruen vnſeme vorbenomeden ſuagere vnde ſinen eruen eyn ander ſlot weder bnwen in dat ſulue gerichte vñ ſcholden eme dat helpen bekreftigen mit der gulde de to dem hus gehord hedde vnde en ſcholden vns nicht ſonen noch vreden mit den de dat ſlot gewnnen hedden. we en hedden eme des ſlotes weder gehulpen oder we en delen dat mit ſinem vnde ſiner eruen willen, In eyn orkunde aller diſſer vorgeſcreuenen ſtucke artikele vñ er Jewelik biſunder dat we de vnſeme vorbenomeden ſuagere van homborch vnde ſinen eruen ſtede vñ vaſt halden willen an argeliſt, ſo geue eme diſſen breif beſegelt mit vnſem Inghesegele de gegeuen is na godes bord duſent Jar dre hundert Jar dar na in deme dre vnde ſeſtigeſten Jare in ſunte Gallen daghe des hilgen Heren.

198. **Herzog Ernst von Braunschweig gestattet seinem Bruder, dem Herzoge Magnus, und dessen Sohne Ludwig, dass sie für 345 Mark löthiges Silbers seinen Theil des Sackes und der Alten-Wiek zu Braunschweig und des Gerichtes und der Vogtei zu Braunschweig, welche er mit seinem Bruder Magnus verpfändet hat, einlösen mögen, behält sich aber die Einlösung von ihnen vor. — 1363, den 1. November.** VII.

Vann der gnade goddes we ernſt hertoge to Brunſwig hertogenn Albrechtes Saone Bekennen van vnſer wegenn vnde vnſer eruenn wegenn openbar in duſſem breue vnde dohenn witlik Allenn denn de duſſenn breff ſeet edder horenn laſzenn, Dat wy gefulbordet hebbenn gunnet vnde fulbordet in duſſem breue dem hoichgebornn furſtenn hertogen Magnuſze hertogenn to Brunſwig vnſeme leuenn Bolen vnde hertogenn lodewige ſinem Szone vnſeme leuenn vedderenn vnde ohren eruenn dat ſze loſzenn mogen, vnſenn deill der Stede de gehetenn ſynn de Sack vnde Oldewick to Brunſwig vnde de gerichte vnde vogedie ouer de Stadt to Brunſwig, de wy vnde hertoge Magnus vnſe bole vorbenomet vorſat hebbet Alſo alſe de breue vthwiſet de wy beyder ſyt dar ouer gegeuenn hebbet, vor verdehalffhundert margk lodiges ſuluers Brunſzwigeſche witte vnde wichte ane viff margk in duſſzer wis wanner wy edder vnſe eruenn vnſem vorbenompten bolenn hertogenn magnuſze vnde hertogenn Lodewiche ſinem Sone vnſem vedderenn vnde orenn eruenn wedder geuet ane viff margk verdehalffhundert marck lodiges ſuluers der ſuluenn wichte vnde witte, Alſo dat de liggenn in der waſſzell to Brunſwig vmbekummert to erer hant Szo ſchullenn duſſze ſtede de ſack vnde oldewick vnde de gerichte vnde vogedie in der ſtadt to Brunſzwig vnſe deyll wedder leddych vnde loeſs ſyun vnde vnſze bole hertoge magnus vnde hertoge Lodewich ſynn Sone vnde ore eruenn ſchullet vns vnſenn eruen wedder andtworden leddich vnde los ane weddorſprake vngehindert vnde vmbekummert van ohrer wegenn vnde orher eruenn Inn orkunde duſſzer dinge ſo hebbenn we duſſzenn breff beſegelt mit vnſem ingeſzegell na goddes gebort duſſent dre hundert Jar in deme dre vnde Seſtigeſtenn Jare in alle godes hilligenn dage.

199. Bischof Johann von Hildesheim überlässt wegen der Noth, die sein Stift vom Schlosse Calenberg leidet, seinem Domcapitel auf drei Jahre das Schloss Ruthe, um damit Alles aufzubieten, das Schloss Calenberg, dessen einen Theil er von Bodo von Salder gekauft und einen anderen von seinen Feinden erobert hat, dem Stifte zu erhalten, und verspricht, dass nach den drei Jahren bei der Auslieferung des Schlosses Ruthe an ihn, seinen Nachfolger oder seinen Vicar, falls dem Stifte das Schloss Calenberg erhalten bleibt, dem Domcapitel höchstens 1200 Mark als Ersatz des wegen des Schlosses Calenberg erlittenen Schadens ausbezahlt werden sollen. — 1363, den 3. November. **K. O.**

We Johan van der godes gnade biſcop to hildenſum bekennet in duſſem iegenwordigen breue dat we mit bedachtem mode vmme not de vnſe ſtichte lit. van deme Slote to deme kalenbergo han vorlent vn̄ vorligen vn̄ laten in duſſem breue vnſeme capittele vnſe Slot to der rute dre Jar vn̄ mit deme Slote to donde allet dat en dunket vnſeme ſtichte nütte ſin, den kalenberg to behaldende vn̄ gheuen en vulle macht vn̄ alle vnſe moghe mit deme ſuluen Slote to donde vn to latende dre Jar alſe vere alſe den vorbenomden ſtucke nütte is vn̄ willen de ſtucke vn̄ alle ander ding de ſe don mit deme Slote to den ſuluen ſtucken ſtede holden alſe hedde we ſe mit en ghe ſeghelt. wan auer de dre Jar vt ſint. So ſcalme vns eder vnſeme nakomelinge eder vnſeme vicariuſe dat Slot vrig antworden alſe vere alſe we denne ſchaden willen af leeghen de vp den kalenberg gheyt vn̄ deme ſtichte de kalenberg al eder en del bliſt vn̄ ok alſe vere dat de ſchade den we eder vnſe nakomeling vmme des kalenberghes willen van der rute betalen ſcolen nicht groter en ſi den twelf hundert mark. Were ok dat vnſeme ſtichte de kalenberg af ginge So ſcal vnſe capittel vns eder vnſeme nakomelinge dat Slot to der rute mit alle deme gude alſe we et deme capittel antworden ouer dre Jar weder gheuen ſunder allen ſchaden den ſe van des kalenberghes weghene vppe de rute rekenen moghen. Were ok dat van deme dele des kalenberghes dat we koſt hebben weder boden van Saldere. eder van deme dele dat we ghe wünnen hebben van vnſen vigenden ien here eder ienech ander vnſer gemeyner worde wat gudes dar van kumpt dat ſcal men leygen vn̄ beholden dat Slot to der rute weder to loſende vn̄ we vn̄ vnſe nakomelinge willen vn̄ ſcullen alle deſſe ſtucke de hir vore ſcreuen ſint ſtede vn̄ vaſt holden vn̄ des hebbe we vnſe ingheſeghel mit des capitels ingheſeghele to deſſeme breue ghe henghet. Vn̄ we Nicolaus domprouest. Ghord deken. Otte ſcolmeſter vn̄ dat gantse capittel des ſtichtes to hildenſum bekennet dat we dat Slot to der rute in deſſer wis alſo hir vore ſcreuen is an nomet hebbet vn̄ weder antworden willet vn̄ hebbet des to ener betügingo vnſe ingheſeghel mit vſes heren vorbenomde ingheſeghele ghe henghet to deſſem breue vn̄ is ghe gheuen na godes bord duſent vn̄ drehundert Jar in deme dre vn̄ ſeſtegheſten Jare des vrydaghes na alle godes hilghen daghe.

260. Hans von Honlege und Ludolf und Heinrich von Wenden stellen einen Revers aus, dass Herzog Wilhelm von Braunschweig und Lüneburg ihnen sein Schloss Twieflingen ohne geistliche und weltliche Lehne für 150 löthige Mark verpfändet hat, und geloben, andere 150 löthige Mark, die ihnen bei der Einlösung erstattet werden sollen, auf den Bau des Schlosses zu verwenden und den Pfandvertrag, falls der Herzog, ohne einen Sohn zu hinterlassen, stirbt, dem Herzoge Ludwig von Braunschweig, falls aber auch dieser, ohne einen Sohn zu hinterlassen, stirbt, einem zum Herrn der Herrschaft Lüneburg zu wählenden Bruder desselben zu halten. — 1362, den 8. November. K. O.

We hans van houleghe. Ludolef van wenden Riddere, vñ Hinrik van wenden knecht, des ſuluen her ludolfes broder, bekennet openbare in deſſeme ieghenwardeghen breue, Dat de Achbare Vorſte vnſe leue Here Hertoghe Wilhelm van Brunſwich vñ luneborch heſt vs vñ vſen Eruen ghe ſat ſyn ſlot twiſlynghe mid allomo rechte vñ mid alle deme dat dar to hord ane gheyſtlik vñ Manlik len vor anderhalf hundard lodeghe mark Brunſwikeſcher wichte vnde witte, Vñ we ſchullet eme dat ſlot open holden to alle ſynen noden vñ ſchullet dat truweliken bewaren, vnde ſyne lude nicht ver vnrechten noch ver dernen, De loſe deſſes ſlotes mach he vs, vñ we eme kundeghen alle iarlikes bynnen den achte daghen ſunte Mertens, vñ wan de loſe kundeghet is, ſo vord ouer eyn iar bynnen den achte daghen ſunte Mertens ſchal he vs bereden deſſe vorſcreuenen anderhalf handerd lodeghe mark bynnen der ſtad to Brunſwich mid ſuluere edder mid penninghen, alſe dat ſuluer denne dar ghild. vñ wan we bered ſyn ſo ſchulle we eme van ſtaden an ſyn ſlot twiſlynghe mid der ſad vñ mid alle deme dat dar to hord weder antworden vmbeworen vñ ane hinder vñ vortoch. Minne vñ rechtes ſchal he ouer vs vñ vſe Eruen woldech weſen to allen tyden, vñ he ſchal vs mid deme ſlote ver deghedinghen lik vſen anderen mannen, Ver vnrechtede vs we, enhulpe he vs, dar vmme nicht mynne edder rechtes bynnen twen manden dar na dat we van eme dat eſcheden, ſo moſte we vs ſuluen van deme ſlote wol vnrechtes irweren Worde ok dit ſlot be ſtallet dat ſcholde he vs redden helpen, Welde he ok van deſſeme ſlote orleghen, welken ammychtman he dar ſette, de ſcholde vs ver wiſnen, dat he vs vñ de vſe vor ſchaden vñ vor vnvoghe be waren welde vor den de mid eme dar weren, Schude vs auer ſchade, den ſcholde vs de ammychtman weder don in mynne edder in rechte bynnen dem negheſten verdendel iares dar na dat we van eme dat eſcheden, Worde ok dit ſlot verloren van ſyner weghene des god nicht en wille, ſo ſcholde he vs bynnen dem negheſten Jare dar na vſe gheld weder gheuen, Worde auer dit ſlot verloren van vſer weghene, ſo ſcholde he ſyn ſlot vñ we vſe gheld verloren hebben, vñ doch ſo en ſcholde he ſik noch we vs nicht ſonen noch vreden mid den de dat ſlot ghe wunnen hedden, we en deden dat mid ſyneme vñ he mid vſeme willen, Ok ſchulle we in deſſeme ſlote verbuwen anderhalf hunderd lodeghe mark, Vñ deſſe anderhalf hunderd lodeghe mark, edder alſo vele myn, alſe ſyner manne twe vñ vſer vrende twe ſpreken, dat we dar nicht an verbuwed hedden, ſchal he vs weder gheuen mid den anderen anderhalf hunderd lodeghe marken vppe de tyd alſe hir vore ſcreuen is, Were ok dat vſer borghen ienech de hir na ſcreuen ſtan af ghinghe, ſo ſcholde we eynen anderen alſo guden in des ſtede ſetten bynnen den negheſten vere wekenen dar na wan we dar vmme ghemanet worden vñ ſcholde deſſe ſtucke vor vs louen in eyneme ſunderliken breue vñ dar mede ſcholde deſſe bref vnverbroken bliuen Alle deſſe vorſcreuenen ſtucke loue we vor vs vñ vor vſe Eruen entruwen mid ſameder hand. vnſeme vorbenomden heren Her wilhelme vñ ſynen Eruen vñ Nakomelinghen vaſt vñ vmbrokelik vñ ane arghelist to holdende, Were ok dat vſe Here Her wilhelm af ghinghe alſo dat he neynen echten ſone na ſyk enlete, des god nicht en wille, ſo loue we entruwen mid ſameder hand alle deſſe ſtucke vaſt to holdende Juncheren lodewiche hertoghen Magnus ſone van Brunſwich des elderen vñ ſynen Eruen vnde Nakomelinghen vñ Juncheren lodowiches broderen eyneme de denne to eyneme heren der herſchap to luneborch ghe koren worde, oft Junchere lodowich alſo ſtorue dat he neynen echten ſone hinder ſik enlete Vñ we her lippold van Stenbeke Hinrik van dem Harlingheberghe Albert van Veltem Riddere, Borchard van der aſſeborch. Cord van weuerlinghe ludolef van Veltem Hinrik van Vrede vñ wilhelm van tzampleue knechte bekennet dat we hebbet gheloued vñ loued entruwen mid ſameder hand in deſſeme ſuluen breue vnſen vorbenomde[illegible]n Hertoghen Wilhelmo vñ Juncheren lodowiche vñ Juncheren lodowiches brodere vnseme vñ oren Er[illegible] vñ Nakomelinghen in der wise alse hir vore screuen is, Were dat on edder orer welkeme ienech brok edder hinder worde in dessen vorscreuenen stucken, so schulle we vñ willet in riden to Ghyfhorn vñ dar eyn recht inlegher holden vñ dar nicht buten benachten de broke en sy ghensliken ir vullet edder we en don dat mid vser heren willen, To eynem orkunde desser dingh hebbe we vorbenomden.. sakewolden vñ we.. Borghen vnser aller Inghesseghele ghe hanghen to dessem breue, Na goddes bord dritteynhunderd iar in deme dre vñ sesteghesten Jare Des neghesten vryghdaghes na alle goddes hilghen daghe.

201. Die von Cramm begeben sich mit ihrem Schlosse Oelber auf zehn Jahre in den Dienst des Herzogs Wilhelm von Braunschweig und Lüneburg gegen jeden, wofür er sie vertheidigen soll, und geloben diesen Vertrag, falls der Herzog innerhalb der zehn Jahre, ohne einen Sohn zu hinterlassen, stirbt, dem Herzoge Ludwig von Braunschweig zu halten. — 1363, den 6. November. III.

We Borchard Riddere vnde Hinrik brodere Zyfurd vnde Wolter brodere alle ghe heten van Cramme be kennet openbare in desseme breue dat we mid vnseme slote to Olbere synd ghe varen in vnses heren denest des Erluchteghen vorsten hertoghen Wilhelmes van Brunsw vñ Lünneborch vñ siner Eruen vnde Nakomelinghe also dat on dat slot open wesen schal Vnde we schullet on vnde willet mid deme slote truweliken denen tighen allesweme teyn iar vmme an to rekende van der vt ghift desses breues Ok schullet vnser vorbenomde here her Wilhelm syne Eruen vnde Nakomelinghe desse suluen tyd vmme vnser to mynne vñ to rechtes ouer vns mechtich syn tighen allesweme Vnde war se vns des be helpen kunnen dar schulle we vns an ennoghen laten Wor se auer vns des nicht behelpen kunnen dar schullen se vns behulpech wesen also langhe went vns lik wedervare oft se mynne vñ rechtes ouer vns mechtich syn alse hir vor screuen is Vortmer were dat vnse vorscreuene here her Wilhelm bynnen dessen teyn Jaren af ghynghe vñ neynen echten sone na sek en lete des God nicht en wille so schulle we vnde willet Juncheren lodewighe hertoghen Magnus sone van Brunsw des elderen mid desseme slote Olbere denen vñ he schal vns weder vor deghedinghen in allerleye wise alse hir vore screuen is vnde alse vnse here her Wilhelm scholde oft he leuede Alle desse vor screuenen stucke loue we vorbenomden van Cramme vseme vorbenomden heren her Wilhelme vñ Juncheren Lodewighe vñ oren eruen vnde Nakomelinghe vast vñ vmbrokelik to holdende Vnde hebbet des to eyner bewisinghe vnse Inghesseghele ghe hanghen to desseme breue De ghe gheuen is Na Goddes bord Drutteynhunderd iar In deme dre vñ sestighesten Jare des neghesten mandaghes vor sunte Martens daghe des hilghen Byschopes.

202. Die Gebrüder Georg, Wasmod und Anno von dem Knesebeck verkaufen dem Herzoge Wilhelm von Braunschweig und Lüneburg die beiden ihnen von ihm zu Lehn ertheilten Burgsitze auf der Burg Lüchow, behalten sich aber die dazu gehörenden Güter und Gülte vor und geloben, den Kaufvertrag, falls der Herzog, ohne einen Sohn zu hinterlassen, stirbt, dem Herzoge Ludwig von Braunschweig zu halten. — 1363, den 11. November. K. O.

We Juries Wasmod vñ anne brodere ghe heten van dem Knesbeke, ichteswanne hern Paridames sone van dem Knesbeke bekennet openbare in dessem breue, Dat we endrachtliken vñ mid gudeme willen vñ vulbord vser Eruen vn alle der, de sik dar to ten moghen, hebben ver koft vñ ver kopen in dessem breue, deme erluchteghen Vorsten Hertoghen Wilhelmo van Brunswich vñ luneborch vnseme leuen heren vn synen Eruen vñ Nakomelinghen, vnse twe Borchsete vppe der Borch to Luchowe ewelikes to besittende vñ to Eruende, mid alle deme buwe dat dar vppe buwed is, vñ alse we de ghe had vñ beseten hebben to Borchlene van vnseme vorbenomden heren Hertoghen Wilhelmo vñ van der Herschap to Luneborch, Vor drittech lodeghe mark luneborgher wichte vñ witte, De vns Wullebrand van Reden van syner weghene rede vñ vrentliken bered heft, Mer vnse gud vñ gulde de we to dessen Borchseten ghe had hebbet vñ noch hebbet de ver kope we eme dar nicht to, mer we beholden vns vñ vnsen Eruen dat gud vñ de gulde alse we de vore ghehad hebben, Vortmer hebbe we eme desse Borchsete twe vppe ghe sand [illegible], vñ latet dar degher van, also dat we, noch vnse Eruen dar nicht rechtes mer an betalen schullen, [illegible] we vñ vnse Eruen schullet eme vñ synen Eruen vñ Nakomelinghen desser Borchsete rechte warande wesen vñ se entledeghen van allerleye rechter ansprake wan vñ wor on des nod is. Alle desse vorescreuenen stucke vast vñ vmbrokelik to Holdende ane ienegherhande arghelist, vñ dar mid nichte weder to donde, hebbe we ghe-loued entruwen mid samender hand vn loued in dessem breue vor vns vñ vor vnse Eruen, vnseme vorbe-nomden Heren Hertoghen Wilhelmo vñ synen Eruen vñ Nakomelinghen, Vñ Juncheren Lodowiche Hertoghen Magnus sone van Brunswich des elderen vn synen Eruen vñ Nakomelinghen, Oft vnse Here hertoghe Wilhelm also storue dat he neynen echten sone na sik enlete des god nicht en wille, To eyner betughinghe desser dingh hebbe we vorbenomden Juries. Wasmod vñ anno, vnse Ingheseghele ghe hanghen mid witschap to dessem breue, De ghe gheuen is Na goddes bord Dritteynhunderd Jar in deme dre vñ sestegheften Jare in sunte Mertens daghe des Hilghen Byschopes.

203. Otto von Hallermund, Domscholaster und Administrator des Stiftes Hildesheim, verpflichtet sich dem Domprobste Nicolaus, dem Domdechanten Gerhard und dem Domcapitel zu Hildesheim, ihnen ausser den schon erhobenen 100 Mark zu einer auf 880 löthige Mark sich belaufenden Beede, wovon er sich 80 Mark reservirt, von den Stiften, Städten, Geistlichen und Bauern im Stifte Hildesheim zu verhelfen, und einigt sich mit ihnen über die Repartition und Erhebung der Beede. — 1363, den 12. November. K. O.

We Otte van halremunt van der gnade godes scolmester vñ vormünde des stichtes to hildensum bekennet in dessemo breue, dat we des ünt en gheworden mit den erbaren heren. hern Nicolawese domprouesto. hern Gherde dekene vñ mit deme gantzen capitele des vorbenomden stichtes to hildensum vñ se mit os dat we on truweliken helpen scullet vñ willet alse we best moghet dat en bede vt kome van stichten van steden, van papen, van buren. in deme stichte to hildensum se horen weme se horen. deme biscope deme domprouesto deme proueste van deme berghe, deme prouoste van deme hilghen cruce. ridderen eder knechten eder weme se horen vñ de bede scal sek treden vppe achtehundert lodighe mark hildensemescher wichte vn witte vñ vppe achtentegh lodighe mark der suluen wichte vñ witte bouen de hundert mark de rede vt ghekomen sint vñ dat de bede vt ghesat werde vppe de dorp vñ we bo se ghesat werde. dar scal de domprouest, de prouest van deme berghe vñ de prouest van deme hilghen cruce mit den de we dar to settet, lude to voghen de dat sweren dat se dat na orer witscap vppe de dorp redeliken setten willen dar na dat on dunket dat se vor moghen vñ laten dat nogh dorch lef, nogh dorch leyt nogh dorch gaue. vñ wanne de summa vt ghesat is vppe de dorp, so scolen se dar to scikken in den dorpen de lude den se des louet de dat vort setten vppe de lude in den dorpen alse dat redelik si, vñ de scolen ok sweren alse de anderen vore ghe sworen hebbet vñ wat vppe de dorp vñ vppe de lude ghe sat wert de deme biscope horet dat scole we binnen eneme manen vt vorderen en dede we des nicht So scolde we dat van staden an suluen ent richten oder los maken dar os dat capitel wisede. It en were denne dat na der tid dat it vppe de dorp vñ lude ghe sat were alse hir vore screuen is den luden schade oner ghinghe mit brande eder mit roue. wat denne de spreken de dar to ghesworen hedden dat me se bilduken vor dreghen scolde des scolden se los wesen de. de den schaden ghenomen hedden. De domprouest auer vñ de prouost van deme berghe vñ de prouest van deme hilghen cruce vñ andere clostere vñ stichte de de lude hebbet scolen dat ok bi deme suluen manen also voghen oft se konen dat it vt kome dat vppe ore dorp vñ lude ghe sat wert Schude des binnen eneme manen nicht So scolde we dat bi deme neghesten manen dar na vt panden edor we scolden dat sulnen vt gheuen eder los maken ieghen des capitels schuldenere It en were dat dar openbare schade in velle alse hir vorscreuen is van welken schuldeneren we auer quite breue bringhet des ghelden en dorue we van os nicht antworden. Vnde dat dat van den steden vñ van den papen vn van den luden de ridderen vñ knechten horet vt kome dat dar vp ghesat wert dar scole we to arbeyden alse we truwelikest konet vñ moghet vnde vppe dat we alle desse stucke truweliken arbeyden vñ don mit vlite

So ſcal os io de elfte mark alle des gheldes dat van deſſer bede nogh vt kumpt Vnde des to eneme orkunde, vñ betůghinghe ſo hebbe we vſe inghesleghel ghe benghet laten to deſſeme breue de ghe gheuen is na godes bord duſent Jar vñ drehundert Jar Jn deme dre vñ Seſteghesten Jare in ſunte brictius daghe des hilghen biſcopes.

204. Herzog Ernst von Braunschweig giebt auf Bitten des Arnold von Portenhagen seine Zustimmung zur Verpfändung der beiden demselben von ihm als Burglehn zu Uslar verliehenen Dörfer Wiensen und „Waggenhosen" an den Pfarrer Johann von Wintzingerode zu Schnsen und an dessen Brüder Heinrich und Diedrich. — 1363, den 21. November. K. O.

Van der ghenade godes we Ernſt Hertoghe to Brunſwich Hertoghen Albrechtes ſone bekennet van vnſer vnde vnſer eruen weghene oppenbare in diſſeme breiue vnde dot witlik alle den de diſſen breif ſeet eder horet leſen, dat we van bede wegen Arndes van Portenhagen vnde mit vulborde ſiner rechten eruen vnde mit alle der willen vnde vulborde der it van rechtes wegen wille vnde vulbord weſen ſcal hebbet bekant vnde bekennet in diſſeme breiue Johanne van winsingherode pernere to Snoyn vnſem denere vnd Cappellane Hinreke vnde Tilen ſinen broderen vnſen deneren, vnde eren eruen Seuentich mark lodiges ſiluers gothinghescher wichte vnde witte an den twen dorperen wygenhoſen vnde wagghenhoſen, de dar hort to eynem borchlene to vſlere dat arnt van Portenhagen vorbenomet van vns to lene heuet, alſo dat de ſeluen van winsingrode ſcullet op nemen allet dat van den ſeluen twen dorperen geuallen mach an denſte an plicht in holte in velde in watere in weyde, ane den tegeden to wagghenhoſen den beholdet arnt van portenhagen vnvorſat, Ok ſcullet de van winzingrode vorbenomet diſſe vorbenomeden penninghe dar ane behalden als langhe dat en de arnt van portenhagen af loſet eder ſine eruen, Ok wille we diſſer twier dorp vnde dat dar to hort ane den tegeden to waggenhoſen der ſeluen van winsingrode here vñ were weſen wor vnde wanne en des not is vnde geuet en des to orkunde diſſen breif beſegelt mit vnſem Inghoſegele De gegeuen is na goddes bort drutteynhundert Jar dar na in deme dre vñ ſeſtigeſten Jare des anderen dages na ſunte Elzeben daghe.

205. Ritter Aschwin Schenke und die Knappen Timme Bock, Johann von Hohnhorst und Bertold von Gisen bezeugen, dass das Domcapitel zu Hildesheim dem Hermann von der Gowisch wegen Bodo's von Salder 1200 Mark löthigen Silbers, wofür demselbe ihm das Schloss Ruthe verpfändet hatte, ausbezahlt hat. — 1363, den 22. November. XII.

We her Aſſewin Schenke ridder Tymme bok Johan von honherſt vñ Bertolt van gyſen knapen bekennet vnde dot witlik alle den de deſſen breff ſeed eder horet leſen dat we dar ouer vnde jegenwordich hebbet ghewesen dat de Erbaren heren dat Capittel to hildenſem hern hermanne von der Gowiſch beredden twelf hundert mark lodighes ſuluers dar ſe ome de Rute vor gheſat hebbet [1]) alſo dat ome dar ane ghenoghede van Boden weghen van Saldere vnde hebbet des to eyner betuginge vnde bekantniſſe vſe Ingeſegele ghehenget laten to deſſeme breue vñ is gheſchen na godes bord duſent Jar vnde dre hundert in deme dre vñ ſeſtigeſten Jare in Sinte Cecilien dage der hilgen Juncfruwen.

206. Ritter Conrad von Salder und seine Söhne Siegfried, Johann, Conrad und Basilius, Pfarrer Otto zu Calle und Johann und Gebhard, Söhne des verstorbenen Johann von Salder, verkaufen dem Herzoge Wilhelm von Braunschweig und Lüneburg ihren Theil des Schlosses Calenberg mit Mühle, Zoll, Leuten, Gericht und Jagd, wie Ritter Conrad, seine Brüder Johann und Bodo und ihr verstorbener Vater Conrad das Schloss am 13. Mai 1327 von der Herrschaft Lüneburg gekauft haben, mit allen seither darauf von Stein oder Holzwerk errichteten Bauten, mit Mauern und Gräben und mit den von ihnen in der gemeinen Mark angelegten

[1]) *hadden.*

Bedelande und Anpflanzungen und geloben, diesen Kaufvertrag, falls der Herzog, ohne einen Sohn zu hinterlassen, stirbt, dem Herzoge Ludwig von Braunschweig, falls aber auch dieser, ohne einen Sohn zu hinterlassen, stirbt, einem von dem Raths-Collegio zum Herrn der Herrschaft Lüneburg zu wählenden Bruder desselben zu halten. — 1363, den 24. November. K. O.

We Cord Riddere. Zyferd. Johan. Cord vnde Befeke des fuluen Hern Cordes fone, Otte kerchere to Tzelle. Johan. vnde Gheuerd ichtefwanne her Johannes fone. alle ghe heten van Saldere. be kennet vnde betughet openbare in deffeme ieghenwardeghen breue vor alle den, de on feen edder lefen Horen, Dat we mid vulbord al vfer Eruen vñ alle der de fyk dar to ten moghen mid rechte, hebben ver koft vñ ver kopen in deffem breue, redeliken, vnde rochliken vñ ewychliken to be fittende vñ to Eruende dem Ereluchteghen Vorften vnfeme leuen Heren Hertoghen Wilhelme van Brunfwich vñ to Luneborch vñ fynen eruen, vñ Nakomelinghen vnfe del des flotes der Kalenborch. mid alle deme dat dar to hord, mid der Molen. Tolne luden vñ richte, vñ mid allerleye frucht vnde nvt. rechte vñ to be horinghe, id fy in watere. vletende vñ ftande. in Vyfgherye. in Velde in ackere in Holte in iacht in Weydewerke. in Wyfghen in Weyde vñ wo vñ in weker achte id benomed vñ beleghen fy, alfo alfe ik vorbenomde her Cord. her Johan vñ Bode myne brodere, vñ vnfe vader Her Cord, dat van der Herfchap to Luneborch oldinghes ghe koft Hadden, Vñ latet on dar to alle dat buw dat foder der tyd dar to ghebuwed is. beyde in fteynwerke vñ in Holtwerke. in Muren vñ in grauen. Were ok dat we edder vnfe Elderen icht dar to in de Menheyd ghe rodet edder broken hedden ichte plantet dat late we on ok dar to, vnde fchullet fe dar vmbeworen an laten, Vñ dot alle deffes vorbenomden gudes eyne rechte af ftichte, Vñ we noch vnfe Eruen en fchullet noch en willet dar nicht mer vp faken noch mid breuen noch mid worden noch mid ienegherhande ftucken fe dar an hinderen, Mer we vñ vnfe Eruen willet vñ fchullet vnfeme vorbenomden heren vñ fynen Eruen vñ Nakomelinghen deffes kopes rechte warande wefen to allen tiden wor on des nod is, Were ok dit flot edder dat gud dat we on dar to ver koft hebben iergbene ver pendet van vnfer weghene, edder van liftucht weghene, dar vnfe verfprokene here. fyne Eruen vñ Nakomelinghe vmme bedeghedinghet mochten werden mid rechte, dar fchulle we fe van entleften. vñ fe van allerleye rechter anfprake entledeghen, Alle deffe vorfcreuenen ftucke. vaft vñ ftede. ghenfliken vñ vnbrokelik to holdende vnde dar mid nichte weder to donde, hebbe we vorbenomden van Saldere gheloued entruwen mid famender hand vnde loued in deffem breue vnder vnfen Inghezeghelen vor vns vñ vor vnfe Eruen vnfeme vorbenomden heren Hertoghen Wilhelme vñ fynen Eruen vñ Nakomelinghen, Vnde Juncheren Lodowiche hertoghen Magnuf fone van Brunfwich des elderen vñ fynen Eruen vñ Nakomelinghen, oft hertoghe Wilhelm alfo fterue dat he neynen echten fone na fyk en lete des god nicht en wille Vñ Juncheren Lodowiches brodere eyneme de to der Herfchap to luneborch ghe koren worde van den de dar to ghe fat fyn. vñ fynen Eruen vñ Nakomelinghen, oft Junchere lodowich alfo fterue dat he neynen echten fone na fyk enlete. To eyner openbaren betughinghe deffer vorefcreuenen Dingh. Hebbe we vorbenomden van Saldere. vnfe Ingheseghele ghe hanghen mid witfchap to deffem breue, De ghe gheuen is to Tzelle Na goddes bord dritteynhunderd Jar in deme dre vñ feftegheften Jare, des negheften daghes vor funte katherinen daghe der Hilghen Juncvrouwen.

207. Ritter Conrad von Salder und seine Söhne Siegfried, Johann, Conrad und Basilius und Johann und Gebhard, Söhne des verstorbenen Johann von Salder, geloben dem Herzoge Wilhelm von Braunschweig und Lüneburg, ohne seinen Willen keine Sühne oder Frieden mit dem Stifte Hildesheim noch mit Bode von Salder zu schliessen und, falls er wegen des Schlosses Calenberg mit dem Stifte oder mit Bode in Krieg geräth, ihm mit zwanzig Gewaffneten gegen sie zu dienen. Sie verpflichten sich, diesen Vertrag, falls der Herzog, ohne einen Sohn zu hinterlassen, stirbt, dem Herzoge Ludwig von Braunschweig, und falls dieser, ohne einen Sohn zu hinterlassen, stirbt, dem vom Raths-Collegio zum Herrn der Herrschaft Lüneburg zu wählenden Bruder desselben zu halten. — 1363, den 26. November. K. O.

We Cord Ridders. Zyferd. Johan. Cord vnde Beſeke ſyne ſone. Johan vñ Gheuerd Ichteſwanne her Johannes ſone, alle ghe heten van Saldere bekennet openbare in deſſem breue vor alle den de en ſeen edder leſen horen, dat we hebbet ghe deghedinghet mid dem achbaren vorſten hern Wilhelmo, van Brunſwich vñ luneborch Hertoghen, vnſeme leuen heren, Dat we vns nicht ſonen noch vreden en ſchullen mid dem Stichte van Hildenſem noch mid Boden van Saldere, ane vſes vorbenomden heren Hertoghen Wilhelmes willen, Vnde he ſchal to ſone vñ to vrede vſer mechtech weſen to allen tiden tighen dat ſtichte vñ tighen Boden, Were ok dat vſe vorbenomde here to kryghe queme vmme den kalenberch mid dem ſtichte edder mid Boden, wel he vns denne vor ſchaden ſtan, ſo ſchulle we eme denen vppe dat Stichte vnde Boden, mid twintech mannen wapend, vnde ſchullet dar mede lighen vñ riden wor he vñ ſyne ammychtlude willet, vñ ſo ſchal he vs gheuen voder vnde ſpiſe alſe anderen ſynen mannen vñ ſchal vromen vñ ſchaden ſtan, Schulle we auer ſuluen den ſchaden ſtan, ſo hebbe we des to her hanſe van honleghe ghan, vnſen vorbenomden heren vñ vns dar vmme to beſochende wo dat vnder vns ſtan ſcholde an dynghetale vñ in anderen vromen, Were ok dat her hans af ghinghe bynnen deſſen dinghen ſo ſcholde we mid vſeme heren endrachtech werden to keſende enen ſyner truwen Ratgheuen de vns des beſeghede alſe her hans ſcholde dan hebben, Vortmer wan vſe vorbenomde here ſik berichted hedde mid dem Stichte vñ mid Boden vmme de kalenborch ſo ſchal deſſe bref dot ſyn vnde neyne macht mer hebben, Alle deſſe vorſcreuenen ſtucke vñ deghedinghe vñ alle breue de we mid eme deghedinghet hebbet ſchulle we eme to dem beſten keren vñ truweliken to gude holden, Vñ alle deſſe ſtucke vaſt vnde vmbrokelik vñ ſunder ienegherhande argheliſt to donde vnde to holdende hebbe we ghelouet entruwen mid ſamender hand vñ loued in deſſem breue vnſeme vorbenomden heren hertoghen Wilhelmo vñ ſynen Eruen vñ Nakomelinghen, Vñ Juncheren Lodewiche Hertoghen Magnus ſone van Brunſwich des elderen vñ ſynen Eruen vñ Nakomelinghen oft hertoghe Wilhelm alſo ſtorue dat he neynen echten ſone na ſik enlete des god nicht en wille vnde Juncheren Lodewiches brodere eyneme de to eyneme heren der herſchap to luneborch ghe koren worde van den de dar to ghe ſat ſyn oft Junchere Lodowich alſo ſtorue dat he neynen echten ſone en hedde To eyner betughinghe alle deſſer dingh hebbe we vorbenomden van Saldere vnſer aller Inghezeghele ghe hanghen an deſſen bref De ghe gheuen is Na goddes bord drittteynhunderd iar in deme dre vnde ſeſtegheſten iare des negheſten ſondaghes vor ſunte andreas daghe des hilghen apoſtolen.

208. Gottschalk von Gilten resignirt zu Gunsten seiner mit dem langen Johann von Bothmer vermählten Tochter dem Herzoge Wilhelm von Braunschweig und Lüneburg einen Hof zu Stöcken. — 1363, den 21. December. **K. O.**

Ich Gotſcal van Ghilten be kenne in deſer Scrift Dat Ich vp gheue vñ vp late Dem edelen vorſten Wilhelmo Hertoghen tho Lunenborch vñ to Brunſwich De houe De ich van In hadde in deme houe tho Stocken den ich hebbe gheuen mit miner dochter Deme langhen Johanne van botmer vñ bidde Juch dat ghy ſe mede be lenen vñ be tuge dat vnder minem Ingezeghele ghe gheuen no godes bort drutteynhundert Jar inde in dem Dre vñ ſeſtigeſten Jare In den hilgen daghe ſunte thomaſ des apoſtoles.

209. Vicke von Hitzacker und seine Söhne beurkunden, dass Herzog Erich von Sachsen-Lauenburg ihnen 200 Mark Pfennige von den 2300 Mark, wofür ihnen das Land Darzing verpfändet ist, bezahlt hat. — 1363, den 26. December. **K. O.**

Vicke van hidzacker. her vicke vnd Juries myne ſones. Bekennet vnd betüghet openbare an deſſem breue. Dat vſe leue here hertoghe erick van ſaſſen vs beret heft wol na vſem willen twe hundert mark lubiſcher pennynghe. van den Dre vnd twintich hundert marken de he vs ſchuldich is. dar wy de Dertzinghe vore to pande hebben. vnd dar wy ſine breue vp hebben. Tho tüghe hebbe wy vſe Inghezeghele henght to deſſem breue Na godes bort drutteynhundert iar an dem dre vnde Seſtigheſten iare an Sunte ſteffens daghe.

210. Die Herzöge Albrecht und Johann von Braunschweig begeben sich in den Dienst ihres Vetters, des Herzogs Wilhelm von Braunschweig und Lüneburg, so lange er lebt, und geloben, niemals seine Feinde zu werden, die Seinen vor Schaden zu bewahren, ihm, wann er es fordert, mit fünfzig Gewaffneten gegen jeden zu folgen, nur nicht gegen den Herzog Ernst von Braunschweig, den Bischof von Minden, den Grafen Adolf von Schaumburg und seine Brüder, den Grafen Otto von Everstein, die edelen Herren von der Lippe, die Grafen von Hohnstein und die Grafen von Waldeck, eroberte Schlösser ihm allein zu lassen und drei Vierteljahr nach seinem Tode dieses Bündnis seinen Erben und Nachkommen, falls er aber, ohne einen Sohn zu hinterlassen, stirbt, besonders dem Herzoge Ludwig von Braunschweig zu halten. — 1364, den 5. Januar. **K. O.**

Van goddes gnaden We Albrecht vnde Johan brodere Hertoghen to Brunſwich. bekennet openbar in deſſem breue. Dat we ſint ghe varen in vnſes leuen veddern denſt des Erluchtighen forſten Hertoghen Wilhelmes van Brunſwich vñ to Luneborch Vñ we en ſeullet noch de vnſe noch nement van vnſer weghene ſin vyand nicht werden noch der ſiner vmme jengherhande ſtucke Vñ we ſcullet ok de ſine vor ſchaden bewaren. mid allen truwen Wan he ok dat van vs eſchet ſo ſculle we eme behulpich weſen vñ volghen vppe alleſwene ane de de we dar vt ſpreket mid veftich mannen ghewapent guder lude binnen veerteynachten dar na allerneyſt wanne he dat van vs eſchet. Vñ wanne we komet mid den luden de we eme to hulpe voret eder ſendet in ſin land ſo ſcal he vns gheuen voder ſpiſe vñ hoſſlach. Weret ok dat vnſe veddere eder de ſine ſtridden dar we eder de vnſe mede weren. vñ neme men dar vromen an vangenen den ſcolde men delen na mantale wapender lude. Wenne ſchaden ſculle we ſuluen ſtan. Weret auer dat we Slote wunnen in deſſer volghe de ſcolden vnſe vorbenomede veddere vñ ſine eruen vñ nakomelinge alleyne beholden. Deſſe vorenynge ſcal ſtan alle de wyle dat vnſe vorbenomede veddere leuet. Vnde weret dat we vnſes vedderen Hertoghen Wilhelmes dod leueden. ſo ſculle we alle deſſe ſtucke halden dre verndel iares na ſinem dode ſinen eruen vñ nakomelingen. vnde ſunderliken Hertoghen Lodewighe Hertoghen Magnus ſone van Brunſwich des eldern vnſes veddern. vñ ſinen eruen vñ nakomelingen. Oſt Hertoghe Wilhelm vnſe vedder alſo ſtorue dat he neynen echten ſone en hedde. Dyt ſint de de we vtſpreket Vnſen leuen veddern Hertoghen Ernſte van Brunſwich. Vnſen leuen Om den Biſcop van mynden. Vnſe leuen Ome Greuen alue van Schowenborch vñ ſine brodere Vnſen leuen Om Greuen Otten van Euerſteyn. Vnſe leuen Ome de van der Lippe. Vnſe leuen Swghere de Greuen van Honſten. vñ de Greuen van Woldeggo. Alle deſſe vorſcreuene ſtucke loue we entruwen vnſen vorbenomden vedderen Hertoghen Wilhelme vñ hertoghen Lodewighe vñ oren eruen vñ nakomelingen vaſt vñ vnbrokelik to holdene in aller wys alſe vorſcreuen is. Vñ hebbet des deſſen bref ghe gheuen beſeglet mid vnſen inghoſeglen to eynem orkunde Na goddes bord dritteynhundert iar in dem veer vñ ſeſtigheſten iare in dem hilghen auende to Twelſten.

211. Ritter Hermann Rand und Knappe Nicolaus van dem Berge stellen einen Revers aus, dass Herzog Magnus von Braunschweig der jüngere ihnen sein Schloss Westdorf (bei Aschersleben) verpfändet hat, und geloben, es ihm gegen jeden mit Ausnahme des Bischofs von Halberstadt zu öffnen und den Pfandvertrag, falls der Herzog, ohne Erben zu hinterlassen, stirbt, seiner Gemahlinn Katharina und, falls sie stirbt, seinem Vater und dessen Erben zu halten. — 1364, den 8. Januar. **K. O.**

Wier Her Herman. Rand. Rittere Clawes. von dem Berge. knecht vnde vnſer beyder Erben Bekennen Offenlichen, an diſſeme keynwertigen Bribe, myt eyner geſamtten hant vnde tûn wiſzentlich alleden dy̆ eñ Sehen, ader horen leſen Das der Hochgeborne Fvrſte Magnus, herczoge zcû Brûnſwich der Jûngere, vns geſaczet hat zcû Phande ſyn Hûs Wesdorf. myt alleme Rechten vnde myt alledeme das da zcû gehoret, vôr Hvndirt Brandenbûrſche mark Halburſtades gewichtes vnde da zcû vor Fvmfczich lotige mark Silbers Northûſchis gewichtes, vnde wisze, vnde Erfortiſches Czeyehens In ſulcher wis alſe hy̆ nach ſtet geſchreben, Das icsûnt genante ſin Hus Gût, vnde alles das da zcû gehoret mak her noch enſal, noch nymant von ſyner wegen, von vns wyder loſen, Tzwiſchen hy̆ vnde deme Tzwölſten der nû erſt zcû kvnſtik iſt von deme vort obber dry Jar, vnde wenne her aber nach den Dren Jaren Sin Hûs. vnde waz da zcû geboret von vns wyder loſen wil daz ſal her vns indeme Dritten Jare Eyn virteyl Jars vor wiſzen laſzen vnde vorkûndygen daz ſelbige ſolle wir Ome widder tûn ab wir vnſe gelt von Ome haben wollen, vnde wenne denne daz virteyl Jars vmme kvmmet ſo ſal her vns der vorgenanten vnſer Phenninge be tzalen, dŷ Hvndirt Brandenbvrſche mark, zcû Aſcherſleben. ader zcû Quedelingebörch. dy Fvmfczich lotige mark Sylbers, in der Stad. zcû Northûſen vnde were daz des vorgenanten vnſes heren dink, myt den itzvnt genanten Steten alſo gelegen wörde, das her des Geldes da nicht betzalen mochte, So ſolle wir deme Gelde vnde den dŷ das bezalen ſolden der Stete geleyte her werben, alſo daz her vns vnſes Geldes vngehindert vnde ane varo da mak beczalen, vnde wenne wir denne der vilgenanten vnſer Phenninge gentzlich ſint beczalet So globe wir in gûten Trûwen myt eyner geſamtenhant deme vor genanten vnſeme heren, vnde zcû ſyner hant alleden dŷ hŷ nach ſten geſchreben ſyn Hus ledichlichen wyder zcû antwartene, myt alledeme das da zcû geboret vnde alſe vns daz geantwertet iſt ane allerleye Argeliſt vnde wyderrede, Were ouch das vns vnſer vorgenante here dŷ vorkundygvnge indeme Dritten Jare alſe vorſtet geſchreben nicht entete, noch wir ome, vnde dŷ Drŷ Jar vmme komen dar nach ſal her vns, noch wir Ome dy loſvnge nicht er vſ ſegen, denne eyn virteyl Jars aber vor deme Tzwolften, Geſchege ouch daz vnſer vil genanter here vor vyele des lyebes da Got vor behûte So ſolle wir vns halden myt der loſvnge an ſyne Erben, vnde ab her nicht Erben enliſze an vnſe vroûwen katherynen. ſyne Eliche wirtinne, vnde ab ſy vor vyele, an vnſen heren ſynen vater, vnde an ſyne Erben Ouch ſal das me genante hus ſyn Offene Slos. ſyn zcû alle ſynen noten vſ allermellichen, wenne her des bedarf, ane vſ vnſen heren von Halberſtad. vnde vſ dy Sete dy das Gotteſhus zcû Halberſtad. an gehoren, welchen Ammechtman her ouch vſ das Sloz ſeczet der ſal ſyne koſte da haben, vnde ſal vns gewiſzenheyt tûn daz wir ſchaden vſ deme Hûs bewaret werden, her ſal ouch vnſes Rechten volle macht haben an allen ſachen, Daz dis von vns getruwelich ſtete vnde veſte gehalden werde ane Argeliſt Des ſecze wir zcû Börgen vnſe frûnt Hern Gerharde von Hoym. Borcharde. von Ditforde. Heynrichen von Hoym. Hentzen Schenken. den Jûngeren, Bertolde von Ditforde. hern Hanſes ſone. Bûſzen von wiczerode. Friczen von Tzelingen, Heynriche. Barten. Wernern von Balreſleben, vnde Henczen. Rande. dy alle myt vns globen vnde wir myt oû ingûten Trûwen myt eyner geſamten hant alle diſſe vorgeſchrebenen rede, ſtete vnde veſte zcû haldene ane allerleye Argeliſt, Were ouch das ichkeynerleye hinderniſſe ader Brûche hir ane geſchege welcherleye dŷ weren alſo das diſſe vorgeſchrebenen Stucke vnde Artikele nicht gentzlich worden gehalden, das wir gemant worden, ſo globe wir itzûnt genanten Borgen in czuritene zcû Sangerhuſen in dŷ Stad Inleger zcu haldene alſe Inlegers recht iſt nicht von dennen wir haben genczlich herfûlt vnde gnûg da vor getan an alledeme dar wir vmme gemant wörden nach lûte diſſes Brifes Were ouch daz diſſer vor genanten Borgen, ichheyn vor vyele ſo globe wir ob genanten Sachwalden binnen eyme manden Eynen andern andes ſtad zcû ſeczene Tet wir des nicht vnde gemant worden ſo globe wir in czû Rittene in dŷ Stad. zcû Sangerhuſen Inleger zcû haldene nicht von dennen wir hetten das geant Das dis von vns allen Sachwalden vnde Borgen ſtete vnde veſte gehalden werde ane Argeliſt daz globe wir deme vorgenanten vnſeme heren vnde zcû ſiner hant Hern Henczen von Kaneworſen hern Cvnrade von Roteleyben. Frederiche von Morungen. Henczen von Morungen. Lodewige. von Sangerhuſen. vnde Olriche. von Sangerhuſen. Des zcû eyme Offenbaren bekentniſſe Henge wir vnſe Inſigele andiſſen Brif Ge geben nach Criſti gebort Tuſent Jar Dry Hvndert Jar Indeme vir vnde Sechczigeſten Jare andeme Achten Tage vnſes heren den man nennet den tak des Jares.

218. Herzog Magnus von Braunschweig verpfändet dem Rathe zu Braunschweig sein Recht über die Juden und über die Müller zu Braunschweig. — 1364, den 28. Januar. K. O.

Nota Min here hertoge magnus heſt vorſad deme rade to brunſw alle dat recht dat he an den Joden vñ an den molneren heſt dar ſelues to brunſw vor achteyn lodige mark alſo dat he dat mach wedder loſen wan he wel vor de Egenanten ſummen geldes. Datum anno dominj M CCC LXIIII Octauo agnetis.

213. Ritter Albrecht von Rössing und sein Bruder Basilius bescheinigen, dass das Domcapitel zu Hildesheim ihnen die 200 Mark löthigen Silbers, wofür ihnen von Bode von Salder ein Theil des Schlosses Calenberg verpfändet worden ist, bezahlt hat. — 1364, den 2. Februar. XII.

We her albert ritter. Befeke. knape brodere gheheiten von Rottinge bekennet openbare in deffem breue dat de Erbaren heren dat Capittel to hildenfem os betalet vnde berot hebbet twe hundert mark lodighes fuluers hildenfemfcher wichte. vñ witte de we hadden an deme dele des Calenberghes dat os bode von saldere dar vore ghefat hadde. vñ latet Boden von saldere der twier hundert mark los de we von finer wegen dar anne hadden. wente fe os von den erbaren heren deme Capittele to hildenfem ghenfzliken entrichtet vñ betalet fint alfe hir vor fcreuen is. vñ dat os dat Capittel to hildenfem de twe hundert mark betalet heft. vñ we des gheldes Boden von faldere vnde dat Capittel los ghelaten hebbet vñ los latet. vñ dat we alle daffer ftucke vñ eynes Jowelken funderliken bekennich wefen willet wor vñ wanne fe des bedoruet. des hebbe we vfe Ingefegele ghehenget laten to deffeme breue de ghegheuen is na godes bord dufent Jar vñ dre hundert Jar in deme vere vnde feftigeften Jare in vfer vruwen daghe to lechtmiffen.

214. Ritter Albrecht von Rössing und sein Bruder Basilius bescheinigen, dass das Domcapitel zu Hildesheim ihnen die 130 Mark, wofür ihnen von dem verstorbenen Ritter Johann von Salder und von seinen Söhnen Johann und Gebhard ein Theil des Schlosses Calenberg verpfändet worden ist, bezahlt hat. — 1364, den 2. Februar. K. O.

We her Albert Ridder Befeke knape brodere gheheten van Rottinghe. bekennet openbare in deffeme breue. dat her Johan van Saldere riddere dem god guedich ſi vnde Jan vñ Gheuerd brodere ghe heten van Saldere des feluen hern Janes Sone van Saldere os ghe fat hadden en deil an deme Kalenberghe. vor dre vñ drittigh mark vnde hundert. dat vorbenomde ghelt dar os dat felue deil des Kalenberghes van en vore ghe fat was. hebbet os de erbaren heren dat Capitel to hildenfem ghenfliken betalet vñ beret. alfe dat we dat Capitel eder de vorbenomden van Saldere en fcüllet eder en moghet weder des Capitels willen nicht anfpreken van des gheldes weghene. dat vore fcreuen js. vñ willet des ftuckes vñ der beredinghe des feluen geldes den erbaren heren deme Capitele to hildenfem bekennigh wefen wûr vñ wanne en des nod js. vnde So dat van os efchet. vñ willet dat deme Capitele to gûde holden wûr we moghen.. Vnde hebbet des to ener betughniffe vfe jnghafeghele ghe henghet laten to deffeme breue. De ghe gheuen js. Na Godes Bort. Dufent jar vñ dre hundert jar jn deme ver vnde Seftegheften jare. In vfer Vrowen daghe to Lechtmiffen.

215. Die Grafen Ludolf und Ludwig von Roden und Wunstorf begeben sich auf vier Jahre in den Dienst des Herzogs Wilhelm von Braunschweig und Lüneburg, geloben, ihm ihren Theil der Schlösser Wunstorf und Blumenau zu öffnen, wofür er sie mit aller Macht gegen jeden vertheidigen soll, und räumen ihm bei Verpfändung oder Verkauf ihres Theils der beiden Schlösser das Näherrecht ein. — 1364, den 2. Februar. K. O.

Van der gnade goddes We Ludelef vnde Lodewich Brodere Greuen to Roden vnde to Wnftorpe. bekennet openbare. Dat we find ghe varen in vfes heren denft van Luneborch Hertoghen Wilhalmes, ver Jar vmme, van vfer vruwen daghe to Lechtmiffen de nv is an to rekenende. vnde we fcon ome denen, vnde helpen, vnde vfen del der Slote Wnftorpe vnde Blemenowe open holden vppe allefwane wan ome des behof is, vnde he fcal vs weder vfes Rechtes vor deghedinghen weder allermalken lik anderen finen mannen deffe tyd vmme. Mynne vnde Rechtes fcal he ouer vs woldech wefen. vor vnrechtede vs we vñ en mochte he vs ouer dene, edder ouer de, de dat doden nicht helpen Minne edder Rechtes vñ queme we to veyde vnde worde we den beftallet, edder vor buwet, dat fcolde he vs van ftaden an mid alle finer macht keren vnde weren vnde bi don helpen. vnde worde we des Rades, dat we vfen del der vorfprokenen twiger Slote vor fetten edder vor kopen wolden, dat fcolde we ome erft beden, vnde wolde he dat hebben vmme alfodan ghelt, alfe vs en ander dar vp don, edder dar vore gheuen wolde, fo fcolde we ome vfen del der Slote vor fetten edder vor kopen vñ anders nemende. Deffe vorbenomden ftucke hebbe we ghe louet vnde louet entruwen vſeme vorbenomden heren Hertoghen Wilhalme van Luneborch ſtede vñ vaſt vñ vnvorbroken to holdende. vnde betughet dat mid deſſem Breue debeſeghelt is mid vſen Ingheſeglen. vnde is ghe ſcen na goddes bord Druttenhundert Jar, in deme verden vñ Seſteghesten Jare. to vſer vrowen daghe to Lechtmiſſen.

216. Der edele Herr Siegfried von Homburg und sein Sohn Heinrich stellen einen Revers aus, dass Herzog Wilhelm von Braunschweig und Lüneburg ihnen seinen Theil des Schlosses Giselwerder, nämlich das halbe Schloss, für 120 Mark löthigen Silbers, wovon sie die Hälfte auf den Bau des Schlosses verwandt haben und zum Theil noch verwenden sollen, auf sechs Jahre verpfändet hat, und geloben, diesen Theil des Schlosses ohne seine Bewilligung nicht weiter zu verpfänden und den Pfandvertrag, falls der Herzog, ohne einen Sohn zu hinterlassen, stirbt, dem Herzoge Ludwig von Braunschweig und, falls dieser, ohne einen Sohn zu hinterlassen, stirbt, dem vom Raths-Collegio zum Herrn der Herrschaft Lüneburg zu wählenden Bruder desselben zu halten. — 1364, den 2. Februar. K. O.

We Junchere Syferd van goddes gnaden Here to Homborch, Vñ Hinrik ſyn ſone, bekennet openbare in deſſem breue, Dat de Erluchteghe Vorſte Her Wilhelm Hertoghe to Brunſwich vñ to luneborch heft vns vñ vnſen rechten Eruen ghesat ſyn del des ſlotes Ghiſſewerdere, dat is dat Halue ſlot, mid alle deme dat dar to Hord vor twintech mark vnde hunderd mark lodoghes ſulueres Honouerſcher wichte vñ witte, Dere we ſeſtech mark ver buwed hebbet in deme dele des ſlotes, Vnde hedde we de ſeſtech mark nicht al verbuwed, wes dar an enbreke, des we dar an nicht ver buwed hedden, dat ſchulle we dar an noch verbuwen, Vñ dat del deſſes ſlotes ſchal eme ſynen Eruen vñ Nakomelinghen open weſen alle tyd to oreme behoue, vñ ſe ſchullet ok mynne vñ rechtes ouer vs vñ vnſe Eruen weldech weſen alle tyd in den ſaken dar we des ſlotes to bruken wolden vñ de dat ſlot an roreden, Vñ we vñ vnſe Eruen ſchullet dat bewaren, dat vſeme vorbenomden heren Hertoghen Wilhelme. ſynen Eruen vñ Nakomelinghen vñ oren mannen vñ den oren van deme dele des ſlotes neyn ſchade enſche de wile dat we den del des ſlotes hebbet, Vnde wanne ſes iar vmme komen ſyn van ſunte Michaheles daghe de neghest kumpt an to rekende ſo moghed ſe vns edder vnſen Eruen, vñ we en kundeghen de loſe deſſes ſlotes alle iarlikes bynnen achte daghen vore vñ bynnen achte daghen na ſunte Mertens daghe, Vnde wan ſe vns edder we en de loſe kundeghet hebbet alſe hir vore ſcreuen is, Dar na ouer eyn iar ſchullet ſe vns de Twintech mark vñ hunderd lodeghes ſuluers betalen to honouere in der ſtad mid ſuluere edder mid pennynghen alſe dat ſuluer denne dar ghild vñ velighen vs dat gheld dar binnen vñ dar buten vor alle den de dor ſe don vñ laten willen, Vñ wan we bered ſyn ſo ſchulle we en edder weme ſe willet den del des ſlotes Ghiſſewerdere van ſtaden an weder antworden mid alle deme dat dar to hord vmbeworen ane ienegherleye weder rede Ok enſchulle we noch vnſe Eruen den del des ſlotes vñ dat dar to hord nemande ſetten noch verplichten we en don dat mid hertoghen wilhelmes ſyner eruen vñ Nakomelinghe willen vñ vulbord, Were ok dat vnſer borghen de hir na ſcreuen ſtan ienech af ghinghe, ſo ſcholde we eynen anderen alſe gud in iewelkes ſtede de dar af ghe ghan were ſetten bynnen verteynnachten dar na neghest dat we dar vmme manet worden, vnde de ſcholde louen vor vs vñ vſe Eruen alle deſſe ſtucke in eyneme ſunderliken breue vnde dar mede ſcholde deſſe bref vnverbroken bliuen, Alle deſſe vorſcreuenen ſtucke vaſt vñ vmbrokelik vnde ſunder ienegherhande arghelist to donde vñ to holdende hebbe we vorbenomden Junchere Syferd van homborch vñ Hinrik ſyn ſone ghe-loued vñ loued entruwen mid ſamender hand mid vſen naſcreuenen borghen vor vns vñ vor vnſe Eruen vnſeme vorbenomden heren hertoghen Wilhelme vñ ſynen Eruen vñ Nakomelinghen, Vñ Juncheren lodowiche hertoghen Magnus ſone van Brunſwich des elderen vñ ſynen Eruen vñ Nakomelinghen, oft hertoghe Wilhelm alſo ſtorue dat he neynen echten ſone na ſyk enlete des god nicht enwille, Vnde Juncheren lodowiches brodere eyneme de denne to eyneme heren der Herſchap to luneborch ghekoren worde van den de dar to ghesat ſyn van hertoghen Wilhelme vñ de dat mid hertoghen Wilhelmes openen breuen bewiſen moghen, oft Junchere lodowich alſo ſtorue dat he neynen echten ſone na ſik enlete, Vnde we Greue Johan van

Speyghelberghe. Greue Otto van halremund. her Ordenborch Bok Riddere. Statius Butcha. Heyne vamme Werdere Werner van Reden. Gherd van Eltze vñ Ernst kake bekennet in desseme suluen breue, Dat we vns to borghen ghe sat hebben vor Juncheren Syuerde heren to Homborch vñ Hinrike synen sonen vñ vor ore Eruen vñ hebbet vor se ghelоued vñ loued en truwen mid samender hand in dessem breue vnseme vorbenomden heren hertoghen Wilhelmo van Brunswich vñ to luneborch vñ synen Eruen vñ Nakomelinghen, Vnde Juncheren lodowiche hertoghen Magnus sone van Brunswich des elderen vñ synen Eruen vñ Nakomelinghen, oft hertoghe wilhelm also storue dat he neynen echten sone na sik enlete des god nicht en wille, Vñ Juncheren lodowiches brodere eyneme de denne to eyneme heren der Herschap to luneborch ghe koren worde van den de dar to ghe sat syn vñ de dat mid hertoghen wilhelmes openen breuen bewisen mochten, oft hertoghe lodowich also storue, dat he neynen echten sone enhedde, vñ hebbet en ghelоued mid samender hand in desser wis, Were dat en edder erer iewelkeme ienech brok edder hinder worde in dessen voresereuenen stucken, so schulle we vñ willet komen in de stad to Honouere vñ dar eyn recht inlegher holden vñ nicht buten benachten de broke en sy en ghensliken ir vullet edder we endon dat mid oreme willen To eyner openbaren bewisinghe vñ betughinghe alle desser vorsereuenen stucke hebbe we vorbenomden sakewolden . . vñ we borghen vnser aller Ingheseghele ghe hanghen an dessen bref, De ghe gheuen is Na goddes bord, Dritteynhunderd iar in deme Veere vñ sesteghesten iare in deme Hilghen daghe vnser vrouwen to lychtmissen.

217. **Bertold von Heimbruch und sein Sohn Ludolf verkaufen dem Herzoge Wilhelm von Braunschweig und Lüneburg eine Wiese bei dem Schlosse Harburg. — 1364, den 2. Februar.** K. O.

Ick Bertold vamme heymbroke de eldere vñ myn sone ludolf bekennet al openbare vor allen guden luden de dessen bref höret vn set Dat wi mid vûlbord vnser eruen hebbet vnsen heren van lüneborch hertoghen wilhelme vnde synen rechten eruen verkoft tho enem ewighen cope de wichs de vnse wesen hadde mid alme rechte de bi deme haghen vnde deme slote tho horborch ghe leghen is vor drittich mark luneborgher penninghe de vns vnse here van luneborch hertoghe wilhelm na willen betalet heft vnde ick bertold vamme heymbroke de eldere vñ myn sone ludolf scolen vnsen heren van luneborch hertoghe wilhelme vñ synen rechten eruen der vorespnrokene wischs en recht warand wesen vor al den ghenen de de vore sprokene wischs an spreken moghen Tho ener waren betûghinghe dat desse ding stede vnde vast blyuen sunder iengherhande arghe list So hebbe ick bertold vamme heymbroke de eldere vñ myn sone ludolf ghehenghet vnse ingheseghele tho dessen breue De is gheuen na godes bord drutteynne hundert iar in deme vere vñ sesteghesten iare in deme hilghen daghe vnser vrouwen tho lechtmissen.

218. **Ritter Conrad von Salder und seine Söhne Siegfried, Johann, Conrad und Basilius und Johann und Gebhard, Söhne des verstorbenen Johann von Salder, stellen einen Revers aus, dass Herzog Wilhelm von Braunschweig und Lüneburg ihnen sein Schloss Knesebeck mit Vogtei und Gericht ohne geistliches und weltliches Lehn für 1685 löthige Mark verpfändet hat, geloben, erst nach vier Jahren von dem Kündigungsrechte Gebrauch zu machen, obgleich er kündigen darf, wann er will, und verpflichten sich, ihm das Schloss zu öffnen und den Pfandvertrag, falls der Herzog, ohne einen Sohn zu hinterlassen, stirbt, dem Herzoge Ludwig von Braunschweig und, falls dieser, ohne einen Sohn zu hinterlassen, stirbt, dem von dem Raths-Collegio zum Herrn der Herrschaft Lüneburg gewählten Bruder desselben zu halten. — 1364, den 12. Februar.** K. O.

We Cord Riddere. Zyferd. Johan. Cord vñ Bescke des suluen Hern Cordes sone, Johan vñ Gheuerd ichteswanne hern Johannes sone alle ghebeten van Saldere bekennet vñ betughet openbare in dessem breue vor alle den de en seen edder lesen Horen, Dat de erluchteghe Vorste vuse leue here Hertoghe Wilhelm van Brunswich vñ to luneborch. heft vs vnde vsen Eruen ghesat syn slot. den Knesbeke mid der voghedye vnde mid aller nvt richte vn rechte alse id to dem slote horet, ane gheystlik vñ manlik len vor seuenteynhunderd lodeghe mark Honouerscher wichte vnde Brunswikescher witte vefteyn lodeghe marke myn, in desser wise, dat we bynnen dessen neghesten to komenden vere Jaren an to rekende van der vt ghift desses breues, en ſchullet noch en willet vnſeme vorbenomden heren neyne loſe kundeghen deſſes ſlotes, mer wan de vere iar vmme komen ſyn. ſo mer moghe we eme kundeghen de loſe deſſes ſlotes eyn iar vore, Vnſe vorſcreuene Here mach vns auer de loſe deſſes ſlotes van ſtaden an kundeghen bynnen deſſen vere iaren vñ ok na to allen tiden wan he wel, Vnde wan he vs edder we eme de loſe kundeghet alſe hir vore ſcreuen is, ſo vord ouer eyn iar an to rekende van der tid alſo de loſe kundeghet is, ſchal he vs bereden dit vorſcreuene gheld. ſeuenteynhunderd lodeghe mark. veſteyn lodeghe marke myn in der ſtat to Honouere mid ſuluere edder mid pennynghen. edder mid golde edder mid olden groten alſe ſyk denne dar vore bored vnde alſe dat ſuluer vppe der weſle dar ghild, Vnde wan we bered ſyn, ſo ſchulle we eme dit ſlot weder antworden van ſtaden an ſunder ienegherhande hinder vnde vortoch vnde vmbeworen alſe id vns ghe antword is, Were id auer bynnen der tyd, dat we ſad ghe ſeghed hedden vnde de noch vppe dem velde ſtunde wan we dat ſlot van vs antworden, de ſcholde he vns ghelden alſe her Hans van Honleghe, edder oft her hans bynnen der tyd af ghynghe, alſe denne ſyner anderen truwen manne eyn den we af beyder ſyd dar to koren vns be ſeghede, dat he vns de ghelden ſcholde, Vortmer ſchal he. ſyne Eruen vnde Nakomelinghe ouer vs vñ ouer vſe Eruen mynne vñ rechtes mechtech weſen to allen tiden Vnde he ſchal vns verdeghedinghen mid deme ſlote ghelik ſynen anderen mannen, We enſchullet ok van deme ſlote nicht orleghen noch nemande dar van noch dar to beſchedeghen we endon dat mid vſes vorbenomden heren willen vñ vulbord, Ver vnrechtende vns auer we, enhulpe he vs dar vmme nicht mynne edder rechtes bynnen vere manden dar na dat we dat van eme eſcheden. ſo moſte we vns ſuluen van deme ſlote wol vnrechtes irweren, mer wan he vs mynne edder rechtes behelpen konde, dat ſcholde we nemen vnde vns dar an ennoghen laten, We ſchullet ok eme vñ ſynen ammychtluden dit ſlot open holden to allen tiden vnde ſchullet eme dat truweliken bewaren vñ ſchullet ſyne lude nicht verderuen noch ver vnrechten, Vortmer welde vſe vorbenomde here orleghen van deme ſlote, welken ammychtman he dar ſette, de ſcholde vs vor ſchaden vñ vor vnvoghe be waren vor de, de mid eme dar weren, Schude vs auer ſchade, den ſcholde vs de ammychtman weder don in mynne edder in rechte bynnen dem negheſten verdendel iares dar na, dat we dat van eme eſcheden, Were ok dat dit ſlot verloren worde van vſer weghene des god nicht enwille, ſo ſcholde we vſe gheld vnde he ſyn ſlot verloren hebben, Worde id auer verloren van ſyner weghene, ſo ſcholde he vs vſe gheld weder gheuen bynnen dem negheſten iare dar na dat we ene dar vmme ghe maned hedden, We enſcholden vs denne ok nicht ſonen noch vreden mid den de dat ghe wunnen hedden we endeden dat mid vſes vor benomden heren willen, Were ok dat vnſer borghen de hir na beſcreuen ſtan ienech af ghinghe, ſo ſcholde we eynen anderen alſo guden in iowelkes ſtede de dar af ghe ghan weren, ſetten bynnen den negheſten verteynnachten dar na, wan dat van vs eſched worde, Vnde de ſcholde louen vor vs alle deſſe ſtucke in eyneme ſunderliken breue, vñ dar mede ſcholde deſſe bref vnverbroken bliuen Alle deſſe vorſcreuenen ſtucke vaſt vñ vmbrokelik vñ ſunder ienegherhande arghelīſt to donde vnde truweliken vn ghenſliken to holdende hebbe we vorbenomden van ſaldere.. ghelouet entruwen mid ſamender hand, vñ loued in deſſeme breue vnder vſen inghezeghelen mid vſen naſcreuenen borghen vor vs vnde vor vſe eruen vnſeme vorbenomden heren hertoghen Wilhelme vnde ſynen Eruen vñ Nakomelinghen vnde Juncheren lodowiche hertoghen magnus ſone van Brunſwich des elderen vñ ſynen Eruen vñ Nakomelinghen oft vſe here Hertoghe Wilhelm alſo ſtorue dat he neynen echten ſone na ſik enlete des god nicht enwille, Vñ Juncheren Lodowiches broderen. eyneme, de denne to eyneme heren der herſchap to luneborch ghe koren worde van den de dar to ghe ſat ſyn vnde ſynen Eruen vñ Nakomelinghen. oft Junchere Lodowich alſo ſtorue dat he neynen echten ſone, na ſik enlete, Vnde we anne van Heymborch. Hans van Vreden. Werner van Bertenſleue. albert van Veltem Riddere. Johan van Oberghe wonhaftech to Oueſuelde. Hilmar van Oberghe to Walmede wonhaftech. Syferd van Saldere hern Johannes ſone. Guntzel van Bertenſleue Gunteres ſone. Guntzel van Bertenſleue her Buſſen ſone Werner van Bertenſleue. albert van aluenſleue vñ eylerd van Rutenberghe knapen bekennet openbare in deſſeme ſuluen breue dat we vs to Borghen ghe ſat hebben vor vnſe vorbenomden vrend de van Saldere, vnde vor ore Eruen Vnde hebbet vor ſe ghelouet vñ loued entruwen mid famender hand in deffem breue. vfeme vorbenomden heren Hertoghen Wilhelme vñ fynen Eruen vñ Nakomelinghen Vñ Junchoren lodowiche Hertoghen Magnus fone van Brunfwich des elderen vñ fynen Eruen vñ Nakomelinghen, oft hertoghe Wilhelm alfo ftorue dat he neynen echten fone na fik enlete des god nicht enwille, Vnde Juncheren lodowiches brodere oyneme, de denne to eyneme heren der herfchap to luneborch ghekoren worde van den de dar to ghe fat fyn vnde fynen Eruen vñ Nakomelinghen, oft Junchere lodowich alfo ftorue dat he neynen echten fone na fik enlete, Vñ hebbet on gheloued mid fameder hand in deffer wis, Were dat on edder erer iewelkeme ienech brok edder hinder worde in deffen vorfcreuenen ftucken, fo fchulle we vñ willet komen in de Nygen ftad to Vlleffen vñ dar eyn recht inlegher holden vnde dar nicht buten bennachten de broke en fy on ghenfliken ir vullet edder we en dou dat mid erome willen. To eyner openbaren betughinghe alle deffer vorfcreuenen ftucke hebbe we vorbenomden.. Sakewolden vñ we.. borghen vnfer aller Ingheseghele ghehanghen witliken to deffem breue, De ghe gheuen is Na goddes bord drittcynhunderd iar in deme vere vñ feftogheften iare, des erften mandaghes in der vaften.

819. **Ritter Günther von Bovenden und die Knappen Heinrich und Ermfried von Bovenden geloben, mit Leib, Gut und ihrem Schlosse dem Herzoge Otto von Braunschweig gegen Jeden mit Ausnahme ihres Bundesgenossen, des Erzbischofes von Mainz, behülflich zu sein und, falls er sie von ihrem Bündnisse mit dem Stifte Mainz befreien kann, keinem anderen zu dienen noch einem anderen sich mit ihrem Schlosse zu verbinden, und verpflichten sich, ihm mit ihrem Schlosse zu helfen, falls er um ihretwillen mit dem Stifte in Fehde geräth. — 1364, den 19. März.** **K. O.**

We her Gunther Ridder. Henr vñ Ermfrid brodere geheiten von Bouenthen knechte. Bekennet in duffeme breue vñ doet witlik alle den de en feen eder horen lefen. Dat we dem hogebornen vorften vnfem leuen gnedigen heren Hertogen Otten to Brunfwich behulpen fcholen wefen to allen finen noden. mid lyue mid gude mid vnfem Slote vnde mid alle deme dat we vormogen wor vnde wanne en des nod is vnde he dat von vns eyfched vp alle de ghene der he vient wefen wil. ane vp den erluchtegen vorften vnfen heren van Mentz. den we vnfe breue gheghenen hebben. vñ mid en hebbet vorbünden. weret auer dat vns vnfe vorgenante here van Brunfwich künde vnde mochte ghehelpen. dat we des vorbundes mid dem Stichte von Mentz aue quemen. vnde vns vnfe breue von dem Stichte weder worden. So fcholde we vnde wolden anders nemanne denen noch vns mid nemanne vorbinden mid vnfem Slote ane mid en. vnde he fcholde vnfer mechtich fin to alle vnfem rechte. weret ok dat vnfe vorgefereuene here Hertoge Otte to Brumfwich. to veden queme mid deme Stichte van Mentz dorch vnfen willen So fcholde we en behulpen wefen mid vnfem Slote. Dat duffe vor gefereuene ftucke gantz vñ ftede geholden warden fo gheue we duffen breff to eyneme orkunde befegelt mid vnfen Ingef vnde is ge fchen na godes gebord Dritteynhundert iar in deme vier vnde Seftigeften iare des Dinftages na Palmen.

820. **Knappe Gottfried von Thune verkauft dem Herzoge Wilhelm von Braunschweig und Lüneburg seine leibeigenen Leute zu Harmstorf. — 1364, den 31. März.** **K. O.**

Ik ghodeke van tune knecht. bekenne Opliken in deffeme ieghenwardeghen breue vor alle den de en feen vnde horen lefen. befeghelet mid mineme ingheseghele. dat ik mid wulbord vñ mid ghudeme willen. alle miner rechten Eruen. de nv find vnde noch to komen moghen. hebbe vor koft reddeliken vnde to eneme rechten Erue kope. Deme Erbaren vorften. mineme leuen heren. hern wilhelme hertoghe to brunfwich vnde to Luneborch. vnde finen rechten Eruen vnde Nakomelinghe. Mine Eghenen lude. de wonachtich fynd in deme dorpe to hermeftorpe. alfo fe mik myn vader ghe Erued heft. mid allerleye rechte alfo to Eghendvmme bored. Man wif vnde kindere alfo fe hir na befcreuen ftad by namen. Hennake ditmers vnde wibe fyn hufurouue vnde wif. Janeke beneke. Clawes vnde Janeke brodere Ere fones. Eyleke vnde Thale fuftere. Ere dochtere vnde alle de van deffen komen fynd. vnde noch komen moghen. fe fin gheboren. edder vngheboren vor fes mark luneborger penninghe. de my rede bered fyn. vnde ik vnde mine rechten Eruen edder Eruen. willen mineme leuen vorfprokenen heren. finen rechten Eruen vnde Nakomelinghe Deffer vorfprokenen Eghener lude Eyn recht warend wefen. vor allerleye rederliker anfprake wor vnde wan he vnde fine rechten Eruen vñ nacomelinghe van my vñ van minen rechten Eruen dat Efchende fynd. vnde ik Otto van Thune bekenne Opliken in deffeme breue. dat ik alle deffe vorfcreuen ftucke ghodeghedinghet hebbe alfo hir vorfcreuen is. vnde be Thughe dat mid Mineme Ingheseghele dat ik witliken hebbe henghet laten an deffen bref. De ghe ghenen is na godes bord, dritteynhundert iar in deme veer vnde feftechften iare an deme hilghen fondaghe wan men finghed quafimodogheniti.

291. Kaiser Karl IV. entlässt den Herzog Wilhelm von Lüneburg aus der Acht, damit derselbe vor ihm und dem kaiserlichen Hofgerichte am nächsten 16. August dem Herzoge Rudolf von Sachsen-Wittenberg, Reichserzmarschall, auf alle Klagen gerecht wurde, widrigenfalls er ihn mit der Aber-Acht bedrohet. — 1364, den 11. Mai. K. O.

Wir Karl von gotis gnaden Romifcher keifir zu allen ziten merer des Riches vnd Kunig zu Beheim Tun kunt offenlich myd deffem briue In folcher clage vnd achte. die der hochgeboren Rudolff. hertzog zu Sachfen, des hiligen Romifchen Ryches ErtzeMarfchalk. vnfer liber Oheim vnd furfte. myd rechter clage vnd vrteil, vor vns vnd vnferm keiferlichen hofegerichte. eruolget vnd erclaghet hat, vff den hochgeboren Wilhelme hertzogen zu Lunemborg. laffen wir denfelbin hertzog. zu Lunemborg, vs der achte vff recht. alfo. das derfelbe Wilhelm. dem obgenanten Rudolffe herzogin zu Sachfen. vnuerzogen vnd vnuerwyfet. gerecht fal werden. vor vns. vnd vnferm keiferlichen hofgerichte. wo wir denne fyn werden. vmb alle fachen. die er zu ym. zuclagen vnd zufprechen hat, vff den nehften tag. nach vnfer Vrawen tag als fie zu hemel für, der fchireft kumpt. Vnd wo der egenante Wilhelm dem obgenanten Rudolffe. alfo, nicht gerecht wurde. als vor gefchreben, ift, So muften vnd wolden wir. dem egenanten Rudolffe. zu dem vorgenanten Wilhelme. myd der aberachte. richten. als recht were. Mid vrkund ditz briues uerfegilt mid vnfers, hofegerichtes anhangenden Ingefegil. der gebin ift zu Budeffyn. Nach Crifti geburd. dryzenhundert. vnd in dem vyer vnd Sechzigften Jare. an dem hiligen Pfingeftabende Vnfer Riche in dem achtzenden vnd des keifertums in dem zehenden Jare.

Per dominum magiftrum curie
Sifridus Steinbemner.

Gedruckt in Sudendorfs Registrum III. pag. 73 No. L.

292. Die Knigge überlassen dem Herzoge Wilhelm von Braunschweig und Lüneburg und, falls er, ohne einen Sohn zu hinterlassen, stirbt, dem Herzoge Ludwig von Braunschweig die ihnen von den Grafen Otto, Heinrich und Gerhard von Hallermund zu Lehn ertheilten und von denselben ihm zu Eigenthum überlassenen Güter, nämlich sechs Höfe zu Beitzum, eine Hufe auf dem Hallerberge und den Baumgarten vor Hallerburg, worauf zwei Vorwerke gebauet sind. — 1364, den 14. Mai. K. O.

We Hinrik Riddere Vnde Herman knecht brodere ichtefwanne hern Ludolfes fone, Hans, Hinrik vnde arnd Brodere knechte ichtefwanne her hinrikes Sone, alle ghe heten knyeghen bekennet openbare in deffem breue, Dat we hebbet ghe laten dem dorluchteghen vorften vfeme leuen heren hertoghen Wilhelmo van brunfwich vñ luneborch, fes höue to Bodenfen, eyne houe vppe dem harberghe vnde den Bomgharden vor der halreborch Dar nv twe vorwerk inne ghe buwet fyn, alfo als we dit vorfcreuene gud van hern Otten Riddere, hinrike vñ gherde Juncheren Greuen van halremund to lene ghe hat hebbet wente an deffe tyd, Vnde alfo als deffe vorfcreuenen greuen Vnfeme vorfcreuenen heren hertoghen Wilhelmo, Dat rede ghe eghenet hebbet, Vnde we fchullet vñ willet Deffes gudes alfo hir vore fcreuen is, vnfem vorbenomden heren fynen Eruen vnde Nakomelinghen rechte warende wefen to allen tiden, Vñ dot deffes gûdes eyne rechte aftichte, Vnde latet eme Dat in fine were, Alle deffe vorfcreuenen ftucke loue we in guden trûwen myt famender hant vor vs vnde vor vfe Eruen ftede vnde vmbrokelik to holdende, Vnfeme vorbenomden heren hertoghen Wilhelmo vñ fynen Eruen vñ Nakomelinghen vñ Juncheren lodewicho hertoghen Magnus fone van brunfwich des elderen, vnde fynen Eruen vñ nakomelinghen, oft hertoghe wilhelm alfo af ghinghe Dat he neynen echten fone na fik enlete des god nicht en wille, Vnde to eyner be kantniffe Deffer dingh hebbe we vnfe Inghezeghele myt wiffchap ghe hanghen to Deffem breue, De ghe gheuen is na goddes bord Dritteynhundert Jar in demo Vere vnde feftigheften Jare Des Dinchzedaghes to Pynchften.

223. Die Grafen Heinrich, Diedrich, Ulrich und Heinrich von Hohnstein geloben, den Herzog Ernst von Braunschweig, seine Diener und Mannen von der für sie wegen 4000 löthiger Mark bei den von Steinberg geleisteten Bürgschaft zu entledigen. — 1364, den 3. Juni. K. O.

Von gots gnaden wir Greuo Hinrich der Eldere, greue Thiterich greue Olrich vnd greue Hinrich der Junghere greuen vnde heren zcû Honfteyn bekennen offenlich in differn breiue, das wir gebeden haben den Hogebornen furften vnfern heren Herzogen ernfte Herezogen zcu brunfwich daz he mit Gofchalke herrn zcu pleffe, hern ludolue van olderdefhufen hern wernhere van olderdefhufen hern hermanno van hardenberg hern hanfe van vreden ritteren vñ hern Johanne van grone rittere. detmare van hardenberg henninghe van guftede vnd hermanne van vfler knechten vor vns vñ vor vnfe erben vor vyrtufent lodige mark gelobit hat mit famenderhant, hern borcharde, rittere borcharde corde vnd afchewine finen fonen, henninge vñ afchewine finen vetteren allen gehcisen van me ftenberge, alfo als der breif vs wifet den vnfe vorgenante here van brunfwich mit finen vorgenanten deneren vñ mannen dar vbir gegeben habt, des felbin gelobedes wolle wir vnfern vorgenanten heren van brunfwich vnd fine erben vñ diffe vorgenanten fine denere vñ man do mit eme vor vns lobit gutlichen abenemen vñ fe des ledigen alfo dat fe vnde ir erben des folct ane fchaden bliben, vn wollen daz ton ane allerleye argelift vnd geuerde, des zcu orkunde habe wir diffen brip gegeben befegelt mit vnfern Inghefegeln, der gegeben ift Nach gots geburt tufent Jar dre hundert Jar in der veir vñ feftigeften Jare, des montagis aller neift vor fente bonifacius taghe des hilgen heren.

224. Die Grafen Heinrich, Diedrich, Ulrich und Heinrich von Hohnstein geloben, den Herzog Magnus von Braunschweig den jüngeren und seine Mannen von der für sie bei den von Steinberg geleisteten Bürgschaft zu entledigen. — 1364, den 5. Juni. K. O.

Wir Heinrich Dithorich Vlrich vnd Heinrich von Gots gnaden Grafen vnd Herren zu Honftein Bekennin uffenberlichen in diffim brive.. daz wir glabit habin vnd glabin in truwen mit vnfern erbin.. vnferm gnedigen herren.. herczogen Magnufe dem Jungern. vnd fijnen mannen.. die mit im.. vor vns. den vo(n) Steinberge. glabit habin. als der brif vfz wifet. den vnfir herre vorgenant vnde fine man.. In.. gegebin habin. Daz wir vnfern vorgenanten herren. vnde fijne man. des globdes fchadelos. wollin abe nemin. vnde wollin daz ftete vnd gancz halden ane argelift Mit Orkund diffes brives gegebin mit vnfern anhangenden Infigeln. Nach gots geburd drytzenhundert iar. im.. vir vnde fechczigiftim jare. an fanctj Bonifacij tage.

225. Domprobst Nicolaus und das Domcapitel zu Hildesheim, bedrängt durch die gegen sie wegen des Bündnisses vom 22. Februar 1363 zu Ehren und Recht erhobene Ansprache und bewogen durch Furcht, von dem Herzoge Wilhelm von Braunschweig und Lüneburg und seinen Bundesgenossen mit heftigem Kriege heimgesucht zu werden und dagegen, wie gegen den Bau feindlicher Burgen im Stifte, bei dem Bischofe und dem Administrator den gehörigen Schutz nicht zu finden, ernennen aus ihrer Mitte Bevollmächtigte, um sie dem Herzoge zur Auslieferung des Schlosses Calenberg zu verpflichten, auch das Schloss selbst ihm für 1400 Mark löthigen Silbers unter der Bedingung auszuliefern, dass er wegen des Schlosses keine weiteren Ansprüche gegen sie erhebe und ihnen zur Sühne mit denen verhelfe, mit welchen sie darum zu Kriege und Fehde gekommen sind. — 1364, den 10. Juni. XII.

We Nicolaus van der gnade godes domprouest vnde dat ghantze Capittel des Stichtes to hildenſem Bekennet openbare in deſſeme breue dat we dor nod willen de we liden mit anſprake to den eren vnde to rechte vñ van breue wegene enes bundes de gheſchen was do nen biſſchop en was. vñ dor angeſtes willen grotes orloges des we os vormoden moten van deme hertogen van luneborch vñ ok van anderen heren dar ſek de hartoghe van Luneborch mede vorbunden heſft. vñ ok dor angeſtes willen buwendes in deme Stichte to hildenſem des we os varen dat de Biſſchop vnde de vormunde des ſtichtes nicht wol keren en moghen alſe id os vñ deme Stichte nütte ſi des ſint eyn gheworden dat we dat Capittel to hildenſem des vullemacht hebbet gegeuen den Erbaren heren. hern Nicolaweſe domproueſte vorbenomt hern Bertolde van Bokelum hern diderike van tzellenſtede hern bernarde von hardenberge. hern volkmare von alten kelnere. hern Siuerde von Rutenberghe Greuen henrike von woldenberge. vñ hern Alberte van homborch vſen domheren dat ſe os vorplichten moghet deme hertoghen van Luneborch den kalenberch wedder to antwordende vñ wedder to antwordende laten. vñ ſo moghet ok deme hertoghen van luneborch ane os alſo dat ſe vſes vulbordes dar to vppe eyn nigge nicht en bedoruen den kalenberch weder antwerden eder wedder antworden laten van vſer weghene. deſt de hartoghe van Luneborch os wedder keren vñ wedder gheuen wille verteynhundert mark lodighes ſuluers brunſwikeſcher wichte vnde witte. vñ ok alle anſprake af don wille de we van des kalenberghes weghene lidet vñ os mit alle den beſönen wille de we van des Calenberghes weghen lidet. vñ os mit alle den beſönen wille mit den we dar vmme to krighe komen ſint vnde to veyde. vñ wo vnde in welker wis ſe os des mit deme hertoghen bewaret vnde os bewaren latet vñ wat ſe dar tho dot vñ vorbat deghedinget dat en nutte dunket to deſſen ſtucken. des gheue we den vorbenomeden ghantze macht vñ willet vñ ſchullet dat ſtede vñ vaſt holden Datum in Capitulo noſtro Anno domini M. CCC. Sexageſimo quarto jn vigilia Barnabe apoſtoli noſtro ſub Sigillo ad cauſas preſentibus a tergo impreſſo.

226. **Die Gebrüder Diedrich und Ludeke Grapen bescheinigen, für alles ihnen in ihren und ihrer Leute Gütern von dem Herzoge Wilhelm von Braunschweig und Lüneburg, von dem Herzoge Ludwig von Braunschweig und von deren Amtleuten durch Raub, Brand und sonst zugefügten Schaden Ersatz von den Herzögen erhalten zu haben. — 1364, den 13. Juni.** **K. O.**

We dyderik vnde Ludeke brodere ghe heten gropen bekennet openbare in deſſem iewardighen breue Dat vnſe leuen heren hertoghe wilhelm van Brunſwich vñ luneborch vñ Junchere lodewich hertoghen Magnus ſone van brunſwich des elderen hebbet vns vul ghe dan vmme rof vnde brand vñ vmme alle den ſchaden den we in vſeme vñ in vnſer lude gude hebbet ghe nomen van en vñ oren ammichtluden vñ den oren wente an deſſe tyd, dat deſſe bref ghe gheuen is, vnde latet ſe vñ ore ammychtlude vñ de ore des quit ledech vñ los, alſo dat we noch vnſe Eruen dar nicht mer vp ſaken en willet, Dyt loue we vor vns vñ vnſe Eruen vnſen vorbenomden heren vñ oren Eruen vñ nakomelinghen vaſt vñ vmbrokelik to holdende vñ hebbet des vnſe Inghezeghele ghe henghet laten an deſſen bref Do ghe gheuen is Na goddes bort Dryteynhundert Jar in deme vere vñ ſeſtigheſten Jare des negheſten donredaghes vor ſvnte vites daghe.

227. **Ritter Conrad von Salder, Conrad und Johann, seine Söhne, und Johann, Sohn des verstorbenen Johann von Salder, geloben vor Gerichte dem Bischofe, dem Domprobste, dem Domdechanten, dem Domscholaster und Administrator und dem Domcapitel zu Hildesheim, dem ganzen Stifte, allen Dienern und Helfern derselben, namentlich dem Bode von Salder und seinen Dienern und Helfern eine Sühne wegen des Schlosses Calenberg nebst Zubehör, welches ihre Aeltern von den Herzögen von Braunschweig und Lüneburg gekauft haben, und wegen alles daran erlittenen Schadens. Sie und (der Pfarrer) Otte von Salder (zu Celle) verzichten auf alle Ansprüche an das Schloss, versprechen, dasselbe, von Ansprüchen Anderer, namentlich der Berta, Wittwe des Johann von Salder, zu entledigen, und verpflichten sich, den Siegfried, Sohn des Ritters Conrad von Salder, und den Gebhard, Sohn des verstorbenen Johann von Salder, zur selben Sühne**

und zum selben Gelöbnisse zu bewegen. Herzog Wilhelm von Braunschweig und Lüneburg bezeugt, dass die von Salder dies vor ihm im Gerichte gelobt haben. XII.

We her Cord Ridder Cord vnde henningh des ſuluen hern Cordes ſone. Vñ Jan itteſwanne hern Janes ſone al ghehetén von zaldere gheuet vñ doi vnde louet entruwen hir vor gherichte eyne rechte ſone vmme den kalenberch vnde vmme dat dar to hord dat vſe elderen dar to von vſeme heren von Luneborch ghekoſt hebbet. vñ vmme alle ſtucke ſchaden vnde ſake de dar an gheſcheen vnde ghedan ſint. in welker wis ſe gheſcheen vñ gedan ſint. vnde gheuet de ſone den erbaren heren deme Biſſchoppe von hildeñ deme domproueſte deme dekene deme ſcolemeſtere vnde vormunden vnde deme ghantzen Capittele vñ deme ſtichte to hildeñ. vñ alle oren deneren vñ hulperen vñ binamen. boden von ſaldere vnde ſinen deneren vnde hulperen. wor he von des ſtichtes weghene in gekomen is Deſſe ſone ſchulle we vnde vſe eruen to voren jo holden. vnde dar na alle de de dor vſen willen don vnde laten willet. Vnde we vnde her Otte von zaldere doit ok eyne rechte vortichte aller anſprake de we vnde vſe eruen an deme calenberghe vñ an deme dat dar to hord dat vſe elderen dar to von vſeme heren von luneborch ghekoſt hebbet. vnde vmme den ſchaden vnde de ſchichte. de dar an gheſcheen ſint iennigherleye wijs don mochten Ok wille we vnde ſchullet alle rechte anſprake af don de yemed dar vmme don mochte von vſer weghene eder von jenighes vulbordes eder willekores eder rechtes weghene, dat we to iennigher tijd an deme kalenberghe vñ dat dar to hord dat vſe elderen dar to von vſeme heren von Luneborch ghekoft hebbet iemende ghedan eder gegheuen hebben in kope in ſate in liſtucht eder an ienigherleye anderer vorplichtinge. vnde bi namen ſchole we vnde willet af don de anſprake binnen ſes weken de verberte hern Janes von zaldere wedewe dar ane delt eder yennigherleie wis don mach Ok vorplichte we os hir vorgherichte vnde louet in truwen dat we vormoghen willet mit Siuerde. hern Cordes ſone. vnde mit Gheuerde ichteſwanne hern Janes ſone. bynnen ſes weken na deſſer tijd dat ſe deme Biſſchoppe deme domproueſte deme dekene. deme ſcolemeſtere vnde vormunden vnde deme ghantzen Capitele vnde Stichte to hildeñ. vñ alle oren deneren vnde hulperen vñ bi namen. boden van Saldere. vnde ſinen deneren. vnde hulperen. wor he von des ſtichtes weghene in ghekomen is ok eyne ſone gheuen don vnde louen ſchullet vor gherichte vñ vor vſeme heren von Luneborch. vnde ſinen mannen vnde alle rechte anſprake af don ſcholet alſe we nu hir vorgherichte dot vnde louet. Alle deſſe vorſcr̄ ſtucke vñ eyn jowelk ſunderliken loue we entruwen hern Aſchwine ſchenken vnde hern Corde von Luttere to der heren vnde des Capittels vnde des ſtichtes to hildeñ vnde der de hir vor benomet ſint truwen hant vnde. we hertoghe wilhelm to Brunſwik vñ to Luneborch hebbet des to ener bekantniſſe dat deſſe ſone in deſſer wis vor os vñ vor gherichte gheſcheen is vſe Ingeſegele to ruggehalf ghedruckt laten an deſſen breff.

223. Herzog Wilhelm von Braunschweig und Lüneburg, Herzog Ludwig von Braunschweig und Ritter Segeband von dem Berge bezeugen und Knappe Wilbrand von Reden beurkundet als Richter die von den von Salder am selben Tage vor ihnen im Gerichte wegen des Schlosses Calenberg gelobte Sühne und das von denselben geleistete Versprechen, mit ihren Bürgen ein Einlager zu halten, falls sie nicht innerhalb sechs Wochen den Siegfried, Sohn des Ritters Conrad von Salder, und den Gebhard, Sohn des verstorbenen Johann von Salder, zur selben Sühne und zum selben Gelöbnisse bewegen. — 1364, den 23. Juni. K. O.

We wilhelm van der gnade godes hertoge to Brunſwik vnde to Luneborch hertoge Lodewich Hertoghe Magnus ſone des elderen Her zeghebant van dem berghe ridder bekennet dat we dar an vnde ouer ghe weſen hebben dat her Cord van zaldere ridder Cord vnde henningh ſine ſone vnde Jan van zaldere ichteſwanne hern Janes ſone ghe geuen vnde ghedan vnde entruwen ghelouet hebbet ene rechte ſone vor ſik vnde vor ere eruen vnde is ghe ſchen vnde ghedan vnde ghelouet vor gherichte vmme den Calenberch vnde vmme dat dar to hort, vnde dat ore elderen van vſen elderen ghekoſt hebbet, vnde vmme alle ſtucke ſcaden vnde ſake de dar an ghe ſchen vnde ghedan is ſint, vnde de ſone hebbet ſe ghe gheuen den erbaren heren dem Biſcope van hildenzem dem domproueſte dem deken dem Scolemeſter vnde vormunden vnde dem gantſen Capittel to hildenſem vnde al eren deneren vnde hulperen by namen boden van saldere vnde ſinen deneren vnde hulperen, wor he van des ſtichtes weghen in ghekomen is desſe ſone willet ſe vnde ore eruen to voren io holden vnde dar na alle de de dor orem willen in de voyde ghe komen ſint vnde don vnde laten willet vnde ſe hebbet ok vnde her otte van saldere ghe dan ene rechte vor ticht aller an ſprake de ſe edder ere eruen an deme Kalenberghe vnde an deme dat darto hort dat ore elderen von vſen elderen dar to ghekoſt hebbet vnde vmme den ſcaden vnde de ſchichte de dar an ghe ſchen ſint, iengherleye wys don muchten, ok hebbet de ſuluen van saldere vorghериchte vnde vor vs ghewillekort dat ſe willen alle rechte anſprake af don de iement dar vmme don mochte van orer weghene edder van ienghes vulbordes oder willekores edder rechtes weghene dat ſe to iengher tyd an deme Calenberghe vnde dat dar to hort iemende ghe dan edder ghe gheuen hebben in kope in ſate in liſtucht edder an iengherleye anderer vorplichtinghe vnde ſe willet by namo af dûn binnen ſes weken de anſprake de vorberte her Jans van saldere wedewe dar ane deyt, edder iengherleye wis dûn mach, ok willet ſe vor moghen mid Siuerde hern Curdes ſone vnde mid gheuerde ichteſwan hern Jans ſone van saldere binnen ſes weken dat ſe dem Biſcope deme dûmprouеſte deme dekene deme Scolemeſter vnde vormunde vnde deme ghanſen Capittel vnde ſtichte to hildenſem vnde alle eren deneren vnde hulperen vnde byname boden van saldere vnde ſinen deneren vnde hulperen wor he van des ſtichtes weghen in ghekomen is ok ene ſone dûn gheuen vnde in truwen louen ſcollet vor ghеrichte vnde vor vs vnde alle rechte an ſprake af dûn ſcollet vnde louen af to dunde alſo de van saldere Her Cûrd Cûrd henning vnde Jan vorbenomet vor ghedan hebbet,, were dat Se des mid en Syuerde vnde gheuerde nicht vormochten binnen der tyd alſo hir vorſcreuen is ſo ſcolt her Curd van saldere ridder Curd vnde henning ſine ſone vnde Jan ichteſwan hern Jans ſone Stacius Buſche hans van saldere vnde diderik van den berghe en truwen ghelouet med ſamender hand vor vs vnde vor gherichte dat ſe willen in riden binnen verteynnachten dar na wan ſe dar vmme ghe manet werden in de olden ſtad to hannûuer edder to tzelle in welker der twyer ſtede en ſe irſt komet dar willet ſe inne bliuen vnde nicht van denne de ſone en were den heren deme Capittel to Hildenſem vnde de hir vorbenomet ſint irſt vultoghen vnde de anſproke en were vor ſe af ghedan vnde vor andre ghelouеd af to dunde alſe her Curd vnde de andre van saldere vorbenomet ſe ghedan vnde af ghe dan hebbet, vnde ik Wilbrant van Reden bekenne dat ik der richter to weſen hebbe vnde en richte to ghe ſeten hebbe van mins heren weghen van Luneborch vnde hebbe dat be ſeen vnde behort dat her Curd van saldere Curd vnde henning ſine ſone vnde Jan ichteſwan. hern Janes ſone, Alle desſe vorſcreuen ſtucke ghedan vnde ghe willekort hebbet vnde in truwen ghelouеd hebbet hern Aſſchen vnde Schenken vnde hern Curde van Luttere to der heren vnde des Capittels vnde des Stichtes to hildenſem vnde der de hir vorbenomet ſint, truwen hand vnde des to ener bethughinghe dat desſe ſtucke alſo ghe ſcheen vnde ghe handelt ſint vorghеrichte alſo hir vorſcreuen is ſo hebbe we hertoghe wilhelm hertoge Lodewich her seghebant van dem berghe ridder vnde Wilbrant van Reden knape en Richter van mins heren weghen van Luneborch in desſer ſone vnde ſtukke vorbenomet, vſe inghеſeghele ghehenghet laten to desſeme breue De ghe gheuen is na godes bort duſent Jar vnde drehundert Jar in deme ver vnde ſeſteghеſten Jare des vridaghes vor ſunte Johannes daghe middeneſomer.

229. Das Domcapitel zu Hildesheim beauftragt den Ritter Aschwin von Salder, das Schloss Calenberg sogleich dem Herzoge Wilhelm von Braunschweig und Lüneburg auszuliefern. — 1364, den 23. Juni. XII.

Miſſiua Capituli hildeſſ. ad
aſſwinum de saldere militem.

Amicabili ſalutacione premiſſa. Her Aſſchwin van Saldere we biddet vnde vſe wille is dat gi van ſtaden an dat Slot to deme kalenberge antworden deme hertogen van Luneborch eder deme de des van ome macht heſſt. van ſiner weghene in to nemende Datum anno domini M. CCC. LXIIII In vigilia natiuitatis ſancti Johannis Baptiſte. ſub Sigillo Capituli noſtri ad cauſas preſentibus appenſo.

220. Herzog Wilhelm von Braunschweig und Lüneburg und Herzog Ludwig von Braunschweig verpflichten sich, dem Domcapitel zu Hildesheim auf Lebenszeit des ersteren, nicht Feinde des Bischofes, des Domcapitels und des Stiftes, so lange dieselben ihnen Recht nicht weigern, zu werden und sie vor Schaden aus dem Herzogthume und den herzoglichen Schlössern zu bewahren, gestatten ihnen auch, denjenigen, der nach zugefügtem Schaden dem Rechte sich nicht fügen will, in das Herzogthum und in die Schlösser desselben zu verfolgen, und versprechen, diesen Vertrag so lange zu halten, bis ein Bischof ins Stift kömmt, dessen Willen es dann überlassen bleiben soll, den Vertrag zu erneuern. — 1364, den 24. Juni. K. O.

We Her Wilhelm hertoghe to Brunſw vnde to Luneborch vnde we Junchere Lodewich. hertoghen Magnus ſone van brunſw Des Elderen. bekenned Openbare in deſſeme breue. dat dat Capittel des ſtichtes to hildenſem. mid vs ghedeghedinghet heſt in deſſer wiſe. Dat we des Biſchopes des Capittels edder des ſtichtes to hildenſem viende nicht weſen eder werden en ſcullen. ane wanne ſe vs rechtes weygherd vnde ſcullet ſe truweliken vor waren vor ſchaden vor vs vnde vor alle den de dor vns dvn vnde laten willen. vnde by namen vd vnſen Sloten vnde lande vñ dorch vnſe land vñ lantwere vor alle den de neyn recht van On nemen en wolden. Were Ok. dat On we ſchaden dede de neyn recht van On nemen en wolde. Deme eder den mochten ſe volghen inte vſeme lande vnde Sloten. vnde dar to ſculle we vnde de vſe On truweliken behulpelik weſen. Ok ſculle we On hulpelik weſen to eren noden. wor we eres rechtes mechtich ſint. Doch en wille we mid Deſſeme breue vn vorplichted ſin vppe de dar we in verbunde rede medde ſittet in alle den ſtucken vnde binnen der tyd der we vs rede verplichted hebbet. we ſcullen auer on dat to ghude holden truweliken wor we mit like moghen, vnde Deſſe deghedinghe ſcullen waren alſo langhe went en biſcop van hildenſem in dat ſtichte kvmpt vñ were dat de biſcop deſſe deghedinghe denne vord mid vs holden wolde So ſcholde he os binnen dren wekenen na der tid dat he in dat ſtichte kvmpt ſinen wedder bref gheuen mid ſineme in ghezeghele be zegheled. Dar he os like wor waringhe inne do alſe we deme ſtichte in deſſeme breue ghe dan hebbet. Were dat he des nicht en dede ſo ſcolde deſſe bref dot ſyn. Alle deſſer ſtucke vorplichte we Os hertoghe Wilhelm vñ hertoghe Lodewich vorbenomt ſtede vnde vaſt to holdende de wile dat we hertoghe wilhelm leuet. vnde hebbet des to ener be wiſinghe vñ be thughinghe vnſe inghezeghele ghe henghet laten to deſſeme breue. de ghe gheuen is na gudes bort dritteynhundert iar in deme vere vñ ſoſtechſten iare. in deme hilghen daghe ſunte Johannis baptiſte alſe he ghe boren ward.

221. Diedrich von Dalenburg, Probst zu Uelzen und Testamentsvollstrecker des verstorbenen Priesters Ulrich von Etzendorp, schenkt von den 50 Mark Lüneburger Pfennige, welche er durch den vom Herzoge Wilhelm von Braunschweig und Lüneburg genehmigten Verkauf der Rechte des verstorbenen Meine über die Mühle zu Oitzendorf an Reinecke, den jetzigen Besitzer der Mühle, erhoben und wovon er 20 Mark (am 6. Juni 1363) zur Abfindung des Georg Bodenstedt angewandt hat, 30 Mark dem von ihm gestifteten Altare St. Andreae in der Kirche zu Dannenberg, welchen er mit der Mühle und den übrigen Gütern des verstorbenen Ulrich in dem Dorfe Oitzendorf beschenkt hat, und bestimmt, dass der zeitige Besitzer des Altars, über den der Herzog Patron ist, dem Reinecke und dessen Erben die Mühle verleihe und von ihnen den jährlichen Zins erhebe. — 1364, den 25. Juni. K. U. 18.

Ick her Diderick van Dalenborch proueſt tho Vltzen Eyn Teſtamentarius heren Olrikes van Etzendorpe preſters dem god gnedich ſy vnde eyn ſchikkere ſynes gudes, dat he lenede vor ſyne Elderen ſynes broders Clawoſes vnde ſyne ſele Bekenne apenbare In deſſeme breue Dat ick dat anſette der molen tho Etzendorpe dat ichteswanne Meynen vnde ſynen kynderen tho horede vnde na erem dode loſz warth vorkoſt hebbe Reyneken de nu yn der molen ſyth vnde de vorſproken Meynen veddere was vnde ſynen rechten eruen vor viſtich marck Luneborgher pennynghe de he rede betalt heſſt der pennynghe hebbe ick twintich marck gheuen Jurghen van Badenſtede dar de ſchelynghe de twiſſchen eme vñ my was vmme ſyne anſprake des anſettes mede vorſcheden wart vnde drytich marck wille ick keren in dat geſtlike len des altares Sunte Andreas In der kerken tho Dannenberghe dat ick myt der molen vnde myt anderem gude In deme dorpe tho Etzendorpe dat deme vorſprokenen heren Olricke tho hord hadde ghemaket vnde bewedemet hebbe van des heren Olrickes weghene Dyth anſete hebbe ick vorkoft myt vulbord des eddelen furſten heren wylhelmes Hertoghen tho Luneborch myns heren de eyn len her is des lenes wanne id los warth na Segebandes dode des ſchencken Alſo beſchedeliken dat de vorbenomede Reyneke vnde na ſynem dode ſyne rechten eruen ſcholet dat anſete entfanghen van deme, deme dat geſtlike len des altars Sunte Andreas in der kerken tho Dannenberghe tho hord vnde dat anſette ſchal he ome lenen ſunder wedderſprake vnde he vnde ſyne rechten eruen ſcholet van der molen dede vore dryddehaluen wickhempten rogghen ghold, dre wichhympten rockghen dalenborgher mathe tho tynſe gheuen vnde twe teghet boner vnde eynen ſchillingk pennynghe alle yar tho Sunte Martens daghe, voghedie denſt bede herberghe vnde allerleye recht dat her Olrick vnde de van Etzendorpe In der molen hadden, dat ſchal de, deme dat vorſprokene len tho herdt beholden vnde hebben Des en vorkope ick nicht Ock en ſchal Reyneke vnde ſyne rechten eruen dat anſete nicht vor kopen vorſetten vorweſſelen vorgheuen noch laten ane des orloff vnde vulborde dem dat vorbenomde gheſtlike len tho horth vnde ſo ſchollet ſe dat anſete laten eneme ereme ghenoten de eme deme dat vorbenomede gheſtlike len tho horeth bequeme ſy vnde den tyns redeliken gheue vnde de plicht van der molen don moghe Vnde ſtorue Reyneke edder ſyne rechten eruen ane rechte eruen So ſchal dat anſette der molen los weſen vnde vallen vp den deme dat geſtlike len tho hort To eyner betughinghe deſſer vorſcreuenen ſtucke hebbe ick myn Inghesegel tho deſſeme breue henghet vnde is ghegheuen na godes bord drytteynhundert Jar In dem ver vnde Seſtigeſten Jare des Negoſten daghes Na Sunte Johannes daghe Baptiſten.

232. **Herzog Albrecht von Meklenburg gelobt, dem Ritter Gerhard von Wustrow und dessen Söhnen Gerhard und Friedrich am 13. April nächsten Jahres die 323 löthige Mark Silbers mit baarem Gelde oder vermittelst Tuch zu zahlen, die er ihnen für den ihm in Schweden von Gerhard von Wustrow geleisteten Dienst, für die im Dienste erlittenen Verluste und ausgelegten Zehrungskosten und wegen des verstorbenen Hans von Wustrow schuldet. — 1364, den 6. Juli.** K. O.

Wy Alberd van der gnade godes Hertoghe to mekelenborch. Greue to Zwerin to Stargarden vnd to Roſtok here bekennen vnd betüghen openbare in deſſem breue Dat wi vnd vſe eruen van vorluſt denſtes vnd teringhe weghene de gherd van woſtrowe in vſeme denſte to Sweden nomen heft.. vnd ok van hanneſes weghene van woſterow. dem god gnedich ſi. den Erbaren luden. hern gherde van weſterowe riddere. gherde vnd Vrederike ſinen kinderen knapen. vnd eren eruen ſculdich ſin. drehundert. vnd dre vnd twintich. lodighe mark ſuluers. De wi vnd vſe eruen vorbeñ en vnd eren eruen bereden vnd betalen ſcolen nv to paſchen, de neghaſt to kumpt mid reden penninghen. eder mid wande alſo dat id redelik Si vnd dat ſe daer ane vorwaret ſin ſunder lengher voretoch vnd hebben to merer bekantniſſe vſe Inghesheghele henghet laten vor deſſen bref, de gheuen is to ſuderkopinghe, na godes bord drütteynhundert iar indeme ver vnd ſoſtigheſten iare Des ſonnauendes na Sunte proceſſus vnd martirianes daghe der hilghen mertelere.

233. **Herzog Wilhelm von Braunschweig beurkundet, dass er, da, sobald sein Schenke Segeband von dem Berge gestorben sein wird, das Patronatrecht über den Altar St. Andreae in der Kirche zu Dannenberg ihm heimfällt, zu dem Verkaufe der dem Altare gehörenden Mühle zu Oitzendorf dem Meister Diedrich von Dalenburg, Probste zu Uelzen, seinem Capellan und Diener, seine Zustimmung ertheilt hat. — 1364, den 29. Juli.** K. C. 16.

Van gnaden goddes wy her wylhelm hertoghe tho Brunſwigk vnde Luneborch bekennet apenbare In deſſem breue Dat Meſter diderick van Dalenborch proueſt to vltzen vnſe Cappellan vnde denre, de eyn Teſtamentarius was vñ is heren Olrikes van Etzendorpe preſters dem god gnedich ſy, heft vorkoft reyneken de nu In der molen tho Etzendorpe wonet vnde ſynen rechten eruen dat anſete der ſuluen molen alſo alſe de breue ſprekot de he ym dar vp gheghеuen heſſt myt vnſer wiſſchop vnde vulbord, Na dem male dat wy des geyſtliken lenes des altars Sunte Andreas In der kerken tho Dannenberghe dar de mole tho borth eyn recht leen heru ſyn wan dat leen los wart nach Segebandes van dem berghe vnſes ſchenken dode, vnde vppe dat, dat de vorbenompte Reyneke vnde ſyne rechten eruen an dem anſete der molen nicht ghe hindert ne werden van deme de dat geyſtliko leen des altares heſſt So hebbe wy ym tho eyner bethugynghe deſſen breff gheghеuen Nach godes bord Drytteynhundert Jar In dem veer vnd ſeſtigeſten Jare In Sunte Marien Magdalenen daghe.

234. **Knappe Diedrich von Hederen stellt einen Revers aus, dass Herzog Wilhelm von Braunschweig und Lüneburg ihm zur Leibzucht das Schloss Kettenburg mit Zins und Vogtei überlassen hat, verpflichtet sich, die Hälfte des Schlosses und der Gülte dem Henning Havekhorst so lange zu lassen, bis er demselben die ausgelegten Baukosten und das Geld, wofür der Herzog demselben und dessen Vater Lüder das Schloss überlassen hat, bezahlt haben wird, verzichtet auf Ersatz dieses Geldes, gelobt, das Schloss nicht ohne des Herzogs Willen, dem es nach seinem Tode heimfällt, zu verpfänden, es ihm zu öffnen, Feind aller Feinde des Herzogs zu werden, bedingt sich das Recht aus, vom Schlosse gegen Unrecht, wogegen der Herzog ihm nicht hilft, sich wehren zu dürfen, und verpflichtet sich, diesen Vertrag, falls der Herzog, ohne einen Sohn zu hinterlassen, stirbt, dem Herzoge Ludwig von Braunschweig und, falls dieser, ohne einen Sohn zu hinterlassen, stirbt, dem vom Raths-Collegio zum Herrn der Herrschaft Lüneburg gewählten Bruder desselben zu halten. — 1364, den 25. Juli.** **K. O.**

Ik .. Dyderik van Hederen. knecht bekenne openbare in deſſem breue. Dat de irluchtede vorſte. min gnedighe here. Hertoghe Wilhelm van Brunſwich vnde Luneborch. heſt mi ghelaten to mineme lyue. ſin Slot de kedenborch. mid gulde. vnde Tynſe. vnde voghedye. vnde mid allerleye rechte. vnde to behoringe. alſe id dar to hord. vnde alſe Luder hauekhorſt vnde henningh ſyn ſone. dat van ſiner weghene ghehat hebbet. Doch mid deſſeme vnderſchede. dat Henningh Luders ſone vorbenomd. ſchal de helfte des ſlotes mid der helfte der gulde vnde allerleye rechte beholden vor dat ghelt. dar min vorbenomde here eme dit Slot vore ghe dan hadde. vnde dat he dar inne verbuwet heſt. vnde ik ſchal vnde wille. deſſem ſuluen Henninge vnde ſine Eruen. in deſſer helfte des ſlotes. vnde der helfte aller to behoringe beſitten laten. alſo lange went ik eme vnde ſinen Eruen gheue. dat ghelt dat Henning dar inne heſt .. vnde were dat ik dat gheld beredde. des enſcholde mi myn vorbenomde here nicht weder gheuen. vnde ik en ſchal dit ſlot noch dat dar to hord nicht verpenden ane mines vorebenomden heren willen. vnde wan ik afgha. ſo ſchal dit vorſprokene ſlot. ſin vnde ſiner Eruen vnde nakomelinge weſen ledich vnde los. vnde ik vnde mine borghen ſchullet vnde willet. dat alſo beſtellen. dat ſe van minen Eruen vnde vrunden. dar nicht an hinderet werden .. Vortmer ſchal ik dit ſlot truweliken verwaren. vnde ſchal mineme vorſcreuenen heren. dat open holden to allen tyden vnde to alle ſinen noden. vnde alle de ſine vyende ſin der vyend ſchal ik werden vnde weſen. wanne min vorbenomde here dat van mi eſſchen let. vnde ik ſchal ſin vnde der ſiner argheſte vnde ſchaden keren. vnde weren wor ik mach vnde en ſchal dar van noch dar to nemande vorvnrechten noch beſchaden. Mer welde mi we vorvnrechten. enhulpe my min here vorbenomd dar vmme nicht. minne eddor rechtes binnen twen manden. dar na dat ik dat van eme eſſchede. ſo moſte ik mi van deme ſlote ſuluen. wol vnrechtes irweren. mer welke tyd dat he mi minne eder rechtes helpen konde. dat ſcolde ik vor eme nemen. vnde minne vñ rechtes ſchal he ouer mi mechtich weſen to allen tyden. vnde tyghen alles wene .. Worde ok dit Slot beſtallet. dat ſcholde he mi redden helpen .. Wolde min vorbenomde here ok orleghen van deme ſlote. welken ammecht man he dar ſette de ſcholde mi vnde de mine vor ſchaden vnde vor vnvoghe verwaren. vor ſyk. vnde vor den de mid eme dar weren .. Schude mi auer eder den minen ſchade. dene ſcholde mi de ammecht man weder don. in minne eder in rechte. binnen dem neyſten verdendel Jares. dar na wanne ik dat van eme eſſched hedde. Worde dit ſlot ok verloren van vngelucke des god nicht en wille. ſo ſcholde min vorbenomde here. ſik. vnde ik mi nicht ſonen noch vreden. mid deme eder mid den. de dat slot ghewunnen hedden. we enhedden dat slot weder bekrechtighet. eder id enwere afbeyder syd vnse wille.. Wortmer were dat miner borghen. de hir na screuen stan. Jenich afghinge. so wil ik eynen anderen also guden. inne Jewelkes stede setten. de dar afgheghan were. binnen veerteynachten. dar na. wanne ik dar vmme ghemaned werde. vnde de schal vor mi alle desse stucke. in eyneme sunderliken breue louen. vnde dar schal desse bref vnverbroken mede bliuen.. Alle desse vorscreuenen stucke. hebbe ik inguden truwen ghelouet. vnde loue se in dessme breue sunder arghelist. vast vnde vnverbrokelik to holdene. minem vorbenomden Heren. Hertoghen Wilhelme van Brunswich vnde Luneborch. vnde sinen Eruen vnde Nakomelingen. vñ sunderliken Juncheren Lodewighe. Hertoghen Magnus sone van Brunswich. des Elderen. vnde sinen Eruen. vnde Nakomelingen. Ofte Hertoghe Wilhelm vorbenomd also afghinge. dat he nenen echten sone na sik enlete. des god nicht en wille. vnde vortmer Juncheren Lodewighes brodere eyneme. de to eyneme heren der herscap to Luneborch ghekoren worde. van den. de dar to ghesat weren. oft Junchere Lodewich also afghinge. dat he nenen echten sone na sik enlete.. Vnde we. Johan van Sarnhusen. Danel vnde hermen brodere ghcheten Rotghere. Ortghys vnde Gherd brodere ghehesen Slepegrellen. Johan van honhorst. Gheuerd Schakke. vnde Otte sin sone. bekennen in desseme sulnen breue dat we vns to borghen ghesad hebben vor Dyderike van hederen vorbenomd in desser wis. were dat vnsen vorbenomden heren. Jenich brok eder hinder worde. indessen vorscreuenen stucken des god nicht en wille. so wille we vnde schullet in komen to Luneborch. vnde dar en recht in legher liggen. vnde dar nicht buten benachten. de (broke en sy en) ghentzliken ir vullet. eder we en don dat mid ereme willen. dit loue we vorbenomden borghen entruwen mid samenderhant. vnde sunder arghelist vast vnde vnverbrolik to holdene vnsen (vorbenomden) heren Hertoghen Wilhelme. van Brunswich vnde Luneborch. vnde sinen Eruen vnde Nakomelingen vnde sunderliken Juncheren Lodewighe. Hertoghen Magnus sone van Brunswich des Elderen. vnde sinen Eruen. vnde Nakomelingen. oft hertoghe Wilhelm vorbenomd. also afghinge dat he nenen echten sone na sik en lete des god nicht en wille. vnde vortmer Juncheren Lodewighes brodere eyneme. de to eyneme heren der herscap to Luneborch ghekoren worde van den. de dar to ghesat weren. oft Junchere Lodewich also afghinge. dat he nenen echten sone na sik en lete. To ener betughinge alle desser vorscreuenen stucke. hebbe ik Dyderik van hederen vorbenomd sakewolde. vnde we vorbenomden borghen vnse ingeseghele witliken ghehangen to dessem breue. de ghegheuen is to Wynsen vp der Lv. Na goddes bord. Dryttcynhvndert Jar. in dem veer vnde sestighesten Jare in des hylghen apostoles daghe sunte Jacopes des grotteren.

235. Graf Adolf von Schauenburg stellt einen Revers aus, dem Herzog Wilhelm von Braunschweig und Lüneburg ihm das Schloss Lauenau für 716 löthige Mark und für die von Brand von dem Hus und dessen Brüdern angelegten Baukosten auf vier Jahre unter Vorbehalt des Oeffnungsrechtes verpfändet hat, und verpflichtet sich, das Schloss mit dieser Summe und mit dem Gelde für die Baukosten, sobald der Herzog sich darüber mit Brand von dem Hus und dessen Brüdern geeinigt haben wird, von denselben einzulösen. Des Grafen Brüder, Dompropst Bernhard zu Hamburg und Probst Otto zu Hameln, verpflichten sich, diesen Vertrag nach ihres Bruders Tode zu halten, und geloben mit ihm, den Vertrag, falls der Herzog, ohne einen Sohn zu hinterlassen, stirbt, dem Herzoge Ludwig von Braunschweig und, falls dieser, ohne einen Sohn zu hinterlassen, stirbt, dem vom Raths-Collegio zum Herrn der Herrschaft Lüneburg gewählten Bruder desselben zu halten. — 1364, den 7. September. K. O.

Van goddes gnaden we alf greue to holsten vnde to Schowenborch Bekenned Openbare in dessem breue vor alle den de on seen vnde horen lesen. Dat de Erluchteghe vorste Hertoghe Wilhelm van Brunswich vnde Luneborch heft ghe sat vns vnde vnsen rechten Eruen syn slot de Lowenowe mid allem rechte to behoringhe vnde nvt alse he dat wente her to beseten vnde bekrechteghed heft. vor sesteyn lodeghe mark vnde souen hvndert lodeghe mark. honovescher wichte vnde witte. dar we dat slot vore losen schullet van hern Brande van dem hus vnde sinen broderen. to also dannen tyden. alse de bref vt wiset den On Her

Wilhelm vor benömd dar vp ghe gheuen heſt vnde wot her Brand vnde ſine brodere in dem ſlote ver buwet hedden dat ſchulle we on ok dar to ghouen wan ſe des ouer eyn komen ſyn mid vnſeme heren hertoghen Wilhelme eddor ſinen eruen edder Nakomelinghen na vt wiſinghe erer breue vnde wot we on vor dat buw gheuet dat ſchal vns vnſe vorbenomde here edder ſine eruen odder Nakomelinghe wedder gheuen to den tyden wan ſe vns deſſe vorbenomden ſvmmen des gheldes be redet. alſe hir na ſcreuen is, vnde he vnde ſine eruen vnde Nakomelinghe en moghet dit ſlot nicht wedder loſen van vns vnde vnſen eruen binnen deſſen neghesten veer Jaren an to ſtande wan we dit ſlot van hern Brande vnde ſinen broderen ghe loſet hebbet wan auer deſſe iar vmme komen ſynd ſo moghet ſe vns vnde we On de loſe deſſes ſlotes kundeghen alle iar in der paſche wekene, vnde wanne aldus de loſe kvndeghet is dar na to dem neghesten paſchen in der paſche weken ſchullet ſe vns be reden dat vorbenomde ghelt in der Olden ſtad to honouere mid lodeghem ſuluere edder mid penninghen alſe dat ſuluer denne dar ghilt, alſo dat we dat velich van dennen bringhen moghen. vnde wan we aldus be red ſyn So ſchulle we deſſem vorbenomden hertoghen ſinen eruen vnde Nakomelinghen dit vor be nomde ſlot mid aller to be horinghe alſe vns dat ghe antwert hebbet. wedder antwerden ſvnder ienegherhande hinder vnde vortoch., Minne vnde rechtes ſchullet ſe Ouer vns vñ vnſe eruen woldich weſen to allen tyden dar we deſſes ſlotes to behöveden. vnde we ſchullet On dit ſlot Open holden wan ſe ghe bedet, Ver vnrechtede vns Ok we Ouer de ſchullen ſe vns helpen mynne edder rechtes. binnen den neghesten achte wekenen dar na wan we dat van on Eſcheden, Schude des nicht ſo moſte wy vns van deme ſlote wol vnrechtes irweren, We ſchullet Ok ſe vñ de ere vor ſchaden be waren van deme ſlote binnen der tyd dat we dat ſlot hebbet. Orlegheden ſe Ok van deme ſlote binnen der tyd dat we dat ſlot hebbet. So ſchal ere ammechtman de dar denne were verwaren dat vns vñ den vnſen van ome vnde van den. de mid ome dar ſyn neyn ſchade noch vn voghe en ſche vppe deme ſlote, Schude auer vns edder den vnſen dar vppe ſchade. de ſcholde de ammechtman vns wedder dvn in mynne edder in rechte binnen twolf wekenen dar na wan we ene dar vmme manet hedden. vnde dar ſcholde vns de hertoghe vorbenomd vñ ſine eruen vñ nakomelinghe to helpen, worde Ok dit ſlot vor loren van vnghelucke des god nicht en wille. ſo ſcholden ſe ſik noch we vns nicht ſonen noch vreden mid den de dit ſlot ghe wünnen hedden. we en hedden dit ſlot wedder. edder ſe hedden vns eyn ander ſlot hulpen ghebuwet in dat ſulue gherichte by eneme iare vñ dar ſcholde we an ſitten alſe we ſeten in der Lowenowe, konden ſe vns auer nicht des ghe helpen. ſo ſcholden ſe vns dit vorbenomde ghelt gheuen alſe hir vorſcreuen is, Were Ok dat de hertoghe van luneborch vnde vnſe Elderen ieneghe breue vnder anderen ghe gheuen hedden. de en ſcholden mid deſſeme breue nicht ghe Erghert werden, Were Ok dat vnſer borghen de hir na be ſcreuen ſtad ienich af ghinghe ſo ſcholde we in iewelkes ſtede de dar af ghe ghan were vnde alſo dicke alſe vnſer borghen welk af ghinghe enen anderen alſo ghöden wedder ſetten. vnde de ſcholde vor vns louen. alſe deſſe borghen nv vor vns ghe loued hebbet vñ in eneme ſvnderliken breue. vñ dar medde ſcholde deſſe bref vn vorbroken bliuen, Alle deſſe vorbenomden ſtucke vaſt vñ vnbrokelik to holdende. hebbe we vorbenomde greue alf. ghe loued vñ louen entruwen in deſſeme breue vnſem vorbenomden heren vnde Ome. hertoghen Wilhelme vñ ſinen eruen vñ Nakomelinghen. vñ Jancheren Lodewiche hertoghen Magnus ſone van Brunſwich des Elderen vñ ſinen eruen vñ Nakomelinghen iſt hertoghe wilhelm alſo ſtorue dat he nenen Echten ſone ſik en lete des god nicht en wille. vñ Juncheren Lodewiches brodere eneme de na ome to eneme heren der herſchop to Luneborch ghe koren worde van den de hertoghe wilhelm dar to ghe ſat heſt edder noch to ſette iſt Junchere Lodewich alſo ſtorue dat he nenen Echten ſone na ſik en lete Vortmer we her Bernd prouest to homborch. vnde Otto prouest to hamelen. brodere deſſes vorbenomden greuen alſes. bekenned in deſſem ſuluen breue. dat we hebbet ghe loued vñ ſworen vppe den hilghen Were dat greue alf. vnſe bole af ghinghe So ſchulle we vnde willet deſſen vorbenomden hertoghen. Wilhelme vñ Juncheren Lodewiche vñ eneme Juncheren Lodewiches brodere. vñ eren eruen vnde Nakomelinghen alle deſſe vorſcreuenen ſtucke vaſt vñ vnbrokelik dvn vñ holden in allerleye wis alſe hir vorſcreuen is. vñ alſe vnſe bole greue alf On dvn vñ holden ſcholde iſt he leuede, Vnde we Gherd vñ Johan brodere greuen to der boya. Junchere Siuerd here to homborch. greue Otto van Euerſten. greue Johan van ſpeyghelberghe. Her Wodekind here to deme berghe. greue Otto van halremunt. Junchere Ludolf van Wuneſtorpe Jordan van helebeke. gherd van Campen. Hinrik van Rottorpe vnde Hermen van Nendorpe. Bekenned dat we hebben ghe loued vñ louen in deſſem breue Entruwen mid ſamenderhand. den Erſamen vorſten. hertoghen Wilhelme van Brunſwich vnde Luneborch vñ Juncheren Lodewiche vorbenomd vñ eneme ſiner brodere na deſſer wiſe alſe hir vor ſcreuen is. vñ alle eren eruen vñ Nakomelinghen. Were dat On odder erer Jewelkem ienich bork edder hinder ſchade in deſſen vorſcreuenen ſtucken vñ we dar vmme ghe manet worden. So ſchulle we vñ willet riden in de Olden ſtad to Honouere vñ dar eyn recht Inlegher holden vñ dar nicht vte be nachten we en hebben den broke degher vñ al vor vüllet. edder we dvn dat mid erem e willen. Tho ener Openbaren bethughinghe. ſo hebbe we ſakewolden. vor vns vñ vor vnſe eruen vñ we borghen vorbenomd vnſe Inghezē witliken ghehenghet laten an deſſen bref. De ghegheuen is na goddes bord. drittcynhundert iar in deme vere vñ ſeſteohſten iare. Des hilghen avendes vnſer vrowen alſo ſe ghe boren wart.

236. Hermann von Werberge, Hochmeister des Johanniter-Ordens in Sachsen, in der Mark, in Wendland und in Pommern, beurkundet, dass er mit Bewilligung des Herzogs Wilhelm von Braunschweig und Lüneburg das Schloss Gartow mit dem Städtchen, mit Dörfern, mit Jagd, mit hoher und niederer Gerichtsbarkeit, mit geistlichen und weltlichen Lehnen und mit allen Diensten, wie solches alles die von der Gartow und darauf die von der Schulenburg von dem Herzoge und von der Herrschaft Lüneburg zu Lehn besessen haben, von den von der Schulenburg gekauft hat, gelobt, dem Herzoge, welcher den Orden und das Schloss mit allem Zubehör in seinem Herzogthume zu vertheidigen versprochen hat, Schloss und Städtchen gegen jeden mit Ausnahme des Markgrafen von Brandenburg zu öffnen, gestattet ihm, Schloss, Städtchen und Dörfer nebst allem Zubehör und mit Bewilligung des Herzogs von Braunschweig den Werder Höhbeck und die darauf liegenden Dörfer für 700 löthige Mark und für 400 löthige Mark, welche der Herzog auf den Bau des Schlosses zu verwenden dem Orden erlaubt hat, wiederzukaufen, auch, falls die Bewilligung des Markgrafen von Brandenburg dazu erlangt wird, den in der Mark Brandenburg gelegenen Werder Krummendieck*) mit den darauf liegenden Dörfern für 300 löthige Mark und das Eigenthum des Werders für 500 Florentiner Gulden von dem Orden zu erwerben, und verpflichtet sich und seinen Orden, diesen Vertrag, falls der Herzog, ohne einen Sohn zu hinterlassen, stirbt, dem Herzoge Ludwig von Braunschweig und, falls dieser, ohne einen Sohn zu hinterlassen, stirbt, einem Bruder desselben, welcher Herr der Herrschaft Lüneburg wird, zu halten. — 1364, den 9. September. K. O.

We Brůdor herman van Werberghe des Ordens des hilghen huſes des hoſpitalis ſünte Johannis van Iheruſalem. Eyn ghemeyne bedere in Saſſen in der Marke in Wentland vnde in Pomeren be konnet in deſſem leghenwardeghen breue, dat we mid Rade vnde vulbord wiſer brodere vnde commeldurere vſes Ordens hebben ghe deghedinghet mid deme hogheboren Vorſten Hertoghen Wilhelme van Brunſwich vñ Luneborch vnde he mid vs, dat we mid ſyneme willen vñ vulbord hebben ghekoſt dat hus to der Ghartow mid dem Stedeken vñ mid alle deme dat dar to hord, van den vromen knapen de ſo hetet van der Schulenborch, mid dorpen vñ wat to den dorpen hord, mid ackere wunnen vñ vnghewunnen, mid wateren vletende vñ Stande, mid Molen. wyntmolen vñ watermolen, mid vyſcherye mid weſen, mid weyde, mid holte, mid heyde mid Brůken, mid Buſghen, mid weydewerke, mid Jaghed, mid allen Richten hoghesten vñ ſydeſten, mid allen lenen de to der Ghartow horen gheyſtlik vñ werlik, mid allen denſte mid aller Vryheyd, vnde mid alle ſynen ſcheden vñ wat bynnen den ſcheden lyched weme dat ghe nomen mach, alſo als id de van

*) Zum Werder Krummendieck gehörte unter andern Quarnstedt, Holtorf, Capern, Gummern und Strenow, cfr. die Urkunde der Markgrafen von Brandenburg aus dem Jahre 1360, durch welche sie den Werder an den Orden schenken, in Gerckens Fragmenta Marchica, dritter Theil pag. 70—72 Nr. XXXIII.

der Ghartow vore vñ de van der Schulenborch na. van eme vñ van der Herfchap to Luneborch to lene had hebben vnde befeten hebbet wente an de tyd dat we vorbenomden brödere dat koften vñ we fchullen dat rouweliken vnde vredefameliken befitten, Vortmer fchal he vñ fyne Eruen vñ Nakomelinghe vfen vorbenomden Orden vnde Brödere mid dem hus to der Ghartow vñ mid alle den guden de dar to horen, alfo als fe lieghen in fyneme hertoghedöme vñ in fyner herfchap by vryheyd vñ by rechte laten vnde beholden, vñ fchullet vs verdeghedinghen vfes rechtes in den faken de dat hus to der Ghartow vñ dat gud an rored, wan vs des not is. vñ we dat van on efchen, vnde fchullet mynne vñ rechtes ouer vs vnde de Brodere weldech wefen wor fe vs des be helpen moghen in den faken de dat hus to der Gartow vñ dat gud an rored, Ok fchal dit fulue hus vñ dat Stedeken on open wefen to al oren noden vppe aller malken ane vppe den Marchgreuen van Brandenborch, Deffen vorbenomden kop heft vs vfe vorfcreuene here Hertoghe Wilhelm ghe vulbordet vñ is mid fyneme willen ghefchen mid deffem vnderfchede, dat he vñ fyne Eruen vñ Nakomelinghe dit vorbenomde hus to der Ghartow mid den guden de dar to horen alfe vorfcreuen is, wederkopen moghen wan fe willet, vor feuen hundered lodeghe mark Brunfwikefcher wichte vñ witte, vnde des enfchulle we vñ de Brödere vfes Ordens. on nicht weygheren, vnde wan fe dat weder kopen willet, dat fchullet fe kundeghen edder kundeghen laten den bröderen edder den ammychtluden to der Ghartow in vfer vrouwen daghe to lychtmiffen, edder bynnen den neghesten achte daghen dar na, Vnde dar na ouer eyn iar fchullet fe vs. vñ den bröderen in deme fuluen daghe vfer Vrouwen to lichtmiffen betalen vñ gheuen feuen hunderd lodeghe mark Brunfwikefcher wichte vñ witte, vñ fchullet vs de bereden vñ be talen in der Stad to Honouere vñ fchullet vs dit gheld velyghen vñ leyden ane ghe verde in der Stad vñ buten der Stad alfe verne alz ore land waret vor alle den de dorch oren willen don vnde laten willen, Vortmer fo heft vfe vorbenomde here her Wilhelm. vs vñ dem Orden vñ den Bröderen irloued. dat we fchullen ver buwen in der Ghartow veer hunderd lodeghe mark, vñ de fchal he vñ fyne Eruen vñ Nakomelinghe vs weder gheuen in redeme ghelde mid den feuenhunderd marken dar fe dit hus vmme kopen. edder alfo vele myn alz we myn verbuwed hedden wan veer hunderd mark, vñ dat ghebuw fchullen werdeghen orer manne twe de fe dar to fchicken, vñ vfer vrende twe, dröghen de veere nicht ouer eyn, Wat denne de Meyfter vfes Orden de in deffem lande is mid twen bröderen beholden wel mid fyneme rechte, dat we verbuwed hedden in den Veere hunderd marken, dat fchullen fe vs weder gheuen mid den erften feuen hunderd marken alfe vorefcreuen is, Vñ wanne fe vs de feuenhunderd mark vñ dar to wat we dar an ver buwed hedden ghenfliken betalet vñ bered hedden, fo fchulle we vñ willet eme vñ fynen Eruen vñ Nakomelinghen. dat hus to der Ghartow mid dem Stedeken vñ mid den dorperen vñ mid alle deme dat dar to hord alfe vorefcreven is, vñ mid dem Werdere dy de hobeke het mid den dorperen de dar vppe lieghen weder antworden ane vortoch funder arghelift, Ok fchal he edder fyne Eruen edder Nakomelinghe ver moghen dat id ores vedderen wille fy van Brunfwich vñ vs des fyne breue gheue, dat we on den hobeke verkopen vñ antworden, Vortmer de werder dy de krummedik het mid den dorperen de dar inne lieghen vñ wat dar to hord, dy dar licht in der Marke to Brandenborch, den fchulle we vñ vfe Orden vorbenomd, fuluen beholden want we des nicht ver koft hebben mid der Ghartow, vñ dar fchullet fe vñ ore ammychtlude vs by rechte mede laten vñ vs dar an nicht hinderen noch ver vnrechten, Were auer dat fe edder we des Marchgreuen willen irwernen konden, fo fchullet fe vs gheuen dre hunderd lodeghe mark redes gheldes Brunfwikefcher wichte vñ witte, vor den krummendik. vn dar enbouen Vyf hunderd guldenen wichtegher florenen vor den eghendöm ouer den krummendik, vñ fchullet vs de betalen to Honouere alz vorefcreuen is, Were ok dat we vñ de brödere vfes Orden funderliken ienech gud ghekoft edder lofed hedden dat to der Ghartow hord in orer herfchap na der tyd dat we de Ghartow koften van den van der Schulenborch, de gud fchullet fe vs ghelden alfe we de koften, oft fe willen vnde fchullen vs dat gheld bereden mid der erften fummen, Wolden fe auer der gud nicht kopen, fo fchulle we de fuluen beholden vñ vs maken fo we nutteft moghen, vñ fe fchullet vs dar an by rechte laten vñ beholden, Verkofte we auer de gud oren mannen, den fchullet fe de lyghen, Were ok dat hertoghe Wilhelm vorbenomd Storue er he de Ghartow weder kofte alfo dat he neynen echten fone na fik enlete des god nicht en wille, fo fchulle we vñ willet vñ de Brodere vfes Orden, dem edelen Vorften Juncheren Lodowiche hertoghen Magnus fone van Brunfwich des olderen, edder icht Junchere Lodowich ftorue, vñ neynen echten fone na fik enlete, fyner brödere eyneme, de na eme here worde der herfchap to Luneborch, vñ oren Eruen vñ Nakomelinghen dat hus to der Ghartow vñ dat Stedeken mid den dorperen vñ mid alle den guden de dar to hored alse vorefcreuen is to kope don vñ weder antworden wan fe vs eyn iar den kop vore kundeghet alse vorefcreuen is, vñ vs vfe vorfcreuene gheld betalet hedden in allerleye wife vñ in allen ftucken alse hertoghe Wilhelm vs den fcholde oft he leuede, Vñ we Brüder herman vorbenomd hebbet ghelouet entruwen vñ louet in deffem breue vor vs vñ vor de Brudere vfes Orden, hertoghen Wilhelme vñ Lodowiche vorbenomd vñ oren Eruen vñ Nakomelinghen, alle deffe vorfcreuenen ftucke vaft vñ vmbrokelik to holdende funder arghelift, Vñ hebbet to tughe vfe Ingheseghel ghehanghen an deffen bref, Na goddes bord dritteynhunderd iar in deme Vere vñ fefteghesten iare des neghesten daghes na vfer vrowen der lateren.

237. Herzog Wilhelm von Braunschweig und Lüneburg stellt über den mit Hermann von Werberge, Hochmeister des Johanniter-Ordens, über das Schloss und Städtchen Gartow *) errichteten Vertrag einen Revers aus und Herzog Ludwig von Braunschweig gelobt, den Vertrag nach dem Tode des Herzogs Wilhelm zu halten. — 1364, den 15. September. K. C. 14.

Van godes gnaden we her wylhelm hertoghe to brunfwik vnd to luneborgh be kennet openbare in diffum ieghenwardighen breue, vnd dot witlik alle den de en feen edder lefen horet dat wy mit den erbaren gheftliken luden broder hermanne van werberghe des ordines funte Johannis des hilghen hufes des hofpitales van iherufalem eynem ghemenen bedere in faffen in der marke in wentland vnd in pomeren vnd den broderen des fuluen orden vnd fe mit vns ghe dedinghet hebbet dat fe mit vnfem willen vnd vulborde hebben ghe koft dat hus to Ghartowe mit dem ftedeken vnd mit al dem dat dar to hort van dem vromen knapen de fe hetet van der fchulenborch mit dorpen vnd wat to den dorpen hort mit ackeren wunnen vnd vnghewunnen mit wateren vletende vnd ftandende mit molen wintmolen vnd watermolen mit vyfcherye mit wefen mit weyde mit holte mit heyde mit broken mit buffchen mit weydewerke mit iacht mit allen rechten hogheften vnd fydeften mit allen lenen de to der Ghartowe horen gheiftliken vnd werlik mit allem denfte mit aller vryheit vnd mit alle fynen fcheden vnd wat bynnen den fcheden licht wo me dat ghe nomen mach al fo alfo id de van der Ghartowe vore vnd van der fchulenborch na van vns to lene hat hebben vnd be feten hebbet wente an de tijd dat de vorbenomeden brodere dat koften vnd fchullen dat roweliken vnd vredefameliken be fitten. Vortmer fo fchulle we vnd willen vnd vnfe eruen vnd nakomelinghe den vorbenomeden orden vnd de brodere mit dem hus to der Ghartowe vnd mit al den ghuden de dar to horen alfo alfe fe ligghen in vfem hertoghedome vnd in vnfer herfchap by vriheyt vnd by rechte laten vnd be holden vnd willen vnd fchullen fe vor dedinghen eres rechtes in den faken de dat hus to der Ghartowe vnd dat gud an roret wan en des nod is vnd fe dat von vns effchen vnd fchullen mynne vnd rechtes ouer fe woldich wefen wur we en des be helpen moghen in den faken de dat hus to Ghartowe vnd dat gud an roret. Ok fchal dat fulue hus vnd dat ftedeken vns open wefen to al vnfen noden vp allermalken ane vppe den Markgreuen van brandeborgh Deffen vorbenomeden kop hebbe wy en ghe vulbordet vnd is mit vnfem willen ghe fchen mit dem vnderfchede dat we vnd vnfe eruen vnd nakomelinghe dat vorbenomede hus to der Ghartowe mit den ghuden de dar to horen alfo vorfchreuen is weder kopen moghen wan we willet vor feuenhundert lodighermark brunfwicher wichte vnd witte vnd des en fchullen vns de vorbenomeden brodere vnd de ere nicht weygheren vnd wan we dat wedder kopen willen dat fchulle we kundighen edder kundighen laten den broderen to der Ghartowe edder eren ammechtluden in vnfer

*) Auf demselben Papiere befindet sich die Abschrift eines Protestes der Herzöge Otto und *Friedrich* von Braunschweig und Lüneburg gegen den von den *heren des ordens van Rodijs* vorgenommenen Verkauf der Gartow an Vicke von Bülow und Werner von der Schulenburg, Anno 1438, den 13. September.

vrowen daghe to lichtmiſſen edder bynnen den negheſten achte daghen dar na ouer eyn Jar ſchulle wy en in dem ſuluen daghe vnſer vrowen to lichtmiſſen be talen vnd gheuen ſeuenhundert lodighe mark brunſwikeſſcher wichte vnd witte. vnd ſchullen en de bereden vnd betalen in der ſtad to hannovere vnd ſchullen en dat gheld velighen vnd leyden ane ghe verde in der ſtad vnd buten der ſtad alſo verne alſe vnſe land waret vor al den de dor vnſen willen don vnd laten willen. Vortmer ſo hebbe we irlouet dem orden vnd den broderen dat ſe ſchullen vorbuwen in der Ghartowe verhundert lodighe mark vnd de ſchulle wy en wedder gheuen an redem ghelde mit den ſeuenhundert marken dar wy dat hus vmme kopen edder alſo vele myn alſe ſe vor buwet hebben wan verhundertmark vnd dat ghe buwe ſchullen werdeghen vnſer manne twe de we dar to ſchicken vnd erer vrunde twe. Dreghen de denne nicht ouer eyn wat denne de meyſter de in diſſem lande is mit twen broderen be holden wel mit ſynem rechte dat ſe vor buwet hebbet an den veerhundert marken, dat ſchulle we en wedder gheuen mit den erſten ſeuenhundert marken alſo vore ſcreuen is. vnd wan we en de ſeuenhundert mark dôn dat ſe dar an vor buwet hedden ghenſliken be talet vnd beret hebbet ſo ſchullen ſe vns vnd vnſen eruen vnd nakomelinghen dat hus to der Ghartowe mit dem ſtedeken vnd mit dorpen vnd mit al dem dat dar to horet alſo vore ſchreuen is vnd mit dem werdere de de hobeke het mit den dorpen de dar vppe ligghen wedder antwerden ane vortoch ſunder Jenigherleye arghelist ok ſchulle we vnd vnſe eruen vnd nakomelinghe vor moghen dat id vnſes vedderen wille ſy van brunſwik vnd ene des ſyne breue gheuen dat ſe vns de hobeken vor kopen vnd antworden. Vortmer de werdere de de krummedijk het mit den dorpen de dar ynne ligghen vnd wat dar to hort de dar licht in der marke to brandeborch den ſchullen de brodere vnd de ere vorbenomet ſuluen be holden went we den nicht ghe koft hebben mit der Ghartowe vnd dar ſchulle we vnſe ammechtlude ſe by rechte mede laten vnd ſe dar ane nicht hynderen noch vor vnrechten. Were auer dat we eddor ſe des markgreuen willen erweruen konden ſo ſchulle we en gheuen drehundert lodighe mark redes gheldes brunſwikeſſcher wichte vnd witte vor den krummen dijk vnd dar en bouen viff hundert ghuldene wichtigher florenen vor den eghendôm ouer den krummendijk vnd ſchullen en de betalen to hannovere alſe vor ſchreuen is. Were ok dat de brodere vnd de orde ſunderliken Jenich ghud ghe koft edder ghe loſet hedden dat to der Ghartowe hort in vnſer herſſchup na der tijd dat ſe de Ghartow koften von den von der ſchulenborch de ghude ſchulle we en gholden alſe ſe de koften effte we willen vnd ſchullen en dat gheld be reden mit der erſten ſummen. Wolde we auer der ghud nicht kopen ſo ſchullen ſe de brodere vnd de orde dat ſuluen be holden vnd ſik maken ſo ſe nutteſt moghen vnd we ſchullen ſe dar an by rechte laten vnd be holden. Vor koften ſe auer de ghud vnſen mannen den ſchulle we ſe lyen. Were ok dat we vorſtoruen er we de Ghartowe wedder koften alſo dat we nenen echten ſonen hedden des god nicht wille ſo ſchullen ſe deme edelen vorſten Juncher lodewighe hertoghen magnus ſone van brunſwik des elderen vnſem vedderen edder icht Juncher lodewich ſtorue vnd nenen echten ſonen hedde ſyner broder eneme de na eme here worde vnſer herſchup to luneborch vnd ſynen eruen dat hus to der Ghartowe vnd dat ſtedeken mit den dorpen vnd mit al den ghuden de dar to hort alſe vor ſcreuen is to kope don vnd wedder antworden wan ſe en eyn Jar den kop vore kundighet alſe vor ſcreuen is vnd ene ere vorſcreuen gheld betalet hedden in allerleye wiſe vnd in allen ſtucken al ſo alſe we en don ſcholden oft we leueden vnd we Juncher lodewich hertoghen magnus ſone van brunſwik des eldoren vorbenomeden be kennet in diſſem ſuluen breue were dat vnſe leue veddere hertoghe wilhelm von brunſwik vnd to luneborch ſtorue er he de Ghartowe wedder koffte alſo dat he nenen echten ſonen en hedde ſo ſchulle we vnd willet den vorbenomeden gheiſtliken luden broder hermenne van werberghe vnd ſynen nakomelinghen vnd den broderen ſunte Johannis orden alle diſſe vorſcreuen ſtucke don vñ holden in vnſes vedderen hern wilhelmes ſtede in allen ſtucken vnd in allerleye wys al ſo he en don ſcholde ifft he leuede nach diſſes breues utwiſinghe ane Jenigherleye arghelist To ener bekantniſſe deſſer dingh hebbe we vorbenomeden hertoghen wilhelm vnd lodewich deſſen breff beſoghelet laten mit vnſen Ingheſeghelen de ghe gheuen is na godes bord dritteynhundert Jar in dem veer vnd ſeſteghesten Jare des ſondaghes na vnſer vrowen daghe alſe ſe boren wart.

238. Wasmod Kind, Probst zu Schnega, und seine Brüder überlassen dem Herzoge Wilhelm von Braunschweig und Lüneburg statt zweier zu ihrem Burglehn zu Lüneburg gehörenden Höfe zu Häcklingen, die sie mit seiner Bewilligung verkauft haben, zwei Höfe zu Lüllau bei Jesteburg und empfangen dieselben von ihm zu Burglehn. — 1364, den 15. September. K. O.

We wafmod Prouest to Sneghe. herman. Bertold. Otto. vnde detlef brodere. Gherd vn Gherlich brodere alle ghe heten kynd. bekennet openbare in deffem iewardighen breue. Dat de Erbare vorfte hertoghe Wilhelm van Brunfwich vñ to Luneborch vnfe leue here heft vs ghe orleued vñ macht ghe gheuen, Dat we moghen vor kopen van vfeme borchlene to Luneborch. twe houe in deme dorpe to Hekelinghe. myt holte. myt wifghen myt. ackere vñ myt weyde vñ myt dryft. vñ myt aller to behoringhe. alfe id dar to hord vnde we dat to dem borchlene ghe had hebbet. Des leghe we vñ fetten weder in de ftede twe houe to lulleghe dat be leghen is by Jerfteborch. myt alleme rechte vñ to behoringhe alfe we de wente herto ghe had hebbet Deffe vorbenomden houe twe to lulleghe fette we to alfo daneme rechte alfe de erften hone two leghen hadden. Vñ hebbet de entfanghen weder to borchlene van vfeme vorbenomden heren. Vñ hebbet des to thūghe vnfe Inghezeghele myt witfchap ghe honghet to deffem breue. De ghe gheuen is Na goddes bord Dryttteynhundert Jar in deme veere vñ feftegheften Jare des achteden daghes vnfer vrowen alfe fe ghe boren ward.

239. Siegfried und Hardeke von Reden überlassen dem Grafen Otto von Hallermund die Vogtei zu Altenhagen auf fünf Jahre, um daraus fünf löthige Mark zu erheben. — 1364, den 20. September. XI.

We Her Sinert vnde Hardeke Brodere ghehete van Reden bekennet vnde betughet openbare in deffem Breue befeghelt mit vfen Inghefeghelen. dat we fettet vnde ghefat hebbet. Greuen Otten van Halremunt. de Voghedyge to dem olden Haghen vnde wat we Rechtes dar an hebbet dat vfe Erue is to vif Jaren aldus dane Wis vor vif lodeghe Mark. dat Greue Otto vorbenompt fcal fin Gheylt dar weder vt nemen binnen deffen vif Jaren Vnde wenne deffe vif Jar vmme komen fint, fo fcal ik Greue Otto van Halremunt vorbenompt, deffen vorbenomden Hern Siuerde vnde Hardeken ere Gut to dem Oldehaghen weder antworden leydych vnde los ane Wederfprak. Dit is ghefchen na Goddes Bort dritteynhundert Jar jn deme ver vnde feftegheften Jare jn deme hilghen Auende funtte Mathewes des hilghen Appoftelem.

240. Diedrich von Nendorf gestattet dem Herzoge Magnus von Braunschweig, den Hof zu Uehrde, auf welchem er an Bau des Steinwerkes 20 löthige Mark zu verwenden übernimmt, für 40 löthige Mark von ihm einzulösen. — 1364, den 29. September. K. O.

Ek tyleke van nendorpe vnde min eleke husvrowe vnde mine eruen bekennet openbare in diffem breue alle den de on feen oder horen lefen. Dat de hochgheborne vorfte vnfe gnedighe here hertoghe Magnus to Brunfwich mach lofen van us enen hof to vrde vppe diffe neghéften pafchen vñ alle jar dar na oppe pafchen vor vertich lodighe mark brunfwikefcher wichte vñ witte Ok fo moghe we an deme ftenwerke des felnen houes vñ wes dar nod to is to dem ftenwerke, verbuwen twintich lodighe mark, wes we ok min dar an verbuweden wenne twintich lodighe mark des fcolde we min nemen vñ enberen an den vorbenomden vertich lodighen marken oppe welke pafchen vnfe vorbenomde here hertoghe Magnus os vnfe ghelt gheuen welde Des to enem orkunde hebbe ek tyleke vorbenomet vor mi mine eleken husvrowen vnde vor mine eruen diffen bref ghe gheuen befeghelt mit mineın Inghefeghele Na goddes bort dritteynhundert Jar in deme veer vnde feftigheften Jare an fonte Mychaheles daghe.

241. Herzog Wilhelm von Braunschweig und Lüneburg und Herzog Ludwig von Braunschweig geloben, den Bürgern und dem Rathe der Stadt Hannover die ihnen geliehenen 200 löthige Mark nach zwei Jahren zurückzuzahlen. — 1364, den 28. October. XXII.

Van Godes gnaden we her Wilhelm hertoge to Brunſzw̃ vnde to luneborgh vnde Juncher Lodewich hertogen Magnus ſone van Brunſzw̃ des elderen bekennet openbare jndeſſem breue dat wij dem Rade vnde borgeren der Stad to honouere ſind ſchuldich II^c lodege mark honouerſcher wichte vnde witte de ſe vns rede to borge gelenet hebbet vnde deſſe II^c lodege mark wille wij vnde vnſe eruen vnde nakomelinge ſchullet on bereden ane hinder vnde vortoch nů to Sunte Mertens dage de negeſt kumpt vort ouer II jare jn vnſer vorbeñ Stad honouere mid ſuluere eder mid honouerſchen penningen alſe dat lodige ſuluer denne dar gild. Vnde wij hinr̃ proueſt to lune vnde kerſten van langelage brodere bekennet jndeſſem ſuluen breue dat wij vns to borgen geſat hebben vor vnſe vorbeñ heren vnde hebbet gelouet dem Rade vnde borgeren to honouere vnde louet on entruwen jndeſſem breue were dat on jenich brok eder hinder worde jnder beredinge deſſes vorbeñ geldes ſo wille wij vnde ſchullet on dare vull vore don bynnen den negeſten IIII weken dar na wan wij dar vmme gemanet worden To eyner bedechtniſſe deſſer dingh hebbe wij vorbeñ Wilhelm vnde lodewich ſakewolden vnde wij hinr̃ vnde kerſten borgen vnſe Ing̃ gehangen laten to deſſem breue. Datum to Tzelle Anno dominj XIII^c jar jndem LXIIII jare Symonis et Jude apoſtolorum.

242. **Herzog Magnus von Braunschweig restituirt dem Johann, Landcommenthur des deutschen Ordens, und den Ordensrittern der Ballei Sachsen die Schlösser Lucklum und Elmsburg mit allen Rechten, Gülten und Zinsen, wogegen sie auf Ersatz alles ihnen an den Schlössern von ihm oder auf sein Geheiss zugefügten Schadens verzichten. — 1364, den 3. November.** I.

We magnus vñ vnſe rechten eruen Bekennen etc dat we os mit den Ebaren gheyſtliken luden Broder Johanne Lantkummendurere des ordens vnſer vrowen des ſpetales des dudeſſchen huſes van Jeruſalem vñ mit den Broderen ghemeynlichen des ſeluen ordens jn der balliu to ſaſſen vruntliken vñ ghenſtliken verenet vñ berichtet hebben vmme de huſe Luckenum vñ Elmeſborch de we on weder gheuen hebben mit allem erem eghendome vriheyt vñ rechte mit gude ghulde vñ tynze wo me de ghenennen mach de to den vorghenanten huſen horen, oder van aldre ghehort hebben der ſe ſek moghen vñ Scullen de vorghenante Lantkummendurere vñ brodere vnderwinden mit allem erem eghendome vriheyt vnde rechte gude ghulde vñ tynze alſo ſe dat van aldre beſeten hebben, vñ we vñ vnſe rechten eruen verbinden os vnde reden jn diſſem jeghenwerdigen breue dat we den vorghenanten Lantkummendurere vñ brodere ſcullen laten bliuen bi allem erem rechte vñ vriheyt dat ſe van aldre bi vnſen eldren vñ bi os ghehat hebben dat we on de nerghen Scullen verbreken vñ ſcullen den vorghenanten Lantkummendurere vñ brodere erun vñ vorderen dat noch we noch vnſe rechten eruen noch nemant van vnſer weghene ſcullet noch en willet ſe vervnrechten noch beſworen an diſſen vorghenanten huſen Luckenum vñ Elmeſborch noch an alle deme dat dar to ghehort, Ok ſo deyt de vorghenante Lantkummendurere vñ brodere ene gantze vortichte alles ſcaden de on gheſchen is van os vñ van den vnſen van vnſer weghene an diſſen vorghenanten huſen luckenum vñ elmeſb̃ vñ an alle deme dat dar to ghehort vñ willet dar nummer vmme Spreken noch ſaken weder os vnſe rechten eruen vñ alle vnſe denere ſe Syn gheyſtlik oder werlik hedden ſe ok vmme diſſen vorghenanten ſcaden de vnſe denere weren in ſculden de ſculde ſcolden dot weſen ſe weren gheyſtlik oder werlik In cuius rei teſtimonium etc datum anno domini M CCC LXIIII dominica proxima poſt feſtum omnium ſanctorum.

243. **Herzog Magnus von Braunschweig gestattet dem Johann von dem Hagen, Landcommenthur des deutschen Ordens, und den Ordensrittern der Ballei Sachsen, ihre Güter von denjenigen seiner Unterthanen, welche sie ihnen vorenthalten, zurückzufordern und gegen diejenigen, die ihnen ohne sein Geheiss an den Schlössern Lucklum und Elmsburg Schaden zugefügt haben, gerichtlich zu verfahren. — 1364, den 3. November.** I.

We magnus etc Dat we hebben ghedeghedinghet mit den Erbaren gheyſtliken luden her Johanne van deme Haghen Lantkummendurere vñ den broderen ghemeynliken in der Ballie to ſaſſen des dudeſſchen huſes ſente marien des ſpetales to Jeruſalem vmme dat hus luckenum vñ elmeb̃ alſo de andren breue de we on ghegheuet hebbet vtwiſet Weret ok dat diſſe vorb̃ brodere jemande iruoren de in vnſen landen beſeten were de os fcaden ghedan hedde in diffen vorb̄ hufen Luckenum vñ elmesborch oder an deme dat dar to hort wanne fe dene vor os Sculdigheden de mach bynnen dem neyften vorndel jares dar na dat mit finem rechte irweren dat he dat van vnfer weghene ghedan hebbe dar fcal he van os mede los wefen, moghen fe auer dat bewifen dat he noch dat ore vader fek hebbe dat moghen fe don vñ fcal os dat weder keren, Weret auer dat diffe den fe Sculdigen oder fculdigen welden dat nicht vor os irweren welde mit Sinem rechte dat he dat van vnfer weghene ghedan hedde fo moghen fe fek helpen mit gheyftliken eder mit werlikem rechte wû os dat bequemeft is dat fcal vnfe gude wille wefen Des to ener bekantniffe etc Datum anno et die quibus Supra.

944. Herzog Magnus von Braunschweig ertheilt dem Johann von dem Hagen, Landcommenthur des deutschen Ordens, und den Ordensrittern der Ballei Sachsen eine Anweisung auf die zehn löthige Mark jährlicher Abgabe des Weichbildes Schöppenstedt, welche sie so lange erheben sollen, bis sie hundert Mark davon bezogen haben, und gestattet ihnen, gegen den Rath zu Schöppenstedt, falls derselbe die Zahlung verweigert, gerichtlich zu verfahren. — 1364, den 3. November. I.

We magnus etc Dat we hebben ghewifet vñ wifen jn diffem jegenwerdigen breue de Erbaren gheyftliken Lude etc ut fupra jn teyn lodige mark gheldes de we hebben in vnfem wichbelde to Scepenftede de os.. de Rad dar felues plecht to gheuene alle Jar to fente mych̄ daghe, alfo dat diffe vorb̄ heren diffe vorb̄ teyn mark op nemen Scullen alle jarlikes to fente mych̄ daghe alfo langhe went fe hundert mark op ghenomen hebben dar na Sculle we eder vnfe ernen de vorb̄ teyn mark gheldes op nemen alfo we wente herto ghedan hebben, Weret ok dat diffe vorb̄.. Rad to fchepenftede diffen vorb̄ heren diffes wederftendich worde dat fe os diffe vorb̄ teyn mark nicht betalden alfo hir vore ghefcreuen is vñ fe os dat weten leten fo Sculle we vñ willen fe dar to vordren vñ os dar to helpen dat os dat vorb̄ ghelt betalet worde alfo vore ghefcreuen is, Weret ok dat.. de Rad to Scepenftede fe dorch vnfes bodes willen nicht betalen welde fo moghen fe fek helpen weder diffen vorb̄ Rad to fchepenftede mit gheyftlikem oder mit werlikem rechte wû os dat bequemeft is vñ dat fcal vnfe gude wille wefen Des to ener bekantniffe etc Datum anno et die quibus fupra.

945. Herzog Magnus von Braunschweig beurkundet, dass Johann von dem Hagen, Landcommenthur des deutschen Ordens, und die Ordensritter der Ballei Sachsen in den mit ihm über die Schlösser Lucklum und Elmsburg errichteten Vertrag den Abt zu Hersfeld mit eingeschlossen haben, so dass die herzoglichen Capellane, die Prälaten, Canonici und Pfarrer zu Braunschweig den Abt wegen des über sie verhängten und verkündigten Bannes nicht mehr anschuldigen sollen. — 1364, den 3. November. I.

We magnus etc dat de erbaren heren etc hebbet ghenomen den abbet van herfuelde in ere dedinghe icht he dar inne wefen wel de fe mit os ghededinget hebbet vmme dat hus luckenum vñ elmeb̄ vñ vmme alle dat dar tohort alfo dat vnfe Capellane de prelaten Canonke vñ pernere to Brunfw̄ diffen vorb̄ abbet vortmer ane fculde laten fcullen des dat he fe heft ghebannen vñ to Banne kundighet laten datum ut prius.

946. Der Prothonotar des Herzogs Wilhelm von Braunschweig und Lüneburg, Pfarrer Heinrich von Offensen zu Winsen, lässt auf des Herzogs Befehl in der Kirche St. Blasii zu Braunschweig in Gegenwart des Herzogs Albrecht von Braunschweig ein Transsumpt der vom Kaiser Friedrich II. 1235 über die Belehnung ausgestellten Urkunde, um davon vor dem Reiche Gebrauch zu machen, anfertigen. — 1364, den 8. November. II.

In nomine dominj amen. Anno natiuitatis eiufdem. M. CCC. LXIIII^mo^ Indictione fecunda. Menfis Nouembris Die octaua. hora terciarum vel quafi. Pontificatus fanctiffimi in Chrifto patris ac domini noftri. dominj Vrbanj diuina prouidencia pape V^ti^ anno II. Conftitutus in mei Notarii publici et teftium infra fcriptorum prefencia. Honorabilis vir et dominus Hinr̄ de offenlen. rector parrochialis ecclefie in Winfen Verdenfis dyocefis. Prothonotarius Magnifici principis. Domini Wilh̄ Ducis in Brunſ et luneb̄. Idem Dominus Hinr̄ procuratorio nomine eiuſdem domini ſui domini Wilh̄ produxit et legit vnam literam quondam domini Frederꝰ bone memorie Romanorum Imperatoris eius vera bulla aurea ſilo ſerico appenſa bullatam non viciatam non cancellatam. nec in aliqua ſui parte corruptam. ſed omni prorſus vicio et ſuſpicione carentem. cuius litere tenor de uerbo ad uerbum erat talis..

In nomine ſancte et indiuidue trinitatis. Fredericus ſecundus diuina fauente clemencia. Romanorum Imperator ſemper auguſtus. Jeruſalem et Cecilie rex glorioſus in maieſtate ſua. (Es folgt der fernere Text der Belehnungs-Urkunde über das Herzogthum Braunschweig und Lüneburg aus dem August des Jahres 1235 in Origin. Guelf. Tom. IV. pag. 49 bis 53.)

Qua litera perlecta et per me plenius viſa et inſpecta. dictus dominus Hinr̄ nomine Dominj Wilh̄ prefati ducis in Brunſw̄ et luneb̄. me notarium infra ſcriptum. et coram teſtibus infra ſcriptis requiſiuit. vt dictam literam de uerbo ad uerbum fideliter transſeriberem eiuſque ſeriem ſeu Copiam in publici formam redigerem Inſtrumenti. de litera originali ſupra dicta. que propter viarum diuerſa diſcrimina de loco ad locum ſecure portari non poteſt. Coram Imperio uel alibi vbi opus fuerit fidem plenam facientis. Acta et facta ſunt hec in Eccleſia ſancti Blaſii in Brunſw̄ et ante altare ſancti Petri. Anno Indictione Menſe die hora. Pontificatu et loco quibus ſupra.. Preſentes et teſtes huius rei fuerunt et ſunt. Magnificus Princeps Dominus albertus dux de Brunſw̄. Venerabilis vir Dominus aſchwinus de Salderen prepoſitus eiuſdem eccleſie ſancti Blaſii in Brunſw̄. Dominus Ernestus rector eccleſie parrochialis ſancti Martinj in Brunſw̄. Strennui viri. Lippoldus de Vreden miles. Hinr̄ de Boſekendorpe famulus. et quam plures alij fide dignj.

Et Ego Johannes dictus Braſche. Clericus Verdenſis dyoceſis. Publicus Imperiali auctoritate Notarius. premiſſis omnibus et ſingulis dum ſic ut preſcriptum eſt per dictum dominum Hinr̄ de Offenſen agerentur et fierent vna cum prenominatis teſtibus preſens interfui eaque ſic fieri vidi et audiui et in hanc publicam formam meo ſolito et conſueto ſigno ſignatam redegi. rogatus et requiſitus in fidem et teſtimonium omnium premiſſorum.

247. Die von der Schulenburg verpfänden dem Herzoge Wilhelm von Braunschweig und Lüneburg und dem Herzoge Ludwig von Braunschweig einen vierten Theil ihres Schlosses Betzendorf auf der obersten Burg und an der Vorburg mit der Hälfte der dazu gehörenden Güter, des Zinses und der Gülte mit Jagd und hoher und niederer Gerichtsbarkeit, wie sie dies Alles dem Gerhard von Wustrow mit der Hälfte des Schlosses früher verpfändet haben, gestatten ihnen, vom Schlosse gegen jeden Krieg zu führen und verpflichten sich, kein anderes Bündniss und keinen anderen Vertrag über das Schloss ohne der Herzöge Bewilligung zu schliessen, mit diesem Schlosse und dem Schlosse Apenburg ihnen zu Dienste zu sitzen und dieselben ihnen zu öffnen. — 1364, den 11. November. **K. O.**

We, her Bernd Riddere ichteſwanne langhen Werners ſone. Hinric vnde Werner Brodere vnde Hennigh ere veddere. Hinric Werners ſone vñ Bernd. Henninghes ſone knapen. alle gheheten van der Schulenborch. bekennen vnde be thughen in deſſem ieghenwardeghen breue vor alle den. de en ſeen edder leſen horen. Dat we hebben ghe ſat. vñ ſetten. mid vulborde vnde mit rade alle vnſer Eruen. Den Erluchteghen vorſten vnſen Leuen heren. hertoghen Wilhelme. van Brunſwich vnde to Luneborch. vnde Juncheren Lodewiche. hertoghen Magnus ſone van Brunſwich des Elderen vnde eren eruen vnde Nakomelinghen. Eyn verdendeyl an vnſeme ſlote to Betzendorpe vppe der ouerſten borch. vnde an der vorborch. mit alle deme ghude tyns vnde ghulde half. De her Ghert van Wuſtrowe an Der helfte hat heſt Des vorbenomden ſlotes. Dat ſy an Molen. an ackere. an velde. an holte an weyde. an Buſchen. an heyde. an watere. vletende edder ſtande. an viſcherye. an wiſchen. an weydewerk. an Jacht. mit alleme rechte vnde richte hogheſt vnde ſydeſt vnde mit aller to behoringhe vnde nvt. alſo we dat wente her to. beſeten hebbet vnde her Ghert van wuſtrowe pandes van vns ghe hat heſt. vnde vns vnſe vader ghe Erued heſt. vor ſes hundert Lodeghe mark Brunſwichſcher. wichte vñ witte. De ſe vns be talen ſcollet in erer ſtad to Luneborch. mit redeme ſuluere edder mit Luneborgheren pennighen Dre mark pennighe vor de lodeghe mark, welk ere ſe Leueſt willen,, We vnde vnſe eruen en moghet dit vorbenomde verdendel. Deſſes ſlotes to Betzendorpe. nicht wedder Loſen. van vnſen vorſprokenen heren vñ van eren eruen vñ Nakomelinghen. bynnen deſſem neghe-ſten iare. Wan auer dit iar vmme komen is. ſo moghet ſe vns vnde we on. De Loſe Deſſes ſlotes. kvn-deghen alle iar. bynnen den achte daghen. ſvnte Mertens. Deſſe vorbenomden loſe moghet ſe vns kvn-deghen edder kvndeghen laten to Betzendorpe. vnde we On wedder wor ſe lickghet mid erer koſt. vnde wan aldus de loſe kvndeghet is. Dar na Ouer eyn iar bynnen den achte daghen ſvnte Mertens. ſo ſchullen we on. de vorſprokene ſes hundert Lodeghe mark be talen vñ be reden in erer ſtad to Luneborch vor de Lodeghe mark dre mark penninghe. Dat ſuluer edder dat ghelt ſcollen ſe vns veleghen vor alle den de der eren willen den vñ laten willet. vnde wan ſe aldus bered ſyn vnde be taled. ſo ſcollen de vorbenom-den hertoghen ere eruen edder Nakomelinghe vns edder vnſen eruen dat vorſprokenen verdendel Deſſes ſlotes to Betzendorpe wedder antwerden ſvnder hinder vñ vortoch. Were ok dat vnſe vorbenomden heren edder ere eruen edder Nakomelinghe. vns edder vnſen eruen de loſe kvndegheden deſſes ſlotes. edder we On. vñ beredde we on De ſes hundert lodeghe mark nicht vort Ouer eyn iar binnen den achte daghen ſvnte mertens alſe vore ſcreuen is. ſo moghet ſe dat verdendel deſſes Slotes to betzendorpe mid alle deme dat dar to hort ver ſetten vñ ver punden weme ſe willet vor de vorſprokene ſes hundert lodeghe mark. vnde weme ſe dat verdendel deſſes ſlotes ſetten De ſcolde vns den borchvrede vñ borchhůde wiſnen alſo ſe vore dan hebbet. Van deſſem vorbenomden ſlote betzendorpe. moghet ſek de vorſprokenen hertoghen vñ ere eruen vñ nakomelinghe af ir weren vñ van Orloghen vppe aller malkem de dar leued. wan on des nod is vñ wan ſe willet. Worde Ok dit ſlot ver loren van vnſer weghene des god nicht en wille. ſo ſcolle we vnſen vorſprokenen heren edder eren eruen edder nakomelinghen. De ſes hundert Lodeghe mark brunſ-wichſcher wichte vnde witte irorſaten. alſe twen eren mannen vñ twen vnſen vrunden redelich duchte ſyn. Weme vns vnſe vorbenomden heren to eneme houetmanne ſetten vppe dat ſlot betzendorpe. De ſcal vns den borchvrede vnde De borchhůde wiſnen. dat ſulue ſcolle we on wedder dôn. Ok ſo ſchulle we vns noch vſe ſlote nemende mer verplichten ver panden noch vp laten noch be breuen bouen deſſen bref id en were mid vnſer vorſprokenen heren willen. Wan ok deſſe bref Dot is edde were, ſo ſchullen vnſe Olden breue de ſe vns vñ we on vnder anderen ghe gheuen hebbet. like wol by erer macht bliuen, Ok ſo ſcullen we vnde willet vnſen vorſprokenen heren. hertoghen Wilhelmo vñ Juncheren Lodewiche truweliken to denſte ſitten vñ denen. mid vnſem vorbenomden ſlote betzendorpe vñ mid abbenborch vñ willet on de Open hol-den vppe aller malkem wan on des nod is. vñ wan ſe dat van vns eſchen edder Eſchen latet, vñ be dorf-ten ſe vorder vnſes denſtes mid wapenden Luden. Dar ſcolden ſe vns alſe vele vmme don alſo twen eren mannen vñ twen vnſen vrunden redelich duchte weſen. Minne vñ rechtes ſchullet ſe vñ ere eruen vñ nakomelinghe Ouer vns vñ vnſe eruen vnde ſlote mechtich weſen. to allen tyden. wor ſe vns des nicht be helpen konden. Dar ſcholden ſe vns truweliken be hulpen weſen. wan we dat van On Eſchen, Worde ok deſſer ſlote welk ver loren botzendorpe edder abbenborch. van vnſer vor ſcreuenen heren weghene. ſo ſcullen we noch ſe vns nicht vreden noch ſonen mid den de dat ſlot wůnnen hedden we en hedden dat ſlot wedder wůnnen edder ſe en hedden eyn ander in dat ſulue gherichte vs helpen buwet. konden ſe vs des nicht behelpen ſo ſchullen ſe vns ene wedder ſtadinghe don. alſo twen eren mannen vñ twen vnſen vrunden duchte Redelik weſen. Alle deſſe vor ſcreuenen ſtucke loue we vorbenomde her Bernd riddere hinric vñ werner brodere vñ hennigh ere veddere vñ hinric werners ſone vñ Bernd hennighes ſone alle gheheten van der Schulenborch vñ hebbet in deſſem breue gheloued entruwen mit ener ſamedenhant vor vns vñ vor vnſe eruen vnſen vorſcreuenen heren hertogen Wilhelmo vñ Juncheren Lodewiche vñ eren eruen vñ nakomelinghen ſtede vaſt vñ vnbrokelik to holdende ſvnder ienegherleye arghеliſt. Dar mit nichte wedder to donde. Tho ener bethughinghe Deſſer vorſcreuenen rede hebbe we vorbenomden van der ſchulenborch vnſe Inghezeghele alle to Deſſeme breue witliken ghe henghet laten. De ghe gheuen is na goddes bort Dritteynhundert iar in deme ver vñ ſoſtechſten iare in deme hilghen daghe ſvnte martens Des hilghen biſchopes.

348. Herzog Wilhelm von Braunschweig und Lüneburg und Herzog Ludwig von Braunschweig nehmen die von der Schulenburg mit deren Schlössern Betzendorf und Apenburg in ihren Dienst und geloben, sie gleich ihren anderen Mannen zu vertheidigen. — 1364, den 11. November. II

Van der gnade godes. wo Her wilhelm. Herteghe to Brunſw̃ vnde to Luneborch. vnde Junchere. lodewich. Herteghen Mangnus ſone van Brunſw̃ des eldern. Bekennet vnde betughet in deſſem Jeghenwerdeghen breue. vor alle den. de en ſehn oder leſen horen. dat we de vromen lude. hern Bernde Ridders Hinreke vnde warners brodere vñ hennynghe eren veddern. vnde Hinr̃ werners ſone. vñ Bernde hennynghes ſone. [1]) alle ghehețen van der Schudenborch [2]). hebben ghenomen vñ nemen in vnſe truwe deneſt mit eren. ſloten Betzendorpe vnde abbenborch [3]) vñ ſcolen ſe truwelken verdeghedingen ieghen aller malken. like andern vnſen mannen wor en des nod is. Minne vnde rechtes ſchulle we. vnde vnſe Eruen vnd Nakomelinghe ouer ſe vñ ere Eruen vñ Slote mechtik weſen to allen tiden inden ſaken de ſe vnde ere Slote an rôret. Wor we en des nicht helpen konden. dar ſcole we en truwelken behulpen weſen. wan ſe dat van vns eſchen.. Were ok dat deſſer Slote welk worde vorlorn. van vnſer weghene des got nicht enwille. ſo ſcolde we on ene wedderſate dun alſo twen vnſen mannen vnde twen eren vrunden duchte redelich weſen. Worden ok deſſe Slote beſtallet oder vorbuwet. dar ſcolde we en vñ ſe vns truwelken to helpen mit alle vnſer macht des beſten we konden vnde mochten. dat ſe ghereddet worden.. Ok ſcolet ſe vns deſſe Slote vorbenomed open holden to alle vnſen nôden vnde up aller malken.. Worden ok deſſe Slote vorlorn van erer weghene. ſo ſcolde we noch ſe vns nicht vreden noch ſonen [4]). ſe en hedden de Slote weder. eder we en doden dat mit ereme willen.. Wene we to enen houetmanne ſettet vppe dat Slot. Betzendorpe. de ſcal on den Borchurede vñ de borchûde wiſnen. dat ſulue ſcolen ſe eme wedder dûn. To eyner betuginghe deſſer vorescreuenen ſtucke vnde ding hebbe we vorben̄. herteghe wilh̄. vnde Junchere lodew̃. vnſe Ingeſeghele witliken to deſſem breue gehenghet laten. De gegheuen is to Tzolle Na godes bort. dryttein-hundert Jar. in dem vyr vnde Seſteghesten Jare. in dem hilghen daghe ſûnte Mertens des hilghen Biſchopes.

349. Knappe Hermann Schulte verkäuft dem Herzoge Wilhelm von Braunschweig und Lüneburg und dem Herzoge Ludwig von Braunschweig eine Wiese, auf welcher die Mühle bei dem Schlosse Lauenbrück gebauet ist, und bescheinigt, für allen seit Erbauung des Schlosses von demselben ihm und seinen Leuten zugefügten Schaden Ersatz erhalten zu haben. — 1364, den 18. November. K. O.

Ik Hermen De ſchulte knecht. be kenne vnde. be Thughe Opliken in Deſſeme Jeghenwardeghen breue. De bezegheled is witliken mit mineme Inghezeghele vor alle den De On ſeen edder leſen horen. Dat ik mit wulbort miner eruen. hebbe vor koſt to rechtem kope. Den Erluchteghen vorſten Hertoghen Wilhelme van Brunſwich vñ to Luneborch. vñ Juncheren Lodewiche. Hertoghen magnus ſone van Brunſwich des Elderen. vñ eren eruen vñ Nakomelinghen, ene wiſch. dar de mole to der Lowenbrugghe vp ghe buwet is vnde dar de molendik vppe ſteyd. bouen der molen vnde benedene, mit aller to behoringhe vñ nvt. vor twintich mark Luneborgher penninghe. de ſe my hebbet na willen wol be talet. vñ ik vnde mine eruen willet vñ ſcullet den vorſprokenen vorſten vñ eren eruen vnde nakomelinghen der vorbenomden. wiſch. eyn recht warent weſen vor allerleye anſprake. de men dar an dôn mochte. Ok ſo be kenne ik vñ be thughe in deſſem ſuluen breue. Dat my de vorſprokenen vorſten. hebben vûl ghedan. alſo dat ik on danke vor alle den ſchaden. de my vnde minen Luden ghe ſchen is van ereme ſlote der Lowenbrugghe vñ dar wedder vp. vnde van eren ammechtluden vñ knechten dar ſulues. van der tyd dat, dat ſulue ſlot irſt ghe buwed wart wente an de tyd Dat deſſe bref ghe gheuen vñ ſcreuen is. vñ late de vorſprokenen vorſten. Hertoghen. wilhelme vnde Juncheren Lodewiche vñ ere eruen vñ nakomelinghe quit Ledich vnde Los. vñ ik vñ mine eruen en willen noch en ſcullen. dar nicht mer vmme manen noch vp ſaken noch nemend van vnſer weghene. Alle

Das Copiar III. zeigt folgende Verschiedenheiten: [1]) hier ist *knapen* eingeschoben. [2]) *Schulenborch*. [3]) *appenborch*. [4]) *Sonen noch richten* statt *vreden noch ſonen*.

desse vorscreuenen stucke Loue ik vorbenomde Hermen vor my vñ mine oruen entruwen in dessome breue vñ hebbe ghe Loued, den vorbenomden Hertoghen willelmo vñ Juncheren Lodewiche vñ eren eruen vñ Nakomelinghen. stede vast vñ vnbrukelik to holdende. svnder ienogherleye arghelist Dar mit nichte wedder to donde. vñ we abbed werner van Horseuelde broder des vorbenomden hermans vñ Minrich schulte knecht bekennen vñ betughen in dessem suluen breue. dat we desse vorscreuenen rede vñ stucke hebben ghedeghedinghet hulpen vñ hebben dar Ouer vn an gheweset vñ hebbet des to Thughe vnse Inghezeghele. na des sakewolden. witliken to dessemo breue ghehanghed laten ghe gheuen vñ screuen. Na goddes bort. dritteynhundert iar in deme ver vnde sestechsten iare An deme Hilghen avende svnte Elizabet Der hilghen vrowen.

250. Ritter Burchard von Maranholtz stellt einen Revers aus, dass Herzog Wilhelm von Braunschweig und Lüneburg ihm das Schloss Bahrdorf mit Gericht ohne geistliche und weltliche Lehne unter Vorbehalt des Oeffnungsrechtes verpfändet und ihm erlaubt hat, sich vom Schlosse gegen Unrecht, gegen welches er ihm nicht hilft, zu wehren, und verpflichtet sich, den Pfandvertrag, falls der Herzog, ohne einen Sohn zu hinterlassen, stirbt, dem Herzoge Ludwig von Braunschweig und, falls dieser, ohne einen Sohn zu hinterlassen, stirbt, einem vom Raths-Collegio zum Herrn der Herrschaft Lüneburg zu wählenden Bruder desselben zu halten. — 1364, den 6. December. III.

Ich Borchard van Marnholte Riddere bekenne openbare in dessem Jewardeghen breue dat de Erbare vorste Min leue here hertoghe Wilhelm van Brunswich vnde to Lünneborch. heft my vñ mynen eruen vnde to vnser truwen hand harneyde vnde Euerde van Marnholte vnde Syuerde van Saldere des ghuden heren Janes Sone ghe sat syn slot. Bardorpe mit alme richte vnde rechte vnde to beboringhe alse id dar to hord ane gheystlik vnde manlik len vor achte hunderd lodighe mark vnde vere vnde drittich lodighe mark Brünswichscher wichte vnde witte De lose desses Slotes moghe we eme kündeghen eyn Jar vore alle iarlikes bynnen den achte daghen to winachten vnde wan we de lose aldus ghe kundeghet hebbet So vort Ouer eyn Jar bynnen den achte daghen to winachten scal he vns be reden dit vor benomde gheld bynnen der Stad to Brunswich mit lodeghem sülnere eder mit penninghen alse dat sülner denne dar gheld he mach vns auer de lose kündeghen to allen tiden eyn verdendel Jares vore Vnde wan dat verdendel Jares vmme komen is so scal he vns vnse vorscreuenem penninghe bereden in der stad to Brunswich als vore screuen is Vnde wanne we bered syn So scülle we eme oder weme he wel Dat Slot Bardorpe weder antworden mit alle deme dat dar to hord vnde alse he vns dat ghe sat heft ane hinder vnde vortoch Ok scal dit slot eme open wesen to allen tyden vnde to alle sinen nöden vnde vppe allesweme Vnde wanne he dar af orleghen wolde welken ammychtman he dar sette de scolde vns vor scaden vnde vor vnvoghe bewaren vor sik vnde vor den de mit eme dar weren Schude vns auer schade den scholde vns de ammichtman weder don in mynne oder in rechte bynnen eneme verdendel Jares dar na wen we dat van eme escheden Ok scholde vns denne vredegud gheuen tyoghen vnse pluchwerk desse Slotes alse vorder alse men dat in der vigende ghude hebben mochte Vnde he scal vns vordeghedinghen lik anderen synen mannen Mynne vñ rechtes scal he ouer vns weldich wesen to allen tyden Were ok dat vns we vor vnrechtede vñ en hulpe he vns dar vmme nicht Mynne eder rechtes bynnen twen manden dar na wan we dat van eme escheden So moste we vns van deme Slote wol vnrechtes irweren Vortmer worde ok dit Slot vor loren des got nicht en wille schude dat van syner weghene So scholde he vns bynnen dem neghesten Jare dar na eyn ander Slot helpen buwen in dat sülue ghe richte alse gud dat we de ghulde desses Slotes af bekrechteghen moghen eder he Scholde vns eyn ander pand in desses Slotes stede setten vor vnse vorbenomde gheld dede he des nicht so scolde he vns vnse vorbenomde gheld weder gheuen wanne dat Jar vmme komen were ane hinder vnde vortoch Werde auer dit slod vor loren van vnser weghene So scholde vns vnse ghed vnde eme syn Slod vor loren wesen vnde doch so en scholde we vns noch he sik nicht vreden noch sonen mit den de dat slot ghe wunnen hedden id en were af beyder sid vnse wille Were ok dat vnser borghen welk afghinghe de hir na be screuen stad so schulle we in iewelkes stede de dar af ghe ghan were eynen anderen alſo ghuden indes ſtede ſetten de dar af ghe ghan were bynnen ver wekenen dar na wan dat van vns eſchet ward vnde ſchal alle deſſe ſtucke louen in eme ſunderliken breue dar mede ſcal deſſe bref vnverbroken bliuen Alle deſſe vore ſcreuen ſtücke vaſt vnde vnbrokelik ſunder argheliſt to holdende hebbe ik vor benomde her Borchard vor my vnde myne Eruen ghe lonet entruwen vñ louet in deſſem breue mit mynen na ſcreuenen borghen myt ſameder hand myneme vor benomden heren hertoghen Wilhelme vnde ſinen eruen vñ nakomelinghen vnde hertoghen lodewiche hertoghen Magnus ſone van Brunſwich des elderen Oft hertoghe Wilhelm alſo ſtorue dat he neynen echten ſone na ſik en lete vnde ſinen Eruen vñ Nakomelinghen vnde hertoghen lodewighes Broderen eyneme de na eme to eyneme heren der herſcap to lünneborch ghe koren worde van den de myn vorbenomde here hertoghe Wilhelm dar to ghe ſat hedde vnde ſinen Eruen vnde Nakomelinghen Oft hertoghe Wilhelm alſo ſtorue dat he neynen echten ſone na ſik en lete Vnde we her hans van Honleghe Riddere Siuerd van Saldere des ghuden heren Janes ſone Wilhelm van Vitze Harneyd van Marnholte Euerd van Marnholte Herwich van Kiſſlene Herman van Kiſſlene Vnde Lůdolf van Marnholte knapen be kennet openbare in deſſem ſuluen breue dat we vns to borghen ghe ſat hebbet vor heren Borcharde vorbenomd Vnde vor ſine Eruen Indeſſer wis. were dat vnſen vorbenomden heren eder erer iewelkeme ienich brok eder hinder worde in deſſen vorſcreuenen ſtucken So ſcolle we vnde willet komen in dat wichelde to Ghifhorne vnde dar eyn recht in legher holden vnde dar nicht buten bonachten de broke en ſi on ghenſliken irvullet eder we en don dat myt ereme willen Dit loue we vor benomden borghen entruwen mit ſamender hand vnſen vor benomden heren hertoghen Wilhelme Vnde ſinen Eruen vnde nakomelinghen Vnde Juncheren Lodewighe Vnde ſinen Eruen vnde Nakomelinghen Oft hertoghe Wilhelm alſo ſtorue dat he neynen echten ſone na ſik en lete vnde ſiner brodere eyneme de na eme to eyneme heren der herſcap to Lůnneborch ghe koren worde van den de vnſe vor ſcreuene here hertoghe Wilhelm dar to ghe ſat hedde vnde ſinen eruen vnde Nakomelinghen Oft Junchere Lodewich alſo ſtorue dat he neynen echten ſone na ſik en lete Vnde to eynem orkunde deſſer dingh hebbe we vorbenomden ſakewolde vnde borghen Vnſe Ingheſeghele myt witſcap ghe henghet laten an deſſen bref De gheuen is to tselle Na Goddes bord Dritteynhundert Jar in deme vere vnde ſeſteghesten Jare des hilghen daghes ſvnte Nycolaus des hilghen Byſchopes.

251. Die Bokmast stellen einen Revers aus, dass Herzog Wilhelm von Braunschweig und Lüneburg ihnen sein Schloss Warpke ohne geistliche und weltliche Lehne für 160 löthige Mark und für 600 Mark lüneburger Pfennige, wovon sie 150 Mark Pfennige auf den Bau des Schlosses verwenden sollen, verpfändet, auch ihnen erlaubt hat, sich vom Schlosse gegen Unrecht, gegen welches er ihnen nicht hilft, zu wehren, und, im Falle er vom Schlosse gegen den Markgrafen Krieg führt, ihnen vier Dörfer zu Friedegut versprochen hat. Sie verpflichten sich den Pfandvertrag, falls der Herzog, ohne einen Sohn zu hinterlassen, stirbt, dem Herzoge Ludwig von Braunschweig und, falls dieser, ohne einen Sohn zu hinterlassen, stirbt, dem vom Raths-Collegio zum Herrn der Herrschaft Lüneburg zu wählenden Bruder desselben zu halten. — 1364, den 7. December. K. O.

We Dyderik vn Olrik. Brodere ghe heten Bocmaſten, Hans vñ Ernoſt Brodere des ſuluen Dyderikes ſone Bekennet openbare in deſſem Jewardeghen breue Dat de hogheborne Vorſte vnſe leue here her Wilhelm hertoghe to Brunſwich vn to luneborch heſt vs vñ vſen Eruen ghe ſat ſyn Slot Wertbeke mit allerleye rechte vñ to behoringhe als id dar to hord, ane gheyſtlik vñ manlik len to twen Jaren, vor hundert Lodeghe mark vñ ſeſtech lodeghe mark luneborgher wichte vñ vor ſes hvndert luneborgher mark penninghe, alſo dat we deſſes gheldes ſchullet in deſſem vorbenomdem ſlote verbuwen anderhalf hundert luneborgher mark Vnde wes we in den anderhalf hundert luneborgher marken nicht en verbuweden, alſo vele myn ſcholde vnſe vorbenomde here vs weder gheuen in den vorbenomden hundert lodeghen marken vñ ſeſtech vñ ſes hundert luneborgher marken, wan he dat ſlot van vs loſede na beſecghinghe twier vſer vrend vnde twier vſes vorbenomden heren man Vñ wan deſſe twe Jar vmme komen ſyn So mer moghe we eme vñ he vs de loſe deſſes vorbenomden ſlotes kundeghen alle Jarlikes bynnen den achte daghen to Paſchen, Vñ wan de loſe aldus ghe kundeghet is Dar na bynnen den achte daghen ſunte Mortens ſchal vſe vorbenomde here vs vñ vſen Eruen vſe vorſcreuene gheld bereden ane hinder vñ vortoch in der ſtat to luneborch mit lodeghem ſuluere edder mit penninghen alſo ſik denne dar vore boret, Vñ dat gheld ſchal he vs veilghen binnen der ſtat achte daghe vor alle den de dorch ſinen willen don vñ laten willen, Vñ wan we bered ſyn So ſchulle we vſem vorbenomden heren vñ ſynen Eruen vñ nakomelinghen van ſtaden an ſyn Slot Wertbeke mit allerleye to behoringhe alſo id vs ghe antwordet is, weder antworden ane hinder vñ vortoch vñ vnbeworen, Vñ were dat vſe vorbenomde here, de ſat de we van dem Slote ghe ſeeghet hedden hebben wolde, De ſcholde we eme volghen laten Vñ de ſcolde he vs denne ghelden alſo twene ſyner man vñ twene vſer vrend vs af beyder ſyd des beſeeghaden, Vñ wolde he de ſat nicht hebben So en ſcholde he noch de ſine vs dar an nicht hinderen Minne vnde rechtes ſchal vſe vorbenomde here Ouer vs vn vſe Eruen mechtich weſen to allen tyden, Vñ we ſchullet eme vñ ſynen Eruen vñ nakomelinghen dyt ſlot truweliken bewaren vñ dar van noch dar to nemande vervnrechten, Wolde vs auer Jemand vervnrechten, en hulpe he vs dar vmme nicht mynne edder rechtes bynnen twen manden dar na, Dat we dat van eme eſcheden, So moſte we vs ſuluen van dem Slote wol vnrechtes irweren, alſo langhe went he vs mynne eder rechtes helpen konde, Wolde he ok orleghen van deſſem Slote, welken ammychtman he dar ſette, de ſcholde vs vorſcaden vñ vor vnuoghe verwaren vor ſik vñ vor den de mit eme dar weren Schade vs auer ſchade, Den ſcholde vs de ammychtman weder don in mynne eder in rechte bynnen dem negheſten verdendel Jares dar na wan he dar vmme manet worde, Vñ wanne he orleghede mit dem markgreuen So ſcal he vs vere dorp vrede gudes gheuen Oft men Dat in der vigende guda hebben mochte, Were ok dat dit Slot verloren worde des god nicht en wille, Schude dat van ſyner weghene en konde he vs denne des ſlotes nicht weder helpen bynnen dem negheſten Jare dar na, eder en buwede he vs neyn ſlot, alſo gud dar we de gulde des ſlotes af bekrechteghen mochten bynnen der ſuluen tid ſo ſcholde he vs vſe gheld weder gheuen wan dat Jar vmme komen were ane hinder vñ vortoch Worde auer dit ſlot verloren van vſer weghene, So ſcholde eme dat ſlot vñ vs vſe ghel verloren weſen Vñ he en ſcholde ſik noch we vs nicht ſonen noch vreden mit den de dat ſlot ghe wunnen hedden id en were af beyder ſid vſe wille, Vortmer were dat vſer borghen de hir na beſcreuen ſtan Jenech af ghinghe, So ſcholde we vñ willen, alſo dicke als dar welk af ghinghe eynen anderen alſo guden in des ſtede ſetten De dar af ghe ghan were bynnen verteynnachten dar na wan we dar vmme manet worden Vñ de ſcholde vor vs louen alle deſſe vorſcreuenen ſtucke in eneme ſvnderliken breue vñ dar mede ſcholde deſſe bref vnverbroken bliuen Alle deſſe vorſcreuenen ſtucke vaſt vñ vnbrokelik vñ ſvnder argheliſt to holdende hebbe we vorbenomden Bocmaſten vor vs vñ vſe Eruen ghe louet entruwen vñ louet in deſſem breue myt vſen naſcreuenen borghen mit ſamender hand Vſeme vorbenomden heren hertoghen Wilhelme vñ ſynen Eruen vñ nakomelinghen Vñ Juncheren Lodewicho hertoghen Magnus ſone van Brunſwich, Oft hertoghe Wilhelm alſo ſtorue Dat he neynen echten ſone na ſik en lete vñ ſynen Eruen vñ nakomelinghen, Vn Juncheren Lodewiches broderen eyneme, De na eme to eyneme heren der herſcap to luneborch ghe koren worde van den de vſe vorbenomde here dar to ghe ſat hedde vñ ſynen Eruen vn nakomelinghen, Oft Junchere Lodewich alſo ſtorue Dat he neynen echten ſone na ſik en lete, Vnde we Wolter van Boldenſe. Hinrik Otterſleue. Johan Sporeke. Ludeke grope. Bertold van Bodendike. Olrik van Remſtede. Werner van holdenſtede vñ hennyngh van ghilten Bekennet Dat we vs to Borghen ghe ſat hebbet vñ louet vor Dyderike vñ Olrike Brodere ghe heten Bocmaſten hanſe vñ Erneſte des ſuluen dyderikes ſone vorbenomd vñ ore Eruen, Vnde louet in deſſer wis, Were dat vnſen vorbenomden heren eder erer Jewelkeme jenech brock eder hinder worde in deſſen vorſcreuenen ſtucken, So ſchulle we vñ willet komen in de nygen ſtad to vlleſſen vñ dar eyn recht inlegher holden vñ dar nicht buten benachten De broke en ſy on ghentliken irvullet eder we en don dat mit ereme willen, Dit loue we vorbenomden borghen entruwen mit ſamender hand vnſen vorbenomden heren hertoghen Wilhelmo vñ ſynen Eruen vñ Nakomelinghen vñ Juncheren Lodewicho vñ ſynen Eruen vñ Nakomelinghen, Oft hertoghe Wilhelm alſo ſtorue Dat he neynen echten ſone na ſik en lete vñ ſyner brodere eyneme de na eme to eynome heren der herſcap to Luneborch ghe koren worde van den De vſe vorſcreuene here hertoghe Wilhelm dar to ghe ſat hedde vñ ſynen Eruen vñ nakomelinghen, Oft Junchere Lodewich alſo ſtorue Dat he neynen echten ſone na ſik en lete, Vñ To eynem Orkunde deſſer dingh hebbe we vorbenomden ſakewolden vñ Borghen vnſe Ingheseghele mit witſchap ghe henghet laten an deſſen bref De gheuen is to Tzelle Na goddes bord Dritteynhundert Jar in Deme veere vnde ſeſteghesten Jare Des hilghen auendes Vnſer Vrowen alſo ſe entvanghen ward.

252. Die Clüver geloben dem Herzoge Wilhelm von Braunschweig und Lüneburg, dem Herzoge Ludwig von Braunschweig und den Amtleuten, Mannen und Gesinde derselben wegen der Gefangenschaft des Herbort Clüver eine Urfehde, versprechen, falls nicht der Erzbischof von Bremen mit den Herzögen in Krieg geräth, ihre Feinde nicht zu werden, und bedingen sich, falls Herzog Wilhelm auf ihre Klagen über ihn selbst, den Herzog Ludwig und die herzoglichen Leute ihnen nicht Recht verschafft, Feinde derjenigen werden zu dürfen, die ihnen Unrecht thun. — 1364, den 15. December. K. O.

We Johan. vnde Herbert. Brodere vnde Ghiſe ere veddere. ghehetan de Clûvere. bekenned vnde be Thughet in deſſeme Jeghenwardeghen breue vor alle den De en ſeen edder leſen horen Dat we dem Erluchteghen vorſten. hertoghen Wilhelme van Brunſwich. vnde to Luneborch. vnde hertoghen Lodewiche hertoghen Magnus ſone van Brunſwich Des Elderen vnde eren Eruen vnde Nakomelinghen vnde Oren Ammychtluden vnde Oren beſetenen mannen vnde Oreme gheſynde. Hebbet ghedan vnde loued. vnde loued in deſſeme breue Eyne rechte Olde muntſone vnde Orveyde vmme de ſchicht. Dat ik Herbert De Cluuere vorbenomd ghe vanghen was van mynes vorbenomden heren weghene van Luneborch vnde ſyner Ammychtlude vnde vmme alle de ſchicht, De dar an ghe vallen is vnde Dar van noch vp ſtan mach.,, Ok ſo loue we vorbenomde. Johan. Herbert. vnde Ghiſe. Dat we noch nemand van vſer weghene Deſſer vorſcreuenen heren van Brunſwich vnde Luneborch vnde Orer Ammychtlude vnde Orer beſetenen man. vyande nicht werden Schullen noch en willen de wile dat we leued id en were Dat Eyn Ertse Biſchop van Bremen vnſe here eyn Openbare Orloghe hedde mid der herſchop to Luneborch.,, Were auer dat vnſe vorbenomden heren. Hertoghe Wilhelm vnde Lodewich edder de ore vns ver vnrechteden. Dat ſcholde we ver Claghen vor vnſen vorbenomden heren van Brunſwich vñ Luneborch, Vnde konde vns denne dar vmme neyn recht weder varen bynnen ver wekenen Dar na. ſo mŏſte we wol. der vygende werden de vns ver vnrechted hedden. alſo langhe went vns recht weddervaren konde vnde wan vns dat weddervaren konde dar ſcholde we vns Denne an en noghen laten. vnde ſcholden denne alle deſſe vorſcreuenen ſtucke na holden alſe vore. Alle Deſſe vorſcreuen ſtucke love we vorbenomden Johan Herbert vnde Ghiſe. mid ſamederhand. Entruwen vnſen vorbenomden heren. Hertoghen Wilhelme vñ Lodewiche vnde Oren Eruen vnde Nakomelinghen vnde Oren Ammychtluden vnde beſetenen mannen vnde Oreme gheſynde. vaſt vnde vnbrokelik vnde ane arghe liſt to holdende. Dar mid nichte weder to donde,, Vnde we Hylmar vnde Johan. Brodere ghe heten Cluvere. Hinrik de Schulte vnde Hinrik Clenkoc anderes ghe heten hvſman. Hebbet ghe loued vñ loued entruwen in deſſem breue vor vnſe vorbenomden vrunt Johanne Herberte vnde Ghiſen mid ſamedor hand were dat Den Erbaren vorſten Hertoghen Wilhelme van Brunſwich vnde to Luneborch vnde hertoghen Lodewiche vorbenomd edder eren Eruen edder Nakomelinghen edder Oren Ammechtluden edder eren beſetenen mannen edder Oreme gheſynde ienech brok edder hinder worde in deſſen vorſcreuenen ſtucken. ſo wille we komen in de ſtad to Verden bynnen verteynnachten dar na. wanne we dar vmme maned werden vnde dar eyn recht Inlegher holden vñ nicht bûten benachten. De Broke en ſy en ghentzliken ir vulled edder we en don dat mid Oreme willen Tho Ener Bethughinghe vnde wiſſcheyd Deſſer vorſcreuen ſtucke vnde. Dingh. hebbe we vorbenomden ſakewolden vñ Borghen vnſe Ingheseghele mid witſchap to deſſem breue ghehenghed laten. Ghe gheuen to Czelle. Na goddes Bord Dritteyn hvndert Jar in deme vere vnde ſoſtechſten Jare. Des neghesten ſondaghes na ſvnte Lucien daghe der Hilghen. Junevrowen.

253. **Die Grafen Gerhard und Otto von Woldenberg, Johann von Godenstede, Hermann von der Gowisch, Conrad Marschalk und Conrad von Linde verbürgen sich für Otto von Hallermund, Domscholaster und Administrator des Stiftes Hildesheim, welchem Bischof Johann Land und Leute anbefohlen hat, und für das Stift Hildesheim wegen eines von ihm und von dem Stifte bis zum 24. Juni nächsten Jahres dem Herzoge Ernst von Braunschweig, dessen Sohne Otto, dem Erzbischofe von Mainz, dem Landgrafen von Hessen, den Grafen von Hohnstein und dem Grafen Otto von Waldeck zu haltenden Waffenstillstandes. Sobald Otto, Sohn des Herzogs Ernst, von seiner Reise zurückkehrt, soll er sich entscheiden, ob er den Waffenstillstand halten will. Erklärt er sich dagegen, so soll keiner seiner Partei ihm gegen das Stift und den Administrator Hülfe leisten und den beiden letzteren es frei stehn, den Waffenstillstand zu kündigen. Reisige Leute sollen, so lange der Waffenstillstand dauert, aus der Gefangenschaft entlassen werden, von gefangenen Bauern und Bürgern aber darf Gefangengeld genommen und bedungene Schatzung darf erhoben werden. Das Stift und der Administrator sollen Friedebrecher und Feinde der Gegenpartei nicht hausen. — 1364, den 21. December. K. O.**

We Greue Gherd vnde Greue Otte van woldenberge.. Johan van Godenstede.. Herman van der Gowysghe.. Cord de marscalk.. vñ Cord van Linde de Junghere bekennet dat we dorgh bede willen hern Otten van Halremûnt de eyn Scolemester vñ vormûnde is des Stichtes to Hildensem hebbet ghelouet vnde ghe gheuen eynen rechten Olden vnuorfechten hantvrede vor dat Stichte to Hildensem vñ vor hern Otten van Halremûnt vormûnden des Suluen Stichtes.. Hern Ludolue van Olderdeshusen.. Hern Hermanne van Hardenberge ridderen.. Hannese van vreden wonhaftigh to korcberge.. Hermanne van Olderdeshûsen.. Corde van Rynoldeshûsen.. vnde Heynnorde van Stokhûsen.. knapen.. In dissen vrede hebbet ghenomen dat Stichte to Hildensem.. vnde Her Otte van Halremûnt vorbenomd.. land.. vnde lude.. also alse Biscop Johan deme vorbenomden Her Otten van Halremûnt beuolen heft.. vnde alle de de dorgh oren willen in de veyde komen Sint.. vñ dorgh oren willen don vñ laten willet.. Vnde disse vrede Scal Stan twischen hir vnde Sûnte Johanses daghe to middensomere de nû neyst to komende is den dagh al.. twyschen vnsen heren.. Hertoghen Ernste.. vnde Hertoghen Otten Sineme Sone.. Hertoghen to Brûnswick.. vnsem Heren van Mengze.. vnsem Heren van Hessen.. allen vnsen Heren van Honsteyne.. vnde vnsem heren Greuen Otten van woldeghe.. vnde alle den de dorgh der vorbenomden willen in de veyde komen Sint.. vnde alle den de dorgh Se don vnde laten willet vppe eyne Siden.. vppe andere Siden twischen deme Stichte to Hildensem vñ hern Otten van Halremûnt vorbenomd.. vnde warme dat ghe Schût dat de vorbenomde vnse here Hertoghe Otte van Brûnswick to lande queme de in disser ieghenwordighen tid nicht bynnen landes en is nicht in dissem vorbenomden vrede wesen en wolde.. dat Scolde vnse vorbenomde here Hertoghe Ernst van Brûnswick Sin vader.. vnde Here deme Stichte to Hildensem vnde Hern Otten. van Halremûnt vorbenomd to deme Stûrewolde achte daghe vor enbeden.. wat danne dar na deme vorbenomden Stichte.. vnde Hern Otten van Halremûnt Schaden wedder uore van vnsem vorbenomden heren Hertoghen Otten van Brûnswick.. edder vnsem heren Hertoghen Otten van Brûnswick.. van deme Stichte edder van Hern Otten van Halremûnt vorbenomd dar en Scolde disse vrede nicht mede vor broken wesen.. Weret nû dat dit ghe Schude dat vnse here Hertoghe Otte van Brûnswick vorbenomd nicht in deme vrede wesen en wolde also alse hir uore ghe Screuen is So en Scal vnse vorbenomde here Hertoghe Ernst van Brûnswick Sin vader vnde here Ome mid lande mid lûden nogh mid nichte behulpen wesen noch alle de de in dissem vrede begrepen Sint.. Ouk So magh danne dat Stichte to Hildensem.. edder Her Otte van Halremûnt den kore hebben vnde vnse here Hertoghe Ernst van Brûnswick nicht den erghenanten vrede vp to Segghende achte daghe uore to vsere vnsem heren Hertoghen Ernste van Brûnswick vorbenomd vnde alle den de in dissem vrede begrepen Sint.. Ouk Scullen de vanghenen dat reysenere Sint der dat Stichte to Hildensem.. vnde Her Otte van Halremûnt vorbenomd mechtigh Sint.. de Gherd Bokel vppe den hilghen beholden wolde dat ot reysenere weren vppe eyne half.. vnde Cord van Rynoldeshusen vppe andere half oft men des nicht ghelouen en wolde.. Dagh hebben also langhe alse disse vrede Steyt ane bûre vnde

Borghere dat neyne reyfenere en Sint de magh men he Schatten vppe beyden Syden bynnen diffem vrede.. Vortmer dinghede dat in differ veyde vordinghet is dat Scal men vt ghenen dar Scal men vppe beyden Siden malk dome anderen to helpen mid gudeme willen dat dat vt ghe gheuen werde.. weret ouk dat iement vredebrake dede bynnen diffem vrede den en Scoldome mit witfcap hûfen nogh heghen in des Stichtes Sloten van Hildenfem nogh norghen liden wor dat Stichte des mechtigh were.. Ouk van Staden an en Scal Her Otte van Halremûnt vorbenomd vnfer heren.. Hertoghen Erntes vñ Hertoghen Otten Sines Sones Hertoghen to Brûnfwick.. vnfes Heren van Mengeze.. vnfes Heren van Heffen alle vnfer Heren van Honfteyne.. nogh vnfes Heren Greuen Otten van woldegghe mid witfcap vyande hûfen nogh heghen in des Stichtes Sloten.. Is Ouk vredebrake ghe Schen an dinghede bynnen der veydo dar magh men vppe beyden Syden vmme manen.. Weret nû dat diffe vrede vorbroken worde van deme Stichte to Hildenfem vnde hern Otten van Halremûnt. edder van den de dat Stichte.. vnde Her Otte van Halremûnt vorbenomd in den vrede ghenomen hebbet vnde dorgh oren willen don vnde laten willet vnde we dar vmme ghemanet worden So Scolde we vnde wolden in ryden in de Stat to Embeke.. vnde de vredebrake wedder don vnde vor antworden na vredes rechte.. Alle diffe vorfprokenen Stûcke loue we Greue Gherd.. vnde Greue Otte van woldenberge.. Jan van Godenftede.. Herman van der Gowyfche.. Cord de marfcalk.. vñ Cord van Linde de iûnghere.. Hern Lûdolue van Olderdefhufen.. Hern Hermanne van Hardenberge ridderen.. Hannefe van vreden wonhaftigh to kercberghe.. Hermanne van Olderdefhufen.. Corde van Rynoldefhûfen.. vnde.. Heynnorde van Stochufen knapen Stede vnde vaft to holdende vt ghenomen allerleye arghelift vnde gheuerde an diffeme breue de befegheld is mid vnfen Inghefeghelen.. Na goddes bord Dritteynhûndert iar in deme vero vnde Seftegheften iare an Sûnte Thomafes daghe des hilghen apoftelen.

254. **Der edele Herr Siegfried von Homburg gelobt dem Herzoge Wilhelm von Braunschweig und Lüneburg und dem Herzoge Ludwig von Braunschweig, die Hälfte des Schlosses Ohsen, damit sie ihm dieselbe verpfänden, von Statius Busche einzulösen und ein Steinwerk auf dem Schlosse nach ihrer Anweisung gegen Vergütung zu bauen. — 1364, den 21. December. K. O.**

We Junchere Zyferd Here to Homborch vñ Hinrik fyn Sone bekennet Openbare in deffem iewardeghen breue Dat we Dem Erluchteghen Vorften vnfeme Heren Hertoghen Wilhelme van Brunfwich vñ luneborch vnde Juncheren Lodewicho Hertoghen Magnus fone van Brunfwich des elderen vñ oren Eruen vñ Nakomelinghen willet vñ fchullet De deghedinghe vûlten vñ fe vs weder De fe mit vs vñ we mit On ghedeghedinghet laten hebbet vmme de helfte des flotes to Ofen alfo dat we Staciufe Bûfchen fchullet vñ willet bereden Dat gheld Dat vnfe vorbenomden heren Staciufe gheuen fchullet wan fe de helfte deffes flotes van eme lofet Vn dit gheld fchulle we bereden nv to mit vaften Were auer dat ftacius dar icht in worpe alfo Dat he by dem flote bliuen wolde na vtwifinghe fyner breue So fcholde we ftaciufe Dat gheld bereden nv to lichtmiffen vort Ouer eyn Jar Vñ vor dat gheld fchullet fe vns de helfte deffes flotes fetten to veer Jaren vñ denne mer eyn Jar vore de lofe to kvndeghende Vñ we fchullet vñ willet bynnen deffen Jaren dar in buwen eyn ftenwerk alfo fe vs dat vt wifen latet, vñ dat buw fchullet fe vs denne ghelden na befoeghinghe twier fyner man vñ twier vnfer vrend, konden de nicht Ouer eyn draghen wat we denne fulnen odder vfe ammychtman vppon hilghen beholden dat fchullet fe vs dar vore gheuen Vñ fe fchullet vs na deffen vorfcreuenen deghedinghen vppe dit flot ore breue gheuen, alfo fe menliken vppe ore andere flote gheuet De fe verpendet To eynem orkunde deffer dingh hebbe we vorbenomden van Homborch vnfe Inghezeghele ghe henghet laten to deffem breue De ghegheuen is Na goddes bord dritteynhundert Jar in deme vere vñ feftegheften Jare in fvnte Thomas daghe des hilghen apoftoles.

255. **Einkünfte des Herzogs Magnus von Braunschweig aus dem Dorfe Bornum bei Königslutter, verzeichnet ums Jahr 1365. L.**

Iſti Sunt Redditus domini mei In villa Bornum prope Luttere Primo heneke daneles de vno manſo in ſeſto mychahelis IIII Sol In ſeſto walburgis totidem. henning moygering de vno manſo in ſeſto mych IIII Sol in ſeſto walburgis totidem. Bertoldus mathie de vno manſo in ſeſto mych IIII ſol et in ſeſto walburgis totidem. Ludeman Rickelen de vno manſo in ſeſto mych IIII ſol in ſeſto walburgis totidem. Margareta de wendeſſem de vno manſo in ſeſto mych IIII ſol in ſeſto walburgis totidem. henning Ghodeken de II manſo in ſeſto mych VIII ſol et XXI modiol Siliginis et tritici et V modiolum auene, In ſeſto purificationis XVIII deñ in ſeſto walburgis XXVI deñ. Gherbron de I manſo in ſeſto mych III ſol VII modiolos ſiliginis et tritici et II modiolum auene in ſeſto purificationis VI deñ in ſeſto walburgis IX deñ. Hermannus borchardinghe de I manſo in ſeſto mych III ſol VII modiolos Siliginis et tritici II mod auene in ſeſto purificationis VI d in ſeſto walburgis IX deñ. Seffeke beteken de I manſo in ſeſto mych IIII ſol in ſeſto walburgis XI deñ. heneke de bornum de vno manſo in ſeſto mych. V. ſol. XIIII mod ſiliginis et tritici III mod auene in ſeſto purificationis I ſol in ſeſto walburgis XVII deñ. Wolterus ſilius Ludolfi detmers de vno manſo in ſeſto mych. V. ſol. XIIII mod ſiliginis et tritici III mod auene in ſeſto purificationis I ſol in ſeſto walburgis XVII deñ. Lampe de I manſo in ſeſto mych V ſol. XIIII mod Siliginis et tritici III mod auene in ſeſto purificationis. I. Sol in ſeſto walburgis XVII deñ. henning Odeling in ſeſto mych V ſol de vno manſo XIIII mod ſiliginis et tritici III mod auene in ſeſto purificationis I ſol in ſeſto walburgis XVII deñ. Johannes Scapers et bertoldus koneken de vno manſo in ſeſto mych V ſol XIIII mod ſiliginis et tritici, III mod auene, in ſeſto purificationis I ſol in ſeſto walburgis XVII deñ. Ebeling middendorpe et hinr frater ſuus de I manſo in ſeſto mych V ſol XIIII mod ſiliginis et tritici III mod auene in ſeſto purificationis. I. Sol in ſeſto walburgis XVII deñ. Daniel de I manſo in ſeſto mych V Sol XIIII mod Siliginis et tritici III mod auene in ſeſto purificationis I ſol in ſeſto walburgis XVII deñ. tzachele de I manſo in ſeſto mych V ſol XIIII mod ſiliginis et tritici III mod auene in ſeſto purificationis I ſol in ſeſto walburgis XVII deñ. Margareta odelers de I manſo in ſeſto mych VIII ſol in ſeſto walburgis XVII deñ. Bertoldus Lochten de I manſo in ſeſto mych X ſol in ſeſto walburgis XVII deñ. hermannus odelinghe de vno manſo in ſeſto mych X ſol. Brandes ſone ziuerdinge de vna curia in ſeſto mych I ſol in ſeſto walburgis XI deñ. ſeffeke graſhoues de vna Curia in ſeſto mych I ſol in ſeſto walburgis XI deñ. Bertoldus de wendeſſem de vno manſo qui pertinet ad claustrum in Luttere in ſeſto mych VIII ſol. Ludeke gherbrens de I manſo in ſeſto mych V ſol XIIII mod ſiliginis et tritici III mod auene in ſeſto purificationis I ſol in ſeſto walburgis XVII deñ. henning kalkbernere de vna Curia in ſeſto mych III Sol. Bertoldus Lochten de I manſo qui pertinet alheydi filie Sororis ſue in ſeſto mych. II. Sol. in ſeſto walburgis totidem. henninghus ſosperinghe de I manſo in ſeſto mych II Sol in ſeſto walburgis totidem.

Summa denariorum nouem talenta IIII ſol I deñ minus Summa ſiliginis et tritici XVI choros et I modiolum Summa auene III chor II modiolo minus.

256. Einkünfte des Herzogs Magnus von Braunschweig aus dem Dorfe Dettum, verzeichnet ums Jahr 1365. I.

Hij ſunt Redditus domini mei In villa dettene primo kogbelman de dimidio manſo in ſeſto beati Galli V ſol et in ſeſto purificationis beate marie virginis V ſol. Dangmer de vno quartali III ſol in ſeſto beati galli et in ſeſto purificationis III ſol. Heneke van nowen de vno quartali III ſol in ſeſto beati Galli et in ſeſto purificationis totidem. Johannes woltwiſchen de vno quartali in ſeſto beati Galli III ſol et in ſeſto purificationis totidem. henning Cramere V ſol de dimidio manſo in ſeſto beati Galli et in ſeſto purificationis totidem. henning grauenhorſt de vno manſo in ſeſto beati galli X ſol et in ſeſto purificationis totidem. Tramme V ſol de vna Curia in ſeſto beati galli. Schele hene de I manſo V ſol in ſeſto beati galli et in ſeſto purificationis totidem. Dominus ludegherus plebanus in gylſem V ſol de vno manſo. Conradus Custos in ſeſto beati Galli VI ſol et III obulos et in ſeſto purificationis totidem. nycolaus olfardi de I manſo V ſol in ſeſto beati galli et in ſeſto purificationis totidem. ludeke lampen de vno manſo X ſol in ſeſto beati galli et in ſeſto purificationis totidem. ludeke berndes de III quartalibus VIII ſol in ſeſto beati galli et in ſeſto purificationis totidem. De mulkeſche de III quartalibus VIIł ſol in ſeſto beati galli et in ſeſto purificationis totidem. henning van Eneſſem de II manſis XX ſol in ſeſto beati galli et in ſeſto purificationis totidem. henninghus de dencte de vno quartali IIł ſol in ſeſto beati galli et in ſeſto purificationis totidem. tyle Huckere de vno quartali IIł ſol in ſeſto beati galli et in ſeſto purificationis totidem. tyle van weuerlinghe de I manſo in ſeſto beati galli V Sol et in ſeſto purificationis totidem. Rolef lodwighes de III quartalibus in ſeſto beati galli VIIł ſol et in ſeſto purificationis totidem. heneke ſcadere de vno manſo X ſol in ſeſto beati galli et in ſeſto purificationis totidem. Bertoldus molenberch VI ſol et III den in ſeſto beati galli et in ſeſto purificationis totidem. heneke de meyger de Ił manſo in ſeſto beati galli XV ſol et in ſeſto purificationis totidem. Kyſſenbrugge de V. quartalibus in ſeſto beati galli XIIł ſol et in ſeſto purificationis totidem. hembom de V. quartalibus in ſeſto beati galli XIIł ſol et in ſeſto purificationis totidem. Bernardus kalemeyger de vno manſo in ſeſto beati galli X ſol et in ſeſto purificationis totidem. Boſſo edelers de ł manſo in ſeſto beati galli. V. ſol et in ſeſto purificationis totidem. borwich molre de I manſo in ſeſto beati galli. V. ſol et in ſeſto purificationis totidem. Anno frater eius de ł manſo in ſeſto beati galli V. ſol et in ſeſto purificationis totidem. Eggehardus de weuerlinghe de I manſo in ſeſto beati galli X ſol et in ſeſto purificationis totidem. heneke der wedewen de vno manſo in ſeſto beati galli X ſol et in ſeſto purificationis totidem. heneke reyners de vno quartali in ſeſto beati galli IIł Sol et in ſeſto purificationis totidem. widekindus ſtoneman de vno quartali in ſeſto beati galli IIł ſol et in ſeſto purificationis totidem. Hickele Bertrammes de ł manſo in ſeſto beati galli. V. ſol et in ſeſto purificationis totidem. Bernt rodeman de vno quartali in ſeſto beati galli IIł ſol et in ſeſto purificationis totidem. De ghermeſche de ł manſo V ſol in ſeſto beati galli et in ſeſto purificationis totidem. Bernardus middendorpes de I manſo in ſeſto beati galli X ſol et in ſeſto purificationis totidem. Bruno de guſtede de I manſo in ſeſto beati galli X ſol et in ſeſto purificationis totidem. helmoldus de kyſſenbrugge de ł manſo in ſeſto beati galli V ſol et in ſeſto purificationis totidem. Ludeke edelers de vno quartali in ſeſto beati galli IIł ſol et in ſeſto purificationis totidem. Lodewich de vno quartali IIł ſol in ſeſto beati galli et in ſeſto purificationis totidem. henning klawes de vno quartali in ſeſto beati galli IIł ſol et in ſeſto purificationis totidem. Ludogher hempen VI ſol et III obulos in ſeſto beati galli et in ſeſto purificationis totidem. Bernardus hermens de III quartalibus in ſeſto beati galli VIIł ſol et in ſeſto purificationis totidem. hermannus frater eius de III quartalibus in ſeſto beati galli VIIł ſol et in ſeſto purificationis totidem. hermannus ſchade de ł manſo in ſeſto beati galli V ſol et in ſeſto purificationis totidem. Ebelingus kyndere ſchaden de ł manſo V ſol in ſeſto beati galli et in ſeſto purificationis totidem. Riueling de I manſo in ſeſto beati galli V ſol et in ſeſto purificationis totidem. Grafhof de tzicte de III quartalibus in ſeſto beati galli VIIł ſol et in ſeſto purificationis totidem. Bernardus herwighes de I manſo in ſeſto beati galli X Sol et in ſeſto purificationis totidem. heneke herwighes de vno quartali in ſeſto beati galli IIł ſol et in ſeſto purificationis totidem. henning middendorpe de vno quartali in ſeſto beati galli IIł ſol et in ſeſto purificationis totidem.

Summa XXXII talenta.

Item de allodio in quo inhabitant hermannus et Bernardus fratres VII talenta XXVI choros tritici I chorum ſiliginis. XL. choros auene. Item de Curia opilionis in ſeſto beati galli XXIII ſolidos. Item IIII agnellos quos villani communiter dare ſolent et cum hoc pullos fumales. Summa VIII talenta cum III ſolidis Summa in frument LXVII chor.

257. Herzog Wilhelm von Braunschweig und Lüneburg schliesst mit Otto Bodendorp folgenden Vertrag: Er verkauft ihm auf Wiederkauf zehn Wichimpten Roggen jährlicher Hebung aus seiner Mühle zu Uelzen für 152 Mark, durch deren Zahlung derselbe diese Hebung von dem Kloster Scharnebeck eingelöset hat, giebt ihm einen Bauplatz auf seinem Hofe in der Stadt Uelzen und verspricht, den Platz nicht wieder zu nehmen ohne ihm das Gebäude zu vergüten. Herzog Ludwig von Braunschweig gelobt, falls er Herr der Herrschaft Lüneburg wird, diesen Vertrag zu halten. — 1365, den 1. Januar. K. O.

Van goddes gnaden We Her Wilhelm Hertoghe to Brunſwich vñ to Luneborch Bekennet Openbare in deſſem Jeghenwardeghen breue. Dat we vnſeme knechte, Otten Bodendorpe vñ ſynen Eruen. hebbet vorkoſt vñ verkopet in deſſem breue teyn wichimten rocken gheldes vlſere mate in vnſer molen to vlleſſen alle iarlikes vp to nemende ane hinder vnde vortoch vor twe vñ veſtich Luneborghere mark vñ hunderd Dar deſſe ſulue Otte Duſſe teyn wichymten rocken gheldes vore loſet heſt van vnſome bete van dem Cloſtere to dem Scherembeke De ſe van vns vñ van vnſer Herſcap ghe had hadden Vnde deſſes kopes wille we vñ vnſe Eruen vñ nakomelinghe ſchullet eme vñ ſynen Eruen rechte were weſen vñ en ſchullet ſe dar mit nichte an hinderen we moghet auer vñ vnſe Eruen vñ nakomelinghe Deſſe teyn wichymten Rocken gheldes van on weder kopen vor dit vorbenomde gheld twe vñ veſtich luneborghere mark vñ hunderd to allen tyden wanne we willet. Vortmer ſo hebbe we vnſeme vorbenomden knechte Otten vñ ſynen Eruen ghe orleued vñ dan eyne ſtede in vſeme houe bynnen vnſer ſtad to vlleſſen. also dat ſe dar vp buwen moghet wo dat On bequeme vñ ghedelik is. vñ dar ſchulle we ene vñ ſyne Eruen rouweliken vñ ane ieneghherbande hinder inne beſitten laten Were auer dat we de ſtede weder hebben wolden So ſcholde we on to voren Dat buw ghelden Dat ſe dar vp ghe bůwet hedden na beſecghinghe twier vnſer man vñ twyer orer vrend vñ wanne we on dat buw ghe ghulden hedden. So ſcholden ſe vns de ſtede mit deme buwe weder antworden ane hinder vñ vortoch alle deſſe vorſereuenen ſtucke wille we vñ vnſe Eruen vñ nakomelinghe ſchullet vnſeme vorbenomden knechte Otten vñ ſynen Eruen Vñ to orer truwen hand hern hinrike Prouaſte to Lůne vñ Bertolde van Offenſe vaſt vñ vmbrokelik holden.. Vnde we Junchere lodewich Hertoghen Magnus ſone van Brunſwich des elderen bekennet in deſſeme ſuluen breue Were dat we na vnſes vorbenomden leuen Vedderen Hertoghen Wilhelmes dode oſt we dat leueden, Here worden der herſcap to luneborch. So wille we vñ vnſe Eruen vñ Nakomelinghe ſchullet. Deſſen vorbenomden Otten vñ ſynen Eruen Vñ to orer truwen hand Heren Hinrike Proueſte to lune vñ Bertolde van Offenſen alle deſſe vorſcreuenen ſtucke vaſt vñ vmbrokelik holden in allerleye wis. also vnſe vorbenomde veddere ſcholde oſt he leuede. To eyner bedechniſſe deſſer dingk hebbe we vorbenomden hertoghen Wilhelm. vñ Lodewich vnſe Ingheseghele ghe honghet laten to deſſem breue. Do ghe gheuen is.. Na goddes bord Drytteynhundert Jar In deme Vif vñ ſeſteghesten Jare in dem hilghen daghe to Nyeme Jare.

K. 6.

Ik Otto Bodendorpe bekenne openbare in deſſem breue. Dat de Erluchteghen Vorſten myne gnedeghen Heren. Hertoghe wilhelm van Brunſwich vñ Luneborch Vñ Junchere Lodewich Hertoghen Magnus ſone van Brunſwich des elderen vñ ore Eruen vñ nakomelinghe Hebbet my vñ mynen eruen verkoſt teyn wichymten Rocken gheldes in orer Molen to vlleſſen. vor twe vñ veſtich Luneborgher mark vñ hunderd. De ik van oreme bete van dem Cloſtere to Scherembeke ghe loſet hebbe vñ ſe ſchullet deſſes kopes my vñ mynen Eruen rechte were weſen. vñ ſchullet vns dar myt nichte an hinderen. Se moghet auer vñ ore Eruen vñ nakomelinghe Deſſe vorſereuenen teyn wichymten Rocken gheldes van my vñ mynen eruen. weder kopen to allen tyden wan ſe willen.. Vortmer ſo hebbet myne vorbenomden heren. my vñ mynen eruen eyne ſtede in oreme houe to vlleſſen ghelenet vñ orlouet vp to buwende wat my vñ mynen Eruen bequeme vñ beghedelik is. vñ dar ſchullet ſe vns rouweliken vnde ane hinder inne beſitten laten. Were auer dat ſe de ſtede weder hebben wolden. So ſchullet ſe my vñ mynen Eruen dat buw to voren ghelden dat we dar vp ghe buwet hedden. na beſecghinghe twier ſyner man vñ twier vnſer vrend, wan vns dat gheld vor dat denne bered is. ſo ſchulle we on de ſtede weder antworden ane hinder vñ vortoch vñ vmbeworen.. Alle deſſe vorſereuenen ſtucke loue ik vorbenomde Otto Bodendorpe entruwen vor my vñ myne Eruen mynen vorbenomden heren vaſt vñ vmbrokelik to holdende Vñ To eyner bedechniſſe deſſer dingk hebbe ik vorbenomde Otto myn Ingheseghel ghe henghet laten to deſſem breue De ghe gheuen is. Na goddes bord Drytteynhunderd Jar in deme viſ vnde ſeſteghesten Jare des hilghen daghes to Nyeniare.

258. Herzog Magnus von Braunschweig verkäuft dem Conrad Backermann und dem Eilhard von der Heide, Bürgern zu Braunschweig, zwei löthige Mark jährlicher Hebung von den Bauern zu Köchingen und belehnt sie damit unter Vorbehalt des Wiederkaufs. *) — **1365, den 5. Januar.** L.

Van der gnade Goddes we magnus etc Dat we verkoft vñ in de were ghelaten hebbet Conrede Backermanne vñ Eylarde van der heyde vnsen Borgheren to Brunswich vñ eren eruen twe mark gheldes Brunswikescher witte vñ wichte De we hadden mit den Buren to kochinge de de seluen bure on gheuen scullet alle Jar Ene mark to paschen vñ ene mark to Sente mychceles daghe vor twintich lodighe mark Brunsw wichte vñ witte de os al betalet sint Disses seluen twe mark gheldes hebbe we on ghelegen vñ lenet on de in disser scrift to enem rechten manliken lene Vñ ydem Conredes vrowen Backermannes to ener rechten listucht Disser twier mark geldes wille we vñ vnse eruen on vñ eren eruen rechte were wesen vn willet se entweren van aller rodeliker ansprake wür vñ wanne on des nod is Velle on ok hir Jenich hynder an vñ dat de vorsprokenen bure on disser twier mark geldes to den vorscreuenen tyden nicht en gheuen so scolde we oder vnse ammechtlude on behulpen wesen dat on ore tyns worde van den buren wan se dat van os escheden We moghen auer oder vnse eruen disse two mark gheldes wederkopen vor twintich lodige mark der vorbenomden wichte vñ witte alle Jar to wynachten wanne we willet Welden se ok dissen tyns anders weme laten oder verkopen dat moghet se don vñ de scolde we vñ welden mid breuen vñ mid lene bewaren in aller wis also we se beward hebbet An eyn orkunde disser vorscreuene ding hebbe we on dissen bref ghe gheuen besegheit mit vnsem Ingh na Goddes bort dritteynhundert jar in dem vif vñ sestigesten jare an dem hylgen Auende to twelften.

259. Graf Heinrich von Schwalenberg überlässt vor einem von Christian von Langelge gehaltenen Gerichte dem Herzoge Wilhelm von Braunschweig und Lüneburg und dem Herzoge Ludwig von Braunschweig seine verlehnten Güter, sowohl geistliches als weltliches Lehn, und seine Mannschaft an der rechten Seite der Weser. — 1365, den 14. Januar. K. O.

We hinrik van goddes gnaden Greue van Swalenberghe bekennet openbare in dessem breue dat we hebbet ghe wesen vor vseme heren hertoghen Wilhelme van Brunswich vñ luneborch vñ hertoghen lodewiche Hertoghen Magnus sone van Brunswich des elderen vñ ereme Rade vor cyneme heghedden richte mid ordelen vñ vorespreken, dar kersten van langhelghe richtere to was van hete vser vorbenomden heren vñ hebbet dar vsen vorbenomden heren vñ oren Eruen vñ Nakomelinghen vp ghe laten alle vse verleghene gud. beyde gheystlik len vñ werlik. vñ Manschap, de we hebbet, af desse half der wesere, Vñ hebbet de Manschap an se ghe wiset vñ wiset de an se in dessem breue, vñ willet on desses gudes vñ Manschap rechte were wesen wor on des not is, Vñ we kersten van langhelghe vorbenomd, bekennet dat we hir richtere to wesen hebbet, Vñ we her lyppold van vreden vn her hans syn sone. her hans van honleghe her zeghehand van dem Berghe her hinrik knyeghe Riddere, Wullebrand van Reden vñ hans knyeghe knechte bekennet dat we hir an vn ouer vñ dinglude to wesen hebbet Vñ to eyner be dechtnisse desser dingh. hebbe we alle vorbenomden vnse Inghezeghele ghe hanghen an dessen bref,. Dit is ghe schen to Tzelle Na goddes bord Drittteynhunderd iar in deme vif vñ Sestighesten iare Des neghesten daghes na dem achteden daghe to Twelften.

260. Graf Heinrich von Schwalenberg weiset seine an der rechten Seite der Weser sitzende Mannschaft an den Herzog Wilhelm von Braunschweig und Lüneburg und an den Herzog Ludwig von Braunschweig, als an ihre Lehnsherren. — 1365, den 16. Januar. K. O.

We Greue Hinrik van Swalenberghe dot witlik alle den de dessen bref seet vnde Horet. Dat we alle vse ver leghene ghûd. beyde gheystlik vnde werlik vnde vnse Manschap af desse half der wesere. hebbet ghe

*) Von einer etwas späteren Hand ist über die Urkunde geschrieben: *dominus fredericus dux vendit II marcas.*

laten vnfen Leuen heren den Erluchteghen vorften. hertoghen wilhelme van Brunfwich vñ Luneborch. vnde hertoghen Lodewiche hertoghen Magnus fone van Brunfwich Des Elderen vñ eren Eruen vnde Nakomelinghen,, Vnde wifet alle vnfe Manfchap de we af deffe half der wefere ghe had hebbet an vnfe vorbenomden heren. vnde bedet en. dat fe dat ghud. Dat fe aldus langhe van vns ghe had hebbet. van en to Lene nv meer van ftaden an Entfanghen,, To ener be wifinghe Deffer dingh. hebbe we vnfe Inghezeghel witliken to deffem breue ghehenghed laten De Ghe gheuen is to Czelle Na goddes bort dritteynhvndert iar in dem vif vñ foftechften jare Des Donredaghes na dem achteden. Daghe. to twolften.

261. Johann von Doren bescheinigt, nach Rechnungsablage Bezahlung für Verwaltungskosten des Schlosses Hitzacker von dem Herzoge Wilhelm von Braunschweig und Lüneburg erhalten zu haben, und verspricht, ihn und den Herzog Ludwig von Braunschweig von darauf bezüglichen Forderungen zu befreien. — 1365, den 21. Januar. K. O.

Ik Johan van doren Bekenne openbare in deffem breue Dat ik mynen gnedeghen heren Den Erbaren vorften Hertoghen Wilhelme van Brunfwich vñ luneborch, hebbe quit ledech vñ los ghe laten allerleye fchuld vñ rekenfchap de ik eme rekenen mochte vñ dar he my wes plichtich vmme wefen heft wente an deffe tyd dat deffe bref ghe gheuen is vñ ik vñ myne eruen noch nemand van vnfer weghene en willet mynen vorbenomden heren vñ fynen eruen vñ nakomelinghen vñ alle de ere dar vmme nicht mer andeghedinghen noch manen, Vortmer wat ik ghe nomen hebbe to der koft to hulpe bynnen der tyd dat ik fyn Slot hidsackere ghe had hebbe, wert myn here van luneborch dar vmme anghedeghedinghet, Dar fcal ik ene van entleften Alle deffe vorfcreuenen ftucke loue ik entruwen vor my vñ myne eruen myneme vorbenomden heren hertoghen wilhelme vñ hertoghen lodewiche hertoghen Magnus fone van Brunfwich des elderen vñ eren eruen vñ nakomelinghen vaft vñ vmbrokelik to holdende vñ hebbe des to thughe myn Ingheseghel ghehenghet laten an deffen bref Na goddes bord Drytteynhundert Jar In deme vif vñ feftegheften Jare in fvnte agneten daghe der hilghen Juncvrowen.

262. Die Gebrüder Wulff, Bürger zu Hameln, verkaufen dem Herzoge Wilhelm von Braunschweig und Lüneburg eine Hufe und eine Kote zu Emmern und versprechen, ihm das Lehn zu gute zu halten. — 1365, den 2. Februar. XXI.

Wy Hermann vnd Jorden brodere geheten Wulff burghere tho Hamelen bekennet in duffem openen breue de befegelt is mit vnfen Ingefegelen vnd betuget openbare Dat wy vnd vnfe rechten eruen vorkofft hebbet vnd vorkopet to eynem rechten erue kope deme dorluchtegen hochgeboren furften Hertogen Wilhelme von Brunfwig vnd Luneborg vnd finen nakomelingen eyne houe to Emberne vnd eynen koten mit alle deme to behore bynnen deme dorpe vnd dar buten wo dat gelegen is In holte In velde In wifchen In watere In weide Vnd wy fcholet vnd willet des benombden furften vnd finer nakomelinge rechte werende wefen vor vns vnd vor vnfe rechten eruen wanne wo vnd wor ohn des to donde is vnd wo dicke fo dat van vns effchet van rechter eruetal weghene Ok fchulle wy vnd vnfe rechten eruen duth vorfchreuene guth deme benombden furften vnd finen nakomelingen van vfen lehnheren in lehnoffcher were to gude holden ane argelift went fe de lehnwere krigen vnd hebben van vfen lehnheren vnd fo fchulle wy eyne rechte vortichT doin vnd upfendinge al duffes vorfchreuenen gudes van fe dat van vns vnd van vfen rechten eruen effchet Al duffe vorfchreuenen ftucke loue wy in truwen ftede vnd vaft to holdende Datum Anno dominj M̊ CCĊ LXV̊ In fefto purificacionis beate marie virginis gloriofe.

263. Die von Oberg begeben sich mit dem Schlosse und der Stadt Oebisfeld auf Kündigung in den Dienst des Herzogs Wilhelm von Braunschweig und Lüneburg und des Herzogs Ludwig von Braunschweig für 110 Mark löthigen Silbers, die sie ihnen schuldig sind, geloben, ihnen das Schloss zu öffnen, und bedingen sich in einem Kriege der Herzöge vom Schlosse gegen Fürsten Friedegut für ihr von der Aller abwärts in der Richtung nach Magdeburg hin gelegenes Gut. — 1365, den 3. März. XI.

We. Johan. vnde Hinrik Brodere. Johannes Sone.. Ghuntzel vnde Hannes Brodere Hern Hylmers Sone gheheten van Oberghe bekenned openbare in deſſem Breue dat we vñ vnſe Eruen. ſchuldich ſint. den Erbaren Vorſten. vnſen leuen Heren. Herthogen Wilhelme van Brunſwich vnde Lunebř. vnde Hertoghen Lodewighe. Hertoghen Magnus Sone van Brunſw̃ des elderen. vnde eren Eruen vnde Nakomelingen. teyn Mark vnde hundert lodighes Suluers Brunſwikeſcher Wichte vnde Witte de we on gheſatet vnde bewiſet hebben in vnſeme Slote Oueſuelde Huſe vnde Stad, alſo dat we mid vns vnde mid dem Slote ſchullet on to Denſte weſen. vnde dit Slot ſchal on open weſen. vppe alleſwene vnde to allen Tyden. vnde wanne ſe dar af orleghen wolden. we denne er Ammechtman dar were, de ſchulde vns vnde de vnſe vor Schaden bewaren vor ſik vnde vor den de mit eme dar weren Schude auer vns eder den vnſen van on Schade. den ſcholde vns de Ammechtman weder don in Minne eder in Rechte bynnen twolf wekenen dar na. dat we ene dar vmme manet hedden. Vnde de wyle dat ſe van deme Slote orleghedon. ſo ſcholden ſe vns vnde den vnſen de ſe behoueden to erome Kryghe vnde den Porteneren vnde den Wechteren gheuen Voder vnde Spiſe.. Worde auer dit Slod verloren de wyle ſe dar af orlegheden van erer weghene ſo ſcholden ſe vns vnde vnſen Eruen dat ghelden. alſe twene erer Man vnde twene vnſer Vrend ſpreken dat lyk were. Orlegheden ſe dar ok af mid welkem Vorſten. ſo ſcholden ere Ammechtlude vns Vrede Ghud gheuen. tyghen vnſe Gud dat we hedden vppe jenne Syt der Alre to Meydeborch word. alſe vordere deſt me dat in den Vyenden hebben mochte. Se ſchullet vns ok truweliken verdeghedingen. vnde behulpich weſen to vnſeme Rechte. vnde ſchullet ok ouer vns vnde vnſe Eruen Mynne vnde Rechtes woldich weſen to allen Tyden Vortmer ſo moghe we on dit vorbenomde Gheld bereden. alle jarlikes in der Paſche weken to Brunſwich. deſt we on dat vorkundegheden bynnen den achte Daghen to Pinxſten. Deſſen ſuluen Wilkore hebben vnſe vorbenomden Heren vnde ere Eruen vnde Nakomelinge. wanne ſe ere vorbenomde Gheld weder hebben welden, vnde wanne we on aldus dit Gheld bered hedden. ſo ſcholden alle deſſe vorſcreuenen Deghedinge vnde Stucke ledich vnde los weſen.. Vortmer were dat vnſer Borghen de hir na ſcreuen ſtan. jenich afghinge, ſo ſcholde we vnde vnſe Eruen vnſen vorbenomden. Heren. vnde eren Eruen vnde Nakomelingen. alſo gude Borghen weder ſetten inne jewelkes Stede. de dar af gheghan weren. vnde de ſcholden louen vor vns vnde vnſe Eruen alle deſſe vorſcreuenen Stucke. in eynem ſunderliken Breue. vnde dar mede ſcholde deſſe Bref vnverbroken bliuen.. Vortmer welke Tyd dat vnſe Eruen. dar vmme maned worden. wanne ſe to eren Jaren komen weren denne ſchullet ſe alle deſſe Stucke vnſen vorbenomden Heren vnde eren Eruen vnde Nakomelingen beſeghelen mid eren Ingheſeghelen. vnde en Truwen louen. alſe we on nv vor vns vnde vor ſe in deſſem Breue loued hebben. vnde dar mede ſcholde deſſe Bref vnverbroken bliuen.. Alle deſſe vorſcreuenen Stucke loue we vorbenomden van Oberghe vor vns vnde vor vnſe Eruen. in guden Truwen. vnde mit ſamender Hand. vnſen vorbenomden Heren, Hertoghen Wilhelme vnde Hertoghen Lodewighe vnde eren Eruen vnde Nakomelingen. vaſt vnde vnbroklik vnde ſunder Argheliſt to holdende.. Vnde we Hans van Honleghe. Gherard van Wederden Riddere. Syverd van Saldere.. Albert van Alvenſleue. Albertes Sone. Rotgher van Ghuſtede. vnde Ludolf Slengerdus. Knapen bekenned in deſſeme ſuluen Breue. dat we vns to Borghen ſat hebben. vor deſſe vorbenomden van Oberghe vnde ere Eruen. in deſſer Wyſe were dat vnſen vorbenomden Heren. Hertoghen Wilhelme. eder Hertoghen Lodewighe eder eren Eruen vnde Nakomelingen. jenich Brok. eder Hinder worde in deſſen vorbenomden Stucken. ſo wille we bynnen den negheſten verteynachten dar na. dat we dar vmme maned worden komen tuo Tzelle vnde dar eyn recht Inlegher don vnde holden. vnde nicht buten benachten de Broke en ſy on ghentzliken irvullet eder we en don dat mit erem Willen. Dit loue we vorbenomden Borghen mit ſamender Hand in Truwen. vnſen vorbenomden Heren. vnde eren Eruen vnde Nakomelingen. vaſt vnde vnbroklik vnde ſunder Argheliſt to holdende.. To eyner Betughinge hebbe we vorbenomden van Oberghe Sakewolden. vnde we Borghen vnſe Ingheſeghele hangen mid Witſchap to deſſeme Breue. de ghegheuen is to Wynſen. Na Goddes Bord. drytteynhundert Jar. jn dem vif vnde ſeſtigheſten Jare. des Mandaghes to allermanne Vaſten.

264. Der edele Herr Siegfried von Homburg und sein Sohn Heinrich stellen einen Revers aus, dass Herzog Wilhelm von Braunschweig und Lüneburg ihnen unter Vorbehalt des Oeffnungsrechtes die Hälfte des Schlosses Ohsen mit dem Werder zwischen Kirch-Ohsen und Nord-Ohsen, den Zehnten zu Nord-Ohsen, einen Sattelhof mit vier Hufen und drei Koten daselbst, einen Hof mit zwei Hufen zu „Vrolevessen" mit Koten und drei Meierhöfe zu Emmern mit neun Hufen und Koten für 724 Mark löthigen Silbers auf vier Jahre verpfändet hat. Sie geloben, dem herzoglichen Amtmann während eines vom Schlosse zu führenden Krieges die obere Burg oder die Vorburg einzuräumen, nach Anweisung des Herzogs ein Steinwerk und Brücken auf dem Schlosse gegen Vergütung zu bauen, bedingen, dass der Herzog das Schloss und die Burgmänner desselben vertheidige und, falls das Schloss durch Wassernoth oder durch andere Noth verloren wird, ihnen ein anderes auf dem Werder bauen helfe oder ihnen die Pfandsumme auszahle, und verpflichten sich, den Pfandvertrag, falls der Herzog, ohne einen Sohn zu hinterlassen, stirbt, dem Herzoge Ludwig von Braunschweig und, falls dieser, ohne einen Sohn zu hinterlassen, stirbt, dem vom Raths-Collegio zum Herrn der Herrschaft Lüneburg zu wählenden Bruder desselben zu halten. — 1365, den 16. März. III.

Van Godes gnaden we Junghere Zyuerd Here to homborch vñ hinrik syn sone bekennet vñ bethüget in dessem openen Breue de witliken gheuestenet is. myd vnsen inghezeghelen dat. de Erluchtighe vorste vns leue here hertoghe Wylhelm van brünswich vnde to lüneborch heft vns vñ vnsen eruen ghe sad ene rechte sate. vor veere vñ twintich mark vñ seuenhündert mark lodighes suluers hemelscher wychte vñ Brünswickscher edder hildensemscher wychte dat halue hûs vñ Slot to Ofen myd deme werdere de dar to horet dat twyschen kerchofen vñ nort ofen ghelegben Is vñ den thogoden to nort ofen vñ enen sedelhof myd veer houen vñ dre kotworde dar sulues vñ enen hof myd twen houen to vroleuessen vñ de kotworde de dar to hort vñ dre Meyger houe to Emmeren myd neghen houen vn de kotworde de dar to hort myd aller nûd vñ myt alleme rechte alse desse vor benomden gûde leghen synt Dyt sulue Slot ofen myd deme dat hir vorscreuen is heft he vs ghesad vñ settet vs dat veer ghanse Jar van staden an nû to Mitvasten an to rekende vñ roweliken to besittende vñ wanne desse veer iar vmme komen sint So mach he vs vñ we eme de lose desses Slotes kundeghen alle iarlikes inder Pasche weken vñ wanne de lose aldus ghekundeget is dar na inder neghesten pasche weken scal he vs bereden Seuenhûndert lodighe mark vñ veer vñ twintich desser vorbenomden wichte vñ witte inder stad to honouere ane hinder vñ vortoch vñ scal vs de voren laten in sineme leyde vñ veleghen van honnouere wante to louwenstene vor alle den de dor sinen wyllen don vñ laten willet vñ wanne wy berot sint so scolle wy eme van staden an de helfte desses Slotes ofen weder antworden myd deme ghûde dat vs dar to ghe antwordert is ane ienigherhande vortoch vñ wedersprake vñ de wyle dat wy dat Slot inne hebbet so scal dyt Slot eme vñ synen eruen vñ nakomelinghe open wesen to allen tyden queme ok dat also dat he van vs dat eschede to orloghes nod so scolde we eme vñ sineme ammechtmanne to ereme ghemake laten de oueren Borch eddor de vorborch de wyle dat. dat orloghe warde vñ de ammechtman den he dar sende de van siner weghenne dar af orloghen scolde de scolde vs vñ de vse vor scaden vñ vor vngheuoghe bewaren vor sik vñ vor den de myd eme dar weren vppe deme slote vñ dar van wer ok dat dar scade in velle den scolde de sulue ammechtman vs weder don mynne edder in rechte Bynnen den neghesten achte weken wannemen dat van eme esschede de wyle ok dat syn ammechtman dar af orloghede van syner weghene so scolde he io bekostlighen tornlüde Portenere vñ wechtere vñ don alle hûde des Slotes Wanne ok dat orloghe sonet edor vredet were edder worde so scolde de ammechtman vñ de myd eme dar weren van siner weghene vs dyt Slot weder rûmen. Ok scolle we vñ wyllet dar en stenwerk bûwen bynnen dessen veer iaren alzo vnse vorbenomde here hertoghe Wyllim edder sine eruen edder nakomelinghe vs dat vt wyset edder vt wysen latet wat wy an deme stenwerke vorbûwet vñ an brugghen dat scal he vs denne gheldon na beseggheude twyer syner man vñ twyer vnser vrynt konden de nycht oueren draghen vmme dat. dat dar an vorbûwet were wat wy denne suluen edder vse ammechtman vppe de helghen behelden dat scolde he vs dar vore gheuen ane vortoch myd den veer vñ twyntich marken vn Seuenhûndert mark lodeghes suluers dar he vs dit Slot ofen vore ghesad heft, wanne he vs de betaledo alze vorſcreuen is er wy eme dyt Slot oſen wedder antworden. Ok ſcal he dit vorbenomde Slot oſen vn̄ dat he vs dar to ghe ſad heft vn̄ de Borchman de dar vppe wonaſtich ſint van vnſer weghene vordeghedinghen to ereme rechte alzo andere ſine Slot vn̄ borchman vn̄ we wyllet vn̄ ſcullet ene vn̄ de ſyue dar van vor ſcaden ver waren hedde we ok myd iemmende ienighe ſchelinghe der wy vs behelpen wolden van dem Slote oſen dat ſcolde we eme vorkundoghen kunde he vs denne helpen dat vs van deme edder van den wedder vore bynnen den negeſten achte weken na der vorkündinghe dat recht were dat ſcolde wy nemen en dede he des nicht So mochte we vs denne dar af behelpen vn̄ er weren alzo van anderen vſen Sloten alzo langhe went he vs rechtes behelpen künde War ok dat dat ſulue Slot oſen vor loren worde van waters nod edder van anderer nod dat de were ſo ſcholde he vs en ander Slot vppe dan ſuluen werder helpen buwen oder ſcolde vs vſe veer vn̄ twintich mark vn̄ Seuenhündert mark ledeghes ſuluers der ſulue wychte vnde wichte wedder gheuen vn̄ dat gelt dar mede dat wy dar an vorbüwet hadden also hir vorſcreuen is wanne dat iar vmme komen were ane ienich hinder vn̄ vertoch vnbekummert in alsodaden ſteden vn̄ inder velicheyt alzo hir vorſcreuen is vn̄ büwede he en ſlot myd vs wedder dar ſcolde wy an ſitten myd alzo daneme rechte alze wy in deſſem ſlote nū ſittet vortmer hedde wy ſad ghe ſeghet wanne wy dat Slot eme wedder antworden der ſad Scolde we eme den dridden del volghenlaten vn̄ de anderen twe del ſcolde wy beholden vn̄ dar en ſcolde he vn̄ de ſine vs myd nichte an hinderen vortmer were dat vnſen borghen ienich af ghinghe ſo ſcolde wy iniewolkes ſtede de dar af ghe gan were vn̄ also dicke alze der welk af ghinghe enen anderen alzo güden wedere ſettet bynnen verteynnachten dar na dat we dar vmme manet worden vn̄ de ſcolde louen vor vns aldeſſe vorſcreuen ſtuck iewelk in eneme ſunderliken breue darmede ſcolde deſſe bref vnvorbroken bliuen. Alle deſſe vorghescreuen ſtuck loue we vorbenumden Jungere Zyuerd vnde hinric ſyn ſone vor vns vn̄ vor vſe eruen myd vſen naſcreuennen borghen myd ſamender hant vaſt vn̄ vnbrokelic vn̄ ſunder arghaliſt to holdende vnſem vorbenomden heren hertoghen Willim vn̄ ſinen eruen vn̄ nakomelingen vnde Jungeren Lodewyghe hertoghen magnus ſone van Brünſwik des olderen vn̄ ſinen eruen vn na komelingen iſt hertoghen Willim vorbenomd alzo ſtorue dat he nenen echten ſone na ſik en lete vn̄ Jungeren Lodewyghes broderen eneme de na eme to eneme heren der herſcap to Lünenborch ghe koren worde van den de dar denne to ghe ſad weren van vnſen vorbenomden heren hertogen Willim iſt Junghere Lodewick alzo ſtorue dat he nenen echten ſone na ſik en lete Vnde we Greue alf van ſcomborch Greue Johan van Speyghelberghe Greue otto van hallermünt her boseke van vreden wulbrant van Reden des alden heren wulbrandes ſone Arnd hake Werner van reyden heren Bertoldes ſone herman bock van northolte Tymme bock vn̄ Elerd van detzem Bekennet openbare in deſſem ſuluen dat wy hebbet ghelouet vn̄ louet in deſſem breue entruwen myd Samenderhant deme Erluchtighen vorſten vnſem vorbenomden heren hertoghen Wilhelm van Brun̄ vn̄ Lünenborch vn̄ hertoghen Lodewighe hertoghen magnus ſone van Brun̄ des olderen vn̄ hertoghen Lodewyghes broderen eneme alſe hir vorſcreuen is vn̄ alle eren eruen vnde nakomelingen were dat en edder erer iewelkeme Jenich brok eder hinder worde indeſſem vorſcreuennen ſtucken So wylle wy vn̄ ſcullet bynnen den negeſten verteynnachten dar na wanne we dar vmme ghemanet worden komen in de ſtad to honnouere vn̄ en recht in legher holden vn̄ nicht büten benachten de broke en Sy en ghentſliken irvullet edder we en dan dat myt ereme willen To ener bethüchinghe deſſer denk hebbe wy vorbenomden Sakewolden vnde we Borghen vnſer aller inghezeghele wytliken ghehanghen to deſſem breue De ghe Gheuen is Na goddes bord drittteynhündert iar in deme vyf vn̄ Seſtigheſten Jare des Sondaghes vor Mitnaſten.

285. **Die Grafen Otto und Gerhard und ihr Vetter Heinrich von Hallermund*) überlassen dem Herzoge Wilhelm von Braunschweig und Lüneburg und, falls er, ohne einen Sohn zu hinterlassen, stirbt, dem Herzoge Ludwig von Braunschweig Freiheit und Eigenthum über drei Höfe vor Hallerburg, über die Hälfte der**

---

*) Cfr. die beiden Urkunden derselben vom selben Tage in Scheidt's Anmerkungen pag. 620 Nr. L. d und in Scheidt's Nachrichten vom Adel pag. 79 Note y. 1.

„Budek“ über das „Wagebruch“ über die „Grevende-Wiese“ und über einen Garten vor dem Schlosse, welche Güter Jordan und Eberhard von Ilten von ihnen besessen haben. — 1365, den 19. März. III.

We Her Otte vñ Junghere ghord Brodere vn Jûngher Henric ore veddere van der gnade godes Greuen to Halremunt bekennet vñ betughet openbare in diſſem breue bezoghelt myd vſen Ingheseghelen dat we myd gûden wyllen wytſcop vñ ghanzer vulbord vſer eruen vñ alle [1]) de yt an tryd vñ myt ichte antreden mach, hebbet erfliken ghelaten vñ latet deme edelen vorſten Hertoghen Wilhelme van Brûnſw̄ vn van Lûneborch vñ ſynen eruen vñ Hertoghen Lodewighe Hertoghen Magnus ſone van Brûnſw̄ vñ ſynen nacomelinghen icht Hertoghe Wilhelm vorbenomd nenne echte ſone na let van [2]) he afgheyt vryheyt vñ eghendom ouer dre Höue vor der Halreborch al ſe [3]) dar to leghende plegheт de helfte der budek ouer dat waghebrok de greuende wiſch vñ ouer enne ghardea vor deme hûs myd allеme rechte vñ nuhd de Jorden vñ Euerd brodere gheheten van Iltene van os hadden we ſchullet vñ willet vryheyt vñ eghendomes diſſes vorbenomden ghûdes rechte warende weſen der vorbenomden Heren van Brûnſw̄ vñ van Luneborch orer Eruen vñ [4]) nacomelinghe wor on des nod is vñ wanne dat van os ghe eſchet wert vortmer hebbe we ghenzliken deghere vñ al afghelaten vñ ene rechte vertieht ghedan vryheyt vñ eghendomes diſſes vorbeſcreuenen ghûdes we vñ vſe Eruen ſchullet vñ willet dat number vp ſaken ienegherleye wys wer in gheyſtliker eder in werldliker achte went we dar nicht rechtes an beholdet eder hebbet alle diſſe vorbeſcreuen ſtûcke vñ iriuwelk biſunder vñ ganz hebbe we vor os vñ vor vſe eruen myd ſameder hand ghelouet vñ louet bi vſen trûwen Den edelen vorſten van brûnſw̄ vñ van lûneborch vorbenomd vñ oren eruen vñ nacomelinghen in aller wyſe alſe hir vorbeſcreuen ſteyt ſtede vaſt vñ vnvorbroken myd gûden trûwen eueliken to holdende Diſſe bref is ghegheuen na goddes bord Dritteynhûndert Jar in deme vif vñ ſeſteghеſten Jare to mydvaſten.

256. Die Grafen Otto und Gerhard und ihr Vetter Heinrich von Hallermund überlassen dem Herzoge Wilhelm von Braunschweig und Lüneburg und, falls er, ohne einen Sohn zu hinterlassen, stirbt, dem Herzoge Ludwig von Braunschweig Freiheit und Eigenthum über vier Höfe zu Beitzum vor Hallerburg und über vier Holzberechtigungen zu Nordholz daselbst, welche Güter Jordan und Eberhard von Ilten von ihnen besessen haben. — 1365, den 19. März. III.

We her Otte vñ Jûnghere gherd brodere vñ Junghere Henric ore veddere van der gnade godes Greuen to Halremûnd bekennet vñ betûghet openbare in diſſem breue besegheld myd vſen ingheseghelen dat we myd ghûdem willen wytſcop vñ ganzer vûlbord vſer eruen vñ alle der de it an tryd vñ myt rechte *) antreden mach hebbet erfliken ghelaten vñ latet deme edelen vorſten Hertoghen Wilhelme van Brûnſw̄ vñ van Luneborch vñ ſynen eruen vñ Hertoghen Lodewighe Hertoghen Magnus ſone van Brûnſw̄ vñ van Luneborch vñ ſynen nacomelinghen icht hertoghe wilhelm vorbenomd nenne echten ſone na let wanne he afgheyt vryheyt vñ eghendom ouer vher hôue to bodenſen vor der halreborch vñ ouer vher echtwerde in dat nort holt dar ſulues myt allem rechte to behoringhe vñ nuhd de Jorden vñ Euerd brodere gheheten van Iltene van os hadden we ſcullet vñ willet vryheyt vñ eghendomes diſſes vorbeſcreuenen ghûdes rechte warende weſen der vorbenomden Herun van Brûnſw̄ vñ van Luneborch orer eruen vñ orer nacomelinghe wôr on des nod is vñ wanne dat van os gheeſchet wort vortmer hebbe we ghenzliken deghere vñ al af ghelaten vñ ene rechte vertieht ghedan vryheyt vñ eghendomes diſſes vorbeſcreuenen ghûdes we vñ vſe Eruen ſchûllet vñ wyllet dar number mer vp ſaken ienigherleye whis wer in gheyſtliker eder in werliker achte went wy der nycht rechtes an beholdet eder hebbet alle deſſe vorbeſcreuenen ſtûcke vñ iriuwelk by ſunder vñ ganz hebbe we vor os vñ vor vſe eruen myd ſamder hand ghelouet vñ louet bi vſen trûwen

Das Copiar XI. zeigt folgende Verschiedenheiten: [1]) hier ist *der* eingeschoben. [2]) *wanne* statt *van*. [3]) *alſe* statt *al ſe*. [4]) hier ist *orer* eingeschoben.

*) Das Copiar XI. liest *ichte* statt *rechte*.

Den Edelen vorsten van Brūnsw̄ vn̄ van Luneborch vorbenomd oren eruen vn̄ nacomelinghen in aller wise alse hir vorbescreuen steyt stede vast vn̄ vnvorbroken myd ghūden trūwen euelike to holdende Disse bref is ghegheuen na godes bort Dritteynhūndert iar in dem vif vn̄ Sestegheſten Jare to myduasten.

267. Statius Busche und sein Sohn Johann verkaufen dem Herzoge Wilhelm von Braunschweig und Lüneburg (und dem Herzoge Ludwig von Braunschweig) den Zehnten und einen Hof mit vier Hufen und mit Koten zu Nord-Ohsen, welche Güter ihnen die von der Molen verkauft haben, und geloben, dass letztere das Lehn den Herzögen zu gute halten sollen. — 1365, den 23. März. K. O.

We Stacius Busche vnde Johan syn sone. Bekennet vn̄ Bethughet in Dessem oppenen Breue de witliken gheuestenet is mid vnsen inghezeghelen.. Dat we den Erluchteghen vorsten vsen leuen heren hertoghen wilhelme van Brunswik vnde Lunebork vn̄ eren Eruen vn̄ nakomelinghen. hebbet vor koft vn̄ vor kopet in dessem breue to rechtem Erue kope Ewyleken to be Sittende. den thegheden in deme dorppe to Nortosen vn̄ dar en buten vn̄ eynen hof mid vere houen vn̄ alle de kot stede dar selues mid aller to behoringhe vn̄ wo dat ghe leghen is in holte in velde in wyschen in watere vn̄ in weyde vn̄ by namen in der wesere also alze dit vorbenomde gud der van der molen hadde wesen des se vs ere breue dar vp hebbet ghe gheuen vn̄ we schullet vn̄ willet, en vn̄ eren eruen desses vorbenomden gudes ore rechte were wesen wanne vn̄ wor vn̄ wo dicke se dat van vs eschet. vortmer So schullet de von der molen vn̄ ere Eruen de vs dit vorbenomde gud ver koft hebben vsen vorbenomden heren vn̄ eren eruen vn̄ nakomelinghen de len ware desses ghudes to gude holden also langhe wente se de van den heren krighen. Alle desse vorscreuennen stucke. loue we vorbenomde Stacius vn̄ Johan vor vns vn̄ vor vnse eruen entruwen mid samender hant vsen vorbenomden heren vn̄ eren eruen vn̄ nakomelinghen. vnde to erer truwen hant hern hinrike Knyeghen. hern Dyderike van Alten ridderen, Kerstene van Langghelghen wulbrande van Reden vn̄ hanze Knyeghen vast vn̄ vmbrokelik vnde ane arghelist to holdende. vnde hebbet des to thughe vnse inghezeghele henget laten to dessem breue. Ghe gheuen na Goddes bort drytteyn hundert Jar in deme vif vnde Seſtygheſten iare Des Sondaghes to miduasten.

268. Statius Busche und sein Sohn Johann verkaufen dem Herzoge Wilhelm von Braunschweig und Lüneburg und dem Herzoge Ludwig von Braunschweig einen Hof im Dorfe Emmern mit drei Hufen und mit Koten, welche Güter ihnen Heinrich Nodvogel verkauft hat, und geloben, dass er das Lehn den Herzögen zu gute halten soll. — 1365, den 23. März. K. O.

We Stacies Būscho vnde Johan sin sone bekennet openbare an desseme breue de beseghelt is mit vsen Inghesegheleu dat we den Erluchtighen vorsten vsem leuen heren Hertoghen Willehelme van Brūnswic vn̄ Lunenborch vnde Hertoghen lodewighe Hertoghen Magnus sone van Brūnswic des Olderen vnde eren eruen vnde nakomelinghen hebbet vorkoft vnde vorkopet in dessem breue to rechtem erue koepe eweliken to besittende eynen hof an deme dorpe to Emberne mid dren Hōven dar sulues mit den koten vn̄ mit weyde vn̄ mit watere vn̄ mit aller nvd vnde to behoringhe also alse dit vorbenomde ghūt Hinrikes noduogheles hadde ghewesen vn̄ desses ghudes wille we vnde vse eruen vsen vorbenomden Heren vnde eren eruen vn̄ nakomelinghen rechte warende wesen wanne vn̄ wor en des to donde is vn̄ se dat van os esschet Vortmer so scullet desse vorbenomde Hinric Noduoghel vn̄ sine eruen vsen vorbenomden Heren, eren eruen vnde na komelinghen de Lenware desses ghudes to ghude holden ane arghelist also langhe went se de Lenware van den heren krighet Alle desse vorscreuenen stucken Loue wy vorbenomden Stacies vnde Johan mit samender hand antruwen vor os vn̄ vor vse eruen vsen vorbenomden heren vn̄ eren eruen vn̄ nakomelinghen vn̄ to erer truwen hand hern Hinrike knieghen Hern Diderike van Althen Ridderen. Kerstene van Langholghe wulbrande van Reden vnde Hanse knieghen vast vnde vnbrokelic vn̄ sunder arghelist to holdende, vnde hebbet des to tughe vse Inghesegheele ghehanghen, an dessen bref De ghe gheuen is na goddes bord DruttEynhundert Jar an deme vif vnde Sestighestem Jare des Sondaghes to miduasten.

269. Statius Busche und sein Sohn Johann bescheinigen, von dem Herzoge Wilhelm von Braunschweig und Lüneburg und von dem Herzoge Ludwig von Braunschweig die Summe, wofür ihnen das Schloss Ohsen verpfändet war, und ihre Auslagen für Bau, für Brücken und für Ankäufe von Gütern nebst Vorschüssen bezahlt erhalten zu haben. — 1365, den 24. März. K. O.

We Statius Busche vnde Johan ſyn ſone bekennet openbare in deſſem breue dat De Erluchteghen vorſten vnſe heren Hertoghe Wilhelm van Brunſwich vnde Luneborch Vnde hertoghe lodowich hertoghen Magnus ſone van Brunſwich des elderen hebbet vs ghenſliken vnde al betalet vnde bered alle vſe gheld, dat we hadden in deme ſlote to Ofen. beyde vor buw. vn̄ vor Brucghe, vnde vor gud dat we dar to hadden ghe koft, vnde alle dat dat we dar an hadden vnde dar vore rekenet hadden vn̄ rekenen mochten Vnde hirmede late we vſe vorbenomden heren vnde ore Eruen vn̄ Nakomelinghe vnde ore ammychtlude van orer weghene quit. ledech vn̄ los, aller ſchulde. handelinghe vnde breue, de we vnder ander ghe had hebbet wente an deſſe tyd dat deſſe bref ghe gheuen is. To eyner betughinghe deſſer dingh hebbe we vorbenomden Statius vn̄ Johan vnſe Ingheseghele ghe hanghen an deſſen bref. De ghe gheuen is to Honouere Na goddes bord dritteynhunderd jar in Deme Vif vnde ſeſteghesten iare des negheſten mandaghes na deme ſondaghe to miduaſten.

270. Herzog Wilhelm dotirt zu seiner und seiner verstorbenen Gemahlinn Sophie Seligkeit und zum Seelenheil seiner Vorfahren und Erben den Altar St. Gertrudis in der Kirche zu Celle mit dem ganzen Dorfe Hesse im Kirchspiel Eschede mit Gericht, Vogtei, Beede, Dienst und Zins, erklärt den Altar für eine Vicarie, über welche er sich und seinen Nachfolgern das Patronatrecht vorbehält, und bewilligt dem Dorfe und den Einwohnern desselben Holz- und Wasser-Berechtigung, Mast, Fischerei, Trift und Weide. Herzog Ludwig von Braunschweig verpflichtet sich, diese Schenkung zu halten. — 1365, den 8. April. K. C. 17.

Van Goddeſz gnaden We herr Wilhelm hertoge tho Brunſchwigh vndt Luneborch bekenned openbahr in deſzem breve dat we dorch Godt vnde dorch Salicheit vnſer vnde hertogin Sophien ichteſwanne vnſer echten Frowen vnde dorch aller vnſer Olderen vnde vnſer Erven ſehle willen hebben bewedemet in deſzem Breffe ein Altar in der kerken to Zelle dat gebuwet vnde gewiet iſz in de ehre ſunte Gertrude der hylligen jungfrowen vndt [1]) dem gantzen dorpe to dem Spetzehefe, dat gelegen iſz [2]) dem kerkſpeele to Eſche, vnde ſchall ein ewigh Vicarie vnde Lehn weſen vnde blinen in der ſulven kerken to Zelle vnde ſchall von vnſz vnde vnſen Erven vnde nakomelingen to lehne gahn vnde vnſe Erven vnde nahkomelinge ſchullen dat nemende lenen he en ſi ede [3]) rede preſter edder moge preſter werden binnen dem erſten Jahre darna, vnde dat vorbenomede dorp Spetzeheeſe hebbe we gegeven to duſzem vorbenohmden Lehene mit allerley rechte richte vnde vogedie beede vndt decnſt tyns vndt ſchulde vrucht vnde nuth vnde mit allerleye tobeheringe alſe we dat gehat hebben vnde dut ſulve dorp vnde de Luhde de in dem dorpe wohned ſchulled brucken holtes maſtes viſchorie waters drifft vnde weyde lick den andern dorpen de daby belegen ſind, vnde dar ne ſchulle we vnde vnſe Erven vnde nahkomelinge vnde vnſe vogede noch anders jemend ſe [4]) an hindern noch hindern laten Ock beholde we noch vnſe Erven effte nahkohmelinge an demſulven dorpe vnde in alle dehm dat dar tohort nenerley recht. Alle duſze vorſchrevene ſtuck ſchulle we vorbenohmde hertoge Wilhelm vnde willet vnde vnſe Erven vnde nahkomelinge Gotte to ehren vnde der hylligen jungfrowen Sunte Gertruden ſtede vnvorbrocken vnde ewiglicken holden Vnde we Juncker Lodewich hertogen Magnus Sohne van Brunſchwigh deſz Olderen loved in duſzem breffe, dat we vnde vnſe Erven vndt nakomelinge ſchullet vnde willet ewiglicken holden deſze vorgeſchrevene ſtucke in allerley wyſe alſe de vnſe leve Vedders herr Wilhelm vorbenohmbt hefft gegeven vnde alſz hier vorgeſchreven iſz To einer ewiglichen betuginge aller duſzer dinge hebbe we vorbenohmbden hertoge Wilhelm vndt Juncker Ludewich vnſer Ingeſegel gehenget laten to deſzem breffe vndt iſz geſchehen na Godes bordt dreyzehen hundert Jahr in dem funff vndt Sechtzigſten Jahre deſz negſten diengſtagſz nah Palmen.

---

[1]) mit statt vndt. [2]) hier fehlt in. [3]) *ede mine anfallen.* [4]) hier fehlt nicht.

271. Herzog Rudolf von Sachsen-Wittenberg, Reichserzmarschall, erklärt auf Anfrage des Hans Meise, Bürgers zu Goslar, für Recht, dass falls ein Fürst vier oder mehrere Gerichte besitzt, aber jedes einen besonderen Vogt gesetzt hat und jemand vor einem dieser Gerichte Schuld bekannt oder Erbgut überträgt oder sonst eine gerichtliche Erklärung über ein im Gerichtsbezirke gelegenes Gut abgiebt, das darüber von dem Vogte und von zweien dabei gegenwärtig gewesenen Dingleuten abgelegte Zeugniss auch in den anderen Gerichten des Fürsten rechtskräftig ist. Hiervon nimmt er allein Verfestungen aus; denn wer in einem obersten Gerichte eines Fürsten verfestet wird, ist auch in den niedersten Gerichten verfestet, aber nicht umgekehrt. — 1365, den 25. April. **H. O.**

Wir Rudolff von gotis gnaden Hertzoge zu Sachſen. des hiligen Romiſchen Ryches ErtzeMarſchalk. Bekennen vnd tun kunt offenlich mid deſem briue. allen den. die yn ſehen oder hôren leſen. Als wir von dem Beſcheidenen Manne. Hanns Meiſen. Burgere zu Goſlar. in deſen nachgeſchreben ſtucken. vmb. eyn recht gefraget. vnd zu ſagene. gebeten. ſyn. Dunket vns. nach rate. vnſer lieben getrewen. die wir daruber. gehabt haben. recht ſyn. vnd wir en wiſſen. kein beſſers. Wo ein furſte vier gerichte hat. oder. mer. vnd ſetzet an eynem ygliche gerichte. eynen beſundern Voyt, Bekennet yemand. vor eynem derſelben gerichten. ſchulde. oder leſſet er von Erbe. oder ſuſt. wes er vor gerichte bekennet. das dorynne gelegen iſt. Was. der voyt. mid tzweyn Dingmannen. vor den alſo. das bekentnuſſe geſchehen iſt. in gerichte betzûget, das ſal zu rechte. ouch. in den andern. gerichten. deſſelben furſten. ſtete bliben. Ane vmb veruoſtunge alleyne. Wann wer in eynem obreſten gerichte eynes furſten. veruaſtet. wirdet. der iſt ouch. in den nedreſten. veruaſtet. vnd nicht alſo. des glich. herweder. Mit vrkûnde dits briues. verſegelt mid vnſerm Ingeſegele. Der geben iſt zu kalue Nach Criſti gebûrt. Drytzenhundert. Jar vnd darnach. in dem Vumff vnd Sechtzigſten Jare. an ſand Marcus tage. des hiligen Ewangeliſten.

272. Herzog Wilhelm von Braunschweig und Lüneburg gestattet den Bürgern der Stadt Hannover, auf dem zwischen Warmbüchen, der Misburger Holzung und Lahe gelegenen Moore *) Torf zu stechen und zu graben, denselben zu Wasser oder zu Lande holen zu lassen und zum Trocknen desselben Scheuern zu bauen. Herzog Ludwig von Braunschweig verpflichtet sich, diese Bewilligung, falls er Herr der Herrschaft Lüneburg wird, zu halten. — 1365, den 4. Mai. **H. O.**

Van goddes gnaden We her Wilhelm Hertoghe to Brunſwich vnde to Luneborch bekennet openbare in deſſeme breue, dat we vſen leuen Borgheren vnſer Stad to Honouere, hebbet ghe orlouet vnde ghe gheuen ewychliken to brukende, dat ſe moghen vppe dem More, dat lecht twiſghen der Wermboke vnde deme Mudzborgherholte vnde deme la. Torf ſteken vnde grauen laten vnde dene vredeliken to ſik voren vnde bringhen laten. to watere edder ouer velt, vnde deme watere to torumende wo vnde wor en dat bequemeſt is, Ok moghed ſe deme Torue Schur. buwen dar he vnder droghe wo on dat duncke nutteſt weſen, Vnde we hertoghe Lodewich hertoghen Magnus ſone van Brunſwich des elderen. bekennet in deſſem ſuluen breue, were dat we here worden der herſchap to Luneborch. ſo wille we vñ vſe Eruen vñ Nakomelinghe ſchullet. deſſe vorſcreuenen ſtucke vaſt vnde vmbrokelik holden in aller wiſe alſe vuſe vorbenomden Veddere hertoghen Wilhelm de Holden ſcholde, To eyner ewyghen be dechtniſſe vnde dat deſſer vorbenomden Stad vnde den Borgheren to Honouere vnde den oren neyn Hinderniſſe hir an en ſche van vs vñ van vſen Eruen vnde Nakomelinghen vñ van den vſen, ſo hebbe we vorbenomden Hertoghen Wilhelm vñ Lodewich vnſe Ingheseghele ghehanghen an deſſen bref. De ghe gheuen is to Tzelle Na goddes bord dritteynhunderd iar in deme Vif vnde ſeſteghesten iare des dridden ſondaghes na Paſchen.

Gedruckt in Orig. Guelf. Tom. IV. praef. pag. 31. Grupen's Orig. et Antiquit. Hanover. pag. 88.

273 Herzog Wilhelm von Braunschweig und Lüneburg bewilligt der Adelheid, Wittwe Eckhards von Wetmare, und im Falle ihres Todes dem Hans Louwe und dessen Frau und Kindern das Präsentationsrecht bei der

*) Vr. Theil I. pag. 348 Nr. 692.

ersten Vacanz des mit einem Hofe, vier Hufen und zwei Koten zu Benthe zu dotirenden Altars in der Kirche St. Georgii zu Hannover, über welchen er nach dem Tode des Priesters Bertold Heved Patron ist. Herzog Ludwig von Braunschweig verpflichtet sich, diese Bewilligung, falls er Herr der Herrschaft Lüneburg wird, zu halten. — 1365, den 23. Mai. H. O.

Van goddes gnaden We Her Wilhelm Hertoghe to Brunſwich vñ to Luneborch. Bekennet openbare in deſſem ieghenwardighen breue Dat in deme gheyſtliken lene. Dat me bewedemen ſchal mit eynome houe vñ veere houen to Bennete vñ twen koten dar ſulues in der kerken to ſunte Jûrien to Honouere. vñ dat we vñ vnſe herſchap eweliken lenen ſchullet. na hern Bertoldes Houedes dode eynes preſteres de dat vorbenomde gud ſync leuedaghe dar to ſchal hebben ſchal ver alheyd Ekhardes wedewe van wetmere. mechtich weſen der erſten bede. na deſſes vorbenomden hern Bertoldes dode. alſo dat we vñ vnſe Eruen vñ Nakomelinghe ſchullet vñ willet dat len. deme lenen dar ſe vore byddet vñ anders nerghene Vnde icht ſe nicht en were ſo ſchal hannes louwe in ere ſtad der bede mechtich weſen edder ſyn echte huſvrouwe icht he nicht en were. edder ſyner kyndere eyn icht ſe nicht en weren vñ wor ſe denne vore bydden. Dat ſchulle we vñ willet, vñ vnſe Eruen vnde Nakomelinghe dat len lenen alſo vore ſcreuen is. Vnde we Hertoghe Lodewich Hertoghen Magnus ſone van Brunſwich des elderen. Bekennet in deſſem ſuluen breue. Were dat we here worden der herſcap to Luneborch. ſo wille we vñ vnſe Eruen vñ Nakomelinghe ſchullet alle deſſe vorſcreuenen ſtucke vaſt vñ vmbrokelik holden in aller leye wiſe alſe hir vore ſcreuen is vnde alſo vnſe vorbenomde leue veddere Hertoghe Wilhelm de holden ſcholde To eyner betüghinghe deſſer dingh hebbe we vorbenomden Hertoghen Wilhelm vñ Lodewich vnſe Ingheseghele ghe henghet laten an deſſen bref. De ghe gheuen is Na goddes bord dritteynhunderd Jar in dem viſ vnde ſeſteghesten Jare in dem hilghen daghe alſe vnſe here god to himmele ghe vored ward.

274. **Der Pütker Johann Spörken und sein Bruder Ernst stellen einen Revers aus, dass Herzog Wilhelm von Braunschweig und Lüneburg sie unter gegenseitiger Bedingung der Kündigung über sein Schloss Bodenteich und über die Vogtei gesetzt hat. Sie übernehmen sechs Gewaffnete, die sie dort stets halten wollen, und sich selbst ohne Vergütung zu beköstigen. Auf seine Rechnung aber kommen Beköstigung der etwa mehr erforderlichen Mannschaft, Verlust und Vortheil im Felde, Bauten am Schlosse, seine Verpflegung, wenn er selber kömmt, und die Verpflegung der Seinen, die er schickt. So oft ihre Auslagen für dies Alles 600 lüneburger Mark erreichen, soll er mit ihnen abrechnen und sie bezahlen. Sie geloben, diesen Vertrag, falls der Herzog, ohne einen Sohn zu hinterlassen, stirbt, dem Herzoge Ludwig von Braunschweig und, falls dieser, ohne einen Sohn zu hinterlassen, stirbt, dem vom Raths-Collegio zum Herrn der Herrschaft Lüneburg zu wählenden Bruder desselben zu halten. — 1365, den 13. Juni. K. O.**

We Johan Sporcke Puttekere. vnde Ernſt Brodere. Bekennet Openbare in deſſem Jeghenwardighen breue. Dat vnſe gnedeghe Here. De achbare Vorſte Her Wilhelm. Hertoghe to Brunſwich vnde to luneborch heſt vns vnde vnſen Eruen ghe dan vnde beualen ſyn Slot Bodendike. myt der voghedie vñ myt alleme rechte vnde to behoringhe alse id dar to hord. also dat we eme dat truweliken bewaren Schullet. Vñ ſchullet dar ſtedes holden ſes man ghe wapend. Vnde wat we myt den ver dot des en ſchulle we eme nicht rekenen. Were auer des to donde dat men dar mer lude behouede. wat we denne bouen de ſeſſe ghewapend hedden. dat ſcolde we eme rekenen. Ok ſcal he allen ſcaden vnde vromen ſtan vppe dem velde. Vortmer wat we in deme Slote verbuwet Dat ſcal he vns weder gheuen na beſeeghinghe twier ſyner man. vñ twier vnſer vrend. konden de veere nicht ouer eyn draghen. wat we denne myt vnſem ede beholden wolden dat we daran verbuwet hedden dat ſcolde he vns gheuen. Were ok dat he ſuluen dar queme eder de ſyne dar ſende ſo ſcolde we eme wynnen vñ ſyner pleghen wes eme vñ den ſynen nod were. Vnde wanne we eme ghe wunnen hedden. beyde in buwe vñ ſpiſe vñ in alle deſſen vorſcreuenen ſtucken. wente vppe ſes hunderd luneborgher mark. So ſcholde he vnſe rekenſcap horen vñ ſcolde vns dat bereden Vñ we en droſten eme nicht vordere wynnen he en hedde vns erſt bered. Vñ wanne he vns bered heſt, So ſculle we auer eme alzo dicke. alze eme des to donde were wynnen vppe ſos hunderd luneborgher mark Vñ also dicke alse we eme dar vp ghe wunnen hedden. alse dicke ſcal he vnſe rekenſcap horen. vñ vns bereden. Vortmer ſo en ſcal he vns nicht entſotten van deſſeme Slote noch we eme dat vp ſeoghen he en kvndeghe vns eder we eme dat eyn Jar voro alle Jarlikes bynnen den achte daghen ſvnte andreas. Vñ wanne dat Jar vmme komen is. Wat we emo denne ghe wunnen hedden. vñ In ſynem denſte to ſcaden nomen hedden. vñ wat we dar an verbuwet hedden. des he vns noch nicht bered en hedde. dat ſcolde he vns denne bereden bynnen den achte daghen ſunte andreas ane lengheren vortoch vñ hinder er denne we vnſeme vorbenomden heren dat Slot weder antwerden. Vñ wanne we bered weren. So ſculle we vnſem vorbenomden heren dit ſlot weder antwerden ane Jenegherhande hinder vñ wederſprake vñ vmbeworen Alle deſſe vorſcreuenen ſtucke loue we vorbenomden Johan vñ Ernſt myt ſamender hand vor vns vnde vnſe Eruen myt vnſen borghen de hir na beſcreuen ſtad vnſeme vorbenomden heren vñ ſynen Eruen vñ nakomelinghen. Vnde Junchoren Lodewiche hertoghen Magnus ſone van Brunſwich des elderen vñ ſynen Eruen vñ Nakomelinghen. Oft vnſe here hertoghe Wilhelm alzo ſtorue dat he neynen echten ſone na ſik en lete. Vñ Juncheren lodewiches Broderen eyneme de to eyneme heren der herſcap to luneborch ghekoren worde van den de dar to ghe ſad ſyn. Oft Junchere lodewich alzo ſtorue dat he neynen echten Sone na ſik en lete vñ ſynen Eruen vñ Nakomelinghen ſtede vaſt vñ vmbrokelik to holdende ane Jenegherleye arghelist.. Vnde we her ludolf van dem kneſbeke Riddere. Jordan van Medinghe. Otto Bodendorpe. Olrik van Remſtede beyneken Sone. Hartman ſporcke. vnde Hinrik van Hozeringhe knapen Bekennet in deſſem ſuluen breue Dat We vns to borghen ghe ſad hebbet vor vnſe vorbenomden vrend, Johanne ſporeken vñ Ernſte vñ vor ore Eruen vñ hebbet ghe louet mit ſamender hand entruwen vñ louet in deſſem breue.. Were dat vnſen vorbenomden heren hertoghen Wilhelme edder hertoghen lodewiche edder ſyner brodere eyneme edder oren Eruen vñ Nakomelinghen Jenech brok worde in deſſen vorſcreuenen ſtucken ſo ſculle we vñ willet bynnen den negheſten verteynachten darna wanne we dar erſt vmme manet worden riden in de ſtad to vlleſſen vñ dar eyn recht inlegher holden vñ nicht buten benachten. de broke en ſy ghenſliken irvullet edder we en don dat myt oreme willen.. To eyneme orkunde hebbe we vorbenomden ſakewolden vñ Borghen vnſer aller Ingheseghele ghe henghet myt wytſcap to deſſem breue.. De ghe gheuen is. Na goddes bord drutteynhunderd Jar in deme vif vñ ſeſtegheſten Jare in dem negheſten daghe Vnſes heren likhames.

375. **Markgraf Otto von Brandenburg überlässt im Feldlager vor dem Schlosse Klötze dem Herzoge Wilhelm von Braunschweig und Lüneburg das Schloss Klötze, welches sie von Gebhard von Alvensleben, dessen Brüdern und Verbündeten mit Heeresmacht erobert haben, als ein Pfand für 2800 Mark löthigen Silbers, behält sich das Recht vor, mit ihm Besatzung und Amtleute auf dem Schlosse zu halten, und bedingt, bei der Einlösung ihm Beköstigung, Bau und Schaden nicht vergüten zu brauchen. — 1365, den 6. Juli. II.**

We. Otto. von Ghodes gnaden. Marggreue. to Brandeñ. vnd to Luſits. Des. Heiligen Romeſchen Rikes. Ouerſte kamerer. Phallantzgreue bi Ryn. vnde Hertoghe in Beyern. Bekennen openbare. vor vns vnd vnſe Eruen. mit deſſem breue. dat we vns mit den hochgeborneu forſten. Wilh̄ vnde Lodew̄. Hertoghen to Brunſw̄ vñ to Luneb̄. vnſen leuen Ömen gutliken vnde lefliken. ōme [1]) dat Slot to klotze. dat we van den veſten mannen. Gheueharde van Aluenſleuo ſynen bröderen vnde vrunden mit heres kraſt. erkrighet vnde inghewunnen hebbet. voreyneghet hebben infodaner wiſe. als hirna gheſchreuen ſteit.. Ed ſchullen de eghen vnſe Ömen. dat vorgenante Slot klötze innemen. vñ innubehalden. vor achte vnde twintich hundert marg lodeghes ſuluers. Brunſwikes ghewichtes vnde witte. alſo langhe dat we vnſe eruen nakomelinge dat vorgenante ſlot von en eren eruen. vmme de vorgeñ achte vñ twintich hundert mark ſuluers weder löſen. Wer ed dat we dat vorgeñ Slot twiſchen hir vñ vnſer vrouwen daghe lichtmiſſen de ſchereſt kumpt loſen wolden. dat moghe we dun welke tyd we willen. gantz eder half. gantz vmme achte vnde twintich hundert

[1]) vmme statt ōme.

mark suluers. eder half vmme verteynhundert mark des vorgeñ suluers. Wil we ok bynnen der vorgeñ tid mit vnsen vorgeñ Omen. koste up deme huse eder vnse amptlude hebben. dat moghe we don eder laten na vnsem willen.. Were ok dat we dat egeñ Slot. vor dem egeñ vnser frowen taghe. gants eder half. als vor screuen is nicht en lofeden. so moghe we id doch dar na losen wonne we willen vñ se dat twene manden vor laten weten. vor also dan suluer. als vor schreuen is.. Ok scolen de vorgeñ vnse Ómen ere Eruen eder nakomelinghe. vns vnde vnsen eruen eder nakomelingen. dat egeñ Slot mit allen to ghehoringen denne to losende ghenen. vor achte vñ twintich hundert mark. als vor schreuen steit. ane allerleyge wedder-sprake vortoch vnde argelist. also dat se dar up. weder koste noch bẃ. noch schaden rekenen scullen.. Were ok dat der vorgeñ vnser Ómen amptlude. den acker de to dem huse horet besegeden. so scole we en de sat auegelden. als redelik is. eder en de sat laten volghen.. Wenne we ok eder vnse eruen. eder nakome-linge dat egeñ Slot von vnsen egeñ Omen losen willen. so scullo we de Betalinge dun in vnser stad to Soltwedele. vñ dat sulue gelt vorbat veligen vnde gheleyden. bet to Lúchow ane gheuere vñ arghelist.. Vñ dat we dit stede vnde gants holden willen vñ scúllen. dat loue we vnsen vorgeñ Ómen oren eruen vñ nakomelingen in guden truwen. vnd ane alle geverde. vnde hebben to getúchnisse vnse Ingeseg̃. henghet laten an dessen bref.. Dar ouer sin ghewesen. de edele man. Hinrik Graue to Swartzborch. de vesten manne. Mertin von küntzendorf vnse Houemeister. Peter von Bredow. Gumprecht von aldenhusen. Herman von wulkow Ridder. Hinr̃ von Schulenborg. vñ andere Erbar lude gnûg. Gegheuen to velde vor klotze. na godes bord. dritteynhundert Jar. dar na. in dem vif vnde Sestegesten Jare. an sunte kylianus daghe vñ syner gesellen der hilghen Mertellere.

276. Probst und Archidiacon Johann, die Canonici und der Convent zu Kaltenborn wählen den Herzog Magnus von Braunschweig den jüngeren und seine Nachkommen, so lange dieselben Sangerhausen besitzen, zu ihrem und ihres Stiftes Schutzherren.*) — 1365, den 13. Juli K. O.

Wir Johans von der gnade gottis Probest. vnde Archidiaken. des gotteshuses Sente Johannis Apostels vnde Ewangelisten czû kaldenborn. Dŷtolf. Busze Prior. fryderich. von Isleben Custer. Albrecht Prior. in dem Heimestal. Gunther von Bola. kemmerer. Johannes voyt. Herman von Erich. Pherrer czû Tusental. vnde der gancze Conuent. Jung vnde Alt. gemeynlich da selbis czû kaldenborn. Bekennen offenlich an disseme keynwertigen Bryfe vnde tûn wissentlich alle den dŷ on Sehen. horen. adir lesen Daz wir Eyn-trechtichlich myt guteme willen. vnde vnbetwunglich gekorn haben. vnde kŷsen myt orkunde disses Brŷfes den Irluchten fursten Magnus herczogen czû Brunswich den Jûngern vnde sŷne Rechten Erben czû vor-mûnden. vnde czû heren czû Beschermern. vnde czû vorteydingeren vns vnde vnseme iczunt genanten got-teshus. an alle deme daz wir haben vnde wo wir daz haben. vnde wir sollen noch en wollen vns von ome, noch von synen Erben nûmmer ge wenden noch nûmmer. andere. vormûnden noch heren. ge kŷsen. dŷ wile das sŷ Sangerhusen. ge weldich syn. vnde das ynne haben Daz dis von vns allen. vnde von allen vnsen nachkomenden. getrûwelich Stete vnde veste gehalden werde, ane Allirleye Argelist Des czû eyme Offenbaren. bekentnisse Henge wir vnse Insigel der Probestie vnde des Cappitels myt eyn andir wissentlich vnde myt willen. an dissen Brŷf. Der gegeben ist nach Cristi gebort. Tusent Jar Dry Hundert Jar indeme sumf. vnde Sechtzigisten Jare. An Sente Margareten tage der heyligen Jungvrouwen Disses sint ouch ge-tzugen vnde ist obbir gewest Der Edele Albrecht. von Hakeborn der Eldere, vnde dŷ ge strangen her Cun-rad. von Rotheleben vnde her ludewich von Sangerhusen. Rittere Tyle voyt. Olrich knobel. Hans von Sut-terhusen. Bertold. von deme ge swende. knechte Cunrad. von Berge. vnde Bertold. von Scherenberk, Bürgere, czu Northusen Her Herman Pherrer. czû Nyenburch. her Heynrich vnsis heren Schriber vnde anderer guter lute gnug den wol ist czû gloubene.

*) Herzogs Magnus Revers hierüber ist gedruckt in Schoettgenii Diplomataris Tom. II. pag. 744 No. CXXXIV. Cfr. dazu die Urkunde des Jahres 1343 in Schöidt's Anmerkungen pag. 455.

377. Heinrich von Anderten, Bürger zu Hannover, reservirt sich zweimalige Präsentation zu dem Altare St. Catharinae in einer Kapelle der Kirche St. Georgii zu Hannover, zu dessen Behufe er dem Herzoge Wilhelm von Braunschweig und Lüneburg einen Hof mit fünf Hufen und zwei Koten zu Herrenhausen resignirt hat, räumt dem Herzoge, der das Eigenthum dieser Güter dem Altare geschenkt hat, das Patronatrecht ein und gelobt, dies Zugeständniss, falls der Herzog, ohne einen Sohn zu hinterlassen, stirbt, dem Herzoge Ludwig von Braunschweig und, falls dieser, ohne einen Sohn zu hinterlassen, stirbt, dem zum Herrn der Herrschaft Lüneburg zu wählenden Bruder desselben zu halten. — 1365, den 17. August. K. O.

Ik Hinrik Van anderton En borgher to Honouere Bekenne openbare In Dessem Breue Dat myn Here Her Wilhelm herteghe to Brunswik vnd to Luneb̄ heft ghe vrighet vnd ghe eghenet eynen hof myt vyf houen vnd myt twen koten Dede beleghen syn In vnd by Deme Dorpe to hoyeringhehusen myt allem eghendome recht nyt vnd tobehoringhe In vnd buten Deme dorpe alse ik ene van mynem vorbenomden heren to Lene hadde had Deme ik ene vpgheseghet hebbe vnd hebbe ene ghe gheuen vnd besheden dor god to sunte katherinen altare in ener Cappellen Dede Licht an sunte Jurgens korken in mynes vorbenomden heren stad to honouere Dar he ok den vorbenomden hof to ghe eghenet vñ ghe vrighet heft Dor god Vnd syner sele willen alse hir vore screuen is. Darme eynen prester to holden schal. Vnd myn here schal dit vorbenomde altar Lenen eynem bedderuem papen van staden an vor wene ik hinrik van anderten vore bidde Vnd wan id van deme Los wert so schal id myn here anderwerue lenen auer enem bedderuem papen wor ik hinrik vorbenomet edder myn oldeste erue iste ik nicht en were vore biddet. Wanne id Denne myn here dor myner bede willen edder mynes oldesten eruen to twen malen ghe lenet heft. So schal de lenware desses vorbenomden altares mynes heren vnd siner nakomelinghe eweliken bliuen to lenende weme vnd wor he wil edder to rade wert Alle Desse vorbenomden stucke vast vnd vnbrokelik to holdende Loue ik vorbenomde hinrik vor my vnd myne eruen mynem vorbenomden heren hern wilhelm herteghen to Brunswik vnd to Luneb vnd sinen eruen vnd nakomelinghen. Vnd Junchern Lodewighe herteghen magnus sone van brunswik des olderen. Oste herteghe wilhelm also storue dat he nenen echten sone na sik en lete so scholde Junchere Lodewich vnd sine eruen vnd nakomelinghe edder en siner brodere de na em to eneme heren der herscap to Luneb̄. ghe koren worde gantze macht hebben alle desser dingk also alse hir vore ghescreuen is. To eyner vasteren betuchnisse alle desser vorscreuenen stucke so hebbe ik hinrik vorbenomet myn Ingheseghel ghe henghet laten myt wischop vor dessen bref. De ghe ghouen is na godes bord drutteynhundert Jar in deme vyf vnd sostighesten Jare des anderen daghes na vnser vrowen dagho der ersten.

378. Herzog Wilhelm von Braunschweig und Lüneburg bewilligt dem Heinrich von Anderten, Bürger zu Hannover, zweimalige Präsentation zu dem Altare St. Catharinae in einer Kapelle der Kirche St. Georgii zu Hannover und Herzog Ludwig von Braunschweig gelobt, diese Bewilligung zu halten. — 1365, den 17. August. K. O.

Van der Godes gnade We Her wilhelm hertoghe to brunswich vñ to lunenborch bekennet opebare in dessem Breue Dat we mit wolbedachtem mode vñ na rade vnser truwen Raetgheuen hebbet ghe eghenet vñ ghe vriget vñ Eghenen vñ vryen in dessem breue enen hof mit vif hōuen vñ mit tuen koten Dede beleghen syn. in. vnde bi deme dorpe to hoyeringhehusen myt allem Eghendome rechte nut vnde tobehoringhe. In. vñ buten. deme dorpe alse ene hinrik van anderten vse borghar to honouere van vs to lene hadde had. de ene vs vp ghe schet heft vñ heft ene ghe gheuen vñ be sceden dor god to sunte katerinen altare in ener capellen de beleghen is In sunte Juriens kerken in vnser stad to honouere Dar we ok den vorbeñ hof to ghe eghenet vñ besceden hebbet dor god vñ vnser sele willen alse hyr vorscreuen is. Dar me enen prester to holden scal. We scullen auer dit vorscreuen altar lenen eneme bederuen papen van staden an wor de vorscreuen hinrik vor biddet, vñ wan it van deme los wert so sculle we it ander werue lenen auer enem bederuen papen wor de vorscreuen hinrik eder syn eldeste Erue oft he nicht en were vor biddet. Wan we it denne to tuen malen dor des vorbeñ hinrikes eder synes eldesten eruen bede willen vor lenet hebben.

So ſcal vnſe vñ vnſer eruen vñ nakomelinghe deſſes vorſprokene altaris leenware ewelken bliuen vñ weſen. to lenende dit vorbeñ altar weme vñ wor we willen eder to rade werden Alle deſſe vorbeñ ſtucke wille we vorbeñ her wilhelm vñ vnſe eruen vñ nakomelinghe ſcullet deſſem vorſcreuene hinrike oder ſinem eldeſten eruen vaſt vñ vmbrokelik holden Vñ we Juncher lodewich hertoghen.. Magnus ſone van brunſwich des elderen bekennet openbare in deſſem ſuluen breue were dat vnſe vorbeñ veddere hertoghe wilhelm alſo ſtorue dat he nenen echten ſone na ſik en lete vñ we here worden der herſcap to lunenborch So wille we vñ vnſe eruen vñ Nakomelinghe ſcullet deſſem vorbeñ hinrike eder ſinem eldeſten eruen alle deſſe vorſcreuene ſtucke vaſt vñ vmbrokelik holden In allericye wys alſe vnſe veddere her wilhelm ſcolde oft he leuede. To ener betughniſſe deſſer dingh hebbe we vorbeñ hertoghen wilhelm vñ lodewich vnſe Ingheſeghele ghe henghet laten an deſſen bref De ghe gheuen is na godes bord Dritteynhundert Jar In deme viſ vñ ſeſteghesten Jare des anderen daghes na vſer vrowen daghe der erſten.

279. Herzog Magnus von Braunschweig verpfändet dem Ludolf von Wenden und dessen Frau Adelheid das Schloss Esbeck mit dem Dorfe ohne geistliches und weltliches Lehn, mit fünf Hufen auf dem Felde daselbst, mit Gülte im Dorfe Bodenstedt und mit dem Dienste der herzoglichen Leute daselbst für 150 löthige Mark und für die auf 30 löthige Mark veranschlagten Kosten eines auf dem Schlosse vorzunehmenden Baues unter der Bedingung, dass sie ihm das Schloss öffnen, nach seinem Tode den Pfandvertrag seinem Sohne Ludwig halten, denselben statt seiner als Herrn zu allem Rechte, welches er selbst an der Herrschaft Braunschweig besitzt, anerkennen, falls Ludwig aber, ohne einen Sohn zu hinterlassen, stirbt, demjenigen seiner anderen Söhne, der von seinen Mannen und von den Mannen des Herzogs Wilhelm von Braunschweig und Lüneburg zum Herrn gewählt wird, den Pfandvertrag halten. Herzog Ludwig gelobt die Haltung dieses Vertrages. — 1365, den 29. September. I.

We magnus etc Dat we hebben ghesat her Ludeleue van wenden alheyde Siner eliken husvrowen vñ ſinen rechten eruen vñ to erer truwenhand hinrike van wenden her Ludeleues brodere vñ ſinen rechten eruen vnſe hus Esbeke mit deme dorpe dar ſelues mit alleme rechte vñ mit aller nůt ane gheyſtlike vñ manlike leen mit viſ houen oppe deme velde dar ſelues vñ dar to ſeuen lodighe verlinghe jarliker ghulde de we hebben in deme dorpe to bodenſtede mit deme denſte dat on vnſe lude dar ſelues alle Jar to vour tyden don ſcullen vor anderhalf hundert lodige mark Brunſw wichte vñ witte Ok ſcal her Ludelef vorbenomet an deme ſeluen huſe verbuwen drittich lodige mark brunſw wichte vñ witte Wenne he de dar an verbuwet hedde vñ we vnſe hus loſen welden duchte denne twen vnſen mannen de we dar to ghesant hedden dat he dat vorbenomde ghelt dar an verbuwet hedde So ſcolde we eme oder Sinen rechten eruen dat ſelue ghelt mit deme andren ghelde weder gheuen wenne we vnſe hus loſeden oder alſo vele gheldes alſo he dar min an verbuwet hedde wenne drittich lodighe mark, Ok ſcal her Ludelef vorb oder ſine rechten eruen os weder antworden beſeyt alſo vele morghene mit winterkorne vñ mit ſomerkorne alſo ſe dar ghevunden hebben, Wenne we ok dit vorb hus loſen willen dat ſculle we eme oder ſinen rechten eruen to wetene don oppe ſente mertens dach dar na to dem neyſten paſchen ſculle we en dit vorbenomde ghelt vñ wat ſe an dem ſeluen huſe verbuwet hedden In der wiſe alſo hir vore beſcreuen ſteyt weder gheuen Welden ſe ok ere penninghe weder hebben dat ſcolden ſe os ok vorkundighen oppe ſente mertens dach dar na to dem neyſten paſchen Scolde we on dit vorbenomde ghelt gheuen vñ wat ſe an diſſem ſeluen huſe verbuwet hedden in der wiſe alſo hir vore gheſcreuen is, weret dat we des nicht en deden ſo mochten ſe erer penninghe bekomen mit deme ſeluen huſe vñ mit deme dat we on dar to gheſat hebben mit weme ſe willen de vnſe beſetene man Sy vñ ere ghenote vñ dat ſcal vnſe gude wille weſen weme ſe ok dat hus leten deme ſcolde we alſodane breue gheuen vñ he os weder dar we an beydent ſyden an bewaret weren er ſe dat hus van ſek antworden, Ok ſcal dit vorbenomde hus vnſe open weſen to alle vnſen noden wůr vñ wanne os des nod is, Were auer dat we ſtoruen ſo Scolden ſe dit vorb hus mit deme dat we on dar to gheſat hebben vnſen leuen ſone Juncheren Lod to loſende don vñ open holden to alle ſinen noden vñ to ſinem beheue vñ scolden eme alle de stucke de hir bescreuen stat den vñ truwelken holden alse als se os de stucke holden scolden eft we leueden vñ se Scullet ene na vnsem dode ver enen rechten heren holden vñ hebben vñ bi eme bliuen in vnse stede to alle deme rechte dat we an der herscap to Brunswich hebben Weret ok dat vnse Sone hertoghe Lodewich storue alse dat he nicht ne lete enen echten sonen oder mer wene denne vnse man vñ vnses veddren man hertogen wilh van Luneborch koren vor enen rechten heren vd enem vnser Sone dem scolden se alle disse stucke don vñ holden de hir bescreuen stat, Weret ok dat we van dissem seluen hus orleghen welden vñ we dar op esscheden, wene we denne dar to ammechtmanne setten de scolde en borchsrede vñ borchhode den dar se an bewaret weren vn de Scolde on ok vredegud gheuen to eren ploghen in der viande lande icht me dat hebben kende vñ scolden dat don op vnse kost de wile dat orleghe warde, Weret ek dat dit selue hus vorloren werde in vnsem denste des god nicht en wille so en scolde we os nicht senen noch vreden mit den de dat ghewunnen hedden we en hedden on disses vorb hases weder hulpen, konde we des nicht ghedon so scolde we en on ander hus weder buwen in dat selue gherichte dar se de ghulde af beherden mochten de to deme huse hort vñ dar scolden se os truwelken to behulpen wesen Ok sculle we se truwelken verdedingen wur on des nod is vñ scullen eres rechtes vullemacht hebben, Weret auer dat se jemant vervnrechtede vñ se es dat verkundigheden dar na bynnen den neysten veer weken alse se os dat verkundighet hedden scolde we on rechtes oder mynne helpen, kunne we auer des nicht ghedon so moghen se Sek rechtes behelpen van dissem seluen slote wu se best moghen vñ dat scal vnse gude wille wesen, des to ener bekantnisse hebbe we vnse Ingheseghel ghe henghet an dissen bref Vñ we Lod des seluen hertogen Magnus sone bekennet jn dissem seluen breue dat we her Ludeleue van wenden albeyde siner eliken husvrowen vñ sinen rechten eruen vñ to erer truwenhand hinrike van wenden her Ludeleues brodere vñ sinen rechten eruen allen vorb willen alle de stucke helden de hir bescreuen stat icht ed an os kumpt vñ hebben des to ener bekantnisse vnse Ingh ok an dissen bref ghehenghet de ghe gheuen is na Geddes bort dritteynhundert Jar jn deme vif vñ festigesten Jare in sente mych daghe.

380. **Graf Heinrich von Sternberg und sein Sohn Johann begeben sich mit allen ihren Schlössern auf sechs Jahre in den Dienst des Herzogs Wilhelm von Braunschweig und Lüneburg und des Herzogs Ludwig von Braunschweig, geloben, zehn Gewaffnete zu stellen, wogegen die Herzöge vier und zwanzig stellen sollen, um sich und ihnen zum Rechte oder gütlichem Vergleiche zu verhelfen, und bedingen, ihnen gegen den Bischof Gerhard von Minden und gegen den Grafen Adolf von Schauenburg keine Hülfe leisten zu brauchen. — 1365, den 16. October.** **K. O.**

Van godes guaden we Greue Hinrik vnd jan vse Sone ghe heten vamme sternebergheghe be kennen openbar in dessem yeghenwardeghen breue Dat we in der hoghebornen vorsten Hern willehelmes herteghen to Brunswych vnd to luneborch vnd jüngher Lodewyghes herteghen Mangnes Sone des elderen denest ghevaren Sin myt al vsen Sloten to ses jaren an to rekende na der vt ghyft desses breues aldus dane wyes Wer we den vorebenemeden vorsten nycht konnen helpen mynne edder rechtes bynnen den neghesten ses weken wanne dat van vs esghet wert, bynnen den neghesten verteynnachten na den neghesten ses weken So scolle we legen teyn man wapent in vse Slote wor So de leuest hebben willen vppe vsen vromen scaden vnd kost dar scollen Se yeghen legen ver vnde twyngtych man wapent vppe iren vromen vnd scaden Were dat me vromen nemen an dyngede den scalme lyke delen neme me mer vromen an vangnen edder in welker wyes dat were den scolle we edder vse ammechtlude delen na andal wapender lude Were ok dat se vore benomeden vorsten vs nycht konden helpen mynne edder rechtes bynnen den neghesten ses weken wanne dat van vser weghene van en worde ghe esghet So scolle we en helpen myt al vsen Sloten vnd Theyn mannen wapent myt vser kost vppe vsen vromen vnd scaden na den ses weken bynnen den neghesten verteynnachten wanne dat van vser weghene van en werde ghe esghet Dar scollen Se ver vnde twyngtych man wapent gůder lude yeghen legen te vser beyder vromen vnd scaden inder suluen wyse alse vore screuen steyt Were ok dat vser Slote yenych verloren worde des god nycht en wil van der verebenemeden vorſten weghene wanne Se vt vſen Sloten orlegheden So Scollen Se ſych noch Sōnen noch vreden ane vſen willen mytten de datte dan hedden Men Se ſcollen vs dat Slot wedder helpen wynnen edder eyn ander in dat Sulve rychte helpen bůwen dat me be holden moghe dart vs beqweme were bynnen eyneme jare wanne dat van vſer weghene van en worde ghe eſghet Were oſt we den vorſten hulpen edder Se vs alſe vore ſcreuen ſteyt vnd be houeden Se voders vnd ſpyſe darto de ſcolle we en ſceppen vnd winnen vmme ire gheld oſt Se des bedoruen vnd dat ſcolden Se vs gholden vnd bereden dar na bynnen dem neghesten haluen jare. Were dat vſer Slote yenych beſtallet edder be buwet worde de ſcollen Se trůwelken helpen redden alſe vorderſte mochten. Hir neme we vt vſen heren Byſſcop gherde van mynden. vnd vſen holen Greuen allephe van Scowenborch Dyt ſtede vnd vaſt to holdende dat loue we Greue hynrik vnd jan vſe Sone ghe heten vamme ſterneberchghe jn gůden truwen myt eyner Sameden hand den vore benomeden vorſten hern willehelme hertoghen to Brůnſwych vnd to luneborch vnd Jungher lodewygh herteghen mangnes des elderen iren eruen vnd nakomelyngen To eyner groteren betughynge hebbe we Greue hinrik vnd jan vſe Sone vore benomet vſe yngheseghele witlyken ghe henget laten an deſſen yeghenwardeghen breſ De gheuen ys na godes bord drytteynhůndert jar indem vyf vnde Soſteghesten jare in Sūnte Gallen daghe.

261. Aschwin von Salder, Probst in der Burg zu Braunschweig, sein Bruder Ritter Heinrich und seine Vettern Hans und Siegfried von Salder stellen einen Revers aus, dass Herzog Wilhelm von Braunschweig und Lüneburg ihnen sein Schloss Lichtenberg mit dem Gerichte ohne geistliches und weltliches Lehn unter Vorbehalt des Oeffnungsrechtes für die ihm von ihnen schon bezahlten 2450 Mark löthigen Silbers, womit das Schloss dem Rathe und den Bürgern zu Braunschweig abgelöset worden ist, auf fünf Jahre verpfändet und ihnen versprochen hat, am 29. September nächsten Jahres 700 Mark von der Pfandsumme zurückzuzahlen. Sie verpflichten sich, auf den Bau des Schlosses 300 löthige Mark, die ihnen bei der Einlösung ersetzt werden sollen, zu verwenden, bedingen sich das Recht, vom Schlosse gegen Unrecht, wogegen er ihnen nicht hilft, sich zu wehren, und geloben, die Burgmänner des Schlosses, die er an sie weisen soll, bei Rechte zu lassen und diesen Pfandvertrag, falls der Herzog, ohne einen Sohn zu hinterlassen, stirbt und Herzog Ludwig zum Besitze der Herrschaft Lüneburg gelangt, diesem, falls aber auch er nach dem Tode des Herzogs Wilhelm, ohne einen Sohn zu hinterlassen, stirbt, einem vom Raths-Collegio dazu gewählten Bruder desselben zu halten. — 1365, den 15. October. III.

We her Aſſchwn Proſſt in der Borch to Brunſwich Her Hinrik ſin brůder riddere Hans vñ Siuerd ere vedderen alle heten van Saldere be kennet openbare in deſſem breue dat de erbare vorſte vſe leue Here her Wilhelm hertoghe to Brunſwich vñ to Lůnneborch het vs vñ vſen eruen ghe ſat ſin hus to lechtenberghe mid allem rechte vñ ghe richte vnde Mit al deme dat dar to hord ane gheſtlike vnde manlike len der en vor ſat he nicht vnde to vſer truwen hand heren hanſe van honlege hern aſſchwn Schenken heren Borcharde van Cramme ridderen Siuerde vnde Corde van Saldere heren Cordes ſonen van Saldere nu van den neghesten to komenden winachten vort ouer vif iar vor viſtehalf hundert mark vñ tueyduſent mark lodeges ſuluers Brunſwik wichte vnde witte de we om al beret hebben dar he dat ſulue hus lechtenberghe mede loſede van dem rade vñ den borgheren to Brunſwich des ſuluen gheldes ſcal vſe here vñ wel vs to den neghesten to komenden ſunte Michelis daghe vnbeworen wederghcuen vnde bereden ſeuen hundert lodeghe mark der ſuluen wichte vñ witte ane hinder vnde vortoch vnde wan he vns de ſeuenhundert lodege mark weder gheuen het ſo ſcolle we om des gheldes ene quite breſ gheuen eder he ſchal vs nige breue ghenen vp dat ſlot letenberghe de vp achtegedehalfhundert lodege mark ſpreken vnde de kore ſcal an om ſtan welker he don eder nemen wille Ok ſcolle we in dem ſuluen ſlote verbowen dre hundert lodege mark der vor benomden wichte vnde witte alſo dat we om dat redelken bewiſen moghen Were dat we des nicht mit om enich werden konden vm dat buw wat denne twe ſiner man vñ two vnſer vrunt de we dar to koren ſpreken dat we vor bawet hedden dat ſcolde he vnde wolde vs weder gheuen mid dem anderen gheide dar vs dat ſlot denne voreſteyt Wanne ok de vif iar vmme komen ſin dar na to den negheſten winachten ſo moghe we ome oder he vs kundeghen de loſe des ſlotes to lechtenberghe alle iar io binnen den achte daghen to winachten Vnde wan we om oder he vs de loſe kůndeghet hedden dar na binnen den negheſten achte daghen to winachten ſcal vſe here vnde wel vs vſe ghelt dat we in dem ſlote hebbet vnde wat we an den dren hundert marken verbuwet hedden eder alſo vele myn alſe we min vorbuwet hedden vnbeworen weder gheuen vnde hereden to Brunſwich oder to Honnouere in der twier ſtede ene welker we keſet dar vnde ver mile van dennen welkhent we wilt ſcal he vnde wel os dat ghelt velighen vor al den de dor one důn vnde laten willet Vnde wan os dat ghelt bered is alſo vore ſcreuen is ſo ſcolle we ome vnde ſinen eruen vnde nakomelinghen dat voreſcreuene ſlot lechtenberghe weder antwerden mit al deme dat dar to hort ane vortoch vnde wederſprake Ok ſcal dat vorbenomde ſlot lechtenberghe om open weſen to allen tiden wan he ghe but Vnde were dat he van dem voreſcreuenen ſlote lechtenberghe orleghen wolde ſo ſcolde he al de koſt důn vnde draghen de men vp dem hus holden ſcolde vnde welken ammechtman he dar ſettede do ſcolde vs vnde de vſe vor ſchaden vnde vor vnnůghe bewaren vor ſek vñ vor den ſinen ſchude vs auer ſchade den ſcholde de ammechtman weddor důn in minne oder in rechte binnen den neyſten verdendel iares dar na wan we dat van om eſcheden Minne vnde rechtes ſcal he auer vs vnde vſe Eruen mochtich weſen to allen tiden Worde we ok ſchelhaſtich mid iemende vnde en holpe he vs nicht minne eder rechtes binnen ver weken dar na wan we dat van om eſſcheden ſo mochte we vs van dem ſlote to lechtenberghe wol vnrechtes irweren Worde ok dat ſlot lechtenberghe van vnlůcke vor loren des god nicht en wille ſo en ſcholde he vnde we vs nicht ſůnen edder vreden mid dem eder mid den de ſek des ſlotes vnder wůnnen he en hedde vs des ſlotes weder holpen eder he en hedde vs vnſe gheld ghenſliken weder gheuen dat we an deme ſlote lechtenberghe hebbet Kůnde he des nicht důn So ſcolde he vnde wolde vs en ander ſlot buwen in dat ſulue gherichte dar we de ghulde de to lechtenberghe hort af bekrechtegen mochten dar ſcholde we vſe ghelt ane hebben vnde mit den rechte ane ſitten alſe we in deme ſlote to lechtenberghe nu ſittet Worde ok dat ſlot lechtenberghe beſtallet eder ver buwet des ſcolde vnde wolde vs vntleddeghen helpen mid al ſiner macht vppe ſine koſt vnde vppe ſin auenture Wanne he ok van den hus orleghen wolde So ſcholde he vnde wolde vs vredegut gheuen togen de vor werk vñ dat buw werk dat to den huſe hort alſo vorloren alſe men dat in der viende gude hebben mochte Ok ſcolle we de borchmanne to lechtenberghe bi rechte laten vnde he wil de borchman an vs wiſen dat ſe vs dat ſlot helpen holden vnde bewaren al de wile dat we vſe ghelt dar ane hebbet alſo ſe dat mid om holden ſcolden oft he dat ſlot ſuluen inne hedde Ok ſcal vſe here vorbenomd vnde wel vs truwelken verdeghedinghen vnde dat ſlot to lechtenberghe mid al deme dat dar to hort vnde wel des vſe recht were weſen wor vnde wanne vs des not is Were ok dat he aldus afghinghe des god nicht en wille dat he nenen echten ſone hinder ſek en lete ſo ſcholde we dat ſlot to truwe vnde to gude holden Juncheren Lodewighe hertoghen Magnus ſone to Brunſwich vnde ſcolden alle deſſe vorbenomden ſtucke truwelken holden Allerleye wis alſe we om de ſtucke holden ſcolden iſt he leuendich were. Were ok dat Junchere Lodewich vor benomd na ſemme dode afghinghe alſo dat he nenen echten ſone na ſek en lete ſo ſcolde we deſſe ſuluen ſtucke truwelken holden ſiner Brodere enem de dar to koren worde van den de dar to ſat ſin in aller wiſe alſo we ſcolden Juncheren Lodewighe iſt he eder vſe here hertoghe Wilhelm vor benomd leuendich were vnde de ſcolde vs alſo be waren mid breuen alſe ſe vs be waret hebbet Vortmer were dat vſe leue here hertoghe Wilhelm vorbenomd afghinghe vnde Junchere Lodewich hertoghe to Brunſwich hertoghen Magnus ſone in de herſcap to Lůnneborch na ſemme dode queme ſo ſcolde we vñ wolden om al deſſe vorſcreuenen ſtucke truwelken holden In aller leye wis alſo we vnſem leuen heren hertoghen Wilhelme holden ſcolden iſt he leuendich were al deſſe vorſcreuenen ding loue we her aſſchwn her hinric hans vnde Siuerd van Saldere vorbenomd vor vs vñ vor vſe eruen in truwen den Erbaren vorſten hern Wilhelme hertoghen to Brunſwich vnde to Lůnneborch Vnde Juncheren Lodewighe hertoghen to Brunſ hertoghen Magnus ſone to Brunſwich ſtede vnde vaſt vnuorbrokelken to holdende To mer wiſſenheyt hebbe we on vſe vrunt to borghen ſat de hir na beſcreuen ſtad Were dat der ienich afghinghe van dodes weghene binnen deſſer tid dat we vſe gheit an den ſlote to lechtenberghe hebbet alſe dicke alſe dat ſchude ſo ſcholde we eder vſe eruen enen anderen borghen in des doden ſtede wedder ſetten de mogelk to nemende were de ſcolde louen in ſemme ſunderken breue alſe deſſe nu loued Vnde dar mede en ſcal deſſe bref nicht ghe kronket werden Vnde we her hans van honlege her aſſchwn Schenke her Borchard van Marnholte her Borcherd van Cramme riddere Siuerd van Cramme Jan van Oberghe wonachtich to Oueſuelde Wilhelm van Vtze Siuerd vnde Cord van Saldere brödere heren Cordes ſone van Saldere Boſſe van alueuſleue wonaſtich to arkeſleue bekennet openbare dat we hebbet elouet vnde louet in truwen mid ſameder hand in deſſem ieghenwardighen breue Vor heren aſſchwn hern hinrike hanſe vnde Siuerde van Saldere vor benomd vñ vor ere eruen den Erbaren vorſten vſeme leuen heren hertoghen Wilhelme hertoghen to Brunſwich vnde to Lünneborch Vnde Juncheren Lodewighe hertoghen to Brunſwich hertoghen Magnus ſone van Brunſwich dat ſe al daſſe vorſcreuenen deghedinghe on ſtede vnde vaſt vnuerbrokelken holden ſcollen To oneme orkunde deſſer dingh hebbe we alle vſe ingezeghele henghet an deſſen bref. Dit is ghe ſchen vnde deſſe bref is ghe gheuen na godes bord Dritteynhundert Jar in dem vif vnde ſeſteghesten Jare in ſunte lucas daghe des hilghen ewangeliſten.

282. Die Gebrüder Christian und Hans Bosel und ihr Vetter Henning Bosel verpfänden dem Herzoge Wilhelm von Braunschweig und Lüneburg und dem Herzoge Ludwig von Braunschweig ein Drittel des Schlosses und der Stadt Lenzen mit dem Gerichte für tausend Mark lüneburger Pfennige, bedingen sich die Einlösung ohne Kündigung, falls das Schloss ihnen selbst abgelöset wird, gestatten den Herzögen, sich vom Schlosse gegen jeden mit Ausnahme des Markgrafen Otto von Brandenburg und des Herzogs Albrecht von Meklenburg zu wehren, und begeben sich für jährlich ihnen zu zahlende hundert löthige Mark in den Dienst der Herzöge, so lange es diesen und ihnen selbst gefällt. — 1365, den 22. November. K. O.

In godes namen Amen Wi. Kerſten Bozel Ridder Hans Bozel Brodere vnde Heningh Bozel vnſe vedders Bekonnen openbar myt deſſme Breue vor allen guden lüden De Deſſen Brif ſeyn vnde horen leſen Dat wi hebben ſat vnde ſetten ieghenwardichliken Met Deſme Breue Den Dorſchyneghen eddelen vorſten her wylhelme vnde lodewighe hertoghen tů lunenborch vnde tů Brunſewich vnde Eren Eruen vnde na komelingen, Dat druddendel vnſes ſclotes tů lentzen Des huſes vnde der ſtat Met alme Rechte Richte vnde nůt vnde Met allen tů Behoringhen also wi et hebben Beſeten Bette an deſſen dach vor duſent mark lunenborgher peninghe de ſe vns Rede Betalet hebben inder ſtat tů dannenberghe vnde Dyt Drůddendel des ſclotes tů lentzen Mogho wi wedder loſen alle tyid wenne wi willen vor Deſſe vor ſcreuenne ſumme gheldes Dat ſcole wi en denne Eyn verdendel Jares tů voren kundeghen vnde ſegen were ouer Dat vns dat ſclot af ghelöſet worde ſo ſcole wi vnſen heren neyne loſinghe kundegen vnde ſcolen en denne ere vor ſcreuenne Peninghe wedder gheuen inder ſtat tů dannenberghe Vortmer weret ok Dat vnſe vor ſcreuenne heren Ere peninghe wolden wedder hebben Dat ſcolen ſo vns Eyn verdendel ok tů voren kundeghen vnde ſegen ſo ſcole wi vnde willen en Ere gheit wedder ghewen in der ſtat tů dannenberge Dar ſcolen vns vnde dat ghelt vnſe heren weleghen vor alde dorch Eren willen důn vnde laten willen vnde wenne ſe aldus Beret vnde Betalet ſint, Alse hir vor gheſcreuen ſteit ſo ſcolen ſe eder Ere Eruen eder Ere Na komelinge vns eder vnſen Eruen dat ,,druddendel,, des vor ſereuenne ſclotes wedder antwerden ſunder alerleghe wedder Rede eder vortoch vnde van deme druddendel des ſclotes moghen ſe ſik Erweren ieghen alſweme Hir neme wi vt Marggreuen Otten van Brandeborch vnde hertoghen albrechte van Moclenborch vnde Ere Rechten Eruen Vnde weme vnſe heren vppe dat druddendel des ſclotes ſetten vnde De valen de ſcal vns Dûn Eynen Rechten Borch vrede vnde wi em weddere tů deſſer vor ſcreuennen heren hant Vortmer ſcole wi vnde willen in vnſer vor ſereuennen heren deneſte trueliken weſen de wyle dat et vns vnde vnſen heren euent Dar vor ſcolen vns vnſe heren alle Jar gheuen hundert lodeghe mark de wile wi tů Ereme Deneſt ſitten vnde vns anbeiden ſiden euent tů ſunte Mertins daghe Alle Deſſe vor ſcreuenne ſtucke loue wi her kerſten hans vnde heningh vorghenomet vor vns vnde vor vnſe Eruen vnſen vorſcreuennen heren vnde

Eren Eruen vnde Na komelingen Met ſameder bant in trûen in Deſſeme Breue vaſt vnde vnbrokeleken to holdende ane ienegherleige arghelist Tû Ener Be tûgheniſſe hebbe wi Deſſen Brif Be ſegellen laten witleken Met Met vnſen Inghoſegellem De is gheſereuen vnde gheuen Na godes Bort Drutteynhundert Jar Indeme vif vnde ſoſtegeſten iare an ſunte Cecilien daghe der hilgen Junchvrowen.

283. Herzog Wilhelm von Braunschweig und Lüneburg gestattet für hundert Mark lüneburger Pfennige mehreren Leuten die Anlegung eines Fischwehres in der Elbe innerhalb der Vogtei Bleckede, wovon sie ihm jährlich zehn Mark lüneburger Pfennige entrichten sollen, verspricht, die Anlegung eines anderen Wehres in der Elbe innerhalb seines Gebietes zum Nachtheile ihres Fanges nicht zu gestatten, reservirt sich eine Nacht in dem anzulegenden Wehre und ebenso dem Probste und Kloster zu Lüne, gestattet den Leuten, Erde und Gesträuch zum Behuf des Wehres von seinen Besitzungen zu nehmen, und bewilligt dem zum selben Behufe anzukaufenden Holze Freiheit von Zoll und von Abgaben an Vögte und dem, was sie fangen, Zollfreiheit. Herzog Ludwig von Braunschweig ertheilt hierzu seine Zustimmung und gelobt, die Bewilligung zu halten. — 1365, den 23. November. **K. O.**

Van godes gnaden Wy her Wilhelm Hertoghe tû Brunſwich vñ tû Luneborch bekennen openbare in deſſem breue Dat wy Meynen viſchere Johan Schormebeken Volſeken viſchere Alberto van dem brake Heynen Lemſchnen Heynoken peters van dem hope Clawes kinde Clawes klote heynen Ludeken van hûnde Petere van dem hope peters ſone vnde wernеken wendo vñ eren rechteñ eruen hebben ghe orlouet eyn wer tû bûwende vppe der Elue in der voghedie tû Blekede vñ eweliken dar mede tû dûnde alſe ym euene kûmpt Were dat id en vp ener ſtede nicht en cuende dat ſo dat vp ene andre ſtede bûwen moghen wor id en ghadede Dar vore hebbet ſe vns ghe gheuen hundert mark Luneborgher penninghe Vortmer ſcal nement nen nye wer mer buwen vppe der Elue noch bouen noch neden alſo verne alſe vſe ghe bedo vnde rocht keret dat ym ſcaden moghe an ereme vanghe Ok ſo ſcolet ſe vs gheuen vñ vnſen eruen vñ nakomelinghen alle iarlekes tû ſunte mertens daghe van deſſem vorbenomden were teyn mark Luneborgher penninghe Vñ ok ſo hebbe wy hertoghe wilhelm vñ vnſe eruen vnde nakomelinghe vorſereuen ene nacht be holden in dem ſuluen were de ſcole wy be waren laten lik den genen de dar to horen mid holte buwe vñ mid hamen ane ienegherleye hinderniſſe Vnde ok ſo hebbe wy dem proueſte vnde dem Cloſtere van Lûne ghe laten ene nacht mid alſulkeme rechte alſe wy ſe dar ynne be holden Vortmer ſo hebbe wy gheuen den vorſereuenen luden ene gnade dat ſe ſcolen bruken der erde vnde des ſtrukes dat ſe behûuen tû dem were wor wy dat hebben Vnde ok wat ſe van holte behûuen to deme were dat ſcal vry weſen vor vnſen Tolneren vnde vogheden wor ſe dat kopen ane ienegherleye hinderniſſe Ok ſcal vry weſen vor tolne al ere gût wat ſe dar vppe vanghen wor ſe dat vûren willen Vnde ok ſo ſcole wy vordeghedinghen de Lûde de dat wer handelen lik vnſen knechten Were ok dat de vorbenomden lude dat wer nicht holden en mochten van not weghene de ſe be wiſen mochten wan ſe vns vnſe breue wedder antworden ſo ſcolden ſe der ghulde ledich vnde los weſen. Alle deſſe vor ſereuenen ſtucke wille wy vnde vnſe eruen vnde nakomelinghe deſſen vor benomden luden vnde eren eruen ſtede vnde gans holden Vnde wy Junchere Lodowich hertoghe Magnus ſone van Brunſwich des elderen bekennen in deſſem ſuluen breue dat deſſe vorſereuenen ſtucke ſint ghe ſchen mid vnſeme willen vnde vulbort were dat vnſe vorbenomde leue veddere hertoghe wilhelm af ghinghe Dat he nenen echten ſone en helde ſo wolde we vnde vnſe eruen vnde nakomelinghe alle deſſe vorſereuene ſtucke trûweleken vnde ganſleken holden vnde don in allerleye wis alſo vnſe veddere ſcolde oft he leuendich were To ener be tûghinge deſſe vorſereuenen ſtucke hebbe we vnſe Ingheſeghele witleken vor deſſen bref ghe henghet laten de ghe gheuen is tû winſen na Godes bord duſent iar drehundert iar in deme vif vnde Seſtigheſten iare in Sunte Clemens daghe des hilghen merteleres Dar ouer hebbet ghe weſen de erleken lûde her hinrik de proueſt to Lune her werner vñ her seghebant riddere ghe heten van dem berghe kerſten van langheleghe vſe kokemeſter vñ hinrik van der ſculenborch vñ vele andrer vnſer trûwen man.

604. Herzog Wilhelm von Braunschweig und Lüneburg einigt sich mit dem Rathe der Stadt Lüneburg über folgende Punkte: Weder er noch seine Amtleute noch von ihm Concessionirte sollen gegen der Stadt Innung und Recht innerhalb der Stadt Handel treiben, Wein oder fremdes Bier ausschenken, noch Zeug in der Zollbude oder anderswo in der Stadt verkaufen. Der Rath darf nach alter Gewohnheit Wein und fremdes Bier im Stadtkeller, oder wo er sonst will, ausschenken und Concession dazu ertheilen, auch ohne des Herzogs oder seiner Amtleute Einmischung den Preis von Wein und fremdem Biere bestimmen. Der Herzog soll nach alter Gewohnheit von jedem Fasse Weins oder fremden Biers ein Stübchen erhalten. Kein Bürger oder Gast soll zu Lüneburg von dem zum Verkaufe angekommenen Weine kaufen, auch darf letzterer, bevor er drei Tage zu Lüneburg gestanden hat, nicht ohne Bewilligung des Raths ausgeführt werden. Wer in Bürger-Sitz innerhalb der Stadt wohnhaftig ist, soll Bürger sein und des Raths Gebot und Satzung halten. Kauft ein nicht zum Schilde geborener Mann von herzoglichen Mannen Häuser oder Hausstellen in der Stadt, so soll er Bürger werden und Stadtrecht thun und halten. Will ein nicht zum Schilde geborener, in Lüneburg wohnender Mann sich wie Bürger nähren, so soll er dem Bürgerrechte unterworfen sein und des Raths Gebot und Satzung halten. Der Herzog und seine Amtleute sollen niemanden gegen diese Bestimmungen in Schutz nehmen. Wenn ein Verbot gegen Kornausfuhr in Folge dessen, dass es den Herzog und den Rath der Stadt nützlich dünkt, erlassen wird, so soll es auch auf Winsen, Harburg und Bleckede und auf alle Orte des Herzogthums, wohin das Korn zu Wasser gebracht werden mag, sich erstrecken und die dortigen herzoglichen Amtleute sollen, bis der Herzog oder sein Amtmann zu Lüneburg und der Rath der Stadt anders beschliessen, die Ausfuhr nicht gestatten. Der herzogliche Vogt zu Lüneburg soll zu den gewöhnlichen Jahreszeiten nicht später als zu Mittag Holz nehmen, keinen Aufenthalt bereiten und mit den Bürgern dabei nach alter Gewohnheit verfahren. Kauft der Rath oder ein Bürger ausserhalb der Thore belegene, zu Burglehn gehörende Häuser, Höfe oder Hausstellen, so soll ihnen der Herzog das Eigenthum derselben überlassen, falls der Verkäufer durch andere Güter Ersatz leistet. Der Rath darf das Grimmer und Lindenberger Thor eingehen lassen und zwischen beiden ein anderes errichten. Der Herzog überlässt dem Rathe Haus, Hof und Hausstelle, die sein Küchenmeister Diedrich besessen hat. Er gelobt, dem Rathe alles Obige zu halten und bestätigt alle Privilegia, Rechte und Gewohnheiten des Rathes und der Bürger. Dafür verzichtet der Rath auf Erstattung der Pfandsumme für das Schloss Bleckede und auf Ersatz der 6400 Mark lüneburger Pfennige betragenden Verwaltungskosten des Schlosses. Herzog Ludwig von Braunschweig gelobt, alle diese Bestimmungen zu halten, falls er Herr zu Lüneburg wird *). — 1365, den 29. November. **L. O.**

Van der gnade goddes. We Her Wilhelm Hertoghe van Brunswich vnde van Lyneborgh. bekenned openbar in dessen breuen. dat we mid willen. vnde wlbord vser eruen. vnde na rade vser truwen ratgheuen. hebbet ghedeghedinghed mid deme Rade vser stad to Luneborgh. desse nascreuenen stucke. Dar we vnde vse eruen, se vnde ere Nacomelinghe. bilaten. vñ biholden scollen, vnde willen, To dem Ersten. Dat we. vnde vse ammetlvde. eder ienman. van vser weghene, scolled nene veylinghe hebben binnen Lyneborgh. dhe wedder der stad inninghe, vnde Recht sy. vnde scolled nenen wijn. nogh vromed beer. tappen, eder lopen laten. Nogh wand sniden laten in der tollen bôde. eder anderes wâr binnen Luneborgh. Mer dhe Raad magh wijn. vnde vromed beer lopen laten in der stad kelre. alse id en oltwonheyt ghewesen heft. eder anderes wâr [1]) id en nvtte dunked. eder weme se is ghúnnen. willen. Wijn vnde vromed beer magh dhe Raad setten na ereme weerde. dar scolle we. eder vse ammetlude sik nicht mede beweren. nogh enieghen dat dôn. Mer dat stoucken van giwelkeme vate wines, eder vrómedes beeres. beholde we os. vnde vsen eruen. alse en oltwonheyt is. Neen borgher. nogh gast. scal to lyneborgh wijn kopen. dhe dar veyle

---

*) Siegel sind an der Original-Urkunde nicht mehr vorhanden. Für jede der beiden Siegelschnüre sind zwei Löcher in dem umgekrempten unteren Rande des Pergaments.

Das Copiar XIV. zeigt folgende Abweichungen: [1]) hier ist ein zweites wir eingeschoben.

inne komen is. ok fcal men des wines nicht vtvóren. he ne hebbe dre daghe, binnen luneb ftaan. jd ne fy dat is do Raad ghvnnen wille. We in der ftad wonachtegh is in borgher wēre. dhe fchal borgher wefen. vnde des Raades bod. vnde fettinghe holden. Kofte ok we. dhe to dem fchilde nicht gheboren were. van vfen mannen. hûs. eder. wōrde. binnen der ftad. dhe fchal borgher werden. vnde ftad recht dôn. vnde holden. Wonede ok we binnen lvneborgh. dhe to dem fchilde nicht gheboren were. vnde fik alfo en borgher neren wolde. de fcal to borgher rechte ftaan. vnde des raades bod vnde fettinghe holden. Were we. de deffer vorfchreuenen ftucke nicht holden [2]) wolde. dhen fcholle we. oder [3]) vfe ammetlvde. nicht verdeghedinghen. Ok fcolle we des nemande ghvnnen, nogh ftaden. Wanne os vnde deme Raade, nvtte dvnked. dat men vthvōre des kornes verboden wille. vnde dat verbud. fo fcal id ok verboden wefen. to winfen. to horborgh. to blekede. vnde alvmme binnen vfeme lande. dar men id [4]) to watere bringhen magh. vnde vfe ammetlvde de daar fijn. fchollen des nemande orleuen vth to vorende. we. eder vfe ammetman to lvneborgh, vnde dhe Raad to lvneborgh, komen enes anderen ouer ên. Wanne vfe voghed. dat hold nemen wel to lvneborgh. jn den tijden in deme jare. alfo dat fik ghebored. dat fchal he dôn. to middaghe. eder eer. vnde nicht fpader. He fchal id ok mer enes vergheues vpholden. vnde nicht dicker. vnde denne nemen. Mid vfen borgheren to lvneborgh. fchal he dat holden na older wonheyt. Kofte ok de Raad. oder welk borgher. hus. hof. eder wōrd. buten den doren. dhe fcolle we on vryen. oft fe wol to borglene horden. doft dhe, dhe dat gûd verkopen. anderes gûdes alfo vele to dem borghlene wedder legghen. Wel ok dhe Raad dat Grimmer. vnde lindenbergher dôr verghan laten. vnde en ander dôr, dar entwifchen wedder maken laten. des fchollen fe maght hebben. Ok late we deme Raade to lvneborgh. Hus. hof. vnde woord. dhe diderik vfe kokemefter had hadde. mid allеme rechte. dat dhe Raad dar mede do. wat he wille. Vortmer ftedeghe we alle Priuilegia Recht. vnde wonheyt. de dhe Raad vnde borghere, to lvneborgh. bi vfer Elderen. vorvaren. vnde vfen, tijden had hebben. vnde nogh hebben. Hijr vore heft dhe Raad van Lvneborgh vfik loos ghelaten, al des gheldes. dat fe vs ghe daan hadden. vp vfe ftot to blekede vnde dat fe vs dar ghe wunen hadden. dat vs, redeliken van on, berekened, vnde bewifed is. vppe veer Hundert. vnde fes dufent mark lvneborgher penninghe. alfo, dat vfik dhe raad. vnde we den Raad [5]) van des flotes weghene. nerne meer vmme manen, nogh fchuldeghen fcollen. Al deffe vorfchreuenen ftucke loue we, deme Raade to lvneborgh. vor vfik. vfe eruen, vnde nacomelinghe. ftede vaft. vnde vnvorbroken to holdende. Vnde we junchere lodewigh. hertoghen Magnvs fone, des Elderen van Brunfwich. bekenned. dat vfe leue veddere. Hertoghe wilhelm deffe [6]) ftucke ghedeghedinghed, vnde dan heft. mid vfer wifchop. Vnde fchvde. dat we here worden to lvneborgh. fo wolde we, vnde fcholden. al deffe vorfchreuenen ftucke, alfo fe vfe veddere hertoghe wilhelm ghelоued heft. ftede. vaft. vnde vnvorbroken holden. dat loue we, deme Raade to lvneb in deffen breuen. To orkvnde vnde tughniffe deffer dingh. Hebbe we Hertoghe Wilhelm. vnde Junchere Lodewigh vorbenomed. vfe jnghefeghele. to deffen breuen, mid wifchop ghehenghed laten. Dit is ghefcheen. vnde ghe gheuen to Winfen Na goddes boord Dritteynhvndert jar. jn deme vif vnde fefteghesten jare jn fvnte Andreas auende. des hilghen apoftoles.

285. Diedrich von Thune verkäuft dem Herzoge Wilhelm von Braunschweig und Lüneburg das von demselben zu Lehn erhaltene halbe Dorf Schmarden mit dem Gerichte und gelobt, den Kaufvertrag, falls der Herzog, ohne einen Sohn zu hinterlassen, stirbt, dem Herzoge Ludwig von Braunschweig zu halten. — 1365, den 1. December. K. O.

Ik thyderik van Thune bekenne openbare in deffeme breue Dat ik mit vulbord miner eruen hebbe vorkoft mineme heren hern wilhelm hertoghen to brunfwich vñ to luneborch vñ fynen eruen vñ nakomelinghen ewelken to be holdende dat halue dorp to fmardow vor achtentich mark luneborgher penninghe de

---

[2]) *hier ist en eingeschoben.* [3]) *vnde statt oder.* [4]) *dat statt id.* [5]) *hier ist van luneborgh eingeschoben.* [6]) *hier ist vorschreuenen eingeschoben.*

mj rede be talet ſyn mit holte veyde acker wiſch vñ mit allem rechte richte uut vñ tobehoringhe alſe ik dat van mineme vorſcreuenen heren to lene had hebbe. Deme ik dat vorſcreuene halue dorp mit hande vnde mit munde vp ghegheuen vñ laten hebbe vñ gheue vñ late vp in deſſeme breue vñ wil mines vorbeñ heren rechte warende weſen to der helſte des vorſcreuenen dorpes wan vñ wor he des behouet vñ behiolde mj eder minen eruen nicht rechtes in der helſte des vorſprokenen dorpes Allo deſſe vorſcreuen ſtucke loue ik thyderik vorbeñ mit minen medeloueren Johanne mineme broder vñ hinrike mineme vedderen minem vorſcreuenen heren hern wilhelm hertoghe to brunſwich vñ to luneborch vñ ſinen eruen vñ nakomelinghen Vñ Juncheren lodewich hertoghen magnus ſone van brunſwich des elderen were dat vnſe vorbeñ here her wilhelm alſo afghinghe dat he nenen echten ſone na ſik en lete vñ ſinen eruen vñ nakomelinghe mit ſammender hant entruwen vaſt vñ vmbrokelik to holdende ſunder Jenegherhande arghelist To ener betughinghe deſſer vorſcreuenen dingh ſo hebbe we Thyderik vñ Johan brodere ghe heten van Tune vñ hinrik ere veddere vnſe inghheſeghel ghehenghet laten an deſſen bref do ghegheuen is na godes bord Dritteynhundert Jar In deme viſ vñ ſeſteghesten Jare des mandaghes na ſunte andreas daghe des hilghen apostelos.

286. **Herzog Wilhelm von Braunschweig und Lüneburg verkäuft dem Probste und dem Convente zu Lüne das ihm von Diedrich, Hans und Henning von Handorf heimgefallene Dorf Handorf mit dem Gerichte im Dorfe und in der Feldmark und mit der Holzherrschaft. Herzog Ludwig von Braunschweig gelobt, den Kaufvertrag zu halten, falls er Herr der Herrschaft Lüneburg wird. — 1365, den 6. December. K. C. 16.**

We her Wilhelm van der gnade godes Hertoge to Brunſwig vnd Luneb Bekennet opembare In deſſem breue dat we hebbet vorkoft, vnd laten vnſeme truwen Cappellane, hern hinrike proueſte, vñ ſinen Nakomelingen, vñ dem ganſen Couente des closters to Lune, al dat gut, dat vns loes geworden iſz van diederike vñ hanſe brodern vñ henninge orem veddern geheten van handorpe In deme ſuluen dorpe to Handorpe, vnd dat richte in deme ſuluen dorpe vppe der ſtraten vnd vppe der veltmarke vñ de herſchop ouer dat holt, vñ mit aller tobehoringe, an velde an weſchen vñ mit allem rechte vnd mit dem eghendome alſe ed vns von ohne loes geworden iſz, vor twehundert marg luneburger penninge, vnd beholdet vns vnd vnſen eruen vnd Nakommen dar nicht rechtes ane vnd de vorbenomede proueſt vnd ſine Nakomelinge vnd de gantze Couent des closters to Lune ſchullet ichteſwan hanſes vnd henninges vorbenomed huſzfrouwen by deme laten, dat ſe In dem vorbenomeden gude hebbet dewiele dat ſe leuet Alle duſſe vorgeſchreuen ſtucke loue we her Wilhelm vorbenomed vor vns vnd vnſe eruen vñ Nakomelinge, dem vorſchreuen hern hinrike vñ ſinen Nakomelingen vnd dem ganſen Couente des closters to Lune In truwen vaſt vnd vnbroklik ſunder allerley argelist to holdende Vnd we Jungher Lodewig hertogen Magnus ſohne van Brunſwig des eldern louet In deſſeme ſuluen breue in truwen vor vns vnd vnſe eruen vnd Nakomelinge allo duſſe vorgeſchreuen ſtucke deme vorbenomeden hern hinrike ſinen Nakomelingen vnd dem ganſen Conuente des closters to Lune were dat we here worden der herſchop Luneb vaſt vñ vnbrokelik to holdende in allerley wiſe alſze vnſe vorbenomede veddere ſcholde eſt he leuede To mer betuchniſſe deſſer vorſproken dinge So hebbe we her Wilhelm vnd Jungher Lodewig vorbenomed vnſe Ingeſegele ghehenget laten In deſſen breff De gegeuen iſz Na godes bort drutteynhundert Jar In deme vyſ vñ ſeſtygeſten Jare In ſunte Nicolaus daghe des hilgen biſchopes.

287. **Herzog Wilhelm von Braunschweig und Lüneburg bestätigt die Privilegia, Rechte und Gewohnheiten der Saline zu Lüneburg und der Salinintereseenten, gelobt, die Ausfuhr des Salzes nicht zu verbieten oder zu hindern, gestattet die Salzfuhr zu Wasser und Land in seinem Herzogthume und durch dasselbe in andere Länder, verleihet dem Salze Sicherheit in seinem Herzogthume und verspricht, für es auch ausserhalb Lüneburgs nach Vermögen zu sorgen, bewilligt freie und sichere Einfuhr des Holzes in die Stadt zu ihrem und der Saline Gebrauche und gelobt, nichts zu befehlen oder zu gestatten, wodurch die Saline und das**

Salzgut benachtheiligt oder der Absatz des Salzes gehindert werde. Zu diesem Allen verpflichtet er sich, seine Nachfolger und Amtleute und Herzog Ludwig von Braunschweig gelobt dasselbe für den Fall, dass er Herr zu Lüneburg wird *). — 1365, den 20. December. L. O.

Van der gnade ghodes. We her wilhelm Hertoghe van Brunſwich vnde van luneborch. bekenned openbar in deſſen breuen dat we mid vulbord vſer eruen. vnde na radhe vſer truwen ratgheuen. hebben ghe-ſtedeghed vnde ſtedeghed nv in deſſen breuen. alle priuilegia. Rechte. vnde wonheyt. dhe dhe zulte to luneborgh heſt. vnde dhe dar gûd vppe hebben. bi vſer Elderen. vnde vſen. tyden. had hebben. vnde nogh hebben. We vnde vſe nacômelinghe edar amptlude. nogh ienmand van vſer weghene. ſchollen nicht var beden. dhe vthvôre des zoltes. vnde dat vthvôrend des zoltes nerne mede verbinderen. nogh hinderen laten. Mer in vſeme lande. in vſer hêrſchop. vnde in vſeme ghebede. vnde voord dar dôr in andere land magh men dat zolt vôren vppe wathere. eder lande wôr men wel. dar ſchal id veligh weſen vor vs. vnde vor dhen vſen. Ok ſcholle we vnde willed dat zolt helpen veleghen buten luneborgh. al ſe we vorderſt kunnen vnde moghen. Ok magh men vryghliken. vnde veligh holt vôren in vſe ſtad to luneborgh [1]) to der zulten. vnde [2]) der ſtad behôue. dat en ſcholle we. eder nemend vorbeden. nogh hinderen. We eder vſe nacô-melinghe ſcholled nenerleyie dingh don. ſetten. beden. hethen. eder ſtaden. dat wedder dhe zulten. eder dat gûd vp der zulten ſy. eder weſen moghe. eder dat des zoltes loſinghe vorhinderen moghe. Vnde we Junchere lodewigh. Hertoghen Magnus ſone des Elderen van brunſwich. bekenned in deſſen breuen. dat alle deſſe vorſchreuene ſtucke. mid vſer witſchop. gheſcheen. vnde ghehandeled ſyn. vnde ſchude. dat we here worden. to luneborgh. dat we dhe zulten to luneborgh. vnde dat gûd dar vppe. ſchollen vnde willen beghen. vnde lathen bi deſſen vorſchreuenen ſtucken. To ener grotteren betughinghe vnde wiſheyt. dat alle deſſe vorſchreuene ſtucke. van vs. vnde van vſen eruen. vnde nacomelinghen. vaſt. vnde vntobroken gheholden werden.. ſo hebbe we hertoghe wilhelm. vnde junchere lodewigh. vore benômed. vſe Ingheſeghele mid witſchop. to deſſen breuen henghed heten. Ghegheuen to zolle Na goddes boord Dritteynhundert Jar. In deme vif vnde ſeſteghesten Jare. jn ſunte Thomas auende. des hilghen apoſtoles.

288. Herzog Ernst von Braunschweig verleihet der Sophie, Frau seines Burgmanns Ude von Grone zu Friedland, Gülte zu Reinhausen und den halben Zehnten und zwei Hufen auf dem Felde zu Bodenhausen (bei Reinhausen und Bellenhausen), welche Güter derselbe von ihm zu Lehn besitzt. — 1365, den 21. December. IX.

Van der gnade godes we Ernſt hertoge to Brunſ hertogen Alebrechtes Sone bekennet van vnſer vnde vnſer eruen wegen in düſſem breue dat wy bekand hebbet Sophien eliken huſfrawen vden van grone des jüngeren vnſes borchmannes to ffredelande driddehalues molders korns vnde twintich jerliker gülde de ôr gefallen ſchullet vte dem ffogedkorne to Reynenhuſen. vnde eynes haluen tegeden vnde twier houe jn dem ſelde to bodinhuſen dat duſſe ſulue vde van grone van vns to lene heſſt vnde bekennet ouk duſſer ſuluen frawen Sophien an duſſen vorben ſtucken eynes rechten liffgedinges alſo dat ſe der gulde de dar aff gefallet ſchal bruken de wile dat ſe leuet to orem liue vnde willet ôr dat ſulue liffgedinge truweliken vnde feſtliken holden. vnde wy noch neymand van vnſer wegen ſchullet ſe dar anne hindern vnde ſundern willet des ôr rechte here vnde were ſin wor wanne or des noid is des to orkûnde geue wy or duſſen breff beſegeld mid vnſem Ing de ghe geuen is Na godes bord duſent jar dre hundert jar jn deme vive vnde Seſtegeſten jare an Sunte thomas dage des hilgen heren.

289. Hermann, Bischof von El Balaan (Bethsan) und Vicar des Bischofs Gerhard von Minden, ertheilt im Auftrage des Bischofs Franz zu Florenz, päbstlichen Vicepönitentiars, dem Grafen Otto von Everstein und dessen Gemahlinn Agnes zur schon geschlossenen Ehe Dispensation. — 1365, den 24. December. K. O.

*) An der Original-Urkunde hangen die beiden herzoglichen Siegel, an seidenen Schnüren befestigt.
Das Copiar XIV. zeigt folgende Abweichungen: [1]) *to luneborgh* fehlt. [2]) hier ist *to* eingeschoben.

Nos frater Hermannus dei et apoſtolice ſedis gracia ſcyſopolenſis [1]) epiſcopus et reuerendi in chriſto patris ac domini, domini gerhardi Mindenſis ecclesie epiſcopi vicarius omnibus chriſti fidelibus ſinceram in domino karitatem, literas reuerendi in chriſto patris ac domini franciſſi dei gracia epiſcopi florentini recepimus in hec verba. Venerabili in chriſto patri dei gracia epiſcopo Mindenſi uel eius vicario in ſpiritualibus, franciſcus dei gracia epiſcopus florentinus Salutem et ſinceram karitatem, Ex parte nobilis viri Ottonis comitis de euerſtein et agnetis eius vxoris veſtre dyoceſis nobis oblata peticio continebat quod ipſi olim ignorantes aliquod inpedimentum exiſtere inter eos quominus poſſent in vicem legittime matrimonialiter copulari matrimonium per uerba de preſenti vnius edita iuxta morem patrie nemine contradicente in facie eccleſie publice contraxerunt illudque per carnis copulam confirmarunt poſtmodum vero ad eorum peruenit noticiam, quod alter eorum in quarto, alter in tercio conſangwinitatis gradu inuicem ſunt coniuncti, cum autem ex huiuſmodi matrimonii ſeparacione ſi fieret grauia poſſent ſcandula exuriri, ſupplicari fecerunt humiliter ſibi ſuper hoc per ſedem apoſtolicam de oportuno remedio miſericorditer prouideri. Nos igitur cupientes ipſorum conjugij animarum ſaluti prouidere et huiuſmodi ſcandalis obuiare auctoritate domini pape, cuius penitenciarie in abſencia reuerendi in chriſto patris domini egidij miſeracione diuina epiſcopi ſabinenſis maioris penitenciarii curam gerimus et de ipſius domini pape commiſſione in talibus generaliter nobis facta, circumſpectione veſtre committimus quatenus ſi eſt ita cum eiſdem coniugibus quod impedimento predicto nequaquam obſtante poſſint in eorum ſic coniuncto matrimonio licite remanere miſericorditer diſpenſetis prolem ſuſceptam exinde ſi qua ſit et ſuſcipiendam legittimam diſcernendo Datum auinione etc. Nos vero perſcrutantes hanc cauſam ſic eſſe invenimus ex commiſſione predicta cum eiſdem diſpenſauimus miſericorditer et preſentibus diſpenſamus In cuius rei teſtimonium ſigillum noſtrum preſentibus eſt appenſum, Datum et actum anno domini M CCC ſexageſimo quinto in vigilia natiuitatis chriſti.

290. Herzog Wilhelm von Braunschweig und Lüneburg gelobt wegen grosser von dem Rathe der Stadt Lüneburg mit baarem Gelde ihm erwiesener Wohlthat, während der nächsten eilf Jahre keine Beede und Schatzung von der Stadt und den Rathsherren zu Lüneburg zu erheben. Auch Herzog Ludwig von Braunschweig gelobt dies zu halten, falls Herzog Wilhelm während der Zeit, ohne einen Sohn zu hinterlassen, stirbt [2]). — 1366, den 6. Januar. **K. O.**

Van der gnade goddes We Her wilhelm Hertoghe to Brunſwich vnde to Luneborch Bekennet openbar in deſſem Jeghenwardeghen breue Dat we vnde vſe Eruen vſe Stad to Luneborch vnde vſe leuen Ratmanne der ſuluen Stad to Luneborch de nv ſyn vnde ere nacomelinghe vordreghen vnde ouer ſeen willen vnde Schollen aller bede vnde beſchattinghe Eluen Jar vmme van Sünte Mychaheles daghe de nv neghest to komende is na der tyd alſo deſſe bref ghe gheuen is ſunder vnderlat antorekende dat loue we deme Raade vnde der menheyt vſer Stad to Luneborch in truwen in deſſem breue dat is ghe ſchoen dor groter woldat willen de de Raad van Luneborch by vs vnde vſer herſchap nv daan heſt mid redeme ghelde Vnde we Junchere Lodewich hertoghen Magnus ſone des Elderen van Brunſwich Bekennet in deſſem ſuluen breue were dat vſe leue veddere her wilhelm hertoghe to Brunſwich vnde to Luneborch vorbenomede ſtorue bynnen deſſen vorſcreuenen Eluen Jaren des god nicht en wille alſo dat he nenen echten ſone en hedde So wille we vnde Schollen den Ratmannen vnde den borgheren der Stad to Luneborch de nv ſyn vnde eren nacomelinghen holden ſtede vnde vaſt alle dat dat deſſe breue vtwyſed in vſes vorbenomeden vedderen ſtede vnde van vnſer weghene Ok wille we dat mid nichte breken dat hebbe we ym ghe loued vnde louet in truwen in deſſem breue To ener openbaren betughinghe hebbe we her wilhelm vnde Junchere Lodewich vorbenomede vſe Ingheseghele mid willen vnde mid wyſchop ghe henghet laten in deſſen bref de ghe gheuen is na goddes bort dritteynhundert Jar in deme Seſſe vnde Seſteghesten Jare in deme hilghen daghe to twelfften.

[1]) *ſcythopolenſis.*
[2]) An der Original-Urkunde hangen die beiden herzoglichen Siegel.

391. Herzog Wilhelm von Braunschweig und Lüneburg lässt zu Braunschweig in Gegenwart des Herzogs Magnus von Braunschweig ein Transsumpt der vom Kaiser Friedrich II. 1235 über die Belehnung ausgestellten Urkunde *) durch den Bischof Gerhard von Hildesheim, durch die Aebte zu Lüneburg, Scharnebeck und Uelzen und durch die Pröbste zu Heiligenthal, Lüne, Ebstorf und Medingen anfertigen. — 1366, den 2. Februar. **XIV.**

Vniuersis Christi fidelibus ad quos presens scriptum seu transsumptum peruenerit. Nos Gherhardus, dei et apostolice Sedis gracia Episcopus hildeñ. Daniel Sancti Michaelis In Castro Luneborg. Frederẽ de Riuo Sancte Marie in Schermbeke. Luderus in Vllessen ordinis sancti Benedicti Monasteriorum Abbates. Johannes in hilghendal hinr̃ in Lûne. hinr̃ in Ebbekestorpe. necnon Thiderẽ in Medinge Monasteriorum prepositi. Verdensis diocesis. Salutem et sinceram in domino Caritatem. Literas serenissimi principis [1]) secundi felicis recordationis Romanorum Imperatoris ipsius vera bulla aurea in filis cericis appensa bullatas. Signoque suo Imperiali signatas non viciatas non cancellatas, nec in aliqua sui parte suspectas, sed prorsus omni vicio carentes presentatas nobis per Illustrem principem, et dominum dominum Wilhelmum ducem Luneborgensem et Brunswicensem, vidisse, audiuisse, perlegisse et examinasse. Noueritis in hec uerba..

In nomine sancte et indiuidue trinitatis. Fredericus secundus diuina fauente clementia Romanorum Imperator semper augustus Iherusalem et Cecilie rex gloriosus in maiestate sua. (Es folgt der fernere Text der Belehnungsurkunde über das Herzogthum Braunschweig und Lüneburg aus dem August des Jahres 1235. Orig. Guelf. Tom. IV. pag. 49 bis 53.)

Quibus literis per nos ut predicitur visis lectis et examinatis. Prefatus dominus Wilhelmus nos cum instancia pecijt et requisiuit vt easdem literas de uerbo ad uerbum copiare et Sigillis nostris ad maiorem certitudinem et fidem munire dignaremur. Nos igitur ipsius domini Wilhelmi peticionibus tamquam iustis et racionabilibus annuentes prefatas literas imperiales copiauimus de uerbo ad uerbum et facta per nos diligenti collacione cum originalibus nichil addendo presenti transsumpto uel minuendo quod sensum mutet aut intellectum variet et quia concordare inuenimus presens transsumptum. Sigillis nostris ex certa nostra sciencia duximus muniendum. Datum et actum Brunswic Anno domini M̃ CCC̃ LXVĨ. Ipso die purificacionis beate virginis Presentibus Magnifico principi domino Magno duce Brunswicensi. Johanne de holloghe. Thiderico de Alden Soghebando de Monte. Wernero de Monte. Conrado de Lutteren Militibus. Cristiano de langelen. Thiderico de hoderen. et Siffrido de zalderen armigeris et quam pluribus alijs fide dignis ad premissa vocatis specialiter et rogatis.

392. Herzog Wilhelm von Braunschweig und Lüneburg schenkt auf Bitten des Johann von dem Steinhus, Bürgers zu Hannover, das Eigenthum über einen Hof und drei Hufen zu Godshorn, welche derselbe und Johann

*) Eine Vergleichung des Textes dieser Belehnungsurkunde, wie sie in obigem Transsumpte, im Transsumpte vom 8. November 1364 und in einer Abschrift des Jahres 1370 oder 1371, welche das Copiar XX. giebt, vorhanden ist, mit dem in den Origines Guelficae Tomus IV. bei pag. 49 befindlichen Facsimile derselben Urkunde zeigt ausser unbedeutenden Verschiedenheiten der Rechtschreibung (besonders in nominibus propriis) und ausser augenscheinlichen Flüchtigkeitsfehlern folgende Verschiedenheiten: Die beiden Transsumpte und die Abschrift, in der fast alle Zeugen fehlen, lesen: *Fredericus* und *Frederico* statt *Fridericus* und *Friderico*. — *Cecilie* statt *Sicilie*. — *Luneborg* oder *Luneborch* statt *Luneburch*. — *augmentare* statt *augmentare*. — *premisimus* statt *premisimus*. — *proprio nostro* statt *nostro proprio*. — *pura fide et sincera* statt *pura fide, sincera*. — *per eum unquam fuit* statt *unquam per eum fuerit*. — *in nostri ministeriales imperij* statt *in ministeriales Imperij*. — *ministeriales imperij dicuntur* statt *Imperij Ministeriales dicuntur*. — *J. Bisuntinen* statt *. Bisuntinus*. — Die beiden Transsumpte lesen: *hinrici* statt *Henrici*. — *Verden* statt *verdensis*. — *J Elewacen* statt *. Elewacen*. — *Tusch* statt *Sauch*. — *Anshald* statt *Henalt*. Obiges Transsumpt und die Abschrift im Copiar XX. lesen: *Propterea Ottone* statt *Preterea Ottone*. — *Ad huius insuper* statt *Ad huius itaque*. — Obiges Transsumpt liest: *Brunswic* statt *Brunswich*. — *Pattaueñ* statt *Pataviensi*. — Die Abschrift im Copiar XX. liest: *terre finis diffinienda* statt *terre finis diffinienda*. — *infeudari debent* statt *infeodari deberet*. — Das Transsumpt vom 8. November 1364 setzt hinter *filios et filias* am Rande hinzu: *deficiente genere masculino*. — Statt *cum omnibus castris, pertinenciis et hominibus suis* lesen beide Transsumpte *cum omnibus castris et pertinenciis et hominibus suis* (nur steht im obigem Transsumpte *omnibus* statt *hominibus*) und die Abschrift im Copiar XX. liest: *cum omnibus castris hominibus et pertinencijs suis*. — Statt *per uexilla* lesen beide Transsumpte *per vexillum* und die Abschrift im Copiar XX.: *per vexillum*.

[1]) Das Copiar XV. schiebt hier ein: *et domini domini Frederici*.

von Escherde von ihm zu Lehn besessen haben, dem Altare in der Capelle St. Nicolai vor Hannover. — 1366, den 8. März. H. O.

Dei gracia Wilhelmus dux de Brûnſwich et Lûneborch. Vniuerſis preſentia viſuris Seu auditoris volumus eſſe notum quod cum conſenſu et voluntate omnium heredum noſtrorum quorum intereſt ad honorem dei omnipotentis et beati Nycolay necnon ad inſtanciam precum nobis dilecti Johannis Senioris dicti de Steynhus burgenſis. in honouere. mancipauimus proprietatem vnius curie et trium Manſorum in Ooterſhorne et ipſorum attinenciam quibus Johannes de Eſcherde et dictus Johannes de Steynhus a nobis inpheodati fuerant atque damus in hijs Scriptis liberaliter ad altare Sancti Nycolay Capelle extra muros honouerenſes. ut dotetur eiſdem bonis ac proprietate eorundem perpetuo altare Supradictum. In cuius donacionis euidens teſtimonium fecimus hanc literam inde confectam munimine Sigilli noſtri Roborari. Datum Anno domini. Milleſimo Tricenteſimo Sexageſimo Sexto dominica ante feſtum Sancte Gregorij.

293. Herzog Magnus von Braunschweig und sein Sohn Ludwig stellen einen Revers aus, dass Johann und Burchard von Salder, Johann's Söhne, und Aschwin und Burchard von Salder, Hermann's Söhne, ihnen ihr Schloss Cramme für 150 löthige Mark auf zwei Jahre verpfändet haben. — 1366, den 21. März. I.

We Magnus van der gnade goddes hertoghe to Brunſ. vñ we hertoghe Lodwich ſin ſone. bekennen etc Dat Jan vñ Borch. ichteſwanne hern Janes ſone van Saldere. vñ aſchwin vñ Borch ichtewanne hern hermannes ſone van Saldere. vns hebben gheſat ore hus to kramme mit alleme rechte vñ mit alle deme dat dar to hort in dorpe. in velde in holte an wiſchen an watere an weyde. alſo ſe dat nu hebben. vor anderhalf hundert lodeghe mark Brunſwikeſcher wichte vñ witte. de we on ghenzliken betalet hebben. Dat ſulue hus moghen ſe. ider ore eruen weder loſen vor dat vorbenomde ghelt nu to paſchen vort ouer twe Jar. were dat ſe ider ore eruen des nicht nededen. ſo moghen ſe dat loſen dar na alle iar to den paſchen. vñ wanne ſe ider ore eruen dat loſen welden. So ſcolden ſe vns ider vnſen eruen de loſinge kundeghen vor lichtmiſſen. vñ ſo ſcolden ſe vns vnſe penninge gheuen vmbeworren to den negheſten paſchen dar. were ok. Dat we ider vnſe eruen vnſe penninge weder hebben welden. So ſcolde we on ok de loſinge kundeghen vor lichtmiſſen. So ſcolden ſe ider ore eruen vns ider vnſen eruen. vnſe penninge gheuen ane wederſprake to den negheſten paſchen dar na Ok. wanne ſe ider ore eruen ore hus to kramme weder loſen. So ſculle we ider vnſe eruen. on ider oren eruen alſo menghen morghen winterkornes vn ſomerkornes beſeyget weder antworden alſe ſe vns nu dar dar to antworden. were. Dat we des nicht ne deden. So ſcolde we on dat irſtaden mit ghelde. alſo. Dat we on ſcullen gheuen io vor vier morghene wetes eyne lodeghe mark. vñ vor viſ morghene roggen eyne mark vñ vor achte morghene ſommer kornes eyne mark vnde wanne ſe ider ore eruen vns ider vnſen eruen vnſe ghelt hebben weder gheuen. So ſculle we ider vnſe eruen vñ willen on ider oren eruen ore hus weder antworden vmbeworren ane wederſprake alſe ſe vns dat nu antwordet hebben To eynem orkunde hebbe we on diſſen bref ghe gheuen beſeghelt mit vnſen ingheſeghelen Datum anno dominj M̃ CCĈ LXVĩ In die beati benedicti abbatis.

294. Herzog Magnus von Braunschweig und sein Sohn Ludwig verpfänden unter Vorbehalt des Oeffnungsrechtes das ihnen von den von Salder verpfändete Schloss Cramme für 150 löthige Mark dem Wilhelm, Herwig und Hans von Utze. — 1366, den 21. März. I.

We Magnus van der gnade goddes hertoghe to Brunſ. vñ we hertoghe lodwich ſin ſone etc Dat we mit vorghedachtem mode hebben gheſat vnſe hus to kramme mit alleme rechte vñ mit alle deme gude. dat dar to hort. in dorpe. in velde. in holte an wiſchen. an watere. an weyde. alſe dat vns de Saldere hebben gheſat. vnſen trûwen deneren. wilhelme van vtz vñ herwighe vñ hanſe ſinen vedderen. vñ oren eruen. vor anderhalf hundert lodeghe mark Brunſwikeſcher wichte vñ witte de vns ghensliken betalet ſint. Dat ſulue hus moghe we ider vnſe eruen weder loſen alle Jar Vñ wanne we dat loſen willen. So ſculle we on de loſinge kundeghen twiſchen ſente Mychahelis daghe vñ ſente Martines daghe. vñ ſcullen on ore penninge gheuen to den neghesten paschen dar na. Were ok. Dat se ore penninge weder hebben welden ider ore eruen. So scolden se vns ider vnsen eruen ok de losinge kůndeghen twischen sente Mychahelis daghe vñ sente Martinus daghe vñ so scolde we ider vnse eruen vñ welden. on ider oren eruen ore penninge gheuen to den neghesten paschen ane wedersprake Ok wanne we ider vnse eruen vnse hus to kramme weder losen. So scullen se ider ore eruen. vns ider vnsen eruen also manghen morghen winterkornes vñ somerkornes weder antworden beseyget alse we on ghe antwordet hebben. Were ok dat se des nicht ne deden. So scolden se vns dat irstaden mit ghelde. also. Dat se vns scullen gheuen io vor vif morghene roggen eyne lodeghe mark. vñ vor vier morghene wetes eyne mark vñ vor achte morghene sommerkornes eyne mark. vñ wanne we ider vnse eruen. on ider oren eruen ore ghelt betalet hebben. So scullen se vns idar vnsen eruen vnse hus to kramme weder antworden vmbeworren ane wedersprake. alse we on dat nu ghe antwordet hebben Ok scullo we de suluen van vtme vñ ore eruen. ores rechten vordegheddinge. wor vn wanne on des not is. vñ se dat van vns eschen. Ok scullo we rechtes ouer se mechtich sin to allen tiden were ok dat se iemant vorvnrechten welde. vñ wanne se vns dat vore vorkundegheden twane manen. were dat we on binnen dere tid neynes rechten behelpen mochten. So mosten se sik suluen wol vnrechtes van deme slote irweren. vnde dat scolde vnse gude wille sin. Ok scal dat sulue slot. vnse vñ vnser eruen opene slot sin to alle vnsen noden. wo dikke vñ wanne we dat van on eschen. were ok. Dat we ider vnse eruen orleghen welden van deme slote. So scolde we de kost liden vppe deme slote also lange went dat orleghe ende hedde. Were ok dat on ider oren eruen dat slot afghinge ider afghewůnnen worde in vnsem denste des god nicht ne wille. So scolde we on eyn ander slot buwen in de stidde also na dat se de gulde afbekrechteghen mochten. vñ dar scolden se vns truweliken to behulpen sin. were ok dat we des nicht ne deden. So scolde we ider vnse eruen. on ider oren eruen ore pennige weder gheuen vmbeworren ane wedersprake. To eynem orkunde vñ to eyner betughinge alle disser vorbescreuenen stukke. hebbe we on vnsen bref ghe gheuen beseghelt mit vnsen inghesegheIen anno domini M̃ CCĆ LXVÌ in die beati benedicti abbatis in ieiunio.

295. **Herzog Albrecht von Braunschweig schliesst auf drei Jahre ein Bündniss mit dem edelen Herrn Siegfried von Homburg und mit dessen Sohne Heinrich, gelobt, während der Zeit, wenn nicht um des Herzogs Wilhelm von Braunschweig und Lüneburg, des Herzogs Ludwig von Braunschweig und der Grafen von Schwarzburg willen, ihr Feind nicht zu werden und ihnen keinen Schaden zuzufügen, ernennt mit ihnen für vorfallende Irrungen ein Schiedsgericht, das sich bei Einbeck versammeln soll, und verspricht, ihnen bei seinem Bruder Ernst zu Recht zu verhelfen. — 1366, den 4. April.** **K. O.**

Wy Hertoghe Albrecht. van der Gnade Godes. Hertoghe to Brůnswich. Bekennet in dusseme openen Breue. Dat wy vn vse. eruen os hebbet. vorbunden. vñ vorbindet. mit deme Edelen manne Juncheren Syuerde. herren to Homborgh vseme Suagere. vñ Juncheren Henrike Sineme Sone vseme Neuen vñ oren eruen. aldusdane wis. dat vse ding vnder eyn ander. vruntliken stan scal. vñ dat wy. noch do vse. orer noch der orer vyent nicht werden. en scolet noch en willet noch nenen schaden to vůghen binnen dussen neysten. Dren. Jaren. de nů to komende sint. van staden an to rekende Woret auer dat dar yengherleyghe schelinghe in velle. van os eder van den vsen Des scolde wy bliuen bi twen vsen mannen bi hern Henrike Gruben. vñ bi Dyderike van Blankenborgh. vñ bi twen. oren mannen. bi hern. Gherde van Eltze. vñ bi Bertolde van Brak. welker twene nů. den anderen twen. dat vore weten leten verteynacht So scolden dusse vere to samene riden. vppe de houe. bouen Embeke bi dat Crůce. vñ richten. de schelinghe mit vruntschap. en konde Se des nicht ge don. so scolden Se dat scheden. na rechte. wŏrden Se auer des rechten twidrechtich. So scolden Se dat furiuen. an hern Henrike van Gitteldo alse an eynen ouerman. de scolde denne dat scheden na rechten. wes he os denne schedede. dat scolde wy on. denne don. binnen verteynachten. na. der schedinghe. vppe der Saluen malstede ano lengher vortheen. weret auer Dat vse veddere Hertoghe wilbelm. hertoghe to luneborgh. hertoghe lodewich. Sin Suager hertoghen. Magnus Sone. eder Greue Henrik eder Gunther. Greuen. to Tsuartzeborgh. ore vyende werden. duſſer vorbenomeden herren. to Homborgh. duſſer herren. eyn. eder Se alle. vñ wy denne ore vyende worden dorch des. eder dorch der willen. dar en ſcolde vſe vor bünt den wy vnder eyn ander ghe dan hebbet. nicht mede ver broken. Sin. wanne Se. Suk auer vrededen. oder Söneden So ſcolde vſe ver bünt ſtande bliuen in aller wis. alſe hir vore ſcreuen ſteyt duſſe Dre Jar. Ok ſcole wy vſes Bolen. hertoghen Ernſtes. mechtich Sin to rechte teghen. duſſe verbenemeden.. van Homborgh. vñ de ore. vñ ſcolet en vñ willet alle duſſe vorſcreuenen ding truweliken. to deme beſten. vñ to willen holden. in allen dinghen duſſe tyd ane yengherleyghe argheliſt Alle duſſe vorſcreuenen ding vñ ir iowelk bi ſunder. hebbe wy vſeme vorgenanten Suagere Syuerde herren. to Hemborgh vñ Henrike Sineme Sone. vſeme Neuen. gelouet vñ louet. Se on. in guden truwen. in duſſeme Breue de beſegelt is. mit vſeme Ingeſegele vaſt vñ ſtede to holdende. vnde. is. geſchen Na Godes. bord vſes herren. Dritteynhundert Jar. in deme Seſ. vnde Seſtigeſten Jare in deme hilghen. auende to Paſchen.

296. Die Schulte verkaufen dem Herzoge Wilhelm von Braunschweig und Lüneburg zwei Höfe zu Emmen mit dem Gerichte und geloben, den Kaufvertrag, falls der Herzog, ohne einen Sohn zu hinterlassen, stirbt, dem Herzoge Ludwig von Braunschweig und, falls dieser, ohne einen Sohn zu hinterlassen, stirbt, einem vom Raths-Collegio zum Herrn der Herrschaft Lüneburg zu wählenden Bruder desselben zu halten. — 1366, den 10. April. II.

We Hinrik van Bremen. Danel ſyn. Sone Gheuerd des Suluen Hinrices Brodere. hern Gheuerdeſ ſone. Frederik vnde Bertold brodere Bertoldes. ſone. Alle ghe heten Sculten. Bekennen vnde betughen openbare in deſſeme Jeghenwardeghen breue dat we mit vulbord al vnſer eruen. vnde alle der de Syk dar to teen moghen mit rechte. hebben vor koft vnde vor kopen. in deſſeme breue redeliken vnde rechtliken. to eneme rechten erue kope deme Erluchteghen vorſten vnſeme heren. hertoghen Wilhelme van Brunſw̄ vnde Luneberch. vnde ſinen eruen vnde Nacomelinghe. vnſe twe houe to der Empne. de vnſe vrye vnde eghene ſyn vnde vnſer vedere. vry vnde eghen ghe weſen hebben mit alle der Slathenüt alſe ſe beleghen ſyn in weren in werden. in akkere. in weyde in wiſchen in holte in watere. vnde mit allerleye rechte vnde richte vnde mit aller tobehoringhe de dar in vnde to hort. vor hundert mark luneborḡ penninghe. de vns degher vnde al ſint betalet vnde bered na vnſeme willen. vnde doet der vorbenomden houe ene rechte afflichte vnde beholdet vns vnde vnſen eruen nenerleye recht. an den vorſcreuenen höuen. vnde we. vnde vnſe eruen Scület vnde willet vnſes vorbenomden heren ſiner eruen vnde Nacomelinghen. deſſes gûdes rechte warende weſen wanne vnde wor en des to donne is. alſo recht is. vnde ſe van allerleye rechter anſprake entledeghen alſe recht is Alle deſſe vorſcreuenen ſtücke vaſt vnd vntbrokelik to holdende. hebbe we vorbenomeden Scülten. ghe louet in trüwen mid ſamenderhand vnde louet in deſſeme breue vor vns vnde vnſe eruen. vnſeme vorbenomeden heren. hertoghen Wilhelme. vnde ſinen eruen vnde Nacomelinghen vnde Jüncheren Lodewighe hertoghen magnus. ſone van Brunſw̄ des Elderen vnde ſinen eruen vnde Nacomelinghen. Oſt hertoghe wilhelm alſo Sterue dat he nenen echten ſone na ſyk en lete vnde Juncheren Lodewighes broderen. eyneme de to der herſcop to luneborch ghe koren werde van den de dar to ghe ſat ſyn. edder noch werden vnde ſinen eruen vnde Nacomelinghen Oſt Junchere Lodewich. alſo ſterue dat he nenen echten Sone na Syk en lete. To eyner betüghinghe alle deſſer Stücke. hebbe we vorbenomeden Scülten vnſe Ingheſeghele mit wiſchop ghe henghet laten an deſſen bref. vnde we frederik. frederikes Sone Jüries. Hinrik. vnde frederik brodere her Johannes ſone vnde herman hern gherleghes Sone alle ghe heten Schulten Bekennen in deſſeme ſuluen Breue dat deſſe vorbenomede kop. mit vſeme willen vnde wlborde. ghe ſchen is vnde hebben des to ener betüghinghe der vnſer vedderen bede willen. ok vnſe Ingheſegele mit willen vnde mit wiſcop ghe henghet laten an deſſen ſuluen bref de ghe gheuen is na godes Bord dryttteynhundert iar in deme Seſſe vñ ſoſteghesten Jare des vrydaghes in der paſche weken.

297. Domprobst Diedrich von dem Berge, Vicedomdechant Rudolf von Diepholz und das Domcapitel zu Verden bescheinigen, für die von dem Herzoge Wilhelm von Braunschweig und Lüneburg bezogenen Früchte ihres Zehnten zu Ketzendorf Ersatz erhalten zu haben. — 1366, den 24. April. K. O.

Thidericus de Monte prepositus Radolphus de depholte Senior canonicus decani vices gerens ac Capitulum ecclesie verdensis vniuersis presencia visuris seu audituris Salutem in domino et noticiam subScriptorum Quod magnificum ac Illustrem principem ac dominum nostrum Dominum Wilhelmum ducem de brunsw et luneb de fructibus perceptis per ipsum seu per in hac parte suos commissarios de nostra Decima ville ketzendorpe penitus quitamus presentibus protestamur. Datum Anno domini. M. CCC. LXVI. Crastino beati Georgij Sub Sigillo nostro ad Causas.

298. Der herzogliche Vogt Woldeke zu Lüneburg*) hält wegen eines Streites über einen Fischteich und über Erbgut drei Mal ein Landgericht zu Barum ab, in welchem das Land für Recht erkennt, beim Rechtsspruche beharrt und denselben vor dem Herzoge und dessen Mannen zu bekennen sich bereit erklärt. Vom Landgerichte wird der Frieden über die Partei, zu deren Gunsten entschieden ist, ausgesprochen und sie giebt den Leuten im Lande zum Gedächtnisse ihr Gichtbier (Bier für das Bekenntniss oder für die Rechtsfindung) und dem Vogte seinen Friedeschilling. — 1366, den 3. Mai. K. O.

Ick Woldeke. Eyn voghet. mines heren herteghen wilhelmes. van Lüneborgh. Be kenne vnde be tüghe Openbare. an Dessem Breue. Dat schelinghe vnde twidracht was. twischen Clawes schomakers. enem borghere to lüneborgh. vnde wernere van horborgh. vnde lüdeken van barûm vñ ichteswelken ander lüden. De Claweses water vischeden. Dat ghe beten is De lake. vnde Do kolk. van landes wughen. Dat in. ghe broken was. Des ward Dar eyn recht dach to ghe lecht. an. dat Dorp to barûm. Dar quam her lüdeke florcken. van Lüders weghen. also. her Clawes florcken sin broder eme be valen hadde. vnde werner van horborgh. vor mi. vnde vor Dat lanth. Dar vraghede. Clawes schomakers eynes rechtes. Eft ienichman. eyn vry water mochte vischen. van landes weghes Dat in. ghe broken were. Des vraghede Dar werner van horborgh eynes rechtes ent ieghen. Dar enem manne lanth in. breke. Dat he. seyed. vñ meyed. hadde. eft he Dat water van Des landes weghen icht vischen scholde. Des vant Dat lanth vor eyn recht. Dat neyn man eyn vry water van landes weghene vischen scholde. menne eyn man scholde sinem vryen watere volghen. it breke in. lüttik edder vele. Weret auer. Dat eyn man hadde ene külen. binnen sinem lande. Dat sin al vmme were. Der mochte he brüken. lik sinem lande. so De küle nenen vth vlote. edder in vlote en hadde. Do Dit recht ghe vünden ward. Do bad her lüdeke florcken. van sines broder weghen her nycolaweses. Dat sik lüder van barûm mit clawese schomakers ver likenen moste. Dar ghaf ick Orlof tho. Des seghede mi. her Lüdeke florcken Dar na. Dat alle schelinghe mit lüders Heren. vnde mit Clawese ghe vleghen were. Dar na sath ick eyn recht to barûm. Dar quemen Do vorbenomeden. lüder vñ werner. vnde anspraken sunderliken Den kolk. vor eyn vaderlik erue. Des ward Des ghe ghan to Der künschap. Des be tüghede Do künschap. Dat se Dat water aû. mit rechte vischet hadden. menne mid sulfwold. van landes weghen. Dat ere recht nicht en were. also an Dem anderen rechte ghe vünden were. Do vraghede Clawes enes rechtes. Eft he. icht were. negher. sin vrye water vnde sin erue to be holdende. wenne ienich man af to winnende. Dar wart eme De were to vünden. Dar leghede ick eme eynen recht Dach to. Dar quam he mit sinen tüghen. vor mines heren richte. Dat ick sath. vnde vor Dat ganse lant. vnde be heelt. Dat vorbenomede water. De lake vnde Den kolk. also eme Dat ganse lant. vnde künschop to ghe vünden hadde. Do wart Clawese. Dat to rechte vünden. Dat. Dat. vorbenomede water. De lake. vnde kolk. sin. vnde siner rechten eruen were vry. vnde quid. vnde bi Dem rechte. wolden se bliuen. vnde wolden Des be kant wesen vor minem heren van lüneborgh. vnde vor sinen mannen. vnde Dat Clawes dat

*) Das erste an der Urkunde hangende Siegel ist ein Herzschild und stellt einen stehenden Löwen dar mit der Umschrift: *S. Adammi in Luneborch.*

water mochte vifchen laten. vp vnde Dale. fo wanne vnde wû Dicke he woldo. vnde anders nenman. he ne Dode. Dat mit finer witfchap. vnde mit finem willen. Des wart eme. vnde finen rechten eruen eyn vrede ghe wracht. alfo id eyn wonheid is. vnde eyn recht an Deme lande. Des gaf De vorbenomede Clawes. Den lûden in Dame lando. Ere gichtbear to ener Dachtniffe. vnde Deme voghede finen vrede fchillingh. Ouer alle Deffeme rechte. hebbe ick vorbenomede woldeke. Ouer vnde an vñ bi ghe wefen. mit anderen gûden luden De hir na be fchreuen ftat. Des hebbe ick to ener be tûghinghe min Inghesaghel. ghe henghet to Deffem breue. Vndo wi. feghebant van wittorpe. De eldere. Hermen vñ bertolt brodere ghe heten Dekyndere. vnde Hermen rinth. knapen. Bekennen in Deffeme Openen breue. Dat wi. mit woldeken. mines heren voghede. van lûneborgh ouer al Deffen vorfchreuen ftûcken wefen hebbet. vnde is vs to male witlik Dat id alfo ghe fchen is. alfo hir fchreuen fteit. Des hebbe wi to ener warern bekantniffe vñ tûchniffe. Dorch bede willen. vfe Inghezeghele. mit Deme vorbenomeden woldeken to Deffem breue ghe henghet. Vnde is ghe. fchen. In deme Dorpe to barûm. na goddes bord. Dûfent iar Drehûndert iar. In Deme fef vnde feftegheften iare. Des negheften funauendes. na fente wolberghe Daghe. Der hilghen iunevrowen.

299. Herzog Magnus von Braunschweig gelobt, den Gebrüdern von Veltstidde, Bürgern zu Braunschweig, die Güter zu Remlingen, Steinstedt und Ingeleben, welche sie vom Michaelis-Stifte in Hildesheim besitzen, sechs Jahr lang zu schützen. — 1366, den 25. Mai. L.

We Magnus van der ghenade goddes hertoghe to Brunf. Bekennet in diffem openen breue alfodan gud alfo Ermbrecht Rolef vñ Bertram brodere ghe heten van veltftidde borghere to Brunf hebbet van deme Stichte to Sente Mychahele to hildenfem. Dat beleghen is to Remlinge to fenftidde to Ingeleue. Dar wille we vñ de vfe fe an vorderen to Ses Jaren. fo we truwelikeft moghen. Des hebbe we vfe inghefeghel ghe henget to diffem breue. Na goddes bort dritteyn hundert Jar. in deme Sefvndefeftigheften Jare in Sente vrbanus daghe.

300. Die Gebrüder Timme und Arnold Bock, Knappen, geloben, ohne Bewilligung des Herzogs Magnus von Braunschweig und seines Sohnes Ludwig keinen Frieden oder Sühne mit Wulfesberg Bock zu schliessen und ihnen gegen ihn, seinen Sohn und seine Helfer Hülfe zu leisten. — 1366, den 24. Juni. K. O.

We Tymme vnde arnod brodere ghe heten bocke knechte. bekennet in diffem ieghewordeghen breue. Dat we vs wer vreden ider fûnen ne fcullet ider ne willet mit hern wuluefberghe bocke vñ mit finem fone vñ mit oren hulperen. we ne don dat mit willen vnfes heren hertoghen Magnufes to Brunfwik vñ vnfes Juncheren Lodwighes fines fones. vñ fcullet en truweliken behulpen wefen weder hern wuluefberghe vñ finen fone vñ ore hulpere. vñ louet en dat intruwen in diffem breue. Dene we en to eyner bekantniffe vñ to eyner betughinge dar vp ghe gheuen hebben ghe veftent mit vnfen inghefeghelen. Na goddes bort Dufent Jar drehundert Jar in deme Sefvndefeftigheften Jare In Sente Johannis daghe to middenfomere.

301. Herzog Wilhelm von Braunschweig und Lüneburg verspricht, dem edelen Herrn Siegfried von Homburg und dessen Sohne Heinrich die 26 löthige Mark, die sie ihm für das von Statius Bussche zu Ohsen gesäete Korn entrichtet haben, bei der Einlösung des Schlosses, falls sie alsdann nicht zwei Theile der Saat behalten wollen, wieder zu zahlen. — 1366, den 29. Juni. K. O.

We her wilhelm van der gnade goddes hertoghe to Brunfwich vnde to Luneborch Bekennen openbare in deffeme Jeghenwardeghen breue Dat we vnde vnfe eruen vnde nacomelinghe fchûldich fyn rechter fchûld deme Edelen manne Syuerde heren to homborch, hinrike fyneme Sone vnde eren eruen Seffe vnde Twintich lodege marck brunfwikefcher wichte vnde witte de he vs bered heft vor dat kôrn dat Stacius bûfchen to Ofen ghefeyt hadde deffe vorfcreuenen Seffe vnde Twintich lodege marck wille we deffen vorfcreuenen heren van homborch odder eren eruen bereden vnde wedder gheuen wan we ofen van on lôfet mid deme ghelde dat se dar ane hebbet vnde willet on de betalen er se ofen van Syk antworden vnde So scolde de slaat de so edder de ore dar ghesеyt hedden vnse genfliken vnde al blyuen wolden auer de vorscreuenen heren Syuerd vnde hinrik syn Sone edder ere eruen de twe deel der slaat to ofen beholden So en drofte we on nicht gheuen de vorscreuenen Sesse vnde Twintich lodege marck Des vorplichte wy os oн in gûden trûwen stede vnde vast to holdende vnde gheuet ôn to eyner bewysinghe dosser dingk vnsen brêf beseghelt mit vnsem Inghezeghele Na goddes bord vnses heren druttеynhûndert Jar in deme Sesse vnde Sosteghesten Jare in Sûntte Peters vnde Sûntte Paules daghe der hilghen Apostele.

302. Graf Heinrich von Schwarzburg (Hauptmann der Altmark) vermittelt zwischen dem Kaiser Karl IV., dem Markgrafen Otto von Brandenburg und dem Herzoge Wilhelm von Braunschweig und Lüneburg unter Vorbehalt einer achttägigen Kündigungszeit für jeden der drei Fürsten folgenden Vertrag, welchen auch nicht nur die Vögte und Amtleute der Mark und des Herzogthums sich gegenseitig, sondern auch die Städte der Mark, nämlich Salzwedel, Stendal, Gardelegen, Tangermünde, Osterburg, und die Städte des Herzogthums, nämlich Lüneburg, Uelzen, Lüchow, Dannenberg, sich gegenseitig zu halten geloben sollen: Die Vögte und Amtleute, die Mannen und Städte beider Lande sollen nämlich gegen Räuber und gegen diejenigen, welche einem der beiden Lande Schaden zufügen, sich gegenseitig beistehen. Räuber und verfestete Leute des einen Landes sollen auch in dem anderen, dessen Schlössern und Städten keinen Frieden geniessen und gemeinsam verfolgt werden. Zur schiedsrichterlichen Entscheidung der gegenseitigen Klagen der Mannen aus beiden Landen über Schaden, der ihnen seit der Zeit, dass der Bischof Rudolf von Verden und der Graf Johann von Nassau bei dem Herzoge waren, zugefügt ist, sollen Tagfahrten gehalten, über früheren Schaden daselbst aber nicht verhandelt werden. — 1366, den 1. Juli. **K. O.**

Dyt sint de deghedinghe de de van Suartzeborch ghe deghedinghet hest tuischen deme Keysere deme marcgreuen van Brandeborch vnde deme hertoghen van Luneborch We rôuet vnde beschedeghet de marcke to Brandeborch edder dat hertoghe dôm to Lûneborch dat scûllen de voghede vnde ammichtlûde man vnde stede helpen weren an beydent syden gheliker wys alse it en sûluen anghinghe Ok en scûllet de de rôuet de marcke vnde de dar vôruestet weren edder de rouedеn dat lant to Luneborch vnde de dar voruestet weren an beydent syden nenen vrêde hebben in den landen vnde an den Sloten vnde Steden Wôme des nôd is de mach en volghen vnde se an gripen ane broke vnde dar scal eme de andere trûweliken to behulpen wesen also dat me deme mit rechte ut volghe Ok so scûllet de voghede vnde ammichtlude desse deghedinghe en trûwen louen erer Jewelk deme anderen vnde were dat der de de av syn welk ûtsettet worde so Scolde de in syne stede queme al desse stûcke louen alse se hir vorscreuen syn Ok scullet de stede de hir nascreuen syn vnder anderen dyt sûlue lôuede, doen Dyt sint de stede, Soltwedele, stendele Ghardeleghe. Anghermunde. Osterborch, af ander syd Lûneborch. Vlsen. Luchow vnde Dannenberghe Ok is ghe deghedinghet, scade de ghe scheen were in beyden landen tuischen hir vnde der tyd dat de byschop van verden vnde de van nassow by deme hertoghen van luneborch ghe wesen hebben de des hertoghen man van luneborch ghe schen is den scûllen se bescreuen senden tuischen hir vnde en sûndaghe ouer veerteynnachten to Soltwedele de des marcgreuen man ghe schen is to lûchow dar na bynnen veerteynnachten scûllen se dar daghe vmme holden to berghen edder to der kudenebrûgghe vnde Syk dar erscheden laten in mynne edder in rechte Were vore wat ghe schen dat blyst an beydent syden vnuerwillekoret Were auer dat de keysere de marcgreuen van Brandeborch edder de hertoghe van luneborch desse deghedinghe nicht holden en wolde dat scolde erer Jewelk deme anderen achte daghe vore to wetende doen. Vnde mit dessen vorscreuenen deghedinghen scûllen al vnse bûntbreue an beydent syden vnuorbroken blyuen To eneme orkûnde desser deghedinghe hebbe we hertoghe wilhelm van lûneborch, vnde greue hinrik van Suartzeborch vnse Inghezeghele ghe henghet . . laten an dessen bref de ghe gheuen is na goddes bort Drûtteynhûndert Jar, in deme Sesse vnde Sesteghesten Jare des midwekenes na Sûntte peters vnde Sûntte paules daghe der hilghen apostole.

Gedruckt in Riedel's Codex diplom. Brandenb. II. 2. pag. 477 und 478.

303. **Die Grafen Otto und Gerhard von Hallermund, Gebrüder, bestätigen den Kaufvertrag, durch welchen ihre Vettern, die Grafen Heinrich, Gerhard und Ludolf von Hallermund, Söhne des Grafen Ludolf, ihren Antheil an Springe, an Eldagsen und an der Grafschaft Hallermund dem Herzoge Wilhelm von Braunschweig und Lüneburg und, falls derselbe, ohne einen Sohn zu hinterlassen, stirbt, dem Herzoge Ludwig von Braunschweig verkauft haben *). — 1366, den 5. Juli.** **III.**

Van goddes ghenaden wy Otte vñ gherd Brodere Greuen van Halremûnt betughet in diſſem openen breue vñ bekennet vnder vſen Inghesegheллen den verkoph den vſe vedder en [1]) Greue Hinrik vnde Greue Gherd vnde Greue Ludolf Greuen Ludolues ſone ghedan hebbed vſem Heren van Lûneborch Hertoghen Wilhelme vñ ſinen [2]) Echten ſone icht he den ghewint vñ icht om neyn enwert Hertoghen Lodewighe Hertoghen Magnus ſone van Brunſwich ghedan hebbet Alſo dat ſe on verkoſt hebbed wat ſye an deme Halreſpringhe an Eldagheſſen an der graueſcap to Halremunt hebbet vñ wor ſe wat mid vs hebbet entſament eder beſunder id ſi eghen eder lehen dat dat vſe gûde wille is vñ wilbordet dat vñ hebbet des to ener openbaren bekentniſſe deſſe ieghenwardighen openen breue beſeghelt mid vſen Ingheseghelen vñ is gheſcheyn na goddes Bord dritteynhûndert iar indeme ſes vñ ſeſtigheſten Jare des Sondaghes na ſunte Petres vñ Paules der Hilghen apoſtolen.

Gedruckt in Orig. Guelf. Tom. IV. *Praef.* pag. 29 No. 3.

304. **Herzog Wilhelm von Braunschweig und Lüneburg zeigt den Rathsherren der Stadt Lüneburg an, dass er den Sülzzoll zu Lüneburg dem Probste Heinrich und dem Convente zu Lüne verpfändet hat, gebietet ihnen, den Zoll dem Probste und Convente oder denen, welchen diese den Zoll verpfänden, entrichten zu lassen und dazu behülflich zu sein, auch darüber dem Convente eine Urkunde auszustellen, und Herzog Ludwig von Braunschweig gelobt, falls Herzog Wilhelm, ohne einen Sohn zu hinterlassen, stirbt und er Herr der Herrschaft Lüneburg wird, den Pfandvertrag zu halten. — 1366, den 19. Juli.**

Die Rathsherren der Stadt Lüneburg geloben, den Befehl des Herzogs nach Vermögen auszuführen. — 1367, den 10. Februar. **XVIII.**

We ratman der ſtad to luneborgh bekenned openbar vñ betughed in deſſem breue. dat we entfanghen hebbet van vſeme erliken heren deme eddelen vorſten. Hern wilhelme hertoghen to Luneb̃. enen bref. dhe was mid ſineme. vnde mid Juncheren lodewighes jnghesegheleи beseghеled. dhe bref lvd van worde to worde aldus. We her wilhelm van der gnade godes. hertoghe to brunſw̃ vñ to luneborgh. doeth witlik jv ratmannen menliken vſer ſtad to luneborgh in deſſeme openen breue. vñ al dhen ghennen. dhe ene ſeen. eder horen leſen. dat we. deme Erliken manne Hern Hinrike prouеſte, vñ deme ganſe Conuente des cloſters to lvne. vñ eren nacômelinghen hebben ghe ſaat to twolf iaren. vnder eninghes to volgheude. alſe dhe breue vtwiſet. dhe we on dar vp ghe gheuen hebben. vnſen ſulte tollen in vſer ſtad to luneborgh vñ enbode iv. dat gi dhen vorſchreuenen tollen. eme, vñ deme ganſen Conuente des cloſters to lvne, vn eren nacômelinghen vñ deme. eder den: dhen he. vñ de gantze conuent des cloſters to lvne. vñ ere nacomelinghe. dhen vorſchreuenen ſulte tollen voort vorſetteden. na vtwiſinghe vſer breue. dhe we en dar vp ghe gheuen hebben. degheres vñ al gheuen laten. van al dhen ghennen. dhe ene pleghen to gheuende. vñ dat gi eme, vñ deme gantzen Conuente des cloſters to lvne. vñ eren nacomelinghen. vñ deme. oder den. dhen he. vnde dhe gantze conuent des cloſters to lvne. vñ ere nacômelinghe. dhen vorſchreuenen tollen voort vorſetteden na vtwiſinghe vſer breue. dhe we on dar vp ghegheuen hebben. truweliken beholpen ſyn. were dat ſo ienmand dar ane hinderen wolde. eder den tollen nicht gheuen wolde. Vñ bidden. dat gi dhen vorbenômden hern hinrike prouеſte. vn deme gantzen Conuente des cloſters to lvne. vñ eren nacomelinghen, des iuwen openen bref gheuen. dat gi dat dôn willen. Vnde we Junchere lodewigh hertoghen magnus ſone van brunſwich. des

*) *Cfr.* die Urkunde in Origin. Guelf. Tom. IV. Praef. pag. 28 No. 2.
Das Copiar XI. zeigt folgende Verschiedenheiten: [1]) *wedderen* statt *vedder en.* [2]) *ſinem.*

elderen. bekennen in deſſeme ſuluen breue. dat al deſſe vorſchreuenen ſtucke. mid vſeme willen vñ mid vſer wlbord. gheſcheen ſynd. vñ were, dat vſe vorbenômede veddere. her wilhelm hertoghe to brunſw̃ vñ to luneb. afghinghe. dat he nenen echten ſone na ſik en lete. vñ we here worden der herſchop to luneb ſo wille we vñ vnſe eruen. vñ nacomelinghe. ſcholled deme vorbenomeden hern Hinrike proueſte. vñ deme gantzen Conuente des cloſters to Ivne. vñ deme. eder den. dhen ſe dhen vorſchreuenen tollen. voort vorſetteden. deſſe vorſchreuenen ſtucke ſtede holden. alſo ſe van vſeme vedderen gheſcheen ſyn. Ok loue we dhen vorſchreuenen ratmannen van luneborgh in truwen in deſſem breue. were dat den vorbenomeden proueſt vñ den gantzen Conuent des cloſters to Ivne. vnde ere nacomelinghe. vñ dhe. eder dhen. dhen ſe dhen vorſchreuenen tollen voort vorſetteden. na vtwiſinghe vſer breue. dhe we en dar vp gheghouen hebben. dar ieman ane hinderde. dat we dat truweliken willen helpen weren. vñ den vorſchreuenen ratmannen dar to helpen ane arghelist. To ener betughinghe hebbe we hertoghe willelm. vnde Junchere lodewigh vorbenomeden. vnſe jngheſeghele ghehenghed laten in deſſen breef. dho gheghouen is na goddes bord dritteynhundert iar jn deme ſes, vñ ſoſteghesten iare. des ſondaghes vor ſunte marien magdalenen daghe. Ok bekanne we ratman. dat we dor ghvnſte, vn dor bede vſes vorbenomeden heren gherne dôn willen, to deſſen ſtucken dat beſte, dat we dôn konnen, vñ moghen. Dar vp to ener bewiſinghe dor bede vſes heren vſer ſtad Ingheseghel to deſſem breue henghed laten Dat is gheſcheen na goddes bord dritteynhundert iar jn deme ſoßen vñ ſesteghesten iare jn ſunte ſcolaſtiken daghe. der hilghen Junevrowen.

305. **König Albert von Schweden und die Herzöge Albert, Heinrich und Magnus von Mecklenburg errichten mit dem Herzoge Erich von Sachsen-Lauenburg eine Sühne wegen seiner Theilnahme an dem in Schweden gegen sie geführten Kriege, und geloben, ihn von der Klage der Grafen Heinrich und Nicolaus von Holstein *) zu befreien. — 1366, den 28. Juli.**

Wy Albert van godes gnaden konyngh tô Sweden, vnd wy Albert Hinrik vnd Magnus van den ſûluen gnaden hertoghen tô. Meklenborgh bekennen openbare in deſſem breue, dat wy vſen om hertoghen Erike van Saſſen leddich vnd los laten al des des he, edder de ſine nû indeſſem pranghe in Sweden ghedaen hebbet. Were ok dat Greue hinrik vnd greue Claws van holzſten ene ſchuldeghen wolden vmb dat ſûlue dat he edder deſine indeſſum pranghe in Swedan ghedaen hebben, daer ſcole wy ene vnde deſine af vntledeghen alſo dat he vnd deſine daer nene noet van den vorbenomeden greuen hinrik edder greuen Clawese edder den eren vmme liden ſoolen, Vnd alle breue Ede vnd alle louede, de, de vorbenomede hertoghe Erik vnd wy, vnder langk, vor deſſer tyd gheuen Sworen edder louet hebben, ſcholen byghantzer macht bliuen, vnd ſcholen dor deſſer yeghenwardeghen degedinghe edder breue willen nynerleye wys gekrenket weſen behaluen alſo vele als deſſe Jeghenwardoghe bref vtwiſet. Tô tûghe alle deſſer dink, hebbe wy koningh Albrecht vnde wy Albert, hinrik vnd Magnus herthoghen vorbenomet vſe Ingheſeghele ghehenghet an deſſen bref, de gheuen is tô. Alholme na ghodes bort drutteynhundert Jar Indeme ſes vnd ſeſtoghesten Jare des dynkſtedaghes na ſûnte Jacobus daghe des hilghen apoſtels.

306. **Ritter Günzelin von Bartensleben und seine Söhne Günzelin und Günzelin stellen einen Revers aus, dass Herzog Magnus von Braunschweig und sein Sohn Ludwig ihnen das Dorf Weyhausen verpfändet haben. — 1366, den 6. September.** **K. O.**

We her Gunzelin van bertenſleue riddere. vñ Gunzelin vñ Gunzelin ſine ſone knechte. bekennen openbare in diſſem breue. vor alle den de ene ſen ider horen leſen. Dat de hoochgheboren vorſten vñ vnſe leuen ghenedighen heren hertoghe Magnus to Brunsſwik. vñ vnſe Junchere Lodwich des ſuluen hertoghen Magnus ſone. vns hebben gheſat vnde vnſen eruen to eyner rechten ſate ore dorp to weydehuſen. mit alle

*) Cfr. (Michelsen's) Urkundensammlung der Schleswig-Holstein-Lauenburgischen Gesellschaft für vaterländische Geschichte. Zweiter Band. pag. 269 No. CCVI. vom Jahre 1364.

deme dat dar to hort. vor neghentich lodeghe mark suluers brunefwikefcher wichte vñ witte. Dat fulue dorp moghen vnfe vorbenomden heren ider ore eruen. van vns ider van vnfen eruen alle Jar weder lofen vor de benomden neghentich lodeghe mark. vppe welke tid ider vppe wolken dach fe willen vñ on dat bequeme is. vñ wanne fe ider ore eruen. vns ider vnfen eruen de vorbenomden neghentich lodeghe mark betalet hedden in der ftad to Brunefwik. So foolde we ider vnfe eruen vñ welden. on ider oren eruen. ore dorp weydehufen weder antworden vmbeworren mit alle deme dat dar to hort. alfe fe vns dat nu ghe antwordet hebben. Alle diffe vorbenomden ftukke loue we vorbenomde her Gunzelin van bertenfleue. riddere. vñ we Gunzelin vñ Gunzelin fine fone knechte. vor vns vnde vor vnfe eruen in truwen ftede vñ ganz to holdene. vnfen vorbenomden leuen heren van Brunefwik vñ oren eruen. ane ienegherhande wederfprake. vñ hebben on diffen bref dar vp ghe gheuen to eyner betughinge vñ to eyner bekantniffe befeghelt mit vnfen inghefeghelen. vñ is ghe fchen na goddes bort Dufent Jar drehundert Jar in deme Sefvndefeftigheften Jare. In vnfer vrowen daghe alfe fo ghe boren wart.

307. Die Schulte verkaufen dem Herzoge Wilhelm von Braunschweig und Lüneburg und dem Herzoge Ludwig von Braunschwaig Güter zu Carnsbostel, Hittfeld und Klein-Klecken mit dem Gerichte. — 1366, den 10. November. K. O.

Ik her Jürges Meynnrik vnde Frederik brodere ghe heeten de Schulten vnde ik Bertold Johannes fone ok ghe heeten de Schulte wy Bekennet openbare vor al den ghennen de deffen bref zeed vnde horet lefen dat wy mit willen vnde vůlbort vnfer eruen hebbet vor koft vñ op ghe laten vnde vor kopet vnde latet vp in deffer fcrift deme erliken Erluchteghen vorften hertoghen wilhelme to Brunſẘ vñ to Luneƀ. Vnde Jüncheren Lodewyghe hertoghen magnus fone van Brünſẘ des elderen vñ oren eruen vnde nakomelinghen alle den Eghendům vñ rechticheyt de wy vnde vfe eruen hadden in deffen na fcreuenen höuen vñ güde mit aller rechticheyt Tho deme erften twe höue to deme karnkes borftele enen hof to hetuelde dar en vppe wonet nů tho tyden de Memeke heet twe houe to Lutteken Cleeken den Meyer hof vñ vppe deme anderen güde wonet Heyne der wedewen vnde hört to deme güde dar vs vfe here van Luneborch vore gheuen heft Seftich mark vnde hůndert vñ vns rede betalet na willen vñ fchollet ofte ne willet dar nůmmer mere nene byfprake ofte an clagbe vp doen men we fchollet vnfen vorbenomeden heren der vorfereuenen höue mit alleme rechte en richte warent wefen vor eme des nöd is Vnde hebbet tho ener betůghinghe vnfe Ingheseghele henghet laten to deffen breue De gheuen is na goddes bort Drutteynhündert Jar in deme Seffe vnde Seftegheften Jare des hilghen auendes Sünte Mertens des hilghen byfchopes.

308. Kaiser Karl IV. schreibt dem Herzoge Wilhelm von Lüneburg, der durch den Bischof Rudolf von Verden und den Grafen Johann von Nassau ihm hat versichern lassen, dass er gern die Huld des Kaisers sich erwürbe, Folgendes: Er hat mit dem Herzoge Rudolf von Sachsen-Wittenberg, Reichserzmarschalle, über die Angelegenheit gesprochen und sendet der mit demselben genommenen Verabredung gemäss als ihrer beiden Bevollmächtigten seinen Rath den Grafen Heinrich von Schwarzburg, um mit dem Herzoge Wilhelm Verhandlungen einzuleiten und einen Vertrag abzuschliessen. — 1366, den 30. December. K. O.

Karl von gotes gnaden Romifcher Keifer zu allen
zeiten merer des Reichs vnd Kunig ze Beheim

Hertzoge Wylhelm von Lünenburg, Als du vns mit dem Erwirdigen Rudolffe Byfchoue zu Verden, vnd dem Hochgeborn Johanfen Grafen von Naffow, vnfern fürften emboten haft das du allezeit gerne nach vnfern hulden ften welleft, Des haben wir fyder demmale von deinen fachen geredet, mit dem Hochgebornen Rudolffe Hertzoge zu Sachen des heiligen Reichs Ertzemarfchalke, vnferm lieben Oheymen vnd furften, vnd fein mit ym vbereyn komen, das wir zu dir vmb die egenanten fachen, fenden den Edeln Grafen Heinrich von Swartzburg vnfern Rat vnd lieben getrewen, vnfer vnd des egenanten Hertzogen meynunge wol vnderweifet, vnd haben ym gantze macht daruber geben was er in den fachen zu dir werben wirdet des falt du ym gelauben, vnd wes er mit dir in den fachen vbereyn kummet, das fol gantz vnd ftete bleiben, on allen zwyuel vnd widerrede, Geben zu Heytingffelt an dem nehften Mitwochen nach dem heyligen Cryftage, vnfer Reichs in dem Eyn vnd Czwentzigften vnd des keifertums in dem Czwelfften Jare.

Per dominum.. de Koldicz
Jo. decanus Glogouienfis.

309. Abt Ludolf, Prior Johann und der Convent zu Oldenstadt überlassen dem Herzoge Wilhelm von Braunschweig und Lüneburg und dem Herzoge Ludwig von Braunschweig Güter im wüsten Dorfe „Stolpe" bei dem Bache „Stalbeke", welche die von Bodendike von ihnen zu Lehn besessen haben, für Güter zu Stadensen. — 1367, den 6. Januar. K. O.

Ludolfus dei gracia abbas. Johannes prior. totusque conuentus monafterij Sancti Johannis baptifte in veteri vlleffen ordinis beati benedicti tenore prefencium publice proteftando recognofcimus quod dimifimus et prefentibus dimittimus inclito principi domino wilhelmo duci de brunfvich et luneborch ac lodewico domicello de brunfvich eorumque heredibus et fuccefforibus proprietatem agrorum quatuor curiarum et quarundam cafarum deferte ville in ftolpe prope quendam riuum ftalbeke fitorum in filuis nemoribus pratis pafcuis agris cultis et incultis aquis. eorumque pertinencijs et adiacencijs et cum omni iure quo dominus boldewinus miles et frater fuus wernerus famulus dicti de bodendike ac progenitores ipforum predicta bona a nobis in feodum tenuerunt et habuerunt. et redditus duodecim folidorum decimalium denariorum de predictis agris prouenientes. in recompenfam proprietatis unius curie in villa ftotenfen et quatuor cafarum et molendini ibidem ad eandem curiam pertinencium. nobis et noftris fuccefforibus omnino nichil iuris referuantes in bonis premiffis In quorum omnium et fingulorum euidens teftimonium figillum noftrum vna cum figillo noftri conuentus prefentibus duximus apponendum Datum anno domini M̊ CCĊ LXVII ipfo die ephyphanie domini.

310. Knappe Eilhard von Rutenberg verkäuft dem Herzoge Wilhelm von Braunschweig und Lüneburg und dem Herzoge Ludwig von Braunschweig für 200 löthige Mark die Holzgrafschaft über den Steinwedeler Wald, die er von dem Grafen Conrad von Werningerode zu Lehn besessen hat. — 1367, den 13. Januar. K. O.

Ek. Eylard von Rutenberghe. knape. Bekenne vnde betüghe Openbare in deffeme breue de bezeghelt is mit minem Inghezeghele. Dat ek mit willen vnde mit vulbord miner eruen vnde alle dere de It antrid vnde mit ichte antreden mach. Hebbe ghelaten. minen gnedighen leuen heren. hern Wilhelme Hertoghen to Brunfwik vnde to Lüneborch. Juncheren Lodewighe von Brunfwik Hertoghen Magnefes fone von Brunfwik des elderen. vnde Oren eruen vñ Nakomelinghen. De Holtgrauefchop. Ouer den Steynweder wolt. mit aller rechten nüd vnde tobehoringhe. alfo als ik fe. von minem heren greuen Corde von werningherode to lene had hebbe. vnde ek wille. vnde fchal. Dere vorbenompten Holtgrauefchop Ore rechte warent wefen. wanne vnde wor On. des nod is. Schude On ok Jenich recht anfprake. an der feluen Holtgrauefchap. Dat scholden fe my witlik dün to rechten tyden. vnde fchicken my de dar to. De On. vnde my dar nütte to weren. vnde dat ik dar nicht an ver vnrechtet vnde ver felf woldighet ne worde Ne konde ik On. den neyne rechte warfchap an. dere vorbefchreuen Holtgrauefchap dün. fo fcholden ik vnde mine eruen. vnde wolden. fe dere twyerhündert lodighen mark. de fe vns vnde vnfen vronden ghewiffent hebbet vor de vorbefchreuen Holtgrauefchop ledich vnde los laten. alfo Dat ik eder mine eruen. eder vnfe vront eder nement von vnfer weghene. fe dar nicht mer vmme manen ne fcholden. vnde Ore breue De fe vns dar vp gheghouen hebbet de fcholden ledich vñ los wefen. Alle deffe vorbefchreuen ftucke hebbe ek ghelouet vnde loue Den vorbefchreuen minen heren van Brunfwik vñ Lüneborch vnde Oren eruen vnde Nakomelinghen. vor mek vnde vor mine eruen vnde vor mine vront ftede vaft vñ vnbrokeliken to holdende. Vortmer we. Werner. von Bertenfleue. vnde ghüntzel von Bertenfleue hern Buffen fone vñ Syuert von zaldere hern Janes fone. vnde Syuert von zaldere hern Cordes fone. ichtefwanne. Bekennet Dat we hebbet ghelouet vnde louet intruwen mit famender hant. in deffeme breue. de beseghelt is mit vnfen Ingheseghelen. vnfen vorbenompten heren von Brunfwik vñ Lüneborg vñ Oren eruen vnde Nakomelinghen. Were Dat. On. an deffen vorbefchreuen ftücken Jenich broke fchude vnde we dar vmme ghemanet worden binnen verteynachten alto hant na der maninghe fchulle we vnde willet to Brunfwik in komen eyn recht inlegher to lieghende. vnde dar nicht buten benachten. De broke en fy On erft deghere vnde al irvullet vnde irleghet. alfo Dat On. ghenoghe. we ne dûn den dat mit Oreme willen. Deffe brof is gheghcuen. Na goddes Bord Dritteynhundert Jar in deme Seuen vnde Seftigheften Jare. Des achteden daghes Na twolften.

311. Bischof Friedrich von Merseburg belehnt den Herzog Magnus von Braunschweig mit dem Schlosse Campen und mit den Dörfern Hattorf, Herdorf, Salzdahlum, Dettum und Schöppenstedt. — 1367, den 14. Februar. K. C. 16.

Wir Fridrich vonn der gnadenn Gottes, Bifchoff des Gotshaufz zu Merfenburgk Bekennen offenntlich mit difzem briff vor allen denenn die Jne fehen, horen oder leffzen, Das wir mit Rath vnnd ganntzem volwort der erbarn herrnn, herrn Petrus Thumbprobft herrn Bothen Dechandts vnnd des ganntzenn Capitels vnfers ftiffts zu Merfenburgk haben gelihen, zu rechtem lehen, dem hochgebornen Furftenn vnnferm gnedigen herrnn hertzog Magnufzen zu Braunfchwigk dem eltern, alle die guter, die er zu recht vonn vnnfz vnnd vnnferm Gotshaufz zu Merfennburgk haben foll. vnnd bei namen mit dem haufz zu dem Campe, mit allem deme dafz dartzu gehort, mit allen rechten, vnnd mit dem dorff zu katdorff vnnd mit dem dorff zu hordorff, vnnd mit allem deme dafz zu dennfelbigen dorffern gehorth, vnnd auch das dorff zu Saltdalem das dorff zu Deckene [1]), dafz dorff zu Schopenftad, mit allem rechtenn, vnnd mit alle deme dafz zu denfelbigen dorffern gehort, allfo dafz feine eltern an Ine geerbt haben, alle die felbigen vorbenante guter, follen wir vnnd vnnfere nachkommling vnnd vnnfer Capitel vnnd wollen rechte whor fein alle recht ift, wor vnnd wan vnnfern obbenenten herrnn den vonn Braunfchweig defz noth ift. vnnd fie das von vnnfz haifchenn. Des zu einer betzeugung haben wir Bifchoff Fridrich vorbenannter. vnnfer Innfigell ann diffzen briff mit willen gehangen Vnnd wir vonn den Gnadenn gots herr Peter Thumbprobft, herr Bothe Dechannd vnnd dafz Capitel zu Merfenburgk gemein Bekennen dafz wir zur Bekanntnufz der vorbefchrebenenn belehnung vnnfers Capitels Innfigell ann difzen briff habenn gehanngen, Geben nach Chrifti geburth allfz man zallt thaufent Jar dreihundert vnnd In dem fieben und fechtzigften Jare an fant Valentinstag des hailigen mertellers.

312. Die Knappen Günzel von Bertensleben und Conrad von Steinberg stellen einen Revers aus, dass Herzog Wilhelm von Braunschweig und Lüneburg ihnen das Schloss Knesebeck mit Gericht und ohne geistliche und weltliche Lehne für 600 löthige Mark auf neun Jahre unter Vorbehalt des Oeffnungsrechtes verpfändet und ihnen versprochen hat, bei der Einlösung des Schlosses den Preis für die Güter, welche sie mit seinem Rathe zum Schlosse kaufen oder einlösen würden, und die Kosten des Schlossbaues, zu dessen Leitung er und sie einen Vorstand ernennen wollen, ihnen zu erstatten. Sie geloben, niemanden gegen seinen Willen auf dem Schlosse zu hegen, seine Mannen und Leute bei Rechte zu lassen und gegen Unrecht, nur wenn er Hülfe weigert, sich vom Schlosse zu wehren. Sie verpflichten sich, den Pfandvertrag, falls der Herzog, ohne einen Sohn zu hinterlassen, stirbt, dem Herzoge Ludwig von Braunschweig und, falls dieser, ohne einen Sohn zu hinterlassen, stirbt, einem vom Raths-Collegio zum Herrn der Herrschaft Lüneburg gewählten Bruder desselben zu halten — 1367, den 7. März. III.

We ghüntzel van Bertenfleue heren büffen fone Cord van deme Steynberghe heren Borchardes fone knapen bekennen in deffeme Openen breue dat de dorluchteghe vorfte vnfe leue here Wilhelm Hertoghe to Brunfw vñ to Luneb heft vns ghüntzele van Bertenfleue vñ mynen Eruen vñ Corde van Steynberghe vñ to vnfer trûwen hand hern annen vñ Hinrike van heymborch Wernere vñ guntzele van Bertenfleue vñ buffen van aluenfleuen heft ghefat fyn Slot den knefebeke mid allerleye rechte richte nût vñ to behoringhe

[1]) *Dettum* in einer späteren Belehnungsurkunde.

dat dar nů to hort ane geyſtlike vñ manlike leen vor vif hůnderd lodeghe mark Brunſw wichte vñ witte neghen iar vmme an te rekende van der vt ghift deſſes Breues vñ wanne deſſe vorſcreuenen neghen vmme komen ſyn So mach vnſe vorbenomde Here Sine Eruen vñ nacomelinghen vns vñ we eme de loſe des Slotes Kundeghen alle Jar bynnen den achte daghen to Paſchen Wanne de loſe al dus ghekundeghet were So vort ouer eyn iar ſcal vnſe vorbeñ here ſyne Eruen vñ nacomelinghen vns bynnen den ſuluen acht daghen to paſchen vnſe ghelt betalen in derſtad to Brunſw vñ vns dat dar bynnen veleghen vorbeſate vñ bekůmmeringhe vñ wan we aldus bereet ſyn So ſchulle we vnſeme vorbeñ heren Synen Eruen vñ nacomelinghen van ſtaden an ſyn vorbeñ Slot weder antwerden ane hinder vñ vortoch Were ok dat we gůd koſten eder loſeden na vnſes vorbeñ Heren rade dat deme Slote beleghelik were dat gůd ſcolde we beholden to deme Slote al de wile dat we dat Slot van eme hedden Wanne ouer vnſe vorbenomde here dat Slot van vns loſede So ſcal he vns dat ghelt weder gheuen wat we vor dat gůd ghe gheuen hebben vñ dat gůd to ſik nemen Ok ſculle we dat vorbeñ Slot beghinnen to bůwende van ſtaden an na vnſes vorbeñ heren rade vñ dar ſcal he vñ we eynen man to Setten de dat bůw vorſta vñ de ſcal vnſeme vorbenomden heren vñ vns rekenen wan dat Jar vmme komen were wat dat bůw ghekoſteſt hedde vñ dat ſcolde vns vnſe here ghelden eder we ſcelden dat vp dat Slot rekenen. vñ vnſe here ſcolde vns ie des Jares vppe teyn mark eyne gheuen. Were Ok dat we dar ſaat ghefoyt hedden de ſcolde he vns ghelden na beſegghinghe twyer vnſer vrunt vñ twyer ſyner man Mynne vñ rechtes ſcal vnſe vorbeñ Here vñ ſyne Eruen vñ nacomelinghe ouer vns vñ vnſe Eruen mechtlik weſen to allen tyden Ok ſculle we eme dat Slot Truweliken bewaren vñ eme ſynen Eruen vñ nacomelinghen dat open holden to allen tyden wan ſe bodet Ok en ſculle we nemande holden edder heghen vp deme ſuluen Slote dat weder vnſen vorbeñ heren ſyne Eruen vñ nacomelinghe were vñ ſyne man vñ lůde by rechte laten vñ nicht vorderuen Ok en ſculle we dar af vñ dar to nemande vorvnrechten noch beſchedeghen Vorvnrechtede vns auer we vnde weygherde vnſe vorbeñ here vns to helpende Minne eder rechtes bynnen twe Manden dar na wan we dat van eme ghe eſchet hedden So moſte we vns van deme Slote wol vnrechtes erweren alſo langhe wente he vns mynne oder rechtes helpen kůnde vñ dar ſcolde we vns ane en noghen laten Wolde vnſe vorbeñ here ſyne Eruen vñ nacomelinghe van deme orleghen welken ammytman he dar Settede de ſcolde vns vñ de vnſe vorſcaden vñ vor vngheuoghe bewaren vor ſik vñ vor deme de myt eme dar weren Schůde vns auer ſcade den ſcolde vns de ammychman weder don in mynne eder in rechte bynnen den neghesten vordendel Jares dar na wan we dat van eme ghe eſchet hedden Worde ok dit Slot van vnghelůcke vorloren des god nicht en wille ſcůde dat van vnſes vorbenomden heren weghene So ſcollde he vns bynnen den negheſten iare dar na en ander Slot helpen buwen in dat ſulue ghelach vñ richte alſo gůd dat we de ghůlde des Slotes af bekrechteghen mochten edder he ſcolde vns eyn ander pand in des Slotes ſtede ſetten vor vnſe vorbeñ gheld Dede he des nicht So ſcolde he vns vnſe vorbeñ gheld wedder gheuen wan dat Jar vmme komen were ane hinder vñ vortoch Schůde dat van vſer weghene So ſcholde vns vnſe gheld vnde vnſeme heren Syn Slot verloren weſen vñ doch en ſcolde we vns noch he Sik nicht ſonen noch vreden myd den de dat Slot ghewůnen hedden id en were af beydent ſyden vnſe wille Vortmer were dat vnſer Borghen de hir na ſcreuen ſtad Jenech af ghinghe So wille we eynen anderen alſo gůden in Jewelkes ſtede Setten de dar af ghe ghan were bynnen veerken dar na wan we dar vmme manet werden vñ ſcal vor vns louen alle deſſe ſtůcke in eyneme ſunderliken breue vñ dar ſcal deſſe bref vnverbroken mede bliuen Alle deſſe vorſcreuenen ſtůcke loue we vorbeñ gůntzel van Bertenſleuen vor my vñ myne eruen vñ Cord van deme Steynberghe myd ſamender hand entrůwen vaſt vñ vnbrokelik to holdende ſůnder Jenegherleye arghelist vnſeme vorbeñ heren Hertoghen Wilhelme ſynen Eruen vñ nacomelinghen vñ Jůngheren Lodewighe Hertoghen Magnus ſone van Brůnſw des Elderen vñ ſynen Eruen vñ nacomelinghen Oft Hertoghe Wilhelm vorbeñ alſo Storue dat he neynen Echten ſone na ſik en lete vñ Jůngheren Lodewighes Broderen eyneme de na eme to eyneme Heren der herſcap to Lůneborch ghekoren worde van den de dar to ghesat ſyn eder noch to ghe ſat werden Oft Junghere Lodewich alſe Storue dat He neynen Echten ſone na ſik en lete

Vñ we Her Ludolf van deme knefebeke Her Gerd van wederden Riddere Johan van Oberghe de to Oueſ-uelde wônet Henrik van der Schûlenborch, Werner van Bertenſleue ghûntzel van Bertenſleue Hern ghûnt-zeles ſone Syferd van Saldere hern Cordes ſone Bûſſe van aluenſleue vñ Rotgher van ghûſtede Knapen Bekennen in deſſeme ſuluen breue dat we vns to Borghen ghefat hebbet vor ghuntzel van Bertenſleue vñ ſyne eruen vn Corde van deme ſteynberghe vorbenomden in deſſer wys wûre dat vnſen vorbeñ Heren eren Eruen vñ nacomelinghen Jenech brok edder hinder worde an deſſen vorſcreuenen ſtûcken So wille we in Ryden in de ſtad to vlſen bynnen den neghesten vorteynnachten dar na wan we dar vmme manet werden vnde dar eyn recht inlegher holden vn nicht butene benachten de brok en ſy en ghentliken al vor vûllet eder we en don dat myd ereme willen Dit loue we vorbeñ Borghen mit ſamender hand antrûwen vor de vorbeñ ghûntzele van Bertenſleue vñ ſyne Eruen vñ Corde van deme Steynborghe vñ myt en vaſt vñ vn brokeliken to holdende ſunder Jenegherleye argheliſt vnſen vorbeñ heren hertoghen Wilhelme ſyne Eruen vñ nacomelinghen vñ Jungheren Lodewigho Hertoghen Magnus ſone van Brunſw̄ des Elderen vñ ſynen Eruen vñ nacomelinghe Oſt Hertoghe Wilhelm vorbeñ alſo Storue dat he neynen Echten ſone na ſik en lete vñ Jungheren Lodewiges brodere cyneme de na eme to cyneme heren der Herſchup to Luneborch ghekoren worde van den de dar to ghefat ſyn eder noch ghefat werden Oſt Junghere Lodewig alſo Storue dat he neynen echten ſone na ſik en lete To eyner betûghinghe deſſer vorſcreuenen ſtûcke hebbe we Sakewolden vñ borghen vorbeñ vnſe Ingheſeghele mit willen vñ mit witſcûp ghehenghet laten an deſſem bref de ghe-gheuen is na goddes bort dritteynhundert Jar in deme Seuene vñ Seſteghesten Jaro des erſten Sondaghes in der vaſten.

313. Herzog Wilhelm von Braunschweig und Lüneburg überlässt den Grafen Ludolf und Ludwig von Wunstorf das Eigenthum des ihm von den von Engelingbostel heimgefallenen Gutes zu Düendorf. — 1367, den 28. März. K. O.

Van Goddes gnaden We Her Wilhem Hertege to Brunſwik vñ to Lûneborch bekennet openbare in deſſer ſcryft dat wy Erſliken hebbet ghegeuen. vñ gouet in deſſem breue vry vñ egen. lenwere. vñ gud. vſe gud to duyendorpe myd allem Rechte alse id vs vorledeget is van den van Engelingeborſtelde den Edelen luden. ludolue. vñ lodewighe Greuen to Wnſtorpe. vñ Oren Eruen. in deſſer wiſe. wor Se dit vor-benomde Gud leten. geuen. iſte lenden. dat were by Orem lyue iſte dode. dat ſcolde weſen myd vſem guden willen. vñ vulbord ane Jengerleye anſprake de we. iſte vſe Naquomelinge dar anne don mochten. Ok ſcun we. vñ vſe Naquomelinge deſſes vorſcreuenen Gudes vñ lenwere Rechte warende weſen wo wy van Rechte ſcñn. dit loue we her wilhem hertege to Brunſwik. vn to lûneborch vor vs. vñ vor vſe Na-quomelinge deſſen vorbenomden ludolue. vñ lodewighe Greuen to Wnſtorpe. vñ Oren Eruen truwelken to holdende. vñ vn vorbroken Datum Anno Dominj M CCC^mo Sexageſimo Septimo dominica quando Cantatur letare Sigillo Noſtro appenſo.

314. Abt Diedrich, Prior Johann und der Convent des Klosters Riddagshausen überlassen den Herzögen Wilhelm und Ludwig von Braunschweig und Lüneburg ihre Güter zu Sälfeld und Rhode und die Hälfte der „Brok-mühle“ tauschweise für die Güter der Herzöge im Felde zu Alvesdorf. — 1367, den 28. März. K. O.

Nos frater Thidericus Johannes prior Totuſque Conuentus Monaſterij Riddagheſhuſen Ciſtercienſis ordi-nis halberſtadenſis dyoceſis Omnibus preſentes literas viſuris ſeu audituris Salutem in Domino Ne quod nunc certum eſt fiat dubium et quod racionabiliter geſtum eſt per obliuionem forſitan deſtruatur humane eciam memorie fragilitas vtiliter ſcripture teſtimonio adiuuatur Nouerint igitur vniuerſi tam preſentis tem-poris quam futurj nos cum illuſtribus principibus Domino Wilhelmo et Lodewico ducibus in Brunſw̄ et Lune-borch quandam permutacionem ſeu concambium iniuiſſe Scilicet quod omnia bona noſtra in villis Soluelde et hillekerode ſita tam intra quam extra ac dimidietatem cuiuſdam molendini wlgariter brokmole dictj prout hactenus dinoſcimur habuiſſe ac quite poſſediſſe donauimus et dimiſimus et per preſentes donamus et dimittimus illuſtribus principibus Domino Wilhelmo et Lodewico ducibus in Brunſwich et Luneborch ſupradictis necnon et eorum heredibus in Jus proprium perpetuis temporibus poſſidenda. Ita tamen quod nobis in omnium bonorum predictorum recompenſam donauorunt ymmo et donant prout in literis eorum nobis ſuper huiuſmodi traditis illuſtribus principibus ab eiſdem plenius continetur omnia bona ſua in Campis Algherſtorpe ſita tam intra villam quam extra renunciantes vniuerſis et ſingulis que ipſis et eorum heredibus competere poſſent in futuro. Ad maiorem quoque euidenciam et robur firmius preſentes literas Sigillis noſtris ſigillatas prefatis principibus dedimus communitas Huius rei teſtes ſunt Dominus Johannes de honlaghe miles kerſten de langeleghe et kerſten de wolſtorpe famuli. Datum et actum Anno domini M CCC Sexageſimo Septimo dominica qua cantatur Letare Jheruſalem.

315. Bischof Gerhard von Hildesheim schreibt mit Bewilligung seines Domcapitels zur Abtragung der 1700 löthigen Mark, wofür Schloss Ruthe verpfändet war, Schloss Marienburg verpfändet wird und Schloss Woldenstein verpfändet ist, auf jedes der nächsten drei Jahre eine allgemeine Beede aus. — 1367, den 29. März. K. O.

We. van goddes gnaden Gherd Biſſchop to Hildenſem be kennet in deſſeme breue Dat vſe Stichte. er we Biſſchop worden ſculdich was Seuenteyn Hundert lodighe marc Dar de Ruthe vore ſettet was.. Dar de Marienborch vore ſettet wort. vñ de woldenſten. vore ſettet is. Des hebbe we mit willen vnde wlbord. vſes Capitteles vt ghe ſat. vnde ſettet Dre meyne moghelike bede. to dren jaren. ouer ſtichte. ouer papen. vnde ouer alle bur. vnde ouer ſtede. mit den vlite. den we dar to don moghen. mit be ſchedenheid. alſo. Dat de Summe iowelker bede Si. Vif hundert vñ Seuentich lodighe marc hildenſemſcher wichte vnde witte. vnde dat to den beden, vt ghe ſat werde redelken. vnde matliken. vppe de Dorp. vnde we be. dat ſe ghe ſat werden. dar ſchôn de ghenen. de lûde hebbet. vnde Sunderliken de Domproueſt. De Proueſt. van dem berghe. vñ de Proueſt van dem hilghen Crûce. bi weſen. mit vſen amptluden. eder vôghen dar to. de mit vſen amptluden. dat vt ſetten. wat de Dorp vor moghen. vnde dat ſe dat na orer wit ſchap like ſetten.. vnde laten dat noch dorch leſ. noch dorch led. Wanne alſo de Summe vt ghe ſat is. ſo Scal men dar lûde to nemen. vt den Dorpen. de de weten. wat malk vor moghe. de in den Dorpen wonet vnde dat men dat. dar na redeliken ſette Vnde wat vppe de lûde. vñ vppe de dorp. de vns to horet ghe ſat wert Dat ſcullen vſe voghede vt vorderen Ok ſcullen. De Domproueſt. De Proueſt van dem berghe. vñ de Proueſt van deme hilghen Crûce. vñ ander ſtichte vñ Cloſtere deſe lûde hebbet Dat alſo vôghen. Dat de bede de vp ore lûde vnde dorp alſo ghe ſet wart. vp kome binnen eneme mande na der vt ſettunghe icht ſe kunnen. Schûde des nicht ſo moghe we dat vt vorderen laten ſunder hinder des Domproueſtes. vnde des Capitteles. Wat denne van iowelker bede vt kumpt Dat ſcal men bringhen bi enen. den we dem Capittele nômen latet vñ de ſcal. os. vnde deme Capittele rekenen. wo vele van iowelker bede vt kome. Wat ok vſe lude to deſſer bede gheuet. Des ſchôn we. de twey deyl. be holden. andere vſe Slote mede to holdende. vñ den Dridden deyl. ſcal men rekenen. Vnde we ſcullet de Summen. vñ wat anders to den beden vt kumpt. ghentzliken keren. in de Summen. der Seuenteynhundert marc to be talende. Wat ok in der wynter bede nicht vt en queme. Dat ſcolde men Dar na. in der mey bede to vorderen. alſo. Dat vif hundert vñ ſeuentich lodighe marc al vt quemen in deme erſten iare Dat ſuluo ſcal men don. in deme anderen. vñ dridden iare. alſo. dat de vor ſereuene Summe to dren iaren al vt kome Velle dar auer icht in. In welkerwis dat were. Dat de Summe to den vor be nomden iaren nicht al vt en queme. ſo ſcolde men dat in den neiſten iaren alſo ſchicken. wes brake were Dat nicht vt komen ne were Dat men dat redeliken vt vordere. in der wis. alſe hir vore ſereuen is. Weret dat denne van der vor be nomden Summen. auer wat na bleue. Dat ſcolde men denne vorderen. alſe men erſt kônde in den negheſten iaren. alſo. dat de vor be Sereuene Summe. al. vt queme Wanne ok deſſe Summe ghentliken vt ghe komen is. ſo ſcal deſſe bref dot weſen. To tughe deſſer vor ſereuenen ſtucke. hebbe we Biſſchop Gherd vor ſereuene. vſe inghe ſeghel. bi vſes Capitteles inghe ſeghele. ghe henct to deſſeme breue. Vnde we.. Nicolaus Domproueſt. Henric Deken. vnde vſe meyne Capittel. to hildenſem be kennet Dat alle deſſe vor ſereuene ſtucke ghe ſchen Sint mit vſer witſcoph. vnde willen. Des hebbe wo ok vſes Capittels inghefeghel. to deſſeme breue ghe henghed laten. Na goddes bort Drittcynhundert iar In Deme Souene vñ ſeſteghesten iare Des mandaghes na Letare.

316. Ritter Burchard von Marenholtz verkäuft dem Herzoge Wilhelm von Braunschweig und Lüneburg und, falls derselbe, ohne einen Sohn zu hinterlassen, stirbt, dem Herzoge Ludwig von Braunschweig, vorausgesetzt, dass dieser dann Herr der Herrschaft Lüneburg wird, das Dorf Niendorf mit Zehnten und Zins nebst Zins und Berechtigung im Dorfe Twülpstedt, welche Güter er von seinem Vater geerbt hat, auch seine Berechtigung in der „Rodemühle" bei demselben Dorfe und in der Niedern-Mühle bei Bahrdorf und das „Coldebruch" bei dem Schlosse Bahrdorf für 200 löthige Mark, die sie ihm mit der Summe, wofür das Schloss ihm verpfändet ist, auszahlen sollen. — 1367, den 8. April. K. O.

Ik Borcherd van Marnholte riddere bekenne in deſſeme openen breue dat ik hebbe verkoſt vnde ghelaten mid vulbord alle miner eruen minem leuen heren. hern Wilhelme hertoghen to Brunſw̃ vñ to Luneb̃ vnde ſinen eruen vnde nakomelingen vnde Juncheren Lodewighe hertoghen Magnus ſone to Brunſw̃ des elderen vnde ſinen eruen vnde nakomelingen ofte hertoghe wilhelm vorbenomd alſo ſtorue dat he nenen echten ſone na ſik en lete vñ he here worde der herſchap to luneb̃ dat Dorp to nyendorpe mid Tegheden vnde mid Tynſe vnde mid allerleye rechte alſe min vader dat mi ghe erued heft vñ wat ik hebbe in deme dorpe to Twûlpſtede van Tynſe vñ van anderem rechte dat mi min vader dar an ghe erued heft vnde dat ik hebbe in der rode molen bi dem ſuluen dorpe. vnde inder nedern molen to Bardorpe. vnde dat Coldebruk dat dar lecht bouen dem ſuluen ſlote to Bardorpe vor twe hundert lodighe mark brunſw̃ wichte vñ witte. de ſe mi betalen ſcullen mid den penningen de ik hebbe in dem ſlote to Bardorpe vnde er ik on dat vorbenomde ſlot weder antworde. vñ ik vñ mine eruen ſcullen on des ſuluen gudes rechte warende warende weſen. To ener betughinge hebbik min Ingheſeghel ghehenget laten to deſſem breue. Na goddes bord Drytteynhundert Jar In deme ſeuen vnde ſeſtigheſten Jare des donredaghes vor Palmen.

317. Der Abt Engelhard und der Convent zu Amelunxborn stellen einen Revers aus, dass ihnen der edele Herr Siegfried von Homburg und sein Sohn Heinrich das denselben von den Herzögen von Braunschweig *) verpfändete Schloss Everstein die nächsten sechs Jahre überlassen haben, und versprechen, nach Verlauf dieser Zeit ihnen das Schloss gegen Erstattung von hundert löthigen Mark wieder einzuräumen. — 1367, den 11. April. K. O.

We . . her Enghelhard Abbed to Amelungeſborne. vnde dat ghemeyne Conuent dar ſulues. we bekennet vnde betûghet openbare in deſſem breue. dat de Edelen heren Jûncher Syuert herre to homburgh vñ Jûncher Henr̃ Syn Sône vnde ore eruen os ore hûs vnde Slot Euerſtene vmme vruntſcop willen vñ in guden truwen. be volen vñ ghe antwordet hebbet. vñ we. hebbet dat ighenomen alzo dat we on dat holden ſcûllet vñ willet on dat truwelichen be waren van paſchen an dat nû is vort ouer Ses iar deſſe tyd ſculle wy dar an beſitten in aller wiſe alze de breue vt wiſet de vnſe herren van Brunſw̃ vñ deſſe vnſe heren to homburgh vppe dat hûs to Euerſtene vnder eyn ander ghegeuen hebbet Ouck ſculle we vñ willet vppe dem Slote holden twene portenere vñ eynen tôrnman vñ wechtere vñ anders gheſindes des we be dorfen vppe dem hûs to Euerſtene dat we de hode des Slotes wol mede don willet wanne deſſe Ses iar vmme ghe komen ſind ſo ſculle we on dat Slot Euerſtene weder antworden ane weder rede deſt me os denne eirſten betalet hebbe vñ weder gheuen hundert lodeghe mark brunſ̃ witte vñ Eymb̃ wichte. De wyle ſculle we dar an dem Slote Euerſten beſitten vñ holden dat in alle den ſtucken alze de brieff vt wiſet den os de edelen heren to homburgh dar vp ghe geuen hebbet Des vorplichte we ôs vñ vſe nakomelinghe vnde vſe Conuent den ergenanten heren to homburgh vñ oren eruen in guden truwen ſtede. vñ vnvorbrekelich

*) Cfr. die Urkunde der Herzöge Albrecht und Johann von Braunschweig vom Jahre 1364 in Origines Guelficae Tom. IV. pag. 505 No. 40.

to boldende ane alle hülperede vñ ghouet oñ des to Tûghniffe deffen breiff mit vfem vñ vfes Conuentes Ingefegholen befegelt Deffe brieff is ghe geuen Na Goddes bord Dritteynhundert in dem Seueden vnde Seftigeften Jare des Sundaghes to Palmen.

318. Domherr Diedrich von Stockem zu Hildesheim stellt dem Domcapitel wegen acht löthiger Mark, die für die Obedienz zu Nettelrede bestimmt sind, den Herzog Heinrich von Braunschweig, Probst zum heiligen Kreuze, und den Grafen Heinrich von Woldenberg, Domherren zu Hildesheim, zu Bürgen. — 1367, den 11. April. K. O.

Ek her dyderic van ftockem de Jûngere van der gnade goddes Domhere to Hildeñ be kenne openbare in deffeme breue dat ek hebbe vp ghe nomen van vfen heren Dem Capittele to Hildeñ achte lodighe marc hildeñ wichte vñ witte de ek be leggen fcal vñ wille an ewighe gûlde to der obediencien to Netelredere alfe ek erfte kan were ok dat vfe heren dat capittel afcheden to be leggende de Seluen achte marc So welde ek na vfer heren rade binnen verndel Jares leggen an ewighe gûlde to der vorbenomden obediencien wûr mek vfe heren wiften worde ok min to kort ere ek de Seluen achte marc be leyde des god nicht en wille So fcullet mine to teftere van al dem dat ek nalate vñ miner gûlde de mek na volghen macht vfen heren dem Capittele vorbenomd eder weme de vorbenomde obediencien wert de vor fcreuenen achte marc weder gheuen ane hinder eder vortoch to ener beteren be waringe So hebbe ek vfen heren dem Capittele twene borghen ghe Sat de hir na be Screuen ftad vñ we hertzeghe hinr̃ van goddes gnaden prouest to dem hilghen cruce vñ greue hinr̃ van woldenberghe domheren to hildeñ louet mit Samder hant vfen heren dem Capittele were dat van hern dyderike van ftockem vorbenomd eder Siner to teftere vñ Siner gulde an deffen vor fcreuenen ftûcke Jengherleye brok worde dat fcolde we vñ welden yr vûllen binnen ver wekenen na der tyd dat we dar vmme ghe manet worden des hebbe we van goddes gnaden hertzeghe hinr̃ vñ greue hinr̃ mit hern dyderkes van ftockem in ghefeghele vfe in ghefeghele to deffeme breue ghe hengt laten vñ ek her dyder̃ van ftockem vorbenomd. hebbe alfe en Sakewolde min in ghe fteghel an deffen bref ghe hengt Je ghouen Na goddes Bord dûfent Jar dre hûndert Jar in deme Seueden vñ Seftigheften Jare to palmen.

319. Bischof Heinrich von Paderborn schliesst auf Lebenszeit ein Friedensbündniss mit dem Herzoge Wilhelm von Braunschweig und Lüneburg und dem Herzoge Ludwig von Braunschweig, errichtet für vorfallende Irrungen ein Schiedsgericht zu Hameln oder Ohsen, gelobt, ihnen im Kriege gegen den edelen Herrn Simon von der Lippe, falls er ihnen gegen denselben nicht zum Rechte verhelfen kann, Hülfe zu leisten und eine Besatzung von hundert Rittern und Knappen nach Steinheim zu legen, wofür sie eine eben so starke Besatzung zu Lügde oder Barntrup halten sollen, und verpflichtet sich mit ihnen, kein Schloss näher an die gemeinsame Grenze zu bauen. — 1367, den 30. Mai. K. O.

Wy .. Henrik van godis gnaden Byfcop tho Paderborne bekennet in deffime breue. befigelt mit vnfem Ingefigle. dat wy mit bedachtem moode vnde mit gûdem vorberade vns fruntliken hebbet voreynet vñ verbunden. al de wyle dat wy leuet mit. den dorluftigen fûrften Herthogen .. wylhelme van der gnade godis Herthogen to Brunfvik vñ to Luneborch. vnde Junchern. Lodewige Herthogen Magnes Sone van Brunfvik des eldern. vnfir beyder lande vñ lûde to gûde. alzo hir na befcreuen fteyd. Tho dem irften dat wy erer vñ eres landis vygend nicht werden enfcolen. Wy willet auer vns vnde de vnfe by rechte beholden. Wy vñ vnfe amptlude fcolet ouk dat truwelike bewaren vnde bewaren woer wy mogen. dat de vorbenomden Herthogen. Hern Wilhelme vnde Junchern Lodewige vte vnfen Sloten dorpen vnde lande neymand vervnrechte Worden fee ouk vervnrechtet, we de danne begede in vnfen Sloten dorpen vnde lande vorfat vnde vnverfat der vygend vnde der Sakewolde wolde wy van ftaden an werden wanne vns dat to wetende worde alzo lange wente den vorgefcreuenen fûrften Herthogen wilhelme vñ Junchern Lodewige vnde den eren recht widervare. We fek ok to rechte beyde vmb vnrecht alze vorgefcreuen fteyd. van dem fcolde men dat nemen. Worde wy ok efte vnſe amptlude ſchelhaftich mit den vorbenompten ſurſten Herthogen Wilhelme vnde Junchern Lodewige edir mit den eeren edir ſee mit vns edir mit den vnſen. edir de vnſe vndireynandor des got nicht enwille. dar ſcolde wy. twene vte vnſem raede to ſcikken. vnde de vorbenompten ſurſten Herthoge Wilhelm vnde Juncher Lodewich twene vte erme rade. de ſcolen de Schelinge ſceyden mit fruntſcap edir mit rechte. dar na bynnen eynem mande allir neyſt wanne dat wordo ge ſchiet Were dat ſee des rechtis nicht eyndrechtich werden enkůnden. So ſcolden ſee keyſen to eynem ouermanne eynen heren. eynen Riddere. edir eynen knecht. Enkonden ſee des kores nicht vp eyn komen. So ſcolden ſee doblen dar vmb we meyſt worpe. de ſcolde den ouerman keſin. vnde we den kore hedde. de ſcolde des ouermannes mechtich ſin. dat he de Scelinge ſceydede bynnen der tiid. alze hir vorgeſcreuen ſteyd. Vormochten ſee des nicht mit dem ouermanne So ſcolde der tviger recht de ghekorn hedden nyder ligen vnde der andern tviger recht ſcolde vor ſek gaen vnde deſſe vorgeſcreuen ſceydelude ſcolden to Samde ryden to Hameln efte en dar gheleyde werden konde. konde en dar neyn geleyde werden. So ſcolden ſee ryden to Oeſin vnde ſceyden de ſtucke in allir wiis alze hir vorgeſcreuen is Welkeme heren clage noed is. de ſcal de clage beſcreuen geuen. dem andern heren. vñ vppe wene de clage geyd. de ſcal ſyn antwerde dar entygen ſcriuen. vñ ſcal men antwerde vnde clage den ſceydeluden doen. de ſcolen dat an ſteden vñ to ſtůnde in allirwiis ſceyden. alze hir vorgeſcreuen ſteyd. Were ouk dat Jenich ſcelinge were efte worde twyſchen den vorbenompten. ſurſten. Herthogen Wilhelme vñ Junchern Lodewige. vnde Junchern Symone van der Lyppe. dar wy een neynes rechtis vmb helpen enkonden. wanne ſee dat denne van vns ſcheden. So ſcolde wy vnde wolden vnvortoget een orlogen helpen alze lange wente wy een rechtis ghehelpen mochten. Wanne wy denne to orloge quemen. So ſcolde wy hůndirt Riddere vñ knechte legen to eynem rydenen orloge. to Steynheym edir woer ſee tygen de vygende beſt legin in vnſen Sloten. vnde dar ſcolden de vorbenompten ſurſten Herthoge Wilhelm vñ Juncher Lodewich hůndert Riddere vnde knechte entygen legen. to Lůde edir to Berntorp Wat wy denne ok irworuen an name efte an dingetal. dat ſcolde wy lyke deylen na antal wapender lůde. Were ok. dat wy ſtridden vñ vns got halpe. dat wy wnnen edir andirs reyſige haue edir vangenen wnnen. dat wyn ſcolde wy deylen na antal wapender lůde. Wnne wy ok edir buweden Slote. de ſcolden vnſir beyder ſyn. Ouk enſcolde wy vns nicht ſonen nog fryden. wy endoen dat ſemetliken mit eynander. Ouk enſcal vnſir eyn dem andern nicht neyger buwen wen alze wy reyde hebbet. dat enſchee mit des andern wilbord edir rade Dit bůnt vnde alle degedingede vorgeſcreuen. ſcolen ſtan. de wyle dat wy leuen. Vnde ſouet de. den dorluſtigen ſurſten Herthogen Wilhelme to Brunſvik vñ to Lůneborch vnde Junchern Lodewige Herthogen Magnus Sone des eldern to Brunſvik vorbenompten. ſtede vñ vaſt to holdene in allirwiis alze hir vorgeſcreuen ſteyd Tho eyner betůginge hebbe wy Byſcop Henrik to Paderborne vorbenompt vnſe Ingeſigel ghehengen laten an diſſen bref. De ghegeuen is na godis bort Dritteynhůndirt Jar in dem Sŷueden vñ Seſtigeſten Jare. des negiſten Sondages na vnſis heren godis Hymeluart.

320. **Aschwin von Salder, Probst zu St. Blasius zu Braunschweig, seine Söhne Heinrich und Ernst und die Gebrüder Hans und Siegfried von Salder bescheinigen, dass Herzog Wilhelm von Braunschweig und Lüneburg 700 löthige Mark von den 2450 löthigen Mark, womit sie das Schloss Lichtenberg von dem Rathe und den Bürgern der Stadt Braunschweig eingelöset haben, ihnen bezahlt hat. — 1367, den 24. Juni.** II.

We her Aſchwin proueſt to ſunte Blaſio to Brunſw̄. her Hinr̄ vnde her Euert ſine Sŏne Riddere. Hans vnde Syuerd Brodere. alle heten van Saldere. Bekennet openbar in deſſeme dat vnſe leue here Herteghe Wilh̄. herteghe to Brunſw̄ vnde to Luneb̄. heſt vns be red Seuenhundert lodege mark. Brunſw̄ wichte vnde witte. des geldes veſtehalfhundert vnde twe Důſent lodeghe mark. dar we mede lŏſeden. dat hus to Lichtenberge van deme Rade vnde den Borgern to Brunſw̄. Der ſeuen hundert mark hebbe we ene los ge laten. vñ latet ene der leddich vnde los in deſſem Breue.. Vnde des to tůghe hebbe we vnſe Ing̃ henget to deſſem Breue.. De gheuen is na godes bord. Drůtteynhundert iar. in deme Seuen vnde Soſtegeſten iare. In ſunte Johannis to Middenſomer.

391. Herzog Wilhelm von Braunschweig und Lüneburg bestätigt den Prälaten, Aebten und Pröbsten das Recht, in Städten und Weichbilden, auf Märkten und Strassen gleich den Bürgern Einkäufe zu machen und zu ihrem und ihrer Klöster Behuf die erkauften Waaren wegführen zu lassen. Herzog Ludwig von Braunschweig gelobt, falls er Herr der Herrschaft Lüneburg wird, sie bei diesem Rechte zu erhalten. — 1367, den 24. Juni. K. C. 14.

We her. wilhelm. van der gnade goddes hertoghe to Brunſwich vnde to Luneborch Bekenned indeſſeme Openen breue dat vnſe prelaten Ebbete vnde proueſte de in vnſer herſcap wonaſtich ſyn. de gnade vñ dyt recht hebben ghe haat vnde hebbet van vnſen. Elderen. dat ſe. mochten vñ moghen. köpen vñ kopen laten in vnſen ſteden. vñ wickbelden wes ſe be houeden alze eyn borgher de dar wonaſtich is vppe den markeden vñ vppe den ſtraten vñ dat vt voren laten tho. ereme behoue vñ erer Cloſtere wan ſe wolden vnde by deſſer ſuluen gnade wille we ſe beholden vnde ſtedeghed on. de in deſſen breuen were dat ſe jennand dar ane hynderde dat wille we vñ vnſe eruen vñ nakomelinghen ſchullet wan ſe edder orer Jewelk deme dat an rorede. helpen dat ſe by deſſer vorſchreuenen gnade vñ rechticheyt bleuen vnbehynderth Vnde we Juncher Lodewich hertoghen magnus ſone van Brunſwich des elderen bekennet in deſſem ſuluen breue Dat al deſſe vorſchreuenen ſtucke myt vnſeme willen vñ wolbord ghe ſcheen ſyn. Vnde were dat vnſe vorbenomde veddere her wilhelm hertoghe to brunſwich vñ tho Luneborch afghynghe Alzo dat he nenen echten ſone na ſik en lete vnde we here worden der herſchup to Luneborch So wille we vñ vnſe eruen vñ nakomelinge ſchullet den vorbenomden Ebbeten vnde prouesten. deſſe vorſchreuenen gnade vnde rechticheyt ſtede vnde vaſt holden. in allerleye wis alze vnſe vorbenomde veddere ſcholde oft he leuede Tu eyner betughinghe deſſer vorſchreuenen ſtucke hebbe we vorbenomde her wilhelm vnde Juncher Lodewich vnſe inghezeghele witliken vnde myt willen ghe henghet laten. an deſſen breſh Deghe gheuen is na goddes bort drutteynhundert Jar indeme ſeuene vnde ſeſtigheſten Jare jn dem hylghen daghe ſvnte Johannis Baptiſten to mydden ſomer.

Gedruckt in Rehtmeier's Chronica pag. 516.

392. Graf Gebhard von Mansfeld verabredet mit dem Herzoge Magnus von Braunschweig dem jüngern, Herrn zu Sangerhausen, gleiche Theilung der Gefangenen vom 27. Juni und ihrer Schatzung *). — 1367, den 29. Juni. K. O.

Wir gebehard von gotis gnaden grene zů manſfeld: bekennen offentlich indiſſem keinwerdigen briefe vnde tůn wiſzenlich alle den dy yn ſen odir hören leſen: Daz wir vns mid dem Hochgebornen furſten Herzogen magnus von brunſwig dem iüngern Herren zů ſangerhuſen: vnſerm lieben gnedigen Herren genezlich vor Eynod haben: alſo das wir alle dy gefangen dy yme vnde vns gebőre mogen dy wir beydentſiid gefangen haben: ſullen vnde wollen glich teylen: inſůlchir maze: was alle dy gefangen dy vns zů teyle worden ſind dy da gefangen worden vf den neſten ſuntag noch ſende iohans tage des Heiligen toüfers vns von geilde odir von güte zů ſchaczunge geben odir gegebe mogen: Das ſulle wir vnde wollen glichehalp geben vnde volge lazen vnſerm vorgenanten Herren von brunſwig vnde ſinen Erben. vnde dy ſelben vnſe gefangen ſulle wir beſchaczen mid ſinem willen vnde wiſzen: vnde ſiner manne den das in diſſem briefe ouch gelobit iſt: were nů das vns der gefangen Eyner odir mer ſtorben: odir wilche wije vns dy abe gingen: Den ſchaden ſulle wir beyderſiid tragen: alle diſſe vorgeſchriben ſtücke vnde artikele gelobe wir yme vnde ſinen Erben: vnde ſinen mannen Ern Henczen von morungen Ern lodewige von ſangerhuſen Ern Conrade von roteleiben: vnde Ern friczen von bennungen: mid vnſern mannen dy Hir noch geſchriben ſtan vnde ſy mid vns mid ſampdir Hand vor vns vnde vnſe Erben ſtete vnde ganez zů Haldene ane allerleige argeliſt: mid orkünde diſſes briefes vorſegild mid vnſerm anhangenden infegele: vnde wir Er folrad von rammelburg andreas der ſchultheize von Hediriſleiben Conrad von gummerſtede vnd Herman von

*) Cfr. die Urkunde vom 24. September 1368.

bendorp: bekennen das wir alle diſſe vorgeſchriben ſtücke vnde artikele vor vnſern vorgenanten Herren von manſfeld vnde ſine Erben: vnde mid ymo mid ſampdir Hand: vnſerm Herren: Herzogen magnus dem iüngern von brunſwig Herren zû ſangerhuſen vnde ſinen Erben vnde ſinen mannen dy hir vore geſchriben ſton: gelobit haben vnde geloben ſtete vnde gancz zû Haldene ane argeliſt: vnde haben des zû merer ſicherheid vnſe inſegele: bi vnſirs obgenanten Herren von manſfeld: inſegil gehengid lazen an diſſen brief: Gegeben noch gotis gebord drizenhundird iar: in dem ſeben vnde ſechzigſten iare: in der Heiligen apoſtelen tage petrj vnde paulj.

323. Graf Gebhard von Mansfeld verabredet mit dem Herzoge Magnus von Braunschweig dem jüngern, die Schatzung der Gefangenen vom 27. Juni in drei Theile zu theilen, wovon jeder von ihnen einen Theil und die Grafen Diedrich, Ulrich und Heinrich von Hohnstein zusammen ein Drittel erhalten sollen. — 1367, den 4. Juli. K. O.

Wir Gebehard. von der gnade gottis, Graue. czû Manſfelt Bekennen offenlich an diſſeme keynwertigen Bryfe, vnde tûn wiſſentlich alle den dŷ oñ ſehen adir horen leſen. Das wir vns myt deme Hochgebornen furſten Magnus Herczogen czû Brunſwich deme Jungern vnſeme lyben heren Gûtlich vnde fruntlich vor eynet haben Alſo daz wir alle Gelt. vnde Gut das vns dŷ geuangenen dŷ wir myt eyn andir haben geuangen, andeme neſten Suntage nach Sent Johannes tage. des heyligen toufers czû Sczaczunge geben, adir gegebe mogen, ſollen, vnde wollen glich vndir eyn andir teylen Alſo. daz der vorgenante. vnſir here. der Herczoge vnde ſyne Erben eynen teyl. dar an ſullen haben, Graue Tytherich Graue Olrich vnde Graue Heynrich von Honſteyn vnde ere Erben, den andern. vnde wir vnde vnſe Erben den Drytten. von alle deme das vns, da von mak geuallen, vnde dy ſelben vnſir allir geuangenen ſal vnſir yowellich. beſczaczen, myt des andern wiſſen vnde willen vnde myt ſyner manne den das in diſſeme Bryfe. ouch wert gegloebet Ouch ſal. vnſir nichkeyn der geuangenen keynen los laſzen her en tû is denne myt vnſir allir wiſſen Geſchege ouch. daz vns allen der geuangenen eyner, adir mer ſtorben adir welche wiz dy vns abe gingen den ſchaden ſolle wir glich myt eyn andir tragen Das dis von vns ſtete, vnde gancz. gehalden werde, ane allirleye generde, des ſecze wir deme vorgenanten vnſeme heren heren von Brunſwich. vnde ſynen Erben czû Borgen vnſe man hern volrade. von Ramneborch Andreas ſchultheyſzen czû Hederſleben Cunrade von Gummerſtede. vnde Herman von Bennendorf dŷ myt vns globen vnde wir myt oñ alle diſſe vorgeſchrebenen rede ſtete vnde gancz czû haldene ane allirleye argeliſt wer ouch das ichkeynerleye ſchelunge adir bruche, von vnſir wegen worden an diſſen vorgenanten ſtucken vnde wir adir vnſe vorgeſchrebenen man von deme vilgenanten vnſeme heren von Brunſwich. ſynen Erben adir von ſynen mannen den daz globet iſt gemanet worden So globe wir obgenanten Borgen. von ſtadan inczû rytene indŷ ſtad czû Sangerhuſen Inlager czû haldene, alſo inlagers recht iſt nicht von dannen wir enhetten dŷ ſchelunge, vnde Bruche. da wir vmme gemant worden genczlich vſ gericht adir teten daz myt orme willen, Wer ouch daz vnſir Borgen ichkeyn abe ginge des got nicht enwolle, ſo ſol wir eynen andern. adir mer ab des not were, vnde als eynen guten indŷ ſtete ſeczen bynnen eyme manden dar nach ab wir des gemant worden Geſchege des nicht ſo globe wir oberigen borgen inczû rytene indy ſtad czû Sangerhuſen. vnde dar ynne czû legene. als hy vor ſted geſchreben Das alle diſſe vorgeſchrebenen ſtucke. vnde artikele von vns, von vnſen Erben vnde von vnſen Borgen getruwelich ſtete. vnde gancz gehalden werde, ane allirleye argeliſt das globe wir deme vilgenanten vnſeme heren von Brunſwich. ſynen Erben vnde ſynen mannen hern Henczen von Morungen hern Ludewige von Sangerhuſen hern Cunrade von Rotheleyben. vnde hern frieczen von Bennungen Des czû eyme offenbarn bekentnis Henge wir myt eyn andir vnſe Inſigele wiſſentlich. vnde myt willen an diſſen Bryf, Der gegeben iſt nach Criſti gebort Tuſent Jar Dry Hundert Indeme Seben. vnde Sechczigiſten Jare An Sent Olriches tage. des Heyligen Byſchoues.

324. Die Grafen Diedrich, Ulrich und Heinrich von Hohnstein verabreden mit dem Herzoge Magnus von Braunschweig dem jüngern, die Schatzung der Gefangenen vom 27. Juni in drei Theile zu theilen, wovon sie

ein Drittel, er eben so viel und Graf Gebhard von Mansfeld ein Drittel erhalten sollen. — 1367, den 4. Juli. K. O.

Wir Tytherich Olrich vnde Heynrich. von gottis gnaden grauen czû Honsteyn Bekennen offenlich an disseme keyn wertigen Bryfe. vnde tûn wissentlich alle den dŷ oû sehen adir horen lesen Das wir vns myt deme Hochgebornen fursten Magnus Herczogen czû Brunswich deme Jungern vnseme lyben heren gutlich vnde fruntlich vor eynet haben Also das wir alle golt vnde gut das vns dŷ geuangenen dŷ wir myt eyn andir geuangen haben an deme nesten Suntage nach Sent Johannes tage. des heyligen toufers czû Scza-czange geben adir gebe mogen sullen vnde wollen. glich myt eyn andir teylen, also. das der iczunt genante vnsir here. von Brunswich vnde syne Erben Eyn teyl dar an sollen haben Graue Gebchard von Mansfelt vnsir Swager vnde syne erben den andern vnde wir vnde vnse Erben den Dritten von alle deme das vns da von mak geuallen vnde dy selben vnse geuangenen allir sal vnsir ye welich besczaczen myt des andern wissen vnde willen. vnde myt syner manne den das in dissemo Bryfe ouch wert ge globet Ouch sal vnsir nichkeyn der geuangenen keynen los lassen. her entû iz denne myt vnsir allir willen Geschege ouch das vns allen der geuangenen oyner adir mer storbe adir welche wiz vns dŷ abe gingen den schaden solle wir alle glich myt eyn andir tragen Daz diz von vns allen stete vnde gancz gehalden werde, ane allirleye geuerde, Des secze wir deme egenanten vnseme heren von Brunswich vnde synen Erben czû Borgen vnse man Friczen von wernrode. Hansen. von wechsungen Trogken steysen den lantfoyt vnde Hermannen. von Holbach. dy myt vns globen vnde wir myt oû alle disse vorgeschrebenen rede, stete. vnde gancz czû hal-done ane allirleye argelist, Wer ouch das ichkeynerleye schelunge adir bruche von vnsir wegen worden an dissen vorgenanten stucken vnde wir adir vnse vorgeschrebenen man von deme obgenanten vnsirme heren von Brunswich synen Erben adir von synen mannen den daz globet ist gemanet worden So globe wir obge-nanten Borgen von stadan inczû rytene indŷ stad czû Sangerhusen Inlager czû haldene, alse Inlagers Recht ist nicht von dannen wir enhetten dŷ schelunge vnde Bruche. da wir vmme gemanet worden genczlich vf gericht adir teton daz myt orme willen Wer ouch das vnsir Borgen ichkeyner abe ginge. da got vor sy, So sol wir eynen andern adir mer als des not were, alse gute indŷ stede seczen binnen eyme manden dar nach als wir des gemanet worden Geschege des nicht so globe wir oberigen Borgen inczû rytene indy stad czû Sangerhusen. vnde dar ynne czû legene als hir vor sted geschreben Das alle disse vorgeschrebenen Rede stucke vnde artikele von vns vnsirn Erben vnde von vnsen Borgen getruwelich stete, vnde gancz gehalden werde, ane allirleye argelist das globe wir deme dicke genanten vnsirme heren von Brunswich. synen Erben. vnde synen mannen hern Henczen von Morungen hern Ludewige von Sangerhusen hern Cunr. von Rothcleyben. vnde hern Friczen von Bennungen Des czû eyme offenbarn bekentnis Henge wir myt eyn andir vnse Ingesigele wissentlich. vnde myt willen an dissen bryf vnde wir vorgenante Tytherich Graue czû Honsteyn globen alle disse vorgeschrebenen rede, stucke. vnde artikele vndir vnsirs Bruder grauen Ol-riches Ingesigel des wir myt ome gebruchen stete vnde gancz czû haldene, vnde das rede wir graue Olrich von Honsteyn vor vnsen Bruder grauen Dytherichen das her vnsers Ingesigel myt vns gebruchet an dissemo Bryfe, Der gegeben ist nach Cristi gebort Tusent Jar. Dry Hundert Jar. Indeme Soben vnde Seschczigisten Jare. An Sent Olriches tag des Heyligen Byschoues.

325. Graf Gebhard von Mansfeld gelobt, dem Herzoge Magnus von Braunschweig dem jüngern gegen jeden, der denselben wegen der am 27. Juni von ihnen gemachten Gefangenen und Beute behelligen wird, mit ganzer Macht Hülfe zu leisten. — 1367, den 4. Juli. K. O.

Wir Gebchard von der gnade gottis Graue czû Mansfelt Bekonnen offenlich an dissemo keynwertigen Bryfe, vnde tûn wissentlich alle den dy oû Sehen adir horen lesen Das wir vns genczlich vor eynet haben myt deme Hochgebornen fursten Magnus Herczogen czû Brunswich. deme Jungern vnseme lyben heren Infotaner wise. were daz oû adir syne Erben ichkeynerleye Sache antrete, also das oû adir syne Erben ymant dar vmme beteydingen Orloyen adir beschedigen wolde, welche wiz das geschege, von des fromen wegen den wir myt eyn andir namen do wir dẏ geuangene fingen, das da gefchach. an deme Suntage nach fent Johannes tage Baptiften wenne wir des von ome adir von fynen Erben dar vmme gemant werden So fol wir vnde wollen om getruwelichen behulfen fyn. von ftadan vnvorczogelichen myt alle deme das wir vermogen, vnde globen ome das vnde fynen Erben an eydes ftad. vnde czû getruwerhant fynen mannen dẏ hir nach ften gefchreben hern Henczen von Morungen hern Ludewige von Sangerhufen hern Conrade von Rotheleyben. vnde hern friczen von Benningen getruwelich. vnde genczlich czû haldene, ane allirleye argelift vnde wederrede, Das alle diffe vorgeichrebenen rede, von vns, vnde von vnfen Erben ftete, gancz, vnde vnverbrochelich gehalden werde, ftucke vnde Artikele, Des czû eyme offenbarn bekentnis henge wir vnfer Ingefigel wiffentlich vnde myt willen an diffen Bryf, Der gegeben ift nach Crifti gebort Tufent Jar Dry Hundert Jar Indeme Soben vnde Sechczigiften Jare, An Sent Olriches tage des Heyligen Byfchoues.

326. Die Grafen Diedrich, Ulrich und Heinrich von Hohnstein geloben, dem Herzoge Magnus von Braunschweig dem jüngern gegen jeden, der denselben wegen der am 27. Juni von ihm und von ihnen gemachten Gefangenen und Beute behelligen wird, mit ganzer Macht Hülfe zu leisten. — 1367, den 4. Juli. K. O.

Wir Tytherich Olrich vnde Heynrich von der gnade gottis Grauen czû Honfteyn. Bekennen offenlichen an diffeme keynwertigen Bryfe alle den dy oñ fehen adir horen lefen Das wir vns genczlich voreynet haben myt deme hochgebornen furften Magnus Herczogen czû Brunfwich deme Jungern Infotaner wyfe were. ab oñ adir fyne Erben keynnerleye fache antrete alfo das fẏ ymant dar vmme, beteydingen, Orloyen, adir befchedigen wolde welche wis das gefchege, von des fromen wegen den wir myt eyn andir namen do wir dẏ geuangenen fingen das da gefchach an deme Suntage nach fent Johannes tage Baptiften wenne wir von ome, adir von fynen Erben dar vmme gemant werden, So follen wir vnde wollen ome getruwelich beholfen fyn von ftadan vnvorczogelichen myt alle deme das wir vormogen, vnde globen ome das, vnde fynen Erben an Eydes ftad. vnde czû getruwer hant fynen mannen dẏ hir nach ften gefchreben, hern Henczen von Morungen hern Ludewige von Sangerhufen hern Cunrade von Rotheleyben. vnde hern Friczen von Bennungen getruwelich vnde genczlich czû haldene, ane allirleye argelift vnde wedirrede, Das alle diffe vorgefchrebenen rede, von vns ftete. gancz vnde vnvorbrochlich gehalden werde, ftucke vnde artikele, des habe wir vorgenante Graue Olrich vor Grauen Tytheriche. vnfen Bruder. vnde vor Grauen Heynriche vnfen vettern vnfir Ingefigele wiffentlich vnde myt willen an diffen Bryf gehangen Des wir obgenante Graue Tytherich vnde Graue Heynrich wiffentlich gebruchen Gegeben nach Crifti gebort Tufent Jar. Dry Hundert Jar Indeme Soben. vnde Sechczigiften Jare, An Sent Olriches tage. des Heyligen Byfchoues.

327. Erzbischof Diedrich von Magdeburg verbindet sich mit dem Herzoge Magnus von Braunschweig zum Kriege gegen den Bischof von Hildesheim und verpflichtet sich, mit ihm nach dem ersten Feldzuge eine Besatzung nach Wolfenbüttel zu legen, ohne ihn keine Sühne oder Frieden mit dem Bischofe und mit denen, die schon in den Krieg verwickelt sind oder darin gerathen werden, zu schliessen und während des Krieges ihm seine Festen und Schlösser zu öffnen. — 1367, den 3. August. K. O.

Wir dytei von gots gnaden vnd des Stoles zcû Rome Erczebifcof, des heiligen goczhufes zcû Magd Bekennen mit diffem offenen breue, das wir myd dem hochgeborn furften Magnus herczûgen zcû Brunfwich, vnferme lieben frunde, getedingt haben, alfo das wir vns ver eynet haben, vñ den Byffcof von hildenfhem, das wir eyndrechtlichen fine viande werden fullen vnd willen, vnd die irften reyfe, an geleyt haben, So das wir volkes, alfe vil. dar zcû fenden fullen, als wir allir meyfte mûgen., vnd vnfe herre von Brunfwich. fal dar zû fine Bannere fenden mit dem volke, das her czû der zcied vor mag. Was man in der felben irften reyfe frommen nympt, an name an ghefangen, an dyngniffen an veften zû wynnenne, oder wilcherleye der fromme fij, der fal. vnfir halb fin vnd halb vnfirs herren von Brunfwich, Von deñ frommen fullen wir zû voren vs nemen hundirt lodige mark filueres, vor vnfe kôfte, vnd vor die kôfte, die vnfe herre von brunfwich treyt, dar fal her ouch von dem felben frommen zcû vûren vs nemen, als hern Meynichen von fchirftede vnd Jane von obergo redelich dünkit, Wanne ouch, diffo irfte reyfe, ergangen ift, So fullen wir an beyden fijten. von ftad an vnfe kofte legen zcú wülfelbütle., Jo der man fünffczik ghe wapend. vnd dar fal vnfir eyn dem andern zcú vúlgen mit allir macht wan vnd als dicke des nöt ift; Wilcherleyen frommen wir ouch in allen reyten nemen, ane in der irften royte., den fal man toylen nach mantall. der wapender lúte, die in der royte fint, ane die dingniffe, die fal zú voren au. vnfe halb fin, vnd halb vnfes herren von Brunfwich Ouch fullen wir vnfern herren von Brunfwich vnd die fine in Synen Slozzen vnd landen vor Schaden, vnd vor vnfügha. vor den vnfern bewaren. So wir allir treulichft kunnen vnd mügen. were das vnfir luto fich irgen an, an name vergrieffen. das vnferme herren von Brunfwich, vnd den finen antrete, das fal man von ftad an wider tún vff dem velde, von dem felben, das dar gnomen ift. ghefchegis nicht, So fal der höptman, der die lúte, dar zú ghefúrt hette. das wider tún, dar nach binnen vierczentagen vn verczoglichen myt mynne oder mit rechte. vnd das felbe fal ouch, wider tún vnfir herre von brunfwich, ob es von. ym oder von den finen ghefchege Ouch fullen wir noch nymand vnfir houptlute an beyden fieten ane dem andern, ienigerleye reyte, antragen., her en tú das mit des andern wizfchaft. Wilcher dan, dar nicht zcú hilffen wil. So mag iz der andere tún, Ouch fullen wir vns beyder fijt, nicht fúnen noch freden myt dem Byffcoffe von hildenfhem noch myd den die dar bereyte inne fint, oder noch dar in komen múchten., vnfir eyn, entú das mit des andern guten willen. Ouch fullen wir beyder fied, eyndrechtiklichen, der vyande blyben. Sie fint fúrften oder herren. oder wer fie fint, die fich diz, bereyte an gnomen haben, oder noch, an nemen múchten, als lange, biz differ krig eyn ende nympt, Ouch fo fullen wir an beyder fiet, vnd vnfir höptlute vnfir eyn dem andern alle diffe vorbenanten ftucke treulichen zú gute halden. vnd alle vnfe veften vnd floza. fullen die wile diffe krig werit, an beyder fijt, eyme dem andern offen fin, zcú allen vnfern nöten ane allirleye argelift, Ouch fal vnfir eyn dem andern in finen veften vnd flózzen hilffen. das wir vnd die vnfern. Spife vnd kofte koyffen mügen. vñ alfo tane phennynge, als es redelich ift. Alle diffe vorbenanten ftucke globen wir vnd myd vns vnd vor vns. In guten treuwen, her gerhard von wedderden her Meyniche von Schirftede vnd Clawus von Ilyfmarke, ftete vnd vaft zú haldene ane allirleye argelift, Vnd haben des zcú orkunde ire Ingefigele myd vns gehengt lazen, an diffen breff, geben zcú haldefleue Nach gots gebort Driczen Hundirt Jar In deme Sieben vnd Sechzigften Jare, in Sente Steffans tage des heyligen merterers als her ghe vünden ward.

326. Herzog Wilhelm von Braunschweig und Lüneburg und Herzog Ludwig von Braunschweig stellen dem Conrad, Burchard und Conrad von Steinberg für die ihnen schuldigen 220 Mark löthigen Silbers Bürgschaft. — 1367, den 10. August. **K. O.**

We her Wilhelm van der g(nade g)oddes hertoghe to Brünfwik vnde to Lüneb. vnde we Júncher Lodewich hertoghen Magnus fone van Brünfwik des Elderen Bekennen indeffeme Openen breue. Dat we hern. Corde(va)n (deme Steynberghe) Borcharde fyneme brodere. Corde van deme Steynberghe vnde eren Eruen fchúldich fyn van rechter fchúld twintich marck vnde two húndert lodeghes fuluers Brünfwikefcher (wichte) vñ witte de we en betalen fchullen ane hinder vnde vortoch to vnfer vrowen daghe to wortmiffen de neghest to komende is vort ouer eyn iar to merer wiffeheyt hebbe we to borghen ghe fat dede hir nafcreuen ftat. Vnde we her dyderik van alten. her hinrik knigghe. hans vnde arnd knigghe brodere. vnde arnd knigghe to Bredenbeke. Werner van reden vnde wilbrand de to deme kalenberghe wonet. Euerd van ylten. hermen rútze vnde hans van lathufen. Bekennet indeffeme fúluen breue. dat we vns hebben to borghen ghe fatt vor vnfe vorbenomeden heren. vnde louet intruwen mit famender hand deme vorbenomeden hern Corde. Borcharde fyneme brodere vnde Corde van deme Steynberghe. hern hyldemars fone vnde eren eruen. Were dat en Jenich brek edder hinder worde an der vorfcreuenen beredinghen vñ we dar vmme ghe manet worden. So wille we bynnen den neghesten verteynachten dar na in riden to tzelle vnde dar eyn recht inlegher holden. vnde dar nicht búten benachten dat vorbenomede gheld en fy en genfliken bered. edder we en doen dat mit ereme willen. To eyner betúghinge So hebbe we vorbenomede her Wilhelm vnde

Jüncher Lodewich vnſe Inghezeghele mid vnſen vorſcreuenen borghen witliken ghe henghet laten an deſſen bref de ghe gheuen is na goddes bort drütteynhundert iar indeme Souene vnde Seſtigheſten iare indeme hilghen daghe Sünte Laurentiuſes des hilghen Mertelars.

329. **Lambert von Alden stellt einen Revers aus, dass die von seinem Schwiegervater Conrad von Honstedt im Dorfe Frankenfeld zu Brautschatz ihm verschriebenen funfzig löthige Mark Herzog Wilhelm von Braunschweig und Lüneburg ihm bewilligt, sich aber die Wiedereinlösung des Gutes nach dem Tode Conrad's vorbehalten hat. — 1367, den 15. September.** **K. O.**

Ik ſwarte lambert von alden bekenne in deſſeme openen breue dat mik orlouet heft myn here hertoghe wilhelm von Brünſwich vnde von Lüneborgh veſtich lodeghe mark in deme dorpe to vrankenvelde de mik her Cort von honſtede mit ſyner dochter mede genen heft to brütſcatte in ſüſdaner wis were dat her Cort von honſtede aue ghinghe So müchte myn here von lüneborgh dat vorbenomede güd loſen vmme de vorbenomeden veſtich mark van mik edder von mynen rechten eruen. To ener betüghinghe deſſer vorſcreuenen dingh hebbe ik Swarte lambert myn inghesseghel witliken henghet laten an deſſen bref. De ghegeuen is na Godes bort Drutteyn hündert iar in deme ſenen vnde ſeſteghesten Jare des achteden daghes vnſer vrowen do ſe gheboren wart.

330. **Herzog Wilhelm von Braunschweig und Lüneburg verspricht dem Rathe der Stadt Lüneburg und der Stadt, keinen Wasserweg zur Verschiffung des Korns oder anderer Waare von Braunschweig, Hannover oder anderen Städten und Gegenden in seinem Lande oder durch dasselbe anzulegen noch dessen Anlage zu gestatten, befiehlt, dass, wann er oder sein Vogt zu Lüneburg mit dem Rathe der Stadt die Ausfuhr des Korns verbietet, sie zu Lüneburg, Winsen, Harburg, Bleckede und an allen Grenzen, wohin Korn verschifft werden kann, verboten sein soll und dass seine Amtleute daselbst ohne Bewilligung des Stadtraths die Ausfuhr nicht gestatten sollen, bestimmt auch die für Uebertretung des Verbots der Kornausfuhr zu entrichtenden Brüche, welche sein Vogt und der Stadtrath zu Lüneburg gleichmässig unter sich vertheilen sollen und zu deren Erhebung er beiden gleiche Gewalt, Arrest zu verhängen, verleihet. Er gestattet die freie Einfuhr des Korns von Braunschweig, Hildesheim, Helmstedt, Magdeburg, aus der Mark und andern Gegenden nach Lüneburg, bewilligt den Bürgern dieser Stadt Freiheit des Handels überall in seiner Herrschaft und den Transport der erhandelten Waaren nach Lüneburg, macht die Verschiffung von Korn und anderen Waaren auf der Ilmenau von der Bewilligung des Raths der Stadt Lüneburg abhängig, bestimmt über die desfallsigen Brüche, deren Erhebung und Vertheilung wie beim Verbote der Kornausfuhr, bestätigt die Verfügung seines Vaters, dass wegen Schiffbruchs oder wegen Festfahrens der Schiffe keine Brüche erhoben werden sollen, und verbietet unter derselben Bestimmung über Theilung der Brüche, dass Zimmerholz, Tonnenholz und anderes Holz ohne Bewilligung seines Vogtes und des Stadtraths zu Lüneburg aus seinem Lande ausgeführt werde *). — 1367, den 20. September.** **L. O.**

Van der gnade goddes. we her Wilbelm. Hertoghe to Brunſwich. vnde to luneborgh. bekenned openbar in deſſem breue. dat we mid wlbord vſer eruen. vnde na raadhe vſer truwen man. hebbet vſeme raadhe. vnde vſer ſtad to luneborgh. dor ſunderliker vrunſchop vnde woldaath willen. dhe ſe vs ghedaan hebben. gheuen deſſe naſchreuenen ſtucke. to ener ſunderliken gnade. alſo dat we, ne ſchollen, nogh willen. edder vſe nacůmelinghe. nogh nen man [1]) van vſer weghene. nenerleyie waterweghe maken laten. edder grauen. edder nemande ſtaden, nogh orleuen to grauende. edder to makende. in vſeme lande. edder dar doŏr. dar men ſchepe wppe, edder inne vŏren moghe. van Brunſwich. van Honouere, edder van anderen ſteden edder leghenen. dar men jenigh koorne. edder ienegherleyie kopenſchop. vppe, edder inne vŏren moghe. edder

*) An der Original-Urkunde hangt das herzogliche Siegel, an seidener Schnur befestigt.
Das Copiar XIV. zeigt folgende Abweichungen: [1]) ůnman.

andereswod. dar men ſchepe. edder waterweghe to bedarf to brukende. in vſer Herſchop. edder voord dar door in andere land to bringhende. Ok wanne we. edder vſe voghed to luneborgh. mid deme raadhe to Luneborgh. dhe vthvôre des kôrnes ver beeden ſo ſchal dhe vthvôre des kornes verboden weſen. to luneborgh. to wynſen. to horborgh. vnde [2]) to blekede. vnde al vmme binnen vſeme lande. dar men korne to watere bringhen magh. vnde men ſchal daar nerne nenerleyie kôrne vthvôren. ane vſes voghedes to luneborgh. vnde [3]) vſes raadhes der ſtad to Luneborgh willen vnde wibord. Ok en ſchal vſe voghed to luneborgh. edder vſe anderen ammechtlude. in deſſer [4]) verbenômeden ieghenen. edder anderſwôr dar men korne to wathere bringhen magh. neen korne vthvôren. nogh ienmande [5]) orleuen. nogh ſtaden vthto vôrende ane des raades willen to luneborgh. Were dat ienman koorne vthvôrede. wanne dat verboden were. worde he dar ouer hindered. dat koorne ſcholde he verbroken hebben. vnde dhe ſchipman ſchal de woold beteren. mid dren punden. Vôrede ok denne we koorne vth. vnde [6]) brechte dat enwegh vnverhindered. dhe ſchal dat beteren mid alſo vele kôrnes. alſo he enwegh ghebracht hedde. edder mid alſo vele penninghen. alſo datte werd ghewefen hedde. vnde dhe ſchipman ſchal dhe woold beteren. alſo hijr vore ſchreuen ſteyd. dar magh men ſe. edder ere gûd vmme hinderen. wanne odder wôr, men des eerſt bekomen magh. Schep vnde lude ſchollen bouen deſſen brôke nene nôd meer liden. vſe voghed to luneborgh. vnde dhe raad dar ſulues. ſcollen liken deel nemen vnde hebben in den vorſchreuenen broken. erer een in des anderen pandinghe vnde hinderniſſe. vnde like maght bi ſik hebben. enen giwelken, vnde ſyn gûd vmme dhen brôke to hinderende. Ouer we van brunſwich. edder [7]) van hildenſcem. van helmſtede. van magdeborgh vth der marke [8]). edder van ieneghen anderen ieghenen. koorne to luneborgh vôren wel. dhe magh dat dor vſe herſchop. ſlote. vnde land. veligh vôren vnghehindered. des enſcholle we vnde vſe nacômelinghe. edder vſe ammetlude nemande verbeeden. edder hinderen. nogh hinderen laten. Ok moghen vſe borghere van luneborgh. in vſer Heerſchop kopen, vñ zellen. wôr. vnde wod ſe willen. vnde dat voord to luneborgh bringhen. van vs. vnde den vſen vnghehindered. Ok alſo we vſer ſtad to luneborgh. vnde deme raade. breue ghegheuen hebben vp dhen waterwegh der Elmenowe. vp vnde nedder to varende. van luneborgh to vlſen. edder vôrder. alſo ym dat euened dar ok inne ſteyd. dat men allerleyie gûd dhe Elmenowe vp. vnde nedder vôren moghe. Des gheue we nv in deſſem breue. vſer ſtad. vnde deme raadhe to luneborgh. deſſe ſunderliken gnade. Dughte deme raadhe to luneborgh. dat korne vnde andere gûd. ſchaden dôn moghte. dhe elmenowe vp vnde nedder to vôrende. ſo ſcholde dat nemand dôn, wedder eren willen. bi ſynem brôke. vnde dhen brôke hinderniſſe vñ pandinghe ſchal vſe voghed to luneborgh. mid deme raade dar ſulues. hoolden. alſo hijr vore ſchreuen ſteyd. van der vthvôre des koornes. wanne dat verboden is. Ok alſo vſe vader. deme god gnedigh ſy. vſen borgheren to luneborgh. vnde eneme gywelken. dhe gnade gheuen heſt. in der herſchop to luneborgh. were dat iemande. van nôd. edder van vngheluckе. gheladen ſchep. edder leddigh in dhe grund ghinghe. edder vppe [9]) sand ghevôred worde. vnde dat beſtande bleue. dat dhe lude. ſchep. vnde gûd. des ane broke bliuen ſchollen. ane anſprake. alſo gheue we vñ ſtedeghen ym dhe ſuluen gnade na in deſſem breue. ewiliken to bliuende. van vs. vnde vſen nacômelinghen. edder ammetluden vnghehindered. Tymmerhold. tunnenhold. edder ander hold. ſchal nemand vth vſeme lande. in andere land vôren. ane vſes voghedes to luneborgh. vnde des raades dar ſulues willen vnde wibord. Were dat dat iemand dar enbouen vthvôrede. dhe ſcholde alſo dannen brôke dôn. vnde vthgheuen vſeme voghede to luneborgh. vnde dem raadhe to luneborgh. alſe vp dhe vthvôre des koornes ghesad is. wan dat verboden is. Deſſe breef enſchal neen ſchade weſen dhen breuen. dhe we dhen ſuluen vſen borgheren to luneborgh gheghеuen hebben. edder vſe olderen. wente we willed ym. al dhe breue. dhe we ym gheghenen hebben. edder vſe olderen. ſtede vnde vaſt hôlden. vnde enen giwelken biſunder. dar na ym dat euened [a]). To ener grotteren

---

[2]) *vnde* fehlt. [3]) Hier ist *vnse* eingeschoben. [4]) *dessen*. [5]) *iemande*. [6]) Hier ist *en* eingeschoben. [7]) *edder* fehlt. [8]) *vth der marke* fehlt. [9]) Hier ist *een* eingeschoben.

[a]) Das Copiar XV. liest in der Bestätigungs-Urkunde der Herzöge Wenzlaus und Albrecht aus dem Jahre 1376: *des behoff is* statt *dat euened*.

betughinghe vnde wifheyd. dat alle deffe vorfchreuenen ftucke van vs. vnde vfen nacömelinghen. vnde ammetluden. ftede vnde vaft ghehoolden werden. vnverbroken. fo hebbe we Hertoghe Wilhelm vorebenömed. vse Inghefeghel to deffem breue henghed heten. Dhe ghegheuen is to Tzelle. Na goddes boord Dritteynhundert jar jn deme fouen vnde feftegheften iare. in funte Matheus auende des hilghen Ewangeliften.

331. Graf Conrad von Werningerode und seine Söhne Conrad und Diedrich verpfänden dem Bischofe Gerhard von Hildesheim für 6000 löthige Mark zehn Jahre lang das Schloss ViENENBURG mit Gerichtsbarkeit, Dörfern und Leuten, wie Bodo von Salder es von ihnen besessen hat, namentlich mit dem Zolle und verpflichten sich, zum Nachtheile desselben keinen neuen Zoll anzulegen. — 1367, den 14. October. K. O.

Wy Greue Cord van Werningherode Cord. vñ dyderik vnfe Sone bekennet in deffem oppenen breue. Dat wy hebbet ghefat. vñ fettet. dem Erfamen vadere. in gode. vñ herren.. Biffcop gherde van Hildenfem. vñ fyneme Stichte. vnfe Slot to der Vynenborch. mit aller to behoringe. vñ mit alme Rechte. vñ gherichte. dorpen. vñ luden. als it Bode van Saldere van vns ghehat heft vñ by namen. mit deme Tolne. vñ enfchon neynen nygen Toln maken dar wy den Toln de to der Vynenborch hort. irghen mode ergheren. vor Sees dufent lodighe mark Brunfwicꝭ wichte. vñ witte. vñ en moghen. noch enwillen. dat vorḡ Slot to der Vynenborch. nicht losen bynnen deffen negeften theyn Jaren. de nu to komende fin. Al deffe vorfcreuenen ftucke vñ er iuwelik by funder. loue wy in truwen ftede vn vaft to holdene. vñ hebbet des to orkunde vnfe Inghefeghel an deffen bref ghehanghen. Gheuen na gots bort drutteynhundert Jar in deme Seuen vn Seftigeften Jare. in Suntte Calixtes daghe. des hillighen.. Paves.

332. Graf Conrad von Werningerode und seine Söhne Conrad und Diedrich verkaufen dem Bischofe Gerhard von Hildesheim das Schloss Vienenburg mit Gerichtsbarkeit, Dörfern und Leuten, wie Bodo von Salder es von ihnen besessen hat, namentlich mit dem Zolle und verpflichten sich, zum Nachtheile desselben keinen neuen Zoll anzulegen. — 1367, den 14. October. K. O.

Wy Greue Cord van Werningerode.. Cord. vñ Dyderik vnfe Sone. vñ al vnfen Rechten Eruen. bekennet vñ betughen oppenbare in deffeme breue dat wy hebbet vorkoft vñ kopet. dem Erfamen vadere vñ herren in gode. Biffcop Gherde van Hildenfem. vñ fineme. Stichte. vnfe hus to der Vynenborch mit aller to behoringe. vñ mit alme Rechte. vñ gherichte. dorpen. vñ luden. als it Bode van Saldere van vnfer weghene ghehat heft. vñ by namen mit deme Tolne. vñ enfchon neynen nygen Toln maken. dar wy den Toln. de to der Vynenborch vorḡ hord. irghen mode ergheren. Al deffe ftucke. vñ er iuwelik by funder loue wy.. Biffcop gherde van Hildenfem vorḡ. vñ Syneme.. Stichte. en truwen ftede. vñ vaft to holdene. ane argheliſt. vñ hebbet des to syneme orkunde vnfe Inḡ an deffen bref ghehangen. Gheuen na gots bort drutteynhundert Jar in dem Seuen vñ Seftigeften Jare. in Suntte Calixtes daghe des hillighen paues.

333. Herzog Wilhelm von Braunschweig und Lüneburg benachrichtigt unter dem Siegel des Küchenmeisters Christian von Langelgen die Rathsherren zu Lüneburg, dass er den Vogt Woldeke zu Lüneburg angewiesen hat, sogleich nach Empfang dieses Briefes dem Grafen Heinrich von Holstein und den von Lübeck oder ihren Amtleuten, wann sie es fordern, Recht zu sprechen. — (1367.) L. O.

Confulibus ciuitatis Lunborch [1])

Willehelmus dux de brū et lū [2])

Her voghet gi fcullet [3]) weten alfo lef alfo gi mi hebben dat gi des nicht en laten bi minen hulden wan gi deffen bref fen de befeghelet is mit mineme lutteken inghefeghele dat gi [4]) den richten wan ftanden [5])

Ein anderes von derselben ungeübten Hand geschriebenes aber mit einem kleineren Siegel auf der Rückseite versehenes Schreiben zeigt folgende Verschiedenheiten: [1]) Auf der Rückseite des Schreibens steht: *Woldeke advocato In lunaborch litera datur* statt *Confulibus — Lunborch.* [2]) *lunbor.* [3]) *fculen.* [4]) *ghi.* [5]) *van ftaden* statt *wan ftanden.*

an ſunder vor toch greven hinrike van [6]) holſten vñ dem [7]) van lubeke eder eren ammechluden eft ſe dat van gi eſſcen al dus wiſet de bref vt de dem voghede ſcal [8]).

Ex parte Willehelmi ducis de brū et Lunborc [9])
ſub ſigillo coquinarii Criſtiani de langelghen [10]).

334. Herzog Magnus von Braunschweig der jüngere gelobt, den Herzog Wilhelm von Braunschweig und Lüneburg, dessen Land, Schlösser und Städte von der Anklage zu entledigen, die des Kaisers, des Reiches oder Erbberechtigung wegen gegen sie erhoben werden kann, und nach dem Tode des Herzogs Wilhelm dessen Schulden zu bezahlen. — 1367, den 18. October und 1. November *). **H. O.**

Van. der gnade Goddes. we Hertoghe Magnus. Hertoghen Magnus ſone van Brunſw̄. bekennet in deſſeme openen breue, were, dat vnſen vedderen Hertoghen Wilhelm. van Lüneborch. eder dat land dar ſülues. Slot [1]) eder ſtede. iemand anclaghede eder anſpreke [2]). van des Keyſeres weghene eder des Rikes, eder van eruetalen weghene,,. van der anclaghe vñ anſprake, welde we vnſen vedderen. vñ dit [3]) land. Slot [1]) vñ ſtede vorbenömd. vntledeghen. mid vrüntſchap eder mid rechte ..Vortmer. were dat vnſe veddere vorbenömd. ſinen ammichtlüden eder anderen lüden. ſchuld ſchüldich bleue. na ſineme dode. de men redeliken bewiſen möchte. eder wat he gheue vor ſine sele. de ſchuld. vnde gaue. de welde we bereden. alſe vnſe veddere ſchölde. oft he leuede. Alle deſſe. vorſcreuenen ſtücke. loue we. Hertoghe Magnus vorbenömd. vor vns vñ vnſe eruen. jn trüwen vnſeme vorbenömden vedderen. vnde landen vnde lüden. de, dar inne beſeten ſin [4]) ſtede vñ vaſt to holdende. To ener betüghinghe. hebbe we Hertoghe Magnus vorbenömd. vnſe Jngheſeghel witliken ghehenghet laten. an deſſen bref. De ghegheuen is na Goddes bord. drütteynhundert jar. in deme ſeuedon vnde ſeſtigheſten jare. jn ſünte lucas daghe [5]).

Gedruckt in Orig. Guelf. Tom. IV. Praefat. pag. 34 und 35.

335. Herzog Wilhelm von Braunschweig und Lüneburg zeigt den Rathsherren der Stadt Lüneburg an, dass er nach dem Rathe seiner treuen Mannen für den Fall seines Todes seinen Vetter, den Herzog Magnus von Braunschweig den jüngern, zum Herrn der Herrschaft Lüneburg gewählt hat, und befiehlt ihnen und den Bürgern der Stadt Lüneburg, demselben, wie früher dem Herzoge Ludwig, zu huldigen, dass sie nämlich nach seinem Tode, falls er, ohne einen Sohn zu hinterlassen, stirbt, den Herzog Magnus den jüngern für ihren Herrn anerkennen wollen. — 1367, den 21. October. **XIV**

Van der gnade goddes we her wilhelm hertoghe to brunſwich vñ to luneb̄ bekenned vnde doeth witlik iv ratmannen vſer ſtad to luneb̄. dat we na raadhe vſer truwen man. vſen vedderen hertoghen Magnuſe. hertoghen magnus ſone van brunſwich ghekoren hebben to eneme heren vſer heerſcop to luneb̄. na vſeme dode. hirvmme bidde we. vnde willed vnde beded iv in deſſem breue. dat gi mid al vſen borgheren to luneborgh. huldeghen vſem vorbenömeden vedderen hertoghen magnuſe. alſo gi Juncheren lodewighe huldeghed hadden. dat gi ene vor enen heren hebben willen na vſeme dode. oft we ſteruen ane eghten ſone. enen. edder meer To ener betughinghe deſſer vorſchreuenen ſtucke hebbe we vſe Jngheſeghel mid vſer wiſchop henghed heten to deſſem breue. Dhe gheuen is to Tzelle. Na goddes boord Dritteynhundert Jar. Jn deme ſouen vñ ſeſtegheſtem iaro In der Eluen duſent Juncvrowen daghe.

336. Die Rathsherren der Stadt Braunschweig ertheilen dem Rathe der Stadt Lüneburg und dem Rathe der Stadt Hannover die Zusicherung, dass sie nach dem Tode ihres Herzogs Magnus seinem Sohne, dem Herzoge

---

[6]) *wen* statt *van*. [7]) *den*. [8]) die Worte *al dus* — *ſcal* fehlen. [9]) *lunb̄*. [10]) die Worte *ſub ſigillo* — *langelghen* fehlen.

*) Cfr. Hoffmann's Sammlung Theil I. pag. 213 No. XVIII.

Die Copiare XIV. und XV. zeigen folgende Hauptverschiedenheiten: [1]) *ſlote*. [2]) Hier ist eingeschoben: *bi ſyneme leuende edder der na*. [3]) *dat* statt *dit*. [4]) In dem Copiar XV. sind die Worte *vorbenömd vor vns* — *ſin* durchstrichen. Dabei ist bemerkt: *haec verba non ſunt in originali*. [5]) In dem Copiar XV. ist hier hinzugefügt *des hilgen Ewangeliſten*.

Magnus von Braunschweig und Lüneburg dem jüngern, zu seinem Rechte wie den früheren Herzögen von Braunschweig huldigen wollen, sofern er ihnen zuvor die ihnen von seinen Vorfahren ausgestellten Urkunden bestätigt und ihren Bürgern unentgeltlich und ohne Widerrede ihre Lehne verleiht. — 1367, den 21. October. XIV.

We dhe raad der ſtad to brunſwich. bekenned openbare in deſſem breue. dat we os hebbet vnderſproken mid den erbaren luden. deme rade der ſtad to luneborgh. vn̄ mid deme rade. der ſtad to honouere. dat we willed na vſes heren herteghen magnus dode. van brunſwich. deme erbaren vorſten. hertoghen Magnuſe. ſyneme ſone. hertoghen to brunſwich. vn̄ luneborgh. vnde ſynen rechten eruen holdeghen to ſyneme rechte alſo vſe wonheyt is to huldeghende vſen heren van brunſwich. alſo vorder. alſe he. eder ſine rechten eruen oſt he nicht enwere. os eerſt alſo dane breue gheue, vn̄ beſeghele. alſo ſine vorvaren. os vore ghegheuen hebbet. vn̄ beſegheled. vn vſe borghere belene ane ghaue. vnde wedderſprake. vn̄ hebbet des to eneme orkunde. vſe Jngheſeghel ghehenghed laten to deſſem breue. Dhe ghegheuen is na goddes boord duſent iar. vn drehundert iar. Jn deme ſouen vn̄ ſeſtegheſtem iare Jn der eluen duſent meghede daghe.

337. **Herzog Magnus von Braunschweig der jüngere gelobt übereinstimmend in besonderen Ausfertigungen *) für Prälaten und Städte, falls bei dem Tode des Herzogs Wilhelm von Braunschweig und Lüneburg keine rechte Erben, ein oder mehrere Söhne, hinterbleiben und er in Folge der von demselben schon vollzogenen Ueberlassung der Herrschaft Lüneburg an ihn und erfolgten Einsetzung in dieselbe Herr der Herrschaft und aller oder einiger dazu gehörenden Lande wird, sie, alle Stifte, Klöster, Kirchen, geistliche Lehne, alle Burgen, Städte, Weichbilde und Dörfer, alle Prälaten, Aebte, Pröbste, Freie, Dienstleute, Ritter, Knappen, Rathsherren, Bürger, Bauern und alle Eingesessenen der Herrschaft Lüneburg, namentlich die Rathsherren und Bürger der Stadt Lüneburg, die Saline, die Münze und Wechsel daselbst und die Salinintereessenten, ferner die Rathsherren und Bürger der Stadt Hannover und die Münze und Wechsel daselbst bei ihren hergebrachten Rechten und Gewohnheiten zu lassen und alle ihnen von den Herzögen von Braunschweig und von den Herzögen von Lüneburg verliehenen und von dem Herzoge Wilhelm noch zu verleihenden Privilegia und Urkunden ihnen zu halten. Er bestimmt, dass die Lande Braunschweig und Lüneburg mit allen dazu gehörenden Landen und Schlössern ewig nur eine Herrschaft und ungetheilt bleiben und dass Land und Leute nur einem Herrn, nämlich dem ältesten, falls er dazu tauglich ist, huldigen sollen. Ist derselbe nicht dazu tauglich, so befiehlt Herzog Magnus seinen bei seinem Tode hinterbleibenden Räthen, unter seinen rechten Erben einen, der ihnen zur Herrschaft tauglich scheint, zu wählen, und bestimmt, dass, falls sie sich in der Wahl nicht einigen können, die Lande denjenigen für ihren Herrn anerkennen sollen, für den die Räthe der Städte Braunschweig, Lüneburg und Hannover sich einstimmig erklären. Er verspricht, Land, Leute und Städte getreu bei ihrem Rechte zu vertheidigen, die Räthe des Herzogs Wilhelm, falls er zur Herrschaft gelangt, in seinem Rathe zu behalten und dessen Drosten, Marschälle, Schenken und Kämmerer in ihren Aemtern zu lassen. — 1367, den 19. und 22. October. K. O.**

We Magnus van der gnade ghodes Hertoghe tů Brunſwich. Hertoghe Magnus Sone Bekennet vnde Betughet opembare Weeret dat vnſe leue veddere Her Wilhelm Hertoghe tů Brunſwich vn tů Luneborgh. Storue. des god nicht en wille. vn̄ nene rechte eruen en heddo enen ſone edder meer. vnde. worde we na ſineme dode een heerre der heerſchop tů Luneborgh. vn̄ der land. de dar tů horet. al edder een deel na latinghe der heerſchop vn̄ anſate in de heerſchop. de vns vnſe leue veddere her wilhelm ghe dan heſt. wanne dat ſchůt. So ſchulle we vn̄ willet de heerſchop tů Luneborgh. vn De land de dar tů horet. vn̄ de vnſe veddere dar tů hat heſt. vn̄ alle Stichte. Kloſtere. Ghodeſhuſe. Kerken vnde gheeſtlike leen. vn̄ alle borghe Steede vn̄ wicbelde. vn̄ dorp de dar Inne beleeghen ſyn. vn̄ alle de Perſonen dede uore ſtan. vn̄ dar tů horet Prelaten Ebbete Proueſte Vrye Deenſtlude Riddere vn̄ Knechte. Radmanne Borghere vn̄ Bůer.

*) Der erste der beiden obigen Abdrücke ist aus der Ausfertigung der Urkunde für das Kloster St. Michaelis zu Lüneburg, der zweite aus der Ausfertigung derselben für die Stadt Hannover entnommen.

vñ alle de vñ enen iowelken. de dar Inne wonaſtich vñ be zeeten ſyn. de nů leuet vñ de na ym komet Se ſyn leygen papen Juncvrowen Vrowen odder man gheeſtlik edder werlich. in welker achte ſe ſyn Samet edder byſunderen. vnde by namen De Raadmanne der ſtad tů Luneborgh vñ de borghere dede nů ſyn. vñ ere nakomelinghe vñ de Zulten vnde de munte vnde de weſſe in der ſtad tů Luneborgh vñ de ghůt vppe der ſulten hebben. vñ ok by namen de Raadmanne vñ de borghere der Stad tů Honnouere. de nů ſyn vñ alle eere nakomelinghe vn de můnte vnde de weſſe in der ſtad tů Honnouer laten by allerleyge rechte Richte vñ wonheyt de ſe hat hebbet. ſamet edder byſunderen by vnſes leuen vedderen hern wilhelmes vñ ſiner elderen. vñ ſiner vore varen tyden. vñ willet ſe mit ghůdeme willen dar by beholden Vortmer alle ſake vn alle ſtucke dede Prihilegia vñ de hantueſtinghe vñ allerleyge breue ŷt wiſet vñ be ſcreuenen ſtaad in den breuen de alle deſſe vorbenůmeden. edder eerer Jeweltik hebbet van vnſen elderen der heerſchop tů Brunſwich. vñ van vnſen voreuaren vñ vnſes leuen vorſprokenen vedderen hern wilhelmes elderen der heerſchop tů Luneborgh vñ van ſinen voreuaren. vñ alle de breue de vnſe veddere her wilhelm ſuluen ghe ghoeuen haſt vñ noch ghiſt by ſineme leeuende. de wille we truwelken holden. vñ de mit nichte breeken noch breeken laten Vortmer ſchullet deſſe vor benůmeden land Brunſwich vñ Luneborgh mit alle den landen vñ ſloten de dar nu tů horet vñ noch tů komen moghet. alſe vnſe veddere her wilhelm. vñ hertoghe Magnus vnſe vader. dede nů hebbet ene heerſchop ewichliken bliuen vñ vnghetweyget vñ land vñ lude vorbenůmed. ſchullet nicht men eneme heerren deme eldeſten huldeghen. oft he dar bequeeme tů weere. Weere he dar nicht bequeeme tů. So ſcholde vnſe Raat. dene we na vnſeme dode leten. enen vnſer rechten eruen keſen de en tů der heerſchop duchte be queeme weeſen. Konden ſe des kores nicht eentellich weerden. mit weeme de Raad tů Brunſwich tů Luneborgh vñ tů Honnouer eendrechtliken tů vallen in Deme kore. Den ſcholden deſſe land vor enen heerren holden. vñ de ſcholde alle deſſe vorſcreuenen ſtucke důn vñ holden. alſo vore vñ nabeſcreuen ſtaat Ok wille we deſſe vor benůmeden land. vñ lude vñ ſteede truwelken vor deeghedinghen eeres rechtes. vñ eerer breue Weeme ok vnſe leue veddere her wilhelm in ſineme Rade hedde. den ſcholde we ok in vnſeme Rade beholden. wanne de heerſchop tů vns queme Ok ſchulle we vnſes leuen vedderen hern wilhelmes. Droſten. marſchalke. Schenken. vñ keemerere by eeren ambachten beholden vñ laten. Alle deſſe ſtucke hebbe we ghe louet vñ louet in ghůden truwen Alle den Prelaten. Ebbeten Proueſten. vryen vñ deenſtluden Ridderen vñ knechten. de in der heerſchop tů luneborgh. vñ in den vorſcreuenen landen be ſeeten ſyn. vñ der ſtad vñ den Raadmannen vñ den borgheren der ſteede luneborgh honnouere vñ vltzen vñ aller ſteede vñ wicbolde de in der vorſcreuenen heerſchop be leeghen edder de dar noch tů komen moghet. de nů ſyn. vñ al eeren nakomelinghen tů důnde ghanſeliken vñ vnvorbroken eweliken tů holdende Vñ we vor bindet vñ vor plichtet vnſe eruen vñ vnſe nakomelinghe alle deſſe vorſcreuenen ſtucke truweliken tů holdende vñ tů důnde vñ ſunderliken tů vorbreuende mit eeren beſeghelden breuen. alſe we deſſe ſtucke plichtich ſyn tů holdende. vñ alſo. alſe we de vorebebreuet hebbet alſo hir voreſcreuen is Ouer alle deſſen ſtucken vñ deeghedinghen hebben ghe weſen De Eddelen heerren Groue Clawes van holſten Greue Diderik van honſteen vñ Greue ludolef van wůnſtorpe vñ de Acbaren lude her Aſchwyn van zalderen Proueſt in der borgh tů Brunſwich her hinrik proueſt tů lune her hinrik Proueſt tů ebbekeſtorpe her Diderik Proueſt tů medinghe vñ her herman Proueſt tů weninghesen. her lippold van vreyden her werner vñ her Zeeghoband van deme berghe her Diderik van alten Riddere. kerſten van langhleeghe kokemeſter wibrant van reden her Eghard van Eldinghe ſcriuer hannes vñ Arnd knygghe brůdere Syuerd van Zalderen vñ Johan ſporcke puttekere. her heyne viſkule her diderik ſpringhintghůt Borghere vñ Raadmanne tů luneborgh. Johan van deme ſteenhus vñ Olrik luceke borghere vñ Raadmanne tů Honnouere vñ anderer vele ghůder lude Tů ener groteren betůghinghe alle deſſer vorbeſcreuenen deeghedinghe vn ſtucke vñ vnſes truwen louedes hebbe we vnſe Ingheſeeghel witlicken tů deſſeme breue ghe henghet laten De ghe ghoeuen is Na godes Bort Drutteynhundert Jar in deme ſeeuen vñ ſoſtigheſteme Jare des neegheſten vrygdaghes vor ſunte Symonis vñ Jude daghe der hilghen Apoſtele.

Gedruckt in Rehtmeier's Brauns. Lüneb. Chron. pag. 1847 und in Orig. Guelf. Tom. IV. Praefat. pag. 33.

H. O.

We Magnus van goddes gnaden Hertoghe to Brûnswich Her Magnus Sone [1]). bekennet opembare [2]). Were dat vnse leue veddere Hertoghe Wilhelm Hertoghe to Brûnswich vnde to Lûneborgh. Störue. des god nicht enwille. vnde nenen rechten Eruen enhedde enen sone eder mer. vnde worde we na syneme dode eyn [3]) here der Herschap to Lûneborgh. vnde der land de dar tohöred al eder eyn deel na latinghe de [4]) Herschap vñ ansate in de Herschap de vns vnse leue veddere Her Wilhelm dan heft. wan dat schûd. so schûlle we vnde willet de Herschap to Lûneborgh vnde de land de dar tohöred vnde de vnse veddere dar to had heft vn alle Stichte. Clostere. Goddeshus [5]) vñ gheystlike leen vnde alle borghe Stede vnde wicbelde vñ dorp de dar inne beleghen synt. vñ alle de Personen de de vorstan vnde [6]) dar tohöred Prelaten. Ebbete. Pröueste. vryen. Denstlûde Riddere vnde knechte Radman borghere vnde bûr. vnde alle de vnde enen iewe-liken de dar inne wonhaftich vnde beseten synt. de nv leued vnde de na ym komed Se syn leygen Papen Juncvrowen vrowen eder man gheystlik ede [7]) werlik in welker achte se syn. Samend eder bisunderen. vnde bynamen de Radman der Stad to Lûneborgh vnde de börghere de nv synt vñ öre nacomelinghe. vnde de sûlten vnde de Mönte vnde de wesle in der Stad to Lûneborgh vñ de gud vppe der sûlten hebbet. Vnde ok [8]) bynamen de Radman vñ de börghere der Stad to Honouere de nv syn vnde alle öre nacomelinghe vñ de Mönte vñ de wesle in der Stad to Honouere. laten bi allerleye rechte richte vñ wonheyt de se haed hebbet samend eder bisûnderen bi vnses leuen vedderen Hern Wilhelmes vñ syner Elderen vñ syner vorvaren tyden. vñ willet se mid gudeme willen dar bi beholden. Vortmer alle sake vñ alle stûcke de de Priuilegia vñ de [9]) Handvestinghe vñ allerleye breue vtwised vnde beserenen stat in den breuen de alle desse vorbeñ oder irer iewelik hebbet van vnsen Elderen der Herschap to [10]) Brunswich vñ van vnsen vorvaren vnde vnses leuen vorsprokenen vedderen Hern Wilhelmes Elderen der herschap to Brunswich vñ to lûneborgh vnde van synen vorvaren. vñ alle de breue de vnse veddere Her wilhelm sûluen ghegheuen heft vñ noch ghift by syneme leuende. [11]) wille we trûweliken hölden vñ de mid nichte breken noch breken laten. Vortmer schûllet desse vorbeñ land Brunswich vñ Lûneborgh mid alle den [12]) landen vñ sloten de dar nv tohöred vñ noch tokomen moghed [13]) alse vnse veddere Her Wilhelm vorbeñ vñ Hertoghe Magnus vnse vader de nv hebbet. eyn Herschap eweliken [14]) bliuen vñ vnghetweyet vnde land vñ lûde vorbeñ schûllet nicht men eneme [15]) Heren deme Eldesten hûldeghen. oft he dar bequeme toware. were he dar nicht bequeme to so schölde vnse Rad dene we na vnseme dode leten enen vnser rechten Eruen kesen de ön [16]) to der herschap dûchte bequeme wesen. Cönden se des kores nicht eyntdlich worden. mid weme de Rad to Brûnswich to lûneborgh vñ to Honouere endrechtliken tovellen in deme köre den schölden desse land vor enen Heren hölden. vñ de schölde alle desse vorscreuenen stûcke dön vñ holden alse [17]) vore vñ na screuen stat. Ok wille we desse vorbeñ land vñ [18]) lûde vñ Stede trûweliken vordeghedinghen öres rechtes vñ örer breue. Wene ok vnse leue veddere Her Wilhelm in syneme rade hedde do [19]) schölde we ok in vnseme Rade beholden wanne de Herschap to vns queme. Ok schûlle we vnses leuen vedderen her [20]) wilhelmes Drosten Marschalke [21]) Schenken vnde kemerere [22]) bi ören ammechten behölden vñ laten. Alle desse vorscreuenen stûcke hebbe we gheloued vñ loued in guden trûwen alle den Prelaten Ebbeten Prôuesten Vryen. Denstlûden Ridderen vñ knechten de in der Herschap to lûneborgh vñ in den vorscreuenen [23]) landen beseten syn vñ der Stad vñ [24]) den Radmannen vñ den borgheren der Stede lûneborgh honouere vñ

In dem Copiar XIV. befindet sich eine gleichzeitige Abschrift der für die Stadt Lüneburg bestimmten Ausfertigung obiger Urkunde. Mit dieser gleichzeitigen Abschrift stimmt eine Abschrift im Copiar XV. überein. Die Vergleichung ergiebt folgende Varianten zu obigem Texte: 1) *Van der gnade goddes We hertoghe magnus. hertoghen magnus sone van brunswick* statt *We — Sone.* 2) Hier ist hinzugefügt *in dessem breue.* 3) *eyn* fehlt im Copiar XIV. 4) *der* statt *de.* 5) Hier ist eingeschoben *vñ kerken.* 6) Hier ist *dhe* eingeschoben. 7) *edder.* 8) *ok* fehlt im Copiar XIV. 9) *de* fehlt im Copiar XIV. 10) *van* statt *to.* 11) Hier ist *dhe* eingeschoben. 12) *dessen* statt *den.* 13) Hier ist *alse* eingeschoben. 14) *ewigh.* 15) *mer enes* (Copiar XIV.) statt *men eneme.* 16) *yn* statt *ön.* 17) *alse se* statt *alse.* 18) *vñ* fehlt. 19) *dhen* statt *do.* 20) *hern.* 21) *marschalk.* 22) *kemerer.* 23) *vorsprokenen* statt *vorscreuenen.* 24) Die Worte *der Stad vñ* fehlen.

vlsen vñ aller Stede vñ wicbelde de in der vorscreuenen Herschap beleghen synt eder de dar noch tokomen möghed do nv syn [25]) vñ al ören nacomelinghen to dönde vñ ghenfliken vñ vnvorbroken eweliken [26]) to holdende. Vñ we vorbinded vñ vorplichted vnse Eruen vñ vnse nacomelinghe alle desse vorscreuenen stücke truweliken to holdende vñ to dönde vñ sunderliken to vorbreuende mid ören beseghelden breuen alse we desse stücke plichtich syn to holdende vñ also alse we de hebbet vorbreued alse hir vorscreuen is. Ouer alle dessen stücken vñ deghedinghen hebbet ghewesen de Edelen Heren Greue Clawes van Holsten Greue Dideric van Honsteyn vñ Greue Lůdolf van wunstorpe. vñ de achbaren lůde vñ heren her Aschwin [27]) Prouest in der borgh to Brunswich Her Henric Pröuest to lüne Her Henric Pröuest to Ebbekestorpe Her Dideric Pröuest to Medinghen vñ Her Herman Prouest to wennighessen. Her lippold van vreden Her werner vñ her Zegheband van dem berghe Her Dideric van Alten. Riddere. Kersten van langhelghe [28]) Cökemester willebrand van Reden Her Eghehard van Eldinghe scriuer Hans [29]) vñ arnd knigghen brödere siuerd van zaldere vñ Johan spöreke puttekere Her heyne [30]) viscule her [31]) Dideric springintgud [32]) borghere vñ Radman to lüneborgh Johan van dem [33]) Stenhus vñ [34]) Olric lutzeke [35]) borghere vñ Radman to honouere vñ anderer vele guder lůde. To ener grötteren betuginghe alle desser vorbeñ deghedinghe vñ stücke vñ vnses truwen louedes hebbe we [36]) vnse Inghesseghel witliken to desseme breue ghehengd laten. De ghegheuen is na goddes bord Drütteynhundert iar in deme seueden [37]) vñ sestegheften iare in deme lateren daghe der Eluen Dusent Meghede [38]).

238. Herzog Magnus von Braunschweig der ältere verpfändet dem Rathe und den Bürgern zu Braunschweig auf drei Jahre das Schloss Asseburg mit Gülte, Leuten, Beede, Dienst, hoher und niederer Gerichtsbarkeit, dazu das Gericht und Geding, genannt „Altfeld", das Weichbild und Gut zu Kissenbrück, elf Hufen zu Wittmar, die Holzung „Wittmarshorn" nebst anderen Holzungen, das Dorf und den Zehnthof zu Denkte mit Gericht und Vogtei, seine Besitzungen in den Dörfern Volzum, Sikte und Dahlum und auf der Saline, seine freien Leute in diesen Dörfern und das Dorf Bornum bei Königslutter mit Gericht, Zins, Leuten, Beede und Sterbegefällen für 2300 löthige Mark und für 200 löthige Mark, die sie auf den Bau des Schlosses verwenden sollen. Falls Thürme oder Mauern in der Burg einstürzen oder Brandschaden entsteht, verspricht er, die desfallsige Reparatur mit hundert Mark ihnen zu vergüten. Er gestattet ihnen, sich vom Schlosse gegen Unrecht zu wehren, und verpflichtet sie, nach seinem Tode den Pfandvertrag seinem Sohne Magnus und dessen Erben, nämlich demjenigen derselben, welcher Herr der Herrschaft Braunschweig und Lüneburg wird, zu halten. — 1367, den 11. November. L.

Von der gnade goddes We magnus hertoghe tö brunswich de eldere bekennet openbare in desseme breue vor vs vnde vor vse eruen dat we hebbet ghe sat vñ vorpendet den erbaren luden vñ vsen ghe truwen deme rade vnde den borgheren tö brunswich vse slot tö der asseborch wente nv tö winachten vort ouer dre iar mit alleme rechte vnde mit tö be horinge mit ghulde mit luden mit bede mit denste mit ghe richte. ouerst vnde nederst vnde mit vngherichte vnde bi namen mit alle deme dat se dar vore tö ghe hat hebbet. vñ dat we dar nv tö ghe hat hebbet ghe nomet vñ vnghenomet vnde ok bi namen dat richte vnde dat goding dat ghe heten is dat altuelt. vnde dat wicbelde vnde dat ghut tö kissenbrugge vnde eluen hövo tö witmere vñ dat holt dat dar het de witmershorne vñ de anderen holte de we dar tö ghe hat vñ der we dar to ghe bruket hebbet dat dorp vnde den teghethof to denkte mit deme richte vnde mit der voghedye vñ wat we tö volsum vn tö sicte vnde tö dalum in den dorpen vnde vppe deme solte hebbet dat se dar

[25]) *luneborgh. honouere. vlsen. bardewic. Dannenberghe. ultzen(?). Mundere. Eldaghessen ... vnde ... wicbelde ... dalemborgh. ... vnde ...* statt *lüneborgh honouere — de nv syn.* [26]) *truweliken* (im Copiar XIV.) statt *eweliken.* [27]) Hier ist eingeschoben *van zaldere.* [28]) *langhele.* [29]) *Hannes.* [30]) *Hinrik* statt *Her heyne.* [31]) *her* fehlt. [32]) Hier ist eingeschoben *Clawes garlop, hannes ...* [33]) *we* statt *dem.* [34]) *vñ* fehlt. [35]) *lutzeke.* [36]) Hier ist eingeschoben *hertoghe Magnus vorbenomed.* [37]) *seuen.* [38]) *In sunte Lucas daghe des hilghen Ewangelisten* statt *in deme lateren — Meghede.* — Eine spätere Abschrift liest *in dem hilligen dage alle goden hilligen.*

vore to ghe hat hebbet. vnde dar tŏ vſen vryen lude de we dar in den dorpen hebbet vnde ok dat dorp tŏ bornum bi luttere mit deme richte mit tinſe mit luden mit bede mit denſte mit buleuinge vñ mit alleme rechte alſe we dat ghe hat hebbet. vor viue vnde twintich hundert lodighe mark brunſwikeſcher wichte vnde witte der ſe vs dre vñ twintich hundert mark rede be talet hebbet de we in vſe nvt ghe kart hebbet. vñ twey hundert mark der vorſcreuenen witte vñ wichte Scullet ſe vor bawen in deme ſuluen hus tŏ der aſſeborch alſo dat ſe dat redeliken be wiſen moghen Were ouer dat welk torne edder de mure velle edder in der borch von vnghelucke ſchade ſchude von brande Sŏ moghet ſe hundert mark denne ok dar an vor buwen vñ dar en bouen nicht ſe en don dat mit vſem willen vñ de hundert mark vñ wat ſe dar en bouene mit vſeme willen vor buwet ſcolle we on tŏ der vorbenomden ſummen gheuen vnde be talen wanne de tid vmme queme dat we dat van on loſeden en konde we ouer mit on nicht enich werden vmme dat buw wat denne twene man vte deme rade vt der olden ſtat tŏ brunſwich mit oreme rechte be helden dat ſcolde we on an den viue vñ twintich hundert lodighen marken wedder gheuen. Were dar ok ſchade ghe ſchen an den tornen edder muren edder von brande alſe vore ſcreuen is wat ſe denne dar ok an vor buwet hedden mit vſeme willen. bouen de hundert mark de ſe denne dar an vor buwen moghen alſe vore ſcreuen is dat ghelt vnde dar to de hundert mark ſcolde we on tŏ duſſer vorbenomden ſummen ok wedder gheuen deſt dat twene man vte deme rade mit oreme rechte be helden alſe vore ſcreuen is wanne de tid vmme queme dat we on ore gheld gheuen alſe hir na ghe ſcreuen is Wanne ok deſſe dre iar vmme komen ſint Sŏ moghe we on bi twen vſen mannen edder ſe os bi twen vte deme rade de loſe des ſuluen ſlotes tŏ der aſſeborch kundighen alle iar io tŏ winachten edder binnen achte daghen dar na. vnde wanne we on de loſe alſo ghe kundighet hebbet dar na tŏ deme neghesten winachten ſcolle we vnde willet on viue vñ twintich hundert mark brunſwikeſcher wichte vñ witte vñ dar na hundert mark vñ wat ſe mit vſeme willen dar en bouene dar an vor buwet hedden of dar ſchade an den tornen an der muren edder an brande alſe vore ſcreuen is ghe ſchen were. ane hinder be reden in der ſtad tŏ brunſwich er ſe dat hus tŏ der aſſeborch von ſek antworden vnde wanne on dat ghelt al be red is ſo ſcullet ſe os dat hus tŏ der aſſeborch mit deme dat dar tŏ hort wedder antworden alſo vorder alſe it vnuorloren is. Were ok dat we on eres gheldes nicht en gheuen vppe de tid ſŏ ſcullet ſe veftich mark der vor beſcreuenen wichte vñ witte vppe dat ſlot rekenen vñ ſlan. vnde de ſcolde we on tŏ deme anderen ghelde gheuen wan we dat ſlot von on loſeden vñ brochten. kundigheden ſe os ok de loſe alſe vore ſcreuen is vnde gheue we on eres gheldes nicht vppe de vorbenomden tid ſo moghet ſe orer penninge mit deme vorbenomden ſlote be komen vnde mit deme dat dar tŏ hort mit weme ſe willet ane vorſten heren vñ ſtede vnde weme ſe dat ſlot leten vor dat vorbeſereuene gheld deme ſcolde we alſodane breue gheuen vñ be waringe don dar vp alſe we on ghe gheuen vnde ghe dan hebbet. vnde de ſcolde vs ok redelike be waringe wedder don mit ſinen vrunden. Des ſuluen ſlotes tŏ der aſſeborch vñ dat dar tŏ hort vñ dar tŏ be nomet is ſcolle we vñ willet ere rechte ware weſen vñ ſe truweliken dar an ver deghedingen wur vñ wanne on des not is vn ſe dat von os eſchet Ok moghet ſe ſik von deme ſuluen ſlote wol vnrechtes irweren. Worde ok dat hus tŏ der aſſeborch van vnghelucke ver loren des god nicht en wille des ſcolden ſe von vs vñ von vſen eruen ane wite weſen. vnde vnbedeghedinget bliuen vñ we ſcolden von ſtaden an mit on vygende worden der de dat ſlot ghe wunnen helden vp vſe koſt vnde auenture vñ en ſcolden os mit on nicht ſonen noch vreden we en hedden on des ſlotes wedder ghe hulpen edder eyn andere ſlot in dat ghe richte wedder ghe buwet edder we en hedden on ore gheld ghenſliken vnde al be red vñ be talet vnde buwede we eyn ander ſlot in dat ghe richte dar ſcolden ſe ore vorbenomde gheld an hebben vñ mit deme rechte an ſitten alſe ſe in deme ſlote tŏ der aſſeborch nv ſittet vnde we ſcolden on de ghulde de tŏ deme ſlote hort vñ de we on dar tŏ be ſeghelt hebbet helpen be krechtighen mit alle vſer macht alſo lange went we on dat hus tŏ der aſſeborch wedder antworden edder dat we on ore gheld ghenſliken wedder gheuen. Worde os ok dat hus tŏ der aſſeborch wedder in welker wiſe dat ſchude dat ſcolde we on von ſtaden an wedder antworden alſo lange went we on dat gheld ghenſliken hedden be red vñ be talet vppe alſodane tid vnde in der wiſe alſe hir vore ſcreuen is Were ok dat we afghingen Sō ſcolde de rad vn̄ de borghere tō brunſwich vſeme ſone hertoghen magnuſe edder ſinen eruen welk erer tō der herſcop von brunſwich vn̄ tō luneborch queme alle deſſe vorſcreuenen ſtucke in aller wiſe holden alſe ſe os don ſcolden icht we leueden vn̄ he ſcolde on ok alle deſſe ſtucke wedder holden liker wis alſe we don ſcolden vnde welden. Vnde des tō eneme orkunde hebbe we vſe inghesoghel an deſſen bref ghe henget Deſſer ding ſint tūghe her frederik von bereuelde prouest tō dannenberghe. hannes von honleghe ridder werner von orſleue borgher tō holmſtede. tile von deme damme eylard von der heyde henning von velſtede vn̄ cord doring borghere tō brunſwich Deſſe bref is ghe gheuen na goddes bort duſent iar vn̄ dre hundert in deme ſeuen vnde ſeſtigheſten iare in ſante mertens daghe des hilghen biſcopes.

339. Herzog Magnus von Braunschweig der ältere verkauft dem Diedrich von dem Damme und dessen Söhnen, dem Bernhard von dem Damme und dem Heinrich Kerchof, Bürgern zu Braunschweig, das Amt zu Dettum mit Leuten, Zins, Gülte, Ehe- und Sterbegefällen, Bede, Dienst, Vogtei und Gericht auf dem Felde und im Dorfe, mit allem Zubehör, das Patronatrecht ausgenommen, für 400 löthige Mark und belehnt sie damit unter Vorbehalt des Wiederkaufs. — 1367, den 11. November. I.

Von der gnade goddes We magnus de eldere hertoghe tō brunſwich be kennet openbare in deſſeme breue vor vs vn̄ vor vſe eruen dat we hebbet vor koft vn̄ ghe laten vnde in de were ghe antwordet tylen von deme damme bertramme tylen ſinen ſōnen bernde von deme damme hinrike kerchoue jungen henen ſone borgheren tō brunſwich vnde eren eruen vſe ammocht tō dettene mit den luden mit deme tinſe mit der ghulde mit buleuinge mit beddemunde mit bede mit denſte mit voghedye mit ghe richte mit vngherichte vppe dem velde vn̄ in deme dorpe tō dettene mit alleme rechte vn̄ mit alle deme dat dar tō hort ghe nomet vn̄ vnghenomet ledich vn̄ los ane dat kerk len alſe we dat ghe hat hebbet vor ver hundert lodighe mark brunſwikeſcher wichte vn̄ witte de vs al be talet ſint mit deſſem vor ghe ſcreuenen ghude hebbe we deſſe vorbenomden borghere be leghen tō enem rechten lene vnde be lenen ſe in deſſem breue vnde hebbet ſe in de were ghe ſat vnde willet on des vor benomden ghudes eyn recht were weſen wanne on des not is vn̄ we vn̄ vſe eruen willet ſe vn ore eruen be lenen mit deſſem ghude mit hande vn̄ mit munde ane ghiſt vnde ane wedderſprake wu dicke vn̄ wanne on des not deyt vn̄ ſe dat von os eſchet de wile ſe ok mit deſſem ghude denne von vs nicht be leghen en worden Sō ſcolden ſe des von vs vnvorſūmet weſen. Welden ok deſſe vorbenomden borghere dit ghut weme laten en del eder alto male dat moghen ſe don. den eder deme ſcolde we alſodane be waringe don mit breuen vnde mit lone alſe we on ghe dan hebbet. ok hebbet deſſe vor benomden borghere vs vn̄ vſen eruen den willen ghe wiſt dat we ichte vſe eruen moghen den wedderkop des gudes kundighen alle iar tō winachten binnen den achte daghen in vſen breue dar na tō den neghesten winachten ſcolde we on de vorbenomden ver hundert mark brunſwikeſcher wichte vn̄ witte be reden binnen den achte daghen tō winachten in der ſtad tō brunſwich en dede we des nicht wanne we de loſe alſus ghe kundeghet hedden wat ſchaden ſe des nemen den ſcolde we ichte vſe eruen on wedder don er we dat ghut von on wedder koften. ver vnrechtede ſe ok iemant an deme dat we on ghe laten hebbet dar welde we vn̄ vſe ammechtlude truweliken to helpen dat on dat wedder dan worde dat we alle deſſe vore ſcreuenen ſtucke tylen bertramme tylen bernde hinrike vorbenomet vn̄ eren eruen truweliken holden willen des hebbe we tō enem orkūnde vor vs vn̄ vſe eruen vſe inghesoghel ghe henget laten tō deſſem breue hir hebbet ok ouer weſen vſe denere vn̄ man her frederik prouest tō dannenberghe her hans von honleghe her fritze vn̄ her gherard von wederden wilhelm von vtze werner von orſleue vnde is ghe ſchen na goddes bort dritteynhundert iar in deme ſeuen vn̄ ſeſtigheſten iare in ſante mertens daghe.

340. Herzog Otto von Braunschweig (zu Göttingen) verleiht dem Rathe und der Gemeinde der Stadt Dransfeld die Rechte des Raths, der Gilden und der Gemeinde der Stadt Münden, namentlich Gilden in ihrer Stadt zu errichten. — Etwa ums Jahr 1368. IX.

We Otte von godes gnaden hertoge to brunſzwigh ittefwan hertogen Ernſts ſone ſeligen bekennen vnd betugen vor vns vnd vnſe eruen opintlich an duſſem breue dat we begnadet hebben vnſe leuen getruwen den Rad vnd de gemeynheit der ſtad to dranſſelde med ſodan gewonheiden vnd rechten alſe ſek des vnſe leuen getruwen de Rad gilden vnd gemeynheit vnſer ſtad Munden gebruken vnd gebruken mogen med namen an gilden de ſe maken vnd ſetten mogen Jn orer ſtad etc up dat alle artikele duſſes breues vnd or itlich beſundern von vns vnd von vnſen eruen ſtede ſaſte vnd vnuorbroken geholden werden ſo hebben we den ergeñ vnſen leuen getruwen den von dranſſelde duſſen breff gegeuen beſegelt med vnſem groten Ingeſ͂ feſtliken bijr an gehangen na Chriſti gebord vnſes heren.

341. **Herzog Otte von Braunschweig (zu Göttingen) ertheilt dem Arnold von Porthenhagen seine Bewilligung zur Verpfändung der beiden demselben zu Lehn verliehenen Dörfer Wismen und „Waggenhosen" an die Gebrüder Johann, Heinrich und Diedrich von Wintzingerode. — 1368, den 7. Januar. K. O.**

Wy Otte van Godes gnaden Hertoghe to Brunſwich itteſwanne Hertoghen Erneſtes ſone. bekennet openbare in diſſem breue vor vns vñ vor vnſe rechten eruen dat vor vns is gheweſt. Arnold van porthenhagen. vnde heſt bekant vor ſek vñ ſine rechten eruen. Dat he van rechter ſcult ſculdich ſi. Hern Johanne. Henreke vñ Dyderke broderen ghebeten van wincingerode vnde oren rechten eruen hundert mark lodiges ſilueres Gotingeſcher wichte vnde witte. vnde heſt on.. dar vor to pande ſat mit vnſeme willen vnde vulborde Sine dorpere tweig. wighenhoſen vnde waggenhoſen de he van vns to lene entfangen heſt mit alle orer tobehoringe alſe de ſin ſint binnen vñ buten. in holte. in ueide. in watere. in weſen vñ in weide. vtgheſceden den thogheden to waggenhoſen den he henreke vn Claweſe broderen ghebeten van Ludo ſunderliken vor twintich lodighe mark vorſat heſt vnde ene mark gheldes de den hoppen ſteit vor tein mark lodiges ſiluers. Konden ſo.. de auer gheloſen dat moghen ſe don. vñ wanne ſo de loſe ghedan hedden ſo ſcolden on de dorpere vñ de teghede mit der mark gheldes vñ allet dat dar to horet alſo vorſcreuen is ſemetliken ſtan drittich lodige mark vnde hundert. Vnde de mach Arnold vnde ſine eruen alle Jar van on weder loſen. Wanne he dat don wil. dat ſcal he on.. vñ oren rechten eruen vore verkundighen to ſinte Michahelis dagho vnde gheuen on.. denne dar na allernaiſt de vorſcreuen ſummen gheldes to vnſer vrowen daghe lechtmiſſen. vnde anders nene tit in deme Jare binnen der ſtat to Gotingen vnbekummert vñ vnbeſat. Wanne he eder ſine eruen de betalinge alſo ghedan hedden ſo ſcolden de dorpere vñ gût ledich vñ los an Arnolde eder an ſine eruen vallen. Vortmer moghen diſſe vorſcreuenen van wincingerode vnde ore eruen. dewile dat diſſe ſate wart in de dorpere vñ gût vorwiſen vñ to pande vorſetten wanne on.. des noit is. vñ wene ſe dat doit de ſcal des mit on.. mit diſſeme breue wolbewaret ſin. Weret ok dat de van wincingerode de wile dat diſſe ſate wart vppe dat ſilue goit wat ſegheden vnde Arnold dar enbinnen ſin goit wederloſte ſo mochten ſe dat korn ane tins vñ ane hure van deme gûde bringen wanne de tit keme. Ok is gheredet dat ſe teyn lodighe mark eder twelue in der dorpe eneme vorbuwen moghen an ener woninghe wore on dat bequemeſt is. vñ wanne Arnold eder ſine eruen de dorpere vñ gût wederloſen wolden ſo ſcolden ſe dat ſetten an twene orer vrunt, de ſcolden ſe dar vmme ſceden ef dat ghelt dar an vorbuwet were vñ ſo ſcolde he on dat ſemetliken wederghouen mit der vorſcreuen ſummen. Were ok dat Arnold afginge ane eruen vñ de dorpere vñ gût an vns vorſtoruen eder wo vns de vorledegheden ſo ſcolde wy vnde wolden vñ vnſe eruen de vorgheſcreuenen van wincingerode vñ ore eruen dar roweliken ane beſitten laten alſo lange went wi on.. de afloſeden in allerwiſe alſo vorſcreuen ſteit. Vppe dat alle diſſe vorgheſcreuenen ſtucke vnde Artikel ſtede vñ vaſt bliuen ſo heſt vns Arnold van portenhagen ghebeden. dat wi Otte hertoghe to Brunſwich vorſcreuen. hern Johanne. henreke vñ Dyderke van wincingerode. vnde oren eruen alle diſſer ſtucke bekennen. vñ wi hebbet vor on.. vñ mit ôme on.. des to kuntſcap diſſen bref ghegheuen beſeghelt mit vnſeme groten ingezegele. Vnde Ek Arnold van porthenhagen vorgheſcreuen bekenne vor mek vnde vor mine rechten eruen in diſſem breue dat alle diſſe vorſcreuenen deghedinge war ſint. vñ hebbe den vorſcreuenen minen ghenedighen heren hertoghen Otten van Brunſwich de der dorpere vñ gûdes ein lein here is ghebeden dat he de vor mek vñ mit mi vorbreuet vñ befeghelt heft vñ hebbe des to tughe min ingesegel na mines vorbenomeden heren ingesegele an dissen bref ghehangen. Na goddes ghebort Dritteinhundirt Jar dar na in dem achte vñ festigesten Jare des neisten daghes na deme hilghen twelften daghe.

342. Knappe Ludolf Rone verkauft dem Herzoge Wilhelm von Braunschweig und Lüneburg das Dorf und die Burg Echem und das Dorf „Luninghorst" mit Zehnten, Wasserstauung und Gericht, welche Güter er ihm und dem Abte zu St. Michaelis in Lüneburg, als seinen Lehnsherren, resignirt hat, und die Gebrüder Ludolf und Manegold von Estorff leisten auf das Gut zu Echem Verzicht. — 1368, den 16. Januar. K. O.

Ik Ludelof ghe heten Rone knape Bekenne opembare in dessome breue. dat ik mit beradeneme mûde vñ mit vûlbort alle miner eruen vñ mit vulbert alle der. den id van rechte boren mach. hebbe vor koft Deme dorch luchteghen vorsten mineme gnedighen heerren hern wilhelme hertoghe tû Brunswik vñ tû Luneborgh vñ sinen eruen vñ nakomelinghen vor vesteynhundert mark luneborgher penninghe de my rede be ret syn. alle myn ghût tû Echghem dat dorp. de borch vñ dat derp tû lunynghorste mit aller nût vñ vryheyt mit teegheden mit watere mit weyde mit wischen. mit vischerige mit holte. mit bûsghen mit watersteuwinghen mit ackere buwet vñ vnghebuwet mit richte vñ mit alleme rechte. also se ghe leeghen syn in eren scheden. also so my myn vader ghe eruet heft vñ also alse ik dat ghe koft hebbe. vñ dat be seeten hebbe wante an dessen dach. tû eneme erue kope eweliken tû be sittende vñ beholde mik vñ mynen eruen dar nicht rechtes an vñ schal des vorscreuenen ghûdes en recht warent wesen Ok bekenne ik in dessome breue. Dat ik mineme vorscreuenen heerren vñ deme Abbete vppe deme hus tû Luneborgh dit ghût vp ghelaten hebbe mit hande vnde mit mûnde van den ik vñ mine elderen dat tû lene hebben ghe hat vñ hebbe des suluen ghûdes ene rechte vor ticht ghe dan. alse me erue ghûdes van rechte scal. Vnde we Ludelof vñ Maneke van estorpe brûdere bekennet in dessame breue. Dat wy vns mit vrunschop ghe scheden hebbet vmme alle de deeghedinghe de vse brûder Johan deme god gnedich sy. mit Ludeken Ronen ghe deghedinghet hadde vmme dat ghût tû Echghem dat hir vorescreuen steyt. Vñ hebbet ghe laten van deme suluen ghûde. vñ van alle deme rechte. dat we dar tû hadden van vnses vorsprokenen Brûder weghene deme god gnedich sy. vñ latet dar af in dessome breue Alle desse varscreuenen stücke hebbe we Ludelof Rone vñ Ludelof vñ Maneke van Estorpe brûdere vorescreuen ghe louet entruwen vseme vorscrenenen heerren vñ sinen eruen vñ sinen nakomelinghen. vñ louet se en in dessome breue mit sameder hant steede vñ vast tû holdende ane arghelist Tû ener betughinghe so hebbe we dessen bref mit vsen Inghesegheleu besegbelt laten vñ hir hebben ouer ghe wesen her Hinrik Prouest tû Lune. Mester Johan Boytin Her werner vñ her Segheband van deme berghe riddere vñ andere veele ghûder lude Vnde is ghe scheen Na godes bort Drutteynhundert Iar in deme achte vñ sestegheste me iare des sondaghes vor sunte Agneten daghe der hilghen Junkvrowen.

343. Herzog Wilhelm von Braunschweig und Lüneburg verkauft auf Wiederkauf dem Abte und Convente zu Scharnebeck das Gut zu Echem und „Luninghorst", welches er von Ludolf Rone und von Ludolf und Manegold von Estorff gekauft hat, und Herzog Magnus von Braunschweig der Jüngere gelobt, den Kaufvertrag zu halten, falls Herzog Wilhelm, ohne einen Sohn zu hinterlassen, stirbt und er Herr der Herrschaft Lüneburg wird. — 1368, den 21. Januar. K. O.

We her Wilhelm van der gnade goddes. Hertoghe to Brûnswich. vnde to Lûneborch. Bekennen in dessome Openen breue. Dat we mit rade vnde mit vûlbort vnser trûwen man Hebbet vorkoft vnde laten. den gheystliken lûden deme Abbete vnde Conuente des klosters to deme schermbeke vnse ghût to Echghem vnde to Lunynghorst mit alleme rechte vnde nûd in watere vnde in waterstowe in holte. in wischen in weyde in lande. also alze we dat ghe koft hebben van Lûdeken Ronen vnde van synen eruen. vnde van Ludeleue vnde Maneken broderen ghe hoten van Estorpe vor vesteynhûndert marck pennynghe de se vns rede berod hebben to enemo erue kope Ewichliken to besittende. vnde hebben so inde weere. saat laten vnde wyſet. vnde ſe hebben vns. vnde vnſen eruen vnde nakomelinghen de gnade ghe gheuen. dat we dat ſuluе ghût van en wedder kôpen moghen vor dat vorſoreuene ghelt. Wanne we vnſe eruen vnde nakomelinghe willet. Dat ſchûlle we en eyn iar. vore to wetende dûn Wanne dat iar vmme kûmpt. So ſchûlle we en ẽre pennynghe gheuen vnde ſe ſchûllen vns vnſe ghût wedder antworden. vnde we hebbet en ok de gnade gheuen. were dat ſe eere. pennynghe wedder hebben wolden. dat ſchûllet ſe vns ok een iar to voren to wetende dûn. Wan dat iar vmme komen is. So ſchûlle we en ẽre pennynghe gheuen. vnde ſe ſchûllen vns dat vorſcreuene gûd wedder antworden. Vnde we vnde vnſe eruen vnde nakomelinghen ſchûllet des ghûdes rechte warende weſen wil ſe Jement dar ane beweren edder hinderen. dar ſchulle we ſe teghen trûweliken vor degbedinghen. Alle deſſe vorſcreuenen ſtucke wille we vorbenomede her Wilhelm. hertoghe to Brûnſwich. vnde to Lûneborch vnde vnſe eruen vnde nakomelinghe ſchûllet. deme vorbenomeden Abbete vnde Conuente des kloſters to ſchermbeke ſtede. vnde vaſt holden. Vnde we hertoghe Magnus hertoghen magnus ſone van Brûnſwich. Bekennet indeſſeme ſûluen breue were dat vnſe vorbenomede veddere hertoghe. Wilhelm. afghinghe alſo dat he nenen echten ſone na Syek en lete. vnde we hêre worden der herſchûp to Lûneborch.. So hebbe we ghe lôuet vnde louet Intrûwen indeſſeme breue vor vns vnde vor vnſe eruen Deſſeme vorbenomeden Abbete vnde Conuente vnde eren nakomelinghen. Alle deſſe vorſcreuenen ſtûcke ghânſliken vnde trûweliken to holdende mit allerleye wiſe alſe hir vorſcreuen is vnde alze vnſe vorbenomede veddere Hertoghe Wilhelm en dûn vnde holden ſcholde oft hê leuede. To eyner betûghinghe deſſer dingh hebbe we vorbenomeden Hertoghe Wilhelm. vnde Magnus vnſe Ingheseghele. ghe hanghen laten to deſſeme breue. De ghe gheuen is to wynſen. Na goddes bôrt Drûttryuhûndert iar indeme achte vnde Seſteghesten Jare indeme hilghen daghe Sûnte Agneten der hilghen Junchvrowen.. Vnde hir hebben ouer ghe weſen. Her Hinrik Proueſt to Lûne. Meſter Johan boytin. Her Werner vnde her Seghebant van deme berghe. Hartwich ritzerowe vnde anderer vele vnſer man.

344. Herzog Magnus von Braunschweig der ältere verpfändet dem Conrad von Weferlinge und dessen Sohne Gebhard auf drei Jahre für 200 löthige Mark und für 100 löthige Mark anzuwendender Baukosten unter Vorbehalt des Oeffnungsrechtes das Schloss Esbeck mit dem Dorfe daselbst und das Dorf Bodenstedt mit Vogtei, Dienst, Beede, Sterbegefällen und Gericht und fünf löthige Mark jährlicher Hebung bei dem Rathe zu Schöningen, deren besondere Einlösung mit 50 löthigen Mark er sich vorbehält. Er verpflichtet sie, den Pfandvertrag nach seinem Tode seinen rechten Erben zu halten, und gestattet ihnen, gegen Unrecht, gegen welches er ihnen nicht hilft, sich vom Schlosse zu wehren. — 1368, den 3. Februar. I.

Von der gnade goddes We magnus hertoghe tô brunſwich be kennet openbare in deſſem breue dat we hebbet ghe ſat corde von weuerlinge vnde gheuerde ſinem ſone vnde eren eruen vnde tô erer truwen hand hern gheuerde albrechte vnde boſſen broderen von aluenſleue hinrike von wenden hern hinrikes ſone von wenden iane von weuerlinge. ludeke von veltum ludekes ſone von veltum. vſe ſlot eſbeke mit deme dorpe dar ſulues vnde dat dorp tô bôdenſtidde mit vôghedye mit denſtbede mit buleuinge mit alle deme dat dar tô hort mit ghe richte mit alleme rechte vnde mit aller nvt alſo alſe we dat hadden vnde vif lodighe mark gheldes tô ſcheninge de on de rad dar ſulues gheuen ſcal alle iar tô ſante mychelis daghe vor twey hundert lodighe mark ſuluers brunſwikeſcher witte vnde wichte de vns ghentliken be talet ſint. Wanne we ouer on veſtich lodighe mark wedder gheuen Sô ſcult de vif lodighe mark gheldes de on de rad tô ſcheninge gheuen ſcal alſe vore ſereuen is vns wedder ledich vnde los werden. So ſcal vſe ſlot tô eſbeke corde von weuerlinge gheuerde ſinem ſone vnde eren eruen veſtich marke min ſtan. Deſſe vif mark gheldes moghe we vnde vn vſe eruen alle iar loſen wu we on de loſe kundighen vor ſante mertens daghe vnde gheuen on ore veſtich mark vppe aller manne vaſtnachten. Dat hus tô eſbeke en ſculle we nicht loſen er nv to aller manne vaſtnacht vort ouer dre iar. dar na moghe we eder vſe eruen dat vorbenomde hus tô eſbeke von corde von weuerlinge von gheuerde ſinem ſone vnde von eren eruen alle iar loſen vor dit vorbenomde gheld vnde ok vor dat dat ſe dar an vor buwet hedden. wanne we on dat vor kundegheden vor ſante mertens daghe vnde gheuen on ore gheld vppe aller manne vaſtnacht ok en ſcullet ſe dar nicht mer an vor buwen wenne hundert lodighe mark wat ſe min dar an vor buwet hedden alſo vele ſcolde we on denne min gheuen. dat buw ſcolde we on ghelden alſe twene vſer man vnde twene erer vrůnd ſpreken dat redelik were. Welden ſe ok ere gheld wedder hebben na deſſen dren iaren dat ſcolden ſe vs ok vor kundighen vor ſante mertens daghe So ſcolde we vnde welden on ere gheld wedder gheuen tő den neghesten aller manne vaſtnachten in der ſtat tő brunſwich ichte in der ſtat tő helmeſtede in der twyger ſtede ener wur it on bo quemeſt were. Weret dat we des nicht en deden Sŏ mochten ſe erer vorbenomeden penninge be komen mit deme ſuluen hus vnde mit deme dat we on dar tő ghe ſat hebbet mit weme ſe welden de ere ghe note vnde vnſe be ſetene man were vnde weme ſe dat hus leten de ſcolde vs alſodane wiſſenheyt don vnde breue dar vp gheuen alſe ſe vs gho dan hebbet er ſe dat hus von ſik antwerden Ok ſcal dit vorbenomde hus vſe opene ſlot weſen tő alle vſen noden wur vnde wanne vs des not is. Weret ok dat we af ghingen des god nicht en wille ſo ſcolden ſe dit ſlot mit deme dat we on dar tő gho ſat hebben holden vſen rechten eruen den ſcolden ſe alle ſtucke don vnde holden de hir vore ſcreuen ſtat Weret ok dat we von deſſem hus orleghen welden welken ammechtman we dar ſetten de ſcolde on irwiſnen dat he ſe vñ de ere vor ſchaden vnde vor vnvoghe be waren welde vor den de mit eme dar weren Schude on ouer ſchade den ſcholde on vſe ammechtman wedder don in minne eder in rechte binnen ſes weken dar na wanne he dar vmme manet worde. rechtes ſculle we ouer ſe weldich weſen tő allen tyden vnde we ſcullet ſe mit deme ſlote vor deghedingen. Vor vnrechtede ſe we on hulpe we on dar nicht vmme minne eder rechtes binnen ver weken dar na wanne ſe vs dat ghe kundeghet hedden So mochten ſik wol von deme ſlote vnrechtes irweren. Worde ok dit ſlot be ſtallet dat ſcolde we on redden helpen. Weret ok dat dit ſlot vor loren worde von vſer weghene des god nicht en wille So ſcolde we on ere gheld binnen deme negheſten haluen iare wedder gheuen ane vortoch ichte hinder. Worde ouer dit ſlot vor loren von erer weghen So ſcolde we vſe ſlot vnde ſe ere gheld dat ſe dar an hedden vor loren hebben vnde doch en ſcolde we vs noch ſe ſek nicht ſőnen noch vreden mit den de dat ſlot gho wunnen hedden it en were af beyder ſit vſe wille. ok ſcolde vſe ammechtman en vredeghut gheuen tő ereme plochwerke in der vyande lande ichtme it irweruen konde. ok ſcolde we de koſt liden de vppe dat hus ghinge de wile dat orleghe warede Alle deſſe vore ſcreuenen ſtucke wille we hertoghe magnus vor ghe nomet vnde vſe eruen eerde von weuerlinge vñ gheuerde ſinem ſone vñ eren eruen vnde tő erer truwen hand hern gheuerde albrechte vñ beſſen broderen von aluenſlene hinrike von wenden hern hinrikes ſone von wenden iane von weuerlinge ludelue von veltum. ludeleues ſone von veltum holden truweliken vnde vaſt in allerleye wiſe alſe hir vore ſcreuen is To ener be tughinge deſſer ding hebbe we on deſſen breſ gheuen be ſegheld mit vnſem inghesęghele. Dat ghe ſchen is na goddes bort dritteynhundert iar in deme achte vnde ſeſtigheſten iare in vnſer vrowen daghe lichtmiſſen.

345. Knappe Wilhelm von Gilten schwört dem Herzoge Wilhelm von Braunschweig und Lüneburg, dem Herzoge Magnus von Braunschweig dem jüngern und dem herzoglichen Vogte Brendeke von Bergen wegen erlittenen Gefängnisses eine Urfehde und Sühne. — 1368, den 12. Februar. **K. O.**

Ik Willeken van ghilten knape bekenne in deſſeme openen breue dat ik hebbe ghe loued en truwem vnde in den hilghen ghe ſworen ene rechte olde orveyde vñ ſune myneme gnedighen heren her wilhelme hertoghen to Brunſ vñ to lunebř vñ her magnuſe hertoghen magnus ſone van brunſ vñ Brendeken van berghen myns vorbenomeden heren voghede vñ alle den de dar in rade vñ in dade mede ghe weſen hebbet vñ Jenegherleye hulpe dar to dan hebbet vmme de ſake dat de vorbenomede brendeke myns heren voghet my van myns vorbenomeden heren hete weghene ghe vanghen vñ in den ſtok ghe ſad vñ ik vñ myne eruen edder myne vrunt en ſchollet dar nenerleye wis mynen vorbenomeden heren her wilhelme her magnuſe ſynen voghed brendeken vñ al de de dar in rade vñ in dade mede ghe weſen hebbet nenerleye wis ſchuldighen edder andegbedinghen vñ late ſe aller ſchulde in deſſen breue leddich vñ los ok en ſchal ik myns vorbenomeden heren vñ der ſyner vmme nenerleye ſake vyent werden al de wile dat ik leue To oner merer wiffenheyt hebbe ik en to borghen ghe fad myne vrunt de hir na fereuen ftad vñ we hermen vñ marquart ghe heten van hodenberghe vñ ludor vñ bode gheheten van alden vñ henningh van ghilten knapen Bekennet in deffem fuluen breue dat we en truwen ghelouet hebbet vñ louet in deffem breue myd famenderhand vor willeke van ghilten fyne eruen vñ fyne vrunt vnfen vorbenomeden heren her wilhelme hertoghen to brunſ vñ to lunebř her magnufe hertoghen magnus fone vñ brendeken vnfes vorbenomeden heren voghede vñ alle den de dar in rade vñ in dade mede ghe wefen hebbet vñ de dar Jenegherleye hulpe to dan hebbet In deffer wis were dat den vorbenomeden Jenegherleye hinder edder brok worde in der orueyde in der fune edder in den ftucken de hir vor fereuen fynd edder in er Jewelkem vñ we dar vmme manet worden Dat we bynnen den negheften verteynachten na der maninghe in riden willen to Tzelle vñ fchicken dat alle de ftucke vñ erer Jewelk dar en brok an ghe worden is bynnen den negheften ver weeken na den verteynachten gheholden werden vñ de broke ghenfeliken er vullet werden ane hinder vñ vor toch vñ Jenegherhande arghelift To ener betughinghe hebbe ik willeken van ghilten fakwolde vñ we borghen vorbenomed vnfe inghezeghele witliken ghehenghet laten an deffen bref De ghe gheuen is na goddes bord dritteynhundert Jar in deme achte vñ feftegheften Jare des negheften funnauendes na funte fcolafteken daghe der hilghen Juncvrowen.

346. **Eberhard Beer von Schwarmstedt schwört dem Herzoge Wilhelm von Braunschweig und Lüneburg, dem Herzoge Magnus von Braunschweig dem jüngern und dem herzoglichen Vogte Brendeke von Bergen wegen erlittenen Gefängnisses eine Urfehde und Sühne und gelobt, keine Ansprüche wegen eines Hofes zu Grindau und wegen des Zehnten über denselben gegen die Herzöge zu erheben. — 1368, den 12. Februar.** **K. O.**

Ik euerd Beere van fuarmften bekenne in deffeme openen breue dat ik hebbe gheloued in truwen vnde in den hilghen fueren ene rechte olde orveyde vñ fune myneme gnedighen heren her wilhelme hertoghen to brunſ vñ to lunebř vñ her magnufe hertoghen magnus fone van brunſ vñ brendeken van borghen myne vorbenomeden heren voghede vñ alle den de dar in rade vñ in dade mede ghe wefen hebbet vñ Jenegherleye hulpe dar to dan hebbet vmme de fake dat de vorbenomede brendeke myne heren voghed my van myne vorbenomeden heren hete weghene ghe vanghen vñ in den ftok ghe fad heft vñ ik vñ myne eruen edder myne vrunt en fchollet dar nenerleye wis myne vorbenomeden heren her wilhelme her magnufe fynen voghed brendeken vñ al de dar in rade vñ in dade mede ghe wefen hebbet nenerleye wis vmme fchuldighen edder an deghedinghen vñ late fe aller fchulde in deffen breue leddich vñ los Ok en fchal ik myne vorbenomeden heren edder der fyner vmme nenerleye fake vyend werden al de wile dat ik leue Ok wille ik myne vorbenomeden heren her wilhelme vñ her magnufe vñ ere eruen vñ nakomelinghe nicht mer an deghedinghen van des houes weghene to grindow dar colleman vppe wonet haddu vñ des tegheden ouer den hof vñ de des fuluen houes vñ tegheden ene rechte af ftichte vor my vñ myne eruen To merer wiffenheyt hebbe ik en to borghen ghe fad myne vrund de hir na fereuen ftad vñ we Johan vñ ghifeler gheheten hauerenber vñ hinrik vñ olrik gheheten van der wenfe vñ olrik beere van rothem knapen Bekennet in deffem fuluen breue dat we en truwen ghe loued hebbet vñ loued in deffem breue myd famenderhand vor euerde beren van fuarmften fyne eruen vñ fyne vrund vnfen vorbenomeden heren her wilhelme hertoghen to brunſ vñ to lunebř her magnufe hertoghen magnus fone vñ brendeken vnfes vorbenomeden heren voghede vñ alle den de dar in rade vñ in dade mede ghe wefen hebbet vñ de dar Jenegherleye hulpe to dan hebbet In deffer wis were dat den vorbenomeden Jenegherleye hinder edder brok worde in der orueyde in der fone edder in den ftucken de hir vor fereuen fynd edder in er Jewelkem vñ we dar vmme manet worden dat we bynnen den negheften verteynnachten na der manighe in riden willen to Tzelle vñ fchicken dat al de ftucke vñ erer Jewelk dar en brok an ghe worden is bynnen den negheften ver weken na den verteynnachten ghe holden werde vñ de broke ghenfeliken er vullet werden ane hinder vñ vortoch vñ Jenegherhande arghelift To ener betughinghe hebbe ik euerd beere fakwolde vñ we borghen vorbenomed vnfe Inghezeghele witliken ghe henghet laten an deffen bref De ghegheuen is na goddes bord dritteynhunderd iar in deme achte vñ ſeſtegheſten iare des negheſten ſonauendes na ſonte ſcolaſticken daghe der hilghen Juncvrowen.

347. Gisler Haverenber gelobt, gegen den Herzog Wilhelm von Braunschweig und Lüneburg und gegen den Herzog Magnus von Braunschweig den jüngern keine Ansprüche wegen eines Hofes zu Grindau und wegen des Zehnten über denselben zu erheben. — 1368, den 12. Februar. K. O.

Ik ghiſeler hauerenber Bekenne in deſſeme openen breue dat ik mynen gnedighen heren her wilhelme hertoghen to brunſ vñ to luneb vñ hertoghe magnuſe hertoghe magnus ſone van brunſ vñ ere eruen vñ nakomelinghe nicht mer an deghedinghen wille edder nemend van myner weghene van des houes weghene to grindow dar holleman vppe wonet hadde vñ des tegheden ouer den ſuluen hof vñ do des ſuluen houes vñ tegheden ene rechte afſtichte vor my vñ myne eruen in deſſen breue To ener grotteren betughinghe hebbe ik myn Inghezeghel witliken ghe henghet laten an deſſen bref de is ghe gheuen dritteynhundert iar na goddes bord in deme achte vñ ſeſteghesten iare des ſonnauendes na ſunte ſcolaſticken daghe der hilghen Juncvrouwen.

348. Herzog Magnus von Braunschweig der ältere beurkundet, dass die Bürger der Stadt Helmstedt gelobt haben, die ihm jährlich schuldigen vierzig Mark Schutzgeld um seinetwillen drei Jahr lang dem Ritter Ludolf von Veltheim zu zahlen. — 1368, den 27. Februar. I.

Von der gnade goddes We magnus hertoghe tō brunſwich be kennen openbare in deſſem legheuwerdighen breue dat vnſe borghere von helmeſtede hebben ghe louet hern ludeleue von veltum deme riddere von vnſer weghene de vertich mark de ſe vns pleghen tō gheuende des iares dat we ſe vor deghedinget tō gheuene dre iar vmme vppe ſante mertens dach. vnde de tyd ſcal an ſtan wanne dat mit den borgheren von brunſwich vnde von helmeſtede vmme kumpt den ſe ok de vertich mark von vſer weghene ſeuen iar ghe louet hadden. des ſcullen ſe de leſten vertich mark tō ſante mertens daghe vt gheuen de nv nilkeſt to komende is. vnde ſcullen der vorſprokenen vertich mark ledich vnde los weſen de vore ſprokenen dre iar vmme von vns vñ von vnſen rechten eruen. vnde we willet ſe alſo truweliken vor deghedingen alſo vore mit allem vlite. Hir ſint ouer ghe weſt her hans von honleghe riddere hinrik von wonden wilhelm von ítze vnſe voghet vnde cord von wouerlinge Tō oner be tughinge deſſer ding ſtede vnde vaſt tō holdene des hebbe we hertoghe magnus tō brunſwich deſſen bref ghe gheuen be ſeghelt mit vnſem ingheſeghele vnde is ghe ſchen na goddes bort dritteynhundert iar in deme achte vñ ſeſtigheſten iare in deme erſten ſondaghe in der vaſten.

349. Herzog Magnus von Braunschweig der ältere verpfändet das Dorf Scheppau an Hans von Honlege, Siegfried und Siegfried von Salder, Ludolf von Honlege und Achatius Grube für 50 löthige Mark. — 1368, den 29. Februar. I.

Von der gnade goddes We magnus hertoghe tō brunſwich be kennet in deſſem openen breue dat we vſe dorp tō der ſchepowe ghe ſat hebbet hern hanſe von honleghe hern ſyuerde vñ ſyuerde beyde ghe heten von ſaldere vnde ludelue von honleghe vnde achaciuſe gruben vnde eren eruen mit alle der nvt vnde tō be horinge alſe we dat vore ghe hat hebbet vor veſtich lodighe mark brunſwikeſcher wichte vnde witte de vns gheuſliken vñ al be ret ſint des moghe we dit verbenomde dorp tō der ſchepowe alle iar wedder loſen tō aller manne vaſtnachten vor deſſe vorbenomden veſtich lodighe mark brunſwikeſcher wichte vñ witte in deſſer wiſe. wanne we on de loſinge kündighet tō winachten Sō ſculle we on deſſe vore ſcreuenen veſtich lodighe mark brunſwikeſcher wichte vnde witte wedder gheuen in der ſtat tō brunſwich vor der weſſe tō deme negheſten tō komenden aller manne vaſtnachten dar na ane ienigherleye hinderniſſe Alle deſſe vore ſcreuenen ſtucke vor plichte we vs ſtede vnde vaſt tō holdene vnvorbrōkeliken vnde hebbet des tō eneme orkunde vſe ingheſeghel witliken vñ mit ghudem willen ghe henget laten an deſſen bref De ghe gheuen is na goddes bort dritteynhundert iar in deme achte vñ ſeſtigheſten iare des erſten dinſdaghes in der vaſten.

350. **Herzog Magnus von Braunschweig der ältere setzt den Gebrüdern Siegfried und Conrad von Salder und den Gebrüdern Siegfried und Hans von Salder, ihren Vettern, das Schloss Königslutter mit dazu gehörendem Kloster, mit Gericht und Dörfern, besonders mit dem Dorfe Schickelsheim, wie er es früher besessen hat, zu Pfande für 350 löthige Mark, die er am 16. Februar nächsten Jahres und für 35 löthige Mark Zinse, die er am nächsten 29. September ihnen zu zahlen verspricht, und verpflichtet sich, falls er die Zahlungen an den bestimmten Tagen nicht leistet, ihnen das Schloss Königslutter oder, wenn die Feinde es ihm genommen haben sollten, die Stadt Schöningen mit der Gerichtsbarkeit auszuliefern. — 1368, den 29. Februar.** L.

Von der gnade goddes We magnus hertoghe tō brunſwich de eldere bekennen openbare in deſſem breue dat we hebbet ghe ſat vſe hus tō Luttere mit deme cloſtere dat dar tō hort vnde mit alle deme ghe richte vnde mit aller nvt vnde tō be horinge an holte edder an velde an dorpen an watere an weyde ſunderliken mit deme dorpe tō ſcylkelſem alſe dat vore ghe hat hebbet. hern ſyuerde vnde corde broderen ghe heten von ſaldere ſyuerde vnde hanſe eren vedderen ok brodere ghe heten von ſaldere vnde eren eruen vor (verde)half hundert lodighe mark brunſwikeſcher wichte vnde witte de vns ghentliken vnde al beret ſint Des ſculle we gheuen deſſen vore ſcreuenen hern ſyuerde corde ſinem brodere ſyuerde vnde hanſe eren vedderen alle ghe heten von ſaldere vnde eren eruen vif vnde drittich lodighe mark brunſwikeſcher wichte vñ witte tō deſſeme negheſten ſante mycheles daghe de nv nilkeſt tō komende is tō tinſe vppe deſſe vorbenomden verdehalf hundert mark lodighes Vortmer tō deme negheſten aller manne vaſtnachten dar na ſō ſculle we vnde willen en deſſe vorbenomden verdehalf hundert lodighe mark wedder gheuen in der ſtat tō brunſwich vor der weſſe. Weret dat we deſſe vore ſcreuenen vif vñ drittich lodighe mark nicht vt en gheuen tō deſſeme negheſten ſante mycheles daghe de nv nilkeſt tō komende is edder dat we de verdehalf hundert lodighe mark ok nicht vt en gheuen vppe deſſe vore ſcreuenen aller manne vaſtnachten Sō ſculle we vnde willen en ere hus tō luttere wedder antworden mit alle der nvt vnde tō be horinge alſe hir vore ſcreuen ſteyt Vnde alſe deſſe bref vt wiſet dat ſcolden ſe denne vort be holden byth tō deme anderen aller manne vaſtnachten de dar negheſt tō komende were. worde vs ouer dit vorbenomde hus af ghe wunnen von vnſer vyande weghene des got nicht en wille Sō ſcolde we en de drittich lodighe mark vñ de verdehalf hundert lodighe mark doch vppe de ſuluen tid gheuen alſe hir vore ſcreuen ſteyt edder we ſcolden en vnſe ſtat tō ſcheninge mit alle deme ghe richte wedder antworden in der wiſe alſe we en luttere antworden ſcullen ane ienigherleye hinder edder vortoch Alle deſſer ſtucke vor plichte we vs ſtede vnde vaſt tō holdene vñ vnuorbrokeliken. vortmer we her hans von honloghe riddere hinr von wenden hern hinr ſone cord von weuerlinge wilhelm von vtze be kennen in deſſem breue weret dat alle deſſen vorbenomden ſakwolden den von ſaldere de hir in deſſen bref vore ſcreuen ſtat ienich brok worde des hebbe we en ghe louet vnde eren eruen en truwen mit ener ſamender hand vor vſen heren hertoghen magnuſe von brunſwich alle deſſe vore ſcreuenen ſtucke ſtede vnde vaſt tō holdene ane ienigherleye arghe liſt vnde hebbet des tō enem orkunde mit vſeme vorbenomden heren hertoghen magnuſe vnde he mit vs vſe inghesegbele mit ghodem willen ghe henget laten an deſſen bref De ghe gheuen is na goddes bort dritteynhundert iar in deme achte vnde ſeſtigheſten iare des erſten dinſdaghes in der vaſten.

351. **Probst Diedrich, Aebtissinn Elisabeth und der Convent des Klosters Wienhausen geloben, weil Herzog Wilhelm von Braunschweig und Lüneburg und Herzog Magnus von Braunschweig der jüngere ihr mit Unrecht vogteipflichtig gewordenes Gut in der Vogtei Celle befreiet haben, jährlich am 30. August mit allen Geistlichen ihres Bannes Wienhausen ein Anniversar für alle Herzöge und Herzoginnen von Braunschweig und Lüneburg mit Vigilien und Seelmessen zu feiern, namentlich für Herzog Otto den ältern und seine Gemahlinn Mechtilde, für seinen Sohn Otto und dessen Gemahlinn Mechtilde, für Bischof Ludwig von Minden, für Herzog Johann, für Herzog Ludwig, der zu Wienhausen begraben ist, für die verstorbenen Gemahlinnen des Herzogs Wilhelm, nämlich Hedwig, Marie und Sophie, und für ihn selbst und für Herzog Magnus, wenn beide gestorben sein werden. — 1368, den 12. März.** K. O.

Van goddes gnaden We diderik pröueſt Elizabed Ebbedeſcho vnde de gantze Couent des Cloſters to Winhuſen be kennet openbare in diſſeme breue dat we willet vñ vnſe nakomelinghe ſcüllet dor der Erliken ghnade willen de vnſe leue gnedighe here Herteghe Wilhelm van Luneborch vnde Herteghe Magnus de Jünghere Herteghe Magnus ſone vſeme Cloſtere be wiſet hebbet dat ſe vnſe gud in der Vöghedighe tho Tzelle dat mit vnrechte Vöghed plichtich worden was dor god weder ghe vryet hebbet alſe de breue ut wiſet de ſe us dar up ghe gheuen hebbet dar vor ſcülle we vñ willet ene Ewighe Jartid be ghan mit vigilien vñ mit Selemiſſen als we aller goddelikeſt vñ Erlikeſt moghet al orer elderen de vor ſtoruen Sint ut der Herſcap van Brunſwik vñ Luneborch vnde Sunderliken bi namen wille we denken vñ be ghan Herteghen Otten den elderen vñ Mechtilde ſine vrowen vñ Herteghen Otten ſinen Sonen vñ Mechtilde ſine vrowen vñ Biſcop Lodewighe van Mynden vñ Herteghen Jane vñ Herteghen Lodewighe de mit us be grauen is. vor Heſeken ver Marien vor Saſſighen de vnſes vorbenomeden heren Herteghen Wilhelmes vrowen weſen hebbet. Vortmer Herteghen Wilhelmes vñ Herteghen Magnus vñ erer Eruen vñ nakomelinghe wen orer ok al tho kort wert. Vnde diſſe Jartid ſchal weſen alle iar des neghesten daghes na ſunte Johannes daghe als eme dat höuet wart af ghe ſlaghen dar to ſcülle we verboden alle de papen in vnſe banne tho Winhüſen vñ en deneſt wille we dar tho don dar ſchal me van gheuen deme proueſte achteyn brunſw̄ penninghe vñ der Ebbedeſchen alſo vele Jowelkeme preſtere enen ſchillingh deme ſcriuere achte penninghe deme oppermanne achte penninghe vñ dar to wille we erer erliken mit koſt pleghen vñ achte punt waſſes to den vigilien kerſſen vñ en vöder gudes beres Haluerſtades eder Goſlers ſcülle we dar to köpen dat ſchal me delen den vrowen in deme Cloſtere vñ den baghinen vñ den pröuenderen vñ iowelker vrowen in deme Cloſtere twe rode weghe vñ en gut Stichte tho eren deghelkes prouenden vñ iowelker baghinen enen weghe vñ iowelkeme prouendere enen weghe Alle diſſe vorſcreuene ſtücke loue we vorbenomede diderik proueſt vñ Elizabed Ebdeſche vñ de gantze Couent to Winhuſen vor vns vñ Nakomelinghe vnſeme vorbenomeden heren Herteghen Wilhelme vñ Herteghen Magnus vñ eren Eruen vñ Nakomelinghen ſtede vn vaſt to holdende in allerleye wis alſe hir vorſcreuen is Tho ener be wiſinghe diſſer dingh ſo hebbe des prouestes vñ des Couentes Inghesheghele ghe hengt an diſſen brif. De ghe ghouen is na der bort goddes dritteynhundert iar in deme Achte vñ Seſteghesten iare des Sündaghes vor midvaſten.

362. Herzog Wilhelm von Braunschweig und Lüneburg verkäuft dem Gebhard von Eldingen Güter zu Bunkenburg und Luttern auf Wiederkauf. — 1368, den 20. März. III.

Wy̆ er Wilh von der gnade gotz Hertoge tü Brunſw̄ vnde tü Lunebr̄ Bekennet vnde betuget indeſſem openen Breue dat wy hebbet vor koſt tü eynome rechten cope Geuerde von Eldingen Dydericks Sone deme god gnedich ſy̆ vnde ſynen Eruen Twene Houe tü der Bunkenborch. Eyne koth. indeme dorpe tü Latteringen dar en vppe wonet dy̆ het Mouwe. vnde Eyne wuſte kothſtede. dy̆ ouer deme watere licht med allerleye nüd. vnde med alleme rechte alzo wy̆ dy̆ gehat hebbet wante an duſſen dach vor Ses. vnde twintich lodige mark Brunſw̄ wichte vnde witte, dy̆ he vns rede bered heſt vnde willet eme vnde ſynen Eruen des gudes eyne rechte warende weſen wanne one des nod es, Ok ſo heſt he vns eynen weder kop gegeuen dat wy̆ edder vnſe nakomelinge dat ſuluc gud mogen wedder kopen. vor dit vorbeñ golt tü allen tiiden wanne wy̆ willet, dit loue wy̆ one ſtede vnde vaſt tü holdene, vnde hebbet dat witlicken beſegelt laten med vnſem Ingel̄ vnde es geſchen na Goddes Bord dritteynhundert Jar, indeme achten vnde Seſtigeſten Jare des Mandages na Mittevaſtene.

363. Knappe Gänsel von Bartensleben stellt einen Revers aus, dass Herzog Wilhelm von Braunschweig und Lüneburg ihm auf Lebenszeit das Schloss Knesebeck mit Gericht und ohne geistliche und weltliche Lehne für 700 löthige Mark unter Vorbehalt des Oeffnungsrechtes verpfändet und versprochen hat, ihm und seinen Erben, so lange sie das Schloss besitzen, jährlich 100 löthige Mark und 20 Wichhimpten Roggen, falls er ihnen aber 500 Mark von den 700 Mark auszahlt, jährlich 50 löthige Mark weniger zu entrichten und

bei der Einlösung des Schlosses den Preis für die Güter, welche sie mit seinem Rathe zum Schlosse kaufen oder einlösen werden, und die Kosten des Schlossbaues, zu dessen Leitung sie beide einen Vorstand ernennen wollen, ihnen zu erstatten. Er gelobt, niemanden gegen den Willen des Herzogs auf dem Schlosse zu hegen, die herzoglichen Mannen und Leute bei Rechte zu lassen und gegen Unrecht, nur wenn der Herzog Hülfe weigert, sich vom Schlosse zu wehren. Er verpflichtet sich, den Pfandvertrag, falls der Herzog, ohne einen Sohn zu hinterlassen, stirbt, dem Herzoge Magnus von Braunschweig dem jüngern zu halten. — 1365, den 16. April. K. O.

Ik ghûntzel van Bertensleue knape. Bekenne indesseme Openen breue. Dat myn leue here her Wilhelm Hertoghe to Brûnsw vnde to luneborch.. heft my vnde mynen Eruen ghesaat syn Slot den knesbeke mid allerleye rechte richte nûd vnde tobehoringhe. dat dar nv to hort ane gheystlike vnde manlike leen. vor Seuen hûndert mark. lodeghes suluers Brûnswikescher wichte vnde witte de ik eme rede bered hebbe indesser wys. dat ik den vorsereuenen knesbeke myne leue daghe hebben scal in allerleye wys alse hir vore vnde na besereuen steyt. Wanne ik auer dot byn So mach myn vorbenomede here syne eruen vñ nakomelinghe mynen eruen de losinghe des vorbenomeden Slotes to deme knesbeke kûndeghen to allen tiden wanne he wil eyn half iar vore vnde wan de losinghe aldus ghe kûndeghet were So scolde myn vorbenomede here syne eruen vñ nakomelinghe, mynen eruen wan dat iar vmme komen were. an to rekende van der tid alse en de losinghe ghe kûndeghet were ere vorbenomede ghelt bereden ane hinder vnde vortoch inder stad to Brunš vnde en dat dar en bynnen veleghen vor busate vnde bekummerynghe vñ wan se aldus bered syn So scûllen se myneme vorbenomeden heren synen eruen vnde nakomelinghen. dat vorbenomede Slot van staden an, wedder antworden mid allerleye tobehoringhe alse id my ghe antwordet is ane hinder vnde vortoch. Ok scal he syne eruen vnde nakomelinghe my edder mynen eruen alle iarlikes alde wile dat we dat vorbenomede Slot van eme hebbet gheuen hûndert lodeghe. mark. vnde twyntich wychimpten rogghen bynnen den neghesten achte daghen na Sûnte Mertens daghe. Wanne auer myn vorbenomede here syne eruen vnde nakomelinghe. my edder mynen eruen beredden vif hûndert lodeghe. mark. van den vorbenomeden Seuen hundert marken de we an deme Slote hebben. So en scal vnse vorbenomede here my edder mynen eruen alle Jarlikes nicht mer gheuen denne veftich lodeghe. mark. vnde twyntich wychimpten rogghen. vnde de vorsereuenen vif hûndert mark mach vnse vorbenomede here syne eruen vnde nakomelinghe. vns to allen tiden wedder gheuen wan se willet. vnde dar scal ik edder myne eruen myneme vorbenomeden heren synen eruen vnde nakomelinghen denne quite breue. vp gheuen Were auer dat myn vorsereuene here syne eruen vnde nakomelinghe my edder mynen eruen de ghûlde nicht en gheuen alse hir vorsereuen is de scolde vnse vorbenomede here syne eruen vnde nakomelinghe. mynen eruen gheuen. mid den pennynghen dar en dat Slot vore steyt. Ok scal ik dat vorbenomede Slot vûllen bûwen na mynes vorbenomeden heren rade vnde dar scal he vnde ik enen man to Setten de dat bûw vorstâ. vnde de scal myneme vorbenomeden heren vnde my rekenen. wan dat iar vmme komen were wôt dat bûw ghe kostet hadde vnde dat scolde myn vorbenomede here syne eruen vnde nakomelinghe. my edder mynen eruen wedder gheuen bynnen deme neghesten haluen iare dar na. Dede he des nicht So scolde we dat vppe dat Slot rekenen. Were ok dat we gûd kosten edder loseden na vnses vorbenomeden heren rade dat deme Slote beleghelik were dat gûd scolde we beholden to deme Slote al de wyle dat we dat Slot van eme hedden. Wanne auer vnse vorbenomede here dat Slot van vns losede So scal he vns dat ghelt gheuen. wat we vor dat gûd ghe gheuen hedden vnde dat gûd to Syk nemen. Were ok dat we dar saat ghesevt hedden. de scolde he vns ghelden na besegghinghe twier vnser vrûnt vnde twyer syner man Mynne vnde rechtes scal vnse vorbenomede here vñ syne eruen vnde nakomelinghe ouer vns vñ vnse eruen mechtich wesen to allen tiden. Ok scûlle we eme dat Slot trûweliken bewaren vnde eme synen eruen vnde nakomelinghen dat open holden to allen tiden wan se bedet. Ok en scûlle we nemende holden edder beghen vppe deme sûluen Slote. dat wedder vnsen vorbenomeden heren syne eruen vñ nakomelinghe were vnde syne man vñ lûde by rechte laten vnde nicht vorderuen Ok en scûlle we dar af vñ dar to nemende vor vnrechten noch beſchedeghen. Vorvnrechtede vns auer we vnde weygherde vnſe vorbenomede here vns to helpende Mynne edder rechtes bynnen twen manden dar na wan we dat van eme ghe eſchet hedden So moſte we vns van deme Slote wol vnrechtes erweren alſo langhe wente he vns mynne edder rechtes helpen konde vnde dar ſcolde we vns ane en noghen laten. Wolde vnſe vorbenomede here ſyne eruen vnde nakomelinghe van deme Slote orleghen welken ammichtman he dar Settede de ſcolde vns vnde de vnſe vor ſchaden vnde vor vnghevoghe bewaren vor Syk vnde vor den de mid eme dar weren. Schůde vns auer ſchade den ſcolde vns de ammichtman wedder důn in mynne edder in rechte bynnen deme negheſten virdendel iares dar na wan we dat van eme ghe eſchet hedden. Worde ok dyt Slot van vnghelůcke vorloren des god nicht en wille Schůde dat van vnſes vorbenomeden heren weghene ſo ſcolde he vns bynnen deme negheſten Jare dar na eyn ander Slot helpen bůwen in dat ſůlue ghe lach vñ richte alſo gůd dat we de ghůlde des Slotes af bekrechteghen mochten edder he ſcolde vns eyn ander pand indes Slotes ſtede Setten vor vnſe vorbenomede ghelt. Dede he des nicht So ſcolde he vns vnſe vorbenomede ghelt wedder gheuen wan dat iar vmme komen were ane hinder vñ vortoch. Schůde dat van vnſer weghene So ſcolde vns vnſe ghelt vñ vnſeme heren ſyn Slot verloren weſen vnde doch en ſcolde we vns noch he Syk nicht ſonen noch vrůden mid den de dat Slot ghewůnnen hedden id en were af beydent ſyden vnſe wille Vortmer were dat vnſer borghen de hir na ſcreuen ſtan Jenech afghinghe So wille we eynen anderen alzo gůden in iewelkes ſtede Setten de dar af ghe ghan were bynnen vêrweken dar na wan we dar vmme manet wêrden. vnde de ſcal vor vns louen alle deſſe ſtůcke in eyneme ſůnderliken breue. vnde dar ſcal deſſe bref vnvorbroken mede blyuen. Alle deſſe vorſcreuenen ſtůcke loue ik vorbenomede ghůntzel van Bertenſleue vor my vnde myne eruen Intrůwen vaſt vnde vnbrokelik to holdende ſůnder Jenegherleye arghelist myneme vorbenomeden heren hertoghen Wilhelme ſynen eruen vñ nakomelinghen. Vnde hertoghen Magnuſe hertoghen Magnus ſone van Brůnſ vnde ſynen eruen vnde nakomelinghen. oft hertoghe Wilhelm vorbenomed alzo ſtorue dat he nenen echten ſone na Sik en lete. Vnde we her Ludolef van deme knesbeke. her gherd van wederden. her Cůrd van deme ſteynberghe. hern Borchardes ſone. her Syuerd van Saldere riddere. Hinrik van der Schulenborch. Werner van Bertenſleue. ghůntzel van Bertenſleue hern. ghůntzel ſone. Bůſſe van Aluenſleue vnde Rotgher van ghůſtede. knapen Bekennen in deſſeme ſůluen breue dat we vns to borghen ghe ſaat hebben vor gůntzele van Bertenſleue vñ ſyne eruen vorbenomed indeſſer wys Were dat vnſeme vorbenomeden heren eren eruen vñ nakomelinghen Jenich brok edder hinder worde in deſſen vorſcreuenen ſtůcken So wille we in riden in de ſtad to Vlſen bynnen den negheſten verteynachten dar na wan we dar vmme manet worden vnde dar en recht Inlegher holden vñ nicht bůten benachten de brőke en ſy en ghenſliken. vñ al vor vůllet edder we en důn. dat mid ereme willen. Dyt loue we vorbenomede borghen mid ſamenderhand Intrůwen. vor den vorbenomeden ghůntzel vnde ſyne eruen vnde mid eme vaſt vnde vnbrokelik to holdende ſůnder Jenegherleye arghelist vnſen vorbenomeden heren ſynen eruen vnde nakomelinghen. Vnde hertoghen Magnuſe. hertoghen Magnus ſone van Brůnſ vnde ſynen eruen vnde nakomelinghen. oft hertoghe Wilhelm alſo ſtorue dat he nenen echten ſone na Syk en lete To ener betůghinghe hebbe ik ghůntzel. vnde we borghen vorbenomed vnſe Ingheseghele witliken to deſſeme breue ghe henghet laten de ghe gheuen is na goddes bort drůtteynhůndert iar in deme achte vnde Seſteghesten Iare des negheſten Sondaghes na Paſchen.

354. **Herzog Wilhelm von Braunschweig und Lüneburg ernennt auf Wiederruf nach dem Rathe seiner getreuen Mannen den Herzog Magnus von Braunschweig den jüngern zum Amtmann über sein Land und seine Leute, beauftragt denselben, sie nach seinem und seiner getreuen Mannen Rathe zu vertheidigen und zu verwalten und von dem Seinen seine Schulden zu den Verfallzeiten zu entrichten, reservirt sich ausser anderen Gülten, die er sich noch später etwa vorbehalten wird, den Sülzzoll zu Lüneburg, den Zoll auf der Bäckerstrasse daselbst und den Zoll zu Eislingen (Zollenspieker), verpflichtet ihn, dieselben von etwa darauf haftender Pfandschaft zu befreien, erlaubt ihm, Schlösser, Land und andere Pfandstücke einzulösen, und gelobt,**

dass weder er noch seine rechten Erben, falls ihm nämlich ein oder mehrere Söhne geboren werden, ihn von den aus eigenen Mitteln eingelösten Pfandstücken vor Erstattung der Pfandsummen und von dem Amte vor Vergütung für etwaige Kriegskosten und für die aus eigenen Mitteln getilgten Schulden entsetzen sollen. — 1368, den 19. April. K. O.

Wee. Her Wilhelm van der Gnade goddes. Hertoghe to Brunſw̄ vnde to Luneborch Bekenned in desseme openen breue. Dat wy hebbet ghesad. mid vnser truwen. manne Rade. vnsen leuen vedderen. hertoghen. Magnûſe. den Jûngheren. hertoghen. Magnûses sone van Brûnſw̄ to vnseme. Ammechtmanne. ouer vnse. land. vnde. lûde. truweliken to verdeghedinghende. vn to verwarende. in allerleye wys alze sik dat to bored mid vnsemo vñ vnser truwen manne Rade. Alde wile. dat vns des lusted vn wy dat willet Ok Scal vnse vorscreuene veddere. vnse Schulde entrichten van dem vnseme. to sodanen tyden alze wy des verplichtet syn. we willet vns auer Sûnderliken beholden to vnseme Sunderliken behôue. den. Sultetollen. vnde. den tollen vppe der becker strate binnen vnser Stad to. Luneborch. vñ den tollen to. Eyslinghe. Vñ wôr desser tollen welk vôrpendit is. den Scal vns vnse vorbenomede veddere entledeghen.. Wolde we vns ok hir na mer Sûnderliker gulde beholden. to vnseme Sûnderliken behoue. Des wille we vulmechtich wesen wanne vñ wor vns. dat bequeme is. Ok hebbe wy vnseme vorscreuenen vedderen hertoghen Magnûse. georloued dat he mach losen vnse Slote vñ land. vnde wad we vorpendet hebbet. vnde wad he des mid sinen pennigghen losede. dar enscolde wy. edder vnse rechten eruen. eyn sone. edder mer. est vns de worde. one efte sine eruen nicht van entsetten. we enhebben on ere pennigghe wedder gheuen. edder verpendet. dar he de vorsprokene Slote. vñ land mede loset heft. vnde wad se daran verbuwet hedden Were ok. dat vns vñ vnser herscup krych. vñ orleghe an volle. vñ we vñ vnse vorscreuene veddere. dar Schaden ouer nemen. edder kost. ouer leeden. edder dat vnse vorscreuene veddere. ander Schulde de wy Schuldich weren beredde. van vnser weghene. dar he nene pande van vns vore hedde. wad he des mid sinen eghenen pennigghe entrichtede de Sculle wy eme edder sinen eruen wedder gheuen. edder verpenden eer we se entsetten. vnde mid desseme breue Scullet andere deghedinghe vñ breue de wy mid vnseme vorscreuenen vedderen gedeghedinghet. vñ gheuen hebben vnuerbroken bliuen Alle desse vorscreuene Stucke loue wy. her wilhelm entruwen vor vns vñ vnse rechten eruen vnseme vorbenomeden vedderen hertoghen Magnûse. vñ sinen eruen. Stede vñ vast vñ vnuerbroken to holdende. In allerleye wys alze hir vorscreuen is To Ener betughinghe hebbe wy her Wilhelm vorbenomet. vnse Ingezeghele. witliken gehenghet laten an dessen bref. De gegheuen is Na Goddes bord Drytteynhundert iar in deme achten vnde Sestigesten iare des negesten midwekens na deme Sondaghe alse me zinghed. Quasi modo geniti.

356. Bischof Gerhard von Hildesheim verbindet sich auf Lebenszeit mit dem Herzoge Wilhelm von Braunschweig und Lüneburg und dem Herzoge Magnus von Braunschweig dem jüngern zum Nutzen ihrer Lande und Leute. Er gelobt, ihr und ihrer Herrschaft Feind nicht zu werden, in ihren Kriegen, falls er ihnen nicht zum Rechte verhelfen kann, ihnen funfzig Gewaffnete, bei denen sie eben so viele halten sollen, zu Hülfe zu senden. Beute und Schatzung sollen sie allein behalten, Gefangene aber und eroberte Schlösser, ausgenommen Schlösser im Stifte, die er, und Schlösser im Herzogthume, die sie sich vorbehalten, mit ihm theilen. Er verpflichtet sich, sie gegen Unrecht vor den Seinen zu schützen und ihnen mit ganzer Macht gegen jeden zu helfen, der ihre Schlösser belagern oder mit Heeresmacht oder Heerfahrt in ihre Herrschaft ziehen will. Er errichtet mit ihnen Schiedsgerichte zu Hannover und Hildesheim für etwa zwischen ihnen oder ihren Unterthanen vorfallende Irrungen und verspricht, frühere Bündnisse, so bald sie erlöschen, nicht zum Nachtheile dieses Bundes zu erneuern. — 1368, den 10. Mai. K. O.

Wy Gherd van gots ghnaden vñ des Stols to Rome. Bisscop to hildeš. bekennet in dessem breue bezegheit mit vnsem Ingezegele. dat wi mit bedachten mode na Rade vnser truwen Man. vns truweliken hebben vorenet vñ vorbunden. al de wile dat wi leuet mit den. dorluchtighen.. heren.. hertoghen Wilhelme van Luneborch. vñ hertoghen Magno.. hertoghen Magnus Sone. vnser beyder Lant. vñ Lude to gûde alse hir na gheſcreuen ſteyt. To dem eirſten. dat wi orer vñ orer herſchap. vigende nicht werden enſchûllet. Vorvnrechtede ſe ok iemant. eder de ore hulpe wy one dar vmme nicht Rechtes. eder na orme Rade vruntſchap. bynnen veyr weken dar na. wan dat van vns. van orer wegene worde gheeſchet wolde ſe denne. dar vmme orloghen. eder kryghen. So ſcholde wy on lenen vñ ſenden viſtich man ghewapent eder myn gûder Lude. wo on den dat duchte bequeme. vp welke tijt. vñ ſtede. ſe dan wolden. doſt ſe vns dat virteynnacht vore weten leten. vñ de wapenden Lude. eder andere alſo gûde. of der eirſten welk en wech Roden. mochten ſe bi ſik beholden. alſo langhe. wente ſe ores kryghes eyn ende hedden Vñ wo vele wapender Lude wi on ſenden. alſo vele ſcolden ſe ok dar en ieghen hebben. by den vnſen al de wile. dat ſe de vnſe by ſik hedden. vn al de wile dat vnſe vorgenompden Lude in orme denſte weren. Scholen ſe on gheuen Spiſe voder. vñ hoſſlach. vñ wat ſe vromen nemen. an dynktale eder name. dat ſcholen ſe to orme behoue hebben. Nemen ſe auer vromen an Sloten. eder an vangenen. den ſcholden ſe mit vns deylen na antale wapender Lude. wnnen ſe auer Slote an orer.. herſchap. de ſcolden ſe beholden. wnnen ſe auer Slote an vnſer.. herſchap. de ſcholden ſe vns eder vnſen.. Amptluden antworden. Wi vñ vnſe.. Amptlude ſchullet ok dat truweliken vorwaren. vñ vorweren. wor wi moghet. dat den vorbenompden heren. hertoghen Wilhelme. vñ hertoghen Magno. vñ den oren. vt vnſen.. Sloten. Dorpen. vñ Lande. eder dar weder in. neymant vorvnrechte. worden ſe ok vorunrechtet dar vt eder dar in. we den. de beghede eder Spiſede in vnſen Sloten. dorpen. vnde Lande. der vñ der Sakewolden. vigent wolde wy werden van ſtaden an. vñ vnſe.. Amptlude wanne vns eirſt dat to wetende worde. alſe lange went den vorbenompden heren. vñ den oren Recht weder vore. we ſik ok.. to Rechte bode van deme ſcholdemen Recht nemen. vortmer wolde der vorgenompden heren. orne oppene Slot iemant beſtallen. eder iemant in ore herſchap. theyn wolde mit Mankraft eder heruart. dat wolde wy vñ vnſe.. Amptlude van ſtaden an. mit aller vnſer macht helpen weren. wanne wy eder vnſe.. Amptlude dar to worden gheladet Men ſe ſcholden vns. vñ den vnſen. dar ouer voder. vñ Spiſe gheuen. vñ wi wolden den vnſen vorſchaden ſtan. vñ vromen vp nemen na antale wapender Lude We ſchûlet ſe ok. vñ de ore by rechte laten. Were eder worde wy ok eder vnſe.. Amptlude ſcholhaſtich mit den vorgenompden herren eder den oren. eder ſe mit vns. eder den vnſen. eder de vnſe vnder eyn ander mit den oren. des got nicht enwille. So ſcholde wi twene vt vnſeme.. Rade dar to Schikken. vnde de herren vorgenompt twene vt orme Rade. de ſchûlt dar vmme to ſamene Riden. alſus dane wis. weret dat wy der ſcheydinge behoyueden. vn de van den vorgenompden hertoghen eſſcheden. eder eſſchen leten. So ſcholden vnſe Scheyde Lude volghen. der vorbenompden hertoghen Wilhelms vñ Magnus. ſcheyde Luden in de Stad to honouere. were ok dat de vorgenompden hertoghen der ſcheydinge behoueden. vñ de van vns eſſchede. eder eſſchen lete. So ſcholden ſine Scheydelude vnſen Scheydenluden volghen to hildeñ. dat ſcolde gheſchen binnen veyr weken. vñ ſcolden vns dar vmme in vruntſchap. eder in Rechte ſcheyden. wan vnſer eyn dat van dem anderen eſſchede. eder eſſchen lete. vnde den veyren ſcholdemen de Sake beſcreuen gheuen. beyde claghe. vñ antworde. Worden de veyre ok twidrachtich in deme Rechte. So ſcholden ſe keyſen eynen.. vorſten. eder eynen heren to eyneme ouermanne. Konden ſe des kores nicht vp eyn komen So ſcholden ſe dar vmme dobelen. vñ we de meſten oghen wûrpe. de hedde den kore ghewnnen. vñ de ouerman ſcholde io. eyn.. vorſte eder eyn here weſen. Wo de.. vorſte eder de.. herre de twidracht des Rechtes vorbenompt ſcheydede. mit Rechte. dar ſcholde vns an ghenoyghen vñ wo den ouerman kôre. de ſcolde dat mit ome vormoghen dat he de twidracht vorbenompt Scheydede bynnen den negeſten vir weken. wan he dar to ghekoren worde. Wer auer dat de ghene de den kore wnne mit dem ouermanne nicht vormochte. dat he de twidracht ſcheydede. alſe hir vorſcreuen ſteyt. So ſcholde der Scheydinge vort ghan. de den kore des ouermannes hedden vorloren. wo ſe dat mit Rechte gheſcheyden hedden. Wor we ok reyde vorbunden ſin. wes we van vnſes bundes wegene. van Rechtes wegene plichtich ſin. dar ſcal deſſe bunt neyn hinder to weſen. vñ willet on doch dat truweliken to gûde holden. wor wi moghen. vñ de wy vt nemet vñ vorbundes willen. dar endûruen vns. de vorgenompden herren nicht vp helpen. al de wile dat de Bunt mit on wart. vñ welk bunt vt Slote. vnde ende noute. mit den ſcholde wy vns vortmer nicht vorbynden. dat weder dessen Bunt were. Men wi scholden dat vortmer mit den also holden. alse mit den. mit den wy vorbunden weren. Al desse vorscreuenen stucke wille wy.. Bisscop Gherd vorgenompt den vorbenompden herren. hertoghen Wilhelme. vñ Magno. truweliken holden in allerleye wis. alse hir vorscreuen is. der wile dat se beyde. eder orer eyn leuet. vnde is ghescheyn Na godes bort Dritteynhundert Jar in dem Achte. vñ Sestigesten Jare. in dem hilligen daghe. Gordianj. vñ Epimachij der hillighen Merteleren.

356. Bischof Gerhard von Hildesheim belehnt den Herzog Magnus von Braunschweig den jüngern für den Fall, dass Herzog Wilhelm von Braunschweig und Lüneburg, ohne Lehnserben zu hinterlassen, stirbt, mit denjenigen Lehnen des Stiftes, welche letzterer zu der Herrschaft Lüneburg besitzt. — 1368, den 10. Mai. K. O.

Wy Gherd van gots ghnaden vñ des Stols to Rome.. Bisscop to Hildeñ bekennen in desseme breue. dat Wy den dorluchtighen. vorsten. vñ.. herren.. hertoghen Magnum den Jungeren. van Brunswijch.. hertoghen Magnus Sone. hebbet belenet. vñ beleent in dessem breue. mit al deme gûde dat.. hertoghe Wilhelm van Brunswijch vñ to Luneborch. to der herschap to Luneborch heft. dat van vnseme vorgenompden Stichte to Hildeñ to leene ghet Mit desseme vnderscheyde. of.. Hertoghe Wilhelm vorbenompd af ghenge van dodes weghene ane rechte leen eruen. To eyner betuchnisse so hebbe wy vnse Ing̃ an dessen bref ghehangen. Gheuen na gots bord Dritteynhundert Jar. in deme Achte. vñ Sestigesten Jare. in dem hillighen daghe. Gordianj vñ Epimachi der hilloghen Mertelere.

357. Herzog Magnus von Braunschweig der jüngere stellt einen Revers aus, dass Bischof Gerhard von Hildesheim ihn mit denjenigen Lehnen des Stifts, welche Herzog Wilhelm von Braunschweig und Lüneburg zu der Herrschaft Lüneburg besitzt, für den Fall, dass letzterer, ohne Lehnserben zu hinterlassen, stirbt, belehnt hat. — 1368, den 10. Mai. K. O.

Wy.. Hertoghe Magnus. hertoghen Magnus sone van Brunswijch. bekennen in dessem breue. dat de Ersame vader in gode vñ herre. vnse herre.. Bisscop Gherd van hildeñ. vns belenet heft. mit al deme gûde. dat.. hertoghe Wilhelm van Brunswijch vñ to Luneborch. to der herschap to Luneborch heft. dat van syneme vorbenompden Stichte to hildeñ to leene ghet. Mit desseme vnderscheyde. of.. Hertoghe Wilhelm vorgenompd af ghenge van dode ane rechte leen eruen. To eyner betuchnisse hebbe wy vnse Ing̃ an dessen bref ghehangen Gheuen na gots bort Dritteynhundert Jar. in dem Achte. vñ Sestigesten Jare. in dem hilligen daghe. Gordianj vñ Epimachi der hillighen Mertelere.

358. Bischof Gerhard von Hildesheim gelobt aus Freundschaft dem Herzoge Wilhelm von Braunschweig und Lüneburg und dem Herzoge Magnus von Braunschweig dem jüngern, das Schloss Gramme, welches er erobert hat, zu brechen, und verpflichtet sich mit ihnen, dasselbe nicht wieder aufzubauen und anderen den Bau desselben zu wehren. — 1368, den 10. Mai. III.

Wye Gherd van goddes gnaden vnde des Stols to Rome, Bifcop to Hildenſ, bekennet oppenbare in dessem bryeue, dat wy dorch gunst leue willen vnde vruntscap, der dorchluchtigen herren hertoghen Wilhelmes van Luneƀ vnde hertogen Magnuses van Brunsw̃, hertoghen Magnuses Sone, dat hus to Kramme dat wy ghe wunnen hadden, broken scüllen vnde willen, vnde verplichten vns des mid den vorbeñ heren, van Luneb vnde Brunsw̃, vnde se mid vns, dat vnser neyn dat weder buwen en schal, Wolde dat ok Jemand anders weder buwen, dat scülle wy mid eynander helpen weren, mid alle vnser macht, dat wy dyt stede vnde vast holden willen, des hebbe wy vnse Ingheseghel witlieken an dessen Bryef ghehangen, vnde is ghescheyn Na goddes bord Dritteynhundert Jar in deme achte vnde sestigesten Jare in deme hilgen daghe, Gordiani vnde Epymachi der hilgen martelere.

359. Herzog Wilhelm von Braunschweig und Lüneburg und Herzog Magnus von Braunschweig der jüngere verpflichten sich mit dem Bischofe Gerhard von Hildesheim, das Schloss Gramme, welches derselbe erobert und

zu brechen ihnen versprochen hat, nicht wieder aufzubauen und anderen den Bau desselben zu wehren. — 1368, den 10. Mai. K. O.

We her. Wilhelm van der gnade goddes Hertoghe to Brûnſw. vnde to Lûneborch. Vnde we hertoghe Magnus hertoghe Magnus ſone. Bekennen indeſſeme openen breue. Dat vnſe leue here Byſchûp. gherd van hyldeñ dorch gûnſt leue vnde vrûntſchup willen dat hus to Kramme. dat he ghe wûnnen hadde breken ſcal vnde wel vnde vorplichten vns des mid vnſome vorbenomeden heren vnde he mid vns dat vnſer neyn dat wedder bûwen ſcal. wolde ok dat Jemend anders wedder bûwen. dat ſcûlle we mid eyn ander helpen wêren mid alle vnſer macht. Dat we dyt ſtede vnde vaſt holden willen. des hebbe we vnſer beyder Ingheseghel an deſſen bref ghe henghet laten. vnde is ghe ſchen na goddes bort Drûtteynhûndert iar indeme Achte vnde Seſteghesten iare indeme hilghen daghe Gordiani vnde Epimachi der hilghen mertelere.

360. **Bischof Gerhard von Hildesheim vergleicht sich mit dem Herzoge Wilhelm von Braunschweig und Lüneburg und dem Herzoge Magnus von Braunschweig dem jüngern über einen zwischen ihnen streitigen Wald (Stainwedeler Wald): Die Erbexen sollen den Holzgrafen wählen, falls sie in der Wahl einig werden können. Können sie nicht einig werden, so sollen das eine Jahr die herzoglichen, das andere Jahr die bischöflichen Mannen und Leute den Holzgrafen wählen. Die Brüche (Strafgelder) sollen in drei Theile getheilt werden und davon der Bischof, die Erbexen und der Holzgraf, jeder einen Theil erhalten. Kein bischöflicher Vogt soll wegen Holzbrüche im Walde pfänden. Gründen sich die Ansprüche der von Rutenberg gegen die Herzöge wegen Berechtigung zu Wagen, Kohlen, Bast und Schweinetrift im Walde auf Erbrecht an besonderem Gute, so soll sie ihnen gegönnt werden. Gründen sie sich aber auf die Holzgrafschaft, so sollen die aus beider Herren Landen zu dem Walde gehörenden Erbexen und Landleute diese Ansprüche und die Ansprüche auf Holzgrafschaft den von Rutenberg mit zwanzig löthigen Mark abkaufen *). — 1368, den 10. Mai.** **K. O.**

Wy Gherd van gotz ghnaden. vñ des Stols to Rome.. Biſſcop to Hildeñ. bekennet oppenbare in deſſeme breue. mit vnſem Ingeſeghele beſeghelt. dat wy mit den dorluchtighen.. herren.. hertoghen Wilhelme van Luneborch. vñ... hertoghen Magne van Brunſwich.. hertoghen Magnus Sone ghedeghedinget hebben. vñ den wolt. dar de vorbenompden.. herren. vñ wy. Schelaftich vmme weren aldus. de Eruen de ſcholt keyſen. eynen.. holtgreuen. of ſe is endrechtich kunnen werden. konden ſe is nicht endrechtich werden. ſo ſcholden den.. holtgreuen keyſen. des eirſten Jars der vorgenompden.. heren. Man. vñ Lude van Luneborch. vñ Brunſwich. vn des Anderen Jars. vnſe vñ vnſes.. Stichtes Man. vñ Lude. Vnde de holtgreue ſcal dat holt vorwaren. alſo wat dar broke valt vn in welker achte dat de broke to kome. des ſchole wy nemen den dridden del. vñ de Eruen den dridden del vñ de.. holtgreue den dridden del. ok ſo enſchal vnſer.. voghede neyn panden an deme wolde van holtbroke weghene. Vortmer vmme de waghen ware. kol ware. Baſt ware vñ Swin driſt. dar de van Rutenberghe den vorbenompden heren van Luneborch. vñ Brunſwijch vmme to ſpreken. hebbet ſe den van erue Sunderliken gûde alſo van Eruetale weghene. in den wolt. der ſcal men en ghunnen. Sprecket ſe auer de an. van der.. holtgraſchap weghene. So moghet de Eruen vñ Lantlude. vt vnſer beyder Lande. de in den wolt hort. erer lozen. mit twintich lodigen marken. vñ dar mede ſchûlt de van Rutenberghe. al deſſer vorbenompder ſtucke. holtgraſchap. vñ aller Anſprake ane weſen. Gheuen na gotz bort dritteynhondert Jar in dem Achte. vñ Seſtigeſten Jare in deme hilligen daghe Gordianj. vñ Epimachij der hilligen mertelere.

361. **Bischof Gerhard von Hildesheim verbindet sich mit dem Herzoge Wilhelm von Braunschweig und Lüneburg und mit dem Herzoge Magnus von Braunschweig dem jüngern gegen die von Steinberg zu Bodenburg und gegen die von Schwicheldt zu Wallmoden, welche ihm Gefangene nach beiden Schlössern entführt und**

*) Auf der Rückseite einer Abschrift obiger Urkunde aus dem 14. Jahrhunderte stehen die Worte: *Detur Domino haraeyde prepopito in Lauchouwe.*

von denselben Schatzung erzwungen haben, und gegen die von Oberg, welche gegen schriftliche Verträge ihm vom Schlosse Wallmoden Unrecht zugefügt haben. Diesen seinen Feinden sollen die Herzöge, sobald er es fordert, ihre Feindschaft ankündigen. Vergleicht er sich vor dem Kriege mit denselben, so gehört ihm allein der daraus erwachsende Vortheil, aber er soll bewirken, dass den Herzögen auf ihre Klagen gegen die drei Geschlechter Recht widerfährt. Kommt es jedoch zu Feindseligkeiten oder zur Belagerung, so fallen ihm zwei Drittel und ihnen ein Drittel der Schatzung, der Gefangenen und der fahrenden Habe zu. Beute soll nach Anzahl der Gewaffneten getheilt werden. Zur Belagerung eines der beiden Schlösser sollen sie oder ihr Amtmann ihm mit hundert Gewaffneten folgen und er zweihundert Gewaffnete stellen. Das eroberte Schloss soll er allein behalten. Er und sie sollen Feinde derer werden, welche die Belagerung hindern. Baut er vor das Schloss ein anderes, so sollen sie dazu ein Drittel und er zwei Drittel der Besatzung stellen. — 1368, den 10. Mai. III.

Wӯ Gherd von Gots gnaden vnd des Stols tů Rome. Biſchop tů Hildenſ̄ Bekennet vnde dōn witlik, dat her Borchard von me Steynberghe. her Borch̄. her Cord. her Aſchwin ſine Sone ,, Her Aſchwin vnde her Hennyng ore vettern. wonhaftig tů Bodenborch. her henr̄ her Hans Brodere geheten von Swichelte. wonhaftig tů Walmede hebbet vns vnſe vangenen entford. tů Bodenborch. vnd tů Walmede. vnde hebbet dӯ ſuluen vangene vppe den Sloten twen beſchattet vnde vorholdet vns dat med vnlicke, vnde med vnrechte,, Ok hebbet her Hilmar, Johan. vnde Henr̄ geheten von Oberghe vns groten ſulſwolt vnd vnrecht gedan von deme Slote tů Walmede, wedder ore Breue dӯ ſӯ vnſem Stichte ge gheuen hebbet dorch dat grote vnrecht vnde ſulſwolt hebbe wӯ vns voreynet vnde vorbunden med Hertogen Wilh̄ heren tů Brunſw̄ vnde tů Luneborch. vnde med Hertogen Magnus Hertogen Magnus Sone, alzo dat ſӯ med vns deſſer vorb̄ Steynbergheſcen Oberſchen. vnde Swicheltesſchen vigent ſchollet werden vnde entſeggen wanne wӯ dat von one eyſchet edder eyſchen lated, vnde wanne wӯ tů boyden halben vntſegghet hebben konde vns nochten vor der vntſegginge edder na ſik, recht odder vruntſchaft wedder varen, vnde konde wӯ der vorbenomden heren dar an genyten, wat vns danne dar af worde, dat wӯ alzo ordegedingeden,, dӯ vrome were vnſe wy ſcholden auer den vorbenompten Heren der veyde dar ſӯ von vnſer wegene inkomen weren ok mede af helpen Ok ſcholde wӯ med den vorbenomten von me Steynberghe oberghe. vnde Swichelte vor mogen dat den vorbenomten Heren wedder ſure, von oń vm̄ ore ſchulde alzo vele alze recht were. edder vruntſchap na orme rade Quemen auer dӯ vorbenomten heren. von deſſer entſeggingo wegen in ſchaden alzo dat deſſe vorbenomten von me Stenberge von Oberge vnde von Swichelte ſӯ ane verdigeden med Roue, edder med Brande edder dat dӯ vorbń Heren med wapenden Luden vppe deſſe vorb̄ vns volgeden, wat wӯ oń danne af drüngen, edder af degedingeden, des ſcholde wӯ dӯ twe deyl beholden vnde oń den Dritten deyl volgen laten, wolde wӯ ok der Slote eyn beſtallen. edder belegen vnde von den vorb̄ hern volge eyſcheden, edder eyſchen leten, So ſcholden dӯ vorb̄ hern edder orer Eyn,, edder or amtman of ed oń echt nod beneme, volgen med hundert mannen wapent guder lude, vp ore koſt. vnde ſchaden, vnde dat ſcholde wӯ oń dry weken vore weten laten, vnd dar ſcholde wӯ twe hundert enkegen brengen vor dat Slot vnde ſcholden von dame nicht wӯ enhedden dat Slot gewunnen edder wӯ endeden dat med Eyntrechtigeme willen edder vns dat echt nod beneme, Ok wat dar velle von Dingtal wegen,, des ſcholde wӯ dӯ two del nemen vnde dӯ vorb̄ hern den Dritten del,, Wunne wӯ ok dat Slot dat ſcholde wӯ alleyne beholden med alledeme dat dar tů horet Wat auer vangenen dar vppe vangen worden,, vnde an der varnde haue des ſcholde wӯ dӯ twe del beholden vnde dӯ vorbń Heren den Dritten del,, Vortmer ſteckede ſik, hir yemant an vns hir an tů hinderne des vigent ſcholde wӯ tů beydent halben werden vnde vns mid oń nicht Sonen wӯ endeden dat med endrechtigeme willen,, Stridde wӯ ok vnde nemen vromen den vromen ſcholde wӯ delen na mantale wapender Lude, Vortmer Buwede wӯ ok vor dat Slot wat men dar wapender Lude vppe behouede dat Slot mede tů vor warende vnde den vygenden ſik tů erwerende der ſcholde wӯ dӯ twe deyl legen vnde dӯ vorb̄ Heren den Dritten del vp ore koſt vnd ſchaden vnde dӯ wile wӯ vor deme Slote legen wolde vns yemant dar von Driuen dat ſcholde wӯ tů beydentſüten weren med gantzer macht

Deſſe Hulpe vnde volge vnde al deſſe ding ſchult vns deſſe vorb̃ hern dún. vnde volgen vppe dy̆ von me Stenberghe. vnde vp or Slot Bodenborch. vppe dy̆ von Oberghe vnde Swichelte vnde vp or Slot Walmeden,, vnde wanne dy̆ krich med vnſer beyder willen geſonet werd So ſchal deſſe vorbunt nicht mer binden vnd' vte weſen Ok ſo enſchal dy̆ vorbunt dar Hertoge Wilhelm von Luneborch vnde Hertoge Magnus vorg̃ vnd wy̆ tů vnſen lyuen mede vorbunden ſint med deſſem vorbunde neynerleye Schaden noch hinder dvn edder weſen Alle deſſe vorg̃ ſtugke wille wy̆ Byſſchop. Gerd. in allerleye wis. den vorbenomten hern truwelicken holden vnde hebbet des tů eyme orkunde vnſe Ingeſ̃ an deſſen Bref gehangen Gegheuen na Goddes Bord Drittein Hundert Jar indeme Achte vnd Seſtigeſten Jare, indeme Hilgen dage Gordianj vnde Epimachij der Heylgen mertelere.

362. Herzog Wilhelm von Braunschweig und Lüneburg und Herzog Magnus von Braunschweig der jüngere stellen eine Urkunde aus über ihr Bündnis mit dem Bischofe Gerhard von Hildesheim gegen die von Steinberg zu Bodenburg und gegen die von Oberg und von Schwicheldt zu Wallmoden, welche ihm und ihnen Unrecht zugefügt haben. — 1368, den 10. Mai. III.

Van der gnade Godes We her Willym hertoghe to Brunſ̃ vnde to Lunneborch Vnde we hertoghe magnus de Jungere hertoghen magnus Sone van Brunſ̃ bekennen in deſſem openen breue. dat we [1]) dor vnrechtes willen dat vns vnde vnſeme heren Biſcope Gherde van hildenſ̃ ghe ſchen is hebbet vorenet vnde vor bunden alſo dat we der ſtenbergheſſchen hern Borchhardes [2]) vnde hern Cordes vnde hern aſchwines ſiner ſone hern henniges vnde hern aſchwins. de wonaſtich ſin to bodenborch hern hildemers henr̃ vñ Janes van oberghen hern henr̃ vnde hern hanſes van Swighelte. de wonaſtich ſin to Walmeden vyent Scullen werden vnde entſeggen wan vnſe vorbeñ here Biſcop Gherd dat van vns eſſchet edder eſſchen leet Vñ wanne we an beydent haluen entſegget hebbet konde vnſem vorbeñ heren vor der entſegginghe eder na lik recht eder vrunſcap weder varen vnde ich he vnſer dar an ghenôte wat eme denne dar af wörde eder dat he ſo erghedinghede de vrome were ſin vnde he ſcolde vns der veyde dar we van ſiner [3]) an ghekomen weren ok mede af helpen Ok ſcolde he mid den vorbeñ van deme Stenberghe van oberghe vnde van Swighelte dat vor moghen dat vns van on alſo vele weder vore vmme vnſe Sculde alze recht were eder vrunſcap na vnſeme Rade queme we auer van deſſer entſegghinghe weghene in ſcaden alſo dat deſſe vorbeñ van deme ſtenberghe van oberghe vñ van Swighelte vns an verdegheden mit Roue edder mit Brande eder dat we vnſeme vorbeñ heren mit wapenden luden vppe deſſe vorbeñ volgheden wat vnſe vorbeñ here on denne af drûnghe eder af deghedinghede des ſcolde vnſe vorbeñ here de twe del beholden vñ vns den driddendeel volghen laten Wolde ok vnſe vorbeñ here der Slote en beleggheñ edder beſtallen vnde van vns helpe vñ volghe eſſchede eder eſſchen lete So Sculle we eder vnſer eyn eder vnſe amnichtman iſt vns dat echt nôt benême volghen vñ to helpe komen mit hundert mannen ghe wapent ghuder lûde vppe vnſer koſt vñ vppe vnſen ſcaden Vnde dat ſcal he vns dree weken vore weten laten vnde daer ſcal he twey hundert en theghen bringhen vor dat Slot We en ſcullen an beydent haluen van dennen nicht we en hedden dat Slot ghe wûnnen eder we en deden dat mit endrechtlikeme willen it en were dat vns dat echt nôt benême ok wat dar velle van dingtal weghene des ſcolde vnſe vorbeñ here vns volghen laten den dridden deel Wanne we ok dat Slot dat ſcolde vnſe vorbeñ here allene beholden mit alle deme dat dar to horet Wat auer Vanghen dar vppe ghe vanghen worden vnde andere varende haue des ſcal he vns volghen laten den driddendel Vortmer ſteke ſyk hir Jement an vns hir ane to hinderde des vyent ſculle we an beydent ſyden wêrden vñ vns mit on nicht Sonen we en deden dat mid endrechtlikeme willen ſtridde we ok vñ nemen vromen den vromen ſculle we delen na antale wapender lude Vortmer buwede we ok vor dat Slot wat men dar wapender lude vp behouede dat Slot mede to bewarende vnde den vyenden ſyk to erwerende der Scolde vnſe vorbeñ here de twey deel vñ we den dridden deel legghen vp vnſe koſt vñ ſcaden vn de

[1]) *Hier fehlt vns.* [2]) *Hier fehlt nochmals hern Borchardes.* [3]) *finer weghene.*

wile we vor den Slote leghen wolde vns iemend dar af driuen dat scolde we en beydent haluen weren mit ghanser macht desse helpe vnde volghe vñ alle desse vor screuen dingh Sculle[1]) vnseme vorbeñ heren dûn vñ volghen vñ he vns weder alzo hir vorscreuen steyt vppe de vorbeñ van deme stenberghe vñ ere Slot Bodenborch vñ vppe de van oberghe vnde van Swigbelte vñ vppe ere Slot Walmeden Vñ wanne de krich mit vnser beyder willen ghe sônet wort So scal desse bunt nicht mer binden vñ vte wesen ok en scal de vorbunt dar we mit vnseme heren Biscope Gherde vorbeñ to vnsen leuende vor bunden sint mit dessome vorbunde nenerleyghen scaden don eder wesen Alle desse vor screuen stücke wille we hertoghe Wilhelm vñ hertoghe magnus vorbeñ vnseme vorbeñ heren Biscope Gherde in allerleye wys alse vor screuen is truweliken holden Vnde hebbet des to eynen orkunde vnse inghesegbele in dessen bref ghehonghet laten De ghe gheuen is na Goddes bort drittoynhundert iar in deme achte vñ sestighesten iare in deme hilghen daghe Sunte Gordiani vnde epimachi der mertelere.

363. Herzog Magnus von Braunschweig der jüngere vergleicht sich mit seinem Vater, dem Herzoge Magnus, wegen des Landes Sangerhausen und wegen des Geldes, welches demselben die Markgrafen von Meissen schuldig waren. Er gelobt nämlich, ihm vor dem 16. Februar nächsten Jahres das Schloss Königslutter und das Dorf Schappau mit 400 löthigen Mark von den von Salder einzulösen, ihm im ersten Jahre 50 und jedes folgende Jahr 60 löthige Mark zu zahlen, bis er ihm das Amt zu Dettum und das Dorf Bornum eingelöset haben wird, innerhalb eines Jahres nach dem Tode des Herzogs Wilhelm von Braunschweig und Lüneburg ihm von den Bürgern der Stadt Braunschweig das Schloss Asseburg einzulösen, ihm bis zur geschehenen Einlösung jedes Jahr 100 löthige Mark zu zahlen und mit aller Macht ihm in allen Nöthen Beistand zu leisten. — 1368, den 25. Mai. K. O.

Von der gnade goddes We magnus hertoghe tô brunswich vnde tô luneborch be kennet openbare in dessem breue dat we vns vruntliken hebbet vor ênt vnde be richt mit vnsem leuen heren vnde vadere magnuse hertoghen tô brunswich vmme alsôdane stucke de he mit vns hadde vmme dat lant tô sangerhusen vnde vmme dat gheld vñ schult de ome de markgreuen von mysen sculdich waren in desser wise alse hir na ghe screuen steyt. alsô dat we ome gheuen scullet vor vastnacht de nv nilkest tô komende is ver hundert lodighe mark vnde scullet ome mit den suluen ver hundert lodighen mark losen luttere vnde schepowe dat he den von saldere dar vore ghe Sat heft Ok sculle we ome gheuen vestich lodighe mark tô sante mychelis daghe de nv nilkest tô komende is dar na alle iar vppe sante mychelis dach sculle we ome sestich lodighe mark gheuen ane hinder ichte vortoch alsô lange went we ome wedder losen dat ammecht tô dettene vnde dat dorp tô bornum. Were ok dat vnse veddere von luneborch af ghinge von dodes weghene des god nicht en wille Sô scolde we vnsem vorbenomden heren vñ vadere binnen deme suluen iare sin hus tô der asseborch wedder losen icht we dat hebben mochten an den borgheren tô brunswich von der iar tal weghene alse vnse vorbenomde here vnde vader en breue dar vp ghe gheuen heft De wile we de asseborch nicht en loseden edder mochten losen dor der iar tal willen alse der borghere breue hebbet Sô scolde we vnsem heren vnde vadere alle iar vppe sante mychelis dach hundert lodighe mark gheuen ane hinder ichte vortoch Ok sculle we vnsem vorbenomden heren vnde vadere be hulpen wesen tô alle sinen noden mit alle vnser macht wan he it von vns eschet Dat we alle desse vorscreuenen stucke vnsem vorbenomden heren vnde vadere willen stede vñ vast holden des hebbe we ome desson bref gheuen be seghelt mit vnsem ingheseghele De ghe gheuen is na goddes bort drittoynhundert iar in deme achte vñ sestighesten iare des donrsdaghes vor pingsten.

364. Herzog Magnus von Braunschweig der ältere vergleicht sich mit seinem Sohne Magnus wegen des Landes Sangerhausen und wegen des Geldes, welches ihm die Markgrafen von Meissen schuldig waren, und gelobt, mit aller Macht ihm in allen Nöthen Beistand zu leisten. — 1368, den 25. Mai. K. O.

[1]) *Sculle sic.*

Von der Gnade. goddes. Wy. Magnus. Hertoghe. to. Brunswich. Bekennen. openbare. in dessem. Bryfe. dat sich. vnse. leue Son. Magnus.. Hertoge. to. Brunsw. vnd. to. Luneborch. fruntliken. mid vns. bericht vnd. vor eynt heft, vnd, we. myd. eme., vmbe alsodene stucke. de. we. myd. eme. hatten vmbe dat Land. to. Sangirhusen, vnd. vmbe dat gelt vnd. schult, de. vns die Marcgrauen von. Missene. schuldik waren, alse. dat we. dem. seluen vsem. Sone. schullen vnd wollen behulpen, wesen. to allen sinen noden. myd alle vser macht, wenne he it ven vns. eyschit, dat we. disse vorbenomten stucke., dem egenanten Magnus vsem Sone. willen. stede vnd vaste holden. des hebbe we yme dessen Bryef gegeben versigelt myd vsem Ingel der Gegenen is na. goddes. geburt Drytteinhundirt Jar danach. in deme acht vnd Sestigsten Jare am. donrstag vor deme Pingistage.

365. **Herzog Magnus von Braunschweig der ältere verpfändet den von Utze für 100 löthige Mark, die er ihnen als seinen Amtleuten bei ihrer Rechnungsablage schuldig geblieben ist, Höfe, Koten und Hufen zu „Hasslere“, Halchter und zu „Hoesnsen“ an der Fuse. — 1368, den 4. Juni.** L

Von der gnade goddes Wo magnus hertoghe tô brunswich be kennet openbare in dessem breue dat we hebbet ghe sat wilhelme von vtze vorn billen siner eliken husvrowen vnde eren eruen vnde herwighe vnde hanse von vtze sinen vedderen ver hundert ledighe mark brunsw wichte vnde witte do se vns rekenden do se vnse ammechtlude weren dat we on schuldich bleuen vsen hof tô haslere mit den kothôuen de dar tô horet mit aller nvt vnde mit alleme rechte an velde an wischen an watere an holte an weyde mit alle deme dat dar tô hort alse we dat hadden ok sotte we on enen hof vnde ver houe de we hebben tô halchtere mit alleme rechte vñ mit aller nvt alse it hern boldewines von dalum ghe wesen hadde. Ok sette we on vsen hôf tô hôsensen de bi der vvsene lit mit aller nvt vñ mit alleme rechte alse. dat se dar verdehaluen verding gheldes an hebben scullen. wes de tins an deme hôue betere were dat scolde vse wesen. Dit vorbenomde ghut alse it hir vore screuen steyt moghe we ichte vse eruen von on ichte von oren eruen wedder losen vor hundert mark brunsw wichte vñ witte alle iar wu we de losinge kundeghen tô winachten vnde gheuen on ere ghelt tô deme neghesten paschen dar na. Welden se ok ere penninge wedder hebben vnde kundegheden vs de losinge tô winachten So scolde we on ere penninge wedder gheuen vppe de neghesten paschen dar na en dede we des nicht weme se denne dat ghut vmme alsodane penninge edder des ghudes en del setten konden dat scolde vse wille wesen vñ deme scolde we alsodane breue dar vp gheuen alse we on ghe gheuen hebbet vnde de scolde vs ok alsodane breue wedder gheuen alse Se vs nv ghe gheuen hebbet Desses vorbenomden ghudes sculle we vnde willet ore weren wesen vor allerleye rechter ansprake vñ willet se des truweliken vor deghedingen wur vñ wanne on des not is Alle desse vore screuenen stucke sculle we vñ vse eruen vñ willet wilh von vtze ver hillen siner eliken husvrowen vñ eren eruen herwighe vñ hanse von vtze sinen vedderen vñ eren eruen stede vñ vast vnuorbrokeliken holden vñ hebbet on des dessen bref gheuen be seghelt mit vsem inghesoghele de ghe gheuen is na goddes bort MCCCLXVIII des ersten sondaghes na pinkesten.

366. **Die Gebrüder Hermann, Burchard und Aschwin von Salder und Burchard von Salder leisten dem Bischofe Gerhard von Hildesheim Verzicht auf das Schloss Cramme, auf die dortigen Gebäude und auf Ersatz des daran erlittenen Schadens, gestatten ihm die Gebäude abzubrechen und die Gräben auszufüllen, geloben, dort keine Feste wieder zu erbauen und ihn, das Domcapitel und das Stift deshalb unbehelligt zu lassen, behalten sich aber die zum Schlosse gehörende Gülte vor und lassen ihm die Ernte des Korns, welches er auf das zum Schlosse gehörende Land hat säen lassen. — 1368, den 7. Juni.** K. O.

Wy Herman. Borch vñ Aschwin. Brodere hern Hermans sone. vñ ich Borchard hern Janes sone. alle ghe heten von Saldere. Be kennet In dessem openen Breue. Dat wy myd vnseme Heren. Bisschoppe. Gherde van Hildensum ghe deghedinghet hebbet vmme dat Sled to Cramme vñ vmme alle den scaden. de dar ghe schen is. aldus. Dat wy des Sletes to Cramme vñ alle des Buwes. dat dar vppe is vñ alle des schaden de dar gefchen is. ene gantse vortichte don vnde vortyghen. alfo. Dat vnfe vorbenomde Here. Biffchup ghert. myd al dem Buwe. dat vppe deme Slote is. to brekene. vñ myd den grauen to vullende don mach wat eme bequeme is. Ok en foulle wy. noch nymand van vnfer wegene nene vefte dar wedder buwen. Vnde dat wy noch nymand van vnfer weghene vnfen vorbenomden heren. Sine nakomelinghe eder deme Capittele van Hildenfum noch deme Stichte. noch alle dengenen de dar to hulpen hebben dar vmme vñ vmme alle fchichte. vñ alle den fchaden. den wy des hebben neyne ansprake noch klaghe edder wrake don en fchullet. Vort mer fchal vnfe vorbenomde Here Biffchop Gherd van Hildenfum. vns. vñ vnfen Eruen redeliken volghen. vnde Ewiliken be Holden laten. al de gulde. de to deme vorbenomden Slote Hord. He fchal auer. al dat korn. dat he vp dat lant dat to deme Slote Hort ghe feyt heft laten to deffeme Jare be Holden vnde In Sine nůt keren. Dat we alle deffe vorbenomden degedinghe ftede vñ vaft Holden willen. Des hebbe we deffen Bref ghe gheuen Be Segelt myd vfen Ingefegelen. vnde is ghe fchen. Na Goddes Bord dufent drehundert Jar In deme Achteden vñ feftigeften Jare In des Hilghen Lichammen Auende.

367. Die Rathsherren und die Bürger des Weichbildes Münder erklären, dass ihr Weichbild der Herrschaft Lüneburg, dem verstorbenen Herzoge Otto von Braunschweig und Lüneburg und dessen Bruder Wilhelm stets offen und untergeben gewesen ist, und geloben, dass es, falls Herzog Wilhelm, ohne einen Sohn zu hinterlassen, stirbt, derselben Herrschaft und dem Herzoge Magnus dem jüngern stets offen und untergeben sein und dass er, wie nun Herzog Wilhelm, die Gerichtsbarkeit daselbst besitzen soll. — 1368, den 8. Juni. K. O.

We Raadman vnde de meynen borghere des wicbeldes to Můndere bekennen in deffeme openen breue befeghelet myd vnfes wicbeldes inghefeghele, Dat dit fuluo wicbelde to Můndere heft open ghewefen vnde vnderdaan der herfcop to Lůneborch, Hern Otten des god reke hebbe vñ hern wilhelme Sinem bolen Hertoghen dar fulues to allen tyden wan fe dat hebben wolden, were nů dat hertoghe willehelm vorbenomd af ghinghe van dode, alfo dat he nenen echten fone hinder fek en lete enen eder meer, So fcholde dit vorbenomde wicbelde doffer vorbenomden herfcop vñ Hertoghen Magnefe Hertoghen magnefes fone open vñ vnderdaan ewliken wefen, myd alleme rechte alfo dat dar vnfe benomden heren wente herto ghehad hebben, vñ richte vñ recht fcholde Sin wefen in doffem benomden wicbelde in allerleye wife alfo it nů vnfe here Hertoghe wylhelm dar heft Doffe bref is ghegheuen na goddes bort dritteynhůndert iar in deme achteden iare bouen feftich in deme hilghen daghe des hilghen Lichamen vnfes heren.

368. Friedrich, Balthasar und Wilhelm, Landgrafen von Thüringen und Markgrafen von Meissen, verbinden sich mit dem Herzoge Otto von Braunschweig zu Göttingen auf Lebenszeit, sich einander getreulich behülflich zu sein, um ihre und seine Lande, Leute und Güter gegen jeden zu beschirmen und zu beschützen; nur nehmen sie den Erzbischof Gerlach von Mainz, den Landgrafen Heinrich von Hessen und den Burggrafen Friedrich von Nürnberg davon aus. Der Herzog soll keinen Krieg, wenn er ihre Hülfe fordert, ohne ihre Bewilligung und Rath beginnen. Zu einem Kriege geloben sie ihm, fünfzig Gewaffnete in seine Schlösser zu senden und, falls jemand sein Land mit Krieg überziehen will, ihm mit aller Macht, die sie zu Thüringen haben, zu Hülfe zu kommen. Wer von ihnen Krieg führt, soll sich an Recht und Billigkeit nach dem Ermessen des Anderen genügen lassen. Eroberte Schlösser wollen sie nach Anzahl ihrer gewaffneten, ritterbürtigen Leute unter sich theilen; nur die in dem Lande des Einen der Verbündeten gelegenen oder von ihm verliehenen Schlösser soll er, falls sie erobert werden, behalten. Schaden, der durch Aufläufe, Räuberei und Uebergriffe der Amtleute, Burgmänner, Mannen und Unterthanen des Einen dem Andern geschieht, soll vergütet und möglichst verhütet werden. Irrungen darüber soll ein Schiedsgericht zu Eschwege schlichten. — 1368, den 12. Juni *). K. O.

*) Die in obiger Urkunde zwischen Klammern stehenden Worte und Buchstaben sind aus einer im Copiar VIII. enthaltenen Abschrift derselben Urkunde entnommen.

Wir Frideř Balth vnd wilh von gots gnaden lantgrafen in Duringen Marcgrafen zcu Myſsen indem Oſterlande vnd zcu Landeſpercb Grafen zcu Orlamunde vnd berren des Landes zcu Plizsen Bekennen vnd tun kunt vffenlich myt deſeme briſe das wir von Angeborner libe vnd fruntſchaf. die wir myt ganzcer begorunge haben vnd tragen gein deme bogebornen furſten Herzcogen Otten von Brunſwig vnſerm lieben Obeimen vnd auch durch Notdurſt Beſchirmunge befredunge vnd bewarunge vnſer beyder lande vnd lute die von vnſredes wegen manigfeldiglichen langezcijt biz ber beſweret ſint vnd beſchedigt grobolichen myt wolbedachtem mutte. mit rechter wizzen vnd auch myt gutem vorrate vnſer getruwer manne myt im vbireyn komen ſint vnd vns vndereynander beyderſijt vorſtrickct voreynt vnd vorbunden haben vnd vorbinden auch Ewiglichen die wile wir leben myt deſeme geinwertigen briſe Alzo das wir vſbeyden ſiten. eynteyl deme andern in guten truwen an Eydesſtad vnd anegeuerde globit haben vnd globen das wir eynander getruwiglich beholſen ſin ſullen vnd wollen vnſer beyder lande lute vnd gutere welcherley oder wie die gnant ſint zcu beſchirmen zcu beſchuczen vnd zcubewaren. gein allermenglich ane gein den Erwirdigen in Gote vatere vnd bern ern Gerlach Erzcebyſchof zcu Menzce deme Hochgebornen Heinř Lantgrafen zcu Heſſen vnd deme Edelen Frideř Purcgrafen zcu Nurenbercb vnſern lieben Swogern vnd geinden die wir vorſprechen vnd vormogen zcudeme rechten. Is iſt auch nemelich gered das vnſer Oheim der Herzcoge keynen krig ſulle anhoben oder machen da erzcu vnſer hulffe vordere oder beyſchen wolle er tue iz denne myt vnſerm willen rate vnd gutem wizzen darzcu vnſer cynteil deme andern getruwlichen alz ab in das ſelbir antrete ſal raten zcu deme beſten angeuerde Is iſt auch gered ab iz zcuſchulden queme das vnſer Obeim der Herzcoge vnſer zcu hulffe durſte in ſyn land. ab in ymant darinne ſchedigen oder im darin zcihen wolde das wir im denne myt vnſer ganzcen macht die wir zcu duringen haben binnen virzcen tagen den neſten als wir ermant wurden myt boten oder myt briſen vnuorzcoglich zcuhulffe komen angeverde Geſche iz auch das vnſer Oheim eynen werndon oder Ritenden krig haben muſten So ſolden wir im ſumſzcig Erbere. myt huben wol gezcugete lute in ſyne Slozz. vnuorzcoglichen ſenden Erkonten abir die vyre die wir beyderſijt darzcu ſchicken als hirnach ſtet geſchriben das der nicht alz vil not were zcuſendene wie vil die denne mynner da zcu hyſen ſenden das ſolde alzo gehalden werden Wo auch vnſer eynteyl. kuſet. das deme andern teyle das krig hette recht oder beſcheidenheit wyderuaren mochte daz ſal iz nemen ane widerrede vnd im daran, lazen gnugen wenne auch vnſer eynteil deme andern zcuhulffe zcuet oder die ſinen ſendet, vnd die in vnſer land komen So ſullen wir den die vns zcu hulffe komen oder geſant werden koſte vnd huſſlag. glicherwis als vnſers ſelbins mannen vnd dinern beſorgen vnd geben wo man auch nicht zcu ſelde lege da ſolden wir in ſuter vnd koſte geben alz vnſers ſelbins dinern Is iſt auch gered ab wir myt eynander vnſern vinden Slozze angewunnen die in vnſern landen weren gelegen oder von vns zculeben gingen in welcher vnſers lande gelegen weren oder von welchem vnſerm ſie zculehene gingen der ſolde die Slozze alleyne behalden. Gingen abir ſie von vnſerm keyme zculeben vnd weren in vnſers keins landen oder Herſchaft gelegen So ſolden wir die Slozze teylen noch manzcal gewopenter lute die wir vſ deme velde hetten vnd zcuden wopen geborn weren Geſche iz auch das wir fromen nemen angefangen vnd an Reyſiger habe So ſolde der der die koſte truge den houptman oder den beſten gefangen zcuvore vsnemen die andern gefangen vnd haben ſolde man Teylen noch manzcal gewopenter lute die zcuden wopen geborn weren Purgere vnd gebuere wie vyl man der vinge vnde gedinge was des wurde ſal allez dem teyle volgen daz die koſte treyt Schaden wy man den nymmit den ſal yder man ſelbir tragen were auch daz vnſerm Oheim oder den ſinen debinerley name oder zcugriffe geſchen oder wyderuaren wolde vnd er das erfure. vnd er oder ſine Amptlute vns oder vnſern Amptluten das kunt oder wiszentlich tete So ſolden wir vnd vnſer Amptlute im das getrulich helffen ſchuren vnd weren als vnſer ſelbins lande vnd lute, erfuren abir wir oder vnſer Amptlute das von vns ſelbins So ſolden wir oder vnſer Amptlute das abir von vns ſelbins warnen vnd weren angeverde, were auch das vnſer Obeim vinde hette der wir oder vnſer Amptlute nicht en wuſten wo daz vns oder vnſern Amptluten vorkundigit wurde da ſolden wir vnd vnſer Amptlute zcutun glich alz ab ſie vnſer Eygen vynde weren auch iſt gered was vſlauſte Rauberie oder zcugriffe gescheen oder gescben mochten von vnser beyden Amptluten Purgmannen Mannen oder vndertanen das sullen wir gekart vnd wydertan schicken ane argelist vnd Sullen das auch von beydensiten bewaren als wir beste ymmer mogen angeverde Gesche das auch nicht So sullen vnser beyden Amptlute scutagen Riten gein Easchenwe binnen virscen tagen aller nest danach als sie dos vormant werden. vnd sal iglich Amptman zcwene myt im bringen die das scheiden sullen myt fruntschaft oder mit rechte were abir das die vire nicht eyntrechtig wurden eynes rechten Ginge denne die sache vns oder die vnsern an So solden wir eynen vbirman kysen vnd nemen in vnsers Oheim des Herzcogen Rate, gingo abir die sache vnsern Oheime den Herzcogen an oder die sinen So solde er eynen vbirman kysen vnd nemen in vnserm Rate, vnd der vbirman den er oder wir kysen in sime oder vnserm Rate, der sal die sache vnuorzcoglich scheiden bynnen virscentagen als die sache an in kumt vnd der vbirman sal die sache vns vf beyde site glich halden angeverde Auch ist gered ab vnser eyn des andern mannen schuldig were das der die mogeliche schulde sulle richten. Auch ist gered das keyn bruch den andern toten sal Sundern wer gebrochen hat der sal das keren wer des ersten gebrochen hette der solde das zcudeme ersten wandelen vnd keren Gesche is auch das dehiner vnser Amptman Purgman Man oder vndertaner dehinen Raub oder scugrif tete vnd wir sin nicht mechtig werden mochten das ane vorzcog zcuwedertunde So solde wir zcustundan des (vygind werden) beyderfijt vnd den vestiglich darzcu bringen das er deme also volgen muste als iz ist begriffen Alle dese vorgeschriben stucke vnd artigkel myt eynander vnd ir igliche b(esundern haben) wyr beyderfijt (in guden trawe)n globt an Eydes stad vnser eyner deme andern das getrulich veste vnd stete zcuhaldene vnd vnser Iglicher des andern beste zcubedenkene darinne vnd im daz zcudeme besten (zukerne) ane allerl(eige argelist vnd g)everde myt vrkunde dis brifes daran wir vnser Insigl zcu merer sichereyt han lazen hengen der Gegeben ist zcu wizzense noch gots geburte driscenhundert Jar da(r nach yn deme achtevndsechcsigisten Ja)re am nesten Montage vor viti.

369. Hertog Magnus von Braunschweig der ältere verpfändet dem Heinrich von Oberg und dem Wilhelm von Utze unter Vorbehalt des Oeffnungsrechtes seinen Theil des Schlosses Ambleben für 150 löthige Mark, verpflichtet sie, den Pfandvertrag nach seinem Tode seinen Erben zu halten, und gestattet ihnen, gegen Unrecht, gegen welches er ihnen nicht zum Rechte oder zur Billigkeit verhilft, sich vom Schlosse zu wehren. — 1368, den 24. Juni. L.

Von der guade goddes. We magnus hertoghe tō brunswich be kennet in dessem openen breue vor alle den de one sen edder horet lesen dat we hebbet ghe sat vnde setten hinr̄ von oberghe vn̄ wilhelme von vtze vn̄ eren eruen vn̄ tō erer truwen hand hern borcharde von kramme vnde iane von oberghe sinem bolen vnde herwighe vn̄ hanse broderen von vtze vnse del des huses tō ampleue mit alle deme dat dar tō hort an dorpe an holte an velde an aller nvt alse we dat hadden vor anderhalf hundert lodighe mark brunsw̄ witte vn̄ witte Wanne we dat sulue hus von on odder von erun eruen wedder losen welden dat scolde we on vore kundeghon vppe sante mertens dach vnde scolden vn̄ welden on denne dar na vppe de neghesten paschen ore vorbenomde gheld gheuen vnde be talen in der stat tō brunsw̄ edder tō goslere ane ienigherleye hinder vn̄ vortoch. Welden se ok ore vorbenomde gheld wedder hebben dat scolden Se os ok vorkundeghen vppe sante mertens dach dar na to deme neghesten paschen scolde we on ore vorbenomde gheld wedder gheuen in der stat tō brunsw̄ eder tō goslere ane ienigherleye hinder vn̄ vortoch. Weret dat we des nicht en deden sō mochten se erer vorbenomden penninge be komen mit deme suluen hus vn̄ mit deme dat we on dar tō ghe sat hebbet mit weme se welden de ore ghe note vn̄ vnse be setene man were vnde we so dat hus leten de scolde vs alsodane wissenheyt don vn̄ breue dar vp gheuen alse se vs ghe dan hebbet er se dat hus von sik antworden vnde deme scolle we ok alsodane breue gheuen dar vp alse we on ghe gheuen hebbet Ok scal dit vorbenomde hus alse we dat hadden vse opene slot wesen tō alle vnsen nöden wur vn̄ wanne vns des not is. Weret ouer dat we storuen des got nicht en wille Sō scolden se dit vorbenomde hus alse se dat hebben mit alleme rechte vn̄ mit aller nvt tō losene don vnde open hol den vnfen eruen to alle eren nóden vñ tŏ erem be hôue vñ on alle deſſe ſtucke de hir vore ſcreuen ſtat don vñ truweliken holden allŏ. alſe ſe de ſtucke os holden ſcolden icht we ſcneden. Weret ok dat we von deme ſuluen hus orleghen welden vnde we dar vp eſcheden wene we denne dar tŏ enem ammechtmanne ſetten de ſcolde on edder oren eruen erſt borchurede vñ borchhŏde don dar ſe mede be wart weren. vñ de ſcolde on ok vredeghut gheuen in der vyande lande ichtme it irweruen konde Ok ſcolde we de koſt liden de vppe dat hus ghinge de wile dat orleghe warde. Weret ok dat dit hus vor loren worde des got nicht en wille Sŏ en ſcolde we vns nicht vreden noch ſonen mit den de dat ghe wunnen hedden we en hedden on des vorbenomden huſes wedder hulpen alſe we dat hadden. konde we des nicht ghe don ſo ſcolde we on eyn andere hus wedder buwen in dat ſulue ghe richte dar ſe de ſuluen ghulde af be herden mochten de tŏ deme ſuluen hus hort alſe we dat halden eder we ſcolden on ere gheld wedder gheuen. ok ſculle we vñ vnſe eruen ſe vnde ere eruen truweliken vor deghedingen eres rechtes wur vñ wanne on des not is vnde we ſcullet eres rechtes vulle macht hebben. Weret ok dat ſe iemant vor vnrechtede vnde ſe vns dat vor kundeghet hedden ſŏ ſcolde we on rechtes edder minne helpen binnen var weken. konde we ouer des nicht ghe don Sŏ moghet ſe ſik vnrechtes irweren von deſſem ſuluen ſlote wu ſe beſte moghen dat ſcal vnſe wille weſen Des tŏ ener be kantniſſe hebbe we vnſe ingheſeghel ghe henget an deſſen bref vnde is ghe ſchen na goddes bort dritteyn hundert iar in deme achte vñ ſeſtigheſten iare in ſante iohanſes daghe tŏ middenſomere.

370. Graf Otto von Schauenburg erklärt, dass für die 1000 löthige Mark Mitgift seiner Gemahlinn Mechtilde ihr Vater, Herzog Wilhelm von Braunschweig und Lüneburg, ihm Sicherheit geleistet hat, verzichtet deshalb auf seine und seiner Gemahlinn Ansprüche und Recht an Herzogthum und Herrschaft Lüneburg und gelobt, seinem Schwiegervater und dem Herzoge Magnus von Braunschweig dem jüngern diesen Verzicht zu halten. — 1368, den 25. Juni. **K. O.**

We Greue Otte van Schowenborch. Bekennet indeſſeme Openen breue. Dat vnſe leue here Hertoghe Wilhelm van Brûnſwich vnde to Lûneborch heſt vns ſine dochter ver Mechtalde gheuen to ener echten hûſvrowen vnde heſt vns mid der ghe louet Dûſent lodeghe marck. de he vns vor wyſſent heſt. dat vns wol ghenoghet. Hir vmme hebbe wy ghe laten vnde latet indeſſeme breue vor vns vnde vnſe eruen van allerleye anſprake vnde rechte. Oſt vnſe vorbenomede vrowe ver Mechtelt. edder we van vnſer vnde ok van orer weghene Jenegherleye recht hebben. edder noch hebben mochten welkerleye wys dat wêre an deme hertoghedome vnde der herſchûp to Lûneborch. vnde doed des ene rechte vertychte vor vns vnde vnſe eruen indeſſeme Sûluen breue vnde wy en willet vnde vnſe eruen enſcullet vppe dat vorſcreuene Hertoghedom noch vppe alle dat. dat dar tohord vnde nomeud van vnſer weghene nenerleye wys Saken edder Spreken vnde nemende dar vmme andeghedinghen. vnde wy enbeholdet vns van vnſer vnde van vnſer vorbenomeden vrowen weghene der nicht mer rechtes ane.. Alle deſſe vorſcreuenen ſtûcke loue wy vorbenomede greue Otte van Schowenborch entrûwen vor vns vnde vnſe eruen vnſeme vorbenomeden heren hertoghen. Wilhelme. vnde hertoghen. Magnûſe. hertoghen Magnûſes ſone van Brûnſwich vnde oren eruen vnde Nacomelinghen ſtede vnde vaſt to holdende in allerleye wys alze hir vorſcreuen is. Ouer aldeſſen deghedinghen hebbet ghe weſen vnſes vorbenomeden heren man vnde vnſe de hir na beſcreuen ſtat. De Erlike man her hinrik Proueſt to Lûne. her Werner. vnde her Seghebant van deme berghe. her harbûrt van holthuſen. her Arnd van tzerſſene. her Brand van deme hûs Riddere. kerſten van langleghen kokemeſter. Stacies Bûſche. Dyderik Hoemaſte Syuerd van Saldere vnde de Pûttekere knapen. To eyner betûghinghe deſſer vorſcreuenen ſtûcke hebbe wy. greue Otte vorbenomed witliken vnſe Inghezeghel. an deſſen breſ ghe henghet laten. Do ghegheuen is Na goddes bord drûtteyn hûndert Jar indeme achte vnde Seſteghesten Jare. Des Neghesten daghes na Sûnte Johannes daghe to Myddenſomere.

371. Herzog Wilhelm von Braunschweig und Lüneburg und Herzog Magnus von Braunschweig der jüngere geloben dem Grafen Otto von Schauenburg die 1000 löthige Mark Mitgift seiner Gemahlinn Mechtilde zur

Hälfte am 24. Juni nächsten Jahres und die andere Hälfte ein Jahr später zu zahlen, und verpfändet ihm dafür, falls sie vor der Zahlung sterben, die Schlösser Münder, Lauenau und „Schune", von denen die beiden letzteren Schlösser nach der Zahlung jener 1000 Mark ihm für die Summe, wofür sie ihm schon verpfändet sind, in Pfandschaft verbleiben sollen. — 1368, den 28. Juni. III.

Van goddes gnaden, wy her Wilhelm. Hertoge to Brunſ vnde to Luneb̄ vnde we Hertoge Magnus Hertogen Magnuſes ſone van brunſ, Bekennen in diſſem openen bryeue, dat wy Greuen Otten van Schowenborch vnſeme ſwagere, vnde ſynen Eruen ſculdich ſint, vor de medeghift vnſes vorbeñ hertogen Wilhelmes dochter vorn Mechtilde ſiner echten husvrowen, duſent Lodige mark Honouer̄ wicht vnde were, der we ome edder ſynen Eruen viſhundert mark bereden ſcollen vnde willen ane hinder vnde vortoch to deſſem neyſten tokomenden ſunte Johannes dage to Middenſomere binnen vnſer ſtaad to Honouere, vnde de beredinge ſculle we ome, edder ſynen Eruen to gude holden, vnde en dat vorſcreuene gheld velegen vor alleden Jennen de dor vnſen willen deen vnde laten willen, wante to dem Greuenaluesſhagen, vnde de anderen viſhundert mark ſculle we vnde willen ome edder ſynen Eruen, bereden ane hinder vnde vortoch to ſunte Johannes dage to Middenſomere de negeſt tokomende is vord ouer en Jar, binnen vnſer vorſcreuenen ſtaad to Honouere, vnde de beredinge ſculle we vnſem vorbeñ ſwagere vnde ſynen Eruen ok to gude holden vnde ome deſſe viſhundert mark velegen, in allerleye wiſe alſe van den erſten viſhundert marken hir voreſcreuen is,.. Were auer dat we er deſſer beredinge afgingen, des god nicht en wille, ſo verpende we vnſem vorbeñ ſwaghere vnde ſynen Eruen, vnſe ſlote, Mûndere, de Lowenow vnde de Schûne, mid allerleye rechte, vnde to be horinge alſe we de hebbet, vor de vorbeñ Duſent mark edder wat der nicht bered en were,.. Vnde we ſcullet ome van ſtaden an, de vorſcreuenen Slod an ſyne were antworden, na vtwiſinge deſſes bryeues, Vnde vnſe Eruen vnde nakomelinge en ſcullet de vorbeñ ſlote, van vnſem vorbeñ ſwagere eddor van ſynen Eruen, nicht lezen, on en ſin de vorſcreuenen duſent mark lodich mid dem anderen gheldo, dat ſe rede an dem ſlote hebbet ghentſliken bered,.. Wanne auer vnſe Eruen, vnde Nakomelinge vnſem vorbeñ ſwagere vnde ſynen Eruen, de vorſcreuenen duſent Lodige mark bered hebbet, ſe ſcal Mûndere ere los weſen vnde de anderen ſlote ſcullet de penninge ſtaen, de ſe mid vnſen openen bryeuen dar an be wiſen moget,.. Alle deſſe vorſcreuenen ſtucke loue we hertoge Wilhelm vnde hertoge Magnus vorbenomd in truwen, mid ſamender hand vor vns vnde vnſe Eruen, vnde nakomelinge, vnſem vorbeñ ſwagere, vnde ſynen Eruen, ſtede vnde vaſt to holdende in allerleye wiſe, alſe hir voreſcreuen is,.. To ener betuginge diſſer vorſcreuenen ſtucke hebbe wy hertoge Wilhelm vnde hertoge Magnus vorbeñ vnſe Inghesſ an diſſen bryef ghehenget laten, De ghe ghouen is na goddes bord Drittoynhundert Jar in deme achte vnde ſeſtegeſten Jare In dem hilgen auende ſunte Petrus vnde Paulus der hilgen Apoſtelen.

372. Graf Otto von Schauenburg begiebt sich auf Lebenszeit in den Dienst des Herzogs Wilhelm von Braunschweig und Lüneburg und des Herzogs Magnus von Braunschweig des jüngern und gelobt dafür zu sorgen, dass ihnen aus seinen Landen kein Unrecht geschieht, Feind derer zu werden, welche in seinen Landen diejenigen hegen, die ihnen Unrecht zugefügt haben, niemals der Herzöge Feind zu werden und ihnen gegen jeden, seine Bundesgenossen ausgenommen, mit aller Macht Hülfe zu leisten. — 1368, den 28. Juni. III.

Wye Ghreue Otte van Schowenborch bekennen in diſſem openen Bryeue dat wye vns mid vnſem Lieuen heren hern Wilhelme hertogen to Brunſ vnde to Luneb̄ vnde mid hertogen Magnuſe hertogen Magnuſes Sone to Brunſ vor eynet vnde vorbundet hebbet aldewile dat wy leued in deſſer wys, dat wye in ere deneſt ghevaren ſind vnde ſe ſcullet vns truwelken vnſes rechtes vordegedingen wor vns des to donde is, Vortmer ſculle we vnde vnſe amptlude dat truwenliken vor waren wor we moghet, dat vnſe vorbeñ heren vnde de ere vthe vnſen ſloten dorpen vnde Landen nemand vor vnrechte, Ver vnrechtede ſe ok we, we de denne hegede an vnſen ſloten dorpen vnde Landen der vnde der ſakewolden vygende wolde wye van ſtaden an werden wan dat van vns ghe eſchet wert, ok en ſculle we nene vygende werden vmme ſenerleye ſake vnde dorch nemandes willen, vnde we ſcüllet on behulpen weſen, vppe aldermalken mid gantzer macht ane vppe de dar we rede mede verbunden ſyn,.. Alle deſſe vorſcreuenen ſtucke wille wye Ghreue Otte vorbeñ alde wile dat wye leued vnſem vorbeñ heren, hern Wilhelme vnde hertoghen Magnuſe alde wile dat orer en leued ſtede vnde vaſt holden in allerleye wys alſe vorſcreuen is,.. To ener bethüginge hebbe wye vorbeñ greue Otte, vnſe Ingheſ witliken gehenghet laten an deſſen bryef, De ge gheuen is na goddes bord Dritteynhundert Jar, in dem achte vnde ſeſtigeſten Jare In deme auende ſunte Petrus vnde ſunte Paulus der hilgen Apoſtolen.

373. Herzog Wilhelm von Braunschweig und Lüneburg und Herzog Magnus von Braunschweig der jüngere verbinden sich auf Lebenszeit mit dem Grafen Otto von Schauenburg, nehmen ihn in ihren Dienst, geloben, ihn getreu seines Rechtes zu vertheidigen, wie er sich ihrer Rechtsentscheidung fügen soll, und verpflichten sich, dafür zu sorgen, dass ihm aus ihren Landen kein Unrecht geschieht, Feinde derer zu werden, welche in ihren Landen diejenigen hegen, die ihm Unrecht zugefügt haben, niemals seine Feinde zu werden und ihm, falls sie seiner zu Rechte mächtig sind, gegen jeden, ihre Bundesgenossen ausgenommen, mit ganzer Macht Hülfe zu leisten. — 1368, den 28. Juni. III.

Wy her Wilhelm van der gnade goddes, hertoge to Bruñ vnde to Luneƀ vnde we hertoge Magnus, hertogen Magnuſes ſone to Bruñ, bekennen in deſſeme openen bryeue, dat we vns mid Ghreuen Otten van Schowenborch, vnſeme lyeuen ſwagere vruntleken ver enet vnde verbunden hebben alde wile dat we leuen indeſſer wys dat we on ghe nomen hebbet an vnſe deneſt vnde ſcullet ouer one rechtes to allen tyden mechtich weſen, vnde ſcullet one truwelken ſynes rechtes verdegedingen, wor ome des to donde is,.. Vortmer ſculle we vnde vnſe ammechtlude dat truwelken ver waren wor we moghet dat vnſe vorbenomde ſwagher vnde de ſyne vte vnſen ſloten dorpen vnde Landen neinend ver vnrechte, Ver vnrechtede one ok we, we dene hegede an vnſen ſloten, dorpen vnde Landen, der vygend vnde der ſakewolden wolde we van ſtaden an werden, wan dat van vns ghe eſchet wert, Ok en ſculle we nene vygende werden vmme nenerleye ſake, vnde dor nemendes willen, vnde ſcullet ome behulpen weſen mid gantzer macht vppe aldermalken wor we ſin to rechte mechtich ſyn, ane vppe de dar we rede mede verbunden ſin.. Alle deſſe vorſcreuenen ſtucke wille wy hertoge Wilhelm vorbenomed vnde hertoge Magnus alde wile dat we leuen vnſeme vorbenomeden ſwagere Ghreuen Otten van ſchowenborch alde wile dat he ok leuet ſtede vnde vaſt holden in allerleye wys alſe hir vore ſcreuen is, To ener betuginge hebbe wy vnſe Ingeſegĥ witleken ghehenget laten an deſſen bryeſ, De ghe gheuen vnde ghe ſchreuen is Na goddes bord Drittеynhundert Jar in deme achte vnde ſeſtegheſten Jare in dem hilgen auende ſunte Petrus vnde Paulus der hilghen Apoſtolen.

374. Herzog Magnus von Braunschweig und Lüneburg verleihet dem Conrad von Rotleben (Rossleben) das Schloss Meinersen mit Gerichten, Gülten, Dörfern und Lehnen auf Lebenszeit zu Lehn und gelobt, nach dem Tode desselben der hinterbleibenden Wittwe Ernestine und den Erben das Schloss so lange zu lassen, bis er ihnen 200 Mark löthigen Silbers auszahlt. — 1368, den 12. Juli. III.

Wir magnus von gotes gnaden Herzoge zû Brunſwig vnde zû Luneborch bekennen offenlich indiſſem keinwerdigen briefe vnde tûn wiſzentlich alle den dyn ſyn odir Hôren leſe: Daz wir mid vorbedachtem mûte mid gûtem willen vnde mid rathe vnſir getruwen haben gelegen vnde lien keinwerdiklich mid diſſem briefe vnſerm lieben getruwen Ern Conȓ von roteleiben daz Hus zû meynerſym zû rechtem Erbe lene dy wile daz her lebit: mid gerichten mid gùlden mid allen nûtzen in veilden in dorfern in waſzern an weyden an Holcze: mid allen zû behôrungen geſûcht vnde vngeſucht mid allen rechten mid allen gûtern vnde mid allen lenen dy zû dem vorġ Huſe meynerſym gehord haben vnde noch gehorn: wilche wij man dy genenne mag geiſtlich vnde wertlich Geſchege nû daz der vorġ Er Conȓ von roteleiben des liebes vor viele vnde abe ginge von todes wegen wilche zid daz were des god nichten wôlle: ſo bekenne wir ſinen erben vnde frowen ſtinen ſiner Elichen wertinnen an dem Egeñ Huſe Meynerſym zweiger Hundirt lôtige marke silbers vnde da vor sullen sy das selbe hus inne haben alse lange das wir odir vnse Erben yn dy vorḡ zweyhundirt marg silbers genczlichen vnde ane schaden bezalen: Hirobir sind gewest vnse lieben getruwen Er Hans von Hollungen fiuerd von saldere vnde andere guder lûte gnûg Datum nostro sub sigillo anno domini M̊ CCĈ LXVIIĪ. die sancte margarete.

375. Herzog Magnus von Braunschweig und Lüneburg verpfändet dem Conrad von Roteleben (Remleben), dem Conrad von Bennungen, dem Bertold von dem Swende und den Brüdern der beiden letzteren für 150 Mark unter Vorbehalt des Oeffnungsrechtes das Schloss Grillenberg mit Gerichten, Gülten, Dörfern und mit geistlichen und weltlichen Lehnen, wie er es von den Markgrafen von Meissen zu Pfande besessen hat, auf sechs Jahre und gelobt, ihnen für die Verwaltungskosten des Schlosses jährlich 30 löthige Mark zu entrichten und mit dem Schlosse sie als seine getreuen Mannen und Amtleute zu vertheidigen. — 1368, den 13. Juli. **III.**

Wir magnus etc: bekennen etc: Das wir mid vorbedachtem mûte vnde mid rathe vnsir getruwen haben gesaczd zû Eymem phande das Hus zû dem Grellenberge mid gerichten mid gûlden mid allen nûczsen in veiden in dorfern in wasen an weiden an holcze: mid allen zû behorungen gesucht vnde vngesûcht: mid allen gûtern vnde mid allen lenen geistlich vnde werltlich dy darzû gehorn glicher wijs alse wir das selbir zû phande gehad haben von vnsern ohemen den margreuen von missen: vor andirhalp Hundirt northuser marg dy vns iczund genczlich vnde nûczlichen bezalit vnde geleistet sind den gestrengen lûten vnsern lieben getruwen Er Conr̄ von roteleiben Conr̄ von bennungen vnde sinen brûdern bertolde von me swende vnde sinem brûdere vnde yren erben Dit vorḡ Hus sullen sy Inne Haben von dissem nesten sende iacobi tage obir sechs iar dy noch Eyn andir volgende sind alse daz wir noch vnse Erben das selbe Hus nicht lôsen: Noch sy vnde yre Erben yre vorḡ phenninge binnen den selben sechs iaren: nicht wider Eische sullen noch Enwollen: Ouch sal das selbe Hus vnse vnde vnsir Erben offene hus sin zû alle vnsern nôthen kein allermeligen nymanden vz genommen vnde wir vnde vnse Erben sullen vnde wollen yn alle iorliches dywile yn dit vorḡ Hus phandes sted: geben XXX lôtige marg silbers da sy das Hus mede Halde sullen: Wanne vns abir noch dissen sechs iaren des zû mûte wôrde daz wir odir vnse erben dit Eḡ hus zû dem grellenberge wider lôsen. Odir sy vnde yre arben yr geld wider haben wôlden daz sôlde wir yn odir sy vns vore kundigen Eyn vyrteil iares vnde wanne wir odir vnse erben noch der vorkundigunge: yn dy vorḡ andirhalp Hundirt northuser marg vnde ab yn an den XXX lôtigen marken silbers dy wir yn Jerliches zû dem Huse geben sullen: ichtes were brûch worden genczlichen Hetten Erfûllit vnde bezalit: zû sangerhusen odir zû Northusen wo sy das Eischeden: so sôlden sy vns vnde vnsern Erben daz obgeā Hus zû dem Grellenberge mid allen zû behôrungen alse vore sted geschriben wider in antwerten von stad an ane wider rede: Ouch sulle wir vnde wollen sy getruwelich vorteidingen mid dem Huse zu dem Grellenberge: alse vnse getruwen man vnde ammechtlûte Datum nostro sub sigillo anno domini M̊ CCĈ LXVIIĪ die sancte margarete.

376. Die von Gladebeke vergleichen sich mit dem Herzoge Otto von Braunschweig (zu Göttingen) wegen des Zehnten auf dem Felde zu Harste. — 1368, den 25. Juli. **K. O.**

Wy hans von gladebeke Hans vñ Albrecht myne sone vn hans myn veddere bekennet openbare in dusme breue vor vns vñ vnse Eruen Dat vnse Leue gnedeghe here de Irluchtede vorste hertoge Otte hertoghe to Brunsw̄ Ittewanne hertoghen Ernstes sone myt vns vmme eyndrechtechet van seuen vñ twintihich houe Landes de sin Syn vñ vmme neghen houe Landes de vnse vñ vnser Eruen syn vp dem velde to herste ghe leghen vñ vmme den tegeden dar sulues de syn vñ vnse is ouer eyn ghe komen is vñ wy myt ome In dusser wys dat vnse here vorsereuen syne eruen vñ Nakomelinghe ere seuen vñ twyntich houe vor ghe sereuen vñ wy vñ vnse Eruen vnse Neghenhoue ouk vor be sereuen tegotvry Ledich vñ los eweliken beholden scullen vñ hebben ane Jenegerleghe wede sprake wat landes auer hyr vp dussem vorsereuen velde to herste en bouen Lyt dat tegheden to geuende plecht an dem tegeden scal vnse here vor be sereuen vñ Syne eruen vñ Nakomelinghe dredeyl hebben vñ wy vñ vnſe eruen ſcolen dar an eyn verdel ewaliken hebben vñ be holden van dem tegeden de we vppo bedenſyt tegeden vp gnomen hebbet ane Jenogherhande weder rede Dat loue wy vnſem heren vor be nomet vñ ſinen eruen in guden truwen ſtede vñ vaſt to holdende ane engerleghe arghelíſt vñ ghe verde Des to erkunde vñ to tuchniſſe ſo gheue we duſſen brof veſtlighen be ſegelt Alſo dat wy hans vñ albrecht hanſes ſone vor ſcreuen vñ hans ere veddere myt hanſe van gladebeke verñ vnſme vadere vñ vedderen ſines Inghoſeghels vor vns vñ vnſe Eruen myt ome brukende ſyn anduſme breue ghe gheuen na godes bort Drittenhundert Jar dar na in deme achte vñ ſuſtegeſten Jare an ſinte Jacobes daghe.

377. **Herzog Magnus von Braunschweig der ältere verpfändet dem Heinrich von Wenden das Schloss und die Stadt Schöningen für 200 löthige Mark unter Vorbehalt des Oeffnungsrechtes und der Nutzniessung bis zum 10. August nächsten Jahres, verpflichtet denselben, seinen Erben den Pfandvertrag zu halten, und gestattet Selbsthülfe vom Schlosse gegen Unrecht, gegen welches er nicht zum Rechte oder zur Billigkeit verhilft. — 1368, den 25. Juli.** I.

Ven der gnade goddes We magnus hortoghe tŏ brunſw̄ be kennen openbare in deſſem breue dat we hebbet ghe ſat vnde ſetten hinr̄ von wenden vnde ſinen eruen vnde tŏ ſiner truwen hand her dyderike von walmeden vnde ſinen eruen vnſe veſten to ſcheninge hus vñ ſtat mit alle deme dat dar tŏ hort an velde an ackere an holte an wiſchen an weyde an watere mit aller nvt vñ tŏ be heringe alſe we dat hadden vor twey hundert lodighe mark brunſw̄ wichte vñ witte alſŏ dat we noch vp nemen ſchullet alle nvt vñ tŏ be horinge de dar tŏ hort eyn iar tŏ rekende nv von ſante laurencius daghe vort ouer eyn iar vnde ſŏ ſcullo we ome twey hundert mark wedder gheuen in der ſtat tŏ brunſw̄ Sŏ ſcal ſcheninge hus vnde ſtat mit aller nvt vñ tŏ be heringe alſe hir vore ſcreuen is vnſe wedder lodich vn los weſen. Weret dat we des nicht en deden ſo ſcal he it vort be holden in der ſuluen ſate mit aller nvt vñ mit alle deme dat dar tŏ hort alſo vore ſcreuen is vñ ſcal des denne bruken ane wedderſprake Dit ſulue hus vñ ſtat ſcheninge moghe we ven eme ichte von ſinen eruen wedder loſen alle iar wu we de loſinge kundeghen vppe ſante mertens dach vñ gheuen en ere gheld vppe de negheſten paſchen dar na in der ſtat tŏ brunſw̄. Welde he ok ichte ſine eruen ere verbenemde gheld wedder hebben dat ſcolden ſe vns ok vor kundeghen vppe ſante mertens dach dar na tŏ deme negheſten paſchen ſcolde we en ere gheld wedder gheuen in der ſtat tŏ brunſw̄. Weret dat we des nicht en deden So mochten ſe erer vorbenemden penninge be komen mit deme ſuluen hus vñ mit deme dat we en dar tŏ ghe ſat hebbet mit weme ſe wolden de ere ghe nete vnde vnſe be ſetene man were vñ weme ſe dat hus leten de ſcolde vs alſodane wiſſenheyt don vñ breue dar vp gheuen alſe ſe vs ghe gheuen hebbet er ſe dat hus von ſik antworden deme ſcolde we ok alſodane breue dar vp gheuen alſo we en ghe gheuen hebbet. Ok ſcal dit verbenemde hus vnde ſtat vſe opene ſlŏt weſen tŏ alle vnſen nŏden wur vnde wanne vns des not is Weret ouer dat we ſtoruen des got noch lange nicht en wille So ſcolden ſe dit vorbenemde hus vñ ſtat alſe we en dat ghe ſat hebbet mit alleme rechte vñ mit aller nvt tŏ loſene don vñ open helden vnſen eruen tŏ alle eren nŏden vnde tŏ erem be hŏue vnde en alle deſſe ſtucke de hir vore ſcreuen ſtat don vñ truweliken helden alſŏ. alſe ſe de ſtucke vs helden ſcolden icht we leuedon. Weret ok dat we von deſſeme ſuluen hus orleghen wolden vñ we dar vp eſcheden were we denne dar tŏ enem ammechtmanne ſetten de ſcolde en erſt borchurede vñ borchhŏde don dar ſe mede be wart weren vñ de ſcolde en ok vredeghut gheuen tŏ oreme plochwerke in der vyande lande ichtme it irweruen kende ok ſcolde we de koſt liden de vppe dat hus ghinge de wile dat orleghe warede. Weret ok dat dit ſulue hus vor loren werde des got nicht en wille Sŏ en ſcolde we vs nicht vreden noch ſŏnen mit den de dat ghe wunnen hedden we en hedden en des verbenomden huſes wedder hulpen alſe we dat hadden. kende we des nicht don Sŏ ſcolde we en eyn andere hus wedder buwen in dat ſulue ghe richte dar ſe de ſuluen ghulde af be herden mochten de tŏ deme hus hort edder we ſcolde en ere gheld wedder gheuen Ok wille we vñ vſe eruen hinr̄ von wenden vñ ſine eruen vorbenomet trŭweliken ver deghedingen eres rechten wur vñ wanne en des not is vñ we ſcullet eres rechtes macht hebben Weret dat ſe iemant ver vnrechtede vnde ſe vs dat vor kundighet hedden Sō ſcolde we on rechtes edder minne helpen binnen vēr weken konde we des nicht don. Sō moghet ſe ſik vnrechtes irweren von deſſem ſuluen ſlote wu ſe beſte moghen dat ſcal vnſe wille weſen tō ener be kantniſſe etc de gheuen is M̄ CCC LXVIII iare in ſante iacobes daghe.

378.* Herzog Wilhelm von Braunschweig und Lüneburg überlässt dem Rathe der Stadt Lüneburg den Zins, Hofdienst, die Nutzung und all sein Recht in einem Hause, Hofe und Hausstelle bei der Ilmenau ausserhalb des rothen Thores zu Lüneburg. — 1368, den 20. August. XV.

Van godes gnaden. We her. Wilhelm. Hertoghe tū Brunſwijc vnd tū Luneborgh. Bekennen vnd betūghen opembare in deſſeme breue. dat wi hebbet ge gheuen vnd gheuen in deſſeme breue dor ſunderker vruntſchop willen deme Rade vſer Stad tū Luneborgh. de nu is vnd ſynen nakomelingen allen tyns houedenſt vnd allerleye recht vnd nuth de wy vnd vſe voruaren hat hebben in deme huſe houe vnd word de dar ligghen bi der Elmenowe buten dem roden dore de wandaghes Johanne melbeken vſeme borghere tū Luneborgh tū hord hadden. Vnd beholden vns noch vnſen eruen dar nicht mēr rechtes ane Tu ener betughinge diſſer dingh hebbe wi vnſe Ingeſegel witliken tū deſſem breue laten henget. De ge gheuen is na godes bord drūtteynhundert yar in deme Achte vnd Soſtigeſteme yare. des Sondaghes vor Sunte Bartholomeus daghe des hilghen Apoſteles.

379. Herzog Magnus von Braunschweig und Lüneburg gewährt dem Gelde und Gute, welches in seine Schlösser von dem Herzoge Erich von Sachsen-Lauenburg geschickt wird, sicheres Geleit, bewilligt, bis vom Könige Waldemar IV. von Dänemark *) die sichere Nachricht eintrifft, dass er den zwischen ihnen durch Vermittlung des Markgrafen von Meissen über den für 1500 löthige Mark dem Könige und dem Herzoge Erich zu leistenden Dienst errichteten Vertrag dem Könige vollzogen hat, freies Verfügungsrecht über jenes Geld und Gut dem Herzoge Erich und dessen Bevollmächtigten unter der Bedingung, dass sie es ihm nach Eintreffen der Nachricht ausliefern, gestattet ihnen die ungehinderte Wegführung desselben, falls er den Dienst nicht in vertragsmässiger Weise leistet und der König die Auszahlung an ihn nicht genehmigt, und gelobt, dem Herzoge Erich, falls der König stirbt, für die 1500 Mark den Dienst zu leisten. — 1368, den 24. August. K. O.

Wy magnus van ghodes ghnaden, herthoghe. thū Brunſwik. vnde thū Luneborch Bekennen, In deſſem. Openen breue, vor alle den yenen. de Ene seen edder heren Lezen, dat wy Loyden. vnde velighen. alle dat ghelt vnde ghūd, dat vns vnſe Leue Om herthoghe Erik van zaſſen. zend In vnſe Slot edder Slote, alſo dat vſe vorſchreuene. Leue Om van zaſſen. vnde de zyne dem he des be Leuet alle des gheldes vnde ghūdes Schollen waldich vnde mechtich wezen. mede thū dōnde vnde thū Latende. wot ze willen, wente In de thyd dat zo warhaftighe. Bedeſchop hebbet, den ſe is beleuen moghen. van vnſeme heren deme kenynghe, dat wy. Eme vūlthoghen hebben. de deghedinghe alſe vmme den denſt, den wy vnſeme heren deme konynghe van dennemarken, vnde vnſeme Ome herthoghen Erike van zaſſen. dōn Schollen. vor de veſteyndusent Lodighe mark. alſe vnſe Om de markghreue van mytzen. twiſchen. vnſeme heren deme kenynghe van dennemarken, vnde vns ghe deghedinghet heft zo Schollen ze vns dat ghelt vnde ghūd Rek vnde Rvm antworden, Were id ok dat der deghedinghe. vnde denſtes Brok an vs werde, dat wy des nicht vūlthoghen alſe vnſe Om de markghreue van mytzen. twiſchen vnſeme heren deme kenynghe, van dennemarken. vn vns ghe deghedinghet heft vnde vnſes heren des kenynghes wille nichten were, dat ze vns dat ghelt vnde ghūd antworden, ſo ſchollen. ze id vredeliken. vnde vnbeworen, van vns, vnde den. vnſen. vnde de dorch vnſen willen dōn vnde Laten willen, en wech vūren wor ſe willen, vnde mede dōn vnde Laten wes ze thū Rade werden, Were id ok dat vnſe here de kenyngh van. dennemarken. af ghynghe

*) Cfr. die Urkunden vom 25. Januar 1368 in Pölker's Neue Sammlung. Drittes Stück pag. 19 und 21 No. III. und IV. und in der Urkundensammlung der Schleswig-Holstein-Lauenburgischen Gesellschaft. Zweiten Bandes zweite Abtheilung, pag. 276 und 277, No. CCXIII. und CCXIV.; die Urkunden der Jahre 1369 und 1370 in Suhm's Historie af Danmark. Tom. 13 pag. 857—865 und pag. 866 und 867, letztere auch in der Urkundensammlung der Schleswig-Holstein-Lauenburgischen Gesellschaft. Band II. Abtheilung 2 pag. 285.

dat ghod vorbode, ſo Scholle wy vnſeme Leuen, Ome berthoghen Erike van ſaſſen. mit truwen vnde mit ghůden willen. alſo. danne denſt dôn vor de veſteyndaſent Ledighe mark. alſe we vnſeme heren deme konynghe. van dennemarken Scholden dan hebben, ſunder yenegherleyge hůlperede, vnde arghelist. Alle deſſe vorſchreuenen Stúcke Loue wy Intrůwen ſtede vnde vnuorbroken thů holdende. vnde hebben thů thůghe vnde merer Bekantniſſe. vnſe Inghezeghel. witliken vnde mit ghůden willen thů deſſem breue ghe henghet Laten, vnde is ghe Scheen na ghodes Bord dritteynhundert Jar In deme achte vnde ſoſteghesten Jare In Sůnte Bartholomeus. daghe des hilghen apoſtoles.

Gedruckt in Sudendorf's Registrum. Theil III. pag. 76 No. LII.

380. Ritter Hildemar von Oberg und seine Frau Elisabeth stellen einen Revers aus, dass Herzog Otto von Braunschweig (zu Göttingen) ihnen unter Vorbehalt des Oeffnungsrechtes das Schloss Brunstein mit Dörfern und Gerichten, wie es seine Amtleute besessen haben, für 820 Mark Silber auf drei Jahre verpfändet und ihnen Selbsthülfe vom Schlosse, falls er ihnen nicht zum Rechte verhilft, gestattet hat. — 1368, den 27. August. **K. O.**

Ich. Hildemar von Oberge Ritter Elze myn Eliche huſfrouwe Bekennet vor vns vnd vnſe Rechtin Erben in dyſem affenen briefe. Das dy. hochgeborne forſte vnſe gnedige. herre. hertzoge. Otte zu Brunſwik vns hat vorſazt ſyn hus ztu dem Brunſteyne. mit dorfern vnd gerichten vnd mit allirſlachtir nutz. mit. holtze. velde. waſzer vnd weyde vnd mit alle dem. daz da ztu horet verſucht vnd vnuerſucht wy man daz genennen mag vnd ztu vnſir Erbin getruwen hand. hern hennynge von walmede Rittere vnd hennynge Meltzinge knechte. vor achte hůndirt vnd ztwentzig Mark. Sylbers Brunſwyeſchir wichte wytze vnd wer. vnd ſullen der gerichte. holtzes. waſſers vnd weyde vnd was da ztu horet. gebruchen ztu vnſir nutz in allir wyes. alſe vnſirs Ebenantin herren Amptlude. dez vor gebruchet vnd genutzet haynt vnd ſullen dyt hus Brunſteyn mit ſyner ztu behoringe Ruweliche vnd fredeliche inne behalden. dry. Jar dy nv neyſt noch Eyn andir volgende ſyn. dy. an treden ſullen. nv ztu Sente. Michahelis tag dy neyſt kummet. wanne dy dry Jar vmme kummen So mag vnſe herre. hertzoge. Otte ebenant. odir ſyne.. Erbin. daz hus Brunſteyn mit dorfern. vnd gerichten vnd mit allir ztu behoringe wyder loſen. dez ſy. vns das eyn halb Jar vor. verkundigen. vor dy vorſcribenen. achte hundirt Mark vnd ztwentzig vnd da vor ſulle wir odir vnſe Erbin. odir her hennyng von walmede Ritter vnd hennyng Meltzing ztu vnſir Erbin getruwen hand den Brunſteyn mit ſyner ztubehoringe ztu loſende wyder geben ane allirleyge wyderrede. Were Ouch das wir odir vnſe Erbin vnſe geld wider wolden nach dyſſen vorſcribenen dren Jarn vnd das vnſe ebenantin herren odir ſynen Erbin eyn half Jar vor verkundigeden ſo ſolden ſy vns vnſe gelt ztu deme vts ghenden halben Jare wider geben vnd beztaln vns daz in der ſtad ztu Gottingen odir ztu Embeke in wilcher der ſtede eyner wir daz yeſchen vnbeſazt vnd vnbekummert ane vortzog vnd wider Rede. Ouch ſal vns vnſe vorgenante here getruweliche vertegedingen glich andirs ſynen Mannen. vnd Borchmannen. vnd das hus Brunſteyn Glich andirs ſynen ſlozzin. were Ouch das vns ymant vor vnrechtin wolde daz ſolde wir vnſem hern vorgeſcriben verkundigen kunde her vns in eyme Mande Rechtis gehelfen das ſolde wir nemen vnd ſolden vns da ane genugen lazen. en kunde her vns da bynnen keyns Rechtin gehelfen So muchte wir vns von dem Brunſteyne Selbir irkobirn wez wir mochten. da ſolde her vns ztu vordern vnd nicht hindern Ouch ſal dy brunſteyn vnſis herren hertzogen Otten vnd ſyner Erbin uffen ſloz ſyn ztu al eren noyden uff allir manliche. ane uff vns ſelbir. dy hir vorſcriben ſtad.. wolden ſy ouch da von krygen ſo ſolden ſy dy wile bekoſtigen. portenere Tornlude vnd wechtere. vnd ſolden vns vnfuge bewarn. worde ouch dy brunſteyn vorlorn mit den odir dem dy den gewunnen. en ſolde ſich vnſe herre vorſcriben odir ſyne Erbin ſreden noch ſunen ſy en hetten vns dez Brunſteynes wyder gehulfen. odir hetten vns eyn hus in dy gerichte da brunſteyn inne liet wyder gebuwet da wir dy gerichte ztu dem Brunſteyne abe bekreftigen mochtin were Ouch daz ich hildemar von Oberge Ritter Else myn Eliche frouwe von todis wegen abe ghingen ane liebes Erbin. So ſolde vnſe herre hertzoge Otte odir ſyne Erbin dyſe vorſcriben Summen geldis verhandelagen vnd volgen lazen hern hennynge von walmede Rittere. hennynge Meltzinge vnd eren Erbin. vnd solden das an dem brunsteyne behalden in allir wyse. als vns das verscriben vnd verbriefet is. alle dyse vorscribenen stucke lobe Ich hildemar von oberge Ritter Elze myn Eliche frouwe vor vns vnd vnse Erbin. vnd wir hennyng von walmede Ritter vnd hennyng Meltzing in guden truwen stede vnd vaste ztu haldende ane argelist vnd generde vnd des ztu orkunde han wir vnse Ingesegele vor vns vnd vnse Erben an dysen brief gehangen vnd. Ich Else eliche frouwe hern hildemars von oberge bekenne. das ich gebruche Ingesegels myns Elichen Mannes hern hildemars vorscriben in dysem briefe. Datum. Anno dominj Millesimo CCC̆ LX̆. Octauo. die dominica Proxima post festum Bartholomei apostoli.

361. Herzog Wilhelm von Braunschweig und Lüneburg setzt nach dem Rathe seiner treuen Mannen den Herzog Magnus von Braunschweig den jüngern und dessen Erben in der Weise, wie die von demselben den Städten und Landen des Fürstenthums ausgestellte Urkunde ausweiset, zu sich in den erblichen Besitz seiner Lande und seiner Herrschaft Braunschweig und Lüneburg mit Schlössern, Städten, Landen, Leuten, Gerichten, Lehnen, Schätzen über und unter der Erde, Zöllen, Geleiten, Gülten, Salzwerken, Erzen, Jagden, Wildbahnen und allen Zubehörungen. Seine Mannen in seinem Rathe sollen, wenn Herzog Magnus der jüngere stirbt, den ältesten Sohn desselben, falls er ihnen gefällt, sonst einen anderen der Söhne und nach dem Tode dieses stets einen der übrigen Söhne bis auf den letzten zum Herrn der Herrschaft Lüneburg wählen und, so lange noch ein Sohn des Herzogs Magnus lebt, keinen andern zum Herrn der Herrschaft wählen oder zulassen. Können sie sich in der Wahl unter den Söhnen nicht einigen, so soll derjenige derselben, für den sich die Städte Braunschweig, Lüneburg und Hannover erklären, Herr der Herrschaft bleiben. Hinterlässt Herzog Wilhelm bei seinem Tode einen Sohn, so sollen die Einsetzung in den Besitz der Herrschaft und alle obigen Bestimmungen machtlos sein. — 1368, den 14. September. III.

Wy her Wilhelm van der ghnade godes Hertoghe tho Brunswich vnde tho Luneborch bekennet oppenbare in dessceme Breue, Dat wy mid ghudem willen mid vuller kraft vnde mid sundheyt vnses liues, mid wol bedachtem mode, vnde mid rade vnser truwen man, dat wy hebben ghesad vnde nemen tho vns in ene rechte were, alle vnser Lande vnde Herschop to Brunswich vnde tho Luneborch. ewelken vnde erflecken tho besittende, alse wy de hebben, vnsen leuen vedderen Hern Magnuse den Jüngheren Herthoghen Magnuses Sone van Brunswich vnde dar tho sine Eruen in aller wise also alse de Breue vth wisen., de he vnsen steden vnde Landen ghe gheuen heft, mid Sloten, mid steden, mid Landen, mid Lüden, mid allen gherichten, mid allen Lenen gheystlik vnde werltlik, mid alleme ghude vnde schatte, bouen der erde vnde dar vnder. ghesocht vnde vnghesocht, mid allen Thollen vnde gheleyde vppe wateren vnde vppe Landen, mid allen ghülden, an Slotwerken [1],. an ertzen, an velden, an dorpen, an holten, an watere vnde an weyden., an steden, an wikbelden, an vischerie, an Jacht, an wyltbane, an dyken, vnde sunderliken mid alleme rechte vnde vryheyd, vnde mid aller nvd vnde thobehöringhe., Were ok dat vnse vorbenömpde veddere Herthoghe Magnus afghinghe van dodes weghene, des god nicht ne wille, so scholden vnse man de an vnseme rade weren, sinen eldesten Sone tho der Herschop tho Luneborch kesen, oft he en behaghede, Behaghede he en nicht, so scholden se der anderen eynen siner sone dar tho kesen., Ghinghe de af, so scholden se aver eynen anderen siner sone dar tho kesen, Were ok dat se thomale afghinghen, wente vppe eynen, den suluen sinen sone scholden se, tho der herschop tho Lüneborch kesen, also dat de suluen vnse man nemende tho der herschop tho Luneborch kesen, noch laten schullen, de wile vnses vorbenompden vedderen herthoghen Magnuses Sone en ofte mer leuede, Were dat vnse man de an vnseme rade weren schelhastich edder twydrachtich worden, an der kesinghe, welk oreme deme vnses vorbenompden vedderen Herthoghen Magnuses Sone eyneme, de stede, Brunswich, Luneborch, vnde Honouere, tho vellen an deme köre, de scholde Here tho der Herschop tho Luneborch bliuen., Were auer dat we afghinghen, van dode, dare god vore Sy. vnde hinden vns leten enen echten sone edder mer, so en scholden desse Breue vnde deghedinghe de dar inne beschreuen sint neue

[1] Saltwerken.

macht hebben., Hir hebben an vnde ouer ghewefen de erleken vromen Lude Lüdolf Greue tho Wunftorpe. Afwin van Saldere. Prouest in der Borch tho Brunfwich, Hinrik van Langhelghe. Prouest tho Lüne, Hermen Knigghe. Prouest tho Weninghessen,. Werner, Seghebaud gheheten van dem Berghe, Dyderek van Althen, Cord van Roteleue, vnde Mathias van Jagow, Ryddere., Willebrant van Reden, Syuerd van Saldere, Hannes vnde Arnold brodere gheheten Knigghen, knapen., vnde anderer ghuder Lude ghenoch. Tho ener ghrotteren bethüghinghe alle desser vorschreuenen dingh,. hebbe we vnse Inghefeghel mid witschap, vnde mid willen., ghebenghet laten an dessen Bref., De ghe gheuen is. na ghoddes bord Dritteynhundert Jar an [2]) achte vnde Sestegheften Jare an des hylghen Crüces daghe alfe dat ghe böghet ward.

382. Herzog Magnus von Braunschweig der jüngere stellt über seine am selben Tage erfolgte Einsetzung in den Besitz der Herrschaft Braunschweig und Lüneburg und über die von dem Herzoge Wilhelm von Braunschweig und Lüneburg dabei getroffenen Verfügungen einen Revers aus. — 1368, den 14. September. III.

Wy her Magnus de Jünghere van goddes ghnaden Herthoghe tho Brunsw̄, Herthoghen Magnus Sone, bekennet oppenbare in dessem breue, Dat vse Leue veddere, Herthoghe Wilhelm Herthoghe tho Bruns̄ vnde tho Luneborch, mid ghudem willen, mid wullenkraft, vnde mid sundheyt sines Liues, mid wol bedachtem mode, vnde mid rade siner truwen man, vns heft ghesand, vnde nemet tho sek, in ene rechte were, alle finer Lande, vnde herschop, tho Brunsw̄ vnde tho Luneborch, ewichliken, vnde erfliken, tho besittende, alse he de heft, vnde dartho vnse Eruen, in aller wise, alse de breue vth wysen, de we sinen steden vnde Landen hebben ghe gheuen, mid Sloten, mid Steden, mid Landen, mid Luden, mid allen gherichten, mid allen lenen, gheystlik, vnde werltlik, mid alleme ghude, vnde schatte, bouen der erde vnde dar vnder, ghesocht vnde vnghesocht, mid allen Tollen, vnde gheleyden, vppe watere, vnde vppe Lande, mid allen ghulden an Soltwerken, an ertzen, an velden, an dorpen, an holte, an watere, vn̄ an weyden, an Steden, an wichbelden, an vischerie, an Jacht, an wiltbane, an dyken, vnde sunderliken mid alleme rechte, vnde vryheyd, vnde mid aller nud, vnde thobehoringhe, Were ok dat we afghinghen, van dodes weghene, des ghod nicht ne wille, so scolden sine man, de in sinem rade weren, vnsen eldesten sone tho der herschop tho Luneborch kesen, oft he en behaghede, behaghede he en nicht, so scholden se der anderen eynen vnser sone, dar tho kesen, ghinghe de af, so scholden se auer eynen anderen vnser sone dar tho kesen, Were ok, dat se tho male af ghinghen went vp eynen, den suluen vnsen sone, scholden se tho der herschop tho Luneborch kesen, alse dat de suluen sine man, nemende tho der herschop tho Luneborch kesen, noch laten schullen, de wile, vnser sone en nste mer leuede, Were ok dat sine man, de in sinem rade weren, schelhaftich, edder twidrachtich, worden, an der kesinghe, welk oreme danne vnser sone eyneme, de stede Bruns̄, Luneborch, vnde honouere, tho vellen an deme kore, de scholde here tho der herschop tho Luneborch bliuen, Were auer, dat vnse vorghenoumpde Leue veddere Herthoghe Wilhelm, afghinghe van dode, dar ghod vore sy, vnde hinden om lethe, enen echten sone edder mer, so en scholden disse breue, vnde deghedinghe, de dar inne beschreuen sind, nene macht hebben, Hir hebben an, vnde ouer wesen, de erleken vromen lude, Ludolf Ghreue tho Wunstorpe, Afwin van Saldere, Prouest in der Borch tho Bruns̄, Hinrik van Langhele Prouest tho Lüne, herman Knigghe Prouest tho Weninghessen, Werner, Seghebaud, gheheten van dem Berghe, Dyderek van Althen, Cord van Roteleue, vnde Mathias van Jagow Riddere, Willebrand van Reden, Syuerd van Saldere, Hannes vnde Arnold brodere gheheten Knigghen, knapen, vnde anderer ghuder Lude ghenuch, Tho ener ghrotteren bethuginge, alle desser vorschreuenen dingh, hebbe we vnse Inghefeghel, mid witscap vnde mid willen, ghe henghet laten an dessen bref, De ghegheuen is na goddes bord, Dritteynhundert Jar, an deme achte vnde seftegheften Jare, an des hylghen Cruces daghe alset ghe boghed ward.

383. Herzog Wilhelm von Braunschweig und Lüneburg bedingt, dass der von ihm in den Besitz der Herrschaft gesetzte Herzog Magnus von Braunschweig der jüngere von dem Seinen seine Schulden zu den Verfallzeiten

[2]) an dem.

entrichte, reservirt sich ausser anderen Gülten, die er sich noch später etwa vorbehalten wird, den Sülzzoll zu Lüneburg, den Zoll auf der Bäckerstrasse daselbst und den Zoll zu Eislingen (Zollenspieker), welche Zölle derselbe von etwa darauf haftender Pfandschaft befreien soll, nebst den lehnsherrlichen Rechten über geistliche und weltliche Lehne, erlaubt ihm, Schlösser, Land und andere Pfandstücke einzulösen, und gelobt, dass er und seine Erben, falls ihm nämlich ein oder mehrere Söhne geboren werden, ihm die aus eigenen Mitteln eingelösten Pfandstücke bis zur Erstattung der Pfandsumme lassen und ihn vor Erstattung für etwaige Kriegskosten und für die aus eigenen Mitteln getilgten Schulden davon nicht entsetzen sollen. — 1368, den 15. September. **III.**

Wy her Wilhelm van der ghnade ghoddes., Herthoghe to Brunſ vnde tho Luneborch, bekennet in deſſeme openen Breue, dat we hern Magnuſe van Brunſw, Herthogen Magnuſes Sone vnſem leuen vedderen tho vns hebbet ghefad in vnſe herſchop, alſe de bref vth wiſed den we ome dar vp hebbet ghe gheuen, vnde he ſchal vnſe ſchuld entrichten, van deme vnſeme, tho alſo dannen tyden, alſe we des verplichtet Sin, We willet vns auer beholden, tho vnſeme ſunderliken behoue, den Sülte tollen, vnde den Tollen vppe der Bekkerſtrate binnen vnſer Stad tho Luneborch vnde den Tollen tho Eyſlinghe, Vnde were dat deſſer Tollen Jenich verpendet were, den ſcholde vns vnſe verbenempde veddere ledeghen. Wolde we vns ok hir na, mer ſunderliker ghulde beholden tho vnſeme ſundericken behüue, des wille we wul mechtich weſen, wanne, vnde wor, vns dat is bequeme,. Ok wille we al vſe leuedaghe, alle gheyſtlike vñ werlike leen lenen, de tho vnſer herſchop bored, Vortmer hebbe we vnſeme vorſchreuenen vedderen, herthoghen Magnuſe orloued, dat he mach loſen vnſe Slote, vnde Land, vnde wat we verpendet hebben, vnde wat he des mid ſinen penninghen löſede, dar ſcholde we, vnde vnſe Söne, en, eder mer, oft vns de werden,. one vnde ſine Eruen, ane beſitten laten, alſo langhe, want we dat van en loſeden, Were ok, dat vns vnde vnſer herſchep,. krich. vnde orleghe an velle, vnde we, vnde vnſe vorſchreuene veddere, dar ſchaden ouer nemen, edder koſt ouer leden, edder dat vnſe vorſchreuene veddere, andere ſchölde, de we ſchuldich weren, beredde van vnſer weghene, dar he nene pande, van vns vore en hedde, wat he des mid ſinen eghenen penninghen entrichtede, de ſchulle we ome, edder ſinen Eruen, weder gheuen, edder verpenden er we ſo entſetten, Alle deſſe vorſchreuenen ſtucke, loue we vorbenompd, her Wilhelm, vor vns, vnde vnſe Eruen, enen ſone, eder mer, eft vns de werden, entruwen, vnſeme vorbeñ vedderen Herthoghen Magnuſe, vnde ſinen Eruen, ſtede vnde vaſt tho holdende, in allerleye wis alſe hir vor ſchreuen is, Tho ener bethughinghe, hebbe we herthoghe Wilhelm, vorbeñ, vnſe Ingheſeghel witleken an deſſen Bref ghehenghet laten, De ghe gheuen is na goddes bord, Dritteynhundert Jar, in deme achte vnde Seſtegheſten Jare, des neghesten daghes na des hylghen Crüces daghe, alſe dat ghe heuen ward.

394. Herzog Magnus von Braunschweig der jüngere gelobt, alle am selben Tage von dem Herzoge Wilhelm von Braunschweig und Lüneburg ihm gestellten Bedingungen und getroffenen Verfügungen zu halten. — 1368, den 15. September. **III.**

Wy her Magnus dy iungere von gotes gnaden Hertoge to brunſwich Hertogen magnus ſone: bekennet openbare indiſſem briefe Dat vnſe leue veddere Her wilhelm Hertoge to brunſwich vnde to luneborch: vns het geſat to ſik inſine Herſchop alſe dy brief vt wiſet den he vns dar vp gegeuen het: vnde wy ſchullen ſinen ſchült Entrichten von dem ſinen to alſodanen tyden alſe he des vor plichted is: He wil ſik aber beholden to ſime ſunderliken behüue den ſülte tollen vnde den Tollen vppe der becker ſtrate binnen ſiner ſtad to Luneƀ: vnde den tollen to Eyſlingen: vnde were dat diſſer Tolle Jenich vor pendit were den ſölde wy vnſerm vorḡ veddern ledigen: wölde He ſik ok Hir na mer ſunderliker gülde beholde to ſime ſünderken behüue des wil he vol mechtig weſen wanne vnde wor yme dat is bequeme: ok wel He alle ſine leuedage alle len geyſtlik vnde werltlik: lenen dy to ſiner Herſchop Hören: vordmer Heſt vns vnſe vorbenomede veddere orlöued Dat wy megen löſen ſine ſlod vnde land vnde wad he vor pendet het: vnde wat wy des mid vnſern penningen löſeden. dar ſchölde He vnde ſine ſöne Eyn odir mer effte yme dy wörden vns vnde vnſe Erben an beſitten laten alſe lange wente He dat von vns löſede: were ok dat vnſern veddern odir ſine Herſchop krig vnde orlöge an velle vnde vnſe veddere vnde wy dar ſchaden ouer nemen odir koſt ouer leden: oder dat wy andere ſchülde dy vnſe vorḡ veddere ſchuldig were beredden von ſiner wegen dar we neyne pande von yme vor En hetten: wat wy des mid vnſen Eygen penningen Entrichteden dy ſal he vns odir vnſern erben wedir geben odir vor penden Er denne he vns Entſette. alle diſſe vorſchreuen ſtücke loue wy vorbenomede Her magnus vor vns vnde vnſe erben intruwen vnſerm vorbenomeden veddern Hertogen wilhelmen vnde ſinen ſönen Eymo odir mer oſt yme dy worden ſtede vnde vaſt to Holdene in allerleige wijse alſe hir vore geſchreuen is To ener bethügingo Hobbe wy Hertoge magnus vorbeñ vnſe ingeſegel wytliken an diſſen brief gehengit laten Dy gegeben iſt na gotes gebord Driteynhundirt Jar indem achte vnde ſeſzigſten Jare des neſten dages na des Heiligen Crûces tage alſo id vor heuen ward.

385. Ritter Diedrich von Wallmoden gelobt, gegen den Herzog Magnus von Braunschweig und Lüneburg und gegen die Grafen von Hohnstein und Mansfeld wegen des ihm vor Mansfeld geschehenen und des dabei erlittenen Schadens keine Klage vor geistlichem oder weltlichem Gerichte zu erheben *). — 1368, den 24. September. K. O.

Ek her diderik van walmede riddere bekenne indeſſem breue de beſeghelt is mit minem inghefeghele dat ek hebbe ghelouet vñ loue intruwen Hertoghen magneſe van brunſwich deme iungeren. den greuen van honſtene den van manſvelde. dat ek noch nement van miner weghene ſe noch de ere ſchuldeghen en wille noch en ſchal. wer in geſtliker achte noch in wertliker achte. vmme de ſchicht vn ſchaden. de my vñ den minen ſchude vor manſvelde. Deſſe bref is ghegheuen na goddes bord druttenhundert iar indeme acht vñ ſeſtygeſten iare. des ſondages vor ſunte michaeles daghe.

386. Erzbischof Albert von Bremen verpfändet, indem er sich, seinen Nachfolgern und zur Zeit der Sedisvacanz dem Domcapitel die Wiedereinlösung vorbehält, den Herzögen Wilhelm und Magnus von Braunschweig und Lüneburg für 4150 löthige Mark, die sie ihm und dem Stifte zur Einlösung von Städten, Schlössern, Landen und Leuten geliehen haben, das Stift Bremen mit Städten, Schlössern und Landen, in deren Besitz er sich befindet und gelangen wird. Für die Dauer seines Lebens reservirt er sich den Besitz des Stiftes; aber nach seinem Tode soll der zeitige Amtmann und Vogt des Stiftes, den er nicht ohne ihren Rath und ohne ihre Bewilligung ernennen oder absetzen darf, dem von Daniel von Borch, als jetzigem Amtmanne und Vogte ihnen geschworenen und von dessen Nachfolgern zu schwörenden Eide gemäss das Schloss Bremervörde, die Grafschaft Buxtehude, das Alte-Land, die Grafschaft Kehdingen und die von Pfandschaft befreiten Städte, Schlösser und Lande des Stiftes mit Vogtei und Gericht, von denen der Erzbischof nichts ohne ihre Bewilligung zu veräussern oder zu verpfänden gelobt, ihnen ausliefern. Das Schloss Langwedel jedoch sollen sie besitzen, sobald sie es einlösen. — 1368, den 4. October. H.

Van der gnade ghodes. vñ des Stoles to Rome.. We Albert ertzebiſcop der hilghen kerken to Bremen. Bekennen openbare andeſſem breue. dat we den dorluchtegen vorſten. vnſeme leuen veddern hern. Wilh̄. vñ vnſeme leuen Bulen. hern. Magnuſe herteghen to Brunſw̄ vnde to Luneborch vnde eren Eruen. ſchuldich ſint van rechter ſchult. veer duſent lodeghe mark. vnd anderhalfhundert lodeghe mark. de ſe vns vnde vnſeme ſtichte vruntliken ghelegben hebbet. dar we mede. Stede vñ Slote. land vñ lude vns vñ vnſeme Stichte Ingheloſet hebbet. vnde Indes Stichtes nût gekomen ſint. Vor dyt vorescreuene ghelt. hebbe we en gheſettet. to eyneme rechten pande. vnſe Stichte to Bremen. Stede. Slote vñ lant. der we nu mechtik ſint vnde noch mechtich moghen werden. der we doch ſcolen mechtich weſen vnſe leuedaghe. an alſodanner wis. dat we daniele van borch. hebb ghe ſat na erеme Rade vnde willen. to vnſeme Ammechtmanne vñ voghede. ouer vnſe Stichte to Bremen Stede Slote vnde lant. als hir vorſcreuen ſteit. alſo dat we en dar van

*) Cfr. die Urkunden vom 29. Juni und 4. Juli 1367.

nicht fcolen entfetten. we en deden dat mit erer witfcop vnd willen.. Were auer dat we Daniele mit erer witfcop vnde willen entfetten wolden. fo fcolde we van ftaden an eynen andern Ammechtman na ereme Rade vñ willen in Danielis ftede fetten. vñ de fcolde en alfulke vorwaringhe dûn. in louede in eeden vñ in breuen. alfo daniel vorghedan heft.. Wanne we auer ftôruen. fo fcolde daniel eft he denne vnfe ammechtman were. eder we vnfe ammechtman denne an fyner ftede were. vnfem veddern vñ Bûlen vnd eren Eruen vorbenomed. antwerden na vnfeme dode. dat Slot to Vörde. de grauefcop to Buxftehude. dat Oldelant. de grauefcop to kedingen vnde wat vns von Steden. Sloten vnde lande. an deme Stichte to Bremen los ge worden, were. mit voghedige mit richte mit rechte vñ mit aller to behoringe. der we nene wis laten efte vor fetten fcolen vnde willen. we en deden dat mid ereme Rade willen vnde volborde.. Ok fcolet alle andere breue. de we vnder eyn ander ghegheuen hebbet. van deffeme breue vnuorbroken bliuen. men alleyne dat we fcolen vñ moghen. mechtich wefen vnfes Stichtes. Stede Slote. land vnde lüde. de wile we leuet. als hir vorefchreuen is.. Vortmer moghe we vnde vnfe nakomelinge. edder dat. Capittel to Bremen. wan dar nen Ertzebifcop en were. dat Stichte Stede Slote vnde lant. als hir vorefchreuen fteyt wedder löfen. vor dat vorefchreuene ghelt. vñ de beredinge fcolde man ene dûn to luneborch efte to Honnouere In der twiger ftede ene wor en dat bequemeft were. vnde wan fe ere ghelt degher vñ al hedden. fo fcolden dat Stichte. ftede. Slote vnde lant. ledich vnde lôs wefen van en to alfulkeme rechte als fe to deme Stichte gi gehort hebbet... Buten alle deffen vorefchreuenen deghedingen is befcheden de langwedel. des fe fuluen mechtich wefen fcolet. wenne fe den to fik lofet. alle de wile dat men en ere vorefchreuene ghelt nicht weder en ghcue.. Dat loue we. albert. vorefchreuen Ertzebifcop to Bremen. den vorbeñ. vorften. hern Wilh vnfeme veddern. hern Magnûfe vnfeme Bûlen. Hertegen to Brunfw. vñ to luneb. vnde eren Eruen an deffem Jeghenwardegen breue an truwen. alle deffe vorefchreuenen ftücke ftede vnde vaft to holdene vn vnuorbroken.. To eyner grottern betüghinge alle deffer vorefchreuenen ding. hebbe we vnfe Inghefegel. mit witfcop vnde willen. henghet laten. an deffen bref.. De ghegeuen is na godes bort. Drytteinhundert Jar. an deme. achte vñ Seftegheften Jare. an deme Negheften Midweken na funte. Michaelis daghe des Ertze Enghels.

367. Knappe Daniel von Borch gelobt, den Herzögen Wilhelm und Magnus von Braunschweig und Lüneburg nach dem Tode des Erzbischofs Albert von Bremen, falls er dann dessen Amtmann und Vogt über das Stift Bremen sein wird, das Schloss Bremervörde, die Grafschaft Buxtehude, das Alte-Land und die Grafschaft Kehdingen mit Vogtei und Gericht, ferner das Schloss Hagen, falls der Erzbischof es wieder in seine Gewalt bekömmt, und alle eingelösten Städte, Schlösser und Lande des Stiftes auszuliefern. — 1368, den 4. October. II.

Ik Daniel von Borch knape. Bekenne openbare an deffeme breue.. Were dat myn Here van Bremen. Bifcop albert ftörue. vnde ik fin ammechtman vnde voghet an deme Stichte to Bremen were. dat ik den dorlüchtegen vorften. mynen gnedegen Heren hern Wilh. vñ hern Magnufe deme Junghern. Hertegen to Brunf vñ to luneborch. vñ eren Eruen. efte weme fe dat beuölen. fchal vñ wil antwerden ane Jenegherhande arghelift. dat Slot to Vörde. de grauefcop to Buxftehude. dat Oldelant. de grauefcop to kedingen. mit der vogedige mit alleme richte vnde rechte vnde to behoringe.. Were ok dat mynem heren van Bremen dat Slot to Hagheno wedderworde an fine walt. vñ wat eme van Steden Sloten lande an deme Stichte to Bremen los würde. wodanne wis dat fchüde. dat feal ik vnde wil en vnde eren Eruen antwerden mit aller tobehoringe ane Jenegherhande arghelift vnde in aller wis als hir vorefchreuen fteit. Dat hebbe ik ghelouet vnde loue Jeghenwardegen an deffer fchrift in truwen den vorbeñ vorften mynen heren hertegen wilh vnde hertegen Magnufe vnde eren Eruen. vñ to Erer truwenhant. den vromen luden. Wernere. Seghebande van dem Berghe. Curde van Roteleuen Ridderen. Synerde van Saldern. wlbrande vnde wernere van Reden. knapen. vnde hebbe en allen dat ghefworen uppe den hilghen mit upgherichten vinghern. dat ik alle deffe vore fchreuenen ftücke ftede vñ vaft holden wil. ane ienegher hande arghelift. vñ mit neuerhande hulperedon to vorbrekene.. To ener grottern betůghinge alle deſſer voreſchreuenen ding. hebb ik myn Ingeſegel mit willen ghehenget an deſſen bref.. De ghe geuen is na godes bort. dritteinhundert Jar. an deme achte vñ Seſteghesten Jare an deme Negheſten Midweken. na ſente Michaelis dage. des Ertze Enghels.

388. Erzbischof Albert von Bremen befiehlt den Rathsherren der Stadt Bremen, das von ihm ihnen verpfändete Schloss Langwedel mit der Gerichtsbarkeit den Herzögen Wilhelm und Magnus von Braunschweig und Lüneburg gegen Erstattung der Pfandsumme auszuliefern. — 1368, den 4. October. II.

We alberd van der gnade Godes. vnde des Stoles tů Rome Erzcebiſcop der hilghen kercken tů Bremen. En bedet Jů meynen Radmannen tů Bremen vnſen gunſt vnde willen. we enbedet iv vnde hetet an deſſem breue dat gy den dorlůchteghen vorſten. vnſeme leuen vedderen.. wilhelme. vñ vnſem leuen Brodere Magnůſe herteghen tů Brunſw vnde tů luneborch. ſcůllet antworden vnſe Slot den langwedel mid alleme rechte richte vnde tů behoringe als gi dat van vns ge had hebbet vñ hebbet wanne ſe iv betalet hebbet. dat geld dar iv dat Slot van vns vore vorpendet is. went we en des vulle macht hebbet ge gheuen tů loſende vñ ſe vns vñ vnſeme Stichte ſůlko vor waringe ghe dan hebbet dat we an dem Slote wol vor waret ſint. alſo dat vns ghenůghet. Tů ener grottern be tůghinge alle deſſer vore ſchreuenen ding. hebbe we vnſe Ingeſ witlcken henghet laten an deſſen breff. De gheuen is na godes bord. Drůtteynhundert iar. jndem achte vñ Soſteghesten iare. an deme negheſten mydwekene Na ſůnte Michaelis daghe.

389. Knappe Reinhard von Bültzingslöwen verpfändet dem Conrad Segebode, Bürger zu Göttingen, die Vogtei über dessen Höfe und Hufen auf dem Felde und im Dorfe Klein-Lengden und bedingt die Wiedereinlösung, falls er das Dorf absteht oder der Herzog von Braunschweig von ihm das Schloss Niedeck einlöset. — 1368, den 16. October. K. O.

Ek reyneke von Bůltzingosleben ſifridis ſon knecht bekenne vnd betůge in dyſſeme vppene briue von myner vñ von myner rechten erſen wegen ſier houe Landes vnd twene hůue. dy da gelegen ſint in velde vnde in dorpe to lůttegen Longede. dar no vppe ſittet vnde buwet henrik ſcharrant, dy Cordes ſegeboden bůrgers to gothingen ſint dy my ſogehaftich ſint.. dar my Cord ſegebode vp gedan heſt ſůſtehen mark Lodegos ſiluers Gothingeſcher wychte vnde wete. dy my alle be talt ſint. Indyſſer wys dat dy ſyer houe Landes vnd dy meyger dy dar vppe ſittet. dy kothof oder dy meygere dy dar vppe ſittet vnd dat Lant buwet nenerleygo plicht recht noch deuſt. my oder mynen Eruen von deme Lande noch von den houen noch von irme halſe don en ſchůlt. mit fůrinde. mit Erende. mit hauwende. oder mit Jenegem deuſte. dat ſy dar aſe don mochten Ok en ſchal men my von Lande oder von den Lůden. dy dat Lant vnd dy hůue buwet. nene heruest bede noch meyge bede geuon.. Wer ok dat vppe deme gůde nene megere ſete. wo denne Corde dat gůt bůwede vmme pennege oder vmme bede deme en ſcholde ek von des godes wegen. von plicht wegen nicht to ſpreken Wente ek vnde myn Eruen dy fryget dy ſiluen ſir hůue Landes hůue vnd meygere von allem denſte vnd gelt. dat men vns dar aſo von rechte don ſchölde. ane allerleygo argeliſt vnde geferde.. Wer ok dat vnſe herre von Brůnſwig vns dy nydeegen aſe Löſten. ſo ſchölde ek vnd wölde Corde ſegeboden vnd ſinen Erſen dy ſůſtehen mark. to vornt an weder geuen. von deme gelde. dat vns wůrde.. Wer ok dat ek des dorpes Lottegen Lengede aſe ſtůnde Inwelker wis ek des Loſſude. dar na bynnen den nehſten ſyer woken ſchölde ek vnd wölde Cordo vnd ſinen Eruen ir gelt wedir geuen ane wederſprake.. Ok ſo hebbe ek vnd myn Eruen by Corde vnd ſinen Eruen dy wande behalden. dat wy na důſſeme neſten Jare na vt gyſt důſſes bryues alle Jare möget wedir Löſen dy ſogedyge vnde recht dy wy hebbet an den ſir hůuen twyſchen ſente mertinis dage vnd vnſer frowe dage Lechtmeſſe vnde anders to nener tyt in deme Jare vor dy geſchriuen ſůſtehen mark Vnd dy be reydinge ſchölle wy don in der ſtat to Gothingen Vnd mit der ſeluen ſtad wichte vnd were. Wer Ok dat Cord oder ſine Eruen irs geldes not were Vnd dat von vns eyſcheden vnd vns dat vorkůndigde ſo ſcholde wy vnd wölden en ir gelt wedir geuen twiſchen ſente mertinis dage vnd vnſer frowen dage Lechtmeſſe to gothingen in der ſtat ane hynder vnd wedirſprake Ok en ſchölle wŷ dat gût nemande ſolten noch Löſen laten Wenne wŷ ſeluen. Wer ok dat Cord dat gût vorkeufte eder vorſettede dŷ ſchölde dat ſilue recht dar an hebben dat Cord dar ane heſt. alſo Lange, wenne wŷ dŷ ſöſtehen mark wedir geuen.. Alle düſſe vorgeſchriuen ſtücke vnd artikel dŷ hie vorgeſchriuen ſtant Loue ek Reyneke von Bültzingeſleuen von myner vnde von myner rechten Eruen wegen Corde ſegebode vnde ſinen rechten Eruen intrûwen in eydes ſtat in düſſen bryue Iſ itlik beſundern gantz vnd ſtete ane argeliſt to haldende Vnd geue eme des duſſen bryf von myner vnd von myner Eruen wegen mit myme Ingeſegele beſegelt.. Vnd hebbe des to tûgniſſe gebedin dŷ ſtrengen wŷſen manne myne frünt dŷ hir nach geſchriuen ſtat. dŷ dit vnder vns degedingheden vnd wŷ Arnolt von Roringen hans von Lüdolfeſhuſen Dŷle von der Oŷ Vnd hans Oyſelers bekennet vnde betûget. dat wŷ hir ſint by geweſt Vnd hebbet dat go deghedinget Vnd henget des vnſe Ingeſigele an dŷſſen bryf to tugnyſſe dürch bede willen reyncken von Bultzingeſleuen Vnde iſt geſcheen na godis gebort Drŷttehen hündert Jar In deme achten vnd ſeſtigeſten Jare an ſente Gallen dage.

390. **Die Herzöge Wilhelm und Magnus von Braunschweig und Lüneburg verpfänden dem Henning von Bodendike und dessen Sohne Diedrich auf drei Jahre für 600 Mark stendalschen Silbers unter Vorbehalt des Oeffnungsrechtes das Schloss Bodenteich, wie es ihr Pütker Johann Spörken von ihnen besessen hat, mit Ausnahme der Stadt Uelzen, des Gerichtes in der Stadt, des Uelzer-Waldes und der geistlichen und weltlichen Lehne, aber mit der Gerichtsbarkeit im Bezirke des Uelzer-Waldes über Vergehen, die an Hals und Hand gestraft werden. Sie gestatten ihnen Selbsthülfe vom Schlosse gegen Unrecht, gegen welches sie ihnen nicht zum Rechte oder zur Billigkeit verhelfen, und verpflichten sie, vom Schlosse niemandem Schaden zuzufügen, die herzoglichen Leute nicht zu verderben noch denselben Schatzung abzufordern. — 1368, den 15. October. III.**

Van der gnade goddes,.. Wy Her Wilhelm.. vnde Her Magnus de Jünghere., Hertogen Magnus ſone.. Herthogen tho Brunſ vnde tho Luneb, bekennet openbare an deſſem Breue, dat we den vromen Luden.. Henninghe van Bodendike vnde Dyderke ſinem Sone, vnde oren rechten Eruen., hebbet ghesaad. vnſe Slot tho Bodendike mid alleme rechte, nût vnde tho be horinghe, alſe yd Johan Sporeke vnſe Pûtteker van vns vore ghe had heſt., vor ſes hundert mark Stendalſches ſûlueres., ane vnſe Stand tho Vltzen., dat gherichte dar en binnen. vnde den wold dar ſûlues, vnde ane gheyſtlich vnde manlich leen., dat we hir bûten beſcheden., des we on nicht ghe ſaad hebben., Schûde auer an deme ſuluen wolde wat van vngherichte. dat in hals efte in hand trede., dat ſcholden ſee richten., vnde dat ſûlue Slot ſchollet ſe vns vnde vnſen rechten Eruen truwelken bewaren., vnde ſchollet vns dat open holden, tho alle vnſen noden, wanne vnde wo dicke vns des nod is., vnde mid deſſem ſuluen Slote ſcholle we ſee truwelken vordoghedingen., lik anderen vnſen mannen., Were ok dat we efte vnſe eruen., van deme ſuluen Slote orlegen wolden., ſo ſcholde vnſe ammechtman de van vnſer weghene dare were, ſee vor ſchaden vnde vor vngheuoghe vorwaren, vor den Jennen de mid ome dare weren., Schûde on auer ſchade van on, den ſcholde on vnſe ammechtman weder doen. an minne efte an rechte, binnen dem negheſten verdendel Jares dar na. wanne he van on dar vmme ghemaned worde., Worde ok dat Slot beſtallet., dat ſcholde we on helpen redden., Worde ok dat Slot vorlorn van vnſer weghene, ſo ſcholde we on en ander Slot in dat ſulue gherichte weder buwen helpen., binnen deme negheſten Jare dar naa. dar ſee de ghulde des ſuluen Slotes af bekrechteghen mochten., Worde ok dat Slot van orer weghene vorlorn., ſo ſcholden ſee ore gheld vnde we vnſe Slot vorlorn hebben., vnde doch en ſcholde we vns. vnde ſe ſek nicht ſönen noch vreden. mid den Jennen de dat Slot ghewunnen hedden. yd en were an beydent ſyden vnſe wille., Minne vnde rechtes ſcholle we vnde vnſe eruen., ouer ſee vnde ouer ore eruen mechtich weſen., tho allen tyden., Vor vnrechtede ſee Jemend. en helpe we on dar nicht vmme minne eder rechtes., binnen den negheſten achte weken dar na., wanne ſee dat van vns eſchet hedden., ſo mochten ſee ſek van deme Slote wol vnrechtes erweren., ok en ſcholled ſee van deme Slote nemende beſchedeghen. vnde vnſe Lûde nicht vor deruen, efte beſchatten., Dyt vorbenompde Slot ſchollet ſee vor dat vorſchreuene gheld beholden. deſſe negheſten dre Jar., an tho rekenende van deſſen negheſten

Paſchen do erſt tho komende ſint., Wanne de dre Jar vmme komen ſynd., ſo moghe we on, vnde ſee vns., de loſinghe kundeghen des Slotes tho allen Paſchen., Wanne de loſinghe aldus ghekundeghet is., ſo ſcholle we on de vorſchreuenen ſes hundert mark. Stendalſches ſuluerres vnbeworen betalen, binnen deme neghesten verndendel Jares dar na inder Stad tho Brunſw, tho Lunebr eder tho Vltzen., mid Stendalſcher witte vnde wichte., ofte mid alſo vele penninghen., alſe dat Stendalſche ſuluer dar denne ghulde., Wanne ſe aldus betaled ſynd., ſo ſchollet ſee vs vnde vnſen eruen., vnſe Slot Bodendike weder antworden., mid alleme rechte nud vnde tho behoringe., alſo ſee dat hadden van vns vnbeworen. ane Jenegherhande hinder vnde wederſprake., Dat rede we on, vnde oren eruen., vnde tho orer truwen hand, den vromen luden., Bernde van der Schulenborch., Riddere., Corde van Weuerlinge., Hinr van Wenden., Hinr deme elderen., Henninge vnde Hinr deme Jüngeren., heten, van der Schulenborch., Henninge vnde Annen. heten van Bodendike., knapen. alle deſſe vorſchreuenen ſtücke ſtede vnde vaſt tho holdende vnde vnvorbroken.,.. Tho ener ghrotteren bewiſinge alle deſſer vorſchreuenen dyngk., ſo hebbe we vnſe Inghesegh mid witſchop, vnde mid willen henghet laten an deſſen Bref.. De gheuen vnde ſchreuen is na goddes bord. Dritteynhundert Jar., an deme achte, vnde ſeſteghesten Jare., an deme Hilghen daghe ſunte Lucas des hilghen Ewangeliſten.

391. Knappe Henning von Bodendike und sein Sohn Diedrich stellen den Herzögen Wilhelm und Magnus von Braunschweig und Lüneburg über die Verpfändung des Schlosses Bodenteich einen Revers aus — 1368, den 18. October. III.

Wẏ hening van bodendyke vnde dyderic ſin ſone knapen Bekennet openbare an deſſem Brieue dat de dorluchten vorſten vnſe gnedegen heren her wilhelm vnde her Magnus de iunghere hertoge Magnus Sone, hertogen tů Brunſw vnde tů luneb hebbet vns vnde vnſen eruen geſat ir Slot tů Bodendyke mid alme rechte nůt vnde tů Behoringe alſe it Johan Sporeke ere Putteker vore van en had heſt vor ſes hundert mark Stendalſch ſuluers ane ire ſtad Vlſen dat gerichte dare en bynnen, vnde den walt dar ſelues vnde ane gheſtlik vnde manlik leen, dat ſie dare buten beſcheiden, des ſie vs nicht geſat hebbet, Schude auer in deme ſeluen wolde wat van vngerichte, dat in hals ofte in hand trede, dat ſcůlle wie richten, Vnde dat ſelue Slot ſcůlle wie en vnde iren rechten eruen trůweliken vorwaren vnde ſcullen en dat opene halden, tů alle iren noden wanne vnde wů dicke en des nod is mid deſme ſuluen Slote ſcollen ſe vs trůweliken vordedingen, like anderen iren mannen. Were ok dat ſie edder ire eruen van deme ſuluen ſlote orlogen wolden, So ſcolde ire ammetman de van irer wegen dar were vns vor ſcaden vnde vor vn vughe vor waren vor den iemen de mid eme dar weren, Schude vs auer ſcade van en den ſcolde de ammetman wedder důn an mynne edder an rechte, bynnen dem neghesten verndel Jars dar na wen he van vs dar vmme manet werd, Worde ok dat Slot beſtallet dat ſcolden ſe vs helpen redden Worde ok dat Slot vorloren van irer weghen, So ſcolden ſe vns en ander Slot, in dat ſelue gerichte buwen helpen bynnen deme negeſten Jare dar na, dar wie de ſeluen gulde des Slotes af bechrechtegen mochten Worde ok dat Slot van vſer wegen verloren ſo ſcolden ſe ere ſlot vnde wie vſe gheld verloren hebben, vnde doch ſcůlden ſe ſik noch wie vs nich sůnen noch vreden mid ienen de dat Slot gewunnet hedden, it en were an tsiten vſe wille Minne vnde rechtes ſcullen ſe vnde ire eruen ouer vns vnde ouer vnſe eruen mechtich weſen tů allen tyden, ver vnrechtede vns iement en hulpen ſie vs dar nicht vmme mynne edder rechtes bynnen achte weken dar na...........

392. Graf Christian von Oldenburg stellt einen Revers aus, von dem Herzoge Magnus von Braunschweig und Lüneburg dem jüngern die Grafschaft Oldenburg zu Lehn erhalten zu haben. — 1368, den 31. October. K. O.

We Kerſten van der Ghodes gnade Greue to olenborch bekennet openbare an deſſeme Breue, dat we van deme dorluchteghen vorſten vnſeme gnedeghen heren hern Mangnuſſe deme Jungheren herteghen Mangnus ſone herteghen to Brunſwich vnde to luneborch. hebbet entfanghen to leene de Ghraſſcop to olenborch. to ener grotteren betughinghe alle deſſer voreſcreuenen ding hebbe we vnſe Inghesseghel hengt laten an deſſen Bref de gheuen is na Ghodes Bort drutteynhundert Jar an deme achte vnde Soſteghesten Jare an deme hilghen auende alle godes hilghen.

393. Markgraf Otto von Brandenburg sichert den Herzögen Wilhelm und Magnus von Braunschweig und Lüneburg, bis er ihnen oder den Gebrüdern Gebhard und Albrecht von Alvensleben 1100 Mark stendalschen Silbers bezahlt haben wird, den Mitbesitz von Schloss, Stadt und Land Lenzen mit Gericht und allem Zubehör, welche er gemeinsam mit ihnen zum Nutzen und Frieden ihrer Lande von den Bosel eingelöset hat, und gelobt, während der Pfandzeit mit ihnen gleiche Besatzung gegen ihre Feinde zu Lenzen zu halten. Sie und er sollen sich gegenseitig getreu beistehen, ihrer beider Feinde und Räuber aufzusuchen und anzugreifen und diejenigen zu befehden, welche dieselben hegen, hausen oder unterstützen. In Zwistigkeiten zwischen ihm und den Herzögen sollen ihrer beider Amtleute, Rathsherren und Bürger zu Lenzen neutral bleiben, Schloss und Stadt aber ihnen beiderseits offen sein und die Amtleute des Schlosses, die Bürger der Stadt und die Mannen und Bauern des Landes Lenzen von dem Markgrafen und von den Herzögen beschirmt und vertheidigt werden. — 1368, den 10. November. K. O.

Wir Otte von gots. gnaden Marggraue zû Brandenburg, des heiligen. Rômiſchen. Richs ôbirſte kemerer, Pfallentzgref bie dem Ryne vnd. hertzoge in Beyern Bekennen vnd tun wizlich allen guden lûten, daz wie mit den hochgebornen fûrſten vnſen lieben Oheimen hern Wilhelm. vnd hern Magno dem Jûngern hertzogen zû Brunſwik vnd zû Lûneburg eintrechtiklichen mit einander gelôſet haben Lentzen Sloz ſtad vnd land von den Bôſeln, durch nuts vnd fredes willen vnſer lande., vnd das ſchôlen ſie vnd ere rechten erben mit vns. brûchelichen beſitzen mit allem richte vnd rechte. nuts vnd zû behoringhe alz ez dar gelegen iſt. vnd aldinghes. hat geweſen, alſo lange bis daz wie vnd. vnſe erben. en vnd eren rechten erben, ſullenkômlichen bezalet hetten Eilf hundert mark Steindaliſſes ſûlbers vnd gewichtes. binnen der ſtat zû Brunſwik oder zû Lûneburg, Vnd wanne wie das. tun wôllen, daz ſcholen wie en vnd willen ein vierteil Jars vor kûndigen. Wanne ſie alſus. von vns. bezalt ſint. ſo ſchal. Lentzen Sloz ſtad vnd land vns vnd vnſen erben vnd nakômlingen. von en wedir ledich vnd los weſen. mit allem rechte an einegerleie hinder. vnd widerſprache., Wer ouch das wie den fromen lûten. Geueh Rittere. Albrechte knechte. brûdern gheizzen von aluenſleuen. vnd aren erben daz vor kûndegeten ein vierteil Jars. vnd wie en die vorgeſchriben Eilf hundert mark Steindaliſſes ſilbers vnd gewichtes. bezalten alſo daz en gnûgete, ſo ſchôlde vns. ouch lentzen ledik vnd los weſen mit allem rechte als hir vor geſchreben ſtet ſunder einegerleie ander vorwiſunghe., Vnd wenne wie oder vnſe erben. vnſen vorgenanten Ôhemen oder den von aluenſleuen ouch vorgenant oder ere eynem. der vorgenanten eilfhundert mark ſilbers bereitunge getan haben ſo ſchôllen diſſe brieue tod vnd machtelos ſin, Ouch ſcholen wie vnde. wôllen. mit vnſen Ôheimen gliche wer vnd koſte zû lentzen legen. vnd halden gegen alle vnſe viende, Vnd wanne wie vnd vnſe Ôheme oder vnſer beider ammechtlûte. vnſer beider viende vnd Rôubere ſûchen vnd ane griffen wôllen, dar ſchal. vnſer ein dem andern getrûwelichen zû beholfen weſen. mit ſiner macht. wanne vnd wû dicke vns. des. an beidenſiten nod is, Wer ouch daz vnſer beider viende vnd Rôubere Jemand hegede. huſete herbergete. oder mit ichte beholfen wer, oder wie ſich des an neme., den ſchôlden wie vnd wôlden veiden vnd angriffen. glich vnſen. offenbaren vienden vnd Rôubern Vnd enſchôllen vns. vnd willen an beidenſiden met en nicht ſreden oder ſûnen. ez engeſche mit vnſer beider willen oder wie hetten vnſes krieges an beidenſiten einen gantzen ende., Wer ouch das enich vflloz vnd zwidracht zwiſchen vnſen. Oheimen vnd vns. geſchebe. daz god wende, dar ſcholden vnſer beider amptlûde. Ratman vnd bûrgere zû lentsen an beidenſiten ſtille zû ſitzen, Doch ſchal vnſen Ôhemen vnd vns. Sloz vnd ſtat zû Lentzen offen weſen zû allen ziten die diſe ſetzunge vnd pfendunge ſteet, vnd wôllen ouch vnd ſûllen binnen der zit. die amptlûte des Slozzes die bûrger der ſtat vnd man vnd bur des. landes zû lentzen zû allen iren nôten an beidenſiten trûwelichen vnd ſtielichen beſchirmen vnd verteidingen, Ouch ſchôllen alle andere brieue die wie vnder einander gegeben haben. mit diſſeme brieue bie voller macht bliben. vnd vnvorbrochen, Das rede wie vorgenantir Otte. Marggraue zû Brandenburg fûr vns vnſe rechten erben., den vorgefchreben Wilhelm vnd Magno. dem Jüngern hertzogen zů Brunfwik vnd zů Lůneburg vnfen lieben Öhemen vnd iren rechten erben in difem gegenwertigen brieue in guten trůwen, alle dife vorgefchriben ftücke ftete vnd fafte zů halden vnd vnvorbrochen. zů einer grözern besůgunge alle difer vorgefchriben dinghe. haben wir vnfe Infigel an difen brief lazzen hengen, Gegeben zů Lentzen nach gots geburd drůtzehenhundert Jar dar nach in dem achte vnd Seftigiftem Jare an fente andreas daghe.

894. Die Rathsherren und Bürger der Stadt Lenzen huldigen den Herzögen Wilhelm und Magnus von Braunschweig und Lüneburg und den Gebrüdern Gebhard und Albern von Alvensleben, wie ihren rechten Herren, und geloben, so lange, bis Markgraf Otto von Brandenburg denselben 1100 Mark stendalschen Silbers erstattet haben wird, ihnen, gleich wie sie ihrem Herrn dem Markgrafen dazu verpflichtet sind und ihm eidlich gelobt haben, zu dienen, Hülfe zu leisten und die Stadt offen zu halten, auch in Zwistigkeiten zwischen dem Markgrafen und den Herzögen neutral zu bleiben. — 1368, den 18. November. K. O.

Wy Ratman vnde Meyne Borghere in der Stad to Lentze bekennet openbare in deffeme Breue, dat we den dorluchteghen vorften hern Wilhelme vnde hern Mgnufe deme Jungheren. hertoghen to Brunfwich vnde to Luneborch vnde eren rechten Eruen. vnde, Gheueharde. Riddere Alberne knapen broderen heten van Aluenfleuen vnde eren rechten Eruen huldeghet hebbet vnde huldeghen Jeghenwardeghen an deffeme breue, vnde willet vnde schollet en truwe wefen in allen Saken alfe borghere eren heren to rechte fcholen. vnde wy willet vnde fcholet en truweliken denen vnde beholpen wefen. vnde de Stad to lentzen open holden to alle eren noden. wanne vnde wo dicke en des not is ane Jenygherhande helperede efte arghelift in aller wife alfe we vnfeme gnedeghen heren. Marcgreuen Otten to Brandenborch doen Schullen. vnde ghefworen hebbet alfo langhe went vnfe here de Marcgreue vorghenomt en vnde eren eruen brukeliken betalet heft eluen hundert mark Stendeleghes fuluers. vnde wichte alfe erer beyder Breue vt wifet de fe vnder eyn ander ghegheuen hebbet Were ok dat Jenich vpftot efte twedracht fchude myd vnfen vorbenomden heren. dem Marchgreuen. af ene fid, vnde den hertoghen af ander fyd dat ghod wende fo fcholde wy af beyder fied dar ftille to fitten. doch fcholden fe vns like truweliken vordeghedinghen in alle vnfen noden. Alle deffe vorefcreuenen ftucke loue we vorefcreuenen Radman. vnde meynen borghere der ftad to lentze, den vorbenomden vorften hern Wilhelme vnde hern Magnufe vnde eren rechten eruen. Gheueharde ridder Alberne broderen heten van Aluenfleuen vnde eren rechten eruen. myd fammeder hant in truwen in deffeme breue ftede vnde vaft to holende vnde vnvorbroken ane Jeneghcrhande arghelift efte hulperede,, To eyner grotteren betughinghe alle deffer vorefcreuenen ding. hebbe we vnfer Stad Inghefeghel myd vnfer aller witfchop willen vnde vulborde hengt laten an deffen bref. De gheuen is in der Stad to Lentze na Ghodes Bort drutteynhundert Jar an deme achte vnde Sefteghoften Jare an deme achten daghe Sunte Mertens des hilghen Bifchopes.

Gedruckt in Gerken's Diplomataria veteris Marchiae Brandenb. Tom. II. pag. 612.

895. Die Herzöge Wilhelm und Magnus von Braunschweig und Lüneburg verpfänden den Gebrüdern Heinrich und Hermann Knigge für 210 Mark löthigen Silbers den Zehnten zu Isernhagen. — 1368, den 29. November. III.

Wy Wilhelm vnde Magnus der Jüngere, Hertogen Magnufes Sone van Brunſ, van den gnaden goddes Hertogen to Brunſw vnde to Luneƀ Bekennen openbare an diffeme Bryeue, dat wye vnfe Eruen vnde nakomelinge, hebbet hern Hinrike vnde Hermanne Broderen gheheten Kniggen, oren Eruen vnde deme deffen Bryef heft mid oreme guden willen, ghefad vnfen tegeden to dem Yfernenhagen mid allerflachten nud binnen vnde buten dem dorpe vnde mid aller to behoringe wor dat an fy, aldus danne wys, dat wy on mogen de lofe kündegen achte dage vor wynachten, is dat wy on de Lofe kundeghet fo fculle wy vnde willen on geuen vppe der wefle tho honouere vmbeworen, teyn mark vnde twey hundert Lodighes fuluers, Brunſ witte vnde wichte an den veer hilgen dagen to pafchen, de nu neghoft tokomende fynt, is auer dat wy on de lofe nicht enkündeget, fo foullet fe diffen vorben tegeden bruken mid alleme rechte, wor dat an fy, vnde fo feulle we vnde willet, on jo vnbeworen gheuen vppe der weffe to benouere twe hundert mark lodighes fuluers der fuluen witte vnde wichte to deffum negeften tukomenden fente mertines dage, Were ok dat fe ge enget worden an deffem vorben tegeden, dar foulle wy on behulpe to wefen vnde helpen on dat ontweren, wy feullet ok vnde willet diffes vorben tegeden ere warende wefen wanne vnde wor on des nod is, vnde dat van vns gheefchet wert Alle deffe vorben ftücke wille wy vnde vnfe Eruen deffen vorben Kniggen orem Eruen, vnde deme de diffen Bryef heft mid orem ghuden willen ftede vaft vnde vnverbroken holden, To eyner orkunde alle deffer dinge, hebbe wy vnfe Ingefegh witleken gehenget laten an diffen bryef, De gheuen is na goddes bord, drittteynhundert Jar in deme achte vnde feftegheften Jare an dem hilgen auende fente Andreas.

396. Bischof Heinrich von Paderborn erneuert mit dem Herzoge Magnus von Braunschweig und Lüneburg das am 30. Mai des vorigen Jahres mit den Herzögen Wilhelm und Ludwig von Braunschweig und Lüneburg auf Lebenszeit geschlossene Bündniss, (jedoch so, dass der Herzog eine Besatzung nach Barntrup zu legen nicht verpflichtet wird,) und schliesst in das Bündniss Höxter, Stadtberge (oder Marsberg) und Volkmarsen ein. — 1368, den 5. December. K. O.

Wy Hinrik von godes ghenaden Bifcop to Paderborne bekennet openbar in düffem breue dat wy vns vüreynet vnde vürbünden hebbet mit dem irluchteden vorften Magnûs den Jüngern Hertoghen to Brünfwich vnde to Lüneborg in aller wyfe alfe na ghefcreuen fteyt To dem eirften dat wy fyn vnde fynes landes vnde der fyner vyent nicht werden fcoldin de wyle dat wy beyde leuet. ok wille wy vñ vnfe amptlûde öne vñ de fyne trüweliken vor fchaden bewaren wor wy moghen. vnde dat öne vnde de fyne vte vnfen Sloten vnde lande nemant vorünrechte fo fyn vorfat efte vnûorfat worden fe dar bouen vorünrechtet von Jemande we de denne heghede in vnfen Sloten dorpen vnde landen der vyent wolde wy werden vnuortoghet wanne dat von fyner weghene von vns worde gheefchet. vnde fcoldin ome truweliken vppe de behülpen fyn alfo lange wente ome von ön recht wedirvôre. worde wy ok efte vnfe amptlûde. mit dem vorbenomedin vorften odir mit den fynen edir fe mit vns edir mit den vnfen edir de vnfe vndir eynander fchelhaftich So fcolde wy dar to fenden twene vte vnfem rade wanne vns dat von fyner weghene to gheefchet worde vnde he twene vte fynome rade de veire fcoldin de fchelinge fcheiden mit vrüntfchap edir mit rechte dar na binnen eynem mande aller neyft. were dat fe des rechtes nicht eyntellich wördin So fcoldin fe keyfen eynen ouerman eynen heren eynen riddere edir eynen knecht. kondin fe des kores nicht eyntellich werdin So fcoldin fe dar vmme dobelen we meyft oughen wörpe de fcolde den ouerman keyfen vnde we den kör hedde de fcolde des ouermannes mechtich fyn dat he de fchelinge fcheidede binnen der tijd alfe vorghefcreuen is. vormöchten fe des nicht mit dem ouermanne So fcolde der twyer de koren hadden recht nedir leghen vnde der andern twyer recht fcolde vor fok gan. vnde düffe vorfcreuene fcheidelüde fcollet to famene rijden to Hamelen oft ön dar gheleyde werdin konde. konde en dar neyn gheleyde werdin So fcoldin fe rijden to Ofen vnde fcheiden de fchelinge in aller wyfe alse vorghefcreuen is. Welk vnferme clage nod is de fcal de deme andern befcreuen geuen. vnde vppe wene de clage geyt de fcal fyn antworde dar entegin fcriuen vnde de clage vnde antworde fcal me den fcheydelüden don de feüllen dat fcheidin in fteden vnde to tijden alfe vorghefcreuen is. Vortmer were dat Jenich fchelinge were edir wörde twifchen düffem vorfcreuenen vorften vnde Junchern Symone von der Lippe dar wy öme neynes rechtes vmme helpen enkondin wanne he dat denne von vns efchede So fcolde wy vnde woldin öme vnuortoghet orlighen helpen alse lange wente wy öme rechtes von öne helpen kondin. wanne wy denne to orloghe quemen So fcolden wy hündert riddere vnde knechte to eynem rijdenden orloghe leghen to Stenhem edir wor fe tegin den vyenden beft leghen in vnfen Sloten. vnde de vorfcreuene vorfte fcal hündert riddere vnde knechte leghen to Lüde in dat Slot. wat wy denne ok irwöruen an name edir an dingetale dat fcolde wy lyke deylen na antale wapender lüde. were ok dat wy ftridden vnde wünnen edir anders reyfaghe haue edir vangenen wünnen den win scolde wy lyke deylen na antale wapender lûde wûnne wy ok edir bûweden Slote de scoldin vnsir beydir syn. Ok enscolde wy vns nicht Sonen noch vreden wy endeden dat sementliken mit eynander. Ok enscal vnsir eyn dem andern nicht neyger bûwen den alse wy reyde hebbet id enschege mit des andern rade vñ vûlbort In dit vorbûnt hebbe wy vorgenomede Biscop Hinrik ghenomen to vnsem Stichte Hûxere Mersburg vnde valkmersen de wyle dat wy der mechtich sint. Dûsse vorbûnt vnde alle degheding vorghescreuen scolen stan vnde waren de wyle dat wy beyde leuet vnde wy louet ôme dat stede vnde vast to holdende ane arghelist. To eyner grotern betûgheinge alle dussir vorghescreuenen stûcke hebbe wy vnse Ingbesegel ghehenget laten an dûssen breif. De ghegeuen is na godes bort Dritteynhûndert Jar an deme achte vnde Sestigosten Jare an deme hilghen auende Sinte Nycolai.

397. Herzog Magnus von Braunschweig der Ältere belehnt die Oda, Frau des Conrad von Weferlinge, mit Gütern zu Dettum und „Adlevessen" und mit einem zu Braunschweig zwischen dem Tempelhofe und dem Hofe der Ordensritter von Lucklum gelegenen Hofe zur Leibzucht. I.

Von der gnade goddes. We magnus hertoghe tô brunswich bekennet openbare in dessem breue dat we hebbet beleghen mit hande vñ mit munde vorn oden cordes eliken husurowen von weuerlinge tô ener rechten listucht mit deme vorndele des tegheden tô dettene. vñ mit ener haluen hôue vñ mit enem hôue tô adleuessen dar twelf scillinge tô tinse af ghat den tins den ghift nv eyn vrowe de het de sternenberghesche vñ enen hôf in der stat tô brunswich de lit twischen deme tempel hôue vñ der goddes ridderc hôue von luckenum. desses ghudes wille we se vordeghedingen vñ ore rechte were wesen vor allerleye rechter an sprake war vñ wanne ore des not is vnde we hebbet ore des tô orkunde dessen bref gheuen be seghelt mit vnsem inghesceghele Dat ghe schen is na goddes bort.........

398. Graf Otto von Tecklenburg bestätigt den Bürgern der Stadt Lüneburg die Zollfreiheit ihrer eigenen von Lübeck zu Boitzenburg ankommenden Güter. — 1369. XIV.

Wy Jûnchere Otte Greue to Tekelenborgh don witlik in dessem breue alle den de one zeen. edder hôren lesen vñ betughen. wan de bôrghere der Stad to Luneb̄ solt to Boyceneb̄ to bringen. dat schollen se vortollen na der olden wonheyt. Brochten auer de vorbenomden borghere haringh. edder ienigherleye ander ghud van Lûbeke to Boyceneb̄. dat ere eghene were vor dat gud en synt se na [1]) nenes tollen plichtich. wolde men auer den bôrgheren des nicht geloucn. dat dat gud ere eghene were. so scholt se dat to Boyceneb̄ vor bôrghen to ener bequemen tyd. vñ vor deme Rade to Lûneborg dat war maken mit erem ede. dat dat gud ere eghene sy Betughet den de Rad to Lûneb̄ vnder der Stad Inghezeghel in ereme breue. dat dat gud der bôrghere eghene sy. so schal dat gud. vnde de borghere alles tollen quijt vnde vriy wesen. Dyt is vns van vnsen olderen angekomen. vñ de hebbet vns dyt aldûs ge eruet To ener betughinge desser vriyheyt. so hebbe wi vnse Inghezeghel to dessem breue gehenget. De gegheuen is na ghodes bord drutteynhundert iar in deme neghen vnde sostighesten iare.

399. Die Herzöge Wilhelm und Magnus von Braunschweig und Lüneburg schenken dem Abte und Convente zu Scharnebeck das Eigenthum der denselben von dem Knappen Otto von Thune geschenkten Mühle und zweier Höfe zu Catemin mit Vogtei. — 1369, den 1. Februar. K. O.

Van der gnade ghodes. we. Her Wilhelm. vnde Her Magnus. Hertoghen Magnus sone van brunswich des Elderen. Hertoghen to Brunswich. vnde to Luneborgh. bekenned in dessem openen breue. dat we. dat we mid wlbord vser rechten eruen. vnde na radhe vser truwen man. dor god. dor vser zele troost edder salicheyd. vnde ok dor sunderliker woldaad willen. dhe vs. to nvd vser herschop ghe scheen is. hebbet ghegheuen. ghe eghened. vnde laten. Dhen gheestliken mannen. Dem abbete vnde deme Conuente des klosters

[1]) Das Copiar XV. liest: daran statt na.

to dem fcharmbcke. dhe lenware. vnde dhen eghendôm. der môlen. to ghotamyn. vnde twier houe. in deme fuluen dorpe. In der enenne woned fwake. In deme anderen Ludeke rotores fwagher. dhe ym otte van thvne. knape. gheuen vñ laten heft. vor fine zele. finer vrowen vñ erer kyndere. We vorbenomeden hertoghen. beholded vs. edder vfen eruen. vnde nacomelinghen. nenerleyie recht in dhem vorbenomeden gûde. Mer dhe abbet, vñ dhe Conuent to dem fchermbeke. fcholled dhe vorbenomeden môleu, vñ dhe twe houe ewighliken hebben mid voghedye. mid eghendôme. mid tinfe. vnde mid aller to behoringhe. vñ dûn dar mede wod fe willen. Hijr heft ouer wefen her Segheband van dem berghe. ridder vñ Johan femmelbecker ratman to Luneborgh. vnde anderer vele gûder lude To ener bewifinghe. dat alle deffe vorfchreuene ftucke, vaft. vnde vnvorbroken bliuen fchollen. hebbe we her wilhelm. vñ her Magnus. vorebenômede hertoghen. vfe Inghefeghele. mid wifchop vñ mid willen. to deffem breue henghed heten. Dith is ghefcheen to Luneborgh. Na godes boord. Dufent Jar. Dre hundert Jar In deme Neghen. vnde feftegheftem iare In Lichtmiffen Auende.

400. **Herzog Otto von Braunschweig (zu Göttingen) restituirt dem Bruno von Mansfeld, Landcommenthur der Ballei Sachsen, und dem Commenthur und den Rittern deutschen Ordens auf der Neustadt zu Göttingen das Patronatrecht der Pfarre St. Albani zu Göttingen und das Haus und den Hof der Ordensritter auf der Neustadt daselbst mit allen Zubehörungen in der Göttinger Mark und auf den Feldern und in den Dörfern Rosdorf, Alten-Grone, Burg-Grone, Weende und Berensen (bei Hevensen), die ihnen von seinem Vater, dem Herzoge Ernst, entrissen worden sind, gelobt, ihre Güter und die darauf sitzenden Leute mit Diensten nicht zu beschweren, verzichtet auf die seinem Vater und ihm für die Pfarrkirche St. Albani tauschweise überlassenen und auf andere Güter, um welche derselbe gegen sie Fehde geführt hat, und verspricht, die Ordensritter bei ihren Kirchen, Gütern, Freiheiten, Rechten und Gewohnheiten zu schützen und zu vertheidigen. — 1369, den 2. Februar.** **IX.**

Wir Otte von godes gnaden hertoge to brunf hertogen Ernftes fon, bekennen offintlich In duffem breue, vor vns vnd vnfe eruen, vnd dôn kunt allen den de en fehin eder horen lefen, dat we met vorbedachtem gudem Rade vns fruntlich vnd gutlich gecynt vnd berichtet hebben, met den erbarn geiftlichin Inden hern Brûne lant Commendûr, der Balie to Saffen met deme Commendûre vnd den brûderen gemeynlich des hûfes, vp der nygenftad to gottingen vnd met oren nakomelingen dûfchens ordins, vmme das kirchlehen der parre to fent Albani to gottingen, vmme alles das, das zcû der felbin parren horet, vnd von alder da to gehort hat, met allem erme Ingedôme frygheit eigentfchaff vnd rechte met guden tzinfen gulden wy men die genennen mach, vnd vmme dat hûs vnd hoiff vp der nygenftat, der begnanten [1]) dûfchen heren to gottingen met allem finem Indôme frygheit eygentfchaff vnd recht met hofen Agkern wefen walt wafferen weide lehingude to den hoffen gulden tzinfe wo die gelegen fin In gotting marke, In den velden vnd dorpen to Roftorp to aldin grûne to borchgrona to wenden to Bernherfen, eder wo fe anders gelegen fin erfucht vnd vnerfucht, die to deme gnanten hufe vñ den egnanten dudeffchen heren gehoren, eder von alder da to gehort hebben, ane geuerde, de die vnfe here vater feliger hertoge ernft fe entweldiget vnd entwerret hadde, de felbin vorgnanten kerchlen, parren hus hoiff vnd gude habin wir hertzoge Otte egnant, den ebenanten dudeffchen heren, weder gegebin vnd geuen, met duffem offin breue, vnd fetten fe Inde vorgnante kerchlen parren, vnd gude, met dieffem vnfen offin breue, met eygentfchap frygheit vñ met allem rechten der fek de gnanten dudeffchen heren, mogin vnd fullen vnderwynden, met allem Iren Ingedôme, Eygentfcheffte frygheit vñ rechte met hofen gulden guden tzinfen alfe vorgefcreuen ift, ane geuerde, vnd mogen vnd fullen des gebrûchen na frygheit eres ordins ane alle vnfe vnfer eruen vnd der vnfen hinderfal vnd wider rede, vnd wir hertoge Otte vorgnant vor binden vns vor vns vnd vnfe erbin, vnd Reden In dieffem Jegenwerdigen breue, dat wir vñ die vnfe, den vorgnanten heren, Brûne von manffelde lant Commendûr vnd den Commendûr

[1]) ebenanten.

vnd die brudere des vorgnanten hûses dur nygenstad to gottingen vnd ore nakomenden sullen vnd woln laten blyuen, by alle orer fryghcit gnaden eygenschafft Rechte lehingûden vnd andern eren gûden vorgescreuen de se ouer de egnante parren, vnd gûd, ouer den hoiff, vnd de ebenanten, Gut gehat habben, eder sullen habin eder habin Also das wir hertzoge Otto, vorgnant vnd vnse erbin, noch nymant von vnser wegen, de egnanten dudesschen heren, noch keyne ore gûde, noch die, de uff oren guden sitzen nicht ensullen noch enwoln, vervnrechten noch beswerem an denste von personen, eder von guden, wie men die dinste eder besweraisse genennen möchte ane generde, Ouch bokenne wir hertoge Otto vorgnant, vor vns vnd vnse erbin, abe keyn krigk ansprake eder tweidracht von vnsem heren vnd vatere deme god gnade, sich erhabin hait, eder hette, wieder die vorgnanten dudesschen heren, eder weder ebenante gûde, die sie gehat habin eder han, eder vnsem vater seligen vnd vns In wessele gegebin habin, geyn die erbenanten, parkerchin to sent albane eder noch by vnsen eder vnsen nakomen tijden, upstan erhebin edor werden mochte, das wir des kriges ansprake vnd tweidracht lutterlich dorch got, dorch vnsers vaters vnd vnser seile heil, eigentlich vnd gentzlich vnd tomale vortegken habben vnd vortijgen In diessem breue Ouch so sullen vnd mogen de egnanten dudesschen heren met dem ebenantin parlehin, vnd parre sente albani vnd met allen oren ergnanten gudes schigken den vnd laten, also als on vnd orem ordin beqwemlich vnd nutze sy, wie digke vnd wanne on das gefuget ane alle vnse vnd der vnsen weder rede ane alle argelist vnd geuerde, Wir woln ouch vnd sullen, die ebenanten dudesschen heren, by allen Iren ebenanten kirchen vnd guden fryghciden Rechten vnd wonheyden, vnd by allen vorgescreuen reden vnd artikeln behalden getruwelichin vordedingen vnd beschermen, vnd des to Orkunde vnd getuchnisse hebben we vnse grote Ing̃ an dussen breff gehangen, Tuge diesser vorgescreuen rede vnd dedinge sin, de erbarn gestrengen manne her herman von Stoghusen prester herman von Colmats vnd herman von gladebeke lamprechte von Stoghusen Rittere vnd herman von ymmenh̃ scriuere to der tijt des egnanten hertogen Otten gegebin to gottingen an vnser frouwen dage als men de lecht wyeget nach godes gebort dryttein hûndert Jar dar na In deme negen vnd Sestigesten Jare.

401. Herzog Erich von Sachsen-Lauenburg überlässt und verpfändet dem Herzoge Wilhelm von Braunschweig und Lüneburg und dem Herzoge Magnus von Braunschweig und Lüneburg sein Fürstenthum und seine Herrschaft Sachsen mit dem Schlosse Lauenburg, dem Schlosse und der Stadt Ratzeburg, dem Darzing, dem Schlosse Neuhaus, dem Schlosse „Niehaus" an der Delvenau, dem Lande Hadeln *) und dem Lande Wursten mit allen verpfändeten und unverpfändeten Schlössern, Gerichten, Landen und Leuten, verschreibt ihnen

*) Die in Widukindi res gestae Saxonicae (in Pertz's Monumenta Germaniae, Scriptorum Tom. III. pag. 417—419), und in Ekkehardi Uraugiensis chronica (ebendaselbst Tom. VI. pag. 176) berichtete Eroberung des Landes Hadeln durch die Sachsen (cfr. dazu de Ludewig Reliquiae Manuscriptorum Tom. VIII. pag. 154 bis 156) findet sich etwas anders gestaltet in dem Copiare XXVI. wieder. Wie der übrige Inhalt dieses Copiars aus dem 16. Jahrhunderte nur Abschriften der im Domarchive zu Bremen vorgefundenen älteren Urkunden enthält, so wird auch dieser Bericht die Abschrift einer im Domarchive zu Bremen vorgefundenen früheren Aufzeichnung sein. Wenigstens zeigen die vielen groben, den Sinn störenden Sprachfehler, dass der Schreiber des Copiars den Bericht nicht verfasst oder zusammen getragen haben kann, und der vorkommende Gebrauch des Wortes „quia" statt „quod" weiset auf eine weit frühere Zeit hin. Dieser wahrscheinlich im 12. Jahrhunderte und in nächster Nähe des Landes Hadeln aufgezeichnete Bericht mag hier Aufnahme finden.

XXVI.

De aduentu Saxonum in Saxoniam.

Tempore quo Theodiricus rex Francorum contra Herminfritum ducem Tharingorum dimicans [1]) facnoes studio et necessitate quaerendarum sedium germanie litoribus sunt appulsi in loco batuloga quo nunc vrbanus [2]) dicitur Hadeleria, super origine eiusdem gentis rara [3]) est opinio Quidam estimant quia [4]) de danis originem traxerunt et Normannus [5]) dicunt alij quod ab anglis Britanie insulis sunt egressi Inuenitur etiam quod reliquie Macedonum et [6]) mortuo alexandro per totum orbem sint [7]) dispersi et quia alexander virtute eorum totum deuicerat illam eo defuncto illi terre amplius [8]) committere non audebant sed cum CCC nauibus transferrunt

[1]) *dimicavit.* [2]) *urbanius.* [3]) *varia.* [4]) *quod.* [5]) *Normannos.* [6]) *et muss wegfallen.* [7]) *sunt.* [8]) Hier fehlt vielleicht *se.*

darin 70,000 löthige Mark Silbers auf den Fall, dass er, ohne Kinder zu hinterlassen, stirbt, lässt ihnen seine Mannen und Amtleute hierauf huldigen und gelobt, seine späteren Amtleute ihnen dieselbe Huldigung leisten zu lassen. — 1369, den 18. Februar. **II.**

We Erik von godes gnaden. herteghe tů Saffen tů Enghern vnde tů Westualen. Bekennen openbare in dessem ieghenwerdegen breue. vñ dûn witlik alle den de en fehn eder horen lefen. dat we hebben ge laten vnde ge fat alle vnse herfcop tů Saffen. mid den Sloten de hir na ftan be fchreuen. Louenborch mid alle deme dat dar tů hort. Raffeborch hus vñ Stad. vñ alle dat dat dar tů hôrt. de Dertzinge vñ dat Nyehus mid alle deme dat dar tů hort. vnde dat Niehus. dat dar licht uppe der Deluene vn alle dat dat dar tů hort. dat land tů Hadelen. mid alle deme dat dar tů hort. dat land tů Vrefen dat ge heten is Worfteringe vrefen vn alle dat dat dar tů horet vñ dar tů alle vnse Slot lande vn lude vor fat vñ vn uor fat mid allen rechten vñ gerichten. als we de hebben ge hat vnde hebben. geiftlik vñ werlik vor lenet vnde vn vorlenet myd allen nûtten vn tů behoringen. welkewis men de ghenômen môchte vnde funderlik vnse vorftedûm vnde herfcop mid allen rechten gerichten nûtten vñ tů behoringhen gemeynlik vñ befunder. vn allent wat we iûttů hebben vnde vmmer meer ghewynnen. vnfen leuen heren vnde Swagheren. hertoghen Wilĥ vñ hertegen Magnûse. hertegen tů Brunfŵ vnde tů luneborch vnde eren Eruen.. vor Seuentich dufent lodege mark faluers. de fe. vnde ere Eruen hebben fcûllen. an vnfen vorbeñ vôrftedûme. herfcop landen luden vnde Sloten. als hir vore fteit befchreuen ift we afginghen. vñ na vnfeme dode. nen leuende echte kint en leten een oder meer.. Hir up hebbe we vnse man vnde ammechtlude en vnde eren Eruen laten hûldeghet. alfe deffe bref vt wifed.. Were ok dat we andere ammechtlûde fedteden. de fcûllen en vnde eren Eruen de fuluen huldegunge dûn. alfo deffe vorgeden hebben alfodicke als des nod were.. Alle deffe vorbefchreuenen ftûcke vñ article. loue we vorgeñ herteghe Erik von Saffen. vnfen leuen heren vnde Swegheren herteghen Wilĥ vn herteghen Magnûse. herteghen tů Brunfŵ vnde tů luneborch. vnde eren Eruen ftede vnde vaft tů holdene funder ienegerhande argelift. Des tů orkunde hebbe we vnse Ingefegel witlicken vnde myd willen

que omnes perierunt [9]) exceptis LIIII quorum [10]) XVIII pretiam XII flutiam XVIII applicuerunt ad albiam quarum una post [11]) albiam fluuium incoluit et fuccidit in qua postmodum sunt inuenti et holzati appellati Cum vero applicuissent litori predicto Turingi cultores eiusdem terre aduentum eorum grauiter ferentes arma contra eos mouerunt sed Saxones acriter resistentes [12]) obtinuerunt dum [13]) dimicatum est et multi hinc inde cadentibus vtrisque placuit pacem taliter confirmare ut Saxones vendendi et emendi haberent [14]) et a cede et spolijs abstinerent Stetitque tale fedus diebus pluribus deficiente pecunia Saxonibus inutilem sibi pacem indicant quid emerent aut venderent non habentes contingit adolescentem [15]) quendam egredi nauibus oneratum multo auro torque aurea et armillis cui Turingus obuians ait Quid sibi vult tam ingens aurum circa collum tuum [16]) famelicum cui Saxo aurum gero emtorem quero Quid famo periclitor cur auro delectorque [17]) Turinghus Quale pretium pro auro vis nullum ait Saxo mihi discrimen est in pretio quicquid dabis gratum habeo Turinghus subridens Saxoni arena [18]) obtulit et ipse recepit Turingus ad suos rediens de emptione auri et argenti pro arena risum maximum excitauit Saxo autem ad suos rediens est subsarmans [19]) mirabiliter Socij ait ne me pro hoc mercimonio subsannais [20]) sequimini me et quod persuasero faciatis, exeunt de manibus [21]) et hortam [22]) illius totam terram seminant cum arena Eia inquid [23]) socij terra hec vestra est quam auro et argento proprio comparauistis state viriliter atque ut fortes virj eam fortiter defendite contra hostes Continuo Saxones rapiunt et mactant animalia Turingborum vidientes [24]) hoc Turinghi veniunt et Saxones incusant de pacis federe violato Respondent Saxones se terram eandem sua pecunia comparasse et retulerunt eis modum emptionis ita dicentes vos primi terram istam quasi vestram a nostro impetu defendistis modo eam quasi nostram a vestris incursibus defendentes mori volumus intra terram quam ememus [25]) Turinghi rediunt [26]) arma preparant Saxones expulsurj bellum exoritur diuturnum Saxones viriliter se defendunt pax tandem promittitur [27]) Turinghi autem a [28]) viribus diffidentes Saxones ad colloquium inuitant statuentes ut sine armis colloquium celebretur Cogitant enim Saxones inuadere et sic interemptos ab hijs sedibus propulsare Res Saxonibus innotescit preparant sibi cultellos absconditos et eos secum ad colloquium deferant hoc signum inter se colloquentes ut dum hoc verbum auditum fuerit Nemet uwre sasses confestim Turinghos inuadunt [29]) et eisdem cultris interimunt Factum est ita ut ab eodem instrumento Saxones sunt [30]) appellati Inuadunt denique

[9]) *perierunt*. [10]) *quarum*. [11]) *trans* statt *post*. [12]) Hier fehlt *partem*. [13]) *diu*. [14]) Hier fehlt *copiam*. [15]) *contigit adolescentem*. [16]) *mortis ubes tuum*. [17]) *delector Cui* statt *delectorque*. [18]) *arenam*. [19]) *subsannatus*. [20]) *subsannatis*. [21]) *nauibus*. [22]) *hortato* statt *hortam*. [23]) *inquit*. [24]) *videntes*. [25]) *emimus*. [26]) *redeunt*. [27]) *promittitur*. [28]) *a* muss wegfallen. [29]) *inuadunt*. [30]) *sunt*.

henget laten an dessen bref.. Hir ane vnde ouer sint gewest. vnser vorgen heren vnde Sweghere getrüwe man. her Aschwin von Salderen. Dümprouest ut der Borch tů brunſ. her hans van honlege. her Seghebant von dem Berghe. her Cůrd von Rotelene riddere. vñ ziuerd von Saldere knecht. vñ dar tů. vnse leuen ghetruwen. her wasmůd Scacke. her vicke von hidzacker. her Johan Wůlf ryddere.. Hartwich von Ritzerouwe. hartwich zcabel. Busse von der Chartow. Boteman scabel. vñ henneke Scacke knapen.. Desse bref is gegheuen na godes bort. dusent iar. dre hundert iar. In deme neghen vñ Sößtegheſten iare. an deme Sondage tů aller manne vasten.

402. Herzog Erich von Sachsen-Lauenburg und die Herzöge Wilhelm und Magnus von Braunschweig und Lüneburg geloben, dass sie und ihre Nachkommen sich gegenseitig in allen Nöthen und zur Vertheidigung ihrer Erbbesitzungen und Rechte mit aller Macht behülflich sein sollen. Die Herzöge Wilhelm und Magnus verpflichten sich, falls ihnen nach dem Tode des Herzogs Erich seine Herrschaft zufällt, ehr seine Schwester Jutta vermählt ist, letztere nach dem Rathe der Mannen und Freunde derselben zu vermählen und ihr 2000 löthige Mark Mitgift zu geben, bedingen sich aber, um keine Summe Geldes gemahnt zu werden, und versprechen, die Mannen des Herzogthums Lauenburg bei ihrem alten Rechte zu lassen, alle Verschreibungen früherer Herzöge zu halten und die Mutter des Herzogs Erich bei ihrem Leibgedinge und Rechte zu belassen. — 1369, den 16. Februar. **II.**

We erik van godes gnaden hertoge tů Sassen tů Enghern vnde tů Westualen Bekennen in dessem openen breue. vor alle den de en sehn oder horen lesen. dat we vñ vnse rechte Eruen scullen behulpen wesen vnsen leuen Heren vñ Sweghern. herteghen Wilh vñ herteghen Mangnuse. herteghen tů Brunsw vñ tů Luneb. vñ eren rechten Eruen. in alle eren noden. myd alle deme dat we vermoghen truwelken vnde mid gudem willen. als eyn gud kint sinem leuen vadere scal tů rechte.. Ok scůlle we vnsen leuen heren vnde Sweghern vorgenomd. helpen tů alle erme Erue vñ by alleme rechte beholden. so we aller best konnen vñ moghen. wanne se eder ere rechte Eruen eder de ere dat van vns eder van vnsen rechten eruen eschet.. Vortmer were we vorstoruen vñ vnse herscop queme an vnse vorben heren vñ sweghere. er wan vnse Süster Jütte beraden were. so scůllen se. se beraden tů manne. na erer vrunde vnde manne rade. vnde scullen er twe dusent lodege mark mede gheuen. konden se so auer doch beraden na erer vrunde vñ manne rade. so en scůllet se vmme nene summen geldes gemanet werden.. Ok scullet se vnse man by alleme rechte laten. alse se van oldinghes gehat hebben. vnde were dat vnse herscop queme an vnse vorben heren vnde Sweghere eder tů eren Eruen. so scullen se vnde ere Eruen alle de breue holden in guden trůwen de vnse

reliquare [31]) Turinghos sine differentia occiderunt plures autem se eis dederunt proprios et quia ab eis viuere sunt promissi [32]) litones sunt ab eodem vocabulo nuncupati Inde litones in prouincia sunt exorti vexillum eorum habebat sacrum [33]) leonis et draconis et desuper aquile volantj [34]) significans fortitudinem prudentiam et constantiam eorundem Postea sicut superius inuenitur Karolus magnus plusquam XXX annis contra eos paganos ad fidem conuertit Ducem habebant wydychyndum perfidie incentorem [35]) quem Karolus ad fidem coegit et apud Timachum [36]) baptisarj fecit et de fonte leuauit wydykyndus filium habuit wichertum cristianum hic genuit walbertum qui causa orationis Romam veniens corpus sanctj Alexandri filij sancte felicitatis integrum accipiens a papa leone in Saxoniam detulit et loco qui dicitur wygaldingehusen locauit Ex eadem sanguinis gentis stirpe vir nobilis est egressus nomine ludolphus qui etiam orationis causa Romam veniens reliquias pape Innocentij secum deduxit hic habuit duos filios Brunonem et Ottonem quorum maior bruno cum ducatum tocius Saxonie administrasset exercitum [37]) danos ducens ibidem occubuit qui ottoni fratri ducatum reliquit Huic erat soror nomine ludgard quam ludowicus [38]) rex filius Arnolphi Imperatoris duxit in vxorem quo sine filijs mortuo omnis Francorum Saxonumque populus [39]) voluit ottonj duci diadema regni imponere sed propter senium recusauit sed eius concilio [40]) Conradus Francorum dux coronam accepit Natus est Ottoni filius nomine Hinricus qui primus libra [41]) potestate regnauit in Saxonia Conradus rex virtutem Hinrici ducis semper extimuit et quia viribus non potuit dolo eum interficere cogitauit.

[31]) *reliquas.* [32]) *permiss.* [33]) *famularum* statt *sacrum.* [34]) *aquilam volantem.* [35]) *incentorem.* [36]) *Attiniacum* statt Timachum. [37]) Hier fehlt *contra.* [38]) *ludowicus.* [39]) *populus.* [40]) *consilio.* [41]) *libera.*

man eder andere lude geiſtlik eder werltlik hebben van der herſcop.. Vortmer ſcullen ſe vnſe Můder laten by erme lif gedinge. vnde by alleme rechte Alle desſe vorescreuenen ſtůcke vn articulo. loue we vñ vnſe Eruen. vnſen vorbeñ heren vn Sweghern. hertegen Willī vnde hertegen Mangnůſe hertoghen tů Brunſw̄ vñ tů Luneborch vnde eren rechten Eruen in guden truwen ſtede vñ vaſt tů holdene ſunder ienegherleye argeliſt.. vnde hebben des tů orkunde vnſe Ingesegel. witlicken vnde mid willen henget laten an deſſen bref. Hir an vnde ouer ſint gewefet vnſer vorbeñ heren vñ ſweghere getruwe man. Her aſchwin van Salderen Dům proueſt in der Borch tů Brunſw̄. her Hans van Honleghe. her Segeband van dem Berghe. her Curd van Roteleue Riddere. vñ Syuerd van Salderen knecht. vñ dar tů vnſe leuen getruwen. her Waſmůd Scacke. her vicke van Hidzacker. her Johan Wůlſ Riddere. Hartwich van Ritserow. Hartwich tzabel. Buſſe van der Chartow Beteman tzabel. vnde Henneke Scacke knapen Deſſe bref is gegheuen Na godes bort. Duſent Jar. Drehundert Jar. an dem neghen vnde Soſtegeſten Jare. des Sondaghes tů aller manne vaſten.

Gedruckt in Hugo's Bericht pag. 42 No. XXXIV.

Wy Wilhelm. vnde Magnus van. godes gnaden. Hertoghen thů. Brunſwik vnde thů Lvneborch. Bekennen. In deſſeme yeghenwardighen. Openen. breue. vor alle den. yenen. de Ene zeen. edder horen lesen. dat wy vnde vſe Rechten. Eruen. Schollen. vnde willen. behůlpen wezen. vſeme. leuen. Ome. herthoghen Erike. hertoghen Erikes sone. vnde zinen Rechten Eruen. In alle Eren. noden. mit alle deme dat wy. vormoghen. trůweliken. vnde mit ghůden willen. alſo een ghůt vader. zime leuen. trůwen kynde thů. Rechte Schal. Ok Schollo wy vſeme leuen Ome vorghenant helpen. thů. alle zime Erue. vnde Ene vnde sine Rechten Eruen. by alleme Rechte beholden. des beſte des wy kennen vnde moghen. wan. he. Edder sine Rechte Eruen. edder de Ere. dat van vs. edder vſen. Eruen. Eſchen laten. Vortmer were dat vſe leue Om hertoghe Erik vorſtorue. vnde sin herſchop thů vs queme. Er wen sin zůſter Jůtte beraden were. So Schollo wy se beraden thů manne. na Erer vrunde vnde man Rade. vnde Schollet Er twe duſent ledighe mark mede gheuen. kende wy Se auer doch beraden. na Erer vrunde vnde man Rade. So Schollo wy vmme nenen Summen gheldes ghe manet werden. Ok Schollo wy vſes Omes. man by alleme Rechte laten. alſo ſe van Oldinghes ghehat hebbet. Vnde were dat vſes Omes herſchop thů vs queme. edder thů vſen Rechten Eruen. So Schollo wy vnde vſe Eruen alle de breue holden In ghůden trůwen. de vſes Omes man edder ander lůde. gheſtlik edder werlik. van der herſchop hebben. Vortmer Schollo wy. vſes Omes můder. laten by Ereme lyfghedinghe. vnde by alleme. Rechte. Alle deſſe vorſchreuenen. Stůcke loue wy vorſchreuene. herthoghe wilhelm. vnde magnus vnde vſe Eruen. vſeme. leuen Ome. herthoghen Erike vnde zinen Eruen. In ghůden trůwen ſtede vnde vaſt thů holdende. sunder yenegherleyge. argheliſt. Edder hůlperede. Vnde hebben des thů tůgghe vnde. bekantniſſe. vſe Inghezeghele. witliken vnde mit ghůden willen thů deſſeme breue ghehenghet laten. Dar Ouer vnde an ghe wezen hebben vſeſteuen ghetruwen. Swaghers man vnde Raat. her waſmod Schacke. her vicke van hidzaker. her Johan wůlſ. Riddere. hartwich van Rittzerowe. hartwich tzabel. Bůſſe van der ghartowe. Betheman tzabel. vnde henneke Schacke. knapen. vnde dar thů vſe leuen ghetruwen. her aſchwyn van zalderen. dǒmproueſt vt der borch thů brunſwik. her hans van honlyghe. her zeghebant van dem berghe. her Cǒrd van Rǒtleue. Riddere vnde syuerd van zalderen knecht. Deſſe bref is ghe gheuen na godes bord dritteynhundert Jar In deme neghen vnde zoſteghesten Jare. In deme zondaghe thů aller manne vaſten.

Gedruckt in Rehtmeier's Braunschw.-Lüneb. Chronica pag. 1848. Ayreri Vindiciae jvr. Brvnsv. in ducatum Lavenb. pag. 41—47. Hugo's Bericht pag. 41.

403. **Herzog Magnus von Braunschweig der ältere gelobt, den Bürgern und dem Rathe der Stadt Braunschweig hundert löthige Mark, welche sie ihm geliehen haben, und hundert löthige Mark, die sie auf den Bau des Schlosses Hessen verwenden sollen, zu erstatten, wenn er das Schloss von ihnen einlöset. — 1369, den 24. Febrar.** I.

We magnus von der gnade goddes hertoghe tǒ brunſwich bekennet openbare in deſſem breue dat vſe leuen truwen borghere de rat der ſtat tǒ brunſw̄ os hebbet ghedan vñ an redeme gheide ghe antwordet hundert lodighe mark brunſw wichte vñ witte vñ dar tô hebbe we on ghe orleuet vñ ghe vulbordet dat ſe hundert mark de vore ſcreuenen wichte vñ witte moghet vñ ſcullet vor buwen in vnſem ſlote tô heſnum vñ vor de twey hundert mark vor pende we on dat ſulue ſlot tô heſnum alſô dat we on de vorbenomden twey hundert mark wodder gheuen willet vñ ſcullet in der ſtat tô brunſw mit deme anderen ghelde dat ſe rede dar an hebbet alſe vnſe breue de ſe dar vp hebbet vt wiſet wanne we dat ſlot von on ledighet er ſe dat ſlot von ſik antwordet vnde des tô ener be kantniſſe vñ be tûghinge hebbe we vor vs vñ vor vſe eruen vſe ingheſeghel ghe henget laten tô daſſem breue etc Anno domini M̃ CCĈ LXIX in die beati mathie apoſtoli.

404. Herzog Magnus von Braunschweig der ältere verpfändet den Bürgern und dem Rathe der Stadt Braunschweig für 50 löthige Mark seinen Antheil an der Münze zu Braunschweig und gelobt, sie unbehelligt zu lassen, falls sie während der Zeit der Pfandschaft die Einwilligung zum Münzen von seinen Vettern nicht erlangen und keine Pfennige schlagen. — 1369, den 24. Februar. I.

We magnus de eldere etc be kennet openbare in deſſem ieghenwordighen breue vor os vñ vor vſe eruen dat we hebbet ghe laten vnſen leuen truwen borgheren deme rade tô brunſw vnſe del der mûnte dar ſulues mit alleme rechte vñ mit aller nvt vor veftich lodighe mark brunſw wichte vñ witte de os al be talet ſint alſô dat ſe dat ſulue vnſe del der mûnte vryliken be ſitten ſcullet alſô lange went we on de vorbenomden veftich mark wedder gheuen in der ſtat tô brunſw vnde de môghe we on wedder gheuen alle iar twiſchen winachten vñ lechtmiſſen wanne we willet we willen ok on des ſuluen vnſes deles der mûnte ere rechte ware weſen were ok dat dit velle binnen deſſer tid dat ſe vſer vedderen edder erer eruen willen nicht en hedden tô der mûnte alſo dat ſe nene penninge en ſlôghen vnde den ſlach liggen leten des ſcolden ſe von vns vmbedeghedinget bliuen To enem orkunde deſſer ding dat de ſtede vñ vaſt bliuen hebbe we on deſſen bref ghe gheuen vor os vñ vor vſe eruen be ſeghelt mit vſeme ingheſegh Anno domini M̃ CCĈ LXIX in die ſancti mathie apoſtoli.

Gedruckt in Braunschw. historischen Händeln I. pag. 114. III. pag. 1042. Knichen epopsis pag. 237.

405. Herzog Erich von Sachsen-Lauenburg und Graf Adolf von Holstein geloben als Vormünder des Reiches Dänemark, das Reich, Burgen, Land, Mannschaft, Gold, Silber und Habe und alles, was zum Reiche gehört, nach Rath des Reiches, des Ritters Hermann von Tralowe und zweier herzoglicher und zweier gräflicher Räthe zu gleichen Theilen unter sich zu theilen. — 1369, den 3. März. K. O.

In godes namen amen. Dit ſint de deghedinghe De ghe deghedinghet ſint tûſchen hertegh Erike van ſaſſen van louenborch vnde tuſchen greuen alue van holſten vnde van ſtormeren alſo vmme dat rike to denemarken Des ſe ſik vnderwindet alſe vormûndere des rikes, vnde dat rike. borghe. lant. manſchop. golt. ſûluer vnde haue vnde wes dem rike to behort to delende to liker deel na des rikes rade vnde na her hermens rade van tralowe vnde twe vte hertegh erikes rade vnde two vte greuen alues rade den ſe des to louen dit io to verſchedende na liker deel ſunder vortoch vnde ſunder ſuar. vnde hertoghe erik ſchal greuen alue alle dingk to den beſten keren daer he dat mit eren doen mach. Des ghelyk ſchal greue alf herteghen erike wedder doen daer he dat mit eren doen mach. To ener witlecheyt den ghenen de deſſen breef ſeen edder horen leſen dat wy deſſer deghedinghe aldus ouer een worden ſyn ſo heb wy greue alf van holſten uſe ingheſeghel vnde her hermen tralowe ſyn ingheſeghel vor deſſen breef ghe henghet Deſſe breef is ghegheuen vnde ſcreuen to reyneuelde na godes bort Drûtteyn hundert jar jn deme negheneen vnde ſeſteghesten jare des ſûnauendes vor oculi.

Gedruckt in Sudendorf's Registrum Tom. III. pag. 77.

406. Die Gebrüder Wolf von Bodenstein sühnen sich mit dem Herzoge Otto von Braunschweig (zu Göttingen) und versprechen, seine Feinde nicht mehr zu werden, verzichten jedoch nicht darauf, ihn um Schadenersatz im Dienste und wegen rechtlicher Forderungen, wenn er ihnen Recht weigert, zu mahnen. Auch geloben sie, falls er Feind ihrer Burggenossen zu Bodenstein wird und seine Feinde sucht, wegen Ersatzes des dabei

durch Todtschlag, Wunden und Brand ihnen unabsichtlich zugefügten Schadens ihn nicht zu behelligen. Dagegen soll er ihnen ersetzen, was er dabei ihnen nimmt. — 1369, den 11. März. **K. O.**

Wir thile wezeel hinr̃ vñ herman gebeizin dy wolue von dem bodinſtein hinr̃ wolnis ſone bekennen vffinlich in diſem briue das wir allir zcweiunge vñ ſchelunge dy bis her geweſt es zcwiſſen dem hochgebornen furſten vnſem genedigen herren herzcogen Otten zcu brunſwig vñ vns das wir der mit ime gencalichen gericht vñ geſunet ſin vñ enſoln noch enwoln ſine viende nicht me werden noch wedir ſine erben ſine lant vñ lute nummerme nicht tūn noch nymant von vnſir weyn vñ loben das in guten truwen vnuorbrochlich ſtete vñ veſte zcu halden ane argeliſt vñ geuerde were abir das wir vorgeſchreben wolue ſchaden nemen. in vnſis orbenanten herren herzcogen Otten dinſte edir redeliche ſchulde. zcu ime hetten vñ vns rechtis vzginge dy moge wir eme abe irmanen vñ da mete enſolle wir diſſe vorgeſchreben ſtucke nicht vorbrochen haben vñ queme wir da von mit yme zcu ſchelunge wanne wir des mit yme gericht worden ſo ſolde diſſe brif bliuen in alle ſiner macht vñ da mete vnvorbrochen bliuen Ouch iſt geret were das vnſe ogenante herre vnſir borgnoſſin von bodinſtein vient worde vñ ſich des an vns bewarte ſuchte her edir dy ſine ere viende was ſchaden wir davon nemen an totſlage wnden odir an brande des man vns bewarn ſal ane argeliſt da enſolle wir vnſen herren herzcogen otten noch dy ſine nichtis vmme bededingen vñ endorſte vns da vmme nichtes anworten was her edir dy ſine vns da mete nemen da wir nach ſonten vñ behalde bosin alſo recht were das vnſe were das ſolde vns vnſe egenante herre edir ſine amptlude wedirgeben vñ ſeczen vnſern herren davor nach vns zcu borgen dy geſtrengen lute dy hirnach geſchreben ſten were das der welch abe ginge von todis wein wanne wir da vmme gemant worden ſo ſolde wir by den neſten vier wochen einen andern alſo guten in des abe gegangen ſtede ſeczcen dy ſolde loben in ſinem ſundern briſe vñ tūn das alſe dicke des noit is vñ wir bertolt von wiſſingerode ritdir vñ thile von dem hagen knecht bekennen in diſſem briue das wir borgen worden ſin vñ borgen werden vor deſe vorgeſchreben wolue were das hir icht in ville das diſe vorgeſchreben ſtucke vorbrochen worden vñ wir da vmme gemant worden von vnſis herren herczogen ottin ampluden odir von iren boden in vnſe kenwerdichait den bruch ſolde wir vñ wolden ir vollen vñ keren in den neſten virzcennachten nach der manunge allirneiſt edir ſolden von ſtunt an in riden zcu tudirſtat vñ nicht da vz benachten wir enhaben den bruch irvollit was vns abir dy vorgeſchreben wolue ledigeden mit gulde edir mit rechte des ſolde wir ledig ſin Alle diſſe vorgeſchreben ſtucke lobe wir ſachwaldigen vñ borgen vorgeſchreben in guten truwen ſtete vñ veſte zcu halden ane argeliſt vñ geverde vñ des zcu orkunde vñ gezcugniſſe habe wir vnſir allir ingeſegil an diſſen brif gehangen gegeben nach godis gebort drisc enhundirt iar in dem nvn vñ ſoſtigiſten iare an dem ſuntage zcu mituaſten.

407. **Herzog Magnus von Braunschweig der ältere verpfändet dem Heinrich von Wenden das Schloss und die Stadt Schöningen für 100 löthige Mark unter Vorbehalt der Nutzniessung bis zum nächsten 11. November und unter den übrigen Bedingungen wie am 25. Juli 1368. — 1369.** **I.**

Von der gnade goddes etc be kennet etc dat we hebbet ghe ſat vnde ſetten hinr̃ von wenden vñ ſinen eruen vñ tō ſiner truwen hand hern dyderike von walmeden vnde ſinen eruen vſe veſten tō ſcheninge hus vnde ſtat mit alle deme dat dar tō hort an velde an ackere an holte an wiſchen an woyde an watere mit aller nvt vñ tō be horinge alſe we dat hadden vor hundert lodighe mark brunſw̃ wichte vñ witte alſō dat we noch vp nemen ſcullet alle nvt vnde tō be horinge de dar tō hort twiſchen hir vñ ſante mertens daghe Sō ſculle we eme hundert mark wedder gheuen in der ſtat tō brunſwich ſo ſcal ſcheninge hus vnde ſtat mit aller nvt vñ tō be horinge alſe hir vore ſcreuen is vnſe wedder ledich vnde los weſen Weret dat we des nicht en deden Sō ſcal he it vort be holden in der ſuluen ſate mit aller nvt vñ mit alle deme dat dar tō hort etc ſicut ſupra in litera quarta iſtam precedens*) Sed datum Anno domini M̃ CCC LXIX.

*) Urkunde vom St. Jacobi-Tage (25. Juli) 1368, pag. 254 Nr. 377.

408. Herzog Magnus von Braunschweig der Ältere gestattet dem Heneke Mencke eine nach dem Schlosse Esbeck zinspflichtige Mühle vor dem Dorfe daselbst zu bauen. — 1369, den 11. März. I.

Von der gnade goddes We magnus etc bekennet etc dat we heneken mencken hebbet ghe orlouet ene möien tö buwene vor dat dorp tö esbeke dar scal he vns alle iar tö santo mycheles daghe enen lodighen brunsw̄ verding tö tinse af gheuen de scal tö deme hus tö esbeke horen Von der molen scal he vns nicht mer plichtich wesen Dat we vñ vnse eruen ome vñ sinen eruen dit stede vñ vast holden willen des hebbe we on dessen bref gheuen beseghelt mit vnsem inghel Anno domini M̄ CCĊ LXIX dominica qua cantatur letare.

409. Die Herzöge Wilhelm und Magnus von Braunschweig und Lüneburg verpfänden dem Conrad von der Nienstat, seinen Brüdern und der Frau Cunigunde von der Nienstadt für 260 löthige Mark die Zehnten zu Isernhagen und „Hungerhagen" mit der Fuhrberechtigung. — 1369, den 2. April. K. C. 14.

Wẏ wylhelm vnde Magnus der Jungheren van der gnade goddes. Hertzogen tzů Brunswych vnde tzů luneborg bekennet openbar in dessem breue Dat wẏ hebbet ghesat vñ settet eyne rechte sate an desser schrift, korde van der nyenstat Synen brodern vñ oren rechten eruen vnde vorn kunnen van der nyenstad vnse tegheden tzů deme Iserenhaghene vn tzů deme Hvngherhaghene beyde buten vnde bynnen mit alleme rechte nůd vn tů behoringhe vñ mid alle sulker to behoringhe vn vure als de lude dẏ dar wonaftich syn vns pleghen tů důnde wor deme vorbenomden korde van der nyenstad synen brodern vñ oren eruen. dat bequemest is tů vůrende. vor Twe hundert lodeghe mark vnde sestich lodeghe mark honouercher wichte vnde were vñ desser vorbenomeden thegeden scholle wy vn vnse eruen vn nackkomelinghe on. vñ oren eruen rechte warende wesen. vñ schollet ön dẏ truwelicken beschermen vñ vordeghedinghen wůr vñ wenne on des nod es vñ dat van vns ghe eschet wert vñ de vorsereuenne vnse tegheden moghe wy alle Jarlickes weder losen vor dat vorbenomde ghelt wan wy vnse rechte eruen vñ nachkomelinghen on vñ oren rechten eruen dẏ losinghe vorekundighet in den twolf nachten to wynachten yste se vns so scholle wẏ on vñ willet de twehunderd lodeghe mark vñ sestich lodeghe mark vnbeworen betalen in der neghesten pasche weken dar na vppe der wesle to honouere mid honouercher wichte vñ were als hyr vor screuen is ane Jenigherhande hinder vnde vortoch alle desse vorscreuenen stucke rede wẏ deme vorbenomeden kurde van der nyenstat synen brudern vñ oren rechten eruen vñ vor kunnen van der nyenstat in guden truwen stede vñ veste to holdene vñ vnvorbroken tö eyner grotern betuginghe alle desser vorscreuenen ding hebbe wy vuser beyder Inghesceghele to henghet laten an dessen brif de gheuen is na goddes bort drutteyn hundert Jar in deme neghen vñ sestighesten Jare an deme mandaghe. tů Paschen.

410. Markgraf Otto von Brandenburg errichtet mit dem Herzoge Magnus von Braunschweig und Lüneburg ein Schutz- und Friedensbündniss auf drei Jahre und gelobt, ihm gegen Feinde sein Banner mit 200 Reisigen, zu denen der Herzog eben so viele stellen soll, zur Hülfe zu senden und erforderlichen Falls ihm mit ganzer Macht zu folgen. Eroberte Schlösser, welche ausserhalb des Herzogthums liegen, gefangene reisige Leute und die Pfandsummen eroberter herzoglicher verpfändeter Schlösser sollen zwischen ihnen getheilt werden. Ein aus Räthen beider zusammengesetztes Schiedsgericht soll Irrungen zwischen ihnen und die nach dem Tode des Herzogs Wilhelm von Braunschweig und Lüneburg zwischen ihnen etwa entstehenden Streitigkeiten zu Lübbow (oder Lübbau), Salzwedel und Lüchow schlichten. Herzog Magnus schliesst in den Bund das Land des Herzogs Erich von Sachsen-Lauenburg, Markgraf Otto das in seinen Landen gelegene Leibgeding seiner Schwester, der Gräfinn Ingeburg von Holstein, ein und bedingt, gegen die Markgrafen von Meissen keine Hülfe leisten zu brauchen. Er erbietet sich, von seinen dem Herzoge von Mecklenburg verpfändeten Schlössern und Landestheilen, falls er sie durch Vertrag oder Dienst wiedererlangt, dem Herzoge Magnus zu seinem Antheile 3000 Mark Silbers zu zahlen, wofür derselbe sie ihm allein lassen und mit ihm Kost und Schaden davon zu gleichen Theilen tragen soll. Auch erbietet er sich unter Bedingung gleicher

Tragung der Kosten und des Schadens, mit ihm die durch Dienst oder Hülfe bei dem Könige von Dänemark, bei dem Herzoge von Meklenburg oder bei den Seestädten zu erwerbenden Vortheile zu theilen. Soviel als seine und des Herzogs Magnus Räthe für billig erklären, soll ihm von dem Herzoge Erich von Sachsen-Lauenburg entrichtet werden, falls das Königreich Dänemark an denselben fällt oder derselbe ein Vormund darüber wird. — 1369, den 8. April. II.

We Otte van der gnade Ghodes. Marggraue to Brandenborch. bekennen openbare. dat we vns mit deme dorchluchtegen vorſten. hern Mangnuſe. hertoghen to Brunſw vnde to Luneborch vnſeme leuen Ome. dorch betern vromen. vrede vñ beſchorminge willen vnſer beyder lande. vor enet vñ vorbunden hebbet. de Negheſten dre Jar. de na eyn ander komet. voreynet vnde vorbinden vns mit deſſeme breue. als hir na gheſchreuen ſteit.. To dem erſten. dat we ſin vñ deſſer benomden herſcop vigent nicht werden ſcolen. bynnen deſſen negheſten dren Jaren. Sunder dat vnſer eyn deme andern ſcal beholpen weſen up allermalken. de en vnde ſin lant beſchadeghen edder vor vnrechten wolden. wen eme des not is vnde behdue. vnde wanne vnſer eyn den andern dar to heſchet alſo dat vnſe vorbenomde Ôm de hertoghe ſine vigende vñ ſchadaſteghe lude ſuken wolde. ſo ſcolle we eme to hulpe ſenden. vnſe Banner mit twenhundert vnſer manne. ghuder wepenere edder myn. als eme bequeme is na ſyner ghoringe. uppe vnſen ſchaden. wanne vñ wo dicke he dat van vns vordert. vñ vns dat. dre wekene vore to wetene deyt. Vñ wanne we de ſenden ut vnſeme lande. ſo ſcal he ſe entſan. vñ en ſchaffen Spiſe. voder vñ huſlag. vñ ſchal ok ſyner manne alſo vele edder mer by vnſen mannen hebben.. Vnde wer yd dat he ienegherleige vordinghete. edder neme wat des were. dat ſcholde he beholden to helpe ſynen koſten.. Wer id ok dat he ienegherhande veſten wunne. de buten ſynen landen ghelegen weren. de ſcole we delen na mantal vnſer beider mannen wapender lude.. Wer yd ok. dat he vanghenen venghe. Reyſege lude. de ſcole we ok mit eynander delen na mantal vnſer beider man.. Wer yd ok dat he veſten gewunne de in ſynem lande leghen. dar we ſuluen mit em to velde leghen. vñ de veſten pande ſtunden. den do vnſe vigende weren. wo vele de ſtan. dat gelt ſcole we vnder vns na rade vnſer beyder Ratgheuen delen.. Wer id ok dat dem erghenanten vnſeme Ôme dem Hertoghen. des not gheſchege. ſo ſcole we eme volgen mit alle vnſer macht. wan he vns dat dre weken vore to wetende deyt. vppe vnſes ſulues ſchaden. als hir vore ſchreuen ſteit.. We ſcullen ok vnſeme vorgenanten Ome dem Hertoghen. ſyne Stede lude vñ lant truwelken vor ſchaden bewaren. gelike vnſen eghenen landen. vñ ſe bi rechte laten.. Were ok dat we Jeneghe ſchelinghe eder twidracht wünnen mit vnſeme vorghenanten Ôme deme hertoghen bynnen deſſen dren Jaren. wor van dat gheſchege ſo ſculle we twene vnſes rades. vñ vnſe Ome de Hertoghe twe ute ſyneme rade. bynnen verteyndagen dar na. wan vnſer eyn van dem andern ghemanet wert. ſenden to Lubbow. twiſchen. ſoltwedele vñ Lûchow. de vns dar en ſcheiden ſcullet. vñ konden de vns nicht en ſcheiden. ſo ſcullen ſe riden twene daghe in to Lûchow. vñ twene daghe to Soltwedele. vñ ſcollen vte den twen Sloten nicht komen. alſo langhe went dat ſe de Schelinge ghentzliken entrichtet hebben. mit vruntſcop odder mit rechte.. Ok het vnſe vorbenomde Ôm de hertoghe. mede in deſſen bunt ghenomen. hertoghen Erikes van Saſſen. ſynes Swaghers lant. gelik andern ſynen landen.. Ok hebbe we indeſſen bunt ghenomen de hogheborenen Ingheburghen Greuenighen thû Holſten vnſer leuen Suſter lifghedinghe. dat ſe in vnſen landen heft. glik andern vnſen landen.. Ok late we vte deſſeme bunde. vnſe leuen Omen. de Marggreuen van Miſzen. vppe de we vns nicht vorbinden in nenerwis mit deſſeme breue.. Were ok dat vnſe Ome hertoghe. Wilh. van luneborch bynnen deſſen vorgenanten dren Jaren afghinge vñ ſtorue da got vore ſy. Eſt we denne deme vorghenanten vnſeme Ôme. Hertoghen Mangnuſe. edder he vns vmme Jeneghorleyge ſchelinghe to ſpreken. der ſuluen ſchelinghe ſcolle we an beydentſyden. Jewelker by veren ſyner Radgheuen bliuen. de ſchollen vns der ſchelinghe entſcheiden in fruntſcop edder in rechte. vñ de ſchedelude ſcollen denne bynnen verteyndagen dar na. wan vnſer eyn van dem andern darumme ghemanet wert. van ſtaden an in riden. vnde ligghen achte daghe to Soltwedele. vñ achte daghe to Lûchow vñ ſchollet dat inleghar in den twen Sloten alſo langhe holden. wenne dat ghentzliken ſin irſcheiden. als vore ſchreuen ſteyt.. Were ok dat we de Slote vñ pande de de Olde vnde de Junghe van Mekelenborch van vns Inne hebbet irkreghen mit deghedinghen. edder mit denste. dar van fcole we. dem vorbenanten vnfeme Ome dem herteghen to fyneme dele gheuen. dre dûfent marg Brandenb̄ Sûluers. efte he dat ghelt annemen wolde. vñ neme he dat ghelt. fo fcolde we de Slote alleyne beholden. vñ wot we denne koste vnde fchaden dar up droghen. de fchal de erghenomde vnfe Ôm de herteghe half draghen vnde ghelden.. Were ok. dat we Jenieghe deghedinghe edder vordel mit denste edder mit hulpe erworuen an deme konynghe van denemarken. an dem Erghenomden van Mekelenborch. edder an den See ftoden. dar van fcole we dem vorben̄ vnfem Ômen dem Herteghen de helfte gheuen efte he dat nemen wil. vñ. neme he de helfte. fo fcolde he auer vns ghelike draghen vñ gheldon alle koste vñ fchaden de we in den deghedingen vorbas drûghen.. Were ok. dat dat konincrike to denemarken. velle an den Junghen Herteghen van Saffen van Louenborch. edder dat he des eyn vormunde worde. fo fcolde vns de fulue herteghe van Saffen entrichten vñ gheuen. alfo vele alfe vnfe vnde vnfes Omes des Herteghen Radgheuen fpreken dat redelik fy.. Dat we alle deffe vore fchreuenen ftücke vñ deghedinghe. ftede vñ vnvorbroken willen holden. dat loue we vnfeme erghenomden Ome. Herteghen Mangnufe van. Brunfw̄ vnde luneborch in ghuden truwen ane allez gheuerde.. des hebbe we to orkunde vnde to merer fekerheit. vnfe Inghefeḡ an deffen bref laten henghet.. Hir ouer fint ghewefen. de Ewerdeghe vader in ghode. Dyderik Bifchop to. Brandenborch. de edele Albrecht Greue to Lindow. De veften lude Hannes van Rochchow. lippolt van Bredo vnfe Marfchalk. Gheuert van aluenfleuen Riddere. Clawes van Bifmarke vnfe houemeyfter. Ghuntfel van Bertenfleuen. Hinrik vñ Hennynk van der Schulenborch. albert van aluenfleuen vnde anderer erbarer lude nûch.. Gheghenen to.. Ofterborch. na ghodes bort. drutteynhundert Jar. an deme neghene vnde Softeghesten Jare. an deme Sondaghe als man finghet.. Quafi modo geniti.

411. Nicolaus von Bismark und seine Söhne begeben sich mit ihren Schlössern Burgstall und (Alten-) Plathow in den Dienst des Herzogs Magnus von Braunschweig und Lüneburg, der sie aus besonderer Gunst und Gnade unter seine Diener und Hofgesinde aufnimmt und sie gegen jeden, ihren Herrn den Markgrafen Otto von Brandenburg und wegen des Schlosses (Alten-) Plathow den Erzbischof von Magdeburg ausgenommen, zu vertheidigen, sein Banner mit seinen Hauptleuten auf ihre Schlösser zu senden und dieselben mit Proviant und Mannschaft versehen zu helfen gelobt. — 1369, den 8. April. II.

Ich. Claus van Bifmarg der Eldere. Rûle vnde Claus fyne fone. Bekennen vnde betûghen mit deffem brefe. das wir vns zcu denefte gefatzet haben. mit vnfen Slozzen. mit borcftal. vnde mit plote. deme hochgebornen fürften her Mangnus. herczogen zcu Brun̄ vnde zcu luneborch. wan her vns dorch Sunderlicher gunft vnde gnaden wille zcu dŷnern vnde zcu houegefinde hat ghenomen. alfo das her vns. gliche andern fynen getruwen mannen beghen befchermen vnde vorteydingen wil. zcu allen vnfen nôten. wen vnde wor vns des not is. weder allermalchen. vzgenomen alleyne den dorchlûchtegen fûrften. hern Otten. Marcgrouen zcu Brandenburg. vnfen gnedigen herren. vnde vz genomen den Erwerdigen vater in gote Erczebifchof zcu Magdeburg vnde fin Gotshus. mit vnferm Slozze zcu Plote is an were denne das wir das thun möchten mit guten eren.. Ouch fal vñ wil vns der vorgeñ vnfe herre herczoge Magnus Sine banŷr mit finen bequemen houptlûten uff vnfe Sloze fenden. vnde vns de Slos helfen Spifen vnde bemannen wenne vnde wo dicke vns des not ift. vnde wir das an eme heifchen. nach vzwifunge fyner brefe de her vns dar ober hat gegeben. Dar vmme gelobe wir ouch deme vorgeñ vnfem hern. hern Mangnûfe herczogen zcû luneborch. das wir eme weder. dŷnen. helfen. vñ raten willen in guten truwen ane argelift als wir befte moghen. wenne vnde wo eme des nod ift vnde daz van vns efchet weder allermelchen. vzgenomen alleyne. der ergeñ her Otte Marggraue zcu Brandenburg. als vor befchreben ftet.. Ouch fchal der vorgeñ vnfe herre Herczoge Mangnus. vnfer zcu allerczit mechtig fin zcu deme rechten. ane alle wederrede.. Das gelobe wir dem ergeñ vnfem herren herczogen Magnufe. Stete vnde vafte zcu haldene in guten trûwen ane argelift. vnd ane allez geuerde. Vnde haben zcu gezcucniffe vnfe ingefegel. an deffen bref lasen henghen.. Gegeben scu Robels indeme dorfe. nach gotes gebürt dryttaen hundert iar. in deme Nēn vnde Sechsccgeften Iare.. an deme Suntage.. Quafi modo geniti etc.

412. Die Gebrüder von Vreden bescheinigen, ihren Antheil an den $1871\frac{1}{2}$löthigen Mark, wofür das Schloss Hallermund ihnen und den Gebrüdern Ordenberg und Siegfried Bock verpfändet war, von letzteren ausbezahlt erhalten zu haben, und stellen darüber dem Herzoge von Braunschweig und Lüneburg, seinen Bürgen und den Gebrüdern Bock eine Quitung aus. — 1369, den 23. April. III.

We er Lippold. her Befeke. her Hans. her Lippold vnde her Egberd. alle geheten. von vreden, Bekennet indeffem Breue. gevestend med vnfen ingel, Dŷ Achteyn Hundert Lodige mark, vnde twis Souentegedehalue mark. dŷ her Ordenberk. vnde her Sŷuerd Broders geheten. Bocke vnde wŷ tû fammene an deme hufe tû Halremunt hadden. Dat vns vnfen deyl. dŷ vorbenomten Bocke al vntrichtet hebbet. vnde wŷ vorb̄ von vreden. wŷ fegget vnfen vorb̄ Heren. von Luneborch. vnde fyne Borgen. vnde deffe vorb̄ Bocke quid Ledich. vnde los. Tû cyner betugniffe. deffer ding. hebbe wŷ vnfe Ingef̄ an deffen Bref gehangen Na. Goddes Bord. Dritteyn Hundert Jar, indeme Negen. vnde Seftigeften Jare in funte Georgius dage.

413. Die Herzöge Wilhelm und Magnus von Braunschweig und Lüneburg geloben, dem Rathe der Stadt Lüneburg, falls sie ihn von der Bürgschaft, die er für sie bei den von Plote für 2060 Mark lüneburger Pfennige geleistet hat, nicht bis zur bedungenen Zahlungszeit, nämlich bis zum 14. oder 21. April nächsten Jahres befreien können, ihn am 2. Februar davon zu benachrichtigen und ihm am 31. März das Schloss Harburg mit Zoll, Vogtei, Zins, Gericht und Sondergut als ein Pfand für die Summe auszuliefern. Ihr Amtmann zu Harburg soll alsdann das Schloss von dem Rathe empfangen und von demselben in Pflicht genommen werden, falls der Rath es nicht vorzieht, dort selbst einen Amtmann zu ernennen *). — 1369, den 4. Mai. L. O.

Van der gnade ghodes. We her Wilhelm.. vnde Her Magnus. Hertoghen to Brunfwich. vnde to Lvneborgh. bekonnen in deffem openen breue. dat dhe Raad. vfer ftad to Luneborgh. vor vns. vnfe. eruen, vñ nacômelinghe. ghe loued heft alfo fakewolden. Ghenerde. Hunere. vñ Hildomere. brôderen. vnde Raboden ereme vedderen. ghe heten van plote. vnde eren eruen. vnde to erer truwen hand. Hern arndo. van laghowe. Gherde van wuftrowe. Hinrike van Dannenberghe. vnde Enghelken kappenberghe. twe Dufend. mark. vñ feftigh mark. Luneborgher penninghe. to betalende. binnen dhen achte daghen to pafchen. dhe neghest to komende fvnd. Dar we. vfe eruen, vñ vfe nacômelinghe. fe vppe dhe fuluen vorfchreuene tijd. fchadeloos af nemen willen vnde fcollen. Were auer. dat we, van noed weghene des nicht doen enkonden. dat fcholde we dhen raad to Luneborgh. in deme hilghen daghe to lichtmiffen vore weton laten. vnde fo fcholde we. vfe eruen. vnde nacômelinghe. deme rade to Luneborgh. ane hinder, vnd ane vortogh. vfe flot horborgh mid tollen. voghedye. tinfe. mid allerleye rechte. richte. vnde nvd. mid deme fundergûde. vnde mid al dem dat to dem flote. vnde to dem fundergûde, hoord. antwerden. des neghesten fûndaghes to midvaften. vnde dhe Raad to Luneborgh fcholde dat flot horborgh, vnde dat fundergûd, alfo langhe beholden vnde hebben, mid aller nvd, vñ tobehoringhe, wente we deme rade. edder demme, demme dhe raad dat flot, vñ dat gûd, vorpendet hedde. Dhe vorfchreuenen twe dufent vnde feftigh mark luneborgher penninghe vnde den fchaden den fe dar van hedden. altomale wedder gheuen, vnde irleghered hedden. Ok en fcholle we dat flot Horborch. vñ dat fundergûd. vnde wed dar to hoord. nemende anders verpenden. verfetten. edder beualen. binnen der tijd. dat dhe raad van Luneborgh. edder deme fe dat flot vñ dat funder gûd verpended. ere penninghe dar ane hebben. We fcholled ok vnde willed. vfen ammetman. dhen we nv to horborgh hebben. edder oft we dar enen nyen setten. binnen deffer tijd. van ftaden an, bringhen. edder senden an den raad van Luneborgh. dat he dat flot van deme rade entfanghe. vnde loue deme rade to luneborgh. dat he dat

*) An der Original-Urkunde hangen die beiden herzoglichen Siegel.

ſlot. dat ſundergûd. mid al eren tobehoringhen. truweliken bewaren wille. to des rades nvd. al de wile. ſe des eme ghvnnen willen. Dhe raad magh dar ok wool. enen anderen ammetman ſetten. wene ſe willen. oft id demme rade. dunked nutte weſen. Ok orleue we in deſſem breue. dat dho raad to Luneborgh. mid dem ſlote Horborgh. vnde mid demme ſundergûde. dhe vorbenômeden twe Duſend vnde ſeſtigh mark weruen meghen. woor ſe konnen. Vnde we. vſe eruen. vnde nacômelinghe. ſchollen demme rade. vnde weme dho raad dat ſlot vnde ſundergûd verpended. breue dar vp gheuen, vnde beſeghelen. wo ſe dhe deghedinghen konnen. mid dhen. dhen ſe dat verpenden. Ok ſcholle we. vnde willed. dhen raad to luneborgh. vnde dhen, deme ſe dat ſlot verpended. mid deme ſlote truweliken verdeghedinghen wôr is ym ned is Al deſſe vorſchreuene ſtucke loue we her Wilhelm. vnde her Magnus. hertoghen, vore be nômed. deme rade to Luneborgh. dhe nv is. vñ ſynen nacômelinghen. dat we ſe truweliken. vnde vnvorbreken holden willen. To ener bewiſinghe vnde tughniſſe. hebbe we vſe Ingheſeghele. mid wiſchop. vnde mid willen. to deſſem breue henghed heten. Dith is ghedeghedinghed. vnde deſſe bref is beſegheled vñ ghouen to luneborgh. Na ghodes boord Duſend iar. dre hvndert jar. In deme neghen vnde ſeſteghesten iare. des negheſten vrydaghes na ſunte wolberghe daghe.

414. Der Gardian Heinrich und der Convent der Minoriten zu Hildesheim geloben für die ihnen beim Baue bewilligte Hülfe, wöchentlich eine Messe für das Heil des Herzogs Magnus von Braunschweig und Lüneburg, so lange er lebt, zu halten, nach seinem Tode oder jährlich sein Anniversar zu feiern. — 1369, den 10. Mai. **K. O.**

Illuſtriſſimo ac magnifico principi. Domino Magno Duci in Luneborch et in brunſwich. Frater Hinricus Gardianus Totusque Conuentus fratrum Minorum in hildenſem. oraciones in domino debitas quam deuotas. Cum non ſolum ob religionis chriſtiane que proximis noſtris aſtringimur vinculum. verum eciam ex diuine exhortacione ſcripture pro invicem exorare teneamur vt ſaluemur. maxime tamen hos oracionum noſtrarum ſuffragiis participes facere debemus quorum id amplior expoſcit deuocio et aſtringit beneficium ſingulare. Hinc eſt quod ob deuocionis affectum quem vos inclite princeps ad ordinem noſtrum geritis et fauorem et precipue. ad pauperem noſtrum conuentum hildenſemenſem antedictum. ſubueniendo nobis in edificiis noſtris de gracia veſtra et munificencia vtl vobis retribuat qui bona cuncta digna mercede nouit recompenſare. Huiuſmodi impenſa nobis beneficia. viciſſitudine quali poſſumus cupientes veſtre magnificencie refundere ſalutari. pro ſalute veſtra quamdiu diuina vos clemencia conſeruauerit in hac vita vnam miſſam de beata virgine omni ſeptimana in conuentu noſtro fideliter perſoluemus. Cum vero debitum carnis vos exſoluere contigerit. anniuerſarium veſtrum cum vigiliis et miſſis omni anno feria ſexta ante feſtum ſancti mychaelis perpetue in ſalubre remedium anime veſtre omniumque principum de luneborch et brunſwich quorum memoria in benedictione ſit in conuentu noſtro peragemus Datum anno domini M CCC LXIX jn feſto aſcencionis domini.

415. Die Herzöge Wilhelm und Magnus von Braunschweig und Lüneburg befreien einen dem Vicar Johann Brasche zu Bardowiek und seiner Schwester gehörenden Hof daselbst, so lange der Vicar lebt, von allem ihnen zu entrichtenden Schatze, Dienst, Pflicht und Vogtei und befehlen dem Vogte zu Lüneburg und den Bauern zu Bardowiek, von dem Hofe, der Hausstelle und dem dazu gehörenden Acker auf dem Felde während der Zeit keinen Schatz, Dienst noch Pflicht zu fordern. — 1369, den 13. Mai. **III.**

Wŷ Wilh̄. vnd Magnus. van der gnade goddes Hertogen tû Brunſw̄ vnd tû Luneb̄r, Bekennet indeſſem openen Breue. dat wŷ dor gunſt vnde dor bede willen ſiner Heren hebbe wŷ vry laten vnde geuen hern Jane Braſchen eyme vicario tû Bardewich vnſem dinre alle ſchat vnde dinſt vnde plicht. vnde vogedie de wŷ had hebbet. wente an deſſe tiid an eyme Houe tû Bardewich dŷ deme ſuluen ern Jane vnde Beken ſyner ſuſter hord. also danne wis, dat ſŷ. edder wŷ den hof heft von des ſuluen ern Janes wegene, vns neynerleŷ Schat noch dinſt efte plicht nicht dûn en ſchal von deme ſuluen Houe vnde von der word vnde von deme achere vppe deme velde dŷ ore ſint alde wile dat dŷ ſulue er Jan leuet Wan he auer dot es ſo ſchal me vns, von deme ſuluen gude ſchat geuen dynen vnde alle plicht dûn, alſe me dan hot wente her Hir vmme enbide wŷ vnſem vogede tû Lunebr̃ vnde den Buren meynlick tû Bardewich. dat gy dat also holden vnde wŷ willet dat gy nenen Schat noch denſt noch plicht von deme ſuluen houe vnde deme vorb̃ gude. eſchen. al dŷ wile dat dŷ ſulue her Jan leuet Auer na ſyme dode ſal men vns dûn vogedie vnde alle plicht von deme ſuluen gude, alzo vore ſchreuen is Vnde des tû tuge hebbe wŷ. ome geuen deſſen Brep. beſegelt med vnſen Ingel̃ dŷ geuen iz na Goddes Bord. Drittein Hundert Jar, indeme Negen. vnde Seſtigeſten Jare. des negeſten Sundages. vor Pingeſten.

416. **Herzog Magnus von Braunschweig der ältere verkäuft dem Heinrich Hoygers für 15 löthige Mark das Holz in dem beim Lehrer Walde gelegenen Lone-Bruch, damit derselbe es in sechs Jahren fälle. — 1369, den 16. Mai.** L.

Von der gnade goddes etc be kennet etc dat we vñ vnſe eruen hebbet vor koſt vnde laten hinrike hoygers vnde ſinen eruen eyn holtblek holtes dat ghe heten is dat lone brôk dat dar ſteyt an deme lere wolde tô ſes iaren af tô howene vor veſteyn lodighe mark brunſw̃ wichte vñ witte de vns ghenſliken vñ al be talet ſint vnde wur ſe enes ghe howen hebben edder howen laten dar en ſcolde he edder ſine eruen nicht mer howen laten. Ok ſcal dit vorbenomde blek vñ holt dat binnen der tid wedder wôſſe vnſer vñ vnſer eruen von ome vñ von ſinen eruen tô deſſem negheſten pinkeſten na der vtghift deſſes breues vort ouer ſes iar ledich vñ los ſin ane allerleye an ſprake vñ hinder. We vñ vnſe eruen willet ome vn ſinen eruen de holtes rechte waren weſen wur vñ wanne ſe des be doruen To ener orkundinge vñ be wiſinge dat deſſe ſtucke vnvorbroken bliuen Sô hebbe we on deſſen bref gheuen be ſeghelt mit vnſem inghefeghele Anno domini M̃ CCC LXIX feria quarta proxima ante pentecoſten.

417. **Herzog Magnus von Braunschweig der ältere gelobt, den Gebrüdern Heinrich und Ludolf von Wenden die ihnen schuldigen hundert löthigen Mark auszuzahlen, wenn er von ihnen das Schloss Jerxheim einlöset. — 1369, den 27. Mai.** L.

Von der gnade goddes etc be kennet etc dat we ſchuldich ſint hinr̃ vñ ludeleue brôderen von wenden hinr̃ ſônen von wenden vnde eren eruen vnde tô eren truwen hand ludeleue vñ boldewine von wenden corde von weuerlinge. hundert lodighe mark brunſw̃ wichte vñ witte de ſculle we on wedder gheuen mit deme anderen ghelde dar on vnſe ſlot ierxſum vore ſteyt wanne we dat ſulue vnſe ſlot von on wedder loſen er ſe it von ſik antworden alſe vnſe breue vt wiſet de ſe von vns dar vp hebbet des tô ener be kantniſſe etc datum anno domini M̃ CCC LXIX dominica prima poſt pentecoſten.

418. **Herzog Magnus von Braunschweig der ältere gelobt, dem Friedrich und Gerhard von Wederden bei der Einlösung des Schlosses Calvörde zu zahlen 100 brandenburger Mark für die auf das Schloss verwandten Baukosten, 18 Mark für die Mühle, die auf dem Damme zu Calvörde lag, der Kirche zu Alvensleben gehörte und von ihnen angekauft ist, und die Kosten des Aufbaues dieser Mühle vor dem Schlosse. — 1369, den 15. Juni.** L.

Von der gnade goddes etc be kennet etc dat her fritze vnde her gherard von wederden mit vns hebbet ghe deghedinget dat we on ſcullet wedder gheuen hundert brandenb̃ mark de (ſe vor) buwet hebbet an vnſem hus tô kaluorde dat ſe vns be wiſt hebbet vñ des we mit on ouer eyn ghe komen ſint mit deme anderen ghelde dar we it on vore ghe ſat hebbet wanne we it von on wedder loſet er ſe it von ſik antworden alſe ſe des vnſe breue hebbet Ok hebbet ſe mit vns ghe deghedinget de môlen de vppe deme damme tô kaluorde lach de in de kerken tô aluenſleue horde de ſe koft hebbet vor achteyn brandenb̃ mark de ſcullet ſe vor dat ſulue vnſe hus tô kaluorde buwen. Wan we dat hus von on wedder loſet wes denne twen vnſen mannen vñ twen oren vrunden dûnket dat dat buw tô der molen denne wart Sy vñ ok de achteyn mark dar ſe de molen erſt vore koft hebbet ſeulic we on mit deme anderen ghelde wedder gheuen alſe vore ſereuen is Des tō ener be kantniſſe hebbe we vor vns vnde vor vnſe eruen on deſſen bref gheuen be ſeghelt mit vnſem inghoſeghele Datum anno domini M CCC LXIX in die beati viti.

419. Herzog Magnus von Braunschweig der ältere befreiet auf Bitten des Friedrich und Gerhard von Wederden ein von ihnen dem Altare auf dem Schlosse Calvörde geschenktes, vor der Brücke der Neustadt gelegenes Haus und Hof von Zins, Schatz und Bauerrecht. — 1369, den 15. Juni. I.

Von der gnade goddes etc be kennet etc dat we dorch bede willen vnſer leuen ghe truwen hern fritsen vnde hern gherarde von wederden hebbet ledich ghe gheuen vnde vryget eyn hus vn̄ enen hōf vor der nygenſtat brügge dat ichteſwanne boygers ghe weſen hadde von tinſe vn̄ von ſchōte vn̄ von allerleye bur rechte dat de vore be nomden her fritse vn̄ her gherard ghe lecht vn̄ gheuen hebbet tō deme altare vppe deme hus tō kaluorde des tō enem orkunde etc Datum anno domini M CCC LXIX in die beati vi(ti).

420. Lehnbuch des Herzogs Magnus von Braunschweig und Lüneburg. — Ums Jahr 1369. IV.

Dit is dat gud dar min here hertoghe magnus van Brunſw vn [1]) midde heſt beleghen riddere. vn̄ knapen vn̄ borghere.

Lutteke buſſe lange buſſe vnde kord van der aſſeborch hebben to lene van vſem heren to Brunſw. uppe dem velde to bornum dat vor dem olme lecht Ses hūue vn̄ enen hof. In der ſudmolen to Brunſw. vif vn̄ twintich ſcepel wetens moltes. En borchlen to beſſenum mid ver hūuen up dem ſeluen velde Ene hūue uppe dem uelde to groten bywende Ene viſcher word to halchtern.

Do heren van dorſtad XI hūue to beyden vreden. Twene houe to varendorpe. Enne hof to lechtenberghe mid dem minren torne. vn̄ dat dorp to emplede ane ene hūue. Den tegheden to groten wonthulen. Den tegheden to lere. Brandeſleue XXXX hūue vn̄ ene halue. To ſchandeſleue XI hūue. To Broneſdorpe VI hūue. To wedderſleue. V. Hūue vn̄ ene halue. To pedelis . II. hūue. To wedderſtidde V. hūue. To deme campe . IIII. hūue. To Ingeleue . XI. hūue. Van der voghedye to pedelis XXXXII hūue. To lutteken Egelſem. XII hūue To groten egelſem XI hūue To heinſtidde. II. hūue. To Agerſem XV hūue To oſterlafferde VII. hūue vn̄ ene halue. To weſterlafferde. II. hūue To Cochinge. II. hūue To pekelſmer III hūue. To vorden [2]) II houe.

Eylard van rottorpe de wonet to heſſenum ene hv̊ue vn̄ enne hof to berklinge. Vn̄ ſeſteyn ſcillinge to twelken.

Kaghe van ſliſtidde. to ſliſtidde IIIIor hv̊ue. To kubbelinge vn̄ to beyerſtidde den driddendel van twen hūuen.

Broſius vn̄ ſine brodere to voghedesdalum II hūue vn̄. I. hof dar ſelues.

Jorden. Bertold. Sander vn̄ Hans van ſliſtidde hebbet dar ſelues. VI. hv̊ue vnde twene houe. vn̄ Sander vn̄ Bertold vn̄ Iorden ſunderliken. V. hūue up dem ſeluen velde. vn̄ V. houe in dem ſeluen dorpe.

Vrederik van Hortuelde. To Broſtidde V hūue. vn̄ de voghedie ouer. X. hv̊ue dar ſelues. vn̄ enen kothof. Dit is verleghen gud IIII hv̊ue to Rupenerde. IIII hv̊ue to Berbeke Dat grauenholt. [3])

Cord van garſenbutle Dat Borchlen to Meynerſem. De dorſteyde to lutteken Eylerdeſſen Vn̄ de viſcherie Dre bv̊houe vn̄ enen kothof to eylerdeſen De molen to Hillerdeſſen. Vnde de viſcherie vn̄ enen hof to groten Eylerdeſſen. Enen hof to Volquerdeſen. Den tegheden to wermeſbutle. Den haluen tegheden to Werdeſbutle. Den tegheden to Wedenſen Vn̄ dat gud to Eilenbutle Enen hof to Bokelſeze.

Hinrik altcken vn̄ altcke ſin veddere. ene hv̊ue to voghedesdalum.

Pepeke. Ses hv̊ue vn̄ enen hof to Heſſenum.

Hinr̄ van linde To ſolde IIII hv̊ue. to Berbeke. V. hv̊ue.

---

[1]) Hier ist im Manuscripte eine Lücke, weil das Papier ausgerissen ist. Es hat hier statt zu wahrscheinlich gestanden: *vnde Luneb.* [2]) Hinter den Worten *To vorden* ist eine Reihe ausradirt und das folgende *II houe* ist von späterer Hand hineingetragen. [3]) Die Worte: *Dit is — grauenholt* sind durchstrichen.

Grube van ghuſtidde. enen hof to heſſenem Vif hvue to groten Eluede III hvue to gyglere.

Otto cletlinge. heft to holtorpe VII. hvue. vñ den ſedelhof vnde andere houe de dar to horet vnde IIł hvue vñ de voghedye.

Bertold van sirdeſſe. Ene Hvue to Adenſtede Vnde enen hof vñ ene wiſche to sirdeſſe.

Ludolef van guſtede To luttcken ſw̃lbere. X. Hvue. To Gheuenſteue de voghedye vñ ene hvue.

Raſt. Enen hof vñ Dre hvue to Jerceſem.

Marcgreue vñ tyleke. Enen kothof vñ ene ł hvue to kochinge.

Egbert corſen. ene hvue to dencte.

Roſendal de iunge. de molen to dencte vñ dat dar to hord.

Cord van Weuerlinge. Den haluen tegheden to hedeber. To capelſtockem den gantzen tegheden To Rymbere den tegheden To apelderſtide den haluen tegheden To ſe to gherdeſem hebbet [4]) ſundur den tegheden. To kiſſenbruge neghen hvue. To adenum VII hvue. To Dalem dat vorwerk To middelſten valberghe de voghedie ouer XX. hvue To ſirdeſen ene hvue To atleneſen ene [5]) hvue To odenem II hvue. To Beyerſtidde IIIł hvue vñ en holt vñ twe hvue an dem Heſe. To weſteren valberghe ene halue hvue. De voghedye to borſen veſte halue hvue vñ enen hof To lellem ene hvue. To langule dre hvue. To tyde vif hvue To leyforde ſeuen hvue. To dungelbeke. XIIII. hvue. To Woltorde ver hvue. To walede. XVI. hvue. To alrem twe hvue. To Reten ver hvue mid den houen. To botzelem dre hvue To Bethmer ene hvue. Dat gherichte to middelſten valberghe Enen hof in der ſtad to Brunſw̃ bi dem temple. Dat dorp to nendorpe. Dat gherichte to dencte vñ negſten hvue mid den houen dar ſelues. Dre borchoue to der aſſeborch vnde ver hvue to dem vorwerke to witmer. To watteceſem twe hvue vñ twene houe Vñ en holt an dem ſliſtidde la vñ den kamphof to Brunſw̃ bi dem ridderbornen To Beyerſtidde twene houe. De voghedie vñ dem haluen tegheden to dettene [6]) vnde Enne hof.

Ghereke paul vñ ſine brodere To lutteken dencte ver hvue [7]) To Rommelinge veſtehalue hvue To Voghedesdalem Dre hvue. De Voghedye half to Elbere.

Tyle vñ herman van guſtidde. IIII. pund in der munttye.

Jorden kramere vñ ſine vedderen XIIIł ſchepel moltes In beyden molen vor der nyenſtad. In der münttye V pund. [8]) To groten dencte en pund gheldes. Bi dem bourebroke ene wiſche. To vlechdorpe den haluen tegheden. To tzampleue dre hvue To ethſum ene hvue To Alne ene hvue. To ſliſtidde ł hvue.

Egeling Albert vñ Henning koghelen. To boymſtorpe enen tegheden.

Ludeman engelken vñ Bertold van linde. To atleueſem ene hvue. vñ Bertold enen hof to lindem.

Egeling vrederkes. An der mundtye teyn pund gheldes. To dettene IIł hvue. Vñ en pund gheldes an deme teghethoue to dencte. Vñ enen koterhof dar ſelues. Vnde dat halſgherichte to volkemrode.

Egeling Roleues. To dencte IIII hvue vnde dre houe.

Hinr̃ van eueſen To ſw̃lbere. IIII. hvue vñ IIII. houe vñ ene molen.

Henning helyas To watenſtede ene hvue vñ ene word vñ dre ſcillinge gheldes to kremmelinge. [9])

Hans peperkelle To ſwulbere enen hof.

Claus van cubbelinge. To watteceſem one hvue vñ en borchlen uppe dem hus to deme kampe vñ ver hvue to vlechtorpe.

Tyleko vñ herman van guſtidde ver pund in der munttye.

---

[4]) Statt *ſe* ist *ke* gesetzt. Statt *To ſe — hebbet* muss es heissen: *Dat dorp to gherdeſem.* [5]) *ene* ist durchstrichen und statt dessen *IIł* gesetzt. [6]) Die Worte: *den haluen tegheden to dettene* sind durchstrichen. Von einer Hand aus dem Ende des 14. Jahrhunderts ist darüber geschrieben: *den haluen tegheden to dettene heft min here hertoge frederi ghegeuen to enem altare to ſunte blaſius den her goddike van [illegible] makede.* [7]) Die Worte: *To luttiken dencte ver hvue* sind durchstrichen und zur Seite ist von einer Hand aus dem Ende des 14. Jahrhunderts geschrieben: *hef ribe vñ egeling weghen.* [8]) Zur Seite steht von einer Hand aus dem Ende des 14. Jahrhunderts geschrieben: *V talenta habentur in regiſtro Ottonis ducis ſenioris.* [9]) Der Satz: *Henning — kremmelinge* ist durchstrichen. Dahinter steht von einer Hand aus dem Ende des 14. oder Anfangs des 15. Jahrhunderts geschrieben: *brand van hone hebet.*

Achacius gruben To winnigenſtidde IIIł hvue. To Ingeleue dre hvue To dem olden haghen enen hof. To ſwulbera enne hof.

Brand offen. Achte pund gheldes in der munttye.

Henning bolten Deneke bolten vñ kord bolten Twe pund gheldes an der muntiye.

Ludeman Hans vñ ludeke van Wenthuſen twene hvue to Ingeleue. To honrode neghen hvue vñ de voghedie.

Detmar mundmeſter vñ Hans To Bortſem IIIł hvue vñ twene houe. [10])

Hans peyne. To engelemſtidde ver hvue Vñ en kothus vnde twe worde.

Heneke gronowe To wattecſem ene hōue.

Henning ſcutte two hvue vñ enen hof.

Herwich krenet To voghedesdalem ene hvue vñ twene houe.

Joſeph van volfum To bornum bi luttere dre hvue mid den houen vñ en borchlen to dem campe in der molen to vlectorpe XXIIII himpten rogen Vñ XIIII ſcillinge vñ enen hof.

Heneke de meyer To lutteken dalum IIł hvue vñ enen hof.

Huge vñ henning van Reden II hvue vñ enne hof to winningeſtidde.

Grube van zegerde IIII hvue vñ vif houe to ingeleue. Vñ twe hvue vñ enen hof to ingeleue. two hūue vñ twene houe to zogerde.

Henning van volfum. To Bornum bi luttere III hvue. En borchlen to dem campe.

Siuerd Siuerdinge Cord Siuerdinge Henning kaghen vnde echt Henning kaghen to woldwiſche. Twe hvue to woltwiſche.

Everd van Jerſum To lutteken twiſlinge IIł hvue vñ twene morghen vnde II hvue to aekere vñ to Jerſum enne hof vñ XI moghen vñ en boltblec dat het dat ſeuerdal bonen beyerſtidde.

Egeling van tzicte vñ Henning willeringe To tzicte ene halue hvue.

Henning van dungelbeke. ene halue hvue to dungelbeke. De anderen heft eghard van dungelbeke vñ Henning van welde vñ henneke baten.

Ludeke van vallerſleue. IX. neghen morghen landes vñ ene wiſche.

Eylard van Rottorpe to twelken. ver hvue vñ ſedelhof vñ vif kothoue vñ de voghedie ouer twen houe vñ en verdendel van dem bokberghe.

Brand van ſirdeſe ene halue hvue vñ en verdendel vñ enne kothof.

Hinr van Lowinge vñ Henninge van Lowinge. Den teghoden to lowinge vñ VIII hvue Vñ dre pund penninge vñ dre hvue vn houe mid voghedie dar ſelues vñ ene halue hvue to Hornum.

Jan henninges ſone des meyeres van lowinge twe hvue mid dem tegheden de dar van ſcolde gan vñ mid. X. ſcillingen penninge.

Cort ſtapel vñ Jorden ſin broder. vñ Cort ſtapel de eldere vñ Jorden van alleuelde hebbet VI hōue to detten. vñ ł hūue vn hōue de dar to horet to wedele.

Hans van broſtede tho woltwiſſche heft tho leyne eyn halue hōue.

Cord haken eyn hoft tho detten vñ eyne houwe vppe deme velde tho detten. [11])

Herwich creuet. I. houwe.

Bertolde ludeghere hanſe vnde corde gheheten riken ludeghers ſone eyne hōue de vppe deme velde tho tzichte lit. vnde eynen hof vn eynen ſunderliken hof in deme bouaren dorpe tho tzichte. [12])

---

[10]) Der Satz: *Detmar* — *houe* ist durchstrichen. Dahinter steht von derselben Hand, welche in Nota 9 die Correctur gemacht hat, bemerkt: *ludeke van deme haghen habet.* [11]) Der Satz: *Cord haken* — *detten* ist durchstrichen. Dahinter steht von derselben Hand, welche oben in Nota 9 und 10 die Correcturen gemacht hat, geschrieben: *herwich van ceme habet mansum illum.* [12]) Die letzten Sätze von *Cort ſtapel vñ Jorden* an sind von drei mit der Handschrift des ganzen Lehnregisters etwa gleichzeitigen, im obigen Abdrucke durch dreimaligen Einrücken der Zeilen unterschiedenen Händen nachgetragen.

421. Die Eingesessenen des Kirchspiels Otterndorf geloben, dem Herzoge Erich von Sachsen-Lauenburg und seinen Gesandten treu zu bleiben, ihm alle Schuldigkeit mit Leib und Gut zu leisten und die von ihm gesandten Leute beköstigen zu helfen, wie die Landleute thun. Er dagegen soll sie bei allem ihren Rechte lassen, welches sie von seinen Vorfahren besessen haben. — 1369, den 10. August. K. O.

Wy menen Lude alle. vnde en Jewelk by ſunder. de wonachtich ſin in dem kerſpele tho oterndorpe bekennen in deſſem openen breve. dat wy hebbet ghe louet. vnde louen. dem dorluchtighen vorſten vſem leven gnedighen heren. herthoghen Erike to ſaſſen. herthoghen Erikes ſone. by em to bliuende in guden truwen. vnde by den jenen de he vs mit ſiner vulbort in dat lant to badelen ſant. vnde alle de rechticheyt to donde. der wy em van rechte plichtich ſin. mit vſem live mit vſem gude vullenkomeliken na vſer macht. nvmber van em to kerende. Vnde wan he lude ſant in dat lant to badelen. de ſchole wy bekoſtighen helpen. leſtiken na vſer macht ghe like dem dat de menen lantlude don mit ſpiſe vnde mit vodere.. Ok ſo ſchal vs vſe leue gnedighe here hertoch Erik vorghenomet by al vſem rechte laten dat wy van ſinen olderen ghe hat hebben.. Alle deſſe vor gheſcreuene ſtucke. love wy. wolderik hinrikeſſon. wolderik offe. heyge peterſen. Clawes vp dem campe. hinrik ſueringh. peter wolderkeſen Peter alverkeſen. peter jacoppeſen. wolderik műrt vnd johan vp der hove. van des kerſpels weghen to oterndorpe. in guden truwen ſtede vnde vaſt to holdene. ſunder jenigherleye arghelyſt.. Vnde hebben des to tughe vnd bekantniſſe mit rade vnde mit vulbort der menheyt des vobenomeden kerſpels inghe ſeghel henghet tho deſſem breve.. Vnd is ghe ſcheen na godes bort. drutteynhundert jar in dem neghen vndeſeſtigheſten iare in ſunte Laurencius daghe des hilghen merthelers.

422. Die Eingesessenen des Kirchspiels Altenbruch geloben, dem Herzoge Erich von Sachsen-Lauenburg und seinen Gesandten treu zu bleiben, ihm alle Schuldigkeit mit Leib und Gut zu leisten und die von ihm gesandten Leute beköstigen zu helfen, wie die Landleute thun. Er dagegen soll sie bei allem ihren Rechte lassen, welches sie von seinen Vorfahren besessen haben. — 1369, den 10. August. K. O.

Wy menen Lude alle vnd en Jewelk by ſunder de wonaſtich ſin in dem kerſpele tom oldenbroke. bekennen in deſſem openen breve. dat wy hebbet ghe lovet vnde loven dem dorluchtighen vorſten vſem leven gnedighen heren herthoghen Erike to ſaſſen herthoghen Erikes ſone. by em to blivene in guden truwen. vnde by den ghenen de he vs mit ſiner vulbort in dat lant to hadelen ſant. vnd alle de rechticheyt to donde der wy em van rechte plichtich ſin mit vſem liue mit vſem gůde vullenkomeliken na vſer macht. number van em to kerende. Vnde wan he lude ſant in dat lant to hadelen de ſcole wy bekoſtighen helpen leſtiken na vſer macht. ghelike dem dat de menen lantlude don mit ſpiſe vnde mit vodere.. Ok ſo ſcal vs vſe leve gnedighe here. hertoch Erik vorghenomt by al vſem rechte laten dat wy van ſinen elderen ghe hat hebben Alle deſſe vorſcreveue ſtucke love wy. alverik bremer. marquart kleyvot. Junghe johan van dune. clawes poppen. Rode alverik. diderik offen. adeke brant. peter bunke. ditber bruminghe. hinrik linow. johan roleveſon. poyt langhe. clawes hinrikeſen. vnde detlef grote heynenſen van des kerſpels weghen tom oldenbroke in guden truwen ſtede vnde vaſt to holdene ſunder jenigherleye arghéliſt.. Vnde hebben des to tughe vnd bekantniſſe mit rade vnde mit vulbort der menheyt des vorbenomden kerſpels ingheſegel henghet to deſſem breve.. Vnd is ghe ſchen na godes bort drutteynhundert iar in dem neghen vndeſoſtigheſten iare in ſunte Lauretius daghe des hilghen merteleres.

423. Die Eingesessenen des Kirchspiels Lüdingworth geloben, dem Herzoge Erich von Sachsen-Lauenburg und seinen Gesandten treu zu bleiben, ihm alle Schuldigkeit mit Leib und Gut zu leisten und die von ihm gesandten Leute beköstigen zu helfen, wie die Landleute thun. Er dagegen soll sie bei allem ihren Rechte lassen, welches sie von seinen Vorfahren besessen haben. — 1369, den 10. August. K. O.

Wy menen Lude alle vnd en Jewelk bi ſunder de wonachtich. ſin in dem kerſpele to ludinghewort bekennen in deſſem openen breve. Dat wy hebbet ghe lovet vnde loven dem dorluchtigen vorſten vſem leven gnodighen heren hertoghen erike to ſaſſen herthoghen Erikes ſone. by em tho bliuene in guden truwen. vnde by den ghenen de he vs mit ſiner vulbort in dat lant to hadelen ſant. vnd alle de rechticheyt to donde der wy em van rechte plichtich ſin. mit vſem live mit vſem gude vullenkomeliken na vſer macht. nymber van em to kerende.. Vnde wan he lude ſant in dat lant to hadelen. de ſcole wy bekoſtighen helpen leſliken na vſer macht. gheliken dem dat de menen lantlude don mit ſpiſe vnde mit vodere. Ok ſcal vs vſe leve ghnedighe here hertoch Erik vorghenomet. by al vſem rechte laten dat wy van ſinen elderen ghe hat hebben.. Alle deſſe vorſcrevene ſtucke love wy clawes papen. willeken vrese. woldericus norbert wiſch. johan brant. holwort brant ekghelik detlevesſon. van des kerſpels weghen to ludinghewort in guden truwen ſtede vnde vaſt to holdene ſunder jenigerleye argholyſt.. Vnde hebben des to tughe vnde bekantniſſe. mit rade vnde mit vulbort der menheyt des vorbenomeden kerſpels Ingheſeghel henghet to deſſem breve.. Vnd is ghe ſchen na godes bort. drutteynhundert iar in dem neghen vndeſoſtigheſten iare in ſunte Laurentius daghe des hilghen mortheleres.

424. **Die Eingesessenen des Kirchspiels Neuenkirchen geloben, dem Herzoge Erich von Sachsen-Lauenburg und seinen Gesandten treu zu bleiben, ihm alle Schuldigkeit mit Leib und Gut zu leisten und die von ihm gesandten Leute beköstigen zu helfen, wie die Landleute thun. Er dagegen soll sie bei allem ihren Rechte lassen, welches sie von seinen Vorfahren besessen haben. — 1369, den 10. August.** **K. O.**

Wy menen Lude alle. vnd en Jewelk by ſunder. de wonachtich ſin in dem kerſpele to nyghenkerken. bekennen in deſſem openen breve. Dat wy hebbet ghe louet vnde loven. dem dorluchtighen vorſten vſem leven gnedighen heren herthoghen Erike to ſaſſen herthoghen Erikes ſone. by em to blivene in guden truwen vnde by den ghenen de he vs mit ſiner vulbort in dat lant to hadelen ſant. vnd alle de rechticheyt to donde. der wy em van rechte plichtich ſin. mit vſem live mit vſem gude vullenkomeliken na vſer macht. nymber van em to kerende. Vnde wan he lude ſant in dat lant to hadelen de ſcole wy bekoſtighen helpen leſliken na vſer macht. gheliko dem dat de menen dat de menen lantlude don mit ſpiſe vnde mit vodere. Ok ſcal vs vſe leve gnedighe here hertoch Erik vorghenomet by al vſem rechte laten dat wy van ſinen elderen ghe hat hebben. Alle deſſe vorſcrevene ſtucke love wy wolderik papen. hinrik van der medeme. johan over dem dolve. henneke langhen. Schowenborch. vnde hinrik kylen, in guden truwen ſtede vnde vaſt to holdene. ſunder jenigherleye argholyſt. Vnde hebben des to tughe vnd bekantniſſe mit rade vnde mit vulbort der menheyt des vorbenomden kerſpels ingheſegel henghet to deſſem breve. vnd is ghe ſchen na godes bort. drutteynhundert iar. in dem neghenvndeſoſtigeſten iare in ſunte Laurentius daghe des hilghen merteleres.

425. **Die Herzöge Wilhelm und Magnus von Braunschweig und Lüneburg erlauben dem Rathe und den Bürgern der Stadt Lüneburg, das Grimmer-Thor zuzumauern, davor und vor dem Spilker-Thore in der Richtung nach der Burg Gräben und vor letzterem eine Fallbrücke anzulegen, das Lindenberger-Thor, wie die übrigen Thore, unter ihrem Verschlusse zu halten oder unter der Bedingung, dass sie zwischen demselben und dem Grimmer-Thore ein anderes (das Neue-Thor) errichten, eingehen zu lassen. Sie überlassen ihnen ihren vor dem Lindenberger-Thore gelegenen Koten mit Garten und Land, frei von Zins und Hofdienst, bestimmen, dass vor der Stadt, in allen Gebäuden und Gegenden vor den Thoren niemand ohne Bewilligung des Raths Handel treibe und Aemter übe, und übertragen dem Rathe die Strafgewalt über diejenigen, welche im (Dorfe) Grimm, vor dem Lindenberger-Thore, dem Rothen-Thore, dem Sülz-Thore und dem zu errichtenden Neuen-Thore dawider handeln, gestatten auch jedem daselbst mit Strafe belegten Bürger der Stadt, der vermeint, zu stark bestraft zu sein, das Urtheil vor dem Rathe zu schelten und nur den im Stadtrechte bestimmten Bruch zu entrichten.*) — 1369, den 27. October.** **L. O.**

---

*) An der Original-Urkunde hangen beide herzoglichen Siegel.

Van der gnade ghodes. We Her wilhelm. vnde Her Magnus. Hertoghen to Brunſwich. vnde to luneborgh. bekennen. vnde betughen in deſſem breue. dat we. mid wlbord vſer eruen. vnde na rade vſer truwen man. hebben ghegheuen. vnde gheued. vſeme Rade vnde vſen borgheren vſer ſtad to luneborgh. dhe nv ſyn. vñ eren nacômelinghen. dor ſunderliker wooldant willen. dhe ſe vs ghedaan hebben. deſſe gnade. dat ſe nv van ſtaden an. edder dar na. wan ym dat euend. moghen to mvren. dat grimmedoer. vnde moghen dar grauen. butene vore breken, vnde maken laten. to vſer borch word. Ok moghen ſe vor dat ſpilleken doer. enen ghrauen maken laten to vſer borgh word vnde moghen dar ene vel brueghe vore maken. So ſchollen ſe des lindenbergheren dores bruken. vp. vnde to, to ſlutende. alſo ſo der anderen ſtad dore doen.. Wolden ſe ok dat lindenbergher doer verghaan laten. ſo ſcholden ſe twiſchen dat grimmer doer. vnde dat lindenbergher doer. een [1]) doer in maken. alſo de breue ſpreken. dhe ym dar vore vppe gheuen ſyn. Ok late we ym buten deme lindenbergheren dore vſe kôten. dar vppe wonet. Albert boltrauen. mid gharden vñ lande. dat dar to hoord. mid tinſe, vnde bouedenſte quijd vñ vrygh. dat ſe dar mede doen vñ laten. wod ym euene kvmt. Ok gheue we. vſeme rade. vnde vſen borgheren to luneborgh. dhe gnade. dat buten vſer ſtad to luneborgh. in al dhen buwen, vnde ieghenen. dhe buten dhen dôren. ſyn. vnde dhe men dar nogh maken magh. nemand veylinghe hebben ſchal. nogh ammetto ôuen. ſunder des rades willen, vnde wlbord. Were dat ienmand. dat [2]). dar en bouen dede. buten der ſtad. odder dar enbinnen. dhen magh dhe raad to ſyme rechten brôke dwinghen vnde holden. ſunder vare. vnde ane brôke wedder va. woer ſe den beſt be komen konnen. Deſſer vorſchreuenen [3]) vryghheyd vnde gnade, moghen vſe vorbenômede raad vñ borghere, bruken. in deme grimme. vnde buten deme lindenbergheren dôre. vñ demme [4]) roden dôre. vñ deme ſulte dôre. vnde an [5]) deme. dat dar to buwed worde. vnde anders nerne. Queme ok dar ſulues in dhen ieghenen vſer borghere van luneborgh ienigh to brôke. deme des dughte. dat men ene ver vnrechtede. dat moghte he ſchelden. vor den raad to luneborgh. vnde en dorſte dar denne, vmme dhe zake. nenen vorderen brôke liden. wen alſe een ſtad recht were. Ok ſcholle we. vſe nacômelinghe. vnde ammechtlude. dhen raad, vnde dhe menen borghere to luneborgh. in deſſer ghaue [6]), vñ rechten vorderen. vnde enſchollen dar nicht enieghen doen. Deſſe bref enſchal neen ſchade weſen. dhen breuen. dhe we ym vore gheuen hebben. edder vſe vor varen. To ener grotteren wiſſheyd vnde bewiſinghe deſſer vorſchreuenen ſtucke. hebbe we Her wilhelm vnde Her Magnus. Hertoghen vore benômed. vſe ingheſeghele henghed heten to deſſem breue. Dhe is ghe gheuen to luneborgh Na ghodes boord Dritteynhundert iar In deme neghen, vnde ſeſtoghesten iare. In deme auende ſunte ſymon vnde Judas.

426. **Die Herzöge Wilhelm und Magnus von Braunschweig und Lüneburg überlassen für 1500 Mark lüneburger Pfennige dem Rathe und den Bürgern der Stadt Lüneburg pfandweise auf vier Jahre alle ihre Gewalt und Recht an der ihnen und dem Rathe gemeinsamen Vogtei, Gericht, Geleit und Verfestung in der Stadt Lüneburg mit Einnahmen von Brüchen oder Gewedde, so dass die Rathsherrn allein, ohne sie oder ihre Amtleute, in den betreffenden Angelegenheiten Recht oder Gnade zu üben, auch den Vogt am Gerichte zu Lüneburg anzustellen und abzusetzen, berechtigt sein sollen. Der Vogt soll in allen Angelegenheiten, die das Gericht und die Herzöge betreffen, von letzteren zum Nutzen des Rathes Vollmacht besitzen und von ihnen, als ob sie ihn angestellt hätten, vertheidigt werden. Die Rathsherren allein und ihr Amtmann sollen während der Pfandzeit ohne die Herzöge und deren Vögte die Macht zu Lüneburg ausüben, welche sie mit ihnen bisher gemeinsam geübt haben. Die Herzöge reserviren sich nur die Abgaben von Fischen und Holz, die Stättepfennige im Michaelis-Markte, ein Stübchen von jedem Fasse Wein oder Bier und den Zins, den die Vorsteher der Aemter zu Lüneburg von Rechts und nicht von Gerichts wegen entrichten. Die Rathsherren sollen befugt sein, allein die Ausfuhr des Kornes und Holzes zu verbieten oder zu erlauben. Handelt jemand zu Lüneburg gegen ihr Ausfuhrverbot, so soll der Rath allein die Strafgelder davon**

Das Copiar XIV. zeigt folgende Abweichungen: [1]) *Hier ist ander eingeschoben.* [2]) *dat fehlt.* [3]) *vorbenômeden statt vorschreuenen.* [4]) *deme.* [5]) *in.* [6]) *deſſen ghauen.*

beziehen. Die Strafgelder aber für Ausfuhr des Kornes oder Holzes aus Winsen, Harburg, Bleckede oder aus den Gegenden, auf die sich das Verbot, wenn die Ausfuhr zu Lüneburg verboten wird, erstrecken soll, sollen der herzogliche Vogt und der Rath zu Lüneburg zu gleichen Theilen unter sich theilen *). — 1368, den 6. November. **II.**

Van der gnade godes.. we her Wilh. vnde her Mangnus hertoghen tu Brunſw̄ vnde tů Luneborch. Bekennen in deſſem breue. dat we mit vulbort vnſer eruen vnde na rade vnſer truwen man. vor veſteynhundert mark luneborgher pennynghe. de vns rede betalet vnde in vnſer herſcop nut gekomen ſint. hebben ge ſat vnde laten den Ratmannen vnſer Stad tů luneborch de nů ſint vñ eren nacomelinghen vñ vnſen menen borghern. al vnſe macht vñ recht de we hebben inder voghedige vñ indeme richte. In geleyde vñ in vor veſtinge de vns mit den radmannen an rûret bynnen vnſer ſtad tů luneborch. mit aller nut vnde tů behoringhen. vnde mit beteringhen de van broken eder van wedden komen. ſe ſint grot eder lůttik. alſo alſe ſe [1]) vnſe voruaren vnde we eder [2]) ammechtlude ſe beſeten vnde hat hebben. wente indeſſe tyd dat de radmanne mechtik weſen moghen vñ ſcolen allene ane vnſik eder ane vnſe ammechtlude gnade eder recht dar by tu dûnde. wanne vnde wor en dat nûtte duncket weſen. vnde de ratmanne moghet na ereme willen enen voghet ſetten tů dem richte bynnen luneborch vñ af ſetten wanne vnde wo dicke en dat euent de ſcal van vnſer vnde van vnſer eruen weghene vulle macht hebben tů des rades nůt in alle den ſtůcken de dat richte vnde vns an rôrut. vnde den ſcůlle we vnde willen [3]) vordegedinghen. wor vnde wan eme des behuf is likerwijs als eft [4]) we ene dar [5]) sůluen tů geſat hedden. vnde wor we eder vnſe voghede van vnſer weghene macht ane hat hebben mid den radmannen bynnen luneborch wente in deſſe tyd. des ſcolet na deſſer tid al de wile de vogedige vnde richte by deme rade blyuen, de radmanne eder ore ammechtman allene ane vns eder vnſe voghede mechtich weſen.. Vtfůre kornes vnde holtes moghet de radmanne vorbeden [6]) eder orlôuen [7]) wanne en dat nůtte duncket dar en ſcole we noch vnſe ammechtlude oder en willen ſe nicht ane hinderen noch en ieghen vor beden [8]) eder ieghen oren willen ſe dar [9]) nicht vmme bidden.. Were dat iement korn eder holt vte luneborch vôrede. wan de Rad dat vorboden [10]) hedde. den broke ſcolde de rad tů luneborch allene nemen. Voredo auer iement korn eder holt ut Winſen eder horborch eder Blekede. eder vt den ieghenen dar de vtuore kornes vnde holtes vorboden [10]) weſen ſcal. wan de vt uore tu luneborg. vorboden [10]) is den broke ſcolde vnſe voghet vnde de Rad tů luneborch like nemen vñ delen. als ok de breue utwiſen de de ratmanne tů luneborch dar up hebben.. Tu alle deſſen vorescrheuenen ſtůcken ſcůlle we vnde vnſe ammetlude vnde willen dem rade tů luneborch truwelken [11]) helpen wanne vnde wor en des behuf is. In alle deſſen ſtůcken en ſcůlle we noch en willen. noch vnſe nacomelinge noch ammechtlude oder iement van vnſer weghene. de radmanne eder de borghere tů luneborch neuerleige wiis hindern. eder hindern laten oder beſchaden, men we vñ vnſe ammechtlude ſcollen vnde willen ſe indeſſen rechten vnde richten vnde in al oren noden truwelken [11]) vor degedinghen be ſchermen vnde heghen. wor vñ wanne ſe vns dar tu eſchen. Deſſe vorſettinge vnſer vorben̄ vogedige vñ richtes [12]). dar we den rad vnſer Stad tů luneborch nu in wiſet vnde inweret ſcal waren vnde blyuen by den radmannen vnſer ſtad tů luneborch. veer iar vmme de men ſcal an rekenen ane vnderlat van der tyd alſe deſſe bref gegheuen is. We beholden auer vns vn vnſen eruen eder [13]) nakomelinghen viſchenement. holtnement. ſtede pennynghe in dem markede ſunte Michaelis. vnde van iewelkeme vate wynes vñ beres een Stôueken. vñ den tyns den de ammechtlude gheuen bynnen luneborch van rechtes weghene vnde nicht van ghe richtes weghene. Dit wille we hebben als [14]) een olt wonheit is vñ weſen heft. vnde anders nicht. Wanne de veer iar vmme komen ſin dar na moghe we vnſe eruen eder nacomelinghe de vogedige vnde richte weder lozen. wan we willen. vor veſteyn hundert mark luneborgher penninge de we deme rade tů

*) Obige Urkunde ist im Copiar II., als nicht mehr geltend, durchstrichen.

Das Copiar XIV. zeigt ausser unbedeutenden Verschiedenheiten des Dialects und der Rechtschreibung folgende Abweichungen: [1]) *ſe* fehlt. [2]) Hier ist *vſe* eingeschoben. [3]) Hier ist eingeschoben *dar to*. [4]) *eft* fehlt. [5]) Das *dar* steht hinter *sůluen*. [6]) *verbeden*. [7]) *erlouen*. [8]) *verbeden*. [9]) Das *dar* steht hinter *nicht*. [10]) *vor boden*. [11]) *truwelíken*. [12]) *rechtes*. [13]) *vñ* statt *eder*. [14]) *alſe*.

luneborch ſcûllen vnde willen betalen. mit reden vmbeworned pennynghen. in vnſer ſtad tu luneƀ. er ſe van deſſen vorbeñ vogedige vnde richte laten dornen. vnde delofinge ſcole we vnſe eruen eder vnſe nakomelinghe deme rade een veerdendil [15]) iares vor kundeghen. eer wen we ſe losen. vnde wan we delofinge vûlbracht hebben. als hir vore ſchreuen is ſo moghe [16]) vnſer voghedie richtes vñ rechtes bruken alſe [14]) ſik dat geboret. vnde ſcullen vnde willen vnſen vorbeñ rad vñ ſtad tû luneborch vnde vnſe menen borghern. by alle eren rechten vnde wonheiden laten. de ſe van vnſer vnde vnſer voruaren tyd gi er gehat hebben vnde noch hebben.. Alle deſſe vorſcreuenen ſtücke vnde en iewelk beſundern. loue we her Wilh vnde her Mangnus hertoghen tû Brunſ vnde luneƀ. vor vns vnde vor vnſen eruen vnde nacomelinge. vnſen vorſchreuenen radmannen vnſer ſtad tû luneborch eren nacomelinghen. vñ den [17]) menen borghern ſtede vnde vaſt tû holdene. vnde nener leige wis tû brekende. Tu ener grottern bewiſinge vnde tûchniſſe. hebbe we vnſe Ingeſegele mit witſcop vnde mit willen. tû deſſem breue henghet heten. Dit is geſchen vnde handelet tu luneborch. Na godes bort. Drütteinhundert iar Indem negben vnde ſoſteghesten iare. in deme negheſten dingſdaghe vor ſünte Mertens Daghe.

427. **Herzog Magnus von Braunschweig und Lüneburg verpfändet dem Hans von Honlege und dessen Sohne und Vetter unter Vorbehalt des Oeffnungsrechtes das Schloss und die Stadt Schöningen mit Dörfern und Gericht, wie Johann von Garssenbüttel sie von ihm besessen hat, für 100 löthige Mark und für die auf 200 Mark veranschlagten Kosten des von ihnen am Schlosse vorzunehmenden Baues und gestattet ihnen Selbsthülfe vom Schlosse gegen Unrecht, gegen welches er ihnen nicht zum Vergleiche oder Rechte verhilft. — (1369.)** III.

Von der gnade goddes wẏ Magnus. Hertoge tû Brunſw. vnde tû Lünebř Bekennet openbare. indeſſem Breue, Dat wẏ hebbet geſat vnſen lyuen getruwen. Hern Hanſe. von Honlege. vnde Lud ſyme Sone. vnde Lud ſineme veddern. Sackwolden. vnde ern Lud von velthem. Syuerde. von Saldern. Jane. von Garſnebuttele. tû truwerhant. vnſe veſtene Scheninge. Hus. vnde Stad. myd alledeme dat dar tû hord. an velde. an dorpen an holte an ackere. an viſchen. an weyde. an watere. an gerichte vnde an vngerichte, myt alleine rechte. vnde myt aller nûd vnde tû behoringe. dẏ dar tû hord. als dat Jan. von Garſnebuttele. von vnſer wegen gehad hadde, vor Dre Hundert Lodige mark der he vns Hundert rede betalet heft vnde dy andern twey Hundert mark ſchal he vorbuwen. andeme Slote. dar ſulues als twen vnſer manne. vnde twen ſinen vrûnden dunket dat redelik ſẏ, Dẏ ſuluen veſten Scheningen. moge wẏ edder vnſe Eruen von ome edder von ſinen Eruen alle Jar wedder loſen, vor Drẏ Hundert mark. edder vor also vele myn. als he dar myn. wenne twey Hundert mark an vorbuwet hedde, wo wy dy loſinge kundigen tû wynachten. vnde Geuen one dat gelt vppe dẏ negeſten Paſchen. dar na. inder Stad tû Brunſw. Wolden ſẏ ore gelt wedder haben. dat ſcholden ſẏ vns ok vorkundigen vppe wynachten, So ſcholde wẏ one dat wedder geuen inder Stad tû Brunſw. vppe dẏ negeſten Paſchen. dar na. Woret dat wẏ des nicht endeden So moget ſẏ orer Penninge bekomen myd deme ſuluen Hus. vnde med deme dat wẏ one dar tû geſat hebbet. myt weme ſẏ willet dẏ or genote vnde vnſe beſetene man were, Dit Slot ſchal vns opene weſen tû alle vnſen noden, wor vnde wanne vns des nod es, Wert ok dat orloge worde, dar me ſik tû Scheninge Schaden af vormodede, alzo dat me da gewapende volge halden moſte. dẏ ſcholde wẏ dar ſenden, vnde wy ſcholden dy koſt lyden vnde her Hans. von Honlege. edder ſine Eruen nicht Werd ok dat dat Hus. vnde dẏ Stad vorlorn worde, So enſcholde wy vns nicht Sonen noch vreden, myd den dẏ dat gewunnen hetten, wẏ enhetten, oñ des weddor geholpen alze ſẏ dat hadden, Edder wẏ enhetten oñ or gelt wedder gegeuen Ok enſcholle wẏ von deme gude, dat wẏ one myd deme Slote geſat hebben. nicht vor kopen noch vor ſetten, dẏ wile dat ſẏ id hebbet Vor vnrechtede ſẏ yement ſo ſcholde wẏ oñ mynne. eddor rechtes helpen bynnen vyer weken dar na. wanne ſẏ vns dat vorkundiget hetten konde wẏ des nicht dôn. So moget ſẏ ſek von. deme Slote wol vnrechtes erweren dat ſchal vnſe wille weſen Dat wẏ Hertoge Magnus vorƀ. vnde vnſe Eruen......

[15]) veerdendel. [16]) Hier ist we eingeschoben. [17]) vsen statt den.

428. Herzog Wilhelm von Braunschweig und Lüneburg erneuert die von seinem Vater Otto, von seinem Bruder Otto und von ihm getroffene Verfügung, dass der zeitige Inhaber des Altars des heiligen Kreuzes und St. Georgii in der Kirche zu Celle mit des Herzogs anderen Geistlichen, wann zu Celle Hof gehalten wird, an der herzoglichen Tafel speisen soll. — 1369, den 13. November. **K. C. 16.**

Wy her wilhelm van godes gnadenn hertoge tho Brunswick vnnde Lüneborch Bekennen In dessеme breue dath vnse leue vader her Otte vnnde her Otte vnnse broder den beyden god gnedich sy vnnd we hebbenn gegeuenn ewichlikenn tho bliuende dorch god vnnde vnser sele willen vnseme Cappellane de Beleneth were myt dem altare des hilligen Cruces vnnde sunte Georgij dat belegenn is In der karken to Tzelle dat he schal myd vnnsen anderen papen sitten vnnd etenn tho vnser tafelen wanneer vnnse hoff vnnd leger tho Tzelle were Vp dat duth vnvorbrokenn vnd ewichliken van vnsz vnde vnsenn erffen vnnd nakomelinghen geholden werde so hebbe wy vorbenomede her wilhelm vnnse Ingesegele gehenget lathenn an dessеm breff Na godes bord Dritteyn hünderth Jar an dem negen vnnd sestigestenn Jare An dem hilligen dage sunte Brictij des hilligen Bischopes.

429. Die Knappen Diedrich Wenckstern und Friedrich von der Gartow stellen einen Revers aus, dass Herzog Magnus von Braunschweig und Lüneburg unter Vorbehalt des Oeffnungsrechtes ihnen auf drei Jahre das Schloss Presetze mit Gülte, Gericht und Recht, wie Diedrich von Hitzacker es besessen hat, für 450 Mark Pfennige verpfändet und gelobt hat, sechs löthige Mark ihnen jährlich zu der Gülte zuzulegen und ihnen die Kosten nöthiger Bauten am Schlosse, die sie nach seinem Rathe vornehmen, bei der Einlösung zu ersetzen, dass er auch Selbsthülfe vom Schlosse gegen Unrecht, wogegen er ihnen nicht zum Rechte oder Vergleiche verhilft, ihnen gestattet hat. — 1369, den 16. November. **K. O.**

We dyderik wenkesterne. vnde frederik von der Chartow knapen.. Bekennet openbare in dessеm breue. dat de dorluchtege vorste vnse gnedege herre. her Magnus hertege tu brunswich vnde tu luneborch. heft vns vnde vnsen rechten Eruen. ge sat sin. Slot Pritzetze. myd sodaner gülde richte vñ rechte. als id her dyderik von hidzackere heft gehat vor veftehalfhundert mark pennynge. vnde tů der vorbenomden gülde scal he vns gheuen Ses lodege mark. welkes Jares he des nicht en dede. so scolde we des Jares Ses lodeghe mark vppe dat Slot rekenen vnde de scolde he vns mid den vorescreuenen veftehalf hündert marken be reden wan he dat Slot van vns losede. dyt Slot scullе we vor dat vorbenomde ghelt beholden desse neghesten dre Jar vmme an to rekene van deme daghe als desse bref ut ge gheuen is. vnde wan de dre Jar vmme komen sint. so mach he vns vnde we eme de losinge des Slotes Jewelkes iares kundeghen. wan he efte we willen. vnde wan de losinge denne ge kundeghet is. so scal he vns dat vorbenomde gelt vmbeworen betalen bynnen dem neghesten haluen Jare dar na. vnde wan we van eme be talet sint. so scolle we eme vnde sinen rechten Eruen sin vorbenomde Slot vmbeworn weder antwerden mid der gülde richte vnde rechte als we dat van em ghe hat hebben. were ok dat dat Slot buwes be houede dat scolde we buwen na syneme rade willen vnde vůlbort. vñ dat scal he vns gelden na be segginge twiger siner manne de he dar to kesct vnde twiger vnser vrunt wan he dat Slot weder van vns loset. Mit desseme vorbenomden Slote scal he vns vordegedingen lik andern synen mannen. Minne vnde rechtes scal he vnde sine Eruen ouer vns vnde vnse Eruen mechtich wesen tů allen tyden. vor vnrechtede vns Jement en helpe he vns dar vmme nicht mynne efte rechtes bynnen den neghesten achte wekenen dar na wan we eme dat geclaghet hedden. so müste we vns sůluen van deme Slote wol vnrechtes erweren. Dyt vorbenomde Slot scal eme vnde sinen rechten Eruen open wesen tů alle eren noden. wanne vnde wo dicke en des nod is.. wolde he ok orleghen van deme Slote welken ammechtman he dar settede de scolde vns vor schaden vnde vor vngheuoge bewaren Schůde vns auer van en schade den scolde vns de ammechtman weder důn In mynne eder in rechte bynnen dem neghesten verdendeel iares dar na wan he van vns dar vmme gemanet worde. worde ok dat Slot van syner wegbene vor loren des got nicht en wille konde he vns. denne des Slotes nicht weder behelpen bynnen deme negheften Jare dar na efte buwede he vns neen Slot alse güt indat gerichte dar we de gulde des Slotes van bekrechteghen möchten bynnen der suluen tyd so scolde he vns vnse gelt weder gheuen wan dat Jar were vmme komen ane vortoch vnde hinder wörde ok dat Slot van vnser weghene vor loren so scolde eme sin Slot vnde vns vnse gelt vor loren wesen. vnde he en scolde sik noch we vns nicht sönen noch vreden myd den ghenen de dat Slot ge wunnen hedden yd en were an beydent syden vnse wille. were ok dat vnser borghen dei hir na schreuen stad Jenich af ginge bynnen desser tyd dat vns dit Slot van eme vorpendet is so scolde we vnde wolden. enen andern alse gut in Jewelkes stede setten de dar af gegangen were bynnen den neghesten veer wekenen dar na. wan dat van vns ge esschet worde. vñ de scal alle desse vore schreuenen stücke vor vns louen in enem sunderghen. breue dar mede scal desse bref vn uorbroken blyuen.. Alle desse vore schreuenen stücke loue we vorbenomden. dyderik wenkesterne. vñ frederik von der Chartow vnseme vorbenomden herren herteghen Magnuse vnde synen rechten Eruen. myd samder hant intruwen stede vnde vast tů holdene vnde vnuorbroken. ane Jenegherhande argelist efte hulperede.. vnde we Matias von Jaghouw rydder. vnde Gherard von wůstrow knape bekennen dat we vns hebben tů borghen sat vor dyderke wenkesternen vnde vor frederke von der Chartow vnde vor alle ere Eruen. vnde louet in truwen mid Samder hant indessem Jeghenwardeghen breue. vnseme vorbenomden herrn hern Magnuse hertegen tu Brunswich vnde tů luneborch vnde sinen rechten Eruen alle desse stücke tů holdene vullenkomen in aller wise als hir vore schreuen steyt were dat eme efte synen eruen ienich brok efte hinder worde in dessen vore schreuenen stücken so scůlle we vnde willet komen in de Stad tů luneborch bynnen den neghesten veerteynnachten dar na wanne we dar vmme ge manet worden. vnde dar een recht Inlegher holden. vnde dar nicht butene be nachten de bröke vnde hinder sy en erst gentaliken ervůllet. eder we en deden dat myd erem willen.. Tů enem orkůnde alle desser vore schreuenen ding. hebbe we Sakewolden. vnde we borghen vnse Ingesegele myd witscop vnde myd willen henget laten an dessen bref. De ghenen is na godes bort. Drůtteynhundert Jar. in deme Neghen vnde Sosteghesten Jare. an deme achten daghe Sůnte Mertens.

430. Herzog Magnus von Braunschweig und Lüneburg vermittelt eine Sühne des Klosters Ebstorf mit dem von dem Berge wegen ihrer Irrungen über das von Huner von Odem dem Kloster verkaufte Gut (zu Hanstedt). 1369, den 18. November. K. C. 14.

We her Mangnus van godes gnaden Hertoghe to Brunś vnde to Luneborch. Bekennen openbar in dessem breue. Dat we hebben berichted vnde verschoden den prouest priorne. vnde Conuent vnses Closters to Ebbē. myt hern Seghebande van dem Berghe. vnde hanse synem sone. vnde hanses vrouwen. vmme alle schelinghe. vnde twidracht. de se vnderlanghes ghe had hebbet In desser wise. dat de prouest heft hern seghebande vnde hanse synem sone vnde syner vrouwen. gheuen CC. luneborgher mark. vnde dar vore hebbet se den prouest priorne vnde Conuent to Ebbē. ledich vnde los ghe laten. van aller ansprake de se ghe dan hebben vnde don mochten. in alle deme gude. dat huner van Odem. dem Clostere to Ebbē verkoft hadde. Vnde desse vorbeñ her segheband. vnde hans syn sone. hebbet vor sik. vnde vor hanses vrouwen vnde vor ere Eruen. dem prouese vnde de prouest en weder eyne gude sone vnde vruntschap. vnderlanghes vor vns ghe loued vmme alle schelinghe vnde twidracht. de twisghen en. vmme dyt vorbeñ gud. vnde vmme allerleye ander sake ghe wesen heft. Vnde hir ouer hebbet ghe wesen. vnse ghe truwen. her Cord soltow. prouest to lune. her Cord van Rotleue. vnde Johan Sporcke vnse puttekere Vnde to eyner betuginghe desser schedinghe hebbe we vnsem vorbeñ Clostere to Ebbē dessen bref besegheled gheuen myt vnsem Ingheseghele na godes Bord. drytteynhundert Jar in dem neghen vnde sestighesten Jare des sondaghes na Martini.

431. Kaiser Karl IV. bestätigt dem Reichserzmarschalle, Herzog Rudolf von Sachsen-Wittenberg, die demselben von dem Könige Friedrich und darnach von ihm auf seine Lebenszeit verliehenen, 300 Mark Silbers betragende, jährliche Reichssteuer der Stadt Lübeck, widerruft die spätere Verleihung derselben an den König

Waldemar IV. von Dänemark *) und gebietet dem Bürgermeister, dem Rathe und den Bürgern der Stadt, die Steuer dem Herzoge jährlich zu entrichten. — 1369, den 19. November. **K. O.**

Wir Karl von gotes gnadin Romifcher Keifer czu allen czeiten merer des Reichs vnd Kunig czu Behem Bekennen vnd tun kůnt offenlich mit difem briefe allen den die in fehen odir horn lefen, Wanń in vorgangen czeiten, feliger gedechtnuzze, vnfer voruare, an dem Reiche, Kunig Fridrich, etwenne Romifcher Kunig, dem Hochgeborn Rudolffen, Herczogen czu Sachfen, des heiligen Richs Oberiftem, Marfchalke, vnferm lieben Ohem, vnd Fůrften, den Czins vnd die ftůwre, dreyerhundirt Mark Silbers, die dem heiligen Reiche die Burger, vnd gemeynfchaft der Stât czu Lubek,, Jerlichen czu geben pflichtig fein, vorfeczet, vnd vorpfendet hatte,, als ouch, der felb, vnfer Ohem, des egenanten kunig Fridrichs, kuniglichen brief doruber hat, die wir gefehen, vnd eygenlich vornomen haben, Vnd wenń ouch wir dornach, durch manignalde vnd merkliche dienft, vnd truwe, die der felb vnfer Ohem, vns vnd dem Reiche, oft nůczlich, vnd williclich erczeiget hat, vnd noch tun fol, vnd mag, in kunftigen czeiten, ym die felben ftůwre, vnd Czins dreyhundirt, Mark, Silbers, ůf der Stât czu Lubek, alz vorgefchriben fteet, geben, vorlihen,, vnd befcheiden haben, alle Jar, die weil vnd das wir leben, von vnfern vnd des Reichs wegen, czu nemen, vnd czu empfahen,, als ouch das, in vnfern kuniglichen briefen, die wir im doruber vormals gegeben haben, vollenkomplich, begriffen ift, Dorumb fo meynen vnd wellen ouch wir, yn von vnfern keiferlichen, gnadin, do bey vnfere lebtage alz vorgefchriben ift, lazzen, vnd behalden,, Vnd were das wir hernach ymanden wer der were, vnd mit namen, dem Durchlůchtem Woldmaro, kungen czu denmarke, von vorgeffenheyt leichte odir fuft, in dheynenweiz, uber die felben Stuwre, vnd Czins, dheyn andern brief,, geben hetten, die dem egenanten vnferm Ohem, an den felben Stuwre, vnd Czinse, vnd vnfern Eldern briefen, die er doruber hat, dheynen fchaden bringen mochten, die widerrufen wir, vornichten, vnd totten, fie mit craft dicz briefs, mit rechter wiffen, vnd keiferlicher mechte vollenkomenheyt, alzo, das fie kein craft, noch macht haben fullen, Sunder der egenante vnfer Oheim, fol bey den egenanten ftuwre vnd Czinfe, alle vnfere lebtag, bleiben, von allermeniglich vngehindirt,, Vnd dorumb fo gebieten wir dem Burgermeifter dem Rate vnd den Burgern gemeynlich, der egenanten Stat czu Lubek,, die nů fein, odir in czeiten werden, vnfern vnd des Reichs lieben getruwen, ernftlich vnd vefticlich, das fie dem egenanten vnferm Obemen die vorgenante vnfer Stuwre, vnd czins dreyhůndirt Mark, Silbers, alle Jar, vnuorczogenlichen, von vnferr vnd des Richs wegen, geben vorrichten vnd beczalen fullen, als fie vnfer vnd des Reichs fwere vngenad vormeyden wellen, Wanń fo, fie die felben Stuwre vnd czins dem felben vnferm Obemen Jerlichen geben, vnd vorrichtet haben, So fagen vnd lazzen, wir fie der felben genczlichen, vnd gar, quyt, ledig vnd lôzz, Mit vrkund dicz briefs vorfigelt mit vnferr keiferlichen Maieftat Ingefigele, Geben czu Budyffin, noch Crifts geburd dreyczenhundirt Jar, dornach in dem NevnvndSechczigftem Jare an, Sand, Elizawethen tage, vnferr Riche in dem viervndczwenczigftem vnd des keifertums in dem fomfczenden Jare.

Auf der Rückseite der Urkunde steht geschrieben: R. Johannes de Geilnhufen.

Gedruckt in Sudendorf's Registrum Tom. III. pag. 78 Nr. LIV.

423. Gräfinn Mechtilde von Schauenburg leistet vor ihrem Vater, dem Herzoge Wilhelm von Braunschweig und Lüneburg, Verzicht auf das von ihm dem Herzoge Magnus gegebene und überlassene Fürstenthum Lüneburg, wie er es besessen hat, und auf alle seine Güter und gelobt dem Herzoge Magnus, keine Ansprüche darauf zu erheben. — 1369, den 22. November. **K. O.**

Wye Mechtild van Goddes gnaden,. Ghrâuinne, to Holften, vnde Schowenborch., Bekennet openbare in deffem Bryeue,. dat wye mid wol bedachtem mode, vnde mid guderne willen,. hebbet ghe daen, vnde

*) Cfr. die vier Urkunden des Jahres 1350 in dem Urkundenbuche der Stadt Lübeck Theil II., pag. 887 bis 890, dieselben in Riedel's Codex diplomat. Brandenb. III. 1. pag. 29—31 Nr. 30—33, die Urkunde desselben Jahres in dem erwähnten Urkundenbuche l. c. pag. 896 und 897 und die Urkunde vom 13. Juni 1360 in Glafey's Anecd. I. pag. 204.

doet,. eyne rechte vorticht., vor vnseme lieuen vadere, Hertoghen Wilhelme,. Hertoghen to Brunswijch vnde to Lüneborch., des vorstendommes to Lüneborch., ŷd sy eyghen edder leen,. gheystlich,. edder werltlich., also alse de sülue, vnse lieue vader Hertoghe Wilhelm dat beseten heft,. vnde dar to van alle dem gude, dat he heft, vnde ghehad heft., vnde van alle dem gude vnde Herschop, de he vnseme lieuen vedderen., Hertoghen Mangnuse ghe gheuen, vnde ghelaten heft., vnde enschollen, noch en willen dar nenerleye ansprake mer an doen,. wedder in gheystliker achte, noch in werltliker,. noch nemand van vnser weghene., Dat loue wŷ, vnseme vorbenomden vedderen Hertoghen Mangnuse vnde sinen Eruen., stede vnde vast to holdende, ane allerleye lyst., vnde hebben des to orkünde, vnse Ingeseghel witliken gho henght laten an dessen Brief., Hir by vnde ouer dat wŷ dasse vorticht ghedaen hebben,. vor vnsem vorbenomden vadere Hertoghen Wilhelme. hebben ghe weson,. vnse lieue Junchere Otte Ghreue to Holsten vnde to Schowenborch,. vnde sine Man,. de Erlike man her Wodekind van Örbeke Prouest to Ouernkerken., her Harbert van Holten. Ridder,. Ludbert Westual. vnde Herman van Neendorpe, knapen., vp eyne half., vortmer de Erwerdighe Here, her Hinrich Byschop to Verden., Her Dyderich van Althen., Her Conrad van Roteleuen Riddere., Hans Knigge., Johan Spercke Pütteker, vnde anderer ghuder lüde ghenüch., Desses to merer sekercheyd,. hebbe wŷ vorbenomde Her Hinrich. Byschop to Verden, vnse Ingheseghel., by vnser vorbenomden vrowen van Schowenborch Ingheseghel, an dessen Brief ghehangen,. des wy andern alle, de in dessem brieue stad beschreuen,. vnde ok ouer desser verticht ghe wesen sind,. mid em ghebrüken., De ghe gheuen is, Nach Goddes ghebord., Dusent Jar, drŷ hundert Jar in deme Neghen vnde Sestighesten Jare an sancte Cecilien daghe, der werden Junchvrowen., an dem Donnersdage.

433. **Herzog Magnus von Braunschweig und Lüneburg wiederholt das von ihm dem Herzoge Erich von Sachsen-Lauenburg am 16. Februar 1369 geleistete Gelöbniss. — (1369.)** III.

Wŷ Magnus. von Gotz gnaden Hertoge. tů Brunsw. vnde tů Lunebr Bekennen indessem openen Breue vor alle den Jenen dŷ one Sehen edder horen lesen dat wŷ. vnde vnse rechten Eruen Schollen beholpen. wesen. Hertogen Ericke vnsem lyuen Omen vnde sinen rechten Eruen inalle oren noden, myd alledeme dat wŷ vor mogen, truwelicken. vnde med Gudem willen, also Eyn Gud. vader sineme lynen kynde tzů rechte schal. Ok scholle wŷ. vnsem liuen omen vorgenant helpen tů alle sime Erue, vnde by alleme rechte behalden so. wŷ allerbeste konnen vnde mogen wanne he. Edder sine rechten Eruen Edder dŷ ore, dat von vns Edder von vnsen rechten Eruen Eyschen Vortmer were dat hertoge Erik, vnse liue, vorstorue. vnde sin herschop. tů vns queme, Er wanne sin Suster Jutte beraten were, So scholde wŷ sŷ be raten tzů manne. Na orer vrunde. vnde manne rade, vnde schollen or twe Dusent lodige mark mede Geuen, konde wŷ sŷ auer doch beraten na orer vrunde vnde man Rade, So scholde wŷ vmme neyne Summen Geldes gemanet werden, Ok scholle wŷ vnses Omes man by alleme rechte laten alse sŷ. von Oldingens gehat hebben. vnde were dat vnses omes Herschop. an vns queme, Edder tů vnsen rechten Eruen So scholle wŷ vnde vnse Eruen, alle dŷ Breue holden, inguden truwen. dŷ vnses omes man edder andere lude, geystlik Edder werltlich hebben von der Herschop. Vortmer scholle wŷ vnses omes müder laten by oreme lifgedinge vnde by alleme rechte........

434. **Herzog Magnus von Braunschweig und Lüneburg gelobt, diejenigen Gewaffneten und Schützen, welche ihm auf seine Bitte wegen seines Krieges mit den Herzögen von Meklenburg und mit den Grafen von Holstein von dem Rathe der Stadt Lüneburg gestellt werden, ausserhalb der Stadt Lüneburg zu speisen und zu beköstigen *) und diesen Hülfstruppen allen Schaden zu ersetzen. Er erkennt an, dass der Rath ihm die Hülfe aus Freundschaft und nicht von Rechts oder Gewohnheit wegen leistet, und gelobt, dass er und seine Nachkommen solche Hülfe nicht als Recht oder Gewohnheit von dem Rathe fordern sollen. — 1369, den 20. December.** L. O.

*) In einem Urkunden-Verzeichnisse des Archives der Stadt Lüneburg ist folgende Urkunde notirt: „Anno 1369 Hertoge Magnus Reversal wegen seiner Reiter Abzug."

Van der gnade ghodes. We her Magnus Hertoghe to Brunswich vnde to Luneborgh bekennen openbare vñ betughen in dessem breue. dat we vsen raad vser stad to Luneborgh ghebeden hebben. dor des kryghes willen. dhen we nv hebben. mid den hertoghen van mekelenborgh. vnde mid dhen Ghreuen van holsten. vmme hulpe wapender lude. vnde schutten. vnde mid wō vele luden se vs to helpe komen konnen edder moghen. dhe scholle we spisen, vnde bekosteghen buten Luneborgh. vnde nemen dhe schaden, in welkerleyie wijs dhe were. dar scholle we vñ willen se van entledeghen. vnde van alleme schaden nemen. wanne we dar vmme ghemaned werden van vseme vorschreuenen radhe. dar na binnen eneme veerdendele iares. vnvortoghed. vnde al dhe hulpe dhe se vs doen in dessen stucken. dhe doen se vs vmme vrunschop. vnde nicht vmme recht nogh dor wönheyd. Vnde we. vñ vse eruen edder nacömelinghe. schollen dhe vorschreuenen helpe. van vseme vorbenömeden radhe, vñ borgheren to Luneborgh. vor neen recht. nogh vor wonheyd. vörder eschen edder hebben. Al desse vorschreuene stucke loue we hertoghe Magnus vore benömet. vor vñs. vse eruen. vñ nacömelinghe. vseme radhe. vñ borgheren vser stad to Luneborgh. dhe nv syn. vñ erem nacömelinghen. stede. vast vnde vnvorbroken to holdende. To ener bewisinghe hebbe we hertoghe magnus vse jngheseghel, mid wischop henghed heten to dessem breue. dhe ghegheuen is to Luneborgh Na ghodes bord Dritteynhundert jar jn deme seghen, vnde sesteghestem iare. jn deme hilghen auende des erliken apostoles sunte Thomas.

435. **Chronicon des Nicolaus Floreke*), Capellans und Notars des Rathes zu Lüneburg, von ihm in das Stadtbuch**) eingetragen. — 1369—1374.** L. O.

*) Laut einer in dem weiter unten bezeichneten Registrum von ihm selbst aufgezeichneten Nachricht wurde Nicolaus Floreke, als Diedrich Bromes, Notar des Rathes zu Lüneburg, Rector der Capelle St. Spiritus auf dem Neumarkte zu Lüneburg und Canonicus zu Bardowiek, 1355 die auf ihn gefallene Wahl eines Probstes des Klosters Medingen annahm, am 18. September 1355 von den Rathsherren der Stadt Lüneburg zu ihrem Notar ernannt. Am 22. Februar 1359 erscheint er als ihr Capellan und Notar. Sie werden ihm nämlich, als Probst Diedrich Bromes 1366 gestorben war, die Capelle St. Spiritus, welche derselbe bei seinem Abgange sich auf Lebenszeit reservirt hatte, verliehen haben. Zuerst in einer Urkunde vom 24. Juli 1367 bezeichnen sie ihn als „dominus Nicolaus Floreke rector capelle sancti spiritus in novo foro Luneborgh noster notarius et capellanus." Am 3. Mai 1368 sandte er statt seiner seinen Bruder Ludolf zur Führung einer Streitsache nach dem Landgerichte zu Barum. Am 10. November desselben Jahres erscheint er als Vicar des Altars St. Johannis evangelista in der Capelle St. Fabiani zu Bardowiek. Ihn nebst seinem Bruder Ludolf Floreke und dem Bürger Johann Hutzing ernannte der Bürger Nicolaus von der Odeme zu Lüneburg 1375 zu Vormündern seiner Kinder. Nicolaus Floreke lebte noch 1376. Die Rathsherren der Stadt Lüneburg nennen ihn in einer Urkunde vom 20. April dieses Jahres „Dominus Nicolaus Floreke Rector Capelle Sancti Spiritus in novo foro Luneb̃ noster notarius et Capellanus," und in einer andern vom 28. Juni desselben Jahres „dominus Nicolaus Floreke noster Cappellanus et notarius." Wahrscheinlich ist er im folgenden Jahre gestorben. Sein Bruder Ludolf lebte noch 1381 und wohnte in der Nähe der Kirche St. Lamberti zu Lüneburg. Das von dem Notar Diedrich Bromes am 8. November 1346 angelegte Registrum in Gross-Folio (Copiar XVIII.), welches die Abschriften aller vom Rathe zu Lüneburg ausgestellten und von demselben besiegelten Urkunden enthalten sollte und von ihm, bis er Probst zu Medingen wurde, geschrieben ist, hat sein Nachfolger Nicolaus Floreke vom 18. September 1355 an fortgeführt und gleich zu der ersten Urkunde, die von ihm eingetragen ist, die schriftliche Bemerkung hinzugefügt, dass er sie geschrieben habe. In diesem Registro steht nämlich auf Folio XLII[a] unter dem Jahre 1355 eingetragen: „Notandum quod iste anno feria festa infra octauas natiuitatis marie Ego nicolaus floreke assumptus fui per dominos Consules in eorum notarium. quia tunc magister tidericus bromes postquam consensit electioni in medinghe resignauit notariatum. sed reseruauit Capellam sancti spiritus vsque in mortem suam." Auf Folio XLIII[b] ist bemerkt: „Ista est prima litera quam ego Nicolaus floreke notarius dominorum Consulum scripsi sub magno sigillo." Hierdurch hat er seine Handschrift constatirt. Mit wenigen Ausnahmen sind von derselben Hand alle Urkunden bis ins Jahr 1374 hinein und auch noch einige der Jahre 1375, 1376 und 1377 eingetragen. Ueber 120 eng geschriebene Pergamentblätter dieses Registrum in Gross-Folio und die Urkunden zwischen den Jahren 1365 und 1377 auf den ersten 45 Blättern in dem Registrum Principum (Copiar XIV.) zeigen die Handschrift des Nicolaus Floreke. Auch im obigen Chronicon ist dieselbe gar nicht zu verkennen und dadurch der Verfasser des Chronicon ermittelt.

**) Obiges Chronicon findet sich in einem auf der Bürgermeisterkammer im Rathhause zu Lüneburg aufbewahrten „Liber Civitatis" und reicht mit Einschluss anderer im obigen Abdrucke ausgelassener und durch „etc." bezeichneter Aufzeichnungen von Seite 189 bis Seite 202. Der Codex ist in der Weise gebunden, dass zwei starke Bretter von hiesigem Holze seine beiden Deckel bilden und der Rücken fehlt. Auf dem oberen Deckel ist ein Blättchen Pergament aufgenagelt, worauf von einer Hand des 16. Jahrhunderts

De anno dominj M̊. CC̊C LXİX. Conſules actu regentes fuerunt Hinricus viſcule. Hinricus de molendino. Ludolphus bartwici. Hinricus de arena. Albertus Hoyke. Ludolphus vintlo. hartwicus de ſalina. Hartwicus apenborgh. Nicolaus garlop. Johannes ſemmelbecker. Johannes de ponte Ludolphus ruſcher.

Iſti facti ſunt burgenſes etc.

In deſſem iare in ſunte Clemens daghe. ſtarſ dhe Eddele vörſte hertoghe wilhelm. dhe een altegnedegh here weſen hadde der ſtad to Luneborgh. vnde hertoghe Magnus van Brunſwich bleſ here dô to Luneborgh. alſe hertoghe wilhelm ene in dhe herſchop ghe zad hadde. do he noghten leuede. Dhe keyſer zande vele breue. der manſchop vnde den ſteden. dat ſe nenen heren to ſik nemen ſcolden. mer hern Roleue. hern wentzlawen vñ hern alberte hertoghen to Saſſen. Dar enieghen vorbreuede vñ lôuede hertoghe Magnus dem Rade to Luneborgh. dat he ſe. der anſprake degher entleddeghen wolde. In dem ſuluen iare ſlôgh hertoghe Magnus een ôrloghe an. mid dem hertoghen van Mekelenb. vñ sande in ſunte Andreas auende ſyner man, wol ſeſtegh gûde Riddere vñ knechte mid. glaiuen. in des van mekelenborghes land. Dar was ſyuerd van zalderen hôuethman to. dhe wôrden altemale vanghen vñ bleuen langhe vanghen wente in dat andere iar.

De anno domini. M. CC̊C. LXX̊. Conſules actu regentes fuerunt Thidericus ſpringintgûd. hinricus de molendino. hinricus de arena. Johannes viſcule. Albertus hoyke. Nicolaus garlop. Johannes de ponte. ludolphus ruſcher Johannes rôuſvale. hinricus ſotmeſters. Jacobus de ponte Ghenehardus de molendino.

Iſti facti ſunt burgenſes iſto anno etc.

In deſſem ſuluen LXX. iare. ſprak hertoghe Magnus to dem Rade. vñ deghedinghede ene an. aldus. Dhe van mekelenburgh hedde den Monneken van dem ſchermbeke nômen. ere rente. vñ ere gûd. dat ſe hadden in des van Mekelenborghes lande. Dareniegben wolde he. den monneken van reyneuelde. van dôberan. den dûmheren van zwerin. dhe in des van mekelenbôrghes lande wôneden. dhe he vor vyende rekende. ere gûd wedder nemen vppe der zulten to Luneb. vnde ſprak. dhe rad ſcolde eme dar to helpen. vnde ſcolde eme dat gûd vthwiſen. He môghte dat mid êren wol dôn. Dar antwerde dhe Rad to. Dat ſe

geschrieben steht: „Donatus burgensium antiquus. MCCLXXXIX." Eine weit spätere Hand hat darunter geschrieben: „de aō 1289 ad aō 1397." Die Blätter des Codex sind von Pergament in 4to. Das erste Blatt beginnt mit gleichzeitiger Hand: „Anno domini M. CC. LXXXIX. Luneburg Burgenses et concives sunt effecti" u. s. w. Es folgen so auf den ersten 6 Blättern unter jedem Jahre bis zum Jahre 1330 die Namen der neu aufgenommenen Bürger, jedes Mal von einer gleichzeitigen Hand geschrieben. Auf dem darauf folgenden Blatte, von welchem an die Nummerirung der Seiten von einer sehr späten Hand vorgenommen ist, steht von einer gleichzeitigen Hand geschrieben: „Anno Domini. M̊. CC̊. LXXX̊X. Presidente Luneburch Advocato, Johanne prekel. Nos Albertus bollo, Johannes de Melbeke, Johannes Om, Herderus, Alardus de Schilstke, Andreas, Johannes bogerj, Gherardus garlop, Hinricus remensnidere, Johannes dicke, Ludolfus hoppensac, Johannes beve, Thidericus burmester, Ludolfus stenbeke, Consules Civitatis Luneburg, Habito consilio cum nostris antecessoribus ac discretioribus Civitatis nostre, communj vtilitatj eiusdem Civitatis prout potuimus prouidentes, Librum quj vulgariter nominandus est Liber Civitatis, per manum Nicolay notarij nostrj in hunc modum decreuimus conponendum, vt quicumque alterj obligatur pro quocumque debito, intituletur huic libro, atque hujus annj, quo debitor fuerit inscribendus, Consulum testimonio confirmetur et singulis annis, suo loco, prout supra signauimus, annus incarnationis dominj prenotetur, hujusmodi inscriptionis serie tempore perpetuo duratura." Ganz in der hier bezeichneten Weise folgen dann von Seite 2 bis 96, das ist bis zum Jahre 1333 (jedoch mit einem Nachtrage vom Jahre 1384), die Schulden von gleichzeitigen Händen verzeichnet. Seit dem Jahre 1301 sind auch unter jedem Jahre die Consules verzeichnet. Von Seite 97 an, womit eine zweite Abtheilung des Codex beginnt, ist jede Seite in zwei Spalten getheilt. Die Seite 97 beginnt mit gleichzeitiger Hand: „Hic est liber ciuitatis luneborch. continens primo ordinem consulum. postea ordinationes. contractus particulares. et acta particularia. deinde burgenses qui eodem anno sunt recepti. per manum domini Johannis de Remstede. pro tunc ciuitatis notarii conscriptus. anno domini. millesimo. trecentesimo. Tricesimo quarto." Nach diesem Plane ist das Werk immer von gleichzeitigen Händen bis zum Jahre 1397 (bis Seite 374), jedoch zuletzt nicht ganz dem Plane gemäss fortgeführt. Solchen amtlichen Aufzeichnungen eines jeden der Jahre 1369, 1370, 1371, 1373 und 1374 sind im Codex (Seite 189 bis 202) die einzelnen Abtheilungen des Chronicon oder der Bericht über die Ereignisse des betreffenden Jahres hinzugefügt. Dieses Chronicon enthält die einzige chronistische Aufzeichnung, die in dem Codex sich findet. Nicolaus Floreke übernahm es in dem Jahre 1368 diesen Codex oder liber civitatis (Stadtbuch) fortzuführen; denn mit dem Verzeichnisse der neuen Bürger unter dem Jahre 1369 hört die frühere Hand auf und mit den Anfangsworten des Chronicon: „In dessem iare in sunte Clemens daghe" beginnt seine Hand, welche alles Folgende bis zum Jahre 1374 geschrieben hat.

iemandes gûd, vppe der zulten ouergheuen. edder vthwifeden dat enuôghede ym nicht. vñ dhe rad bad hertoghen magnus dat he des nicht endede. wente he hedde dat fuluen verbreued, dat allermalkes gûd, bi rechte bliuen fcolde, vppe der zulten. dat he dar nicht enleghen dede. Dô fprak he. he wolde dat vyende gûd hebben. vñ wolde des nicht enboren. Do bad dhe rad mid groter nôd. ene tyd dar to, dat fe fik dar vmme be raden moghten. mid anderen erliken luden. dhe gûd vppe der zulten hadden.. Des ghoude ym hertoghe Magnus. Binnen der tyd leeth dhe Raad verbôden. dhe vrûmeden prelaten vth des van mekelenborghes lande. dhe dûmheren van Lubeke van Hamborch. vñ anderer vele prelaten. buten der herfcop to Luneb. vñ dar inne befeten. vñ kvndeghede ym. wod hertoghe Magnus van ym efched hedde. vñ wod fe dar to antwerded hadden. Do beden dhe prelaten den rad. dat dhe Raad des io nicht enftadede. wente dat he dô dôn wolde den, in des van mekelenborges lande. dat môghte he, vp ene andere tyd dôn. anderen, dhe ok gûd hadden vppe der zulten. Ok beden dhe prelaten meenliken, den rad. dat dhe Raad io de zulten werede. fo fe beften konden, ieghen hertogen Magnufe. vñ deden dat befte dar to. wod fe dar to dôn fcolden. dit wolden fe gherne doen. Dar gheuen der vrômeden prelaten vele. ere breue, dem Rade vp. de breue heft dhe rad. mid der prelaten jnghefoghele. vnde dhe prelaten in der herfcop to luneborgh, willekôreden dat mid dem munde. Vnde hertoghen magnus fchude des nicht. dat he vôre nomen hadde. Dar ward he fwarliken ere vmme vppe den Raad. Dar na deghedinghede hertoghe Magnus mid dem van mekelenborgh vmme dhe vanghenen. dhe eme aue vanghen weren. vñ lôuede eme dar vore. dre dufent lodege mark vppe funte mertens dagh to betalende. in gholde binnen luneborgh. Des gheldes kônde hertoghe Magnus, nicht wol mate vinden. darvmme ward he nogh tôrnegher vppe den Rad. vnde vorweeth dem Rade. dat fe ene bindered hedden in finer vyende gûde to nemende. dar he fine vanghenen wol môghte [1]) lôfed hebben. dat fcolden fe eme beteren. Dar to fôghte he manigherleyie fchulde. van quaden penninghen. vñ van anderen ftucken. vppe den rad. der dhe rad degher vnfchuldogh was. vñ wolde, dat dhe meenheyd, ouer den raad, fcolde claghed hebben. des dogh nicht enfchude. wente de meenheyt dem rade dankede vor hertoghen magnufe. vñ wolde den Raad vppe der borgh ghevanghen hebben. vppe dat he ene [2]) hoghe befchatten môghte. Dat vndernemen des hertoghen man, vñ deghedingheden dar entwifchen. den duchte wol, dat de rad iene fchulde hedde. Dogh fprak hertoghe magnus dho Raad hedde ene vertôrned. fo fcholden fynen thorne legheren. vñ fcolden eme dat beteren mid twintegh dufent lôdeghe marken. Dat ward mid groter nôd ghedeghedinghed. vppe fôuen dufent lôdeghe. mark. dhe dhe raad vppe kôrte daghe betalen fcolde. alfe binnen eneme haluen iare. Der enkonde dhe raad nicht betalen. fe enmuften helpe dar to nemen van der zulten. dar dhe fchelinghe eerft van to komen was. Dar enbôuen. dwang he dem Rade af. altegûde priuilegia. vppe dhe zulten. vñ vp andere vryghheyd. dhe dhe dorluchteghe vôrfte hertoghe wilhelm dem Rade bezegheld hadde. dhe, den Raad wol [3]) dufent mark ghe kôfted hadden. Ok dwangh he den Raad. dat fe eme antwerden muften. alle der ftad dôr. vñ dhe flotele dar to. vñ alle dhe thôrne vmme dhe ftad. dar [4]) he der meghtegh were. alfo langhe, alfo he wolde. dhe befatte he mid finen mannen. mer dat enwarede nicht langhe. he andede dem rade de flotele to hand wedder. mer dhe dôr, vñ dhe thôrne, beheeld he wol veertheynacht alfo langhe wente dhe fchelinghe to enem ende deghedinghed. vorbreued. vñ withôgen ward.

Ok hadde hertoge Magnus. vppe dat he den Raad. vñ dhe bôrghere defte hôgher befchaden. vnde dwinghen môghte. to der tyd vele wapender lude nomen vppe dhe borgh. vñ leeth dar bliden vñ werk vp bringhen. vnde leth dhe dor vor der borgh to fluten. vñ leeth dhe kerken bôuene in dem ghenele dôrbreken vñ leeth dar erkener vth maken. vñ leth dar fchot vñ armbôrfte vpbringhen.

---

1) Das Copiar XV. fügt hier mede ein. 2) Ueber das Wort ene hat dieselbe Hand geschrieben den rad. 3) Dieser Platz für etwa 7 Buchstaben ist im Originale und im Copiar XV. offen gelassen und muss durch das Wort *softegh* ausgefüllt werden. 4) Das Copiar XV. liest dat statt dar.

De anno dominj. M. CCC LXXI. Conſules actu regentes fuerunt. Hinricus viſcule. Albertus hoyke. hartwicus de ſalina. hartwicus abbenborgh. Johannes ſemmelbecker. Nicolaus de molendino. hinricus munther Brand van tzerſtede. Sanderus ſchellepeper. Nicolaus ſchômaker. Haſſeke Thidericus bromes.

Iſti facti ſunt burgenſes *etc.*

Nota dô her heyne viſcule dôd gheſlaghen ward in der eluen duſend meghede daghe. dar na ward her Johan viſcule ſyn brôder wedder in ſine ſtede kôren to bôrghermeſtere. vnde ward voordan in dhe breue ſchreuen. na hern alberts hoyken. dhe dô mer to voren ſtund.. Dhe anderen namen bleuen in den breuen, na, alſe vore.

Proteſtantur Conſules ſupraſcripti quod *etc.*

We Ratmanne vorenômed bekenned *etc.*

Vor deſſem iare hadde dhe keyſer vele breue zand dem Rade to Luneborgh vñ anderen ſteden. in der herſcop to Luneb. dar he io inne bôd. dat men hertoghen Magnus vor nenen heren hebben ſcolde. Hertoghe wilhelm hedde des nene maght ghehat. dat he dhe herſcop to Luneb. hertoghen Magnuſe laten môghte. wente hertoghe wilhelm. hedde in ſynemo leuende dhe herſcop dem keyſere vppe laten. vñ dhe keyſer hadde ene vele vor ſik vorbôded. dat hadde he vorſeten. vñ was nicht vorekômen. Dar vmme was he komen in des keyſers ban. vñ ſtarf dar inne. Ok ſchref dhe keyſer in ſinen breuen. dat he dhe herſcop to Luneborgh. mid vôrſtliken vanen erliken verlened hedde den dorluchteghen vôrſten ſynen ômen hern Roleue. hern wentzlawen. vn erem vedderen hern Alberte. Hertoghen to ſaſſen. Vnde bôd in vele breuen. dat men ym. alſe erfliken. naturliken heren huldeghen ſcholde vñ beſwarede dat bod. in vele anderen breuen. dhe de Raad io hertoghen Magnuſe zanden vñ leten bidden. dat he ſe der anſprake entledeghede. Dar enkerede ſik hertoghe Magnus nicht an. vñ dede dar nicht to. To leſt bôd dhe keyſer in breuen. were dat men dhe heren van ſaſſen nicht to heren entfenge in der herſcop to luneborgh vñ ym nicht enhuldeghede. dat alle dhe. de des nicht endeden ſcolden in des keyſers banne weſen. vñ ſcolden dat beteren mid duſent mark gheldes. vñ ſcolden al erer priuilegia. vñ al eres rechtes. berôued weſen. Do ſôghte dhe Raad van Luneborgh. Raad to wiſen heren vñ mannen. Gheeſtlik vn wertlik. bi der zee. jn weſtfalen vñ in ſaſſen lande. dhe ſik rechtes verſtunden. vñ bevragheden ſik. wô ſe dith holden moghten. vmme dhe herſchop to Luneborgh. Dô wôrden ſe des berichted vnde anghewiſed. van vele wiſer luden dat ſe mid eren. vnde mid rechte. vppe des keyſers bod. hertoghen magnuſe verlaten moghten. wente he dhe anſprake nicht entleddeghede. alſe he dem Rade to Luneb. vorbreued hadde. vñ moghten mid eren vn mid rechte. bi den heren bliuen. dhe dhe keyſer mid der herſcop belened hadde. Dar vp zende dhe Raad van luneb Erlike bôden. an dhe heren van ſaſſen. vnde leeth mid ym ſpreken oft ſe to der herſchop komen kônden wo men id den hoolden ſcholde mid ſloten vñ mid ſteden. alſe dat dhe priuilegia inne hebben. dhe dhe heren. dem Rade gheuen hebben. Do ward mede deghedinghed. dat men dhe borgh to Luneborgh breken ſcolde oft ſe heren wôrden vñ dhe zulten vñ dhe ſtad bi alleme rechte laten dat ſe oldinghes ghehad hadden. vnde ſcholden dhe priuilegia vernyen, vñ vorbeteren. dhe hertoghe Magnus dem Rade nômen hadde Des vrydaghes vor lichtmiſſen in deſſem [1]) iare zende dhe Raad enen erliken boden to Hertoghen magnuſe to tzelle. mid enem breue. vñ leeth emo entſegghen in deſſer wyſe. Dar vmme dat he ſe des keyſers an ſprake. nicht entleddeghed hedde. vñ dhe keyſer den raad. erer priuilegien. vñ eres rechtes. dor ſinen willen verôuen [2]) wolden. ſo wolden ſe ſik an emo bewared hebben. vn wolden ere beſte keſen. In lichtmiſſen auende. to veſper tyd. wolde hertoghe Magnus dhe borgh ghemanned hebben vñ den Raad vñ dhe bôrghere. echter vorderued hebben. Mer ghod dhe halp dem rade. vñ den bôrgheren. dat ſe eer vppe dhe borgh quemen. vnde wunnen dhe borgh vñ beheelden dhe. In lichtmiſſen daghe des ſôndaghes. na middaghe. quam hertoghe Albert van ſaſſen to luneborgh. Den entfenghen dhe Raad. vn dhe bôrghere. vor eren rechten heren. vñ huldeghede dem. vñ hertoghen wentzlawen. vñ eren eruen.

---

[1]) Das Copiar XV. liest: *dem LXXI.* statt *deſſem.* [2]) Das Copiar XV. liest: *berouen.*

In demo ſaluen jare. wunnen dhe heren. mid des Rades vñ der bórghere, helpe. dat Slot to wynſen. vñ horborgh. vnde vlſen huldeghede ok den vor ſprókenen heren. Na der tyd. dat horborgh wunnen was. leeth hertoghe magnus daghe nemen mid vſen heren. vñ makeden enen vrede wente to ſunte Mertens daghe. kórtliken dar na, dat dhe vrede. maked was. leeth hertogen Magnus binnen dem vrede. vſen heren afvanghen dhe Miſnere. wol ſeſtegh manne wapend gůder lude. dhe he veleghed hadde dor ſyn land. Dar weren dhe bóeghere van brunſwich mede Dar na binnen deſſem vrede in der nacht des dinghesdaghes dar der Eluen duſent meghede boghtyd inne was. vor dem daghe. ſteghen wool achte hunderd Riddere. vñ knechte. ouer dhe ſtad mvren achter der Borgh. ieghen der van eſtorpe hóue. vñ wolden dhe ſtad degher vórderued hebben. Mer god dhe halp den bórgheren. ſere wunderliken. vñ ouſunliken [1]). dat ſe dhe vyende altemale binnen der ſtad beheolden. vñ ſlóghen erer vele dód. vnde venghen er altouele. vnde deſſe ſtryd was van dem zande. wente to dem nyen hilghen gheeſte. Ok wórden dô. vele Ratmanne vñ bórghere wedder van den vſen, dód gheſlaghen Dar weren mede her heyne viſcule. her hinrik van der mólen bórghermeſtere Heyne van dem zande. Clawes garlop. vñ ghonerd van der mólen Ratmanne. vñ XXII. gůde borghere. den god gnedigh ſy. *)

De anno dominj. M. CCC LXXII Conſules actu regentes fuerunt hijdem qui fuerunt anno precedenti. videlicet. Albertus hoyke. Johannes viſcule. Hartwicus de ſalina. hartwicus abbenborgh. Johannes ſemmelbecker. Nicolaus de molendino. Hinricus munther Brand van tzerſtede. Sanderus ſchellepeper. Nicolaus ſchómaker. Haſſeke. Thidericus bromes.

Iſti facti ſunt burgenſes *etc.*

Proteſtantur Conſules quod *etc.*

We Ratmanne der ſtad to luneb bekenned *etc.*

De anno domini. M CCC. LXXIII. Conſules actu regentes fuerunt. Thidericus ſpringintgůd. Hartwicus de ſalina. ludolphus vintlo Johannes de ponte. Ludolphus ruſcher Nicolaus de molendino. Johannes róeſvale. hinricus ſotmeſters. Jacobus de ponte. Brand van tzerſtede. haſſeke Tidercus brómes.

In deſſem iare Jn ſunte Margreten auende togh hertoghe magnus vor rikkelinghe. vñ beſtallede dat. vñ lagh dar in den elſten dagh. vnder des beſamnede ſik hertoghe Albert mid den ſynen. vñ togh in ſunte praxedes auende to middendaghe. van luneborgh. vñ reed vmme dhe nacht to honouere In. Des mórghens in ſunte Magdalenen auende. quam dat ſtuchte vor hertoghen Magnuſe. dat hertoghe Albert van ſaſſen vñ van luneb. queme to theende mid alto vele volkes. Do brak hertoghe magnus vp. mid al ſyme volke. vñ iagheden enwegh van dem ſlote. vñ leten bliden vñ werk dar ſtaan. alſo ward dat ſlot gheredded. vñ dem ſlote was neen grot ſchade ſcheen. vñ hertoghe Magnus iaghede in to der nyenſtad Dar na in ſunte Jacobes auende togh vſe here hertoghe Albert. vor pattenſen vñ wan dat. Dar was mede dhe van ſchouwenborgh vñ de van euerſteen. dar ward ſchóne name nómen. vñ vele lude vanghen. vñ dat

*) Bis hierher ist obiges Chronicon, also sofern es die Ereignisse der Jahre 1369, 1370 und 1371 betrifft, im Copiar XV., nämlich im Registrum Privilegiorum oder Copiar Lit. A. des Stadtarchives zu Lüneburg, abschriftlich wiedergegeben und daselbst unter die nach den Jahren geordneten Urkundenabschriften als „Narratio," in drei nach den Jahren gesonderte Abtheilungen zerlegt, an gehörigen Stellen eingereihet. Da dieses auf dem schönsten Pergament in Gross-Folio geschriebene, prächtig ausgestattete Registrum oder Copiar das Haupt-Copiar des Raths der Stadt Lüneburg gewesen zu sein scheint, so möchte bei letzterem im Jahre 1412, in welchem dies Registrum vollendet wurde, wohl keine ausführlichere und genauere Aufzeichnung über die Ereignisse der fraglichen Jahre vorhanden gewesen sein; sonst würde sie wohl in diesem Registrum ihren Platz gefunden haben. Der Bericht des Chronicon aus den Jahren 1373 und 1374 wird deshalb in dem Registrum keine Aufnahme gefunden haben, weil er ausser der Huldigung nichts enthält, was die Stadt Lüneburg besonders beträfe, und diese Huldigung durch die im selben Registrum sich vorfindende Urkunde des Kaisers Karl IV. vom 28. October 1373, wodurch er der Stadt erlaubt, den Söhnen des Herzogs Magnus zu huldigen, vertreten ist. Aus dem Copiar XV. ist obige Aufzeichnung über die Ereignisse der Jahre 1369, 1370 und 1371, mit manchen Veränderungen und Zusätzen versehen, in das bis zum Jahre 1421 reichende Chronicon Luneburgicum übergegangen, so finden in Scriptorum Brunsvicensia illustrantium Tomus tertius cura G. G. Leibnitii pag. 179—183.

[1]) Dieses Wort ist im Originale so undeutlich geschrieben, dass man sowohl *ousunliken* als auch *ouſcinliken* lesen kann. Das Copiar XV. liest statt dessen *ouch ſcinliken*.

ſchade in dem middaghe Dar na in ſunte Jacobes daghe. wolde dhe van ſchouwenborgh to hvs theen mid den ſynen. dat hadde hertoghe Magnus verbóded laten. vnde tógh eme enieghen, vth der nyenſtad mid ſinen mannen vñ wolde ene beſtriden. Eer ſe to ſamne quemen. reed hertoghe magnus to den gúden luden. vñ to den bvren. vñ bad. dat ſo gúd beden. dat god io dem rechten hólpe. Dó dhe heren to ſamne quemen to ſtryde. Do róth hertoghe Magnus ieghen den van euerſteen. vñ vellen beyde to ſamne. vñ hertoghe magnus wónede. dat id dhe van ſchouwenborch hedde weſen. mer hertoghe Magnus. vñ dhe van euerſteen. bleuen beyde dód. dar ward ok dód gheſlaghen her ſyuerd van zaldere. vñ een meltzingh. dhe vſe hetlikeſten vyende wẽren. benedictus per omnia deus. Hertoghe ernſt. hertoghen Magnus brôdere. was bi dem ſtryde. vñ vlo enwegh mid vele wapender lude. vnde dhe van ſchouwenborgh behéld dat veld. vn wan den ſtryd. vñ vengh vele gúder vangbenen. van hertoghen magnus volke.

Dar na in ſunte panthaleonen daghe, huldegheden dhe Raad van honouere vñ dhe bórghere vnſen heren hertoghen wentzlawe. vñ hertoghen alberte. dat ſe dogh vele eer ſcholden daan hebben Dar na wórden daghe maked vñ deghedinghe begrepen. twiſchen hertoghen alberte. vñ hertoghen Magnus vrowen, vñ eren kynderen. dhe wórden aldus endeghed. Dat hertoghe Albert ſcolde vern katherinen. hertoghen magnus wyf. to ener echten vrowen nemen. vñ dhe man. vñ ſtede. vñ land. ſcholden Juncheren frederike. vñ Juncheren bernde. vor heren hebben. mid hertoghen wentzlawe. vñ hertoghen alberte. vnde ſcholden ym huldeghen to likem rechte. Dhe huldeghinghe deden de van luneborgh. in ſunte Mertens daghe to veſper tyd. mid deſſer wiſe

Dat [1]) we hern wenſlawen. vñ hern albrechte. hertoghen to ſaſſen vñ Luneborgh. vn frederike vñ bernde. hertoghen to brunſwich vñ Luneborgh. truwe vnde hold weſen willen. to likeme rechte. na vthwiſinge erer breue. alſe bórghere erem heren to rechte ſcollen. ane ieghen dat lliko. dat vs ghod alſo helpe. vñ de hilghen.

In iſto anno LXXIII. hij infraſcripti facti ſunt burgenſes etc.

De anno dominj. M. CCC. LXXIIII. Conſules actu regentes fuerunt. Albertus hoyke Johannes viſcule hartwicus abbenborgh Johannes ſcanmelbecker Johannes de ponte Nicolaus de molendino. hinricus ſotmeſtere. Hinricus mvnther Sanderus ſchellepeper. Haſſoke. Nicolaus ſchómaker. Thidericus brómes.

In deſſem iare. des vrydaghes na ſunte wolborge daghe. dat was in ſunte Johannes auende ante portam latinam. ward vor katherine to echte gheuen hertoghen alberte. vſem heren vnde des midweken auendes na ſunte boniſacius daghe ſleep he bi er, to tzelle. dó ſcholden alle vanghenen loos weſen in beyden haluen.

---

[1]) Zur Seite steht hier von derselben Hand geschrieben: *forma omagij*.

www.ingramcontent.com/pod-product-compliance
Lightning Source LLC
Chambersburg PA
CBHW032005300426
44117CB00008B/906

* 9 7 8 3 7 4 1 1 8 4 5 8 1 *